國家出版基金項目
NATIONAL PUBLICATION FOUNDATION

續修四庫全書總目提要 子部

續修四庫全書總目提要編纂委員會 編

上海古籍出版社

圖書在版編目(CIP)數據

續修四庫全書總目提要·子部／續修四庫全書總目提要編纂委員會編.—上海：
上海古籍出版社,2015.12（2023.8重印）
ISBN 978-7-5325-7916-7

Ⅰ.①續… Ⅱ.①續… Ⅲ.①《續修四庫全書總目提要》—内容提要 Ⅳ.①Z833

中國版本圖書館 CIP 數據核字(2015)第 287658 號

責任編輯　常德榮、杜東嬿、劉賽等
封面設計　何　暘
技術編輯　富　强

續修四庫全書總目提要　子部
續修四庫全書總目提要編纂委員會　編

上海古籍出版社出版發行
（上海市閔行區號景路159弄A座5F　郵政編碼 201101）
(1) 網址：www.guji.com.cn
(2) E-mail：guji1@guji.com.cn
(3) 易文網網址：www.ewen.co
上海世紀嘉晉數字信息技術有限公司印刷
開本 787×1092　1/16　印張 46　插頁 5　字數 1063 千字
2015 年 12 月第 1 版　2023 年 8 月第 4 次印刷
ISBN 978-7-5325-7916-7

Z·438　定價：388.00 元

ISBN 978-7-5325-7916-7

9 787532 579167

續修四庫全書總目提要
工作委員會

續修四庫全書總目提要
編纂委員會

主　編

傅璇琮　趙昌平　劉　石　高克勤

分卷主編

經部　單承彬

史部　劉韶軍

子部　劉　石

集部　謝思煒

續修四庫全書總目提要·子部

主　　編　劉　石

撰寫人員(按姓氏筆畫排序)

王　緝　　王宏利　　王振國　　王獻松　　王鷲嘉　　方　勇

石　莉　　占驍勇　　田豔霞　　玄　華　　司馬朝軍　邢玉瑞

朱坤禎　　杜鳳娟　　李亞軍　　李桂生　　李峻岫　　李國慶

李紹林　　李際寧　　李暢然　　吳旭民　　吳冰妮　　谷　建

谷建軍　　汪桂平　　汪　劍　　沙志利　　范國强　　和中濬

周國琪　　秦　峰　　耿振東　　郭　麗　　陳成吒　　陳國軍

孫小力　　孫理軍　　孫　暉　　曹　瑛　　張　文　　張　星

張玖青　　張建偉　　張豐聰　　張麗娟　　彭鴻程　　葉　磊

單　蕾　　焦振廉　　楊天真　　楊金萍　　楊　浩　　趙東麗

趙　新　　臧守虎　　裴旖旎　　熊帝兵　　滕黎君　　劉佩德

劉宗永　　劉　薔　　劉　鵬　　龍文真　　韓　毅

總　序

　　1994 年,中國出版工作者協會、深圳市南山區人民政府與上海古籍出版社合作,組建"《續修四庫全書》工作委員會"和"《續修四庫全書》編纂委員會",并邀請啓功、饒宗頤、程千帆、楊明照、任繼愈、李學勤等二十餘位著名學者爲學術顧問,正式開始《續修四庫全書》的編纂出版工作。在學術界、圖書館界的緊密合作下,上海古籍出版社歷經八年,於 2001 年完成全書精裝一千八百册的出版。

　　《續修四庫全書》既補輯清朝乾隆以前有價值而爲《四庫全書》所未收的著作,更系統選輯清中期以後至 1911 年辛亥革命前各類代表性著作,共收書五千二百十三種,爲《四庫全書》所收量的一倍半。出版後,學術界反響很大,認爲這套大型叢書與《四庫全書》配套,中國古代的重要典籍大致齊備,構築起了一座中華基本典籍的大型書庫。

　　2002 年 5 月 9 日,在北京人民大會堂舉行《續修四庫全書》出版座談會,時任全國政協主席李瑞環同志出席,他在講話中充分肯定此書的歷史文化價值,稱"這是一項了不起的工程,對保存、研究和弘揚中華民族的傳統文化,必將産生重大影響"。2002 年下半年,此書獲國家圖書獎榮譽獎。

　　《續修四庫全書》開始編纂時,已計劃仿《四庫全書》之例,對所收之書逐篇撰寫提要,一些部類如《經部》易類、《集部》詩文評類等已請學者着手撰寫。但由於《續修四庫全書》提要工作量大,任務艱巨,編纂工作并未能正式展開。商務印書館於 2008 年出版的《四庫總目學史研究》一書(陳曉華著)指出:"《續修四庫全書》在學術界引起巨大反響,但這部叢書至今尚未編撰書目提要。如果有關此叢書的書目提要問世,那麽由它反映出來的對《四庫全書總目》續編的學術價值也必將是對《四庫總目》學的重大貢獻。"學術界對《續修四庫全書總目提要》編撰、出版的期望,由此可見一斑。

　　2008 年 4 月,上海古籍出版社與清華大學中國古典文獻研究中心磋商,正式啓動提要編纂工作。主編由清華大學中國古典文獻研究中心主任、《續修四庫全書》主編傅璇琮教授,上海古籍出版社時任總編輯趙昌平編審,清華大學中文系主任劉石教授,上海古籍出版社社長高克勤編審聯合擔任。又延請曲阜師範大學文學院院長單承彬教授擔任《經部》提要主編,華中師範大學歷史文化學院院長劉韶軍教授擔任《史部》提要主編,劉石教授擔任《子部》提要主編,清華大學中國古典文獻研究中心常務副主任謝思煒教授擔任《集部》提要主編。

　　2009 年 11 月,在清華大學舉辦"目錄學與《續修四庫全書總目提要》編纂"學術研討會,邀請二十餘位學者、出版工作者參加，在研討傳統目錄提要學的基礎上，就本書編纂的目的、方法和體例等進行了深入研討。

《續修四庫全書》工作委員會領導也很關心提要編纂工作。2012 年 4 月，在上海古籍出版社召開《續修》提要編纂工作會議，宋木文、伍傑、王興康、李國章等同志參加，對加快編纂進度、保證提要質量認真研討，提出明確要求。

《續修四庫全書總目提要》包括所收全部五千二百十三種古籍的提要，每種提要的内容，均包含著者仕履、内容要旨、學術評價、版本情況等幾個方面。

著者仕履，凡本部首次出現的著者，均作生平簡要介紹，側重於：姓名、生卒年、字號、別名、謐號、籍貫、科第出身、歷官及最高官爵；非仕宦者的職業或特長；經歷的主要生活事件；學術淵源、造詣，主要著作，生平傳記資料出處等。

内容要旨，包括著述緣起、成書過程、書名由來、體例結構、内容梗概、學術源流、序跋簡介等，以及若干書籍的特殊性所決定的必須介紹的方面。

學術評價，主要評價原書内容及形式特點、成就與貢獻，分析其欠缺與局限，在學術史上的地位。觀點力求公允平實，以公認的和較爲流行的説法爲主，個人的見解必須做到慎之又慎。

版本情況，主要介紹所收版本基本情況與版刻源流。有獨特價值的善本可述及流傳收藏的過程。爲説明所收版本在原書各版本中的地位，也可述及原書的版本系統。

《續修四庫全書》所收之書，不但數量衆多，而且類別繁細，許多書籍鮮有專門研究。這就要求提要撰寫者一方面要細讀原書，一方面要探索該書所屬學術類別的系統資料，將之置於學術史的視野下，考察其學術價值與地位，工作量和學術難度都是很大的。

在當今的學術考評制度下，《續修四庫全書總目提要》組織工作甚爲不易。全書主編和分部主編爲此付出很大努力，邀約許多國内外相關專業學有專長的學者參與其事。我們可以從參加《續修四庫全書總目提要》工作者的名單中發現，既有在學術界嶄露頭角的中青年學人，更有不同學術領域享有盛名的專家、學者，總共約有百餘位之多。上海古籍出版社更集中了十數位資深編審與骨幹編輯對來稿進行了認真細緻的審讀修訂，拾遺補闕，清暢文句，各部均費時近兩年。這些極大地保證了各提要撰寫的學術質量，也使這部《提要》成爲體現古典文獻學界集體力量的一個成果。

現在所撰寫的提要，很重視各書内容價值與版本情況，有的更以版本源流的闡述爲重點，對各書的内容介紹與評議，亦多能注意釐清其學術源流及其在學術史上的特點與價值。撰寫時充分參考和吸收已有成果，其間糾正前人及當代學人之誤者也時或可見，這也是體現這套提要學術質量的一個方面。

就《續修四庫全書》這部大書所收五千餘種古籍撰寫的《總目提要》，從規模看，是繼清乾隆時期官修《四庫全書總目提要》之後二百餘年來規模最大的目録提要類著作，從内容看，將成爲對中國傳統學術最後二百年之重要典籍及藉此而呈現的學術脈絡加以梳理和總結的基本參考文獻。

　　今天的古典學術研究水平、學術環境和學術體制,較之過去有很大的不同。與乾隆時期官修《四庫全書總目提要》相比,《續修四庫全書總目提要》雖必定有自己的特點,然而出於衆手,百密一疏,當也有不足之處。但我們希望,《續修四庫全書總目提要》能够與清修《四庫全書總目提要》合在一起,對中國古代學術典籍構成的學術史作系統和全面的梳理與總結,并爲後世的古典學術研究搭建一個堅實的平臺。

《續修四庫全書總目提要》編纂委員會

2013 年 7 月

凡　　例

一、本書爲《續修四庫全書》（後簡稱《續修》）所收書之内容提要，依經、史、子、集四部各爲一册。

二、本書按《續修》四部所收書立目；原則上依照《續修四庫全書總目録索引》（后簡稱《總目録》）
所登録品種設立條目；個別品種，容有分合。

三、提要條頭包括書名、卷數、朝代、著者及著述方式等項，并注明《續修》所在册數；《總目録》所
述有疑義者，除個別必需者，一般不作改動，而於正文中略作辨正。

四、提要正文内容大致包括著者生平、内容要旨、學術評價、版本情況四個方面。

五、著者生平大抵包括姓名、生卒年、常用字號及別名、籍貫、科第出身、主要宦歷，并擇要略及職
業或特長、學術淵源造詣、公私諡號、主要著作。以上各項，視作者之具體情況有所側重或
省略。

六、著者生卒年一般在其姓名後以圓括號注公元年，不注歷史年號。生卒年有一不詳者代以問
號，有疑問或爲估計年代者前加“約”字。生卒年均不詳者，或注明“不詳”，或不書；行事不
詳者同之。

七、著者生平出處，若正史（二十五史）有傳，則逕出正史書名而略其卷次；見諸其他文獻者則注
明卷次或篇章名。

八、同一部中同一著者有多部著作，其生平僅在首見時介紹，後見時僅注明參見條。

九、古代地名除著者籍貫、出生地、住地加注今地名或今屬、今治地名外，如非必需，一般不再
加注。

十、内容要旨大致包括著述緣起、成書過程、書名由來、體例結構、内容梗概、學術源流、序跋簡
介，以及若干書籍特殊性所決定的必須介紹的方面。以上各項視具體情況而有所側重或
省略。

十一、學術評價主要點評原書内容及形式特點、成就與貢獻、欠缺與局限、在學術史上的地位等。
觀點以公認的和較爲流行的説法爲主。

十二、版本情況主要介紹所收版本基本情況，或略及版刻源流、流傳收藏過程、是書其他重要
版本。

十三、提要末段均舉此書在《續修》中所據底本，除藏家不願披露者外，并注明收藏單位。

十四、每一條目後用括弧標列撰稿人姓名。

十五、提要撰寫的本位是《續修》所收“此書此本”。“此書”，指《續修》所收之書，如程廷祚《論語

説》(第 153 册),於《論語》與孔子不作介紹,《論語説》及其著者程氏才是提要撰寫主體。"此本",指《續修》所收之版本,提要重點介紹此版本之内容特點,其刊刻、流傳、收藏等情況。

十六、提要不采用脚注或文後注形式,必需的注釋性文字融入正文中,用圓括號附於所注詞句後。

十七、本書原則上使用規範繁體字,唯古籍情況複雜,故異體、古今、通借等字之統一與否,依具體情況而酌定,不强求劃一。

十八、引用書名一般爲通行的規範全稱,簡稱使用必符合古籍整理或著述約定俗成之表述方式。

十九、公元紀年及《續修》所在册數采用阿拉伯數字,其他數字一般用漢字。

二十、中國歷史紀年及夏曆、回曆,一般加注公元紀年。唯同一篇提要中,同一年號内各年,一般只在第一次出現時加注公元紀年。

二十一、本書采用新式標點,唯古籍體例繁雜不一,本書又取近世文言,而作者行文簡繁更多有不同,故不免與頒定標點符號用法時相扞格。如原書引文不全者是否加引號;序、跋、凡例之屬,注、箋、疏證之類,一書中篇名、章節名、條目名是否用書名號或引號;并稱之地名、人名、器物名、朝代名等中間是否加頓號等等: 或屬兩可,或隨文氣。故本書以文氣省净,符合習慣表述方式而不致滋生歧義爲原則,允許變通而不强行統一,以免削足適履。

前　言

　　章學誠《校讎通義序》云："校讎之義,蓋自劉向父子。部次條別,將以辨章學術,考鏡源流,非深明於道術精微、群言得失之故者不足與此。"部次群書、辨章流別的目録分類,是考察不同時期學術發展的重要窗口。一代目録類別往往增損沿革前代而成,從中可以體現學者對於其時學術流變的深切思考。

　　《續修四庫全書》子部目録亦不例外。基於對道家和道教不同性質的理解,析二者爲兩途;又基於同樣的原因,合道教、佛教及其他宗教如天主教、摩尼教、景教等別爲宗教一類;又以收書範圍下延至西學東漸時期,爲體現海通以來外學輸入的歷史事實和學術狀況,特列西學譯著一類,專録晚近以來編譯而成的西方政治學、經濟學、法學、哲學等思想文化和科學領域的代表作。

　　具體而言,《續修四庫全書》子部分儒家、道家、兵家、法家、農家、醫家、天文算法、術數、藝術、譜録、雜家、類書、小説家、宗教、西學譯著 15 類,收書近 1 640 種,在《續修四庫全書》四部中數量最多。

　　與《四庫全書》相較,15 類中末二類爲新增,屬別分合增刪變化更多。其中《四庫全書》已收而更換版本者 20 餘種,存目書 290 餘種,未收書 700 餘種,時代後於《四庫全書》者 500 餘種,總數較《四庫全書》子部 986 種增加六成左右。各類數量如下:儒家 145 種,道家 27 種,兵家 25種,法家 29 種,農家 67 種,可明顯反映盛行於秦漢的這些學派在清中葉的式微。墨、名、縱横等所謂雜學、雜説後來一概稱爲雜家,加之清代考據學、編纂學發達,叢札、筆記之屬尤多,雜家遂成爲子部第一大類,達 352 種。其他諸類,醫家 261 種,藝術 195 種,天文算法 139 種,譜録 113 種,其餘小説家 74 種,宗教 73 種,術數 69 種,類書 50 種,西學譯著 18 種。

　　就作者時代論,各類之中明清兩朝占作者總數十之七八或更多,比例最大。以收書種數最多的三類來看,雜家類 352 種近 380 位作者(部分著作有多位作者)中,明清作者近 350 人;醫家類261 種近 300 位作者中,明清作者達 240 人;藝術類 195 種近 190 位作者中,明清作者達 170 人。明清兩朝之中,有清一朝作者又多於明代一倍左右。

　　《續修四庫全書》子部的類別劃分、各類收書多寡和作者年代分佈,一定程度上反映出中國古典子學在明清和晚近的流變與學術史面貌。

　　比如儒家類收書 145 種,實際可分兩類,一爲先秦儒家之屬,一爲漢後儒學之屬。先秦儒家之屬收録 16 種,以清人對《孔子家語》、《子思子》、《荀子》的注疏爲主,多成書於《四庫全書》之後。漢後儒學之屬,主要收録《四庫全書》存目中王守仁、王廷相、湛若水、王艮、薛應旂、顧憲成、孫奇逢、顏元、李塨、張伯行等人的著述,《四庫全書》未收書中揚雄、王符、馬融之作的注疏本和薛瑄、陳獻章、王世貞、姚舜牧、焦竑、黃宗羲、王夫之、魏象樞、吕留良等人的著述,及《四庫全書》之後戴震、焦循、曾國藩、鄭觀應、張之洞、康有爲、章炳麟等人的著述。將之與章炳麟《國學演講録》相對照,章書中提及的明清儒學各宗派,在這一目録中多有反映。即此一例,亦大略可見子部所收群籍於清理明清學術史脈絡的價值了。

按古書分類肇自《七略》,《七略・諸子略》所收各家爲私門之學,學各不同。其後七略演爲四部,西晉荀勖《中經新簿》以甲乙丙丁稱之,乙部即後世之子部。據《隋書・經籍志》,荀書乙部分古諸子家、近世子家、兵書、兵家、術數各類,知其將《七略》中之諸子略與兵書、術數、方技諸略相合,且又將漢後新出群籍不能歸於經史者納入其中,號爲近世子家。此後名同而實異者如雜家,先秦時不過《漢志》所謂"兼儒墨、合名法",後世發展爲《四庫全書》所稱的雜學、雜考、雜説、雜品、雜纂、雜編。尤其是佛道、藝術、天文算法、醫方、譜録、類書等門類陸續興盛,子部典籍數量遂多,其性質亦較經、史、集三部遠爲駁雜,不唯類別之間差異甚巨,類下不同屬別之間,今天看來往往已屬於不同學科。比如藝術類下有書畫、篆刻、琴學、樂譜、棋弈、雜技,譜録類下有器物、泉幣、文房、工藝、飲饌、種植、養殖。何況其中多含今人不多問津的絶學,如天文算法類之天文、曆法、算法,術數類之占候、相宅、命書、陰陽五行等。

爲學科繁雜且多含冷門的子部書作提要,關鍵在於能否盡量邀約不同學科的專業學者參預其事。目録提要是一種傳統的著述形式,對於當世學者并非常格,在當今學術體制下從事這一工作困難更多。物色、確定作者的過程漫長而艱難,所幸得到學界同仁大力支持,一些學者如北京大學湯一介,中國中醫科學院中國醫史文獻研究所余瀛鰲,華南農業大學彭世獎,中國科學院自然科學史研究所張柏春,華東師範大學子藏研究中心方勇,中國社會科學院世界宗教研究所張總,中國藝術研究院俞冰,清華大學圖書館馮立昇、劉薔等先生,或熱情推薦作者,或同時承擔撰寫。最終,15 類得以一一落實,均由相關領域的專家或學有專攻的學者來承擔。他們不僅按要求完成了條目的撰寫,而且根據審讀者的意見與建議,不厭其煩地對初稿進行全面修訂,方始定稿。兹略記撰寫者姓名如下:

北京大學儒藏編纂中心沙志利、李峻岫、吴冰妮、趙新、張文、郭麗、劉宗永、滕黎君、張玖青、王鷺嘉、谷建、秦峰、李暢然(儒家類);華東師範大學子藏研究中心方勇、玄華、劉佩德(道家類);廣西民族師範學院李桂生(兵家類);山西社會科學研究院耿振東、吉林師範大學文學院彭鴻程、江蘇大學文法學院中國法制史研究所范國强(法家類);淮北師範大學歷史與社會學院熊帝兵(農家類);山東中醫藥大學中醫文獻研究所王振國、臧守虎、楊金萍、劉鵬、李紹林、張豐聰、楊天真、杜鳳娟、葉磊,遼寧中醫藥大學曹瑛、谷建軍、王宏利,成都中醫藥大學和中濬、汪劍,河南省中醫藥研究院趙東麗、田豔霞,陜西省中醫藥研究院焦振廉,上海中醫藥大學周國琪(醫家類);中國科學院自然科學史研究所韓毅(天文算法類、術數類);中國藝術研究院石莉、裴旖旎、單蓓,上海古籍出版社吴旭明、孫暉,北京大學圖書館古籍部張麗娟(藝術類、譜録類);武漢大學四庫學研究所司馬朝軍(雜家類);清華大學圖書館劉薔(類書類);中國人民武裝警察部隊學院陳國軍、華中科技大學中文系占驍勇(小説家類);國家圖書館李際寧、中國社會科學院世界宗教研究所汪桂平、天津圖書館李國慶(宗教類、西學譯著類)。

中華書局劉彦捷編審審閲部分初稿,首都師範大學講師姚蘇傑在聯絡、協調、初審等方面做了許多工作,謹此一并致謝。

《續修四庫全書總目提要》的編纂宗旨,是接續古典目録學"辨章學術,考鏡源流"的傳統,依"先列作者之爵里以論世知人,次考本書之得失,權衆説之異同,以及文字增删、篇帙分合皆詳爲訂辨,巨細不遺"(《四庫全書總目·凡例》)之前例,在廣泛系統掌握相關學科既有成果基礎上,對所收典籍及其作者逐一詳加考析,撰成提要,力期體現當代古典學術的研究水準。

子部提要總體上體現了這一編纂宗旨。與集部多收名著不同,子部收書數量多,部頭相對較小,不少典籍及作者并不知名於當今學界。撰寫者既需要對典籍作者、版本狀況和内容要旨細加研讀,亦需要注重掌握典籍所涉學科的發展脈絡,從而把握典籍在學科中的地位,從而給出恰當的評價。每則提要大致包括著者生平、内容要旨、學術評價、版本源流四部分,但視具體情況有所側重,不求面面俱到。立場注重客觀,文風提倡平實,多采學界定説,同時亦鼓勵提出審慎公允的評價。

比如儒家類明末清初黄宗羲《破邪論》一卷,提要謂此書雖崇尚實功實學,不乏經世致用之論,然鋒芒遠不及《明夷待訪録》,且又編排無序,疑係將晚年文章勉强湊爲一編,并非專門撰寫。

道家類清宣穎《南華經解》三十三卷,提要謂宣氏不願引道教思想闡釋莊子,亦反對將莊子與佛氏混爲一談,具有明顯儒學化思想傾向。以儒解莊雖不足取,然其於梳理《莊子》文章脈理方面,較林希逸、劉辰翁等人的解莊著作更有成就,揭示《莊子》文章藝術手法亦較前人更爲全面深刻,姚鼐《莊子章義》、馬其昶《莊子故》、王先謙《莊子集解》等皆或多或少受到此書影響。

天文算法類明佚名《三垣列舍入宿去極集》一卷,提要謂該書在星座圖形星旁標注入宿去極度數,是恒星圖示表達方式的一種創新。全書可能爲郭守敬《新測二十八宿雜坐諸星入宿去極》一書的部分抄本,由於《郭守敬星表》内容多已失傳,此抄本具有極高史料價值,對研究元明時期恒星觀測精度、觀測地點、星圖繪製方法等具有重要參考意義。

譜録類清楊萬樹《六必酒經》三卷,提要謂楊氏從事釀酒之業五十餘年,實踐經驗豐富,又廣搜歷代作酒之法,特別對浙東地區釀酒技術特點加以總結,翔實細緻,多有心得,爲我國釀酒史重要著作。

雜家類清全祖望《全謝山先生經史問答》十卷,提要謂不如顧炎武《日知録》博大,但識見高遠,當時罕有其匹,阮元稱其足以繼古賢、啓後學,然其間尚待商榷而難以爲定論者亦復不少。

宗教類元趙道一《歷世真仙體道通鑒》五十三卷《續篇》五卷《後集》六卷,提要謂所録之仙真事迹皆搜之群書、考之經史、訂之仙傳而成,不免有傳聞附會之辭,然大都言之有據,非出杜撰。唐宋以來,道教人物大都不見史傳,道教傳記喪失亦多,不少道教史資料實賴此書保存。

又,《四庫全書》簡標典籍來源,不交待具體版本,素爲人垢病,學界至有不可輕用之論。《續修四庫全書》在版本調查的基礎上選擇善本影印,學者稱快,故子部提要亦特別强調版本源流的梳理。

如兵家類漢曹操、唐杜牧等《十一家注孫子》三卷,提要謂此書版本有三,一是避"廓"字諱,當爲南宋寧宗時所刻,今藏上海圖書館。二是《道藏》本,明正統十年內府所刻,考其著者排列順序及稱謂,與宋刻本相同,應是源于宋本,唯析三卷爲十三卷,每篇即爲一卷,并更名爲《孫子批注》。三是清孫星衍校訂本,以《道藏》本爲底本,校訂十一家注文編排之錯亂以及文字之訛誤,并更名爲《孫子十家注》。其他版本大都出此三本。

類書類唐李翰《蒙求》三卷,提要謂 1974 年 7 月 28 日,山西應縣佛宮寺木塔四層主佛像腹內發現一批遼代珍貴文物,即含《蒙求》殘卷一冊,爲目前僅存之遼代雕版書籍,亦是此書現存之最早刻本。此本蝴蝶裝,存七葉半。字體整齊而略顯呆板,"明"、"真"字避諱闕筆。此爲《蒙求》白文無注本,雖校刻不精,訛字較多,但對比勘現存各本、恢復李氏《蒙求》正文原貌有重要價值。

此外,提要撰寫中亦有糾正前人著錄之誤處。如醫學類明高武《鍼灸聚英》四卷,提要謂日本寬永十七年刻本將原序"嘉靖己丑"誤爲"嘉靖丙午",并將原書卷一分爲四卷,卷四分爲二卷,與原卷二、卷三共成八卷,改署爲《鍼灸聚英發揮》。又元朱震亨《新刻校定脈訣指掌病式圖説》一卷,提要考證其作者必非朱震亨,而可能爲金人李杲。

《四庫全書總目》挾皇權之威,舉國家之力,一代學人承其事,并世大家畢其功,雖仍存在瑕疵,多被後人指摘,但其叙作者之仕履,詳典籍之源流,別白是非,旁通曲證,鉤玄提要,斟酌古今,至有學者良師、讀之可知學問門徑之謂。今人今時而爲此事,若欲與之相頡頏,戛戛乎其難,但如上所舉之例,分而觀之,或可成爲讀書之一助;合而觀之,若能起到條別異同、疏通倫類、即類求書、因書究學的作用,則庶幾不負編纂者付出的心血了。

劉　石

2015 年 9 月

目　　録

總序

凡例

前言

儒家類

新編孔子家語句解十卷 …………………… 1

孔子家語考次不分卷 ……………………… 1

家語證僞十一卷 …………………………… 2

家語疏證六卷 ……………………………… 2

孔子集語十七卷 …………………………… 3

聖門十六子書不分卷 ……………………… 3

新編顏子五卷 ……………………………… 4

子思子七卷 ………………………………… 4

禮記子思子言鄭注補正四卷 ……………… 4

曾子注釋四卷叙録一卷 …………………… 5

曾子家語六卷 ……………………………… 5

孟子外書四篇四卷 ………………………… 6

荀子考異一卷 ……………………………… 6

荀子評注三十二篇 ………………………… 7

荀子微言一卷 ……………………………… 7

荀子集解二十卷考證一卷 ………………… 8

孔叢子七卷釋文一卷 ……………………… 8

賈子次詁十六卷叙録一卷 ………………… 8

法言義疏二十卷 …………………………… 9

潛夫論十卷 ………………………………… 9

忠經詳解一卷 ……………………………… 10

中説考七卷 ………………………………… 10

太極圖説論十四卷 ………………………… 11

周子通書訓義一卷 ………………………… 11

新刊正蒙解四卷 …………………………… 11

呂氏鄉約一卷鄉儀一卷 …………………… 12

安正忘筌集二卷 …………………………… 12

泳齋近思録衍注十四卷 …………………… 12

近思録集解十四卷 ………………………… 13

近思録補注十四卷 ………………………… 13

陸氏家制一卷 ……………………………… 13

資世通訓一卷 ……………………………… 14

浦江鄭氏家範一卷 ………………………… 14

聖學心法四卷 ……………………………… 14

薛文清公要言二卷 ………………………… 14

五倫書六十二卷 …………………………… 15

白沙先生至言十卷 ………………………… 15

學的二卷 …………………………………… 16

道一編六卷 ………………………………… 16

艾庵密箴一卷河洛私見一卷太極圖説
　一卷 ……………………………………… 16

歷代道學統宗淵源問對十二卷 …………… 17

契翁中説録二卷 …………………………… 17

正蒙會稿四卷 ……………………………… 17

帝祖萬年金鑑録三卷 ……………………… 17

陽明先生則言二卷 ………………………… 18

陽明先生道學鈔八卷 ……………………… 18

東川羅先生潛心語録十卷羅東川公内
　稿一卷羅東川公外稿一卷 ……………… 19

鳳川子克己示兒編一卷 …………………… 19

慎言十三卷 ………………………………… 19

雅述二卷 …………………………………… 20

程志十卷 …………………………………… 20

楊子折衷六卷 ……………………………… 20

重刻心齋王先生語録二卷 ………………… 21

莊渠先生門下質疑録二卷 ………………… 21

願學編二卷 ………………………………… 22

鄒氏學脉四卷 ……………………………… 22

許氏貽謀四則四卷 ………………………… 22

説理會編十六卷 …………………… 22

雙江先生困辯録八卷 ……………… 23

研幾録不分卷 ……………………… 23

文華大訓箴解六卷 ………………… 24

庸言十二卷 ………………………… 24

胡子衡齊八卷 ……………………… 25

柯子答問六卷 ……………………… 25

洨濱蔡先生語録二十卷附録一卷 … 26

學蔀通辨前編三卷後編三卷續編三卷

　　終編三卷 ………………………… 27

薛子庸語十二卷 …………………… 27

新刊鳳洲先生簽題性理精纂約義八卷

　　首一卷 ………………………… 28

紹聞編八卷 ………………………… 28

見羅先生書二十卷 ………………… 28

憲世前編一卷憲世編六卷 ………… 28

汪子中詮六卷 ……………………… 29

嘵言十卷 …………………………… 29

性理指歸二十八卷 ………………… 29

王門宗旨十四卷 …………………… 30

南皋鄒先生會語合編二卷講義合編二

　　卷 ……………………………… 30

信古餘論八卷 ……………………… 31

顧端文公遺書三十七卷 …………… 31

養正圖解不分卷 …………………… 31

卓吾先生批評龍谿王先生語録鈔八

　　卷 ……………………………… 32

獨醒子二卷 ………………………… 32

焦書二卷 …………………………… 33

藤陰劄記不分卷 …………………… 33

此庵講録十卷 ……………………… 33

儒宗理要二十九卷 ………………… 34

答問三卷 …………………………… 34

繹志十九卷 ………………………… 34

潛室劄記二卷 ……………………… 35

潛書二卷附西蜀唐圃亭先生行略一

　　卷 ……………………………… 36

明夷待訪録一卷 …………………… 36

破邪論一卷 ………………………… 37

噩夢一卷 …………………………… 37

黃書一卷 …………………………… 38

思問録内篇一卷外篇一卷 ………… 38

張子正蒙注九卷 …………………… 38

弘道書三卷 ………………………… 39

論學酬答四卷 ……………………… 39

静怡齋約言録二卷 ………………… 40

庸言一卷 …………………………… 40

朱止泉先生朱子聖學考略十卷提要一

　　卷正訛一卷附録一卷宗朱要法一卷

　　校勘記一卷 …………………… 40

存性編二卷 ………………………… 41

存學編四卷 ………………………… 41

存治編一卷 ………………………… 42

存人編四卷 ………………………… 42

平書訂一卷 ………………………… 42

聖經學規纂二卷論學二卷 ………… 43

小學稽業五卷 ……………………… 43

下學堂劄記三卷 …………………… 43

理學逢源十二卷 …………………… 43

晚邨先生家訓真迹五卷 …………… 44

呂子評語正編四十二卷首一卷附刻一

　　卷餘編八卷首一卷附刻一卷 … 44

學規類編二十七卷 ………………… 45

信陽子卓録八卷補遺二卷 ………… 45

萬世玉衡録四卷 …………………… 45

性理大中二十八卷 ………………… 46

潘子求仁録輯要十卷 ……………… 46

陸子學譜二十卷 …………………… 46

五種遺規十六卷 …………………… 47

正蒙集説十七卷 …………………… 47

原善三卷緒言三卷 ………………… 48

里堂家訓二卷 ……………………… 48

漢學商兑三卷 ……………………… 49

論學小記二卷 ……………………… 49

正學編八卷 ………………………… 50

述朱質疑十六卷 …………………… 50

曾文正公家訓二卷 ……………… 51

浮邱子十二卷 …………………… 51

漢儒通義七卷 …………………… 51

姚江學辨二卷 …………………… 52

校邠廬抗議二卷 ………………… 52

治平通議八卷 …………………… 53

顔氏學記十卷 …………………… 53

愙齋自省録不分卷 ……………… 53

六齋卑議一卷附録一卷 ………… 54

勸學篇二卷 ……………………… 54

大同書八卷 ……………………… 55

仁學二卷 ………………………… 55

增訂盛世危言新編十四卷 ……… 56

訄書六十三篇 …………………… 56

知聖篇二卷 ……………………… 57

攘書一卷 ………………………… 57

道家類

老子 ……………………………… 58

道德真經指歸十三卷 …………… 58

道德經論兵要義述四卷 ………… 59

道德真經傳四卷 ………………… 59

道德真經取善集十二卷 ………… 60

老子鬳齋口義二卷 ……………… 60

老子道德經古本集注二卷 ……… 61

道德玄經原旨四卷玄經原旨發揮二
卷 ……………………………… 61

老子集解二卷考異一卷 ………… 62

老子章義二卷 …………………… 62

老子本義二卷 …………………… 62

南華真經注疏三十五卷 ………… 63

莊子通義十卷 …………………… 64

南華真經循本三十卷 …………… 64

莊子通十卷 ……………………… 64

南華真經旁注五卷 ……………… 65

南華發覆八卷 …………………… 65

藥地炮莊九卷總論三卷 ………… 66

南華經解三十三卷 ……………… 67

莊子集釋十卷 …………………… 67

莊子集解八卷 …………………… 68

關尹子闡玄三卷 ………………… 68

列子八卷列子盧注考證一卷 …… 69

沖虛至德真經四解二十卷 ……… 70

列子鬳齋口義二卷 ……………… 70

文子十二卷 ……………………… 71

兵家類

十一家注孫子三卷十家注孫子遺説一
卷 ……………………………… 72

孫臏兵法十六篇 ………………… 73

司馬法集解三卷 ………………… 73

諸葛武侯心書一卷 ……………… 73

八陣合變圖説一卷 ……………… 74

翠微先生北征録十二卷 ………… 74

江東十鑑一卷 …………………… 75

火龍神器陣法一卷 ……………… 75

重刊續武經總要八卷 …………… 76

經武淵源十五卷 ………………… 76

登壇必究四十卷 ………………… 77

車營叩答合編四卷 ……………… 77

師律十六卷 ……………………… 78

武備志二百四十卷 ……………… 78

兵鏡二十卷吳子十三篇綱目一卷 … 79

火攻挈要三卷圖一卷 …………… 79

舟師繩墨一卷 …………………… 80

洴澼百金方十四卷 ……………… 80

治平勝算全書二十八卷 ………… 81

讀史兵略四十六卷 ……………… 81

讀史兵略續編十卷 ……………… 81

海防要覽二卷 …………………… 82

中西兵略指掌二十四卷首一卷 … 82

兵學新書十六卷 ………………… 83

法家類

管子榷二十四卷 ………………… 83

管子校正二十四卷 ……………… 83

管子義證八卷 …………………… 84

管子地員篇注四卷 ……………… 84

管子集注二十四卷 ……………… 85

鄧子一卷 ………………………… 85

鄧析子二卷通考一卷 …………… 86

商君書新校正五卷附考一卷 …… 86

慎子一卷附逸文一卷 …………… 87

韓非子集解二十卷卷首一卷 …… 88

刑統賦解二卷 …………………… 88

刑統賦二卷 ……………………… 89

宋提刑洗冤集錄五卷 …………… 89

律例館校正洗冤錄四卷 ………… 90

洗冤錄詳義四卷首一卷 ………… 90

洗冤錄撮遺二卷補一卷 ………… 90

無冤錄一卷 ……………………… 91

平冤錄一卷 ……………………… 91

折獄新語十卷 …………………… 92

折獄龜鑑補六卷 ………………… 92

吏學指南八卷 …………………… 92

名公書判清明集十四卷 ………… 93

仁獄類編三十卷 ………………… 93

慎刑錄四卷 ……………………… 94

敬由編十二卷 …………………… 94

王恭毅公駁稿二卷 ……………… 94

覆甕集刑名十卷餘集一卷 ……… 95

式敬編五卷 ……………………… 95

疑獄箋四卷 ……………………… 95

農家類

四時纂要五卷 …………………… 96

分門瑣碎錄 ……………………… 96

農桑輯要七卷 …………………… 97

勸農書一卷 ……………………… 97

便民圖纂十五卷 ………………… 98

田家五行三卷拾遺一卷東方朔探春曆
　記一卷紀曆撮要一卷 ………… 98

農書二卷 ………………………… 99

築圍説一卷 ……………………… 99

御製耕織圖詩一卷 ……………… 100

教稼書一卷 ……………………… 100

農桑易知錄三卷 ………………… 101

三農紀十卷 ……………………… 101

西石梁農圃便覽不分卷 ………… 102

寶訓八卷 ………………………… 102

卜歲恒言四卷 …………………… 102

浦泖農咨 ………………………… 103

馬首農言一卷校勘記一卷 ……… 103

半半山莊農言著實一卷 ………… 104

營田輯要内篇二卷外篇一卷首一卷 … 104

救荒簡易書四卷 ………………… 104

農候雜占四卷 …………………… 105

築圩圖説一卷 …………………… 105

田家占候集覽十卷 ……………… 106

國脉民天一卷 …………………… 106

農具記一卷 ……………………… 106

梭山農譜三卷 …………………… 107

老圃良言一卷 …………………… 107

農政發明一卷耕心農話一卷 …… 107

江南催耕課稻編不分卷 ………… 108

金薯傳習錄二卷 ………………… 108

欽定授衣廣訓二卷 ……………… 108

木棉譜一卷 ……………………… 109

棉書不分卷 ……………………… 109

種棉實驗説 ……………………… 109

通屬種棉述略一卷 ……………… 110

勸種洋棉説一卷 ………………… 110

棉業圖説八卷 …………………… 110

栽苧麻法略一卷 ………………… 111

瀏陽麻利述一卷 ………………… 111

藝麻輯要 ………………………… 112

稼圃輯一卷 ……………………… 112

樹藝篇三十三卷 ………………… 112

撫郡農產考略二卷 ……………… 113

救荒野譜一卷 …………………… 113

野菜贊一卷 ……………………… 114

豳風廣義三卷 …………………… 114

桑志十卷首一卷 115

西吳蠶略二卷 115

蠶桑輯要二卷 115

廣蠶桑說輯補二卷 116

蠶桑輯要一卷 116

種桑說一卷養蠶說一卷 117

湖蠶述四卷 117

桑蠶提要二卷附桑蠶說一卷 118

蠶事要略一卷 118

粵中蠶桑芻言一卷 118

蠶桑備要四卷醫蠶病方一卷 119

神農最要三卷 119

養蠶秘訣一卷 120

蠶桑說一卷 120

蠶桑輯要不分卷 120

橡繭圖說二卷 121

柞蠶雜志一卷柞蠶問答一卷 121

柞蠶彙志一卷 121

樗繭譜一卷 122

野蠶錄不分卷 122

柳蠶新編二卷 123

醫家類

黃帝內經太素三十卷 123

黃帝內經素問注證發微九卷補遺一卷
　黃帝內經靈樞注證發微九卷 124

黃帝內經素問二十四卷 124

黃帝內經素問九卷 125

靈樞經九卷 125

讀素問鈔九卷補遺一卷附錄一卷 ... 125

黃帝素問直解九卷 126

內經博議四卷 127

醫經原旨六卷 127

素靈微蘊四卷 127

中西匯通醫經精義二卷 128

運氣易覽三卷 128

內經運氣病釋九卷附內經遺篇病釋
　一卷 129

新刊勿聽子俗解八十一難經六卷 ... 129

金匱要略四卷 130

圖注八十一難經辨真四卷 130

王翰林集注黃帝八十一難經五卷 ... 131

難經正義九卷圖不分卷 131

難經懸解二卷 131

難經經釋二卷 132

古本難經闡注四卷 132

金匱玉函經八卷 132

仲景傷寒補亡論二十卷 133

活人書二十卷 134

傷寒百問六卷 134

新鐫注解張仲景傷寒發微論四卷 ... 135

張仲景注解傷寒百證歌五卷 136

傷寒九十論一卷校譌一卷 136

陰證略例一卷 137

傷寒六書六卷 137

金鏡內臺方議十二卷 138

傷寒論七卷 139

傷寒論集注六卷 139

傷寒辯證四卷 140

傷寒來蘇全集八卷 140

傷寒論後條辨十五卷 141

重編張仲景傷寒論證治發明溯源集
　十卷 142

傷寒論直解六卷附傷寒附餘一卷 ... 142

張仲景傷寒論貫珠集八卷 143

傷寒論淺注補正七卷首一卷 143

醫門棒喝二集傷寒論本旨九卷 144

金匱懸解二十二卷 145

金匱要略直解三卷 145

金匱要略編注二十四卷 145

金匱要略廣注三卷 146

金匱玉函經二注二十二卷 146

金匱要略方論本義二十二卷 147

金匱心典三卷 148

新修本草二十卷 148

本草衍義二十卷 149

履巉巖本草三卷 …………………………… 150

鐫補雷公炮製藥性解六卷 ………………… 150

藥品化義十三卷首一卷 …………………… 151

本草集要八卷 ……………………………… 152

本草品彙精要四十二卷續集十卷脈訣
　　二卷 ……………………………………… 152

本草蒙筌十二卷 …………………………… 153

本草彙言二十卷 …………………………… 154

本草原始十二卷 …………………………… 154

本草通玄二卷 ……………………………… 155

本經疏證十二卷本經續疏六卷本經序
　　疏要八卷 ………………………………… 156

增訂本草備要四卷 ………………………… 157

本經逢原四卷 ……………………………… 157

本草從新十八卷 …………………………… 158

藥性通考六卷 ……………………………… 158

本草綱目拾遺十卷正誤一卷 ……………… 159

本草求真九卷 ……………………………… 159

神農本草經讀四卷 ………………………… 160

本草經解要四卷附餘一卷 ………………… 160

銅人腧穴鍼灸圖經三卷附穴腧都數一
　　卷修明堂訣式一卷避鍼灸訣一卷 …… 161

十四經發揮三卷 …………………………… 162

鍼灸大成十卷 ……………………………… 162

鍼方六集六卷 ……………………………… 163

鍼灸聚英四卷 ……………………………… 163

太乙神鍼心法二卷 ………………………… 164

經脈圖考四卷 ……………………………… 164

神灸經綸四卷 ……………………………… 165

傳悟靈濟録二卷 …………………………… 165

灸法秘傳一卷首一卷 ……………………… 165

新刻小兒推拿方脈活嬰秘旨全書二
　　卷 ………………………………………… 166

推拿廣意三卷 ……………………………… 166

釐正按摩要術四卷 ………………………… 167

理瀹駢文一卷略言一卷續增略言三卷
　　附膏藥方一卷治心病方一卷 ………… 167

新刊王氏脈經十卷 ………………………… 168

新刻校定脈訣指掌病式圖説一卷 ……… 169

圖注脈訣辨真四卷脈訣附方一卷 ……… 169

察病指南三卷 ……………………………… 170

元敖氏傷寒金鏡録一卷 …………………… 170

識病捷法十卷 ……………………………… 171

醫燈續焰二十一卷 ………………………… 171

四診抉微八卷管窺附餘一卷 ……………… 172

四診脈鑑大全九卷 ………………………… 172

診家正眼二卷 ……………………………… 173

脈訣彙辨十卷 ……………………………… 173

望診遵經二卷 ……………………………… 174

舌鑑辨正二卷 ……………………………… 174

臨症辨似一卷附察舌辨症歌一卷 ……… 174

史載之方二卷 ……………………………… 175

類證普濟本事方續集十卷 ………………… 176

雞峰普濟方三十卷 ………………………… 176

洪氏集驗方五卷 …………………………… 177

魏氏家藏方十卷 …………………………… 178

癸巳新刊御藥院方十一卷 ………………… 178

太醫院經驗奇效良方大全六十九卷 …… 179

胞與堂丸散譜不分卷 ……………………… 179

名醫方論四卷 ……………………………… 180

醫方集解六卷 ……………………………… 180

成方切用十二卷首一卷末一卷 ………… 181

串雅八卷（內編四卷外編四卷） ………… 181

醫方論四卷 ………………………………… 182

潛齋簡效方不分卷 ………………………… 182

瘴瘧指南二卷 ……………………………… 183

重刻張鳳逵傷暑全書二卷 ………………… 183

瘟疫明辨四卷方一卷 ……………………… 184

廣瘟疫論四卷末一卷 ……………………… 184

痧脹玉衡書三卷後一卷 …………………… 185

温熱暑疫全書四卷 ………………………… 185

痢疾論四卷 ………………………………… 186

痢證匯參十卷 ……………………………… 186

傷寒瘟疫條辯六卷 ………………………… 187

松峰説疫六卷 ……………………………… 187

疫疹一得二卷 ……………………………… 188

問心堂温病條辨六卷首一卷 …………… 188

濕熱條辨一卷 …………………………… 189

痧脹源流一卷 …………………………… 189

隨息居重訂霍亂論四卷 ………………… 190

吊脚痧方論一卷 ………………………… 190

温熱經緯五卷 …………………………… 191

時病論八卷 ……………………………… 191

鼠疫抉微四卷 …………………………… 192

南病別鑑不分卷附節録辨證要略一
　卷 ……………………………………… 192

温熱逢源三卷 …………………………… 192

醫學發明一卷 …………………………… 193

新刻痰火點雪四卷 ……………………… 193

慎柔五書五卷 …………………………… 194

理虚元鑑二卷 …………………………… 195

虚損啓微二卷 …………………………… 195

專治血症經驗良方論一卷 ……………… 196

金匱翼八卷 ……………………………… 196

中風論一卷 ……………………………… 197

醫醇賸義四卷 …………………………… 197

血證論八卷醫學一見能一卷 …………… 198

毆蠱燃犀録不分卷 ……………………… 199

經效産寶三卷續編一卷 ………………… 199

衛生家寶産科備要八卷 ………………… 200

女科百問二卷産寶雜録一卷 …………… 201

丹溪先生胎産秘書三卷 ………………… 201

萬氏女科一卷 …………………………… 202

胤産全書四卷 …………………………… 202

傅青主女科二卷附産後編二卷 ………… 203

女科經綸八卷 …………………………… 204

女科輯要二卷 …………………………… 205

婦科玉尺六卷 …………………………… 205

竹林寺女科秘傳一卷 …………………… 206

達生編二卷 ……………………………… 206

胎産心法三卷 …………………………… 207

增廣大生要旨五卷 ……………………… 207

幼幼新書四十卷拾遺方一卷 …………… 208

新刊演山省翁活幼口議二十卷 ………… 208

嬰童百問十卷 …………………………… 209

全幼心鑑四卷 …………………………… 209

新刊萬氏家傳幼科發揮二卷 …………… 210

萬氏秘傳片玉心書五卷 ………………… 210

萬氏家傳育嬰四卷 ……………………… 211

幼科鐵鏡六卷 …………………………… 211

鼎鍥幼幼集成六卷 ……………………… 212

聞人氏痘疹論四卷 ……………………… 212

痘疹世醫心法十二卷痘疹格致要論十
　一卷 …………………………………… 213

活幼心法九卷 …………………………… 214

救偏瑣言十卷備用良方一卷 …………… 215

痘疹定論四卷 …………………………… 215

種痘新書十二卷 ………………………… 216

麻科活人全書四卷 ……………………… 216

引痘略一卷 ……………………………… 216

劉涓子鬼遺方五卷 ……………………… 217

重校宋寶太師瘡瘍經驗全書十二卷 …… 217

癧疽神秘灸經一卷 ……………………… 218

新刊外科正宗四卷 ……………………… 218

新刊秘授外科百效全書六卷 …………… 219

洞天奧旨十六卷圖一卷 ………………… 219

外科證治全生不分卷附金瘡鐵扇散方
　一卷 …………………………………… 219

瘍醫大全四十卷 ………………………… 220

瘍科臨證心得集三卷方彙三卷方彙補
　遺一卷家用膏丹丸散方一卷景岳新
　方歌一卷 ……………………………… 221

外科證治全書五卷末一卷 ……………… 221

外證醫案彙編四卷 ……………………… 222

解圍元藪四卷 …………………………… 223

外科灰餘集二卷 ………………………… 223

癧科全書一卷 …………………………… 224

損傷科一卷 ……………………………… 224

傷科補要四卷 …………………………… 224

傷科彙纂十二卷圖注一卷 ……………… 225

傷科大成一卷 …………………………… 225

秘傳眼科龍木醫書總論十卷附葆光道

人秘傳眼科一卷 226

傅氏眼科審視瑤函六卷首一卷醫案一
卷 226

一草亭目科全書一卷附録一卷 227

秘傳眼科全書六卷 227

校刊目經大成三卷首一卷 228

咽喉脈證通論一卷 228

喉科秘本一卷附方一卷 229

喉科指掌六卷 229

重樓玉鑰二卷 229

疫痧草三卷 230

時疫白喉捷要一卷 230

疫喉淺論二卷補遺一卷 231

白喉治法忌表抉微一卷附録一卷 231

白喉條辨一卷 231

爛喉痧疹輯要一卷 232

痧喉正義一卷 232

華氏中藏經三卷 232

醫學啓源三卷 232

衛生寶鑑二十四卷補遺一卷 233

新編醫學正傳八卷 233

醫貫六卷 234

醫學綱目四十卷 234

新刊醫林狀元壽世保元十卷 235

醫宗必讀十卷 235

張氏醫通十六卷 236

辨證録十四卷洞垣全書脈訣闡微一
卷 236

醫學心悟五卷附華佗外科十法一卷 236

雜病源流犀燭三十卷 237

石室秘籙六卷 237

醫碥七卷 238

四聖心源十卷 238

筆花醫鏡四卷 238

類證治裁八卷 239

醫林改錯二卷 239

醫學三字經四卷 240

簡明中西匯參醫學圖説二卷 240

醫案五卷 241

芷園臆草存案一卷 241

臨證指南醫案十卷 241

掃葉莊一瓢老人醫案四卷 242

醫學讀書記三卷續記一卷附静香樓醫
案一卷 242

洄溪醫案一卷 243

王氏醫案二卷續編八卷霍亂論二卷 243

柳選四家醫案八卷 244

醫經正本書一卷 245

折肱漫録七卷 245

裴子言醫四卷 246

侶山堂類辯二卷 246

醫貫砭二卷 247

慎疾芻言一卷 247

吳醫彙講十一卷 248

吳鞠通先生醫案五卷 249

醫門棒喝四卷 249

客塵醫話三卷 250

研經言四卷 250

冷廬醫話五卷 251

讀醫隨筆六卷 251

養生類纂二十二卷養生月覽二卷 252

泰定養生主論十六卷 252

新刊萬氏家傳養生四要五卷 253

壽世青編二卷 254

勿藥玄詮一卷 254

新編壽世傳真不分卷 254

歷代名醫蒙求二卷釋音一卷 255

醫史十卷 256

古今醫史七卷續增二卷附録一卷 256

太醫院志不分卷附同寅録一卷 256

醫故二卷 257

司牧安驥集五卷 258

新刊纂圖元亨療馬集六卷圖像水黄牛
經合并大全二卷駝經一卷 259

天文算法類

周髀算經二卷 259

周髀算經音義一卷 260

古周髀算經一卷 261

周髀算經校勘記一卷 261

準齋心製几漏圖式一卷 262

銅壺漏箭制度一卷 262

天文精義賦五卷 263

天文略一卷 263

神道大編象宗華天五星九卷 264

天官圖不分卷附錄一卷 264

三垣七政二十八宿週天精鑑一卷 265

天象儀全圖一卷 265

天文圖說不分卷 266

天文三十六全圖一卷 266

交食通軌一卷日食通軌一卷月食通軌
一卷四餘通軌一卷五星通軌一卷 266

三垣列舍入宿去極集一卷 267

新製靈臺儀象志十六卷 268

天官考異一卷 268

方星圖解一卷 269

天元曆理全書十二卷 269

推步法解五卷 270

周天星位經緯宿度考不分卷 270

三才實義天集二十卷 271

不得已二卷 271

璇璣遺述六卷末一卷 272

欽定天文正義八十卷 272

天象源委二十卷 273

地球圖說一卷補圖一卷 273

地圓說一卷 274

宣西通三卷 275

天學闡微十卷 275

欽定儀象考成續編三十二卷 275

天文秘旨五卷 276

西學圖說一卷 276

顓頊曆考二卷 277

漢太初曆考一卷 277

回回曆法一卷 278

回回曆法釋例一卷 278

神道大編曆宗通議十八卷 279

大統曆注不分卷 279

新編遵依司天臺經緯曆書六卷 279

曆志十六卷 280

折中曆法十三卷 280

曆測二卷附曆元布算法一卷 280

民曆鋪注解惑一卷 281

授時曆故四卷 281

曆學假如二卷 282

交食曆書一卷 282

曆象本要一卷 282

七政臺曆八卷 283

算七政交食凌犯法一卷 283

囂囂子曆鏡一卷 284

定曆玉衡十八卷首一卷 284

大清時憲書箋釋一卷 285

歷代長術輯要十卷首一卷古今推步諸
術考二卷 285

三統術詳說四卷 286

九章算經九卷 287

九章算術細草圖說九卷 288

海島算經細草圖說一卷 288

孫子算經三卷 289

五曹算經五卷 289

數術記遺一卷算學源流一卷 290

夏侯陽算經三卷 291

緝古算經考注二卷 291

楊輝算法六卷札記一卷 292

詳解九章算法一卷纂類一卷札記一
卷 293

丁巨算法一卷 294

詳明算法二卷 294

益古演段三卷 294

測圓海鏡細草十二卷 295

新編四元玉鑑三卷 296

四元玉鑑細草不分卷 296

新編算學啓蒙三卷總括一卷 ⋯⋯⋯⋯ 297

算法二卷 ⋯⋯⋯⋯⋯⋯⋯⋯⋯⋯⋯ 297

算法全能集二卷 ⋯⋯⋯⋯⋯⋯⋯⋯ 298

九章詳注比類算法大全十卷乘除開方
　　起例一卷 ⋯⋯⋯⋯⋯⋯⋯⋯⋯ 298

神道大編曆宗算會十五卷 ⋯⋯⋯⋯ 299

勾股算術二卷 ⋯⋯⋯⋯⋯⋯⋯⋯⋯ 299

新編直指算法統宗十七卷首一卷 ⋯ 300

嘉量算經三卷問答一卷 ⋯⋯⋯⋯⋯ 300

度測三卷開平方説一卷開立方説一卷
　　度算解一卷 ⋯⋯⋯⋯⋯⋯⋯⋯ 301

算海説詳九卷 ⋯⋯⋯⋯⋯⋯⋯⋯⋯ 301

割圜密率捷法四卷 ⋯⋯⋯⋯⋯⋯⋯ 301

勾股割圜記三卷 ⋯⋯⋯⋯⋯⋯⋯⋯ 302

準望簡法一卷割圜弧矢補論一卷勾股
　　割圜全義圖一卷方圜比例數表一卷
　　⋯⋯⋯⋯⋯⋯⋯⋯⋯⋯⋯⋯⋯⋯ 303

同度記四卷 ⋯⋯⋯⋯⋯⋯⋯⋯⋯⋯ 303

求一算術三卷 ⋯⋯⋯⋯⋯⋯⋯⋯⋯ 304

里堂學算記五種十六卷 ⋯⋯⋯⋯⋯ 304

開方通釋一卷 ⋯⋯⋯⋯⋯⋯⋯⋯⋯ 306

衡齋算學七卷 ⋯⋯⋯⋯⋯⋯⋯⋯⋯ 307

李氏遺書十一種十八卷 ⋯⋯⋯⋯⋯ 308

如積引蒙十卷 ⋯⋯⋯⋯⋯⋯⋯⋯⋯ 313

六九軒算書五種七卷附輯古算經補注
　　一卷 ⋯⋯⋯⋯⋯⋯⋯⋯⋯⋯⋯ 313

割圜連比例術圖解三卷 ⋯⋯⋯⋯⋯ 315

象數一原七卷 ⋯⋯⋯⋯⋯⋯⋯⋯⋯ 316

下學庵算書三種 ⋯⋯⋯⋯⋯⋯⋯⋯ 317

求表捷術九卷 ⋯⋯⋯⋯⋯⋯⋯⋯⋯ 318

筆算説略一卷籌算説略一卷 ⋯⋯⋯ 319

測圜密率三卷 ⋯⋯⋯⋯⋯⋯⋯⋯⋯ 319

致曲術一卷致曲圖解一卷 ⋯⋯⋯⋯ 320

則古昔齋算學十三種 ⋯⋯⋯⋯⋯⋯ 321

求一術通解二卷 ⋯⋯⋯⋯⋯⋯⋯⋯ 326

術數類

集注太玄六卷 ⋯⋯⋯⋯⋯⋯⋯⋯⋯ 327

太玄解 ⋯⋯⋯⋯⋯⋯⋯⋯⋯⋯⋯⋯ 327

翼玄十二卷 ⋯⋯⋯⋯⋯⋯⋯⋯⋯⋯ 328

太玄闡秘十卷首一卷外編一卷附編一
　　卷 ⋯⋯⋯⋯⋯⋯⋯⋯⋯⋯⋯⋯ 329

潛虛述義四卷附考異一卷 ⋯⋯⋯⋯ 329

皇極經世觀物外篇釋義四卷 ⋯⋯⋯ 330

古太極測一卷 ⋯⋯⋯⋯⋯⋯⋯⋯⋯ 330

範衍十卷 ⋯⋯⋯⋯⋯⋯⋯⋯⋯⋯⋯ 331

馬王堆帛書五星占 ⋯⋯⋯⋯⋯⋯⋯ 331

馬王堆帛書天文氣象雜占 ⋯⋯⋯⋯ 331

乙巳占九卷 ⋯⋯⋯⋯⋯⋯⋯⋯⋯⋯ 332

觀象玩占五十卷 ⋯⋯⋯⋯⋯⋯⋯⋯ 332

譙子五行志五卷 ⋯⋯⋯⋯⋯⋯⋯⋯ 333

素問六氣玄珠密語十七卷 ⋯⋯⋯⋯ 333

景祐乾象新書三十卷 ⋯⋯⋯⋯⋯⋯ 334

乾象通鑑一百卷 ⋯⋯⋯⋯⋯⋯⋯⋯ 335

戎事類占二十一卷 ⋯⋯⋯⋯⋯⋯⋯ 336

參籌秘書十卷 ⋯⋯⋯⋯⋯⋯⋯⋯⋯ 336

風角書八卷 ⋯⋯⋯⋯⋯⋯⋯⋯⋯⋯ 337

雲氣占候二卷 ⋯⋯⋯⋯⋯⋯⋯⋯⋯ 337

管氏指蒙二卷 ⋯⋯⋯⋯⋯⋯⋯⋯⋯ 338

陽宅大全十一卷 ⋯⋯⋯⋯⋯⋯⋯⋯ 339

安居金鏡八卷 ⋯⋯⋯⋯⋯⋯⋯⋯⋯ 342

玉髓真經三十卷後卷二十一卷 ⋯⋯ 342

重校正地理新書十五卷 ⋯⋯⋯⋯⋯ 343

鐫地理參補評林圖訣全備平沙玉尺經
　　二卷附録一卷 ⋯⋯⋯⋯⋯⋯⋯ 344

葬經箋注一卷圖説一卷 ⋯⋯⋯⋯⋯ 345

風水祛惑一卷 ⋯⋯⋯⋯⋯⋯⋯⋯⋯ 345

黃帝龍首經二卷 ⋯⋯⋯⋯⋯⋯⋯⋯ 346

黃帝授三子玄女經一卷 ⋯⋯⋯⋯⋯ 346

黃帝金匱玉衡經一卷 ⋯⋯⋯⋯⋯⋯ 347

易林注十六卷 ⋯⋯⋯⋯⋯⋯⋯⋯⋯ 347

焦氏易林校略十六卷 ⋯⋯⋯⋯⋯⋯ 348

易林釋文二卷 ⋯⋯⋯⋯⋯⋯⋯⋯⋯ 348

玉靈照膽經一卷心傳要訣一卷 ⋯⋯ 349

覆盆明鏡照占真經八卷 ⋯⋯⋯⋯⋯ 349

增注周易神應六親百章海底眼前集一

卷後集一卷 ……………… 350
六壬軍帳神機四十八卷 …… 350
卜筮全書十四卷 …………… 351
相法十六篇一卷 …………… 351
新雕注疏珞琭子三命消息賦三卷新雕
　李燕陰陽三命二卷 ……… 352
新刊範圍數二卷 …………… 353
大定新編四卷 ……………… 353
新刊指南臺司袁天罡先生五星三命大
　全四卷 …………………… 354
回谷先生人倫廣鑑集説十卷 … 354
造命宗鏡集十二卷 ………… 355
五行大義五卷 ……………… 355
遁甲符應經三卷 …………… 356
洪範政鑒十二卷 …………… 356
洪範淺解十一卷 …………… 357
景祐太乙福應經十卷 ……… 357
三曆撮要一卷 ……………… 358
河洛真數十卷 ……………… 358
太乙統宗寶鑑二十卷 ……… 359
新刊陰陽寶鑑尅擇通書前集五卷後集
　五卷 ……………………… 360
類編曆法通書大全三十卷 … 360
新刊理氣詳辯纂要三台便覽通書正宗
　二十卷首一卷 …………… 361
天文書四卷 ………………… 362
夢林玄解三十四卷首一卷 … 363
夢占逸旨八卷 ……………… 364
夢占類考十二卷 …………… 364
新刻萬法歸宗五卷 ………… 364
新鍥徽郡原板夢學全書三卷首一卷 … 365

藝術類

畫繼補遺二卷 ……………… 365
孫氏書畫鈔二卷 …………… 366
中麓畫品一卷 ……………… 366
王奉常書畫題跋二卷 ……… 367
書法約言一卷 ……………… 367

龔安節先生畫訣一卷 ……… 367
畫譜一卷 …………………… 368
法書通釋二卷 ……………… 368
大書長語二卷 ……………… 368
平生壯觀十卷 ……………… 369
無聲詩史七卷 ……………… 369
讀畫録四卷 ………………… 369
明畫録八卷 ………………… 370
書畫記六卷 ………………… 370
畫筌一卷 …………………… 371
墨井畫跋一卷 ……………… 371
雨窗漫筆一卷 ……………… 371
麓臺題畫稿一卷 …………… 372
大觀録二十卷 ……………… 372
東莊論畫一卷 ……………… 372
繪事發微一卷 ……………… 373
視學不分卷 ………………… 373
國朝畫徵録三卷續録二卷 … 374
國朝畫徵補録二卷 ………… 374
畫論一卷 …………………… 374
墨緣彙觀録四卷 …………… 375
虛舟題跋十卷原三卷 ……… 375
漢溪書法通解八卷 ………… 376
指頭畫説一卷 ……………… 376
吳越所見書畫録六卷書畫説鈴一卷 … 376
閩中書畫録十六卷 ………… 377
蔣氏游藝秘録九種九卷 …… 377
芥舟學畫編四卷 …………… 379
蘇齋題跋不分卷附鐵函齋書跋補一
　卷 ………………………… 379
墨梅人名録一卷 …………… 380
九勢碎事一卷 ……………… 380
繪事瑣言八卷 ……………… 380
承晉齋積聞録一卷 ………… 381
山靜居畫論二卷 …………… 381
二十四畫品一卷 …………… 382
松壺畫憶二卷 ……………… 382
養素居畫學鉤深一卷 ……… 382

欽定祕殿珠林續編八卷欽定石渠寶笈
　　續編八十八卷 …… 383
欽定祕殿珠林三編不分卷欽定石渠寶
　　笈三編不分卷 …… 383
石渠隨筆八卷 …… 384
國朝畫識十七卷 …… 384
胡氏書畫考三種八卷 …… 385
南薰殿圖像考二卷 …… 385
國朝院畫録二卷 …… 385
西清劄記四卷 …… 385
谿山臥游録四卷 …… 386
紅豆樹館書畫記八卷 …… 386
辛丑銷夏記五卷 …… 386
藝舟雙楫六卷附録三卷 …… 387
畫筌析覽二卷 …… 387
歷代畫史彙傳七十二卷首一卷附録
　　二卷 …… 388
玉臺畫史五卷別録一卷 …… 388
玉臺書史一卷 …… 388
別下齋書畫録七卷補闕一卷 …… 389
習苦齋畫絮十卷 …… 389
嶽雪樓書畫録五卷 …… 389
過雲樓書畫記十卷 …… 390
桐陰論畫二卷首一卷附録一卷桐陰畫
　　訣一卷續桐陰論畫一卷 …… 390
桐陰論畫二編二卷桐陰論畫三編二
　　卷 …… 391
畫學心印八卷 …… 391
書畫鑑影二十四卷 …… 391
夢幻居畫學簡明五卷續五卷又一卷 …… 392
夢園書畫録二十五卷 …… 392
穰梨館過眼録四十卷續録十六卷 …… 392
揚州畫苑録四卷 …… 393
頤園論畫不分卷 …… 393
澄蘭室古緣萃録十八卷 …… 393
寒松閣談藝瑣録六卷 …… 394
愛日吟廬書畫録四卷 …… 394
愛日吟廬書畫補録一卷愛日吟廬書畫

續録八卷愛日吟廬書畫別録四卷 …… 395
廣藝舟雙楫六卷 …… 395
國朝書人輯略十一卷首一卷 …… 395
壬寅銷夏録不分卷 …… 396
虛齋名畫録十六卷續録四卷補遺一
　　卷 …… 396
印存初集四卷 …… 396
印存玄覽四卷 …… 397
篆鏤心得一卷 …… 397
篆刻鍼度八卷 …… 397
篆學瑣著三十種四十卷 …… 398
沈篔邨選抄印學四種四卷 …… 403
紅术軒紫泥法定本一卷 …… 404
琴操二卷補遺一卷 …… 404
碣石調幽蘭一卷 …… 405
臞仙神奇秘譜三卷 …… 405
太音大全集五卷 …… 405
重修正文對音捷要真傳琴譜大全十
　　卷 …… 406
琴書大全二十二卷 …… 406
太古正音琴經十四卷太古正音琴譜
　　四卷 …… 407
西麓堂琴統二十五卷 …… 407
萬峰閣指法閟箋不分卷 …… 407
大還閣琴譜六卷谿山琴況一卷 …… 408
琴學心聲諧譜二卷 …… 408
琴譜指法二卷 …… 409
五知齋琴譜八卷 …… 409
治心齋琴學練要五卷 …… 409
琴譜新聲六卷指法一卷琴説一卷鼓琴
　　八則一卷 …… 410
琴學內篇一卷外篇一卷 …… 410
琴律譜一卷 …… 411
音調定程一卷絃徽宣秘一卷 …… 411
與古齋琴譜四卷補義一卷 …… 411
琴律指掌不分卷 …… 412
敦煌曲子譜一卷 …… 412
敦煌舞譜二卷 …… 412

魏氏樂譜一卷 … 413

管色考一卷 … 413

絃索備考六卷 … 414

琵琶譜三卷 … 414

借雲館曲譜二卷 … 415

南北派十三套大曲琵琶新譜二卷附録
一卷 … 415

泉南指譜重編六卷 … 415

碁經一卷(殘) … 416

忘憂清樂集一卷附碁經一卷碁訣一
卷 … 416

適情録二十卷 … 417

秋仙遺譜前集八卷後集四卷附碁經一
卷 … 418

弈史一卷 … 418

弈藪四卷碁經注一卷 … 418

仙機武庫八卷 … 418

潞藩輯纂萬彙仙機碁譜十卷 … 419

不古編不分卷 … 419

兼山堂弈譜一卷 … 419

官子譜三卷 … 420

官子譜不分卷 … 420

弈妙一卷弈妙二編一卷 … 420

桃花泉弈譜二卷 … 421

弈理指歸圖三卷 … 421

弈理指歸續編一卷 … 421

過伯齡先生四子譜二卷 … 422

弈程二卷 … 422

餐菊齋棋評一卷 … 422

周懶予先生圍碁譜一卷 … 422

寄青霞館弈選八卷續編八卷 … 423

潘景齋弈譜約選一卷 … 423

橘中秘四卷 … 423

適情雅趣十卷 … 424

心武殘編四卷首一卷 … 424

竹香齋象戲譜三卷 … 424

漢官儀三卷 … 425

射書四卷首一卷 … 425

射學指南一卷 … 425

壺史五卷 … 425

投壺考原一卷 … 425

蹴踘譜不分卷 … 426

酒人觴政一卷 … 426

六博譜一卷 … 426

六博碎金七卷 … 426

宣和牌譜 … 426

弔譜集成六卷首一卷緒餘一卷 … 427

葉戲原起一卷 … 427

譜録類

古玉圖考不分卷 … 427

奕載堂古玉圖録一卷 … 428

寧壽鑒古十六卷 … 428

西清續鑒甲編二十卷附録一卷 … 428

西清續鑒乙編二十卷 … 428

古金待問録四卷餘一卷補遺一卷 … 429

古金録四卷 … 429

集古官印考十七卷集古虎符魚符考一
卷 … 429

封泥考略十卷 … 429

劍筴二十七卷 … 430

藤花亭鏡譜八卷 … 430

晉義熙銅鼓考一卷 … 430

秦漢瓦圖記四卷補遺一卷 … 430

漢甘泉宮瓦記一卷 … 431

千甓亭磚録六卷續録四卷 … 431

陶説六卷 … 431

陽羨名陶録二卷續録一卷 … 432

景德鎮陶録十卷 … 432

窯器説一卷 … 432

蝶几譜一卷 … 433

古今名扇録不分卷 … 433

羽扇譜一卷 … 433

看珠録一卷 … 433

素園石譜四卷 … 434

泉志十五卷 … 434

古泉匯六十四卷首一卷 …………… 434

續泉匯十四卷首集一卷補遺二卷 …… 434

錢志新編二十卷 …………………… 435

文房肆考圖説八卷 ………………… 435

歙硯輯考一卷 ……………………… 435

端溪研志三卷首一卷 ……………… 436

增訂端溪硯坑志六卷卷首一卷 …… 436

飛鴻堂硯譜三卷墨譜一卷瓶譜一卷鼎

　鑪譜一卷 ………………………… 437

程氏墨苑十四卷 …………………… 437

方氏墨譜六卷 ……………………… 438

汪氏鑑古齋墨藪不分卷 …………… 438

金粟箋説一卷 ……………………… 439

筆史一卷 …………………………… 439

天工開物三卷 ……………………… 439

浮梁陶政志一卷附景鎮舊事一卷 … 440

南學製墨劄記一卷 ………………… 440

裝潢志一卷 ………………………… 440

繡譜二卷 …………………………… 441

髹飾録二卷髹飾録箋證一卷 ……… 441

茶譜一卷 …………………………… 442

茶乘六卷拾遺一卷 ………………… 442

茗史二卷 …………………………… 442

茶史二卷補一卷 …………………… 443

酒概四卷 …………………………… 443

六必酒經三卷 ……………………… 443

粥譜一卷廣粥譜一卷 ……………… 444

膳夫經手録一卷 …………………… 444

疏食譜一卷 ………………………… 445

飲膳正要三卷 ……………………… 445

雲林堂飲食製度集一卷 …………… 446

易牙遺意二卷 ……………………… 446

隨園食單四卷 ……………………… 446

御膳單不分卷 ……………………… 447

閩中荔支通譜十六卷 ……………… 447

嶺南荔支譜六卷 …………………… 448

水蜜桃譜一卷 ……………………… 448

橘譜一卷 …………………………… 449

亳州牡丹史四卷 …………………… 449

曹州牡丹譜一卷 …………………… 449

菊譜一卷 …………………………… 449

藝菊志八卷 ………………………… 450

菊譜二卷 …………………………… 450

東籬中正一卷附渡花居東籬集一卷 … 450

蘭易二卷蘭史一卷 ………………… 451

茶花譜一卷總説一卷茶花詠一卷 … 451

月季花譜一卷 ……………………… 451

高寄齋訂正餅花譜一卷 …………… 452

陳眉公重訂瓶史二卷 ……………… 452

花史四卷 …………………………… 452

花史左編二十七卷 ………………… 453

秘傳花鏡六卷圖一卷 ……………… 453

花木小志一卷 ……………………… 453

竹譜一卷 …………………………… 454

種芋法一卷 ………………………… 454

吳蕈譜一卷 ………………………… 454

烟草譜八卷題詞一卷 ……………… 454

烟譜一卷 …………………………… 455

植物名實圖考三十八卷 …………… 455

汝南圃史十二卷 …………………… 456

灌園草木識六卷 …………………… 456

北墅抱甕録一卷 …………………… 456

倦圃蒔植記三卷總論二卷 ………… 456

花傭月令一卷 ……………………… 457

名馬記二卷續名馬記二卷 ………… 457

獸經一卷 …………………………… 457

虎苑二卷 …………………………… 457

貓乘八卷 …………………………… 458

鷄譜不分卷 ………………………… 458

鵪鶉譜全集四卷 …………………… 458

鴿經一卷 …………………………… 459

欽定鳥譜十二卷 …………………… 459

畫眉筆談一卷 ……………………… 459

説蛇一卷 …………………………… 460

蜂衙小記一卷 ……………………… 460

禽蟲述一卷 ………………………… 460

蟲薈五卷 460

重刊訂正秋蟲譜二卷 461

鼎新圖像蟲經二卷 461

蛀孫鑑三卷 461

功蟲録二卷 461

王孫經補遺一卷 462

江南魚鮮品一卷 462

晴川蟹録四卷後蟹録四卷續蟹録一
卷 462

海錯百一録五卷 462

朱魚譜一卷 463

金魚圖譜一卷 463

雜家類

墨子閒詁十五卷附録一卷後語二卷 463

尸子二卷存疑一卷 464

古迂陳氏家塾尹文子二卷 464

公孫龍子注一卷校勘記一卷篇目考一
卷附録一卷 465

鬼谷子三卷篇目考一卷附録一卷 465

淮南鴻烈閒詁二卷 465

淮南萬畢術一卷 466

淮南許注異同詁四卷補遺一卷續補一
卷 466

淮南天文訓補注二卷 466

風俗通義校正二卷風俗通義補逸一
卷 467

顏氏家訓七卷補校注一卷附録一卷 467

續家訓八卷 468

讒書五卷附校一卷 468

松窗百説一卷 469

捫虱新話十五卷 469

經鉏堂雜志八卷 470

東洲几上語一卷東洲枕上語一卷 470

慮得集四卷附録二卷 470

閑中今古二卷 471

龍江夢餘録四卷 471

静虚齋惜陰録十二卷附録一卷 472

祝子罪知録十卷 472

七修類稿五十一卷 472

七修續稿七卷 473

古言二卷 473

芝園外集二十四卷 473

稽古緒論二卷 474

畏齋薛先生緒言四卷 474

覺山先生緒言二卷 475

涇林雜紀二卷涇林續紀二卷 475

虚舟集一卷 475

晝永編二卷 476

金罍子四十四卷 476

蓬窗日録八卷 476

輟擾述四卷 477

海沂子五卷 477

掌中宇宙十四卷 477

四友齋叢説三十八卷 478

篷底浮談十五卷附録一卷 478

千一録二十六卷 478

近溪羅先生一貫編十一卷 479

近溪子明道録八卷 479

笻齋漫録十卷續集二卷別集一卷 480

續羊棗集九卷附二卷 480

道古録二卷 481

譚輅三卷 481

閒適劇談五卷 481

重刻來瞿唐先生日録内篇七卷外篇五
卷 481

推篷寤語九卷餘録一卷 482

寶顔堂訂正脉望八卷 482

河上楮談三卷 483

汾上續談一卷 483

穀山筆麈十八卷 483

留青日札三十九卷 484

太史楊復所先生證學編四卷首一卷證
學論一卷策一卷 484

焦氏筆乘六卷續集八卷 484

鬱岡齋筆麈四卷 485

塵餘四卷 ……………… 485

文海披沙八卷 …………… 485

五雜組十六卷 …………… 486

珊瑚林二卷　金屑編一卷 … 486

沈氏弋説六卷 …………… 486

沈氏日旦十二卷 ………… 487

聞雁齋筆談六卷 ………… 487

道聽録五卷 ……………… 488

五先堂文市榷酤四卷 …… 488

密庵卮言六卷 …………… 488

剩言十七卷 ……………… 489

剡溪漫筆六卷 …………… 489

讀書雜録二卷 …………… 490

息齋筆記二卷 …………… 490

露書十四卷 ……………… 491

炳燭齋隨筆一卷 ………… 491

樗齋漫録十二卷 ………… 491

菜根譚前集一卷後集一卷 … 492

幾亭外書九卷 …………… 492

客問篇一卷 ……………… 493

三成叢譚十三卷 ………… 493

野航史話四卷 …………… 494

暇老齋雜記三十二卷 …… 494

吹景集十四卷 …………… 494

谷簾先生遺書八卷 ……… 495

政餘筆録四卷 …………… 495

因樹屋書影十卷 ………… 495

東西均一卷 ……………… 496

寒夜録二卷 ……………… 496

棗林雜俎六卷 …………… 496

棗林外索三卷 …………… 497

雕丘雜録十八卷 ………… 497

讀書雜述十卷 …………… 497

夜航船二十卷 …………… 498

山志六卷 ………………… 498

蒿庵閑話二卷 …………… 498

尚論持平二卷析疑待正二卷事文標異
　一卷 ………………… 499

艮齋雜説十卷 …………… 499

此木軒雜著八卷 ………… 500

妙貫堂餘譚六卷 ………… 500

在園雜志四卷 …………… 500

南村隨筆六卷 …………… 501

蓉槎蠡説十二卷 ………… 501

諤崖脞説五卷 …………… 501

片刻餘閒集二卷 ………… 502

書隱叢説十九卷 ………… 502

瀟湘聽雨録八卷 ………… 502

茶餘客話二十二卷 ……… 503

水曹清暇録十六卷 ……… 503

簷曝雜記六卷附録一卷 … 504

黃嬭餘話八卷 …………… 504

定香亭筆談四卷 ………… 505

循陔纂聞五卷 …………… 505

履園叢話二十四卷 ……… 505

竹葉亭雜記八卷 ………… 506

尖陽叢筆十卷續筆一卷 … 506

桃溪客語五卷 …………… 507

鐙窗叢録五卷補遺一卷 … 507

瑟榭叢談二卷 …………… 507

醒世一斑録五卷附編三卷雜述八卷 … 508

費隱與知録一卷 ………… 508

讀書小記一卷因柳閣讀書録一卷 … 509

卝兮筆記二卷 …………… 509

冷廬雜識八卷續編一卷 … 509

春在堂隨筆十卷 ………… 510

止園筆談八卷 …………… 510

蕉軒隨録十二卷 ………… 510

蕉軒續録二卷 …………… 511

章安雜説 ………………… 511

庸閒齋筆記十二卷 ……… 512

白虎通疏證十二卷 ……… 512

新刻釋常談三卷 ………… 513

困學紀聞注二十卷 ……… 513

箐齋讀書録二卷 ………… 513

兩山墨談十八卷 ………… 514

秕林伐山二十卷 …………………………… 514

讀書噫語十卷 ……………………………… 515

戲瑕三卷 …………………………………… 515

玉唾壺二卷 ………………………………… 515

日知録集釋三十二卷刊誤二卷續刊誤
　　二卷 …………………………………… 515

日知録之餘四卷 …………………………… 516

修潔齋閑筆八卷 …………………………… 517

古今釋疑十八卷 …………………………… 517

群書疑辨十二卷 …………………………… 517

畏壘筆記四卷 ……………………………… 518

隙光亭雜識六卷 …………………………… 518

讀書記疑十六卷 …………………………… 519

燕在閣知新録三十二卷 …………………… 519

柳南隨筆六卷續筆四卷 …………………… 520

韓門綴學五卷續編一卷談書録一卷 ……… 520

全謝山先生經史問答十卷 ………………… 521

訂訛類編六卷續補二卷 …………………… 521

隨園隨筆二十八卷 ………………………… 522

援鶉堂筆記五十卷 ………………………… 522

群書拾補不分卷 …………………………… 522

鍾山札記四卷 ……………………………… 523

龍城札記三卷 ……………………………… 523

蛾術編八十二卷 …………………………… 524

十駕齋養新録二十卷餘録三卷 …………… 524

陔餘叢考四十三卷 ………………………… 525

惜抱軒筆記八卷 …………………………… 526

讀書脞録七卷續編四卷 …………………… 526

南江札記四卷 ……………………………… 527

焠掌録二卷 ………………………………… 527

讀書雜志八十二卷餘編二卷 ……………… 527

柚堂筆談四卷 ……………………………… 528

覺非盦筆記八卷 …………………………… 528

過夏雜録六卷續録一卷 …………………… 529

群書札記十六卷 …………………………… 530

蠡勺編四十卷 ……………………………… 530

曉讀書齋雜録八卷 ………………………… 530

炳燭編四卷 ………………………………… 531

札樸十卷 …………………………………… 531

愈愚録六卷 ………………………………… 531

經史雜記八卷 ……………………………… 532

雪泥書屋雜志四卷 ………………………… 532

敀厓考古録四卷校記一卷 ………………… 532

二初齋讀書記十卷首一卷 ………………… 533

瞥記七卷庭立記聞四卷 …………………… 533

簡莊疏記十七卷 …………………………… 534

合肥學舍札記十二卷 ……………………… 534

過庭録十六卷 ……………………………… 535

讀書叢録二十四卷 ………………………… 535

鄭堂札記五卷 ……………………………… 536

柿葉軒筆記一卷 …………………………… 536

拜經日記十二卷 …………………………… 536

蕙櫋襍記一卷 ……………………………… 537

娛親雅言六卷 ……………………………… 537

養吉齋叢録二十六卷餘録十卷 …………… 538

經史質疑録不分卷 ………………………… 538

交翠軒筆記四卷 …………………………… 539

銅熨斗齋隨筆八卷 ………………………… 539

經史答問四卷 ……………………………… 539

蘿藦亭札記八卷 …………………………… 540

管見舉隅一卷 ……………………………… 540

菉友蛾術編二卷 …………………………… 541

癸巳類稿十五卷 …………………………… 541

癸巳存稿十五卷 …………………………… 542

癸巳賸稿一卷首一卷附録一卷 …………… 542

彊識編四卷續一卷 ………………………… 542

東塾讀書記二十五卷 ……………………… 543

攀古小廬雜著十二卷 ……………………… 543

丁戊筆記二卷 ……………………………… 544

讀書偶記八卷 ……………………………… 544

消暑録一卷 ………………………………… 544

求闕齋讀書録十卷 ………………………… 545

南漘楛語八卷 ……………………………… 545

思益堂日札十卷 …………………………… 546

讀書雜釋十四卷 …………………………… 546

諸子平議三十五卷 ………………………… 547

古書疑義舉例七卷 ……………… 547

湖樓筆談七卷 ……………………… 547

悔翁筆記六卷 ……………………… 548

烟嶼樓讀書志十六卷烟嶼樓筆記八卷

　　…………………………………… 548

東湖叢記六卷 ……………………… 549

吹網錄六卷 ………………………… 549

鷗陂漁話六卷 ……………………… 550

讀書雜識十二卷 …………………… 550

霞外攟屑十卷 ……………………… 550

札迻十二卷 ………………………… 551

籀高述林十卷 ……………………… 551

舒蓺室隨筆六卷 …………………… 552

舒蓺室續筆一卷 …………………… 552

舒蓺室餘筆三卷 …………………… 553

無邪堂答問五卷 …………………… 553

濼源問答十二卷 …………………… 554

純常子枝語四十卷 ………………… 554

師伏堂筆記三卷 …………………… 554

午窗隨筆四卷 ……………………… 555

愚慮錄五卷 ………………………… 555

丁晉公談錄一卷 …………………… 556

續世說十二卷 ……………………… 556

續墨客揮犀十卷 …………………… 556

醉翁談錄五卷 ……………………… 557

静齋至正直記四卷 ………………… 557

冀越集記二卷 ……………………… 558

東園客談一卷 ……………………… 558

可齋雜記一卷 ……………………… 559

雙槐歲抄十卷 ……………………… 559

石田翁客座新聞十一卷 …………… 559

震澤紀聞二卷續震澤紀聞一卷 …… 560

立齋閑錄四卷 ……………………… 560

青溪暇筆二卷 ……………………… 561

皇明紀略一卷 ……………………… 561

西園聞見錄一百七卷 ……………… 561

濯纓亭筆記十卷附禮記集説辯疑一

　　卷 ………………………………… 562

寓圃雜記十卷 ……………………… 563

復齋日記一卷 ……………………… 563

磯園稗史三卷 ……………………… 563

病逸漫記不分卷 …………………… 564

孤樹裒談十卷 ……………………… 564

澹泉筆述十二卷 …………………… 565

張恭懿松窗夢語八卷 ……………… 565

見聞雜紀十一卷 …………………… 565

西臺漫紀六卷 ……………………… 566

林居漫録前集六卷別集九卷畸集五卷

　　多集六卷 ………………………… 566

西山日記二卷 ……………………… 566

玉堂叢語八卷 ……………………… 567

湧幢小品三十二卷 ………………… 567

皇明世説新語八卷附釋名一卷 …… 568

戒庵老人漫筆八卷 ………………… 568

焦氏説楛七卷 ……………………… 568

野獲編三十卷野獲編補遺四卷 …… 569

花當閣叢談八卷 …………………… 569

玉堂薈記四卷 ……………………… 570

玉劍尊聞十卷 ……………………… 570

客舍偶聞一卷 ……………………… 571

天香閣隨筆二卷 …………………… 571

今世説八卷 ………………………… 572

明語林十四卷補遺一卷 …………… 572

天史十二卷問天亭放言一卷 ……… 572

邛竹杖七卷 ………………………… 573

二樓紀略四卷 ……………………… 573

劉繼莊先生廣陽雜記五卷 ………… 574

觚賸八卷觚賸續編四卷 …………… 574

拾籜餘閒一卷 ……………………… 575

人海記二卷 ………………………… 575

讀書堂西征隨筆一卷 ……………… 576

巢林筆談六卷 ……………………… 576

巢林筆談續編二卷 ………………… 576

藤陰雜記十二卷 …………………… 577

伊江筆録二卷 ……………………… 577

春泉聞見録四卷 …………………… 577

陶廬雜録六卷 ………………………… 578

清秘述聞十六卷 ……………………… 578

清秘述聞續十六卷清秘述聞補一卷 … 579

槐廳載筆二十卷 ……………………… 579

恩福堂筆記二卷 ……………………… 580

熙朝新語十六卷 ……………………… 580

歸田瑣記八卷 ………………………… 580

浪迹叢談十一卷 ……………………… 581

浪迹續談八卷 ………………………… 581

浪迹三談六卷 ………………………… 581

我暇編不分卷 ………………………… 582

嘯亭雜録十卷嘯亭續録三卷 ………… 582

樗園銷夏録三卷 ……………………… 582

野語九卷 ……………………………… 582

聽雨樓隨筆八卷 ……………………… 583

鄉園憶舊録六卷 ……………………… 583

無事爲福齋隨筆二卷 ………………… 583

橋西雜記一卷 ………………………… 584

侍衛瑣言一卷補一卷 ………………… 584

管見所及一卷補遺一卷 ……………… 584

寄楮備談一卷 ………………………… 585

煨柮閒談一卷 ………………………… 585

括談二卷 ……………………………… 585

見聞隨筆二十六卷 …………………… 585

見聞續筆二十四卷 …………………… 586

靜娛亭筆記十二卷 …………………… 586

郎潛紀聞十四卷郎潛二筆十六卷郎潛

　　三筆十二卷 ……………………… 586

庸盦筆記六卷 ………………………… 587

金壺七墨十八卷 ……………………… 587

粟香隨筆八卷粟香二筆八卷粟香三筆

　　八卷粟香四筆八卷粟香五筆八卷

　　 …………………………………… 588

居家必用事類全集十卷 ……………… 588

多能鄙事十二卷 ……………………… 589

新增格古要論十三卷 ………………… 589

蕉窗九録九卷 ………………………… 590

陳眉公考槃餘事四卷 ………………… 590

華夷花木鳥獸珍玩考十二卷 ………… 590

群物奇制一卷 ………………………… 591

博物要覽十六卷 ……………………… 591

廣社不分卷 …………………………… 591

燕閑四適二十卷 ……………………… 591

閑情偶寄十六卷 ……………………… 592

前塵夢影録二卷 ……………………… 592

群書治要五十卷 ……………………… 593

意林五卷逸文一卷闕目一卷補二卷 … 593

澄懷録二卷 …………………………… 594

忍經一卷 ……………………………… 594

續觀感録十二卷 ……………………… 594

灼艾集二卷續集二卷別集二卷餘集二

　　卷新集二卷 ……………………… 595

困學纂言六卷 ………………………… 595

初潭集三十卷 ………………………… 596

宋賢事彙二卷 ………………………… 596

焦氏類林八卷 ………………………… 596

説郛續四十六卷 ……………………… 597

雲薈淡墨八卷 ………………………… 597

昨非庵日纂二十卷二集二十卷三集二

　　十卷 ……………………………… 597

堯山堂外紀一百卷 …………………… 598

古今譚概三十六卷 …………………… 598

倘湖樵書十二卷 ……………………… 598

寄園寄所寄十二卷 …………………… 599

退庵隨筆二十二卷 …………………… 599

篷窗隨録十四卷附録二卷續録二卷 … 599

茶香室叢鈔二十三卷續鈔二十五卷三

　　鈔二十九卷四鈔二十九卷 ……… 600

漢魏遺書鈔一百十四卷 ……………… 600

經典集林三十二卷 …………………… 601

玉函山房輯佚書七百三十九卷 ……… 601

玉函山房輯佚書續編二百七十三卷 … 601

玉函山房輯佚書補編一百三十九卷 … 602

黃氏逸書考二百九十一卷附十一卷 … 602

經籍佚文一百二十一卷 ……………… 603

類書類

皇覽一卷 603

修文殿御覽一卷 604

琱玉集十五卷 604

北堂書鈔一百六十卷 605

蒙求三卷 605

姓解三卷 606

聖宋名賢四六叢珠一百卷 606

新刻吕涇野先生校正中秘元本二十

　　卷 607

太學新增合璧聯珠聲律萬卷菁華前集

　　六十卷後集八十卷 608

東萊先生分門詩律武庫十五卷後集十

　　五卷 608

回溪先生史韻四十九卷 609

錦繡萬花谷別集三十卷 609

璧水群英待問會元九十卷 610

新編纂圖增類群書類要事林廣記四十

　　二卷 610

自號録一卷 611

歷代蒙求一卷 611

敏求機要十六卷 611

重添校正蜀本書林事類韻會一百卷 612

重刊增廣分門類林雜説十五卷 ... 612

新編事文類聚翰墨全書一百三十四

　　卷 612

新編事文類要啓劄青錢前集十卷後集

　　十卷續集十卷別集十卷外集十一卷

　　........................... 613

聯新事備詩學大成三十卷 613

新編類意集解諸子瓊林前集二十四卷

　　後集十六卷 614

詩學集成押韻淵海二十卷 614

群書通要七十三卷 614

群書類編故事二十四卷 615

三才廣志 615

均藻四卷 616

事物考八卷 616

彊識略四十卷 616

三才圖會一百六卷 617

類雋三十卷 617

劉氏類山十卷 618

蟬史集十一卷 618

新鎸古今事物原始全書三十卷 ... 618

劉氏鴻書一百零八卷 619

八編類纂二百八十五卷圖二卷六經圖

　　六卷 619

博物典彙二十卷 620

蘭雪堂古事苑定本十二卷 620

三體摭韻不分卷 621

廣事類賦四十卷 621

類腋五十五卷補遺三卷 621

類書纂要三十三卷 622

崇史一百卷拾遺一卷 622

事物異名録四十卷 622

稱謂録三十二卷 623

楹聯叢話十二卷 623

楹聯續話四卷 624

巧對録八卷 624

時務通考三十一卷 624

小説家類

燕丹子三卷 625

譚賓録十卷 625

三水小牘二卷逸文一卷附録一卷 . 626

友會談叢三卷 626

客座贅語十卷 627

剪桐載筆一卷 627

陶庵夢憶八卷 628

堅瓠集四十卷續集四卷廣集六卷補集

　　六卷秘集六卷餘集四卷 629

不下帶編七卷 629

重論文齋筆録十二卷 630

清嘉録十二卷 630

兩般秋雨盦隨筆八卷 630

客窗閑話八卷 631

甕牖餘談八卷 …………………………… 631

珊瑚舌雕談初筆八卷 …………………… 631

三借廬贅譚十二卷 ……………………… 632

蕉廊脞錄八卷 …………………………… 632

山海經箋疏十八卷圖贊一卷訂譌一卷

　叙錄一卷 …………………………… 632

玄中記一卷補遺一卷 …………………… 633

新刻出像增補搜神記六卷 ……………… 633

冥報記三卷 ……………………………… 634

河東先生龍城錄二卷 …………………… 634

獨異志三卷 ……………………………… 635

錄異記八卷 ……………………………… 635

括異志十卷 ……………………………… 636

雲齋廣錄八卷後集一卷 ………………… 637

搜神秘覽三卷 …………………………… 637

閑窗括異志一卷 ………………………… 638

夷堅志一百八十卷 ……………………… 638

湖海新聞夷堅續志前集十二卷後集六

　卷 …………………………………… 639

厚德錄四卷 ……………………………… 640

樂善錄十卷 ……………………………… 640

鬼董五卷 ………………………………… 641

新編醉翁談錄十集二十卷 ……………… 642

續夷堅志四卷附遺山年譜略一卷 ……… 642

效顰集三卷 ……………………………… 643

見聞紀訓二卷 …………………………… 644

祝子志怪錄五卷 ………………………… 644

都公譚纂二卷 …………………………… 645

西樵野紀十卷 …………………………… 645

玉茗堂摘評王弇州先生豔異編十二

　卷 …………………………………… 646

廣豔異編三十五卷 ……………………… 647

獪園十六卷 ……………………………… 647

耳談類增五十四卷 ……………………… 648

玉塵新譚三十四卷 ……………………… 648

見聞錄四卷 ……………………………… 649

山齋客譚八卷 …………………………… 649

閱微草堂筆記二十四卷 ………………… 650

秋燈叢話十八卷 ………………………… 650

夢厂雜著十卷 …………………………… 651

妄妄錄十二卷 …………………………… 651

里乘十卷 ………………………………… 652

右台仙館筆記十六卷 …………………… 652

咫聞錄十二卷 …………………………… 653

埋憂集十卷續集二卷 …………………… 653

壺天錄三卷 ……………………………… 654

增修埤雅廣要四十二卷 ………………… 654

蓬窗類紀五卷 …………………………… 655

青泥蓮花記十三卷 ……………………… 655

板橋雜記三卷 …………………………… 656

吳下諺聯四卷 …………………………… 656

鄉言解頤五卷 …………………………… 656

影梅庵憶語一卷 ………………………… 657

續廣博物志十六卷 ……………………… 657

文酒清話 ………………………………… 657

開顏集二卷 ……………………………… 658

解慍編十四卷 …………………………… 658

雅笑三卷 ………………………………… 659

山中一夕話上集七卷下集七卷 ………… 659

捧腹編十卷 ……………………………… 660

詩笑二卷 ………………………………… 660

書笑不分卷 ……………………………… 661

遣愁集十四卷 …………………………… 661

笑笑錄六卷 ……………………………… 662

宗教類

肇論中吳集解三卷 ……………………… 662

中觀論疏二十六卷附中論科判一卷 …… 662

三論玄義二卷 …………………………… 663

大乘百法明門論疏二卷 ………………… 663

成唯識論述記六十卷 …………………… 664

大方廣佛華嚴經探玄記十卷 …………… 664

大乘起信論義記七卷別記一卷 ………… 665

禪源諸詮集都序二卷 …………………… 665

圓覺經略疏之鈔二十五卷 ……………… 666

摩訶止觀十卷 …………………………… 666

四教義六卷 ……………………… 667

大毗盧遮那成佛經疏二十卷 …… 667

六祖壇經一卷 …………………… 668

楞伽師資記（殘） ……………… 669

禪林寶訓二卷 …………………… 669

敕修百丈清規二卷 ……………… 669

高僧傳十三卷序録一卷 ………… 670

續高僧傳三十一卷 ……………… 670

景德傳燈録三十卷西來年表一卷 …… 671

補續高僧傳二十六卷 …………… 671

宗鏡録一百卷 …………………… 671

神僧傳九卷 ……………………… 672

大明高僧傳八卷 ………………… 672

祖堂集二十卷 …………………… 672

比丘尼傳四卷 …………………… 673

隋天台智者大師别傳一卷 ……… 673

大唐大慈恩寺三藏法師傳十卷 … 674

净土聖賢録九卷净土聖賢録續編四卷
　　種蓮集一卷 ………………… 674

居士傳五十六卷 ………………… 675

南海寄歸内法傳四卷 …………… 675

大宋僧史略三卷 ………………… 675

佛祖統記五十四卷 ……………… 676

釋鑑稽古略續集三卷 …………… 676

出三藏記集十五卷 ……………… 677

歷代三寶紀十五卷 ……………… 677

大唐内典録十卷 ………………… 677

續大唐内典録一卷 ……………… 678

武周刊定衆經目録十四卷　武周刊定
　　僞經目録一卷 ……………… 678

大元至元辨僞録五卷 …………… 678

至元法寶勘同總録十卷 ………… 679

閲藏知津四十四卷總目四卷 …… 679

黄帝陰符經注一卷 ……………… 680

黄帝陰符經集解三卷 …………… 680

黄帝陰符經注一卷 ……………… 680

陰符經玄解正義一卷 …………… 681

老子想爾注二卷 ………………… 681

道德真經廣聖義五十卷 ………… 681

道德真經藏室纂微篇十卷 ……… 682

南華真經副墨八卷讀南華經雜説一
　　卷 …………………………… 682

關尹子文始真經九卷 …………… 682

周易參同契解箋三卷 …………… 683

古文周易參同契注八卷 ………… 683

養性延命録二卷 ………………… 684

無上秘要一百卷 ………………… 684

道教義樞十卷 …………………… 684

道樞四十二卷 …………………… 684

玉音法事三卷 …………………… 685

三洞珠囊十卷 …………………… 685

仙苑編珠三卷 …………………… 685

三洞群仙録二十卷 ……………… 686

華陽陶隱居内傳三卷 …………… 686

歷世真仙體道通鑑五十三卷續五卷後
　　集六卷 ……………………… 686

金丹正理大全諸真玄奥集成九卷 …… 687

長春道教源流八卷 ……………… 687

天方典禮擇要解二十卷後編一卷 …… 687

天方性理五卷首一卷 …………… 688

天方至聖實録二十卷首一卷 …… 688

天主實義二卷 …………………… 688

主制群徵二卷 …………………… 689

教要序論一卷 …………………… 689

摩尼光佛教法儀略一卷（殘） … 690

大秦景教三威蒙度讚一卷 ……… 690

景教流行中國碑頌 ……………… 690

西學譯著類

天演論二卷 ……………………… 690

名學 ……………………………… 691

泰西新史攬要二十四卷 ………… 691

列國變通興盛記四卷 …………… 692

佐治芻言一卷 …………………… 692

原富五卷 ………………………… 692

群學肄言二卷 …………………… 693

群己權界論二卷 ……………………… 693

法意二十九卷 ………………………… 693

萬國公法四卷 ………………………… 694

列國陸軍制不分卷 …………………… 694

西學考略二卷 ………………………… 695

社會通詮二卷 ………………………… 695

格致總學啓蒙三卷 …………………… 695

幾何原本十五卷 ……………………… 696

談天十八卷首一卷附表一卷 ………… 696

天文揭要二卷 ………………………… 697

冶金録三卷 …………………………… 697

子 部

儒家類

新編孔子家語句解十卷　（第 931 册）

此書十卷，據卷五末"清泉劉祥卿家丁未春新刊行"牌記，知爲元至正二十七年（1367）刊本。考元王廣謀延祐年間撰《孔子家語句解》，則此書爲王書之"新編"。王廣謀，字景猷，號猷堂，里貫未詳。

《孔子家語句解》一書，《千頃堂書目》著録王廣謀延祐三年（1316）所刊四卷，倪璨、錢大昕所補《元史·藝文志》及《經義考》著録俱作三卷。驗之今藏，臺灣有元泰定二年（1325）崇文書塾《新刊標題孔子家語句解》六卷附《素王記事》一卷，乃《句解》現存最早刊本。其他元明刊《標題句解孔子家語》（或冠以"新刊"二字）多作三卷。蓋王氏《句解》，删節《家語》原書，并附以簡單注釋，問世後以其輕便漸代王肅注本。後又經新刊新編，多更改卷次。然《句解》原書不存，故其卷數多寡及標題、注音是否出自王氏之手，皆不能遽定。

此書卷數異於他本，可見新編者已重新釐定卷次，且并王廣謀之名亦乾没，行同竊佔。書頁上欄刻有標題、注音。與傅增湘舊藏日本慶長四年伏見版《標題句解孔子家語》相校，句解大體相同，但亦有字句不同而語意小異者，如全書末篇末節句解，伏見版"皆倦怠矣"，此作"皆疲倦矣"，"大爲不敬"作"大不恭敬"，"在於門中"作"會於門中"，"天明方行禮"作"平明方行禮"，"子路亦知禮"作"子路可謂能行禮矣"。書中標題并非每節皆有。標題、注音較伏見版爲少，直音與反切用字時有不同。然此書乾没著者，且注音與標題有漏略處，字體款式亦不佳，實非《句解》諸改編本之善者。

今據國家圖書館藏元至正二十七年清泉劉祥卿家刻本影印，爲元刻孤本。（沙志利）

孔子家語考次不分卷　（明）劉宗周撰（第931 册）

劉宗周（1578—1645），字起東，號念臺。紹興府山陰（今浙江紹興）人。因講學於山陰蕺山，人稱"蕺山先生"。萬曆二十九年（1601）進士。官至都察院左都御史。仕宦期間，屢因直諫革職。南明弘光朝覆滅後，絶食而死。學主"慎獨"。所著《論語學案》、《人譜》等，後人輯爲《劉子全書》。傳見《明史》。

此書含《家語補集》二篇（《雜記》篇存目）、《家語外集》七篇、《家語附集》十二篇。劉氏早年即疑《禮記》龐雜，有删定之志。崇禎十二年（1639），其門人鮑濱出朱熹《儀禮經傳通解》、吳澄《三禮考注》來質異同，劉氏恍悟大小戴記中孔子之言乃全出《家語》，又有孔子對當時君臣之語，戴氏去其問答，私爲己有。劉氏乃悉加改正，合大小戴爲十四卷，每篇表孔子之言爲正經，附以記者之説，各從其類，其間錯者正之，訛者衍之，間有缺者則以《家語》補之，名曰《禮經考次》。又立《樂記》以補六經之缺，又離析合并古經傳，輯《古學

記》、《尚書逸經》、《儀禮逸經》、《儀禮逸
傳》、《家語正集》、《家語補集》、《家語外
集》、《家語附集》、《古學經》、《四書》、《十三
子》,當時皆先定目次,統稱《經籍考》。由此
可知,此書當包括《家語正集》三十三篇,今
此抄本無《正集》,則爲殘卷。

　　劉氏雖據傳世本《家語》補正戴記,但亦不
全信《家語》,《家語證僞》引其言曰:"《家
語》所鈔《左傳》、《禮記》、《説苑》之書,皆不
如原文,當一一改正,《始誅》、《困誓》諸篇尤
不可訓,當別出爲附集(《困誓》篇實入《正
集》)。"此亦《考次》之著書宗旨。至其分別
正、補、外、附四集之意,似將傳世本《家語》
篇目,雅馴者入《正集》,不雅馴者入《附集》,
其採自《小戴記》者入《補集》,採自《大戴記》
者入《外集》。其考訂方法,今就殘卷考察,
《補集》之《表記》幾與《禮記·表記》全同;
《外集》七篇全出《大戴禮記》,其文字則節略
特甚;《附集》十二篇全出傳世本《家語》,有
大加節略者,有增補者,有修改者,修改多據
楊慈湖本、衍聖公所贈本《家語》及《説苑》、
《左傳》、《荀子》、《韓詩外傳》等書,甚有徑據
己意者。由此亦可推見其《正集》修改《家
語》原文必多。劉氏此書旨趣,於治《家語》
者可謂別開生面。

　　此本據國家圖書館藏明末正氣堂抄本影
印。(沙志利)

家語證僞十一卷　(清)范家相撰(第931冊)

　　范家相,字左南,號蘅洲。會稽(今浙江紹
興)人。乾隆十九年(1754)進士。官至柳州
知府。有《詩瀋》、《三家詩拾遺》、《夏小正輯
注》等。生平事迹見《清史列傳》卷六八。

　　此書因馬昭之言定《家語》爲王肅僞撰。
前十卷就傳世《家語》之文,一一析其與《左
傳》、《史記》、《禮記》、《大戴禮》、《説苑》等
書異同,然後辨明其襲用、組織及增刪彌縫之
迹,於其間乖違處,皆一一闡明。卷十一則證

王肅序、孔安國序、王肅後序及目録之僞。後
附《讀家語雜記》,分別記名義出處、記《家
語》非出孔壁、記傳習、記古《家語》之亡、記
今《家語》之出、記篇數不同、記取書之原、記
改書之弊、記諸家評論、記書行之由、記僞誣
之尤、記王肅原本之訛,可視爲此書總論。羅
暹春序稱此書"以漢學折漢儒,即以今《家
語》存古《家語》"。今按《家語》一書來源難
明,卷數異於《漢志》,内容駁雜不純,確屬可
疑。加之今本與古本又多不同,則更爲可疑。
然若因王肅取之證經駁鄭,遂據馬昭之説,定
王氏僞撰之讞,則不能使人信服。范氏此書,
即先有此成見在,然後視王氏處處似作僞者。

　　今據浙江省圖書館藏清光緒十五年徐氏刻
《鑄學齋叢書》本影印。(沙志利)

家語疏證六卷　(清)孫志祖撰(第931冊)

　　孫志祖(1737—1801),字詒穀(或作頤
穀),號約齋。仁和(今浙江杭州)人。乾隆
三十一年(1766)進士。官至江南道監察御
史。後乞養歸,從事撰述。晚掌教紫陽書院。
另有《文選考異》、《文選注補正》,輯有《風俗
通逸文》等。生平事迹見《清史列傳》卷六
八、《清史稿》。

　　此書斷《家語》爲王肅僞撰,分六卷,每卷
依《家語》篇次,頂格標《家語》文某節,下低
一格論其襲自《禮記》、《大戴記》、《左傳》、
《説苑》、《韓詩外傳》等書某篇,與原書大旨
或異或同,或有拆合刪并以致文意歧出者,皆
一一闡明。於《家語》某節中某句有説者,亦
將某句頂格,下低一格論其與群籍之異,或所
本有異,或有訛脱衍倒,或字涉通假,或王肅
改字以證己説,亦皆一一指明。書末則辨
《後序》爲王肅僞撰,序中多有不合史實者。

　　此書與范家相《家語證僞》大約同時撰著,
然各閉門造車而出門合轍,其細節處亦可互
勘有無。以《疏證》較《證僞》,則書證爲多,
而羅織之語較少,可見其平實過之。然此二

家皆不明古書以篇章流傳,代有增删析合,其間異本異説歧出者多,而《家語》之不經者較其他典籍爲甚,或因其來源較雜而傳注者少之故。《家語》之齟齬群籍,或正見其淵源有自,未脱古質。二家之治《家語》,彙證群籍,剖析異同,是其首功;至其指證王肅作僞,則尚乏確證。

今據天津圖書館藏清嘉慶間刻本影印。(沙志利)

孔子集語十七卷 (清)孫星衍輯(第931册)

孫星衍(1753—1818),字淵如,一字伯淵。陽湖(今江蘇常州武進)人。乾隆五十二年(1787)進士。歷官山東兖沂曹濟道,兼管黄河兵備道、山東督糧道,權山東布政使。深究經史、音訓、文字之學,旁及諸子百家,以藏書、刻書、考據、金石名於世。有《尚書今古文注疏》、《周易集解》、《寰宇访碑録》等。傳見《清史稿》。

據此書嚴可均序及孫氏上書表,歷代從事於搜輯六經而外之孔子言論者,有梁武帝《孔子正言》二十卷、王勃《次論語》等,已不存;所存者有楊簡《先聖大訓》十卷、薛據《孔子集語》二卷等,又不免缺失。孫氏有鑒於此,自嘉慶十六年(1811)引疾歸田後,屬族弟星海、侄壻龔慶,博搜群籍,綜覈異同,採録宣聖遺言較薛書增多六七倍,仍名之爲《孔子集語》。其纂輯大例,於《易》十翼、《禮記》、《左傳》等舉世誦習之經書,《家語》、《孔叢子》等專行之成書及《史記·孔子世家》、《弟子列傳》之易檢者,均不載。其餘出群經傳注、秘緯、諸史、諸子,以及唐宋人類書者,鉅篇隻句畢登,且明言出處篇卷。其疑文脱句,酌加按語;或一事而彼此互見,至有五六見,得失短長,可互證得之。後屬其友人嚴可均董理校正,略仿《説苑》體裁,各爲篇目,以類相從,爲勸學、孝本、五性、六藝、主德、臣術、交道、論人、論政、博物、事譜、雜事、遺識、

寓言十四篇。《勸學》等篇與正經相表裏,《遺識》不醇,《寓言》蓋依托。篇各爲卷,《六藝》、《事譜》、《寓言》卷大,分爲上下,故十四篇而爲十七卷。此書搜輯之全、體例之善,在同類著作中已臻大成。後雖有王仁俊《補遺》、李滋然《補遺商正》,皆涓流細壤,無損於大成。

此書首刊於嘉慶二十年,收入《平津館叢書》。今據上海古籍出版社藏清嘉慶二十年冶城山館刻本影印。(沙志利)

聖門十六子書不分卷 (清)馮雲鵷輯(第931册)

馮雲鵷(1779—1857),字葆芝,號集軒。崇川(今屬江蘇)人。嘉慶十六年(1811)進士。官至山東膠州知州。生平事迹見《江蘇藝文志·南通卷》。

此書乃道光十二年(1832)馮氏任曲阜令時所輯。十六子即四哲及十二配。全書裒集十六子之傳記、言行、古迹、世系各爲一書,顔子七卷,子思子六卷,曾子八卷,孟子七卷,閔子六卷,冉子(雍)四卷,端木子七卷,仲子六卷,卜子五卷,有子六卷,冉子(耕)五卷,宰子七卷,冉子(求)五卷,言子三卷,顓孫子六卷,朱子三卷,皆别有卷首一卷,共一百有七卷,分之各爲一書,合之爲十六子書。各子書卷首爲傳,有論有贊,俱採輯舊文,有異説者加謹案於後,以示存疑。各子有年譜(或年表)者先列年譜,無年譜者則徑列某子書。各子書乃採輯《論語》、《孟子》外群籍所載某子言行彙編而成,俱依舊文,下注出處。各子書後爲祠墓古迹、宗子世表。其變例者:顔子有從祀;子思子無宗子世表而有世職;孟子有陪祀;言子無宗子世表;朱子除卷首有小傳,卷内有言行録、祠墓古迹外,其他因有成書,概不登載。此書取材,主要爲各子族志家譜,如孔氏《闕里志》、顔氏《陋巷志》、孟氏《三遷志》、曾氏《武城家乘》等,次爲山東、河

南、江南等各省《通志》，旁考群籍，間有增刪。此書將四哲十二配傳記、言行、祠墓、宗子世系等彙爲一書，收羅較全，便於參考，然取材駁雜，考證膚淺，治儒學者當別擇而慎取。

此書有道光十二年昌平書院刻本。今據華東師範大學圖書館所藏影印。（沙志利）

新編顏子五卷　（元）李純仁輯（第 932 冊）

李純仁，高安（今屬江西）人，生活於元延祐（1314—1320）年間，其餘生平不詳。

此書仿宋人輯《曾子》、《子思子》之例，採輯群籍中有關顏子之言行及諸儒論顏之文，編次其內容，定爲好學、德行、爲仁、言志、不貳過、賢樂、知十、師友、在厄、天年十篇。其中《論語》、《禮記》所載者列於篇首，次《家語》、《孟子》所載者，次《荀子》、《孔叢子》、《莊子》、《列子》、《史記》等書所載者及劉歆、韓愈、宋儒之論。其引《論語》、《孟子》者，下小字附宋儒之注，引《禮記》、《莊子》、《列子》者則附古注。李氏又採其祖睎顏平日所誦先賢六說、二事、二銘、二詩之有關顏子者，名曰《學顏》，附於十篇之後，以申敬忱。

考此書吳澄序，同時輯《顏子》者尚有河北文安人李肅，與此書小有不同，今已不傳，則此書可謂輯《顏子》之祖。其後明徐達左有《顏子鼎編》，即據此書增刪而成。

據羅振常考證，此書刻本久佚，所傳唯萬曆二十五年明代閣臣沈一貫鈔本，觀其款式，實自元刊本移錄，至可珍貴。今據河南省圖書館所藏影印。（沙志利）

子思子七卷　（清）黃以周輯解（第 932 冊）

黃以周（1828—1899），字元同，號儆季。定海（今浙江舟山）人。黃式三子。同治九年（1870）舉人，官至處州府學教授。曾主講南菁書院。深於三禮之學，有《禮書通故》、《儆季雜說》等。與俞樾、孫詒讓并稱爲"浙

江三先生"。生平事迹見《清史稿》、章太炎《黃先生傳》。

黃氏於自序中稱，子思之書原名"子思"，《漢志》著錄與隋以前引用者皆稱"子思"，至隋唐以降則間有稱"子思子"者，黃氏當時則通稱"子思子"。唐馬總《意林》載"《子思子》七卷"，其引文可證沈約所言《禮記》四篇出於《子思》爲不誣。此七卷本宋時猶存，《御覽》多引之，晁公武亦見之，至王應麟時則已佚。宋人汪晫有輯本，割裂《中庸》，刺取《孔叢》，本舛駁不足傳，今并此亦佚。今案，此書實存，《四庫全書》已收，黃氏失攷。

黃氏早年輯有《意林逸子》四十四種，其中有《子思子》一種。光緒二十二年（1896），黃氏董正前書，以《中庸》、《累德》、《表記》、《緇衣》、《坊記》之有篇名者爲《內篇》五卷，其中《累德》之篇名、內容乃據《後漢書》與《意林》互參而定，諸篇次序依《意林》所引順序而定。又輯諸書所引信而有徵者，爲《外篇》一卷，與前重複者曰"重見"，其他爲"逸篇"。又將《孔叢子》等所引真贋難辨者，別爲《附錄》一卷。全書凡七卷。黃氏於所輯諸文皆有案語，考訂來源，辨別真僞，校勘文字，而於《禮記》四篇則兼錄鄭注，案語重在分別章句，詮釋義理。與汪晫輯本相較，則此書考訂精詳，去取謹慎，漢學家法，儼然而在，傳世文獻中之出於《子思》者至此粲然而備。

今據光緒二十二年南菁書院刻本影印。（沙志利）

禮記子思子言鄭注補正四卷　（清）簡朝亮撰（第 932 冊）

簡朝亮（1851—1933），字季紀，號竹居。順德（今屬廣東）簡岸人。嶺南大儒朱次琦門人。一生以傳經授徒爲己任，未出仕。著述甚富，有《讀書堂集》、《尚書集注述疏》、《論語集注補正述疏》等。生平事迹見《讀書堂集》卷首所載年譜。

簡氏以爲,《禮記》中《坊記》、《中庸》、《表記》、《緇衣》四篇,確如沈約所言,皆取諸《子思子》;《坊記》、《表記》、《緇衣》三篇乃子思門人稱取師説,皆與《中庸》相發明,明季黃道周曾爲之集傳,然未暇深攷。歷來注禮諸家,鄭注而下,大抵皆釋爲孔子之言,而不察其爲子思之言,所注各有不足。故簡氏欲爲鄭注補正,每節先明以"謹案",後申以"釋曰"之辭,意同疏義,其辯孔疏之語亦列其中,雖訓詁之微亦不遺;且依《釋文》例爲注音,以便初學。簡氏六十九歲時,重修舊稿,其完者唯子思子言《坊記》、《表記》、《緇衣》三篇,各爲一卷,皆先列鄭注。又檢取《禮記》、《儀禮》、《周官》、《大戴禮》補正二百零六條,皆附録存之,別爲一卷,其中《論語集注述疏》、《論語答問》等書已旁及者不載。附録部分經文下不列舊注。

簡氏之補正鄭注,兼顧訓詁與義理,尤重貫通文意,多取上下文及群經相證,其自序中稱子思子言,"變而通之,足以濟中邦斯民於生生",又稱"禮説之要,實通時務",可見其旨趣在於經世致用。

今據上海古籍出版社藏清光緒至民國刻《讀書堂叢刻》本影印。(沙志利)

曾子注釋四卷叙録一卷 （清）阮元撰（第932冊）

阮元(1764—1849),字伯元,號芸臺。儀徵(今屬江蘇揚州)人。乾隆五十四年(1789)進士。歷官兵部、禮部、工部、户部侍郎,浙江、江西、河南等省巡撫,湖廣、兩廣、雲貴總督,晚年召拜體仁閣大學士,加太子太保,晉太傅。卒謚文達。阮氏爲乾嘉學派中堅,其著書、編書、刻書皆成就斐然,影響巨大。有《揅經室集》,編有《皇清經解》、《十三經注疏》等。傳見《清史稿》。

考《曾子》一書,《漢志》著録"十八篇"。《隋志》著録"二卷,目一卷",不明篇數。《郡齋讀書志》著録唐本二卷十篇,較《隋志》亡目一卷。新舊《唐志》、《崇文總目》、《通志》、《文獻通考》皆著録"《曾子》二卷"。元以後此書亡佚。然此書南宋時已不多見,故汪晫以下有九家輯本。阮氏有感於舊本已亡,輯本又舛駁不足存,遂從盧注《大戴禮記》中摘出《曾子》十篇,博考群書,正其文字;注中則參考清人盧文弨、戴震、孔廣森、王念孫、汪中、丁杰諸家之説,擇善而從,其不同者,即下己意,稱名而别;其文字異同以及訓義所本,則歸之"釋"中,以明從違之意。十篇分爲四卷,另撰《叙録》一卷,以明《曾子》流傳及此書撰作緣由。此書正諸家之得失,辨文字之異同,其所注頗得鄭玄之意旨,其釋文亦較陸德明爲詳博,遠超之前諸輯本,可稱現存《曾子》之最善者。

此書於嘉慶三年(1798)刊成,板藏揚州福壽庭,不幸燬於火。道光二十五年(1845),又以初印本重刊。今據天津圖書館藏清道光二十五年阮元揅經堂刻本影印。(沙志利)

曾子家語六卷 （清）王定安輯（第932冊）

王定安(1834—1898),字鼎丞,號空舲。宜昌府東湖(今湖北宜昌夷陵)人。同治元年(1862)舉人。歷任山西冀寧水利驛傳道、山西布政使、安徽潁鳳六泗兵備道等職。工古文,有《湘軍記》、《空舲文鈔》、《續古文辭類纂》傳世。

王氏光緒十六年(1890)客金陵,時受兩江總督曾國荃之托重刊明吕氏《宗聖志》,以餘閒旁搜載籍,得有關曾子言行者五萬餘言,倣宋薛據《孔子集語》例,編爲二十四篇,謂之《曾子集語》。後因曾氏之建議,并其中《大戴記》所録《曾子》十一篇(今案,較阮元多録《王言》一篇)爲六篇,又芟唐以後書若干條,定著十八篇,以還《漢志》之舊。全書分爲六卷,改名《曾子家語》。

王氏因前人輯《曾子》者,汪晫本僅一卷,

曾承業本爲《四庫全書總目》斥入存目，馮雲鷯本體例未合，阮元本號曰精詳，然其注或採自近人，故輯爲此書，全用古注，採自《禮記》者用鄭注，自《孝經》者用唐玄宗注，自《大戴禮》者用盧注，自《家語》者用王肅注，雜引他書者亦用最古之注，無注可攷者則闕之。全編凡引古書百有餘種，兼採緯書，以六朝爲斷，唐以後者只採類書。一事互見他書，事同文異者，依孫星衍《孔子集語》例，成書早者在前，成書晚者低一格附後；事同文同者，文後注明。一書版本不同者，擇其善者於正文書之，下注異文。其十八篇爲《大戴禮記》六篇，《孝經》（改名《至德要道》）、《禮記》之《大學》、《曾子問》（改名《禮問》）三篇，其他雜採諸書者九篇，皆以首二字命名。此書視以前輯本，搜輯更全，體例更善，可謂博而且精。與阮書相較，則更似輯佚之書，非著作之比。

此書成後，即刻於金陵。今即據湖北省圖書館藏清光緒十六年金陵刻本影印。（沙志利）

孟子外書四篇四卷　（宋）劉攽注（第932冊）

劉攽（1023—1089），字貢夫，亦作貢父、贛父，號公非。臨江新喻（今江西新餘）人。劉敞之弟。慶曆間進士，歷任曹州、兗州、亳州、蔡州知州，官至中書舍人。一生潛心史學，治學嚴謹。助司馬光纂修《資治通鑑》，有《東漢刊誤》等。生平事迹見《宋史》。

《孟子》，《漢志》著録爲十一篇。《風俗通・窮通篇》云“中外十一篇”。趙岐《章句》只取內篇七篇，《題辭》云：“又有《外書》四篇，《性善辯》、《文說》、《孝經》、《爲政》，其文不能宏深，不與內篇相似，似非孟子本真，後世依放而托之者也。”趙注行而《外書》遂無傳者。至宋孫奕《示兒編》云：“昔嘗聞前輩有曰親見館閣中有《外書》四篇，曰性善辨，曰文說，曰孝經，曰爲政。”劉昌詩《蘆浦

筆記》云：“予鄉新喻謝氏多藏古書，有《性善辨》一帙。”乾隆四十四年（1779），周春從海鹽故家購得四篇，曰《性善辨》、《文說》、《孝經》、《爲正》，末篇不全，熙時子注，前有馬廷鸞序，卷尾題跋甚多，斷爛不可盡識，僅得宋晏淵、明胡震亨二跋。吳騫、陳鱣就周氏借鈔，遂於次年刊刻流傳。

此書確如趙氏所言文不宏深，亦因此而真偽難辨。晏淵跋云“似非全偽者”。馬序則信以爲真，且云熙時子相傳即公非先生劉貢父。胡跋云此書出其友叔祥，亦信其爲真。吳騫則云：“雖不無可疑，要其文義亦有不容終泯者。”其後，丁杰《孟子外書疏證》、翟灝《四書考異》二書，條分縷析，辨其爲偽書。其大略謂，此書歷千年無聞而忽現，而姚叔祥又善作偽書，來源可疑；其書篇目，據《孟子題辭》及《論衡》，作《性善》、《辯文》、《說孝經》爲宜，今乃作《性善辯》、《文說》、《孝經》，篇題可疑；其文字有與《孟子》七篇及趙注抵牾者，內容可疑；熙時子注於地學茫然，與劉攽之學不相稱，注文可疑。此論一出而通人韙之。然猶有學者不以爲然，如施彥士、林春溥、陳矩分別作《集證》、《補正》、《補注》，力證其不偽。

此本據復旦大學圖書館藏清乾隆吳氏拜經樓刻本影印。（沙志利）

荀子考異一卷　（宋）錢佃撰（第932冊）

錢佃，字耕道，或作仲耕。常熟（今屬江蘇）人。紹興十五年（1145）進士。官至中奉大夫祕閣修撰。有《易解》、《詞科類要》、《文集》，今皆不傳。生平事迹見《吳中人物志》卷五、《正德姑蘇志》卷五〇。

據《直齋書録解題》，錢佃曾刻《孟子》、《荀子》、《法言》與《文中子》爲四書。據此書錢氏識語，錢氏因患《荀子》無善本，先搜得諸家所藏“二浙西蜀本凡四，增寡同異，莫適取正”，後又得元豐國子監刻本，遂取以爲據，

用諸本參校，凡是正一百五十四字，於淳熙八年（1181）刻於江西漕司，此即錢刻本《荀子》。"其有疑而未決者，并世俗所習熟而未定者，監本所出而文義或非者，皆不敢没，著之卷末，又一百二十有六條"，此即《荀子考異》。繆荃孫據鐵琴銅劍樓藏鈔本《考異》一卷，以爲源出宋本，輾轉傳抄，不無訛脱，然爲惠棟、盧文弨、王念孫、顧廣圻所未見，因於光緒三十一年（1905）刻入《對雨樓叢書》中。

按繆氏跋中疑錢刻《荀子》已亡，實則此書并未亡佚。1927 年周叔弢尚得觀於楊氏海源閣。《考異》原附在每卷之下，并非單行。又顧廣圻於錢刻有跋語，收入《思適齋書跋》，且疑元豐國子監本即熙寧本。王念孫亦曾收藏過黄丕烈士禮居摹鈔錢刻本，《讀書雜志》已明言錢刻本與摹鈔本之不同。是二家皆得見錢本，繆氏未能詳考。今錢刻原書不知所在，摹鈔本藏國家圖書館。

今據上海圖書館藏清光緒繆氏刻《對雨樓叢書》本影印。（沙志利）

荀子評注三十二篇　（清）傅山撰（第 932 册）

傅山（1607—1684），初名鼎臣，字青竹，後改青主。陽曲（今山西太原）人。明諸生。明亡爲道士。康熙中徵舉博學鴻詞，屢辭不得，被迫至京，不試而歸。於學無所不通，長於書畫、醫道。有《霜紅龕集》等。傳見《清史稿》。

此書於《荀子》以摘録爲主，間下案語，有提煉文意者，有重考字義者，有駁正楊注者，有贊荀子言語微妙者，有評荀子言語不當者。卷末總評云："《荀子》三十二篇，不全儒家者言，而習稱爲儒者，不細讀其書也。有儒之一端焉，是其辭之複而嘽者也，但少精摯處則即與儒遠，而近於法家，近於刑名家；非墨，而又有近於墨家者言。"又云："《性惡》一篇，立義甚高，而文不足副之，'僞'字本別有義，而爲後世用以爲詐譌，遂昧從人從爲之義，此亦會

意一種。"可見傅氏此書在於細讀原典，還原真實，重新評價荀子。傅氏生當明清之際，學界思想活躍，不局囿於道學，子書地位逐漸提高，此書正爲開風氣之作，其思想取向、研究方法可視爲清儒治荀學之先聲。

此書爲草書稿本，三萬餘言，寫成後即藏於祁縣戴楓仲丹楓閣，後歸太谷曹潤堂氏。新中國成立之初，由曹氏族孫捐給山西省文管會，始爲學界所知。今即據山西省博物館藏稿本影印。（沙志利）

荀子微言一卷　（清）惠棟撰（第 932 册）

惠棟（1697—1758），字定宇，號松厓。元和（今屬江蘇蘇州）人。周惕孫、士奇子。乾隆十五年，以經明行修薦，不用。終身不仕。自幼篤學，治經以漢儒爲宗，尤精於《易》。有《易漢學》、《古文尚書考》、《九經古義》等。傳見《清史稿》。

此書節録《勸學》、《儒效》、《王制》、《解蔽》、《彊國》、《天論》中數段文字，或句下有注，或段後有説。句下注有採自楊注者，有自注者，或釋詞義，或闡發微言大義，段後之説則重在闡發大義，多與《易》、《中庸》、《論語》、《孟子》及宋儒之説互證。如《勸學》之"終乎讀禮"，《儒效》"大儒"之説，《不苟》之"致誠"、"慎獨"，《解蔽》"心一"之説，皆重點闡發。此書又節録《勸學》、《修身》等二十篇中語句爲《荀子訓格之言》，逐條羅列，并略加注解，亦取他書互證。

此書罕見著録與研究。今考其選録《荀子》之文，刻意回避性惡之説，而擇其與古經及孔孟微言相發明者，似欲爲荀子正名，以還其大儒之地位。另據考證，惠氏所讀《荀子》爲明桐蔭書院刻《六子全書》本，今藏上海圖書館。

此書爲稿本，據其藏書印，似先藏惠棟之友沈大成所，後經華亭梅氏收藏，現藏於上海圖書館。今據以影印。（沙志利）

荀子集解二十卷考證一卷　（清）王先謙撰
（第 932 冊）

王先謙（1842—1917），字益吾，號葵園。長沙（今屬湖南）人。同治四年（1865）進士。官至國子監祭酒。督江蘇學政時，編刻《續清經解》。後歷主思賢講舍、嶽麓書院、城南書院。著述繁多，有《詩三家義集疏》、《漢書補注》、《虛受堂詩文集》等。傳見《清史稿》。

王氏以爲荀子之學實能"探聖門一貫之精，洞古今成敗之故"，惜其術不用於當時，後人又因《性惡》一篇，肆其詆諆。又其書僅有楊注，通行之本亦僅有盧文弨校本，去取未精，後儒匡益之説散見各書，不便彙參。王氏遂以盧校本爲主，間採明虞九章、王震亨合校本及《古逸叢書》所收影摹宋台州本，并採録郝懿行《補注》、王念孫《讀書雜志》、俞樾《荀子平議》及近儒之説，附入文中，間附己意，以成此書。書凡二十卷。書前另有《考證》一卷，分爲上下二篇，採録歷代著録、序跋，并汪中《荀卿子通論》、胡元儀《郇卿別傳》等文，以明荀學源流。此書搜輯諸家校釋，校注精詳完善，洵爲善本。

此書僅有光緒十七年刊本，今據上海古籍出版社所藏影印。（沙志利）

孔叢子七卷釋文一卷　題（漢）孔鮒撰
（宋）宋咸注（第 932 冊）

孔鮒（約前 264—前 208），字子魚，又字甲。孔子八世孫。秦并天下，召爲魯國文通君。後焚書坑儒，孔鮒懼經籍滅亡，藏書壁中，隱居嵩山。秦末陳勝起義，聘爲博士，拜太傅。生平事迹見《史記》、《孔氏祖庭廣記》。

宋咸，字貫之，建陽童游（今屬福建）人。天聖二年（1024）進士，仕至都官郎中。有《易補注》、《毛詩正紀外義》、《論語增注》等。生平事迹見宋祁《宋同年劍池編序》、《宋史翼》卷二三。

《孔叢子》凡七卷二十三篇，記述孔子及其子孫子思、子上、子高、子順、子魚等人言行。此書爲《孔叢子》最早校注本。宋咸有感於《孔叢子》所載皆先聖之言，而當時所見諸本多有訛舛，故對其進行整理、注釋，於嘉祐三年（1058）撰成，并進獻朝廷。宋咸因書中有淺陋之言，疑爲後人增益，故加删削，編次亦有調整，如"子張問聖人受命"、"有鰥在下"、"子夏問書大義"三事原在《嘉言第一》，宋咸改置於《論書第二》之首，以求內容一貫。宋注內容廣泛，包括篇題解義，訓釋、考證人名、史實、地名、語詞、典故等。間或列舉此書與《孔子家語》等書文字異同，辨明正誤。又撰《釋文》一卷附於書末，用直音和反切法對字詞注音。宋注於訓釋過程中注意吸收前人成果，如注"孟子車"云"一作子居，即孟軻也……孟軻嘗居貧坎軻，故名曰軻，字子居"，即採西晉王肅《聖政論》之説。

此書舊題秦末孔鮒撰，然其作者及真僞代有爭議。宋咸認爲前六卷二十一篇爲孔鮒所撰，末卷《連叢子》上下篇係漢武帝時太常孔臧以己作附益；其中《叙世》篇介紹孔臧後人，最晚至東漢季彥卒，故東漢桓靈之際孔氏子孫當對《孔叢子》有續補。目前學界多認爲此書不僞，係先秦漢魏孔氏家學重要史料。

宋嘉祐八年，宋咸門人呂逢刊刻此書，爲傳世最早刻本。卷首有宋咸《進孔叢子表》及《注孔叢子序》，卷末有宋咸後序及呂逢序。此本據上海圖書館藏宋本影印。（李峻岫）

賈子次詁十六卷叙録一卷　（清）王耕心撰
（第 933 冊）

王耕心（1846—1909），字道農，號穆存，又號龍宛居士。正定（今屬河北）人，寓居江蘇泰州。曾任徐州府運河同知、南河候補同知。幼承家學，兼通儒佛，深究天人、性命之學，沉潛佛法幾三十年。爲文取法桐城。有《佛説摩訶阿彌陀經衷論》、《正定王氏家傳》、《龍宛居士集》等。生平事迹見繆荃孫《續碑傳集》卷首下、劉聲木《桐城文學淵源考》卷一一。

王氏父蔭祜偏好賈誼,於同治年間參照汪中《賈誼年表》編次而成《賈子年譜》。王氏自幼受家學影響,晚年尤好賈誼之學,於是兼綜諸家,重訂其書,於光緒二十八年(1902)撰成此書,以賈誼《新書》舊傳五十六篇爲内篇,採《史記》、《漢書》所載賈誼疏文、賦文九篇爲外篇。又附翼篇四卷,含輯録《史記》、《漢書》之《賈誼傳》及《賈子年譜》、《緒記》上下。

王氏認爲"新書"之名泛濫謬妄,因用子書通例,改名"賈子"。循古文傳注與經文别行之例,將校詁文字置於每卷正文之末,以不破壞賈誼本文之連貫性。内篇以盧文弨校本爲據,參照王謨校本、丁嘉瑋《校議》、俞樾《平議》等加以裁定考證,訂正文字訛誤及史料舛誤。外篇參考《史記》、《漢書》、《文選》、《古文苑》、《賈誼集》及嚴可均《全漢文》加以辨析考訂。據王氏自叙,内外篇總計校訂七百七十七條。此外,書中間有釋義、注音。此書亦對賈誼著作真僞進行甄别,如認爲《惜誓》非賈誼作品,棄而弗録。

王氏之前有盧文弨、汪中、俞樾諸學者校訂《新書》,此書兼採衆長,時人陳兆琛評其"義例謹嚴,援據奧博,諸論説皆折衷至當,無所偏倚"(《賈子次詁後叙》)。此雖溢美,然該書確是繼盧文弨校本之後又一部集成之作。書中亦有明顯疏失之處,最突出者即沿襲盧文弨、丁嘉瑋之臆見,凡認爲文理不通處輒任意删削文字。盧校即以妄改妄删爲人所詬病,而王校之臆斷草率則又過之。

今據復旦大學圖書館藏清光緒二十九年王氏龍樹精舍刻本影印。(李峻岫)

法言義疏二十卷　汪榮寶撰（第 933 册）

汪榮寶(1878—1933),字衮甫,號思玄。吳縣(今屬江蘇蘇州)人。光緒二十三年(1897)拔貢生。後留學日本,歸國後歷任京師譯學館教習、民政部參事、資政院議員、憲法協理大臣等。民國時先後任駐比利時、瑞士、日本公使及外交委員會委員長。工詩詞、書法,夙治聲音訓詁之學。有《清史講義》、《思玄堂詩集》等。生平事迹見章太炎《故駐日本公使汪君墓志銘》。

汪氏撰寫此書歷時近四十年。光緒年間汪氏即開始校訂《法言》文字,并對前人校注加以糾正,光緒二十五年撰成《法言箋記》。之後又不斷增删改易,撰成《法言疏證》十三卷,又别爲《校補》一卷附後,於宣統三年(1911)出版。後其弟請求再版,汪氏原擬只作修訂,但有感於舊作訛謬疏漏尚多,遂決定重新撰作。民國二十一年(1932)初完成後,改題爲《義疏》,交上海商務印書館付梓。惜"一·二八"事變起,商務印書館被焚,書稿亦毀於一旦。汪氏又更訂體例,以李軌注本爲據,再爲校釋,於民國二十二年完成并印行,即現在所見二十卷本《法言義疏》。

此書先列李軌注,後雙行小字爲汪氏疏證。汪疏徵引宏富,考證精確詳審。除參考李軌、柳宗元、宋咸、吳祕、司馬光五家注及《音義》外,還吸收清人諸多研究成果,採諸家之長,參以己意。其疏引經據典,詳釋語詞,疏通句意,辨明章旨,又辨析假借、正俗字,比對衆本,判明異文正誤,考訂用典出處,且引揚雄其他著作互證。故前人對汪疏評價甚高,如胡玉縉贊其"以治經之法治之,匪惟功臣,抑亦知己也已"(《法言義疏序》)。該書畢汪氏一生之力,確爲研治《法言》集大成之作。

此本據浙江省圖書館藏民國二十二年鉛印本影印。(李峻岫)

潛夫論十卷　（清）汪繼培箋（第 933 册）

汪繼培(?—約1816),字厚叔(一作字因可),號蘇潭(一作號厚叔)。蕭山(今屬浙江杭州)人。汪輝祖子。繼培幼承家學,學識淵博。嘉慶十年(1805)進士,官吏部主事。嘗校箋輯録諸子書,如《列子》、《尹文子》、《尸子》、《潛夫論》等,補撰其父《元史本證》後十四卷。晚年欲箋注《鹽鐵論》,未成而没。生平事迹見阮元《循吏汪輝祖傳》、葉昌熾《藏書紀事詩》。

《潛夫論》經歷代傳抄刊刻,行世諸本多訛脱錯簡,唐宋以來久無善本,號稱難讀。清嘉慶己巳至甲戌年間,汪繼培爲之撰寫箋注,對其作系統整理,此即《潛夫論》首部整理校注本。

汪氏以元大德刊本(與《白虎通德論》、《風俗通義》合刻)爲據,校以何鏜、程榮輯刻《漢魏叢書》本,同時參校《群書治要》、《初學記》、《太平御覽》等類書文字,將《務本》、《本訓》、《德化》等篇多處錯亂歧出之文句乙正,使《潛夫論》成爲可讀之本。此書凡據校本及他書改補之處皆注明依據,不明處則闕疑。除校訂文句外,汪箋亦注明語源,疏通文意,網羅佚聞。是書箋注凡三千五百餘條。因其彙集舊刻,審定文字,引證詳核,問世以來即被目爲善本。

嘉慶二十二年,蕭山陳春得其遺書,爲之付梓刊行。此本據復旦大學圖書館藏清嘉慶二十二年蕭山湖海樓陳氏刻本影印。(李峻岫)

忠經詳解一卷 題(漢) 馬融撰 (漢) 鄭玄注 (明) 陶原良詳解 (第 933 册)

陶原良,溧陽(今屬江蘇常州)人。明中前期學者,生平不詳。編有《四書千古定本》、《六經綱目》、《小學大全》、《孝經詳解》。

《忠經》舊題漢馬融撰、鄭玄注,清人多認爲是僞書,如《四庫全書總目》即指出,馬融、鄭玄之著述,史書、目録具載,獨是書《隋志》、《唐志》等皆未著録,至宋代《崇文總目》始列其名,故當爲宋代之書。丁晏《尚書餘論》則認爲其文改“民”作“人”,改“治”作

“理”,皆避唐人諱,當是唐人所撰。此書風格、體例均仿《孝經》,如分章同爲十八章,章名亦擬諸《孝經》,章末亦引《詩》、《書》。其經文、注文風格如出一手,皆不類漢儒撰述。《崇文總目》雖著録此書,但未標撰人,且歸於小説類,蓋以其不類經言。《通志》及《玉海》引宋《兩朝志》皆著録海鵬撰《忠經》一卷,據此則又別有撰人。要之,此書當爲依托之作。

陶氏《詳解》撰於明宣德九年(1434)。因當時所見刊本字畫殘缺模糊,陶氏於是搜集諸本,詳審校正。陶氏所謂“詳解”實極簡略,主要以眉批形式總結每章旨意,指明結構層次。陶氏又摘取文獻所載古之忠臣孝子,將其姓氏、事迹列於書首,名爲“忠經詳解姓氏”。據陶氏跋語,原書卷首尚列此類人物畫像,“欲人之開卷觸目,想像思齊”,但今本未見有此圖畫。

此書有崇禎六年(1633)刻本,乃陶氏所編《小學大全》、《孝經詳解》、《忠經詳解》三種合刻彙刊本。《忠經》之首有崇禎六年諭旨。此本據上海圖書館藏明崇禎刻本影印。(李峻岫)

中説考七卷 (明) 崔銑撰 (第 933 册)

崔銑(1478—1541),字子鍾,一字仲鳧。安陽(今屬河南)人。弘治十八年(1505)進士。官至南京禮部右侍郎。曾作後渠書屋,讀書講學其中,斥王守仁“良知”説爲霸儒。人稱後渠先生。卒諡文敏。有《讀易餘言》、《洹詞》、《文苑春秋》等。傳見《明史》。

考《中説》一書,自宋以來多疑其僞,因其所載王氏弟子多隋唐間名臣,攷之史傳,與王通生平頗多抵牾。四庫館臣疑此書爲王通之子所纂,虛爲誇飾,唐初不能顯,至中唐以後始售其欺,説較平允。崔氏雖亦疑後人有所附潤,然不考史實,唯據文意以判真贋。崔氏感於王通有憂世之志,而其所續諸經俱亡,傳

世《中説》十篇則醇駁相淆，又或依倣《論語》爲書，讀者厭之。遂爲別白其詞，權量其旨，類分爲内、外、雜三篇。《内篇》九篇，義美文馴；《外篇》九篇，詞若誇張，義亦錯雜；其餘放言不倫，疑出後人所附潤，爲《雜篇》一篇。又削杜淹之誕爲《文中子世家》一篇。間爲發蘊糾失，曰釋。全書凡二十篇，分爲七卷。崔氏以爲此考可使《中説》真贋粲列，可以羽翼孔氏，傳諸其人。今按，此書固不能判《中説》之真贋，然其釋語寥寥數言，意欲發蘊糾失，可知其意趣所在。

今據南京圖書館藏明河汾書院刻本影印。（沙志利）

太極圖説論十四卷　（清）　王嗣槐撰（第933 册）

王嗣槐（1620—?），字仲昭，號桂山。錢塘（今浙江杭州）人。諸生。"佳山堂六子"之一。康熙十八年（1679）薦舉博學鴻詞，老，不與試，授内閣中書舍人以歸。有《桂山堂偶存》、《嘯石齋詞》等。傳見《清史列傳》卷七〇。

王氏七十歲時始作此書，五年乃成，共著論七十九篇，分爲十四卷，末附《後序》上下卷，共計十六卷。此書定《易傳》之言性與天道者爲儒説，因辟《太極圖説》之雜於佛老。王氏於凡例中稱，此書因今之學者多引佛道入儒、引儒入佛道而作，二氏之言與儒言紛亂太甚，故不詳辨之則道不能明。書中行間有圈點及評語。《四庫全書總目》將其列入存目，稱："其書論聖人言易有太極，未嘗言無，不應於‘太極’之上復加‘無極’二字，疑此圖授自陳摶，非周濂溪作。朱、陸互相辨析，朱子不得已作無形有理以解之，而‘無極’二字總流入二氏之説。又謂其言天道則曰‘動而生陽，静而生陰’，乃老氏道生天地之説，言人道則曰‘聖人定之以仁義中正而主静’，‘主静’二字尤爲老氏根本所在。又謂‘其原

始反終，故知生死’二語，乃老氏言道之根原，而不死無生之樞紐。逐條辨駁，各爲一篇，亦力申陸九淵之説者也。"可見此書旨趣。《經義考》引徐釚説，譏其下筆不休，乃成三十餘萬言。

此書有康熙三十五年刻本，書前自序稱時年七十七歲。校字人乃其子、婿、孫、侄孫。版心有"桂山堂"三字，乃家刻本，今即據北京大學圖書館所藏影印，書前自序缺首頁。（沙志利）

周子通書訓義一卷　（元）保八撰（第934 册）

保八，字公孟，號普庵。元初色目人。居洛陽（今屬河南）。曾官黄州路總管兼管内勸農事。有《易源奥義》、《周易原旨》。傳見《新元史》。

此書爲解釋周敦頤《通書》之作，前六篇作篇中注，多本朱《解》，亦用《通書》自證，頗簡略，蘊而不發；自第七篇以下作篇後釋，多引《太極圖説》、《易傳》、《中庸》及張載、程頤、邵雍、朱熹等説證成其義，語亦不多。書前附《太極圖》，後附《西銘》、《東銘》及"先天中天後天位數圖"（合其《易源奥義》中三圖爲一）。保氏於書末稱："《通書》爲《易》之要，主静爲《通書》之要。"又謂："《易》、《中庸》、《太極圖》、《通書》，一也。"可見其著書旨趣。其注解體例，亦正欲以此四種書互相參證發明。

此書流傳不廣，除《文淵閣書目》外，鮮見著録，研究者亦少。今據國家圖書館藏元刻本影印。（沙志利）

新刊正蒙解四卷　（明）劉儓撰（第934 册）

劉儓，字伯高，別號龍峰。壽昌（今屬浙江建德）人。中選貢，嘉靖二十三年（1544）任南雄府推官。生平事迹略見此書跋。

此書序文爲嘉靖二十四年所作，時劉氏適在南雄推官任上。據序言，劉氏之推重《正

蒙》，全因朱子曾贊之，并將其部分内容輯入《近思録》，遂謂此書不可或缺。又謂其"言辭簡古，引經釋義，互有異同，驟而讀之，茫若不知所謂"，故爲之作解。觀其解語，亦純依朱子理氣之辨爲説，指某爲氣、某爲理，則知劉氏此書乃以朱子學之理論釋張氏之著作。

今據上海圖書館藏明嘉靖刻本影印。（沙志利）

吕氏鄉約一卷鄉儀一卷　（宋）吕大鈞撰（第934册）

吕大鈞（1031—1082），字和叔。藍田（今屬陝西）人。大忠、大防弟，大臨兄。嘉祐二年（1057）進士，歷任秦州司理參軍、延州監折博務、三原知縣、鄜延轉運司從事等職。學於張載，能守師説。生平事迹見《宋史》本傳、《宋元學案》卷三一。

據朱熹跋語，《鄉約》舊傳爲吕大忠所作，朱氏考爲大鈞所定。《鄉儀》，舊題《蘇氏鄉儀》，朱氏考爲吕氏之書，見於大鈞集中，而蘇昞爲之序。二書爲吕氏兄弟相與討論而成，《鄉約》以"德業相勸""過失相規""禮俗相交""患難相恤"爲目，并附以"罰式""聚會""主事"等規定；《鄉儀》則分賓儀、吉儀、嘉儀、凶儀等項，規定行禮之儀式節目。此二書乃《書儀》、《家範》一類著作之衍申，而爲一鄉立約立儀在歷史上蓋爲首創，其宗旨在於與鄉人勉於爲善，與中國古代宗法社會之情形極爲適合。此書經朱子提倡，後世影響較大，效仿者亦甚衆。

今據國家圖書館藏宋嘉定五年李大有刻本影印。（沙志利）

安正忘筌集二卷　（宋）潘植撰（第934册）

潘植，字子醇，自號浩然子。浦城（今屬福建）人。大觀（1107—1110）中兩以鄉薦上禮部，不偶。建炎二年（1128）始以累舉丞官調真州推官。生平事迹見《（弘治）八閩通志》

卷六五。據載，植性嗜學不倦，嘗悟新學之非，於是述"《忘筌書》五卷、《理性書》九篇"。

此書大段闡發易理，然實已綜貫諸經之微言，如《禮記》之中庸，《尚書》之人心道心、《洪範》九疇，《論語》之克己復禮、絶四等，皆取與《易經》互證，自成一家之言，儼然一獨立於濂洛關閩以外之道學體系。然其"不識不知"、"去智與故"、"超越形數"、"退藏於密"諸説，實陰援佛老而釋儒經，無怪乎其難售於後世。後人論及其書者，僅檢得查慎行《得樹樓雜抄》採其説易者兩條，可見其影響之微。

此書之書名卷數，陳振孫《直齋書録解題》著録爲"《忘筌書》二卷"，《（弘治）八閩通志》作"《忘筌書》五卷"，《諸儒鳴道》作"《安正忘筌集》十卷"，萬曆刻本作"《安正忘筌集》二卷"。此書之篇數，《直齋書録解題》"儒家類"云"凡五十一篇"。此書載《鳴道集》爲九十二篇，附見者又十有三，而《館閣書目》又稱七十七篇，皆未詳"，又於"雜家類"别録此書，稱"新安所刻本凡八十二篇，與《館閣書目》《諸儒鳴道集》及余家寫本篇數皆不同"。今此書僅存萬曆二卷本與《諸儒鳴道》所收十卷本，二者内容實同。萬曆本目録共列一百十篇，《諸儒鳴道》目録作九十二篇者，另有附見者十三篇作小字，及目録未列者五篇，正文實不闕。陳氏因其多用釋老之説，别録此書於雜家，蓋沿《館閣書目》之舊。

此本據明萬曆刻本影印，書前焦竑序言闕首半頁。（沙志利）

泳齋近思録衍注十四卷　（宋）楊伯嵒撰（第934册）

楊伯嵒，字彦瞻，號泳齋。原籍代郡崞縣（今山西原平），居臨安（今浙江杭州）。名將楊存中諸孫。淳祐（1241—1252）間除工部郎，出守衢州。朱子門人。有《六帖補》、《九經補韻》。生平事迹見《（弘治）衢州府志》

卷八。

此書爲《近思録》較早注本，注文有"伯嵒據"、"伯嵒曰"之異。"據"者，多引程、朱之説與正文相發明；"曰"者，則自爲注解以闡説正文。此書後世流傳不廣，稱引甚少。茅星來《近思録集注》一書僅兩引其説，且於序中評曰："楊氏泳齋《衍注》，則藏書家僅有存者。星來嘗取讀之，粗率膚淺，於是書了無發明。又都解所不必解，其有稍費擬議處，則闕焉。至於中間彼此錯亂，字句舛訛，以二子（兼葉采言）親承朱子緒論，而其爲書乃如此，其他又何論乎。"又於"附説"中稱："注甚約而精要亦少。其書實宋刻，但嫌其中多載《章句集注》語，蓋此時《章句集注》未行世，而門人只以師説示學者故也。"茅氏之評，固中其病，然此書以朱釋朱，直揭朱、吕編録本意，其發軔之功不可泯。

此書僅見北京大學圖書館所藏宋刻本，今據以影印。（沙志利）

近思録集解十四卷　（宋）葉采撰（第934册）

葉采，字仲圭，號平巖。建陽（今屬福建）人。葉適孫、味道子。淳祐元年（1241）進士，歷邵武尉、景獻府教授，知邵武軍，以翰林侍講告老。生平事迹見《宋元學案》卷五六、《閩中理學淵源考》卷二五。

葉氏初時從蔡淵受《易》學，後師事陳淳。從學之始，首受《近思録》，研思積久而成《集解》。此書遵從《近思録》之規模，分爲十四卷六百二十二條，每條之下先列朱、吕舊注，再擇《升堂記聞》及諸儒辨論中之精純者以爲補充，若有闕略未足之處，則述以己意。葉氏積三十餘年之功對此書增輯剪裁，至淳祐八年（1248）書成。淳祐十二年應理宗皇帝垂問，繕寫以進。

此書現存最早刊本爲元刻明修本，《天禄琳琅書目》、《鐵琴銅劍樓藏書目録》、《涵芬樓爐餘書録》等皆有著録，其中鐵琴銅劍樓本、涵

芬樓藏本今藏中國國家圖書館。刻本中可見因避南宋諱而闕筆之字，則此書在南宋時當已刊刻行世。明、清兩代，屢有重刻。其中明周公恕刻本改變葉氏原書體例，重加編次，爲此書版本系統中較爲特殊者。今據國家圖書館藏元刻明修本影印。此本卷首有葉氏《近思録集解序》、《集解目録》、《近思録》所採書目及朱熹序、吕祖謙序。（吴冰妮）

近思録補注十四卷　（清）陳沆撰（第934—935册）

陳沆（1785—1825），原名學濂，字太初，號秋舫。蘄水（今湖北浠水）人。嘉慶二十四年（1819）狀元及第，授翰林院修撰，歷任廣東鄉試正考官、禮部會試同考官、四川道監察御史。有《簡學齋詩存》、《簡學齋詩删》等。生平事迹見《清史列傳》卷七三、周錫恩《陳修撰沆傳》。

此書爲陳氏中年以後所著，循《近思録》框架，分爲十四卷六百二十二條。書前列《近思録》採書目録及朱熹、吕祖謙原序，又輯録朱熹講論《近思録》之語及諸儒講論《近思録》之語。每一條目下，先列朱熹原注，次録朱熹語録中相關論述，再次輯録諸儒之相關言論約五十家。

此書今存稿本，由陳氏後人於1961年通過趙樸初先生贈予湖北省圖書館。天頭屢見魏源手批，就編纂之體例、注解之去取、義理之闡發等提出建議，而稿本中亦時有增補。此書尚有道光、光緒年間刻本傳世。今據湖北省圖書館藏清稿本影印。（吴冰妮）

陸氏家制一卷　（宋）陸九韶撰（第935册）

陸九韶（1128—1205），字子美，號梭山居士。撫州（今屬江西）金溪人。九淵、九齡之兄。築室梭山，講學其中，終生未仕。有《梭山文集》、《州郡圖》等。傳見《宋史》。

此書二千六百餘字，分"居家正本"與"居

家制用"兩部分,每部分又分上下兩編。"居家正本"論立家根本之道在於以仁義孝悌教育子孫,"居家制用"則就家庭財政收入與支配作出具體規範。陸氏治家,素有聲名,由此或能見其大要。

此書初或未嘗單本別行,而附於《梭山日記》中,學者亦多以"居家正本制用篇"稱之,故公私目錄未見著錄。此書有清康熙年間汪鑑(字晦叔)校刻本,今據國家圖書館藏本影印。(吳冰妮)

資世通訓一卷　(明)朱元璋撰(第935冊)

朱元璋(1328—1398),字國瑞。濠州鍾離(今安徽鳳陽)人。明朝開國皇帝,廟號太祖。有《高皇帝御制文集》、《御制大誥》等。生平事迹見《明太祖實錄》、《明史》。

此書成於洪武八年(1375),前有自序,後有國史院編修官趙壎序。自序中稱"凡君天下者,代天理物,統寰宇之大,負教臣民之重,上古哲王道與天同",而此書即其"以一己之見,總先賢之確論"所得治國化民之道。全書分爲《君道》、《臣用》、《民用》(分前後)、《士用》、《農用》、《工用》、《商用》、《僧道》、《愚癡》、《教子》、《造言》、《民禍》、《民福》等十四章,既規範君、民、士、農、工、商、僧、道等社會各階級、階層之"職分",又對臣民作勸懲誨諭。

此書著錄於《國史經籍志》、《內閣藏書目錄》、《文淵閣書目》及《續文獻通考》等。今據國家圖書館藏明刻本影印。(吳冰妮)

浦江鄭氏家範一卷　(明)鄭濤撰(第935冊)

鄭濤,字仲舒。浦江(今屬浙江)人。元末爲太常禮儀院博士。洪武六年(1373)應召入京,授國子學正。有《旌義編》、《鄭氏家範》等。生平事迹見《宋元學案》卷八二、《南廱志》卷一、《安雅堂集》卷五《鄭濤字序》。

鄭氏自南宋至明初累世聚族居於浦江,以孝義聞,號爲"江南第一家"。鄭綺爲一世祖,六世孫鄭太和(文融)首訂規範五十八則,其子鄭欽增七十則,從子鄭鉉又增九十則,八世孫鄭濤又與諸兄弟共相損益,定爲一百六十八則,遂成此書。

此書對家族內之祭祀、族務、教育、禮儀、行事規範等事務作出規範,而以"孝義"爲其核心思想,在明代受統治者與士大夫推崇,對當時社會及後世造成深遠影響。

此書形成過程較爲複雜,歷代書目所載作者卷數頗有歧異。清曹溶輯、陶樾增訂之《學海類編》第三冊收錄此書。今所傳者多爲《學海類編》本。今據國家圖書館藏清初毛氏汲古閣鈔本影印。(吳冰妮)

聖學心法四卷　(明)朱棣撰(第935冊)

朱棣(1360—1424),明太祖朱元璋第四子。生於應天(今江蘇南京)。建文元年(1399)發動靖難之變後奪取皇位,廟號太宗。下令編纂《永樂大典》,著有《聖學心法》。生平事迹見《明太宗實錄》、《明史》。

永樂七年(1409),朱棣出此書以示翰林學士胡廣等,稱其因閒暇採聖賢之言,"若執中建極之類,切於修身、齊家、治國、平天下者"而成,命司禮監刊印。書前有自序六千餘言,闡述治國理念。全書從歷代典籍中採集"聖賢嘉言",闡述"君道"、"父道"、"子道"、"臣道"等內容。全書四卷,有關"君道"者達三卷有餘,由此可見其著書之宗旨。

此書最早由明司禮監刻書處刻印,即"內府本",後又有明內府抄本、嘉靖三十八年益府刻本等。《四庫全書總目》列於"存目"。今據復旦大學圖書館藏明永樂七年內府刻本影印。(吳冰妮)

薛文清公要言二卷　(明)薛瑄撰(明)谷中虛輯(第935冊)

薛瑄(1389—1464),字德溫,號敬軒,謚文清。河津(今屬山西)人。明初程朱理學之主要代表、河東學派創立者。永樂十九年(1421)進士。從政近三十年,因不滿宦官專權亂政而辭官,以講學授業終身。著述豐贍,有《薛敬軒先生文集》、《讀書録》、《理學粹言》等。傳見《明史》。

明代以程朱理學爲尊,然薛氏之學對朱子學弊端加以批判改造,如否定朱子"理在氣先,理在氣上",又主張知行"兼盡"。其代表著作《讀書録》提出"遍滿天下皆氣之充塞而理寓其中","理只在氣中,決不可分先後","理氣無縫隙,故曰器亦道也,道亦器也","不可脫去氣而言理"。所著反映其畢生矢志求道、專精性命之思想進程,體現其實學理論與學風,對明代實學思潮興起有先導作用。

嘉靖年間,學者谷中虛(1525—1585)自薛氏《讀書録》中摘其學行之精粹者,輯録成《薛文清公要言》二卷。上卷講述修己立德之道,下卷講所以應事處物之理,所謂體用一原、合內外之道。

此書前有嘉靖年間胡松、谷中虛序文,後附萬曆年間吳獻台跋語。今據北京大學圖書館藏明萬曆三十年吳獻台刻本影印。(趙新)

五倫書六十二卷　(明)　朱瞻基撰　(第935—936 册)

朱瞻基(1398—1435),明第五帝,仁宗長子。洪熙元年(1425)即位,次年改元宣德,廟號宣宗。生平事迹見《明宣宗實録》、《明史》。

宣德年間,朱氏敕令編纂《五倫書》而未及成,其子英宗下令續編,於正統十二年(1447)完成。英宗又爲之作序,稱其父"嘗於萬幾之暇,採輯經傳百家嘉言善行之有關於君臣、父子、夫婦、兄弟、朋友之道者,類分爲六十二卷,命曰《五倫書》"。可知此書是以所謂"五倫"作爲門類之綱,每綱之下又分

爲"嘉言"、"善行"二目,每目下又各有細目,再從各種典籍中抄録相關文字列於細目之下而成,目的在於鞏固倫理綱常。

此書於正統十二年由英宗下令鋟梓刊行,《明史·藝文志》、焦竑《國史經籍志》等皆有記載。今所傳者亦多爲此本。而據《天禄琳琅書目後編》卷一六所載,另有"坊刻小字本,卷一末有'正德元年孟冬宗文書堂新刊'字"。

今據首都圖書館藏明正統十二年內府刻本影印。此本每册前有"廣運之寶"四字璽,《鄭堂讀書記》卷三七以爲"當屬正統中頒示臣工之書"。(吳冰妮)

白沙先生至言十卷　(明)　陳獻章撰　(第936 册)

陳獻章(1428—1500),字公甫,號石齋,晚號石翁,別號江門漁父、碧玉老人。新會(今屬廣東)人,居白沙里,世稱白沙先生。早年屢試不第,遂潛心學術,築臺苦讀,授徒講學終身。其學出碩儒吳與弼之門,然由宗朱轉向宗陸。有《白沙詩教解》、《白沙集》。生平事迹見《明史》、《明儒學案·白沙學案》。

《明儒學案·白沙學案》稱:"有明之學,自白沙始入精微。"據陳氏弟子湛若水此書序,陳氏命其弟子鍾周董輯其學術思想之簡要,以便初學者觀覽。書成凡十卷三十章,題名《陳子至言》,蓋本諸陳氏之語:"夫道以天爲至,言詣乎天曰至言,人詣乎天曰至人;必有至人,能立至言。"(《認真子詩集序》)。此書充分體現陳氏爲學之精髓要義,如爲學應"以静爲主","端坐澄心,於静中養出端倪",提倡"以自然爲宗"、"以致虛爲本"、"以無欲爲旨要"等存養功夫,主張"心即理也",宣導學貴自得、學貴知疑等。

今據南京圖書館藏明嘉靖二十六年陳大倫刻本影印。(趙新)

學的二卷 （明）丘濬輯（第 936 冊）

丘濬（1421—1495），字仲深，號深庵，謚文莊。瓊山（今屬海南）人。景泰五年（1454）進士，授翰林院庶吉士，參與編纂《寰宇通志》《大明一統志》，升任編修。見聞益廣，尤熟國家典故，以經濟自負。在朝任職四十餘年，廉介持正，有"當代通儒"、"中興賢輔"之譽。平生著述有《世史正綱》、《瓊台集》、《瓊台類稿》等二十餘種。生平事迹見何喬新《贈特進左柱國太傅謚文莊丘公墓志銘》及《明史》。

此書名曰"學的"，採自宋儒楊時之言，即以聖人爲效法目標，如射者之中的。其書主要輯録朱熹學行及語録，着力發揮朱熹學説，藉以推闡孔子之道，實爲"朱子學的"。書前有"朱子小影圖"及"道統相傳之圖"，充分肯定朱子於儒學道統傳承之地位。全書上、下兩編，上編列下學、持敬、窮理、精藴、須看、鞭策、進德、道在、天德、革齋等目；下編列上達、古者、此學、仁禮、爲治、紀綱、聖人、前輩、斯文、道統等目。據書後所附丘氏跋文，知此書撰成於天順七年（1463）。

今據明正德刻本影印。（趙新）

道一編六卷 （明）程敏政輯（第 936 冊）

程敏政（1445—1499），字克勤。南直隸徽州休寧（今屬安徽）人，後居歙縣（今屬安徽）篁墩，時人稱爲程篁墩。成化二年（1466）進士，歷官左諭德，直講東宮。孝宗嗣位，擢少詹，直經筵，官終禮部右侍郎。後涉徐經、唐寅科場案，被誣鬻題而下獄。出獄後憤恚發癰而卒。有《宋遺民録》、《篁墩文集》、《程篁墩詩存》等。傳見《明史》。

此書爲程氏考辨"朱陸同異"之作。自序中謂後世學者往往根據朱熹早年未定之論，"尊朱而斥陸"，然"朱陸二氏之學，始異而終同，見於書者可考也"。故書中輯録朱熹書札之有關陸學者，又附以陸九淵相關信札，提

出朱、陸異同分"始焉如冰炭之相反，中焉則疑信之相伴，終焉若輔車之相依"三階段説。所謂"道一"，意謂朱、陸兩家所求之"道"爲一；亦謂朱、陸兩家之説及其爲學之道終歸於一致。此書力圖還陸學公道、復朱學之真及糾正時人認識之誤，在學術史上有重要意義。

此書《明史・藝文志》僅録五卷。初刻於明弘治三年，另有嘉靖三十一年重刻本五卷，《四庫全書總目》存目收浙江汪汝瑮家藏本六卷。今據南京圖書館藏弘治三年李信刻本影印。（趙新）

艾庵密箴一卷河洛私見一卷太極圖説一卷 （明）蔡清撰（第 936 冊）

蔡清（1453—1509），字介夫，號虛齋。晉江（今屬福建）人。成化二十年（1484）進士，歷禮部祠祭主事、禮部稽勳主事、南京文選郎中、江西提學副使等職。萬曆時，追謚文莊，贈禮部右侍郎。有《易經蒙引》、《四書蒙引》等。生平事迹見林希元《虛齋蔡先生行略》及《明史》。

《艾庵密箴》收録蔡氏二十四至三十二三歲時所作箴言五十條，書前自序稱，當時皆用片紙書置於卧處，至四十八歲時方表出之，故稱爲"密"。箴言多爲其躬行實踐理學工夫之心得體會。《河洛私見》闡述河圖、洛書、卦畫、易數，揭示其與太極之聯繫。《太極圖説》以朱熹《太極圖説解》爲基礎，對周敦頤《太極圖》作進一步闡發，剖析太極、陰陽、五行等《易》學概念。後二書與《易經蒙引》皆爲體現蔡氏《易》學思想之重要著作。

此書有乾隆七年蔡廷魁刻本。由書中序跋可知此三書原各單行，并屢經刊刻。乾隆七年蔡氏後人蔡廷魁刻《蔡文莊公集》，將此三書作爲附録合刻收録。《四庫全書總目》引入存目，稱《虛齋三書》。今據蔡廷魁刻本影印。（吳冰妮）

歷代道學統宗淵源問對十二卷　（明）黎温撰（第 936—937 册）

黎温，號恕軒，臨川（今江西撫州）人。約生活於明成化（1465—1487）年間。生平略見此書卷端題署。

此書前有序，題爲黎温作，稱作於“至治紀元有四戊子春正月既望一日戊寅”。書前《小學總論訂疑凡例》有“當今大元官制以爲一定”云云。書中又屢有劉氏日新堂牌記。然至治爲元英宗年號，無戊子年。書中所録儒家學者之説則下至明成化四年，此年正爲戊子。據《儀顧堂題跋》、《曝書亭集》等載，有名“黎温”者曾於成化年間刊刻《六經奥論》而托於鄭樵之名。故今學者多以爲此書亦爲黎温撰集刻印而假托於元刊。

此書卷一稱，歷代道統聖賢出處散見諸經傳史及編年通鑑，世人難以全睹，故搜集諸書，會歸一覽，以爲問對。書中卷一至卷六自典籍中搜集諸儒之説，闡述道統源流及理學基本問題，始於三皇五帝，終於元儒。卷七至卷十二爲“附集”，包括“小學總論訂疑”、“《大學》總論訂疑”、“《論語》總論訂疑”、“《孟子》總論訂疑”、“《中庸》總論訂疑”及“讀小學四書六經法”，以問答形式對典籍中各類疑問進行解釋，可爲理學入門之用。

此書流傳頗希，僅北京故宫博物院收藏明成化刻本一部。今據以影印。（吴冰妮）

契翁中説録二卷　（明）于鎰撰（第 937 册）

于鎰，字南金，號契玄，金壇（今屬江蘇）人。成化十年（1474）年舉人，曾知江西萬載縣。以子湛貴，封布政司右參政。生平事迹見《（正德）袁州府志》卷六、《千頃堂書目》卷一一、《（乾隆）江南通志》卷一六三。

此書分爲上、下兩卷。上卷爲“中説綱領”三章，闡述“中”與“先天”、“後天”之關係。下卷爲“中説節序”七章，由“五行”“日月”“四時”“鬼神”“格物”“致知”“誠意”“正心”“修身”“齊家”“治國”“平天下”等“節序”出發闡明“中”之作用，并指明學者進學之途。

由書中序跋可知，此書或於正德年間經于鎰季子于浚衷輯編次付梓，又於嘉靖十年經胡纘宗校訂後刻印於平陽郡署。嘉靖十六年，于湛又據此本翻刻。此本據國家圖書館藏明嘉靖十六年于湛刻藍印本影印。（吴冰妮）

正蒙會稿四卷　（明）劉璣撰（第 937 册）

劉璣（1457—1533），字用齊，號近山。咸寧（今陜西西安）人。成化十七年（1481）進士。歷任山西曲沃縣知縣、江西瑞州府知府、户部尚書等職，劉瑾敗後，自劾歸。生平事迹見《明史》。

劉氏主要從學李錦，學術以程朱爲旨歸。此書爲疏解宋代“關學”創立者張載《正蒙》而作。《正蒙》大部分内容完成於張氏晚年關中講學時期，張氏卒後，弟子蘇昞仿《論語》、《孟子》體例編排刊行《正蒙》十七篇。此書共四卷，分爲十七章，每章之中分段闡發張載哲學思想。南宋以後爲《正蒙》作疏注者甚多，此書爲其中佼佼者，是研究宋明理學及張載學術思想之重要資料。

此書現存明正德十五年祝壽、武雷、張鄂刻本，明嘉靖十一年刊本，明刻《性理諸家解》本及清道光惜陰軒本等。今據杭州大學圖書館藏明正德十五年祝壽武雷等刻後印本影印。（趙新）

帝祖萬年金鑑録三卷　（明）汪循撰（第 937 册）

汪循，字進之。南直隸休寧（今屬安徽）人。弘治九年（1496）進士。官至順天府通判。正德初爲劉瑾所忌，罷官歸里。學者稱仁峰先生。有《正學辨》、《仁峰文集》等。生平事迹見《雒閩源流録》卷七。

據自序,汪氏正德元年(1506)任順天府通判時,"歷考前古帝王暨我祖宗全盛之時,謹採其所以爲治之大要,萃爲一編",以爲執政之金鑑。全書三卷,分爲聖德、至孝、正學、法祖、敬天、憂患、戒欲、節儉、勤政、仁民、命官、求賢、崇儒、求言、納諫、禮樂、賞罰、訓兵、命將、馭夷、内助諸目。序中稱:"自古堯舜禹湯文武及我太祖太宗,以道治天下者也。兩漢而下至宋元,以智力把持天下者也。"故其所採前古帝王僅限於堯舜禹湯文武。汪氏以爲耽於逸樂人心也,世祚永傳道心也,人君不可因人心之危而喪道心之微。又其序謂書中所陳者爲天德之體,未及王道之用,出治之源,未及施爲之方。今觀其書,確如所言,雖立論正大,而迂腐特甚,故罕傳於後世。

此書國内僅存一抄本,藏浙江省圖書館,共七十一頁。據卷尾識語,知抄録者爲汪循裔孫汪家相。今據以影印。(沙志利)

陽明先生則言二卷　(明)王守仁撰(第937冊)

王守仁(1472—1529),字伯安。餘姚(今屬浙江)人。曾築室於會稽山陽明洞,自號陽明子,學者稱陽明先生。弘治十二年(1499)進士,官至南京兵部尚書、都察院左都御史,封爵新建伯,卒後追贈新建侯,謚文成,從祀孔廟。陸王心學之集大成者。有《王文成公全書》、《傳習録》、《大學問》等。傳見《明史》。

此書是王氏書信文稿之集萃。據書前薛侃序,乃薛侃與王畿據已刊行之《傳習録》、《文録》、《別録》輯録摘要而成。薛侃(1486—1545),字尚謙,號中離,世稱中離先生。揭陽(今屬廣東)人。正德十二年(1517)進士,以侍養歸,師事王陽明於贛州。晚年建中離書院,講授陽明之學,爲陽明學在嶺表傳播之大宗。有《研幾録》、《圖書質疑》等。傳見《明史》。王畿(1498—1583),字汝中,名畿,號

龍谿。山陰(今浙江紹興)人,王陽明最重要弟子之一。傳見《明史》。

此書上卷所收,形似語録體,實爲書簡摘要,與其他王守仁言行録之類體例不同。下卷共收十七篇文録,篇幅較長,或爲名篇,如《大學古本序》、《大學問》、《博約説》、《尊經閣記》等,或爲主題集中之書信,如答羅整庵之《答格物書》、答南元善之《論良知書》等。此書由王陽明親炙弟子所選,雖僅三萬餘字,於瞭解陽明學大要有一定參考價值。另此書卷上録有《王文成公全書》未收之佚文。

今據安徽省圖書館藏明嘉靖十六年薛侃刻本影印。(楊浩)

陽明先生道學鈔八卷　(明)王守仁撰(第937冊)

王守仁生平見前《陽明先生則言》提要。此書似爲李贄所輯陽明著作選本。

李贄(1527—1602),原名載贄,字宏甫,號卓吾,別號温陵居士、百泉居士等。晉江(今屬福建)人。嘉靖三十一年(1552)舉人。官至姚安知府。後棄官講學。有《焚書》、《續焚書》、《藏書》等。生平事迹見袁中道《李温陵傳》。

據書序李氏自述,李氏曾作陽明年譜節本,至萬曆二十八年(1600)盡讀王氏《全書》,乃令弟子汪本鈳選録《全書》,而李氏則專鈔年譜。書成後,友人黄承元、于若瀛見之,因謂陽明之學大有功於後世,此鈔篇卷少而其用弘,宜亟付梓。友人劉東星曾督兩浙學政,謂可存其書於兩浙以傳。萬曆三十七年,武林繼錦堂刊刻梓行。

此書録論學書十六篇,雜著書二十二篇,龍場書六篇,廬陵書一篇,南贛書二十八篇,平濠書二十八篇,思田書十五篇,此七卷都一百十六篇,卷八爲年譜,分上下。文鈔中僅見李氏評語一條,而年譜則頗有評語,則此書亦可視爲研究李氏之資料。

此書國内僅存明萬曆三十七年武林繼錦堂刻本，藏北京大學圖書館，今據以影印。（沙志利）

東川羅先生潛心語録十卷羅東川公内稿一卷羅東川公外稿一卷　（明）羅僑撰（第938册）

羅僑（1462—1534），字維升，號東川。吉水（今屬江西）人。從學於張元禎（東白）。弘治十二年（1499）進士，官至廣東左參政。辭官後居鄉，閉門著書。其主要著述即收入此編。傳見《明史》。

此編實含三書。首爲《語録》十卷，按談論内容編排次序。據卷端識語及題名，乃羅氏爲貽其子而作。次爲《内稿》，收奏疏兩篇。末爲《外稿》，收羅洪先所撰行狀與鄒守益所撰墓志。羅氏之學原本東白，以“求放心”爲宗。其言曰：“學須寡欲，則心中無事。”又曰：“人於日用間，自朝至夕，由興至寢，不可有一毫惡念，惡念一萌，即斬絶之，使根株悉拔；不可一息無善念，善念一發，即擴充之，使若泉達火然。”《明儒學案》謂：“先生所學，是静存動察按板工夫，未必有自得處，但砥礪頗密，不失儒先軌範，在東白之門可謂克家矣。”

嘉靖十年（1531），龍泉學諭順德鄧浩取《語録》刊刻，萬曆三十六年（1608）羅氏曾孫文彬、文機重刻，今國内僅存此重刊本。《内稿》、《外稿》卷端題“曾孫文機重梓”，可知此二稿之前亦曾刊刻，從版式字體來看，或與《語録》同時重刊。

今據國家圖書館藏明萬曆三十六年羅文彬羅文機刻本影印。（沙志利）

鳳川子克己示兒編一卷　（明）劉良臣撰（第938册）

劉良臣（1481—1550），字堯卿，號鳳川。解州芮城（今屬山西）人。弘治十四年（1501）舉人。初授揚州通判，調任平涼通判，兼督餉西夏。後辭官回鄉，閉户讀書教子。有《鳳川先生文集》、《鳳川壯遊集》等。生平見《（乾隆）解州全志》卷八、《（雍正）山西通志》卷一三一。

據此書卷末自識，劉氏幼讀《論語》克己復禮之訓、四勿之目，即知克己乃爲學要道。待至游學仕宦，踐履爲難。歸鄉之後，乃以所曾經歷及體驗之真切或偶有一得者，筆之於書，不拘體裁，不限條目，意不求異，語不求工，盡力而止。成書後既時省玩以自勵，又示諸子孫，庶能遵信而行。全書一卷，分爲正心、持身、居家、理財、明經、接人、崇禮、治官、識微、歸田十篇。書首述十篇序列之意。劉氏之學大旨以爲心是身之主宰，故克己首必正心，正心在於持敬。其説雖於學術無甚發明，然貴在娓娓叙來，平實可行，無教條迂腐氣。

此書成於嘉靖十三年（1534），十四年縣令白世卿欲付梓而未果，至二十七年縣令鍾如嶠始刊成。今據國家圖書館藏明嘉靖刻本影印。（沙志利）

慎言十三卷　（明）王廷相撰（第938册）

王廷相（1474—1544），字子衡，號平厓，又號浚川。儀封（今屬河南）人。弘治十五年（1502）進士，官至兵部尚書兼都察院左都御史掌院事。隆慶初贈少保，謚肅敏。長於詩文，爲明“前七子”之一。有《王氏家藏集》。傳見《明史》。

此書前有嘉靖六年（1527）自序，稱：“仰觀俯察，驗幽覈明，有會於心，即記於册。三十餘年，言積數萬。”“類分爲十三篇，附諸集以藏於家。”其中論諸儒之失云：“擬議過貪，則援取必廣；性靈弗神，則詮擇失精。由是旁涉九流，淫及緯術，卒使牽合傅會之妄，以迷乎聖人中庸之軌。”《四庫全書總目》評曰：“持論大抵不詭於正，然以擬議過貪詆諸儒，故罕考群言；以性靈弗神詆諸儒，故多憑臆見；甚至并五行分屬四時，亦以爲必無之理，則愈辨而愈愼矣。本傳稱'廷相博學好議論,以經術稱,於星曆、輿圖、樂律、河圖、洛書及周、程、張、朱之書皆有所論駁,然其說多乖僻',良得其實云。"此書有張一厚、黄芳、焦維章諸序跋,譽王氏神解自得,絶少依傍,則四庫館臣之語,正堪作注脚。《明儒學案》云:"先生主張橫渠之論理氣,以爲氣外無性,此定論也。但因此而遂言性有善有不善,并不信孟子之性善,則先生仍未知性也。"又云:"先生受病之原在理字不甚分明,但知無氣外之理,以爲氣一則理一,氣萬則理萬,氣聚則理聚,氣散則理散,畢竟視理若一物,與氣相附爲有無。不知天地之間只有氣更無理,所謂理者,以氣自有條理,故立此名耳。"觀此數條,可知王氏之學重在氣論,然因氣有善不善,而理遂亦有善不善。理不能生氣,亦不能統氣,僅附氣而存。其獨得者在此,其受後儒詬病亦在此。

此書初刻本爲明嘉靖沈子完刻本。今據以影印。(沙志利)

雅述二卷　（明）王廷相撰（第938册）

王廷相生平見前《慎言》提要。

王氏自序謂宋儒才情有限,使人不得睹孔門之景。此書名"雅述"者,謂述其中正經常足以治世者。王氏持氣論,以爲理附於氣,氣有善惡,則理亦有善惡。則人性有善有惡之說,乃其學說固有之意。然《四庫全書總目》謂:"今觀其書,標舉《中庸》'修道之謂教'爲本,而多斥枯禪寂坐之非,未爲無見;而過於擺落前人,未免轉成臆斷。如謂'人性有善有惡,儒者亦不計與孔子言性背馳與否,而曰孟子言性善,是棄仲尼而尊孟子矣,況孟子亦自有言不善之性者,何獨以性善爲名云云',是其所見與告子殆無以異。"《明儒學案》亦稱王氏於"理"字不甚分明。四庫館臣列此書於雜家,當是不滿其非孟子之言。

此書有明嘉靖十七年謝鑑刻本,爲初刻本。

今據復旦大學圖書館藏本影印。(沙志利)

程志十卷　（明）崔銑撰（第938册）

崔銑生平見前《中說考》提要。

此書爲二程語録之選本,乃就《遺書》所録大加删汰而成,所選諸條之分篇、排次大體仍舊。書首自述此書意在伐僞存真,略其高虚者,書名稱"志",則爲竊取鄭氏門人之意。崔氏文集《洹詞》卷七《二程文略序》謂秦漢以來師孔氏而著書者莫粹於程氏,然《遺書》雜於衆手,《文集》間多闕佚,未若《論語》之精,故輯爲《程志》、《文略》,庶乎文約而功省。《明儒學案》稱崔氏之學以程朱爲旨歸,然於程子之言心學者則又删之,以爲涉於高虚,是門人之附會;又言其詆陽明不遺餘力,稱之爲霸儒。崔氏因門户之見,師心自用,删汰前賢遺書,雖言之成理,而持之無據,與其《中説考》同一武斷,故黄宗羲以"固"字評之。

此書今存明嘉靖刻本(當爲初刻)、明刻清修《崔洹野集》本、清同治二年刻本。另此書十卷,澹生堂、千頃堂、《明史》著録爲十二卷者,當是輾轉傳抄,以訛傳訛。今據天津圖書館藏明刻本影印。(沙志利)

楊子折衷六卷　（明）湛若水撰（第938册）

湛若水(1466—1560),字元明,號甘泉。增城(今屬廣東)人。弘治十八年(1505)進士,官至南京史、禮、兵三部尚書。初學於陳獻章,後與王陽明訂交,共以聖學相期。講學以"隨處體認天理"爲宗,與陽明"致良知"之説不同。當時學者不歸王則歸湛,可見其影響之巨。著述甚多,有《湛甘泉集》、《格物通》、《二禮經傳測》、《春秋正傳》等。傳見《明史》。

此書《四庫全書總目》置諸存目,謂:"宋儒之學,至陸九淵始以超悟爲宗。諸弟子中最號得傳者,莫如楊簡。然推衍九淵之説,變本加厲，遂至全入於禪。所著《慈湖遺書》，以‘心之精神是謂聖’一語爲道之主宰，而以不起一意、使此心虛明洞照爲學之功夫，其極至於斥《大學》非聖言，而謂子思、孟子同一病源，開後來心學之宗。至於窅冥恍惚，以爲獨得真傳，其弊實成於簡。若水因當時有梓其書者，乃即其所言條析而辨之。凡書中低一格者，簡之説；平格者，若水之論也。”此書可貴處在於，雖斥楊簡，而未及象山、陽明，與持朱陸異同之見陷於門户之爭者有别。書有崔銑序，《萬卷堂書目》遂誤作者爲崔銑，《千頃堂書目》及《明史》亦皆輾轉傳訛。

此書現僅見嘉靖間甘泉門人江都葛澗刻本，浙江圖書館有藏。今據以影印。（沙志利）

重刻心齋王先生語録二卷　（明）王艮撰
（第938册）

王艮（1483—1541），初名銀，王陽明爲改名艮，字汝止，號心齋。泰州安豐場（今江蘇東臺）人。王守仁門人。其家世以煮鹽爲業，艮本爲灶丁，亦曾經商、學醫，因觀孔廟有感，發憤自學，講“格物”之學。後知陽明講學與己相類，遂往與辯難數次，心折而稱弟子。陽明殁後，歸鄉闡揚良知之學。其講學有教無類，弟子中至有樵夫、陶匠，後世尊爲平民學者。其孫之垣輯有《心齋全集》六卷。傳見《明史》。

據此書聶静序，王氏“平生不主言詮，或因答問，或寓簡書。言句篇牘，收之於流播，得之於十一者也。先生既殁，是録乃傳。初刻於江浦，繼刻於漳南。記憶稍訛，傳寫或謬，而讀者疑焉”，隆慶三年（1569）夏，王氏仲子王襞乃爲重刻，即爲此書。其書雖名爲《語録》，實兼收尺牘、論説、詩文諸體，可視作王氏之全集。王氏之學雖本於陽明，然論學特重闡發“格物”之旨，嘗謂“格物”乃“物有本末”之“物”，而身爲萬物之本，知修身、尊身則知本、知道。此書成後，王氏後裔又有《全集》之刻。然《語録》、《全集》皆流傳頗稀，四

庫館臣亦僅得一《學海類編》所節之《心齋約言》，内容尚不及《語録》之十一。

此書傳世版本國内僅見中科院所藏明隆慶三年刻本，今據以影印。此本序缺首頁，版心所標一、二、三頁顯爲後人所加，可據北京大學圖書館藏明刻《重鐫心齋王先生全集》所收《語録序》補全。（沙志利）

莊渠先生門下質疑録二卷　（明）魏校撰
（第938册）

魏校（1483—1543），字子才，别號莊渠。崑山（今屬江蘇）人。弘治十八年（1505）進士，官至太常寺卿，尋致仕。卒謚恭簡。其學私淑胡居仁（敬齋），宗天根之學，主從“人生而静”培養根基。有《大學指歸》、《六書精藴》等。生平事迹見《明儒學案》卷三。

此書録魏氏答弟子所問四書之疑，爲問答體。書存兩卷，未標卷數，卷中以所問之書爲篇題，一卷爲《大學》、《中庸》、《論語》、《論語下》，一卷爲《孟子上》、《孟子下》。卷端下署“門人唐音”，又下署“後學周本浩景孟元鈔”、“潘道根确潛手寫”。唐音（1498—1552），字希古，號克庵。宜興（今屬江蘇）人，唐順之從侄。屢試不第，嘉靖七年（1528）鄉薦就選爲雞澤知縣。唐氏先從學於毛憲（古庵），後問學於魏氏。據洪朝選所撰唐氏墓志，魏氏講學蘇州，唐氏從之遊。魏氏隨所問點化之，謂學問當求天然之知，不專以聞見爲知；在師門有疑必問，未得則思，期於明辨而後已。嘗録在莊渠門下請質之言四書、五經、《周禮》凡若干卷。其所問難辨難之言，皆用以厝之日用，循蹈等級，截然有序，不妄意希高騖遠，以獵時譽。可知此書實爲唐音所問所録，且非《質疑録》之全帙。

此書除南京圖書館藏一抄本外，未見别本，亦不見於諸家目録。書抄於咸豐四年（1854）。今據南京圖書館藏清潘道根鈔本影印。（沙志利）

願學編二卷　（明）胡纘宗撰　（第 938 册）

胡纘宗（1480—1560），字孝思，又字世甫，號可泉，別號鳥鼠山人。鞏昌府秦州秦安（今屬甘肅）人。正德三年（1508）進士，官至山東、河南巡撫。後罷官歸里，耕讀以終。著作甚豐，有《鳥鼠山人集》等十數部傳世。生平事迹見《明史》。

此書爲胡氏講學之語，成於嘉靖甲寅（1554）。《四庫全書總目》列於存目，謂“關中之學大抵源出河東（薛瑄）、三原（王恕），無矜奇弔詭之習。纘宗又師羅欽順而友魏校、湛若水、何瑭、吕柟、馬理，故所論頗爲篤實。其解《大學》用古本，而不廢朱子格物之説。雖與王守仁異趣，而稱其如程門之有游、楊，亦無門户詬争之習。然核其全書，大抵皆先儒所已言也。”

此書今存嘉靖年間鳥鼠山房刻本及明刻清順治重修本。今據國家圖書館分館藏明嘉靖鳥鼠山房刻清修本影印。書中有少量缺頁。（沙志利）

鄒氏學脉四卷　（明）鄒守益撰　（第 938 册）

鄒守益（1491—1562），字謙之，號東廓。安福（今屬江西）人。正德六年（1511）進士，官至南京國子監祭酒。隆慶元年（1567）追贈禮部右侍郎，謚文莊。王陽明弟子，其學得力於敬。有《東廓鄒先生文集》、《王陽明先生圖譜》等。生平事迹見《明史》、《明儒學案》卷一六。

此書乃鄒氏曾孫鄒袞彙編鄒守益、鄒善、鄒德涵、鄒德泳三世四人論學警要之語而成，可顯示鄒氏一脉能得聖學薪傳。鄒善，守益之子，字繼甫，號潁泉，嘉靖三十五年（1556）進士，官至廣東布政司右布政，以太常卿致仕，講學里中。鄒德涵（1526—1581），善之子、袞之父，字汝海，號聚所，隆慶五年進士，官至刑部主事、河南僉事。鄒德泳，善之從子，字汝聖，號瀘水，萬曆十四年（1586）進士，授行人，轉雲南道御史，後因事革職。據鄒袞序可知，萬曆二十八年，鄒善命其巫梓此書以傳，然不獲刊行，鄒善殁後乃得刊刻。

此書澹生堂、千頃堂、《明史》皆著録爲三卷，查王時槐《友慶堂合稿》中所收《鄒氏學脉序》未言及德泳，或此書明時有未收德泳之三卷本。此書國内僅見一清初刻本，藏清華大學圖書館，今據以影印。（沙志利）

許氏貽謀四則四卷　（明）許相卿撰　（第 938 册）

許相卿（1479—1557），字伯台。世居海寧（今屬浙江）。少從游於王守仁。正德十二年（1517）進士，十六年授兵科給事中。因直諫不納，遂稱病歸里。徙居海鹽茶磨山，隱居三十餘年，自號雲邨老人。有《史漢方駕》、《雲村文集》等。傳見《明史》。

許氏因始遷海鹽，作《家則》、《學則》、《祠則》、《墓則》四篇，合稱“四則”，貽厥孫謀，乃温公《家範》、朱子《家禮》之流亞。書前冠四則序，每則一篇，作於嘉靖二十八年（1549）。《家則》序稱浦江鄭氏家範三世爲之，故“廣而密，要而不遺”，亦望子孫能續其家則；《學則》序主聖人之學，不出性分之外，謂只復吾所固有；《祠則》序闡明師宗法之遺意，望子孫培德以世其家；《墓則》序言其有懲於先氏之無考，爲使之有徵而弗湮而作此則。書中規範各條，不落窠臼，皆心得之言，非人云亦云者可比，可徵其人見識通達，踐履篤實。

今據南京圖書館藏明刻本影印。此本中有許氏子聞造按語，且許氏語前有冠“諫議曰”、“紫雲山人曰”者，則此本乃許聞造續補。聞造，字長孺，許氏仲子，萬曆四年（1576）舉人，謁選得河間府推官，官至巡按甘肅御史，謫岢嵐州判官。（沙志利）

説理會編十六卷　（明）季本撰　（第 938—939 册）

季本（1485—1563），字明德，號彭山。會稽(今浙江紹興)人。正德十二年(1517)進士，授建寧府推官，徵爲御史，以言事謫揭陽主簿，歷官至長沙知府。有《易學四同》、《詩說解頤》、《春秋私考》等。生平事迹見《明儒學案》卷一三。

此書自序謂親聞姚江之傳，而同門之士傳布師說遍天下，恐其爲說既長，或乖典則，故輯此書，凡疑難之說，悉辨明之。《四庫全書總目》置於存目，謂："其意蓋擬守仁於濂、洛，而此書則仿《近思録》而作。《近思録》分類十四，此分類十二。其先之以性理、聖功者，猶《録》之首及道體論也。繼之以實踐、賢才者，猶《録》之次及於致知、存養、克治也。推之於政治者，猶《録》之有治道、治法也。終之以異端、諸子者，猶《録》之辨別異論、總論聖賢也。其間巧借程、朱之言以證良知之說，則猶守仁《朱子晚年定論》之旨耳。"由此可知其爲學主張及著作旨趣。

此書僅存明刻本。今據清華大學圖書館所藏影印。此本十六卷，而《四庫全書總目》存目及《欽定續文獻通考》均録爲十五卷。就存目提要所述，所用浙江巡撫採進本與此本次第相合，或係誤記。（沙志利）

雙江先生困辯録八卷　（明）聶豹撰　（明）羅洪先批注（第 939 册）

聶豹(1487—1563)，字文蔚，號雙江。永豐(今屬江西)人。正德十二年(1517)進士，官至兵部尚書。卒贈少保，謚貞襄。著有《困辯録》、《雙江文集》等。生平事迹見《明史》及《明儒學案》卷一七。

羅洪先(1504—1564)，字達夫，號念庵，吉水(今屬江西)人。嘉靖八年(1529)中狀元，授翰林院修撰，遷左春坊左贊善。罷歸，終日著書講學。卒贈光禄少卿，謚文莊，一説文恭。有《念庵集》、《冬遊記》等。生平事迹見《明史》、《明儒學案》卷一八。

嘉靖二十六年(1547)冬，聶氏被逮下詔獄，獄中閑静無事，乃考平生所習經傳之文及先儒之説，凡於心性修養有切實助益者，每有誦味所及，輒分類條録，而以己意繹之，著成此書。書名"困辯"，羅氏謂遇困而益辯之意。全書八卷，依次爲辯中、辯易、辯心、辯素、辯過、辯仁、辯神、辯誠八類。全書集中體現了聶氏學術思想，其説大約以歸寂爲宗旨，以未發之中爲道心之本體，主張"静中體認、平素涵養"之下手功夫。聶氏之學出於陽明，然立説與致良知之學不盡相同，故同門學者王畿、黄弘綱、陳九川、鄒守益、劉文敏諸人頗疑其説，而聶氏每作申辯。唯羅洪先最爲相知，謂其説如康莊大道，更無可疑。劉文敏晚年亦對其説深表贊同。黄宗羲則以爲聶氏猶守陽明江右以前之説，并無背於師門。此書爲羅洪先批注、岳和聲校閲。羅氏頗能會書中之意，故其批注深得聶氏本旨。書前有岳和聲序、聶豹自序及羅洪先序，後有阮鶚序。

今據南京博物館藏明萬曆間岳和聲刻本影印。羅氏《念庵文集》卷一一又有《困辯録後序》，此本未收。按《四庫全書總目》存目録此書爲"《困辨録》"。（張文）

研幾録不分卷　（明）薛侃撰　（明）鄭三極輯（第 939 册）

薛侃生平見前《陽明先生則言》提要。

此書爲薛氏講學語録，由其門人鄭三極輯録成編。書名"研幾"，取《易傳》"聖人極深而研幾"之意。薛氏以爲凡事凡物，均有幾有漸，如幾處弗察，漸處弗反，則積盛不可遏，勢成不可回。言幾者，一正則百正，一邪則百邪，有即百有，無即百無，不可不慎，故將"研幾"視作爲學之要。薛氏爲陽明高弟、篤行君子，居官直道而行，在鄉多有義舉。觀其語録，微言精義亦多有之，其中屢稱引良知之説，主知行合一之論，闡揚師門宗旨不遺餘力，然過猶不及，或有不甚確當之處。如其

《儒釋辯》,以世疑陽明之學類禪者有三,即廢書、背朱、涉虛,薛氏皆一一辨之。黃宗羲《明儒學案》以爲此淺於疑陽明者,無關於學問之道,皆不足辨。《四庫全書總目》列于存目,謂薛氏所辨言玄寂,言虛無,愈辨愈支,并陽明本旨亦爲其所累。

此書編成於嘉靖十四年(1535)冬,旋由潮州府同知劉魁訪以付梓,此刻本已不可見。萬曆四十五年(1617),薛侃曾孫茂杞、茂椮予以重刻。此本題鄭三極輯、葉萼校,不分卷,前有鄭三極序、林熙春題識,後有薛侃弟薛僑跋語,卷末有論説七篇:《可學對》、《何不肯論》、《思學解》、《格物論》、《儒釋辯》、《義利辯》、《正學篇》。民國四年(1915),曾彭年以《研幾録》與《圖書質疑》、《文集》等合而編之,成《薛中離先生全書》二十卷,由公昌印務局鉛印行世。然曾氏所據《研幾録》乃輾轉傳鈔之本,釐爲三卷,條目文字亦與萬曆重刻本微有差異。又無卷末論説七篇,而收録於《文集》之中。今據廣東省中山圖書館藏明萬曆四十五年薛茂杞薛茂椮重刻本影印。(張文)

文華大訓箴解六卷　(明)廖道南撰(第939冊)

廖道南(?—1547),字鳴吾。蒲圻(今屬湖北)人。正德十六年(1521)進士,改翰林院庶吉士,授編修,歷中允、侍講學士,謫徽州府通判,尋復職,嘉靖二十六年卒於家。有《殿閣詞林記》、《文華大訓箴解》、《楚紀》等。生平事迹見《國朝獻徵録》卷一九。

成化十八年(1482)十二月,憲宗御製《文華大訓》二十八卷成,以教授皇太子,嘉靖八年(1529)世宗御製序文頒行。廖氏乃撰此書,於嘉靖十九年正月表以上進。全書凡六卷,每卷節引憲宗序文,依據原書之綱目而爲解爲箴。案,嘉靖十八年三月廖氏以居喪衣緋而被奪官,此書之作,蓋有希冀招復叙用之

微意,故極盡歌功頌德之事。然道南本以文學擅名,所爲箴解亦出入經傳,故義理文辭尚有可觀,不失爲有裨治道之書。

此書《澹生堂藏書目》、《千頃堂書目》、万斯同《明史》等并著録爲廖道南撰,與廖氏《楚紀》卷六〇《表紀》自叙“繹文華大訓箴”相合。《四庫全書總目》著録殘本三卷,題吳道南撰。案,吳道南爲萬曆朝名臣,天啟年間卒於家,《明史》有傳。其萬曆十七年始登進士第,上距表進之年凡五十年,必無撰作此書之理。蓋以書前表文僅署名而不著姓,故四庫館臣致有此誤,丁丙《善本書室藏書志》、余嘉錫《四庫提要辨證》於此已有辨。又此書於嘉靖十九年表進,而《總目》誤作十四年。《續文獻通考》、《續通志》、阮元《文選樓藏書記》著録此書,亦皆誤作吳道南撰。後丁丙裔孫丁仁編《八千卷樓書目》,則踵襲《總目》之訛,非但誤作者爲吳道南,并誤六卷足本爲殘本。

此書有明嘉靖刻本,藏南京圖書館,今據以影印。此本係丁丙善本書室舊藏,前有跋文一篇,與《藏書志》卷一五著録條目相同。(張文)

庸言十二卷　(明)黃佐撰(第939冊)

黃佐(1490—1566),字才伯,號泰泉。香山(今屬廣東)人。正德十六年(1521)進士,官至詹事府少詹事。平生著述宏富,有《泰泉鄉禮》、《翰林記》、《泰泉集》等,史稱有二百六十餘卷,實際撰作或不止此數。生平事迹見《明史》及《明儒學案》卷五一。

嘉靖九年(1530)黃氏爲母棄官歸養,講學於粵洲草堂,至二十八年罷講,其門弟子日録所聞而成此書。書名取諸《中庸》“庸德之行,庸言之謹”,庸者常也,蓋以聖人之道即爲常道。全書依類爲卷,分爲學道、修德、求仁、遊藝、制禮、審樂、政教、事業、著述、象數、天地、聖賢十二類,始之以學道,終之以聖賢,

寓進德修業之次第。此書集中體現黃氏學術思想,大抵以程朱爲宗,然又不盡拘守其藩籬。如其論理氣,以爲理氣無二、不分先後,即與朱子之説略異。其於象山之説排擊甚力,詆斥其援儒掩佛、流於禪學。其於陽明不取良知之説,而於良知之外又拈出良能,以爲取良知而去良能,其流必至於尚言廢行,則是禪而非道。又嘗與陽明講論知行之旨,以爲知先行後、知易行難,數相辨難,而陽明亦稱其直諒。黃氏爲學雖尊德性與道問學并重,實於道問學致力尤多。其教人則以博約爲宗旨,以先博文而後約禮爲相承之序,以爲孔門之教以禮濟文、博約一貫,主張"博約本一心,禮文非二物"。此書雖屬講學語録,然於心性理氣探討之外,多有關於經義、禮制、樂律之考辨發明,可謂篤實之作。《四庫全書總目》稱黃氏"在明人之中,學問最有根柢","雖恪守程朱,然不以聚徒講學名,故所論述,多切實際"。

此書編成於嘉靖二十八年,三十一年由其門人孫學古、鄧遷、何价等購工刊梓,而黃氏高弟黎民表爲之序。又有清康熙二十一年海隅黃氏重刻本。今據國家圖書館所藏明嘉靖三十一年刻本影印。(張文)

胡子衡齊八卷　(明)胡直撰(第939册)

胡直(1517—1585),字正甫,號廬山。吉安泰和(今屬江西)人。嘉靖三十五年(1556)進士,官至福建按察使。有《衡廬精舍藏稿》、《太虛軒稿》等。生平事迹見万斯同《明史》卷三二八、《明儒學案》卷二二。

此書名"衡齊",王世貞以爲"衡者平也,齊者和也",蓋欲就儒門紛歧"衡而平之,然後齊而和之";許浮遠以爲"憂世之儒者論説多端,而持衡以齊之也"。書凡八卷,分言末、理問、六錮、博辨、明中、徵孔、談言、續問、申言九篇。胡氏初學於歐陽德,復學於羅洪先,故其學以陽明爲宗。其書大要以爲理在心而不在天地萬物,以盡性至命爲宗旨,以存神過化爲功夫。其謂心爲造日月與天地萬物者,則與陽明心外無物之本意相去已遠,黃宗羲《明儒學案》已有辨。

《四庫全書總目》著録此書,以爲乃胡氏與門人講學螺水上,輯其問答之語而成,其説似有不確。據王世貞序:"胡子之爲《衡齊》也,身著之而間托之問答者也。身著之,得無有意乎哉?"則此書乃自著之作,而非講學問答之語。其文俶儻瑰瑋,頗有《莊子》風致,不同於語録體之淺近平易,非講學之時修飾章句所能得。

此書有明萬曆年間曾鳳儀刻本,前有張位、王世貞、許浮遠序,據許氏序末署萬曆癸未,蓋刊梓於萬曆十一年前後。民國初胡思敬所輯《豫章叢書》收入此書,由南昌《豫章叢書》編刻局刊行。此書又收入《衡廬精舍藏稿》卷二八至三〇,篇次與《胡子衡齊》同,每三篇并作一卷。蓋編刊文集之時,以其作爲雜著附於書後。《四庫全書總目》謂《衡廬精舍藏稿》"雜著諸篇如設置獵人之類,詆訶薄俗,未免少傷忠厚"云云,即指《談言》諸篇而言。又《澹生堂書目》、《千頃堂書目》、万斯同《明史·藝文志》并著録胡直《衡廬精舍雜言》十五卷,分言末二卷、明中二卷、申言二卷、談言二卷、徵孔二卷、博辨二卷、理問一卷、續問二卷,其書未見流傳,據卷篇名目,似爲此書別行之殘本。

今據中國科學院圖書館藏明萬曆年間曾鳳儀刻本影印。(張文)

柯子答問六卷　(明)柯維騏撰(明)吳大揚(明)方文沂輯(第939册)

柯維騏(1497—1574),字奇純,號希齋。莆田(今屬福建)人。嘉靖二年(1523)進士,授南京户部主事,未任,引病而歸,講學著述以終老。有《宋史新編》、《柯子答問》等。生平事迹見《明史》及《國朝獻徵録》卷三二。

此書乃柯氏門人弟子輯録其答問之語,依

類彙編而成。分心解、學解、經解上下、傳解、史解六卷。其中心解凡十一條,論心性理氣、動静善惡。學解凡十二條,論爲學宗旨、入德之門。經解凡三十二條,解《易》、《書》、《詩》、《春秋》、《禮記》。傳解凡二十四條,解《大學》、《中庸》、《論語》、《孟子》,皆商榷疑義,發明經傳之旨。史解凡十一條,論古今政事人物。柯氏尊程朱而黜陸王,其論説亦大抵以此爲宗旨。此書所輯録各條,大體簡約平易,無甚微言奥義。其心解以誠敬爲根本,以踐履爲先務,而尤重乎立志。其學解以爲學者當用力於道德性命,外此皆非孔孟之訓,視樂律象數等皆問學之餘。柯氏長於史學,故其解史有精辟之見。然其論朱陸之争,言宗陸者謂尊德性爲簡易、黜朱者謂道問學爲支離,以爲自《宋史》分道學、儒林爲二而争論始定,故其《宋史新編》亦因之。又引舒梓溪之論,言尊德性可以掩覆,道問學不可僞爲,故以宗陸者爲自飾欺人,以黜朱者爲未見朱之大全。其實《宋史》以道學、儒林分爲二傳,適啓後世道統之紛争,識者多有譏焉,柯氏之論實挾門户之見。又自言品藻人物依循先儒所謂三品之法:"志於道德者,功名不足以累其心。志於功名者,富貴不足以累其心。志於富貴者,無所不至矣。"以爲"求道德之士於三代之下,焉能如古聖賢? 但能忠信廉潔,以禮義爲進退,以名節自砥礪,此其根本也。根本既立,雖乏功業文章,不足爲病。根本一喪,即富貴之流耳,他何取哉?"可謂具有卓識,然其論人或失偏頗。如亟言王安石奸惡誤國,貽禍萬世,至詆其爲少正卯之流,以其無聲色貨賄之好爲矯飾僞行,可謂攻訐太甚,詞氣過激,殊非平允之論。

此書有明隆慶四年刻本,今據安徽博物館藏本影印。此本題門人吳大揚類編、門人方文沂續編、不肖孫茂竹校正,前有隆慶四年門人黄若獻所撰《序柯夫子答問》。　（張文）

洨濱蔡先生語録二十卷附録一卷 （明）蔡靉撰（第 939 册）

蔡靉,字天章。直隸寧晉(今屬河北)人。嘉靖八年(1529)進士,官至監察御史,巡按河南。後以言事革職,遂歸里講學,於洨水之濱構建書院,學者稱洨濱先生。有《洨濱集》、《書經便注》等。生平事迹見胡向《御史蔡公傳》、《畿輔人物志》卷一一。

此書由門人依類彙編蔡氏講學語而成,凡二十卷,分性命、道德、彝倫、禮樂、君道、師道、臣道、學校、井田、正學、道統、法令、貢賦、武備、理性、評史、孝經、爾雅、周禮、儀禮、易義、書義、詩義、春秋義、禮樂義、大學義、中庸義、論語義、孟子義、諸子、天地篇、帝王篇、君德篇、相業篇、任賢篇、學術篇、節義篇、風俗篇、利弊篇、作述篇四十類。蔡氏嘗受業湛若水之門,故講學宗旨多本甘泉,大要以爲性即天理,吾性與天地萬物爲一體,故吾心體天地萬物而不遺,君子之道唯在反求諸心。其教人以甘泉二業合一之訓,以躬行孝弟禮義爲本。其論性命之理,大體立論純正,温厚平和,藹然儒者氣象。然於經學間有疏失,如叙《周禮》始末,稱引高堂生傳禮與戴德、戴勝、慶普三家列於學官之事,又言"《周禮》作於周公,燔燒於秦,淆亂於諸家,復起於成帝劉歆,而成於鄭玄"。其實高堂生所傳與三家之學皆今之《儀禮》,與《周禮》絶無牽涉,又《周禮》在諸經中晚出,劉向、劉歆父子校理之前未曾傳授,絶無諸家淆亂之事。

此書有明嘉靖刻本,此本序跋文字皆殘闕,附録收文三篇,爲蘇祐、陳大賓所撰《祠堂記》及胡向所撰《御史蔡公傳》。據蔡氏六世孫蔡含靈《洨濱文集跋後》,此本蓋由蔡氏門人吳三樂、李登雲刊梓,後板片藏於蔡氏,喪亂之際煅於兵火。清順治十一年,魏裔介在京師訪得此書,乃詳加校閲,附以評注,十五年由蔡含靈重刻行世。康熙時范鄗鼎編刻《廣理學備考》收録此書,有康熙五經堂刊、道光五年張恢修補本,此本附有魏裔介評注,則所據當爲蔡含靈重刻本。光緒間王灝編刻《畿輔叢書》亦收入此書,所據即范氏五經堂刊本。此書又有光緒四年夏子鎏重刊本,由王炳燮校訂,爲《洨濱蔡先生遺書》兩種之一。

今據國家圖書館藏明嘉靖刻本影印。(張文)

學蔀通辨前編三卷後編三卷續編三卷終編三卷 (明)陳建撰 (第939册)

陳建(1497—1567),字廷肇,號清瀾。東莞(今屬廣東)人。嘉靖七年(1528)舉人,兩次會試皆中乙榜,選授福建侯官教諭,後遷臨江府教授,陞任山東信陽縣令,尋以母老歸養,家居著述終老。有《明通紀》、《明從信録》等。生平事迹見《(道光)廣東通志》卷二七九。

嘉靖十二、三年間,陳氏官福建侯官教諭,時與督學潘潢語朱陸同異,撰有《朱陸編年》。後朝議欲以陸九淵進祀孔廟,陳氏恐"道統將移,學脉日紊",乃發憤著爲此書,以《朱陸編年》爲基礎,經反復討論修改,稿至六七易,於嘉靖二十七年成書。書凡十二卷,分前編、後編、續編、終編,每編又分上、中、下。前編明朱陸早同晚異之實,後編明象山陽儒陰釋之實,續編明佛學近似惑人之實,終編明聖賢正學不可妄議。蔀爲遮蔽之意,其大旨以佛學、象山之説、朱陸早異晚同之説爲學術之三重蔀障,故採摭朱陸兩家文集、語類、年譜、行狀、書劄,并《程氏遺書》、《伊洛淵源録》以下二十餘種,編次年月,分條辨明。其書前有提綱,每卷皆有提要,體例謹嚴,同條共貫,爲極有條理體系之著作。然其所辨多挾門户之見,詞氣較爲激烈,非皆平允之論。

此書有明嘉靖二十七年刻本,現藏北京大學圖書館。萬曆三十三年吳中立曾重刻此書,顧憲成爲之序,此刻本已不可見。今存者有清康熙十七年啓後堂本、康熙四十五年汪璲評點本、雍正六年留芳堂刻本、道光七年城南敦睦堂刻本以及民國十年東莞陳氏《聚德堂叢書》本;又有同治五年福州《正誼堂叢書》本、光緒十八年劉氏傳經堂本等。今據北京大學圖書館藏明嘉靖二十七年刻本影印。(張文)

薛子庸語十二卷 (明)薛應旂撰 (明)向程音釋 (第940册)

薛應旂(1500—1574),字仲常,號方山。南直隸武進(今江蘇常州)人。嘉靖十四年(1535)進士,官至陝西按察司副使。有《四書人物考》、《考亭淵源録》、《薛方山紀述》等。生平事迹見《雒閩源流録》卷九及《明儒學案》卷二五。

此書輯録薛氏講學之語而成,由門人向程爲之音釋。據向序,此書自題"薛子庸語",乃謂其皆平常之言,而無高奇之論。其書凡十二卷二十四篇,語體辭氣略仿《論語》,每篇亦摘首章二字以爲篇名,每章皆冠以"薛子曰"三字。薛氏先後師從邵寶、歐陽德、吕柟,邵、吕皆篤守程朱之説,歐陽德則爲陽明高弟,故其立説每出入朱陸之間。如謂:"朱元晦之言,孔子教人之法也。陸子静之言,孟子教人之法也。會而通之,其究一也。"又謂:"程伯淳謂極高明而道中庸非二事也。然則尊德性而道問學,又豈二事乎哉?彼左朱而右陸者,直淺鄙之見,抑亦可以無辯矣。"可見其爲學宗旨在於兼容會通。

此書有明隆慶年間刻本,今據南京圖書館藏本影印。此本題門人向程釋、曾孫耳訂,前向程序文署隆慶三年冬十二月,蓋刊刻於此前後。又,此本文字間有漫漶殘闕,卷四末頁、卷七首頁係補配。(張文)

新刊鳳洲先生簽題性理精纂約義八卷首一卷

（明）王世貞撰（第 940 冊）

王世貞（1526—1590），字元美，自號鳳洲，又號弇州山人。蘇州太倉（今屬江蘇）人。王杼之子。嘉靖二十六年（1547）進士，累官南京刑部尚書等。好爲古詩文，以復古相號召。主張文不讀西漢以後，詩不讀中唐人集。李攀龍死，獨主文壇二十年。有《弇州山人四部稿》、《弇山堂別集》、《嘉靖以來首輔傳》等。傳見《明史》。

此書首列宋儒姓名，次爲首編，列《河圖》、《洛書》、《伏羲八卦圖》、《伏羲六十四卦圖》、《文王八卦次序》、《文王六十四卦次序》諸圖。正文八卷，解釋性理中涉及語詞之義，以彙集宋儒學説爲主。包括太極、道、師、易學、道統，釋先秦諸子與唐宋學者之説，重君臣之道，宗法封建。

今據重慶圖書館藏明萬曆三十四年潭邑詹霖宇刻本影印。（郭麗）

紹聞編八卷　（明）王樵撰（第 940 冊）

王樵（1521—1599），字明遠。鎮江府金壇（今屬江蘇）人。嘉靖二十六年（1547）進士，授行人。萬曆初，張居正知其能，任爲浙江僉事，擢尚寶卿。後因忤居正，出爲南京鴻臚卿，旋罷。再起至右都御史。卒謚恭簡。遂經學，於《易》、《書》、《春秋》等皆有纂述，有《方麓集》、《尚書日記》、《春秋輯傳》等。傳見《明史》。

此書前有楊時喬序及王氏自序，言其書蓋取之舊聞，參以“躬行而心得”（自序）之見，發孔門聖賢之本意，以傳聖人之學。全書八卷，《大學》、《中庸》各一卷，《論語》四卷，《孟子》二卷。每卷按原文之章節，首釋篇名，次訓詁字詞，次援引朱熹、二程及其他諸名家之解釋，再與禪宗、佛教比較，最後附以己見。

今據重慶圖書館藏明萬曆二十四年賀知忍刻本影印。此本卷八末有闕頁。（郭麗）

見羅先生書二十卷　（明）李材撰（第 941 冊）

李材，字孟誠，號見羅。豐城（今屬江西）人。尚書李遂子，幼承家學。嘉靖四十一年（1562）進士，官刑部主事。曾師從鄒守益，後與唐樞、王畿、錢德洪相切磋。隆慶間爲廣東僉事，萬曆間爲雲南按察使，擢右僉都御史，撫治鄖陽。所至聚徒講學。後下獄，就問者亦不絕。有《李見羅書》、《將就紀》、《觀我堂摘稿》等。傳見《明史》。

此書二十卷，爲門人李復陽所編。李材憂世之學者每以朱、王兩家格物致知之説争衡聚訟，因自《大學》中拈出“一是皆以修身爲本”一言，以爲孔、曾宗傳。認爲知止即知本，又以爲格物之功散見八條目中，以朱子補傳爲誤。書中所論，多圍繞“修身爲本”之根本思想。全書篇目，先以《大學古義》一卷明宗；再以《道性善編》一卷揭《孟子》之旨；再續以《論語大意》四卷，附崧臺講義，即諸府縣學講；又次以《書問》九卷及《門人記述》四卷；末卷爲舊本序跋。全書主體內容爲《書問》與《門人記述》兩部分，多爲與朋友、胞弟等切磋學問之往來書信。《書問》爲諸弟子彙集而成，原名《觀我堂摘稿》，陸廷獻編爲《重校觀我堂稿》，後附雜著，有《識仁説》、《別陸廷獻序》、《李汝潛字説》等文。李材之學較姚江末派稍爲近實，顧憲成大爲贊賞，序中稱其功可與周程張朱四夫子相比。其學説在明代中後期影響廣泛，弟子衆多。

今據明萬曆刻本影印。（劉宗永）

憲世前編一卷憲世編六卷　（明）唐鶴徵輯（第 941 冊）

唐鶴徵（1538—1619），字元卿，號凝庵。武進（今江蘇常州）人，順之子。隆慶五年（1571）進士，授禮部主事，官太常寺少卿。秉性耿介，精於鑒賞，以博學聞。因疏劾宦官暴毆屬臣，得旨嚴辦，受人嫉妒，謝病歸。與同郡龔道立、顧憲成等講學東林書院。有《周易象義》、《皇明輔世編》、《元卿三稿》等。生平事迹見其所編《（萬曆）常州府志》、《（萬曆）武進縣志》之《家叙》及《明儒學案》卷二六。

《憲世前編》收録孔子、孔門弟子及再傳弟子凡七人，述其生平，擇其言行并加注，最後有論。《憲世編》體例同此書，收録周濂溪等宋明理學家凡十八人，先述生平，次列其學，最後評論。以"乾元生萬物"思想貫穿全書，由此發明心性之學，又提出"格物"即爲使物物皆得其則。《四庫全書總目》謂"大旨主於牽朱就陸，合兩派而一之"。

《憲世前編》一卷，《四庫全書存目叢書》子部儒家類有著録。今據明萬曆四十二年純白齋刻本影印。《憲世編》六卷，《明史》、清黄虞稷《千頃堂書目》、《四庫全書總目》均有著録。今據明萬曆四十二年純白齋刻本影印。此本卷首有唐氏《憲世前編序》。（滕黎君）

汪子中詮六卷　（明）汪應蛟撰（第 941 册）

汪應蛟（？—1628），字潛夫，號登原。徽州府婺源（今屬江西）人。萬曆二年（1574）進士，授南京兵部主事，歷南京禮部郎中。爲人亮貞有守，視國如家。學主誠敬，自稱"紫陽墨守"。著作甚豐，有《詩禮學略》、《古今彝語》等。生平事迹見《明史》及陳鼎《東林列傳》。

"中詮"之"中"指中庸，與徐幹《中論》、王通《中説》之"中"義同。此書萬曆四十六年自序，稱年過四十後爲學豁然有得，於是記其思慮所至，并録古今得失之故，初名《獨言》，意謂考槃獨寤，無人相和；後更名《中詮》，是欲效法孟子當楊墨横流之時，獨守空言砥柱，堅守先王之道以待後學，捍衛先聖之道以息邪説。可見其爲學之自信。書中大旨，即如畢懋康此書序所謂："尤其以心得爲名理者

也。其精以闡發性命，次則杼軸經濟，其緒餘旁及千古上下，六合内外，本地風光。絶無依傍，六經注我，我注六經，以此詮中。"

今據中國科學院圖書館藏明萬曆四十六年汪元照等刻本影印。（劉宗永）

咙言十卷　（明）范淶撰（第 941 册）

范淶（1539—？），字原易，號晞陽居士。休寧（今屬安徽）人。萬曆二年（1574）進士。歷官南昌知府、浙江按察司副使、福建右布政使。有《休寧理學先賢傳》、《晞陽文集》及《兩浙海防類考續編》等。生平事迹見《江南通志》卷一六四。

此書爲隨筆札記、語録之類。書中於四書、六經多有發明，且頗多修身理性之助。據書前萬曆三十六年《自引》，書名乃取雜亂無章之意，言此書唯道其心之所偶明者而已。其書前八卷爲其《筆記》二十卷之附録，作於萬曆九年至三十六年之間，内容按年代編次。後二卷作於萬曆三十七年至四十一年。因三十六年范氏曾病重痊愈，對生老病死理解深切，故後二卷所論更有針對性。如卷一〇癸丑一條："林下享清談之福不易得，享此福於老年又不易得，老年病後復康健尤不易得。其何以酬造化哉？思己之所以得者，不敢自失之，又念人之所同得者，不敢不推之。"

今據明萬曆刻本影印。（劉宗永）

性理指歸二十八卷　（明）姚舜牧撰（第 942 册）

姚舜牧（1543—1627），字虞佐，因慕唐一庵、許敬庵之學，自號承庵。烏程（今浙江湖州）人。萬曆元年（1573）舉人，歷官新興、廣昌知縣。爲官清廉，有治聲。一生精力殫於窮經。有《四書五經疑問》、《孝經疑問》、《性理指歸》、《姚舜牧文集》等。生平事迹見《明史》、《（乾隆）烏程縣志》。

明永樂中，胡廣等以周、程、張、朱諸儒性理

之書類聚成編，曰《性理大全》，凡七十卷。然卷帙浩繁，加之兼收象數，不便閱覽。故姚氏編《性理指歸》，略刪象數而簡省浩繁，希求示人以精蘊，便人覽而知其指歸。此書內容大抵同於《大全》，亦間有差異，如增二程之《定性書》、《顏子好學》之類，又於諸儒言後時加按語。全書編排亦非一仍《大全》之舊，如置《道統》、《聖賢》於《太極圖》諸書之前，先《諸子》而後《諸儒》，皆與《大全》不同。其取捨亦有異於《大全》之處，品評多所不同。如朱熹、陸九淵之爭，姚氏以爲《大全》偏袒朱熹，故特輯錄虞邵庵語，以見"當時亦有此儒"；并言朱、陸白鹿洞之爭，朱熹"意氣兩無"，頗有替象山出頭之意。蓋姚氏既仰慕一庵、敬庵之學，則其學之根本乃"良知學"，與朱子"格物窮理"路數不同。故此書常致譏於朱子。

《四庫全書總目》謂舜牧之學出於"坊刻講章"，且"門徑一左，遂終身勞苦而無功"。姚氏於此書所加之按語固多牽合之處，如論明道之"如坐春風"與伊川之"雪深一尺"，便撻伐"宋儒大都立異示人，其師其弟有并失之者"，漫與爲難，實意氣語。但亦有能自出心裁者，如其論董仲舒、韓愈不當同於老莊申韓，辨"好名之人矯僞不情"等即屬此類。

今據湖北省圖書館藏明萬曆三十八年刻清順治十三年重修本影印。（張玖青）

王門宗旨十四卷　（明）周汝登輯（第942冊）

周汝登（1547—1629），字繼元，號海門。嵊縣（今浙江嵊州）人。萬曆五年（1577）進士，官至工部尚書。一生關注學術，爲晚明頗具影響之王學思想家。有《聖學宗傳》、《王門宗旨》、《周海門先生文録》等。生平事迹見《明史》及《明儒學案》。

王學經歷嘉靖、萬曆兩朝之沉浮，雖一度被詆爲"邪説"，但風氣既成，非個人所能逆轉。尤其嘉靖後期，王學之經世致用頗見成效。

張居正死後，王陽明於萬曆十二年從祀孔廟，王學重新崛起。周氏《聖學宗傳》、《王門宗旨》即順應學術發展，對王學演變進行梳理。

此書概督學陳大綬之意，而周氏編次之。書成之後，陶望齡又爲校定。周氏自序言此書命名之意："首稱宗者，明爲千聖之嫡嗣也。數門人語附見，而概繫之王門者，統於宗無二旨之義也。"前七卷載王守仁講學之語，及其奏疏、雜著、詩文，後列王艮、徐曰仁、錢德洪、王畿之説。周氏針對當時學界熱議之"善惡"、"良知"諸問題，提出自己觀點。此書於陽明學繼承與發展貢獻極大。

今據明萬曆余懋孳刻本影印。（張玖青）

南皋鄒先生會語合編二卷講義合編二卷　（明）鄒元標撰（第942冊）

鄒元標（1551—1624），字爾瞻，號南皋。吉水（今屬江西）人。萬曆五年（1577）進士，觀政刑部。因抗疏切諫，張居正奪情，謫戍都勻衛，潛心鑽研理學。萬曆十一年任吏部給事中，屢上疏改革吏治，觸怒皇帝，降南京吏部員外郎。以疾歸，居家講學近三十年。天啓元年（1621）任吏部左侍郎，後因魏忠賢亂政求去。卒諡忠介。有《願學集》、《太平山居疏稿》、《日新篇》等。傳見《明史》。

鄒氏爲江右王門三傳弟子之翹楚，曾從學於江右王門弟子胡直，又從學於泰州學派代表人物羅近溪，故書中言論亦近陽明。如繼承王陽明"心即理"學説，認爲性具形而上性，且有體用，且永恒存在，由此實現天、命、心與性之同一。鄒氏深服王陽明四句教及其"無善無惡心之體"之説，認爲所謂良知，不落知識，不墜生滅，不著意念。提出"目無青白則自明"，"情順萬物而無情"，保持心"無"之境界，才是"爲己"之學。《四庫全書總目》評"其學亦陽明支派，而規矩準繩持之甚嚴，不墜二王流弊"。

此書乃鄒氏門人所輯，講學者曰會語，説經

者曰講義,總名曰《語義合編》。首爲周汝登、祁承㸁及鄒氏門生李邦華序,褒揚鄒氏之學。又有李開芳、戴燝、龍遇奇序。《會語》多爲門生故舊問學之語及鄒氏答語。涉及學問、人事、佛老,内容廣泛,啓發門生,嘉惠學者。《講義》主要講授《論語》、《大學》《中庸》、《孟子》之大要,亦有與門生問答之語。

今據浙江省圖書館藏明萬曆四十七年龍遇奇刻本影印。(張玖青　郭麗)

信古餘論八卷　(明)徐三重撰(第943冊)

徐三重,字伯同,號鴻洲,松江華亭(今上海)人。萬曆五年(1577)進士,後經殿試以第二甲登科,官刑部主事。與張居正議論不合,請辭回鄉。潛心性命之學,以朱子爲宗,其家法爲士人所推重。著述頗豐,有《餘言》、《採芹録》、《牗景録》等。生平事迹見《江南通志》卷一六三。

此書凡八卷,卷一録數種太極圖,論太極、陰陽之説,之後諸卷皆不附圖。所論大抵關於四書、《易經》,取周濂溪、張横渠、程朱之説加以闡發,對陽明"良知"之説亦有所批評。《四庫全書總目》入存目,稱其爲講學語録,且謂"以道之大原言之,固屬推究根本;以學者之實踐言之,又不免爲枝葉矣"。此書前有徐氏傳,取自《松江府志》。據《江蘇採輯遺書目録》,此書亦歸入《徐鴻洲雜著》八種二十八卷,有刊本。然今僅見鈔本流傳,今即據清鈔本影印。按國家圖書館藏有二抄本,其一單獨著録,其一與《庸齋日記》等九種合爲一部。又《四庫全書存目叢書》録此書,與本書同一底本,而明標"北京圖書館藏",卷首鈐"四明盧氏抱經樓藏書印",是盧址舊藏本。(王鷺嘉)

顧端文公遺書三十七卷　(明)顧憲成撰(第943冊)

顧憲成(1550—1612),字叔時,號涇陽,人稱"涇陽先生"、"東林先生"。無錫(今屬江蘇)人。萬曆八年(1580)進士。官吏部文選司郎中,削籍歸,起南京光禄寺少卿,移疾不赴,終於家。崇禎初年,贈吏部右侍郎,諡端文。爲學主"以世爲體",留心時政。有《顧端文公遺書》。傳見《明史》。

此書爲其曾孫貞觀彙刻,含《小心齋劄記》十八卷、《虞山商語》三卷、《東林商語》二卷、《經正堂商語》一卷、《志矩堂商語》一卷、《仁文商語》一卷、《南岳商語》一卷、《當下繹》一卷、《還經録》一卷、《自反録》一卷、《證性編》六卷、《東林會約》一卷,書前有張純修序。其中《小心齋劄記》、《還經録》、《東林會約》三種爲憲成門人馮從吾、史孟麟及高攀龍、劉元珍同校;其餘諸卷卷前均題有"張純修重訂"。

《小心齋劄記》多爲東林黨議之辭。憲成里居,與弟允成修宋楊時東林書院,攜同志高攀龍、錢一本等講學其中,清議朝政。《劄記》有萬曆三十六年蔡獻成刻本,作十二卷。又有其子顧與淳刻本,作十六卷,顧貞觀收入是書時,作十八卷。《當下繹》一書論證爲人須參得貧賤、富貴、憂患等關,諸卷《商語》皆爲門人輯録之講學語録,其論多有關於程朱之説。《自反録》與《還經録》亦爲語録之集結。《東林會約》則是憲成與高攀龍等"東林八君子"制定書院之章程,持論取程朱而欲矯王學之流弊。

此書有光緒刊本,該本目録多有條目下署"嗣刻",今兩本相校,可知憲成著述并未全部收入書中,以卷帙頗繁,尚待續刻之故,如《涇皋藏稿》、《桑梓録》等。

此本據復旦大學圖書館藏清康熙刻本影印。原附年譜四卷、年譜述一卷,顧與沐、顧樞編輯,顧貞觀補訂,今未予收録。此書又有光緒三年刻本三十七卷行世。(王鷺嘉)

養正圖解不分卷　(明)焦竑撰(第943冊)

焦竑(1540—1620),字弱侯,號漪園、澹園。江寧（今江蘇南京）人。從督學御史耿定向學。萬曆十七年（1589）以殿試第一官翰林修撰，後任南京司業。博極群書，善爲古文，典正訓雅。其學宗泰州學派，與李贄私交甚篤。著述頗豐，有《澹園集》、《焦氏筆乘》、《焦氏類林》等。又以藏書聞，編有《焦氏藏書目》、《欣賞齋書目》，均已佚。傳見《明史》。

據書前自序，此書爲萬曆二十二年焦氏任皇長子講官時所著。全書採古儲君事可爲法戒者，自“寢門視膳”至“借事納忠”凡六十事，拾掇史傳，分條備例，繪圖著解，以備太子諸王參學。取事上起西周之文王，下迄宋天聖之際，考古證今，析理徵事，莫不窮其原委，探其本根，旁參互證，凡前言往行之足資勸誡效法者，搜羅綦詳。每目先具圖，後有解釋之文，圖以徵事，辭以明理，合古人左圖右史之意。

此書不分卷，釐爲六十篇。書成後，焦氏本擬進獻，然同官郭正域輩目爲買譽，遂止，故明代無官刻本。明萬曆年間即有兩種刻本，一爲半葉十行，行二十字，二冊，文中有句讀；另一爲半葉十行，行二十一字。明代亦有閩蒲鄭氏族刻本傳世。清代有康熙八年曹鈖刻本、張棟抄本、董浩寫本（附有乾隆撰圖讚一卷）及光緒二十一年武英殿刻本。殿本書前有光緒上諭、祝世禄序、焦竑自序，書後有乾隆撰《御制養正圖讚》，每目皆八句三十二字。

今據湖北省圖書館藏清光緒二十一年武英殿刻本影印。（王鷺嘉）

卓吾先生批評龍谿王先生語録鈔八卷
（明）王畿撰　（明）李贄評　（第943冊）

王畿（1498—1583），字汝中，號龍谿。山陰（今浙江紹興）人。嘉靖十一年（1532）進士，官至兵部武選司郎中。嘉靖二年始從王守仁學，然其學雜以禪機。後半生講學東南，吳、楚、閩、粤皆有講舍，年八十餘不肯已。著述多收入《龍谿全集》。傳見《明史》。

李贄生平事迹見前《陽明先生道學鈔》提要。

此書凡八卷，版心題“龍谿先生語録”，前有李贄萬曆六年序。卷一至卷四爲文集，包括《天泉證道記》等，卷五、卷六爲書信，卷七爲序，卷八爲雜著、記説、詩與祭文。每卷前題“新安後學吳可期、吳可善校正”。此書雖題爲卓吾先生批評，然其分量實不大。其批評具三類形式：一爲眉批，如“此句切”、“好”、“好甚”、“妙”等語，此類字數較少，或贊揚，或指明出自佛經；二爲文中圈點；三爲行間夾注，此類條數較少，字數亦不多，如卷四《南遊會記》原文“未免於臆説，或强合而同，或排斥而異，皆非論於三教也”，下附卓吾語：“又説三教一樣。”總而論之，李氏評語頗爲口語化，贊同居多，鮮有詳論。《四庫全書總目》謂此書：“實即畿之文集，前有李贄序，謂之《龍谿集鈔》，蓋又經贄所品定也。”

此書有明萬曆間尚論齋刻本；又有萬曆間何繼高滄州刻本，作《龍谿王先生文録鈔》九卷，實將此書卷八拆爲兩卷；又有明光裕堂刻本，作《王龍谿先生語録鈔》九卷。

今據湖北省圖書館藏明萬曆刻本影印。（王鷺嘉）

獨醒子二卷　（明）賈應壁撰（第943冊）

賈應壁，字文宿，號弘庵。無錫（今屬江蘇）人。有《紹興水利圖説》二卷等。

此書前有賈氏自撰《獨醒子小引》一篇，述其萬曆十九年由東粤解職西歸，於舟中展卷自怡，有所觸，即書以記其忘，比返故廬，不覺盈帙。因首篇爲“獨醒子”，遂以名書，衆醉獨醒之意。又有明萬曆二十年（1592）唐裔序。

此書爲雜文合編，其内容常論及天道、性理，而略有避世之意。其言多淡泊，然頗有以古諷今之意。如第二篇謂“含沙好射，不能射無影，而人之射人，不必其有影，即數千里外入風馬牛之不相及者,亦得而射之"。

今據中國科學院圖書館藏明萬曆二十年刻本影印。(王鷟嘉)

焦書二卷　(明)紀許國撰　(第 944 冊)

紀許國,字石青。同安(今屬福建)後廓人。少從父文疇學,後從黃道周遊。崇禎十五年(1642)福建鄉試中舉,清軍佔福建後,隨父避居廈門。鄭成功欲招爲幕僚,不就。著有《吾浩堂詩文集》。生平事迹見《閩中理學淵源考》卷八三、《小腆紀傳》卷五五。

此書前有紀氏自序,稱書名取焦琴之義,則寓俟乎後人賞識之意。書中所録雜文三十三篇,篇幅皆不甚長,或敘事、或狀物、或議論,喜以自然論人事。其思想近於道家,倡導無爲而治,歌頌上古之世。明末清初人揭重熙《揭蒿庵先生集》卷一有《焦書序》,謂此書"率多神仙之語,若顯有所寄者"。

此本據中國科學院圖書館藏明崇禎刻本影印。(王鷟嘉)

藤陰劄記不分卷　(清)孫承澤撰　(第 944 冊)

孫承澤(1593—1676),字耳北,號北海,又號退谷。益都(今屬山東)人。世隸順天府上林苑(今屬北京)籍,故自稱北平人。崇禎四年(1631)進士,官兵科給事中。李自成建元大順,受職爲四川防禦史。入清,官至吏部侍郎。平生以尊崇朱子得名。亦以書畫收藏名重於世。著述頗多,有《尚書集解》、《九州山水考》、《庚子銷夏記》等。生平事迹見《清史列傳》卷七九。

此書乃編孫氏講學之語,共一百餘條。於四子五經、程朱語録多有涉及。其主旨在宣揚道統,發揚理學。雖間或涉及史事、史論,終以經學爲宗。如評論古今史書一則,貶司馬遷之雜取衆説而褒歐陽脩之春秋筆法。不取詞章之學,斥戰國之文、六朝之文、蘇軾之文皆不可入目。此書前有雍正十一年

(1733)尹會一序,知其爲承澤子儀徵令其孫琰所刊刻,并稱譽此書言簡指明,爲《近思録》之梯階。據書後孫琰跋可知,孫氏著書"數十餘種",此書卷首、版心俱題"硯山齋集",實爲《硯山齋集》之一種。

此本據天津圖書館藏清雍正十一年孫琰刻本影印。(王鷟嘉)

此庵講録十卷　(清)胡統虞撰　(第 944 冊)

胡統虞(1604—1652),字孝緒,號此庵。武陵(今屬湖南)人。崇禎十六年(1643)進士,授翰林院庶吉士。入清後,歷任國子監祭酒、秘書院學士等職。身後未遺一金,唯有圖書千卷。子獻徵,孫期恒。胡氏學禰姚江而祖象山,亦認同程子之學,持良知之説,而不認同朱子之説。有《明善堂集》、《三家撮要》等。生平事迹見宋琬《内翰林秘書院學士降補侍讀學士胡先生統虞墓志銘》。

此書又題《成均四書講録》,據書前順治八年(1651)自序,胡世安、金之俊、宋學顯、潘遊龍諸序,順治七年自序及胡氏門人吳就恒所撰凡例可知,是書亦稱《成均講録》、《金臺社講》。書凡十卷,前五卷爲《四書講録》;六、七卷爲《成均講録》,乃祭酒時與諸生講論者,附《原性》、《或問》、《學規》三種;八卷爲《萬壽宮講録》;九卷爲《此庵講録》;末卷爲《此庵書問》。前九卷皆是與門生論學言論之記録。門人先有問,問多出於《四書》,後有胡氏之解説,文意不甚艱深。末卷《書問》集與常擎宇等論學書信數通,并附來書。書後有曹木榮跋,旨在説明胡氏學術源流。此書入《四庫全書總目》存目,題名《此庵語録》,謂胡氏之弊在囿於門户之見。《清朝通志》、《清文獻通考》亦有載。

此本據中國科學院圖書館藏清順治八年刻本影印。與《四庫全書總目》所載目次有異。(王鷟嘉)

儒宗理要二十九卷 （清）張能鱗輯（第944冊）

張能鱗（1617—1702?），字玉甲，號西山。順天大興（今屬北京）人。家譜載爲張載十七世孫。順治四年（1647）進士，官浙江仁和知縣，後任四川按察司副使。任官期間，以教養爲先，禁異端，崇孝悌，興教化，頗有政績。治學以程朱爲宗。有《詩經傳說取裁》、《西山文集》等。生平事迹見《清史列傳》卷六六、《國朝耆獻類徵》卷二〇六。

據此書凡例，爲便世之讀濂溪周子、明道程子、伊川程子、橫渠張子、考亭朱子五子書，張氏彙其文集、語録爲一書。輯周子、張子之文，存其原題而不分類，二程與朱子之文分類，尤以朱文分類爲細。原名《五子書》，因坊間所刻《五子全書》乃《老子》、《莊子》、《荀子》、《列子》、《淮南子》，張氏獨尊儒學，不欲與混諸諸子，故名之曰《儒宗理要》。

全書凡二十九卷，含周子二卷、張子六卷、二程子六卷、朱子十五卷。每子集前皆有張氏序并《宋史》本傳。序中評介各家學術源流及成就。周子集前張氏撰有《正學論》、《朱陸異同說》、《徵理學姓氏引》三篇。每集後附緒言及文一篇，其緒言爲讀書筆記，附文總結諸子要旨。張氏學宗程朱，斥象山、陽明援引釋道爲異端。書中有少量雙行夾注。

此書編纂始於順治十四年秋，成於次年夏。參與編纂者另有陸世儀、姜晉珪、姚工亮、趙驪淵等。書前有順治十五年吕宮、楊廷鑑、高世泰、包爾庚諸序及張氏自序。此本據天津圖書館藏清順治刻本影印。（王鶯嘉）

答問三卷 （清）孫奇逢撰（第945冊）

孫奇逢（1584—1675），字啓泰，號鍾元，又號夏峰，晚年自號歲寒老人。原籍直隸容城（今屬河北），清初遷衛輝府輝縣（今屬河南）。十七歲中舉，會試屢不第。嘗以布衣之身反閹黨，抗清軍，有豪傑氣。後隱居著述，講學授徒，清廷屢徵不起，時人尊爲“徵君”。長年於輝縣蘇門山下夏峰村開堂講學，學者稱夏峰先生。明末清初理學大家，與黄宗羲、李顒并稱三大儒。其學以慎獨爲宗，以體認天理爲要，以日用常倫爲實效。本出自陸王，而變以篤實，化以和平，同時兼採程朱之旨以彌其闕失，并無門户之見。著作頗豐，有《夏峰集》、《讀易大旨》、《四書近指》等。生平事迹見魏象樞《徵君孫鍾元先生墓表》及《清史稿》。

孫氏自遷居輝縣後始撰《日譜》，平日與朋友、門人、子弟答疑解惑、切磋學術等語亦并記録其中。順治十三年（1656），奇逢子望雅、奏雅、博雅等將《日譜》順治十一年至十三年間問答内容單獨録出，按年編爲《答問》三卷。餘者亦曾編集，或收入文集，或已不傳，唯此編得以單行傳世。孫氏學養深厚，議論平實，躬行實踐而不務空談，多就日用平常之事爲日用平常之言。其於問答體著述方式極爲重視，欲藉答問闡發義理，以明己志，且教化他人，謂“一問答之頃，而學與思、辨與行俱在其中矣”（《答問三編序》）。書中所言多切近人事，與其經史論著相印證，亦體現孫氏内盡心知性、外經世致用之旨。

此書編成當年即由張元樞刊行，後收録於孫氏後人同治、光緒間編刻之《孫夏峰全書》中，合爲一卷。光緒五年定州王氏謙德堂所刊《畿輔叢書》收有《孫夏峰遺書》六種，其中《答問》重編爲一卷，又增入補遺一卷。

此本據湖北省圖書館藏順治十三年張元樞刻本影印。卷前有順治丙申孫奇逢《引》及張元樞《孫鍾元先生答問弁言》，卷末有孫奇逢子立雅小跋。（谷建）

繹志十九卷 （清）胡承諾撰（第945冊）

胡承諾（1607—1681），字君信，號東柯，又號固齋、隱磯漁人，晚號石莊老人。竟陵（今湖北天門）人。崇禎九年（1636）舉人，因逢戰亂，絕意仕進，隱居天門山，著書立說。順治十二年（1655），部銓縣職。康熙六年（1666），徵至京師，以老疾辭歸。歷六年成《繹志》一書。另有《讀書說》六卷，係《繹志》取材之餘，故二書可相表裏。又工詩，有《青玉軒詩》、《菊佳軒詩》、《橄游草》、《頤志堂集》等。傳見《清史稿》。

"繹志"即繹己所志。此書六十一篇，各篇專闡一義，皆博採群書，引申八方，自諸子百家至史策名言，兼綜條貫，折衷周、程、張、朱之說。或言及身心倫紀，或評述古昔治亂，或談論禮樂刑政，或辨析世事情偽，可謂"貫通古今，包合宇宙"（見此書李兆洛序），由修心養性而至齊家治國平天下，實乃有體有用之學。末卷爲《自敘》，言爲文之指有三：一曰務實，欲事事可行；二曰務平，欲人人能行；三曰從道，道則從，非道弗從。如其論政，尊古制而又不泥古，謂"欲善治，亦取制度相近、利病相因者損益用焉"，可謂切近人情，酌古宜今。胡氏曾自擬此書爲徐幹《中論》、顏之推《家訓》，然其廣大精微實非二書所能及。惜此書以通貫見長，然創見略欠，且徵引過多，動輒萬言，難免有繁瑣駁雜之嫌。至於經濟世務，如其論兵略、論導川諸篇，皆終以聖人正人心道術之言，文辭雖可觀，實則陳腐空廓，頗類紙上談兵。

此書一直鮮爲人知。康熙二十八年（1689），竟陵令李念慈欲刻而乏資，僅能手抄一部，爲序一篇。後李兆洛購得此書，道光十七年（1837）托顧錫麒刻出，始得面世。同治十一年（1872），楊昌濬見此書傳本日尠，付浙江書局重刊，并爲序且補刊顧錫麒、毛嶽生所撰二序。光緒十七年（1891），趙尚輔纂《湖北叢書》由三餘草堂刊行，所收《繹志》係據浙江書局本讐校。書成，周以存見胡玉章據家藏抄本校勘浙江書局本劄記若干條，遂附錄於後，卷末又附吳光耀所記漏刻一條。

此本據浙江省圖書館藏清道光十七年顧氏

誒聞書屋刻本影印。卷首有李念慈、李兆洛二序。（谷建）

潛室劄記二卷 （清）刁包撰（第 945 冊）

刁包（1603—1669），原名基命，字蒙吉，晚號用六居士。直隸祁州（今屬河北）人。天啓七年（1627）舉人，再試不第，遂棄舉業，居家教授。李自成軍攻祁州時，曾毀家聚衆固守。義軍授以官職，以死相拒。入清後隱居不出，構潛室及肥遯亭，潛心著書講學，從學者衆。少志孔孟程朱之學，敬慕孫奇逢，曾與相質正，論《易》三月。後服膺高攀龍，又與東林諸君子神交，各以所得遙相商討。著述甚富，有《易酌》、《四書翊注》、《用六集》等，又選《斯文正統》九十六卷，以品行爲主。傳見《清史稿》。

此書係刁氏讀書論學筆記，凡與身心性命相關，每有所得，隨時記錄。撰於潛室之中，因名其書。刁氏學宗程朱，尤崇朱熹，以朱熹爲孔孟後之儒宗。又明代學人以高攀龍爲尊，論學多由高攀龍上溯程朱。故此書於二人學說徵引最多，且引申發揮，不乏己見。刁氏雖因宗朱而對陸王頗有微辭，然并非全盤否定，如謂陽明良知之學"有功於學者甚大"，又謂其文學、才學第一。此書雖零星散記，難成體系，仍可見其學養境界。《四庫全書總目》列入存目，謂此書"多拾前人緒餘"、"里塾拘墟之見"，未免苛責過甚。

此書初刊於雍正三年（1725），時刁氏孫承祖知上元縣，欲刻先祖遺著，因家居清貧，故先以《潛室劄記》付梓。道光至同治年間刁懷瑾祁陽順積樓刊《用六居士所著書》五種，收有《潛室劄記》，又有光緒五年定州王氏謙德堂所刊《畿輔叢書》本，皆出自雍正刻本。

此本據天津圖書館藏清雍正刻本影印。卷首有刁承祖序。（谷建）

潛書二卷 （清）唐甄撰　附西蜀唐圃亭先生行略一卷 （清）王聞遠撰（第945册）

　　唐甄（1630—1704），原名大陶，字鑄萬，後更名甄，別號圃亭。達州（今屬四川）人。出身官宦，幼隨父遊吳江、燕京、金陵等地，因張獻忠入川，不得返鄉，遂流寓江南。順治十四年（1657）中舉，康熙十年（1671）任山西潞安府長子縣縣令，不久罷去。後半生困居吳地，以講學賣文爲生。筆耕不輟，歷三十年完成《潛書》。又著《春秋述傳》、《毛詩傳箋合義》、《潛文》、《潛詩》等，除若干詩文尚存，餘皆不傳。傳見《清史稿》。

　　王聞遠（1663—?），字聲宏，號蓮涇，晚號灌稼村翁，吳縣（今屬江蘇）人。清初目録學家、藏書家，有《孝慈堂書目》傳世，藏書後歸黃丕烈士禮居。唐甄女婿。唐氏酷貧無嗣，身後唯賴王氏奔走營葬，《潛書》亦幸得王氏致力刊行而免於湮滅。王氏又特爲撰《西蜀唐圃亭先生行略》一卷十五則附於書後，爲唐甄行實之寶貴資料。

　　此書初名《衡書》，取權衡天下之意，後因連蹇不遇，更名《潛書》。書分上下兩卷，每卷又分上下。上卷五十篇，以言學爲主，尊孟宗王，闡發心性之學，以求盡性與事功統一。下卷四十七篇，重在言治，涉及時政、民生、實務等，探討治世之術。唐氏學宗陸王，發揮陽明良知之學與知行合一，認爲盡性與事功不可分離，主張修己以治人，養心以治事。其政論更是“皆人所不及見、不敢言者”，如謂“自秦以來，凡爲帝王者皆賊也”（《室語》），真驚世之語。又提出抑尊、任賢、富民、均平等觀念，所論兵制、刑律、海防、屯餉等，皆能切中利弊，可付諸施行。王源、李慈銘等多有詆諆之評，而清末章炳麟則奉爲發蒙之著。梁啓超謂此書“有粗淺語，却無膚泛語，有枝蔓語，却無蹈襲語”（《中國近三百年學術史》），尚屬允當之論。

　　此書更名之前，魏禧嘗閲《衡書》而贊之，助其刊行，共十三篇，時在康熙十八年，署名唐大陶。四庫館臣曾由此誤認《衡書》爲他人著作，分別爲二書撰寫提要。此本今已不傳。唐甄故後，其婿王聞遠整理遺文，於康熙四十四年刊《潛書》全書。此後有光緒九年（1883）中江李氏及光緒三十一年鄧氏兩種翻刻本。

　　此本據湖北省圖書館藏清康熙王聞遠刻本影印。卷首有張廷樞、潘耒二序。（谷建）

明夷待訪録一卷 （清）黄宗羲撰（第945册）

　　黄宗羲（1610—1695），字太沖，號南雷，學者稱梨洲先生。餘姚（今屬浙江）人。父尊素爲明萬曆進士，東林名士，因彈劾魏忠賢下獄冤死。時宗羲年十九，入京訴狀，椎殺仇人，名震京師。後發奮讀書，從學於劉宗周。崇禎三年（1630）入復社，參與對閹黨鬥争。清軍入關後，舉兵抗清數年，漂泊海上。順治十八年（1661）冬始返鄉，課徒著述以終，至死不仕清廷。學問宏博，思想深邃，貫通經史百家，於天文、曆算、樂律、釋道等無不涉獵，著作多達百餘種，尤以《明儒學案》、《宋元學案》、《明夷待訪録》等爲後世所重。生平事迹見《清史列傳》卷六八、《清史稿》及謝國楨《黄梨洲年譜》。

　　此書始撰於康熙元年（1662），次年冬完稿。據其卷首題識，可知是時黄氏依胡翰之“十二運”理論，認爲二十年後天運將轉入大壯，天下由亂而治。因研究歷代治亂之故，總結明代滅亡經驗教訓，欲爲聖君條具爲治大法，待其訪求，以期救弊補偏。全書由二十一篇專論組成，於政體、教育、田制、兵制、財經、文化等方面均有所規劃，多具創見，超越時代。如稱“爲天下之大害者，君而已矣”，批判君主專制，要求爲君爲臣者爲天下萬民謀福利；倡議學校既培養人才，又當發揮議政、監察之職能；反對“重農抑商”觀念，認爲工商業亦爲國家之本等。其政治理念及治國綱領有明顯之民主啓蒙思想，然仍局限於儒家聖賢理念，故終以"復三代之治"爲目標，寄希望於聖主賢君，難免迂腐。此書直至清末方爲世人所重，維新派康有爲、梁啓超、譚嗣同等推崇其民本思想，革命派鄒容等則深受其抨擊君主專制影響。

此書因内容頗觸清廷禁忌，黃氏生前未能刊行。乾隆間，黃氏門人鄭梁之子鄭性據家藏梨洲原稿，與子鄭大節校訂刊行於二老閣，是爲初刻本。劉氏嘉業堂據原板重刻爲《二老閣叢書》本。此後陸續收入《指海》、《海山仙館叢書》、《小石山房叢書》等叢書中，并多有傳抄。

此本據清道光十九年金山錢氏刊《指海》本影印，書前收有《顧寧人書》，爲顧炎武讀後復信。（谷建）

破邪論一卷　（清）黃宗羲撰（第945冊）

黃宗羲生平見前《明夷待訪録》提要。

據卷首黃氏自撰《題辭》可知，此書作於《明夷待訪録》之後三十餘年，即清康熙三十年之後，其時所謂"十二運"理論早已不攻自破，黃氏已年逾八十，因覺天人之際，先儒有所未盡，故作此書。所謂"破邪"，即破除世間之虚妄。全書凡九篇，内容雜陳，或針對時風流弊有感而發，如《上帝》篇批判佛教、天主教、理學家之天論，《魂魄》、《地獄》等篇反對佛教投胎輪回、地獄迷信之説，《從祀》篇提出諸葛亮等七人理應從祀孔子，批評統治者只重"心性之微"而不在"事爲之迹"，以虚廢實；或爲《明夷待訪録》補遺之作，如《科舉》篇認爲科舉取士之法敗壞學風、毒害人才，提出改革設想，《賦税》篇重申恢復三代井田制；另有考證辨謬之文夾雜其中。此書雖崇尚實功實學，不乏經世致用之論，然鋒芒遠不及《明夷待訪録》，且又編排無序，疑係將晚年文章湊爲一編，并非專門撰寫。其中《唐書》篇據無根野史辯駁正史，前人已有

譏評。

此書無單行本流傳，初見於康熙間山陽楊氏校刻《南雷文定四集》，又有乾隆七年（1742）慈溪鄭氏二老閣刻《南雷文約》本、道光十三年（1833）沈氏世楷堂刊楊復吉編《昭代叢書》己集本、民國四年上海掃葉山房刊《梨洲遺著彙刊》鉛印本等。此本據清道光十三年沈氏世楷堂刻《昭代叢書》己集廣編本影印。（谷建）

噩夢一卷　（清）王夫之撰（第945冊）

王夫之（1619—1692），字而農，號薑齋，別號一壺道人。衡陽（今屬湖南）人。晚年隱居衡陽石船山，著書立説，世稱船山先生。與顧炎武、黃宗羲并稱清初三大家。崇禎十五年（1642）中舉。清軍入關後，組織抗清武裝。事敗，投奔南明朝廷，任行人司行人，遭奸人構陷，幾陷大獄。清順治八年（1651）返鄉，誓不剃髮，爲避清廷搜捕，輾轉流亡。後定居石船山下，閉門隱居，專心講學，著有《讀通鑑論》、《宋論》、《思問録》、《張子正蒙注》等七十餘種，後人編刻爲《船山遺書》。生平事迹見《清史列傳》卷六六、《清史稿》等。

此書撰成於康熙二十一年（1682），時反清復明已無望，王氏轉而反思歷史，總結明代政治、經濟、軍事、文化、司法諸方面利弊得失及其敗亡之因，提出改革主張，其中不乏獨到之見。然王氏深感己見無法實現，故自序云："嗚呼！吾老矣，唯此心在天壤間，誰爲授此者？故曰《噩夢》。"全書共五十六章，每章所論一事，皆各自成篇，爲其政治思想之集中體現。

此書今存王夫之手稿一種，藏湖南省博物館。另有同治四年曾氏金陵節署刊《船山遺書》本、《海粟樓叢書》本、《寶墨齋叢書》本、光緒二十四年刻《王船山先生四種》本、民國上海太平洋書店《船山遺書》本等。

此本據南京圖書館藏清光緒二十四年刻《王船山先生四種》本影印。(谷建)

黄書一卷　(清)王夫之撰(第945册)

王夫之生平見前《噩夢》提要。

此書成於南明永曆十年(1656),即清順治十三年。王夫之《後序》云:"言之當時,世莫我知。聊悰痐而陳之,且亦以勸進於來兹也。"足見當時其對將來尚深懷期待。全書共七篇,皆闡明夷夏大防、反對民族壓迫,認爲聖王嚴華夷之辨乃效法天則,強調"可禪可繼可革,而不可使夷類間之",并在立國、軍制、選舉、任官等方面提出一系列治國方案,以恢復漢民族政權。此書因宣揚民族主義,在清末排滿革命運動中風靡一時。

此書刊本有同治四年曾氏金陵節署刊《船山遺書》本、《海粟樓叢書》本、《寶墨齋叢書》本、光緒二十四年刻《王船山先生四種》本、民國上海太平洋書店《船山遺書》本等。今據天津圖書館藏清同治四年曾氏金陵節署刻《船山遺書》本影印。(谷建)

思問錄内篇一卷外篇一卷　(清)王夫之撰(第945册)

王夫之生平見前《噩夢》提要。

此書分内、外二篇,各一卷,皆爲劄記形式,隨性而撰,并無一定之序。内篇闡發哲學觀點,篇幅較短,類似語録;外篇則申説天文地理、政治歷史、曆數醫藥、黄鐘之律、陰陽五行、卦象爻辭等具體問題,篇幅稍長。王氏發揮張載"知太虛即氣則無無"理論,否定"以無爲本",對理氣、道器、動静、知行關係等有深刻闡述,既批駁王學良知説,又反對程朱理學氣外求理之論。如論"太虛,一實者也","用者,皆其體也","盡器則道在其中","天地之化日新","以人道率天道","我者,大公之理所凝","致能於彼而互相成之",等等,皆有創見。所謂"思問",即研探理窟之作,

宿疑於心,而思有以質問古人之意。此書可與《張子正蒙注》相互發明。

此書刊本有道光二十七年聽雨軒本、同治四年曾氏金陵節署刊《船山遺書》本、光緒二十四年刻《王船山先生四種》本、民國上海太平洋書店《船山遺書》本等。今據天津圖書館藏清同治四年曾氏金陵節署《船山遺書》本影印。(谷建)

張子正蒙注九卷　(清)王夫之撰(第945册)

王夫之生平見前《噩夢》提要。

《正蒙》爲北宋理學家張載代表作之一,由其弟子蘇昞仿《論語》、《孟子》體例重新編排,以類相從,以便誦讀。因其辭約意微,歷代多有注解,尤以王夫之此注影響最大。

此書初成於清康熙二十四年(1685),重訂於康熙二十九年。《正蒙》原分十七篇,此書則每篇爲一卷,唯末篇《乾稱》析爲二卷,共十八卷。今稱九卷,乃因每卷各分上下。王氏以張載之學爲正學,繼承發揮其哲學思想,并提出不同見解,對佛、道及宋明理學等亦有深刻批判。王氏認爲《正蒙》"明道之所自出,物之所自生,性之所自受,而作聖之功,下學之事,皆達於此",可"揭陰陽之固有,屈伸之必然",注中就"氣"、"神"、"性"三大範疇反復論述,由天道下貫人物性命,天人相繼,保合太和,旨在原始終以立中道,貞死生以明善惡,存神盡性以全歸本體。末卷對張載《西銘》、《東銘》有所詮釋討論。

此書版本衆多,今存康熙二十九年朱宏爆校王夫之手書本、康熙四十六年劉氏據三十一年王敔録"蕉畦副本"抄本,刊本有清康熙年間湘西草堂刊本、道光二十八年衡陽學署補刻《船山遺書子集》本、同治四年曾氏金陵節署刊《船山遺書》本、民國上海太平洋書店《船山遺書》本等。今據天津圖書館藏清同治四年曾氏金陵節署刻《船山遺書》本影印。(谷建)

弘道書三卷　（清）費密撰（第 946 冊）

費密（1625—1701），字此度，號燕峰。新繁（今屬四川）人。費經虞子。費密生逢亂世，少時即外出避亂，後遵父遺命投孫奇逢門下，又至浙江與吕留良論禮。晚年融會南北學術，創爲“中實”之道。又工詩文，其子錫琮、錫璜亦有文名，時稱“三費”。卒後門人私謚中文先生。著述四十種，然多散佚，今僅存《怡蘭堂叢書》所收《費氏遺書三種》，即《弘道書》、《荒書》及《燕峰詩鈔》。傳見《清史稿》。

此書分上、中、下三卷，十五篇。所謂弘道，即弘揚儒家經學道統。費氏以漢儒爲宗，力倡實學，反對程朱學派道統説，以道統乃宋儒私立，指出“欲正道統，非合帝王公卿，以事爲要，以言爲輔不可”，并由此提出道統與道脈兩概念。道統即帝王統治之承傳系統，道脈即孔子以來儒學之講學傳授系統，道統與道脈結合，實現政教合一，方能挽救明以來理學末流空談誤國之弊。費氏倡導中實之道，主張着力於日用之事，避免蹈虚，并以之爲傳聖門之定旨。提出“追溯漢唐古學”，強調漢唐經學訓詁考證之重要性，謂“從古經舊注發明吾道”。卷末附圖表若干。此書可視爲費氏耗三十年之功所撰一百二十卷《中傳正紀》之綱領，對有清一代學術風氣有導先路之功。然因篤守古經舊注，缺乏創新，難免因循保守之嫌。

此書初成於康熙三十一年（1692），經多次修改增補，生前未敢輕出示人。費氏去世後，弟子蔡廷治曾録爲副本保存。民國九年，唐鴻學得新繁楊氏所藏抄本，校訂刊刻於成都，渭南嚴氏曾覆刻此本。此後又有民國十三年江蘇泰縣韓國鈞據洪揖侯藏抄本所刊木刻朱印本，因洪氏所藏抄本僅有五篇，餘則據唐氏怡蘭堂本翻刻。唐本所闕《中行狂狷表》一篇，恰可據韓本補足。今據復旦大學圖書館藏民國九年大關唐氏怡蘭堂刻本影印。卷首有民國時趙熙序及費密門人張含章序、蔡廷治題辭，卷末附唐鴻學跋。（谷建）

論學酬答四卷　（清）陸世儀撰（第 946 冊）

陸世儀（1611—1672），字道威，號剛齋，晚號桴亭，別署眉史氏。太倉（今屬江蘇）人。諸生。早年精研儒學典籍，治學廣博，與同里陳瑚、盛敬、汪世韶等講論經世之學，於天文地理、禮樂農桑、河渠貢賦等無所不通。又曾習劍術，研兵法，對西學亦持開放態度。明亡後隱居鄉里，建桴亭，專心讀書，著述授徒，曾先後講學於無錫東林書院、常州大儒寺、太倉書院等，有江南大儒之譽，與陸隴其并稱“二陸”。卒後門人私謚尊道先生，亦稱文潛先生。著有《思辨録》、《復社紀略》、《格致編》及詩文雜著等。傳見《清史稿》。

此書四卷，收録陸氏自明崇禎十年（1637）至清順治五年（1648）間與同志學友陳瑚等人論學往復問答之書，由其外甥兼門人許焜編輯，共三十餘篇。陸氏精研程朱理學，宗主朱熹居敬窮理之説，重視内心修養，主張敦守禮法，施行實政，力倡實學，不尚虚談。其與學友書信往來，於反覆論辯、講貫切磋中闡發己見。如云“居敬窮理，在聖人爲一貫之學，在學者爲入德之門”，以居敬窮理爲儒學一貫宗旨，是學者修己治人、明體適用之門徑；又如論及“儒治從教化上做起，吏治從刑政上做起”，提倡儒治，強調以道德教化正治人心，方可平治天下。其實學亦不止於理論，多見於行動，如論開濬劉河事，皆可具體操作，頗具建設性。

此書有同治十三年虞山顧湘刻《小石山房叢書》本。光緒二十五年，唐受祺輯《桴亭先生遺書》十六種刊行，亦收有此書，所據底本即同治本。今據上海古籍出版社藏清同治十三年顧湘刻《小石山房叢書》本影印。卷首附高世泰、陳瑚二序及許焜跋。（谷建）

静怡齋約言録二卷　（清）魏裔介撰（第946冊）

魏裔介（1616—1686），字石生，號貞庵，又號昆林。直隸柏鄉（今屬河北邢臺）人。順治三年（1646）進士，選庶吉士。歷任工科給事中、太常寺少卿、吏部尚書、太子太傅等職。追謚文毅。有《兼濟堂文集》、《聖學知統録》、《知統翼録》等傳世。傳見《清史稿》。

據卷首自叙，此書係魏氏順治十年冬遭劾在家，閉門讀《易》、《性理大全》及二程等諸儒之書，追憶舊聞，隨手記録而成。初得二百一十餘則，此後陸續補充。全書分爲内外二篇，以講學者爲内篇，多言性命之理，兼及雜論者爲外篇，多言經濟之略。魏氏爲學宗程朱正統，批判王學溺於禪學之流弊，提出體用兼該，將格物致知與齊家治國平天下相結合，由窮理以及力行，由性命以及功化。

此書完稿於順治十三年之後，經魏氏門人陳適度、盧傳校勘刊行，今國家圖書館藏有此本。康熙年間，有與《嶼舫詩集》合刊本，卷首補入孫奇逢《讀約言録》、盧傳《約言録叙》。康熙五十年（1711）前後，魏氏少子荔彤於福建漳州知府任上刻《魏貞庵遺書》數種於龍江書院，其中《静怡齋約言録》即據初刻本重刊。此本據國家圖書館藏清刻本影印。（谷建）

庸言一卷　（清）魏象樞撰（第946冊）

魏象樞（1617—1687），字環極，一作環溪，號庸齋，晚號寒松老人。山西蔚州（今屬河北）人。崇禎十五年（1642）舉人，順治三年（1646）進士，改庶吉士，歷任刑、工、吏等科給事中，户部侍郎，都察院左都御史，刑部尚書等職。爲官以清廉直諫著稱，史家譽爲"清初直臣之冠"。卒謚敏果。治學尤邃於宋儒之書，深明理學，主張經世致用。有《大學管窺》、《儒宗録》、《知言録》、《寒松堂文集》等。傳見《清史稿》。

此書一卷。書名"庸言"，即庸齋之言，皆魏氏生平感悟語録；一説取《中庸》"庸德之行，庸言之謹"與《易》"庸言之信，庸行之謹"之意。語録所述，多爲正心誠意、修身齊家之論，提倡治學務實，躬行實踐，又往往取世間俗事闡明深邃道理。

此書於康熙四十七年（1708）由其子學誠精刊，是爲單刻初印本，書目罕傳。此後收入吳震方輯康熙四十一至五十一年刻《説鈴》續集，道光十三年吳江沈廷鏞編沈氏世楷堂刊《昭代叢書》庚集埤編。今據清康熙刻《説鈴》續集本影印。（谷建）

朱止泉先生朱子聖學考略十卷提要一卷正訛一卷附録一卷宗朱要法一卷校勘記一卷　（清）朱澤澐撰（第946冊）

朱澤澐（1666—1732），字湘陶，號止泉，學者稱止泉先生，寶應（今屬江蘇）人。諸生。少時博聞強記，得程端禮《讀書分年日程》，循序誦習，又曾學天文於泰州陳厚耀。生性淡泊，不謀仕進，以授徒著述爲生。中年以後篤志於義理之學，專以朱子爲宗，謂"啓我者唯朱子，成我者亦唯朱子"。與同里王懋竑相互切磋，答問辯難，易子而教。學者以其曾講道錫山，祀之於東林道南祠。著述頗豐，有文集八卷，又有《朱子誨人編》、《先儒辟佛考》、《陽明晚年定論辨》等。傳見《清史稿》。

此書十卷，係朱氏積數十年之力精密考證，以年譜形式叙述朱熹思想及主要學説，乃其朱子學成就之集中體現。書中記述朱子各種爲學次第工夫，如格物、居敬、窮理等，皆有所考證，對朱子悟未發之旨這一聖學關鍵之具體經過，及朱子如何將心性之學用於王道事功，皆有詳細闡述。凡所立説，皆求證於朱子文集及《語類》，無妄加猜測。

朱氏生前并未刊行是書，曾録一副本請王懋竑删定。清乾隆十七年（1752），河道總督高斌與協辦河務巡撫張師載參訂付梓。次年,朱氏門人兼女婿,亦即王懋竑之子王箴傳得見此刊本,以爲非朱氏原本,乃其姪朱輅改易竄亂者,故據家藏副本作《聖學考略辨僞》,略加駁正。民國十三年(1924),朱氏後人朱孫莩等重刊是書,係據家藏刻本、抄本讐校而成,又將王箴傳《聖學考略辨僞》收作附錄一卷,又從天津圖書館抄得《宗朱要法》一卷,校以道光三年姚椿刊本,并劉啓瑞、王瑗仲《校勘記》一卷,附刻於後。

此本據遼寧圖書館藏民國刻本影印。卷首有民國十三年唐文治序,乾隆十七年張師載、高斌、劉師恕三序及朱澤澐自序,卷末有劉啓瑞跋。(谷建)

存性編二卷 (清) 顔元撰 (第946冊)

顔元(1635—1704),字易直,更字渾然,號習齋。博野(今屬河北)人。生於窮鄉,育於異姓,十九歲補諸生,後棄舉業,以教學、行醫爲生。二十四歲深喜陸、王,二十六歲始知程朱理學學旨,三十四歲回歸周孔正道,抨擊程朱陸王之學,并將書齋思古齋改名習齋。康熙三十年(1691)南遊中州,訪河南諸儒,探討學術。晚年主持漳南書院,因水患告歸。卒後門人私謚文孝先生。顔氏生平重習行,不以著述爲事,著作除《四存編》(即《存性編》、《存學編》、《存治編》、《存人編》)外,有《習齋記餘》、《四書正誤》、《禮文手鈔》等,門人鍾鋐等輯其言行爲《習齋先生言行録》及《習齋先生闢異録》。生平事迹見門人李塨、王源《顔習齋先生年譜》及《清史稿》。

此書成於清康熙八年正月,時顔氏三十五歲,居祖母喪,已悟周孔之學爲正學,而程朱陸王爲禪學、俗學浸淫,并非正務。自謂此書"大旨明理、氣俱是天道,性、形俱是天命,人之性命,氣質雖各有差等,而俱是此善;氣質正性命之作用,而不可謂有惡,其所謂惡者,乃由'引、蔽、習、染'四字爲之崇也。期使人知爲絲毫之惡,皆自玷其光瑩之本體,極神聖

之善,始自充其固有之形骸"(見《存學編》卷一《上太倉陸桴亭先生書》)。顔氏回歸孟子性善論,批判宋儒心性之學,認爲天命之性與氣質之性皆屬性善範疇,惡則來自後天之誤。故其以習行之學"變化氣質爲養性之效"則可,而宋儒所謂"變化氣質之惡以復性"則不可。又爲七性圖以明己説,初入太極、五行諸説,後因李塨質疑而修訂,未卒業而逝,由李塨最終更定。

《四存編》於康熙末即有刻本。然由於種種原因,顔李之書至清代中期已極難覓得。直至光緒年間,王灝刻《畿輔叢書》,收録顔李著作近二十種,《四存編》即在其中。民國十二年,四存學會之《顔李叢書》亦有《四存編》排印本。此外又有光緒二十五年閻志廉抄本。此本據中國科學院圖書館藏清康熙刻本影印。卷首有康熙二十七年李塨序。(谷建)

存學編四卷 (清) 顔元撰 (第946冊)

顔元生平見前《存性編》提要。

此書成於清康熙八年(1669)十一月,旨在"申明堯舜周孔三事、六府、六德、六行、六藝之道,大旨明道不在《詩》、《書》章句,學不在穎悟誦讀,而期如孔門博文、約禮、身實學之、身實習之,終身不懈者"(卷一《上太倉陸桴亭先生書》)。顔氏以原始儒家著作記述之六府、三事、六藝爲實學、真學,反對理學家倡導之讀書静坐、居敬窮理等空疏無用之學,認爲"讀書乃致知中一事,專之則爲浮學,静坐則禪學",提出"吾輩只向習行上做功夫,不可向語言文字上著力",强調習行,重視道德踐履。顔氏於其説皆躬行實踐,非但善音律、能書法、通醫術、精技擊,於兵書陣法、天文曆數、農田水利等亦無所不通。主持漳南書院時,於傳統科目外,設文事齋,課禮、樂、書、數、天文、地理;武備齋,課兵法、戰法、技擊;經史齋,課十三經、歷代史、詰制、章奏、諸文;

藝能齋,課水學、火學、工學、象數,力復前聖故道,以經世濟民爲務。惜水患氾濫,未能延續。

此書爲顏氏《四存編》之一。有光緒五年定州王氏謙德堂刊王灝輯《畿輔叢書》本、民國十二年北京四存學會《顏李叢書》鉛印本、光緒二十五年閻志廉抄本。今據閻志廉抄本影印。卷首有康熙三十五年郭金城序、康熙二十八年李塨序。(谷建)

存治編一卷　(清)顏元撰(第947冊)

顏元生平見前《存性編》提要。

此書乃顏氏壯歲守宋儒學時所作,於《四存編》中成書最早。據年譜,順治十五年(1658),顏氏年二十四,名其齋曰思古,自號思古人,謂"治不法三代,終苟道也"。作《王道論》,後更名《存治編》。其時顏氏心血屛營,無一刻不流注於民物,於此書亦可見其仁心布濩。全書分王道、井田、治賦、學校、封建、宮刑、濟時、重徵舉、靖異端九篇,期以堯舜三代之治復見,於此可見顏氏之社會政治理想。然當時其弟子李塨已有不然者。

此書爲顏氏《四存編》之一,有康熙末刻本。又光緒五年定州王氏謙德堂刊王灝輯《畿輔叢書》本、民國十二年北京四存學會《顏李叢書》鉛印本等。今據中國科學院圖書館藏清康熙刻本影印。(秦峰)

存人編四卷　(清)顏元撰(第947冊)

顏元生平見前《存性編》提要。

此書爲顏氏四十八歲時所作,主旨爲勸作僧道者早還人倫。據年譜,康熙二十一年(1682)七月,顏氏著《喚迷途》,後又名《存人編》,一喚尋常僧道,二喚參禪悟道僧道,三喚番僧,四喚惑於二氏之儒,五喚鄉愚各色邪教。

此書爲顏氏《四存編》之一,有康熙末刻本、光緒五年定州王氏謙德堂刊王灝輯《畿

輔叢書》本、民國十二年北京四存學會《顏李叢書》排印本等。然康熙刻本《存人編》各卷首有題辭"蠡吾四卻子李明性訂"(李明性爲李塨之父),二叢書本則無;五喚之後,康熙本又有李氏按語,而諸本刪四存一,由此可見康熙本比較接近《存人編》原貌。今據中國科學院圖書館藏清康熙刻本影印。(秦峰)

平書訂一卷　(清)李塨撰(第947冊)

李塨(1659—1733),字剛主,號恕谷。保定蠡縣(今屬河北)人。康熙二十九年(1690)舉人。年二十一,從學顏元,自此深以顏氏學習六藝爲是,以三物、六行、六藝爲學之本,期於致用。屢館京師,遠遊四方,言必稱習齋,顏氏因之聲名遠播,世稱顏李。其學承習齋而不拘泥,以躬行爲先,致用爲本。說經實事求是,其學在培人材,濟實用,不尚空文著述。五十後始爲傳注。著有《大學辨業》、《擬太平策》、《周易傳注》等數十種。生平事迹見馮辰《李恕谷先生年譜》、《清史列傳》卷六九及《清史稿》。

此書爲李氏四十九歲時所作。其時顏元弟子王崑繩著《平書》,含分民、分土、建官、取士、制田、武備、財用、河淮、刑罰、禮樂十篇,大抵本三代之法,準今酌古,變而通之,以適其宜,自謂平天下之書。李氏附己見於各卷後,加以考訂,名爲《平書訂》。此書篇目仍王氏之舊,只就各篇末附按詞,或引申其所未備,或辨其建議之非,其志則在佐顏元《存治編》之所未逮。

李氏《詩經傳注題辭》言:"從習齋先生遊,爲明德親民之學。其明德功課,則《日記》、《年譜》所載是也;其親民條件,則《瘳忘編》、《閱史郄視》,今大半彙之《平書訂》者也。"可見李氏生平政治經濟之主張,備見於是。

此書不知最早刻於何時,然顏李之書至清代中期已極難覓得。直至光緒年間,王灝刻《畿輔叢書》,收顏李著作近二十種,其中即

有《平書訂》。清末劉師培留日期間，於東京一藏書家處得之，惜李書世無刊本，遂録抄本以歸。今即據南京圖書館藏清鈔本影印。（秦峰）

聖經學規纂二卷論學二卷 （清）李塨撰 （第947册）

李塨生平見前《平書訂》提要。

李氏本顏習齋三物、六藝之説，著《大學辨業》、《聖經學規纂》，以補習齋之未備。嘗謂《大學》一書乃言大學教人之意，是欲人明親止善，而非言其教法，教法則三物是也。故於康熙三十七年（1698），著《大學辨業》，發明親之旨；同年，續纂《聖經學規》，言三物之教。其《自序》言，古《大學》成規俱在，但恐人不實盡其道，故揭曰在明親止善；然自宋以來，人鮮知《大學》中所謂三物名色，則何由而進於明親，故摘聖經言學者彙爲一編，名爲《學規》，以使古聖學規亟明於世。此書附有《論學》二卷，《凡例》稱：“《辨業》意有不盡者，入之《學規》；《學規》意有不盡者，入之《論學》。”知《學規》、《論學》實爲《辨業》之補充。

李氏生前，康熙四十年已有《學規》刻本，然至清代中葉，顏李之書已極難覓得。直至光緒年間，王灝刻《畿輔叢書》始收録此書。此本據上海古籍出版社藏清光緒五年王氏謙德堂刻《畿輔叢書》本影印。（秦峰）

小學稽業五卷 （清）李塨撰 （第947册）

李塨生平見前《平書訂》提要。

此書爲李氏四十二歲時，因子姪將入小學而著。其自序謂朱子《小學》所載天道、性命，親迎、朝覲，以及居官、告老諸條，皆非幼童事，且無分於《大學》。故别輯此編，遍尋昔人流傳儀節實之，復纂四子韻語於首，括其總綱，以教養童蒙。使幼童誦讀，即可學習踐行，知行并進。書分六卷，自六歲起，至十四歲止，幼藝、書數、樂舞，皆有儀注譜法。因其書稽古人之成法，故名《稽業》。《四庫全書總目》謂此書“虚陳古禮，杜撰古樂”，此蓋顏李過於泥古而變通不足之通病。

此書康熙間有刻本，然罕有流傳。光緒年間，王灝刻《畿輔叢書》始收録。此本據上海古籍出版社藏清光緒五年王氏謙德堂刻《畿輔叢書》本影印。（秦峰）

下學堂劄記三卷 （清）熊賜履撰 （第947册）

熊賜履（1635—1709），字敬修，一字青岳，號素九，晚號愚齋。孝感（今屬湖北）人。順治十五年（1658）進士，選庶吉士，授檢討。累遷武英殿大學士兼刑部尚書、東閣大學士兼吏部尚書等職，并充任《聖訓》、《實録》、《方略》、《明史》總裁官，卒謚文端。熊氏以理學聞名，生平論學，以默識篤行爲旨，自孔孟以下，以周程張朱爲正統，反對陸王之學，攻難不遺餘力。有《閑道録》、《經義齋集》、《學統》等。生平事迹見孔繼涵《熊文端公賜履年譜》、彭紹升《熊文端公事狀》及《清史稿》。

熊氏因重訂《閑道録》，摘取向所劄記有所發明者三百三十三條，編成此書。其編撰起自順治十五年，迄於康熙二十三年（1684），積二十餘年之功。其書仿明代薛瑄《讀書録》、羅欽順《困知記》，意在閑聖距邪，砥柱狂流，於良知肆行之時謹守朱子之説。書中稱：“是陸而非朱者不可不辨，是朱而并是陸者不可不爲之深辨。”故《四庫全書總目》謂其“大旨仍以辯難攻擊爲本旨”。

此本據湖北省圖書館藏清康熙刻本影印。（秦峰）

理學逢源十二卷 （清）汪紱撰 （第947册）

汪紱（1692—1759），初名烜，字燦人，號雙池，又號敬堂。安徽婺源（今屬江西）人。終老諸生，居貧守約，爲學涵泳六經，博通禮樂，不廢考據,而歸之義理。其治經博綜疏義,窮理剖析精微,而皆折衷於朱子。於六經皆有成書,下逮樂律、天文、地輿、陣法、術數無不究暢。有《周易詮義》、《書經詮義》等二十餘種。生平事迹見余元遴《行狀》、朱筠《墓表》、余龍光《雙池先生年譜》及《清史稿》。

汪氏勤於著述,此書即其深造自得者。其於康熙六十年(1721)開始編撰,至乾隆八年(1743)而成,積二十三年之久。此書宗法朱子《小學》、《近思錄》,分內外二編,明體達用,本末兼資,欲令學者自求諸身心而得其天性本然,其反經衛道、崇正闢邪,苦心縈詳。書中謂"學者唯窮理致知以探其原,反躬實踐以知其味,斯邪説不能搖,而榮利不足戀",又謂"非折衷於程朱則無以發六經之蘊"。汪氏因經書所得,以類識之,以己意立言發明之,而折衷於程朱,以示宗主。自天人性命之微,以及日用倫常之著;自方寸隱微之地,以達經綸斯世之猷。井井有條,通融貫徹。

此書最早刻本爲道光十八年俞堯章敬業堂本,後又有光緒二十三年趙舒翹《汪雙池先生叢書》本。今據浙江省圖書館藏俞氏敬業堂刻本影印。(秦峰)

晚邨先生家訓真迹五卷 　(清)　呂留良撰 (第948册)

呂留良(1629—1683),初名光輪,字用晦,又字莊生,號晚村。桐鄉(今屬浙江)人。順治十年(1653)應試爲諸生,康熙間隱歸南村,暮年爲避徵召削髮爲僧。少負奇質,八歲能文。及長,讀四子書,心領神悟。爲學大指與張履祥、陸稼書同出一塗,論著一以朱子爲歸。注釋諸書,力攻陸王之學。死後五十年,雍正十年(1732)因曾静案遭剖棺戮尸,諸子及弟子存者多牽連重比,遺孥遣戍。著述銷燬,流傳者甚罕。有《晚邨先生文集》、《呂晚邨先生四書講義》等,皆門人編輯。生平事迹見張符驤《呂晚邨先生事狀》、包賚《呂留良年譜》及卞僧慧《呂留良年譜長編》。

此書係呂留良嗣子呂無郵與門人員賚載二人於康熙三十一年(1692)所編,乃揀擇呂氏所遺家訓數帙而成。書凡五卷,皆以原迹上板,不著大題,僅標卷葉。

此書僅有康熙四十二年刻本,且罕有流傳。此本即據天津圖書館藏清康熙刻本影印。(秦峰)

呂子評語正編四十二卷首一卷附刻一卷餘編八卷首一卷附刻一卷 　(清)　呂留良撰 (清)　車鼎豐編　(第948册)

呂留良生平見前《晚邨先生家訓真迹》提要。

車鼎豐(?—1733),字遇上,號雙亭。邵陽(今屬湖南)人。康熙四十七年(1708)登湖廣鄉試副榜。雍正六年(1728),因刊刻呂留良書等事入獄,後被殺。生平事迹見《車雙亭集》卷首傳略、陳作霖《炳燭里談》卷二。

此書係車鼎豐所編次,自清康熙五十一年(1712)迄五十四年,歷四年而成書。時呂氏門人已編有《講義》、《語録》等書,然車氏認爲評語出呂氏手筆,非門弟子所記語録;此等名目,本已不得其是,又有無限要義,拘於語録、講義之名,概從節去,學者不能無憾,故另爲編集。且車氏認爲呂氏非選家,評文非時書,其所編者乃明道救時之書,與從來講章本頭毫不相比附。故此書集呂氏之説散見於詩文評語而足以明道者,分正編、餘編,以發明書義者編正,其論文則别爲餘編。正編四十二卷,論四書,首《大學》,次《論》、《孟》,次《中庸》,以仿朱子讀書次第;餘編八卷,評時文;正編、餘編皆有附刻一卷,乃取呂氏門人蘇志皋(寒邨)所記《親炙録》,擇其尤切要者八十九條附於正編之後,而其論文數條,則附於餘編之末。書前有車氏《略例》。

此書康熙五十五年金陵顧麟趾初刻,即晚

聞軒刻本。雍正十年,因曾静案遭燬版,車氏亦被判斬監候,此書再無翻刻。此本據天津圖書館藏清康熙五十五年晚聞軒刻本影印。(秦峰)

學規類編二十七卷　(清)　張伯行撰(第948—949 册)

張伯行(1651—1725),字孝先,號恕齋,後更號敬庵。儀封(今河南蘭考)人。康熙二十四年(1685)進士。通籍後,歸里讀書七年,盡通濂洛關閩諸儒之書,始出考。歷任内閣中書、江蘇按察使、福建巡撫、禮部尚書等職,以清廉剛正著稱。卒謚清恪。光緒初,從祀文廟。爲學專宗程朱,不參異説,篤信謹守,躬行實踐,爲清初理學名臣。有《近思録集解》、《伊洛淵源續録》、《困學録》等數十種。生平事迹見張師栻《張清恪公年譜》、費元衡《張先生行狀》及《清史稿》。

康熙四十六年,張氏巡撫福建,以教育人才、倡明絶學爲首務,開鼇峰書院,親與講學,其謂爲學之道,首重規程,規程不立,則後學不知用力之方。於是首列朱子白鹿洞學規,而博採先儒論學格言,編爲此書。凡爲學之目與從入之途、用力之要,無不畢舉。書凡二十七卷,有學規、教條、講義、爲學次第、讀書法、箴銘等一百零五篇。

此書初刊於康熙四十六年福建正誼堂,後又有同治間重刻本。今據中國科學院圖書館藏清同治重刻《正誼堂全書》本影印。(秦峰)

信陽子卓録八卷補遺二卷　(清)　張鵬翮撰 (第949 册)

張鵬翮(1649—1725),字運青,號寬宇,又號信陽子。遂寧(今屬四川)人。康熙九年(1670)進士,歷任禮部郎中、蘇州知府、吏部尚書等職,雍正元年(1723)授武英殿大學士,卒謚文端。歷官五十餘載,康濟民生,裨益朝政,頗有政績。爲人峻節莊凝,以清廉自

持。其學以敬爲體,以時爲用。有《忠武志》、《治河全書》、《如意堂稿》等。傳見《清史稿》。

張氏於宦途餘暇,採先儒前言往行,旁按精擇,取其切近身心、裨益政治、可爲法則者,凡四百餘條,間附己見,略爲論次,隨筆剳記,編爲是書。書仿朱子《近思録》,分道體、致知、存省、修己、治人、閑道、博物七目,凡八卷,爲門人陸師於康熙五十五年編次,次年門人吳筠又依類輯綴,加七十餘條編爲補遺二卷。"卓録"之名,取"有所立卓爾"之義,謂以此牖翼知行,則聖賢入德工夫確有準程,知行并進,博文約禮,此即顔子之所以能卓立者。《跋》稱此書"碩識弘議,内之析性義之精微,外之得濟時之實效"。

此書八卷本在康熙五十五年即已有刊刻,康熙五十九年,門弟子李昭治又將其與附録兩卷合刻。此本即據北京大學圖書館藏清康熙刻本影印。(秦峰)

萬世玉衡録四卷　(清)　蔣伊撰(第949 册)

蔣伊(1631—1687),字渭公,號莘田。常熟(今屬江蘇)人。康熙十二年(1673)進士,選庶吉士,授監察御史。深知民間疾苦,嘗繪旱災、水災、鬻兒等《流民十二圖》進呈,上爲之動容。數上疏論事,切中時弊,彈劾大吏,風力甚著。調河南提學副史,崇正學,端士習,爲時論所推。有《臣鑒録》、《蔣氏家訓》、《莘田文集》等。生平事迹見熊賜履《蔣君墓志銘》、《清史列傳》卷七〇。

蔣氏甫登進士第,即以所著《萬世玉衡》、《臣鑒》二録進呈御覽。自謂古今之道備於經史,學貴多聞義,詳往訓,故於誦讀之餘,纂此二書。此書名"玉衡",取司馬遷《天官書》之説,以玉衡爲北斗杓。共四卷,所採自唐虞以迄明季,分門編次,共六十四類,每類又分爲法、戒二類。

此書有清康熙間刻本,然罕有流傳,僅見

《四庫全書總目》著録。今據北京大學圖書
館藏清康熙刻本影印。（秦峰）

性理大中二十八卷　（清）應撝謙撰（第
949—950 册）

應撝謙（1619—1687），字嗣寅，號潛齋。
錢塘（今浙江杭州）人。明諸生。明末奉親
避兵山中，亂定親喪，自以故國諸生，絶志進
取，益盡力於著書。康熙十八年（1679），以
博學鴻儒徵，稱疾不行。其學以躬行實踐爲
主，殫心理學，宗程朱而不喜陸王家言，然其
論性論太極等與程朱不盡同。有《教養全
書》、《周易應氏集解》、《禮樂彙編》等數十
種。生平事迹見全祖望《應先生撝謙神道
碑》、《清史列傳》卷六六及《清史稿》。

此書乃增損《性理大全》而成，初創於順治
七年（1650），越六年復爲訂正，後又歲有增
改，至康熙二十年始定爲今本，前後歷三十二
年。應氏自序謂《性理大全》一書，雖頗易明
了，然當時輯書諸儒不先以平易之説、人道之
常爲教，而冠以太極一圖，又諸儒之解，繁然
雜出，心頗病之，故更其篇籍，删繁補闕，退
《太極圖説》於末卷，重校時增入文清、文成
二語。《凡例》稱：“文清乃朱學之守成，文成
崛起，間有異同，本傳備論，以俟折衷。”

此書最早版本爲康熙二十五年河陽趙士麟
巡撫浙江時所刻。其清代抄本，有丁丙跋。
此本據復旦大學圖書館藏清康熙二十五年趙
士麟刻本影印。（秦峰）

潘子求仁録輯要十卷　（清）潘平格撰（第
950 册）

潘平格（1610—1677），字用微。慈溪（今
屬浙江）人。少以豪傑自命，曾從事於程朱、
王羅、老莊之學及禪學。守身嚴毅，清修苦
節。其學以渾然天地萬物同體爲宗，不喜空
談心性，謂宋後儒家雜禪，嘗言“朱子道，陸
子禪”，并斥孔廟兩廡諸儒乃一群僧道。康

熙八年（1669）至鄞，與陳虁獻辯論於證人書
院，其學爲黄宗羲所深排。有《著道録》、《四
書發明》、《契聖録》等。生平事迹見毛文强
《潘先生傳》。

此書共十卷，分辨清學脉、致知格物、渾然
一體中條理、孝弟、讀書、問學、篤志力行數
篇。潘氏以爲孔孟之學以求仁爲宗，其功則
在格通人我，以反吾性渾然天地萬物一體之
仁。其惡宋儒空疏，必以家國天下見在事爲
格致實地，而於心性精微處則一并掃除，故求
仁宗旨有用而無體。李塨謂：“看《求仁録》，
潘用微志在天地萬物一體，其惻世殷，其任道
勇，力行人倫日用亦實。然未明聖學，置禮樂
兵農不講，則力行人倫日用亦只自了。而所
謂悲天憫人者，何具以救之。”可謂至允
之論。

此書最早由鄭性刻於康熙五十六年，咸豐
間有重刻本。今據浙江省圖書館藏清康熙五
十六年鄭性二老閣刻咸豐七年重印本影印。
（秦峰）

陸子學譜二十卷　（清）李紱撰（第 950 册）

李紱（1673—1750），字巨來，號穆堂，又號
巨洲。臨川（今屬江西）人。幼稱神童，受學
於張大受。康熙四十八年（1709）進士，官至
户部侍郎。清代陸王心學代表人物。著述豐
贍，有《穆堂詩文鈔》十一卷、《朱子晚年全
論》八卷、《評點陸象山先生合集》三十六卷
等。生平事迹見全祖望《閣學臨川李公紱神
道碑銘》、《清史列傳》卷一五及《清史稿》。

此書前有自序及目録，自序署雍正十年
（1732）仲春。李紱之學原本象山，但直至雍
正五年革職纂修八旗志書起，始精研陸學。
此書與《陸子年譜》、《朱子晚年全論》皆成於
此時期，而爲“最用力最得力者”（《再與龐副
使書》），爲李紱陸學代表作。此書兼仿《近
思録》之記言及《伊雒淵源録》之記行，抄撮
陸九淵言論，兼輯弟子後學事迹言論。有關

陸學者四卷,分辨志、求放心、講明、踐履、定宗仰、闢異學、讀書、爲政、友教九目,各目前有簡短導言,後逐條徵引陸氏相關言論。此後各卷以人物傳記爲主,含家學一卷、弟子十卷、門人二卷、私淑二卷,附録一卷收傳記、文集序、祠堂書院諸記、後學辯論等。又於重要材料之後間附考辨。黃宗羲《象山學案》僅載一百十七人,此書在其基礎上大大擴充,載家學十四人、弟子一百七十六、門人七十八、私淑九十,共計三百五十八人,陸學流衍軌迹更爲清晰。參與編纂者除自序所提萬承蒼外,尚有徐葆光、曹二華二人。

此書在朱陸之爭背景下,多發明陸學易爲人忽視處,尤强調陸氏對“講明”及讀書之重視,亦注意吸收時人研究成果,如認爲《太極圖説》“不足信”。書中於楊簡所涉甚少,亦間有偏袒陸學處。

此書有無怒軒刻本。無怒軒在李紱京邸(見自序),刊刻時間約在雍正十三年底至乾隆元年(1736)初,主事者先後有弟子王士俊、龐嶼,惜版刻文字時有模糊難辨者。光緒三年(1877)有重刊。今據中國科學院圖書館藏清雍正無怒軒刻本影印。(李暢然)

五種遺規十六卷　(清)陳弘謀輯(第951冊)

陳弘謀(1696—1771),避清高宗諱改作宏謀,字汝咨,號榕門。臨桂(今屬廣西)人。雍正元年(1723)進士,曾任翰林院檢討、江蘇諸省巡撫及湖廣諸地總督,官至東閣大學士兼工部尚書。學主慎獨,學識淹博,時人譽爲“理學名臣之冠”、“嶺表儒宗”。卒謚文恭。有《培遠堂偶存稿》、《手札節要》等。生平事迹見袁枚《東閣大學士陳文恭公傳》、《清史列傳》卷一八及《清史稿》。

此書廣集歷代聖哲有關立身處世、治學、教育、從政之道德文章與嘉言惠行,分“養正”、“教女”、“訓俗”、“從政”及“在官法戒録”五大類。其體例爲人各一帙,皆古人成書,故名

“遺規”。所擇諸文篇卷首均加按語,叙所以採録之意。或加評語及旁注,系統闡述各階層人士日常生活、社會交往、基層組織諸方面之規範、楷模與借鑒。涉及面廣且切中世情,流傳極廣,影響甚深。

《養正遺規》二卷補編一卷,輯録宋元以降十餘位儒者之著述,以德爲先,以正爲本,收放心而養德性,闡述少年兒童養性、修身與學習諸問題。所述集傳統少年兒童教育精華,切於日用,易知易行。

《教女遺規》三卷,輯録歷代有關閨範母訓、貞婦烈女典範言行,宣揚古代女子道德規訓與思想教化内容,立論基於“相夫教子”觀。

《訓俗遺規》四卷,輯録宋元以降近二十位儒者處理鄉里宗族矛盾或糾紛之規約與解決範例,多勸人行孝、忍讓、和睦之類,本於訓導世俗民風之初衷,以敦厚風俗爲急務。

《從政遺規》二卷,輯録宋元以降十餘位儒者有關居官爲民之箴規範言,主張居官勤廉公正、施法用刑適當、爲人接物自省自戒等。

《在官法戒録》四卷,針對清中葉以後書吏特權及舞文亂法之弊而作,輯録歷代書傳中各類官吏之善行與劣迹,逐條加以指評論斷,頗有《春秋》書法之大義,使人見善者足以效法,見不善者可自警戒。

此五種《遺規》成書時間不一,前四種爲陳氏乾隆四年輯於津門,當時名爲《四種遺規》,後一種則爲乾隆八年輯於豫章,合爲五種。各編又多以單行本形式收入各類叢書、類書之中。今據中國科學院圖書館藏清乾隆四年至八年培遠堂刻彙印本影印。(趙新)

正蒙集説十七卷　(清)楊方達撰(第951冊)

楊方達,字元蒼,一作符蒼。武進(今屬江蘇常州)人。雍正二年(1724)舉人。府縣薦舉經學不應,閉戶著書。治學貫串經史,旁及諸子百家,特精於易學,有《易學圖説會通》、

《易學圖説續聞》、《周易輯説存正》等。生平事迹略見道光二十二年《武進陽湖合志·人物傳》。

此書爲疏解宋儒張載《正蒙》之作。《正蒙》大部分内容完成於張氏晚年關中講學時期,張氏卒後,弟子蘇昞仿《論語》、《孟子》體例編排刊行《正蒙》十七篇。此後諸家多爲之疏注,此書即其中佼佼者。依《正蒙》十七篇篇次逐一作注,於每篇均萃取先儒心得,并以己意取去詳略,注解淺顯易懂,明正通達,不爲曲説隱語,且較完備,足以闡發張子之學。但此書重在以作注方式詮釋一己之思想,如"氣"之概念,張載認爲氣是宇宙根本,亦爲宇宙第一原理,乃天與人之共同本源,故天人合一;而此書視太虚同於太極,爲形而上之超越理體,故將《太和》所謂"知虚空即氣"理解爲"氣即理之所寓",視"氣"爲"理"之載具。

此書由楊氏二子校字,吴門程思孝謄寫後刻印。書前有劉吴龍、吴兆錫等序,其中楊氏自序撰於雍正十年,則此書應成於此前。此本據清華大學圖書館藏清乾隆復初堂刻本影印。(趙新)

原善三卷緒言三卷　(清)戴震撰(第951册)

戴震(1724—1777),字東原,一字慎修,號杲溪。江南休寧(今屬安徽)人。少從江永游,精天文地理、音韵訓詁、三禮名物,爲乾嘉學派代表人物。乾隆二十七年(1762)舉人,三十八年入四庫館,四十年賜同進士出身。著述甚豐,有《戴東原文集》、《孟子字義疏證》等,合爲《戴氏遺書》。生平事迹見段玉裁《戴東原先生年譜》、《清史列傳》卷六八及《清史稿》。

《原善》爲戴震計劃所作《七經小記》五種之一,乾隆二十八年前後先成三章,約於三十一年擴爲三卷,各以三章居首,餘章則"援據經言,疏通證明"。全書直抒胸臆,不事辯

論。其思想不及《孟子字義疏證》成熟鮮明,然已不滿程朱理學於本體論分理氣爲二、於性論分天命氣質二性,對民生與經濟之重視亦不亞於《疏證》。此書大體卷上十一章爲本體論,卷中五章爲性論,卷下十六章言人之私蔽二失等。

《緒言》爲問答體,以所撰《孟子私淑録》三卷爲基礎撰成,爲《孟子字義疏證》前身,寫定於乾隆三十七年。關於《私淑録》、《緒言》、《疏證》三者之關係,學界尚有分歧。大體而言,前二者關係更爲緊密,而《疏證》於二書皆有採擇。《私淑録》與《緒言》二書卷下相當,皆清理宋儒之説;《私淑録》卷上本體論、卷中性論并入《緒言》卷上而有增補,然《緒言》卷中辨析先秦性論則爲《私淑録》所無。此書可見戴震唯物主義一元論之本體論、認識論已臻完善。書中强調氣爲萬事萬物本體,然其所謂氣僅爲"一陰一陽"之二氣,仍無更統一之形態。

此本《續修四庫全書》謂據國家圖書館藏清嘉慶刻本影印,然學界多以爲此本刊刻在乾隆間,曾爲四庫館所採。此本之《緒言》乃後世各本之祖,道光三十年(1850)經伍崇曜《粤雅堂叢書》重刻,始廣爲流傳。此書與乾隆四十二年曲阜孔繼涵微波榭《戴氏遺書》通行本有較大出入,孔刊本所附"原注"(包括眉批及夾批)對理解《原善》有較大幫助,彌足珍貴,當是定本。《原善》另有道光二十三年吴江沈楙惪世楷堂《昭代叢書續編》本,因叢書體例而將孔本合爲一卷。(李暢然)

里堂家訓二卷　(清)焦循撰(第951册)

焦循(1763—1820),字里堂,一作理堂。甘泉(今屬江蘇)人。嘉慶六年(1801)舉人,首應會試不第,絶意仕進。於書無所不窺,遂於經史曆算,首創以算學解《易》。代表作有《雕菰樓易學三書》、《群經補疏六種》、《孟子正義》等。生平事迹見阮元《通儒揚州焦君

傳》、焦廷琥《先府君事略》、《清史列傳》卷六九及《清史稿》。

此書上卷論爲人處世，喜援小説逸事以明。如謂"一切不善多由於貧"，維持生計貴在勤儉，量入爲出，爲官作幕因慕虚榮，反易致貧。教子弟讀書必嚴，所教以時文、詩、書法爲先。當時考據風熾，士人多以《爾雅》教子，焦氏則斥爲汩亂性靈。下卷論讀書作文，大致以經、史傳、詩文爲序。以爲學史唯需求實，學經則需博覽衆説而又自出性靈。又再三申明"執一害道"、"殊途同歸"等思想。又謂教子弟應根據性之所近，不可一概。主自經論經，自漢論漢，自宋論宋，甚至自鄭玄論鄭玄，自朱熹論朱熹，各得其意。與當時考據家不同，焦氏雖認爲駢文空洞無物，對八股時文却不拒斥，又對"考據"名目深惡痛絕，謂版本、輯佚均非上乘學問。書中亦保存大量焦氏生平資料。

此書焦氏生前未定稿，書中記事最晚至嘉慶八年。光緒十一年（1885），劉建伯自儀徵汪硯山藏焦氏手書卷子録得此書，後見皖南某氏本，知汪氏藏本僅卷下，因作校補。同年，儀徵吳丙湘屛守山莊《傳硯齋叢書》據劉氏鈔本刻行，編次略有調整。上海圖書館藏稿本更爲珍貴，今據以影印。稿本倒數第二頁有眉批"此下二條在'何休墨守'條之前"，所言與吳丙湘刻本合，當爲後人據吳氏本所加。（李暢然）

漢學商兑三卷　（清）方東樹撰（第 951 册）

方東樹（1772—1851），字植之，晚號儀衛老人。桐城（今屬安徽）人。乾隆五十八年（1793）受古文辭於姚鼐，與梅曾亮、管同、劉開稱"姚門四杰"。以生員終老。著作總爲《方植之全集》十八種。生平事迹見蘇惇元《儀衛方先生傳》、鄭福照《方儀衛先生年譜》、《清史列傳》卷六七及《清史稿》。

嘉慶年間，阮元《國史儒林傳稿》、江藩《國朝漢學師承記》及道光初《宋學淵源記》諸書無視桐城派，方氏作此書回擊，爲清代漢宋之争中宋學陣營之旗幟。方氏嘉慶二十四年（1819）起入阮元幕，道光四年（1824）著成此書，六年四月作序例，至遲於六月阮元移督雲貴之際贈與阮元。行文仿朱熹《雜學辨》，撮録論敵原文，各爲辨正於下。書中揭舉清初至乾嘉考據學代表學者二十二人，悉予抨擊，除江藩外，以阮元、戴震、錢大昕、汪中、段玉裁爲最，清人以外又因顧炎武而延及宋末黄震。書本一卷，後析爲上中下三卷，卷中又分上下，故實爲四卷。卷上"溯漢學畔道罔説之源"，力陳程朱之學即聖學，尤斥漢學家對《宋史》道學、儒林分傳之批評。卷中之上斥漢學家具體觀點，卷中之下斥漢學以小學、典制通經方法。卷下逐條批駁江藩《國朝宋學淵源記》，并總論漢學之蔽。此書將漢學家分爲三類，一爲因救時弊而立言失當，二爲淺人矜名妒嫉，三爲好學而愚，闇於是非。又就漢學所謂宋學"標榜門户"、"墮於禪學"及"束書不觀"三弊加以駁議。

此書辯駁恣睢，痛快淋漓，雖不無强辯炫博，亦屢中漢學流弊，如謂考據乃"小學"，未能盡學問之全體，儒學需經世致用，倘"只向紙上與古人争論訓詁形聲"，"雖實事求是，乃虚之至者"。此書亦非全盤否定考據之價值，謂宋儒亦需"因文字以求聖人之心"。

此書有道光十一年刻本、同治十年望三益齋刻本、光緒八年至二十六年間諸刻本等，在清末備受歡迎。此本據復旦大學圖書館藏清道光十一年刻本影印。序例前有《重序》，蓋作於刊行之際；又收姚瑩、朱雅、陸繼輅、沈欽韓、李兆洛、毛嶽生、陶澍等題辭或書信。方氏道光十八年又刊《漢學商兑刊誤補義》一卷，持論尤悍，論辯範圍亦有擴大，附於光緒八年刻本。（李暢然）

論學小記二卷　（清）程瑶田撰（第 951 册）

程瑶田（1725—1814），字易田，又字易疇、伯易，號讓堂。歙縣（今屬安徽）人。乾隆三十五年（1770）恩科中式。五十三年，任嘉定縣儒學教諭，尋乞病歸。程氏學域深廣，著述豐贍，有《通藝錄》、《周禮劄記》、《解字小記》等。傳見《清史稿》。

清人精於訓詁，故治義理常與訓詁相兼，此書亦莫能外。而可貴在於，程氏治義理之學漢宋學兼重，無門戶之見，於陽明心學亦有所取用。此書多推衍《大學》誠意、慎獨、致知、格物之義，并以《大學》解《論》、《孟》，以誠意爲工夫，以好惡説誠意，近陽明之學，意欲調和朱王而折中之。書中對儒學關鍵命題如性、性善、德、氣、命、情、意、心等，溯根追源，既有文字訓詁之法，又本孔孟之學，且有所推闡，識見有超越前賢及儕輩者，理論系統而成熟，時人稱其“説理醇密，視宋儒或過之”（蕭掄《送易疇先生歸歙浦序》）。如孟子有“性善説”，程氏亦主此説，又創“善惡相轉”説，認爲善可轉惡、惡可轉善，此論與其“智愚可移”説均有進步意義。又强調後天積習對人性之影響，故尤重保持善心。其論學特重闡發物質條件，如認爲“性”需以物質爲基礎，“有物然後有物之性”（《述性一》），是以“性善”亦建立在“實有”基礎上。

此書原收入《通藝錄》五十五卷中，今據清嘉慶刻《通藝錄》本影印。（趙新）

正學編八卷　（清）潘世恩撰（清）潘曾瑋疏解（第 951 册）

潘世恩（1770—1854），初名世輔，小字日麟，字槐堂，一作槐庭，號芝軒，晚號思補老人，室名真意齋、思補堂、清頌齋等。吳縣（今屬江蘇）人。乾隆五十八年（1793）狀元，授修撰，累官至軍機大臣、武英殿大學士。卒謚文恭。有《思補齋集》、《讀史鏡古編》、《真意齋文集》等。傳見《清史稿》。

潘曾瑋（1818—1886），字寶臣，又字玉淦、季玉，世恩四子。常留心經世之學，并肆力於詩古文辭。有《自鏡齋文鈔》、《詠花詞》等。生平事迹見自編《養閑年譜》。

此書爲表彰程朱理學之著作。搜求先儒有益身心日用之格言警句，自宋儒周子至明儒李二曲凡四十三家，三百一十九條。其條目分格致、誠正、修齊、治平四類，其工夫分存養、省察、克制諸目，每人之後各加注語。潘氏認爲，儒者之學所以學爲聖人，五經四子書皆聖人載道之文，宋元明諸儒之書又爲表章聖經窮理之具；古人爲學或主本體，或主工夫，宗旨不同，各有得力之處，但其旨歸不外乎“存天理，去人欲”而已。此書破除門戶之見，主張即本體即工夫，將兩者融爲一體。後其子曾瑋於每則名言後又加疏解，通俗易懂，與講章相仿，有推闡發明之處，但要旨不悖於五經四書。

此書成於同治五年，翌年由吳讓之刊刻。書前有潘世恩、吳榮光、楊道生、潘曾瑋等序。今據湖北省圖書館藏清同治刻本影印。（趙新）

述朱質疑十六卷　（清）夏炘撰（第 952 册）

夏炘（1789—1871），字心伯，一字欣伯，號弢甫。當塗（今屬安徽）人。少師汪萊，又嚴事胡培翬。道光五年（1825）舉人，歷官吳江、婺源教諭，於婺源任教十八年，後因軍功擢潁州府教授，未赴。爲學兼綜漢宋，長於《詩》、《禮》，尤深於朱熹著作，因顔其堂曰“景紫”。晚年受左宗棠賞識，卒後以“學有經術，通知時事”而由國史館立傳，又彙刊著作十餘種，名《景紫堂全書》。生平事迹見《清史列傳》卷六七、《清儒學案‧心伯學案》。

此書自序署道光三十年冬，稱幼讀朱子之書，長好朱子之學，老官朱子之鄉，數載以來與友朋講習討論，凡關涉朱子學術、著述、出處者隨筆疏記，積成此書。以未敢自信，故名“質疑”。卷一至五述朱子學術早晚之異同，卷六、七考證朱子著作,卷八、九述朱子與時賢之交游及影響,卷十駁斥與朱子學異説者,如李紱《朱子晚年全論》、戴震《孟子字義疏證》、阮元《論語論仁論》等,卷十一至十六述朱子立朝大節、地方政績及雜事。卷内條目,或先引原文,繼以"炘按",自作條目則多爲有關朱子文字之書後、跋文,及與友人書信。書中時糾陳建《學蔀通辨》、王懋竑《年譜》之説,甚至有擬作朱熹佚文者(卷十六《擬朱子答王雙溪論諒闇開講書》)。此書多關朱熹事迹及相關宋史故實,近乎年譜,又分門別類,仿佛類書。同治七年(1868),門人胡肇智進呈此書,留中御覽(左宗棠《已故軍務人員志節可傳請宣付史館摺》)。

此本題據咸豐二年景紫山房刻本影印。前有咸豐元年朱熹二十一世孫朱有基識語,自序在目録後,又有《提綱》交代分卷編次。書末有諸門人後學跋。(李暢然)

曾文正公家訓二卷　(清) 曾國藩撰(第952册)

曾國藩(1811—1872),初名子城,字伯涵,號滌生。湘鄉(今屬湖南)人。道光十八年(1838)進士。咸豐三年(1853),丁母憂回籍,始奉命幫辦團練,遂成湘軍主帥。克太平軍,加太子太保,封一等毅勇侯,先後出任兩江總督、直隸總督。卒謚文正。有《曾文正公全集》。傳見《清史稿》。

此書上、下兩卷,精選曾氏家書百餘封成册。每以自身體會,與子女、親屬談持家教子之術、治學論道之經、修身養性之訣、處世交友之道等,面廣思深、親切宜人,體現中國傳統家庭教育風貌與精髓。此書面世後,各地爭相刊行,光緒中葉後遍及大江南北,幾乎家有其書,社會影響廣泛深遠。

光緒五年傳忠書局首次刻印此書,主要有光緒十三年上海鴻文書局鉛印本、十六年上海廣百宋齋鉛印本與上海鴻寶南局鉛印本等。諸本或單行,或與家書、日記合刊,或與全集并行。雖卷數不一、質量參差不齊,但均本於傳忠書局首刻本。今即據上海古籍出版社藏此本影印。(趙新)

浮邱子十二卷　(清) 湯鵬撰(第952册)

湯鵬(1801—1844),字海秋,自號浮邱子、海翁。益陽(今屬湖南)人。二十三歲進士及第。道光年間,與龔自珍、魏源、張際亮并稱"京中四子"。官至禮部主事,監察御史。治學以程朱理學爲津梁,經世致用爲宗旨,"則古"、"尚變"爲特色,爲晚清經世派代表之一。有《浮邱子》、《明林》、《七經補疏》等。傳見《清史稿》。

此書凡十二卷九十一篇,通論治道學術,闡述經世致用思想,自成一家。所論先立一意,然後分支,舉凡軍國利病、吏治要最、人事情僞、形勢開張等,均所涉及,精辟適切,而無疏闊大略之弊。政治上抨擊時弊,宣導改革,揭露腐敗,主張整頓吏治,改進選拔制度,任用通經致用之士,學識出類拔萃、見解新穎獨特、志趣崇高之特才。經濟上提出打擊"浮民",整治農業,開源節流,增加財政,同時提出"醫貧"、"刺奢"諸法,鼓勵發展工商業。軍事上主張改善軍隊建設,增強軍力,洞悉敵情,"儲武"、"寓餉",籌軍備戰。文學上以周公、孔子之道爲作文之準繩。尤須注意者,湯氏立論始終以孔孟之道爲準的,直承程朱理學精神内核,以堯、舜、禹、湯、文、武之治爲理想,認爲道德乃爲政根本。此書面廣思精,無隱不達,因而風行當世。

此書前有同治四年熊少牧序,知成於咸豐、同治之間。今據湖北省圖書館藏清同治四年益陽李桓刻本影印。(趙新)

漢儒通義七卷　(清) 陳澧編(第952册)

陳澧(1810—1882),字蘭甫,號江南倦客,學者稱"東塾先生"。番禺(今屬廣東)人。

道光十二年（1832）舉人，二十年起聘爲學海堂學長，同治六年（1867）起任菊坡精舍山長。曾官河源縣訓導、國子監學録等。澧初問詩學於張維屏，問經學於侯康，凡天文、地理、樂律、算術、篆隸無所不究。著述達一百二十餘種，有《東塾讀書記》、《説文聲表》、《切韻考》等。生平事迹見《東塾讀書記・自述》、《清史稿》。

此書創始於咸豐四年（1854）（《自記》），自序署六年六月。陳氏論學主折中漢宋，此書可見其力破漢宋門户偏見、實事求是之學風。當時宗漢學者滿足於訓詁考據，宗宋學者則以義理自矜，而陳氏認爲“漢儒説經，釋訓詁，明義理，無所偏尚，宋儒譏漢儒講訓詁而不及義理，非也”；“漢儒義理之説醇實精博”，“不可忽”，“録其説以爲一書”，望讀者“祛門户之偏見，誦先儒之遺言，有益於身，有用於世”（自序）。此書遠紹《白虎通義》，近承《近思録》，大致按天地人、性理、人倫、禮儀、出處、政事，將漢儒有關經義小學之書凡二十二家三十餘種分類編排，共分六十七小目，目下各條仿《初學記》以義相屬，不贊一辭，條末詳揭資料出處。

此書初稿三千條，後刪存至約千條，除權衡資料内容外，亦慮及漢儒人品、學術與清代時弊。如《易》説未列依附梁冀之馬融，何休取《公羊注》不取其論争之作《公羊墨守》等（參咸豐八年七月陳錫燕跋）。知此書雖屬輯録，却煞費苦心。

此本據清咸豐八年刻本影印。書前除自序及陳跋外尚有採録諸書、條例及目録。另有光緒十五年（1889）怡敬齋刻本。（李暢然）

姚江學辨二卷　（清）羅澤南撰（第 952 册）

羅澤南（1806—1856），字仲嶽，號羅山。湘鄉（今屬湖南）人。咸豐元年（1851）舉孝廉方正，官至浙江寧紹道臺加按察使、布政使。咸豐二年辦團練對抗太平天國，六年戰死。謚忠節。學宗程朱，受唐鑒、曾國藩賞識。有《西銘講義》、《讀孟子劄記》、《人極衍義》等。生平事迹見曾國藩《羅忠節公神道碑銘》、李元度《羅忠節公別傳》、郭嵩燾《羅忠節公年譜》及《清史稿》。

此書分組批評陽明言論，材料多出《傳習録》、《年譜》及《大學問》。卷一十七組，偏重哲學義理；卷二二十五組，偏重經説等具體言論。如卷一首批陽明“無善無惡心之體”出佛教，明悖古訓，外信邪説，認爲天泉證道是自相矛盾，本體工夫當一致，方爲體用一原，并由此駁其“理障”説。卷一後半辨陽明之動静、已發未發之説，末又專辨佛老。卷二首以理一分殊駁陽明萬物一體説及親民説，次據經文駁陽明以格致誠正修爲一事説，又捍衛朱熹補傳，謂“其詞豈盡合乎原文，其理則罔悖乎聖道”。

羅氏於佛學有一定造詣，其斥陽明學亦有一定道理。然此書步趨朱子，體現朱子學者對陽明學之偏頗認識。如書中從體用一原批駁無善無惡心之體，却未慮及性善論偏言本體之善，而無視其發用之惡，亦不能“體用一原”。

此本據清咸豐九年長沙刻《羅忠節公遺集》本影印。另有光緒二十年傳經堂本。（李暢然）

校邠廬抗議二卷　（清）馮桂芬撰（第 952 册）

馮桂芬（1809—1874），字林一，號景亭。吴縣（今屬江蘇）人。道光二十年（1840）進士，授翰林院編修。咸豐中，升詹事府右中允，後托故回籍。晚歲於蘇州、揚州等地書院講學。有《顯志堂稿》。傳見《清史稿》。

此書輯録所著政議文章凡四十餘篇，涉及當時政治、經濟、文化諸多方面，大旨在明法以治世。馮氏自序言“欲致中國富強，非合用中西之學術不能收效”，提出“以中國之倫常名教爲原本，輔以諸國富強之術”，此説即洋務運動"中學爲體,西學爲用"之藍本。馮氏所謂"採西學",悉以船堅炮利爲歸宿,但認爲當以魏源"師夷長技以制夷"爲宗旨,非購自西國而雇傭西人,而以自製自用爲原則。又認爲治本之法在圖富强,治標之法在"善馭夷",此論已非傳統之"天朝四夷"觀念,而傾向於現代外交,故其主張培養外交人才以應對時局。全書論内政,遍及吏治、國計、民生、軍備、科舉、教育諸方面,而於吏治與教育最爲關注。此書意圖宣導西學、革故鼎新,所論頗具前瞻性,其維新思想不僅風行當時,且澤被後世。

此書因恐觸忌諱,馮氏生前僅以抄本行世。光緒二年刊行《顯志堂稿》時收其文十四篇,光緒九年天津廣仁堂始爲刊行,光緒十年陳寶琛爲之序,刻其全本於江西,世稱豫章本。此外尚有潘氏敏德堂本、北洋石印官書局印本等多種刊本。唯各本篇數、篇次不一,所收序言、附録亦不盡相同。今據華東師範大學圖書館藏清光緒十年豫章刻本影印。(趙新)

治平通議八卷 （清）陳虬撰（第952冊）

陳虬(1851—1904),原名國珍,字慶宋,號子珊,後改字志三,號蟄廬,自稱皋牢子。瑞安(今屬浙江)人。二十歲有志於醫,後於瑞安創辦中國第一所新式中醫學堂利濟醫學堂。光緒二十四年(1898)赴京會試,適逢康有爲發動成立保國會,陳虬列名參加,疾呼變法自强。精通多門學問,有《蟄廬診録》、《新字甌文七音鐸》、《甌文音彙》等。生平事迹見《(民國)瑞安縣志稿·人物門》。

此書首爲《經世博議》四卷,重在變法;次《救時要議》一卷,擇要舉政俗之當革者;次《東遊條議》一卷,爲上書山東巡撫張曜便宜八事;次《治平三議》一卷,建議立宗法、復封建與大一統;殿以《蟄廬文略》一卷,録經世之文數十篇,多論鄉里之事,意爲由一隅可推

之天下。全書主體撰寫於中法戰争失敗之後,認爲欲圖自强,首必變法。如在政治上提出"以西衛中",主改革官制,借用西方議院模式。文化上主張廢科舉,創設西學。經濟上採用西方專利制度鼓勵發明創造,仿效西方成立股份公司。軍事上主張變營務、設經略、制兵船、改炮臺、編漁團等等。另有"保民"、"治河"、"籌海"、"籌邊"諸篇。此書可視爲一較完整之改革方案,當時即引起廣泛關注。

陳氏於光緒十五年鄉試朱卷中標明著作有《治平通議》六卷,後又加以增補修訂。今據北京大學圖書館藏清光緒十九年甌雅堂刻本影印。(趙新)

顏氏學記十卷 （清）戴望撰（第952冊）

戴望生平見前《管子校正》提要。

此書自序署同治八年己巳,言年十四見李塨,獲贈其五世祖所藏顏元著作,讀而好之。咸豐七年秋又得李塨著作,欲與好友程貞條其言行及授受源流,傳諸將來,惜遺書毀於喪亂,程貞亦卒。同治七年趙之謙代爲尋得顏李著作,視舊藏爲備,於是條次爲書。此書採用學案體,前三卷述顏元,次四卷李塨,卷八王源,卷九程廷祚,卷十爲顏李弟子録,叙列顏元弟子一百零八人、私淑二人,李塨弟子九十七人。此書對當時顏李學説之傳播作用甚巨。

此本據湖北省圖書館藏清同治十年冶城山館刻本影印。另有光緒間三種刻本及鉛印本。(李暢然)

慤齋自省録不分卷 （清）吳大澂撰（第953冊）

吳大澂(1835—1902),本名大淳,避清穆宗諱易名,字止敬、清卿,號恒軒、慤齋,晚號白雲山樵、白雲病叟、二田居士,吳縣(今屬江蘇)人。一生講求程朱理學,積極入世,入都應京兆試時即大膽上書,指陳時政。曾因

治理黃河決口成功而負盛譽,旋因甲午援遼戰役失敗而身敗名裂。勤於訪古、考古,善畫山水、花卉,善篆書,精鑒別,富收藏。有《恪齋詩文集》、《説文古籀補》、《恪齋集古録》等。傳見《清史稿》。

此書收録自省語録,晚年完稿,篇幅甚少,僅八十餘則,含清同治五年所記四十六則、光緒二十年二十則、二十一年十二則、未著年月十則等。此書貫穿吳氏壯歲之勤學篤思與晚年之人生感悟,每每可見其自家心得與體悟。吳氏究心於程朱理學,最倚重二程與朱子,對宋明諸儒如周敦頤、張載、謝上蔡、薛文清、吕坤、王陽明等亦有精辟評述,兼而論及儒道釋三家之判別。又對觀人之術、權術之用、處事之法有精彩的反省與説明,如認爲巧不如拙,文不如實,虛不如實,以此觀人則不失人,以此律己則不失己;知人難而知人善任者尤難;善用權術者必爲權術所窮,唯忠信則可常可變、可經可權、可行可藏等,均爲啓沃後人之言。

此書多則語録皆爲吳氏親手所書,後經其子修補。今據上海圖書館藏稿本影印。(趙新)

六齋卑議一卷附録一卷　(清)宋恕撰(第953冊)

宋恕(1862—1910),初名存禮,字燕生,改名恕,字平子,號六齋,晚年改名衡。平陽(今屬浙江)人。早年師事俞樾治聲韻訓詁之學,從當地名儒孫衣言、鏘鳴二兄弟治陳傅良、葉適之實學,又問學於孫詒讓,并廣覽西籍。終生以教書爲業。著有《六字課齋津談》、《六齋卑議》等。生平事迹見蘇淵雷《宋平子評傳》。

此書分爲民瘼篇十章、賢隱篇十五章、變通篇三十七章、基礎篇二章,自謂"指病不及本,擬方多據亂",故名之《卑議》。其中前兩篇是"指病",即指出問題,後兩篇是"擬方",

即提出改革方案,而儒法之辨則爲其思想主線。宋氏深揭洛閩之毒,雖不免憤世嫉俗,然皆以解民疾苦、繼承孔子道統爲指歸,爲維新變法服務。如認爲神州之禍、儒術之亡源自陽儒陰法之學,此學於宋元之際爲害尤烈。儒家之説富强,宗旨在治平,與法家富强之説絶異。當時多數改革者提倡變法是爲應對西方擴張,自以國家富强爲最急,而宋氏之所謂變法,則針對陽儒陰法禍亂中國而施。宋氏遵循儒家宗旨,批評法家政治,重視人民權利,而程朱之學即爲陽儒陰法之登峰造極者。宋氏主張解放婦女,稱抑女之風爲程朱遺毒。對待中西文化,宋氏提出應以民本思想爲指導,以符合最大多數人利益爲標準。主張先振古學,通過振興國粹以回到所謂三代,再從三代進入西方之境。此書又激烈批判封建教育制度,規劃近代學制,倡行社會教育,對中國教育近代化頗有貢獻。要之,此書目的在變法家天下爲儒家天下,即變君主與官吏之天下爲人民安居樂業、各得其所之天下,此即原始儒家"治平"之旨。

是書印本有二,一爲作者生前出版之上海千頃堂本,一爲作者逝世後由黃群出版之温州《敬鄉樓叢書》本。今據民國十七年黃氏鉛印《敬鄉樓叢書》本影印。(趙新)

勸學篇二卷　(清)張之洞撰(第953冊)

張之洞(1837—1909),字香濤,又字香巖、孝達,中年號壺公,又號無競居士,晚號抱冰老人,又號廣雅。祖籍直隸南皮(今屬河北),生於貴州。同治二年(1863)進士,歷任山西巡撫、兩廣總督、湖廣總督、兩江總督,光緒末擢體仁閣大學士、軍機大臣兼管學部。卒謚文襄。著述豐贍,以《書目答問》、《輶軒語》及此書行世最廣。傳見《清史稿》。

此書爲張氏名作,完整表述其理論綱領與施政要略,撰成於光緒二十四年,時當守舊派與改革派角争、中國政體變革與傳統文化鼎革之際。此書調和新舊，具有折衷色彩。分內、外兩部分，《內篇》錄文九篇，以保國、保教、保種爲主旨，遵從孔孟之道，尊奉三綱五常，忠於清廷聖朝，即所謂"務本以正人心"。《外篇》錄文十五篇，主張學習西政與西藝，仿照西方先進政體，對中國政體、經濟、文化等進行改造，即所謂"務通以開風氣"。書前自序對撰寫緣起、寫作背景、主旨思想均作簡明交待，并一一概括書中諸文主題。《設學》篇提出"舊學爲體，新學爲用"，爲張氏一生宣揚"中學爲體，西學爲用"之變相説法。此書涉及面廣，思想豐富，影響深巨，當時不僅風行全國，且被譯成英、法諸國文字，遠播歐美。

此書撰成後即由張氏門生黃紹箕以光緒二十四年三月兩湖書院首刻本進呈光緒帝，帝令諸省廣爲刊布，當年即有浙江省重刊本、江蘇書局本、中江書院重刊本等多種，但所據底本皆爲兩湖書院本。今據清光緒二十四年中江書院刻本影印。（趙新）

大同書八卷　（清）康有爲撰（第 953 冊）

康有爲（1858—1927），又名祖詒，字廣厦，號長素、更生，別署西樵山人、天游化人。南海（今屬廣東）人。光緒二年（1876）師從朱次琦，十九年中舉，二十一年"公車上書"并中進士，二十四年光緒命於總理衙門上行走，主持"百日維新"，失敗後出走香港、日本等地組織保皇會。致力於將儒家學説改造爲適應現代社會之國教。代表作有《新學僞經考》、《孔子改制考》等。生平事迹見《清史稿》、《康有爲自訂年譜》、梁啓超《南海康先生傳》等。

此書題辭稱著於光緒十年躲避中法戰亂之際，經梁啓超等研究，應成於二十七至二十八年旅居印度大吉嶺期間，晚年續有增補、調整。通行本以天干分爲十部，甲部言"入世界觀衆苦"，其餘九部言破除九界以達"無邦國，無帝王，人人平等，天下爲公"之大同世界。此書反映中國近代資產階級社會理想，以當時中國爲公羊學所謂據亂世，以歐美爲"略近升平"，而在太平、大同世界中，無私有制，婦女解放，以"工"與"創新"爲尚，工作時間減短，人人享受教育。此書立意高遠，文辭優美，吸收《禮記·禮運》所載孔子"大同"説、耶佛二教"平等"教義，亦受盧梭天賦人權説、達爾文進化論、柏拉圖烏托邦及近代空想社會主義影響。

此書甲、乙二部民國二年（1913）連載於《不忍》雜志，八年由長興書局出單行本。全書由其弟子錢定安整理，民國二十四年中華書局出版。此本據 1985 年江蘇古籍出版社影印上海圖書館、天津圖書館所藏稿本之釋文影印，冠以各卷首頁書影。又此稿本分八部分，與錢本系統頗多出入，結構亦略有不同，且各卷無錢本之大標題。（李暢然）

仁學二卷　（清）譚嗣同撰（第 953 冊）

譚嗣同（1865—1898），字復生，號壯飛。瀏陽（今屬湖南）人，生於北京。光緒十年（1884）從軍新疆，甲午戰争後鋭意新學。後入資爲候補知府，擢四品軍機章京，參與"百日維新"，與楊鋭、林旭、劉光第號"軍機四卿"。失敗後就義，爲"戊戌六君子"之一。有《興算學議》、《石菊影廬筆識》及詩文集多種。生平事迹見《清史稿》、梁啓超《譚嗣同傳》。

譚氏候補知府時居金陵一年，精研佛學，寫成《仁學》。首有《界説》二十七條，正文五十篇，卷一三十篇，卷二二十篇。此書雜糅佛學華嚴、禪宗、相宗，西學《新約》、算學，儒學尤其是《春秋》學，《莊子》、《墨子》，以及宋明理學，晚近之王夫之、黃宗羲等思想，内容豐富。譚氏謂佛爲最大，能統孔、耶，而能調和孔、耶仁之不同者則爲墨。書名"仁"字即指墨家之"任俠"派，"學"指墨家之"格致"派（《自叙》）。《界説》提出仁以通爲第一義，通之義爲平等,包括中外通、上下通、男女内外通及人我通,亦即民族、政治、男女之平等及倫理上對他人之關懷。書中以仁黜禮,貶斥名教,認爲名無與於存亡,且易爲權勢及習俗所左右。又站在自由立場上同情太平天國,對夫爲妻綱亦有猛烈抨擊。否定主静尚儉,主張辦廠富民,認爲通商乃相仁兩利之道。此書在中國歷史上首次全盤否定三綱五倫,獨尊體現平等自由與"節宣唯意"等自主權之朋友一倫。

此書表達中國近代民族資産階級政治經濟要求,又爲最早結合中西學之嘗試,開五四"科學"、"民主"口號之先河。然書中過分夸大個人意志,亦屬革命時代理論主張之通行特點。

此書光緒二十四年起分別於日本横濱《清議報》及上海《亞東時報》陸續發表,内容章節略有差異。光緒二十七年日本東京愛善社鉛印本爲此書最早單行本,板藏國民報社,未有正誤記。

此本據上海圖書館藏清光緒年國民報社鉛印本影印。書前有譚嗣同頭像、自叙及梁啓超《譚嗣同傳》,部分文字已依正誤記改,故當屬翻印。(李暢然)

增訂盛世危言新編十四卷 　(清) 鄭觀應撰 (第 953 册)

鄭觀應(1842—1922),本名官應,字正翔,號陶齋,别號杞憂生,晚年自號羅浮偫鶴山人。香山(今屬廣東)人。咸豐八年(1858),應童子試未中,即奉父命遠遊上海,棄學從商,漸成著名商業買辦與實業家。一生從事工商業活動,晚年大力辦教育。有《救時揭要》、《道言精義》、《陶齋志果》等。生平事迹見夏東元《鄭觀應年譜長編》。

此書旨在宣導自强求富、維新變法,主張改良封建社會,逐步實現君主立憲制度及資本主義經濟制度。鄭氏不諱言中國社會多方面

均落後於西方,認爲西方富强之本是"議院上下同心,教養得法"(自序),其内涵則包括以政治爲本、格致爲本、學術爲本、經濟爲本等極爲豐富且不乏遠見之思想觀點。鄭氏亦就此提出一系列中國社會改造方案。政治上,指出國弱民窮根源在於專制政治,提出建立議會式立憲政體,并將政治公開於傳媒,由朝野各方評論,如此方能使施政臻於完善。司法上,指出中國法律及其運用充滿黑暗與殘暴,須向西方學習。教育上,認爲應區分基礎教育與高等教育。經濟上,主張由民間組建工商業團體,大力發展現代工業。此書特别提出"商戰"思想,其封面即題"首爲商戰鼓與呼",認爲要改變近代中國落後局面,僅僅採取"强兵"政策、依靠軍事力量與西方列强競争遠遠不够,必須設立議院、建立君主立憲制度,發展資本主義經濟,抵禦外國殖民經濟入侵,才能真正實現民族獨立與國家富强。此書較早認真思考中國如何從傳統社會向現代社會轉變,成爲中國近代學習西方思潮發展到新階段之標志。

此書屢經鄭氏修訂、重印,版本十分繁雜,但經其手定、最具權威性及代表性版本有三種,爲光緒二十年五卷本、光緒二十一年十四卷本與光緒二十六年八卷本。今據湖北省圖書館藏清光緒二十三年成都刻本影印。(趙新)

訄書六十三篇 　(清) 章炳麟撰 (第 953 册)

章炳麟(1869—1936),初名學乘,字枚叔,慕顧炎武之爲人,易名絳,號太炎,餘杭(今屬浙江)人。戊戌政變,投身革命。後被清廷通緝,東走臺灣,流亡日本。早年主講國學,倡言民族大義。東渡日本期間開"國學講習所"。民國後,潛心教學,晚歲設國學會於蘇州。著述宏富,有《國故論衡》、《菿漢微言》、《太炎文録》等。生平事迹見《民國章太炎先生炳麟自訂年譜》。

此書爲章氏思想學術與政治論文結集。尩意爲迫,即逼迫人有所爲,表明此書爲窮蹙中之急切表達。首刊於光緒二十六年(1900),共五十篇,另補佚二篇,其時章氏政治上改良傾向尚明顯;光緒三十年在日本重印修訂本,此時已極力主張推翻滿清,故刪去初版中十三篇主張改良之文,增加反清革命文章二十四篇,共六十三篇。後仍多次修訂,值章氏爲袁世凱軟禁北京之際,更名《檢論》。其中有關先秦學術思想變遷之史論十三篇,以打破儒家正統思想統治爲目標。其中《訂孔》諸文爲其早期研究諸子與儒學之名篇,影響深遠;又哲學論文十七篇,借用西方哲學或社會政治學説闡釋中國古典,集中反映其唯物主義思想與進化論觀點,爲中國學術現代性進程提供有益啓示;又抨擊清王朝黑暗統治、縱論歷史利弊、設計未來資產階級共和國方案者二十五篇,闡明革命理論與革命政策;又討論編著史書、評價歷史人物八篇。此書反滿革命思想強烈,語言凝練精審,條理縝密,文辭淵古,詰屈聱牙。

此本據浙江省圖書館藏清光緒三十一年日本刻本影印。(趙新)

知聖篇二卷 (清) 廖平撰 (第953冊)

廖平(1852—1932),初名登廷,字旭陔,號四益,繼改字季平,更號四譯,晚年更號五譯、六譯,井研(今屬四川)人。光緒十五年(1889)進士,官龍安府教授。一生研治經學、諸子,旁涉醫學等,尤以經學造詣精深。長於標立新異,自稱一生爲學"六變"。此書即其經學第二變"尊今抑古"理論階段的代表作。著述極富,有《今古學考》、《穀梁春秋經傳古義疏》等。生平事迹見廖幼平《廖季平年譜》。

此書二卷,分正、續二編。所謂知聖,即知聖人六經之義。其知聖理論有四。其一爲孔子素王受命改制。以孔子爲"素王",生而知

之,受命於天,而有德無位,其改制立法不能見之於實事,只能存空言於六經,以微言大義傳後世帝王。其二爲孔子著六經改制。六經皆孔子改制之作,是孔子所創"一王大法"。其三爲孔子托古改制。因孔子僅是"素王",如直言改制,不能取信於人,故借托古代先王以言改制,六經中文王等人,不過是孔子借以寓意改制之名目與符號。其四爲孔子改制爲中國立萬世法。建立等級制度及倫常原則,以辨君臣上下之分。廖氏又認爲《周禮》乃全世界治法,則頗有牽強附會之處。

此書正編成於光緒十四年(1888),未付梓。次年,廖氏於廣州廣雅書局以兩書稿本示康氏,有人據此認爲康氏受廖氏影響撰寫并率先刊行《新學僞經考》與《孔子改制考》,甚者即以爲康氏"剽竊"廖氏,遂成一大學術公案。由正編卷上自跋可知,正編以廣雅抄本修改而成,改定於光緒二十七年,光緒三十年刊行問世,前後歷十七年。與原稿本相較,不唯有經學第二變内容,且有經學第三、四變之論述,差異較大。續編成於光緒二十七年,隨即付刻,與正編合爲上下卷。

此本據上海古籍出版社藏清光緒刻本影印。(趙新)

攘書一卷 (清) 劉師培撰 (第953冊)

劉師培(1884—1919),字申叔,又名光漢,號左盦。儀徵(今屬江蘇)人。清末民初與章太炎齊名。光緒二十九年在上海與章太炎、蔡元培交遊,易名光漢,加入反清宣傳。後日趨保守,參加籌安會,爲袁世凱稱帝效力。民國六年(1917)受聘北京大學教授,八年與黃侃、朱希祖諸人成立"國故月刊社",同年病逝。其主要著作由南桂馨、錢玄同等搜集整理,計七十四種,稱《劉申叔遺書》。生平事迹見萬仕國《劉師培年譜》、陳奇《劉師培年譜長編》。

此書模仿明末思想家王夫之《黄書》,爲劉

氏早期藉學術宣傳排滿革命最具代表性著作之一，時人以其精闢闡發國人"類族辯物"與"春秋內夏外夷"之義，譽爲"偉著"（《警鐘日報》）。全書分十六部分，其中十一部分專申"攘夷"大義。此書開首便言："吾謂攘字，從襄得聲，辟土懷遠爲襄。故攘字即爲攘夷之攘。今攘書之義取此。"書中理論多依儒家經典，如稱"自孔子言夷不謀夏，夷不亂華，而華夷之防，百世垂爲定則"。同時據經書大義，認爲華夏文化爲優秀文化，周邊少數民族應歸服於漢。劉氏機械引用社會達爾文主義"優勝劣汰"理論，主張以文明統治野蠻，而不可使野蠻壓服文明，攘除滿族符合進化規律。復認爲中國爲西方列強所蹂躪，乃因滿洲貴族佔據漢族疆土，窮盡三百年民力，將中國視爲私產而致。爲反侵略，救危亡，亦須推翻滿洲統治。又主張嚴格區分華夷界限，意在喚起漢人反清意識，爲推翻清朝統治尋找理論根據、歷史依據及輿論支持。此書彰顯劉氏排滿決心與熱情，由此奠定其在中國近代革命史上之重要地位。

此本據上海古籍出版社藏民國二十五年南氏鉛印《劉申叔遺書》本影印。（趙新）

道家類

老子　（周）李耳撰（第 954 冊）

此書出土於 1973 年發掘之長沙馬王堆三號漢墓，含漢初鈔本二種，即帛書《老子》甲本、乙本。甲本鈔寫於公元前 206 年至公元前 195 年間，乙本鈔寫於公元前 179 年至公元前 169 年間，係現存最古五千言本《老子》。

帛書《老子》甲、乙本篇章結構、行文次序相同，字句亦大體一致，然皆有別於河上公注本、王弼注本等通行本。篇章結構先《德》後《道》，乙本并於各篇之末標以《德》、《道》篇名及字數。此次序合於《韓非子・解老》及嚴遵《老子指歸》本，異於通行本。且甲本部分段落標有圓點符號，乙本則全無分章，亦有別於通行本八十一章分法。行文次序與通行本大體相同，但亦有差別，如其"上士聞道"段接"反也者道之動也"段、"江海之所以爲百浴王"段接"小邦寡民"段與"信言不美"段、"孔德之容"段接"炊者不立"段等，相關內容於通行本中則分屬第四十一、四十章，第六十六、八十、八十一章與第二十一、二十四章等。字句方面，與通行本基本一致，又略有差異，如"上德不德"段無"下德爲之而有以爲"句、"昔之得一者"段無"萬物得一以生"與"萬物無以生將恐滅"句、"以道佐人主者"段無"大軍之後，必有凶年"句等等。此外諸多關鍵字詞亦有別於通行本。凡此種種，皆可用以校訂後者之訛誤。

此書部分字句有別於郭店楚簡《老子》本，甲、乙本間亦互有差異，此外其"和大怨"、"古之善爲士者"、"以道佐人主者"、"道恒無爲"等段皆有訛誤，應非《老子》原貌。

此書始刊於 1976 年馬王堆漢墓帛書整理小組編、文物出版社印行之《馬王堆漢墓帛書・老子》，又刊於 1980 年國家文物局古文獻研究室編、文物出版社印行之《馬王堆漢墓帛書(壹)》。今據後者影印。（陳成吒）

道德真經指歸十三卷（存卷七至卷十三）　（漢）嚴遵撰（第 954 冊）

嚴遵，名或作尊，字君平，一說本姓莊，後世避漢明帝諱追改，蜀郡成都（今屬四川）人。揚雄少時曾從之學。精於《易》、《老》，隱居不仕，設肆卜筮於成都市井，勸以孝悌忠善，惠人甚衆。專務授徒著書，其論大致發揮《老》、《莊》之旨。年逾九十而終。著作傳世者有《道德真經指歸》及今人嚴靈峰輯錄《輯嚴遵老子注》等。事迹見《漢書・王貢兩龔鮑傳》。

此書又名《老子指歸》、《道德指歸論》,史籍多有著録,然卷數、版本頗有差異。《隋書》、《舊唐書》、《新唐書》、《宋史》分別著録爲十一卷、十四卷、十四卷、十三卷,宋以後則多爲十三卷。據《君平説二經目》可知,此書原分《老子》爲上下篇、七十二章;《德》經四十章在上,《道》經三十二章在下。

此書融通《易》、《老》,不僅以陰陽之數裁制經文,亦以《易》理解之。其發揮"道生一"等章,建構"道-德-神明-太和-天地-萬物"思想體系,統攝天人。其論"道"元"德"始,虛寂無爲而化生神妙二氣,相感和合以成天地萬物。各章注解皆據此展開,旨在勸誡天下君臣、父子尊道行德,無爲守分,以使上下玄通,四海平和。

此書唐谷神子曾爲之注,卷前存谷神子序及《君平説二經目》。現殘存卷七至十三,爲《德篇》部分,無篇題,經序易爲上《道》下《德》。傳世有明刊正統《道藏》本、清《怡蘭堂叢書》刊明鈔《道藏》本、民國涵芬樓影印《道藏》本等。另有六卷本,題作《道德指歸論》,較《道藏》本少第十三卷,乃明胡震亨據《道藏》本刪改而成,入明萬曆胡氏《秘册彙函》。明崇禎《津逮秘書》本、清嘉慶《學津討原》本等皆因襲之。今據涵芬樓影印明正統《道藏》本影印。(陳成吒)

道德經論兵要義述四卷　(唐) 王真撰 (第954册)

王真,唐憲宗元和年間(806—820)爲朝議郎使持節漢州諸軍事守漢州刺史充威勝軍使。事見此書奏表。

此書初爲上下兩卷,後析爲四卷,此與白雲霽《道藏目録詳注》所載卷數相合。元和四年(809),王真獻書皇帝,得憲宗手詔褒美。今本卷首録《進狀》、《手詔》、《叙表》。此書先《道》後《德》,分《老子》爲八十一章,行文次序與通行本《老子》一致。各章皆截取首句文字、并加序號作爲章題,如"道可道章第一"、"天下皆知章第二"等。章題之下,不引《老子》經文,徑直以"臣真述曰"形式表述己見。

此書以"兵"解《老》,謂五千言以道德爲本,然未嘗有一章不屬意於兵。故其論始於聖人思危,不可忘戰,終於聖人體虛,息兵不爭,要義合乎《老子》無爲之旨。然其傳文多恣意發揮,如注"上善若水"章,云其以水喻兵,明理兵至要;注"知者不言"章,謂其以緘默玄同論用兵深機,皆係"六經注我"之論,非《老子》原意如此。考其立意,蓋以匡正時弊爲宗,可謂應時之作,一家之言。

現存版本有明正統《道藏》本、清乾隆年間阮元《宛委别藏》鈔《道藏》本、清道光年間錢熙祚《指海》本、民國涵芬樓影印明正統《道藏》本等。其中《指海》本改置《進狀》、《手詔》、《叙表》等於卷末。今據涵芬樓影印明正統《道藏》本影印。(陳成吒)

道德真經傳四卷　(唐) 陸希聲撰 (第954册)

陸希聲(? —約900),字鴻磬,自號君陽遁叟(一稱君陽道人),唐蘇州府吳縣(今江蘇蘇州)人。陸氏一門,世家望族,多有工書能文而高爵者。希聲復振家法,尤善屬文,精通經史,博學子集,論著頗多。昭宗乾寧二年(895),召爲給事中,拜户部侍郎、同中書門下平章事。在位無所輕重,以太子少師罷。卒,贈尚書左僕射,諡曰文。傳世論著有《道德真經傳》、《頤山録詩》等。事迹見《新唐書》本傳、《宣和書譜》卷四、《唐詩紀事》卷四八等。

此書冠以陸氏序,文分四卷,與《新唐書·藝文志》及《崇文總目》著録相同。各卷皆無篇名、章題。然前二卷爲《道篇》、後二卷爲《德篇》,乃上《道》下《德》結構。全書"經傳相間",先標"經"字,下引《老子》經文,再别行另起,標"傳"字,續陳己見。雖無分章之名,却有分章之實。考其行文,則分《道篇》三十八章,《德篇》四十六章,有別於通行本八十一章分法。

此書斥前人《老子》注,以爲詖辭詭説,皆不足取。主張老氏之術,以道爲體,以名爲用,本乎性情之極,始於身心,形於家國,施於天下,故無爲而無不爲。稱孔、老皆爲復性治情之聖,其心同,其理通,而老氏更能權通三聖,可謂"至神者"。故其注文大抵發揮性情之論,以爲君臣父子之禮皆天道人情,老氏未嘗非之。而絶聖棄智、黜仁廢禮,皆非老氏之旨,意在勸誡衆人去偽飾、存誠真,踐行發乎衷心之禮。合流儒道、高尊老氏即爲此書宗旨。

現存版本有明正統《道藏》本、清嘉慶間阮元《宛委別藏》鈔《道藏》本、清道光間錢熙祚《指海》本、民國涵芬樓影印《道藏》本等。今據清嘉慶間《宛委別藏》鈔《道藏》本影印。(陳成吒)

道德真經取善集十二卷　(宋)李霖編(第954冊)

李霖,字宗傳,自號饒陽居士,深州饒陽(今屬河北)人。或題金人,誤。其人蓋生於北宋末年,遇靖康之難,遂遷居常州無錫(今屬江蘇)。宋隆興元年(1163)進士。不久老病而卒。著有《取善集》等。事迹見此書序文、《寶慶四明志》郡志卷第十、《無錫縣志》卷三等。

此書乃李氏暮年之作,書成人卒,未能付梓。其後鈔本傳於北方舊友王賓,得其資助,方於金大定十二年(1172)刊印。此書原爲六卷,傳本析作十二卷。卷前有金劉允升序及李氏自序,卷末附李氏《道德一合論》與《司馬溫公述要》。所引《老子》經文分章、次序均與通行本合。各章傳注則會聚衆家,并叙己見。所採舊注,見於書志或傳於後世者,自漢至宋,有河上公、嚴遵等數十家。其中多

有宋人之作,尤尊司馬光注、宋徽宗解,宋文特徵顯著。而其不見於著錄,亦未傳世者,有志琮、林靈素、唐耜、凌遘、舒王等家。據以既可校訂傳世注本之訛誤,又可窺見亡佚注本之吉光片羽,可謂彌足珍貴。

此書涉獵舊注雖衆,然以"性命兼全,道德一致"一以貫之。以爲通性者知天道,達命者知養生,而真知者,性命兼修;道以德顯,德以道明,道無爲體,德有爲用,兩者爲一,不可分別。老子即以此理,内養性以修身,外安民以治國。故於舊注合之則取,不合則棄。若皆未見其真,則補以己見,加以發明。

現存版本有明正統《道藏》本、明范氏天一閣鈔《道藏》本、民國涵芬樓影印明正統《道藏》本等。今據涵芬樓影印明正統《道藏》本影印。(陳成吒)

老子鬳齋口義二卷　(宋)林希逸撰(第954冊)

林希逸(1193—1271),字肅翁,號鬳齋,又號竹溪,福州福清(今屬福建)人。宋理宗端平二年(1235)進士,官至中書舍人。博覽群書,才思敏捷,善於詩詞書畫,亦精於勾股粟米。著述頗豐,《易》、《禮》、《老》、《莊》,皆有發揮,影響甚大。南宋文天祥極稱之,謂其文章足以詔今傳後。今存《三子口義》、《竹溪十一稿》(殘)、《考工記解》等。事迹見《南宋館閣續錄》卷八、《宋元學案》卷四七等。

此書注《老》,因文直解,口語講義,故稱"口義",作於南宋景定二年(1261)(見劉惟永《道德真經集義諸家姓氏》)。《國史志》錄爲"四卷",《述古堂書目》作"二卷"。今本亦有四卷、二卷之別,然文字相同,應係後人析合。卷前存林氏《發題》,所解《老子》經文上《道》下《德》,八十一章,各章截取首句文字爲題,并序以章次。

此書以爲,後世解《老》者,多以老子借喻之言爲指實之語,或流於荒誕,或乏於深究,

或蔽於佛書,皆未得其實。故以推尋老氏初義、明其原真爲旨,注《老》力避荒誕、激切、非常之論,多引《易》、《禮》之言,始終歸於平常心、平常理。如注"天地不仁"、"絶聖棄智"、"夫禮者,忠信之薄而亂之首也"等,皆謂是語爲譬喻因習之言,推其意旨,則合乎孔孟之道,同於宋儒之理。大抵以理學解之,難免失老氏初義。

此書初爲二卷,現存國家圖書館藏元刻本、明嘉靖四年張士鎬編《三子口義》刻本、明萬曆二年施觀民《三子口義》刻本、明萬曆五年何汝成刻張四維補《三子口義》本等。另有四卷本,傳有明正統《道藏》本、民國涵芬樓影印《道藏》本等。今據國家圖書館藏元刻本影印。(陳成吒)

老子道德經古本集注二卷　(宋) 范應元撰 (第 954 册)

范應元,字善甫,號果山,又號谷神子,或稱范無隱,蜀之順慶(今屬四川)人。精於老莊之學。宋理宗淳祐間(1241—1252)曾入京傳道,歷任玉隆萬壽宮掌教、南嶽壽寧觀長等。事見此書後序,《南華真經義海纂微》後序等。

此書依范氏所藏古本《老子》作注。其經文上《道》下《德》,作八十一章,各章次序與通行本相同。截取各章首句文字加以次序作爲章題,各章先於章題之下作題解,而後分注各句經文,先辨古本、傳本異同,再釋關鍵字詞音義,最後擇引舊注,外加己見。

此書所據《老子》,外有"古本"之名,內具"九九"之數,當係唐前漢後之物。與郭店楚簡《老子》、馬王堆帛書《老子》相校,多有相合者。所引舊注,其書尚存或見於書志者,有韓非、河上公、嚴遵、劉安、揚雄、王弼等三十餘家,其書不傳又不載於書志者,亦有馬誕、王誗、郭雲、阮咸、應吉父、韓康伯、張玄靜、李奇、朱桃椎等近十家,或可校訂傳本之訛,或可窺視佚本之一斑,頗具價值。宋人注

《老》,無外"道"、"氣"、"心"、"性"四字,范氏注解亦不能免。其借《參同契》以辨精氣,引程朱以明心性,略有發明。

現存版本有國家圖書館藏宋刻本、《續古逸叢書》所錄宋刻本等。今據國家圖書館藏宋刻本影印。(陳成吒)

道德玄經原旨四卷玄經原旨發揮二卷 (元) 杜道堅撰 (第 954 册)

杜道堅(1237—1318),字處逸,號南谷子,太平當塗(今屬安徽)人。少嗜老學,年十七,入天慶觀,師蒙庵葛師中(一曰師石山耿先生)。後入茅山,師蔣宗瑛,爲茅山宗嫡傳。宋度宗咸淳間(1265—1274),賜號輔教大師,主湖州昇玄報德觀。端宗景炎元年(1276),元兵南侵,以不殺無辜請於元軍統帥伯顏。宋亡,提點杭州路道教,住持宗陽宮。元成宗大德七年(1303),復授杭州路道錄,教門高士,兼主昇玄報德觀。仁宗皇慶元年(1312),授隆道沖真崇正真人,又領白石通玄觀事。晚著《道德玄經原旨》、《玄經原旨發揮》、《文子續義》等。事迹見《松雪齋文集·隆道沖真崇正真人杜公碑》、《白云稿·杜南谷真人傳》等。

《道德玄經原旨》,又名《道德經原旨》、《老子原旨》、《玄經原旨》,分四卷。卷前存黎立武、張與材、牟巘、徐天祐、王易簡諸人序文五篇。所引《老子》經文無篇題章目,考其行文,則上《道》下《德》,分八十一章,次序合於通行本。此書先以"經曰"引錄《老子》各章經文,再以"原旨曰"陳述己見。其注多引《書》、《易》,以《老子》爲老氏傳道信史,事與《尚書》一致,道與《易》理無二。故以古帝王事解其言,謂其皆出墳典,以太極無極釋其道,謂宇宙之理盡在其中。又以"誠"經絡天人,儒道折中。

《玄經原旨發揮》作於元大德十年,分二卷。卷前冠以杜氏自序,卷末附廬山道士黃

石翁序、其弟子任士林序。文分十二章,章目以各章主題爲之,如"先天章一"、"元始章二"、"開物章三"等。此書旨在徵信《原旨》,增補老傳。以邵雍《皇極經世書》爲本,前六章述皇帝王伯道德功力,後六章述老子降生、授經、西遊之事。

現存版本有明正統《道藏》本、南京圖書館藏明鈔本、民國涵芬樓影印《道藏》本等。今據涵芬樓影印明正統《道藏》本影印。（陳成吒）

老子集解二卷考異一卷　（明）薛蕙撰（第954冊）

薛蕙（1489—1541）,字君采,號大寧居士,世稱"西原先生",鳳陽府亳州（今屬安徽）人。正德九年（1514）進士,授刑部主事。十四年,諫武宗南巡,受杖奪俸,引疾而歸。後起故官,改吏部,歷考功郎中。嘉靖二年（1523）,世宗欲以生父爲"皇考",薛氏奏書萬言,推明大宗義。世宗大怒,下鎮撫司考訊,終赦出。後爲陳洸所譖,見誣南歸。二十年,病卒家中。崇禎二年（1629）,追封太常少卿。薛氏於書無所不讀,著有《西原集》、《老子集解》、《莊子注》等。事見《明史》本傳、文徵明及唐順之所撰《墓志銘》等。

《集解》初成於嘉靖九年,刪定於十五年,係薛氏暮年之作。書分二卷,卷前存其自序。其中《老子》經文分爲《道經》、《德經》二篇;八十一章,有章序,無章題。注文夾於各句經文之下。首列關鍵字句音義,復引舊注并加己見以解全句。舊注凡二十餘家,每引程朱加以批判,多引吳澄加以申述。此書以明聖人之微言,窮性命之極致爲旨。以爲老氏之書多出上古聖人遺言,蓋皆性命之説。倡言道與性命同一爲天下之本。

《考異》一卷,全稱《老子考異》,附於《集解》之末。自漢以下,注《老》者衆,所據經文亦有不同。《集解》經文即薛氏校其所藏十餘種注本而成。然自恐所案未必盡是,故疑以傳疑,録諸本經文之異同,以備參考。

現存版本有明嘉靖十五年刊刪定本、明嘉靖間鳳陽府刊本、清道光二十年《惜陰軒叢書》録嘉靖十五年刪定本等。今據上海圖書館藏明嘉靖刪定本影印。（陳成吒）

老子章義二卷　（清）姚鼐撰（第954冊）

姚鼐（1731—1815）,字姬傳,一字夢穀,室號惜抱軒,世稱惜抱先生,安徽桐城人。乾隆二十八年（1763）進士,選庶吉士,歷任禮部主事、會試同考官、刑部郎中等。四庫館開,充纂修官。後主講紫陽、鍾山等書院四十餘年。鼐工古文,爲桐城派殿軍。著有《惜抱軒全集》等。《清史稿》有傳。

此書初成於乾隆四十八年（1783）,由門人吳啓昌於嘉慶二十三年（1818）增訂刊印。全書二卷,卷前存姚氏《自題三則》及自序,卷末附吳氏序。此書分《老子》經文爲《上篇》、《下篇》,前者三十二章,後者五十一章,無章題,分章異於通行本。注文夾於經文之間。

此書稱《莊子》所引老子語當爲《老子》固有,傳本多有訛脱。且河上公等本於經文宜合而分,宜分而合,謬誤甚多。故作更改,或斷數字爲章,或斷數百字爲章。此書以爲老氏初志與孔子合。老氏於禮,亦求先王本意。先王之禮,以"誠"爲本,而末世循其迹而謬其意,擁其名而悖其實。老子當末世之時,貶斥非禮之禮,倡言以誠之禮,只是言辭偏激而不平,如絕聖棄智等,蓋謂聖智仁義之僞名,并非詆毀聖人。其注大抵由此發揮。

現存版本有清嘉慶二十三年吳啓昌刊本、清同治九年揚州重刊吳啓昌本等。今據南京圖書館藏清同治九年刊本影印。（陳成吒）

老子本義二卷　（清）魏源撰（第954冊）

魏源（1794—1857）,原名遠達,字默深,一字墨生,又字漢士,號良圖,湖南邵陽人。道光二年(1822)中舉,二十四年進士,官至高郵知州。其學以"經世致用"爲宗,主張革故鼎新,師夷之長技以制夷。晚年潛心佛學,自謂"菩薩戒弟子魏承貫",卒於杭州。著有《魏源全集》等。《清史稿》有傳。

此書初成於嘉慶二十五年(1820),魏氏生前復有修訂,始刊於光緒二十六年(1900)。書分二卷,卷前存其自序、《論老子》、《史記老子列傳》注釋等,卷末存《老子附錄》及袁昶題跋。此書依上"道"下"德"分《老子》經文爲《上篇》、《下篇》,前者三十二章,後者三十四章。有章序,無章題,分章與通行本有異。所作傳文,先於經文間夾注諸本文字異同,略辨音韻,再於各章經文之後稱引舊注并加己見。

此書以爲傳本《老子》經文或有訛誤,且分章多謬,故自行校勘,略加分章。所引《老子》文本,上至韓非、嚴遵,下逮畢沅、姚鼐,共三十餘家。援老補儒、明道救世是其宗旨。書中稱《老子》乃太古之書,所言乃太古之道,上可以明道,中可以修身,推之可以治人。雖儒道有別,然儒爲陽,道是陰,二者相參,融合短長,則可拯救時弊。

此書有清光緒間袁氏刻《漸西村舍彙刊》本,《叢書集成初編》等據以影印。今據前者影印。(陳成吒)

南華真經注疏三十五卷　(晉)郭象注　(唐)成玄英疏 (第955冊)

郭象(253—312),字子玄,河南(今河南洛陽)人。少有才理,好老莊,能言善辯。後辟司徒掾,稍至黃門侍郎。後任東海王越太傅主簿。著作甚多,然僅《莊子注》傳世。事見《晉書》本傳及《世說新語·文學篇》。

成玄英,字子實,陝州(治所在今河南陝縣)人。曾隱居東海(今江蘇北部),唐太宗貞觀五年(631)被召入京,加號西華法師。高宗永徽中流鬱州。注《老子》、《開題序訣義疏》及撰《莊子注疏》。事見《新唐書》、《郡齋讀書志》卷三上等。

《莊子》古本,《漢書·藝文志》著錄凡五十二篇,而據日本鐮倉時代高山寺所藏《莊子》殘鈔本《天下》篇後郭象跋語可知,今傳三十三篇《莊子》當爲郭象作注時裁定之本。郭象自謂"宜要其會歸而遺其所寄,不足事事曲與生説,自不害其宏旨,皆可略之耳"(《逍遥遊》注),故其注往往過於簡略,甚至有整篇僅出數條注語者,且不屑解釋字義、名物。

成氏疏解《莊子》,多從訓釋字義入手,特別是外篇、雜篇,更有大量無注之疏,使郭注缺陷在很大程度上得到彌補。而在義理詮釋上,成氏服膺郭氏之論,其疏多承郭象注,主要本之郭象"獨化"説、"足性逍遥"説、"寄之人事、當乎天命"説、"遊外冥内"説,又有大膽引申發揮。此外郭象未注内容,成氏亦詳加疏解,多有發明。如其詮釋内外雜篇關係,認爲内篇明於理本,外篇語其事迹,雜篇雜明於理事。并著重探究内篇之排序奧妙,以環環相扣方法依次探尋各篇意旨,將内七篇視爲一整體,融會貫通,有助於深入理解《莊子》内七篇意蘊。

成氏在此書序中,謂莊子"師長桑公子,受號南華仙人"等,《四庫全書總目》以爲可廣異聞。然因其借佛理疏解《莊子》,故此書佛理化傾向明顯。

成玄英《南華真經注疏》,《新唐書·藝文志》著錄爲注三十卷、疏十二卷,《宋史·藝文志》著錄爲十卷,陳振孫《直齋書錄解題》著錄爲三十卷,晁公武《郡齋讀書志》、馬端臨《文獻通考》皆著錄爲三十三卷,錢曾《讀書敏求記》著錄爲二十卷。

此書有明正統《道藏》本、清光緒中黎庶昌輯《古逸叢書》所收覆宋本十卷等。今據涵芬樓影印明正統《道藏》本影印。(方勇)

莊子通義十卷　（明）朱得之撰（第955—956冊）

朱得之（1485—？），字本思，號近齋，又號參玄子，直隸靖江（今屬江蘇）人。以歲貢官桐廬縣丞，尋挂冠歸。曾從學於王守仁，其學頗近於老氏，係南中王門心學主要代表。著有《老子通義》、《列子通義》、《莊子通義》等。事迹見明毛憲《毘陵人品記》卷九、黃宗羲《明儒學案》卷二五、《（康熙）靖江縣志》卷九等。

此書於每段下首列“通義”，次附褚伯秀《南華真經義海纂微》中之“管見”，并加有一些旁注。《目録》之分章標題，與北宋陳景元《南華真經章句音義》一致。

據卷首《刻莊子通義引》可知，此書爲朱得之晚年所著。朱氏繼承發揚《史記・老子韓非列傳》所述莊子“要本歸於老子之言”觀念，認爲莊子“學繼老、列”，《莊子》不少章節即爲直接發揮老子之説。書中解莊時，稱孔子遵信老子，與老子有“授受”之義，老子、孔子二聖實相規、相正、相許，如在《天道》篇“孔子西藏書於周室”一章言孔、老“相聞必久，故有相規相正之言，後篇則漸相同相許”；在《天運》篇“孔子謂老聃”一章言“前章見孔之許老，此見老之許孔”等。并常徵引儒家經典以印證《莊子》，尤以引述《孟子》爲多，如解《漁父》篇言：“此曰世俗之所爲，則指後世習於儀文之弊，正《孟子》所謂‘非禮之禮’也。”解《德充符》篇言：“舉動不失天，則乃其當然之位，或有不能盡善，至於犯難者，亦其所遇之命不能逃焉耳。此猶《孟子》‘命也，有性焉’之意。”書中還特別重視援引孟子“良心”、“良知”、“良能”等語。凡此種種，於《莊子》本旨有明顯偏離，使朱氏解莊具有儒學化傾向，更與王氏心學息息相關。

此本據山東省圖書館藏明嘉靖四十四年浩然齋刻《三子通義》本影印。（方勇）

南華真經循本三十卷　（宋）羅勉道撰（第956冊）

羅勉道，號竹峰，廬陵（今江西吉安）人。據此書間引邵雍、張載、沈括、蘇軾、鄭樵、朱熹、洪邁諸人之説而未及後人等情況推測，羅氏當爲宋末人。

此書志在尋繹《莊子》本旨，故名“循本”。具體即爲著意屏除前人“或敷演清談，或牽聯禪語，或强附儒家正理”諸弊端（見此書《釋題》）。所謂“敷演清談”，當指宋人或以郭象之説解《莊》；所謂“牽聯禪語”，指東晉支遁、唐初成玄英以來以佛解莊傾向，宋代由於儒、道、佛三教逐漸融合，治《莊子》者不免更受影響，如林希逸《莊子口義》即以儒、佛解説《莊子》；所謂“强附儒家正理”，羅氏視儒學高於莊子學説，是“正理”，堅決反對以儒解《莊》。羅氏稱賞《莊子》爲恢恑憰怪之奇書，解讀時亦兼顧字句、行文等特徵。綜上，此書終得以在一定程度上糾前人之偏，基本達到“循其本指”意圖。

此書還以“二十六篇”説修正蘇軾之真偽觀。《莊子》三十三篇，蘇氏去除《讓王》、《盜跖》、《説劍》、《漁父》，并將《列禦寇》接《寓言》之末合爲一篇，定真作爲二十八篇。羅氏更以《刻意》、《繕性》二篇爲偽作，定爲二十六篇。此説開《莊子》篇目真偽研究之新氣象。

此本據涵芬樓影印明正統《道藏》本影印。（方勇）

莊子通十卷　（明）沈一貫撰（第956冊）

沈一貫（1531—1615），字肩吾，號龍江，鄞（今浙江寧波鄞州區）人。明穆宗隆慶二年（1568）進士，神宗萬曆間（1573—1620）累官户部尚書、武英殿大學士。四十三年卒，贈太傅，謚文恭。著作有《易學》、《經史宏辭》、《吴越遊稿》、《莊子通》等。事迹見《明史》本傳、顧憲成《顧端文公遺書・奉壽沈相國龍江先生八十序》。

此書撰成於萬曆十六年。卷首有沈氏自序及《讀莊概辨》。據其序可知,沈氏研讀《莊子》三十年,萬曆十五年疏《大宗師》、《應帝王》二卷。於《莊子》郭象注、成玄英疏,沈氏頗有不滿,而於其他前人成果,沈氏基本均予否定,言"直可束高閣"。然服膺明人陸西星所著《南華真經副墨》,既得陸書,"爲之斂袵"(皆見自序)。故此書對陸氏觀點有所吸納。然全書稱引最多者,仍爲郭注。郭象"獨化"之論,爲沈氏自覺吸收,值得特別留意。

與前人相同,沈氏亦以爲内篇七篇"皆莊子微言",外篇主要爲補充發揮内篇之説,雜篇雖則龐雜,文不貫串,然與内外篇宗旨不異。

此本據東北師範大學圖書館藏明萬曆二十四年八閩書林鄭氏光裕堂刻本影印。(方勇)

南華真經旁注五卷　(明)　方虛名撰(第956册)

方虛名,字浮惰,歙浦(今安徽歙縣)人。生平事迹不詳。

此書前有萬曆二十二年(1594)方伯雨序和方虛名自序,後附《凡例》八條和《目録》。卷首題"歙浦方虛名浮惰輯注,海陽孫平仲公次音校"。孫平仲,字公次,海陽(今安徽休寧)人。生平亦不詳。篇題後除《盜跖》、《説劍》、《漁父》、《列禦寇》等篇外,均有題解。寬窄行相間,寬行書《莊子》原文,并隨文小字表明"字法"、"句法"或"章法",順文音注;窄行在寬行之右,用以釋義或評論。有眉評、圈點。并以"一"、"-"、"∟"、"O"等符號表示不同意義。

方伯雨序從儒家立場出發,對此書評價甚高,比之焦竑《莊子翼》。二者俱集各家注釋,確有類似處,然又有很大不同。後者依次羅列各家注釋,詳而繁,且以"筆乘"申明己意;前者則爲方氏以己意取之,簡而略,且基本不標注出自何家。對照各家注釋,可知此書多引林希逸《莊子口義》、羅勉道《南華真經循本》、陸西星《南華真經副墨》等,如内七篇題解即基本引自《莊子口義》題解。自序中稱,此舉基於"虛名寧言之襲,無寧人之誣"之考慮。如此雜取"百氏"之言,雖尚存莊子"寓言"意味,然不知其是否參以己意,不便核按,頗影響其學術價值。

此書闡釋《莊子》義理,更側重《莊子》文評。書中隨《莊子》原文,時時標明"字法"、"句法"、"章法",眉欄處亦然,且常於每篇首行眉欄處首條説明全篇寫作特點,如《逍遥遊》篇言:"此篇直述體,'大小'二字乃其眼目,文字一頭二證一結,奇崛不倫。"《齊物論》篇言:"此篇本以齊物論爲主,却借風起後始入題,四大柱入結,中多顛倒紆散之語。"再則常論及《莊子》結構、筆法,梳理文章脉落,如《齊物論》眉欄處説:"前曰不聞,此曰不見,此文字關鎖處。"按,此條出林希逸《莊子口義》。

此書寬窄行、大小字相間,版面清晰,隨文注解簡明扼要,眉批文評、義理兼顧,很便閲讀。但若方之《莊子翼》,則有評價過高之嫌。

此本據復旦大學圖書館藏明萬曆二十二年刊本影印。(方勇)

南華發覆八卷　(明)釋性通撰(第957册)

釋性通,字蘊輝,梁溪(今江蘇無錫)人。明世宗嘉靖中(1522—1566)居金陵清涼山孔雀庵,自號"孔雀頭陀"。長於詩。少習《莊子》,積三十年而成此書。嘗與釋正勉共編《古今禪藻集》二十八卷,今存。事迹見陳繼儒所撰此書《叙》。

此書卷首性通《自序》稱,因《莊子》旨玄文奧,雖古今解《莊子》者衆多,但"皆己之《南華》,非蒙莊之《南華》"。而篇之"内"、"外"二字,《逍遙遊》之"遊"字,"乘天地之正"之"正"字,只此三者,即未見有確切解釋,其篇章節目更是複雜。性通認爲,欲得《莊子》指歸,則《莊子》主體内、外篇要以"道"、"德"二字來闡釋。此書《逍遙遊》篇題下言,内、外篇即爲"道"、"德"二字。内篇七篇,只發揮"道"之一字,"道之真以治身",故稱爲内;外篇十五篇,只發揮"德"之一字,"出其緒餘以爲天下國家,無爲爲之之爲德",故稱爲外。而雜篇之所以謂之雜,主要因其不符合"道"、"德"原則,由於内容不够純正,而非如蘇軾等人所言由於文字較爲粗糙。性通此説,值得重視。

此書幾乎全不援引佛教資料闡釋《莊子》,亦不受北宋以來莊子學嚴重儒學化風氣影響,堅持以莊注《莊》,是其重要特徵。

此書有明天啓間刻本、明末文秀堂刻本、清順治刻本等。今據中國科學院圖書館藏明天啓間刻本影印。(方勇)

藥地炮莊九卷總論三卷 (明)方以智撰 (第957册)

方以智(1611—1671),字密之,號曼公、宓山氏、浮山愚者,桐城(今屬安徽)人。曾與陳貞慧、吳應箕、侯方域等參加復社活動,有"明季四公子"之稱。年三十舉進士,任翰林院檢討。李自成入北京,被執,乘間逃奔南明弘光朝。以不爲阮大鋮所容,奔廣州,變姓名爲吳石公,别號愚道人,賣藥市中。又以擁戴永曆帝即位,擢左中允,東閣大學士。後棄官隱居梧州。順治七年(1650),爲清兵所獲,脅降不屈,爲僧於梧州雲蓋寺。十年,拒薦避官往金陵高座寺,數年後復入江西青原山淨居寺,以"粤難"事被捕,押解途中疽發而卒。方氏寄身佛門後,改名大智,號無可。一生雖顛沛流離,始終不廢著述。著有《通雅》、《物理小識》、《東西均》、《浮山集》等。傳見《清史稿·遺逸傳》。

所謂"藥地炮莊",即方氏薈集古今論説解釋《莊子》。《四庫全書總目》言其"以莊子之説爲藥,而以解爲藥之炮,故曰《炮莊》"。此書徵引極爲繁富,由漢至明,諸如嚴遵、王弼、向秀、郭象、支遁、簡文帝等數百家論説,皆在摘録之列。又每以"藥地曰"、"藥地愚者曰"、"炮藥者曰"、"愚曰"、"愚者曰"、"極丸老人曰"、"藥案曰"、"智按"等方式斷以己見。

此書因承并進一步闡發覺浪道盛於《莊子提正》中申明之"托孤"説,如論説《莊子·人間世》之"支離疏",道盛稱"此處莊生自寓,亦爲孔子寫真",孔子支離其德,與世浮沉,即欲彌縫天地人心,删定爲群聖之大成。方氏更指莊子此處分明有"托孤"之心,意欲傳承儒學宗旨,支離其德,潛藏於破碎人間。方氏復以莊子與《易經》相聯繫,以爲"《莊》是《易》之變"(《大宗師》炮語),主張將儒、釋、道三教統歸於《易》。施閏章歸結爲"(以智)以爲《易》理通乎佛氏,又通乎老莊"(《無可大師六十序》)。

此書九卷,書前有《總論》三卷,包括陳丹衷、何三省、弘庸、文德翼、余颺、戒顯等人序言,張自烈《閲炮莊與滕公剳語》、屈蕃《炮莊詠二十四韻》、大成《讀炮莊題辭》、方氏《炮莊小引》、興月《炮莊發凡》,及方氏所集《總論》上、中(録有覺浪道盛《莊子提正》節選)、下(録有方氏所撰《向子期與郭子玄書》、《惠子與莊子書》)。書末有興翱《炮莊末後語》、慈炳《炮莊後跋》、彭舉《炮莊後跋》。據方氏"痛念丈人借《莊》托孤,乃與竹關約期炮集"(《愚者智禪師語録》卷二)、陳丹衷"杖人癸巳又全標《莊子》以付竹關,奄忽十年,無可大師乃成《藥地炮莊》"(《莊子提正》跋)等語,則此書始撰於方氏居金陵高座寺時,撰成於康熙二年。次年即由泰和蕭伯升捐資,盧陵曾玉祥此藏軒刊刻。民國二十一年

（1932），成都美學林據此本重排，删去書前《總論》三卷。

此本據中國社會科學院歷史研究所藏康熙三年曾玉祥此藏軒刻本影印。（方勇）

南華經解三十三卷　（清）宣穎撰（第 957 册）

宣穎，字茂公，一字懋功，句曲（今江蘇句容）人。以拔萃科貢入成均，終不遇。晚年假館邑之青元觀，著《南華經解》。遺書數十種，亂後盡佚，唯此書風行海内。事迹見《（乾隆）句容縣志》卷九、《（光緒）續纂句容縣志》卷二〇。

此書前有康熙六十年（1721）張芳序，宣穎序、《莊解小言》。正文以《南華經解内篇》起首。宣氏還據蘇軾《莊子祠堂記》之説，以雜篇中《讓王》、《盜跖》、《説劍》、《漁父》四篇爲僞作，將其置於全書之末。

宣氏不願引道教思想闡釋莊子，亦反對將莊子與佛氏混爲一談，此書具有明顯儒學化思想傾向，認爲"莊子學於子夏，所稱夫子多係孔子"（《齊物論》解），"後人每有採《莊子》語附會神仙之術者，豈知莊子學問之正，聖門津筏之書也"（《大宗師》解）。

此書以儒解莊雖不足取，然其於梳理《莊子》文章脉理方面，較林希逸《南華真經口義》、劉辰翁《莊子南華真經點校》、陸西星《南華真經副墨》、林雲銘《莊子因》等更有成就。於揭示《莊子》文章藝術手法方面，也比前人更爲全面深刻。自此書在清康熙六十年刊印後，便不斷翻刻。清代翻刻本就有經國堂刊本、經綸堂刊本、海清樓刊本等。而徐廷槐《南華簡鈔》、胡文英《莊子獨見》、高嵣《莊子集評》、陸樹芝《莊子雪》、姚鼐《莊子章義》、何如漋《莊子未定稿》、方潛《南華經解》、劉鴻典《莊子約解》、陳壽昌《南華真經正義》、馬其昶《莊子故》、王先謙《莊子集解》、胡遠濬《莊子詮詁》、阮毓崧《莊子集注》等，皆或多或少受到此書影響。

此書主要版本有清康熙六十年積秀堂刊本、清經國堂刊本、清嘉慶間王暉吉校海清樓刊本等。今據華東師範大學圖書館藏清同治五年吳坤修皖城藩署刻本影印。（方勇）

莊子集釋十卷　（清）郭慶藩撰（第 957—958 册）

郭慶藩（1844—1896），字孟純，號子瀞，湖南湘陰人。早年屢試不第，授例得任通判。後因鎮壓太平軍，任浙江知府。光緒七年（1881）清廷遞以道員調江蘇，主持揚州運河修浚工程。好學善思，工詩文，精於小學。著作有《泊然庵文集》、《梅花書屋詩集》、《莊子集釋》等。事迹見民國閔爾昌纂輯《碑傳集補》所録王先謙《二品頂帶江蘇候補道郭君墓志銘》。

此書前有王先謙光緒二十年十二月所撰序，稱書成之年，"適有東夷之亂"，即指甲午中日戰爭，則此書著成於光緒二十年。此書於正文之下，依次收録郭象《莊子注》、成玄英《莊子注疏》、陸德明《莊子音義》之全文，又摘引盧文弨《莊子音義考證》、王念孫《莊子雜志》、俞樾《莊子平議》之文及李楨、郭嵩燾等人成果，選精集粹，將西晉以來治莊精華彙爲一集，甚得莊學愛好者喜愛。其伯父郭嵩燾之治莊心得，尤賴此書得以保存。近百年來莊子學著作，此書可謂流行最廣。

郭氏鑒於西晉司馬彪《莊子注》較爲近古，而陸德明《莊子音義》所載尚不完備，於是廣爲搜輯以補其闕。如釋《駢拇》篇"東陵"："《文選》任彦升《王文憲集序》注引司馬云：'東陵，陵名，今屬濟南也。'《釋文》闕。"釋《大宗師》篇"坐忘"："《文選》賈長沙《鵩鳥賦》注引司馬云：'坐而自忘其身。'《釋文》闕。"釋《田子方》篇"奔逸"："《後漢書·逸民傳》注、《文選》范蔚宗《逸民傳論》注并引司馬云：'言不可及也。'《釋文》闕。"如此等等，皆可補《莊子音義》之所未載。

郭氏輯録他人注解而外，往往斷以己意，如釋《逍遥遊》篇"鯤"字："方以智曰：'鯤本小魚之名，莊子用爲大魚之名。'其説是也。《爾雅·釋魚》：'鯤，魚子。凡魚之子名鯤。'《魯語》'魚禁鯤鮞'，韋昭注：'鯤，魚子也。'張衡《東京賦》'摠鯤鮞'，薛綜注：'鯤，魚子也。'《説文》無'鯤'篆，段玉裁曰：'魚子未生者曰鯤。''鯤'即'卵'字，許慎作'北'，古音讀如關，亦讀如昆。《禮·内則》'濡魚卵醬'，鄭讀'卵'若'鯤'。凡未出者曰卵，已出者曰子。鯤即魚卵，故叔重以'北'字包之。莊子謂絶大之魚爲鯤，此則齊物之寓言，所謂汪洋自恣以適己者也。《釋文》引李頤云：'鯤，大魚名也。'崔譔、簡文并云：'鯤當爲鯨。'皆失之。"反復徵引典籍資料，以申述方以智之説，糾正崔譔、簡文帝之失，可見其在名物、字義訓釋方面用力甚深，音韻、訓詁等小學功底相當扎實。

此書有清光緒二十年湖南思賢講舍刊本，今據以影印。另有民國十三年上海掃葉山房石印本、民國十六年校經山房石印本等。（方勇）

莊子集解八卷　（清）王先謙撰（第958册）

王先謙生平見前《荀子集解》提要。

此書前有宣統元年（1909）自序，稱："舊注備矣，輒芟取衆長，間下己意，輯爲八卷，命之曰《集解》。"其所集前人之解，包括司馬彪、崔譔、向秀、郭象、李頤、支遁、陸德明、成玄英、宣穎、王念孫、盧文弨、姚鼐、俞樾、郭嵩燾、李楨、蘇輿等家，但往往不照録原文，而是加以壓删。其"間下己意"，文字也要言不煩。因而整部《莊子集解》，既集衆家之長，又間有己意，而全書字數却不足郭慶藩《莊子集釋》之半，甚爲緊湊而精悍。此書對《莊子》思想整體把握比較準確。如全書在大量徵引宣穎《南華經解》注解之時，徹底删除其中儒學化成分，實革長期以來學者每以儒學闡釋《莊子》之弊。

此書有清宣統元年湖南思賢書局刊本，湖北省圖書館藏，今據以影印。另有宣統元年上海掃葉山房石印本等。（方勇）

關尹子闡玄三卷　（宋）杜道堅撰（第958册）

杜道堅生平見前《道德玄經原旨》提要。

《漢書·藝文志》著録《關尹子》九篇，《隋書》、《舊唐書》、《新唐書》皆未著録，《宋史·藝文志》著録劉向《關尹子》九卷，亦必因襲《漢書》而來。今本《關尹子》九篇，與《漢志》所録合。其作者《漢志》稱："名喜，爲關吏，老子過關，喜去吏而從之。"後人因而附會其説。據《漢志》所載，其爲老子弟子，道家學派代表之一。今本《關尹子》分九篇，以一字而括全篇大意，分別爲：一宇、二柱、三極、四符、五鑑、六匕、七釜、八籌、九藥。

《關尹子闡玄》，有明以來公私書目俱未見，明朱右《白雲稿》卷三《杜南谷真人傳》始載《關令闡玄》三卷。清錢曾《述古堂書目》卷二著録爲《關尹子杜道堅注》三卷，鈔本。其所著《讀書敏求記》卷三記曰："關喜著書九篇，始宇終藥，以九字爲一書之綱領，凡一百七十章。其曰闡玄者，杜道堅述其微意也。道堅，元成宗時人，注成於大德年間。卷首有篇目衍義一通，述九字相承次之意，仿邠卿《孟子》篇序例爲之，覽者毋忽焉。"又，《鐵琴銅劍樓藏書目録》卷十八亦載《關尹子闡玄》三卷，舊鈔本，并述其書曰："題元南谷子杜道堅述。道堅，當塗人，武康計籌山昇元館道士。案，自序謂關尹子名喜，字公文，號文始先生，卷首又有無名氏撰杜、尹二真人傳。謂尹真人名軌，字公度，文始先生從弟。杜真人名沖，字玄逸，偕公度師事文始，與《經典釋文》載喜字公度者異。原書本與釋氏相通，注闡發精要，亦近禪悦家言。舊爲邑人曹彬侯鈔本，卷末自記云：己未三春鈔訖。中秋前得陳顯微本校一過，闕文俱得補足。"其後有小字曰："卷首有曹炎印、彬侯二朱記。"朱右所記，必有所本。錢曾爲明末清初人，康熙四十年離世，其所見《關尹子闡玄》已爲鈔本。瞿氏書目所記曹彬侯鈔本，當爲又一鈔本。此書至乾隆時修《四庫全書》仍未見（見《四庫全書總目》），明時或存刻本，惜無從查考，今只存鈔本。錢曾記其書成於大德年間，不知何據。此書三篇合一卷，以道家爲宗，主張"道德仁義，人之本也"（《七釜》），糅合三教思想，瞿氏謂其"與禪悦家相近"，大抵不差。

此本爲鐵琴銅劍樓舊藏，與前瞿氏書目所記同，現藏國家圖書館，今據以影印。

（劉佩德）

列子八卷列子盧注考證一卷　（周）列禦寇撰　（唐）盧重玄注　（清）秦恩復補正　（清）汪萊考證（第958册）

列禦寇，一名圉寇，鄭國圃田（今河南鄭州東郊）人。約活動於春秋末戰國初期。唐玄宗天寶元年（742），封爲"沖虛真人"，其書爲《沖虛真經》。宋真宗景德四年（1007），改稱"沖虛至德真人"，其書改稱《沖虛至德真經》。事見皇甫謐《高士傳》卷中、蘇轍《古史》卷三三。

盧重玄，范陽（今北京）人，藏用弟。景龍二年（708）"茂才異等科"及第，曾官司勳郎中、通事舍人。著有《夢書》四卷。事見《新唐書·宰相世系表上》及《藝文志》。

秦恩復（1760—1843），字近光，號敦夫，江都（今江蘇揚州）人。乾隆五十二年（1787）進士，改翰林院庶吉士。散館，授編修。阮元撫浙時，聘主詁經精舍。精校勘，曾刊《列子》、《鬼谷子》、《揚子法言》等書，時稱秦板。著有《石硯齋書目》、《享帚詞》各四卷，俱見於《清史稿·藝文志》。事迹見《（同治）續揚州府志》卷九。

汪萊（1768—1813），字孝嬰，號衡齋，歙縣瞻淇（今屬安徽）人。嘉慶十二年以優貢生入京，考取八旗官學教習。任國史館修撰、石埭縣學教諭等職。對數學、天文、經學、訓詁學、音韻學和樂律等皆有研究，尤以數學成就最爲突出，與李鋭、焦循號爲"談天三友"，與同邑通曉曆算的巴樹穀、汪玉、羅永符相交遊。參與編輯國史館《天文志》、《時憲志》，著有《磬氏倨句解》、《參兩算經》、《校正九章算術及戴氏訂訛》等。生平見《清史稿·疇人傳》、《清史列傳》卷六九《儒林傳下二》、焦循《雕菰集》卷二二《石埭縣儒學訓導汪君孝嬰別傳》和胡培翬《研六室文鈔》卷九《石埭縣儒學訓導汪先生行略》等。

劉向校理群書，《列子》定爲八篇。自《漢書·藝文志》以下皆著録八卷。今本爲晉人張湛作注時重新整理。《列子》之學，《戰國策·韓策》稱其"貴正"，《吕氏春秋·不二》及《尸子·廣澤》均稱其"貴虛"。後人多以列子爲老子後學，"虛"屬道家，而"正"則爲儒家所提倡，認爲是戰國策士依托之言。劉向《列子新序》稱"其學本於黄帝、老子，號曰道家"，然《穆王》、《湯問》二篇，迂誕恢詭；而《力命》篇推崇分命，《楊子》篇唯貴放逸，不似一家之書。張湛《列子注序》言其"大歸同於老莊"，基本認同列子爲道家。

《列子》由張湛首注，殷敬順爲作《釋文》二卷，以闡釋音義爲主。盧氏《列子注》是繼張注之後第二部《列子》注本。清阮元《四庫未收書目提要》言盧注本未見於《唐書》、《宋史》著録，鄭樵《通志》、焦竑《經籍志》始見其目。其書自《道藏》高守元《沖虛至德真經四解》之内録出，依張湛注分卷。所徵引各籍，多與古本相同，惟《楊朱》一篇注佚失其半。據盧氏《叙論》可知，其作注時，玄宗倡道之風盛行，故其書頗有尊老傾向。盧氏推尊老子"絶情棄智"，在"道"之外又引出"神"，且"神以制形"（《天瑞》篇注）。"形""神"關係，使盧氏將道家宇宙生成論與道教神仙修煉説結合到一起,將《列子》置於道教神學光環之下。

秦氏《列子補正》,以“正文字,辨張、盧字句之異同,補殷、陳釋文所未備”(《列子序》)爲主,隨文刊刻。凡與張湛本及《釋文》本有差異者,均一一注出。清耿文光《萬卷精華樓藏書記》稱“秦恩復依宋治平監本重刊”,所注云“張湛本”者,與現存黄丕烈鑒定之宋本多有不合之處。如《黄帝》篇“其國無師長”,秦氏注曰:“案張湛本作帥”,而現存宋本作“師”。又如“夫漿人特爲食羹之貨,多餘之贏”,秦氏注曰:“案張湛本貨下有無字”,今宋本無“無”字,等等。

《列子盧注考證》爲汪萊所作。據秦恩復盧注《列子》刊刻序稱:“校刻既竣,復得歙縣汪君孝嬰補正數條,附録卷末。”傅增湘《藏園群書經眼録》盧重玄《列子注》條下記曰:“清秦恩復石硯齋初刻軟字本。有朱筆校字,卷末一行云:嘉慶甲子春仲汪萊覆校。”此可與秦恩復所説相互證。此書據文義糾正《列子》盧重玄注之字句譌誤,共補正十九條。純爲考證性文字,有校勘之處,有蠡測之處,可正盧注流傳之誤。附於秦恩復刻本之後,亦有置於全書之前者。

此書八卷,嘉慶八年秦氏石研齋校刻。卷前有秦氏序及盧氏《叙論》,書末附汪萊《列子盧注考證》一卷。今據以影印。(劉佩德)

沖虛至德真經四解二十卷　(金)高守元撰(第958册)

高守元,字善長,别號和光散人,平陽(今屬浙江)人。金世宗時曾官校書郎。大定(1161—1189)中,與馬貴中上書言天象災異忤旨,貴中被黜,高氏或因此事而罷官,故此書毛麾序稱其爲“平陽逸民”。事見《金史·馬貴中傳》。

此書二十卷,《宋史》以下正史及私人書目均未著録,惟賴《道藏》録存。其書取張湛、盧重玄、宋徽宗、范致虛四人《列子》注集録而成。張湛注爲《列子》最早注本,甚得《列子》原旨。唐殷敬順撰、宋陳景元補遺《沖虛至德真經釋文》,元時與張湛注混合爲一。此書所收張湛注,則純爲張湛注文,仍宋本之舊。盧重玄《列子注》爲宋及宋以前人所未見,正史及私人書目均未著録。清人秦恩復即從《道藏》中專輯盧注精校精刻,爲後世所傳較佳單行本。宋徽宗《沖虛至德真經義解》,《宋史》著録爲八卷,宋以後所行本均爲六卷,其後二卷注文亦爲此書所收。范致虛《列子解》不傳於世,賴此書得以保存。

此書卷前首列《列子傳》,次爲大定二十九年毛麾《沖虛至德真經四解序》,次劉向校上記,次張湛注解序,次唐通事舍人盧重玄叙論,次政和解御制序,次宣和元年吳師中范左丞解序。卷首署晉張湛、唐盧重玄解,宋政和訓,宋范致虛解,高守元集。此書纂輯四解,卷帙浩繁,在《列子》注本中殊可寶貴。

此本據民國間涵芬樓影印明正統《道藏》本影印。(劉佩德)

列子鬳齋口義二卷　(宋)林希逸撰(第958册)

林希逸生平見前《老子鬳齋口義》提要。

林氏撰有《老列莊三子口義》,而以《莊子口義》影響最大。《列子》在林希逸前有張湛、盧重玄、宋徽宗、范致虛、江通五人注解,其中張湛注受魏晉玄風影響理甚難通,盧重玄、宋徽宗、范致虛及江通注亦以尊老爲風。林希逸學承理學,尊儒而融佛老。《列子》於三子中爲特殊者,真偽之分爲治《列子》者所必辨。劉向叙録稱《列子》“《穆王》、《湯問》二篇迂誕恢詭,非君子之言也,至於《力命》篇一推分命、《楊子》之篇唯貴放逸,二義乖背,不似一家之書”,林希逸則辨稱:《列子》其書雖不及《莊子》,“然其間又有絶到之語,決非秦漢而下作者所可及”,認爲“此書必爲晚出，或者因其散佚不完，故雜出己意，且模做莊子以附益之。然其真偽之分，瞭如玉石，亦所不可亂也"。其注中亦多有辨之之處。然其所注多爲心口而發，其門人王庚述其"抉微剔堅，不膠聞見。脫然如庖丁遊刃，而肯綮不留"，雖有誇大之嫌，而其解説甚明。

《三子口義》，《宋史》以下正史均未見記載，明楊士奇《文淵閣書目》、明焦竑《國史經籍志》有著録。《列子鬳齋口義》，清王文進《文禄堂訪書記》卷三著録宋建刻本，其書劉向進書序末附林氏自記，又有景定三年（1262）王庚序。傅增湘《藏園訂補郘亭知見傳本書目》亦載宋末建本，"有景定壬戌王庚後序，言《三子口義》中《列子》最後成，脱稿以授庚云云。前劉向進書序，序後低一格有鬳齋考記，元刊本則劉序後即接本文，與此迥異"。此本今未見。現存有元初刻本，前爲劉向校上序，後爲王庚序，與宋本異，已收入《中華再造善本》；又有元刻本，卷首依次列劉向校上序及林希逸解題，接正文，排列緊湊，前無目次，卷首六行上半及卷下均有配補，以《楊朱》篇爲最多。另有明正統《道藏》本、明正德本、明嘉靖間張士鎬重刊《三子口義》本、明嘉靖四年江汝璧刊本、明萬曆二年施觀民敬義堂刊本、明萬曆四年陳氏積善堂刊本。

此本據國家圖書館藏元刻本影印。（劉佩德）

文子十二卷　（唐）徐靈府　（宋）朱弁（宋）杜道堅注　（明）孫鑛評　（第958冊）

文子，主要活動於春秋末、戰國初，曾師事老子。後世認爲范蠡之師計然即文子，誤。唐玄宗天寶元年（742），詔封爲"通玄真人"，其書爲《通玄真經》。

徐靈府，自號默希子，後號桐柏徵君，錢塘天目山（今浙江餘杭）人。出身儒學世家，後入道門，爲司馬承禎再傳弟子，承天台道法。

隱居天台山十餘年。朝廷先後徵召入官，均不應，後絶粒而逝。主要著作有《通玄真經》、《玄鑒》、《天台山記》等。事迹見《赤城志》卷三五、《咸淳臨安志》卷六九。

朱弁，號正儀子，宋人。生平事迹不詳。

杜道堅生平見前《道德玄經原旨》提要。

孫鑛（1543—1613），字文融，號月峰、湖上散人。餘姚孫家境（今浙江慈溪横河鎮）人。明萬曆二年（1574）進士。歷仕文選郎中、兵部侍郎、加右都御史，代顧養謙經略朝鮮，還遷兵部尚書，加封太子少保，參贊機務。卒諡文簡。著作多達四百餘種，主要有《紹興府志》、《書畫題跋》、《今文選》等。事迹見明吕胤昌《大司馬月峰孫公行狀》、明施沛《南京都察院志》卷三八、清萬斯同《明史》卷三三二。

《文子》，《漢書·藝文志》著録九篇，《隋書·經籍志》、《舊唐書》、《新唐書》均著録十二卷。後之《崇文總目》、《郡齋讀書志》、《直齋書録解題》、《宋史·藝文志》均作十二卷。今所傳《文子》分爲道原、精誠、九守、符言、道德、上德、策明、自然、下德、上仁、上義、上禮十二篇，共八十八章。章首均以"老子曰"開篇，後接闡釋前所引老子之語。全書以老子爲宗，崇道德而順自然，對老子宇宙論與辯證法多所闡發。其書還吸收儒家仁義禮思想。前人多以其書爲鈔襲《淮南》、《吕覽》而來，自上世紀七十年代河北定縣漢墓出土《文子》書簡之後，始知其確爲先秦典籍，并非僞書。

《文子》注，《新唐書·藝文志》著録徐靈府注十二卷，《郡齋讀書志》著録朱玄注十二卷，《宋史·藝文志》著録朱弁注十二卷，周中孚《鄭堂讀書記》卷六九《文子合注》條以爲朱弁、朱玄即一人，傳刻者因字形相涉而誤。杜氏又作《文子纘義》十二卷。徐、朱、杜三人均爲道士，崇奉道教，所注均以道家思想爲宗，而重在闡釋道教修煉法則，以修養心性爲主旨。依周中孚説,此書三家注均屬採録,不全。孫鑛評語,亦隨文而發,以品評章法爲主,雖信手拈來,却深入淺出,甚見功力。

此書十二卷,前爲黄鳴喬書《刻文子序》,後爲文子小傳,次分列默希子、吴全節、南谷子、黄石翁序,後列目録。注文小字雙行隨文不等。有眉批及墨筆圈點。

此本據清華大學圖書館藏明天啓梁杰刻本影印。(劉佩德)

兵家類

十一家注孫子三卷 (漢)曹操 (唐)杜牧等撰 十家注孫子遺説一卷 (宋)鄭友賢撰 (第 959 册)

曹操(155—220),字孟德,沛國譙郡(今安徽亳州)人。東漢末年軍事家、政治家和詩人。死後追尊爲魏武帝。精兵法,著《孫子略解》、《兵書接要》;善詩歌,作《蒿里行》、《觀滄海》諸篇。著有《魏武帝集》,已佚,明張溥《漢魏六朝百三家集》卷二三有輯本。生平見《三國志》。

杜牧(803—852),字牧之,號樊川,京兆萬年(今陝西西安)人。晚唐著名詩人和古文家。曾任中書舍人。好言兵,注解《孫子》十三篇。有《樊川文集》二十卷傳世,其中詩四卷。又有宋人補編的《樊川外集》和《樊川別集》各一卷。生平見《舊唐書》、《新唐書》。

自漢至宋,《孫子兵法》注家甚多,其中最著名者有十一家,即:漢曹操,梁孟氏,唐李筌、杜佑、杜牧、陳皞、賈林,宋梅堯臣、王晳、何延錫、張預。或謂杜佑未注《孫子》,所謂杜佑注乃摘録自其所著《通典》,且多與曹操注解相同,并雜有王凌、孟氏等古注,不能算作一家,故有十家之説。《天禄琳琅書目》則去唐杜佑注而取宋鄭友賢《十家注孫子遺説》,以爲十一家。此書所取,乃含杜佑注之十一家。

此書凡三卷十三篇。卷末附《孫子本傳》并鄭友賢撰《十家注孫子遺説并序》。書中各家注釋繁簡不一,以曹操、杜牧、陳皞三家較有特色。各家注釋又互有異同,譬如《勢篇》之"形名",曹操注:"旌旗曰形,金鼓曰名。"杜牧注:"旌旗鐘鼓,敵亦有之,我安得獨爲形名,鬥衆如鬥寡者也?夫形者,陣形也;名者,旌旗也。"王晳注:"形者,旌旗金鼓之制度;名者,各有其名號也。"諸家注釋之共同處,一是對訓釋解説原文之字詞、名物制度較爲深入,尤重從軍事角度探討原書本義;二是結合古代名將軍事實踐進行解説,史論結合,以便於理解原書;三是徵引前代兵書及軍事家言論,加以評説;四是兼以闡發注釋者軍事思想,如在注釋"陰陽"一詞時,各注家引經據典,重人事實踐,斥陰陽卜筮。此書爲宋代以前《孫子兵法》注釋集大成之作,解説詳盡,材料丰富,具有重要的軍事學術價值與思想史料價值,是研究《孫子兵法》必讀之書。

此書版本系統有三。一是宋刻本,避諱"廓"字,當爲南宋寧宗時所刻,今藏上海圖書館。二是《道藏》本,明正統十年内府所刻,考其著者排列順序及稱謂,與宋刻本相同,應是源於宋本,唯析三卷爲十三卷,每篇即爲一卷,并更名爲《孫子注解》。三是清孫星衍校訂本,以《道藏》本爲底本,校訂十一家注文編排之錯亂以及文字之訛誤,并更名爲《孫子十家注》。其他版本大都出自此三本。今據上海圖書館藏宋刻本影印。

《十家注孫子遺説》一卷,宋鄭友賢撰。鄭友賢,滎陽(今河南滎陽)人,生平事迹不詳。

鄭氏《遺説》又名《孫子遺説》、《十注遺説》,附於《十一家注孫子》之後。鄭氏謂孫子之説,微妙不可究,其意未盡於十家之注,因著此書。注孫子之十一家,鄭氏以爲杜佑未注《孫子》,則止十家,故其書名爲"十家注孫子遺説"。

《遺説》約八千言,書前爲鄭氏自序,正文列三十問,以自問自答形式,補十家之遺漏,是繼《十一家注孫子》之後研究《孫子兵法》之專著。

《遺説》無單行本刻印流傳。今據上海圖書館藏宋刻本影印。(李桂生)

孫臏兵法十六篇　(戰國)孫臏撰(第 959 册)

孫臏,戰國時人,生於齊地阿、鄄之間(今山東陽穀東南),約與商鞅、孟軻同時,爲孫武後世子孫。嘗與龐涓俱學兵法於鬼谷子。後爲魏國大將軍龐涓陷害,遭臏刑。逃回齊國後,由齊國大將軍田忌薦舉拜爲軍師,出奇謀致齊軍於桂陵之戰與馬陵之戰中,大獲全勝。由此名顯諸侯,世傳其兵法。事見《史記·孫吳列傳》。

《漢書·藝文志》著録《齊孫子》八十九篇,圖四卷。《齊孫子》即爲《孫臏兵法》。《漢書·陳湯傳》曾加引録,則西漢時期《孫臏兵法》已流行,然東漢便失傳。1972 年,山東臨沂銀雀山漢墓出土《孫臏兵法》竹簡,經整理,共得殘簡三百六十四枚,一萬一千餘字,編爲上下兩編,各十五篇,於 1975 年由文物出版社出版。1985 年,文物出版社又推出經銀雀山漢墓竹簡整理小組深入考證整理之《銀雀山漢墓竹簡(壹)》。該書認定僅 1975 年本之上編及《五教法》一篇爲《孫臏兵法》内容,故重編此書,移去下編,并對上編内容多有補充訂正。重編本共十六篇。

《孫臏兵法》繼承并發展《孫子》、《吳子》思想,其戰爭觀有"戰勝而强立"、"樂兵者亡";戰略有"以寡擊衆,以弱勝强";戰術有"批亢搗虚"、"必攻不守";治軍有"篡賢取良";軍事哲理則有"善戰者,見敵之所長,則知其所短;見敵之所不足,則知其有所餘"等思想,軍事理論方面成就頗高。

此本據 1985 年銀雀山漢墓竹簡整理小組重編本影印,分前後兩部分:前爲竹簡原文,後爲釋文。(李桂生)

司馬法集解三卷　(明)閻禹錫輯(第 959 册)

閻禹錫(1426—1476),字子與,洛陽(今屬河南)人。明景泰年間舉人。曾任國子監丞、掌京衛武學、監察御史、督畿内學等職。爲官清貧,死後門人爲之殯葬。著有《司馬法吳子批注》、《孫子選注》及《武學詞範》。《明史》有傳。

此書分上、中、下三卷。卷首有閻氏所撰《司馬法集解引》,自述其撰著緣起,稱其掌武學已四載,《孫子》爲之選注,《吳子》爲之集解,而《司馬法》一書,多缺文誤字,且難爲句讀,解者唯辛亥科進士太原劉寅及明朝布衣江陰劉源之説,平正通達,援引切當,遂加採輯校正,間附己見,以成此書。全書體例,先言"太原劉氏曰",後言"江陰劉氏曰",間言"胡氏曰"、"愚謂"。此書爲最早彙集《司馬法》注解的本子,爲後世學者瞭解明代《司馬法》注解提供了便利。

此書有明弘治元年邢表刻本,孫星衍跋。另有天一閣博物館藏明鈔本。今據國家圖書館藏明弘治元年邢表刻本影印。此書《千頃堂書目》著録爲二卷,與此本不同。(李桂生)

諸葛武侯心書一卷　題(蜀)諸葛亮撰(第 959 册)

諸葛亮(181—234),字孔明,東漢琅琊陽都(今山東沂南)人。三國時重要政治家、軍事家。早年隱居隆中,後輔佐劉備建立蜀漢,任丞相,封武鄉侯,領益州牧。五次出兵攻魏,卒於五丈原軍中。《三國志·蜀書》有傳。

此書又稱《將苑》、《新書》,共五十二篇,内容爲博採先秦兵書之論兵妙語,述古代爲將之道。書中論爲將,按品德性格,則有仁將、義將、禮將、智將、信將、步將、騎將、猛將、大將之分；按能力器度，則有十夫之將、百夫之將、千夫之將、萬夫之將、十萬之將、天下之將之別。指出爲將者應力戒貪而無厭、嫉賢妒能、信讒好佞、料彼不自料、猶豫不自決、荒淫於酒色、姦詐而自怯、狡言而不以禮"八病"，以及謀不能料是非、禮不能任賢良、政不能正刑法、富不能濟窮厄、智不能備未形、慮不能防微密、達不能舉所知、敗不能無怨謗"八惡"；且應具善知敵之形勢、善知進退之道、善知國之虛實、善知天時人事與善知山川險阻"五善"，以及戰欲奇、謀欲密、衆欲靜、心欲一"四欲"。凡此種種，皆爲將治軍之道。

此書最早著録於宋尤袤《遂初堂書目》，題作《諸葛亮將苑》，明代始稱《心書》與《新書》。清姚際恒《古今僞書考》與《四庫全書總目》均認爲是後人僞作。現存版本多題名爲《心書》、《新書》或《將苑》。其版本大致有三個系統：一是《諸葛亮集》系統；二是《廣漢魏叢書》、《子書百家》等叢書本系統；三是單行本系統，主要有明正德十二年韓襲芳銅活字印本、明萬曆三十三年書林鄭少齋刻本、明黃邦彥刻本。今據國家圖書館藏明黃邦彥刻本影印。（李桂生）

八陣合變圖説一卷 （明）龍正撰（第959冊）

龍正，武都人。明正德間在四川巡撫藍章幕府供職，作《八陣合變圖説》。其生平史書無載，僅於此書藍章跋中見其名籍。

《宋史·藝文志》著録《武侯八陣圖》一卷，久已散佚。明正德年間東萊人藍章巡撫四川，駐兵漢中，因遣人至魚復江，尋覓諸葛亮演練八陣之壘石遺址，悉心研討，得其旨要，乃以石塊於政事堂後模擬演練，竟有所發。時龍氏在藍章幕府，遂繪爲圖，并配以解説，刊於蜀中，軍中自將領至士卒，皆令誦習。

諸葛亮八陣之法，早已失傳，然後世爭相推演，此書即其中之一。其書首載《八陣號令》，述總陣、變陣號令，次列《八陣圖》，述總陣行伍及布列之法。又次爲八陣變例：内外之分爲第一變，左右之分爲第二變，前後之分爲第三變，四隅之分爲第四變。先列變陣圖形，次引馬隆所作《八陣總述》，繼述布列之法。書前有徐昂《八陣合變圖説叙》，書後有藍章《八陣圖跋》。《傳是樓書目》有著録。《明史·藝文志》著録"龍正《八陣圖演注》一卷"，《千頃堂書目》作"藍章《八陣合變圖説》一卷"。

此書有明正德十一年藍章、高朝用刻本、明黃邦彥刻《諸葛武侯心書》附刊本、明崇禎刻《諸葛忠武侯文集》本、清嘉慶刻《學津討原》本傳世。此本據國家圖書館藏明黃邦彥刻本影印。（李桂生）

翠微先生北征録十二卷 （宋）華岳撰（第959冊）

華岳，字子西，自號翠微，貴池（今屬安徽）人。爲武學生，輕財好俠。開禧元年因上書諫止北伐，觸怒韓侂胄，下建寧獄。韓侂胄被誅，始得放還。嘉定十年（1217），登武科第一，爲殿前司官，鬱鬱不得志。又謀去丞相史彌遠，密泄，下臨安獄，被杖死獄中。著有詩文集《翠微先生南征録》十一卷。《宋史》有傳。

此書共十二卷，分兩部分：一爲《平戎十策》，曾於開禧三年上奏皇帝；二爲《治安藥石》，曾於嘉定元年上奏皇帝。其中《平戎十策》是華氏針對南宋軍事問題所提之興利除弊、富國強兵之策。《治安藥石》對和議政策、邊防要務、破敵之方、將帥謀略、武器裝備、敵情偵察、兵員招募、糧餉運輸等方面闡述較爲詳細。此書爲抵禦外侮而作，所言皆切中當時軍事弊端。華氏強調"詳黃老氏好生惡殺之意，明《司馬法》安人止戰之方，兵不得輕舉，謀不得妄發"（《治安藥石序》），有較濃重的道家色彩。書末有顧廣圻《記》及劉世珩《跋》。

《宋史‧藝文志》及方志均未著錄，至清代黃虞稷等編《宋史‧藝文志補》及《瞿氏鐵琴銅劍樓藏書目錄》，始見著錄。此書傳本有十二卷，盧文弨《抱經堂志補》別集類著錄爲十一卷。顧廣圻認爲盧氏之著錄乃"俗本誤并其一卷"。劉世珩認爲"盧云十一卷者，專指《治安藥石》言；顧云十二卷者，連《平戎十策》言"。清黃虞稷《宋史‧藝文志補‧兵家類》又著錄爲三卷。而據華氏《治安藥石序》"總四十有一篇，分四卷"之言，可知後世分卷皆與此不同。

此本據清光緒二十六年劉氏唐石簃刻本影印。此書傳本尚有光緒二十八年刊本，編入《貴池先哲遺書》。此刊本乃據丁氏十萬卷樓鈔本刻印，而丁氏鈔本又傳自瞿氏鐵琴銅劍樓藏本。（李桂生）

江東十鑑一卷　（宋）李舜臣撰（第959冊）

李舜臣，字子思，隆州井研（今屬四川）人。李性傳之父。乾道二年（1166）進士，官成都府教授，擢宗正寺主簿。死後贈太師，追封崇國公。著有《群經義》八卷、《書小傳》四卷、《文集》三十卷等。事見《宋史》本傳。

此書搜輯江東戰勝之迹，上起三國，下至六朝，共得十鑑：一爲周瑜赤壁之鑑，二爲祖逖譙城之鑑，三爲褚裒彭城之鑑，四爲桓溫灞水之鑑，五爲謝玄淝水之鑑，六爲劉裕關中之鑑，七爲到彥之河南之鑑，八爲蕭衍義陽之鑑，九爲陳慶之洛陽之鑑，十爲吳明徹淮南之鑑。《四庫全書總目‧兵家類存目》言其"皆先叙其事，次加論斷。蓋宋自高宗南渡，偏據一隅，地處下游，外臨勁敵，岌岌乎不能自保，故舜臣特作此編，以勵戰氣。然自古以來，無以偏安江左而能北取中原者。舜臣徒爲大言，未核事勢也"。

此書《宋史‧藝文志》、《文淵閣書目》著錄，有清彭氏知聖道齋鈔本、清杜甲補堂鈔

《杜藕山房叢書》本（作十卷）傳世。今即據國家圖書館所藏前者影印。（李桂生）

火龍神器陣法一卷　題（明）焦玉撰（第959冊）

焦玉，生平無考。據焦氏自撰《火龍神器陣法授受序》，明太祖洪武十年（1377），封平蠻副元帥，掌管神機火藥火器大都督。永樂五年（1407），奉天征討，敕封平虜大將軍，統領馬步先鋒元帥。十年，督制兩廣軍務，掛大元帥印，平苗大將軍，爵封東寧伯。

焦氏於自序中述其得書經過，稱受之於止止道人，頗具神秘色彩。全書共一百一十八篇，萬餘字，附圖二十一幅。包括五部分内容：一爲總論火攻，如《火攻風候》、《火攻地利》、《火攻器制》；二爲記述各類火器，如《火龍捲地飛車》、《八面神威礮》；三爲記述各類火藥及藥方，如《地雷藥》、《鳥銃藥》、《神火藥方》、《毒火藥方》；四爲記載各類火攻陣式，如《天罡神礮陣式》、《火龍捲地飛車式》、《神行破陣火牌式》；五爲記述行軍醫療及糧餉，如《馬上生津止渴丸》、《解毒藥》、《行軍辟穀方》。

書中所錄火器及火藥製法均爲當世兵書所不載，可稱爲秘密先進武器。所記四十餘種火器，較宋元有很大發展。其性能有燒、炸、毒、射等類，水陸空均可使用，功用相當先進。

此書述其火攻原則是上應天時，下因地利，中得人和；講究各類武器配合使用，冷熱、遠近、長短兵器搭配部署；利器、精兵、陣法不可缺一。其用兵原則是以仁爲心，以義爲軍聲，以明爲賞罰，以信爲紀律，因時以制宜，設奇以料敵。此書在現存專論火器製造技術之獨立兵書中成書較早，是重要軍事科技文獻，在古代軍事史和軍事技術史上有重要地位。

此書向無刊印本，只有鈔本傳世。現存最早者爲明末清初顧祖禹所藏明鈔本。今據國家圖書館藏清道光二十年翁心存鈔本影印，

其書前有翁同龢題記,後有翁同龢跋。（李桂生）

重刊續武經總要八卷　（明）趙本學　（明）
俞大猷撰（第 959 册）

趙本學（1478—1544），原名趙世鬱，又名建鬱，字本學，號虛舟，明晉江（今屬福建）人。隱居市井,終生布衣。曾師從泉州蔡清研讀《易經》,善以《易》演兵。著有《孫子書校解引類》與《韜鈐内外篇》。另著有《杜律注》（又名《杜詩注》）、《〈周易〉說》、《〈四書〉說》、《〈參同契〉釋》及詩文。事見福建泉州文物管理委員會藏雍正鈔本《宋天源趙氏族譜（太祖派）》。據此譜,趙本學爲宋太祖趙匡胤第十八世孫。

俞大猷（1504—1580）,字志輔,自號虛江,晉江（今屬福建）人。趙本學弟子。少好讀書,知兵法。嘉靖十四年武舉進士。爲明朝抗倭名將。著有《正氣堂集》及《劍經》。《明史》有傳。

此書爲俞氏所編,合趙氏所著《韜鈐内篇》、《韜鈐外篇》、《孫子書校解引類》,并俞氏所著《劍經》而成。全書共八卷,含《韜鈐内篇》、《韜鈐外篇》與《韜鈐續篇》三部分。《韜鈐内篇》輯録古代"聖王賢將"所作二十二種陣法,并加考證、解說與繪圖。《韜鈐外篇》輯録漢唐以後陣法十七種,指出乃文士俗儒僞托,欺世惑衆,應予批駁。《韜鈐續編》共四篇,爲俞氏作:《劍經》論劍法要領;《射法》講弓法要領;《營陣四形》記布陣四法,《發微四章》乃學習趙氏陣法之心得。於陣法運用,一是强調整體性:"古人製陣,雖有不同,其中要妙之法,惟在乎表裏相應,首尾相救,陣隊相容,形名相别,衝之不亂,撼之不動。"二是强調奇正變化:"臨機制敵,變化無常,奇亦爲正之正,正亦爲奇之奇,奇正之變如循環之無端。"三是强調學習古法而不拘泥古法:"若穿鑿附會,强執一圖,謂足以

應敵制勝,則或恐徒讀父書以誤。"全書對明代以前陣法進行系統總結,是古代陣法研究之重要文獻。

此本據北京大學圖書館藏明萬曆間刻本影印。（李桂生）

經武淵源十五卷　（明）李材撰（明）左光斗訂正（第 959 册）

李材生平見前《見羅先生書》提要。

左光斗（1575—1625）,字遺直,一字共之,號滄嶼,桐城（今屬安徽）人。萬曆三十五年進士,授中書舍人。萬曆四十七年,升浙江道監察御史。天啓元年領直隸屯田事,後任左僉都御史。因揭發閹黨魏忠賢罪狀,被誣下獄死,年五十一。魏忠賢獲誅,贈右都御史、太子少保,追諡忠毅。《明史》有傳。

此書前有李氏自序,申明編纂緣起,以爲古聖先賢好謀善戰,孫吳之正法皆其緒餘。基於此,書中擇取儒家經典之有關兵法與戰爭者,編成《周易纂》一卷,二十八條;《尚書纂》一卷,二十八條;《毛詩纂》一卷,二十二條;《周禮纂》一卷,三十二條;《禮記纂》一卷,三十三條;《論語纂》七條,《孟子纂》十一條,合爲一卷;《春秋纂》九卷,共二百二十八條。先列上述典籍中有關戰爭之語句或段落,再以《孫子》、《司馬法》、《荀子》、《新語》、《三略》等文獻中與之相契合語句加以印證。如《春秋纂》引《春秋》云:"晉侯圍曹,門焉多死。曹人尸諸城上,晉侯患之,聽輿人之謀曰,稱舍於墓,師遷焉。曹人凶懼,爲其所得者棺而出之,因其凶也而攻之。"隨文雙行小字佐證之曰:"孫子曰:'善動敵者形之,敵必從之。'又曰:'亂而取之。'"其餘均類此。

此書《千頃堂書目》和《明史·藝文志》均著録爲十五卷。此本據北京大學圖書館藏明錢士晉等刻本影印。此外有明萬曆十五年刻本傳世。（李桂生）

登壇必究四十卷 （明）王鳴鶴撰（第960—961冊）

王鳴鶴，字羽卿，山陽（今江蘇淮安）人。萬曆十年（1582）武舉人，十四年武進士，授淮安衛指揮同知，升湖廣郎襄守備。以平定鄖陽軍變有功，升湖廣行都司僉事。兵部考選天下將材，獲頭名，升陝西遊擊。尋升甘肅永昌參將，又以軍功升副總兵。累官驃騎將軍，南京右府都督僉事。喜吟詠，有文才，詩篇清麗。著有《平黎紀事》、《登壇必究》及《火攻答》等。《明史》和《淮安府志》均無傳。此書序及所附《王羽卿傳》載其行事，稱其"出自將門，少負偉志"，"以故棄青衿，襲千夫長，丙戌舉武進士高第，累功遷今副總戎"（《張朝瑞《登壇必究序》）。

此書前有王氏自叙，徐鳴卿、張朝瑞二叙并《王羽卿傳》。全書凡四十卷，有天文、玉曆、太乙、奇門、六壬、地理、兵柄、將權、將帥、選將、任將、賞罰、訓練、軍制、屯田、守邊、馬政、用騎、號令、戰陣、四夷、水戰、攻城、器械、漕河、間諜、祭禱、醫藥等內容。各卷大體以時代為經，依次排列，廣徵博引。明黃克纘《淮陰王羽卿兵法序》稱其"本之六經以討其源，博之《左》、《國》、子、史以談其變，考之《武經七書》以求其法，參之歷代將傳以驗其用，稽之近世名臣封事以採其識，旁及百家衆技、稗官小說以盡其能"。各類前均有作者按語，提要鉤玄，彰顯思想。針對國家多事現狀，提出儲將練兵，增選器械，信賞明罰，既要清野練兵備之於陸，又要鳩工造舟禦之於海，以適應禦敵抗倭之需要。

此書雖專事匯集，而鮮有發揮，然探源求全，於中國古代軍事史研究有一定參考價值。此書《千頃堂書目》著錄為四十卷。傳世本有明萬曆二十七年刻本、明萬曆刻本、明崇禎八年刻本、清刻袁世忠校正本等。此本據北京大學圖書館藏清刻本影印。（李桂生）

車營叩答合編四卷 （明）孫承宗等撰（第962冊）

孫承宗（1563—1638），字稚繩，號愷陽，北直隸高陽（今屬河北）人。萬曆二十二年（1594）舉人。曾任大同巡撫房守士幕僚，曉暢邊事。三十二年進士，授翰林院編修。天啓二年（1622）任禮部右侍郎，以兵部尚書兼東閣大學士經略遼東，頗見成效。後罷官家居。崇禎十一年（1638），清兵入關，率全家拒守高陽，城破殉國。著有《高陽集》。追諡文忠。《明史》有傳。

此書為孫氏與僚屬茅元儀、杜應芳、鹿善繼等研討兵學之記錄。全書由《車營圖制》、《車營百八叩》、《車營百八答》、《車營百八說》四卷合編而成，各卷均獨立成書，又緊密相聯，系統闡述明代車、騎、步兵編隊布陣及與火器配合作戰之法。其中《車營圖制》、《車營百八叩》、《車營百八說》為孫氏所撰，《車營百八答》則為孫氏與其參佐幕僚共著。《車營百八叩》提出問題，《車營百八答》回答問題。《車營百八說》又名《督師拾遺》，對一百零八個軍事問題作詳盡解說。

中國古代自戰國以降，騎兵漸興，車戰漸廢。明代火器有長足發展，因其使用須借助車載，故車戰再度興起。此書圍繞車營及車營作戰提出一百零八個問題，并系統作答。涉及車營編組、陣法、兵器、車步協同、天候地形、後勤保障等內容，其重點則為討論車營戰法，從中見出明代後期火器與戰車、步兵、騎兵、輜重車合同作戰之特點，具有重要軍事學術價值。

全書各卷均成書於明末戰陣之間，而彙編為一書卻在晚清。《明史·藝文志》、《千頃堂書目》僅著錄有《車營百八叩》一卷，不見其他各卷，更無"合編"之名。《車營叩答合編》最早版本是清同治八年高陽縣師儉堂孫氏刻本。此外尚有清光緒六年鉛印本。《車營百八叩》、《車營圖制》等卷各有單行本行世。此本據北京大學圖書館藏清同治八年高

陽孫氏師儉堂刻本影印。（李桂生）

師律十六卷 （明）范景文撰（第962册）

范景文（1587—1644），字夢章，號思仁，別號質公，河間府景州吳橋（今河北吳橋）人。萬曆四十一年（1613）進士。歷官東昌府推官、吏部文選郎中、工部尚書兼東閣大學士，明亡自殺。著有《大臣譜》、《戰守全書》等。《明史》有傳。

此書前有范氏自序、遼海登萊監軍使者宋獻序、南京兵部職方司郎中陳肇英《書師律後》及《師律凡例》。全書共有十六卷，依次爲兵制、練將、足兵、足食、較閲、制器、營陣、守城、攻戰、火攻、水戰、車戰、馬政、險阨、定變、明弊。各卷均有小序，後接正文。如《兵制第一》，先有小序“兵者，先王所以威天下而以殺止殺”云，後有《歷朝》、《本朝》兩篇，分述各朝兵制，甚爲詳明。再如《練將第二》，先有小序，後有《辨將》、《儲將》、《武學》、《世襲》等十四篇。其餘各卷體例，莫不如是。全書内容廣泛，大凡軍事、國政、賦役等相關者，莫不獵取，既有摘鈔古兵法要言以連綴者，亦有針砭時弊而策議者，如《明弊第十六》列“浮論”、“扇惑”、“欺玩”、“積蠹”、“擺邊”、“不信”、“通官”、“邊令”、“授官”、“速遷”、“武科”、“虛伍”、“營操”、“攻戰”、“招被擄”、“剋减”、“買閒”、“逃亡”、“怯懦”、“官軍户”、“防陵”、“鹽徒”二十二種弊病。而論及旗幟、陣法、兵車、兵器、地形時，多有圖示。要之，既論兵法謀略，又述戰術戰技，且多爲政之議，有所發明。

《明史·藝文志》、《傳是樓書目》、《千頃堂書目》均有著録。傳世有明崇禎刻本。今據山東省圖書館藏明崇禎刻本影印。（李桂生）

武備志二百四十卷 （明）茅元儀撰（第963—966册）

茅元儀（1594—1640），字止生，號石民，歸安（今浙江湖州）人。自幼喜讀兵書，曾任兵部右侍郎楊鎬幕僚，經略遼東。後爲兵部尚書孫承宗所重用。崇禎二年（1629）因戰功升任副總兵，獲罪遣戍漳浦，憂憤國事，鬱鬱而死。更著有《督師紀略》、《復遼砭語》、《石民四十集》等六十餘種，然散佚者多。生平事迹見錢謙益《列朝詩集小傳》丁集下。

茅氏目睹明朝武備廢弛，多次上書言富國强兵大計，并匯集兵家、術數之書二千餘種，歷時十五載，輯成此書。書前有李維楨、顧起元、張師繹、郎文焕、宋獻、傅汝舟所撰序及茅氏自序。此書是綜合性輯評體兵書，體系宏大，條例清晰。分爲《兵訣評》、《戰略考》、《陣練制》、《軍資乘》、《占度載》，共五種二百四十卷。《兵訣評》包含《孫子》、《吳子》、《司馬法》、《三略》、《六韜》、《尉繚子》、《李衛公問對》、《太白陰經》、《虎鈐經》諸書。《戰略考》共三十三卷，從戰略高度歷述春秋、戰國、西漢、東漢、三國、晉、宋、齊、梁、陳、隋、唐、五代、北宋、南宋、元等朝代戰争實例，共選戰略六百餘例，如馬陵之戰、赤壁之戰、淝水之戰、虎牢之戰等，其選録原則是非略不録，略非奇不録，且言之竟日而弗倦，試之萬遍而不窮。《陣練制》分爲《陣》、《練》兩部分，共四十一卷。《陣》含九十四個細目，附有三百一十九幅陣圖，堪稱先秦至明代陣圖大全。《練》分爲選士、編伍、懸令、教旗、教藝五部分，詳述士卒選練之法，然多採録於《太白陰經》、《虎鈐經》、《紀效新書》、《練兵實紀》等兵書。《軍資乘》共五十卷，分爲營、戰、攻、守、水、火、餉、馬八部分。所載均爲軍事之必資備者，故謂之“軍資”，從營制行軍、料敵應戰、城制約束、符契旌旗、攻守器械、火器火藥、車馬戰船，到屯田水利、米鹽礦産、河漕海運、厩牧馬政、醫藥禁忌、貢市徵調、雲占風候，無所不包。《占度載》分爲《占》、《度》兩部分。占即占天候，包括占天、占日、占月、占星、占雲、占風、占雨、占霧、占霞、占虹霓、占雹、占雷電、占霜露、占冰雪、占五行,以及太乙、奇門、六壬等。度即度地,記述兵要地志,包括方輿、鎮戍、海防、江防、四夷、航海等。詳細記載明代山川形勢、關隘要塞、衛所設置、兵馬駐防、督撫監司、道里遠近、錢糧兵額、鎮守將領等。

此書彙輯歷代兵學成果,廣收博採,内容宏富,有輯有評,編排合理,前後參照,體大思精。從茅氏自序及其評點文字,可知茅氏不滿明代士大夫崇文黜武陋習,主張曉習軍事,文武并重,富國強兵,因而編纂此著。清乾隆年間被列爲禁書。

此書《明史·藝文志》、《千頃堂書目》均著録爲二百四十卷。有明天啓元年刻本、明天啓元年刻蓮溪草堂印本、清初刻本、清道光年間木活字本及清末湖南刻本等。今據明天啓刻本影印。（李桂生）

兵鏡二十卷吴子十三篇綱目一卷　（明）吴惟順 （明）吴鳴球編撰 （第966册）

吴惟順,字長卿;吴鳴球,字玉宣,均爲新都(今屬四川)人,生卒年不詳。事見此書卷端所題。

《兵鏡》又名《兵鏡吴子十三篇》,前有張鼎所撰《兵鏡引》、汪瑞五所撰跋文、楊漣所撰《序》以及江起龍所撰《凡則》。張序述此書撰作緣起曰:"遼左鼎沸,寇逼門庭,而三巴又報叛矣,頃者征東征西之詔分佈寰中。"據凡則,可知其書之編輯,肇因於兵書既多,或失之簡略,或失之浩繁,或較爲難得。是書則力求不繁不簡,準古酌今,而集其成。全書分爲《軍制》、《選將》、《任將》、《將職》、《選兵》、《講武》、《行軍》、《計戰》、《營陣》、《攻守》、《軍需》、《天文》及《地理》諸篇。卷帙精簡,内容宏富。

《兵鏡吴子十三篇綱目》,列於《兵鏡》總目之後,序列十三篇各綱目。如《軍制》綱下有《定軍制策》、《復唐府兵論》、《軍制條略》三

目;《選將》綱下有《辨將》、《謀主》、《辨士》、《俠士》、《選將條略》五目;《任將》綱下有《將難》、《任將條略》兩目等等。每綱均有一段類似小序文字,以概括本綱所述問題及主旨。在纂修《四庫全書》時,此書被列爲禁毁書目。《千頃堂書目》、《明史·藝文志》無著録。《傳是樓書目》著録題名爲吴惟順、吴鳴球撰《兵鏡武備全書》二十卷,應是同一書。

此書有明末問奇齋刻本、明刊本、清鈔本傳世。今據北京大學圖書館藏明刻本影印。（李桂生）

火攻挈要三卷圖一卷　（西洋）湯若望授（明）焦勖輯 （第966册）

湯若望（Johann Adam Schall von Bell, 1591—1666）,字道未,賜號"通玄教師",德國科隆人。來華傳教士。萬曆四十七年受耶穌會派遣(1619)到中國澳門。入京後,任天主教神父、欽天監監正、太常寺少卿、太僕寺卿、太常寺卿、通政使等職。精通數學、物理、神學和天文學,入京後譯著曆書,推步天文,製作儀器。著述豐富,譯《遠鏡說》一卷、《坤輿格致》一卷,編修《崇禎曆書》一百卷,著有《古今交食考》一卷、《民曆鋪注解惑》一卷、《曆法西傳》二卷等多種天文、火器和宗教著作。生平見《清史稿》和阮元《疇人傳》卷四五《湯若望傳》。

焦勖,寧國(今屬安徽)人。從湯若望學習製造火器,爲明末清初軍事技術專家。生卒年不詳。事見此書焦氏自序。

此書又名《則克録》,成書并刻行於崇禎十六年。《清史稿·藝文志》不見著録。卷前有焦氏自序及《火攻挈要諸器圖》。其圖繪有各種火器、機械設備及工具共二十七幅。全書分上、中、下三卷。先介紹製造火器之原則、火器種類及製造工藝、使用方法,次及火藥種類、配方、製造工藝、性能、儲藏,以及火銃安裝、搬運、試驗與教練,再有火器彈藥製造與有關工

序、火銃鳥鎗之修理、火攻戰術等内容。此書認爲火攻乃軍中破敵利器,但須製造得法,使用有術,并應量敵制器,且不能專恃。此書是明代重要軍事技術著作,對西方先進軍事技術進行介紹與傳播,保存明代火器製造史料,富有軍事學術與科技史料價值。

此書現存版本主要有明崇禎十六年刻本、清康熙内府鈔本、清道光二十一年刻本及《海山仙館叢書》本等。今據上海古籍出版社藏清道光二十七年刻《海山仙館叢書》本影印。(李桂生)

舟師繩墨一卷　(清)林君陞撰(第967册)

林君陞(1685—1756),字敬亭,同安(今屬福建)人。出身行伍,康熙六十年(1721)朱一貴亂,奉檄運餉臺灣,任黄巖鎮遊擊。雍正四年(1726)授浙江定海鎮總兵,五年任温州總兵官。乾隆六年(1741)任臺灣鎮總兵,七年任廣東提督、福建水師提督,十七年任江南提督,總轄江蘇、浙江、福建、廣東四省軍務。喜讀史書,好吟詩詞,擅長草書。著有《自遣偶草》、《舟師繩墨》及《救荒備覽》。事見《臺灣通志》、《福建通志》、《浙江通志》。

此書爲林氏任定海鎮總兵期間所著。全書分爲《教習弁言》、《捕盜事宜》、《舵工事宜》、《繚手事宜》、《斗手事宜》、《碇手事宜》、《衆兵事宜》七篇。《教習弁言》實爲林氏自序,稱此書本爲教習水師而作,目的在於教習基層官兵,提高其水戰技能。其餘各篇分别叙述捕盜、舵工、繚手、斗手、碇手和水兵在舟師中之地位、作用、技能要求、行動規範、相互關繫,其中涉及航海知識與航海技術。語言通俗,操作性强。書中間有隨文雙行夾注及眉批,據書後陳奎跋文,可知其爲林氏所作無疑。《清史稿·藝文志》無著録。此本據國家圖書館藏清乾隆三十七年陳奎刻本影印。(李桂生)

洴澼百金方十四卷　(清)惠麓酒民編(第967册)

惠麓酒民,生平事迹無考。據其自序,略知其爲清初民間異人,隱居惠麓,生活清貧而嗜酒,自稱"酒民"。《清史稿·藝文志》則著録爲"《洴澼百金方》十四卷,吴宫桂撰",《中國古籍善本書目》著録藏於中國國家圖書館一種、河南省圖書館二種清鈔本,作"袁宫桂撰"。

此書名《洴澼百金方》,則是取莊子不龜手藥之意,用之而可封侯。"洴澼"取自《莊子·逍遥遊》"宋人有善爲不龜手之藥者,世世以洴澼絖爲事"的寓言,以不龜手之藥喻國家防禦之策。全書選輯評論歷代防禦得失,有關防禦之策、守備之方,均在收録之列,附有各種冷熱兵器、攻守器械、守備工事、營陣戰船等圖。分爲十四卷,依次爲預備、積貯、選練、制器、清野、險要、方略、號令、禁約、設防、拒禦、營陣、水戰及制勝。卷前各有小序,爲各卷題解。小序之下,有若干篇目,選取歷代戰例及將帥事迹,篇後間或有"酒民曰"之評語。

其書重在闡述軍事防禦,政治上主張安不忘危,盛必慮衰,以固結民心爲首,先體民情,後盡王法;治兵上主張忠愛、敢戰、守法、勤習、敦睦、信義"訓兵六章";提出因形用權,由於南北地理環境不同,故用兵亦有區別,而東南之地,守江重於守城,水戰重於陸戰;在作戰上,主張以戰爲守,以擊解圍,正道、奇道、伏道配合,天降、地出、近衝、遠擊交用;在軍事後勤上,主張積貯和制器,藏富於民,器械完利。此書道光刻本更名爲《備豫録》,民國鉛印本又更名爲《自衛新知》。

此書流傳甚廣,清乾隆五十三年榕城嘉魚堂雕版刊行,清道光十二年雅鑒齋又以木活字印行,此後官私書局翻刻,主要有清道光二十年陳階平校刊本、道光二十二年跋刊本、咸豐五年恬愛吾廬珍刊本。今據河南省圖書館藏清鈔本影印。(李桂生)

治平勝算全書二十八卷　（清）年羹堯輯
（第 967 冊）

年羹堯（1679—1726），字亮工，號雙峰，鳳陽府懷遠縣（今屬安徽）人，後改隸漢軍鑲黃旗。康熙三十九年（1700）進士，改庶吉士，歷任鄉試考官、內閣學士、四川巡撫、四川總督、平西將軍、川陝總督、撫遠大將軍。精通兵法，諳熟地理，戡亂西藏，平定青海。雍正三年（1725）因上賀表觸怒皇帝，貶爲杭州將軍。又因抗旨不遵被賜死。《清史稿》有傳。

此書共二十八卷，各卷之下有若干篇；間附陣圖及兵器圖四百五十多幅。《清史稿·藝文志》著錄爲十六卷。其書取《孫吳兵法》、《太白陰經》、《虎鈐經》、《武經總要》、《武備志》、《兵法百戰經》、《救命書》等書精論，分類輯述軍事地理、條令條例、陣法陣圖、城邑攻守、旗幟號令、火攻水戰、兵工製器等內容。尤重軍容、軍紀、軍威、士氣、號令之養成訓練，主張平居則訓齊，戰時指畫如一；無事在選在練，有事在鼓其氣；對士氣，提出戰前讓將士層層結狀，以申飭軍紀，堅整軍心，增強"進死而榮"、"退生而辱"觀念；對作戰指導，提出兵必"先居勝地"、"趨利避害"；對守城，提出在"兵強糧足、城高池深"及相反條件下之守城戰法，主張出奇用詐，以戰代守，以繫解圍；對攻城，提出依敵我強弱、衆寡情況，或攻而不圍，或圍而不攻。此外，對夜戰、水戰、火戰以及火器、地雷之配備使用，亦有闡述。然由於此書重實用，斥虛談，故理論稍嫌不足，且因未刊行，止有鈔本，故編排亦顯散亂，以致流傳不廣。

此書傳世有清鈔本二十卷、清詒莊樓藏本二十八卷及清持靜齋藏十九卷鈔本等。今據天津圖書館藏清鈔本影印。（李桂生）

讀史兵略四十六卷　（清）胡林翼撰（第 967—968 冊）

胡林翼（1812—1861），字貺生，號潤之，湖南益陽人。湘軍重要首領。道光十六年（1836）進士，授編修，先後充會試同考官、江南鄉試副考官，歷任安順、鎮遠、黎平知府，四川按察使，湖北按察使，湖北布政使，湖北巡撫。延集幕僚編《讀史兵略》四十六卷、《讀史兵略續編》十卷，主持繪製《大清一統輿圖》。著有《胡文忠公遺集》。《清史稿》有傳。

此書雖題名胡氏所撰，然據胡氏自序，實由其幕僚汪士鐸編輯，胡兆春、張裕釗、莫友芝、丁取忠、張華理分輯。《清史稿·藝文志》有著錄。其書編纂於咸豐九年至十年。作爲輯錄體編年戰爭史，其史料主要來自《左傳》與《資治通鑑》，以朝代及年號爲卷目，以時間先後編纂戰爭史例，輯錄史書所載戰爭及謀略實例，以時代爲經，以戰史爲緯；以兵略爲經，以地理爲緯。凡以謀略取勝之戰例，一概收錄。此書又對戰爭發生地點詳加考訂，尤其在地名古今對比方面注釋精詳。其簡論戰事之得失，深切著明。手此一編，上自春秋，下迄五代，兵事方略，燦然可詳。

此書初刊於清咸豐十一年，有清光緒元年湖北崇文書局刊本、光緒二十一年儷峰書屋刊本、光緒二十六年上海圖書集成印書局排印本、光緒二十七年上海富文書局十二卷石印本等版本傳世。今據天津圖書館藏清咸豐十一年武昌節署刻本影印，書前有胡氏自序。（李桂生）

讀史兵略續編十卷　（清）胡林翼撰（第 968—969 冊）

胡林翼生平見前《讀史兵略》提要。

此書卷前有俞樾序，稱胡氏與續學之儒節錄春秋至明代之節義忠貞、嫻於經略者，成《讀史兵略》一書，其事始於咸豐九年，十年冬全書告成，在武昌官署先刻十二卷，一時四海風行。而自宋至明之十卷尚未刊行，胡氏已歿。據此可知此書爲胡氏死後所刻。全書分宋、元、明三紀,共十卷。爲編年體戰史,而尤重戰略。其編纂主旨及體例與《讀史兵略》四十六卷同。

此本據清光緒二十六年上海圖書集成印書局鉛印本影印,卷前有俞樾序文。此書尚有清光緒二十八年湘省學堂刊本。(李桂生)

海防要覽二卷 (清) 丁日昌 (清) 李鴻章撰 (第 969 冊)

丁日昌(1823—1882),字禹生,又作雨生,號持靜,廣東豐順人。清朝洋務運動主要人物。二十歲中秀才。歷任江西萬安知縣、廬陵知縣、曾國藩幕僚、蘇淞太兵備道、兩淮鹽運使、江蘇布政使、江蘇巡撫、福州船政大臣、福建巡撫。著有《撫吳公牘》、《保甲書輯要》、《百蘭山館詩》等書多種。《清史稿》有傳。

李鴻章(1823—1901),本名章桐,字漸甫或子黻,號少荃,晚年自號儀叟,別號省心,諡文忠,安徽合肥人。爲晚清重臣,淮軍創始人及統帥、洋務運動倡導者。道光二十七年(1847)進士。官至直隸總督兼北洋通商大臣、文華殿大學士。代表清廷簽訂《越南條約》、《馬關條約》、《中法簡明條約》。著有《李文忠公全集》。《清史稿》有傳。

此書由長沙左錫九校勘,分上下兩卷。上卷爲丁日昌《海防條議》,下卷爲李鴻章《覆奏海防條議》,分練兵、簡器、造船、籌餉、用人、持久六條,論述海防及與列國外交,主張引進西方先進武器,學習西方軍事訓練,裁撤冗兵,精選壯勇,易其船械,勤其操演,革除舊弊,施以新制,選育人才,發展軍工等。

此本據湖北省圖書館藏清光緒十年敦懷書屋刻本影印。尚未見其他傳世版本。(李桂生)

中西兵略指掌二十四卷首一卷 (清) 陳龍昌輯 (第 969 冊)

陳龍昌,字成叔,常德(今屬湖南)人。曾官知府同知,夙講經世之學,尤好兵家言。事見此書陳氏自序。

此書草創於光緒二十一年,翌年成書并刊行。自題"沅南陳龍昌成叔甫輯"。蓋憤甲午之敗而作。陳氏在自序中言其嘗奉命從征,以甲午和議成,未竟其志,遂成此書。書分九門類:一曰營規,自《招募》至《操練器械穿著八條》,復分二十五子目。二曰營制,自《湘軍兵制》至《海軍營制》,復分十一子目。三曰軍謀,自《論兵論將》至《論戰守》,復分三子目。四曰營陣,自《安營圖説》至《諸葛武侯八陣》,復分二十子目。五曰營壘,自《急成營壘總論》至《車營百八扣節要》,復分三十二子目。六曰營備,自《低後曲折礮臺圖説》至《刺毬蒺藜各法》,復分二十八子目。七曰軍占,自《雜氣雲占》至《選擇》,復分四子目。八曰軍器,自《火箭圖説》至《麥扣後合單條電纜》,復分七十五子目。九曰軍防,自《水師操練》至《火輪鐵甲構造停泊攻守集説》,復分六十九子目。全書或引史事,或引成書,有圖説,有按語,凡二十四卷。卷首有馬佳松椿、謝元福、陳昌曇、陳龍昌四叙,并有《凡例》,詳明輯纂宗旨及編校體例,擬定以中法爲經、西法爲緯,兼綜節取、務實致用之原則。書後有林志道所撰跋語。

此書所引參考書,不下百數十種。其中外國書籍,有英國戰船部《田雞礮操法》、美國水師書院《火箭造法》、德國格魯森廠《格魯森新快礮總論》、英國烏理治官礮局《來福礮緣起》及《格林礮圖説》等官方文獻,以及德國提督康貝《陸軍新議》、英國克利賴《前敵須知》、英國儲意比《營城原始》等私人著作。英、德、美諸國之書俱備。書中議論,時有發人深省者,其論中國軍事羸弱,歸因於兵勇不練,因而主張教練宜勤,改革軍政,學習西方軍事技術。

此本據華東師範大學圖書館藏清光緒二十三年東山草堂石印本影印。(李桂生)

兵學新書十六卷　（清）徐建寅輯（第 969 冊）

徐建寅（1845—1901），又名寅,字仲虎,無錫（今屬江蘇）人。初在江南製造局與李善蘭、華蘅芳繙譯西方科學書籍,後任山東機器局總辦、福州船政局提調、金陵機器局督辦、湖北營務總辦等,因漢陽火藥廠試驗無烟火藥爆炸身亡。其事附於《清史稿·徐壽傳》中。

徐氏曾任駐德國參贊,赴歐洲各國考察軍事,研究各國治兵之要,介紹各國兵學精華,於清光緒二十二年編成此書,爲中國近代系統論述以西式武器進行作戰訓練之兵書。全書共十六卷,附圖二百餘幅。

其書採集各國軍政,自募選訓練至布陣運用及官兵起居,凡與軍事有關者,無不繪圖詳述。如步兵、炮兵、馬兵使用新式槍炮之基本操法、陣法及行軍作戰,教育訓練、駐防宿營、軍械糧餉、工程營壘及鐵路交通等。綜其大意,乃"救世之策,莫若兵學爲先",認爲論兵不可泥古,陣式與戰法須依據軍事技術發展而變化;發展新軍事不能停留於購買新式軍火及聘請國外軍事教練上;步兵、炮兵、騎兵應使用新式槍炮進行協同作戰;領兵者須明方略,握勝機,審機應變;士兵須熟悉武器裝備及戰術。此書既借鑒西方軍事學,又結合中國國情,對改革清軍作戰及訓練方法,改造中國傳統兵學均有重要作用。

現存清光緒間刻本。此本據天津圖書館藏清光緒間刻本影印,題名爲《御覽兵學新書》。（李桂生）

法家類

管子權二十四卷　（明）朱長春撰（第 970 冊）

朱長春（約 1565—?）,字大復,號符道人,烏程（今浙江吳興）人。萬曆十一年（1583）進士,早年以文章主盟海內,中歲好道。曾任舒城、陽信縣令,官至刑部主事。著有《朱太復文集》、《朱太復乙集》、《管子權》等。生平事迹見其文集、湯顯祖《朱大復舒城》詩、張維樞《管子權序》等。

此書以趙用賢《管韓二子》爲底本加以增釋。朱氏自謂《管子》之權有三體:一曰通,二曰評,三曰演。通者,發幽晦,證舛錯,隨文訓解其義;評者,或褒抑,或品斷,多論作文之法;演者,通及政事,附以揚扺,統論一篇大旨。又以"○"、"△"、"▲"標注《管子》之文:理詞俱妙者,用"○";意字瑰奇者,用"△";條暢雋爽者,用"▲"。此書經朱氏三閱始成,後得者往往條列其文字,重標於上,別名曰補。

此書參以尹氏舊注、劉績補注、趙用賢評注,除賞玩其文句,又商討作文之法,訓解艱澀文字,統論一篇大旨,於《管子》研究別開生面。其論《管子》,言一書之中,有春秋之文,戰國之文,秦先周末之文,總之曰"雜",見解深刻。又論管仲之政,曰一法,一財,一兵。法如四維、四順,財如倉廩、衣食、乘馬,兵如七法、幼官,均有參考價值。朱氏"三權"出於"一時胸臆",心有所思,輒下斷語。如《七法》篇,言文有段落,似先秦而不與先秦同,文章簡貴,不漫不煩,多造奇,可爲文式;後之分段者,骨散、神弛、氣懈;後世文家不學其精,文之壞坐此,由韓、蘇以來,云云。此論疏陋淺薄,朱氏自謂"一得之慮,或當百世之解",實是自詡過甚。

此書有明萬曆四十年張維樞刻本。今據以影印。（耿振東）

管子校正二十四卷　（清）戴望撰（第 970 冊）

戴望（約 1837—1873）,字子高。德清（今屬浙江）人。周中孚外孫。諸生。同治六年（1867）入曾國藩幕,并任金陵書局校勘。始好詞章,又好明史,咸豐七年（1857）從陳奐、

宋翔鳳問業,通聲音訓詁及漢儒家法。有
《戴氏論語注》、《管子校正》等。生平事迹見
施補華《戴君墓表》、張星《戴子高傳》、譚獻
《亡友傳》、俞樾《表兄戴琴莊先生傳》及《清
史稿》。

此書以《管子》篇次爲序,抽繹舛訛難讀之
句,網羅衆説,多方考校。又取宋明諸刻,詳
加比勘。其所引衆説,有高郵王氏父子、孫星
衍、顧廣圻、張文虎、俞正燮、劉績、陳奐、洪頤
煊、宋翔鳳、尹知章、俞樾、丁士涵、安井衡、豬
飼彦博、臧庸諸家;所取諸刻,有宋紹興本、宋
蔡潛道本、元刻本、明劉績本、明朱東光本數
種。戴氏撰次全書,間附己意,用力之勤遠超
前人。唯於諸家之説,或棄或存,所存者未必
是,所棄者未必非;遇有可議者,又昧其旨趣。
以其所採丁士涵之説觀之,郭沫若曾言:"稿
(丁氏《管子案》)中頗有勝義爲戴所遺漏者,
亦有丁誤而戴亦同誤者。"(《著硯樓讀書
記》)凡此,則讀此書仍需間以原著輔之。

此書有清同治十一年刻本,湖北省圖書館
藏,今據以影印。另有民國劉氏嘉業堂刻本
等。(耿振東)

管子義證八卷　(清) 洪頤煊撰 (第970冊)

洪頤煊(1765—1837),字旌賢,號筠軒,臨
海(今屬浙江台州)人。幼得阮元賞識。嘉
慶六年(1801)拔貢生。歷任直隸州州判、廣
東羅定州州判、新興知縣。阮元督兩廣,延之
入幕。晚年回歸故里,致力於藏書。主要著
作有《筠軒文鈔》八卷、《詩鈔》四卷、《台州劄
記》十二卷等。《清史稿》有傳。

此書之作,緣於孫星衍托以審定其所校
《管子》,適王念孫、王引之父子又以其《管
子》校本相遺,於是洪氏删其重複,附以己
意,成《管子義證》。此書先摘引《管子》相關
文句,後附以四家之説。其中王氏父子重在
疏通文句、校勘字詞,洪氏、孫氏多以類書比
對《管》書,獻疑存疑。據書《序》,篇末附有

《管子》逸文,今無,則此書似非全帙。

今以四家之説相互參校,洪氏實不若王氏
精審。王氏限於體例未及援引者,洪氏則廣
引群書另爲補足。此書所引王氏之説有不見
於《管子雜志》者,如《牧民》"毋曰不同國",
《輕重丁》"通之杭莊之間"諸節;又有與《管
子雜志》相違者,如《立政》篇"博出入",《七
法》篇"猶倍招而必拘之",《宙合》篇"涅儒"
及"不可名而山是",《輕重甲》"夫妻服簟"諸
節。蓋因王氏刊書時有所删汰,或復有所獲
而棄舊説所致。

此書有清嘉慶二十四年刻本,湖北省圖書
館藏,今據以影印。另有清嘉慶《傳經堂叢
書》刻本,清光緒十五年徐氏校刻本。
(耿振東)

管子地員篇注四卷　(清) 王紹蘭撰 (第970冊)

王紹蘭(1760—1835),字畹馨,自號思維
居士,浙江蕭山人。乾隆五十八年(1793)進
士。歷任福建南屏知縣、閩縣知縣、泉州知
府、福建按察使、布政使、巡撫等職。嘉慶二
十二年(1817),因辦理李賡芸事有誤,被革
職。主要著作有《周人經説》四卷、《王氏經
説》六卷、《説文段注訂補》十四卷等。《清史
稿》有傳。

此書爲王氏晚年所撰。《地員》是先秦農
家之作,王氏此《注》以《説文》、《爾雅》爲宗,
又網羅衆家之説,對比勘校,陳義宏富。如釋
"瀆田",辨及溝洫;釋"黍秫",辨及諸麻。釋
丘陵墳衍、草木鱗介,則又遍引《爾雅》、《山
海經》。"説七尺爲施,至引《月令》鄭注,謂
以天施地生爲義。説泉黄而糗,則泛引
《傳》、《記》之言黄泉者。説其民壽,則引《論
衡》,謂上世壽百歲。"凡此,均見王氏"表章
羽翼之力"(胡燏棻《序》)。

此書條分句解,博採衆説,闡幽發微,時有
新意。作者斟酌取捨,多方貫綜,雖遠非舊注

可比，但又難免蕪雜之弊。此或因王氏昔著《説文集注》數百卷，萃其精者爲《段注訂補》，又將所得採入此書以存，并非專爲《地員》而發（胡燏棻《序》）。而張佩綸《序》稱，曾有人欲托其循王念孫《爾雅義疏》之例，將此書刪繁存要，然後刊行，但張氏因《管子》爲孤學，王氏爲碩儒，未敢輕爲去取，終仍其舊。

此書有清光緒十七年浙江胡氏寄虹山館刻本，一九三六年北平來薰閣書店印本。今據華東師範大學圖書館藏清光緒十七年刻本影印。（耿振東）

管子集注二十四卷　（清）王仁俊撰（第971冊）

王仁俊（1866—1913），字捍鄭，號籀許，江蘇吳縣（今蘇州）人。光緒十八年（1892）進士，入翰林授庶吉士，轉任吏部主事、湖北知府。曾赴日本考察學務，回國後繼任存古堂教員，京師大學堂教習，學部圖書局副局長等職。王氏早年師從俞樾，治經史小學，長於考據，尤喜輯佚。主要著作有《玉函山房輯佚書續編》、《經籍佚文》、《遼史藝文志補證》等。事迹見闞鐸《吳縣王捍鄭先生傳略》（附見於《玉函山房輯佚書續編三種》）。

此書彙集諸家校注而成。據其採輯書目，有黃震《黃氏日鈔》、洪邁《容齋隨筆》、王念孫《讀書雜志》、俞樾《諸子平議》、孫詒讓《札迻》、洪頤煊《管子義證》、戴望《管子校正》、曾國藩《求闕齋讀書録》、張文虎《舒藝室隨筆》、朱亦棟《群書札記》、王紹蘭《説文段注訂補》等多種。又檢其注釋文字，尚有顧廣圻、孫星衍、丁士涵、莊述祖、孫福保、豬飼彦博等諸家之説。所採各家精義多以眉批形式手寫於每頁上方空白處，偶有注於下方與文中者。王氏批注則以"俊按"形式條列其中。

據書後《瞿氏書目》，明萬曆年間趙文毅之《管子》刻本源自宋本，此本與《瞿氏書目》對宋本所作描述并無二致。知此書首頁"光緒五年影刊宋本管子"，不爲虛妄。《書目》之後，又附有黃丕烈"士禮居重裝并記"一段文字，以及"戴望志於冶城山書局"題識。

此本據遼寧圖書館藏稿本影印。（耿振東）

鄧子一卷　（周）鄧析撰　（明）楊慎評注（第971冊）

鄧析（約前545—約前501），與子產并時，周時鄭大夫。好刑名，曾作《竹刑》，變易子產法令，後爲駟歂所殺（或言爲子產所殺）。今有《鄧子》存世。事迹散見於《左傳》、《吕氏春秋》、《荀子》、《列子》諸書，錢穆《先秦諸子繫年考辨》卷一《鄧析考》有詳細考辨。

楊慎（1488—1559），字用修，號升庵，新都（今屬四川成都）人。正德六年（1511）狀元及第，授修撰。因議大禮刺配雲南。楊慎爲茶陵李東陽所知，登第又出其門下，詩文衣鉢實出指授。生平事迹見《翰林修撰升庵楊公墓志銘》、錢謙益《列朝詩集》丙集第十五。

《鄧子》或稱《鄧析》、《鄧析子》，今存《無厚篇》十二則及《轉辭篇》十七則。劉向《别録》言鄧析"操兩可之説，設無窮之辭"，指出其重視刑名。就今所存二篇而言，則鄧析更注意到"勢"、"法"等法家所重之觀念，并強調"明君"統治之術，如"擇人"之術、"任臣之法"等，已見法家法、術、勢等理論概念。此外，書中"計能規於未兆，慮能防於未然"、"恬卧而功自成，優遊而政自治"等語，顯然本自道家思想。吕思勉《經子解題》從《四庫全書總目》"似亦拾掇之本"之説，以爲該書"有採掇先秦古書處，又有後人以己意竄入處"，可備一説。

《鄧子》一書，《漢書·藝文志》著録作"《鄧析》二篇"，《隋書·經籍志》、《舊唐書·經籍志》、《新唐書·藝文志》作"《鄧析子》一卷"，《宋史·藝文志》及晁公武《郡齋讀書志》、陳振孫《直齋書録解題》等著録作二卷，均入於名家。《四庫全書總目》録一卷,入於法家。史志目録與私家目録大致以爲鄧析子兼及名法。《鄧子》原爲四篇,西漢劉向以中外書相校,"除復重爲一篇"(《鄧子序》)。此後流傳稱一卷者,實爲一篇;至於是否保留劉向所校原貌,不得而知。作兩卷者,當是將《無厚篇》、《轉辭篇》析出所致。先秦諸子,大抵散佚。歷經漢魏六朝、兩宋書厄,《鄧子》能够遺存下來,實屬奇迹。篇章有所殘缺,雖非全璧,却也是鄧析精靈。

此書由明楊慎評注,張懋宰校刻。文前有楊慎、劉向《鄧子序》,次以《鄧子目録》。内文天頭有批注,文中有圈點。楊氏評注,或解釋句意,或引老、莊、管之語相證,或概括提煉,或直抒己見。條目雖然不多,却大多切近鄧析之本意。

此書有明天啓五年武林張懋宰横秋閣刻楊升庵先生評注本,國家圖書館藏,今據以影印。(彭鴻程)

鄧析子二卷通考一卷　(周) 鄧析撰　(第971冊)

鄧析生平見前《鄧子》提要。

此書分上、下兩卷,上卷《無厚篇》,下卷《轉辭篇》,内容與前已著録之《鄧子》一卷完全相同。根據二書條目分合以及行款、字體特徵等情况推斷,二者當屬於不同版本系統(一卷本、兩卷本)。

此書卷上有劉向序録,殘缺不全,卷上末有"同治壬申秋七月江山劉氏彰摹宋本開雕",卷下末有"墨筆録譚儀校語朱筆□□庚子□日吴門王仁俊識"。天頭、地脚有批注,據王仁俊跋語,當爲譚儀所校。譚儀,即近代詞人、學者譚獻之號。譚獻(1832—1901),原名廷獻,字仲修,號復堂、仲儀,亦署譚儀。此書具有如下特點:其一,考辨《鄧子》源流;其二,校勘精審,涉及異文、脱衍等,主要徵引《繹史》、《意林》,時有校者斷語。所附王仁

俊所輯《鄧析子通考》,採摭《列子》、《淮南子》、《左傳》、《吕覽》、《説苑》、《意林》、《北堂書鈔》、《黄氏日鈔》,嚴可均《鐵橋漫稿》、日本遠藤隆吉《支那哲學史》諸書,對《鄧析子》篇章、内容以及鄧析事迹均有所考辨。

此書有清同治十一年劉履芬刻本,有清王仁俊校跋并録譚儀校語,藏國家圖書館,今據以影印。又所附《通考》一卷,據清王仁俊輯鈔本影印。(彭鴻程)

商君書新校正五卷附考一卷　(清) 嚴萬里撰輯 (第971冊)

商鞅(約前390—前338),名鞅,姓公孫氏,卫之諸庶孽公子,其祖本姬姓。好刑名之學。説秦孝公,爲左庶長,推行變法,秦國因之富强。後獲封於、商十五邑,號爲商君。孝公卒,被誣謀反,終被車裂。《史記》有傳。

嚴可均(1762—1843),字景文,號鐵橋,初名萬里,字叔卿,浙江烏程(今湖州)人。嘉慶五年(1800)舉人。道光二年(1822)官嚴州建德縣教諭,十五年辭官回鄉。精於天文學,勤於著述,著有《嚴鐵橋四種》,編輯有《全上古三代秦漢三國六朝文》七百四十六卷、《輯佚稿》十種等。傳見《清史稿》、《清史列傳》卷六九、《碑傳集補》卷二七。

《商君書》全書宗旨,可以"耕戰"二字括之。蓋紛亂之世,富國强兵實爲國家生存之要。是以慎於"君臣之義、五官之分、法制之禁"(《君臣》),務於農戰,刑賞并用,"權制独斷於君"(《修權》),則"任法而國治矣"(《慎法》)。《商君書》倡强國之術,於治亂興廢之補益甚大;於法家"法"、"勢"之術亦有先驅之功。

《商君書》之著録,《漢書·藝文志》載《商君》二十九篇,《隋書·經籍志》、《舊唐書·經籍志》、《新唐書·藝文志》、《宋史·藝文志》均載爲《商君書》(或作《商子》)五卷。南宋鄭樵《通志·藝文略》著録五卷,謂"漢有(二)十九篇,今亡三篇"。陳振孫《直齋書

録解題》亦著録五卷,謂"今二十六篇,又亡其一"。則其書至晚在南宋時開始殘缺。

嚴氏新校正本首爲嚴氏自序,次以《商君書總目》、《商君書附考》十二條,後爲《商君書》五卷正文。《商君書總目》有"歸安章綬銜字紫伯印",正文首尾有"吳興劉氏嘉業堂藏書記"、"章綬銜印"、"讀騷如齋"、"紫伯收藏"、"陸樹聲印"等藏書印。其"新校"體現在以下幾個方面:首先,參稽衆本,以元本、范欽本、秦四麟本爲主,并及諸本,羅列異文,儘量提供可靠的版本,同時亦能保存古本原貌;其次,"旁搜群籍,勘正其紕繆,而疑其不可考者"(《商君書新校正序》),態度審慎,間或下以己意。引書涉及《古文尚書》、《說文》、《周禮》、《左傳》、《史記索隱》、《漢書》、《李善注文選》、《吕氏春秋》、楊慎《丹鉛别録文集》等四部。校正包含增補、匡謬、脱衍、擇善、運用避諱知識等。如《更法第一》"此兩者所以居官而守法",校語稱"《史記》作'以此兩者居官守法可也',當屬以意删改",《農戰第三》"故曰王道作外身作壹而已矣",校語爲:"案外字疑誤。"諸如此類,足見嚴氏校勘之精審。儘管如此,偶有瑕疵。如,《說民第五》"合而復者,善也;别而規者,姦也",校語爲:"案字書無規字,疑誤。"蔣禮鴻《商君書錐指》謂:"《境内》篇'規諫',《指海》本亦作規諫。'規'者俗字,非訛字。"

此本據國家圖書館藏清乾隆五十八年嚴可均鈔本影印。亦有清光緒二年(1876)浙江書局據西吳嚴氏本校刻本(《二十二子》本)。
(彭鴻程)

慎子一卷附逸文一卷　(周)慎到撰(清)錢熙祚輯校 (第971册)

慎子(約前350—約前275),名到,戰國時趙人。學黄老道德之術,受申不害、韓非子推崇,爲齊稷下先生之一。著《十二論》(或爲《慎子》之代稱)。事迹附見於《史記·孟子荀卿列傳》。

錢熙祚(1800—1844),字雪枝,一字錫之,松江金山(今上海金山區)人。叙選通判。富藏書,輯刻有《守山閣叢書》、《指海》、《珠叢别録》凡數百種。事迹見《(光緒)松江府續志》卷三四《古今人傳》、葉昌熾《藏書紀事詩》卷六(葉氏誤作《松江府志》)等。

此書包含《威德》、《因循》、《民雜》、《知忠》、《德立》、《君人》、《君臣》諸篇。據現存篇目與逸文内容可知,慎子重"勢",認爲"勢位足以屈賢";亦重"法",認爲"法者,所以齊天下之動、至公大定之制也",如能"因人之情","用人之自爲",輔以"事斷於法",即可"官不私親,法不遺愛,上下無事,唯法所在",達到理想治國境界。而由慎子之解"道",如"任自然者久,得其常者濟","天道因則大,化則細"等論,則可見其深諳黄老思想。要之,慎子之旨在乎治道,在於"棄私"、"立公"。雖其書已爲殘篇斷簡,難以窺其全貌,仍能見出慎子繼承黄老之術,并爲完善法家"勢"、"法"理論作出貢獻。

此書《漢書·藝文志》著録四十二篇,《隋書·經籍志》著録爲十卷,兩《唐志》均著録十卷,并謂有滕輔注。《宋史·藝文志》則著録一卷,顯然到宋代已經亡佚殆盡。元、明以來,《慎子》或爲一卷五篇,如《說郛》所輯、萬曆周子義《子彙》所輯;或爲一卷七篇,如錢熙祚《守山閣叢書》所輯;或爲内外篇,如萬曆間慎懋賞所輯。

諸多輯本中,錢熙祚輯校本首録《欽定四庫全書提要》,次爲錢氏輯校之《慎子》正文與《慎子逸文》(逸文字數超過正文),終篇爲道光十九年錢氏《慎子跋》,當爲最佳者。首先,此本根據唐宋類書如《太平御覽》、《藝文類聚》、《意林》等所引隨文補正,以《群書治要》爲主;其次,與諸子、集部之書相證,如《韓非子》、《文選》、《長短經》;再次,網羅放佚,集經部、史部(史書、類書、地書)、子部、集部之殘章斷什或者古注等近六十條而成《慎子逸文》。所涉書籍有《尚書》疏、《逸周書》、《後漢書》注、《白孔六帖》、《太平御覽》、《意林》、《北堂書鈔》、《藝文類聚》、《初學記》、《文獻通考》、《太平寰宇記》、《雲笈七籤》、《墨子》、《荀子》、《莊子》、《呂覽》、《淮南子》、《列子》、《鶡子》、《賈誼新書》、《文選》注等，并伴有必要的考證。

此本據清道光二十四年金山錢氏自刻《守山閣叢書》本影印。（彭鴻程）

韓非子集解二十卷卷首一卷　（清）王先慎集解（第972冊）

韓非子（約前280—前233），名非，韓諸公子。好刑名法術之學，而其本歸於黃老。秦王嬴政愛其書。出使秦國，受李斯陷害，死於獄中。事見《史記・老子韓非列傳》。

王先慎，生卒不詳。字慧英，善化（今湖南長沙）人。清末官道州訓導。先謙從弟。生平事迹參見尋霖、龔篤清《湘人著述表》。

韓非子爲法家學説之集大成者。其説融合法、術、勢三者，即以法治爲中心，輔以謀術與權勢，頗有裨益於治亂興廢。其思想結晶，後人結集爲《韓非子》一書，《漢書・藝文志》載五十五篇，而自《隋書・經籍志》以來諸多公私書目，均著録爲二十卷。《韓非子》版本，可分爲《道藏》本系統與影鈔宋乾道本系統。

《韓非子集解》一書，《清史稿・藝文志》、孫殿起《販書偶記》有著録。卷首一卷，有王先謙序，王先慎《弁言》、《考證》、《佚文》，黃三八郎《韓非子序》。此書彙集《韓非子》校注的許多成果，具有如下特色。第一，考證源流，網羅諸本。卷首《考證》羅列史志、私志、筆記、刻書序跋、校跋等，足見《韓非子》之流傳遞嬗。王氏自言"以宋乾道本爲主，間有譌脱，據他本訂正"，用於參校的版本有《道藏》本、張榜本、凌瀛初本、趙用賢本等。第二，體例明晰，"旁採諸説"。舊注排在首位，

次以明清以來趙用賢、張榜、王念孫、王引之、顧廣圻、盧文弨、王渭、孫貽轂、孫詒讓、俞樾、王先謙、張文虎等人的校注，次以王先慎的校注。第三，旁徵博引，"間附己意"。往往使用"先慎曰"、"先慎案"、"先慎按"、"又案"等進行判斷與歸納，或增删校改，或糾正舊注與他注之誤，或援引材料申説己見，或本文互證。徵引四部，達七十多部，如經部有十三經的絶大部分和字書韻書《説文解字》、《爾雅》、《集韻》、《經典釋文》、《一切經音義》等，史部有史籍及其注本、《國語》、《戰國策》、《史記》、《漢書》、《後漢書》、《越絶書》、《吳越春秋》，子部有《老子》、《管子》、《莊子》、《呂氏春秋》、《淮南子》、《困學紀聞》等先秦兩漢諸子及後世筆記，類書《群書治要》、《初學記》、《北堂書鈔》、《白孔六帖》、《藝文類聚》、《太平御覽》、《事類賦》、《意林》等，集部有《楚辭》、《文選》等。先慎集解誠如乃兄所言，"訂補闕譌，推究義藴，然後是書釐然可誦"，但瑕疵難免。如王氏弁言自述"以宋乾道本爲主"，而所用底本實爲光緒元年浙江書局刻《二十二子全書》本，該本雖據全椒吳氏覆宋乾道本刻出，却與吳本文字上出入頗大。孫人和以爲王氏之書"恩遽草率，觸目瑕疵"，"若以爲精校之本，則大誤矣"（《續修四庫提要稿本・韓子提要》）。是以民國孫楷第、李笠、劉文典等，均對王書有所補正。

此本據清光緒二十二年湖南長沙王氏刻本影印。（彭鴻程）

刑統賦解二卷　（宋）傅霖撰（元）邵囗韻釋（元）王亮增注（第972冊）

傅霖，宋人。生平事迹不可考，僅據元本《刑統賦》卷首所題知其曾任左宣德郎律學博士。明嘉靖刻本《青州府志》卷十五"隱逸"篇載："宋傅霖，青州人，少與張詠同學，霖隱不仕。"卷十七"藝文"篇載："宋傅霖著《刑統賦釋義》二卷、《傅逸人集》。"將此書作

者傅霖與《宋史·張詠傳》中"逸人"傅霖合爲一人。此説尚無定論。

郄氏、王亮,《四庫全書總目》法家類存目稱其爲元祐(按:當爲元延祐)中東原人。

此書是對北宋傅霖所撰《刑統賦》之注解本。共有八韻,每韻長短不一,字數不等,共一百一十九條。内分賦、解、歌、增注四類,層層遞進,語意通俗,然或因年行久遠,增注類脱漏錯訛較多,尤以第四韻與第七韻爲甚。元刻本《刑統賦》首有元延祐三年(1316)趙孟頫手書序,稱其書"搢紳得之,罔有輕重出入之失。黎庶得之,自無抵冒觸犯之辜",對其頗爲推崇。然於此書原注究爲何人所爲,尚難確定。晁公武《郡齋讀書志》載:"《刑統賦解》二卷,皇朝傅霖撰,或人爲之注。"《四庫全書總目》則謂周顯德中竇儀等因唐律而作《刑統》,宋建隆四年頒行,傅霖以其不便記誦,乃韻而賦之,并自爲之注。此説與晁氏相左。《總目》又謂王亮增注已削去傅霖自注。沈家本《刑統賦解跋》謂"王亮增注爲有韻釋而無原注之本,非削去之也"。

此書有清宣統三年(1911)歸安沈氏枕碧樓刻本,清末吴縣潘氏鈔本,清瞿氏鐵琴銅劍藏書樓舊鈔本等。今據國家圖書館藏清道光二年黄氏士禮居鈔本影印。(范國强)

刑統賦二卷　(宋)傅霖撰(第972册)

此書金、元之間爲學界所重,爲其注疏論斷者十有餘家,如金泰和中李祐之有《删要》,元至治中程仁壽有《直解》、《或問》二書,至元中練進有《四言纂注》等。

此書宗旨,按其開篇第一韻所論:律義雖遠,人情可推;能舉綱而不紊,用斷獄以何疑;立萬世之準繩,使民易避;撮諸條之機要,觸類周知。全書共分八韻,每韻言語不定,長短不一,皆對偶駢文,讀來朗朗上口,便於記誦。

是書《宋史·藝文志》最早收録,《四庫全書總目》法家類存目亦録入此書。然其版本

爲後出之本。今元福建建安余氏勤有堂刻本爲現存最早傳本,書首有趙孟頫爲之序,書末有"建安余氏勤有堂刊"牌記。元代之後,該書傳本漸稀,僅見明萬曆錢塘胡氏文會堂刻本,清光緒三十四年江陰繆荃孫刻本等數種。今據國家圖書館藏清道光二年黄氏士禮居鈔本影印。(范國强)

宋提刑洗冤集録五卷　(宋)宋慈撰(第972册)

宋慈(1186—1249),字惠父,福建建陽人。廣州節度使宋鞏子。少受業於朱熹弟子同鄉吴稚。嘉定十年(1217)進士,嘉熙間(1237—1240)歷任邵武軍、南劍州通判,提點廣東、江西刑獄兼贛州知縣。淳祐元年(1241)知常州軍事,官至知廣州、廣東經略安撫使。事迹見劉克莊《後村先生大全集》卷一五九《宋經略墓志銘》、《宋史翼》卷二二、《福建通志》卷一七五、《南宋制撫年表》卷下等。

此書共五卷,分條令、檢覆總説、疑難雜説、初驗、覆驗等五十三條。主要綱目有條令、檢驗總説、疑難雜説、初檢、覆檢、驗屍、婦人、四時變動等。前有宋氏自序,其稱獄事莫重於大辟,大辟莫重於初情,初情莫重於檢驗。概言是書撰述之主旨。又言其博採當時所傳諸書,自《内恕録》以下凡數家,加以精選釐正,而成此書。錢大昕《十駕齋養新録》卷十四稱後世官司檢驗奉此書爲金科玉律。《四庫全書總目》法家類存目則以爲,後來檢驗諸書大抵以此書爲藍本,而遞相考究,互有增損,比之此書更爲嚴密。

此書初刊本爲宋淳祐丁未宋慈於湖南憲治自刻本,後曾奉旨頒行天下,惜久已不傳。《四庫全書》只録其目而未存其書。現存最早的版本爲元刻本《宋提刑洗冤集録》。宋元後,又有《永樂大典》輯佚本、清嘉慶蘭陵孫氏元槧重刻本或稱《岱南閣叢書》本、嘉慶

十七年吳鼒集刻《宋元檢驗三録》本等，但清代刻本多與元刻本相同。今據元刻本影印。（范國強）

律例館校正洗冤録四卷　（清）律例館輯（第972冊）

律例館，清代官署，順治二年（1645）設。詳見《清史稿・職官志》。

宋慈所著《洗冤集録》向爲後世所重，康熙三十三年（1694），經國家律例館修訂而成此書，頒行全國。全書共分四卷，内容刪去宋元條例，大抵以《洗冤集録》爲主體，但亦採集《慎刑説》、《未信篇》、《結案式》、《廣輿記》等諸書内容，并對之進行一定校改補充，條理清晰，論證翔實，書末附有檢骨圖格、屍格各一，以免檢驗之人渺然無緒，書、仵作弊。瞿中溶《洗冤録辨證》自序言：“外省大小衙門自當奉《律例館校正洗冤録》之本爲準。”又據《大清律例・刑律・斷獄下》卷三十七可知：當時大縣額設仵作三名，中縣二名，小縣一名，每名發給《洗冤録》一本，選委明白刑書一人，與仵作逐細講解，務令通曉。州府則將所屬仵作每年提考一次，其考試之法即令每人講解《洗冤録》一節，明白則從優賞償，悖謬即分別責革。由此可見此書在清代傳世流行之一斑。清張錫著在《重刊補注洗冤録集證》序中稱此書薈萃各家之言，加以整理修訂，檢驗之法於是因而詳備。

此書於康熙三十三年成書後多以單行本刊行，或被附於《大清律例》之後，且翻刻甚多，流傳極廣，有官刻本、木刻本、手鈔本、律例館刻本等。今據上海圖書館藏清乾隆刻本影印。（范國強）

洗冤録詳義四卷首一卷　（清）許槤撰（第972冊）

許槤（1787—1862），字叔夏，號珊林、樂恬散人，浙江海寧人。道光十三年（1833）進士。歷官直隸知縣、山東平度知州。吏事精敏，精治六書，尤明律學。史家稱其服官垂三十年，興革利弊必果，鋤惡必嚴。許楣爲撰《政績記》，譚獻爲撰《家傳》。著有《古韻閣文》、《古均閣詩》、《洗冤録詳義》等書，編訂有《六朝文絜》。事迹見《海寧州志稿》卷二八、譚獻《復堂文續・許府君家傳》、繆荃孫《續碑傳集》卷七九及《（民國）杭州府志》卷一三七等。

此書共分四卷，書前有光緒三年（1877）湖北布政使潘霨所作《重刻洗冤録詳義》。全書内容涉及檢驗總論、驗傷及保辜總論以及屍圖、屍格、驗屍諸條。按許氏《刻洗冤録詳義叙》稱，其書分列三層：録原文於下層，界畫以清段落，圈點以明肯綮，以示謹慎。下層之上爲詳義，或摭拾成説，或直抒己見，或抉原文之譌，一字一句，非確有依據不輒下。上層爲原文各段子目，標而出之，言者愈詳備，則覽者愈簡也。此書一出，“海内風行，不脛而走”（清剛毅撰《洗冤録義證》序文），沈家本《王穆伯佑新注無冤録叙》亦言：“海昌許珊林太守槤之《詳義》，世尤風行。”（《寄簃文存》卷六）足見該書爲時所重。

此書在清末重刊本與增補本甚多。現有版本以清咸豐六年許氏古均閣刊本爲最早，又有光緒二年潘氏滂喜齋校刊本、光緒三年木刻本、光緒十年榮禄堂刻本、光緒十六年湖北官書處刻本等。今據上海辭書出版社圖書館藏清光緒三年湖北藩署刻本影印。（范國強）

洗冤録摭遺二卷補一卷　（清）葛元煦撰（第972冊）

葛元煦，又名無斁，號理齋、嘯翁、嘯園主人，仁和（今浙江杭州）人。工書法，長於篆、隸，富藏書、畫，善刻印。道光二十三年（1843）輯自刻印書《青玉山房摹古譜》，又曾輯刻《嘯園叢書》，著有《滬遊雜記》、《洗冤録拾遺》等。事迹見《滬遊雜記》自序、《廣印人傳》卷一四等。

《洗冤録撮遺》係將文晟《重刊補注洗冤録集證》之"附記"、"附考"、"續輯"、"集證"等彙爲上卷，載檢驗法一百六十餘則；下卷則爲《寶鑒篇》、《石香秘録》。補編一卷則爲桐城張開運所輯先哲名言及驗方十二則。今觀其書，《撮遺》諸多内容皆爲《洗冤録》所闕漏，且附以大量案例予以證實。其下卷多爲歌訣，語言通俗，便於記誦。《洗冤録撮遺補》，依張開運所言，皆爲前賢閱歷有得之言，可與《洗冤録》相表裏（見《洗冤録撮遺補》"先哲名言"）。

此書現存版本有清光緒十三年京都琉璃廠榮禄堂刊本、光緒十六年湖北官書處刊本、光緒二十二年湖北藩署刻本等。又清代多將《洗冤録撮遺》與《洗冤録撮遺補》二書分別刊行。今據上海辭書出版社圖書館藏清光緒三年湖北藩署刻本影印。（范國強）

無冤録一卷　（元）王與撰（第 972 册）

王與（1261—1346），字與之，浙江溫州人。少時好學，尤重法律。初任郡功曹，從事敏捷。後任杭州路鹽官，州提控案牘。既明於律，亦歷仕有得。著述甚多，有《欽恤集》、《禮防書》、《刑名通義》、《無冤録》等。事迹見清孫衣言《甌海佚聞・宦業》、清孫詒讓《溫州經籍志》卷一六、趙許《欽恤集序》及此書自序等。

此書原分上下兩卷，上卷皆官吏之章程，下卷皆屍傷之辨别。書前原有自序，稱"因觀《洗冤》、《平冤》二録互有損益，遂以省部見降《考試程式》爲持循之本，參考異同，分門别類"，如獲遵行，"庶幾謹於始，民自不冤"。明洪武十七年（1384），羊角山叟重刊元刻本，并自爲之序，謂："洗冤不如民自以不冤，平冤又不如天下之無冤，此東甌王氏《無冤録》之所以繼作也。"後其書傳至朝鮮、日本。

國内亦刊刻繁多，良莠不一。甚至有版本無題著者序跋，《四庫全書總目》法家類存目所採之浙江巡撫採進本《無冤録》兩卷即如是。元後，有好事者將其割裂爲兩書，上卷仍題原名，下卷易名爲《平冤録》并廣爲刊刻。

此書初刊於元至大元年（1308），今存版本有明洪武十七年羊角山叟重刊元刻本（二卷）、明胡文焕刊刻本（一卷）、清嘉慶十七年金陵吳鼐刻本（二卷）、清宣統元年歸安沈氏枕碧樓刻本（二卷）、日本明和五年戊子（1768）京都崇文堂刻本（二卷）、朝鮮正祖二十一年嶺營刊刻本（二卷）等。今據明金陵書坊王慎吾刻本影印。此本實爲元本《無冤録》之上卷。（范國強）

平冤録一卷　（第 972 册）

此書不著撰人姓名，亦無序跋。然據日本上野圖書館所藏《無冤録》王與自序所言宋惠父曾編《洗冤録》，趙逸齋又定《平冤録》，可知此書爲趙逸齋所撰。沈家本《無冤録》序稱："《平冤録》據王與之序，乃趙逸齋所撰。以宋慈稱宋惠父例之，當亦是其人之號。其名則亦無可考。"

據《永樂大典》所載，元王與《無冤録》自序言及《平冤録》，又書中引《平冤録》處甚多并爲駁正。由此可證《平冤録》撰於《無冤録》之前。惜宋元之後此書在中土久已亡佚。今據金陵書坊王慎吾刻本可知，此書分爲檢驗總説、婦人、勒死、落水投河死、棒毆死、刺死至無憑檢驗、發塚等四十三條。全書内容、體例與宋慈《洗冤集録》頗爲相合，可見此書發凡起例頗受宋氏《洗冤集録》影響。又沈家本《無冤録》序中論及日藏本之《無冤録》分爲上下兩卷，上爲官吏章程，下爲屍傷辨别，與《四庫全書總目》之言暗合。而明《無冤録》多爲一卷之書，且無撰者、序跋，崇禎本《無冤録》即如是。又顧廣圻《重刻三録序》只言無名氏《平冤録》，故沈氏疑顧氏所據乃

《無冤録》之一部,而非元本《平冤録》。沈氏之説多爲後人沿襲,并據朝、日刊本證實。

本書所據之明金陵書坊王慎吾刻本《無冤録》、《平冤録》亦如是,此本《無冤録》僅爲一卷之書,《平冤録》亦無署名題跋,且後書之内容故事多與《無冤録》之下卷相合,故此《平冤録》實爲王與《無冤録》之下卷,應無所疑。

此書版本除明刻本外,現存本以清嘉慶十七年《宋元檢驗三録》本爲善。今據南京圖書館藏明金陵書坊王慎吾刻本影印。（范國强）

折獄新語十卷 （清）李清撰（第 972 册）

李清（1602—1683）,字心水,號映碧,興化（今江蘇興化）人。天啓元年（1621）舉人,崇禎四年（1631）進士,授寧波府推官。考最,擢刑科給事中。後以久旱請寬刑,忤旨,貶浙江按察司照磨。未赴,憂歸。明亡後隱歸故園,著書自娛,尤潛心史學。著有《南渡録》、《三垣筆記》、《檮杌閑評》等數十種近千卷。傳見《明史》及《清史稿・遺逸一》。

此書共分爲婚姻、承襲、産業、詐僞、淫奸、賊情、錢糧、失誤、重犯、冤犯十卷,二百一十篇,内容多爲審理各類民刑案件之判詞,爲李氏任寧波府推官時所作。書末附“疑獄審語”一篇。書中每篇判詞,皆以“審得”提起,再點明每篇案情所屬之姓名、籍貫、案情等内容,續結以李氏諸多按語評議,最後得一案牘斷語。全書判詞内容豐富,析案分明,定性準確,斷語精闢。朱明鎬跋稱此書“妙解人頤”,且極學人、才子之致。

此書於明崇禎年間已有刻本問世,後由於清政府嚴厲查禁,明刻本旋成孤本。今據吉林大學藏明末刻本影印。（范國强）

折獄龜鑑補六卷 （清）胡文炳撰（第 973 册）

胡文炳,字虎臣,肅州（今甘肅酒泉）人,祖籍陝西郃陽。清道光二十九年（1849）拔貢本科舉人。聰明好學,精於考據,曾主講金塔、酒泉、玉門等地書院。同治元年（1862）官湖南湘鄉知縣。後因忤逆上級而被罷官,晚年閉門謝客,潛心著述,著有《史學聯珠》、《讀史碎金》、《韻字同義辯》、《罪罪言》等書。事迹可參見清宣統年間《甘肅全省新通志》卷六九、清吳人壽撰《肅州新志・選舉六》。

此書撰於光緒年間。共六卷,凡七百一十九則,二十六萬字。《折獄龜鑑》原爲南宋鄭克所撰,按劉壎《隱居通議》所載,其因閱和凝《疑獄集》,嘉其用心,乃分類其事而成書。胡氏所著此書,乃有感於鄭氏原著所採無多,事亦未備,故加搜輯,惟其體例與鄭書不同;又鄭書析爲二十門,不免煩碎,此書僅分爲犯義、犯奸、犯盜、雜犯四類;其取諸史書可資借鑒者五百餘條,又在時賢説部中採得三百餘條,分類叙之,以成此書。是書編撰如胡氏在其自序中所論,乃爲“初登仕版者閱之,或不無小補焉”。今觀其著,與鄭克《折獄龜鑑》同爲彙集歷代案例之書。然其所輯事例數倍於《折獄龜鑑》,且體例内容尤擅,實爲中國古代司法判例作品不可多得之佳作。

此本據天津圖書館藏清光緒四年蘭石齋刻本影印。（范國强）

吏學指南八卷 （元）徐元瑞撰（第 973 册）

徐元瑞,字君祥,元代吳郡（今江蘇蘇州）人。其餘生平無考。

此書又名《習吏幼學指南》,成書於元大德五年（1301）。首有石抹元引。徐氏認爲,讀律則法理通,知書則字義見,致君澤民之學,莫大乎此。因摘當時吏用之字及古法之名,首冠以歷代吏師,終繼於恕刻軌範。全書分“吏師定律之圖”與“爲政九要”兩大部分,前者涉及歷代吏師類録、吏稱、行止、才能、六曹等,共九十一類,兩千一百零九條。後者詳記元代爲定安漢地所採之方針。元代"設律學以教人,置律科以試吏"(元蘇天爵《滋溪文稿》卷二六《乞續編通志》),要求儒知吏事,吏通經術,儒史兼通。"儒不吏則迂,吏不儒則俗"(明胡炳文《雲峰胡先生文集》卷五《馬良墓志銘》)官員要做到"案牘明敏,刑名嫻熟"、"不稽遲,不違錯,斯爲稱職"(元胡祇遹《紫山集》卷二二《試典史策問》)。故此書頗具有通俗、啓蒙、指南之多重意蘊。

此書《文淵閣書目》、《千頃堂書目》、《四庫全書總目》存目中皆有著録,傅增湘《藏園群書經眼録》曾提及元刻本。除元刻外,又有明司禮監刻本、日本油印本、朝鮮覆刻本等諸多版本。今據國家圖書館藏元刻本影印。(范國强)

名公書判清明集十四卷 (明) 張四維輯 (第973册)

張四維(1526—1585),字子維,號鳳磐,蒲州風陵鄉(今屬山西芮城)人。明嘉靖三十二年(1553)進士。改庶吉士,授編修。隆慶(1567—1572)初,進右中允,直經筵,尋遷左諭德。爲人倜儻有才智,明習時事,曾促成與俺答議和,歷官翰林學士、吏部左侍郎。萬曆十年(1582)張居正逝世,遂代爲内閣首輔,次年,以父喪離職。卒謚文毅。著有《三子口義三種》、《醫學秘旨》、《雙烈記》、《條麓堂集》等。事迹見明申時行《張文毅公神道碑》、《明史》、《明神宗實録》等。

此書題左春坊左諭德兼翰林院侍讀蒲坂張四維撰。共十四卷,輯録并分類編次宋元時人案牘判語。分官吏、賦役、文事、户婚、人倫、人品、懲惡諸門。門下又分若干門類,每門又分有若干類:如官吏門下分申儆、受賕、昭雪等十四類,賦役門下分財賦、稅賦、差役等七類,文事門下分學校、書院、科舉等四類,除去名稱重複者六類,全書共有七門九十七類。燕山盛時選後序中稱其書於民詳於勸,

於史詳於規,大都略法而崇教,忠厚好生。此書原爲宋時"幔亭曾孫"所編,然不知其生平事迹。明時其書已散佚。今據張氏自序可知,此書乃從《永樂大典》中輯出,惟其始末不著作者姓氏,其詳不可考,然足見古人用法權衡之慎,故堪爲吏者必讀之書。

此書《四庫全書》有目無書,其所據乃爲《永樂大典》輯本。現存版本有日本東京巖崎氏静嘉堂所藏宋殘本,但僅存户婚門數卷,張元濟《續古逸叢書》本將其影印録入。國家圖書館藏有明刻本,但亦僅存十卷。此本據上海圖書館藏明隆慶三年盛時選刻本影印。(范國强)

仁獄類編三十卷 (明) 余懋學纂 (第973册)

余懋學(1539—1598),字行之,號中宇,江西婺源人。明隆慶二年(1568)進士。授撫州推官,擢南京户部給事中。因上書彈劾張居正獻祥瑞,罷爲民。居正死後復官,累官至南京尚寶卿、户部右侍郎等。著有《仁獄類編》、《尚書折衷》、《讀史隨筆》等書。事迹見《沱川余氏家乘·仕進·科第篇》、《明史》。

此書凡三十卷,萬曆三十六年(1608)左右刊印,封面題名爲明余懋學纂,實爲懋學與其子昌祚二人據歷代相關史籍及明代典故,擇其與獄事相涉者手自摘録,彙集成篇。此書前有懋學自序,書中將古代相關獄事分爲德化、仁恕、原情、明枉、詳審、懲奸、賂獄、冤感、酷報、皇仁等二十九大類,末卷爲其子余昌祚《先君獄案十條》,各類前均附有小引。此書之編撰,蓋爲增補五代和凝父子所著之《疑獄集》、《疑獄後集》及明張景所著之《疑獄續集》。其《仁獄編引》稱:"以其集之不皆疑事,且和、張二書未盡收者,悉增入焉,故改題曰仁獄篇。"懋學自認此舉是業取成裘,儲之異日,可爲敬刑成德者之助。

此本據天津圖書館藏明萬曆三十六年直方堂刻本影印。(范國强)

慎刑録四卷　（明）王士翹輯（第974冊）

王士翹，字民瞻，江西安福人。明嘉靖十七年（1538）進士。曾任直隸監察御史，右副都御史，太僕大理少卿，總理河道右僉都御史，總都南京糧儲等職。著有《西關志》十卷、《慎刑録》四卷。《（順治）吉安府志》卷二〇有傳。

王氏按粵西，行諸郡邑録獄囚致人命者，往往傷其初檢不明，至經五七覆未定者，爲是滋懼。故按《洗冤録》、《風紀輯覽》、《明冤節要》、《疑獄集》、《祥刑要覽》等諸書故實，取其攸關人命者類分爲四卷，以成此書。卷首附有屍形格目圖兩篇，繼之以檢法、疑獄、法戒三類。王氏於自叙中稱此書"俾當事而準其則，鑒古以決其疑。仁恕者取之以爲法，苛刻者因之以爲戒。茲刑不濫而民不冤矣"，并稱"與其殺不辜，寧失不經，是則慎刑之義"。今觀其書，首卷所輯驗屍、四時變動、驗骨諸條及男子色過死諸條頗遵《洗冤録》、《風紀輯覽》諸書之要旨，後所輯《明冤節要》之屍當速行檢驗、混報磕撞屍傷、誣告牽扯人命諸條亦遵循前述主旨，又王氏所書之子産聞哭懼、杜亞察誣毒及溫舒展月、元禮鐵籠等諸多故實，亦皆依其著述編撰之要旨，以明法戒之道，并爲後世所鑒，以尊慎刑之義。

此本據上海圖書館藏明嘉靖二十九年刻本影印。（范國強）

敬由編十二卷　（明）竇子偁撰（第974冊）

竇子偁，字燕雲，又字可揚，合肥（今安徽肥西）人。明萬曆二十年（1592）進士，授大理寺評事。調任泉州知府，三年升湖廣學政，累官至福建布政使。後歸家建鄉學，世稱"淮南先生"。清介絶俗，所至有聲，爲江北士人之冠。平居持論與東林諸人合，故不爲異己者所容。著有《敬由編》。事迹見明李光縉《景璧集》卷一、《（嘉慶）合肥縣志》卷二三、《明史列傳》卷一二三等。

此書前有浮渡居士吳用先、儀曹郎黃汝亭、黎陽王在晉等序。竇氏自序稱，"法不可假，與衆爲平，式敬由獄，以長王國"，此即其書取名敬由之意。全書共十二卷，內容上起唐虞，下迄宋元。凡治訟清刑，可師可法者，均列其中。內有帝舜之明於五刑以弼五教，孔子之聽獄有罪者懼無罪者恥，丙吉之判誣母案，梁相之平反冤獄等內容。吳用先在序中謂，該書載自唐虞以來，明君賢臣所以慎獄而執法者臚列，縷舉其意以羽翼國律，則此書"懸法而使人不敢犯，亦所以防未然"，因而"是捄世之書"。

此書有明萬曆三十九年杭州刻本，今據浙江省圖書館藏本影印。（范國強）

王恭毅公駮稿二卷　（明）王槩撰（明）高銓編（第974冊）

王槩（1418—1472），字同節，廬陵（今江西吉安）人。明正統七年（1442）進士，任刑部主事。歷員外郎、郎中。升湖廣右參政，調河南。才識卓絶，熟於刑名。升按察使。天順七年任大理寺卿，後卒於刑部尚書任，謚恭毅。事迹見《明實録》卷一三二、《明史》、《國朝獻徵録》卷四四等。

高銓（？—1510），字宗選，江都（今江蘇揚州）人。明成化五年（1469）進士。曾任大理寺評事、南京戶部尚書等。事迹見《明史》卷一八六、《明實録》卷一六九、《江南通志》卷一四四。

此書入《四庫全書總目》法家類存目，提要稱王氏先爲大理寺卿，與兩法司會讞多所平反。此書即其官大理寺時案牘之文。銓時爲左評事，因編次成帙，首列參駮文書式九條，而以所駮諸案分載於後。今觀其書，篇首諸式如駮正式、違式式、不服辨式、有詞式、參看招式、查原發式等，皆爲大理寺復審案件時所擬之公文格式，後所駮諸案，又依《大明律》之體例，按六部刑名，次第排列，符合書前高銓序中所稱"首以諸式次第,依律而彙編之,終之以例,再閱歲而成帙"。書前又有其子王臣序,謂此書"審駁會文切理,倫要簡暢",故爲人"轉相傳録,類成卷籍"(《元明事類鈔》卷七)。

此書《四庫全書總目》僅録其名,署之兩江總督採進本,現已不傳。康熙年黄虞稷《千頃堂書目》亦曾著録此書。此本據明弘治五年高銓刻本影印。(范國强)

覆甕集刑名十卷餘集一卷　(清) 張我觀撰(第974册)

張我觀,字昭民,山西太平(今襄汾)人。清康熙三十二年(1693)舉人。赴部應選,授官會稽令。後典浙江鄉試,薦取多名流。任滿歸里時,士紳製《會邑仁聲》四卷以贈。事迹見清光緒《山西通志》卷七二。

此書共分十卷,爲張氏之門生子侄所輯録,内容多爲其任會稽知縣時所發之公文告示與判詞,合計共八十一則。時間從康熙五十九年三月至雍正三年。除卷一"條告"、卷八"禀帖"、卷九"祭禱"、卷十"旌獎"外,其餘"命案"、"盜案"、"户婚"、"田土"、"贓私"、"庶務"諸卷皆爲張氏斷案判詞。書前有張氏自序,謂其取書名覆甕,概因以之送姻友親族,使其初見之如儼然佳本,細閱之則索然無味,可用之以覆甕耳。書後有序,署"歲丙午夏四月愚内弟薛一縉拜書於會稽官舍"。末附《覆甕刑名餘集》一卷,薛一縉編,書中彙集張我觀自雍正元年至雍正三年所撰公文告示。

此本據國家圖書館藏清雍正四年刻本影印。(范國强)

式敬編五卷　(清) 楊景仁輯(第974册)

楊景仁(1768—1828),字育之,號静巖,晚更號静閑,清代常熟恬莊(今屬張家港鳳凰鎮)人。嘉慶三年(1798)舉京兆鄉試,官内閣中書、協辦、侍讀。後擢刑部主事,升員外郎。敦行篤學,博通經史,明刑獄救濟之策,曾主講廬州廬陽書院、太平仙源書院。著有《式敬編》、《籌濟編》、《詒硯齋詩存》等。事迹見林則徐《籌濟編序》、潘世恩《籌濟編序》、《重修常昭合志》卷二〇等。

此書名爲"式敬",乃取《尚書》"式敬而由獄,以長我王國"之意,分平法、斷訟、慎刑、察獄、恤囚五卷。其書參《蔣伊臣鑒録》、《書簾緒論》諸説,大抵援引故實、雜見、史鑑及類書,言論兼綜先儒文集及類纂各編,間採稗官方志之傳、碩彦名流之遺訓,均以類相從。每卷事實之後,附以格言,亦有原文較詳,稍加删節者,俱注出處。書前有葉河那清安、韓崶、韓文綺、知浙江嘉興府事臨川徐敬等爲之序及楊氏自序。楊氏久官刑部,熟於刑名之學,故其書明白易曉。陳奐作跋大加推許,潘世恩於《籌濟編序》中亦稱此書已久爲治獄者奉爲圭臬。

此書清代流傳甚廣,初有清道光二年常熟詒研齋刻本,卷前有韓崶道光二年序,韓文綺道光元年序,楊景仁道光元年自序等内容。後又有清光緒五年重刻本、光緒十六年粤東府署重刊本等。今據中國科學院圖書館藏清道光二十五年嘉興府署重刊本影印。(范國强)

疑獄箋四卷　(清) 陳芳生撰(第974册)

陳芳生,字漱六,清代浙江仁和(今浙江杭州)人。生卒年不詳。考芳生《捕蝗考》一書最早刊於道光十一年《學海類編》,然輯録此書者曹溶卒於康熙二十四年。可知芳生應主要活動於清康熙年間無疑。另著有《訓蒙條例》、《洗冤集説》、《疑獄箋》等。

此書共分四卷,涉及平大獄、君側中傷、親屬真僞之辨、娠月考異等八十餘事例,正文三百零一篇。此書陳氏自序稱,"疑獄之屬凡二,一曰情事之疑,一曰法律之疑",無所取證爲情事之疑；而情狀雖在，似故似毆之間，即爲法律之疑。書中強調疑則非實，實則非疑。赦則非罰，罰則非赦，此截然不可混。《四庫全書總目》法家類存目論及此書，指明其爲彙集昔賢論說讞獄成法，大旨主全活，亦古人欽恤之意。但此書之短，亦爲後人所非，如《四庫全書總目》即以爲其所録張差梃擊一案，以主瘋癲者爲是，主奸宄者爲非，似有矯枉過直之嫌。又其論妊娠過期，至引佛經諸説，則未可爲典要之論。

此書《四庫全書》有目無文，民國元年有四寶齋刻本，該版每頁有"七品官耳"印章與"三畏書屋"印章，屬鈔本，有朱絲格。今據清康熙刻本影印。（范國强）

農家類

四時纂要五卷　（唐）韓鄂撰（第 975 册）

韓鄂，一題作韓諤，約唐末五代時人，年壽、籍貫與仕歷均無可考。《新唐書》卷七三《宰相世系表》列有"韓鄂"之名，《歲華紀麗》撰者亦題"韓鄂"，三者是否爲同一人，尚存爭議。據《四時纂要》内容推知，韓氏可能生活於渭河及黃河下游地區。

是書繼承《四民月令》與韋氏《月録》體例且有發展，按春、夏、秋、冬分五卷（其中春令二卷），每卷逐月、逐條記述相應農事，兼及占候禳鎮、醫藥衛生、買賣租賃、文化教育等項，計六百九十八條，有"事出千門"之説（韓氏自序）。材料多取自《氾勝之書》《四民月令》《齊民要術》等農書及少數醫方書，略作改動；部分出自韓氏實踐經驗總結。全書内容豐富、文字簡約、方便實用，以糧食、蔬菜、果木、油料作物種植、農副產品加工等技術載録較詳；少數條目撮録過簡，間或删削失當。

是書補北魏《齊民要術》至南宋陳旉《農書》之間六百年無重要存世農書之缺，具承

前啓後之功，頗益於唐五代農業科技史與社會經濟史研究。書中首載植木棉、植茶、食用菌栽培、養蜂、麥麩製豆豉等農業生產經驗；且保存大量已佚文獻片段，校勘、考證與輯佚價值亦高。書中多占候、禳鎮、宜忌等内容，向爲論者詬病，但不失爲唐五代民俗及社會生活史研究之重要參考。

是書約成於唐末或五代初，《新唐書·藝文志》農家類最早著録。宋人著録多爲五卷。《宋史·藝文志》著録爲十卷，當另有所本。元明以後鮮見著録，流傳似已不廣。此書曾刊於北宋至道二年（996），天禧四年（1020）又與《齊民要術》同時校印，官頒於諸道，後亡佚。1960 年，日本山本敬太郎發現明萬曆十八年（1590）朝鮮重刻本，卷首存韓氏自序，卷末附北宋至道二年刻本題記及音注，明萬曆五年朝鮮柳希潛鈔本跋及萬曆十八年朴宣翻刻跋。今據以影印。（熊帝兵）

分門瑣碎録　（宋）温革撰（第 975 册）

温革，初名豫，字叔皮，温陵（今福建泉州）人。北宋徽宗政和五年（1115）進士，南宋紹興八年（1138）任館閣正字，後因觸怒秦檜而被貶。曾通判洪州，知延平、漳州等地，後擢福建轉運使，卒於任上。著有《瑣碎録》等。生平事迹見《南宋館閣録》卷八、《八閩通志》卷六七、《（嘉靖）惠安縣志》卷一三等。

是書約成於南宋紹興年間（1131—1162），最早著録於陳振孫《直齋書録解題》小説類。原書二十卷，凡四百餘事，所記以類相從，故曰"分門"，南宋陳曄曾增廣其内容。明清著録此書者，或題《分門瑣碎録》，或稱《瑣碎録》；或入類書，或入小説，亦有入農家者。現存鈔本僅爲原書局部，未標卷數，係分類逐條鈔録原書農桑、禽獸、蟲魚、牧養、飲食數門而成，各條數字、數十字不等，計約一萬五千言，重在總結農業生產技術，涉及糧食、蠶桑、園藝、養殖、醫藥等項，以竹木、花卉、果蔬等

論述最豐。

同時期陳旉《農書》主述糧食種植與蠶桑技術，園藝、養殖內容欠詳，是書多可補其缺。所錄農諺、俗語、防竹開花死亡、果樹高枝壓條、瓶花保鮮等，多爲宋代生產新經驗之總結，從中可見農業技術發展新水平。其內容爲《種藝必用》、《種藝必用補遺》、《種樹書》等頻繁引用，在傳統農業技術發展中具繼往開來之功。囿於時代，書中含有少量非科學成分。

此書長久湮沒，二十世紀六十年代初發現明末鈔本，藏上海圖書館。今據以影印。（熊帝兵）

農桑輯要七卷 （元）司農司撰（第975冊）

司農司，元朝中央官署名，至元七年（1270）二月始置，時罷時立。掌管農桑、水利、鄉學、義倉諸事，同年十二月，改爲大司農司。詳見《元史》。

至元十年，司農司纂成此書，刊刻進呈；二十三年，詔以此書頒行諸路。其參修者有孟祺、苗好謙、暢師文等人。孟祺（1241—1281），字德卿，宿州（今屬安徽）人。曾任承事郎、山東東西道勸農副使等職，參與伐宋，親赴臨安促降，後授嘉興路總管。《元史》有傳。孟氏乃此書唯一署名撰者，且僅見於元刊本，書中《論九穀風土時月及苧麻木棉》及部分篇目出自孟氏之手。苗好謙（？—1312?），東平成武（今屬山東）人。歷任樞密院史曹、大司農丞等職，曾獻《種桑之法》，武宗善之，頒其法於諸路。卒於官，諡訓肅。《新元史》、《（道光）成武縣志》卷九有傳。書中種桑養蠶部分或出自苗氏之手。暢師文（1247—1317），字純甫，號泊然，南陽（今屬河南）人。因陳時政十六策，丞相安童辟爲右三部令郎，後歷任多職，至元二十四年遷陝西漢中道巡行勸農副使，教民種藝法。諡文肅。《元史》有傳。暢氏可能參與此書再版

修訂事宜。

是書乃元代官修，成於衆手，全書布局及材料以《齊民要術》爲藍本，遍求古今農家之書，刪其繁重，芟除浮文瑣事，撮其切要而成。全書徵引文獻多而不亂，首標出處，次輯內容，以所引文獻年代爲序，體例嚴謹，詳而不蕪，簡而有要，爲農家著作之善本。

其書首置中書省致江浙行省印造《農桑輯要》諮文。書凡七卷，涉重農思想、土地整理利用、作物種植、植桑養蠶、果蔬栽培、竹木藥材、動物飼養等項，有關穀種、油料、纖維等類基本農作物技術總結尤詳。卷三述栽桑，卷四論蠶、絲，累占全書三分之一，內容精詳，遠超前代。書中力貶風土不宜之說，詳述農業生產因地制宜之理，於北方土壤耕作、栽桑養蠶、棉麻種植等技術皆有新認識。書中總結瓜菜、果樹及藥材栽培法，另涉馬、牛、豬、雞等動物飼養及疾病防治法，具有很高的實用價值。

是書輯錄文獻而摒棄名稱訓詁、迷信無稽之說，尤顯可貴。所引文獻大半已佚。二十餘種前代農書所未見作物以及"新添"內容，凸顯元代農業科技新元素。

此書爲焦竑《國史經籍志》、錢曾《讀書敏求記》等著錄。其版本頗多，元代多次刊刻，約可分爲元初刻本與延祐以後刻本兩系列，但存者甚少。明代存《田園經濟》本、《格致叢書》本及少量鈔本。朝鮮有洪武五年本。清代刻本甚多，首推武英殿聚珍本，依此本又多覆刻本。今據上海圖書館藏元後至元五年刻明遞修本影印。（熊帝兵）

勸農書一卷 （明）袁黃撰（第975冊）

袁黃（1533—1606），初名表，字坤儀，號了凡，祖籍浙江嘉善，生於吳江（今江蘇蘇州）。明萬曆十四年（1586）進士，十六年任寶坻知縣，任內興修水利，教民種稻，多善政。二十年擢兵部職方司主事，隨軍赴朝鮮討倭，因與

主將意見不合，罷官回籍，閉門著書二十餘部，涉農者有《勸農書》、《曆法新書》、《皇都水利》等。生平事迹見《(乾隆)吳江縣志》卷二八、《(乾隆)寶坻縣志》卷一一一等。

是書亦稱《寶坻勸農書》，約成於明萬曆十九年。袁氏自序言："今以農事列爲數款，里老以下，人給一册，有能遵行者，免其雜差。"明確"訓課農桑"之旨。重農務本、不違農時思想貫穿全書。

全書凡八篇，約萬餘言，詳介南方水田生產及灌溉技術，欲施其水稻種植法於北方，涉及土地利用、土壤耕作與改良、選種播種等項。其書於廣闢肥源見解獨到，總結出踏糞、窖糞、蒸糞、猥糞、煮糞等多種糞肥積製法。全書內容多採自古書及南方農業生產經驗，然處處結合寶坻地區實際，嚴守因地、因時制宜原則。書中配圖十七幅，直觀展示田法、水利建築及提水機具細節。清官修《授時通考》、吳邦慶輯《澤農要錄》等均選錄此書部分內容。

是書見於《明史·藝文志》農家類之著錄。有明萬曆十九年刻本，後輯入《了凡雜著》。今據國家圖書館藏明萬曆三十三年建陽余氏刻《了凡雜著》本影印。（熊帝兵）

便民圖纂十五卷　題（明）鄺璠撰（第975册）

鄺璠（1458—1521），字廷瑞，號阿陵，河間任邱（今屬河北）人。明弘治五年（1492）進士，授吳縣令，後任徽州同知、河南右參政等職。爲官期間，興學校、安百姓，善政甚多。因忤逆權貴，罷歸。著有《阿陵集》、《便民圖纂》等。生平事迹見《獻徵錄》卷八七、《本朝分省人物考》卷八、《(雍正)畿輔通志》卷七四。

是書約成於明弘治十五年，爲農家日用全書，凡十五卷，首卷置"農務之圖"十五幅、"女紅之圖"十六幅，乃參照南宋樓璹《耕織圖》重新繪製。圖刻線條勁健，精緻工麗，頗

饒儀態，保存了樓氏《耕織圖》的部分圖貌，兼具農學價值與藝術價值。鑒於樓氏《耕織圖》與吳俗少異，所配五言古詩又不易曉，鄺氏則改爲吳地竹枝詞，頗具新意。

是書分耕種、蠶桑、樹藝、雜占、起居、牧養、製造等諸多門類，圖文結合，按圖繫詞，分門指事，條貫分明，文辭通俗，意在於便於農，如實記錄明代江南農業生產以水稻種植爲主、蠶桑爲輔之狀況，爲研究當時江南農業技術、經濟與社會提供珍貴史料。

是書《明史·藝文志》農家類著錄爲十六卷，其中圖分爲二卷。其書初刻於明弘治十五年，以後迭經翻刻，版本衆多，有嘉靖六年雲南刻本，嘉靖三十一年貴州刻本等。今據明萬曆二十一年于永清刻本影印。（熊帝兵）

田家五行三卷拾遺一卷東方朔探春曆記一卷紀曆撮要一卷　（明）婁元禮撰（第975册）

婁元禮，約生活於元末明初，生平事迹不詳，僅由此書題名"田舍子婁元禮鶴天述"，知其字鶴天，號田舍子。由刻書者序與《田家五行》所載，可知其爲吳中人。今有言其爲雪川（今湖州）人者，難考其詳。

是書約成於元末明初，爲《田家五行》三卷拾遺一卷、《東方朔探春曆記》一卷與《紀曆撮要》一卷合刊。卷首存刻書者序，殘。《東方朔探春曆記》未題婁氏之名，疑爲婁氏輯錄或刻書者刊入。《紀曆撮要》題"田舍子婁文禮鶴天集"，其"婁文禮"顯然爲"婁元禮"之誤。

《田家五行》乃搜集物候、雜占、農諺、習俗而成，兼及農業生產技術，論列有據，系統記載太湖地區天象（日、月、星、辰、大氣光象及雲霞變化）與物象（鳥、獸、草、木、蟲、魚、山、水、潮汐）等氣象徵兆，并以此預測天氣變化。書中諸多諺語從不同角度揭示當地天氣、氣候變化規律，具一定科學性與實用性。

部分條目標注"甚驗"、"屢驗"、"有驗"、"未驗"、"不甚驗"、"不驗"等語,且强調所録物候、諺語之適宜時間及地域。下卷爲三旬、六甲、氣候、涓吉、祥瑞等類,迷信内容居多。《東方朔探春曆記》内容簡賅,以六十甲子各爲單元,記載於此日立春時,四季之不同物候。《紀曆撮要》按月彙記相關農事傳説與諺語。

通觀全帙,其形式雖雜,但所言均係氣象與農事,爲現存較早之農業氣象學專著,對後世氣象、占候類著作影響頗大。明鄺璠《便民圖纂》、徐光啓《農政全書》及清《古今圖書集成》亦多摘其句。所記當時太湖流域氣候特徵爲研究氣候變遷提供寶貴資料,對農學、地理學及民俗學等研究亦具較高價值。

此書版本頗多,或三書合刊,或二書合刊,或單書流傳。初刻本難考,明刊本割裂纂改嚴重,部分版本錯漏較多,幾於不堪卒讀,現存以明嘉靖刻本爲善。《田園經濟》、《格致叢書》等本雖爲全本,然卷數、内容與明嘉靖本均有出入。另,《居家要覽》、《居家必備》、《廣百川學海》、《説郛續》、《屑玉叢談》等録《田家五行》之局部,有增删。今據國家圖書館藏明嘉靖遞修本影印。(熊帝兵)

農書二卷 (明)沈□撰 (清)張履祥補撰 (第975册)

沈□,名諱、生平事迹不詳,浙江漣川(今屬湖州)人。論者慣以"沈氏"或"漣川沈氏"稱之。張履祥(1611—1674),字考夫,别號念芝,浙江桐鄉人。明諸生,入清不仕,因久居楊園村,世稱楊園先生。著述以理學見長,有《楊園先生全集》傳世。同治十年(1871),從祀文廟。《清史稿》有傳。

是書爲《沈氏農書》(上卷)與張氏《補農書》(下卷)合刊,多以《農書》或《補農書》統稱之,《四庫全書總目》列爲子部農家類存目,《清史稿·藝文志》農家類著録,爲南方

區域性古農書之代表。

《沈氏農書》約成於明崇禎十三年(1640)以前,書凡四篇,首列月令,依天晴、陰雨、雜作、置備四項,逐目開列、叙説一年重要農事安排,深得授時赴功之義。其後三篇,逐條詳述藝穀、栽桑、育蠶、畜牧諸事。"運田地法"内容最豐,部分取自明李樂《烏青志》,以水稻與桑樹種植爲重,分述深耕、積糞、施肥、鋤草、滅蟲、抗災等諸多生產技術環節,兼論使用雇工原則。蠶務、畜牧等項中,養殖技術與經濟效益并重,尤長於家庭手工業及多種經營之整體成本與利潤核算。

張氏於清順治十五年(1658)校定、鈔録《沈氏農書》,以親身經歷,兼向老農請教商討,撰成"補著"、"總論"等篇,補充蠶桑之利、養蠶之法,亦補水稻生產、地力保持、雇工經營等内容。《沈氏農書》以水稻爲主,兼及蠶桑、畜牧、日用;張氏著眼蠶桑,兼及水稻,尤重沈氏未詳之處。二者相輔相成,雖爲輯補合刊,體系與結構却不失完整。二著文字淺顯,記載詳實,系統總結明末清初江南地區農家經營策略及農業生產技術,頗具實用價值。栽桑養蠶、積肥壅糞、利潤核算等爲全書精華,集中體現糞多力勤、精耕細作、少種多收等傳統農業經營理念,在農學史上具有重要地位。

沈氏、張氏二著爲後學編刊《楊園全書》(重刊名爲《楊園先生全集》)時收録,亦有然藜閣單行本。現據南京圖書館藏清刻《楊園先生全集》本影印。(熊帝兵)

築圍説一卷 (清)陳瑚撰 (第975册)

陳瑚(1611—1674),字言夏,號確庵,太倉州(今屬江蘇)人。明崇禎十六年(1643)舉人。通五經,務實學,曾上當事救荒書,而時不能用。入清不仕,避地昆山蔚村,講學之餘,領導鄉人築圍防水。著有《聖學入門》、《治病説》、《救荒定議》等書。傳附見《清史

稿・陸世儀傳》。

是書約成於清初,篇幅較小,計約二千字,題爲一卷,無序無跋,實爲單篇傳世。全書首言當地受水害之狀及原因,回顧以往治水、治田、治岸經驗及弊端,力倡田主出財,佃户出力,攜手築圍。繼而詳述"築圍事宜",總結組織管理、合理分工、工程技術、賞罰補償及善後矛盾協調等築圍經驗,提出規劃久遠、權衡利弊、嚴格技術等築堤修圍原則,得力於陳氏組織蔚村周邊鄉鄰築圍切身實踐。

是書先於太倉、昆山等地流傳,後經邵廷烈校訂,收入《棣香齋叢書》(又名《婁東雜著》)。今據上海辭書出版社圖書館藏清道光十三年太倉東陵氏刻《棣香齋叢書》本影印。(熊帝兵)

御製耕織圖詩一卷　　(清)玄燁撰　　(清)焦秉貞繪(第975册)

玄燁(1654—1722),全名愛新覺羅・玄燁,即清康熙帝。順治十八年(1661)正月繼位,廟號"聖祖",謚號"合天弘運文武睿哲恭儉寬裕孝敬誠信功德大成仁皇帝",簡稱"仁皇帝"。在位六十一年,治國有方。《清史稿》有其本紀。

焦秉貞,字爾正,山東濟寧人。清康熙二十八年(1689)任欽天監五官正,工畫人物、山水、花卉等,畫法得西洋之意而有變通。事見張庚《國朝畫徵録》卷中、胡敬《國朝院畫録》卷上。

是書亦稱"康熙《耕織圖》",乃康熙三十五年焦秉貞奉詔繪製,共成圖四十六幅,爲江南農業耕織系列畫卷。圖成,玄燁御筆作序、題詩(眉批行書七言),鏤版印刷,頒賜大臣,以示重農、憫農之意。此前南宋樓璹已有《耕織圖》,是書基本沿襲樓氏《耕織圖》内容及配詩(圖中五言),略有增删,耕圖增"初秋"、"祭神";織圖增"染色"、"成衣"(新增圖詩

非樓氏作)。删樓氏"下蠶"、"喂蠶"、"一眠"三圖。全書取材及構圖亦繼承樓氏風格,人物、農具等融入清代特色,畫法兼採西洋技巧,遠近有致,明暗有别。

全圖直觀展現清初南方水稻、蠶桑生產發展狀況及技術水平。由於焦氏缺乏生產實踐經驗,圖中農業生產細節偶有失誤與不實之處,但無礙其農學和藝術價值。

是書存世有内務府刻彩色套印本與黑白本、光緒五年上海點石齋縮刊本、光緒十一年文瑞樓縮刊石印本等,以内務府本最佳。今據北京大學圖書館藏清康熙三十五年内府刻本影印。(熊帝兵)

教稼書一卷　　(清)孫宅揆撰(第975册)

孫宅揆,館陶(今屬河北)人。諸生。由《教稼書》序言推知其約生活於清康熙、乾隆年間。書叙署"館陶孫宅揆熙載氏",《(民國)館陶縣志》"藝文志・子部"言其"字毅齋"。今有稱其"字熙載,號毅齋"者,具體待考。生平事迹散見《教稼書》序言及《(民國)館陶縣志》卷十。

是書約成於清康熙六十年(1721),又名《區種圖説》,《(乾隆)東昌府志・經籍》著録。太原副守朱龍耀仿古伊尹作區田,教民糞種,作《區田圖説》總結其法,孫氏深受其書啓發,遂擴充補寫,撰成此書。自序之下,首録朱氏言,略有改動,後詳考畎畝之制及糞種諸法,兼及土壤耕作。内附少數圖例,意在教民以稼穡良法。其中"糞種"諸法闡述最精,立足實踐,詳述糞種法、蒸糞法、人畜糞尿及土雜肥收集處理技術。全書考證與論述并重,引古法而不拘泥其説,因時、因地制宜思想貫穿始終。乾隆三十六年(1771),盛百二仿張履祥補《沈氏農書》之體,續訂、增補此書而成《增訂教稼書》,收入《柚堂全集》。

是書有乾隆間刻本,今據上海辭書出版社

圖書館藏清光緒四年蓮花池刻《區種五種》本影印。（熊帝兵）

農桑易知録三卷　（清）鄭之僑撰（第975冊）

鄭之僑（1707—1784），字茂雲，號東里，廣東潮陽（今屬汕頭）人。清乾隆二年（1737）進士，歷任江西鉛山縣令、湖南寶慶知府等職，後升湖北安襄鄖兵備道。爲政通達大體，朝野均稱其治行第一，歸里後優遊林下二十載。撰有《六經圖》、《鵝湖講學會編》、《四禮翼》等，纂修多部方志。生平事迹見《（光緒）潮陽縣志》卷一七、《（同治）鉛山縣志》卷一一、《（道光）寶慶府志》卷一一〇等。

是書《清史稿·藝文志》農家類著録誤作"農業易知録三卷，鄭之任"。全書著力於農桑技術與操作細節，務求易於農民取效，故以"易知"爲名。書凡三卷，各卷獨立成篇，其中"農務事宜"爲全書之重，詳述種植業生產自開荒至留種各項技術，先總論耕作、灌溉、播種、施肥、除害、管理、收穫等環節；次以作物爲綱，逐條總結糧食作物與經濟作物生產細節。附列養牛、犁耙、水車等十五項，於耕牛飼養及疾病防治論述較詳。"桑務事宜"載録栽桑、養蠶、繰絲、留種等全過程，附蠶病防治及育蠶器具等。"農桑善後事宜"論治家、起居、處世、交友、備荒之道，涉及農村風俗人心及社會秩序維護等十四項，雖非農業技術，但與農村社會生活密切相關。

是書農桑并重、農業技術與農村社會管理并重。重農務本、因地制宜、不違農時思想貫穿始終，儒家道德觀於其中亦有明顯體現。此外不取傳統農書之"占候"、"占驗"、"祈禳"等內容，頗具識見。

是書未見單行，收録於《鄭氏叢刻》，僅於乾隆二十五年刊印一次，傳世極少。今據華東師範大學圖書館藏清乾隆二十五年刻本影印。（熊帝兵）

三農紀十卷　（清）張宗法撰（第975冊）

張宗法（1714—1803），字師古，號未了翁，四川什邡人。工書法，頗具才識，然無心功名，隱寓於農，清貧自守。著有《正情說》、《三農紀》。生平事迹見《（嘉慶）什邡縣志》卷三八。

論是書者多言其成於清乾隆二十五年（1760），然此本張氏"自叙"題爲"乾隆一十五年"，或爲"一"字上脱一橫劃，具體待考。全書十卷，以"耕父耕田"代表大田耕作，"農老藝苗"代表苗圃園藝，"牧童飯牛"代表動物畜養，借"農老"、"耕父"、"牧童"敦促規勸之言，深探其本，盡力於實，故以"三農"名之。

全書廣收博採，内容宏富，雜録前代涉及農業典籍二百三十餘種，廣集相關的俗諺方説、諺語童言，加以申説。首言占課，於自然現象占驗之外，復依其專屬月份，分別彙録。次爲農家月令，詳載各地物產、水利、災害、耕作、栽培、植物、畜牧、水產等項，終以農家雜事。全書共四百一十餘節，每節談一事或一種，共描述栽培植物一百八十餘種，豢養動物近二十種。

各卷均以"小引"起例，闡明卷内核心主旨及所遵循之通則，後設節考證作物名稱、形態、性狀、效用，總結栽培管理技術，尤以水稻種植與管理爲詳。各節末附"典故"，記録相關傳説及趣聞，增加可讀性。張氏還從醫學角度闡述各種動植物產品之性味功用，以助家庭食療、防病治病。因地制宜、不違農時思想貫穿始終，尤重蜀中特有方法。由於涉及面廣，所録材料略顯龐雜，對每種作物、飼養物叙述較略，亦有迷信内容夾雜其中。

此書版本頗多，分二十四卷與十卷本兩種，有青藜閣本、藜照書屋本、善成堂本等。今據清乾隆刻本影印。（熊帝兵）

西石梁農圃便覽不分卷　（清）丁宜曾撰（第976冊）

丁宜曾，字椒圃，山東日照西石梁村人。生於科宦之家，屢試不第，家計日絀，約三十歲後，易讀書之志爲謀食，躬親農圃之事。生平事迹見《（光緒）日照縣志》卷八。

此書又省稱《農圃便覽》，約成於清乾隆二十年（1755），"西石梁"乃丁氏故里。全書約九萬餘言，依月令體例，嚴格按照歲、季、月、節氣排列，闡述農業生產及生活經驗。書以歲爲首，因四季而爲四部，以月爲序，依次列出相應農事安排、要求及注意事項，間附詩詞。

全書内容涉及土壤耕作、種子處理、播種時節、作物（包括糧食、園藝及果木）栽培與管理、收穫、留種與貯藏、動物飼養、農產品加工等，旁及醫療保健、居家格言雜録。其中農產品加工、製作和烹飪項目約一百九十餘種，花木園藝項目近八十種，内容大抵源自民間訪談咨詢，并博採"農經花史"而成。

所述尤以山東日照農事活動爲主，地域性較强。大麥、小麥、穬麥留種，土壤耕作，田間管理，收穫等技術總結較詳。稻米加工，芝麻、菜籽、蘇子、蓖麻等油料作物種植，棉花打頂技術等皆有新經驗融入。包心白菜種植、管理、貯藏、加工技術具有首載之功。煙草、西瓜、棉花浸種處理及種植、耕牛飼養與傳染病防治等技術多獨到之處。飲食烹飪技術總結成就亦高。囿於丁氏所處時代，書中亦雜入迷信、不稽内容，且多浮文虚詞。

是書《清史稿·藝文志》農家類有著録。刊刻於乾隆二十年，爲丁氏家刻，首存王縈緒、歐陽廷珍及丁氏三序，末附丁夢陽跋。後未見再刊。今據吉林大學圖書館藏清乾隆二十年丁氏强善齋刻本影印。（熊帝兵）

寶訓八卷　（清）郝懿行撰（第976冊）

郝懿行（1757—1825），字恂九，號蘭皋，山東棲霞人。清嘉慶四年（1799）進士，授户部主事，二十五年，補江南司主事。擅名物訓詁、考據之學，於《爾雅》尤深。著述頗豐，達五十餘種四百餘卷，遍及四部，《郝氏遺書》收録二十五種。《爾雅義疏》、《春秋説略》、《山海經箋疏》等爲其代表作。《清史稿》有傳。

此書成於清乾隆五十五年（1790），《清史稿·藝文志》農家類著録。以"農語爲經，諸書爲傳"（此書序），收集民謠、諺語，節録、選用史志及農書，分門別類整理，其無經傳可附者，散列於次。書凡八卷，分雜説、禾稼、蠶桑、蔬菜、果實、木材、藥草、孳畜等八門，内容廣泛。每則以俗語、民謠、農諺等"農語"起例，末以前代農書内容予以説明。郝氏以所録農言堪爲珍寶，應傳之子孫，故曰"寶訓"。

此書爲筆記式著作，體例有所創新。所引範圍廣博，自經史以及月令種藝諸書，無所不涉，以引《齊民要術》最多。《四時類要》、《士農必用》、《務本新書》等罕見之書因此書之徵引略存其文。輯録之餘，郝氏偶爲之注箋，以釋原文，而作物名實考證尤詳。

此書有《郝氏遺書》本與光緒五年東路廳署刻本。今據上海古籍出版社藏清《郝氏遺書》本影印。（熊帝兵）

卜歲恒言四卷　（清）吳鵠撰（第976冊）

吳鵠，字斗文，江蘇揚州人。讀書廣博，經書制藝而外，凡一切子史以及農圃、醫卜之書，無不究心，曾補揚郡博士弟子員。生平事迹散見於《卜歲恒言》序言。

此書約成於清康熙三十七年（1698），清《續文獻通考·經籍考》農家類著録。鑒於已有天文、卜筮之書理深文奥，非農人所能粹解，吳氏取前人著述、方言、諺語，彙而成書，以助農人卜陰陽、寒燠及年成豐歉。全書重在摘録成説，多取其語言淺近易明者，尤重採擷占候、氣象諺語，偶加個人見解，特别强調占候須因時、因地靈活運用。書凡四卷,主要以月令爲序,兼以天象、物象爲綱,於各説之下,載明出處。所引《農桑要覽》、《農譜春秋》、《農事須知》等皆爲罕見之書。

全書多經驗性内容總結,不乏科學信息,“風暴”一節列風暴出現之大致日期,載録全年八十餘個風暴日,多與冷空氣南下有關,對氣象學研究頗具參考價值。受時代與占驗類著作自身局限,其中難免充斥神秘與非科學成分。

此書有清康熙三十七年李氏光明刻本(不分卷)、嘉慶八年重刻本、光緒四年刻本(二卷本)等。今據上海圖書館藏清嘉慶八年刻四卷本影印。（熊帝兵）

浦泖農咨　（清）姜皋撰（第 976 册）

姜皋(1783—?),字小枚,華亭(今上海松江)人。道光十五年(1835)恩貢生,能詩,工駢儷文,喜著書,頗有文名,曾與高崇瑞、高崇瑚兄弟及殷紹伊等結詩社,爲“泖東七子”之一。生平事迹見《(光緒)華亭縣志》卷一六、《(光緒)松江府續志》卷二四。

此書成於清道光十四年。《(光緒)華亭縣志·藝文志》農家類著録。姜氏見鄉農凋敝日甚,遂細詢其故,筆之成書,故曰“農咨”。全書凡四十則,每則以“曰”字起,記述淞滬地區水利、天時、播種、秧田、耘耨、刈穫、肥田、耕牛、農具以及農民賦税負擔及生計,凡有效經驗及當地農業生産基礎知識,逐一詳述,并加評議。

此書另一鮮明的特點是緊密聯繫淞滬地區農業生産與生活實際,切近時事,誠如卷首秋圃叟所言“凡於天時之寒燠,地利之高低,人力之勤惰,若何而豐收,若何而歉薄,以及近年困苦情形。詳晰言之,鉅細無遺,可補《農政》諸書之所未及”。

此書付刻以後,流傳不廣。今據上海圖書館藏清道光十四年刻本影印。（熊帝兵）

馬首農言一卷　（清）祁寯藻　校勘記一卷
（清）王筠撰（第 976 册）

祁寯藻(1793—1866),字叔穎,號淳甫、春圃,又號實甫,山西壽陽人。嘉慶十九年(1814)進士,選庶吉士,授編修。歷嘉慶、道光、咸豐、同治四朝,歷任多地,授體仁閣大學士,累官至户部、兵部尚書等。爲官清正,政績卓著。卒謚文端。撰有《馤欱亭集》、《馤欱亭後集》、《祁大夫字説》等。《清史稿》有傳。

王筠(1784—1854),字貫山,號箓友,山東安丘人。祁氏門人。道光元年(1821)舉人,先後任山西鄉寧、徐溝、曲沃等地知縣。博涉經史,尤長《説文》,撰有《説文釋例》、《説文句讀》、《文字蒙求》等。《清史稿》亦有傳。

此書成於清道光十六年,詳述清中期山西壽陽地區農業生産及經濟社會狀況,故以壽陽古稱“馬首”名之。全書凡十四篇,“先辨種植,次及農器,繼採古諺方言,附以占驗之術,畜牧之方,水利救荒之策”(此書序),涵蓋農業生産、農村生活、農産品貿易等項。“種植”篇爲全書精華,係參考邑人張耀垣“種植諸法”,與友人冀乾調查核實後撰成,對當時壽陽地區作物種類、耕作方法及輪作技術作系統總結。

此書各篇多引農諺,且辟“農諺”專項,收録祁氏採自當地民間農諺二百二十餘條,爲傳統農書所罕見。“糧價物價”篇詳載清中後期山西壽陽地區糧價波動,以及自産與外來商品供應及價格狀況,爲經濟史研究寶貴資料。書中“方言”、“祠禮”、“雜説”等篇與農業技術關係不大,但對方言、民俗及區域歷史、文化研究具一定參考價值。

全書卷帙不多,但所總結經驗豐富,文字簡練通俗,徵引文獻時,多融入祁氏見解。付刻前,王氏以考據學、文字學等知識校勘書中相關概念,使原書更趨透徹與完善,嚴謹性亦有增强。王氏校勘多引山東安丘農具、農諺、農業技術及方法,凸顯不同區域農業技術之對比與交流。

此書有咸豐五年刻本,今據天津圖書館藏清咸豐五年刻本影印。(熊帝兵)

半半山莊農言著實一卷　（清）楊秀沅撰（第 976 册）

楊秀沅,一作秀元,本名恒孝,字一臣,自號半半山莊主人,陝西三原人。諸生。約生活於清嘉道時期。晚年絶意科舉,買田獻陵側,以“半半山莊”名之。半耕半讀,善奉父母,友愛諸弟,持家勤儉,待人寬厚。著有《半半山莊農言著實》。生平事迹見《(光緒)三原縣新志》卷六。

此書約成於清道光後期,亦簡稱《農言著實》,《續修陝西省通志稿·藝文志》農家類著録。楊氏總結自己生產經驗,結合平素關中農事見聞,撰成此書,附雜記十條,末存劉青藜跋。全書於經營管理、輪作倒茬、整地保墒、播種施肥、收穫脱粒、飼料加工、家畜飼養等農事均有獨到見解,以麥、穀收種及耕牛飼養論述最詳,集中體現了作者重農時、精作務、尚節儉、因地制宜等農耕思想。書中按農家習慣,逐月叙述農田之事,有助於參照實行。

此書有清咸豐六年三原楊士果刻本、光緒二十三年《清麓堂叢書》本及涇陽柏經正堂刻本等。今據上海圖書館藏清光緒二十三年柏經正堂刻本影印。(熊帝兵)

營田輯要内篇二卷外篇一卷首一卷　（清）黃輔辰撰（第 976 册）

黃輔辰(1798—1866),字琴隖,貴州貴筑(今屬貴州貴陽)人。原籍湖南醴陵。清道光十五年(1835)進士,授吏部主事,遷郎中。咸豐初,以知府分山西,兩署冀寧道。後又任陝西鳳邠鹽法道,督西安、同州等七屬營田事,招徠客民耕種,墾田十八萬畝。黃氏歷官二十餘載,遇事侃侃持正論,有循吏風,政聲卓著。撰有《營田輯要》、《小酉山房文集》等。《清史稿》有傳。

此書約成於清同治三年(1864)。黃氏於同治二年應陝西巡撫劉蓉之囑,陳述營田利弊及方略,遂雜採衆説,輯而成書,備載前人成法、古今積弊及農家諸論,總結農墾經驗。全書首置總論,次分内篇上、下卷,外篇一卷。前有鄧瑶、王柏心叙,末附黃氏子黃彭年後序。黃氏嚴守“述而不作”之旨,重在輯録,詳注所出,以利推行者選擇使用。“總論”一篇簡言營田歷史、撰書目的與方法。内篇上卷言成法十七事,下卷言積弊十四事,計三十一目。成法之中,以水利尤重,獨立成卷。外篇附考制田物土之宜,詳録農業技術,凡耕作、溝洫、種植之事皆備載,得十二目,篇幅約占全書三分之一。所輯雖爲成法,然多切中時政,黃氏自身之主見與新意亦貫穿其中。

此書刊刻不多,今據浙江省圖書館藏清同治三年刻本影印。(熊帝兵)

救荒簡易書四卷　（清）郭雲陞撰（第 976 册）

郭雲陞,字霖浩,河南滑縣人。邑庠生,肄業於河朔書院,學涉兵、農、河務等科。曾國藩、山東巡撫張曜、河南學使邵松年等先後欲委以重任,皆托辭不受。著有《治河問答》,又有“富民”、“練兵”、“救荒”等簡易書,然僅《救荒簡易書》行世。生平事迹見《(民國)重修滑縣志》卷一六。

原書凡十二卷,爲月令、土宜、耕鑿、種植、飲食、療治、質買、轉移、興作、招徒、聯絡、預備等項。前六卷爲應付小荒年之用,多是生產經驗總結;後六卷爲備大荒年之策,多涉荒政内容。每卷皆冠以“救荒”二字,故名《救荒簡易書》。惜全本不傳。

傳世本僅存前四卷,分别名爲《救荒月令》、《救荒土宜》、《救荒耕鑿》、《救荒種植》,以《救荒月令》最詳,價值最高。此卷考證穀物與菜類一百四十餘種,分述其名實、性狀、總結種植時間、方法、生長週期等,尤重救荒功能。《救荒土宜》分鹼地、沙地、水地、石地、淤地、蟲地、草地及陰地等項,依次列出所宜作物及種植技術,兼論土壤改良、作物宜忌及輪作茬口。此卷特別開列九大類二十九個耐鹽鹼作物及品種,分別標注耐"鹼地"、"鹼輕之地"、"鹼重之地"、"極重之鹼地",堪稱耐鹽鹼作物及品種利用之系統方案。《救荒耕鑿》主述鑿井及節水井灌技術。《救荒種植》是全書內容的總結與補充,凸顯因時、因地種植思想。

在本書中,郭氏既重輯錄前人成說,又以所見、所聞、所思而得經驗增入大量內容,以其在河南、直隸、山東見聞爲主,參以其他各省老農經驗;對西方作物和農業生產經驗亦有零星引介。徵引文獻多,所涉地域廣,新增內容豐富,爲晚清鮮見之傳統農書。

此書存光緒二十二年刻本,曾經李棠階、曾國藩、倭仁、毛昶熙、張曜等人鑒定。今據山東圖書館藏清光緒二十二年郭氏刻本影印。(熊帝兵)

農候雜占四卷　(清)梁章鉅撰(第 976 冊)

梁章鉅(1775—1849),字閎中,又字茝林,晚年自號退庵,福州(今福建福州)人。嘉慶七年(1802)進士,歷任禮部主事、軍機章京、荊州府知府、江蘇按察使、甘肅布政使、廣西巡撫兼署學政、江蘇巡撫、兩江總督兼兩淮鹽政。著有《論語旁證》、《三國志旁證》、《楹聯叢話》等。生平事迹見章鉅自著《退庵自訂年譜》、林則徐《誥授資政大夫兵部侍郎都察院右副都御史江蘇巡撫梁公墓誌銘》及《樞垣記略》卷一九。

此書約成於清同治十二年(1873)以前,《清史稿·藝文志》農家類著錄。梁氏主要針對南方農事活動,輯錄、參校歷代月令、農時、氣候等資料,自正月至十二月,自天文、地理、人事、時令以至草木蟲魚,凡有涉占驗者,無不分別部居,備列無遺。全書四卷,冠以俞樾序,附以梁氏子梁恭辰跋。

全書引農書、史書、方志等近百種,皆標明出處,其中引《月令廣義》、《田家五行》較多,且大量輯錄福建、湖南、江西等氣象農諺與民間農業俗語,堪稱農業占驗集成之作。書中頗富合理認識與推理,多從不同側面論述氣象現象成因,以及與農事之關係,可見出早期農業氣象學成就。梁氏復選錄部分與占驗、農事相關古詩,爲其書增色不少。然全書新增內容不多,且作爲占驗類文獻,難免混雜有迷信內容。

此書有清同治十二年浙江書局刻印本,同治二年福州梁氏刻本等。今據上海辭書出版社圖書館藏清梁恭辰刻《二思堂叢書》本影印。(熊帝兵)

築圩圖說一卷　(清)孫峻撰(第 976 冊)

孫峻,字耕遠,青浦孫家圩里(今屬上海)人。監生。孫氏世代業農,修築本圩塘岸,務盡心力。嘉慶間,因受水災,民多受其害,病死、餓死者衆,遂著《築圩圖說》,指導築圩,隨後三十年無水患。生平事迹見《(光緒)青浦縣志》卷一九。

此書約成於清嘉慶十九年(1813),《清史稿·藝文志》政書類著錄作"築圩圖式"。鑒於青浦地勢低窪,大雨時行,田禾受損,孫氏留心地勢、民情,結合以往築圩經驗,從全域角度論述圩區特徵與規劃。撰成此書,首繪築圩八圖,兼述不同形制圩區之救災方式及難易程度;次論圩內規劃佈置及工程設施,詳析無畔、無塘、無搶弊端,闡述修築塘岸、搶岸、畔岸技術;末附"築圩六弊",兼述築圩時稻把、租價及派夫等計算辦法,分析圩區抗災常見問題,且繪製築岸圖式四幅。

此書重在總結"仰盂圩"與"釜形圩"治理經驗,通過修築"圍"、"搶"解決圩內高低、旱澇矛盾，分級、分區、分格控制内水。圩内開挖倒溝、濠沼，通外河，資蓄泄，實行内外分開，高低分排，以有效控制圩内水位。

此書論築圩，亦述及災時世俗人心。語言通俗，兼用方言土語，鄉農易曉易明，所述切合水鄉實際，議論明確，籌畫盡善，利害有論，形式有圖，啓閉有節，工程有式。

此書刊刻不多，今據浙江省圖書館藏清刻本影印。（熊帝兵）

田家占候集覽十卷　（清）鄒存淦撰（第976册）

鄒存淦（1819—約1903），字儷笙，浙江海寧人。監生。世代務農，勤於收集鄉土逸事，富於藏書，精通醫術。咸豐十年（1860）避亂山陰徒霅鎮，手輯《修川小志》，撰有《外治壽世方》三編、《己丑曝書記》等。生平事迹散見於《（民國）海寧州志稿》卷一六及鄒氏著述、藏書序跋中。

此書約成於清光緒三年（1877），《（民國）海寧州志稿・藝文志》著録爲《田家占驗集覽》。鄒氏祖父深喜占候，曾輯可信俗諺，撰成《田家言》一册，佚於戰亂。鄒氏秉承其祖之志，採各書中占驗之言，分注於曆日之下，積久遂成此書。書中并附以調攝、服食諸法，凡十卷，首卷以日、月、星、斗及物象爲綱，後九卷則以日曆爲序，按季、月、節氣、日，分類彙入所輯材料。

全書以占候爲主，多輯占陰晴、水旱、豐歉材料，偶及占兵災、物價、貧賤、富貴、疾病等項，亦涉及少量農業生產技術與農事安排。各目之下，分設“釋名”、“占候”、“調攝”、“服食”、“宜忌”、“種植”、“禁治”、“雜事”等子目，廣採農書、陰陽五行書、占卜書、農諺、史書“五行志”、月令、類書、醫書、食譜等相關内容，偶爾融入鄒氏個人見解。

此書内容龐雜，混有部分天人感應和迷信内容，與氣象學、農學無關，然不失爲民俗文化研究之有益資料。

此書未曾刊刻，今據國家圖書館藏稿本影印。（熊帝兵）

國脉民天一卷　（明）耿蔭樓撰（第976册）

耿蔭樓（？—1638），字旋極，號嵩陽，靈壽（今屬河北）人。明天啓五年（1625）進士，曾任山東臨淄知縣。崇禎年間升兵部主事，後又調吏部員外郎，晚年歸里隱居。生平事迹亦見《明史》、《（康熙）靈壽縣志》卷七。

此書約成於明崇禎三年（1630）。全書僅三千餘字，但内容豐富，汲取古法，參考切身實踐經驗，酌以家訓，總結區田、親田、養種、曬種、蓄糞、治旱、備荒等七項農業生產技術，末附丁守存“溉田法”。全書所載内容，多實有成效。以“親田法”養地，轉瘠爲厚，可有效扭轉北方旱地廣種薄收狀況。

此書早期流傳不廣，道光以後有多種刻本。今據復旦大學圖書館藏清光緒四年蓮花池刻《區種五種》本影印。（熊帝兵）

農具記一卷　（清）陳玉璂撰（第976册）

陳玉璂，字賡明，號椒峰，江蘇武進（今常州）人。康熙六年（1667）進士，授内閣中書。凡天文、地志、兵刑、禮樂、河渠、賦役等，皆研究明悉，時稱俊才。著有《學文堂集》及史論。生平事迹見《清史列傳》卷七一、《（光緒）武進陽湖縣志》卷二三。

此書爲一千七百餘字短文，係陳氏就平時目之所見農具，詢之父老，考之古稱，結合圖譜所載，記録而成。全書論及從墾耕至糧食加工農具六十餘種，依據用途分爲十類，各附簡短説明，陳述各農具要點及特徵，多有新意。然限於篇幅，記録過於簡略，所述農具數量及代表性欠佳，且未附相應圖譜，頗影響其實際使用。但農具專論存世無多，其價值仍不可小覷。

此書有《檀几叢書》本、《學文堂集》本等。

今據清康熙三十四年新安張氏霞舉堂刻《檀
几叢書》本影印。（熊帝兵）

梭山農譜三卷　（清）劉應棠撰（第976冊）

劉應棠，字又許，號嘯民，江西奉新人。生
於明崇禎末年。好讀周秦兩漢書，應童子試
不遇，絕意進取，歸隱梭山，耕讀傳家，世稱梭
山先生。卒於清康熙末年。生平事迹見
《（道光）奉新縣志》卷九。

此書約成於清康熙十三年（1674），《四庫
全書總目》子部農家類列入存目。全書分耕
譜、耘譜、穫譜三卷，各譜前均有小序，每譜細
分綱、目。各條皆綴以讚詞，多爲抒憤之作，
不盡切於農事。全書詳述江西奉新水稻耕
種、耘田及收穫技術，亦重農具形制、結構及
使用方法，其中"蟲梳"記載爲首見內容。全
書鮮見徵引前代文獻，多爲劉氏及鄉民生產
實踐經驗總結，極具地方特色。書中將
"耘"、"穫"與"耕"并列，強調農業生產管理
環節，頗爲可貴。

此書對研究明清南方山區農業生產具有一定
參考價值。然部分問題申述不詳，文字略顯艱
澀，且誤"秧馬"農具爲馬駄秧，是其疏失。

此書有清康熙刻本及同治間《半畝園叢
書》本。今據山東省圖書館藏清同治刻《半
畝園叢書》本影印。（熊帝兵）

老圃良言一卷　（清）巢鳴盛撰（第976冊）

巢鳴盛（1611—1680），字止庵，號崆峒，浙
江嘉興人。明崇禎九年（1636）舉人。事母
至孝。入清退隱，著書教子，研習農藝，環其
居盡種葫蘆。著有《永思草堂集》等。生平
事迹見孫靜庵《明遺民錄》卷一七、《（康熙）
嘉興縣志》卷七。

此書約成於清初。巢氏長於園藝作物種
植，常與老圃交流種植之法，依法試種成功
後，筆錄老圃議農之語，輯成此書，僅九百餘
字，凡十條，分下種、分插、接換、移植、修補、

保護、催養、却蟲、貯土、澆灌等項，重在論述
栽培、管理嘉蔬美果等園藝作物之技術，簡單
實用。

此書有《學海類編》本與《叢書集成》本等。
今據南京圖書館藏清道光十一年六安晁氏木
活字印《學海類編》本影印。（熊帝兵）

農政發明一卷耕心農話一卷　（清）奚誠撰（第976冊）

奚誠，字子明，號田道人，江蘇吳縣（今蘇
州）人。由其著作序、跋可知，奚氏約生活於
清道光至光緒年間，好學深思，精醫學、農桑
及治河等術。所學、所作皆以經世爲務。撰
有《農政發明》、《耕心農話》等。

此書亦稱《多稼集》，約成於清道光二十七
年（1847），後經多次補訂。奚氏自言博採衆
義，遍考古今成法，參究諸家精微，纂成此書，
意在"治田疾以救時弊"（《耕心農話·緒
言》）。全書由《農政發明》與《耕心農話》組
成，首冠嵇文煒、呂承賢及奚氏三序，末附
"田道人歌"。

《農政發明》追溯農業肇始，闡述井田、區
種、兵屯、江南水利之法，力陳其利，藉以分析
當時天下人心日避於農的原因。試圖變通并
復興井田之制，施以區種之法，且輯錄古今區
田之論，考其效果，以佐其說。

《耕心農話》以總結種稻技術爲主，兼及其
他農作物。乃繼李彥章《江南催耕課稻編》
之後，又一注重江南雙季稻種植專論，詳述種
植法十四條。大抵借區田遺意，通以代田之
法，博採合於當時之術，變通而用。以"深
耕"、"易耨"、"稀種"、"糞美"爲綱，涉及土
宜、時宜、耕作、施肥、防蟲、耘鋤、播種、排灌
等項。又輯棉花及多種雜糧種植法，以備不
虞。此卷多輯錄成法，兼採當時江南先進思
想與技術。

此書未見刊行。今據南京農業大學圖書館
藏清鈔本影印。（熊帝兵）

江南催耕課稻編不分卷　（清）李彦章撰
（第 977 册）

李彦章（1794—1836），字則文，一字蘭卿，號榕園，福建侯官（今福州）人。嘉慶十六年（1811）進士，用爲内閣中書。曾任軍機章京，廣西思恩知府，江蘇常鎮通海道等職，累官江蘇按察使。足迹所至，辦義學、修水利、勸農桑，推廣兩輪耕作技術，不遺餘力。著有《江南催耕課稻編》等，纂《劉河志》、《芍藥志》等多部專志，以《榕園全集》傳世。生平事迹見《（民國）閩侯縣志》卷六九。

此書約成於清道光十四年（1834），《清史稿・藝文志》農家類著録。李氏任思恩知府時即勸民廣墾水田，試種、推廣早稻一年兩熟之法，卓有成效。轉任江蘇，適逢林則徐力闡江南宜種早稻之理，而謀種植之法。李氏乃以素所見聞，及在粤親勸早稻種植之經驗，輯爲數説，補充古今早稻品類及所宜時地，彙而成書，凡十條。首列“國朝勸早稻之令”，以示重農，繼述早稻與雙季稻時、地、品類及種藝之法，依次漸詳。

全書密切結合江南農業生産實際，博採史志與農書，總結前代及他省成法爲江南所用。每條之後，附李氏按語，意在總結經驗，提出己見。既論證江南宜早稻再熟之理，又總結雙季稻栽種技術，尤其注重引介福建、廣西種植經驗。全書充分利用地方志，搜索各省早稻與雙季稻品種資源，於江南之所本有者，考證尤詳。書中早稻之種、早稻之時、早稻之法悉備，是清代總結水稻生産之較好專著。郭雲昇《救荒簡易書》多摘引其句。

此書有清道光十四年姑蘇甘朝士刻本與《榕園全集》本等。今據天津圖書館藏清刻《榕園全集》本影印。（熊帝兵）

金薯傳習録二卷　（清）陳世元撰（第 977 册）

陳世元（約 1705—1785），字捷先，號覺齋，祖籍福建長樂，後遷居閩縣（今福州）。貢生。陳氏先人曾於明末引種番薯，傳於中國。清乾隆年間，陳氏秉承祖志，與子孫利用經商之便，攜番薯種廣爲傳播，并教授種植之法，頗有成效。撰有《金薯傳習録》、《捕蝗傳習録》。生平事迹見《（同治）長樂縣志》卷一六、《清高宗實録》卷一二三五。

此書約成於清乾隆中期，廣輯明萬曆二十一年（1593）至清乾隆三十三年（1768）番薯推廣與傳播史料，凡二卷。上卷輯録各地番薯引種文獻、檔案與招貼，并録陳氏子陳雲《金薯論》。又將番薯引種與傳播經過及栽種管理技術融入其中，包含番薯生物學特性、食用方法、適宜土地、繁殖栽培技術及藏種方法等。亦闡述番薯引種意義及藥用價值，突出強調其抗災備荒功能。下卷彙集與番薯相關之詩、詞、歌、賦，盛讚番薯之功，多追述番薯引種與傳播過程，亦不乏番薯生物學特性、功能及種植技術等描寫。

此書在清代流傳不廣，有乾隆三十三年刻本等，今據福建省圖書館藏該本影印。（熊帝兵）

欽定授衣廣訓二卷　（清）仁宗顒琰定（清）董誥等撰（第 977 册）

顒琰（1760—1820），愛新覺羅氏，初名永琰，1795—1820 年在位，年號嘉慶，廟號仁宗，在位期間，懲治貪官，整飭吏治，提倡節儉，繼續推行傳統經濟政策。《清史稿》有其本紀。

董誥（1740—1818），字庶林，浙江富陽人。清乾隆二十八年（1763）進士，改庶吉士，遷内閣學士，歷乾隆、嘉慶兩朝，累官户部、刑部尚書，謚文恭。撰有《皇清職貢圖》，主編《全唐文》等。《清史稿》有傳。

此書成於清嘉慶十三年（1808），乃董誥等奉敕編撰。《清史稿・藝文志》農家類著録。全書以方觀承進呈《棉花圖》爲基礎，增補御題詩文而成，凡上下二卷，冠以嘉慶上諭、董誥表、康熙聖製木棉賦并序、乾隆御題棉花圖序及纂修諸臣銜名。上卷爲布種、灌漑、耘畦、摘尖、採棉、揀曬、收販、軋核；下卷爲彈花、拘節、紡綫、挽經、布漿、上機、織布、練染。二卷各有十六圖，每圖之前，首載康熙帝《木棉賦》，次録乾隆帝、嘉慶帝有關棉花、衣被題詩。圖後收方觀承棉花種植及加工諸説。從播種、耘畦到織布成匹，整套棉花生産、加工工序盡收其中。

書中插圖有仿《耕織圖》之意，然較之康熙《耕織圖》、《圖書集成》，其繪刻鐫法相去較遠，但仍不失爲嘉慶時期京派版刻之重要作品，兼具較高農學價值與藝術價值。

此書有嘉慶十三年刻本、《喜詠軒叢書》本等。今據遼寧省圖書館藏清嘉慶武英殿刻本影印。（熊帝兵）

木棉譜一卷　（清）褚華撰（第977冊）

褚華，字秋蘀，或作秋岳（本書即題作“秋岳”），號文洲，江蘇松江（今上海）人。清廩生，約生活於清乾嘉時期。生性傲睨，縱情於詩酒，好留心海隅佚事及經濟名物，撰有《木棉譜》、《水蜜桃譜》、《滬城備考》等。生平事迹散見於《（嘉慶）上海縣志》卷一四、楊逸《海上墨林》卷二等。

此書約成於清嘉慶前期，《清史稿·藝文志》農家類著録。全書約七千餘言，多參引前人成説，考證其詳，以採集徐光啓《農政全書》木棉説最多，亦有諸多經驗來自褚氏觀察。褚氏結合上海棉花種植實際，區域性特徵明顯。首考植棉起源與發展，及上海棉花種植之始；次言棉花種植技術要領及加工工藝，兼論棉花與棉製品貿易。書末輯植棉、用棉佚事。

全書乃棉業生産技術集成，涉及辨種、選種、棉田耕作、壅糞、播種、輪作、換茬、種植密度等細節，以及採花、軋花、彈花、紡紗、織染工序，尤注重棉紡工具論述。此書體現乾嘉

時期上海地區棉花生産與紡織業技術水平，對後世棉書影響較大。道光間，曾於福建刊刻；同治間《棉書》輯録其内容。任樹森曾以俗語改編此書，撰成《種棉法》，施於貴州。然此書未立條目，層次與結構略顯凌亂。

此書傳刻較廣，有《昭代叢書》本，係採自《藝海珠塵》本，又將王畮、熊潤谷、張鵬翀三人“吉貝花歌”收作附録，同時訂正了二三錯字。今據天津圖書館藏清嘉慶間聽彝堂刻《藝海珠塵》本影印。（熊帝兵）

棉書不分卷　佚名撰（第977冊）

此書牌記爲“同治五年十月福建藩署刊行”，書内未題撰人，無序無跋，撰者難考，故以“佚名”著録之。

此書約成於清同治初年，内容多取自徐光啓《農政全書》、方觀承《棉花圖》及褚華《木棉譜》等，但不録前人記述與考證之詞，直接總結棉花栽種、管理、收穫及加工技術，重實用性與可操作性，似爲官府勸業而作。

全書篇幅不大，但内容全備，凡十五目，結合具體操作，論述棉花品種差異、種植技術、生長習性、加工工序及所涉及工具等，以布種論述最詳，涉及土宜、時宜、耕作、播種、株距、行距、覆土、用肥等項，尤其强調勤耕、畦種、點播與稀植。書中對棉花不結實、蟲害、脱鈴、不熟等病亦有細緻分析。然未言及棉花打頂之關鍵環節，似有所失。

同治十三年（1874），左宗棠曾刊此書，分行陝、甘各屬。

此書有同治五年福建藩署刻本與同治十三年刻本等。今據中國農業博物館藏清同治五年福建藩署刻本影印。（熊帝兵）

種棉實驗説　（清）黄宗堅撰（第977冊）

黄宗堅，字冰如，上海人。世代務農，生産經驗豐富，早年曾捐錢疏濬閔行竹港。宣統間，受聘上海縣中等農業學堂經理，籌建校

舍。民國時,受大總統特獎。生平事迹散見
於《(民國)上海縣志》卷一九,《(民國)上海
縣續志》卷五、卷一一等。

此書約成於清光緒二十四年(1898),黃氏
自言力農三十餘年,於種棉一事粗有心得,此
書即據其多年植棉經驗與閱歷撰成,末附羅
振玉跋。全書約千餘字,分述土宜、鋤花、摘
頭、選種等四項植棉關鍵技術,以辨別土宜最
詳,闡述七種不同土地棉花生長情況,且從多
角度分析棉花豐歉原因,總結其他作物與棉
花輪作換茬經驗,意在提高產量。全書絕少
引述成說,技術多爲黃氏目驗身行所得,偶引
農諺佐之,鮮空談之論。部分内容被農工商
部輯入《棉業圖説》。

此書曾刊於《農學報》,亦被《(民國)上海
縣續志·物產》全文收錄。今據華南農業大
學圖書館藏清光緒二十六年上海總農會石印
本影印。(熊帝兵)

通屬種棉述略一卷　(清)　朱祖榮撰(第
977 册)

朱祖榮,字閬樨,江蘇如皋人。清廩生,曾
任如皋公立簡易師範學堂歷史輿地教員,范
湖初等小學校長等職,創辦廣源靛青公司。
光緒二十二年(1896)與羅振玉等人創辦上
海務農會,致力於"樹藝五穀"及"飼養牧漁
業"等改革,從事農業試驗。撰有《蠶桑答
問》、《勸種洋棉説》等。生平事迹散見於《務
農會公啓》、《政府公報》(1918年3月)。

此書約成於清光緒二十三年。通州(今江
蘇南通地區)植棉廣、產量大,五口通商以
後,棉業貿易大增,然植棉技術尚未盡善。有
鑒於此,朱氏撰成此書,凡十四目,此本殘存
九目,闡述自辦種至收成事宜。所存九目考
通州棉種之異,論選種之要,詳述棉花培壅、
施肥、打頭、除蟲時間及技巧。提倡以早種、
稀植、合法培壅等方法取得棉花高產。

此書有《農學叢刻》本、《種棉五種》本等,

皆爲全本。今據華南農業大學圖書館藏清光
緒間排印本影印。今以《種棉五種》本考之,
此本殘缺部分爲:時令、淘種、種植、鋤棉、簡
別等項,其中不乏精華内容,以時令論述最爲
詳贍。(熊帝兵)

勸種洋棉説一卷　(清)　朱祖榮撰(第977 册)

朱祖榮生平見前《通屬種棉述略》提要。

此書約成於清光緒二十三年(1897),專論
洋棉引種及利益,以備紡織業參考。全書採
用答問體例,凡七則,從理論上闡釋引種洋棉
品種、土宜及利用,比較美棉與華棉優劣,言
洋棉之利勝於華棉二倍。末附洋棉各種絲紋
長、短、中數比較表。朱氏意在解決洋棉引種
所存在問題與思想顧慮,力倡採掇新法,以促
進當時棉政改革。全書所論既斟酌國情,又
放眼世界。由於重在勸導,言洋棉種植之法
甚少,可與朱氏《通屬種棉述略》互參。

此書曾刊於《農學報》,有《種棉五種》本
等。今據華南農業大學圖書館藏清光緒間排
印本影印。(熊帝兵)

棉業圖説八卷　(清)農工商部輯(第977 册)

農工商部,清末所設中央機構,光緒三十二
年(1906)由商部、工部等合并而成,掌全國
農工商政諸事。下設農務、工務、商務、庶務
四司并承值所、統計處,其中農務司掌農桑、
屯墾、樹藝、畜牧,并隸通各省水利等。宣統
年間,轄有商標局、商律館、工藝局、京師勸工
陳列所、農事試驗場等。設立始末見《清史
稿·職官》。

此書成於清宣統二年(1910)。光緒三十
四年,鑒於紗布進口日增,民間紡織漸至失
業,上諭農工商部詳細考察各國棉花種類、種
植之法,分別採擇、編輯圖説,頒行各省。農
工商部奉諭而行,援據出使大臣、各屬督撫及
農商總會所得資料,撷挈精要,博考古今成
法,兼容中外植棉學説,列説繪圖,歷二年而

成書。

全書共八册，前四册爲《棉業新法圖説》、《中國棉業成法考略》、《中國棉業現情考略》、《中國棉業集證》，以《棉業新法圖説》爲重，詳草棉而略木棉，採各國經驗良法，以爲中國借鑒。其餘三册集證、考録前賢遺著之植棉成法，考略棉業發展歷史與現狀，取其簡便易行之處，與新法互相參用。中國各省産棉廣狹、豐歉之大概，盡納此四册之中，爲有效推行棉業生産與改良奠定基礎。每册各有詳略，大體以植棉和製棉流程爲序，内容涉及種子選擇與保存、土壤辨别與整治、水肥工具、田間管理、收穫採摘及棉花加工等，彙集大量實用方法，明晰直觀，包含博物之理。

後四册爲《美國棉業考略》、《德國棉業考略》、《日本棉業考略》、《義大利秘魯國棉業考略》，全面考略國外棉業發展狀況。每册之中，各分子目，依棉花栽植步驟爲序，涉及自種類至運銷諸多環節，廣輯西方各國先進植棉技術，重在總結棉業改良要領，介紹美國品種改良、化學肥料運用、棉豆輪作、病蟲害防治、機器加工、紡織、運銷等可供引入新法。德國、日本改良植棉和製棉技術、解放人工、提高效率等措施亦爲此書所重。播種、耘田、驗候、施肥、收穫、紡織等均列表展示實驗、對比與統計結果。

此書資料詳實，視野開闊，比對中外棉業異同，科學與實用并舉，爲棉業改良提供充足理論和實踐基礎。全書主旨明確，突出新法，提倡改良，又注意因地、因時制宜，實事求是借鑒新法，態度科學。書中配有精巧貼圖數十幅，所繪内容直觀生動。

此書於宣統二年、三年由農工商部兩次刊印。今據上海辭書出版社圖書館藏清宣統三年農工商部鉛印本影印。（熊帝兵）

栽苧麻法略一卷　（清）黄厚裕撰（第 977 册）

黄厚裕，安徽滁州人。撰有《栽苧麻法略》。據《東方雜志》宣統元年十月號附録"各省諮議局議員名録"知其曾爲安徽省諮議局議員。

此書亦名《種麻説》、《種苧麻法》、《栽苧麻法》，約成於清光緒二十五年（1899）。《清史稿·藝文志》農家類誤著録其撰者爲"李厚裕"。鑒於滁州多山、多旱地，土壤宜麻，然當地人未詳種植之法，黄氏撰"栽苧麻法略"二十九則及"栽麻利益淺説"八則，冠以柯逢時、滁州知州熊祖詒二序，合爲一書，自播種以至剥麻，詳著其法。書中分根繁殖、栽植株距、冬季培育管理、收穫時間判定等論述尤精。同時結合當地農業實際，從盡地利、省牛力、宜女紅、獲厚利等方面詳陳栽麻之利。

全書立足傳統，不引西法，簡明易懂，便於鄉民取法，在麻類專著中尤顯重要。此書對清末江西麻業影響較大。河南推行實政，農工商總局所擬"農務十條"之"種麻"條即祖於此編，而稍予裁正。鎮洋汪曾保亦曾輯其内容入《藝麻輯要》，施於浙江。

此書有清光緒二十七年鈔本、光緒二十七年刻本、光緒三十一年鉛印本等，書名略異。今據中國農業大學圖書館藏清光緒二十七年刻本影印。（熊帝兵）

瀏陽麻利述一卷　（清）邱惟毅等述　（清）譚嗣同筆記（第 977 册）

此書題"邱惟毅、周泰韻同述，譚嗣同屬草"。三人皆爲湖南瀏陽人。邱惟毅、周泰韻生平未詳，僅由此書《述意第一》知邱氏字菊圃；周氏字同溪，"嘗自種麻，道之尤悉"。譚嗣同生平見前《仁學》提要。

此書約成於清光緒二十二年（1896）。五口通商以後，茶葉出口大增，瀏陽拔麻植茶之風日濃，致麻利驟減，譚氏欲復振之，乃向邱、周二氏備詢其法，兼採鄉農之説，録而成書，凡二十三目，自種植至成匹，皆條分縷析，次序井然,配周氏所繪諸器之圖七幅。全書重在總結剝麻後之處理及加工工藝,意在提高麻之品質。書末一目言麻菌栽培技術,建議借鑒西法,罐裝儲運,爲前人所未識。全書篇幅不大,然緊密結合瀏陽麻及麻布特産實際,調查詳盡,論述合理,可與清黎少谷《瀏陽土産表》互參。

此書曾刊於《農學報》,另有清光緒間排印本、《農學叢刻》本、《農薈》本等。今據華南農業大學圖書館藏清光緒排印本影印。(熊帝兵)

藝麻輯要　(清) 汪曾保等撰 (第 977 册)

汪曾保,鎮洋(今江蘇太倉)人。《(民國)鎮洋縣志》卷六載其爲清光緒二十三年(1897)拔貢。

此書約成於清宣統二年(1910),不分卷,係輯數篇藝麻專論而成,非出自汪氏一人之手。全書首録浙江勸業道董元亮序,繼爲汪氏編《栽苧麻略法》、《栽麻利益淺説》兩篇及興安周以翰輯《種麻説》一篇,末録日本高橋重郎著《麻栽製法》。汪氏兩篇内容取自黃厚裕《栽苧麻法略》,僅個别詞句略作改動,删去黃氏“栽麻利益淺説八則”之最後一則,補以其遊歷日本所親見株式會社機器製麻細節及全過程。周氏《種麻説》多爲中國藝麻舊法,凡六則,略論種植方式、土地選擇、培肥、收穫、松莄等技術。高橋氏《麻栽製法》篇乃以日本現代農業概念解説種麻及收穫技術。

全書篇幅不大,且以輯録爲主,鮮見創新,然能輯入日本論説,吸收日本種麻、製麻諸法,試圖兼容中外新舊之法,亦難能可貴。

此書有宣統二年浙江勸業公所鉛印本,同年刊於《奉天勸業報》(第三、五期)。今據中國農業科學院藏清宣統二年浙江勸業公所鉛印本影印。(熊帝兵)

稼圃輯一卷　(清) 王芷撰 (第 977 册)

王芷,生平事迹不詳,由《稼圃輯》題名“荻水蒿庵王芷纂述”知其字(號)或爲蒿庵,《杭州葉氏卷盦藏書目録》以其爲清代人,胡道靜《稀見古農書别録》考證其爲明嘉靖、萬曆間人,籍貫或爲江蘇贛榆。

此書爲《雲間韓氏藏書目》子部著録,《清吟閣書目》卷一作《稼圃輯略》。其書無序無跋,篇目與所述正文不盡相符,内容凌亂,并有塗改、補正和圈點痕迹,且有數處眉批,似爲未定稿。内容多採自古代農書及明俞宗本《種樹書》、鄺璠《便民圖纂》、黃省曾《稻品》等,僅少數條目注明出處,偶以注文闡述王氏見解。

全書首列農事生産宜忌,後依次總結稻、麥、豆、芋、麻等糧食作物,蔬菜、果木、花卉等園藝作物品種及種植、管理技術。廣輯各地農作物之品種,以太湖流域居多,且長於辨別品種名稱、形態、生長特徵及品質優劣。技術總結以園藝作物爲要,約占全書大半,涉及園圃設置、土壤耕作、蔬菜栽培、施肥管理等技術細節。對果樹繁殖、嫁接、灌溉、壅土、培肥等項亦有詳細論述。

書中特有新增内容,以園藝技術較多,涉及蟲害防治、無核水果生産、花卉林木移栽與保護等,當出自王氏調查所得。書中農事吉日選擇與農作宜忌内容不盡符合科學。

此書未見刊印。今據上海圖書館藏清鈔本影印。(熊帝兵)

樹藝篇三十三卷　題(元) 胡古愚撰 (第 977 册)

胡古愚,名助,字古愚,自號純白齋老人,浙江東陽人。元至正間授承信郎,官太常博士。好讀書,尤長吟詠,曾自編詩文集三十卷。明正德間,胡氏六世孫胡准重刻其遺集,名《純白齋類稿》。生平事迹散見於《純白齋類稿》序、跋。

此書題作元胡古愚撰,係清人錢天樹據版心"純白齋"係胡氏齋號而定,然未察書中徵引數十部明人著作及明代方志,最晚者為唐伯元修《泰和縣志》,成於萬曆七年(1579)。故錢氏之說不確。此書引文之後,時有"士洵按"、"洵按"等語,"士洵"生平及與此書關係,未詳待考。

據徵引書目時間下限可知此書約成於明萬曆中期,明趙用賢《趙定宇書目》最早著錄。全書分穀、蔬、草、草部藥品、木、果等六部,部下共分三十三卷,係輯錄前代及當時農藝與經濟作物文獻彙編而成。撰者將見於農書、地方志、筆記、文集之作物信息按品種分類彙集,統於六部之下。末附錢天樹、章鈺跋文及章氏手鈔引書目錄。

全書搜檢文獻淵博,輯錄植物品種廣泛,所引書籍及諸家之說近二百種,偶有採訪內容及撰者按語加入,保存諸多罕見之傳統作物及技術經驗。且保存頗多佚書內容,益於校勘與輯佚研究。然書中部分內容與目次不全相合,且徵引文獻時間順序不嚴,農學思想體系性略弱。

此書似未定稿,亦未刊印,僅見鈔本流傳。今據國家圖書館藏明純白齋鈔本影印。(熊帝兵)

撫郡農產考略二卷　(清)何剛德撰(第977冊)

何剛德(1855—1936),字肖雅,號平齋,福建閩侯人。光緒三年(1877)進士。曾任吏部主事,後歷任江西建昌、撫州,江蘇蘇州知府等職。民國間曾署江西內務司長,代理江西省省長。何氏居官廉明,政績頗多,撰有《春明夢錄》、《郡齋影事》、《客座偶談》等。生平事迹散見於光緒朝"清代官員履歷檔案"、《(民國)大庾縣志》卷五、民國《政府公報》(1914年5月)及何氏著作中。

此書成於清光緒二十九年,清《續文獻通考·經籍考》農家類著錄。光緒二十八年,何氏奉調撫州知府,勸辦農務,針對當時學生不辨土壤、不識害蟲、不知土化之學,乃設農學課,講授辨土、用肥、殺蟲三科,并於公務之暇,訪問鄉紳,請教老農,調查當地農產,歷時一年,纂成此書。書前載何氏自序及黃維翰序,末附臨川知縣江召棠、金谿知縣張仁荃、代理宜黃知縣夏翊宸、樂安知縣馮由三跋及採訪校勘姓名。

書凡二卷,上卷為穀類,主述水稻品種,兼敘耕耘與收藏;下卷分草、木兩類,分別彙錄各種經濟及園藝作物。全書共載一百四十三種當地常見作物,每種作物先總論,後依天時、地利、人事、物用四目分述,條理清楚,受傳統"三才"思想影響明顯。書末附載江召棠《種田雜說》,總結臨川種田、施肥及治蟲經驗。

全書取材廣泛,各條多描述作物生物學特性,鑒別比較品種異同,尤重辨土、用肥、殺蟲技術總結,於水稻論述最詳,涉及五十六個水稻品種之栽培技術。此書亦重農產品經濟價值及流通,關注農產品所獲經濟效益。水稻品種、肥料、經濟作物等項,較之《天工開物》既有繼承,又有發展。上圖下文,文圖結合。圖乃江召棠所繪,線條清晰,圖形逼真,利於表現作物特徵。

此書有清光緒二十九年初刊本、光緒三十三年江蘇印刷局重印本等。今據華東師範大學圖書館藏清光緒二十九年撫郡學堂活字印本影印。(熊帝兵)

救荒野譜一卷　(明)姚可成撰(第977冊)

姚可成,約生活於明末清初,由《救荒野譜》署名及內容可知其號蒿萊野人。又曾輯補《食物本草》,其書卷二一"觀音粉"條有"吾吳"云云,可知其為吳縣(今江蘇蘇州)人。

此書約成於明崇禎十五年(1642)。周中孚《鄭堂讀書記補遺》農家類著録。題簽作"救荒本草",目次、正文及版心均作"救荒野譜"。姚氏"引"自言此書輯自李東垣《食物本草》。

全書由"救荒野譜"、"補遺"及附録組成。"救荒野譜"乃姚氏輯王磐《野菜譜》而成,共録野生植物六十種,姚氏加注各種植物之可食部分,簡要補充少數未詳條目。"補遺"下分"草類"四十五條,"木類"十五條,乃姚氏仿王氏《野菜譜》體例續補,末附晉劉景先、唐孫思邈、宋黄庭堅辟穀諸方。全書共載可食救荒植物一百二十種,每種皆注明生長習性、可食部分、可食季節及食用方法,附以歌訣,配以圖示,使人易識易記,簡明實用,以備水旱凶年救饑之用。然繪圖略顯粗糙,解説欠詳。

此書流傳甚廣,版本多且雜,曾刊於《食物本草》卷首,還曾傳至日本。今據中國科學院圖書館藏清嘉慶虞山張氏刻《借月山房匯鈔》本影印。（熊帝兵）

野菜贊一卷　（清）顧景星撰（第977冊）

顧景星（1621—1687）,字赤方,號黄公,蘄州（今湖北蘄春）人。明末貢生,南明弘光朝時考授推官,入清後屢徵不仕,曾遊於吳、越間。康熙間,薦爲博學鴻詞,以病辭。顧氏著作甚富,然傳世不多,存《白茅堂集》、《黄公説字》等。生平事迹見《清史列傳》卷七〇、《國朝耆獻類徵》卷四二六、《（光緒）蘄州志》卷一〇等。

此書約成於清順治年間,《清史稿·藝文志》農家類誤著録爲"顧景崇撰"。順治九年（1652）,顧氏歸里,饑饉無食,偕婦於野,採草根、實、苗、葉充饑,頗有感觸,遂總結採食野菜經驗,略參文獻,撰成此書。全書記四十四種野菜,述其不同名稱、生長特性、性狀特徵,以便識別辨認,且逐一介紹食用方法。每種野菜均附一"贊",似屬遊戲筆墨,多贊美

野菜活命之功,并及生活感悟。部分内容爲吳其濬《植物名實圖考》所引。

此書有清康熙四十三年顧氏白茅堂家刻乾隆二十年續刻重印本、道光十三年吳江世楷堂《昭代叢書》本等。今據清道光世楷堂《昭代叢書》丁集本影印。（熊帝兵）

豳風廣義三卷　（清）楊屾撰（第978冊）

楊屾（1687—1785）,字雙山,陝西興平人。清監生。不應科舉,矢志經濟,博學好問,精天文、音律、醫農、政治等科。以耕讀館課爲業,專建"養素園"爲生産、教學、實習及研究場所,撰有《豳風廣義》、《知本提綱》、《修齊直指》等,多爲農學著述。生平事見清張元際《楊雙山先生事略》及楊氏著作序跋。

此書成於清乾隆五年（1740）,《四庫全書總目》農家類列爲存目,《清史稿·藝文志》農家類著録。時人多認爲陝西氣候不宜蠶桑,楊氏讀《詩經·豳風·七月》而受啓示,欲復興關中蠶桑,重振"豳風"。乃依據歷史經驗與現實問題,博考蠶書,訪之南人,酌古準今,參以己見,親經實驗,斟酌去取,探尋適合陝西之種桑養蠶法凡十三年,撰成此書,計三卷八萬餘言,主論關中蠶桑生産,分述栽桑養蠶、繅絲、織綢及紡絲綿等技術,附載柞蠶飼養及柞蠶繭繅絲、紡織法。楊氏根據陝西情況,比較古今、南北、暖寒、乾濕異宜,甄别取捨,提出"水深土厚高寒之處宜樹桑"、"地卑水淺處甚宜樹桑"、"河決水淹之地急宜樹桑"、"家宅墳園宜樹桑"等觀點。

書成之後,楊氏又由"衣帛"而及"食肉",附豬、羊、雞、鴨飼養、疾病防治及園藝内容於書末,以養羊論述尤詳。書中製葡萄乾技術、家禽人工坑孵法、養豬之"七宜八忌"等皆反映出當時科技新水平。

此書從關中實際出發,將農業生産普遍規律與當地生産實踐相結合,不作空談,切實有據。書中稱陝西"有食無衣"、經濟困窘之根

本原因在於"耕桑失調",以"耕、桑、樹、畜"大農業觀宣導蠶桑,立意較高,對當時及後世關中蠶桑業影響很大。全書附插圖五十餘幅,有助於理解文義。然其中蠶種類叙述甚繁,混淆家蠶與野蠶,雜括古代文獻而未作適當解釋,稍有遺憾。

此書曾由巨兆文、史德溥二人校訂,捐資付刻。書首存帥念祖、王章、楊氏同鄉劉芳等三序及楊氏弁言,末附巨兆文跋、全書音釋及助刊姓氏。後陝西、河南、山東都曾重刻,版本較多。今據復旦大學圖書館藏清乾隆五年寧一堂刻本影印。（熊帝兵）

桑志十卷首一卷　（清）李聿求撰（第978册）

李聿求,字五峰,浙江海鹽人。諸生。約生活於清乾隆、嘉慶間。少好學,不事章句,閉門研經,布衣終生,尤其關注蠶桑。撰有《魯之春秋》、《夏小正注》、《後漢書儒林傳補》等。生平事迹見《(光緒)海鹽縣志》卷一七。

此書約成於清嘉慶元年（1796）,《清史稿·藝文志》農家類著録,撰者誤作李聿脩。李氏鑒於所居之鄉沃野千里皆桑麻,因就群書所載桑樹故實,採摭爲志,凡十卷,前録御製"詩"、"賦"、"論"等八篇爲首卷,每卷冠以小引。周中孚《鄭堂讀書記》稱其分目頗近陸鴻漸《茶經》,而體例與釋贊寧《筍譜》、陳翥《桐譜》相類。全書以文獻彙集爲主,詳標出處,涉及桑樹栽種源流、種類、佚事、分佈、用途、祥異等項。所輯文獻中亦含諸多桑樹種植及管理技術,以"桑之植"最詳。

此書刊印次數不多,今據上海圖書館藏虎溪山房刻本影印。（熊帝兵）

西吴蠶略二卷　（清）程岱葊撰（第978册）

程岱葊（1769—?）,歸安（今浙江湖州）人。生平事迹未詳,僅知其撰有《西吴蠶略》、《西吴菊略》、《野語》。《西吴菊略》自稱"道光癸卯秋時,爲七十有五";《野語》"語逸目次并引"言"僕西吴之鄙人,早歲遠遊四方"。《西吴蠶略》有四處署名作"道場山人星甫編輯","星甫"可能爲其字號。

《(同治)湖州志》卷三〇《輿地略·蠶桑上》與《(光緒)歸安縣志》卷一一《輿地略·蠶桑》稱此書爲費南輝所撰。

此書約成於清道光十二年（1832）,鑒於宋秦觀《蠶書》與元司農司《農桑輯要》主講北法,明黄省曾《蠶經》雖述湖州蠶事,但泥古而不宜今,程氏依據平日家鄉栽桑養蠶見聞筆記,撰此湖蠶專論。書凡二卷,上卷詳述湖蠶飼養全過程,略及治地、接桑、繅絲等項,附載乾隆間歸安人沈炳震（東甫）《蠶桑樂府》十九首。下卷言婦女在養蠶過程中之作用及蠶之種類,兼録育蠶雜説及佚事,重於概念考證與闡釋。復仿沈炳震《蠶桑樂府》作《蠶家樂》六首,亦蘊養蠶技術。末附益都孫廷銓《山東繭志》及可替代桑葉之飼蠶樹種,補充撰者"蠶食不必定用桑"觀點。

全書對桑葉採收、家蠶種類、飼喂、分箔及種蠶單獨飼養等新經驗多有總結,比較各類蠶之飼養優劣亦較具價值,但書中養蠶宜忌、占驗、禳鎮等内容未盡科學。

此書約刊於清道光年間,有道光十二年初刊本、道光二十五年廛隱廬增刊巾箱本傳世。今據湖北省圖書館藏清刻本影印。（熊帝兵）

蠶桑輯要二卷　（清）高銓撰（第978册）

高銓,字文衡,號蘋州,歸安（今浙江湖州）人,自稱吴興人。嘉慶時貢生,官壽昌訓導,不久乞歸。精鑒賞,富收藏,工楷法,善墨竹。居所榜曰"五畝之宅"。撰有《蠶桑輯要》、《吴興蠶書》、《五畝之宅詩稿》等。生平事迹見《(同治)湖州府志》卷七六。

此書約成於清嘉慶十三年（1808）。鑒於已有蠶書囿於西北而不習於東南,與湖州栽桑養蠶之法大相徑庭,高氏結合自身多年栽桑與母親數年養蠶經驗,取生平之所經歷及與農夫紅女所常論說者彙而成書，力求通俗，事不厭煩，語不厭俚，常介入吳地方言，以期易於村夫村婦理解、取用。

書凡二卷，內容約可分爲桑具、植桑、養蠶、繰絲四項，重於輯錄植桑方法與養蠶技藝。全書大至技術總結，小至概念陳述，無不詳細，雖名"輯要"，然直接輯錄內容不多，偶有引用，亦多結合湖州養蠶實際申述。書中桑樹病蟲害防治、辨蠶種、人工加溫飼養早蠶等內容價值較高。對蠶病、蟲、鼠害防治亦有獨特認識，特別強調改善桑葉品質以防治蠶病。

此書存道光十一年遵義王青蓮刻本，前有王青蓮序及高氏自序。今據中國國家圖書館藏此本影印。（熊帝兵）

廣蠶桑説輯補二卷　（清）沈練撰（清）仲學輅輯補（第 978 冊）

沈練，字清渠，江蘇溧陽人。清道光元年（1821）舉人，官安徽績溪訓導。攜家赴任時，隨帶一具繰車，并在學舍隙地栽桑養蠶，就地推廣蠶桑技術。引退後，聞海陽（今安徽休寧）宜蠶桑，遂卜居其地，買荒地十餘畝，悉以種桑及蔬菜。晚年主講涇川及淳湖書院。撰有《禹貢因》、《廣蠶桑説》等書。生平事迹見《（光緒）溧陽縣續志》卷九。

仲學輅（？—1900），字昂庭，錢塘（今浙江杭州）人。清同治元年（1862）恩科舉人，曾任淳安教諭。博學多才，好二程之學，晚年精研醫術，主持浙江醫局二十餘年。撰有《本草崇原集説》、《傷寒論集注》、《金龍四大王祠墓錄》等。生平事迹見章炳麟《仲氏世醫記》。

沈氏依據平素植桑養蠶經驗撰成《蠶桑説》，清咸豐四年（1854）後得見《蠶桑輯要》一書（非沈秉成所撰《蠶桑輯要》），採錄其法而擴充前説之未備，增訂爲《廣蠶桑説》，次年稿成而遽逝。光緒初，浙江嚴州知府宗源瀚設蠶局，推廣蠶桑，請淳安縣學博仲學輅疏

通增補沈氏《廣蠶桑説》。原書各條，凡有不完備處，仲氏皆參以平日見聞雜記及沈秉成《蠶桑輯要》之言增補，并加按語，重新付刻。故此書仲氏輯補之功甚著。所引內容及所加按語，如分見於二處者，必加標注，以便查找和互參，爲蠶桑書中上乘之作。光緒末年，歸安章震福又加補訂，成《廣蠶桑説輯補校訂》四卷行世。

全書述植桑技藝自桑地起十九條，養蠶方法自留蠶種起共六十六條，系統總結蠶桑技術，對桑地選擇、桑樹品種、繁殖、病蟲害防治、桑園間作、蠶大眠後食量與吐絲量關係等皆有獨到見解。桑樹栽種"品字樣"分佈、"平頭接"（袋接）、枯老樹更新和放養地蠶等技術成就亦高。

此書有漸西村舍本，《叢書集成》本據此排印。今據天津圖書館藏清光緒三年宗源瀚嚴州府刻本影印。（熊帝兵）

蠶桑輯要一卷　（清）沈秉成撰（第 978 冊）

沈秉成（1823—1895），字仲夏，號耦園，又號聽蕉，歸安（今浙江湖州）人。清咸豐六年（1856）進士，改庶吉士，授編修，歷任多地多職，官至總理各國事務大臣、安徽巡撫，署兩江總督。撫廣西時，教民蠶桑；撫皖期間，修水利，設經古書院，倡經史實學。乞病後，定居蘇州耦園。撰有《榕湖經舍藏書目錄》、《夏小正傳箋》等，參修《（光緒）順天府志》。生平事迹見俞樾《春在堂雜文六編》（四）、《（民國）上海縣續志》卷一五。

此書約成於清同治十年（1871），清《續文獻通考·經籍考》農家類著錄。沈氏頗識蠶桑之利，故輯諸家之説，兼採教民蠶桑、繰絲經驗，彙爲此書。末附其高祖父沈炳震《蠶桑樂府》二十首。

書前載錄沈氏勸課蠶桑之"告示條規"，闡述蠶桑之利，扼要摘錄前賢成法，意在勸諭，頗多精要。全書大半錄自他書，多未注明出

處,以取自何石安、魏源輯《蠶桑合編》與楊名颺《蠶桑簡編》者居多,主體内容以"諸家雜説"冠之。書中附圖三十餘幅,多採自《蠶桑備覽》,以圖繫説,舉凡植桑、養蠶、繅絲各種架式與工具,均繪成圖,部分注明尺寸,以便按圖購買或仿製。書中還專設"養野蠶法"和"紡野繭法"兩篇,篇幅短小,但頗具參考價值。

全書簡繁適度,總結性强,所録技術,簡單明白,切實可行,便於操作。輯入圖録與《蠶桑樂府》,更益於廣見識,資借鑒,備採擇。此書當時流傳頗廣,影響較大,各地提倡蠶桑,撰寫蠶書者多參考之。或由輯録之故,此書條目、序次略顯紊亂,栽桑、養蠶、繅絲等項偶有交錯重複,然其勸民興利、傳播技術之功自不可没。

此書刻本較多,有常鎮通海道初刻本、光緒元年江西書局刻本、光緒九年金陵書局本等。今據浙江省圖書館藏清同治十年常鎮通海道署刻本影印。(熊帝兵)

種桑説一卷養蠶説一卷　(清) 吴烜撰 (第978 册)

吴烜,字孔彰,江蘇江陰人。太學生,善畫猱,惟妙惟肖。尤留心蠶桑,咸同兵燹後,力勸鄉人種桑育蠶。撰有《蠶桑捷效書》、《植桑育蠶書》等。生平事迹見盧思誠、季念詒等纂修《(光緒)江陰縣志》卷一八。

此書約成於清同治九年(1870)。吴氏多年試種湖桑,且常諮訪浙西、吴下深諳蠶桑之人,并邀請至家,教習育蠶繅絲方法,以數年中耳聞目見及親身試驗,復博採蠶桑諸書,擇其可取法者彙而成書。首載汪漁垞、鄭守庭、何栻及吴氏四篇序文,後分録《種桑説》、《養蠶説》各一卷。《種桑説》詳述湖桑栽種全過程及注意事項,桑樹栽植、管理、施肥等技術皆反映當時先進水平。《養蠶説》總結養蠶及繅絲過程,以春蠶、夏蠶飼養論述尤詳。書

中述及家蠶種類與絲質關係,稱蟻、稱蠶估算用葉量與繭絲産量等内容皆具參考意義。書末所附"種緑柴法",言蠶絲染料栽植,爲其他蠶桑書所罕見。

此書版本較少。今據遼寧省圖書館藏清同治九年刻本影印。(熊帝兵)

湖蠶述四卷　(清) 汪曰楨撰 (第978 册)

汪曰楨(1813—1881),字剛木,號謝城,又號薪甫,浙江烏程(今屬湖州)人。清咸豐二年(1852)舉於鄉,補會稽縣教諭,卒於官。汪氏博學多通,精史學、算學、醫學、曆法、音韻、詩詞各科。勤於筆墨,著有《歷代長術輯要》、《南潯鎮志》、《温熱經緯》等。生平事迹見《(民國)南潯志》卷二一。

此書約成於清同治十三年(1874),《清史稿·藝文志》農家類著録。同治二年,汪氏修《南潯鎮志》時,即重蠶桑技術輯録,十一年重修《湖州府志》,汪氏專任蠶桑一門,有感於舊志所載蠶桑内容遠未賅備,遂廣集咸同以前農桑文獻、方志、筆記中涉蠶桑内容,分類編排,刊入府志。又以方志局於一隅,行之不遠,且不利他處訪求,乃略加增損,編爲四卷,以《湖蠶述》名之,以便單行。

全書重在輯録前人成説,徵引文獻七十餘種,明標所出,偶加按語。雖爲輯録,但取捨有據,以近時近地者居多,不宜於今、不宜於此地者概不録,志在切實實用。《補農書》之蠶桑部分、《西吴蠶略》、《廣蠶桑説》、《蠶桑樂府》等文獻之技術精華盡納其中。全書詳載栽桑養蠶至繅絲、賣絲、織綢等全套生産技術經驗,并附當時當地蠶桑習俗及文化,細目凡四十項。有關蠶種改良、夏蠶飼養、蠶眠起判斷與處理、蠶病傳染性、改善簇中乾濕環境提高絲質等記述,頗具參考價值。然書中相種、賽神、占驗等項下内容未盡符合科學。

此書有清光緒六年汪氏刻印本、光緒二十六年《農學叢書》本等。今據上海圖書館藏

清光緒六年吳興汪氏刻本影印。（熊帝兵）

桑蠶提要二卷附桑蠶説一卷 （清）方大湜撰（第978册）

方大湜（1821—?），字守初，巴陵（今湖南岳陽）人。廣西、四川巡撫方顯五世孫。曾以諸生入胡林翼戎幕，薦爲廣濟知縣，後歷任多地知縣、知府，累官直隸按察使，終山西布政使。方氏政績多在守令時，課農桑、修水利，事必躬親，多德政。撰有《捕蝗紀要》、《桑蠶提要》、《平平言》等。《清史稿》有傳。

此書約成於清光緒六年（1880），亦有題作《蠶桑提要》者，乃方氏爲在湖北襄陽推廣桑蠶而撰。全書開篇以《桑蠶説》代序，盡搜史書所載桑蠶信息，凡例之後，首記桑政二十三條附錄六條，論桑種、桑地、桑具以及自種甚至採葉全部桑樹種植技術。次列蠶事四十條附錄八條，論述自選種、飼蠶至摘繭全部工序及注意事項。每條各有子目，少者一二則，多者十餘則，依技術繁簡復雜程度而異。其中，桑樹施肥、地桑養成、桑葉採收、提高桑葉產量等方面多有新經驗融入，桑樹蟲害生理習性闡釋及防治方法頗具見解。蠶眠起變化及處理、不同生長階段所飼桑葉之選擇、稱蟻計算蠶食葉量等經驗亦有獨到之處。書中所載絲車構造原理及工程解構圖成就較高，依其圖説及示例，絲車幾可完全復原。

全書參閱前代桑蠶文獻百數十種，然不引原文，專以通俗語言闡述，以便於閲者，重在闡釋栽桑養蠶基本概念及技術要領，且附桑具、桑樹、蠶具、織具圖例若干，頗益於蠶桑技術推廣。瑞州知府江毓昌重刻此書時，嫌其篇幅太長，增删其內容而成《桑蠶説》，愈加簡明通俗。

此書曾於多地刊印，版本達七種以上。有清光緒六年襄陽蠶桑局初刻本、光緒十八年瑞州府署重刊本、光緒三十四年合肥李經滇翻刻本等。今據中國科學院圖書館藏清光緒十八年瑞州府署刻本影印。（熊帝兵）

蠶事要略一卷 （清）張行孚撰（第978册）

張行孚，字子中，號乳伯，浙江安吉人。師事俞樾，同治九年（1870）舉人，官兩淮鹽大使。通小學，尤精《説文》，著有《説文審音》、《説文楬原》、《説文發疑》等，參修《（同治）安吉縣志》。由《説文審音》跋推知其約卒於光緒二十四年（1898）前不久。生平事迹散見於其著作序、跋中，清黎經誥《許學考》卷一一、金梁輯録《近世人物志》亦略載其事。

此書約成於清同治十年（1871）後至光緒初。張氏有感於湖州蠶桑之法異於古代蠶書所載，恐不明事理之人安據古書阻撓蠶桑熟手，故以此書辨明古今技術異同及優劣，俾養蠶之家擇善而從。全書凡一卷，涉及興蠶桑條議、栽桑養蠶、治繭繅絲等多方面內容，所引古法皆以沈秉成《蠶桑輯要》爲本，所述今法大半取自湖州養蠶實踐，以實現古法、今法互參，兼比較《蠶桑輯要》養蠶理論與湖州養蠶實踐，繼承其合理有效內容，指出其陳舊繁瑣之處。

此書曾附於光緒二十一年漸西村舍本《農桑輯要》後，另有《四部備要》本及光緒間單行本。今據上海辭書出版社圖書館藏清光緒間桐廬袁氏刻《漸西村舍彙刊》本影印。（熊帝兵）

粵中蠶桑芻言一卷 （清）盧燮宸撰（第978册）

盧燮宸，字雪巖，廣東順德人。生平事迹不詳，僅由《粵中蠶桑芻言》序、跋中知其生長農鄉，素知蠶事。

此書約成於清光緒十九年（1893）。盧氏立足順德栽桑養蠶經驗，詳考老農，透參各法，總結粵中栽桑、飼蠶、養魚技術，撰成此書。自序之後，置《設局開辦蠶桑節略條陳電》，開列興辦蠶桑之經費、董事、蠶師、酬金、税釐等項。書中《種桑事宜條列》總結粵中桑種採收、播種育苗、桑苗栽植、施肥、樹型養成、採桑法、屈桑枝法、桑園除草及煤油殺蟲法等,以闡述挖塘、培基、栽桑技術尤詳。《養蠶事宜條列》對蠶品種、性狀、浴種、暖種、蠶室溫度調節、給桑次數、上蔟結繭、蔟中保護、殺蛹法及蠶病記述亦詳備。此外,載録養魚技術乃此書又一顯著特徵,《養魚事宜條列》詳述魚種投放、餵養、築塘方法等,涵蓋桑基魚塘諸多生產技術。

全書法備語詳,桑蠶論述突破北方蠶書引經據典局限,所述技術密切聯繫當地生產實際,頗具廣東地方特色。書中統籌考慮桑、蠶、魚生態系統經濟效益,爲珠江三角洲桑基魚塘人工生態系統發展情況之珍貴史料。

此書有清光緒十九年番禺黃從善堂刻本,今據北京大學圖書館藏此本影印。(熊帝兵)

蠶桑備要四卷醫蠶病方一卷　(清) 劉青藜補輯 (第 978 册)

劉青藜(1839—1900),字乙觀,號照閣,山西大同人。清同治十年(1871)進士,以知縣用,官陝西三原等縣知事。每守一方,皆能興利除弊。三原任上,尤重農桑水利,百姓深受其惠。撰有《蠶桑備要》、《蠶桑全圖》、《井利圖説》等。生平事迹見清李殿林撰《劉青藜墓志銘》、劉光蕡《烟霞草堂文集》卷二。

此書約成於清光緒二十二年(1896),乃劉氏補輯曾鈇《蠶桑備要》而成。曾氏鈔輯楊屾《豳風廣義》種桑、養蠶、收繭、繰絲諸法精華而成"栽桑説"、"先事預備"、"養蠶總要"、"養蠶程式"四篇(卷)。劉氏參以時人新説及推廣蠶桑之切身經驗,輯補其未詳之處,附於楊書内容之後。全書總結蠶桑技術全面,語言通俗。天頭刻入眉批十二條,補充上糞、科樹、根接、擇種、初下連及眠起飼葉諸法,爲《豳風廣義》所不含,多採自清光緒間生產實踐,爲此書可貴之處。書末附"養二蠶法"、

"三原桑園蠶婦養蠶簡易法"、"醫蠶病方并雜録治病防病法"。劉氏言"醫蠶病方"出自湖南岳州府魯仲山家傳《蠶桑心悟》一册,屢試屢驗。該方總結蠶頭眠、二眠、三眠計二十四症易發時間、成因、症狀及處理方法。其中"西人除止粒病蠶種法"借鑒西學元素,闡述蠶"椒末瘟"(即微粒子病)症狀、病原、傳播方式、顯微鏡檢查及防治方法,亦頗可貴。

今按,本書目録題作"(清) 劉清藜補輯",誤。此書卷内四處署名皆爲"知三原縣事雲中劉青藜補輯",因據以更正。今據華東師範大學圖書館藏光緒二十二年味經堂刊書處刻本影印。(熊帝兵)

神農最要三卷　(清) 陳開沚撰 (第 978 册)

陳開沚(1855—1926),字宛溪,號愚溪,四川三台人。清末諸生。早年塾館執教,後創建神農絲廠,博採新法,頗爲成功。光緒三年(1877)聯合蠶桑界成立蠶桑會。民國期間,出任三台蠶桑局長,大力推行蠶桑技術。撰有《勸桑説》、《蠶桑淺説》、《神農最要》等。生平事迹見趙熙《宛溪叟傳》、尹良瑩《四川蠶業改進史》第三章等。

此書約成於清光緒二十三年(1897),《(民國)三台縣志·藝文志》藝術類著録。書乃陳氏十餘年蠶桑經驗總結,凡三卷。陳氏認爲救貧之計,在於蠶桑,力駁當時蠶桑誤農之説,持栽桑養蠶"禆農而不妨農"觀點,故以《神農最要》名之。據其例言,全書採録前人説法及傳聞,或全録原文,或摘數句、數字而變其文,或用其法而稍加變換,或釋其意而深加發明,或屢經閲歷而不妨參入者。全書首言栽桑飼蠶相關理論,強調業農、栽桑、飼蠶、繰絲綜合平衡發展,以收全利;後逐條總結栽桑、飼蠶、繰絲技術。舊説而未經陳氏證實者,皆略而不述。另存王龍勳、趙用賓、萬學先等人序、跋,簡介陳氏身世與著書緣起。

此書有光緒二十三年潼川原刻本、銅邑刻

本等,今據復旦大學圖書館藏清光緒二十三年潼川文明堂刻本影印。(熊帝兵)

養蠶秘訣一卷　(清)張文藝撰(第978冊)

張文藝,約生活於清季,生平事迹無考,僅據《養蠶秘訣》署名知其爲江蘇無錫人。

此書約成於清光緒末年,孫殿起《販書偶記續編》農家類著録。全書約五千字,無序跋,詳述養蠶所應注意事項,包括選種、培種、飼葉、起眠、替簇、上山、抽絲、知忌、識病等九篇,另附"補飼葉法兩條"。書中對蠶室設置、溫度調節、出蛾、產卵、蠶種保護、暖種、桑葉採收、給桑、分箔、入簇、結繭、採繭等諸多環節均有獨到見解,而尤詳蠶病防治,提出選種不佳,諸病百出之論;概述蠶各發育階段及以蠶座狀態所生病症,總結桑葉消毒、滅菌,病蠶隔離等系列防治方法。

此書重養蠶技術,較少涉及栽桑及繅絲內容;亦鮮引録文獻,多直接陳述經驗,文辭精練,淺顯易懂,內容詳備、實用。

此書有少量刻本單行。今據湖北省圖書館藏清光緒二十五年鉛印《通學齋叢書》本影印。(熊帝兵)

蠶桑説一卷　(清)趙敬如撰(第978冊)

趙敬如,名璸,字敬如,安徽太平人。光緒時廩貢,工詩文,專數學、物理、經濟諸學,曾於太平創辦多所學校,并任縣公署教育局科長。趙氏留心實業,結廬浮園,栽種茶、桑、果木,培植森林。著有《蠶桑説》、《浮園詩選》、《務農考》等。生平事迹見《(民國)太平縣志稿・人物志》。

此書約成於清光緒二十二年(1896),《(民國)安徽通志稿・藝文考》農家類著録。卷首以太平縣令黃家傑推廣蠶桑告示代序。黃氏認爲已有文獻所載雖有成法可循,然或文辭博奧,非淺人所能知;或時地攸殊,非變通無以盡其利,遂囑趙氏撰此書。脱稿後,黃氏親加裁訂,略增減數條,刊印分發。

全書雖卷帙無多,然於種桑、培土、選種、養蠶諸法皆有極顯明揭示,詳述適合當時皖南栽桑養蠶之技術方法,部分取自當時蠶書,然極少移引原文,多結合趙氏栽桑養蠶經驗而成。此書尤重栽桑養蠶常見問題處理,桑樹栽植、樹型養成及培肥管理等技術頗爲先進。書由蠶性角度闡釋環境對養蠶的影響,并總結出"十體"、"七忌"、"三齊"等養蠶技術要領,脱離迷信窠臼。蠶病內容最具價值,較早詳述多化性寄生蠅形態與生活習性,復論及顯微鏡檢查蠶體,預防蠶微粒子病。全書文字簡明,通俗易懂,所言技術便於取用與推廣。

此書有光緒二十三年木活字本、漸西村舍本及《叢書集成》本等。今據上海辭書出版社圖書館藏清光緒桐廬袁氏《漸西村舍彙刻》本影印。(熊帝兵)

蠶桑輯要不分卷　(清)鄭文同撰(第978冊)

鄭文同(1843—1907),字子和,號書田,先世居浙江桐鄉,後徙秀水(今浙江嘉興)。光緒元年(1875)恩科舉人,官蘭溪、永康教諭,金華府學教授等職。篤於僚誼,能仗義疏財,重文教及農桑。撰有《蠶桑輯要》、《條陳蠶桑書》等。生平事迹見《(民國)新塍鎮志》卷一二、《清代朱卷集成》"光緒乙亥・恩科"等。

此書約成於清光緒二十四年。鄭氏所録首栽桑、次育蠶、次雜説,復續輯治繭繅絲十六則,生種剥綿八則,并附蘇錦霞輯《論蠶患椒末瘟病》。

此書內容多録自汪曰楨《湖蠶述》、沈秉成《蠶桑輯要》等,得沈練《廣蠶桑説》之啓示亦深。全書重點輯録中法,雜以西學新法,多録蠶桑常規技術及本人切身經驗,選種、育種、借助顯微鏡檢查蠶種,桑葉、柘葉混合飼蠶改善絲質,蠶病防治等內容皆有新經驗融入。

書末附蠶患椒末瘟病之由并治法,係輯自美國蠶務署《泰西育蠶新法》,然僅輯其受病之源,而未詳治法。

此書版本較少,今據中國國家圖書館分館藏清光緒刻本影印。(熊帝兵)

橡繭圖説二卷　(清)劉祖憲撰(第978冊)

劉祖憲(1774—1831),字爲憲,一字守齋,號仲矩,福建閩清人。清乾隆五十九年(1794)舉人。嘉慶二十二年(1817)赴任貴州,歷署永從、龍里、婺川、普安等縣,後補安平知縣。所任之處,重農桑、設義倉、興文教,善政頗多。撰《論語紀聞》,修《(道光)安平縣志》。生平事迹見《(咸豐)安順府志》卷三二、《(民國)閩清縣志》卷六、《(民國)貴州通志·宦迹志一三》等。

此書約成於清道光七年(1827),《清史稿·藝文志》農家類著録,撰者誤爲"劉祖震"。貴州素多橡樹(柞樹),而不知育蠶之利。劉氏於安平縣令任上,以八九年間之見聞,詢諸匠人,備得其法,乃仿宋樓璹《耕織圖》,撰成此書。

全書系統載録貴州放養柞蠶實際經驗,自辨橡、種橡,以至上機成綢及絲織機械,計二卷四十一條,多爲劉氏述説,鮮引文獻。上卷主述種橡及蠶種,涉及橡樹種類、生長特徵、栽種、管理,蠶種辨別與選擇等,以斫橡、出蛾等條論述尤詳。下卷詳述橡蠶放養和繅絲經驗,於暖種、放養、移枝、敵害防治、收繭、煮繭、絡絲、織綢等多有新論,末附機床并各器圖,標注清晰,以便依圖仿製。書中復兼述雇工管理、收成及本息計算等項。

此書雖仿樓氏《耕織圖》,然體例、形式及內容多有超越。保留以圖配詩形式,以柞蠶放養技術爲圖之內容,增以大量論説。圖文并茂,條分縷析,明白易懂,頗利於技術推廣。劉氏之前,柞蠶專論尚少,是書適補其闕,對其後野蠶論著亦多有影響。書中少量祈蠶、

占蠶內容不盡科學。

此書有清道光七年自刻本。今據南京圖書館藏此本影印。(熊帝兵)

柞蠶雜志一卷柞蠶問答一卷　(清)增韞撰(第978冊)

增韞(1860—1946),字子固,蒙古鑲黄旗,奉天長白山(今屬吉林)人。蔭生,曾於東北歷任多職。清光緒三十一年(1905)任奉天府尹,旋署湖北按察使,調直隸按察使、布政使等,累官浙江巡撫。辛亥武昌起義爆發後,不從浙江諮議局之請,拒絕宣佈獨立,因而被俘,未幾獲釋遣歸,後隱居遼瀋。生平事迹散見於《(民國)奉天通志》卷一三六、《(民國)安東縣志》卷八、《(民國)新民縣志》卷一七等。

此書約成於清光緒三十二年。增氏任職直隸,見當地近山州縣多橡樹而不知養蠶,乃精簡當時流行之種橡養蠶之法,結合其在奉天十餘年倡行放養柞蠶之經驗,撰成《柞蠶雜志》一卷,引介奉天地區柞樹栽植方法與野蠶放養技術。書成之後,又恐鄉里老農未盡通曉,乃以問答形式重述全書內容要點,成《柞蠶問答》一卷。書末附光緒三十二年增氏特爲勸諭種柞養蠶所出之"白話告示"、道光五年貴州按察使宋如林"勸種橡養蠶示"及"養蠶事宜五條",其中亦含柞蠶放養技術。

此書意在引介傳播柞蠶放養技術,雖少新意,但以問答形式呈現種柞養蠶知識,頗有利於掌握與推廣技術要領。

此書有清光緒間浙江書局刻本、光緒三十二年江蘇官書局刻本及宣統元年農工研究會刻本等。今據浙江省圖書館藏清光緒浙江官書局刻本影印。(熊帝兵)

柞蠶彙志一卷　(清)董元亮撰(第978冊)

董元亮(1861—1939),字肇培,號季友,福

建閩縣(今福州)人。由舉人揀選知縣,曾任江蘇試用道。光緒末年,浙江巡撫增韞派其作勸業道,於浙江試行柞蠶。民國期間任奉天財政廳長。撰有《柞蠶彙志》。生平事迹散見於《民國職員表》《東方雜志》第十二卷第一號)、《奏設政治官報》(第十五期、第十九期)等。

此書約成於清宣統元年(1909),董氏依據增韞《柞蠶雜志》所載,於浙江設場試驗柞蠶放養,頗有心得,乃集諸家之説,證以實地經驗,抉精去蕪,彙而成書,凡一卷。全書載録柞樹培植法十六則,細説南北柞樹種類、栽植方法與管理經驗,并插圖詳示。春蠶、秋蠶飼養法各九則,詳述柞蠶放養技術及巡視保護。另有護繭法四則及繅絲法六則,言柞蠶留種、繅絲所須注意事宜。書中插圖採用白描、特寫等手法,較之他書,更能清晰、準確展示各種柞葉及子實之局部特徵,便於識認與區別。

此書有宣統二年浙江官紙局刻本及商務印書館鉛印本,今據浙江省圖書館藏清宣統二年浙江官紙局刻本影印。(熊帝兵)

樗繭譜一卷 (清)鄭珍撰 (清)莫友芝注 (第978冊)

鄭珍(1806—1864),字子尹,號五尺道人、柴翁等,貴州遵義人。清道光十七年(1837)舉人,大挑二等,歷任古州廳、鎮遠等地教官,補荔波訓導。治經學、小學,兼擅詩古文辭,著作頗豐,有《儀禮私箋》、《説文新附考》、《巢經巢經説》等。事見《清史稿·儒林傳》。

莫友芝(1811—1871),字子偲,號郘亭,晚號眲叟,貴州獨山人。清道光十一年舉人,曾入曾國藩幕。專小學、經學,善藏書。其學與鄭氏齊名,并稱“鄭莫”。曾與鄭氏合修《遵義府志》。另撰有《唐寫本説文木部箋議》、《郘亭知見傳本書目》等。事迹附見《清史

稿·文苑傳》。

此書成於清道光十七年,《清史稿·藝文志》農家類著録。鄭氏爲紀念乾隆間郡守陳省庵在黔推廣柞蠶事迹,總結其柞蠶放養及繅織遺法而作此書。書中放養場地選擇、繅絲及織綢技術等皆爲首見記載,尤重柞蠶絲織程序與細節。全書文辭雅質,多難字、僻字,尋常百姓不易理解。後遵義縣宰德亨請莫氏詳加音釋注解,疏其難明,補其未備,以便於流傳與推廣。

此書是繼韓夢周《養蠶成法》之後一部重要柞蠶著作,傳佈甚廣。吳其濬《植物名實圖考長編》收録此書內容。四川推廣山蠶時,亦曾多次刊印。然而全書文辭艱澀,雖經莫氏注釋,亦未能盡免,且鄭氏誤柞蠶爲樗蠶,書言柞蠶,而以“樗繭”名之。

此書有清道光十七年刻本、光緒七年遵義華氏瀘州重刻本、光緒八年河南縣署重刻本等。今據上海圖書館藏清道光十七年刻本影印。(熊帝兵)

野蠶録不分卷 (清)王元綖撰 (第978冊)

王元綖,字文夫,一作文甫,山東寧海(今烟臺)人。清光緒二十四年(1898)進士。曾任歙縣知縣、安徽勸業公所商務科員等職。生平事迹散見於《(民國)牟平縣志》卷七及《野蠶録》諸本序、跋中。

此書約成於清光緒二十八年,孫殿起《販書偶記》農家類著録。鑒於存世言蠶之書豐富,而言野蠶者鮮見,王氏彙録平日見聞,搜採雜書以附益,撰成此書。首録高宗純皇帝聖諭并自叙,後分考證、雜録、種樹、育蠶、繅絲等十一篇,絲綢出口表二,圖説一。各篇之下分條若干。末摘陳壽彭輯譯《蠶外紀》之野蠶內容,以便與中國野蠶互相考證。

此書多方總結前人野蠶放養經驗,對野蠶種類、所食樹葉種類、野蠶(特別是柞蠶)發展、種樹方法(含修剪與更新)、柞蠶飼養過

程、繰絲織綢方法及工具等論述皆詳。書列野蠶十八種,分別考述其產地及所食樹葉名稱。對野蠶敵害防治,柞蠶成蟲與幼蟲形態,蠶山蠶場選擇,柞蠶習性與疾病,蠶繭、蠶蛾、蠶子等項記載具體而微,且多創新之見。書中記述繰車之主要零件、尺寸及形制,便於製作。所列光緒元年至二十六年野蠶絲出口表及光緒十三年至二十六年繭綢出口表,對中外生活物資貿易研究亦頗具參考價值。此外全書繪圖十多幅,配之以文,以示蠶、蛾、樸、柞、槲之性狀。

此書有光緒二十八年進呈寫本、光緒三十一年商務印書館鉛印本、湖南官書報局石印本等。今據遼寧省圖書館藏清光緒二十八年進呈寫本影印。（熊帝兵）

柳蠶新編二卷　（清）許鵬翊撰（第978冊）

許鵬翊,直隸昌黎(今屬河北)人。副貢,候選知縣。清光緒三十三年(1907)任吉林省山蠶局委員,負責試辦、推廣蠶桑事宜。長期致力於橡蠶放養研究,并於靖安堡椹子村實地試驗,頗著成效。撰有《橡蠶新編》、《柳蠶新編》。生平事迹見《(民國)昌黎縣志》卷四、《(民國)磐石縣鄉土志·物產》、《治磐事略·實業》等。

此書約成於清宣統元年(1909)。書前有許氏、曹廷杰及王毓祥三序,闡述試放柳蠶原委。其書凡二卷十九目,上卷主論蒿柳栽植技術,詳述柳樹種類、蒿柳性質、栽種方法、蠶場修理等,強調吉林柳、橡養蠶之利,附圖明示蒿柳性狀及栽植技術。下卷專論柳蠶放養,由考野蠶種類始,詳述柳蠶性質、種子、放養季節與方法,區別柳蠶、桑蠶、橡蠶之同異,詳陳柳蠶十利。書中"謹按"乃許氏屬員王毓祥所加,意在補充許氏未盡之旨。

鑒於許氏於《橡蠶新編》中已述留種、出蛾、挪蠶、窩繭及去害、防病諸法,此書未多涉及,二著可互參。

此書有清宣統二年鉛印本與宣統三年安徽勸業道署鉛印本等。今據浙江省圖書館藏清宣統三年安徽勸業道署鉛印本影印。（熊帝兵）

醫家類

黃帝內經太素三十卷（存卷二、卷三、卷五、卷六、卷八至卷十五、卷十七、卷十九、卷二十二至卷三十）
（唐）楊上善撰　（清）蕭延平校正（第979冊）

楊上善(約575—670),里籍不詳。隋唐間人。隋大業間任太醫侍御,唐高宗時官通直郎、太子文學。奉敕注《內經》,取《素問》、《靈樞》重新編次,纂成此書。另著有《黃帝內經明堂類成》,今僅存第一卷,名《黃帝內經明堂》。

蕭延平(1860—1933),字北承,黃陂(今屬湖北武漢)人。舉人,曾任應城石膏局總辦、國會參議院議員、武昌醫館館長。著有《心學平議》,校勘印行《黃帝內經太素》。

此書原三十卷,是《黃帝內經》早期傳本之一。考書題下署銜"太子文學",此官唐顯慶中始置,則此書纂成於唐高宗朝。書分攝生、陰陽、人合、臟腑、經脈、腧穴、營衛氣、身度、診候、證候、設方、九鍼、補泄、傷寒、寒熱、邪論、風論、氣論、雜病十九大類,乃楊氏重新編次并加注釋而成。分類排纂《內經》,體例取法皇甫謐《甲乙經》而無編輯害義之失。其相承舊本有可疑者,於注中詳加訓釋,不輕易改動原文,保存《黃帝內經》各篇早期形態,於字義考釋、徵文考獻等方面,亦有重要價值。

此書南宋以後逐漸散佚,清末楊守敬出使日本,影寫仁和寺唐人卷子抄本回國,然惟有二十三卷,缺第一、四、七、十六、十八、二十、二十一七卷。後蕭延平在武昌得此書柯巽庵抄本、袁昶刻本,又於左筍卿處獲一鈔本,以諸本校仁和本,同時參考《素問》、《靈樞》、《難經》、《脈經》諸書,多方引證、反復辨明、精心校勘,并刊印行世,稱蘭陵堂本或蕭延平本。後日本《東洋醫學善本叢書》收載影印仁和寺唐人卷子抄本,又增加第十六、二十一卷,共二十五卷,是此書目前所知最爲完善之版本。

現存日本天保年間寫本、日本影抄卷子本、清袁昶刻本、《叢書集成》本、日本《東洋醫學善本叢書》本等多種抄本、刊本。今據首都圖書館藏民國十三年(1924)蘭陵堂刻本影印。(邢玉瑞)

黃帝内經素問注證發微九卷補遺一卷黃帝内經靈樞注證發微九卷　(明) 馬蒔撰 (第979—980 册)

馬蒔,字仲化,又字玄臺,會稽(今浙江紹興)人。約生活於十五至十六世紀,明代著名醫家,曾任太醫院正文。生平見此書諸序。

馬蒔認爲《黃帝内經》應分《素問》九卷、《靈樞經》九卷,又以《靈樞經》前無注釋,文字玄奧,閱讀困難,故於太醫院任職期間完成分卷,撰成此二書。

《黃帝内經素問注證發微》又名《素問注證發微》,刊行於明萬曆十四年(1586)。書中《内經》原文仍據林億等校本分爲八十一篇,但卷數則合并爲九卷,補遺一卷。作者對原文難解之詞義及醫理逐篇逐節予以注釋和發揮。是繼唐人王冰以後又一注家,在闡發經文、補苴王氏罅漏方面貢獻頗大,爲《素問》主要注本之一。

《黃帝内經靈樞注證發微》又名《靈樞注證發微》,刊行於明萬曆八年,屬最早《靈樞》全注本。書中《靈樞》原文悉依南宋史崧傳本,共八十一篇,但卷數則合并爲九卷。全書體例與《素問注證發微》相同。馬氏擅鍼灸,在

申明字義及剖析醫理方面因較《素問》注釋深入。書中隨附人體經脈腧穴圖解。汪昂《内經約注》評云:“《靈樞》從前無注,其文字古奧,名數繁多,觀者皺眉,作爲醫者又棄之不讀,至明始有馬玄臺之注,其疏經絡穴道,頗爲鮮明。”《(雍正)浙江通志》則稱之爲“醫學津梁”。

二書現存明萬曆十四年王元敬天寶堂刻本、萬曆十六年寶命堂刻本。今據前者影印。(邢玉瑞)

黃帝内經素問二十四卷　(明) 吳崑注 (第980 册)

吳崑(1551—1620),字山甫,號鶴皋,又號參黃生,歙縣(今屬安徽黃山)人。明代著名醫家,新安醫學代表人物之一。出身儒門,叔祖吳正倫、堂叔吳行簡俱爲當地名醫。十五歲考舉人未中,遂棄舉子業,從余午亭習醫。家藏醫書頗豐,吳氏博覽醫學典籍,行醫漸有聲譽。後又遍歷三吳、江浙、荆襄、燕趙之地結交名醫,醫術大進。除此書外,另著有《醫方考》、《脈語》、《鍼方六集》等。生平略見《醫方考(附脈語)序》、《醫方考引》、《醫方考序》等。

《黃帝内經素問吳注》,又名《素問吳注》,二十四卷,刊行於明萬曆二十二年甲午(1594),是《素問》全注本之一種。書中將現存《素問》一書七十九篇(無《刺法論》、《本病論》二篇)原文逐篇分節予以注釋,每篇之首撰小序簡述該篇大意。注文簡明,取譬形象,説理透徹,緊切臨床,成爲繼全元起、王冰之後影響深遠之又一注家。

現存明萬曆三十七年己酉石室刻本、清光緒二十五年己亥(1899)績溪程氏刻本、日本元禄六年癸酉(1693)書林吉村吉左衛門刻本。今據天津圖書館藏明萬曆三十七年刻本影印。(邢玉瑞)

黃帝内經素問九卷　（清）張志聰集注（第980—981冊）

張志聰（1616—1674），字隱庵，錢塘（今浙江杭州）人。出身醫學世家，少年失怙，遂棄舉業，師從張卿子習岐黃術。精研醫理，醫學博洽。構侶山堂於胥山（即吳山），招同道、弟子數十人講論醫學。除此書外，另著《靈樞經集注》、《傷寒論宗印》、《金匱要略注》、《侶山堂類辯》、《本草崇原》等行世。晚年又著《傷寒論綱目》九卷，復集《傷寒論》各家注而爲《傷寒論集注》，未成而卒，由門人續纂爲六卷。生平見《黃帝内經靈樞集注序》、《本草崇原序》。

此書乃張氏及其門徒集體撰著，仿宋明理學家注釋經書法，依《素問》原文逐句詳注，爲《素問》注釋中之佳者，亦爲近代流行較廣之《内經》全注本，對研究《内經》參考價值甚大。

現存清康熙九年（1670）刻本、康熙十一年刻本、光緒五年（1879）勤思堂刻本及《中國醫學大成》叢書本。今據湖北省圖書館藏清康熙九年刻本影印。（邢玉瑞）

靈樞經九卷　（清）張志聰集注（第981冊）

張志聰，生平見前《黃帝内經素問》提要。

張氏强調精注經典，體會經旨深義，謂《靈樞》其理廣大，其道精微，但經皇甫士安編類爲《甲乙鍼經》，及馬玄臺專言鍼而昧於理，遂使後世指是經爲鍼傳而忽其理。其憫聖經失傳，於注釋《素問》後彙集同學諸公舉《靈樞》而詮釋成，於康熙十一年壬子（1672）纂就。

書共九卷，八十一篇。其第九卷又分上、下，一依宋本《靈樞》及馬蒔《靈樞注證發微》編排。張氏首開集體注經之例，集合同學、門人數十人共同詮注《素問》、《靈樞》，并冠其名於卷首。張氏及門人自注之外，間引前賢馬蒔、張介賓等論。廣引《周禮》、《史記》、

《金匱要略》等，以五運六氣、《大易》之理，闡釋醫理。其經注體例爲逐條注釋，先列經文，低一格書注文，隨文釋義。在正文注釋之外，輔以眉批，以闡其未盡之意，或略存他人之歧見。張氏注重疏通醫理，詳於理而不重訓詁，謂《靈樞》"經意深微，旨趣層折，一字一理，確有指歸"；《素問》論病所由生，《靈樞》論病所由治；因此以理會鍼，因鍼悟證，發明經旨深義，使讀《素問》者知病之所以起，讀《靈樞》者識病之所以瘳。

張氏師從於張卿子，屬尊經一派，常將《靈樞》與《素問》互相貫通，以仲景之論與《内經》融會發明，同時善用内證方法，以此書不同篇章相互佐證。張氏雖不注重訓詁，但訓詁學功底深厚，字詞訓釋頗有見地，其訓釋方式有義訓及音訓。經注文字樸實暢達，詳略得當，復輔以歌訣，朗朗上口，爲經注之上者。

此書主要有康熙十一年初刊本、康熙三多齋刻本、光緒五年（1879）勤思堂刻本、光緒五年太醫院刻本、光緒十三年仲學輅序刻本、光緒十六年浙江書局本等。今據湖北省圖書館藏清康熙十一年刻本影印，書前有張隱庵自序。（楊金萍　王振國）

讀素問鈔九卷補遺一卷附錄一卷　（元）滑壽輯　（明）汪機續注（第981冊）

滑壽（約1304—1386），字伯仁，晚號攖寧生。元代醫學大家。祖籍襄城（今屬河南），後遷儀真（今江蘇儀徵），又遷餘姚（今屬浙江）。幼而警敏，能詩文。初從京口王居中學醫，會通張仲景、劉守真、李明之三家之説，臨證多有奇驗。又學鍼法於東平高洞陽，遂覃精經絡，獨出胸臆，謂督、任二經宜與十二經并論，乃取《内經》所述撰成《十四經發揮》三卷。滑氏醫德高尚，馳名吳楚之間。所著此書及《難經本義》、《讀傷寒論抄》、《診家樞要》等皆有功於世。事迹見《明史》本傳。

汪機（1463—1539），字省之，別號石山居

士,祁門(今屬安徽)人。新安醫學奠基人。其家世代行醫,祖父汪輪、父汪渭、叔伯汪宧均爲邑中名醫。汪機少攻經史,後因母病醫治無效,遂棄科舉,隨父學醫。精研諸家經典,取各家之長,融會貫通,精於《内經》、《本草》、《傷寒》、《脈經》、運氣學説及臨床各科。行醫數十年,活人以萬計。醫德高尚,與張頤、李可大、繆希雍并著,名冠當時。醫學著述頗豐,有《醫學原理》、《運氣易覽》、《石山醫案》等十餘部。事迹見徐春甫《古今醫統大全·石山居士傳》。

《讀素問鈔》著述刊刻年代不詳,分上、中、下三卷,上、下二卷各分四子卷,故目爲九卷。滑氏以爲《素問》乃醫家必讀之書,而文字古奥,多有錯簡,主題散漫,學者不易領會,故取《素問》删繁撮要,各以類從,分臟象、經度、脈候、病態、攝生、論治、色診、鍼刺、陰陽、標本、運氣、彙萃等十二類,重予編次,鈎玄提要,簡要注釋,而爲此書,開《素問》節略、類編之先河,對後世影響很大,明張介賓《類經》之編纂即仿其例。

汪氏以滑氏之書於王冰所注多略而不取,僅於經文難曉之處附以一二,學者不易入門,爰復取王氏之注參補其間,又附以己意爲之續注。書成於明正德十四年(1519),稱《重集素問鈔》。書中分卷、標目、所輯《素問》之文,仍依滑氏;滑氏原本自注之處,加“今按”二字以别之;汪氏所補王氏之注,加一“續”字以别之;汪氏所附己意之處,加“愚謂”二字以别之。

此書初刻於明嘉靖三年(1524)至嘉靖五年,各卷分别由程玘綱、戴殷、吴模、程珂、程從遷、程文傑等出資助刻,後祁門朴墅汪氏祠堂彙刻入《汪石山醫書八種》,至清初汪氏祠堂本又以原版多次重印,有將卷中亦分出四子卷者。現存明嘉靖三年至嘉靖五年程玘綱等刻本、明嘉靖十年明德書堂刻本、明嘉靖二十年刻本、明萬曆三十年沈府刻本等。

今影印原題“據明嘉靖刻本影印”,未明刊刻具體年代,實爲明嘉靖三年至嘉靖五年程玘綱等人刻本。前有汪機正德十四年自序,程玘綱等助刻人姓名、年月識於相應卷末,後附補遺一卷,又附録汪氏正德十五年撰《辨明醫雜著忌用參芪論》、程鐈遷《病用參芪論》二文。(臧守虎)

黄帝素問直解九卷　(清) 高世栻撰(第982册)

高世栻,字士宗,錢塘(今浙江杭州)人,清康熙年間名醫。少時家貧,自學通俗醫書,後師從張志聰,聽講於張氏侣山堂十餘年。張氏撰《本草崇原》,未竟而卒,世栻繼之。并曾纂集張氏《傷寒論集注》。精研《内經》,除此書外,另著成《靈樞直解》、《金匱直解》、《醫學真傳》。前二種未見傳世。《清史稿》有傳。

張氏於《内經·素問》、《内經·靈樞》本有集注,然高氏以張氏注義艱深,或字句重複,甚至於以訛傳訛,故取《内經·素問》復注之,於康熙乙亥年(1695)撰成此書。

書凡九卷,計八十一篇,對《内經·素問》八十一篇原文逐一注釋,先詮解篇名,次及篇中大旨,一篇之中又分爲數節,逐層注解。其中《素問》原闕《刺法論》、《本病論》二篇,取馬玄臺《靈樞注》所補,補於《氣交變大論》篇後,稱所論皆陰陽上下運氣升降,與諸大論相爲貫通,因并一例注之。其注有音讀,解而串講;闡發經文,深得門徑;糾誤正訛,嚴肅認真;注釋詮解,深入淺出;探討臟腑,獨出創見;五運六氣,頗多發揮。注解條理清晰,簡明扼要,通俗易懂,便於初學,不遵前人舊説,不遵張氏集注,多有中肯獨到之處。與張氏之集注相較,一求奥賾,一取明通,頗有相輔而行之意,二書皆有功於醫學,後人評價極高。陳修園著《醫學三字經》,於各家絶少許可,而云“大作者,推錢塘”,於張氏、高氏之注均歎爲漢後第一書。

現存康熙三十四年（1695）侶山堂刻本、光緒十三年（1887）浙江書局刻本。今據上海辭書出版社圖書館藏光緒十三年浙江書局刊本影印。書前有同年自序、凡例九條，後有光緒十三年仲學輅跋。（臧守虎　楊天真）

内經博議四卷　（清）羅美撰（第982冊）

羅美，字澹生，號東逸，別號東美，新安（今安徽黄山）人，僑居虞山（今江蘇常熟）。康熙年間名儒，貫通經史，尤明《易》理，晚年以醫藥濟人。除此書外，另著有《古今名醫彙粹》、《古今名醫方論》等行於世。事迹見《（同治）蘇州府志》卷一〇〇。

書刊於康熙十四年（1675），乃作者闡述《内經》之著述，分人道、脈法、鍼法、病能、天道、述病六部，共五十八篇。此書摒棄傳統以經解經、隨文詮釋及輯注類纂方法，採取以《内經》體系爲框架之分部類從方式，專題闡發經旨奧義，使其研究心得與《内經》旨意相互滲透而渾然一體。又其闡發《内經》運氣學說、臟腑病機、奇經八脈諸理論，特別注重結合臨證經驗，多發前人之所未發。全書據臨證體驗心得，博引諸家，闡釋經旨，貫穿會通，深入淺出，學者藉此可得《内經》指歸。清代醫家葉霖《難經正義》稱："陰陽之理，以和爲洽，究未若羅澹生《内經博議》引申《天元寶册》之義爲曉暢也。"裘吉生《珍本醫書集成》評："論生理，皆天人合一之旨；論病理，皆根據經文之意；至診斷治療，無不引證經義。洵一部《内經》大注解也。"

現存清乾隆三十二年丁亥許鈾抄本、清吳門馬秀夫抄本，亦見收於《珍本醫書集成》、《新安醫籍叢刊》。今據南京圖書館藏清抄本影印，書前有孫石芝記，孫石芝、趙汝揆《内經博議題辭》，下有"乾隆元年十二月石芝閱，二年正月批點又記"字。（臧守虎　楊天真）

醫經原旨六卷　（清）薛雪撰（第982冊）

薛雪（1661—1750），字生白，號一瓢、槐雲道人、磨劍道人、牧牛老朽，吳縣（今江蘇蘇州）人。清代醫家。少習詩文於同郡葉燮，工畫蘭，善拳勇，博學多通。乾隆初舉鴻博未遇。後因母病而專心攻醫，於醫時有獨見，尤精於濕熱症。然性孤傲，惟與袁枚友善。與同邑葉桂（字天士）齊名，而素不相能，因自名居所曰掃葉山莊。其後代亦多名醫。著作甚豐，除此書外，另著有《濕熱條辨》、《薛一瓢瘧論》等。事迹見《清史稿》、《（同治）蘇州府志》卷一一〇。

書成於乾隆十九年（1754），前有作者同年所作《緒言》。書中類編《内經》經文且逐條注釋，分類雖本於張景岳《類經》而有所删并，分《攝生》、《陰陽》、《藏象》、《脈色》、《經絡》、《標本》、《氣味》、《論治》、《疾病》等十四篇。因鍼灸一法別有專書，故略而不詳。注文亦多輯自張氏《類經》而汰其浮華，間或融會諸家精要，所採諸家舊說以張志聰爲多。諸家之見，質之《内經》經義，合與不合，皆爲之折衷；其義理未盡者，則以己意申之。疾病類居全書之半，發揮最詳。此書雖抄節張氏《類經》，然删繁就簡以推原經旨，反映《内經》學術理論體系較爲完備，闡發經義切合臨床、簡明扼要。所引經文未注篇目，是其一失。

現存清乾隆間薛氏掃葉莊刻本、同治光緒間掃葉山房刻楊采青重校本（後板歸寧郡簡香齋，亦有印本存世）、宣統元年（1909）同文會刻本等。今據湖北省圖書館藏掃葉山房楊采青校刻本影印。（臧守虎）

素靈微蘊四卷　（清）黄元御撰（第982冊）

黄元御（1705—1758），名玉璐，一字坤載，號研農，別號玉楸子，昌邑（今屬山東）人。諸生，少負奇才，有志於功名。然壯年罹疾，爲庸醫誤治，左目喪明，遂立志爲名醫濟人。

以黃帝、岐伯、仲景、越人爲"醫中四聖",故發揮"四聖"之説,著《素問懸解》、《靈樞懸解》、《四聖心源》、《四聖懸樞》等。生平見《清史稿》、《(光緒)昌邑縣志》卷六及《黃氏族譜》。

此書係黃氏晚年研究《内經》之心得。黃氏就醫學中理論問題撰成醫論二十六篇,《胎化解》、《藏象解》、《經脈解》、《營衛解》、《藏候解》、《五色解》、《五聲解》、《問法解》、《診法解》、《醫方解》十篇外,又各病症解十六篇,多附以醫案。該書尊崇《内經》、張仲景及孫思邈,詆訶歷代名醫,無所不至。以錢乙爲悖謬,以李杲爲昏蒙,以劉完素、朱震亨爲罪孽深重,學術上有其片面性。

《四庫全書總目》著錄"《素靈微蘊》四卷,編修周永年家藏本"。現存清刻本多種。今據清道光十年京都文德齋刻《宛鄰書屋叢書》本影印。(李亞軍　張星)

中西匯通醫經精義二卷　(清)唐宗海撰(第 982 册)

唐宗海(1862—1918),字容川,彭縣(今四川彭州)人。先攻儒學,十六歲中秀才,因父患血證而潛心探索此病,歷十一年著成《血證論》一書,集血證診治之大成。光緒十一年(1885)中舉,其後遊學江南,醫術揚名於滬。光緒十四年中三甲進士,授禮部主事,奉母赴京。後醫名大噪,譽滿京華。學術上主張兼取衆家之長,并吸取西醫解剖學、生理學知識之所長,成爲中國醫學"中西匯通"之先驅。其醫學著述頗豐,除《醫易通説》、《六經方証中西通解》、《痢症三字訣》等外,猶以《中西匯通醫書五種》著稱於世。生平見《清史稿》。

《中西匯通醫經精義》二卷,又名《中西醫判》、《中西醫解》、《中西醫學入門》,刊於光緒十八年。唐氏因"西醫初出,未盡周詳;中醫沿訛,率多差誤"(自叙),乃採擷《内經》之

要,而匯通以西醫之生理、解剖等,將《内經》中醫學理論歸納爲陰陽、臟腑、營衛、經脈、全體總論、諸病、望形、問察、診脈、氣味陰陽、七方十劑等二十餘類,并予撮要注釋。書中除引中醫理論外,兼採西醫生理解剖圖説加以發揮,謂"能參西而崇中,不得新而忘舊",在溝通中西醫學上大膽嘗試,獨具篳路藍縷之功。

現存清光緒年間石印本多種。今據光緒三十四年上海千頃堂書局石印《中西匯通醫書》五種本影印。(李亞軍　張星)

運氣易覽三卷　(明)汪機編輯(第 983 册)

汪機生平見前氏續注《讀素問鈔》提要。

書成於明嘉靖七年(1528),嘉靖十二年初刻於祁門朴墅汪氏祠堂。凡三卷,六十篇。

運氣之説始於《素問》,歷代醫家皆宗之,而詳説者甚少,世醫罕有能解其意者。元馬宗素、程德齋《傷寒鈐法》發爲穿鑿之論,謂某生人於某日,病於某經,用某藥,某日當汗瘥,某日當危殆等,汪機謂爲"悖亂經旨,愚惑醫流,莫此爲甚",且謂"《運氣》一書,古人啓其端倪而已,員機之士,豈可徒泥其法,而不求其法外之遺耶"(自序),遂纂爲此編,名曰《運氣易覽》,由門生陳桷校正,程鐈訂梓。

此書取《素問》中五運六氣之説詳加辨論,配圖四十七幅,輔以歌訣以概括運氣推算要理。論以明其理,深入淺出揭示五運六氣之説;圖以揭其要,頗多發明之處;歌括便於記誦,有益於初學者推算記誦。書中兼及治法,附方二十二首,多爲治時氣外感病常用方劑,其中六氣主病方中"風勝燥制火并湯"、"水勝濕制風并湯"等六方皆爲汪氏所創,反映其臨床證治結合五運六氣獨到經驗。汪氏論五運六氣,非若他家但放言高論而無當於事,故學者謂運氣之説以石山爲第一義。治病自以脈證爲主,雖不必偏主運氣之説,而其説不可不知。

現存嘉靖十二年刻本、清光緒年間石印本。今據中國科學院圖書館藏明嘉靖十二年程鑣本影印,書前有作者嘉靖七年自序,後有程鑣嘉靖十二年跋。(周國琪)

内經運氣病釋九卷附内經遺篇病釋一卷

(清) 陸懋修撰 (第 983 册)

陸懋修(1818—1886),字九芝,又名勉斿,號江左下工、林屋山人,元和(今江蘇吳縣)人。清代後期著名醫學家,儒醫兼修。先世顯,皆通醫。外曾祖王丙(朴莊)亦爲名醫,精於傷寒。其子潤庠,同治十三年(1874)狀元,亦知醫。懋修爲諸生,世家學,中年益肆力於醫,咸豐年間遷居上海,以醫名。精研《素問》,恪守仲景之法。撰述豐富,除此書外,另著有《世補齋醫書》、《明道藏本史崧靈樞音釋》、《金匱方論》等。事迹見《清史稿》本傳及光緒二十五年《黎里續志》卷一一。

運氣之説始於《素問》,歷代醫家皆宗之,而詳説者甚少,世醫罕能解其意。元馬宗素、程德齋《傷寒鈐法》發爲穿鑿之論,醫家對運氣學説疑惑衆多,而臨床上又面臨諸多温病流行。陸氏有感於此,認爲《素問》七篇大論不可廢,"爰就《内經》之言運氣者,首列經文民病於上,即以氣交之旨櫽括而疏通之,并以宋人陳無擇三因十六方、國朝江陰繆問芳遠氏十六方解附焉"而爲此書,冀"以求六經病所由來,而六經之何由而病,病之何由而治",認爲如此"既可以《内經》之言明仲景之法,并可以知今人之病無一不出於《内經》之言"(自序)。

書成於同治四、五年間,藏之篋中二十年後,陸氏命其子潤庠重加編次,於光緒十年(1884)付梓,爲《世補齋醫書》之一。凡九卷,全面系統論述運氣病證,後附《内經遺篇病釋》一卷。前七卷取《素問》之《六節藏象論》、《天元紀大論》、《五運行大論》、《六微旨大論》、《五常政大論》、《氣交變大論》、《六元

正紀大論》、《至真要大論》等有關運氣變化與疾病關係之原文,對其進行歸類、注釋、闡發,尤其注重從運氣角度解釋病機。後二卷取宋代陳無擇《三因極一病證方論》之《運時氣民病證治》、《六氣時行民病證治》中方劑十六首,以爲《内經》運氣疾病證治之補充;又摘録嘉慶年間繆問(芳遠)《三因司天方》,對陳書十六首方劑加以分析。

附録《内經遺篇病釋》一卷,前有作者《小引》,謂"疫"字獨見於《内經》之《刺法論》、《本病論》二篇中,因二篇遺失,後人不復識何病爲疫病,竟以温熱病爲疫病。而此二篇所論五疫之大小相似,正與《六元紀》之遠近咸若可以互相發明,是論述疫病之最早文獻。因復對《素問》之《本病論》、《刺法論》病證原文進行注釋,分述木、火、土、金、水五疫之推算、運氣機理,强調瘟疫發生主要由於運與氣之間陰陽剛柔關係失調,以與《素問·六元正紀》相表裏。

現存《世補齋醫書》清稿本、光緒十年初刻本、光緒十二年山左書局刻本、民國元年上海江東書局刻本、民國二十年上海中醫書局鉛印本。今據天津圖書館藏光緒十年刻《世補齋醫書》本影印。書前有光緒十年撰者自序、劉廷枚弁言。(王振國　周國琪)

新刊勿聽子俗解八十一難經六卷 (明) 熊均撰 (第 983 册)

熊均(約 1415—1487),一名宗立,字道宗,號道軒,又號勿聽子,建陽(今福建南平)人。出生於醫學世家,自幼多病而好讀醫書,從福建名醫劉剡學習校書、刻書及陰陽醫療之術,曾校刻《内經》、《難經》、《脈經》及傷寒、外科、婦科、兒科、本草等類醫籍。生平見清光緒元年《潭陽熊氏宗譜》。

《勿聽子俗解八十一難經》六卷。另卷首一卷,爲《新編俗解八十一難經圖》,凡二十八幅,惜今影印漏收。正文卷一爲一難至十

三難,卷二爲十四至十七難,卷三爲十八至二十九難,卷四爲三十至四十五難,卷五爲四十六至五十八難,卷六爲五十九至八十一難。所謂"俗解",即以淺明之言闡發經義,便於初學者研讀,爲《難經》注本中之有特色者。

現存明清刻本及日本刻本多種,今據日本寬永四年(1627)刻本影印。(孫理軍)

金匱要略四卷　(漢)張機撰(清)張志聰注(第983冊)

張機(約150—約219),字仲景,南陽(今屬河南)人。東漢末傑出醫學家。曾任長沙太守,又稱"張長沙"。少嗜醫學,博通群書。建安年間疫病流行,死者甚衆,張氏傷痛之餘,乃勤求古訓,博採衆方,集前人之大成,攬四代之精華,著《傷寒雜病論》。原著曾散佚,賴晉王叔和搜集整理,得以流傳。另有《傷寒玉函方》,其後二卷爲治雜病方,經宋人整理成《金匱要略》行世。其辨傷寒,創六經傳變,分經辯證,審因立法,依法定方,建立中醫辨證施治理論體系,後世尊其爲"醫聖",影響及於國內外千餘年。弟子衛汛傳其學。生平事迹見《名醫錄》。

張志聰生平見前《黃帝內經素問》提要。本書前有張志聰自序,次有門生之跋。自序言及成書經過,蓋於癸卯年冬月作注,三月而注成,凡十餘萬言。其間與同學探討商定,潛心訪求研究,冀以闡發《素問》之未盡,陳述《靈樞》之已言。

案仲景纂《金匱玉函經》,原與《傷寒論》同體而別名,成書又從中提挈要領而成《金匱要略》四卷。後《金匱玉函經》遺失,所存僅有《傷寒論》及此書。其後多年,醫家討論《傷寒論》者有成無己等數家,而爲此書作注者寥寥無幾。志聰作此書注,不欲拾人牙慧,其凡例中言《金匱》以"要略"爲名,意爲覼括大略,要而不煩,故所注以討論經文醫理爲重,於書中諸方亦極盡所能體會仲景立方本

意,以期後人能明晰用藥之妙。對書中與《傷寒論》相似微別之處,其注釋亦少加區分。又疾病種類雖多,不外乎氣血陰陽,故注中多有經氣之論。此外,書中尚刻有眉批,蓋因文意未盡或與內注微異而爲之。

志聰於《傷寒》致力最深,此書從《傷寒》輯出,且爲其殫思竭慮之作,故能成一家之學。惟書中雜療諸方未注,蓋其留諸後賢以成完璧者。

現存主要有清康熙二十二年癸亥(1683)文瑞堂刻本、康熙刻本錢塘恒吉堂藏板、清抄本等。今據南京圖書館所藏文瑞堂刻本影印。(趙東麗)

圖注八十一難經辨真四卷　(明)張世賢撰(第983冊)

張世賢,約生活於明弘治(1488—1505)、正德(1506—1521)年間,字天成,號静齋,四明(今浙江寧波)人。出身世醫,正德中以醫名,尤擅鍼灸。除此書外,另著有《圖注脈訣辨真》等。事迹散見於《明史》、《(光緒)鄞縣志》、《(光緒)慈溪縣志》等。

《難經》舊有吳呂廣、唐楊玄操諸家注。宋嘉祐中,丁德用始於文義隱奧者各爲之圖,元滑壽作《難經本義》亦有數圖,而皆不完備。張氏因《難經》之解未悉而圖未全,於是折衷群言,侑以己意,每節爲之注,每難爲之圖,而爲此書若干卷。凡注所累言不盡者,可以披圖而解。惟其中文義顯然,不需待圖而解者,亦强足其數,稍嫌冗贅。其注亦往往隨文敷衍,未及於深微。爲較早全圖注釋《難經》之作,且注文通俗易懂,故流傳較廣,影響較大。

此書撰寫年代不詳,初刊於明正德五年(1510)。著錄有四卷本、八卷本之不同,蓋因坊賈重刊增益所致。清初順治庚寅(1650)武陵馬之驥校定此書,同《圖注脈訣辨真》合序合刊,稱《圖注難經脈訣》,已失張氏圖注真面目。後小酉山房及浙江亦西齋與

經國堂等各翻刻本,或妄改,或删削,或多缺字訛字,實不堪讀。其他近時各石印本,以訛傳訛,更不堪問。曹炳章取馬氏校勘本,又參考其他舊刻各本,互相對照,重加校定,增入臟腑新圖,收入《中國醫學大成》。

現存明正德五年庚午吕邦佑刻本、嘉靖三十三年甲寅(1554)吳門沈氏碧悟亭刻本、《中國醫學大成》本。今據北京大學圖書館藏明刻本影印,書前有徐昂序。(臧守虎)

王翰林集注黄帝八十一難經五卷 (明)王九思編 (第983册)

王九思(1468—1551),字敬夫,號渼陂,鄠(今陝西户縣)人。明弘治間進士,選庶吉士,任吏部文選主事,後由員外郎升郎中。好文學,與李夢陽、何景明、康海等并稱"前七子"。精醫理,除此書外,另有《渼陂集》《渼陂續集》等。生平見《難經集注考》。

《王翰林集注八十一難經》,習稱《難經集注》,題"吕廣、楊元操、丁德用、虞庶、楊康侯注解,王九思、王鼎象、石友諒、王惟一校正附音釋"。吕廣爲三國時吴人,楊元操即楊玄操,唐代人,丁德用、虞庶、楊康侯爲宋人,皆曾爲《難經》作注。"校正附音釋"四人中,王鼎象、石友諒二人不可考,王惟一爲宋人,曾校訂《難經》,有《明堂腧穴鍼灸圖經》傳世。楊玄操作《集注難經》,"吕氏(廣)未解,今并注釋,吕氏注不盡,因亦伸之"。王九思以其書爲本,選集丁德用、虞庶、楊康侯、王惟一等各家注,成《難經集注》,仿唐楊玄操《集注難經》,仍分爲《經脈診候》、《經絡大數》、《奇經八脈》、《榮衛三焦》、《藏府配像》、《藏府度數》、《虛實邪正》、《藏府傳病》、《藏府積聚》、《五泄傷寒》、《神聖工巧》、《藏府井俞》、《用鍼補瀉》凡十三篇,各篇篇幅不一,有一卷含數篇者,有一篇跨數卷者,凡吕注一百六十七條,楊玄操注一百八十五條,丁注二百四十七條,虞注二百九十一條,楊康侯注二

條,其中"二楊"注有相混莫辨者。

此書集成宋以前《難經》諸注,有注有評,其中吕注是已知最早《難經》注解,丁注載有古本《難經》遺文,較多保存前代研究《難經》之資料,并繪圖以闡發微義,是注釋研究《難經》之重要著作,對整理研究《難經》及其他古醫籍校勘整理等有重要價值。

現存日本刻本及清刻本多種,并收入《守山閣叢書》及《四部叢刊》、《四部備要》,今據清道光二十四年(1844)錢熙祚刻本影印。(孫理軍)

難經正義九卷圖不分卷(存卷一至卷五) (明)馬蒔撰 (第983册)

馬蒔生平見前《黄帝内經素問注證發微》提要。

馬蒔精研經典,爲《素問》、《靈樞》重新分卷,并著《黄帝内經素問注證發微》、《黄帝内經靈樞注證發微》各九卷。此書刊行於明萬曆八年(1580),書前有凡例十五條,概述《難經》各難相關内容。此書推其源流,考其真義,故名"正義"。正文九卷,一至七難爲卷一,八至十八難爲卷二,十九至二十七難爲卷三,二十八至三十六難爲卷四,三十七至四十五難爲卷五,四十六至五十四難爲卷六,五十五至六十三難爲卷七,六十四至七十二難爲卷八,七十三至八十一難爲卷九。書後附八十一難各篇繪圖。馬氏在各難原文之後,概括其經旨要義,并予詳細注釋,對相關經文、前代注釋、經絡循行、腧穴位置等"附考證"以詳解,并有所發揮。

現存明萬曆刊本(存卷一至卷五),今據以影印。(孫理軍)

難經懸解二卷 (清)黄元御撰 (第983册)

黄元御生平見前《素靈微藴》提要。

《難經懸解》撰於乾隆二十一年(1756),分上、下二卷,上卷爲一至三十難,下卷爲三十

一至八十一難。黄氏認爲《難經》自秦漢以後傳抄屢更,不無錯亂,因而參互校正,重予編著,故名"懸解"。書中對《難經》之八十一難逐段注解,注文簡要,詮釋則以《内經》爲對照,對人體尺寸部位、脈法病能、氣血營衛分屬、左腎右命、瀉南補北等經旨進行充分闡述。其特點是在各難原文之後予以扼要注釋,真正發揮義蘊者并不多。

現存清乾隆刻本、同治刻本及抄本等多種版本。今據清同治十一年(1872)陽湖馮氏刻本影印。(孫理軍)

難經經釋二卷 (清)徐大椿撰(第 983 册)

徐大椿(1693—1771),原名大業,字靈胎,晚號洄溪,吳江(今屬江蘇)人。清代著名醫家。祖父徐釚,曾任翰林院檢討并參加纂修《明史》。徐大椿承家學,通天文水利,工詩文,後因家人多病而學醫。前後行醫五十年,崇尚經典,經驗豐富,兩次應詔入京治病。晚年隱居洄溪畫眉泉,因號洄溪老人。除此書外,另著有《神農本草經百種録》、《醫貫砭》、《醫學源流論》、《傷寒類方》、《慎疾芻言》、《蘭臺軌範》等。生平事迹見袁枚《小倉山房詩文集》卷三四《徐靈胎先生傳》。

《難經經釋》二卷,上卷爲一至二十九難,下卷爲三十至八十一難。徐氏認爲《難經》傳《内經》之學,而歷代注家不能溯源及流,其大可疑者亦多曲爲之解,"於是本其發難之情,先爲申述《内經》本意,索其條理,隨文注釋,既乃别其異同,辨其是否"(《難經經釋叙》),因撰《難經經釋》。其書引《内經》以釋《難經》,并發揮經旨,闡發真義,説理條暢,獨抒己見,難能可貴。注文文理暢達,獨具風格,注文前後聯繫參照,有助於整體認識經文,可作學習《難經》之參考。

此書流傳較廣,版本衆多,約二十餘種。今據清雍正五年(1727)徐氏洄溪草堂刻本影印。(孫理軍)

古本難經闡注四卷 (清)丁錦撰(第 984 册)

丁錦,字履中,號適廬老人,清代雲間(今上海松江)人。精醫學,尤好《難經》之書,然不以醫自居。生平略見此書序跋。

作者於清雍正八年庚戌(1730)得《古本難經》於武昌,異於坊本,"以今本對校,心目之間怳若有見。由是而推其論脈論症論治,莫不曲暢旁通。此誠濟世之津梁,醫林之至寶"(《自叙》)。世間流行之坊本"錯簡頗多,如'三難'誤列'十八難','十難'誤列'四十八難',凡誤三十餘條"(《凡例》),皆可依此古本釐正。於是"據所偶得,并採滑氏諸家之切當者,句解字釋,贅於各條之末。名之曰《古本難經闡注》"。丁氏以武昌所得《難經》古本爲據,參考他本分節證誤,頗多獨到見解。

此書雖爲丁錦所著,然其間與"參政中峰朱公互相商榷",書中有"中峰云"者即是,故各卷題下署有"邗江中峰居士朱潘參"字樣。

此書初刊於清乾隆三年(1738),另有清嘉慶刻本、同治刻本等。民國年間陳頤壽曾予校正,名《古本難經闡注校正》。今據清乾隆三年刊本影印,書前有乾隆三年焦以敬序、自序,書尾有李進與嚴茂源二跋。(焦振廉)

金匱玉函經八卷 (漢)張機撰(宋)林億等校正(第 984 册)

張機生平見前《金匱要略》提要。

林億,北宋人,里居未詳。熙寧(1068—1077)間爲光禄卿直祕閣。精醫理,尤長於校勘。嘉祐二年(1057),朝廷設校正醫書局,同掌禹錫、高保衡、孫兆等校訂醫書。歷經十餘年,完成《素問》、《靈樞》、《難經》、《傷寒論》、《金匱要略》、《脈經》、《諸病源候論》、《千金要方》、《千金翼方》、《外臺秘要》等古醫籍之校勘,刊佈於世,醫名大著。其校《素問》一書,採數十家之長,端本尋枝,溯流討源,改錯字六千餘個,增注兩千餘條,於保存古代醫學文獻貢獻甚多。生平略見《重廣補注黃帝內經序》。

此書卷首有陳世傑、陳汝楫、何焯三人重刊序及林億等疏，林億疏謂與《傷寒論》同體而異名。書共八卷，卷一爲醫學總論，泛論醫術，概述中醫之"辨證論治"原則。卷二辨析與傷寒相似而不同之"痓"、"濕"、"暍"三種病證，以明確劃分傷寒之範圍。其次專論脈象。卷三、卷四爲六經病（太陽、陽明、少陽、太陰、少陰、厥陰）病形證治。卷五辨析汗、吐、下三種治療方法之宜忌證。卷六辨析溫、火、灸、刺、水等治療方法之宜忌證。卷七、卷八總列方劑，并述及方藥炮製及諸方論。其分類明晰，綱舉目張，故極便於學習。

此書自元明以來罕見著錄。清康熙中，上海陳世傑借長洲何焯所藏鈔本録以付刊，日本亦有重刊陳本。現存主要有康熙五十六年丁酉（1717）上海陳世傑起秀堂刻本、日本延享三年丙寅（1746）平安成美堂刻本、日本延享平安博文堂刻本及清抄本等。今據中國醫學科學院圖書館藏康熙五十五年（1716）陳世傑刻本影印。（田豔霞）

仲景傷寒補亡論二十卷（存卷一至卷十五、卷十七至卷二十） 題（宋）郭雍撰（第984册）

郭雍（1102—1187），字子和，又字長陽，號白雲先生，賜號沖晦處士，又封頤正先生。其先洛陽人。父忠孝，師事程頤，著《易説》。雍承父學，通世務，爲當朝名士，隱居峽州（今湖北宜昌），放浪長陽山谷間，累召不起。善醫，尤推仲景之學。生平見《宋史·隱逸傳》。

書成於淳熙八年（1181），作者"每三復仲景之書而歎其亡失，乃更闡其奧而發其微"（明《重刊補亡論序》），以補全仲景義，故名《傷寒補亡論》。全書採自岐黃以及近世諸書，凡論辨問答證治，合一千五百餘條，共二十卷，七十餘門。第一卷設爲問答，以傷寒名

例居前，附以叙論、治法及脈法、刺法；第二、三卷爲辨脈法、平脈法；第四卷首叙六經統論，繼之以太陽六經證治；第五、六、七卷皆係仲景原論，其間有論而無方者，既補以龐安時、常器之兩家之説，郭氏復爲之校補於後；第八卷至十二卷叙汗、吐、下、溫、灸、刺及用水、用火之法；第十三至十五卷叙兩感、陰陽易及病後勞復等二十餘證；其第十六卷闕，蓋佚於元初；第十七、十八卷叙痓、濕、暍等九證及似傷寒諸證；第十九、二十卷叙婦人、小兒傷寒，并痘疹諸證。

此書特點有三。一，博採衆説，補亡傷寒。認爲《傷寒論》有闕亡，故上採《內經》、《難經》、《千金》、《外臺》、《活人》等書，中取常器之、龐安時等論，參合己説，校補《傷寒論》之闕，以全其義。或補證，或補方，擴大傷寒病證方治。二，辨治傷寒，經絡爲先，脈證爲次。書中引朱肱"治傷寒不識經絡，如觸途冥行，不知邪氣之所在"之語，強調辨識傷寒六經主病之重要性。三，辨析病證，鑒別異同。對某些病證如兩感、陰陽易、陰陽交等辨之甚細。如陰陽交，認爲仲景論之不詳，故取《素問》、《靈樞》、《脈經》等書，反復發明；注意某些病證之鑒別，如麻黃、桂枝兩湯證之辨，乃惡風惡寒、有汗無汗之不同；他如痓、痙之辨，傷寒相似諸證之辨等，皆爲詳析。

此書補《傷寒論》仲景之殘缺，深廣其義，發前人之所未發，深受後世傷寒諸家重視。其失在於經注混編不分，易致淆亂。

此書主要有明萬曆刻本、清道光元年（1821）心太平軒徐錦校刻本、清宣統三年（1911）武昌醫館校刻本、清抄本、清宣統元年海豐吳氏梁園鉛印《豫醫雙璧》本等。今據湖北省圖書館藏道光元年心太平軒徐刻本影印，書前依次有劉世延序、徐錦識、《宋史》本傳、朱熹跋、郭雍自序。（楊金萍）

活人書二十卷　(宋)朱肱撰(第 984 冊)

朱肱(1050—1125),字翼中(一作亦中),號無求子,晚號大隱翁,吳興(今浙江湖州)人。宋哲宗元祐三年(1088)舉進士,任雄州(今河北保定)防禦推官、知鄧州(今河南鄧縣)錄事、奉議郎,故後人亦稱朱奉議。宋徽宗崇寧元年(1102)因日蝕、地震上疏言災異,指斥輔弼之臣曾布、章惇過失,不爲所容,遂致仕歸,僑居杭州大隱坊,釀酒著書以自樂。朱肱通儒,亦善醫,政和四年(1114),朝廷興醫學,徵爲醫學博士。次年,又因直言時事,觸犯黨禁,被貶達州(今屬四川)茶場。政和六年,以朝奉郎提點洞霄宮,召還京師。除此書外,另著有《北山酒經》、《內外二景圖》,後者已佚。生平略見《湖州府志》引《北山酒經·詩序》。

朱氏治醫,深於傷寒,所撰《活人書》,原名《無求子傷寒百問》,作於元祐四年,成於大觀二年(1108),將仲景原文按證類編,設百問以答之。該書流傳中曾經武夷人張蕆修繕并易其名爲《南陽活人書》,昔華佗贊仲景《傷寒論》爲活人之書,書名即取此典。政和八年朱肱因各地傳本頗誤,親取繕本參詳勘誤,并證與方爲一卷,於當年複刻重版,名之爲《重校證活人書》。書前有朱肱自序、進書表、青詞、謝表、謝啓,後有朱肱跋文。凡二十卷,卷一至卷一一,設爲百問,論述經絡、脈穴、表裏、陰陽、治則等,剖析傷寒各種證候;卷一二至卷一五,以方類證,辨析仲景《傷寒論》一百一十三正方之主治證候,兼論隨病方藥加減法;卷一六至卷一八,採擷《外臺》、《千金》、《聖惠》、《金匱》等各家一百二十六雜方,以補《傷寒論》證多方少之不足;卷一九至卷二〇,兼論婦人、小兒傷寒病證及方藥。

全書宗法《內經》,祖述仲景,參合各家,富於創見。如首倡以經絡論六經方證,用經絡循行部位及生理特點解釋傷寒六經病證發生、傳變及轉歸機理,剖析六經爲病之證候指徵,開後世六經"提綱證"先河。又如強調脈證合參以辨病證陰陽表裏虛實之性,并將常見脈象按陰陽表裏分爲七表陽、八裏陰,實啓後代論脈分綱之先機。此書在鑒別診斷方面,提出"因名識病,因病識證",力主辨病、辨證相結合;又開創以方類證、以證論方,言明遣方用藥須方證相匹,藥病兩合,靈活加減,且戒執方待病,故於仲景方藥未備之處也多所補充。經此分類研究,《傷寒論》奧理精義得以顯明,仲景散漫之文而能提綱挈領,初學易了,學者窮妙。徐大椿贊之曰:"宋人之書,能發明《傷寒論》,使人有所執持而易曉、大有功於仲景者,《活人書》爲第一。"(見《醫學源流論》)故此書一出,即廣爲傳播。惟其論陰陽以寒證屬陰而熱證屬陽與常見不同,後人多有爭議。

此書版本系統主要有二:一爲源出宋本《傷寒百問》(已佚)者,一爲源出宋本《重校證活人書》(尚存)者。前者現存最早版本爲元燕山活濟堂刊本《傷寒百問經絡圖》九卷及日本寶曆三年書林澀川清右衛門刻本《傷寒百問》六卷;後者有宋代四明人王作肅《增釋南陽活人書》(已佚),王肯堂、吳勉學題爲《無求子增注類證活人書》(簡稱《類證活人書》)之《古今醫統正脈全書》本及現存明刊本中最早之徐鎔重校本(萬曆十九年刻本)等。徐鎔本又有萬曆四十四年(1616)張惟任刻本,今據中科院圖書館所藏該本影印。(葉磊)

傷寒百問六卷　(宋)朱肱撰(第 984 冊)

朱肱生平見前《活人書》提要。

此書作於宋哲宗元祐四年(1089),成於大觀二年(1108),前後歷經二十年。武夷人張蕆喜讀其書,藉其方以活人者衆。曾與朱肱相遇於武林(今杭州),得此書繕本,遂於大觀五年(是年改元政和),重訂刊刻,爲之作

序,易名《南陽活人書》。同年(朱肱進表稱
"政和元年")由其子進獻朝廷,得蔡京贊賞,
即令頒行。政和八年(1118),朱肱將《活人
書》重新參詳修訂,改正一百餘處,命工刻於
杭州大隱坊。

　　書共六卷,以問答形式鑒別辨析傷寒類疾
病、證候及症狀,證後附方。朱氏以"類證"
方法研究傷寒,以證統方,揭示仲景辨證論治
規律,闡述六經屬經絡説及傷寒"傳足不傳
手經"之傳變規律。重視經絡理論,將傷寒
六經歸爲經絡,影响後世甚巨。書中又對陰
毒傷寒、婦人傷寒、小兒傷寒加以發揮,摭採
《千金要方》、《外臺秘要》、《太平聖惠方》之
方,補充仲景方藥之不足。清人徐大椿《活
人書論》曰:"此書以經絡、病因傳變疑似,條
分縷析,而後附以諸方治法,使人一覽了然,
豈非後學之津梁乎!"

　　書問世後,張蔵重訂而易名《南陽活人
書》,朱肱重修時亦以《南陽活人書》傳世;南
宋王作肅在《活人書》基礎上,博取前輩諸
論,參入各條之下,名曰《增釋南陽活人書》;
明徐鎔校定時,名爲《活人書》,明吳勉學刊
刻《古今醫統正脈全書》時,易名《無求子增
注類證活人書》。故後世以《傷寒百問》傳世
刊刻者不多。其後重修之《活人書》附有經
絡圖。

　　據諸家書目題跋,此書有三卷本及六卷本
之分。今存日本聿修堂藏日本寶曆三年
(1753)刊六卷本及元槧《傷寒百問經絡圖》
三卷本。今據中國中醫研究院圖書館藏日本
寶曆三年書林澀川清右衛門刻本影印,無經
絡圖。書前有朱肱大觀元年序,書後附注
"寶曆三年癸酉正月吉旦書林澀川清右衛
門"等題識。(楊金萍)

新鐫注解張仲景傷寒發微論四卷　(宋)許
叔微 (第984册)

　　許叔微(1080—1160,一説1079—1154),
字知可,維揚(今江蘇揚州)人,一曰毘陵(今
江蘇武進)人。曾敏行《獨醒雜志》作真州
(今江蘇儀徵)人,曾氏與許叔微同時,或當
不誤。紹興二年(1132)進士,仕至徽州、杭
州教官,後遷京秩,未詳何職,醫家習稱"許
學士"。錢曾《讀書敏求記》有"翰林學士白
沙(古爲真州州治)許叔微知可述"一語,所
謂"京秩"或即翰林學士。叔微以里無良醫,
少失怙恃,遂刻意方書。真積力久,遂於仲景
之學蔚爲大家。除此書外,另著有《傷寒百
證歌》、《傷寒九十論》等,皆爲厚積薄發之
作。清代醫家徐彬曾謂:"古來傷寒之聖,唯
張仲景,其能推尊仲景而發明者,唯許叔微爲
最。"又有《類證普濟本事方》、《仲景脈法》三
十六圖及《類辨》(二書已佚)等書。事迹略
見於《(萬曆)武進縣志》卷七。

　　《傷寒發微論》又名《翼傷寒》,是一部劄記
式著作。凡四卷,載文二十二篇。首篇論傷
寒七十二證,先論必死證,後述可治證,可治
者必附方藥。每證之下引仲景原文爲注,兼
及諸家之説,借以説明辨證關鍵。第二篇以
下皆爲醫話小品,故書名曰"發微"。其題目
如《論桂枝湯用赤白芍藥不同》、《論傷寒慎
用丸子藥》、《論仲景緩遲沉三脈》、《論桂枝
肉桂》、《論滑脈》等,篇幅雖小,却析微闡韞,
要言不繁,足以啓迪後學。

　　此書現存古本既缺序跋,史志書目又疏於
記載,故成書時間已難考證。初刻本大約刊
於南宋乾道庚寅年(1170),已不存,清咸豐
壬子年(1852)劉曉榮藏修書屋刊本及其同
治庚午年(1870)複校重刻本乃據初刻本刊
刻,雖略有缺字,當距原貌不遠。現存最早爲
元本,亦據初刻本翻刻,有孤本一册藏國家圖
書館,題爲《新編張仲景注解發微論》,光緒
七年(1881)陸心源《十萬卷樓叢書》本即據
此本翻刻。故後世所刻多本劉氏或陸氏刊
本。又有光緒十年上海王氏文海堂刻本、光
緒二十四年瞿氏鐵琴銅劍樓影元抄本等。今

據上海圖書館藏明萬曆三十九年（1611）喬山堂劉龍田刻本影印。（葉磊）

張仲景注解傷寒百證歌五卷 （宋）許叔微撰（第984册）

許叔微生平見前《新鐫注解張仲景傷寒發微論》提要。

許氏於仲景書尤究心研究，謂"論傷寒而不讀仲景書，猶爲儒而不知有孔子六經"（《傷寒百證歌》汪琥序），故以歌訣形式，發明《傷寒》百證，名之曰《傷寒百證歌》。書成於宋紹興二年（1132）。《直齋書録解題》卷一三載"《傷寒歌》三卷，許叔微撰"。今存元本凡五卷，"三"或"五"字之誤。歸納傷寒爲百證，每證編一七言歌訣，共百篇。歌訣後引《傷寒論》之文作注，并引《素問》、《難經》、《脈經》、《甲乙經》、《千金要方》、《活人書》，及華元化、孫兆、龐安時、王實諸公之言以相發明。卷一第一、二證歌總論傷寒脈證、病證，卷一第三至卷二第二十二歌論述傷寒表裏寒熱辨證及三陰三陽感傳、合并、相格、盛似等内容，卷二第二十三至三十歌分論傷寒各種病證，即傷寒、中風、五種温病、三種濕病、二種痙病、四證似傷寒等，卷二第三十一至三十八歌論述諸"汗吐下水火温鍼"可與不可之治療方法，卷二第三十九至卷五第九十三歌論述傷寒各種證候，如發熱、潮熱、惡寒、結胸、譫語、吐逆、百合等，卷五第九十四歌論傷寒與疫癘之異，第九十五至九十六歌論婦人傷寒，第九十七至一百歌論傷寒預後，即傷寒差後及傷寒死脈、死候、五臟死絶證。

許氏對仲景之學發揮頗多。一，注重表裏虛實辨證。指出"傷寒最要辨表裏虛實爲先"，其證有表實，有表虛，有裏實，有裏虛，有表裏俱實，有表裏俱虛，先辨此六者，然後方可用藥。二，補充仲景方治。對仲景有證無方者，取後世之方如《千金要方》、《外臺秘要》、朱肱等方補之。如傷寒禁忌中有淋家、

衄家、瘡家不可汗，許氏以王實之小柴胡湯相補。三，注意相類病證如温病、温瘧、風温、温疫、温毒、濕温、中濕、風濕之鑒别等。

書以百證歌訣形式發明仲景心法，言簡意賅，通俗易懂。每以《傷寒論》原文作注，推明仲景之意而申言之，又引諸家之説，深廣仲景之意。故自問世以後，爲諸醫家所推崇。

今據北京圖書館藏元刻本影印。前有《傷寒百證歌序》，惜不全。（楊金萍）

傷寒九十論一卷校譌一卷 （宋）許叔微撰（清）胡珽校（第984册）

胡珽（1822—1861），字心耘，號琳琅祕室主人，清仁和（今浙江杭州）人。胡樹聲子。官至太常寺博士。喜藏書，好收宋元舊本，善校勘。除此書外，另著有《石林燕語集辨》、《嫩真子集證》。生平事迹見吳慶坻《蕉廊脞録》卷五、葉昌熾《藏書紀事詩》卷六。

《傷寒九十論》一卷，約成於南宋紹興十九年（1149）。其時距仲景已八百餘年，當時醫家或不敢或不會用仲景方，許氏有感於此，乃撰著此書。書中自述治療傷寒九十例驗案，案後附"論"點明要眼，一案設一論，故曰"九十論"，意在二者合參，申明其用，以事證理，堅人信從。每論以《傷寒論》中病證名篇，如青龍湯證、陽明蜜兑證；證下叙其主要臨床表現，隨後析證列方，即以仲景條文分析病因、病機及治法，遵用仲景方藥。許氏精於傷寒，辨治尊仲景心法，發揮《内經》之義，又靈活變通，辨證準確，論治精當，療效卓著，使《傷寒論》立法之臨床運用範圍及辨證論治思想得以擴展，不僅開滌耳目，啓人智慧，且文字雅潔，足以賞心悦目。同時，該書還通過驗案解析《傷寒論》版本流傳中諸多疑難問題，如桂枝加葛根湯，宋林億校定本有麻黄，許氏通過案例證明方中有麻黄爲誤；又大柴胡湯，宋本無大黄，許氏通過治驗證明方中應有大黄。此書是我國現存最早又較系統之傷寒醫案專

著,與《百證歌》、《發微論》鼎足而立,互爲論證,俱爲傷寒學扛鼎之作。

此書屬辭簡雅,不諧於俗,故明以來刊本較少,諸家書目俱未載録。清代有張金吾抄本,咸豐年間,仁和(今浙江杭州)藏書家胡樹聲之子胡珽將張氏抄本刊入《琳琅祕室叢書》,以木活字刊行,并附"校譌"三十則。光緒年間,會稽董金鑒續校《琳琅祕室叢書》本,并先後兩次以木活字排印。《琳琅秘室叢書》版本又有三:一爲胡氏木活字排印本,一爲光緒十三年(1887)會稽董氏雲瑞樓木活字排印本,一爲光緒十四年會稽董氏取斯堂木活字排印本,皆存於世。今據天津圖書館藏咸豐三年木活字印《琳琅祕室叢書》本影印,書前有《張金吾藏書志·傷寒九十論提要》、《欽定四庫全書總目提要》,書後有"仁和胡樹聲震之藏書,男珽校"等題識,并附《傷寒九十論校譌》一卷,爲胡珽所作校刊記。(葉磊)

陰證略例一卷　(元)王好古撰(第985冊)

王好古(約1200—1264),字進之,號汝莊,又號海藏老人,金元時趙州(今河北趙縣)人。早年以通經舉進士,官本州教授,兼提舉管内醫學。少時曾與李東垣同學於張元素之門,因年輩較晚,後復從學於東垣,盡得其傳。除此書外,另著有《醫壘元戎》、《此事難知》、《湯液本草》等。事迹略見此書汪曰楨跋。

書前有麻革序、汪曰楨跋。正文首列岐伯陰陽脈例,次列潔古老人及海藏老人内傷三陰例,伊尹、扁鵲、張仲景、朱肱、許叔微、韓祗和等陰證論例繼之,中雜作者注文與相關方藥。書後有好古自題二則,并附有"海藏治驗",記王氏醫案八則。

據書前麻序及好古自題,可知作者認爲傷寒爲古今之大病,而其中陰證害人尤甚,較之陽證更爲難辨,因作此書。自言積思十餘年,考查自岐伯至潔古老人陰證諸論,撮其精要,并附以己説,釐爲三十餘條,有證有藥,有論有辨,名之曰《陰證略例》。

《略例》審證用藥,具有條理,其大旨尤重辨脈,以爲辨證不如辨脈,并以治本爲陰證治療第一要義。用藥方面與温補治則相應,多温熱辛甘之品,少有苦寒之藥。此書論陰證,重視内因影響,提出内感陰證理論,擴充陰證論治範圍,既對傷寒學説有所發展,亦能補充脾胃理論之未備。

此書罕有傳本,較早見於杜思敬《濟生拔萃》中,乃節録本,後見載於錢曾《讀書敏求記》,爲足鈔本。後歸惠棟,再歸吳曉鉦,光緒五年吳興陸心源得之,親自校對,成陸氏十萬卷樓重雕本。卷末有好古自題,謂作《陰證論》一書,其本有三,有多寡之異,蓋因每有所得,則有增補。初本在河南時所録,簡而少;次本寄北京時稍稍增益;後用約五年時間,復增補條目及藥後斷例,則爲此書最後定本,刊定時間當在南宋端平三年(1236)。

今存陳修園《醫書五十四種》本、《三三醫書》本及《中國醫書大成》本。今據上海辭書出版社圖書館藏光緒五年(1879)陸心源刻《十萬卷樓叢書》本影印。(趙東麗)

傷寒六書六卷　(明)陶華撰(第985冊)

陶華(1369—1463),字尚文,號節庵,餘杭(今屬浙江)人。永樂時徵爲訓科,宣德年致仕。幼習儒,少通醫,尤精仲景之學。深切脈理,隨證製方,不拘古法。其治傷寒,一服即愈,名動一時,俗稱"陶一帖"。除此書外,另著有《傷寒全生集》等。生平見《(乾隆)浙江通志》卷一九六、《(嘉慶)餘杭縣志》卷二八等。

書凡六卷,每卷爲一書,故名"六書"。成於明英宗正統十年(1445),《明史·藝文志》著録。卷一《傷寒瑣言》,總辦張仲景傷寒論,略論病證大要、用藥大略,以及温病辨等,文雖鄙俚,然言簡意到。其名"瑣言",可知非系統之作,乃學習《傷寒論》隨筆體會。卷二《傷寒家秘的本》,首列傷寒總論,次述傷寒脈診,次論傷寒病證大要,及傳足不傳手經等內容,與《傷寒瑣言》同,最後論述傷寒七十餘種證候。卷三《殺車槌法》,論述劫病法、製藥法、解藥法、煎藥法、"秘用三十七方就注三十七槌法",詳述升麻發表湯、疏邪實表湯、羌活沖和湯等三十七種湯方。卷四《傷寒一提金》,首論"一提金啓蒙"、"一提金六經證治捷法",次後分論傷寒六經見證法、辨證法、診脈法、用藥法,最後論"一提金脈要"、"一提金貫珠數",爲傷寒啓蒙性著作。卷五《傷寒證脈藥截江網》,統論傷寒受病之由、傷寒辨證、六經變正法、傷寒脈法、傷寒標本論治、用藥法則等。卷六《傷寒明理續論》,乃因觀成無己《傷寒明理論》只五十證,雖辨究詳明而惜未備,故集所見所聞,比類附例,斟酌損益,擴充至七十餘種而成。

全篇不重條文編排,意在發揮仲景之旨及法外之法,以六種著作前後照應,互爲發揮,頗多創見。陶氏還善用浮、中、沈三部脈法,診其陰陽表裏、寒熱虛實,決其汗、下、溫等治法,主張因脈以知證,緣證以明治,強調浮、中、沈三部脈法之重要性。陶華同時發明傷寒多種病證,申仲景法外之法,在《傷寒家秘的本》及《明理續論》中,對傷寒七十多種證候,分形析證,反復發明。在方藥方面,根據臨床經驗補充有效方劑頗多。

此書從多方面對傷寒發病、六經病證及雜病、脈診、治療進行論述,探微索隱,抒發己見。但因各部分成書時間不一,故文辭重複,條理不甚清晰,後人徐春甫、汪琥等曾加譏責。

此書主要有明嘉靖元年(1522)刻本、嘉靖十二年湖廣布政使司刻本、萬曆四十年(1612)李存濟刻本、明步月樓刻本、日本寬永七年(1630)書林道伴加點刻本、清乾隆二十二年(1757)竹友草堂主人抄本、《古今醫統正脈全書》本等。今據山東省圖書館藏步月樓刻本影印,有"步月樓梓行"標識,補抄目錄,有陶華序。(楊金萍)

金鏡內臺方議十二卷 (明) 許宏撰 (第985冊)

許宏(1341—1421),原名許弘,因避乾隆諱,後人改作許宏。字宗道,建安(今福建建甌)人。自幼習儒,亦通醫學,奇證異疾,醫之則效,故名噪鄉里,爲福建較有影響之名醫。除此書外,另著有《胡海奇方》。事迹見《(康熙)建安縣志》卷七。

書約成於明永樂二十年(1422),清乾隆五十九年(1794)復經程永培校訂刊行,是一部《傷寒論》方研究專著。許氏稱《傷寒論》方爲"內臺方",稱《金匱要略》方爲"外臺方",故以此名書。其認爲不同劑型有不同功用,故據成氏《注解傷寒論》,將書中一百一十三方歸納爲湯、散、丸三類分別編次,并注釋、發揮,編成此書。凡十二卷,按劑型排列章節,卷一至卷一○記載桂枝、麻黃等湯劑一百零一首,卷一一記載五苓、四逆等散方七首,卷一二記載理中、烏梅等丸劑五首。并附論三篇,爲《內臺用藥性品製》、《用藥加減法》、《論分兩》。議論平實,條理分明,每方皆附以議論,按方、藥、證三類內容先後論述,闡發製方之義,其意難明者,復設問難以明之。全書雖以成無己注爲主,然多有發明,尤其問難,頗足啓發,既便於初學者理解,又易於臨證者應用,對於理解仲景之論確有裨益。

《傷寒論》方劑研究首創於成無己之《方論》,然尚屬簡陋。成氏以後雖有研究,但多夾在論證、論治之中,立足傷寒方劑來揭示辨證精華之專著,當首推許氏《方議》。此書編次形式獨樹一幟,以方劑立論,內容上既揭示仲景組方之精華,又記載《傷寒論》之原文,更補充許氏獨特臨床見解,故在傷寒學派中占有一定位置。近代名醫張烟卿贊其"誠研究經方之妙典"，似非虛言。

此書流傳較少，現存有清初抄本（章太炎跋）、乾隆五十九年甲寅程永培心導樓修敬堂刻本、日本文政二年乙卯（1819）敬業樂群樓刻本、日本文政四年辛巳刻本、清刻本、順宜堂刻本及其他各種抄本等。今據上海圖書館藏程永培刻本影印，書前有馮士仁序（不著年月），後有程永培乾隆五十九年跋。（田豔霞）

傷寒論七卷　（清）張遂辰注（第 985 冊）

張遂辰（1589—1668），字卿子，號相期，又號西農老人，原籍歙縣（今屬安徽），後隨父遷居錢塘（今浙江杭州）。明末清初著名醫家。少時羸弱，醫不獲治，乃自檢方書，深研歷代名家醫術。有醫名，兼工詩詞。明亡後隱名鄉里，以醫自給，遠近爭迎，其懸壺處人稱"張卿之巷"。除此書外，另著有《張卿子經驗方》。其弟子以張志聰、張開之、沈亮辰最為有名。事迹見《（康熙）仁和縣志》卷二一、吳慶坻《蕉廊脞録》卷四。

張氏對《傷寒論》有相當研究，根據成無己本，彙集歷代名醫研究傷寒學論述，編撰而成《張卿子傷寒論》。書七卷，刊於明天啓四年（1624）。近人輯醫學叢編，乃得此書重刊本，無序跋，僅載凡例，編次悉依成無己本。此書於成注之外，多採許叔微、張潔古、龐安常、李東垣、朱丹溪、王安道諸家之説，以補六經未發之旨，此外於自宋至明諸名家之説採取亦多。成氏原編十卷，此書約為七卷，止以先後勻適，至遺方并入論集，乃與原編稍異。清初傷寒諸書，踵方氏、喻氏之後，多以攻王叔和為能事，即其弟子張志聰集注本，亦與成氏原編立異。然此書以成氏之説為主，以諸家之説為輔，并採兼收，尚無門户之見，學術思想宗張仲景，立論平正，於傷寒學説有所闡發，為後世研究傷寒者所常讀。

今存明刻本、清初聖濟堂刻本、又清初刻本、清文瀚樓刻本、清錦和堂刻本、又清刻本、日本京師書坊刻本，另見於《仲景全書》（五種本）等。今據中國中醫研究院圖書館藏清刻本影印。（田豔霞）

傷寒論集注六卷　（清）張志聰撰（第 985 冊）

張志聰，生平見前《黄帝内經素問集注》提要。

此書實為張志聰注釋，高士栻纂集。高士栻，字士宗，與志聰同里，從志聰學醫。志聰著此書未竟而病卒，士栻遂加編輯補訂。士栻，《清史稿》有傳。

此書所用底本正文前僅有《傷寒論》張隱庵原序、凡例及所附本義。其中原序乃《傷寒論綱目》之序，復梓於此書中。據此書其他版本中高氏序言稱，因《宗印》及《綱目》醫理深邃，未潛心醫道者不免望而生畏，因建議志聰作《集注》，以使深淺之學皆可入道。於是張氏删繁就簡，深入淺出，而作此書。此書在體例上對王叔和編次略有變動，作者以為叔和序例以辨脈平脈為卷一，以本論痙濕暍復截太陽三十條為卷二，混雜凌亂，與本論矛盾，與仲景原意不合，因删叔和序例，先證後脈，首列六篇，次列霍亂易復并痙濕暍汗吐下，後列辨脈平脈，并以此編次之法為定規。又以成注風傷衛、寒傷營及以脈緩、脈緊判斷中風、傷寒諸説未當，并風寒兩感、營衛俱傷宜大青龍湯之論尤覺荒謬，逐一辯駁。

此書採用"彙節分章"方法，將《傷寒論》中内容相似條文置於一節加以注釋，要旨在從氣化角度解釋六經實質，綱目清楚，意旨明晰。其學説繼承其師張卿子，并經後世張錫駒、陳修園發揮，成為維護傷寒舊論之中堅人物，對後學産生很大影響。

現存有清咸豐六年丙辰（1856）刻本、咸豐十一年湘鄉左繼明望雲草廬刻本、同治四年乙丑（1865）靈蘭堂刻本、同治九年庚午刻本（内邑公局藏板）、光緒二十五年己亥（1899）

石印本等。今據南京圖書館所藏清刻本影印。（趙東麗）

傷寒辯證四卷 （清）陳堯道撰（第 985 冊）

陳堯道（1609—1687），字素中，清三原（今屬陝西）人。少爲諸生，繼而習醫，遂潛心於岐黄，博極各醫家學説，融會貫通，故而醫術精湛，且醫德高尚，被認爲是有清以來關中名醫之首。除此書外，另著有《痘科辨證》、《疹科辨證》、《醫學心得》等。事迹略見此書序。

《傷寒辯證》，一名《傷寒活人辯證》，撰於康熙十七年（1678），次年首刊，重刊本有紀昀序。此書以傷寒與温病、熱病病證懸殊，投劑一差，死生立判，故將二者異治，辨析傷寒（及與傷寒有關之雜病）、温病、熱病之診治，以"明辨陰陽二經"爲治傷寒之要。此書彙集宋元以來研究《傷寒論》之諸家學説，傷寒立法多宗劉完素，温病熱病説多採王履，而補其未備，以陰陽、表裏、虚實、寒熱爲綱，分析、論證傷寒及相關雜病之診斷與治法，并及疑似難辨之證與古人之未及詳辨者。凡四卷，九十三篇，論及八十六證候。首卷爲總論，重點討論寒温鑒别診斷及施治方法，共二十三候。二、三卷列諸證，深入辨證，共七十條，對傷寒、温病常見病證均有分析。末卷載諸方，計一百二十二首，其中經方七十一首（《傷寒論》方六十三首，《金匱要略》方八首），時方五十一首（其中自製方十九首）。

此書偏重於治温病、熱病，而不越《傷寒論》之範圍，就仲景所已言，達其所未言，隨證詳辨，以求其是。後人用之治疫，多有全活，此書因此得名。清代善治温病、熱病者，南人爲多，北方醫家有著述如此，實屬難得。楊栗山、吕心齋、蒲輔周等歷代名醫皆極力推重。

此書自刊行以來即風行海内，現存版本衆多，有清康熙十八年乙未刻本、康熙刻本、乾隆二十一年丙子（1895）及二十七年壬午至誠堂刻本、嘉慶十一年丙寅（1806）陽信勞氏江蘇糧儲道刻本、咸豐二年壬子（1852）聚奎堂刻本、清大道堂刻本、清瀛洲書屋刻本、又清刻本、浣花室主人抄本、上海會文堂書局石印本、又抄本等。今據中國醫學科學院圖書館藏嘉慶十一年勞樹棠刻本影印。（田豔霞）

傷寒來蘇全集八卷 （清）柯琴撰（第 986 冊）

柯琴，生於明萬曆（1573—1620）末年，卒年不詳。字韻伯，號似峰，祖籍慈溪（今屬浙江），後遷居虞山（今江蘇常熟）。工詩，善古文辭，好學博聞。棄舉子業，而志於醫，精研仲景《傷寒論》。除此書外，另著有《内經合璧》。傳見《清史稿·藝術列傳一》及《（光緒）慈溪縣志·藝術列傳十一》。

《傷寒來蘇集》包含三部書，即《傷寒論注》四卷，《傷寒論翼》二卷，《傷寒附翼》二卷。柯琴認爲《傷寒》爲世所重，而歷代注疏諸家不將仲景書始終理會，先後合參，各説紛纭，有背仲景之旨，故"將仲景書校正而注疏之"，名曰《傷寒論注》，并先後作《傷寒論翼》、《傷寒附翼》，三部合璧，名爲《傷寒來蘇集》，或稱《全集》，成書於康熙八年（1669）。

《傷寒論注》對《傷寒論》重加編次，并進行注釋發揮。卷一首列"傷寒總論"，後論六經方證，每經各立總綱一篇。卷一至卷二爲太陽方證，卷三陽明、少陽方證；卷四太陰、少陰、厥陰脈證。《傷寒論翼》主要闡揚仲景之説，發揮學術思想。尤其是《六經正義》、《製方大法》等篇，提出六經爲百病立法等重要見解。《傷寒附翼》是論方專書，對仲景一百一十三方逐一闡釋發揮，亦體現柯氏獨特學術見解。

此書在《傷寒論》條文編次及仲景理論發揮方面有獨到之處。其條文編次不循舊法。

《傷寒論注》對仲景原文再編次，書中以證名篇，以方名證，而依六經方證分立篇目，如以桂枝湯證、麻黄湯證等方證名篇，并將諸方證以類相從於六經之下；某方加減變化之法，列於其方證之後，如從桂枝證加減者，即附桂枝證後，從麻黄證加減者，附麻黄證後。在理論方面，發揮六經辨證，不拘傷寒中風之說。《傷寒論翼》發揮《傷寒論》"六經"理論，以"經界"爲六經而不專主經絡說，突破舊說範圍。以六經爲百病立法，擴大六經主治，其六經辨證實含八綱辨證和八法，主張方各有經，活用不拘，醫不執方，辨證爲主，反對鑿分風寒。其理論對於闡發仲師辨證論治精髓，活用經方，有重要意義。在傳經理論方面，突破宋以後相沿之經絡說，指出三陰三陽之"傳"非經絡相傳，乃見症之期，指出傷寒一日太陽、二日陽明、三日少陽者，是言見症之期，非傳經之日也。柯氏善古文辭，并重視從訓詁學角度詮釋仲景原文，其謂"胸中有萬卷書，筆底無半點塵者，始可著書；胸中無半點塵，目中無半點塵者，才許作古書注疏"，可見其注疏之嚴謹。

柯氏論理精闢，條理清晰，頗能闡發《傷寒》精義。葉天士曰："柯注《傷寒》，能獨開生面，透徹詳明，可爲精而不亂。"章太炎曰："能卓然自立者，創通大義，莫如浙之柯氏。"此書尤爲後世傷寒諸家所重視，清代羅美編撰《古今名醫方論》，其仲景傷寒方注，多選自柯琴。

此書現存清乾隆二十年（1755）馬中驊校刻本、乾隆三十一年博古堂刊本、同治四年（1865）靈蘭堂刊本、光緒二十六年（1900）世德堂刊本、清文富堂刊本、清宏道堂刊本、清掃葉山房刊本、一九三一年上海千頃堂書局石印本、一九三二年廣州鉛印本等。今據湖北省圖書館藏清乾隆二十年崑山馬中驊校刻本影印。（楊金萍）

傷寒論後條辨十五卷　（清）程應旄撰（第986 冊）

程應旄，字郊倩，休寧（今屬安徽）人，生活於清康熙年間。除此書外，另著有《傷寒論贅餘》、《醫徑句測》等。

此書繼方有執《傷寒論條辨》、喻昌《尚論篇》而作，故名"後條辨"，又名《傷寒論後條辨直解》。完成於康熙九年。書前有其家弟胡文學之序、康熙十年李壯之序及其自序，後有門人王榮之跋，書後附有《傷寒論原本編次》、《傷寒論條辨編次》、《傷寒論尚論篇編次》。

全書分禮、樂、射、御、書、數六集，禮集不入卷，由張仲景原序（後有程氏之論）、《辨傷寒論》五篇、《王叔和傷寒序例貶僞》組成。此書按照方氏《傷寒論條辨》，根據自己對仲景原文之理解，逐條辨析，認爲仲景并不是教人依其論去行醫，而是教人依其論去辨，傷寒不僅教人從傷寒上去辨，更教人從雜病上去辨。書中提出傷寒序例乃王叔和僞作，平脈辨脈及可與不可諸篇乃仲景之作。雖推崇方有執觀點，編次又與方、喻二人不盡相同，多保留王叔和編次之舊。此外，程氏認爲應從"表裏府藏"四字讀《傷寒》，則不僅傷寒，其他任何疾病亦可包括其中。此書從各方面説明醫學道理，引證翔實，但正如汪琥《傷寒論辨證廣注》指出，閑話太多，經史百家及歌曲笑談中無關緊要之言亦羅列其中，略顯蕪雜。

程應旄爲繼方有執、喻昌後，又一大力宣導"錯簡重訂"說之重要醫家，該理論不僅對國內傷寒研究產生較大影響，且東傳日本，衝擊當時日本流行學派，直至今日仍爲其主流學派。

此書現存有清康熙十年辛亥（1653）式好堂刻本、日本寶永元年甲申（1704）博古堂刻本、乾隆九年甲子（1744）致和堂刻本、乾隆九年甲子文明閣刻本、清美錦堂刻本等。今據山東省圖書館所藏式好堂刻本影印。（趙東麗）

重編張仲景傷寒論證治發明溯源集十卷

（清）錢潢撰（第986—987册）

錢潢，字天來，一名虛白，虞山（今江蘇常熟）人，生活於清康熙年間。五十歲時患傷寒及痛痹重症，兩得救治，因致力於醫。生平略見於此書嚴虞惇序及自序。

錢潢推崇《内經》及《傷寒》，謂《傷寒》爲群方之祖，而後起諸賢皆未能逾越矩度，且仲景之書經王叔和編次、成無己注釋，及朱肱、陶節庵、方有執、喻嘉言等輩重編發揮，不但經文混亂，而且經義未馴，難悉淵微。因此注釋《素問》，闡發仲景，擷採諸家之説，追溯仲景傷寒之源，"以《素問》爲經，以仲景爲緯，自叔和以下，合者擇之，謬者摘之，疑者釋之，混者晰之"，撰成此書。書成於清康熙四十六年丁亥（1707）。

書凡十卷，二十二篇。在編排體例上，打破宋本《傷寒論》及成注本編次，以六經統篇，六經以正治爲先，壞病、失治、誤治、禁治、傳變列於後，同時以證相類，證後附方（每方有方論）。故其編排在六經統篇基礎上，又包含有"類法"、"類證"兩種體例。而與宋本等不同，六經各有中風、傷寒，不獨太陽經有中風、傷寒。其《太陽篇》編排遵方有執、喻嘉言，按風傷衛、寒傷營、風寒兩傷營衛編排，乃"三綱"學説之餘緒。書中删去《傷寒例》、《可與不可》諸篇，謂爲叔和之舊。

錢氏重在發揮仲景之説，取成無己諸家之言，闡微辨訛，特設"辨誤"以發闡，直溯源流，深窮根柢。《鄭堂讀書志》謂此書："闡發微妙，極盡精深，雖與方中行、喻嘉言諸家同一竄亂古書，而此則發明眩贍，似較諸家爲優。故業醫者實之，有過於《尚論篇》焉。"

此書主要有清康熙四十七年戊子（1708）虛白室刻本及日本享和三年癸亥（1803）東都臺壽堂刻本。今據南京圖書館藏虛白室刻本影印，書前有康熙戊子嚴虞惇序、錢潢自序以及康熙丁亥錢氏"凡例"。版心下方有"虛

白室"標識。（楊金萍）

傷寒論直解六卷附傷寒附餘一卷　（清）張錫駒撰（第987册）

張錫駒（1644—？），字令韶，錢塘（今浙江杭州）人。與張志聰同師從張遂辰，學術思想上承張遂辰，同時深受張志聰影響，并譽爲"錢塘二張"。除此書外，另著有《胃氣論》。傳見《清史稿·藝術列傳一》。

張錫駒推崇仲景之學，繼父著書之志，研習《傷寒》三十餘年，撰《傷寒論直解》，發明仲景之旨。成書於清康熙五十一年（1712）。書共六卷，編排上遵其師《張卿子傷寒論》體例，贊同張志聰《傷寒論集注》章節編序，屬於"尊經派"。依舊例將"平脈法"、"辨脈法"列爲卷一，删"傷寒例"，將"辨痙濕暍脈證"置於卷六；卷二至卷五辨六經脈證；卷六爲辨霍亂、辨陰陽易差後勞復、辨痙濕暍脈證，及汗吐下諸可與不可篇。後附《傷寒附餘》一卷，對緊要疑似之證如呃、狂、癍疹等進行專題性闡發，辨其寒熱虛實。

張氏注解《傷寒》多有發明，如認爲《傷寒論》不惟治傷寒，同樣適於雜病，謂"書雖論傷寒，而臟腑經絡、榮衛血氣、陰陽水火、寒熱虛實之理，靡不畢備……古人云：能醫傷寒，即能醫雜病，信非誣也"。尤其重視"傳經"，謂傳經乃傷寒之大關鍵，傳經不明，雖熟讀無益，故於太陽之首，反復辨論。又強調胃氣在傷寒發病及傳變中之重要影響，注重顧護胃氣，在《傷寒附餘》專列"胃氣論"，闡明胃氣重要性，批判醫家概執"傷寒餓不死"之説，妄伐胃氣。亦重表裏寒熱虛實辨證，在《傷寒附餘》專列"寒熱虛實論"，分《辨表寒》、《辨表熱》、《辨表虛寒》、《辨表虛熱》、《辨裏寒》、《辨裏熱》、《辨裏虛寒》、《辨裏虛熱》、《辨假虛寒》、《辨假熱》諸篇，可見其表裏寒熱虛實辨證含有八綱辨證思想。

此書現存清康熙五十一年錢塘張氏三餘堂

刻本、乾隆二十四年（1759）抄本、光緒十一年（1885）福州醉經閣刻本等。今據上海圖書館藏康熙五十一年張氏刻本影印，書前有康熙五十一年壬辰孟夏張氏自序、“傷寒論序”（仲景原序）。其《傷寒附餘》部分脱“胃氣論”内容。（楊金萍）

張仲景傷寒論貫珠集八卷　（清）尤怡撰（第 987 册）

尤怡（？—1749），字在涇，號拙吾，晚號飼鶴山人，清長洲（今江蘇蘇州）人。少極貧，鬻字以生，工於詩詞。學醫於馬元儀，與徐靈胎友善。除此書外，另著有《金匱要略心典》、《金匱翼》、《醫學讀書記》、《静香樓醫案》等。生平見《清史稿·藝術列傳一》、沈德潛《國朝詩别裁集》卷二九及其孫尤世楠所述。

尤怡數十年勵精研磨，晚年學益深造，醫術大盛，治病多奇中，尤善仲景之學。晚年注《傷寒論》，以六經分篇，以治法類證，千頭萬緒，總歸一貫，且匯諸家之學，悟仲景之意，提綱挈領，如輪珠在手，故名其書爲《傷寒貫珠集》，又名《宗聖要旨傷寒貫珠集》。凡八卷，十餘萬字，成於清雍正七年（1729）。

書對《傷寒論》條文重新編排，按六經分篇，以法統證。每經先列“條例大意”，後按各種治法類證匯聚證治條文，對每一條文皆進行注釋。卷一至卷二爲《太陽篇》，有正治法、權變法、斡旋法、救逆法、類病法。卷三至卷四爲《陽明篇》，有正治法、明辨法、雜病法。卷五爲《少陽篇》，有正治法、權變法、刺法。卷六爲《太陰篇》，有太陰諸法、臟病、經病、經臟俱病。卷七爲《少陰篇》，有少陰諸法、清法、下法、温法、生死法。卷八爲《厥陰篇》，有厥陰諸法、清法、温法等。

其編次不同於以往，不注重錯簡與條文編排次序，而著眼於證治大法，“凡病機進退微權，各有法以爲辨，使讀者先得其法，乃能用其方”。其六經治法是結合六經複雜證候特點及失治、誤治表現之本證、兼證、變證等不同症情，兼顧“人氣體有虚實之殊，臟腑有陰陽之異”等各種複雜因素而確立，體現出以法統證、辨證論治思想。這種編排，條理清晰，分類合理，章太炎譽稱“分擘條理，莫如吴之尤氏”。

本書刊本較多，首刊於清嘉慶十五年（1810），由朱陶性以木活字刊印。後世刻本皆以此爲祖本。今即據上海圖書館所藏該本影印。扉頁有“蘇州緑蔭堂福記精造書籍章”。書前有嘉慶庚午朱陶性序。（楊金萍）

傷寒論淺注補正七卷首一卷　（清）陳念祖注　（清）唐宗海補正（第 987 册）

陳念祖（1753—1823），字修園、良有，號慎修，長樂（今屬福建）人。生於醫學世家，祖父陳居廊，博學通醫。父陳廷啓，號二如，早逝。幼家貧，刻苦習儒。清乾隆五十二年（1787）就讀於福州鼇峰書院，苦攻經史之餘鑽研醫學，尤推重仲景之書，曾拜泉州名醫蔡茗莊爲師。乾隆五十七年舉人，嘉慶十七年（1812）署磁州，後改任棗强，升同知，擢代理正定知府。嘉慶二十四年報病辭官，於福州石井巷井上草堂講學，培養醫學人才。主張著述“由淺入深，從簡及繁”，以通俗易懂之語言，對經典醫籍節注或全注，力求“語語爲中人所共曉”。著述甚豐，除此書外，另著有《醫學三字經》、《女科要旨》等數十餘種。生平見《清史稿》張志聰傳附。

唐宗海生平見前《中西匯通醫經精義》提要。

陳修園《傷寒論淺注》原爲六卷。陳氏在《傷寒論》條文編次方面屬於“尊經派”，或稱“維護舊論派”，贊同成無己，推崇“尊經派”之張隱庵、張令韶二家。其章節編排基本依二張，特點是以辨六經脈證爲主，删“平脈法”、“辨脈法”、“傷寒例”及汗吐下諸可與不可等篇,在卷六保留《辨霍亂病脈證》、《辨陰陽易差後勞復脈證》、《辨痓濕暍》諸篇。"淺注"皆雙行夾注,注文主要取義於張隱庵、張令韶二家,其注淺顯易懂,頗便童蒙誦習。

唐宗海補正發揮陳氏《傷寒論淺注》,擴爲七卷。陳修園推崇張隱庵、張令韶二家,唐宗海謂其"遵從二張,兼採各家,至爲精當,而猶有缺誤",當須補正,而欲以西醫之理證之,故作《補正》。凡陳氏"義有紕繆則正之",加"正曰";"義有歉缺則補之",加"補曰"。其篇章編排基本依陳氏《淺注》。卷首爲序及凡例;卷一至卷六爲六經脈證,於每經篇首補"總論",作爲該經提綱,以明大旨;卷七爲"辨霍亂病脈證"、"辨陰陽易差後勞復病脈證"、"辨痓濕暍脈證";後爲附識,包含"方藥離合論"、"古方加減論"等十一篇。唐宗海爲中西匯通代表人物,力圖以西釋中,如認爲三焦即西醫"網膜"。其理論有創新,亦不免有附會之處。唐宗海對陳修園"標本中氣"之"氣化"理論亦有獨特發揮,認爲人體以臟腑之氣爲本氣,以經脈之氣爲標氣,相絡屬之臟腑之氣爲中氣。

此書主要有清光緒十八年(1892)上海圖書集成印書局鉛印本、光緒二十年上海袖海山房書局石印本、光緒二十六年成都兩儀堂刻本、光緒三十一年上海順成書局石印本、光緒三十二年善成堂刻本、光緒三十二年重慶中西書局鉛印本、光緒三十二年精宏書局鉛印本等。今據華東師範大學圖書館藏清末鉛印本影印。(楊金萍)

醫門棒喝二集傷寒論本旨九卷 (清) 章楠撰 (第 987—988 冊)

章楠,字虛谷,會稽(今浙江紹興)人。究心醫道三十餘年,深明《靈樞》、《素問》、《難經》之旨,尤殫力於仲景之書。除此書外,另著有《醫門棒喝初集》。傳見《清史稿·藝術傳一》。

《傷寒論本旨》共九卷,又名《活人新書》,成書於清道光十五年(1835)。章楠認爲《傷寒論》辭簡義深,理法微妙,歷來注解參差不一,使人難會其旨,故重爲編注,"尋繹其脈絡而爲次序,間採諸說,辨別義理,證其訛謬,以期合乎意指",故名爲《傷寒論本旨》。此書對《傷寒論》重爲編輯,條分縷析,繹其淺深層次,挈其提綱節目,同時補充清代溫病學派關於溫病、暑病、濕熱病等說。故其內容不僅包括傷寒,亦該溫病。卷一爲總論,包括《申義》、《傷寒熱病辨》、《神昏讝語辨》、《辨舌苔》、《辨脈綱要》、《醫本於易論》等篇。卷二至卷四爲六經篇,爲論仲景六經辨證。卷五爲《汗吐下後并誤治諸證》、《差後復病》、《陰陽易病》。卷六、七除仲景所論之霍亂、痓病外,重點論風寒濕熱溫暑病,發揮溫病、暑病、濕病理論,推崇葉、薛二家,附《葉天士溫病論》及世傳爲薛雪所作之《濕熱條辨》等。卷八論脈證合參、脫絕脈證。卷九爲藥方集解。

此書在《傷寒論》編排及經義發揮方面,皆有獨特之處。如條文編排,卷二《太陽篇》按"風傷衛"、"寒傷營"、"風寒營衛兩傷"分爲三篇,宗方有執、喻昌三綱之說;六經部分條文作移易。注釋採用以經解經方法,依循《靈》、《素》、《難經》義理,詳加解釋。篇中除對外感傷寒發揮外,對溫暑等病發明頗多,"其有傷寒、溫病攙雜者,一皆揀辨易正,申明義理而排定之。論暑病源流,發古所未發。凡外邪證治,大抵詳備,不獨傷寒而已"。全書闡微發幽,尋繹《傷寒論》本旨,對後世《傷寒論》研究產生較大影響。

本書現存清道光末俉山書屋刻本、同治六年(1867)聚文堂刻本、宣統二年(1910)蠡城三友益齋石印本、民國八年(1919)裘吉生補刻本等。今據中國醫學科學院圖書館藏清道光俉山書屋刻本影印。書前有道光十九年(1839)吳永和序、道光十六年梁柏臺序及道光十五年章楠自序。(楊金萍)

金匱懸解二十二卷　（清）黃元御撰（第988冊）

黃元御生平見前《素靈微蘊》提要。

黃元御認爲《金匱》"言顯而理晦"，非精於《靈》、《素》之理者不能解之；又謂《金匱玉函經》治内傷雜病，大旨以扶陽氣爲運化之本，"自滋陰之説勝，而陽自陰升、陰由陽降之理，迄無解者"，因發闡其理，以成此書。書成於乾隆十三年戊辰（1748），共二十二卷。黃氏重新編次《金匱》條文，按外感、外感雜病、内傷、内傷雜病、外科、婦人分類編排。卷一"臟腑經絡"篇仍其舊，卷二爲外感，將第十一篇"五臟風寒積聚"前置，卷三至卷六爲外感雜病，卷七爲内傷，卷八至卷一八爲内傷雜病，卷一九爲外科，卷二〇至卷二二爲婦人。删《雜療方》、《食禁》等三篇。

黃氏按病證分科編次《金匱》，提綱挈領，使人從總體上把握疾病分類及條文歸屬，當屬首創，但其篇章移易合并不免有牽强之處。黃氏對五臟風寒積聚之認識頗有新意，認爲五臟風寒積聚，總病機爲虛邪外感，本氣内傷，積聚病機乃表邪外襲，裏邪内應，兩虛相逢，留而不去；仲景未有積聚之立法，可用桂枝茯苓丸、鱉甲煎丸、下瘀血湯等爲治，此發仲師所未發。篇中對陽自陰升、陰由陽降之理，及四診九候之法，發揮尤精。但黃氏注釋《金匱》，基本採用以經釋經之法，以《内經》、《難經》，發闡《金匱》之旨，於臨證則發揮較少，有時文辭偏繁，未切實用。

此書現存清咸豐十年（1860）長沙徐樹銘燮和精舍刻《黃氏醫書八種》本、同治元年（1862）湘鄉左氏刻本、同治七年江夏彭氏刻本等。今據《黃氏醫書八種》本影印，書前有黃氏自序及《欽定四庫全書總目提要》。（楊金萍、王振國）

金匱要略直解三卷　（清）程林撰（第988冊）

程林，字雲來，號静觀居士，休寧（今屬安徽）人，約生活於明末清初。少從叔祖程敬通學醫，精於星象術數，尤好醫術。以武林爲天下醫藪，遂往參訪。寓居西泠三十年，覃思精研，杜門著述。除此書外，另著有《聖濟總録纂要》、《醫暇卮言》。生平主要見方步範《遂初軒醫話》卷上《名醫補傳》。

程林注《金匱》，要在直截簡切，義理詳明，不作僻語曲解，務使人易懂，故名《直解》。成書於清康熙十二年（1673），共三卷。其條文編排基本同宋本，但删去林億校《金匱》時所附唐宋方，如侯氏黑散、柴胡引子等。注釋基本採用以經證經方式，上採《靈樞》、《素問》、《神農本草經》、《脈經》、《難經》、《甲乙經》、《中藏經》，其唐宋諸名家有確論者亦附之，并參以已見。程氏認爲讀《金匱》，必融會《傷寒論》，故以《傷寒》注《金匱》。書中對仲景特殊煎服方法進行發闡，如麻黃湯先煮麻黃、大承氣湯後内芒硝、大小柴胡復煎等，認爲仲景"方法圓通，千古不能逾越"。其注明達易曉，宜於取用。

今據上海圖書館藏清康熙十二年（1673）刻本影印，書前有諸家序及程氏"凡例"，有闕葉。（楊金萍）

金匱要略編注二十四卷　（清）沈明宗撰（第988冊）

沈明宗，字目南，號秋湄，檇李（今浙江嘉興）人，約生活於清康熙時。少時修禪，精於醫，推崇方有執、喻嘉言傷寒之説。另著有《傷寒六經辨證治法》。生平見此書員履端序、《醫徵》吳人駒序等。

沈明宗認爲世傳《金匱》刊本編次失序，究非仲景之意，而從來著書立言，當先綱領，次及條目，因此重爲編次，初名《張仲景金匱要略》，刊於清康熙三十一年（1692）。康熙三十二年重刊時改爲《金匱要略編注》。《中國醫學大成》收録時改爲《沈注金匱要略》。此書共二十四卷，明宗將條文重加編排，復加小標題以彰顯經文要旨，并認爲世傳本以治病問答冠於篇首，叙例大意反次後章，諸方論頭緒參差不貫，因此改動篇首。即在卷一首列"重編大意"，次將"夫人秉五常"部分列爲叙例，以其爲書中之大旨，通部之綱領；次按時令、問陰陽病十八、望色、聞聲、問治未病、五臟病喜惡等條列經文，實即將"臟腑經絡先後病脈證"篇重加標題，調整先後次序；卷二至卷二四亦以標題先後條貫，"僭以次章冠首，而爲序例，次以天時地理，脈證湯法，魚尾相貫於後，俾條理不紊，而使讀者易升堂奧，同登毂趣"。

沈氏詮釋經文，注重闡發《素》、《靈》經旨，同時強調變通圓融。如言《內經》以風暑火屬陽同類，寒濕燥屬陰同類，而仲景之書惟以風寒二邪立說，當觸類旁通，以明表裏、陰陽、寒熱、虛實、傳變、標本諸法。其注頗有宜於後學。

此書主要有康熙三十二年致和堂刻本、《中國醫學大成》本等。今據浙江圖書館藏康熙刻本影印，前有徐乾學、孟亮揆、員履端三人序及自序。（楊金萍）

金匱要略廣注三卷 (清)李彣撰(第989册)

李彣，字珥臣，清初錢塘(今浙江杭州)人。能文善詩，因多病而留心於醫，遊藝於張卿子、潘鄧林兩名師門下，故醫學益精，歷痊危症。生平見此書張卿子序、顧澄序及自序。

李彣溯《素問》、《靈樞》，宗《傷寒》、《金匱》，窮年力索，謂《傷寒論》、《金匱要略》二書相爲表裏，欲入仲景之室而究《傷寒論》之旨，則必從《金匱要略》入手。因取衆家之注，參以己意，廣爲注釋，經數年編成《金匱要略廣注》。此書成於清康熙二十一年壬戌(1682)，共三卷，二十五篇，乃《金匱要略》全注本。全書對經文逐條注釋，條文編次基本同宋本。於篇首括樞要，提綱挈領，使理歸一致，而後逐節分解。李氏注釋《金匱》，本源

《內經》，以溯學之有本，且取《周易》、《尚書》等文，廣採徐之才、朱肱、許叔微、張子和、朱丹溪、王履、喻嘉言等注，"前列愚意注解外，有昔賢名論最優者，備詳姓氏，附茸於後，以廣見聞"。李氏謂《金匱》治雜證，其法半出於《傷寒論》，故以《傷寒》與《金匱》合參。《金匱》疑竇難解之處，頗獲冰釋。其書對後世頗有影響，清代吳謙《醫宗金鑒》中《訂正仲景全書》採録頗多。

此書主要有康熙二十一年刻本、清淵點堂抄本等。今據康熙刻本影印，書前有其師張卿子序、顧澄序、自序及凡例。文中多處夾有小字手批，蓋寓目者所爲。（楊金萍）

金匱玉函經二注二十二卷 (元)趙良仁衍義 (清)周揚俊補注 (第989册)

趙良仁(1304—1373)，字以德，號雲居。其先由汴(今河南開封)徙居浦江(今屬浙江)。趙良仁初居浦江，後移居長洲(今江蘇蘇州)。少試吏憲司，即棄去，後師從朱丹溪習醫，盡得師傳，治療有奇驗，以醫術聞於浙西東。除此書外，另著有《醫學宗旨》、《丹溪藥要或問》，但均無刻本。生平見張昶《吳中人物志·藝術》、王鏊《姑蘇志》卷五六《人物十八·藝術》。

周揚俊，字禹載，號東園老人，吳縣(今江蘇蘇州)人，約生活於明末清初。始習儒，爲副貢，因屢試不第而業醫，師從於京師林北海，醫名頗盛。另著有《傷寒論三注》、《溫熱暑疫全書》。生平見民國二十二年《吳縣志》卷七五上《列傳·藝術一》。

書共二十二卷，爲《金匱要略》全注本，條文編次基本依宋本，但删《雜療方》及《食禁》三篇。此書是周揚俊在趙以德《金匱方論衍義》基礎上加以"補注"，故含二家注文。趙以德精研《內經》、《傷寒》、《脈經》諸書，博極太極陰陽之理，其注釋發闡經義，彰明醫理，尤善以經釋經，後世醫家襲其注者甚多，而謂

可與成無己《注解傷寒論》相媲美。《金匱方論衍義》是最早對《金匱要略》作全面注釋者，注文筆致醇厚，多有精見，如善用以經釋經法，藉《內經》發闡《金匱》，使經義互明；以《傷寒論》與《金匱》更相發明，彰明經旨；注重對仲景脈象之發揮，時取《內經》脈象更相發明；對仲景方證之發揮頗爲獨到，常能窺破經旨，叙證外之證，闡其未發之意。

　　周揚俊於傷寒推崇方有執、喻嘉言，於《金匱》注家尤推崇趙注，謂《金匱》注家中"獨趙以德先生《衍義》，理明學博，意周慮審，本軒岐諸論，相爲映照，合體用應變，互爲參酌，庶幾大道之明也"。又因《衍義》傳本不全，故周氏在《衍義》基礎上爲之補注，合成《金匱玉函經二注》，成書於康熙二十六年（1687）。周氏以師古爲宗，謂"事不師古，其法不立；師古而不師聖人，其理不精"，故注重對經典之注釋，於《衍義》更多發明，多取喻嘉言《醫門法律》以闡發經旨。《衍義》經周揚俊"補注"，其義更明，其注更精，故《二注》亦被推崇。

　　趙氏《衍義》成書後雖影響較大，但版本流傳不廣，保存不善，至周揚俊時已不能得其全璧。故周注貢獻不僅在於闡發趙以德之注，亦在於保存流傳《金匱方論衍義》。

　　此書康熙二十六年楚撫丁思孔梓於湖南長沙，是爲初刊本，惜流傳不廣。道光十二年（1832），長洲葉萬青以初印本及抄本相與校勘，重刊此書，使其流布。另有清道光十八年吳郡經義齋刻本、同治二年（1863）上洋經義齋刻本。今據南京圖書館藏清白鹿山房活字印本影印，書前有丁思孔序、周揚俊序，多處有手寫眉批。末有葉萬青、陳文述二序。（楊金萍）

金匱要略方論本義二十二卷 （清）魏荔彤撰（第 989 冊）

　　魏荔彤（1670—?），字庚虞，一字淡庵，號念庭，又號懷舫，柏鄉（今屬河北）人，約生活於清康熙、雍正年間。其父魏裔介，順治三年（1646）進士，累官至吏部尚書、保和殿大學士、太子太保，追謚文毅。荔彤幼承父訓，十二歲時補諸生，捐貲爲中書舍人，歷官鳳陽同知、漳州知府、江常鎮道、江蘇按察使等。嗜古學，工詩詞，通天文曆算，喜讀《易》，重醫經。除此書外，另著有《大易通解》、《傷寒論本義》、《素問注疏》、《靈樞注疏》等。生平見《大清畿輔先哲傳》卷二〇、《（光緒）漳州府志》卷四〇。

　　荔彤少讀仲景書，認爲仲景書"起於漢代，文義似平順而折奧，篇章似散碎而通會，讀之反難於得解，且易疏漏"，故作注釋以發揮其本義。自謂自童至艾，讀至數十年，作注旬月而畢。此書成於清康熙五十九年庚子（1720），共二十二卷，是《金匱要略》注釋類著作，其條文編排基本依宋本，但刪去《雜療方》及《食禁》等三篇。魏氏詮釋《金匱要略》，頗多精義。因通曉《易》學，故主張以《易》解讀《傷寒》、《金匱》。全書先爲字櫛句比，次之條分縷晰，次之分章別段，次之參證互明，次之要終原始，貫串通徹。魏氏擅用以經釋經法，以《內經》釋讀《金匱》，又以《傷寒論》與《金匱要略》互相發明；同時博採前賢諸注，參以己見，推崇喻嘉言、王晉三，以後世方藥補充仲景之未備。

　　魏氏對諸病病機、治法辨析頗爲精當。如指出胸痹病因病機，乃寒邪客於胸膈之裏，導致凝其血、滯其氣而成痹，突出氣滯血瘀之病機特點；胸痹病變部位在心，胸乃陽位，心處胸中，亦爲牡臟，因陰盛寒凝，乘陷胸中，痹阻心陽，則氣血痞塞，爲後世胸痹證從心陽痹阻、心血瘀阻論治，獨闢蹊徑。仲景主張"病痰飲者當以溫藥和之"，魏氏認爲所謂"溫藥和之"并非專事溫補，當有行消之品；蓋痰飲之邪因虛而成，而痰亦實物，必少有開導，總不出"溫藥和之"四字。其見解獨特，能申仲景法外之法,亦發前人所未發。

此書主要有清康熙五十九年兼濟堂初刻本、康熙六十年寶繪堂刻本、乾隆金閶綠蔭堂刻本等。今據南京圖書館藏兼濟堂刻本影印,書前有"《傷寒論》《金匱要略》釋義序"(自序)、林億及徐鎔序,天頭處間刻眉批。(楊金萍)

金匱心典三卷 (清) 尤怡撰 (第 989 冊)

尤怡生平見前《張仲景傷寒貫珠集》提要。

尤怡推崇仲景之書,謂《金匱要略》爲醫方之祖,治雜病之宗。但其方約而多驗,文簡而難通,唐宋未有注釋。明以後雖注釋不下數十,但非失於"浮",即失於"隘",使仲景之義不明。尤氏讀仲景書十數年,覃精研思,平時記其所得,十易寒暑,窮微極本,才得注此書,自謂"以吾心求古人之心,而得其典要云爾",故名《心典》。書成於清雍正七年(1729),初刊於雍正十年。

書共三卷,對《金匱要略》進行注釋發揮,其編次基本依宋本,但删去《雜療方》及《食禁》等三篇。尤氏注釋《金匱》,精心揣摩,勤於筆記,後重加尋繹,其未經筆記者補之,記而未善者改之,可見功夫深久,精益求精。注釋簡捷明達,不作縟文瑣言,往往一語中的,求其典要,而又深入淺出。其注釋整理原則爲,經文難通者不强作注,經文傳寫有誤者改正,後人補續者删去。尤氏善引《內經》以證《金匱》,同時廣採諸家如趙以德、徐彬、魏荔彤、喻嘉言等注,以推闡經義。爲辨析方證之不同,常用對舉比較法,如《痙濕暍病脈證治》篇,對舉仲景袪濕方劑之不同,以彰顯仲景辨證之靈活:謂風濕在表,當從汗解,麻黃加朮湯、麻黃杏仁薏苡甘草湯爲正法;汗出表虛,不宜重發汗,用防己黃芪湯實表行濕法,及用白朮附子湯補陽行濕法;表虛無熱,不可遽發其陽,用桂枝附子湯温經散濕法,及用甘草附子湯兼補中以爲散。通過數種袪濕方劑

之比較,仲景審病之微、用法之變,昭然顯明。

《金匱心典》注釋簡切通達、切中典要,深受後世醫家喜愛,徐大椿曰:"其間條理通達,指歸明顯,辭不必煩而意已盡,語不必深而旨已傳。雖此書之奧妙不可窮際,而由此以進,雖入仲景之室,無難也。"此書後收入《醫宗金鑒·訂正仲景方論》中。

此書有雍正十年遂初堂初刻本、同治八年(1869)陸氏雙白燕堂刻本、《中國醫學大成》本等。今據浙江圖書館藏雍正十年初刻本影印,書前有徐大椿序并自序。(楊金萍)

新修本草二十卷(存卷四、卷五、卷十二至卷十五、卷十七至卷二十) (唐) 蘇敬等撰 (第 989 冊)

蘇敬(約 595—674),唐太宗、高宗時人。曾任朝議郎行右監門府長史騎都尉,精於藥學,擅治脚氣。除此書外,另著有《脚氣方》(或稱《脚氣論》)。生平事迹見《新修本草》孔志約序、《外臺秘要》卷一八王燾述、《外臺秘要》卷一九引蘇敬《脚氣論》自述。

唐顯慶二年(657),蘇敬以《本草經集注》事多舛謬,偏於江南,不周曉藥石,奏請重修本草。朝廷詔司空英公李勣、太尉上柱國趙國公長孫無忌、兼侍中辛茂將、弘文館學士許敬宗、禮部郎中孔志約等二十三人,在《本草經集注》基礎上修訂補充,集體編撰而成《新修本草》(簡稱《唐本草》),最終成書於顯慶四年。

《新修本草》原本分三部分,即《本草》、《藥圖》、《圖經》,其圖與經相輔而成。《本草》即正經部分,二十卷,并有目錄一卷,《本草藥圖》二十六卷(或作二十五卷),《圖經》七卷。在藥物分類上,將陶氏七類擴爲九類,即將"草木"、"蟲獸"析爲草、木、獸禽、蟲魚四類。新增藥一百一十四種,載藥八百五十種(尚志鈞輯佚本載藥八百五十三種)。其體例繼承《集注》并有所增補,正文部分用大字,用朱墨間書區分《本經》及《别録》;唐代新增藥

物條文用墨字書寫，并在條文末附以"唐附"；其注文用墨字小字書寫，陶注不加標識，《唐本草》注文則冠以"謹案"。

關於《新修本草》卷數，唐代起即有五十三卷及五十四卷之異；另《唐會要》稱"并圖五十卷"。《新修本草》孔志約序、《新唐書·于志寧傳》、唐李含光《本草音義》序皆作"五十四卷"。《蜀本草》序、唐英公《進本草表》及英公序皆稱"五十三卷"。五十三卷與五十四卷差別在《藥圖》部分，尚志鈞認爲《藥圖》二十六卷當包含《藥圖》目錄一卷。五代時期，蜀主孟昶令翰林學士韓保昇取《新修本草》及《圖經》部分增潤刪補，撰成《蜀本草》。但宋以後《新修本草》幾乎不見《圖經》及《藥圖》，《宋史·藝文志》僅載孔志約《唐本草》二十卷，宋嘉祐敕修《本草圖經》詔書言"顯慶《藥圖》、《圖經》"罕有完本，故宋以後直至今日著録，多言《新修本草》二十卷（或加上目録一卷共二十一卷），實際上不包括原本中《藥圖》與《圖經》。

此書補充前代本草而作，其補《本經》之缺，正《集注》之謬，考同異，擇去取，開創彩繪藥圖與官修本草歷史。史稱世界最早藥典，對後世影響很大。宋代《開寶本草》即在《新修本草》基礎上補充修訂而成，宋代《本草圖經》則是仿照《新修本草》之《圖經》體例，以圖譜形式展示藥物形態。

《新修本草》版本流傳稀少，《圖經》、《藥圖》宋代已屬罕見，加之宋代多次官修本草及《證類本草》廣泛流傳，《新修本草》宋以後幾乎湮沒。十九世紀日本發現有日本天平三年（相當於唐開元十九年，731）本影模殘本，僅存十卷（卷子本，存卷四、五、十二、十三、十四、十五、十七、十八、十九、廿），卷十五末題"天平三年歲次辛未七月十七日書生田邊史"。清光緒十五年（1889）德清傅雲龍於日本得此種卷子本殘卷，影刻於《籑喜廬叢書》，在原十卷基礎上又附入日本小島寶素從《政和本草》中所輯卷三，共十一卷。羅振玉於光緒十七年在日本購得森立之所藏舊本，亦稱爲日本天平三年本之影抄本。羅本與傅本皆爲十五卷，似出自同一版本系統，但文字上有出入。二本皆在卷十五末題有"天平三年歲次辛未七月十七日書生田邊史"，但羅本其後又有"《萬葉集》卷十八天平二十年田邊史福麿歌數首并列"題識及森立之批注多則。另有《新修本草》敦煌殘卷，P3714約爲卷一〇，朱墨間作，書寫時間或在乾封以前。又有P3822"蔥實"殘片，S4534卷一七、一八、一九殘片。1936年日本大阪本草圖書刊行會據仁寺本影印（存卷四、五、十二、十七、十九，附日文唐《新修本草》之解説一卷）。

今據上海古籍出版社藏1981年影印後書鈔閣藏日本森氏舊藏本影印。存卷四、卷五、卷十二至卷十五、卷十七至卷二十。（楊金萍）

本草衍義二十卷　（宋）寇宗奭撰（第990冊）

寇宗奭，里籍無載，考其爲萊國公寇準曾孫，寇準爲華州下邽（今陝西渭南）人，則寇宗奭里籍原爲華州下邽。北宋政和年間（1111—1118），任醫官，授通直郎。曾履官至杭州、永州、耀州、澧州、霸州、順安軍等地。撰《本草衍義》，政和六年（1116）進書尚書省，經太醫院博士李康等審看，認爲"用心研究，意義可採，并是詣實申聞事"，是年因進書轉官"添差充收買藥材所辦驗藥材"。生平事迹見政和六年《付寇宗奭劄》、光緒三年歸安陸心源《重刻本草衍義序》，及正文礜石、菊花、鸕鶿等條。

寇宗奭以《嘉祐本草》、《本草圖經》（一說《證類本草》）尚有差失，因考諸家，參以目驗，拾遺糾謬，撰爲此書，名之曰"衍義"。《郡齋讀書志》名《本草廣義》。此書初刊於宋徽宗宣和元年（1119），其侄宣教郎寇約知解州解縣丞時鏤板印行。凡二十卷，目録一卷。列藥目四百七十一種,附藥四十五種。其選藥原則,《嘉祐本草》等有名未用及意義已盡者,不再編入。正文首列序例三卷。卷四至卷二〇爲藥物,沿襲《嘉祐本草》等類例,按金石、草、木、人、獸、禽、蟲魚、菓、菜、米穀等排列,分類條析,對藥物性味、功效、主治、産地、性狀等有所側重,不重複前代本草内容。書中嘗附許多驗案,體現其臨證方面之經驗及成就。

寇氏重在考實辨僞,衍義疏通。其考證諸家之説,參之事實,有未盡其理者衍之,以臻其理;有隱僻不斷者伸之,以見其情;有文簡誤脱者證之,以明其義;有諱避易名者復之,以存其名。搜求訪輯十有餘年,採拾衆善,尤能親自考察。如礬石條,對舊論顴巢中有礬石之謬説進行辨駁,謂嘗官於順安軍,新檢顴巢,率無石。菊花水條,通過親驗察實,指出菊花使水香之説爲誤。在藥性理論方面,求名責實,將傳統寒熱温涼“四氣”改爲“四性”,指出“凡稱氣者,即是香臭之氣”,後世始有“四性”之説。

此書現存宋淳熙十二年(1201)江西轉運司刻慶元元年重修本、又宋刻本(存卷一至十一)、元大德六年(1302)宗文書院刻本、又元刻本(存卷九至二十)、日本文政六年(1823)丹波元胤刻本、清光緒三年(1877)歸安陸心源刻《十萬卷樓叢書》本、宣統二年(1910)武昌醫館柯逢時刻本等。金朝遺民張存惠晦明軒本《證類本草》將其内容逐條附入,此後直至明清一段時間,單行本較少。

今據北京圖書館藏宋淳熙十二年江西轉運司刻慶元元年重修本影印。首頁首行題“通直郎添差充收買藥材所辨驗藥材寇宗奭編撰”。按《藏園群書經眼録》卷七謂此本“有政和六年十二月二十八日劄子,後題‘宣和元年　月本宅鏤板印造　姪宣教郎知解州解縣丞寇約校勘’,未有慶元乙卯刊補識語及

江南西路轉運司銜名”云云,今未見以上題識及銜名。(楊金萍)

履巉巖本草三卷　題(宋)王介撰(第990册)

王介,字聖與,號默庵。祖籍琅琊(今山東臨沂),後遷居臨安(今浙江杭州)郊外慈雲嶺西。宋寧宗慶元年間(1196—1200)曾作内府太尉。生平事迹見元夏文彦《圖繪寶鑑》卷四、本書自序。

該書成於宋寧宗嘉定十三年(1220),書名取自作者堂名。分上、中、下三卷,收藥二百零六種,實存二百零二種,圖二百零二幅,彩繪,一藥一圖,先圖後文。文字記載藥物性味、毒性、主治功效,并附單方,以就近切用。所載藥物以草類藥居多,收録藥物多爲其住地慈雲嶺一帶所出産,頗具地方特色,故此書可視爲杭州地方藥物專書。藥圖繪製取法馬遠、夏珪,以局部表現整體,突出藥物特徵與鑒別,對於藥物鑒別有重要指導意義。此書是現存最早彩繪藥物圖譜。

此書爲手繪彩圖本,後世未有刊刻,今存明代手抄彩繪孤本。今據北京圖書館藏該本影印。(楊金萍)

鐫補雷公炮製藥性解六卷　(明)李中梓撰(明)錢允治訂(第990册)

李中梓(1588—1655),字士材,號念莪,江蘇華亭(今上海松江)人。諸生。出身官宦,幼年喪父,曾習舉子業,十二歲時童試膺冠,後兩中副榜不仕。因二子爲藥誤,加之自身多病,遂研習岐黄,凡奇證無不立愈,名重一時。除此書外,另撰有《内經知要》、《醫宗必讀》、《傷寒括要》等。生平見《古今圖書集成‧醫部全録》卷五一一《醫術名流列傳》引、《(乾隆)江南通志》卷一七〇、《墨餘録》卷一〇、《診家正眼》董霡序等。

錢允治(約1541—1624),初名府,後以字行,又更字功甫,號少室,吴縣(今江蘇蘇州)

人。錢穀長子。少貧而好學，嗜書成癖，喜校書。著有《少室山人集》。生平事迹見《蘇州府志》卷八〇《錢穀傳》、朱彝尊《明詩綜小傳》、錢曾《讀書敏求記》卷四。

李中梓原著《藥性解》二卷，約撰成於萬曆年間。錢允治在其基礎上，於明熹宗天啓二年壬戌（1622）補訂刊刻，補入《雷公炮炙論》，釐爲六卷。卷一載金石部藥三十三種，菓部十八種，穀部十一種；卷二至卷四載草部藥，卷二草部上四十二種，卷三草部中五十四種，卷四草部下五十四種；卷五載木部藥五十八種；卷六載菜部藥十種、人部十種、禽獸部十九種、蟲魚部二十六種。共載藥三百三十五種。每味藥述其性味、有毒無毒、歸經、主治、真偽，及炮製法、相畏相惡、使用宜忌。其書雖名"雷公炮炙"，但并非每味藥皆言炮炙，更非每味藥皆附有"雷公炮炙論"。

此書援引諸家之說，參以己見，對藥物條分縷晰，并增入藥物炮炙内容，詳贍完備。但此書曾被誤爲書商假托之作，如《四庫全書總目》即持此論而將之列入存目。但李中梓自撰《醫宗必讀》中言"見余拙刻《微論》、《藥解》、《脈象》諸書"，該書吳肇廣序亦稱"先時先生有《頤生微論》、《藥性解》諸書行世"，説明李中梓確撰有《藥性解》一書。錢允治在《鐫補雷公炮製藥性解》序中明確指出，"本朝萬曆末，雲間李中梓士材，玄禪之暇，研精此道，出其所蘊，爲注二卷"。可見此書原爲李中梓著二卷，錢因其"炮炙則未遑"而補以炮炙内容，當不僞。

今據浙江圖書館藏明末唐鯉飛校刻本影印。原書前有"雲間李中梓"序，但無原刻"天啓壬戌仲夏既望吳郡八十二翁錢允治撰"之序。卷一正文前有三行題記作"雲間李中梓編輯"、"姑蘇錢允治訂正"、"金陵唐鯉飛校梓"。（楊金萍）

藥品化義十三卷首一卷　（明）賈所學撰（清）李延是補訂（第 990 册）

賈所學，字九如，駕洲（今浙江嘉興）人。《（康熙）嘉興縣志·人物志·藝術》載其"研究方書，深明理趣，有《脈法指歸》、《藥品化義》等刻，遠近稱之"，可見賈氏頗有時名。李延是於順治元年（1644）遊禾中，偶得賈氏所著《藥品化義》，但問里人，則已不聞其姓名。而此書提到方古庵、盛後湖，二人皆明末醫家，據此推斷賈所學可能爲明末人。除此書外，另著有《醫源接引》、《臟腑性鑒》等。生平事迹見《（康熙）嘉興縣志》卷七。

李延是（1628—1697），原名彦貞，字我生、期叔等，號漫庵，出身官宦，少負逸才，曾參與反清復明鬥争，事敗避居嘉興，於平湖佑聖宫隱身爲道士，懸壺自給。延是爲明代著名醫家李中梓之侄，深得其叔之學，又精究脈理，頗有醫名。與當時名醫喻嘉言、張卿子等交往。撰《脈訣彙辨》等書。生平事迹見清朱彝尊《曝書亭集》卷七八《高士李君塔銘》、《（嘉慶）上海縣志》卷一五《人物·藝術》等。

賈所學首次提出"藥母"理論，認爲書有字母，詩有等韻，樂有音律，則藥有藥母，故輯諸賢確論，以體、色、氣、味、形、性、能、力之八法考成藥母。體、色、氣、味乃"天地産物生成之法象"，形、性、能、力爲"藉醫人格物推測之義理"，以之作爲推演藥理之總綱領，書中對每味藥從此八方面加以發揮。

李延是得《藥品化義》後，於康熙十九年庚申（1680）爲之補正，令其第七子漢徵校定，遂將此書刊行於世。凡十三卷，并卷首一卷，載藥一百六十二種，附藥八種。卷首載《本草論》、《君臣佐使論》、《藥有真偽論》、《藥論》四篇，爲李延是所撰，對歷代本草醫家理論進行疏解發揮，頗近明陳嘉謨《本草蒙筌》。卷一至卷一三爲賈所學原著，卷一爲《藥母訂例》、《辨藥八法》，闡述"藥母"理論，爲賈所學首創；卷二至卷一三依次論氣藥、血藥、肝藥、心藥、脾藥、肺藥、腎藥、痰藥、火藥、燥藥、風藥、濕藥、寒藥,將藥物分爲十三大類。

此書初刊於康熙十九年。道光二十八年(1848)朱膜在任江西督糧道期間復校刊印行,光緒三十年(1904)朱家寶在道光本基礎上重新刊定。此後有多種刊本,民國十四年(1925)上海中華新教育社刊行時,因賈氏"今輯諸賢確論,考成藥母,爲辨藥指南"之言,改名《辨藥指南》。

今據成都中醫藥大學圖書館藏清康熙十九年刻本影印,有李延是"藥品化義序"。(楊金萍)

本草集要八卷　(明)王綸輯(第990册)

王綸(1453—1510),字汝言,號節齋,慈溪(今屬浙江)人。出身官宦,少習儒,爲邑鴻儒,明成化二十年(1484)舉進士,歷任主客員外郎、參政、布政使、都御史等。因父嬰痰疾,其與兄亦多病,遂遵父訓而究心醫藥。朝聽民訟,暮療民疾,治驗頗豐,與王肯堂齊名。生平事迹見《明史·方伎傳》、《王綸墓志》等。

王綸因本草集合群書,多所重複,易使觀者厭倦,故將《證類本草》(《經史證類大觀本草》)"止取其要者,以便觀覽",取名"本草集要"。書成於弘治七年甲寅(1494)。全書取《證類本草》之要者,包括《神農本草經》、《本草經集注》,同時兼取《內經》,旁採張潔古、李東垣、朱丹溪等論,并參以己見,彙輯成書。書分三部,共八卷。上部(卷一)爲總論,其中"論本草大意"、"論湯藥丸散不同及分兩修合製造等法",主要取自《神農本草經》、《本草經集注》;"論藥性氣味法象天地陰陽配合人身臟腑等藥",則取《內經》及李東垣藥類法象論;"論製方治病用藥之法"、"論隨證隨經隨時用藥等法",多取《神農本草經》、《內經》及東垣之説。中部(卷二至卷六)載藥五百四十五種,藥物分類不遵三品,因本草各藥莫多於草,而人爲萬物之靈,故以草部列首,人部列於末,具體按草、木、菜、菓、穀、石、獸、禽、蟲魚、人部分類排列,每味藥叙述藥物君臣佐使、性味、功效主治、毒性、歸經、炮製等,後附單方。下部(卷七至卷八)"藥性分類",將藥物按病證分爲十二門,即治氣門、治寒門、治血門、治熱門、治痰門、治濕門、治風門、治燥門、治瘡門、治毒門、婦人門、小兒門;每門又分若干細類,如卷七治氣門又分補氣清氣溫涼藥、溫氣快氣辛熱藥、行氣散氣降氣藥、破氣消積氣藥,層分縷析,綱目分明。此書對後世影響較大,李時珍雖譏其"泥古",但《本草綱目》頗沿襲其編排體例。

此書問世後爲世人所重,以致爭相傳刻,濟利弘多。現存明成化本、明正德五年本(1510)、嘉靖八年(1529)朱廷立刻本、萬曆三十年(1602)劉龍田刊本等。今據上海圖書館藏明成化刻本影印,書前未載自序,有"本草集要凡例",書中有殘缺,卷三、卷四、卷八有部分補抄。上海中醫藥大學圖書館亦藏明成化本,序亦僅半頁。(楊金萍)

本草品彙精要四十二卷續集十卷脈訣二卷
(明)劉文泰等撰　(清)王道純等輯(第990—991册)

劉文泰,約生活於明英宗、憲宗、孝宗、武宗時代,上饒(今屬江西)人。憲宗時先任正四品右通政,掌受內外章疏敷奏封駁之事,管太醫院事。以投劑乖方,致損憲宗,爲人參奏,孝宗命降爲正五品太醫院院判。弘治十六年(1503),孝宗因本草訛誤,命人改修,劉氏充其役,爲總裁之一,弘治十八年三月成此書。五月,孝宗因病不治而崩,劉氏又涉妄進藥餌案,依律論死,得所厚權臣居中調停,謫戍廣西而死。其事散見於《明史》、《萬曆野獲編·補遺》卷三、《治世餘聞》下篇卷一等。

王道純,生平欠詳,清代醫官,爲太醫院吏

目。曾奉敕校正此書,并编成《本草品彙精要續集》,又整理注釋宋崔嘉彦《脈訣》成《脈訣四言舉要》)。

《本草品彙精要》原名《御纂本草品彙精要》,四十二卷,係在《證類本草》基礎上,彙集他書所載藥品,擇其精粹,删繁補缺,分項述要以成。前有明孝宗御題,以下依次爲劉文泰等上表、纂修官員職名表、序例、凡例、《神農本經》例、採用斤兩制度例、雷公炮炙論序、目録。全書載藥一千八百一十三種,四十六種爲後補。藥物分部及編排方式基本因襲《證類本草》,分玉石、草、木、人、獸、蟲魚、菓、米穀、菜十部,每一部又分上、中、下三品。又按《皇極經世》分類,草、木、穀、菜、菓部各部又細分爲草、木、飛、走四類,禽、獸、蟲魚各部又細分爲羽、毛、鱗、甲、贏五類。所載藥物,取自《神農本經》者爲朱字,取自《名醫別録》者爲黑字。各具體藥物條下,則打破《證類本草》層層加注舊例,分名、苗、地、時、收、用、質、色、味、性、氣、臭、主、行、助、反、制、治、合治、禁、代、忌、解、膺共二十四項,分別列出每藥別名、産地、採集、色質、製法、性味、功效、主治、配伍、禁忌、真偽等。各項以朱書朱框標出,各項之下再以墨字予以提要解説。皆依歷代本草所述,"不須逐一詳名"者題曰"別録",對其近代用效眾論同而舊本欠發揮者則題曰"謹按"。附工筆重彩圖繪一千三百五十八幅,其中三百六十六幅爲新增。

此書爲明代唯一官修本草,集明以前本草之大成,内容涉及藥物鑒定、炮製、藥性理論、臨床應用諸方面,其所述内容分項明確,叙述詳備,條理清楚,便於查閱檢索,在中藥發展史上佔據重要地位,亦爲我國古代最大一部彩色本草圖譜。然此書亦有子目過繁、界限不明、顧此失彼之弊。同時編寫過程中文士與醫官之間有矛盾,於此書質量有所影響。書成之後,因孝宗病殞,劉文泰獲罪,加之朱墨分書,圖繪不易雕版等原因,書稿擱置内府未刊。

清康熙四十年(1701),以《本草品彙精要》所載藥物比《本草綱目》尚少四百八十種,敕命王道純、汪兆元等補足。王、汪等考校《本草綱目》校正原本,糾其舛誤,訂其錯落,録爲校正本一部,并仿原書體例增入《本草綱目》等四百九十餘條,編成續集十卷,載藥五百三十四種,亦分十部論述。又將宋崔嘉彦《脈訣四言舉要》附以注釋,原文爲朱書,解説、注釋爲墨書。末附望、聲、問三法。

此書現存明弘治十八年原本、康熙四十年(1701)彩繪本及清抄本殘卷。弘治原本1961年前後轉爲日本杏雨書屋收藏。今據故宮博物院藏康熙四十年彩繪本影印。
(臧守虎)

本草蒙筌十二卷　(明) 陳嘉謨纂輯 (第991册)

陳嘉謨(1486—1570),字廷采,號月朋子,西鄉石墅(今安徽祁門)人。明代御醫。少時體弱多病,遂鑽研醫藥,尤精本草,造詣頗深。除此書外,另著有《醫學指南》。事迹見《(乾隆)江南通志》卷一五九。

此書以王綸《本草集要》爲基礎,取諸家之長折衷會通,歷時七年,自嘉靖三十八年至嘉靖四十四年(1565)始成。書名《本草蒙筌》,取發蒙之器具之義。書前有作者嘉靖四十四年自序、凡例。卷首爲總論,論述藥物産地、採集、貯藏、鑒別、炮製、配伍禁忌、七方、十劑、服用方法、各經主治引使、用藥法象等。尤注意於道地藥材,如白术分浙术、歙术,芎藭分京芎、撫芎、台芎等。對藥物炮製方法記載亦頗詳細,首次提出"凡藥製造貴在適中,不及則功效難求,太過則氣味反失"原則,首次作出水製、火製、水火共製之炮製分類方法。"貿易辨假真"一節,引"賣藥者兩隻眼,用藥者一隻眼,服藥者全無眼"諺語,列舉眾多藥品作偽之例,強調藥品真偽鑒別重要性。

載藥七百四十二種,按草、木、穀、菜、菓、石、獸、禽、蟲魚、人十部分類。草部一百九十八種,附名者八十種;木部七十一種,附名者四十二種;穀部一十八種,附名者三十四種;菜部一十六種,附名者一十六種;菓部二十六種,附名者八種;石部四十二種,附名者四十四種;獸部二十一種,附名者七種;禽部九種,附名者七種;蟲魚部三十七種,附名者三十五種;人部九種,附名者二十二種。其中草部又分上、中、下三卷,共十二卷。每藥分正文、按語,正文以對語具述藥物氣味、產地、採集、功效、治療方法;按語重在討論辨證用藥,對前人之誤結合實際予以駁正,多有發明。故此書不僅便於初學,亦有裨於藥理之深討,影響及於後世。李時珍《本草綱目》謂此書"依王氏《集要》部次集成,每品具氣味、產采、治療、方法,創成對語,以便記誦。間附己意於後,頗有發明。便於初學,名曰《蒙筌》,誠稱其實"。

現存明嘉靖四十四年乙丑醉耕堂刻本、明萬曆元年癸酉(1573)周氏仁壽堂刻本、又明萬曆刻本(題《圖像本草蒙筌》)、明崇禎元年戊辰(1628)宛陵香醉庵釋在喆刻本(七卷)、明崇禎元年戊辰金陵劉孔敦萬卷樓刻本(附《歷代名醫考》及《藥圖》)、明書林劉氏本誠書堂刻本(七卷)等。今據上海圖書館藏明萬曆元年周氏仁壽堂刻本影印。(臧守虎)

本草彙言二十卷　(明)倪朱謨撰(第992冊)

倪朱謨,字純宇,錢塘(今浙江杭州)人,約生活於明萬曆、天啓年間。少業儒,沉默好古。治桐君、岐伯家言,得其奧旨,治療多奇效。事迹見《(康熙)仁和縣志》卷二一。

倪氏畢生搜集歷代本草,彙集《本草綱目》及歷代諸本草,刪繁去冗,甄羅補訂,辨疑正訛,又"周遊省直,於都邑市廛、幽巖隱谷之間,遍訪耆宿,登堂請益。採其昔所未詳,今所屢驗者,一一核載"(《凡例》),於天啓四年(1624)撰成此書。

此書又名《繪圖本草綱目彙言》,共二十卷。前有天啓四年倪元璐序、凡例八則。前十九卷爲各論,收載藥物五百八十一種,其分部沿襲《本草綱目》,但排序有所變更。分草、木、服器、金、石、穀、菓、菜、蟲、禽、獸、鱗、介、人十四部,每藥名下列性味、陰陽、歸經等,并用小字注明產地及藥物形態,其後集錄諸家論藥之言,復附列方劑。第二十卷爲總論,列氣味陰陽,升降浮沉等二十三目。全書收藥圖五百三十幅,分別附於各卷之首,并於第十八卷載有藥圖繪製時間及繪圖者。

此書記載明代後期浙江一帶近百名醫藥家藥物論説,同時摘録大量明代醫方資料,其中部分從未刊行,或已刊行而今亡佚,具有重要文獻價值,極大豐富中醫臨床用藥和藥性理論。從注解文字來看,倪氏對醫藥有較深入研究,極力反對服食丹藥,認爲丹砂"非良善之物",并歷數砒石種種危害,譴責紅鉛治病之愚。對藥物品種也有一定研究,如對銀柴胡、北柴胡、軟柴胡辨析比較明晰。書中又記載當時浙江溫州、處州山農人工種植茯苓情況,以及親訪晉蜀山谷龍骨產區之所聞,新意較多,故所獲評價甚高。如倪元璐序中贊云:"與李瀕湖之《綱目》、陳月朋之《蒙筌》、仲淳之《經疏》,角立并峙。於以羽翼前人,啓迪來者,厥功懋焉。"《浙江通志》也稱讚説:"世謂李之《本草綱目》得其詳,此得其要,可并垺云。"

此書現存明泰昌元年庚申(1620)刻本、清順治二年乙酉(1645)大成齋刻本、清順治二年刻康熙補刻本(無圖)、清康熙三十三年甲戌(1694)刻本、清康熙有文堂據補刻增訂本重印本等。今據天津圖書館藏清順治二年大成齋刻本影印。(臧守虎、杜鳳娟)

本草原始十二卷　(明)李中立撰(第992—993冊)

李中立,字正宇,雍丘(今河南杞縣)人,約生活於明萬曆年間。少姿敏,從羅文英習儒,多才藝,有異能,精於繪圖,嫻於本草。生平見此書各序。

此書初刊於明萬曆四十年(1612)。收藥五百零二種,分草、木、穀、菜、菓、石、獸、禽、蟲魚、人十部。首載《神農本草經》原文,次引《名醫別錄》,又次綜各家之説。每藥先記其產地、形態,次記其氣味、主治。各藥并附圖,共四百二十幅,多爲生藥圖,圖旁附以注文。書取本草各種,覆定其是,考其性味,辨其形容,定其施治,運新意於法度之中,標奇趣於尋常之外。所附藥圖多作者據當時實物親手繪製,間繪藥材斷面,形象逼真。文字準確簡練,便於鑒別。考辨易混藥材揭露作偽手法,亦利於實用。此書是本草史上一部重要著作,在中藥鑒定中具有較高實用參考價值,對後世產生巨大影響。其後《本草彙言》、《本草彙》所繪藥圖大多襲自該書。此書成書不久即傳入日本,於日本明曆三年、元禄十一年兩次刊行,日人稻若水韻《本草圖翼》四卷藥圖及圖注亦全部襲自該書。

關於此書作者,《四部叢錄醫藥編》、《中國善本書提要》、《中醫大辭典醫史文獻分册》等所記多與同時代明醫李中梓之兄李中立相混淆。按中梓之兄中立字士强、號念山,江蘇華亭(今上海松江)人。此書雍丘人羅文英叙云“余授李君業儒者也”、“李君名中立,少從余遊”,馬應龍序云“宰杞(雍丘)時得李君中立,年幼而姿敏,多才藝”。則本書作者乃雍丘(今河南杞縣)人,與華亭之李中立顯然并非一人。

此書明清間多經重刻,版本較多,各版本内容、順序、附圖時有出入。現存主要明萬曆四十年刻本、明崇禎十一年(1638)鹿城葛鼒永懷堂刻本、清乾隆十九年(1754)存誠堂刻本、清嘉慶二十三年(1818)經餘堂刻本、清道光二十四年(1844)信元堂刻本、咸豐元年(1851)文會堂刊本、光緒五年(1879)年刻本

等。崇禎十一年鹿城葛鼒刻本與戚繼光《紀效新書》合刊,僅存馬應龍一人之序。乾隆十九年存誠堂刻本及光緒五年刻本爲袖珍刊本,便於攜帶,故流傳頗廣。清咸豐元年文會堂刊本内題爲《本草原始合雷公炮製》。今據浙江圖書館藏明萬曆四十年刻本影印,書前有羅文英同年叙、馬應龍序(不著年月)。
(臧守虎)

本草通玄二卷　(明)李中梓撰 (第 993 册)

李中梓生平見前《鐫補雷公炮製藥性解》提要。

此書約成於清順治十二年(1655)。據門人戴子來序稱,李氏撰此書前,已刊行兩種本草著作,但因“未遑罄闡其幽,悉簡其誤”,故“復奮編摩,重嚴考訂,扼要删繁”,而成此書。

此書凡二卷,載藥三百四十一種,分草、穀、木、菜、菓、寓木、苞木、蟲、鱗、介、禽、獸、人、金石十四部。每藥以述性味、歸經及用藥特點爲主,又摘引王海藏、甄權、張元素等藥論精義,結合個人臨床經驗,加以闡述發揮。偶舉治驗醫案,印證用藥要義。藥物之後常附有炮製法,對藥物炮製方法有所改進。又附《食物性鑒賦》四首,分析寒涼、温熱、平性食物功用宜忌,介紹藥物中毒救治方法。末附《用藥機要》及《引經報使》。書中對前人論述不當者能予糾正,如辨正“參能助火”、知母爲“滋陰上劑”等説,又以世俗濫用紫蘇“甚無益也”。所論貼近臨床,注重實際,時有新見。

此書撰成之後,經尤乘增訂,輯入《士材三書》,刊於康熙六年(1667),因避康熙名諱,改爲《本草通元》。現存清康熙十七年戊午吳三桂雲南刻本、清光緒十三年(1887)丁亥上海江左書林刻本(四卷)、清善成堂及宏道堂刻本。今據中國中醫研究院圖書館藏康熙十七年昆明刻本影印,書前有李氏門人戴子

來序,不著年月,另有一行題爲"戊午春昆明子厚黄中立書於種杏齋"。另有二序,序之年代、撰人姓名均已剜去,其中《重刻本草通玄序》云:"予方且優遊昆海","況金碧近稱首善,天府圖書徵求宜廣,而中原方事戎馬,書坊舊板安知不即付之荒烟蔓草中也?是尤不可以不刻也。"可知本書爲吴三桂稱帝雲南時所刊。(臧守虎)

本經疏證十二卷本經續疏六卷本經序疏要八卷　(清) 鄒澍撰 (第 993 册)

鄒澍(1790—1844),字潤安,晚號閏庵,武進(今江蘇常州)人。素有孝行,家貧績學,博覽群書,通知天文推步、地理形勢沿革,詩賦古文亦卓然成家,然不自彰顯。道光初,詔舉山林隱逸,鄉里議上其名以應詔,固辭而罷。嘗以《春秋》屬辭比事法治《素問》、《傷寒論》、《金匱要略》,於不合處求其義之所在,於古人見解外别有會心,於論藥亦稍有異同。著述以醫家言居多,然所著《傷寒通解》、《傷寒金匱方解》、《醫理摘要》、《醫經書目》等并不見傳於世。所傳行者,唯此三書。生平事迹附見《清史稿》陸懋修傳以及周儀顥所撰鄒氏傳記。

鄒氏因劉若金所著《本草述》雖意旨精博而冗蔓,多引東垣、丹溪、潔古諸家而於張仲景、孫思邈反略,故取《神農本草經》、《名醫别録》爲經,《傷寒論》、《金匱要略》、《千金方》、《外臺秘要》爲緯,附以己意,交互參證,力務疏明所以然之故。歷時六年,於道光十七年(1837)撰成《本經疏證》十二卷,載藥一百七十三種,皆出於仲景所用者。

《本經疏證》編輯既定,著者再四校核,自以書中"有竄改古書以成己意"、"譬喻冗雜不就軌範"、"任情馳騁渾忘畛域"、"疏密錯出不歸一律"(見《本經續疏》自序)等不足,反不能規鉅繩墨,因繼以六經五雅、諸史説文、道經佛書、名人著作等凡有關於論藥者補所未備,以期補苴罅漏,而成《本經續疏》六卷,載藥一百四十二種。

《本經疏證》、《本經續疏》成,鄒氏又以孫思邈、王燾之書猶未能與《本經》相承接,而陶弘景所注《本經》得《本經》與醫經、經方連絡交會之義,因復取陶氏所注《本經》序例所列主療八十三類及徐之才續入九卷以爲鵠,隨類附入蘇恭、韓保升、掌禹錫等唐、宋諸家本草,反覆尋繹,詮釋其要,翼附二疏,於道光二十年撰成《本經序疏要》八卷。

鄒氏三書沿箋疏之例,所採廣博,辨析精細,所論諸藥,言必有本,異於憑空增藥者。嘗謂"一人效技,必備數十百藥而用始周;一藥意旨,必歷數十百人而情乃確",故書中每舉一藥一義,不厭反覆推求,務盡其説。論中以辨析藥性及其運用爲主,重在討論藥性及其在古方中之運用,又注重民間用藥經驗,對藥性理論頗多發揮,頗具個人特色。書雖專論藥,實於《傷寒》、《金匱》諸方得其會通,因於論藥而旁及論方、論病,將病、方、藥三者相互研討,深究仲景製方精意,成一家之言,爲讀仲景書者啓其扃鑰。此書爲後世醫家所推重,流傳甚廣,有功於醫藥之學。鄒氏自序雖譏劉氏《本草述》之冗蔓,然所著亦不免筆舌糾繚,多詞費之處。

《本經疏證》等三書成,鄒氏未及訂正而卒。書由其門人整理,得以完稿。書稿後輾轉爲趙於岡所得,道光二十八年趙氏將書稿郵付鄒氏生前好友湯用中,湯氏以《本經疏證》之名付梓刊行,翌年問世。現存清道光二十九年己酉湯用中刻本、清咸豐八年戊午(1858)歙縣洪氏刻本、清同治十二年癸酉(1872)反經堂刻本等。今據上海辭書出版社圖書館藏清道光二十九年刻本影印,書前有歙人洪上庠叙、周儀顥撰《鄒潤安先生傳》,皆不著年月。各書目録後有著者自序,末有湯用中道光二十九年跋。(臧守虎)

增訂本草備要四卷　（清）汪昂撰（第 993 册）

汪昂（1615—1695），字訒庵，休寧（今屬安徽）人。先攻舉子業，於經史百家均有研究，後棄儒業，專研醫著，雖未曾業醫，然醫學造詣高深，著述頗豐。除此書外，另有《素問靈樞類纂約注》、《醫方集解》、《湯頭歌訣》、《經絡歌訣》、《藥性歌賦》等行於世。事迹見《清代七百名人傳》第四編《學術》、《（嘉慶）休寧縣志》卷一五。

汪氏有感於"本草第言治某病某病而不明所以主治之由，醫方第云用某藥某藥而不明所以當用之理，千書一律，開卷茫如，即間有辨析病源、訓解藥性者，率説焉而不詳，語焉而不暢"（《叙》），因採諸家之長，輯爲《本草備要》，收藥四百餘種，於康熙初年刊行。康熙三十三年（1694）刊行時，復訂補藥物六十餘種，故書名《增訂本草備要》。

書前有自叙、凡例、藥性總義，共收藥四百七十五味，分爲草、木、菓、穀菜、金石水土、禽獸、鱗介魚蟲、人八部。大旨本於《本草綱目》、《本草經疏》，旁採諸家之説，選取常用藥品，述其旨要，兼補《本草綱目》、《本草經疏》之未備。各藥名稱之下用小字説明其功效，又另行介紹該藥性味歸經、功效主治，注文中闡發其功治理論，尤注意藥品畏惡，兼施制防互用之説，藥性與辨證互相闡發。引文多注明出處，所採前人舊注略有考證，發揮處則加以"昂按"字。爲便誦讀，着意於文字錘煉，所謂"文無一定，藥小者語簡，藥大者詞繁，然皆各爲杼軸，煅煉成章"（此書《凡例》），故行文流暢簡明，議論深入淺出，由博返約，頗切於臨床實用，尤利於初學，書成後風行海内。吴儀洛《本草從新》自序中稱其"卷帙不繁而採輯甚廣，宜其爲近世膾炙之書也"，所論允當，亦可見其書當時流行之盛況。

後人在翻印此書過程中，或益以新藥，或附以精美藥圖，在卷數上有二卷、四卷、五卷、六卷、八卷本之不同。現存版本極多，主要有清康熙三十三年甲戌保陽文富堂刻本、清康熙三十三年還讀齋刻本、清道光二十五年乙巳（1845）瓶花書屋刻本、日本享保十四年（1729）刻本等。今據上海圖書館藏清康熙三十三年還讀齋刻本影印。（臧守虎）

本經逢原四卷　（清）張璐撰（第 994 册）

張璐（1617—約1699），字路玉，號石頑，長洲（今江蘇蘇州）人。初習儒業，明亡後棄儒習醫，遍讀醫經及歷代醫書，於仲景之學尤有心得。除此書外，另著有《傷寒纘論》、《傷寒緒論》等。《清史稿》有傳。

此書刊於清康熙三十四年（1695），前有著者小引。雖名《本經逢原》，然并非以《神農本草經》原文爲主，而係據《本草綱目》次第加以删節增補、發明疏通大義而成。

書共四卷，載藥七百八十六種，分爲水、火、土、金、石、鹵石、山草、芳草、隰草、毒草、蔓草、水草、石草、苔草、穀、菜、果、水果、味、香木、喬木、灌木、寓木、苞木、藏器、蟲、龍蛇、魚、介、禽、獸、人共三十二部。每藥一般先述其性味、功用、主治、炮製、産地，次引《神農本草經》原文，再述諸家之説、個人見解與用藥經驗。

此書爲綜合性本草著作，簡明實用，不以考訂爲重。所收諸藥不限《神農本草經》，以臨床實用爲主，着重探討藥理與介紹用藥經驗，辨正前人之誤，强調辨證用藥，重視藥物配伍。書中亦涉及藥物品質、藥材來源與藥效之關係、藥物真僞鑒别，其見解多有獨到之處。《四庫全書總目》稱"時珍書多主考訂，希雍書頗喜博辯，璐書則惟取發明性味，辨别功過，使製方者易明"，所論允當。

此書流傳甚廣，對後世醫家影響頗大。現存清康熙三十四年乙亥長洲張氏雋永堂刻本、清康熙三十四年乙亥金閶書業堂刻本、清康熙寶翰堂刻本、又清康熙刻本、清嘉慶六年辛酉(1801)刻本、日本文化元年甲子(1804)思得堂刻本、日本文化元年甲子東京書肆刻本浙江亦西齋藏板重印本、日本文化元年甲子思德堂刻本清光緒二十五年(1899)浙江書局重印本、清光緒二十年甲午上海圖書集成印書局鉛印本、清光緒三十四年戊申渭南嚴氏刻本等。今據上海辭書出版社藏清康熙三十四年長洲張氏刻本影印。(臧守虎、杜鳳娟)

本草從新十八卷　(清)吳儀洛撰(第994冊)

吳儀洛(約1704—1766),字遵程,海鹽(今屬浙江)人。幼習舉業,旁覽醫籍,後改研岐黄。曾離家遊歷達五年之久,入天一閣苦讀醫籍。後歸里業醫,資貧拯危,名噪鄉里。除此書外,另著有《成方切用》、《傷寒分經》等,對後世影響較大。事迹見《清代七百名人傳》第四編《學術》、《(嘉慶)嘉興府志》卷五七、《(道光)海昌備志》卷三七。

書刊於清乾隆二十二年(1757),前有著者自序,中云"新安汪氏著《備要》一編,獨惜其本非岐黄家言,不臨癥而專信前人,雜糅諸説,無所折衷,未免有承誤之失。余不揣固陋,取其書重訂之,因仍者半,增改者半,旁掇舊文,參以涉歷,以擴未盡之旨",因成此書,名爲《本草從新》。

卷首爲"藥性總義",多採汪氏《本草備要》而稍有增補。各論收藥新增燕窩、黨參、西洋參、北沙參等多種,總收新舊藥達七百二十餘種,分草、木、果、菜、穀、金石、水、火土、禽獸、蟲魚鱗介、人十一部,每部又分若干類,總五十二類。每藥一般首述功效,次述性味、歸經、主治、禁忌、產地、炮製,反復注明藥物所以主治之由、所以當用之理,并集藥性、病情互相闡發。

較之汪氏《本草備要》,此書新增藥物二百七十五種,於藥物品種及功效所記較詳,補充較多用藥經驗,補述若干藥物產地、性狀鑒别、品質及藥物修揀、净選等,所論多由實踐

總結而來,頗有臨證實用價值,亦爲家庭日用醫學之善本。然作者以他人之書掩爲己有,後人頗有微詞。

現存版本衆多,主要有清乾隆二十二年丁丑刻本、乾隆五十三年戊申刻本、道光二十六年丙午(1846)瓶花書屋校刻本、清道光二十八年戊申刻本、清同治四年乙丑(1865)文富堂刻本、清光緒六年庚辰(1880)紫文閣刻本等。今據上海圖書館藏清乾隆二十二年丁丑刻本影印。(臧守虎、杜鳳娟)

藥性通考六卷　(清)太醫院撰(第994冊)

原題太醫院手著,實爲清劉漢基所撰,撰者生平履貫未詳。

書約成於十九世紀中期(有云康熙年間者),共八卷,爲太醫所用臨床藥物手册。卷一至卷六爲藥性考,載藥物四百三十五種,前二百三十二種與陳士鐸《本草新編》所收藥物相同,次序也基本一致;後二百零三種與汪昂《本草備要》所收藥物類似,然次序不同。故此書當是在《本草新編》、《本草備要》二書基礎上編撰而成。書中每味藥物均介紹性味、歸經、功能、主治,亦載藥物異名、植物形態、採集季節、藥物鑒别、炮製、貯藏等。部分藥物後以"〇"作分隔標記,設問答若干,多爲臨床用藥疑問,涉及頗廣,爲此書新穎獨到處。此書在辨證用藥、配方原理、藥物禁忌與注意事項等方面頗多新見解、新經驗,爲一般本草方藥之書所不載,至今仍有臨床指導意義。卷七、卷八收載《集録神效單方》二百首,以及黄疸、臌脹、六鬱、痹症、痿症、厥症等二十四種雜病論治與附方。書中多處以第一人稱叙述,有"嘗游楚寓漢口"、"余客閩"等語,可證此書非太醫院集體編撰,當爲個人撰集。

此書現存清道光二十九年京都刻本,今據中國科學院圖書館所藏該本影印,卷六末附定四時生死脈訣、日上起時法,亦即佛

點頭脈決。卷七、卷八僅存目録,内容缺脱。（臧守虎）

本草綱目拾遺十卷正誤一卷　（清）趙學敏撰（第 994—995 册）

趙學敏（約 1719—1805）,字依吉,號恕軒,錢塘（今浙江杭州）人。諸生。其父曾任永春司馬、龍溪知縣,乾隆間下沙大疫,延醫合藥活災民無數。學敏與其弟學楷皆承父命習儒學醫,凡家藏星曆、醫術、藥學之書無不流覽,尤究心於本草。家有"養素園"、"利濟堂",爲種藥、診疾之所,兄弟寢食其間,得以栽培、觀察與試驗草藥療效。學敏又重視走方之醫,樂於搜集整理,每有所得,即彙鈔成帙,積稿达數千卷,統名曰《利濟十二種》,傳抄於世。惜乎除《串雅》、《本草綱目拾遺》之外,餘今皆不見。事迹見《（民國）杭州府志》卷一五〇。

此書爲拾李時珍《本草綱目》之遺而作,初稿成於清乾隆三十年（1765）,後經卅餘年增補,陸續傳抄於坊間。至嘉慶末年,傳抄本顛倒錯亂、眉目不清。錢塘張應昌訪知杭醫連翁楚藏有稿本,乃借閲并加以整理編纂,予以刊行。據書後同治三年張應昌跋可知,此書有張氏補輯及傳抄中他人之補益,書中記有嘉慶八年之事即是明證。張氏跋雖署同治三年（1864）,然"遭亂貧困無力獨刊",遲至同治十年方付刊,書前"同治辛未冬吉心堂開雕"牌記可證。

書凡十卷,首列"正誤篇",訂正補充李氏《本草綱目》誤記及疏漏三十四條。收藥九百二十一種,其中《本草綱目》未載者七百一十六種,多爲冬蟲夏草、鴉膽子、太子參等民間用藥及烟草、西洋參、金雞納、日精油等進口藥。各卷大致按《本草綱目》次第,分水、火、土、金、石、草、木、藤、花、果、穀、蔬、器用、禽、獸、鱗、介、蟲十八部,删去人部,增設藤部、花部,將金石部分爲金、石兩部。趙氏認爲《本草綱目》各藥分項解説中有名實不相應者,故芟其繁例,力求簡便;各藥條下次第羅列文獻内容并注明出處,"統爲直叙,不另分細目";其个人心得則附注於後或夾注其間,無一定格式。書中於《本草綱目》所載藥品述之未詳者,詳加補充訂正,并注明出處,引據醫藥之書達二百八十二家,經史百家書目三百四十三家,多有罕見鈔本、珍秘本以及《本草補》、《百草鏡》、《李氏秘草》等現已亡佚之本草著作,故極具文獻價值。書中記載個人親身採訪所得辨藥用藥經驗,并均注人名,爲藥物鑒定提供寶貴資料。又大量記載浙江一帶藥用植物及邊遠地區、少數民族地區、沿海地區、海外藥物,爲歷代本草所罕見。所附醫方,簡便有效,堪資研究。

此書爲《本草綱目》問世百年後對藥物之系統總結,在清代本草學著述中新意最多,是研究《本草綱目》及明代以來藥物發展之重要著作。

現存稿本、清同治十年辛未張應昌吉心堂刻本、清光緒五年己卯（1879）太醫院刻本、清光緒十一年乙酉合肥張紹棠味古齋校刻本等。稿本一度亡失,後爲湯溪范行準收存於棲芬書室,現藏於中國中醫研究院。今據湖北省圖書館藏清同治十年張應昌吉心堂刻本影印,前有作者順治七年《利濟堂十二種》總序、乾隆三十年小序、凡例,後有同治三年張應昌跋。（臧守虎）

本草求真九卷　（清）黄宫繡撰（第 995 册）

黄宫繡（1730—1817,一説 1736—1795）,字錦芳,宜黄（今屬江西）人。出身儒醫世家,學識淵博,精通醫藥,乾隆時曾爲宫廷御醫。治學嚴謹,尤重實踐,其著作概以"求真"冠名。除此書外,另著有《醫學求真録》、《脈理求真》等。生平事迹略見其書之序。

黄氏有感於當時本草書繁瑣難通之弊病,將"往昔諸書,細加考訂。其有一義未明,一意未達,無不搜剔靡盡,牽引混説,概爲删除,俾令真處悉見,斷不隨聲附和"(《凡例》),著成《本草求真》九卷。

此書初刻於乾隆三十四年(1769),前有同年王光燮叙及凡例。書凡九卷,分爲上、下兩編。上編卷一至卷七分作補劑、收澀、散劑、瀉劑、血劑、雜劑、食物七門,每門下分爲三至八類,如補劑又分温補、平補、補火等。上編共載藥物五百二十種,每藥述其形態、性味、功能、主治、禁忌等。下編卷八至卷十,分列臟腑病證主藥、六淫病證主藥、藥物總義。

此書特點有六。一,採用藥物功效分類法而非傳統之部屬分類法,爲方便讀者查閲,又於每藥下注明該藥之部屬及卷首目録序號,可謂本草著作中最早之索引。二,在用藥法象方面,根據五色入五臟理論,結合其學術見解,提出以形、色、性、味區分用藥,如"凡藥色青、味酸、氣臊、性屬木者,皆入足厥陰肝、足少陽膽經",明確提出藥有"形性氣質"、"氣味升降浮沉"、"根梢上中下"、"五傷"、"五走"、"五過"等,對藥物功效和臨床研究有積極作用。三,既重前人理論經驗,又不盲從前人。如《本經》謂白茅根能補中益氣,黄氏却不以爲然,謂"至云能以補中益氣,雖出本經,然亦不過因其胃熱既除而中氣自復,豈真補益之謂哉。經解之論,似未可信"。四,辨析藥性相似、極易混淆之藥物,力求盡得深藴。如麥冬與天冬均屬養陰清熱之品,但本書強調"麥冬甘味甚多,寒性差少,天冬所主在肺,而麥冬所主在肺,更在心"。五,結合臨證實踐,指出藥物新功能。如除指明劉寄奴具破瘀通經行血之功用外,還指出其能止金瘡出血。六,重視分析藥物來源、真偽和炮製。如謂"山西太行新出黨參,其性只能清肺,并不能補益,與久經封禁真正之黨參絶不相同",強調"製藥貴乎適中","不及則功效難求,太過則氣味反失"。此書"每從實處追求,既不泥古以薄今,復不厚今以廢古,

惟求理與病符,藥與病對"(《凡例》),精簡扼要,臨床實用價值頗高。

現存清乾隆三十四年己丑刻本、乾隆三十七年壬辰廣雅堂刻本、乾隆三十八年緑圃齋刻本、乾隆三十九年甲午文奎堂刻本、乾隆四十三年戊戌遂寧務本堂刻本(書口題緑圃齋)。今據山東省圖書館藏清乾隆三十八年緑圃齋刻本影印。書前有清乾隆三十七年上諭、乾隆三十八年癸巳秦承恩叙,目録後附有藥圖。(臧守虎)

神農本草經讀四卷 (清) 陳念祖撰(第995册)

陳念祖生平見前《傷寒論淺注補正》提要。

此書又名《本草經讀》,乃陳氏卸任回籍後,從其所撰《神農本草經注》中選取切用藥物百餘種,補充發揮而成。書成於清嘉慶八年(1803),書前有是年蔣慶齡小榕氏序、凡例。書録《神農本草經》時用之藥一百一十八種,卷四末附《神家本草經》以外何首烏等常用藥四十七種。所録《神農本草經》藥物次第不盡依原本,而注解皆遵原文逐字解釋。其注解每每結合《傷寒》、《金匱》用藥法,以與《本經》藥性相印證,又多附《本草崇原》、《本草經解》兩家之注以及本人用藥經驗,不僅有益於理解《本經》,也有益於理解仲景醫方。

此書刊行之後流傳甚廣,"幾於家置一編"(惲思贊《本草便讀》序)。現存版本較多,主要有清嘉慶八年癸亥橦薖書屋刻本、咸豐四年甲寅(1854)王氏刻本、同治五年丙寅(1866)刻本、同治七年戊辰儒興堂刻本。今據上海圖書館藏清嘉慶八年橦薖書屋刻本影印。(杜鳳娟)

本草經解要四卷附餘一卷 (清) 姚球撰(第995册)

姚球(約1662—1735),字頤真,一説順真,號勾吴逭人,梁溪(今江蘇無錫)人。生有異

質,及長從師學醫。究心經、史、百家言數年,乃閱岐黃書,洞悉其中微妙。其術主於扶元氣、助真陽,活人甚衆。除此書外,另著有《景岳全書發揮》《金匱玉函經解》等,整理《周慎齋遺書》。又好《易》,著有《周易象訓》。事迹見《(乾隆)無錫縣志》卷三五、《周慎齋遺書》序等。

書首列《附餘》一卷,分考證、音訓兩部。前者列藥品三十一味,附考"藥性本草"、"卷帙次第"各一條;後者又分諸藥、諸證各一篇,各有數十條,不僅注音、釋義,尚有藥材辨僞等内容。《本草經解要》於《神農本草經》中選收藥物一百一十七種,又收後世諸家本草藥物五十七種,共一百七十四種,分草、木、竹、果、金石、穀菜、禽獸、蟲魚、人九部加以闡釋。各藥下首叙藥物所出文獻、性味、良毒、功效、主治,次及藥性、歸經、藥理,後列製方。

姚球將人體生理、病理與藥物相結合,以期"藥與疾相應",并指出藥物取效原委。條釋詳明,製方盡善,可爲修習本草之指南。

成書年代不詳,作者亦存疑竇。今按楊緝祖序云:"古吴葉先生,儒者也,邃於易而善醫","著書等身,其一爲《本草經解要》"。書中正文下亦題"古吴葉桂天士集注,河東楊緝祖遠齋閲定",據此則似爲葉桂所撰。然同書楊友敬序則云姚球所撰。又據清曹禾《醫學讀書志》卷下"陳念祖"條云:"《本草經解要》四卷,爲梁溪姚球(字頤真)撰。自序學醫始末,著書原委。門人王從龍跋,從龍叔海文序,又列參校門人華雲龍等一十八人名。爲六安州守楊公子運齋者所刻。坊賈因書不售,剜補桂名,遂致吴中紙貴。念祖未見原本,故踵其訛誤如此。"此記載足證此書確爲姚球所撰。蓋因姚氏性隱逸,名不顯於世,而葉桂爲康乾間名醫,故其著作被托葉桂之名以行世。此書之外,姚球之《景岳全書發揮》亦被易名葉桂,而所整理《周慎齋遺書》則被誤題爲明人吴球。

此書現存清雍正二年甲辰刻本、雍正二年甲辰王從龍刻本、乾隆四十六年辛丑(1781)衛生堂刻本、清光緒十四年戊子(1888)潘霨刻本、清光緒十九年癸巳羊城大文堂刻本等。今據浙江省圖書館藏清雍正二年王從龍刻本影印。書前有楊緝祖雍正二年(1724)序、楊友敬(希洛)序,未見作者自序,蓋即曹禾所云"坊賈因書不售,剜補桂名"之刊本。(臧守虎)

銅人腧穴鍼灸圖經三卷附穴腧都數一卷修明堂訣式一卷避鍼灸訣一卷　(宋)王惟一撰(第995册)

王惟一(987—1067),又名惟德,里籍不詳,宋仁宗、英宗兩朝醫官,仁宗時任翰林醫官院醫官、尚藥局奉御。

仁宗因鍼砭傳述不同,於天聖四年(1026)命惟一"考明堂氣穴經絡之會,鑄銅人式,又纂集舊聞,訂正訛謬"(《續資治通鑑長編》卷一〇五)。所纂訂者即此書,書於天聖五年告成,由醫官院木板刊行,并刻於石碑上,翰林學士夏竦爲之作序。

書又名《新鑄銅人腧穴鍼灸圖經》,簡稱《銅人經》或《銅人》,凡三卷。卷上繪有仰伏人尺寸圖及十四經循行及其腧穴;卷中列鍼灸避忌圖,詳述腧穴位置、主病、鍼灸深淺、灸療壯數及鍼灸禁忌等;卷下以五輸穴爲主,論述經穴作用,并附經脈腧穴圖。書中參考諸家,對十四經循行和腧穴逐一訂正,對《靈樞·經脈篇》原文進行注釋,考訂有據,體例謹嚴,簡明扼要,易于遵行。

此書原刊本及石刻碑早佚,經宋、元、明三代刊刻,别本歧出,有三卷、四卷、五卷、七卷之不同。現存金人閑邪瞶叟於大定二十六年(1186)改編五卷本(補入"鍼灸避忌太一之圖",改名《新刊補注銅人腧穴鍼灸圖經》)、明石刻拓本(殘存第一、第二)、明金陵三多齋刻本、明萬曆徐三友校書林宗文堂刻本、清康熙三年（1664）刻本等。今據中國醫科大學圖書館藏明刻本影印，書前序有闕頁，末附《穴腧都數》一卷、《修明堂訣式》一卷、《避鍼灸訣》一卷。（臧守虎）

十四經發揮三卷　（元）滑壽撰（第995冊）

滑壽生平見前《讀素問鈔》提要。

滑氏嘗言：「人身六脈，雖皆有系屬，惟督、任二經苞乎腹背，有專穴，諸經滿而溢者，此則受之，宜與十二經并論。」乃取《素問・骨空》等論及《靈樞》所述，通考隧穴六百五十七，於至正元年著成此書。

書三卷，每卷一篇，卷上爲《手足陽明流注篇》，總論三陰三陽經循行規律；卷中爲《十四經脈氣所發篇》，論十四經循行路線、腧穴位置及手足十二經所主病臨床表現；卷下爲《奇經八脈篇》，參合《素問》、《難經》、《甲乙經》、《聖濟總錄》等，詳述奇經八脈之循行部位、生理功能與病理變化。由卷上篇末「上本篇正文與《金蘭循經》同」、卷中篇末「上十四經正文并與《金蘭循經》同」字樣可知，此二卷實本於元代忽泰必烈《金蘭循經取穴圖解》。

滑氏提倡十四經之説，將督、任二脈與十二正經并論。書中循經列穴，補記各經所屬之穴，對《內經》所述十四經脈逐句加以闡釋發揮，并附經圖、經穴歌，頗便初學。是書糾正《聖濟總錄》中關於足少陽經、足陽明經、足太陽經穴位排列與循行路線之差誤，厥功甚著。

此書問世後不久即亡佚，其内容因薛己收入《薛氏醫案》而得以保存。現存版本除《薛氏醫案》本及明抄本外，以日本刻本居多，如日本寬永二年乙丑（1625）洛陽二條梅壽刻本、日本慶安二年己丑（1649）大阪河内屋喜兵衛刻本等。今據南京圖書館藏明抄本影印。（臧守虎）

鍼灸大成十卷　（明）楊繼洲撰（第996冊）

楊繼洲（約1522—1619），字濟時，三衢（今浙江衢縣）人。祖父楊益曾任太醫，頗具聲望，著有《集驗醫方》刊行於世。其父亦業醫。楊氏幼習舉子業，博學能文，然科場屢屢受挫，因專攻醫學，取家中所藏醫書遍讀之，尤致力於鍼灸之學，爲明代著名鍼灸醫家。歷經嘉靖、隆慶、萬曆三朝，曾任楚王府良醫、太醫院御醫，行醫四十六年，足迹遍及全國。除此書外，另著有《病機秘要》等。生平事迹略見此書王國光、趙文炳序。

書原名《衛生鍼灸玄機秘要》，又名《鍼灸大全》，初爲三卷。楊氏「慮諸家書弗會於一，乃參合指歸，彙同考異，手自編摩，凡鍼藥調攝之法，分圖析類」（王國光序）而成此書，於萬曆八年（1580）付梓。後山西監察御史趙文炳患痿痹之疾，多方醫治不愈，經楊氏三鍼而愈，又觀楊氏《玄機秘要》，欲爲之付梓。楊氏因復廣求群書，凡《神應經》、《鍼灸捷要》等有關鍼灸者悉採之，更考《素問》、《難經》以爲宗主，易爲今名，增爲十卷，於明萬曆二十九年（1601）刊行。

書凡十卷。卷一首列仰伏人總穴圖，論述鍼道源流，繼録《內經》、《難經》相關鍼灸原文，并予注解；卷二、卷三列鍼灸歌賦三十餘則；卷四爲鍼法，并附楊氏問答三十餘則；卷五爲十二井穴、五輸穴、子午流注、靈龜飛騰鍼法；卷六、卷七列臟腑經穴圖文，詳載經穴三百五十九，經外奇穴三十四，及各穴之部位、主治；卷八爲諸症鍼灸法，分做二十三門，論述内、外、婦、兒、五官等常見病之鍼灸治療；卷九爲名醫治法、灸法、楊氏醫案等；卷一〇爲《陳氏小兒按摩經》。

楊氏以《內經》、《難經》爲源，以歷代各家之説爲流，在家學秘傳基礎上，結合自身豐富經驗纂編而成。書中引用明以前鍼灸著作二十餘種，重新考定穴位名稱及位置，并附以全身圖和局部圖，闡述歷代鍼灸操作手法，整理、歸納出"楊氏補瀉十二法",記載各種病證配穴處方和治療驗案,且兼及導引、按摩和藥物,集明以前鍼灸經驗之大成。内容豐富系統,理論精闢,有論有法,脈症俱備,其鍼灸、藥物、按摩并重,鍼法、灸法并重,穴法、手法并重等觀念,頗爲後世醫家推崇,被認爲是繼《鍼灸甲乙經》之後又一鍼灸學名著。卷一〇所收《陳氏小兒按摩經》爲罕見按摩學文獻,世無傳本,全賴此書保存。

此書自明代刊行以來,翻刻版本達四十七種以上,又被譯爲多種外國文字,其流傳之廣,影響之大,聲譽之著,實屬罕見。主要有明萬曆二十九年辛丑山西趙文炳初刻本、清順治十四年(1657)山西平陽李月桂刻本、清道光十四年(1834)文道堂章廷珪重修刊本等。今據明萬曆二十九年趙文炳刻本影印,書前有王國光、趙文炳序。（臧守虎）

鍼方六集六卷　（明）吳崑撰（第 996 册）

吳崑生平見前《黄帝内經素問》提要。

書乃吳氏晚年所著,刊於明萬曆四十六年(1618)。書凡六卷,分爲六集。卷一爲《神照集》,論臟腑功能、經脈流注經穴、骨度法等,并附圖三十餘幅;卷二爲《開蒙集》,載吳氏所注《標幽賦》、八法鍼方(八穴)、五門鍼方(十二經井、滎、腧、經、合)及十二經補母瀉子法等;卷三爲《尊經集》,摘録《内經》、《難經》等鍼灸論述一百四十八條,并加以闡釋;卷四爲《旁通集》,爲作者闡發鍼灸學之言論四十五條,并所修金鍼賦二十四條;卷五爲《紛署集》,收録腧穴六百四十餘(含雙穴),并按頭、背、面、頸、胸、手、足順序分述各穴主治,與卷一内容時有重複;卷六爲《兼羅集》,收載《玉龍歌》、《天元太乙歌》等鍼灸歌賦十三首,及《崔氏骨蒸勞熱定取患門四花六穴法》、《〈千金方〉論膏肓腧穴法》、《隔蒜灸癰毒法》。

吳氏廣採前賢論鍼灸要旨,然不囿於前人舊見,書中結合臨證經驗加以評議、發揮,多有個人獨見。如提出按五臟六腑十二經脈分取五俞穴井、滎、腧、經、合五門主治,鍼刺偏於瀉實、補虛當以藥物爲長,用鍼刺瀉實、用甘藥補虛、鍼藥并用等觀點。頗具學術與臨床價值。

此書現存明萬曆四十六年戊午程標刻本、抄本。今據北京大學圖書館藏明萬曆四十六年程標刻本影印,前有自序。（臧守虎）

鍼灸聚英四卷　（明）高武撰（第 996 册）

高武,號梅孤,鄞縣(今屬浙江寧波)人。約生活於明、正德、嘉靖間。好讀書,天文、律吕、兵法、騎射無不嫻習。嘉靖間中武舉,因其策不爲所用,遂棄歸。晚年專心醫道,所學悉宗《素問》,尤精鍼灸。嘗慨当時鍼灸多誤,親鑄銅人三具,男、婦、童子各一,以釐定諸穴,推之人身,不爽毫髮。著有《鍼灸節要》、《痘疹正宗》等。事迹見《(乾隆)鄞縣志》卷一八。

高氏有感於己曩昔"以活人之術止於藥,故棄鍼與灸而莫之講",而時行《標幽》、《玉龍》、《肘後》、《流注》、《神應》等鍼灸之書,於撚鍼補瀉頗戾越人之説,因精研《素》、《難》諸經,旁究諸家,先作《鍼灸節要》(又名《鍼灸素難要旨》),復撰《鍼灸聚英》,以"知後世變法之弊"。

書成於明嘉靖八年(1529),凡四卷,書前有作者引言、凡例、集用書目。集用書目列舉《素問》、《難經》至《十四經發揮》各書中有關鍼灸者,卷一詳述臟腑、經絡及諸穴,卷二載少數灸穴、竇氏八穴、五輸穴、東垣鍼法、各家治例以及《玉機微義》鍼灸證治,卷三爲諸論鍼法、灸法,卷四收録鍼灸歌賦六十餘首,末列"附辨"。

書中頗多獨到見解,如反對時行按時用穴法,創立子午流注納支(子)法,於繼承中有發展,多爲後世鍼灸家所推崇、承襲。

是書現存明嘉靖刻本、明嘉靖十六年陶師文與《鍼灸節要》合刊本、明抄本。又有日本寬永十七年(1640)刻本,將原序"嘉靖己丑"誤爲"嘉靖丙午",并將原書卷一分爲四卷,卷四分爲二卷,與原卷二、卷三共成八卷,改署爲《鍼灸聚英發揮》。今據明嘉靖刻本影印。書前手題"慈溪馮氏耕餘樓藏本",并馮氏題記,叙藏書始末。書中高氏嘉靖己丑年自序、凡例、集用書目俱存,中殘缺數頁。(臧守虎)

太乙神鍼心法二卷 (清) 韓貽豐撰 (第996册)

韓貽豐,字芑齋,慈溪(今屬浙江)人。康熙四十二年(1703)進士,官山西石樓知縣,後擢汾州府同知。工詩文,善書法。幼年多病,每留心方術,故旁通醫學。以爲去病神速莫過於鍼灸,而鍼灸之施如審穴不慎,必傷筋節、元氣,故於"雷火鍼"法加以改進,以"太乙神鍼"爲名行世。生平事迹見《清史稿》及是書仇兆鰲序、《太乙神鍼弁言》。

書二卷,撰成於康熙五十六年。據書前《太乙神鍼弁言》可知,韓氏客武林(今浙江杭州),寓吳山道院紫霞洞天,遇一無名道者傳授《太乙神鍼》。又據《神鍼心法瑣言》記載,無名道者於紫霞洞天手授神鍼秘訣時,僅傳治病要穴四十有九,囑云後七年當於崆峒山再授。丙午春,韓氏奉命押餉赴軍前,道經崆峒山下,果再遇無名道人,并授銅人穴道圖十四幅,圖像長可六尺許,五官百骸、筋節脈絡、周身穴道纖毫畢具,與韓氏以往於太醫院所見一正面、一背面、一左、一右之銅人真形四圖不同。韓氏令畫師縮成小幅,藏之行笈,朝夕檢閱,因述爲此書。

此書上卷所載爲内、婦、兒、五官、外等科二十三門病證之太乙神鍼治法,選穴下均注明施治時辰,自謂皆本於無名道人之心傳口授,又與《靈樞》、《素問》及《鍼灸大成》諸書參互

考訂,删繁就簡,附以個人所論所見。卷下爲門人邵天佑所記韓氏平生醫案。末附"懇傳太乙神鍼投詞"、"太乙神鍼傳授淵源誠文"。

太乙神鍼歷史悠久,唐時陳藏器《本草拾遺》即有記載,宋時已有題爲杜一所撰《太乙神鍼》。此書殆爲《太乙神鍼》之別本,爲現存最早太乙神鍼專著。然刊刻以來,流傳不廣,影響不大。韓氏汾州府同知任上時,因籌集錢糧與山西介休人士范毓錡交往,并傳太乙神鍼法與其兄弟行范毓馨,後范氏重新編訂此書,并親身實踐,傳授始廣。

此書現存清康熙五十六年丁酉刻本,今據中國科學院圖書館所藏該本影印,書前有康熙丁酉年仇兆鰲序、《太乙神鍼弁言》、《神鍼心法瑣言》。(臧守虎)

經脈圖考四卷 (清) 陳惠疇撰 (第996册)

陳惠疇(?—約1838),字壽田,湘潭(今屬湖南)人。因憤俗師之謬,遊學京師,習業於太醫院,操術獨工。事迹略見本書序。

《經脈圖考》成於陳氏晚年,具体年代不詳,初刊於光緒四年(1878)。前有黎培敬、馬雲牧光緒四年序及自序(不著年月)、凡例。作者謂治病者必先明辨臟腑經絡、周身部位,方能由外達内,窮及根蒂,得受病之由而施補救之術,故留心古籍,參考會通,發明前哲,辯其訛謬,圖而正之,以成此書。

書凡四卷。卷一總論人體内景、周身骨度及經脈循行要穴等;卷二、卷三爲十二經脈循行路線、經穴部位名稱和主病、圖像及歌訣;卷四論奇經八脈循行主病及諸部經絡循行發明。書中經脈、經穴插圖細緻精確,一骨一絡辨正詳明,表裏孔穴朗若列眉,作者對全身各部經絡分佈考證詳細,多有創解。

此書現存清光緒四年黎培敬刻本、清光緒二十年浙江朱熙刻本。今據華東師範大學圖書館藏清光緒四年黎培敬刻本影印。(臧守虎)

神灸經綸四卷　（清）吳亦鼎編（第 997 冊）

吳亦鼎（1729—1861），又名步蟾，字定之，號硯丞，歙縣（今屬安徽）人。太學生。平素留心醫藥，工於岐黄之術。除此書外，另著有《麻疹備要》。事迹見此書叙、《硯丞醫願》及《歙南昌溪太湖吳氏宗譜》。

書成於咸豐元年（1851），刊於咸豐三年。書前有吳建綱叙言及作者《引言》。吳建綱乃作者叔祖父，名廣杓，號湘帆，官至五品，醫道高明。硯丞之工於岐黄，當與家族熏陶有關。

吳氏有感於歷代醫家“治鍼者，百無一二；治灸者，十無二三；惟湯液之治比比皆然”，又“以鍼之手法未可言傳，灸之穴法尚可度識”（《引言》），故置鍼而言灸，以期收“由灸知鍼，由鍼知道，紹先聖之淵源，補湯液之不及”之功效。書凡四卷。卷一列灸療方法、注意事項、灸後調養及經絡循行、各部腧穴等；卷二列十二經脈起止、奇經八脈穴圖及諸穴灸法；卷三列證治本義、經脈主病，各證灸法忌宜及諸病灸治法；卷四列手足、二陰、婦人、小兒及外科症略灸治；末附《硯丞醫願》、《本願五則》、《不治五則》。書中詳述灸理證治，發揮良多，於臨證實有神益。或稱其與西方子、王燾鼎足爲三，先後媲美。

此書付梓之際恰逢咸同之亂，知者甚少，流傳不廣。現存清咸豐三年癸丑古歙吳氏刻本，今據上海圖書館所藏該本影印。（臧守虎）

傳悟靈濟録二卷　（清）張衍恩撰（第 997 冊）

張衍恩（1830—?），字有恒。先祖八世業醫。張氏七歲讀醫書，然心存經營之志，後經父喻，復習醫於堂兄曙城。咸豐庚申年（1851）避太平軍之亂移居他鄉，杜門三年，篤志習醫。生平事迹略見此書自序。

書成於同治十三年（1874）。據同年自序可知，作者於同治二年避亂歸里，檢得先祖遺存鍼灸一書，其文雖博且多，然傳寫錯訛，諸穴紊亂，恐相傳日久，反以惑人，貽害後世；因博集諸家，採其精粹，正其錯訛，删其駁雜，補其闕漏，一一繪圖潤色，搜集成編而爲此書。書名《傳悟靈濟録》，取“先人傳授之德，當悟於心靈而變通以濟斯世”之意。

上卷爲“乾集”，述列灸法以及鍼灸禁忌、早晚次序、制鍼等有關歌訣，用臟腑圖、循行歌、經穴圖、分寸歌等介紹十二經脈與奇經八脈。下卷“坤集”，列述諸經鍼灸要穴歌并圖、人體各部要穴歌并圖、臨床各科諸證灸法與諸穴主治等。後附灸難產、鍼子户穴等歌并圖。此書所陳治法頗具特色，又兼繪圖精細，著色鮮麗，頗便初學。

此書現存清同治十三年甲戌稿本，今據中國中醫研究院圖書館所藏該本影印。（臧守虎）

灸法秘傳一卷首一卷　（清）雷豐編（第 997 冊）

雷豐（1833—1888），字松存，號侣菊，又號少逸，祖籍浦城（今屬福建），徙居衢州（今屬浙江）。其父逸仙先儒後醫，嘗從程芝田習岐黄術。雷氏幼承庭訓，天資聰穎，博學多才，詩、書、畫皆擅長，有“三絶”之譽。父殁後繼父業而懸壺，名噪一時。除此書外，另著有《時病論》、《醫家四要》。事迹略見此書劉國光序。

書刊於清光緒九年（1883），書前有劉國光序，謂其論穴治病，則從《太乙神鍼神明》而出，實近今所罕見之本。首一卷列凡例、正面圖、背面圖、指節圖、灸盞圖、灸藥神方、人神在日不宜灸單、十二時人神所在不宜鍼灸歌、十二支日人神所在不宜鍼灸歌、十干日人神所在不宜鍼灸歌、尻神圖、九宫尻神歌。正文列應灸七十證，每證述其病因、病機、症狀、取穴等；末爲太乙神鍼藥方、用鍼法、穴道取寸法及正面、背面穴道證治、穴道詩,附雷火鍼法。此書專論灸法,圖文并茂,言簡意賅,深合經旨,所載歌括琅琅上口,易於記誦。

此書現存清同治八年(1869)彩繪本、清光緒九年劉氏樂善堂刻本。今據中國中醫研究院圖書館藏清光緒九年劉氏樂善堂刻本影印。(臧守虎)

新刻小兒推拿方脈活嬰秘旨全書二卷　(明)龔廷賢撰 (清) 姚國禎補輯 (第997冊)

龔廷賢(1522—1619),又名應賢,字子才,號雲林山人,又號悟真子,金溪(今屬江西撫州)人。其父龔信曾任職太醫院,撰有《古今醫鑒》、《雲林醫彀》。龔氏先習舉子業,屢試不中,後隨父學醫,究心醫理,醫名漸著,曾任太醫院吏目。萬曆壬辰年(1592)治癒魯恭王朱頤坦愛妃臟脹病,被贊爲"回天國手",獲贈"醫林狀元"雙龍匾額。龔氏勤於著述,除此書外,另有《種杏仙方》、《萬病回春》、《魯府禁方》、《壽世保元》等。事迹略見《古今圖書集成·藝術典·醫部》。

姚國禎,生平事迹不詳。

書又名《小兒推拿活嬰全書》、《小兒推拿秘旨》、《小兒推拿方脈全書》,約初刻於明萬曆甲辰年(1604),爲現存最早兒科推拿專著。凡二卷,上卷首論小兒生理特點;次則爲變蒸論、驚風論、諸疳論、嬰童賦、險證不治歌等,闡述小兒疾病之診斷;次叙小兒推拿手法及其臨床應用,如十二手法訣、二十四驚推拿法,并附有虎口三關察脈圖、推拿穴位圖等七幅以及小兒推拿法二十四人物圖。下卷爲兒科雜證,先列病機纂要,概述小兒之臟腑病證;次載寒門、熱門、諸驚、傷寒等四十首歌訣,分述小兒諸病證治;末載"小兒活嬰奏效方",有錢氏瀉青丸、地黃丸、導赤散等四十三方。此書集前人小兒推拿之經驗,參以臨證實踐,内容翔實,頗多獨到見解,後世推拿諸書多以此爲藍本。

此書舊刻字迹模糊,不堪卒讀,故屢有新刻。現存明萬曆楊九如刻本、明書林劉氏刻本、清康熙三十年辛未(1691)文秀堂刻本(題《小兒推拿活嬰全書》)、康熙五十三年甲午刻本(題《小兒推拿方脈活嬰秘旨全書》)、清永順堂刻本(三卷,題《小兒推拿秘旨》)等。今據中國醫科大學圖書館藏清康熙三十年文秀堂刻本影印,書前有作者同年自序,正文前題"金溪龔雲林述撰、太醫姚國禎補輯、後學胡連璧校正、書林詹子洪梓行"。(臧守虎)

推拿廣意三卷　(清) 熊應雄輯 (第997冊)

熊應雄,字運英,東川(今屬四川)人。生活於雍正、乾隆年間。平素留心醫事,偶得小兒推拿之書一編,藏之有年,丙辰歲仗策軍前,請正於陳世凱(紫山),而付之剞劂,名曰《推拿廣意》。生平事迹略見此書自序。

書或名《幼科推拿廣意》、《小兒推拿廣意》、《幼科三種》。據書中自序及現存版本分析,約初刊於乾隆元年(1736)之後。書凡三卷,上卷首列總論,明推拿於兒科治療之作用,次述兒科疾病診斷方法,如辨色、審候、聞聲、辨音等,并結合主治病證分述推拿部位,附二十餘圖,解示推拿方法;中卷分述各種兒科常見病及主治推拿大法;下卷列方一百八十多首,分初生、胎毒等十六門,包括内服、外治等方。此書臨證首重調理陰陽,主張審證求因,反對鬼神迷信。書中内容豐富,圖文并茂,診治要點以歌賦示之,易記易誦,切於實用,爲兒科推拿之要籍。

現存版本較多,有清乾隆十四年己巳金陵四教堂刻本、道光二年壬午(1822)金閶三友堂刻本、道光十二年壬辰嘉郡博古堂刻本、光緒元年乙亥(1875)顧永良抄本、光緒十四年戊子刻本、宣統二年庚戌(1910)申江庫記書莊石印本。今據山東省圖書館藏清江陰學古山房刻本影印,書前有"楚清江陳紫山重訂"

字樣。（臧守虎）

釐正按摩要術四卷　（清）張振鋆編（第997冊）

張振鋆,原名張醴泉,字筱衫、廣文,號惕厲子,寶應（今江蘇揚州）人。光緒中爲校官,博考方書,以醫名世。編有《釐正按摩要術》《鬻嬰提要説》《痧喉正義》等。生平事迹略見《清史稿》及此書諸叙。

書刊於光緒十五年（1889）,書前有陳桂馨、孫鳳翔、張言禮及張振鋆之叙。由叙可知,此書本於明萬曆年間楚人周于蕃所著《推拿秘訣》,周書曾三次付梓,但次序錯亂,辭語鄙陋,以故坊間不多見,且原本已佚,只存抄本。張言禮抄其族弟地山所藏《推拿秘訣》,復以抄本付諸張振鋆,經張振鋆釐正後,其文倍於周氏原書。

書凡四卷。卷一辨證,詳列望、聞、問、切諸法,復增按胸腹法;卷二立法,輯録按、摩、掐、揉、推、運、搓、摇小兒推拿手法及汗、吐、下、鍼、灸、淬、砭、浴、盦、疏表、清裏、解煩、開閉、引痰、暖痰、納氣、通脈、定痛、熨、咒諸治法;卷三列十四經取穴及小兒推拿特定穴,并列二十四種複式手法,且皆有圖示;卷四列驚風、疳疾等二十四種之辨證、推拿及方藥。全書内容豐富,言簡意賅,辯論精當,彙集編者二十餘年臨證經驗,有較高臨床參考價值。然其外治法中所列禁咒、符籙等頗涉荒誕,不足爲取。

現存版本多爲清光緒年間所刻,如清光緒十五年邗上張氏刻述古齋《幼科新書》本、光緒十六年刻本、光緒十八年上洋翼化堂刻述古齋《幼科新書》本、光緒十八年滬古香閣刻本等,亦見收於述古齋《幼科新書》三種、《中國醫學大成》三編。今據中國科學院圖書館藏清光緒十五年張氏刻述古齋《幼科新書》本影印。（臧守虎）

理瀹駢文一卷略言一卷續增略言三卷附膏藥方一卷治心病方一卷　（清）吳師機撰（第997冊）

吳師機（1806—1886）,名樽,原名安業,字尚先,號潛玉老人,錢塘（今浙江杭州）人。國子監祭酒吳錫麟孫、順天府尹吳清鵬子。道光十一年（1831）舉人,道光十二年入京科考進士,因疾未果,自此淡於功名。早年僑居揚州,中年喪偶不復娶,致力醫學。咸豐初爲避洪楊之亂,移居泰州,同治初始返。有感於百姓寒苦,難民流離,設局製藥以施病者,以外治法濟人,所救者甚衆。事迹見《（民國）杭州府志》卷一五〇。

此書之撰歷二十餘年,初成於同治三年（1864）,書名《外治醫説》,後取《子華子》"醫者理也,藥者瀹也"之意,又因文用駢儷,改爲今名。初撰之後,又"十數易其稿,三鍥其板,時有改竄,亦時有增益"（《書膏藥方後》）。書前有同治三年海寧許楣、弟吳官業之序。首載《略言》一卷、《續增略言》三卷,總述外治之法;次以正文,詳述傷寒、中風、痹症諸病證之外治法;又次爲《常用膏藥配方及用法》《加藥法》《補遺方》《書膏藥方後》;又次以《施藥局規則章程》;又次以《治心病方》及《暗室箴》《靈山吟》,皆爲勸善之文。正文、藥方皆自加詳注。其《續增略言》之二、三卷分別增補於同治年十一年、十二年,《書膏藥方後》增補於同治九年,《治心病方》增補於同治十年。

吳氏持論"外治之理即内治之理,外治之藥即内治之藥",提倡以外治法治療内、外、婦、兒各科諸證。用藥以薄貼、膏藥爲主,稱"膏可以統治百病",輔以點、搐、熏、擦、熨、烙、摻、敷之藥。書中提出審陰陽、察四時五行、求病機、度病情、辨病形等用膏心法,根據不同病情、部位提出上、中、下三部分治原則,并將諸多内服湯、丸方劑製成膏藥外貼以治療内科諸疾。

此書集長年施治經驗,系統總結中醫外治法,成績可觀。因其所推崇之膏藥療法具有簡、便、廉、驗之優點,深受病者歡迎,流傳至廣,影響至深。然其法雖可輔內治之未逮,倘因此以薄貼、膏藥統治百病而盡棄湯劑,實非醫家庸常之道。

此書現存清同治四年乙丑刻本、同治九年庚午刻本、光緒元年乙亥楊城南皮武林雲藍閣刻本。另有光緒年間輯自該書之《理瀹駢文摘要》、《理瀹外治方要》及《理瀹駢文二十一膏良方》等流傳於世。今影印題作復旦大學藏清同治四年刻本,然書前高橋散人同治三年序云"尚先著外治醫説,刊既成,易名'駢文',屬余序言",則是書初刊成于同治三年。《書膏藥方後》云"十數易其稿,三鋟其板",書末又有光緒元年金奎光後跋,則初刊之後,續有改版、增版。今影印底本當是光緒元年刷印本。(臧守虎)

新刊王氏脈經十卷　(晉)王叔和撰 (第997冊)

王叔和(201—280),名熙,山陽高平(今山東鄒縣西南)人。魏晉之際著名醫學家,官至太醫令。性度沉靜,博通經方,精於診切,好著述。除此書外,另編次《張仲景方論》三十六卷。事迹見宋張杲《醫説》卷一。

書凡十卷,共九十七篇。卷一列二十四種病脈之體象、脈理、切脈時間、持脈輕重及三關境界、脈候所主、臟腑病脈、陰陽虛實,末列疾病將瘥難愈之脈候。卷二詳述"關前"、"關後"脈象,寸口、人迎、神門脈象陰陽、虛實所主之臟腑、經絡病變,寸、關、尺脈象主病及治療,并列診奇經八脈脈象主病。卷三論臟腑之平、病、死脈。卷四論三部九候之部位、診脈方法、脈象主病,諸雜病脈所主及諸診損至、決死生之脈候。卷五爲張仲景、扁鵲脈法及扁鵲、華佗察聲色之要訣。卷六論臟腑病機、病證。卷七論汗、吐、下、温、灸、刺、火、水等治法之適應證與禁忌證、熱病諸證與死候。卷八論雜病脈證及治法。卷九論婦人、小兒諸病脈證、預後。卷一〇爲"手檢圖三十一部",然文已殘缺,圖已盡佚,所存文字唯論脈前、後、左、右、上、下、中央診法及諸種脈象主病。

王叔和自序此書"撰集岐伯以來,逮於華佗,經論要訣,合爲十卷。百病根源,各以類例相從,聲色證候,靡不該備。其王、阮、傅、戴、吳、葛、呂、張所傳異同,咸悉載錄",足徵集脈學大成之意。所載脈學諸説,有足以正《靈樞》、《素問》、《難經》、《傷寒論》、《金匱要略》諸書之誤者。

王氏將脈象歸納爲浮、芤、洪、滑、數、促、弦、緊、沈、伏、革、實、微、澀、細、軟、弱、虛、散、緩、遲、結、代、動二十四種,首開脈象鑒別先河,確立脈象指下標準,奠定脈名種類基礎。確立三部脈法和臟腑分候定位,總結脈象臨床意義,詳述各脈之特徵、變化,列述四時臟腑與多種雜病、婦兒病脈候,將脈、證、治相結合,益於臨證,促進《難經》"獨取寸口診脈法"在臨床上之普遍應用,影響深遠。

此書約成於公元三世紀,《隋書・經籍志》、《新唐書・藝文志》等皆有著録,孫思邈《千金方》取其書之持脈法,甘伯宗《名醫傳》亦亟稱其人。其書自晉迄唐未嘗廢置,然五代喪亂,始有訛奪(見林億熙寧元年校定《進呈劄子》)。宋熙寧年間,林億等典領校讎內府所藏古醫經方書,刻板行世,然其行不廣。五代高陽生偽叔和之《脈訣》大行,至元戴啓宗《刊誤》出始明其非叔和書。宋嘉定年間,有濠梁何大任刻本,陳孔碩以所得建陽本刊於廣西漕司。元泰定四年(1327),柳贇、謝縉翁又刊陳本於江右宗濂書院。明代有成化十年(1474)畢玉蘇州刻本,萬曆三年(1575)袁表福建刻本,天啓六年(1626)沈際飛鹿城刻本,三本皆出柳、謝刊本。萬曆二十九年(1601)吳勉學收何本入《醫統正脈》中,然已多奪誤及以意删改之處。清嘉慶年間,阮元得何氏嘉定年間刻本影抄,進呈內府,著提要於《挈經室外集》,惜未刊刻。道光年間,嘉定王紹以所藏舊鈔本與元泰定本、明童文舉重刻袁表校本、趙府居敬堂刻本相互校讎刊行,然現已不易得。同時金山錢熙祚亦得此書,刊入《守山閣叢書》中,號爲善本。光緒十七年(1891),建德周學海又合校錢、王二本,刻入所刊《醫學叢書》中。

此書現存版本衆多,主要有宋嘉定何大任刊本、元泰定四年柳贄謝縉翁刊本、元天曆三年庚午(1330)廣勤書堂刻本、明成化十年蘇州畢玉刻本、明萬曆三年袁表刻本、明天啓六年沈際飛刻本(附《人元脈影歸指圖説》二卷)等,并收於《説郛》(一百二十卷本)、《醫學六經》、《古今醫統正脈全書》、《守山閣叢書》、《周氏醫學叢書》等叢書。今據北京圖書館藏元天曆三年廣勤書堂刻本影印,書前有著者自序,目錄、卷下皆有"林億等類次"字。(臧守虎)

新刻校定脈訣指掌病式圖説一卷　舊題(元)朱震亨撰(第998冊)

朱震亨(1281—1358),字彦修,婺州義烏(今屬浙江)人。因出生地有丹溪,故後人多尊稱丹溪翁、丹溪先生。爲元代著名醫家,與劉完素、張從正、李杲并稱"金元四大家"。自幼好學,初習理學,受業於許謙,後習醫,受業於劉完素再傳弟子羅知悌,盡得劉完素、張從正、李杲三家之説。朱氏尤不自滿足,於三家之説去其短而用其長,結合個人臨床經驗,提出"相火易動"、"陽常有餘,陰常不足"觀點,極力反對時行《和劑局方》多用辛燥之藥,强調滋補人體陰氣、元精之重要性,被後世稱爲滋陰派創始人。朱氏醫術精湛,時人有"朱一貼"、"朱半仙"之譽。爲人簡慤貞良,剛嚴介特,醫德高尚,風聲氣節足以厲俗,誨人不倦,弟子衆多。著有《格致餘論》、《局方發揮》、《本草衍義補遺》、《素問糾略》等。

生平見明馮從吾《元儒考略》卷四。

書一卷,舊題元朱震亨撰,前有其門生葉英戊申年序。然《補元志》不載,書中"六氣全圖説"又有"予目擊壬辰首亂以來"、"予於《内外傷辨》言之備矣"之文。按《内外傷辨》乃同爲金元四大醫家之一李杲所著,故《慈去樓藏書記》以爲此書當係葉英搜採群言而托於朱氏之作,日人丹波元胤《中國醫籍考》亦以此書實出李杲之手。

此書首論脈法配天地,次論手脈之圖、三部九候圖説,次論陰陽相乘關格圖説,次論分按人迎氣口左右圖説、總論脈式,次論陳氏辯三藏本脈息數尺度、《素問》六氣主合至脈,次辯七情鬱發、五藏變病脈法、辯五藏太過不及之爲病,次辯六淫外傷、六經受病脈圖説,次辯七表八裏九道脈病證,次辯六極脈,次辯男女左右手脈法、圖序傍通五藏法,次論診脈捷法、斷病歌、診暴病歌等類。此書繪圖繫説,推究脈理,頗爲詳晰。其論三陰三陽之脈,闢高陽生妄托秦越人之謬,尤爲有見。然其中論《素問》六氣主合至脈,頗涉玄談,不切於實用。

此書現存明萬曆二十九年(1601)吴勉學刻《古今醫統正脈全書》本,亦見收於《丹溪全書十種》、《丹溪心法附餘六種》等。今據中國科學院圖書館藏明萬曆二十九年吴勉學刻《古今醫統正脈全書》本影印。(臧守虎)

圖注脈訣辨真四卷脈訣附方一卷　(明)張世賢撰(第998冊)

張世賢生平見前《圖注八十一難經辨真》提要。

《圖注脈訣》舊題晉王叔和撰,一般認爲實六朝高陽生托名之作,書中多係據王叔和《脈經》重新編撰。全書緊密聯繫臨床實際,以通俗歌訣形式詳述二十四脈,并立七表(浮、芤、滑、實、弦、緊、洪)、八裏(微、沈、緩、澀、遲、伏、濡、弱)、九道(長、短、虚、促、結、代、牢、動、細)之名目。末附方一卷六十七道。《圖注脈訣》一書關於脈義之理解較局限，文字粗俚鄙淺，末所附方失之太狹，後世頗有微詞。然由於其易於講習，故流傳甚廣，影響較大，亦有不少醫家爲之訂正、注解，如元戴起宗《脈訣刊誤》（又名《脈訣刊誤集解》）、明熊宗立《勿聽子俗解脈訣》、清李延是《脈訣彙辨》等。張氏亦不知其書之僞，復取而爲圖且注之，撰成《圖注脈訣辨真》，亦名《圖注脈訣》。

　　此書現存明正德五年庚午（1440）刻本、明嘉靖刻本、清刻本，亦見收於《四庫全書存目叢書》《中國醫學大成續編》。今據上海圖書館藏清善成堂刻本影印，書前有養松道人馮翥《〈難經〉〈脈訣〉合序》。（臧守虎）

察病指南三卷　（宋）施發撰（第998册）

　　施發（1190—?），字政卿，號桂堂，永嘉（今屬浙江）人。先習舉業，弱冠之年有志於醫，知命之年專心於醫道，博採《內經》、《太素》、《甲乙經》、《難經》及諸家方書、脈書，參考互觀，擇其慣用而驗者，分門類纂，於宋淳祐元年（1241）撰成此書。生平事迹見《全宋文》卷七九二五。

　　書凡三卷，前有淳祐改元施發自序、淳祐乙巳趙與諮序及淳祐丙午趙崇賀序。自序後記有“兼發賣《續易簡方論》”字。卷上總論脈法，詳述三部鍼法及其與臟腑配屬關係、診脈方法、四時臟腑之平脈與病脈、辨三因及定生死脈訣。卷中辨七表、八裏、九道、七死脈及診七表相承病法。卷下列傷寒、溫病、熱病、水病等二十一類病之生死脈法及婦人病脈、胎脈及小兒諸病脈法、小兒虎口視診，以及聽聲、察色、考味知病法，附“原夢”一則。卷末有識語，引王叔和《脈訣》論滑實弦緊四脈。

　　施氏察病以脈診爲主，尤重生死脈法，并創三十三種脈象圖，以圖示脈，形象生動。所附歌訣，通俗易懂，易於記誦，是現存較早診斷學專著。

此書現有日本正保三年丙戌（1646）中野小左衛門刻本、日本慶安二年己丑（1649）林甚右衛門刻本、中華新教育社石印本等，亦見收於《三三醫書》《中國醫學大成三編》。今據中國科學院圖書館藏日本正保三年中野小佐衛門刻本影印。（臧守虎）

元敖氏傷寒金鏡録一卷　（元）杜本撰（第998册）

　　杜本（1276—1350），字伯原、原父，號清碧，清江（今江西樟樹）人。博學多才，天文、地理、曆法、數學無不通究，經史、詩文、聲韻、書法莫不精工，兼通醫學。居武夷山三十餘年。元惠宗時，召爲翰林學士，復稱疾固辭。終葬福建崇安縣南存心橋西。著述豐富，除此書外，另撰有《四經表義》、《六書通編》、《清江碧嶂集》等。又收集宋末遺民二十九人詩文百篇輯爲《谷音》。《元史》有傳。

　　書成於順帝至正元年（1341），又名《傷寒舌診》、《外傷金鏡録》。凡一卷，數千言，乃杜氏在敖氏舌法十二首基礎上增二十四圖，并列彩圖方藥。首列傷寒用藥説，次列白苔舌、將瘟舌、中焙舌、生斑舌、紅星舌、黑尖舌、黑圈舌、人裂舌、蟲碎舌、厥陰舌、裏黑舌、死現舌、黃苔舌、黑心舌、尖白根黑舌等三十六舌象。舌質分淡紅、紅、純紅，苔分白、黃、灰、黑及滑潤、燥乾、刺裂等，根據舌色分辨病人寒、熱、虛、實、內傷外感。每舌均附有圖幀，既有舌象主病，又有證治方藥。大旨以驗證傷寒爲主，兼及内科雜病與其他病症，推廣舌診以爲脈候之輔。其臨床辨證治效顯著，爲辨識傷寒之捷法，足與仲景鈴法相協，可補仲景所未及。此書爲現存首部舌診專著，對後世影響甚巨。其後，申斗垣在此基礎上著《傷寒觀舌心法》，將三十六舌發展成一百三十七舌，爲當時舌診之大成。

　　此書現存明嘉靖三十五年（1556）刻本、嘉靖三十八年馬崇儒校刻本、清乾隆二十九年

（1764）錢塘王氏刻本等,亦見收於《薛氏醫案十六種》《醫學集覽》《十竹齋刊袖珍本醫書十三種》等。《續修四庫全書》謂“據上海圖書館藏明嘉靖八年馬崇儒刻本影印”,是本後有湯紹恩後序及“嘉靖己未(嘉靖三十八年)仲夏日北海堯崗馬崇儒校刊”字樣,可知當爲嘉靖三十八年馬崇儒校刻本,原題誤。前有陳楠序(不著年月)、薛己嘉靖八年《〈傷寒金鏡録〉論》及“青圃良醫所良醫馬崇儒校刊”字樣、作者至正元年序、蕭璜鳴《傷寒用藥説》。（臧守虎）

識病捷法十卷 （明）繆存濟撰（第998册）

繆存濟(生卒不詳),字慕松,長洲(今江蘇蘇州)人,生活於隆慶、萬曆年間。幼習儒業,弱冠之年父亡,又苦母多病,乃棄舉子業而習醫。事迹略見此書二序。

繆氏認爲傷寒爲百病之最,自仲景而下著述代不乏人,於是採前人已試之成法,體前人未發之秘,取綱、領、望、聞、問、切六字爲目,結合己見,編爲《傷寒撮要》(今未見傳本),世共珍之。又搜羅歷代醫家之論,會通其要,分部分門,以類相從,删繁補遺,掇指殆盡,編成《識病捷法》。書凡十卷,刊於萬曆十一年(1583)。卷前有鄒龍光、徐仲楫二序,俱不著年月。卷一首列總論、藥規、校正病人六不治、校正醫人五失。卷二至卷一〇分泄瀉、痢疾、脾胃、瘧疾、傷風、傷寒等七十八門,兼及金瘡科、女科。每門病證,概述其病因,條列其生脈、死脈、不治症、辨驗寒熱虚實表裏之法、治法,詳附諸方。如泄瀉,列生脈微、小、緩三條,死脈大、浮、洪、緊四條;不治症如洞瀉兼脈急、瀉痢前後、滑瀉等六條;辨驗寒瀉熱瀉法,如寒瀉脈沈細、熱瀉脈疾數等各五條。治法二十二條,病名包括風瀉、寒瀉、暑瀉、火瀉、水瀉、洞瀉、濡瀉、滑瀉、溏瀉等二十三條,用方十八首。卷九後附“炮製藥品便覽”,簡述書中各方所用諸藥炮製之法。全

書以雜病爲主,於諸病之脈、因、證、治,條分縷析,洵爲識病施治之捷法。

此書現存明萬曆十一年刻本,中國醫學科學院圖書館、中國中醫研究院圖書館、廣東省立中山圖書館有藏。今據中國醫學科學院圖書館所藏影印。（臧守虎）

醫燈續焰二十一卷 （明）潘楫撰（清）王佑賢評（第998册）

潘楫(1593—?),字碩甫,號鄧林,錢塘(今浙江杭州)人。生卒史無明文。本書前陳朝輔序云“歲在執徐,翁春秋六十”,執徐乃辰之别稱,當爲順治九年壬辰年(1652),上推六十,則潘氏生於明萬曆二十一年(1593)。卒年無考。嘗因兄病而從母命習醫,萬曆壬子年(1612)由朱仲修引薦,受業於同里名士王紹龍,遍讀《内經》《難經》《神家本草經》《傷寒雜病論》《金匱》《脈經》諸書。精於脈學,醫德高尚。賣藥都市中,人以韓伯休目之,受業門人數百。除此書外,另著有《傷寒大旨》,未見梓行。事迹見《(乾隆)浙江通志》卷一九六。

王佑賢,字聖翼。九歲時父母相繼殁亡,孤貧勵學,善修德行,旁通醫術,急人之病,不以門第爲等差,全活無算。著有《格物近編》《内經纂要》。事迹見《(康熙)錢塘縣志》卷二六。

潘氏暮年欲述業師指授,然自愧才力不逮。順治庚寅(1650)年,門人有以崔氏《脈訣》索講者,潘氏讀之良備,因用爲張本,以先師王紹龍平日所教者注解之,而後附以方,取傳承師道之意,名曰《醫燈續焰》。

此書初刊於清順治壬辰年(1652)。書前先列宋人崔嘉彦《脈訣四言舉要》(經明李言聞删補改訂本)正文一篇,卷一至卷一七將正文分爲八十一節予以注解,注文多據《内經》《難經》《傷寒雜病論》《脈經》以及張潔古、劉完素、朱丹溪、李東垣諸家之説,并結

合業師王氏所授脈學見解,聯繫各科病症,因脈及證,因證及方,詳細闡述脈理、治法、方藥。凡原注所衍之病而闕其方者,復爲補遺,成十八、十九二卷。又以醫而無品則醫不行,病不善調則病不愈,故又以《醫範》、《病則》二卷附後。全書融會古今脈説,内容豐富,簡潔明瞭,爲歷代醫家所推崇。

今據天津圖書館藏順治九年潘氏陸地舟刻本影印。是本前有陳朝輔序、撰者自序(皆不著年月)、潘之淇順治九年序、凡例、校正者姓氏,書眉有王佑賢述評,後有其婿施安祖跋(不著年月)、門人蔣式金順治九年跋。1928年上海中華新教育社石印本改爲二十卷,删去原書《醫範》、《病則》二卷,將原書各卷所述方藥集爲附方一卷,易名爲《崔真人脈訣詳解》。(臧守虎)

四診抉微八卷管窺附餘一卷　(清) 林之翰撰 (第999 册)

林之翰,字憲百,號慎庵,別號苕東逸老,烏程(今浙江湖州)人。早歲穎異過人,習於儒術,治舉子業,康熙、雍正間以醫名。學理經驗俱豐,遇名醫則虛懷求教,行醫濟世,不計報酬。林氏以後世醫家專以脈稱,而望、聞、問三法置而不講,大違聖人色脈合參之旨,故本於《内經》、《難經》、《脈經》等經典,輔以歷代名醫之説,間以個人見解,撰成此書。另著有《溫疫萃言》,已散佚。晚年著《嗽證知原》,因故未刊。事迹見《清史稿》及此書序。

書成於清雍正元年(1723),凡八卷,附餘一卷。卷前有柯喬年、陸樹珠、顧耿元序,卷後有門人吳冠跋,俱不著年月。卷一、卷二爲望診,詳述顏面、目、鼻、唇、口、耳、舌、齒、毛髮、額、眉、項、爪甲等各部形色變化所主疾患,五臟、六腑絶證與諸死證及察色望診判斷逆順之方法。卷三爲聞診及問診,詳述據患者聲息變化診斷病證性質及部位之方法,以張仲景"十問"爲提綱,闡述瞭解患者病情、

發病治療過程及周圍環境等内容。卷四至卷七爲切診,詳述脈診部位與方法及三十種脈象形狀、分部、主病、鑒別等。卷八列病脈宜忌、運氣要略。末附"管窺附餘"一卷,重點分析浮沈遲數等脈,獨發見解,補前述之未備。

林氏全面總結清以前"四診"之成就,强調四診合參,然以脈法前人已詳,故尤重望診,審其變常,觀其會通。又以兒科唯賴望色察紋以驗證,故所論特詳。其書内容廣博,所採諸説多從經驗心得,析理深刻,而非泛泛徵引,且於重要之處編爲四言歌訣,頗便初學記誦。

此書現存清雍正元年刻本、雍正四年玉映堂刻本、光緒二十六年稽陽主人石印本等,亦見收於《中國醫學大成續編》、《中國醫學大成三編》等。今據湖北省圖書館藏清雍正四年玉映堂刻本影印。(臧守虎　王振國)

四診脈鑑大全九卷　(清) 王宏翰撰 (第999 册)

王宏翰(1648—1700),字惠源,號浩然子,華亭(今上海松江)人,後移居姑蘇(今江蘇蘇州)。先世山西人,隋末大儒王通、唐初著名詩人王勃皆其先祖。王氏初習儒,博通經史,天文、地理無所不精。後因母病,究心醫學。時值西方傳教士來華,王氏入天主教,研讀外國傳教士所著《性學粗述》、《空際格致》、《主制群徵》等書,故於醫學力主中西匯通。常以儒家性理之説,結合西醫之學,互相發明,實爲早期中醫匯通派醫家。著述甚豐,包括醫史、藥物、臨床諸方面,然除此書及《醫學原始》、《古今醫史》、《性原廣嗣》、《乾坤格鏡》外,其他均未見傳世。事迹見所著各書序、《(民國)吳縣志》卷五八等。

書凡九卷,成於清康熙三十二年(1693),刊於次年,前有康熙三十二年自序、内弟許纘曾康熙三十三年序。卷一論醫源、脈源、察色

審音、明堂部位察色法、望形察色知生死等，并收望形察色明堂部點陣圖、《靈樞》明堂部點陣圖、藏腑肢節明堂部點陣圖。卷二收聞審音知生死論、察色審音秘授決病生死訣、形脈相反訣、傷寒死絶證訣。卷三專論問診，有問證詳診論、啓蒙問證法。卷四收診脈樞要十二法、男女老幼所稟不同脈各異診論、七診雖見九候皆從者不死論。卷五論真藏脈、三因脈法、反關脈、沖陽太溪太沖脈、脱陰脱陽脈、怪絶七脈、諸病宜忌之脈、七表八裏九道等。卷六爲《内經》左右寸關尺六部配合藏腑之圖論、診脈藏腑歌，又録李時珍《瀕湖脈學》，增附鑑釋、參活治法兩項，釋疑解難，列述治法。卷七論述關格二脈、覆溢二脈及奇經八脈。卷八爲婦人妊娠診分男女脈法、死絶脈有十四可決短期法、逍遥館脈綜六氣配六部圖診脈發病辨誤論。卷九爲五運六氣諸論諸圖。此書條列望聞問切，繪圖立論，發明考釋，或加辨誤，或參以治法，於四診之法堪稱詳備。

此書現存清康熙三十三年甲戌體仁堂寶翰樓刻本，今據中國中醫研究院圖書館所藏該本影印。（臧守虎）

診家正眼二卷　（清）李中梓撰（第999冊）

李中梓生平見前《鐫補雷公炮製藥性解》提要。

書約成於明崇禎十五年（1642）。李氏亡後，書版散廢，四方射利之徒竊名翻刻，皆詞意顛倒，盡失本義。李氏門人秦卿胤、尤乘、鄭介山於清順治十七年（1660）復梓原本。後尤乘復以增補，於清康熙六年（1667）與《病機沙篆》、《本草通玄》合刊爲《士材三書》。

書凡二卷，卷一四十七篇，論述脈學基本理論及臨床應用，本於《内經》《難經》，同時徵引王叔和、李東垣、朱震亨、滑壽、李時珍諸家脈診學説，詳加注按補缺正謬。卷二二十九篇，以四言歌訣形式述浮、沈、遲、數、滑、澀、虛、實、長、短、洪、微、細、濡、弱、緊、緩、弦、動、促、結、代、革、牢、散、芤、伏、疾二十八種脈象之體象、主病、兼脈，并引各家脈學，間加按語，且對高陽生《脈訣》進行辨誤和評述。末附《脈法總論》，以表裏、陰陽、虛實爲綱，對各種脈象加以概括。

李氏於脈學造詣雖深，然不偏執一端，强調望、聞、問、切四診合參，因地、因人診脈，平脈、病脈貴在有神，危重病診察先後天根本之有無等。書中對當時社會上憑脈測病之弊端，引先賢之訓予以貶斥，治學態度嚴謹，所述寓多年臨床經驗，言簡意賅，由淺入深，由常達變，精當中肯，易學易記。

此書現有清順治十七年庚子二雅堂刻本、康熙六年丁未刻本、康熙五十二年癸巳刻本、道光二十九年己酉（1849）南邑火惟新抄本等。又見收於《士材三書》、《脈學叢書初編》。今據中國醫科大學圖書館藏清順治十七年秦卿胤等刻後印本影印。（臧守虎）

脈訣彙辨十卷　（清）李延是撰（第999冊）

李延是生平見前《藥品化義》提要。

又名《脈訣彙粹》，成於清康熙壬寅年（1662）。前有彭孫貽康熙壬寅年叙、劉光夏康熙丙午年叙及李氏自叙、康熙甲辰年凡例。李氏有感於宋高陽生所僞王叔和《脈訣》謬誤頗多，貽害甚衆，乃彙集古今之論脈者七十餘家，參以家學，而爲此書。凡歷二十餘年，七易其稿而始定，書成後又藏諸篋笥久之。據凡例，李氏惜叔父李中梓《診家正眼》原刻未及校訂，多有文字訛誤，故書中叙脈一遵《診家正眼》而細加校閲，并附李中梓晚年未盡之秘；又以王叔和《脈經》間有奧句，初學者苦其難入，乃仿宋崔嘉彦《四言脈訣》提其綱領，以便於記誦。

書凡十卷。卷一爲論著十三篇，係作者研究脈學之心得體會，以辨相類之脈、對舉相反之脈、熟悉兼至之脈、察定平常之脈、相隨時令變脈、確認真臟絕脈爲診脈六要點。卷二至卷六爲對崔嘉彥《四言脈訣》之整理、研究，略有增删，并採擷經典及名家學説，詮釋脈理。卷七叙望、聞、問三診，以示四診合參之意。卷八述運氣與脈法之關係。卷九録李中梓醫案數十則，體現脈診在臨床診斷上之重要作用。卷一〇爲經絡臟象，摘述有關診法之綱領，以歌訣表達，并附脈案圖式。是書博採各家脈學之長，補前人未備，參以家學，辨之有據，論理有源，深受醫家讚譽。

此書現存清康熙元年壬寅刻本、康熙五年丙午李氏刻本、康熙六十一年壬寅刻本等，亦見收於《中國醫學大成續編》。今據遼寧省圖書館藏康熙五年刻本影印。（臧守虎）

望診遵經二卷　（清）汪宏撰（第999册）

汪宏，字廣庵，歙縣（今屬安徽）人。少孤貧，同治中流寓浙江衢州，學醫于衢人程鏞，復問道於陳思槐，問醫於周潔川。越二十餘載，始成《望診遵經》一書，另輯有《注解神農本草經》十卷行於世。生平見《清史稿‧藝文志》及此書程斑後跋。

書凡二卷，刊於清光緒元年（1875），乃汪氏廣搜《内經》、《難經》、《傷寒雜病論》等醫經望診之論融會貫通而成。上卷論述望診原則、綱領，包括望診時間、心鏡、明堂周身部位、明堂六部及面貌、五官、五色等與五臟之關係，以及四時、五方、氣質、老少、居養、變色與望診之關係，末爲青、赤、黄、白、黑五色主病等條目。下卷分述眼、舌、口、唇、齒、鼻、耳、眉、鬚髮、頭、面、腹、背、手、足、毫毛、腠理、尺膚、皮、肉、絡脈、筋、骨、爪甲、乳、臍、腎囊、陰莖、汗、血、痰、便、溺、身容、行止、坐卧、意態等望診之法，并辨疾病之表裏、虚實、寒熱、陰陽及預期順逆安危。此書專論診斷，既依遵經義，又增入心得，守成之中寓新創。

此書現存清光緒元年求志堂初刻本，亦見收於《汪氏醫學六種》、《中國醫學大成》。今

據上海圖書館藏清光緒元年求志堂初刻本影印，書前有光緒元年胡寶鐸、翁體具、陳祖舜序及鄭成達題辭、自序，後有程斑跋及作者自記數行。（臧守虎）

舌鑑辨正二卷　（清）梁玉瑜撰（第999册）

梁玉瑜，字特巖，清茂名（今屬廣東）人。出身世醫，尤以察舌爲治病要訣。

書凡二卷，成於光緒二十年（1894），前有陶保廉序、凡例十四則。陶氏序中自云，光緒十九年於新疆患疾，久治不愈，時值梁氏緣事出塞，於是求治於梁氏，乃得痊癒，因叩梁氏所學。然梁氏秘其家傳，陶氏臆想其術當與吴江張登《舌鑑》相似，乃囑坊友覓得蜀版《舌鑑》以示梁氏，梁氏謂與家傳之術迥異。陶氏因條舉以問，固請梁氏辨其謬而正其偏，而陶氏筆録之，三月而成此書。陶氏字拙存，秀水（今浙江嘉興）人。曾任陸軍軍部郎中、弼德院參議。

卷一首列全舌分經圖，次述白舌三十二條、黄舌二十五條、黑舌二十三條；卷二分述灰舌十七條、紅舌二十九條、紫舌十二條、老醬色舌三條、藍舌二條、妊娠傷寒舌六條，總計一百四十九條。末附治白喉方。每舌先列總論，述其辨證大綱，并附有舌圖，以示其形象。此書於《舌鑑》原書固有辨正之功，然傳者於診法尤重舌診，用藥偏重苦寒，不無偏頗，醫者當自據實斟酌，不可盲從。

此書現存清光緒二十三年蘭州固本堂書局刻本、光緒三十一年雲南高等學堂刻本、光緒三十二年石印本等，亦見收於《中國醫學大成續編》。今據天津圖書館藏清光緒二十三年蘭州固本堂書局刻本影印，卷二缺第五葉。（臧守虎）

臨症辨似一卷附察舌辨症歌一卷　（清）凌旭撰　（清）吴堃安撰（第999册）

凌旭，字蘇生，清吴興（今浙江湖州）人，生

平事迹不詳。

　　吳坤安，名貞，歸安（今浙江湖州）人，約生活于清乾隆、嘉慶年間。少多疾病，究心於醫，親炙葉桂、薛雪之學，治療傷寒，數劑輒愈。除此書外，另著有《傷寒指掌》。傳見《清史稿·藝術一》、《（光緒）歸安縣志·藝文略三》、方步範《遂初軒醫話》卷上《名醫補傳》等。

　　凌旭以症多相似，一或不辨，遂至誤人匪淺，因作《臨症辨似》，辨其相似之症，則施治不致混亂。書成并自刊於清光緒八年（1882）。

　　書僅一卷，不分篇目，辨析臨床常見相近症。書中從病因病機、臨症表現、治法、方藥諸方面，條分縷析，層層揭示；常引《內經》之理發闡病機，更以己之治驗作爲參證。其所辨疑似症包括內外寒熱症、溫熱症、虛實蠱脹、膈食反胃、癲狂癇、虛實呃逆、虛實寒熱痙症等。對於極難辨之症，如陰盛格陽、陽盛格陰，強調必先明辨陰陽虛實、寒熱表裏，并用特殊辨析法以鑒別真假寒熱。其辨症極精，謹慎細微，可爲臨症垂範。凌旭反復強調辨相似症之重要性，謂凡臨症者，一日當三復焉。此書篇短牘簡，切中要點，明辨疑似，頗宜臨床。書後附清吳坤安《察舌辨症歌》，僅單篇成書，詳述舌診辨症以及治療方藥，簡明易懂。

　　今據中國中醫研究院圖書館藏清光緒八年自刻本影印。書前題記“壬午麥秋鐫”、“臨症辨似”、“版存上海寓居”，有凌旭序。正文前有“丁福保”藏書印，缺第二至第八葉。後附吳坤安《察舌辨症歌》。（楊金萍）

史載之方二卷　（宋）史堪撰（第999冊）

　　史堪，字載之，眉州（今四川眉山）人。約北宋政和年間進士，官至郡守。善醫，治病奇驗。時蔡京苦便秘，醫不能通，史堪以一味紫菀湯治愈，醫名遂振。生平事迹見於宋洪邁《夷堅志補》卷一八、宋魯應龍《閑窗括異志》等。

　　書約成於北宋政和年間，共二卷三十一門，載方九十餘首。卷上主論脈象、六氣勝復、傷寒；卷下叙“爲醫總論”，并載涎、痢、疫毒痢、雜療諸方論。此書在醫學理論、脈學、治療、方藥諸方面皆有獨到發揮。史氏注重脈診，開首即論脈，書中專列脈論四篇，另有《診失血》、《診失精》等九篇亦以脈論爲主，其《診室女婦人諸脈》專論婦科脈象，可見其對脈診之重視。其脈學理論既有對《內經》、《脈經》、《脈訣》之發揮，又有個人心得體驗，周學海謂“其隨證論脈，條分縷析，獨闢新思，啓發後學，功在《脈經》、《脈訣》之上”。此書重視運氣學説。卷上共有八篇專論運氣，闡述六氣勝復變化所致病證，六氣變化所致疾病之常與變；另有《治疫毒痢并論》篇，以五運六氣推演不同年運疫毒痢發病情況、病變涉及臟腑，以及飲食用藥宜忌。臨證方面，提出治痰涎先順氣，思路獨特。謂痰涎非自積，其所以積者，乃不順之氣留之，故善治風痰者，先順其氣。此書述證詳備，辨證靈活，常在一病下羅列數種證型，如涎證有風涎、熱涎、冷涎、病涎、虛涎，痢疾有血痢、赤痢、赤白痢、水穀痢、血痢、疫毒痢、休息痢、小兒疳痢，其狀不一，千變萬化，當臨事制宜，舉一推三。史氏在用藥方面善用發汗利血、強筋健力藥，蓋因蜀地濕重，氣血易於痹阻。尤善用風藥，指出調脾和胃，須用止風邪藥，即以脾藥與風藥相并使用，善用防風。

　　此書方、論兼備，其脈學、運氣之説獨樹一幟，辨證靈動機變，用藥不拘常規，在衆多宋代方書中獨具一格。其所言爲醫“必先考其根源，定其傳受，審其刑剋，分其冷熱寒溫，辨其上下內外”，可作醫者之準則。

　　《宋史·藝文志》載此書二卷，約成於宋元豐八年（1085），書中炅、戍、驚、徵皆减筆，丸不改圓，不避欽宗嫌諱，陸心源、瞿鏞推斷此書刻於靖康以前,約爲徽宗時。是書傳本稀少,清黃丕烈得之錢塘何夢華,何又得於石冢嚴久能。黃丕烈斷爲宋本,跋曰:"至於版刻之爲北宋,確然可信,字畫斬方,神氣肅穆,在宋槧中不多覯。"黃氏并爲之補繕。光緒二年(1876)陸心源依宋本重刊,收入《十萬卷樓叢書初編》。宣統二年(1910),周學海據《十萬卷樓叢書》本重刊,附以評注,名爲《評注史載之方》。《鐵琴銅劍樓藏書目錄》另著錄"影宋抄本"。又陳振孫《直齋書錄解題》著錄《指南方》二卷,蜀人史載之撰,凡三十一門,各有論"。其篇卷與《史載之方》相合,黃丕烈疑"未知即此書否",陸心源直斷爲《史載之方》。但從其他宋代方書如《洪氏集驗方》、《全生指迷方》所引史氏《指南方》考證,與今本不同,疑爲二書。

今據《宛委別藏》清抄本影印。書前後無序跋、目錄等。(王振國　楊金萍)

類證普濟本事方續集十卷　(宋)許叔微撰(第999冊)

許叔微生平見前《新鐫注解張仲景傷寒發微論》提要。

《普濟本事方》爲許氏晚年所作,仿孟啓《本事詩》、楊元素《本事典》例,漫集已試之方及所得新意,記其事實,錄以傳遠,故以"本事"名書。

書成於南宋紹興二年(1132),有前集、續集,此即續集。與前集卷數相同,所錄與前集可相羽翼。共十卷,按"治"病種類分爲二十二門,載方三百一十一首,廣涉內、外、婦、兒、五官及鍼灸諸科。卷一首篇爲"治諸虛等并用藥總論",卷二至卷一〇爲治各科病方,目錄以小字標注每門載方數目。此書體例爲證下列方,每方述其主治、功效、組成、煎服法度,對藥物炮炙、煎服法叙述較細。其方後或附已驗,或附醫論,個別病證亦有理論論述。書中所載除許氏自用已驗之方外,亦有時醫驗方,如"東京王先生傳脾疼藥方"。許氏處方用藥,既能繼承古人,又有創新,用藥有時偏於猛峻,不循常度。

《宋史·藝文志》著錄"許叔微《普濟本事方》十二卷",國內流傳本稱《普濟本事方》,或稱《本事方釋義》(葉天士整理本)。自發現日本所藏《續集》,始知此書有前、續集之分,國內流傳即爲前集。日本藏享保廿一年(1736)大阪向井八三郎中正堂刊《普濟本事方》及《續集》,有訓點,卷末題記刊刻地點及時間。丁丙《善本書室藏書志》記曰:"《普濟本事方》十卷,《續集》十卷(東洋刊本),儀真許叔微述。《續集》題儀真許學士述。首刻知可自序,次爲日本人所錄乾道庚寅張剡序,淳熙乙巳張孝忠序,淳熙辛亥郡長吏任昌時序。目錄後載《事林廣記》一則,卷末載'治藥制度總例'。《續集》無序,題爲《證類普濟本事方》,卷末題享保廿一年向井八三郎刊。"裘吉生據日本享保廿一年刻本翻刻,收入《三三醫書》。曹炳章又得日本影抄宋本,書名《普濟本事方後集》,言首多詳目,較日本《續集》刻本更加詳備,有論有方,故曹氏在日本影抄本基礎上重加圈點,刊行於世。

今據南京圖書館藏日本大阪享保廿一年書林向井八三郎刻本影印,卷首尾無序跋,書前有目錄,書末有"享保廿一年……書林向井八三郎刊行"等字,有訓點,此即丁丙《善本書室藏書志》著錄者。(楊金萍)

雞峰普濟方三十卷(存卷一、卷四、卷五、卷七、卷九至卷三十)　(宋)張銳撰(第1000冊)

張銳,字子剛,蜀人,後徙居鄭州(今屬河南)。官成州團練使,篤好醫方,醫術精湛,任太醫局教授。政和中,蔡京之孫婦有妊,至產期而病,國醫以爲陽證傷寒,懼胎墜而不敢投涼藥,張銳以常法之藥倍服,半日兒生而病去。生平見李杲撰《醫說》卷二。

張銳謂近世醫者用藥治病多出新意,不用

古方,而古人方意今人有所未及,因作此書,萃集眾方,以示古人方意及普濟之心。原本三十卷,現缺卷二、卷三、卷六、卷八凡四卷。所存卷一爲諸論、炮炙法,卷四論腳氣,卷五論傷寒(附中暑),卷七至卷二四敘述內、外、婦、兒、五官各科病證論治藥方,卷二五雜治,卷二六奇疾,卷二七雜記,卷二八至二九丹訣,卷三〇備急單方。此書按各科病證分類,有論有方,常於病證前先加小論,後列諸方,間附驗案。卷一則專列七十論,主述病源。全書收方三千餘首,多傳爲後世名方,如香蘇散、參苓白术散,卷三〇備急單方則爲效驗急用之方。

此書歷代未見著録,而張鋭《雞峰備急方》則見於《宋史·藝文志》、《遂初堂書目》、《直齋書録解題》及宋後各家著録。清道光八年(1828)汪士鍾得《雞峰普濟方》南宋刊本,其本前後無序跋,亦無撰人,每卷首行大題下署"馮翊賈兼重校定",因考《宋史·藝文志》及馬端臨《經籍通考》有張鋭《雞峰備急方》,推斷此爲張鋭所著。然陸心源認爲此書作者係宋人孫兆,并列五證,又謂《雞峰普濟方》卷三〇爲"備急單方",與《直齋書録解題》"《雞峰備急方》一卷"相合,乃是張鋭爲太醫局教授時取孫兆書刊之。顧千里亦同陸説。日本岡西爲人《宋以前醫籍考》指出此書"或亦出於南宋俗手者",其説可參。

今據上海辭書出版社圖書館藏清道光八年汪士鍾藝芸書舍刻本影印。(楊金萍)

洪氏集驗方五卷　(宋)洪遵輯 (第1000冊)

洪遵(1120—1174),字景嚴,鄱陽(今江西鄱陽)人。與兄适、弟邁先後中博學鴻詞科,并稱"三洪"。賜進士出身,擢秘書省正字,累官至翰林學士承旨、同樞密院事、端明殿學士、提舉太平興國宮。卒諡文安。著有《泉志》、《訂正史記真本凡例》、《翰苑群書》等。《宋史》有傳。

洪遵受宋士大夫知醫風氣影響,仕宦之暇遍訪醫方,集平時親歷經驗、傳聞有效及前人之方,於南宋乾道六年(1170)撰成此書,洪氏自刻於姑孰。書凡五卷,載方一百六十七首。除卷二"癰疽"及卷五"婦人小兒"方列小標題按病證編類外,其他各卷只列方,無分類。每方述其主治功效、組成、煎服法度,間附驗例。所涉疾病包括內、外、婦、兒、五官科。既有內服方,又有外治法,兼録大量單驗方、救死方、補益方。以宋代時方驗方爲主,所謂"傳聞"有效方,皆其平生用之有驗,或雖未用而傳聞之審者。每方皆以"某某傳"、"傳自某某"示方之來源,或標注書名。所集之方,除親驗外,或傳自翰林,或傳自醫官、鄉人,上涉丞相尚書,下及鄉野俚人,甚或胡僧異人,亦多士大夫傳聞異見,可見當時仕途知醫之盛。收採之書,有如《沈存中良方》、《傳信方》、《王氏博濟方》、方氏《泊宅編》、《幼幼新書》、《夷堅志》等。搜羅廣泛,方用效驗,簡便易行。然罕有醫論,其驗案多爲"傳聞",記述頗簡,方劑分類亦不明晰。

此書《宋史·藝文志》載:"《洪氏集驗方》五卷。"《直齋書録解題》卷一三:"《洪氏方》一卷。鄱陽洪氏。"然自宋代刊刻以後,至清未有刻本。清黃丕烈從季滄葦處得宋本原刻,與宋本《傷寒要旨》對勘,所載刻工皆有黃憲、毛用,刊刻地同在姑孰,知爲同一人刊刻。此書宋刻用公文紙背紙印刷,約爲淳熙七八年紙,其中"丸"皆作"圓",書後附洪遵跋。清嘉慶二十四年黃氏依宋本校刻影印,收入《士禮居叢書》中。此書南宋本尚存,今據北京圖書館藏宋乾道六年姑孰郡齋刻公文紙印本影印,書後有洪遵跋、題跋詩及題語(缺一頁),黃丕烈題跋、顧廣圻書,書首尾并有印鑑。此即黃丕烈經眼之宋本原刻。(楊金萍)

魏氏家藏方十卷（存卷一、卷二、卷四至卷十）

（宋）魏峴撰（第1000冊）

魏峴（1187—?），原籍壽春（今安徽壽縣），祖父魏杞官至右丞相，移居鄞縣（今屬浙江寧波）碧溪，遂居於此。官朝奉郎、提舉福建路市舶。紹定初，爲都大坑冶司，爲忌者所訐，去職居鄉，督修它山堰。淳祐二年（1242），起知吉州兼管內勸農使。善治水利。除此書外，另著有《四明它山水利備覽》。生平事迹散見《宋史》，亦可參見此書自序。

魏峴素弱多病，百藥備嘗，問仕之餘，潛心醫藥，摭取祖父家人所錄方及己四十餘年經驗方，於寶慶三年（1227）集成此書。凡十卷，四十一門，載方一千零五十一道。按病證及分科編次卷第，卷一治中風方；卷二治一切氣、心氣、傷寒、伏暑、瘧疾、治腎氣、痰飲等方；卷三、四補益方；卷五脾胃病方；卷六心腎、脾腎病方；卷七治瀉痢、痔漏、腸風臟毒等方；卷八腳氣、腰痛方；卷九治消渴、吐血及五官科、外科病方；卷一〇婦人、小兒諸疾方，諸雜方及諸湯。

魏氏採方博雜，囊括內、外、婦、兒、五官各科方。每方述其主治、組成、煎服法，間附治驗。劑型複雜，以丸、散、丹爲多，次湯方、膏方、酒劑、餅子，兼有洗方。除治病方外，尚有補益方、食療方。對補益方尤爲重視，卷三、四所載皆是，其中不乏煉丹家補益之品，可見道家影響。書中對某些外科病治療頗爲獨特，如枯痔療法。魏氏常年苦於痔瘡，百藥俱試，終得治痔之方，書中搜載有水澄膏、枯藥、荊芥湯、潤腸丸、龍石散、雙金散、國老湯、固榮丹、落痔膏、洗痔方等十餘方，既有內服湯，又有外敷藥及洗方，皆爲經驗有效之方。魏氏提倡未病先防，其自序中引康節詩"與其病後能求藥，不若病前能自防"，以用藥如交兵之無寧日，喻善養生者，於金石草木之先，當使性不爲情所流，主不爲客所感，各全其

上壽。

此書國內無傳本。日本藏有宋刻本，爲日本聖一國師從宋求法時攜歸，藏於日本普門院。書中有"普門院"印鑑，并有"多紀氏藏書印"、"江戶醫學藏書印"等，卷一末有日本和歌一首。後轉歸丹波家族，又入日本宮內廳書陵部。現有日本抄本傳入，北京大學圖書館、南京中醫藥大學圖書館均存全帙，北京圖書館、中國醫學科學院圖書館、上海圖書館所藏皆缺第三卷。今據北京圖書館藏日本抄本影印。正文有魏峴自序及目録，并有澀江氏藏書印鑑，正文缺卷三。（楊金萍藏守虎）

癸巳新刊御藥院方十一卷 （元）許國禎撰（第1001冊）

許國禎（1208—1283），字進之，絳州曲沃（今屬山西）人。祖、父皆業醫。金亂，許國禎避兵於嵩州永寧縣，河南平定後，歸寓太原。許氏博通經史，尤精醫術。元世祖在潛邸，以醫徵至瀚海，留守掌醫藥。療莊聖太后疾，其母韓氏亦以醫侍莊聖太后。世祖即位，授榮禄大夫、提點太醫院事。元至元十二年（1275），遷禮部尚書，拜翰林院集賢大學士，進階光禄大夫。卒年七十六，贈金紫光禄大夫、上柱國等，謚忠憲，追封薊國公。傳見《元史》。

書原不題撰人，日本丹波元簡據至元四年（1267）高鳴序"太醫院提點、榮禄許公"，推知撰人爲許國禎。御藥院始於宋，金元因襲，掌按驗方，以時和藥，供御用及禁中之用，如同唐代尚藥局。據書中高鳴序，此書乃許國禎爲太醫院提點、榮禄大夫時，與其僚友取"壬寅"御藥院舊板重新修訂補益而成。考"壬寅"當爲南宋理宗淳祐二年（1242），爲蒙古太宗窩闊台皇后乃馬真氏稱制元年。則此書原爲元御藥院淳祐二年撰集，至元四年經許氏重修。另，北宋唐慎微《經史政類備急本草》中列有《御藥院方》，後世即將其與許

國禎之書相混，日本丹波元簡已駁其謬，指出宋舊有《御藥院方》而久佚，與此元《御藥院方》非一書。

此書輯宋末金元御藥院諸方，爲宮廷成藥驗方彙編，與其他方書不同。凡十一卷，十四門，載方千餘首。包括内、外、婦、兒、五官各科方，以及補虛損藥、洗面藥等。按病證分科編次，卷一治風藥門；卷二治傷寒門；卷三、四治一切氣門；卷五治痰飲門；卷六補虛損門；卷七積熱門、治泄痢門；卷八治雜病門；卷九治咽喉口齒門；卷一〇治眼目門、洗面藥門、治瘡腫傷折正骨門；卷一一治婦人諸疾門、治小兒諸疾門。每方述其主治、組成、煎服法，間附驗案，偶有醫論。除元代方外，多載宋、金及前人方，如引宋《太平聖惠方》、《小兒藥證直訣》、《聖濟總錄》、《和劑局方》、《本草圖經》等。書中多處見金朝年號，如明昌、大安、崇慶、貞祐、興定，卷五“消痰丸”下有注文“貞祐元年閏九月初四日文童利氣丸改消痰丸”，貞祐元年（1213）即金宣宗完顏珣年號，可見其中有部分爲金人整理。其防風通聖散引自金代劉完素《宣明論方》，故張金吾謂“此書蓋金元舊本，而遞有增益”。

此書有元至元刊本、朝鮮活字本、日本活字本等。按諸家著錄，元槧本題爲“新刊惠民御（藥）院方”，或“惠民御藥院方”，二十卷。然該本只見於前人著錄，國内外未見收藏。崔秀漢《朝鮮醫籍通考》著錄數種版本，其中包括朝鮮活字本。《日本訪書志》、丹波元胤《中國醫籍考》、《經籍訪古志補遺》著錄朝鮮活字刊“癸巳新刊御藥院方”十一卷本。日本寬政十年（1798），日本醫官千賀芳久以朝鮮本爲底本活字重刊此書。今據日本寬政十年精思堂活字印本影印，書名保留朝鮮本稱謂，即“癸巳新刊御藥院方”，正文前有高鳴序，版心記“精思堂”，書後有丹波元簡跋、醫官法眼千賀芳久識。有印記。（楊金萍）

太醫院經驗奇效良方大全六十九卷　（明）方賢輯（第1001—1002冊）

方賢，吳興（今浙江湖州）人。善醫，明正統、景泰間任太醫院院使、院判，成化間召至殿前，考醫論三篇，加通政使右通政。生平見《（光緒）歸安縣志·人物傳》。

書乃方賢爲奉政大夫、太醫院判期間，取前太醫院使董宿之書補益續編而成。董宿，四明（今屬浙江）人，正統間爲太醫院使，深察藥性，博究醫書，治病有奇效，搜奇選效，編撰《試效神聖保命方》，書未竟而逝。方賢與御醫楊文翰將董書重加考訂，删繁舉要，旁求博採，更名爲《太醫院奇效良方大全》。成書於明成化六年（1470），成化七年初刊於太醫院。《明史·藝文志》、《國史·經籍志》皆著錄。

書共六十九卷，總六十四門。門下按病證分類，每門皆有論，論後附方，共載方七千餘首，涉及内、外、婦、兒、五官、鍼灸及正骨諸科。每方述其主治、組成、煎服法，間附驗案。其醫學理論，上採《内》、《難》，中及唐宋，下逮金元諸家，其方則主要選自宋至明初醫書。全書既有醫論，又列方用，精思博究，載方宏富，頗切實用。

此書初刊後，於成化九年重刊。另有明正德六年（1511）劉氏日新堂刊本。今據北京圖書館藏明正德刻本影印，正文前依次有成化六年商輅、萬安，成化七年姚夔、陳鑑序，有“奉政大夫修正庶尹太醫院使吳興方賢纂集”等太醫院修書人銜名題識。書後有岳正序（撰序日期缺損）。（楊金萍）

胞與堂丸散譜不分卷　（明）洪基輯（第1002冊）

洪基，字九有，明新安（今安徽黃山）人。“美秀而文，旁精於醫。而一片婆心，自謂天地萬物本吾一體，嘗名其堂曰‘胞與’。”（陳肇英引）。生平見民國二十三年《安徽通志稿·藝文》。

洪氏以業儒之暇,旁搜醫典,覓求奇方,榜其門曰"兑換奇方"。經二十年得方萬首,檢其最神奇切用者,於胞與堂製作成方,又將其丸散藥撰爲藥譜,名《胞與堂丸散譜》,張夬序題名爲《攝生秘剖》。書成於明崇禎十一年(1638),刻於胞與堂,不但爲檢方之用,更爲發明藥理。全書不分卷,亦不按病證分類,以方類目,載方八十首,以補益方見多。每方述其主治、組成、煎服法,方後必附醫論。目錄題名"畫一丸散總目",取"藥無欺而價不二"意。此書所列丸散藥方爲精選經驗奇方,切當有效。所列丸散皆爲胞與堂自製成藥,藥料上乘,炮製精工,配藥謹實。雖爲藥譜書,然亦重視醫學理論,於每一丸散之後,必附一論以發明醫理。其論祖述《內經》,羽翼《本草》,又多心得,同時參之證驗,有理有據有驗;於其升降浮沈、寒熱溫平、良毒之性,宣通補瀉、輕重滑澀燥濕、反正逆從之理,揆之於經,酌之於心,參之於證,非簡單之藥譜羅列。所引諸家醫論,皆列書名。

此書有明崇禎十一年刻本、清光緒十五年(1889)六吉堂刻本、清德聚堂刻本等。今據上海圖書館藏明崇禎十一年刻本影印,正文前依次有張夬《胞與堂丸散譜引》、陳肇英《胞與堂丸散譜引》、林冲霄《胞與堂丸散譜引》、闕士登題詩、江泰《胞與堂治目丸散譜引》、洪基《訂丸散譜緣起》。正文每方後皆題有"胞與堂主人洪九有"。無行格,間有眉批。此本文字間有脱落或漫漶,辨認不易。(楊金萍)

名醫方論四卷　（清）羅美輯并評（第1002冊）

羅美生平見前《內經博議》提要。

書又名《古今名醫方論》。羅氏曾遍採古今名醫經論,删纂其要,定爲《古今名醫彙粹》八卷。又作《方論》,附於《彙粹》之末。原擬合刊,因剞劂費繁,清康熙十四年(1675)先刊《方論》於羅氏古懷堂。《古今名醫彙粹》則於嘉慶六年(1801)刊於陶氏伯筠堂。

書共四卷,載方一百六十餘首,方論一百八十餘條。每方述其主治、組成、煎服法,後列方論,或一方數論,或一論數方。選方以《傷寒論》方爲主,因薛己之方"簡嚴純正,可爲後法",多所採用,而《金匱》、《千金》、《外臺》諸書及張潔古、李東垣、羅知悌、朱丹溪等方,咸擇佳而録。《傷寒》方論,選録柯琴最多,他如成無己《注解傷寒論》、趙以德《金匱方論衍義》、吳鶴皋《醫方考》,及近時名醫張介賓、趙養葵、喻嘉言、李士材、程郊倩、張路玉、程扶生諸方論,亦有所取。羅氏不但論方之因,析方之用,詳其藥性、君臣法制,考其命名之義,同時闡釋病證內外新久之殊、寒熱虛實之機,更能舉一反三,推本方而互通,論一病而不爲一病所拘,明一方而得衆病之用。粹選名家方論,析疑闡微,要約簡明,多精識之語,足以啓蒙後學,對後世影響較大,清代吳謙《醫宗金鑑》之《删補名醫方論》即在此書基礎上增删補訂而成。

此書現存清康熙十四年古懷堂初刻本、康熙嘉禾存雅堂刻本、清金閶步月樓刻本及《古今名醫彙粹》合刻本。今據中國科學院圖書館藏清康熙十四年羅氏古懷堂刻本影印,扉頁中行題書名"古今名醫方論",右行題"新安羅東逸先生評定,慈水柯韻伯先生參閱",左行題"古懷堂藏板"。書前有羅氏"刻方論小序"、凡例等。正文有簡單句讀,有眉批。(楊金萍)

醫方集解六卷　（清）汪昂撰（第1002冊）

汪昂生平見前《增訂本草備要》提要。

書刊於康熙二十一年(1682),前有汪氏自序及凡例。汪氏以古今方書第於方前注治某病而未嘗發明受病之因及病所在經絡,一方之中第注用某藥而未嘗發明藥之氣味功能、所入經絡及所以能治病之故,故仿陳無擇

《三因方》、吳鶴皋《醫方考》遺意而擴充之，採輯古方，先詳受病之由，次解用藥之意，又博採碩論名言，分別宜用、忌用而成此書。

汪氏細分補養、發表、湧吐、攻裏、表裏、和解、理氣、理血、祛風、祛寒、清暑、利濕、潤燥、瀉火、除痰、消導、收濇、殺蟲、明目、癰瘍、經產二十一門，末附"救急良方"及"勿藥元詮"二門。所列諸門先後順序極有條理，諸門略取數方加以闡釋以備採用。諸門方分正方、附方，正方三百有奇，加減附方之數過之。所選諸方採擷精良，多爲中正平和、人世常用之方，間有一二屬劑皆攻堅瀉熱所必需，但凡藥味幽僻、採治艱難、治奇證怪病及藥過二十味以上者概不選録。諸方之解，上本《内經》、《傷寒論》宗旨，下及明清諸家之説，雜以己見，博採約取，疏證明晰，便俗而不傷雅。名雖曰《醫方集解》，而病源、脈候、臟腑、經絡、藥性、治法罔不畢備，誠爲醫學之全書，習醫入門之捷徑。故此書一出，遂爲後世方劑學之圭臬，清、民醫家幾乎人手一册。

此書現存版本衆多，有一卷、六卷、二十一卷、二十三卷之不同，如清乾隆五年庚申（1740）繡谷胡氏松雲草堂刻本（六卷）、道光十二年壬辰（1832）山淵堂刻本（不分卷）、光緒十六年庚申（1890）藜乙山房刻本（二十一卷）、光緒二十二年上海圖書集成印書局鉛印本（二十三卷）等。另有《本草醫方合編》本、《醫方全書五種》本、《瓶花書屋醫書》本及《脈學本草醫方全書》本等。以清康熙二十一年初刊本、光緒五年掃葉山房刻本流傳最廣。今據中國科學院圖書館藏清康熙二十一年初刊本影印。（臧守虎）

成方切用十二卷首一卷末一卷　（清）吳儀洛撰（第1002—1003册）

吳儀洛生平見前《本草從新》提要。

吳氏以吳鶴皋《醫方考》搜採不無闕略，汪訒庵《醫方集解》搜採雖富而承訛襲愆，且於新方總未採録，因取二書所輯而增改，得古今良方凡一千三百餘首（實一千二百方），編爲此書。爲吳氏《醫學述》之第四種。大旨謂古方不宜今用，所録皆切於時用之方，故以"切用"名書。

書刊於清乾隆二十六年（1761），凡十二卷，卷首一卷，卷末一卷。《四庫全書》列入存目。書前有吳氏自序及凡例，卷首爲方制總義，并載《内經》一十二方，以示醫學始於《靈》、《素》。卷一至卷一二，每卷各分上、下。卷末一卷附載汪昂《勿藥元詮》七十四條，足爲衛生之準則，使人知病亦有勿藥之治，有方而具無方之妙。

吳氏每方皆先述證候，次述方藥、方義及加減之法，條理清晰，詞旨明爽，注釋精詳，使讀者既知規範又審時宜，無拘執之弊。然較之汪昂《醫方集解》之淺顯，此書非深明醫理者不易學。

此書現存清乾隆二十六年硤川利濟堂刻本、清道光二十七年丁未（1847）瓶花書屋刻本。今據上海圖書館藏清乾隆二十六年硤川利濟堂刻本影印。（臧守虎）

串雅八卷（内編四卷外編四卷）　（清）趙學敏撰（第1003册）

趙學敏生平見前《本草綱目拾遺》提要。

趙氏性本好奇，涉獵頗廣，於江湖方技所搜甚多。其宗人有柏雲者，操走方業，遍遊南北，有名於時，老歸杭州。學敏與質醫術，得其傳鈔秘本《百草鏡》、《就生海》、《養素園》、《江閩方本》數種，以其頗有奧理，與尋常摇鈴求售者迥異，因録其所授，重加芟訂，合以平昔所録奇方，於乾隆二十四年（1759）編爲此書，分《内編》、《外編》，各四卷。

《内編》分截藥、頂藥、串藥、單方四類，截藥、單方又分總治、内治、外治、雜治、奇病諸門。《外編》分二十七門，其論治者曰藥禁、字禁、術禁、起死、保生、奇藥、鍼法、灸法、熏法、貼法、蒸法、洗法、熨法、吸法、雜法,凡十五門;其論藥者曰偽品、法製、藥品、食品、用品、雜法,凡六門;其餘事曰醫禽、醫獸、醫鱗介、醫蟲、醫花木、取蟲、藥戲,凡七門。書中所稱“草澤醫”、“走方醫”遊食江湖,不免有欺詐貪利之行,其所操之術雖經“矯奇歸雅”,仍不免荒誕不經之處。然所用治法、方藥多爲民間經驗之方,具簡、便、廉、驗之特點,至今仍有一定實用價值。謝觀《中國醫學源流論》謂其“治法雖不盡純,而實於古義爲近,不惟足資國醫之攻錯,亦且足爲考古者參證之資”,褒貶允當。

此書咸豐年間初刊於餘杭,未久書版毀於兵燹,流布甚稀。光緒中仁和許增從錢塘丁氏八千卷樓藏本傳鈔,僅得《内編》;後又從越中藏書家得《外編》,乃成完書。許氏之友吳庚生爲之補注,重付刊行。今據上海圖書館藏清抄本影印,書前有趙氏自序、緒論及凡例。(臧守虎　杜鳳娟)

醫方論四卷　(清)費伯雄撰(第1003册)

費伯雄(1800—1879),字晉卿,號硯雲子,武進(今江蘇常州)人。出身世醫之家。少習儒業,弱冠有文名。後棄儒承家學,究心祖業,以擅治虛勞馳譽江南。道光年間兩度入宮,治癒慈禧太后肺癰、道光帝失音之症,獲賜匾“是活國手”,賜聯“著手成春,萬家生佛;婆心濟世,一路福星”。咸豐、同治間醫名大振,遠近詣診者踵相接,所居遂成繁盛之區。子應蘭、孫紹祖、孫榮祖均傳其業,享名於時,遂成孟河醫派。曾著《醫醇》二十四卷,毀於戰亂,同治二年(1863)追憶原書内容,僅得十之二三,易名《醫醇剩義》四卷。另著有《食鑑本草》、《怪疾奇方》等。《清史稿》有傳。

費氏認爲醫方之用戒偏戒雜,不尚矜奇炫耀,而貴在“醇”。“所謂醇者,在義理之的當,而不在藥味之新奇。如仲景三承氣湯頗

爲峻猛,而能救人於存亡危急之時,其峻也,正其醇也”(自序),而時人多奉汪昂《醫方集解》爲枕秘,不知其中可用之方雖多,不可用者亦不少,故將其所集諸方逐加評論,撰爲此書,期收“得其醇化其偏”、“由博返約”(《發凡》)之效。

書初刻於清同治四年(1865),前有作者同年自序、發凡。書凡四卷,載方三百五十五首,卷一載補養、發表、湧吐、攻裏及表裏之劑八十五方,卷二載和解、理氣、理血、祛風之劑七十一方,卷三載祛寒、清暑、利濕、潤燥之劑六十九方,卷四載瀉火除痰、消導、收澀、殺蟲、明目、經產之劑一百三十方。全書但取汪書所選之方逐一評論,每方之下載藥物組成、煎製方法及服法,後加評述,一方一論,删去汪書各方主治與注釋。

此書現有清同治四年刻本、同治五年耕心堂刻本、光緒三年丁丑(1877)刻本、光緒十四年上海掃葉山房刻本、光緒二十七年上海書局石印本等。今據上海圖書館藏清光緒十四年上海掃葉山房刻本影印。(臧守虎)

潛齋簡效方不分卷　(清)王士雄撰(第1003册)

王士雄(1808—1868),字孟英,號潛齋,又號夢隱(一作夢影)、半癡山人、隨息居士、睡鄉散人、華胥小隱,祖籍鹽官(今浙江海寧),曾祖時遷居錢塘(今浙江杭州)。出身世醫,曾祖王學權、祖王國祥、父王升均爲良醫。孟英幼年體弱,少年喪父,立志學醫。後寓居常山縣行醫,尤擅溫病,屢起沉疴,醫名頗盛。咸豐中徙居上海。著述甚豐,除此書外,另著有《霍亂論》、《溫熱經緯》等。《清史稿》有傳。

書分頭風、面皯、肺癰等四十餘類,收載民間驗方百餘首且有簡要論述。所收諸方皆簡易而有效驗,雖病者亦可自行施用。另收灸火論、勞病説、慎疾説、救荒法等簡短醫論,又

收寡欲説、杜癆方、成方弊、《論續名醫類案》等十二則醫論醫話。末附王氏所撰《潛齋醫話》。

此書現存清咸豐元年重慶堂刻《三家醫話》本、咸豐三年刻本，又見收於《潛齋醫學叢書》。今據浙江圖書館藏清咸豐三年（1853）刻本影印，書前有同年杭州趙夢齡序及王氏自記。（臧守虎）

瘴瘧指南二卷　（明）鄭全望撰（第 1003 册）

鄭全望，字靈渚，信州（今江西上饒）人，生活於明萬曆年間。自幼體弱多病，嘗患內傷，諸藥罔效，乃自取《內經》、《難經》等研讀，復採奇方自療而愈。萬曆三十年（1602），疫癘大作，諸醫術窮，鄭氏取宋李待制《瘴瘧衛生方》加以發明，以治閩廣間特異之證。後以此爲基礎，附以己意，於萬曆三十七年編成此書。生平略見此書自序。

書凡二卷，卷上列辨證、辨藥，詳述瘴瘧之形態、源流及其與傷寒諸病之鑒別，又有冷瘴、熱瘴、痘瘴之證候、轉歸、預後及調理將息之法；卷下列正氣方、和解方、溫中方、溫中固下方、鎮下方、斷瘴方共八條，凡八十餘方。鄭氏分瘴瘧爲冷瘴、熱瘴、痘瘴，并述諸瘴之異同，以濕、熱、痰爲瘴瘧受病之源，詳辨瘴瘧、傷寒之異，立法設方較爲詳盡，有一定研究價值。

此書現存清同治元年（1862）汲古軒刻本，今據中國醫學科學院圖書館所藏該本影印，中有後人眉批、圈點。（臧守虎）

重刻張鳳逵傷暑全書二卷　（明）張鶴騰撰（明）彭期生輯（第 1003 册）

張鶴騰（約 1557—1635），字元漢，號鳳逵，潁州（今安徽阜陽）人。兵部尚書張鶴鳴之弟，習儒好醫，明萬曆二十三年（1595）進士，歷任潞城縣令、榆次縣令、刑部主事、戶部廣西典事、戶部陝西司郎中、雲南副使。後以目疾告歸。崇禎八年（1635）正月，高迎祥、張獻忠、李自成率農民軍破潁州，與兄張鶴鳴一同被殺。醫名蓋過官聲，尤於治暑頗有建樹。另著《傷寒全書》二卷（《天一閣書目》）。生平事迹見《江南通志·人物志·忠節四》、《山西通志·名宦九》、《明史》卷二五七《張鶴鳴傳》附傳。

彭期生，字觀我，明浙江海鹽武原鎮人。御史宗孟之子。萬曆四十四年進士，崇禎初爲濟南知府，坐失囚謫布政司照磨，量移應天推官，轉南京兵部主事，進郎中。崇禎十六年，張獻忠亂江西，遷湖西兵備僉事，駐吉安。吉安不守，走贛州，偕廷麟招降張安等，加太常寺卿，仍視兵備事。城破，正冠帶自縊死。《明史》卷二七八有傳。

張氏爲諸生時曾患暑病，經徽醫汪韞石治癒，遂著《傷寒傷暑辨》二篇刊行，兼施藥劑，其效甚捷。乃發願搜集治暑諸書，經十餘年努力，於天啓三年（1623）編成《傷暑全書》二卷，刊佈於天啓五年。書分上、下二卷，依《素問》暑病理論，詳述諸暑癥及相關病證、主治方劑。上卷先論暑病之源與天時地氣之關係，繼辨傷寒、傷暑之不同，繼則闡述暑厥、暑風、暑瘍、暑瘵、絞腸痧、時疫、寒疫等常見暑病發病特點、治療大法。下卷採輯治暑常用方五十餘首，詳備主病、服法。末附張仲景、孫真人、劉河間等古代名醫論暑之精華及治暑病案。內容豐富，切於實用，爲治療暑癥最早專著，於暑病之學習研究有重大貢獻，後人評價甚高。方以智《通雅》謂："張鶴騰明傷暑之科與傷寒同重，足補岐黄、仲景之所未發。"周揚俊《温熱暑疫全書自序》則謂："張鳳逵治暑全書，申明理蘊，精確不磨，雖有小疵，不掩大德，誠可振聾瞶於千古也。"

此書現存稿本、明末黃昌刻本、明抄本。至清有康熙十四年（1675）林起龍刊本，附《瘟疫論》、《疫證治案》、《治疫名方》。又有清末醫家葉霖爲之增訂,易名爲《增訂傷暑全書》,内容多有補充,但書中部分提法有待商討,亦間雜無關病證或論述。今據上海圖書館藏明末黄昌刻本影印,前有作者天啓三年自序、彭期生天啓五年題辭。然自序、題辭并未提及"彭期生輯",《續修四庫全書》或爲誤題。(臧守虎)

瘟疫明辨四卷方一卷　(清)鄭奠一撰(第1003 册)

鄭奠一,生平履貫不詳。

此書正文全同戴天章之《廣瘟疫論》(詳下該書提要),當爲該書之僞。前有原序(不著年月)、乾隆十六年(1751)吳文垆序、楊瑗序(不著年月)、乾隆十七年汪祺序、乾隆十六年管希寧序,後有臧錫麟跋(不著年月)。

"原序"即《廣瘟疫論》戴氏自序,隱去"廣瘟疫論"字而已。吳序有"既而客金陵,汪文學先乘出《瘟疫明辨》一書相示,云是歙邑鄭奠一前輩所著,而得諸同里程氏者","會同志者聞余言,慨然捐資授梓。因復與萊堂汪君參互校讎,釐爲四卷"云云,據此可稍得《廣瘟疫論》外傳之大概。

現存清乾隆十五年汪氏紫峰刻本、乾隆四十三年南京李光明書莊刻本、嘉慶十七年(1812)京江文光閣本等。今據上海圖書館藏清乾隆本影印。據書内乾隆十七年汪祺序,此書刊刻當在乾隆十七年之後。《續修四庫全書》原題"據上海圖書館藏清乾隆十六年刻本影印",誤。(臧守虎)

廣瘟疫論四卷末一卷　(清)戴天章撰(第1003 册)

戴天章(1662—1722),字麟郊,號北山,人稱北山先生,上元(今江蘇江寧)人。諸生,少師林青雷習舉子業。精研於醫,著述甚豐,然除此書外,另如傷寒、雜病諸書及《咳論注》《瘧論注》凡十餘種皆散佚或未見刊行。

事迹見《清史稿》。

《廣瘟疫論》四卷、附方一卷,成書年代不詳。稿成之後,其子行楷細字録藏於家,未曾刊行。後不知何故外傳,乾隆年間被改名《瘟疫明辨》(撰者冒名歙人鄭奠一)刊行於世。著者、書名雖易,而原文并無改竄(見前《瘟疫明辨》提要)。其孫祖啓購閲之,知即祖父之《廣瘟疫論》,因出原稿於乾隆四十八年(1783)刊行。

此書取吳又可《瘟疫論》注釋、增訂、删改而成。卷一列述辨氣、辨色、辨舌、辨神、辨脈、時疫與風寒異氣、時疫與風寒異受、辨傳經以及時疫五兼、十夾等;卷二列述表症三十餘種,詳述病機和證治;卷三列述裏症四十餘種及其病機和證治;卷四列述汗法、吐法、下法、和法、補法等五法作用和適應症,以及病後四損、不足、後遺等各種病後調理法則;卷末附方一卷,載温熱病方八十四首。是書提出五辨之法,詳辨瘟疫、傷寒之異,於瘟疫與傷寒早期臨床症狀之鑒别及病因、受病、傳經等方面之區别頗有見地,系統總結汗、下、清、和、補諸法作用及應用,説理透徹,簡明清晰,易學易記。

光緒四年(1878)陸懋修以此書仍沿吳氏"瘟"、"温"二字之誤,因重加增删訂正,改題《廣温熱論》,視爲温熱之正法眼藏,刊入《世補齋醫書》。清末何廉臣進一步增補,改名爲《重訂廣温熱論》。

此書初刊於乾隆四十八年(1783),書目著録有清乾隆四十三年南京李光明書莊刻本者,恐誤。今據中國醫學科學院圖書館藏清乾隆四十八年刻本影印,書前有戴氏自序,不著年月,署"乾隆四十八年歲在癸卯夏五月望日孫男嗣琦謹書"字。尚有乾隆四十八年會稽沈懋發序、乾隆四十七年江寧程家珏序、乾隆四十七年天章戴氏孫祖啓序及《上元縣志》"戴天章"條。(臧守虎)

痧脹玉衡書三卷後一卷 （清）郭志邃撰
（第 1003 冊）

郭志邃，字右陶，檇李（今浙江嘉興）人，一説會稽（今浙江紹興）人。生活於清順治、康熙年間。出身經術之家，幼習舉子業，後致力於醫，遍閲仲景、東垣、丹溪諸人之書。除此書外，另著有《治痧要略》，未見傳世。生平略見《清史稿·藝文志》及此書序。

《痧脹玉衡書》又稱《痧脹玉衡全書》，成書於康熙十四年（1674），初刊三卷，康熙十七年增補後一卷。前有同年郭氏自序及王庭序，後一卷首亦有作者康熙十七年續序。郭氏鑒於痧脹其發甚暴，見證較多，傳變亦速，患者往往不救，須臾喪命，而古來無痧脹專書，醫者不明，每以風寒暑濕之法治之，誤人匪淺，故廣搜前人相關論述，總其大綱，撮其要旨，推原其始，詳究其終，彙有據可尋及效驗者編成此書。

卷上爲痧脹發蒙論、痧脹要語、痧脹脈法，并附醫案；卷中列各痧症狀，并附醫案；卷下列痧脹諸證治法，并附醫案及備用方五十餘首；後卷列痧脹看法、兼證及變證等。此書專論痧證，爲痧脹專書之祖，搜集豐富，文詞簡練，説理明晰，多有獨到見解。後世痧脹之書多本此書而增損之，如王養吾《晰微補化全書》、《痧症全書》即以此書爲藍本，王士雄《霍亂論》於此書治法要義亦多採取。

現存清康熙十四年書業堂刻本、康熙十七年揚州有義堂刻本、日本享保八年（1723）尚書堂刻本、日本享保九年書肆竹田藤助刻本（雷薄堂藏板）、日本寬保元年辛酉（1741）刻本等。今據上海圖書館藏清康熙十七年刻本影印。（臧守虎）

温熱暑疫全書四卷 （清）周揚俊撰（第1004 冊）

周揚俊生平見前《金匱玉函經二注》提要。

書撰刊於康熙十八年（1679），前有作者同年自序。周氏以仲景以下諸家於傷寒、温病等證多有分歧，論述良莠參差，乃輯仲景《傷寒論三注》、《金匱補注》之餘，將温熱暑疫四證釐訂經文，採集方論，各自成帙，編爲此書。

書凡四卷。卷一爲温病方論，首述仲景正文，次列春温集補證治并方，附風温、冬温、温瘧、温毒發斑証治，醫案三則，春温病論，温熱病脈論，温病方五道，并附集方二十九道。卷二爲熱病方論，首述仲景正文，次列夏熱集補證治并方，總論温熱死脈死証，附濕温、陽毒發斑、陰毒發斑、夏熱病論、熱病方四道，附集方十八道。卷三爲暑病方論，首述仲景正文，次及辨寒暑各異、暑中二陽、常暑、動暑、静暑、夾水傷暑、内傷夾暑、伏暑、暑風、暑瘍、暑瘵、暑瘡、暑瘻、絞腸痧、霍亂、乾霍亂、服藥總法，并述李東垣暑傷胃氣論、王宇泰復立清暑益氣湯變証加減法、朱丹溪辨動静二暑、方古庵論、王安道中暑中熱辨，末附醫案十三則。此卷暑病多採用張鶴騰《傷暑全書》，又自撰《暑病論》篇，附暑病方二道，附集方二十九道。卷四爲疫病方論，首述吳又可《温疫論》、温疫九傳及幾種常見疫証，如大頭瘟、捻頸瘟、瓜瓤瘟、楊梅瘟、疙瘩瘟、絞腸瘟、軟腳瘟，附醫案十則。又有《疫病論》一篇，附林北海先生題喻嘉言疫論序、喻嘉言瘟疫論、疫病方十六首，又附集方十六首。

周氏綜合諸家之論，參以己見，闡明四時之氣致病各異，治法與傷寒不可混同，列温病病證三十餘條，對温病、熱病、暑病、疫病進行全面論述，詳細分析各種證候并確立其治法，附前人醫案作爲臨證借鑒，爲我國較早温病專著之一，對臨床研究具有重要參考價值。

現存清康熙十八年初刻本、乾隆十九年（1754）吳門蔣氏庸德堂刻本及趙西文序刻本、乾隆二十九年刻本、道光二十年庚子（1841）寶善堂刻本、光緒十五年（1889）掃葉山房刻本等。今據南京圖書館藏清康熙十八

年刻本影印。此本前有"吳門薛生白、吳正功重校"及同治辛酉年伯卿氏弁言,當爲同治辛酉年刻本。(臧守虎)

痢疾論四卷　(清) 孔毓禮撰 (第 1004 册)

孔毓禮(生卒不詳),字以立,清江西黎川(今屬江西撫州)人。少時習儒,補博士弟子員。喜讀醫書,嘗以醫方試輕病而效,遂勤力於醫。治病審慎,凝思竟日始定一方,他人評議增損其方,皆虛懷聽之,必使得當而後已。善治痢疾。除此書外,另著有《醫門普渡》。生平事迹見《(民國)江西通志稿》卷三○及此書自記。

《痢疾論》又名《痢症大全》,前有作者乾隆十六年(1751)序、楊大任乾隆三十七年序,後有作者自記,不著年月。孔氏治痢,初以聶可久之《奇方妙論》爲法,閱歷既久,知其太簡而偏,繼而於河間、丹溪諸説亦不盡遵。孔氏謂百病皆有虛實、寒熱、温涼、補瀉之不同,於痢疾亦然,而舊無一定之論可爲章程,諸家論治皆言理未暢、辨證未確,乃集前人有關方論,參以己見,撰成此書,欲匹吳又可之《瘟疫論》。

書凡四卷。卷一注《内經》、仲景之論,折衷諸家;卷二列統論五首、辨證七條、治法十三則;卷三論諸證二十八門;卷四列諸家治案及痢疾諸方、諸藥。書中折衷劉河間、朱丹溪、戴原禮、《衛生寶鑑》、徐東皋、王海藏、趙養葵、王肯堂、張景岳、李士材、喻嘉言、張石頑、《脈因證治》、聶可久、繆仲醇、楊子建凡十六家之説。自謂援引古訓而多出自心裁,凡涉一偏一隅之見者,即在原文下詳加辨證,論理惟取條暢,辨症必尚明確,法集諸家之大成,脈補前人之未備,是繼《瘟疫論》之後又一論述痢疾之專著,對後世有較大影響。

現有清乾隆十七年刻本、乾隆三十七年刻本、道光二十七年(1847)謙益堂刻本、咸豐七年(1857)榮邑謝氏校刻本、光緒九年

(1870)敦厚堂刻本、光緒三十四年富興堂刻本等。今據南京中醫藥大學圖書館藏清乾隆三十七年刻本影印,書前楊大任同年序有"陳君即命余鑴出,與《温疫論》合而梓之"之説,然此本中并未見吳氏《温疫論》。(臧守虎)

痢證匯參十卷　(清) 吳道源輯 (第 1004 册)

吳道源(1698—1775),字本立,常熟(今屬江蘇)人。先習舉子業,後改攻醫學,行醫達數十年之久,名噪鄉邑。除此書外,另著有《女科切要》。事迹見《(民國)常昭合志》卷一八。

書成於清乾隆癸巳年(1773),前有吳氏自序及凡例。自序云仲景未及痢疾一症,後賢無所稟承,甚至各執己見,或用苦寒,或專消導,或驟加温補,病源脈候罕究,外感内傷不分,症爲藥誤者,亦復不鮮;乾隆戊子年,疫痢盛行,患者發熱嘔吐,下痢純紅,或兼黄白,治者罔知折衷,毫釐少差,人鬼立判;遂本於《内經》微旨,集諸賢治痢方法,匯爲一編。初稿約三十餘卷,後與王聲谷、凌顯若等反復商榷、評騭爲今之十卷。是年作者已七十有五。

此書爲痢證專書。首載諸賢總論;次述外感、内傷、三陰、三陽、濕火、燥火致病之由;次列患痢諸見症;次列女科產前產後及兒科諸證;末集治痢諸方。所採前賢諸説,凡險僻者不録,即近似而不可爲典要者亦概從刪節。凡標本治法之明晰者幾無遺漏,而尤服膺喻昌、李中梓兩家。所載古法皆取中正和平,凡引名家著述各爲論定。證治間有稱引多端涉於煩瑣處,然大指仍無雜出。於治痢諸方仍依各門次第,間有重複,概從刪略。

現存清乾隆三十八年癸巳刻本、光緒十七年辛卯(1891)三讓堂刻本及富記莊刻本、宣統元年己酉(1909)三元書局刻本等。今據上海辭書出版社圖書館藏清乾隆癸巳刻本影印。(臧守虎)

傷寒瘟疫條辯六卷　（清）楊璿撰（第 1004 冊）

楊璿（約 1706—1795），字玉衡，號栗山，夏邑（今屬河南）人，一説成都（今屬四川）人。出身文學世家。乾隆年間貢生，屢試不第，遂棄儒習醫。除此書外，另著有《傷寒瘟疫條辨眉批》、《温病條辨醫方撮要》。事迹見《（民國）夏邑縣志》卷六及此書序。

《傷寒瘟疫條辨》又名《寒温條辨》，刊於乾隆四十九年（1784）。卷一列述傷寒温病之脈證、病因、治法；卷二、三辨析傷寒温病諸證候；卷四、五爲醫方，計正方一百八十一首，附方三十四首；卷六爲本草辨，列述藥物一百八十八種。書中論述多採《傷寒論》及《瘟疫論》，間有補充發揮，於傷寒、温病之異詳加論述，强調温病之治重在清瀉，創治升降散、清化湯等治温疫驗方十五首。

然考此書，實多竊三原陳堯道《傷寒辨證》。陳氏《傷寒辨證》初刊於康熙十七年（1678），流傳不廣，至嘉慶十一年（1806）始得重刊。楊氏得其書於重刊之前，於陳書稍易次第、改換篇題、增删字句而爲此書。前五卷補陳書之義十僅一二，其中誤處亦未能更正，惟卷六陳書原無，乃楊氏自纂。陳書重刊後仍未通行，而楊書反被淺學奉爲準繩，流傳頗盛，時有巨儒爲之序。

此書現存清乾隆四十九年刻本、乾隆五十年刻本、道光二十七年（1847）文聚匯刻本、咸豐三年癸丑（1853）四川自流文英堂刻本等。今據中國醫學科學院圖書館藏清乾隆五十年刻本影印，書前有未續孜乾隆四十九年序、莊存與乾隆四十年序、盧文弨序（不著年月）、乾隆五十年邵颺序、袁枚序（不著年月）、武先振乾隆四十九年序、作者乾隆四十九年自序、孫宏智乾隆五十年序，有眉批。此八序贊作者楊氏之辭少，譽刻者孫（宏智）氏之辭多；盧、袁皆爲名士，然獨其二序不著年月；又莊序無一字涉及此書。序中如此怪異之處，亦可印證此書乃剽竊僞冒之作。（臧守虎）

松峰説疫六卷　（清）劉奎撰（第 1004 冊）

劉奎，字文甫，號松峰，諸城（今屬山東）人。大學士劉統勳之姪，名相劉墉之堂弟。父劉引嵐素精於醫。劉氏自幼習儒，聰慧好學，才思敏捷，爲監生。然淡於名利，家居不出，因自身患病，發憤學醫。曾師從郭右陶，以醫名於嘉慶年間，尤致力於瘟温證治。其二子亦善醫。除此書外，另著有《松峰醫話》、《瘟疫論類編》等。《清史稿》有傳。

劉氏以自仲景以下諸家多論傷寒，而於瘟疫往往略而不講，或不過寥寥數語，逢瘟疫一症，醫家鮮有依據，往往以治傷寒法治之，致病難愈，故上溯《内經》五運六氣之説，下宗吳又可《瘟疫論》等諸家之論，廣搜治瘟疫驗方，參以己見，與其子秉錦撰成此書，以期爲吳又可《瘟疫論》之羽翼。

書六卷，成於乾隆五十年（1785），前有圍玉題爲“乾隆五十一年乙巳”序，實當爲“乾隆五十年”。卷一述古，闡明立論之學術淵源，兼載論説及醫案；卷二論治，列統治八法、瘟疫六經治法、瘟疫雜症治略、瘟疫雜症簡方及瘟疫應用藥物十類；卷三論雜疫，備列各種俗稱瘟名、翻名、掙名等七十餘種，詳加剖析，并列治疫諸法及用藥宜忌；卷四辨疑，辨析前人瘟疫之論十四條，頗多創見發明；卷五載諸方百餘首，分列避瘟、除瘟二門；卷六爲運氣，論五運六氣、司天、在泉於瘟疫所繫最重，醫家應據瘟疫病情隨宜因應等。

劉奎博採前賢之説，廣搜民間治疫驗方，於吳又可《瘟疫論》之外又增寒疫、雜疫，并詳論其證候、治法，每有創見。强調瘟疫名義，提倡六經分治，首倡治疫八法。施治注意因地制宜，取方、用藥不尚珍奇，多以隨地可得之物發明應用，補本草所未備。此書論述全面，説理明暢，可爲研究和治療瘟疫之重要參考。

現有清乾隆五十一年丙午解經書屋刻本、嘉慶四年己未(1799)刻本、道光刻本(附《備用良方》一卷)、咸豐刻本(七卷)等。另附刊於《説疫全書》、《瘟疫論類編合刻》。今據上海圖書館藏清乾隆五十一年刻本影印。(臧守虎)

疫疹一得二卷　(清)余霖撰(第1004冊)

余霖(1723—1795),字師愚,桐城(今屬安徽)人,一説常州(今屬江蘇)人。少習儒業,然屢挫科場,因棄儒習醫。於疫疹有獨見,施治中重用生石膏,故有"余大劑"之稱。《清史稿》有傳。

書成於乾隆五十九年(1794),前有余氏自序及蔡曾源、張若淳、吳貽詠三序。據自序,余氏以疫症多於傷寒,而前人於疫往往置而不講,遇疫多依傷寒治例,每每貽誤病情,流弊於人。乾隆二十九年,其父染疫,爲群醫所誤,以致不救。余氏奔喪歸里,檢視群醫之方,不外汗、吐、下三法,抱恨終天。思此證必有可治之法,因讀本草,認爲非生石膏不足以治熱疫,後遇此證投之無不效。乾隆五十八年夏,京師暑疫大作,以張介賓法治者多死,以吳又可法治者亦不盡效,余氏以自法治之則應手而愈。三十年來活人無數,名噪當時。因參合司天大運、主氣小運,兼以己見,撰爲此書。

書原一卷,未及刊行。嘉慶十六年(1811)裴奉辰爲之校訂,分爲上、下二卷,并予以刊行。卷上以論疫疹病源、診治要點及諸見症爲主,卷下概述疫疹瘥後諸症之治、疫疹形色之鑒別及析諸方之義。凡載疫疹之症五十二種,疫疹瘥後症二十二種,收方三十首。後附余氏治疫疹驗案十一則。

此書系統論述火熱之邪所致溫疫,認爲疫疹之因爲外在火熱之邪,言"火者疫之根,疹者火之苗";詳細論述疫疹尤其疫疹危重症候,從疹之色澤、分佈、形態等方面判斷熱毒之輕重、病情之順逆;詳辨瘟疫、傷寒之不同,提出區別二者之六條標準;於疫疹之治,立清熱涼血、瀉火解毒爲治療大法,主以大劑生石膏清瀉胃中火熱,創清瘟敗毒飲并詳列加減,臨證多有良效。此書所述疫疹之治有獨到之處,補前人之不足,所創清瘟敗毒飲二百多年來一直廣泛應用於臨床,對溫病學派有深遠影響。

現存清乾隆五十九年抄本、嘉慶十六年裴奉辰刊本、道光八年(1828)延慶堂刻本、咸豐三年(1853)抄本、光緒五年(1879)刻本、光緒十年敬直堂刻本等。今據中國醫學科學院圖書館藏清抄本影印。前有裴奉辰嘉慶十六年序、裴氏所補凡例,蓋據裴奉辰刻本抄錄。(臧守虎)

問心堂溫病條辨六卷首一卷　(清)吳瑭撰(第1004冊)

吳瑭(1758—1836),字鞠通,一説字配珩,號鞠通。淮陰(今屬江蘇)人,一説儀徵(今屬江蘇)人。吳氏少攻舉業,後因父病故,痛念"父病不知醫,尚復何顏立天地間",遂發憤棄儒學醫。乾隆四十八年(1783)赴京師,參與《四庫全書》醫書類抄寫檢校。乾隆五十八年京都大疫,吳氏治活數十人。擅治溫病,於內科雜病、婦科、兒科、鍼灸等也頗有造詣,爲中醫史上著名溫病學家。除此書外,另著有《醫醫病書》、《吳鞠通醫案》。《清史稿》有傳。

吳氏鑒於仲景《卒病論》失於兵火,溫病治法故不得聞,後世無從仿效,各起異説,臨證失治、誤治頗多,貽害無窮,又以吳又可《溫疫論》雖議論宏闊、能發前人所未發,而其法不免支離駁雜,因採輯歷代諸家著述,去其駁雜,取其精微,間附己意及考驗,仿《傷寒論》體例撰爲此書。書約成於嘉慶三年(1798)。

書凡六卷,卷首一卷。卷首爲《原病篇》,引《內經》論溫病條文十九條,加以詮釋闡發,以推究温病之始;卷一至卷三爲全書主體,將四時温病分爲《上焦篇》、《中焦篇》、《下焦篇》,詳述辨證綱要、傳變規律及證治方法;卷四雜説,含《傷寒注論》、《僞病名論》、《温病起手太陰論》等專論十七篇;卷五爲《解產難》,專論產後温病證型及調治;卷六爲《解兒難》,專論小兒急慢驚風及痘疹、疳疾等與温病論治之關係。

此書汲取前人尤其是吳又可、葉天士學術經驗,所論温病包括風温、温熱、温疫、温毒、冬温、暑温、伏暑、寒温、濕温、秋燥等,細設條文以分析病機及方藥配伍原則,富於創見。書中提出以三焦作爲辨治温病之大法,完善清熱養陰理論和治法;所創銀翹散、桑菊飲、清營湯、清宫湯、定風珠、加減復脈湯諸等温病名方,至今爲臨床宗法。是書彌補前人治温病之不足,充實與發展温病學説,使温病學説更加系統化,一經問世,即廣爲流傳。汪廷珍、王士雄、葉霖、鄭雪堂、朱武曹、曹炳章等皆爲之增補、評注,亦有醫家爲普及此書而編撰歌括。

現存版本衆多,主要有清嘉慶十八年問心堂刻本、道光二十三年(1843)維揚文盛堂刻本、道光十五年慈溪葉氏潄吾樓刻本(題鶴皋葉氏重鋟)、光緒十八年文源堂刻本等。今據中國科學院圖書館藏清嘉慶十八年問心堂刻本影印,書前有汪廷珍嘉慶十七年序、蘇徵保嘉慶十八年序、朱彬嘉慶十六年序及吳氏自序、凡例,汪廷珍、徵以園、朱武曹參訂評點。(臧守虎)

濕熱條辨一卷　(清) 薛雪撰 (第 1005 册)

薛雪生平見前《醫經原旨》提要。

書又名《濕熱病篇》、《薛生白濕熱病篇》,凡一卷,文字雖少而所論豐贍,詳述濕熱之病因、病機、辨證、論治及方藥,立法選藥變通靈活,富於獨見,頗切於臨床實用,乃作者在長期臨床實踐基礎上,對温病規律性認識之理

論總結。此書爲温病學中第一本系統論述濕熱病因、證、脈、治之專著,亦爲清代温病學代表作之一,在温病學發展史上佔有重要地位。

撰年不詳。初由薛氏同窗吳蒙校訂,吳蒙門人徐行刻於嘉慶十四年(1809),稱"五柳居刻本",爲是書最早刻本,但已無從獲見。目前可見最早刊本見於舒松摩重刻《醫師秘笈》,後章楠收入《醫門棒喝》并加以注釋,汪白仙亦取而附於《陳平伯外感温病篇》後,吳子音則收入《温熱贅言》(名《濕熱症條辨》),王孟英收入《温熱經緯》(名《薛生白濕熱病篇》)。此外,《陳修園醫書七十二種》、宋佑甫《南病別鑒》、凌嘉六《温熱類編》也均收載此書并予注釋。各家所載之條目數、條目次序、文字多有出入。如《醫師秘笈》僅載前三十五條;汪白仙所附於三十五條中止取二十五條,又另增十五條;《温熱贅言》於三十五條中僅採二十條,而又增補後十一條;《醫門棒喝》、《温熱經緯》則載四十六條。

至於此書撰者,歷來亦頗多異議。吳子音刻《温熱贅言》與陳書并爲一人之作,并不署其名氏,但題寄瓢子述。王士雄於顧聽泉處得鈔本,云係得之吳人陳秋垞,四十六條全載,與陳作均刻入《温熱經緯》,亦疑其非薛氏所作。陸懋修謂其自條自辨,薛氏決無此不合體例之作,且其中語句、藥物均與《温證論治》大略相同,直指爲顧景文之流僞托薛氏之名而作。

此書見收於多種醫學著作。今據上海圖書館藏清光緒七年(1881)浙寧簡香齋刻本影印,僅收三十五條。(臧守虎)

痧脹源流一卷　(清) 沈金鰲撰 (第 1005 册)

沈金鰲(1717—1776),字芊綠,號汲門、再平、尊生老人,無錫(今屬江蘇)人。早年習儒,經史詩文、醫卜星算,皆有涉獵。中年猶屢試不中,遂矢志攻醫,於臨證各科均甚精通,又研習《靈》、《素》、仲景之學及歷代名

家,互相參訂。勤於著述,先後撰成《脈象統類》、《諸脈主病詩》、《雜病源流犀燭》等,總其名曰《沈氏尊生書》,内容賅博,論述亦精闢,頗有影響。事迹散見於《沈氏宗谱》及各書序。

沈氏自陳,此書乃其在王養吾《痧症全書》基礎上删汰、整理、發揮而成。書中詳述痧脹源流、治法,及正痧、變痧、痧症宜忌諸藥及治痧脹十四方。又據病因不同,將痧症分爲冷痧、傷暑發痧、酒後發痧等;據症狀不同,分爲緊痧、悶痧、絞腸痧等。不同痧症治法各異,而皆可用通關散吹鼻,繼而用刮法、放血等法,然後再用方藥辨證治之。末附治痧脹忌宜諸藥、治痧六十四方、治痧脹應用十七古方。治痧六十四方、治痧脹應用十七古方標明"皆録養吾原本"。治痧六十四方按《周易》六十四卦編次,每方載有方歌,便於查閱。

此書現存清道光二十一年(1841)三省堂刻本、咸豐四年甲寅(1854)來鹿堂刻本。今據陝西省圖書館藏清道光二十一年三省堂刻本影印,缺第七葉。（杜鳳娟）

隨息居重訂霍亂論四卷　（清）王士雄撰（第1005冊）

王士雄生平見前《潛齋簡效方》提要。

書原名《霍亂論》,後經王氏重新修訂,更名爲《隨息居重訂霍亂論》。據《病情篇》下同治元年(1862)王氏自述,原作於道光年間,一度刊行,後在吳縣華麗雲激勵、資助下又重訂刊行。書凡四卷,前有汪曰楨、陳亭同治二年序。卷一爲《病情篇》,分總義、熱證、寒證三論;卷二爲《治法篇》,詳述霍亂多種治法,如刮法、刺法、熨法、灸法、淬法等;卷三爲《醫案篇》,收載前人及個人醫案;卷四爲藥方篇。

王氏於霍亂屬寒、屬熱、屬濕等條分縷析,如指出霍亂有寒熱之分,屬熱屬濕者居多,寒

霍亂因"坐臥風涼,起居任意,冰瓜水果,恣食爲常",致陰陽之氣亂於腸胃而成;熱霍亂則因感受暑穢蒸淫、飲水惡濁所致。對於霍亂之治療,從祛除病邪、恢復脾胃升降功能著眼,以"展化宣通"爲原則,認爲舒展氣機、宣化濕濁,逆自平而亂乃定。又以霍亂其來驟變,故書中除選取嚏、刮法、淬法、刺法、熨法、拓洗、斂氣等民間急救方法外,還介紹急救内服方藥七十餘首。王氏於仲景栀子豉湯體會最深,并本此劑創燃照湯、連朴飲、黃芩定亂湯。於霍亂之預防,倡導"節飲食、慎口腹",保護水源清潔等。此書在霍亂病因、病機、證治、預防等方面均有諸多創見,完善中醫對霍亂病之認識,實爲治霍亂最完備之書,醫者奉爲圭臬。

現有清道光十九年(1839)錢塘趙善才重刊本、同治二年(1863)上海崇本堂刻本、光緒十八年(1892)醉六堂刊本(附《霍亂括要》)。今據上海圖書館藏清同治二年上海崇本堂刻本影印。（臧守虎）

吊脚痧方論一卷　（清）徐子默撰（第1005冊）

徐子默(生卒不詳),嘉興(今屬浙江)人。晚清名醫。生平略見此書許道身序。

此書爲痧病專書,凡一卷,撰寫并初刊於道光年間。書中論述吊脚痧之病機、舌脈、辨證、用藥、治療、預防等多方面内容,辨析痧病與霍亂之異同,提出温經通陽爲治霍亂證之大法,列七症七方及用藥宜忌,自製吊脚痧方及吐下利、煩躁、口渴等隨證加減方。推崇鮮藿香葉等煎湯防治吊脚痧之功效,并提倡飲食衛生。

現存主要有清道光二十五年(1845)鄞邑董氏刻本、咸豐十年(1860)嘉興嚴子合刻本等。亦見收於《陳修園醫書》、《急治彙編》、《濟世經驗彙編》等。今據上海圖書館藏清咸豐十年嚴子合刻本影印,書前有錢塘許道身同年序,附載杭州包次橋吊脚痧外治一法。（杜鳳娟）

温熱經緯五卷 （清）王士雄撰（第1005冊）

王士雄生平見前《潛齋簡效方》提要。

書成於清咸豐二年（1852），書前有同年趙夢齡序、王氏自序。王氏鑒於衆醫家不明傷寒、溫熱之不同，"或以傷寒爲溫熱，或以溫熱爲傷寒，或并疫於風溫，或并風溫於疫，或不知有伏氣爲病，或不知有外感之溫，甚至并暑暍二字而不識"，故"以軒岐仲景之文爲經，葉薛諸家之辯爲緯"（自序），纂爲此書。

卷一爲《内經》伏氣溫熱篇，輯録《内經》中與溫熱病相關之條文，各條文之下又引諸家之説，附以己見，以闡明溫熱病之病源、證候、診治及治療原則等；卷二録仲景伏氣溫病篇、仲景伏氣熱病篇、仲景外感熱病篇、仲景濕溫篇、仲景疫病篇，集注《傷寒論》、《金匱要略》中有關溫熱病之論述，確立隨證論治原則；卷三輯葉天士《外感溫熱篇》、《三時伏氣外感篇》；卷四録陳平伯《外感溫病篇》、薛生白《濕熱病篇》、余師愚《疫病篇》等清代較有影響之溫熱病專論，又廣引章虚谷、華岫雲、吳鞠通論作爲闡釋，另附王氏自家注説；卷五爲方論，選方一百十二首，附以諸家及王氏個人方義解説。

此書所採諸書既精且詳，詮釋中多有創見。如將溫病分爲新感和伏邪，詳述二者之病因、病機；謂暑、熱、暍皆夏令一氣之名，其性純陽無陰，暑與濕原爲二氣，非暑中必定有濕；用藥分溫邪所侵之部位、淺深；諸證中尤重溫病傷陰等。是書爲王氏諸書中影響最大者，也是清代溫病學説之總匯，基本反映清末以前溫熱學説發展水準，是研究溫病學之重要參考著作，對臨床具有重要指導意義。

此書自清以來多經翻刻，現有三十餘種版本。如清咸豐二年壬子（1852）刻本、同治二年癸亥（1863）刻本、光緒八年壬午（1882）四川新繁東湖刻本、光緒三十年甲辰石印本等。今據華東師範大學圖書館藏清刻本影印，書前有楊照藜咸豐五年序及同治二年無名氏小序。（臧守虎）

時病論八卷 （清）雷豐撰（第1005冊）

雷豐生平見前《灸法秘傳》提要。

《時病論》八卷成書於光緒八年（1882），前有光緒九年劉國光、吳華辰序及作者光緒八年自序、凡例，卷一後有作者小序，書末有門人程曦、江誠之跋。

據自序，雷氏因醫書專論時病者少，又以"時醫必識時令，因時令而治時病，治時病而用時方，且防其何時而變，決其何時而解，隨時斟酌"，乃"謹承先志，不憚苦口，而特暢其説焉"，作爲此書。

雷氏以《素問·陰陽應象大論》"冬傷於寒，春必病溫；春傷於風，夏生飱泄；夏傷於暑，秋必痎瘧；秋傷於濕，冬生咳嗽"之論爲綱領，備集四時之病六十餘種爲目。各卷皆首述大意，如冬傷於寒春必病溫大意、春傷於風大意、春傷於風夏生飱泄大意等，次列病名、治法及備用成方，末以臨證治案加以驗證。八卷之後附"治時病常變須會通"等醫論十三篇。

此書融會傷寒與溫病學説，條理清晰；薈萃諸家之説而擷其精微，博而不雜；本於古而通於今，採前人之説而能折衷，對各病之理、法、方、藥論述有其獨自見解。如按時令節氣論諸病之發展變化及證治特點，且每種時令病均分新感和伏氣，能使閲者了然於胸。其於諸病證治，重視養陰保液，提出應刻刻顧及津液，邪盛則清熱祛邪以保津，液耗則養陰增液以扶正等法；提倡輕清宣透，分立清涼透邪、清涼透斑等法；强調知常達變，會通常變等。書中所論諸法諸方，理論聯繫實際，尤其"擬用諸法"所用方藥皆繼承乃父經驗并據多年臨證實踐總結而來，頗切於臨床實用。

現存清光緒八年壬午刻本、光緒九年癸未汗蓮書屋刻本、光緒十年雷氏慎修堂刻本、光緒十二年丙戌恕庵抄本、光緒十二年

丙戌存存齋壽補老人節抄本等。今據上海圖書館藏清光緒十年雷氏慎修堂刻本影印。（臧守虎）

鼠疫抉微四卷　（清）余德壎撰（第1005冊）

余德壎（生卒不詳），字伯陶，清末嘉定人。生平略見此書序。

《鼠疫抉微》撰刊於宣統二年（1910），前有宣統二年岑春煊序、朱榮璪序、李鍾珏序、陳楠序、作者自序，以及光緒二十一年（1895）羅芝園《鼠疫彙編原序》，目錄後有例言七則。

"鼠疫"一名"核瘟"，隋唐時已有發現，然同治、光緒前并無是名，亦乏論治專書。光緒十七年廣東吳川吳存甫輯《治鼠疫法》（又稱《鼠疫治法》），後經廣東石城羅芝園增删，名爲《鼠疫彙編》，於光緒十七年至光緒二十一年五次刊行以應時需。福建鄭肖巖又從而注釋，名曰《鼠疫約編》，所論治法驗於閩粤之間。余德壎以"三江人之體質及天時地理與閩粤懸殊，而療治之方也不得不斟酌損益而變通之"（自序），乃以《鼠疫彙編》、《鼠疫約編》爲藍本，加以修訂增損，逐節按注，參合己見，撰爲《鼠疫抉微》。

此書不分卷，分爲《病情》、《治法》、《藥方》、《醫案》四篇，對鼠疫源流、病情、辨證、治法及方藥等加以闡論和發揮。作者認爲治鼠疫之法，重在活血，而解肌之藥不妨從略，故以加減解毒活血湯爲治療鼠疫主方，其餘一切泛治之方概不攙入；對於原書引用古方不詳者一概補足，并據方略附以議論、辨誤、考證，又録萬國藥方數則；收羅芝園、李兩山、劉蔚立、鄭肖巖四家醫案三十五則。是書可謂理、法、方、藥、案完備之鼠疫專著，然亦有荒誕不經之處。

現存清宣統二年鉛印本、民國七年（1918）京師員警廳鉛印本、《中國醫學大成》本。今據上海圖書館藏清宣統二年鉛印本影印。（臧守虎）

南病別鑑不分卷附節録辨證要略一卷　（清）宋兆淇撰（第1005冊）

宋兆淇（生卒不詳），字佑甫，生活於同治、光緒年間。清著名醫家薛公望之外孫，亦業醫。生平略見此書序。

書成於清光緒四年（1878），前有自序。宋氏鑒於江南地區温熱濕熱病居多，療治之法與北方自不相同，而葉桂《温證論治》、薛雪《濕熱條辯》於江南人病最爲合法，乃集葉氏《温證論治》、薛氏《濕熱條辯》、薛公望《傷寒直解辨證歌》及自撰《節録辨證要略》爲一書。

書不分卷，依次爲《温證論治》、《濕熱條辯》、《傷寒直解辨證歌》、《節録辨證要略》。其中於《温證論治》、《濕熱條辯》二書，或參經旨，或集陳説，或從素見，增在句讀之下，後又參章虛谷之注本復加删易，大半遵章氏之注，或參以己見，而於《傷寒直解辨證歌》則未置一詞。末附自撰《節録辨證要略》，條述治病必先識病陰證、傷暑、急下急温、生死脈候等內容。此書於温熱、濕熱辨證論治方面頗有條理，所發明之處亦頗有見地，頗切臨床實用。

現存清光緒四年自刻本、光緒五年刻本、光緒九年刻本、《三三醫書》本。今據上海圖書館藏清光緒九年刻本影印，除作者自序外，尚有畢長慶光緒五年序、徐康光緒五年序、顧文彬清光緒九年序。（臧守虎）

温熱逢源三卷　（清）柳寶詒撰（第1005冊）

柳寶詒（1842—1901），字穀孫，號冠群，江陰（今屬江蘇）人。貢生，學問淵博，尤好醫學，對歷代名醫著述皆有研究。曾懸壺於京師，以善治温熱病而聞名於世，并首創致和堂藥號。著有《温熱逢源》、《柳選四家醫案》、《柳寶詒醫案》等。事迹見《（民國）江陰縣志·人物傳》。

此書原爲柳氏未曾刊行之遺著，裘吉生用自印書籍向無錫承夢琴交換，又經無錫周小農精校,刊入《三三醫書》第一集中。上卷録《内經》、《難經》、《傷寒論》所言伏氣化温諸條文,附暑熱濕温數條,并加詳注;中卷載周禹載、蔣問齋、張石頑、吴又可諸家著述有關温熱者,并加辨正;下卷論温病與傷寒病情之不同,伏氣發温與暴感風温病原之不同,同時辨六經形證,分論諸經見證,各明治法。

柳氏系統論述伏温病因、病機、辨證、治療,頗有創見。在病因上,不苟同王叔和"寒毒伏藏於肌膚"、巢元方"藏於肌骨之中"、吴又可"盤踞於募原"等觀點,認爲"所受之寒,無不伏於少陰",鬱伏至春夏,陽氣内動,化熱外達而爲病變。在辨證上,以經絡臟腑爲重點,主張温病與傷寒病均可循六經辨證之法。在治療上,以養陰和透邪爲大法,"吃緊在因勢導邪,使入裏之邪由内透達,不致邪鬱内陷",根據病情不同階段處方用藥。如伏温初起時,凡屬陽氣内動而發者,以黄芩湯加豆豉、玄參,助陰氣以托邪外達;屬新感引動伏邪者,輕者於清泄裏熱參入疏解宣散之品,重者則當先祛新邪,後治伏邪;欲兼宣散,重則用豆豉,輕則取薄荷;對腎氣不足、"熱有半出於陽"之重證,則去"温托"法,師仲景少陰病治則;對陰氣不足、"半戀於陰"之重症,取"助陰托邪"法。總之,此書所述既廣採先哲之精華,又徵之於個人診治心得,多發前人未發,可爲温熱病研究和治療之重要參考。

現有民國十三年鉛印《三三醫書本》、《中國醫學大成》本、民國十八年(1939)張士一抄本等。今據民國十三年鉛印《三三醫書》本影印。(臧守虎)

醫學發明一卷　(金)李杲撰(第1005冊)

李杲(1180—1251),字明之,號東垣老人,真定(今河北正定)人。本爲富家子,幼聰穎,好醫藥,逮母病爲群醫所誤,乃大痛憤,捐千金從張元素學醫,盡得其傳。治病以脾胃爲重,首創脾胃學説,爲"補土派"創始人,與劉河間、張從正、朱丹溪并稱"金元四大家"。醫著頗豐,除此書外,另有《脾胃論》、《蘭室秘藏》、《活法機要》等,又注釋《崔真人脈訣》、《湯液本草》、《格致餘論》等。《元史》、硯堅《醫史》有傳。

書約成於元憲宗元年(1251),書成未梓,即授門人羅天益傳習,羅氏刊行於元至元十六年(1279)。原九卷,所載爲作者對《内經》、《難經》經義之發揮,也包括臟腑病機學説之闡發,以及相應疾病之主治方劑,共載方七十五首。現存諸本殘缺較多,但仍可窺見李氏胃氣爲本之學術思想。

今通行本皆作一卷,不著撰人名氏,前後亦無序跋,只有藥方目録,爲新安吴勉學所校。正文條目照録如下:膈咽不通并四時換氣用藥法,本草十劑,中風同從高墜下,嘔咳氣喘,飲食勞倦論,四時用藥加減法,滑脈生癩疝,瀉之則脹已、汗之則瘡已,太陰所至爲蓄滿中滿、霍亂吐下,諸脈按之無力所生病症并治法,諸腹脹大皆屬於熱,諸嘔吐酸皆屬於熱,諸痿喘嘔今立熱喘定喘二方,諸脈有關有格有覆有溢,損其腎者益其精,幽門不通上沖、吸門不開噎塞、不便燥秘,脚氣論,中風有三,肺寒則面白生痰喘咳嚏唾,肺病面白而不澤則爲脱氣脱血脱津脱液脱精脱神,淹疾瘰癧病,百病在氣在血,治病必須求責。書中所論列,多發明《丹溪心法》等未詳之症候,詳辨其治法。故論者或疑此書爲丹溪或丹溪門人所撰,舊亦多列於丹溪諸書之後,然并無確鑿依據。

現存版本皆爲一卷,有明抄本、明萬曆刻本、清二酉堂刻本、清江陰朱氏校刻《古今醫統正脈全書》本、清文奎堂刻本、濟生拔萃本,亦見收於丹溪著作中。今據故宫博物院圖書館藏明萬曆刻本影印。(臧守虎)

新刻痰火點雪四卷　(明)龔居中撰(第1005冊)

龔居中(?—1646),字應園,號如虛子、壽世主人,金溪(今屬江西撫州)人。著名醫家襲廷賢之子。初習舉子業,後棄文學醫。學識淵博,博極群書,與南京、建陽刻書家交往甚密。因常年周旋於江南士林官場之間,頗受後人詬病。曾任太醫院太醫,擅長内、外、婦、兒諸科。除此書外,另著有《幼科百效全書》《福壽丹書》等。生平略見《福壽丹書》虞桂序。

此書爲癆瘵專著,約成於明崇禎三年(1630),係襲氏考校并彙輯《内經》以降諸家虛損論治精要,并結合其臨證心得而撰就。書凡四卷,卷一、二類列痰火證論、證治、辨惑、玄解、緒言諸篇,以正痰火之名,述其病因標本,究其脈證虛實,詳其辨治規矩;次述痰火咳嗽、痰火失血,以及自汗盜汗、夢遺滑精、火病結核、骨蒸潮熱、失音咽病、傳屍鬼疰等主證兼證,并因證設方,附以治驗。卷三除列有六味丸、大造丸方論及痰火雜症補遺之外,重点論述痰火脈候、死症、臟腑補瀉及虛實標本用藥式等,示人以察病方法、方藥規矩。卷四專述痰火灸法、忌戒及却病調攝諸法。

襲氏認爲痰火乃致虛損癆瘵之首要因素,且火爲痰之本,痰爲火之標,而陰虛又爲致火、致痰之本,故全書以"水虧火熾金傷"立論,確立益水、清金、降火治療原則,尤重金水二臟。書中所録諸方,多爲襲氏臨證自用之效方,非其所經驗存案者一概不録,可見務求實效之作風。另,此書專篇論述"却病延年一十六句之術"、"動功六字延壽訣"、"静坐功夫"等痰火調攝法,體現襲氏"未病之先,有養生却疾之術;既病之後,有調護攻治之法"之主張,亦爲此書特色。

此書明刻本少見,現存明書林劉大易刻本、清嘉慶九年(1804)鄞江書林星聚樓刻本、嘉慶十八年癸酉吳中白鹿山房刻本、道光二十年庚子(1840)刻本等。又有光緒二十五年(1899)杭州衢樽書局石印本,取鄧志謨序

"紅爐飛片雪"之意,更名爲《紅爐點雪》,將鄧氏原序下半段增益數句,加"光緒二十五年己亥暮春"字,改題"仁和王沂又曾謹識",凡例前三項皆删去,闕葉径删不補,其他亦多有妄改妄删之處,不堪卒讀。今據安徽省圖書館藏明書林劉大易刻本影印,無序,目録不全。(臧守虎)

慎柔五書五卷 (明)胡慎柔撰 (第1005册)

胡慎柔(1572—1636),毗陵(今江蘇常州)人。本爲儒家子,幼年寄育僧舍,後落髮爲僧,法名住想。生而敏慧,喜讀書,博覽宗乘及經史子諸編。曾患癆疾,後經查了吾治癒,遂隨查氏習醫十餘年,又由查氏薦之於名醫周慎齋深造,留心摘録周氏臨證經驗,後歸里行醫。事迹見《(光緒)武進陽湖縣合志》卷二六。

書凡五卷,前有顧元交序、石震所撰《慎柔師小傳》及《師訓題辭》,皆不著年月。據顧序及《慎柔師小傳》,此書約成稿於明崇禎九年(1636),胡氏臨終前將生平著述授與石震,石氏與顧元交相與訂正編次,約於清順治二年(1645)刊行問世。

卷一爲"師訓",載録查了吾、周慎齋有關虛損癆瘵遺論,以志其學術之淵源。卷二爲"虛勞歷例",係胡氏稟承諸師學驗,躬行閱歷之心得與臨證體驗之總結。卷三爲"虛損",專論虛損脈法、病由、辨證、治法、方藥等,并列損病主治湯方十三首。卷四爲"癆瘵",專論癆瘵證治,詳述其診脈法以及骨蒸癆、血風癆等各類癆證之病因病機與治法,末附癆病主治方二十二首。卷五爲"醫案",載胡氏主治五十餘則醫案,類分爲風、痢、脾胃、虛勞、頭痛、胃脘痛、眼痛、齒痛、雜證等,以佐證其説。

胡氏治諸證,皆以保護脾胃爲主,其淵源本於李東垣,化裁宗諸薛氏,培補脾胃中土,主以甘淡爲法,有"淡養胃氣,微甘養脾陰"之

説，較之東垣偏於辛燥者亦爲一變。將虛損、癆瘵截然分治，於虛損之治，主張以平和之藥，顧護後天生化之源，使氣血流通，常用保元、四君子、六君子、補中益氣、參苓白术諸方；於癆瘵之治，則以平補氣血爲主，間以逐蟲祛瘀。此書於虛癆證之臨床診治有一定參考價值，尤可爲老人、虛人調養之指南。然所述亦有可斟酌處，如以升麻、柴胡治虛損之證，恐有劫陰助火之弊；又如"藥力太薄，法少變化，不足治大病"（周學海語）。

現存清順治二年石震刻本、康熙三十三年（1694）陳嘉璸《醫學粹精》本、乾隆四十七年（1782）程永培《六醴齋醫書十種》本、乾隆五十九年甲寅於然室刻本等。今據中國醫學科學院圖書館藏清順治石震刻本影印。（臧守虎）

理虛元鑑二卷　（明）汪綺石撰（第 1006 册）

汪綺石（生卒不詳），明末清初醫家，世稱綺石先生，有子伯儒、東庵。生平履貫無考。事迹略見此書序。

書二卷，前有門人趙何原序（不著年月）、乾隆三十六年（1771）柯有田跋及柯懷祖、華杰、陳焱序。據稱，汪氏成此書而身殁，其少子東庵會世變之亟，遂棄棘闈，潛心整理此書，發明之功居多。書成未刊，雍正乙巳年（1725），柯懷祖購得此書鈔本，門人、子姪等相與校正修訂，於乾隆三十六年付梓。

此書爲中醫虛勞證治專著。上卷詳論虛勞之病原、診斷及諸證候；下卷載方及藥物應用。作者以《内經》爲宗，兼採東垣、丹溪、立齋諸家之長，自創一家之言，認爲虛勞病因有六：先天之因、後天之因、痘疹及病後之因、外感之因、境遇之因、醫藥之因。然總之不外陰虛、陽虛兩種。陰虛之症乃精血不足，水不濟火，以致陰虛陽亢，相火上炎，傷其肺陰所致；陽虛之症則有奪精、奪火、奪氣之不同。進而提出"陰虛之症統於肺"、"陽虛三奪統

於脾"之説。作者於虛勞之防治，主張"虛勞當治其未成"，提出六節、八防、二護、三候、二守、三禁等預防要點。治療上著眼於五臟整體關係，强調肺、脾、腎爲治勞之本，其中尤以肺、脾爲要，謂"治虛有三本，肺、脾、腎是也。肺爲五臟之天，脾爲百骸之母，腎爲性命之根，治肺治脾治腎，治之道畢矣"，"陽虛統於脾，陰虛統於肺"，主張陰虛主清金保肺，陽虛主建中扶脾。全書折衷東垣、丹溪、立齋三家之學，論虛證六因、理虛三本、治虛二統精審，立法、製方、選藥均具獨見，後人目爲理虛之妙諦，然亦有"論病最精，論藥次之，立方則不佳"之議。

現存清乾隆三十六年味研堂初刻本、道光十七年（1837）柯氏重刻本、光緒二年（1876）葛氏《嘯園叢書》本、光緒二十二年遂邑雙紅鎮全壽堂刻本，另有陸懋修《世補齋醫書》後集重訂五卷本。今據浙江省圖書館藏清乾隆三十六年味研堂初刻本影印。（臧守虎）

虛損啓微二卷　（清）洪煒撰（第 1006 册）

洪煒（生卒不詳），字霞城，號緝庵，餘姚（今屬浙江）人。少習舉業，因患瘵疾，潛心習醫。不數年深得奧旨，於虛勞證治尤有心得。除此書外，另與施雯、嚴潔合輯《盤珠集胎産證治》、《得配本草》。生平略見此書序。

書二卷，卷首有自序、羅山張廷枚乾隆辛巳（1761）序。自序不著年月，但云"歲壬申隨侍山陽官暑，暇輒以己意條疏數語，積而成卷"。據此，則乾隆壬申年（1752）作者已著成此書。又據張氏序云："惜其亡後，多致散逸，恐不久爲醫家覆瓿用矣，故特録存之。"據此，則作者殁於 1752 至 1761 年之間，且此書復經張氏輯録。

是書卷上首述經義，闡明調攝之義；次論證論治，分陰虛、陽虛兩大綱；次詳諸證見證；次論勞瘵及傳變；次論五勞七傷六極；次論虛火、脈象、危候及似損非損。卷下備列諸方，

計七十二首,述明來源、治證、方藥及加減法。此書闡發經義,辨證詳明,用藥準確,加減靈活,實爲具有重要參考價值之虛勞專著。今據上海辭書出版社圖書館藏民國上海大東書局鉛印《中國醫學大成》第七集本影印。(臧守虎)

專治血症經驗良方論一卷　(清)潘爲縉撰 (第1006冊)

潘爲縉(生卒不詳),字雲師,天都(今安徽歙縣)人,生活於康熙年間。初家海陽,後移居昆婁。少通經術,因患血證久治不愈,因自讀方書,由《本草綱目》知童便專治血證,服之立愈,因搜集諸家所論,而成此書。又名《血症良方》。生平略見此書序。

此書成并刊於康熙五十一年(1712),卷首有徐樹穀、趙光弼、許錫元序。潘氏以爲“人生水常不足,火常有餘。欲壯其水也,莫先降火。欲降火而以涼藥治者什無一生,以童便治者百無一死”(見徐序),因撰書發明其旨。首述血之生理、血症之病機,以爲人身一小天地,水枯則火旺,故有血症之作;次集古人血症驗方八首,强調童便可以養水制火,爲治血症之第一良方;次論童便之性味、功效、採集及用法等,并以切身體驗及十則驗案舉證其效,同時告誡血症患者生活起居、飲食調攝等方面注意事項。此書對童便之醫藥功用研究頗深入,可資血症研究治療參考。

現存清康熙五十一年麟振堂刻本、咸豐元年辛亥(1851)如不及齋刻本、光緒二十八年壬寅(1802)長沙葉氏刻本等。今據中國科學院圖書館藏清康熙五十一年麟振堂刻本影印。(杜鳳娟)

金匱翼八卷　(清)尤怡撰 (第1006冊)

尤怡生平見前《張仲景傷寒貫珠集》提要。

尤怡治病以仲景爲宗,雜病重《金匱》,作《金匱心典》闡釋仲景雜病辨治之本義。又

取古今治驗及生平見聞,祖述仲景遺意,薈萃各家之說,參以論斷,著成此書,謂其足可羽翼《金匱》。成書於清乾隆三十三年戊子(1768)。

書共八卷,按病證分門,共四十八門,四十九論。以内科雜病爲主,兼及五官科病證。除卷五按頭、項背、臂及耳、鼻、口、齒、咽喉分類外,其他七卷皆按病證如中風、痰飲、膈噎、心痛等分類,卷八末爲“診候生死要法”。

全書主要發明雜病病因病機及治法方藥,層次分明。先統論,後分論。統論總述某一病證之病因病機、治療大法,後按辨證分型,分論各型病證病理、治法、方藥;或統概諸法,按各法分述所主病證之病機方藥。此書統概全面,分型細緻,治法賅備,有論、有方、有治驗,爲内科辨治之綱要。如書中將發熱分爲勞倦發熱、火鬱發熱、血虛發熱、陽浮發熱、痰積發熱、瘀血作熱、骨蒸熱、食積酒毒發熱八種類型;頭痛辨證分型有風頭痛、熱厥頭痛、濕熱頭痛、寒濕頭痛、痰厥頭痛、腎虛頭痛、肝厥頭痛、食積頭痛、血虛頭痛、氣虛頭痛、偏頭痛、雷頭風、大頭痛十三種;中風卒中有“八法”,痰飲病則有“治痰七法”等。此書徵引亦廣博,其理論方藥,上採《内經》、《金匱》,中涉《千金》、《外臺》,下及金元明清諸家,尤重許叔微、李東垣、朱丹溪、張子和等家,并參以己驗。其所採方藥,多標明方源,或以書名、人名冠方首,或以小字注於方後,自擬方則以“新定”標識,治學嚴謹。此書雖論治内科雜病,但對瘟疫病亦有詳細論述,將瘟疫分爲“三門”,擷採古今驗方,集爲“五法”。全書論理精闢,條分縷析,綱目明晰,開卷了然,不但羽翼《金匱》,更可爲臨證指掌。

此書現存清嘉慶十八年(1813)趙亮彩刻本(吳門徐氏心太平軒藏板)、光緒二十四年(1898)刻本、清宏道堂刻本、《中國醫學大成》本等。今據南京圖書館藏清嘉慶十八年心太平軒刻本影印,扉頁題“金匱翼”、“吳門

尤在涇先生手定"、"心太平軒藏板"、"嘉慶
癸酉年鐫",有其孫尤世楠述"大父拙吾府君
家傳"、徐錦"尤氏金匱序"、柏雪峰序、尤世
輔等序、題識,并有徐錦等印鑑,卷末記參校
諸同人姓氏。(楊金萍)

中風論一卷 （清）熊笏輯（第1006冊）

　　熊笏(生卒不詳),一名慶笏,字叔陵,安義
(今屬江西)人。庠生,究心醫學,治病多奇
效。與陳修園爲同時名醫,嘗不遠千里訪學
於陳修園。其於古聖醫書,頗爲究心,尤重視
內景臟象、經絡營衛、形氣理論,對中風辨治
綦精。除此書外,另著有《扁鵲脈書》、《難經
輯注》、《傷寒金匱合注》、《醫案一隅録》。生
平略見此書林慶祺序、《(同治)安義縣志》卷
一六。

　　熊笏不滿醫家不信古經,不明內景,枉逞胸
臆,滿紙空談之弊,強調從形氣求治病之理,
謂"蓋理寓於氣,氣寓於形,後人舍形氣而言
理,故其術膚淺而不適於用。古人求實理於
形氣之中,故其術精切而多奇中。今欲實從
形氣中以求治病之理",故著《中風論》,從臟
腑經絡、形氣理論等方面對中風進行闡發。
成書於清道光元年(1821)。

　　書不分卷,共十八論,并有附案數則。作者
運用臟腑經絡、形氣、脈學等理論,對中風理
法方藥進行深入探究。其書前半所立諸論,
如論臟象、論經絡次序、論經絡淺深、論奇經
八脈、論宗氣、論營氣、論衛氣、論脈訣、論病
因等,闡述內景臟象、經絡營衛、診病脈法、營
衛形氣理論,可見其對內景臟腑理論之重視。
其後數論屬於中風專論,如論中風、論八風、
論輕重、論寒熱、論證候、論風脈、論治法、論
藥餌,對中風之病因病機、辨證分型、證候脈
象、治法方藥進行全面細緻地論述。末附中
風治療案例數則。

　　熊氏對中風辨治獨發新意,認爲傷寒之中
風與偏枯之中風判然不同,將二者明確區分。

他從八風、輕重、寒熱、證候、脈象幾個方面,
對中風進行闡述,認爲偏枯之風乃八方之風,
中風實即四方賊風與衛氣相襲。中風以輕重
分,有入孫絡、中經、中臟,以中臟爲重。其證
候,必有者凡七症,即初起猝發昏不知人、痰
涎壅盛、皮膚發亮、短氣、自汗、半身不動、體
重,或然症包括語言謇澀、或喑不能言、或大
便自遺、或大便燥結等十七症。書中所提治
法,專從衛氣治之,用藥偏於寒凉,所附病案,
亦多以凉藥奏效。此書發闡經義,深明醫理,
講究實用,《三三醫書提要》謂:"論中風之病
所病因,原原本本,切切實實,如洞見癥結,不
謀而與西醫曰腦出血同,特名詞上有異耳。"

　　熊氏撰成後藏之篋衍,後遊學於陳修園,陳
氏門人私發其書篋而抄出,遂得流布。後林
慶祺從里中世醫郭秋泉處抄録,托其家兄林
端植出資校讎梓行。《販書偶記續編》謂此
書"道光辛巳醉經閣刊",此著録有誤。道光
辛巳即道光元年(1821),此爲熊氏作序時
間,當爲成書時間,而非刊刻之時。考林慶祺
光緒十年甲申(1884),序云:"今夏家端植兄
擬刊醫書,余以此論告,即欣然出資付梓。"
"剞厥竣事,屬叙緣起。"則此書初刊時間爲
光緒十年。此書現存有清光緒十年甲申醉經
閣校刻本、《三三醫書》本。又有上海文瑞樓
民國九年(1920)石印本,經吳錫璜删補,補
入西醫有關內容,已非原貌。今據中國醫學
科學院圖書館藏清光緒十年醉經閣刻本影
印,扉頁題"中風論"、"江右熊笏著"、"醉經
閣校刊"。有林慶祺序、熊氏自序。正文卷
首題"江右熊笏叔陵輯"、"長樂陳念祖修園
定"。(楊金萍)

醫醇賸義四卷 （清）費伯雄撰（第1006冊）

　　費伯雄生平見前《醫方論》提要。

　　費氏原有《醫醇》二十四卷,爲其數十年從
醫心得,惜未及付梓,毀於戰火,後經追憶,僅
得二三,故題曰《醫醇賸義》。書凡四卷,二

十六篇,刊刻於同治二年(1863)。書中列述風、寒、暑、濕、燥、火六氣之疾,及虛勞内傷之雜病,分證成篇,先論病證,隨載自製方,後附成方。載方四百餘首,其中自製方約二百首。作者自謂因傷寒一門頭緒紛繁,非數千百言所能盡,故詳於雜病,略於傷寒,而以切脈、診舌爲要,以症狀辨證爲據。所載諸方,平實可依,不立異,不矯同,以歸醇糾偏爲宗旨,以實用有效爲切要,且多補前人之未備,對後世頗具影響。

費氏力倡醫貴醇正、治惟和緩,強調醇正"在義理之的當,而不在藥味之新奇"。認爲天下之病,無外乎外感傷寒、内傷雜病,治宜虛而補之,實而瀉之。世間并無神奇之法,唯有知其常,才能通其變,平淡之極乃爲神奇。故繼承前人經驗,而不標新立異,嘩衆取寵。其辨證論治,摒棄門户之見,執簡馭繁,能奏桴鼓之效。全書持論至爲平允,在清季醫林中宗旨最正。

現存同治二年耕心堂刻本、光緒三年(1877)重刻本、光緒十四年掃葉山房藏版本。今據上海圖書館藏清同治二年刻《費氏全集》本影印。此本爲其子應蘭編次,孫榮祖、承祖、紹祖校字。前有費氏自序、李小湖題辭。李小湖,字聯琇,臨川人,咸豐間督學江蘇,曾因無嗣求醫於費氏。(李紹林)

血證論八卷醫學一見能一卷　（清）唐宗海撰（第1006冊）

唐宗海生平見前《中西匯通醫經精義》提要。

唐宗海因父羸多病,早歲即習方書。父患吐血、下血,唐氏遍覽方書,及得楊西山《失血大法》,求其能治血病者,終無所獲。及讀《内經》、仲景之書,觸類旁通,得治血證之要,十愈七八,用治妻馮氏血疾,竟獲安全。因將血證理論方治,著爲血證專書,自謂"爰將失血之證,精微奧義,一一發明,或伸古人所欲言,或補前賢所未備,務求理足方效,不爲影響之談",名曰《血證論》,成於光緒十年甲申(1884)。又著有《中西匯通醫經精義》、《金匱要略淺注補正》、《傷寒論淺注補正》、《本草問答》,與此書合刊,名爲《中西匯通醫書五種》。

《血證論》共八卷,爲血證專書。卷一總論,論述陰陽水火氣血、男女異同、臟腑病機、脈證死生、用藥宜忌等。卷二至卷六,論失血諸證理論方治,卷二吐血、嘔血、咯血等十四證,爲失血上沖證;卷三汗血、血箭、血痣等七證,爲失血外滲證;卷四便血、便膿等六證,爲失血下泄證;卷五瘀血、蓄血、血蠱血腫、經閉、胎氣五證,爲瘀血於中證;卷六癆瘵、咳嗽、發熱等四十餘證,爲失血兼見證。卷七至卷八,列治諸血證方藥二百餘首,并附方解。

唐氏於血證論治,多有獨見卓識。如闡發陰陽水火氣血理論,指出人之一身不外陰陽,陰陽即水火,水火即氣血,氣與水本一家,治氣即是治水,治水即治氣;火即化血,血與火原一家,治火即治血。同時,水火氣血相維繫,水病則累血,血病則累氣,治療相兼顧。又如認爲李東垣治病以氣爲主,專主脾胃,用藥偏於剛燥,朱丹溪治病以血爲主,用藥偏於寒涼,然治血病之要,病在火臟當寒涼,病在土臟宜甘緩。又如其男女異同論,對世人所論男子主氣而血貴、女子主血而血賤之論予以批駁,指出男子之精屬氣屬水,而其中未嘗無血無火,女子之經屬血屬火,而其中未嘗無氣無水,是以男子精薄,則爲血虛,女子經病,則爲氣滯。唐氏獨從《内》、《難》、仲景探源,不取時賢方論,議論多由心得,其發明處皆實事實理,有憑有驗,或從古聖引伸,或從西法參得,信而有徵,理論獨特,方治有效,故其書一出,即備受推崇。

《醫學一見能》一卷,附刊於清光緒十六年《血證論》刻本後。首經氣,次診法、證治,後婦科、兒科,列四十餘種疾病證治方藥。每病首以歌訣述其要,次列證候、方藥及變症加減,無系統理論及方解。爲求簡易,書中方藥不述煎服法,大略行血用酒,滋補用蜜,攻散用水煎,求速用湯散,求緩宜丸服。此書特爲不知醫者所著,故述其大略以爲綱要,簡切實用,條理明晰,易於檢用。

《血證論》初刊於光緒十年,流傳極廣,後約有二十種傳本流傳。現存光緒十年刻本、光緒十六年庚寅刻本(唐氏家藏板)、光緒十八年壬辰刻本、光緒二十年甲午申江袖海山房石印本、光緒十九年癸巳湖北鄖縣署刻本、光緒三十一年乙巳刻本、三十二年丙午刻本、三十四年戊申刻本等。今據復旦大學圖書館藏清光緒十六年唐氏刻本影印,扉頁題作"光緒庚寅年刊"、"血證論"、"唐氏家藏板"。有唐氏原叙、凡例。末附《醫學一見能》。(楊金萍)

毆蠱燃犀録不分卷　(清)燃犀道人撰(第1006册)

燃犀道人,姓氏不詳,生卒履貫皆無從考證。其謂世所稱妖術實即毒蠱,而治法可施。清光緒丁亥年(1887)有妖人爲亂,南北喧傳,咸以爲異,燃犀道人謂爲中毒,投以試蠱之法輒驗。施之日久,痊者漸多,遠近求方者益衆,恐力不暇給,故作此書。成書於光緒十九年癸巳(1893)。

書不分卷,分原蠱、避蠱、驗蠱、蠱證、蠱脈、治蠱、蠱案、論蠱及附錄諸論。書中引用經史之文,如《周易》、《周禮》、《左傳》、《史記》等,以考原蠱之命名及由來。其所述病案多涉怪誕,亦有引自志怪傳奇者。所載治蠱之法,與術士不同,純用藥物,不用符籙。如曰蠱爲熱毒,不宜用熱藥,巴豆尤不可用,亦不宜輕用補藥,惟以散毒殺蟲、安神驅鬼爲要。其驅鬼之説不可信,然其治法方藥對某些中毒性疾病、寄生蟲病、傳染性疾病治療,有一定參考價値。附錄主論狂犬病證治,謂狂犬病爲毒風所感,列有簡單解治之法。

此書初刊於光緒十九年寶鏡山房,現存版本主要有初刊本、光緒十九年甌東高汲古齋刻本、《三三醫書》本。今據上海圖書館藏清光緒十九年寶鏡山房刻本影印,扉頁題作"驅蠱燃犀録"、"光緒癸巳開雕、板藏寶鏡山房",有燃犀道人序、凡例,書後附三十六峰山人跋。(楊金萍)

經效産寶三卷續編一卷　(唐)昝殷撰(第1006册)

昝殷(生卒不詳),蜀人,活動於唐宣宗大中時(847—859)。曾爲節度隨軍,約大中七年後從白敏中隨軍至四川成都,爲蜀地名醫。除此書外,另著有《食醫心鑑》。事迹散見宋人筆記。

據《舊唐書》載,白敏中於大中七年進位特進、成都尹、劍南西川節度副大使、知節度等事。白守成都時,家婦人因産難訪求名醫,或薦昝殷,問其産乳,遂集備驗方藥以獻,撰方三卷。書成於唐宣宗大中七年,白重其簡要,命曰"産寶"。初無《續編》,後經周頲附益。名"經效"者,《續修四庫全書提要》疑爲南宋坊刻時所加。書凡三卷,四十一篇,據各篇題小注統計爲方二百七十六首,實際二百六十五首。另有《續編》一卷,論三篇,載方二十九首。卷上共十六論,主論妊娠期諸病及難産救治,如胎動不安、胎漏下血,妊娠小便不利、下痢,難産諸疾、難産死生方論等。卷二共十六論,卷三共九論,皆主論産後諸病,如産後心驚中風、産後餘血奔心煩悶等。《續編》三篇,即《周頲傳授濟急方論》、《濮陽李師聖施郭稽中論》、《産後十八論》。

書仿《千金方》體例,每篇先論後方,系統總結唐及唐前産科理論方治。所載方論,有引自前代,亦有己所效驗。其所引前賢方書,如《小品方》、《千金方》、《經效》、《必效》、《廣濟》等多已亡佚,《續編》內容亦多出宋代。此書作爲現存最早產科專書,其理論承前啓後,許多疾病辨治極富特色,對後世影響較大。《證類本草》、《本草綱目》、《古今醫統大全》、《醫方類聚》等多所引及。

《通志·藝文略》、《郡齋讀書志》、《宋史·藝文志》等均著録,然篇卷及載方數目多有出入。周頲序《產寶》謂"凡五十二篇,三百七十一方",《郡齋讀書志》謂方"三百七十八首"。據丹波元堅述,日本人船橋經中(恒)從《醫方類聚》中輯出有三百二十餘方。今據此書光緒七年本與《中國醫學大成》本目錄小注,當載方二百七十六首,然目錄與正文有不符處,如卷一"妊娠食諸物忌方論第二凡五道",所謂"五道"并非五首方,實爲五種食忌。則此書實有方二百六十五首,加《續編》所載,得方二百九十四首,與前述記載亦不同。

宋以後國內鮮有著録,蓋華夏失傳已久。幸傳海外,猶存宋槧。日本《經籍訪古志補遺》載存誠藥室藏宋槧本《經效產寶》三卷,檢其版本爲南宋本。光緒三年(1877)江西婺源張金城從日本購得日刻本,書中"薯蕷"作"薯藥",避唐諱而不避宋諱,被認定爲影刻北宋本。光緒七年歸安凌德據該本刊刻,謂爲影宋本。現存清光緒三年影宋刻本(二卷)、光緒七年凌氏刻本、光緒十四年戊子刻本、《中國醫學大成》本等。今據上海辭書出版社圖書館藏清光緒七年影宋刻本影印,扉頁分別作"景宋本經效產寶六卷"、"光緒七年三月印行"。有歸安凌德序。每卷大題後,次行題"節度隨軍咎殷撰集",三行題"相國白敏中家藏善本"。《續編》無此題識。正文有缺葉。(楊金萍)

衛生家寶產科備要八卷 (宋)朱端章撰
(第1007冊)

朱端章(生卒不詳),長樂(今屬福建)人。南宋淳熙時知江西南康軍,寬政愛民,曾撥設官田於白鹿洞學,贍供四方學者。爲官良而善醫,能辨四時寒暑燥濕之氣,處方治藥,全活者衆。除此書外,另著有《衛生家寶小兒方》、《衛生家寶湯方》。生平略見此書陸心源序。

朱氏觀民疾苦,有濟世活人之心,以家傳及手錄方書,囑州從事徐安國爲之整理,增廣成書。書成於宋淳熙十一年甲辰(1184),刻板於南康郡齋。《宋史·藝文志》載有"朱端章《衛生家寶方》六卷,又《衛生家寶產科方》八卷,《衛生家寶小兒方》二卷,《衛生家寶湯方》三卷",其中《衛生家寶產科方》八卷即此書,乃採集宋以前各家胎產著作及小兒名論編集而成。卷一產圖,包括入月安產圖、禁草法、禁水法、產前產後將護法等;卷二論養胎,載孫真人養胎方、徐之才逐月養胎方;卷三論初妊娠、論欲產并產後;卷四論妊娠并產後,主要採李師聖、郭稽中《產育保慶集》、張世臣《累用經效方》;卷五產科雜方,載十八論,治產前產後黑神散、烏金散功效,採錄盧江劉寶助教《經驗名方》者居多;卷六則錄虞流《備產濟用方》、許學士產科(《本事方》);卷七論胎孕方、產前、產後方,多出自陸子正《胎產經驗方》;卷八爲形初保育,廣採《肘後備急方》、《千金要方》、《太平聖惠方》及錢乙、張渙等論以發揮之。此書廣徵博引,論述精詳,方藥效驗,所採之書如《肘後備急方》、《諸病源候論》、《千金要方》、《外臺秘要》、《太平聖惠方》、《聖濟總錄》、《產育寶慶集》、《備產濟用方》、《小兒集驗方》、《嬰童寶鑑》及錢乙、張渙諸書等多已失傳。該書實爲宋以前產科理論及經驗之總結,誠爲"產科之薈萃,醫家之指南"。

此書主要有南宋原刻本、清光緒三十年陸心源影宋本等。今據北京圖書館藏宋淳熙十一年南康郡齋刻本影印。此本寫刻精美,卷帙完備,每半頁九行,每行十五字,書中避宋欽宗諱名,"桓"、"懸"字俱缺筆,"丸"皆作

"圓"。目録後有"翰林醫學差充南康軍駐泊張永校勘"一行十五字小字題識，卷八末有"長樂朱端章以所藏諸家產科經驗方編成八卷刻版南康郡齋淳熙甲辰十二月初十日"三十六字三行大字題識。清代藏書家黃丕烈於嘉慶六年（1801）於京師琉璃廠得此善本，後輾轉歸汪士鍾藝芸書舍，又歸瞿鏞鐵琴銅劍樓。書中藏書家或經眼人鈐印頗多，間有名家印鑑，卷末附黃丕烈、瞿中溶、錢大昕跋，可見此本之珍貴。（楊金萍）

女科百問二卷產寶雜録一卷　（宋）齊仲甫撰（第1007册）

齊仲甫（生卒不詳），據《女科百問》卷首題銜及自序，可知其在宋寧宗時曾任太醫局教授及侍衛步軍司醫官，主要分職婦科。餘不詳。

齊仲甫謂婦產科書多有未備，如李師聖《產育保慶集》產前無方，《諸病源候論》證詳而方不具，《太平聖惠方》有方而雜見，不能備產褥救急之用，故纂集衆方而成此書，以問答形式闡述婦科理論方治，名曰《女科百問》。又附撰《產寶雜録》，論述孕元胎始、氣形將護及產前後諸雜病證。此書撰年，齊氏自序原作"嘉泰庚辰"。考宋嘉泰無庚辰年，應是嘉定庚辰之誤，即宋寧宗嘉定十三年（1220）。

書分上、下卷，以問答體例闡釋婦科理法方藥，共一百問，論後附方。卷上共五十問，以婦科爲主，推闡男精女血、天癸、經候等生理，叙述婦科經帶諸病及雜病治法方藥；卷下五十問，以產科爲主，討論男女受形、妊娠胎孕之生理、十月將養法、妊娠病、產後病及雜病方治。此書深求玄理，廣集舊聞，博採諸方，上引《素問》、《鍼經》、《脈經》，中採《三因方》、《指迷方》、《嚴氏濟生方》等，參以己之心得體驗，證詳法備，條理清晰。附《產寶雜録》一卷，論述胎孕、養胎及產前後諸雜病。

此書宋版已不可見，明清以後復有刊刻。現存明隆慶五年（1571）刻本、明崇禎十三年（1640）烏程閔氏刻本、清康熙四十二年（1703）燕詒堂刻本等。今據中國科學院圖書館藏明崇禎刻本影印，書前依次有閔齊伋序、許穀序、齊仲甫自序，每卷大題後題"門生翰林醫證入内内宿壽明慈睿殿應奉侍衛步軍司醫官兼太醫局教授"。書中并有印鑑。（楊金萍）

丹溪先生胎產秘書三卷　（元）朱震亨撰（第1007册）

朱震亨生平見前《新刻校定脈訣指掌病式圖說》提要。

此書疑托名朱震亨所作。據周衡山序稱，其偶得丹溪《胎產秘要》，見其審證詳明，立方精當，對症拈方，無不奏功，因未刊布，故捐金付梓。紫陽一峰山人《凡例》稱，"此書法脈，取宗於丹溪先生，而作者之姓氏，湮没不傳，故仍顔之曰《丹溪秘書》"。此書雖非朱震亨所作，但書中多次提及"丹溪先生"、"丹溪醫案方"，可知其理論經驗主要源自朱震亨。據周序，初刊於康熙五十一年壬辰（1712）。

此書原本錯雜，紫陽一峰山人校刊時，才釐爲三卷，列爲三類。卷上《保胎前》，卷中《備臨盆》，卷下《治產後》，主論胎前、臨盆、產後病證特點、治法方藥，以及藥食調護禁忌。每卷立若干小論，每論皆先理論，後方藥，常舉主方，續其加減；理法方藥畢具，主次加減備舉，使人知醫有常法，方有變易。如卷一論保安胎，強調脾胃、禀質對於安胎之重要性。推崇丹溪先生安胎飲，謂爲安胎第一方。安胎飲下又列加減方、藥物加減法。加減方有加味安胎飲、順氣安胎飲、補中安胎飲、膠艾安胎飲、竹葉安胎飲、安胎飲加二陳等，皆可治胎前諸症。產後重視生化湯，謂爲"治產神方"，如卷二言新產後宜服生化湯，攻補兼施,卷三言產後當頻服生化湯,以助血行血。生化湯加減方,有加味加參生化湯、加參生化湯、加減生化湯、加味生化湯、生化六和湯、參歸生化湯,更有隨證加減方藥;强調產後雜症,必以生化湯、人參生化湯爲主,而以消食、散氣、治痰、止嗽等藥爲佐使。此書雖爲托名,但論理精闢,條理明晰,方多效驗,更示臨證之機要,變化之治法,頗宜於臨床應用。

此書現存清乾隆七年(1742)揚州象賢堂刻本、道光六年(1826)修耕堂刻本、道光二十五年止園刻本等。今據上海圖書館藏清道光二十五年刻本影印,扉頁作"道光乙巳重鐫"、"胎產秘書"、"止園藏板"。有紫陽一峰山人《凡例》,卷首題有"紫陽一峰山人校閱",無周衡山序。正文部分有缺葉。(楊金萍)

萬氏女科一卷　（明）萬全撰（第 1007 册）

萬全(約 1499—1582),字密齋,號江湖逸叟,羅田(今屬湖北)人。三代業醫,早年從學於巨儒張玉泉、胡柳溪,爲廩生,以不得志,遂舍儒從醫。醫術精湛,以兒科、婦科、痘疹,噪聞於隆慶、萬曆年間。生平見《幼科發揮·敘萬氏幼科源流》。

書又名《萬氏婦人科》、《萬氏家傳婦人秘科》,成於明嘉靖二十八年己酉(1549),乃萬氏取其家傳經驗及前賢方論而撰成。共三卷,分論婦科病、胎前、產後病。卷一婦人病,除總論外,包括調經章、崩漏章、種子章;卷二胎前章、八月章;卷三產後章。每病下列數證,分型辨證,各施方藥,方後附驗案。開首"立科大概",總括婦科調治大略,即調經專以理氣、補心脾爲主,胎前專以清熱補脾爲主,產後專以大補氣血兼行滯爲主。書中指出婦人經候不調有三:一曰脾虛,二曰沖任損傷,三曰脂痰凝塞。又概括調經大法,謂熱則清,冷則溫之,虛則補之,滯則行之,滑則固之,下陷則舉之,以證施治,以平爲期,并提

舉各法之主藥。萬氏注重性情、體質與疾病之關係,如月經不調,其性有溫和、急躁,形有瘦肥,則證治各異;愆期未嫁之女,偏房失寵之妾,寡居之婦,庵院之尼,慾動而不能得遂,憾憤而不能得信,多有經閉之疾;含羞强忍,不欲人知,致成癆瘵,乃七情之變。此書引《內經》、《脈經》、《素女》等醫典,取前賢名方加減,更多萬氏家傳經驗之方,論理叙證,條理清晰,方治精當,宜於婦科臨證。

此書未見有明刊本著錄,清代有單行本及《萬密齋醫學全書》本。現存清康熙五十一年(1712)忠信堂刻本、康熙五十三年西昌裘琅玉聲氏世德堂刻本、雍正二年(1724)胡略刻本、乾隆四十八年(1783)刻本等。今據上海圖書館藏清乾隆刻《女科備考》本影印,目錄首行題"萬氏家藏女科原本",次行題"羅田萬全密齋先生著",又行題"山陰何應豫立先氏增訂",後有三行題識,提示凡何氏"增改者較原本低三字"云云。(楊金萍)

胤產全書四卷　（明）王肯堂撰（第 1007 册）

王肯堂(1549—1613),字宇泰,又字損仲,別號損庵,又號念西居士,金壇(今屬江蘇)人。出身官宦,攻儒而精醫,博覽群書。萬曆十七年(1589)進士,任翰林院庶吉士,散館授檢討,因上書抗倭未果而辭歸,後又任南京行人司副,轉福建布政使司右參政,晚年罷官。王氏因母及妹病,立志學醫。醫術精湛,仕暇常診病療疾,晚年罷官後更致力於醫學。先後著雜病、類方、傷寒、瘍科、幼科、女科六科《證治準繩》。生平見《明史》、《(乾隆)鎮江府志》卷三六《名宦下》。

王肯堂廣涉各科,以爲諸病之中莫若妊婦重。方兒爲胚胎,性精血而身母腹,寒熱虛實皆隨孕母,故尤重嗣產。張受孔來訪,感產科無良方,遂與王肯堂共訂胤產之書,以王肯堂手錄之書參訂校勘,由張受孔侄遠文付梓刊刻,名爲《胤產全書》。成書并初刻於明萬曆

三十年（1602）。

書共四卷，分九十餘類，三百症。首列提綱、婦人脈法。提綱統領各卷大略，提舉各論標題、病證、處方，無具體方論、劑量服法。提綱後分卷而論。卷一論求子、男子聚精、女子調經，首以男子聚精，次以婦人調經，立爲胤嗣之本。卷二論發育、候時、交會、受胎、候胎及養胎，及論妊娠諸病，指出受胎各有其時，有過時，有不及時，故備列婦人翕受之時，以開發育之端。卷三論妊娠、臨盆、產後病。卷四主論產後病。各卷分若干小論，每證一論，先知受病之源，按方圖治，間附醫案。所採書有《千金》、崔氏方、《產寶》、《廣濟》及《丹溪心法》、《秘録》等。此書專論胤嗣調經，并胎前產後諸病，不録婦科雜病；所載纖悉備列，有論有方，既有湯藥丸散，又舉外治之法，可備婦產科之用。

此書作者尚有爭議。原刻張受孔序云“夫雲間俞公之授此書，金壇王公之參此書”，故《中國醫籍通考》謂此書非王氏手著。但此書凡例稱“是編宇泰先生考古證今，耳聞目睹，彙集手録”，文中又有張受孔佇張遠文醫案，當是王、張編入內容。故此書當以雲間俞公所授本爲藍本，又經王肯堂重新編訂，將作者定爲王肯堂亦不爲誤。

現存主要有明書林喬山堂刻本、明刻本、清康熙刻本、抄本等。今據北京圖書館藏明代張受孔刻喬山堂印本影印，扉頁中行題“婦人胤產良方”，右行題“王宇泰先生秘傳”，左行題“書林喬山堂藏板”。書前有王肯堂序（缺葉）、張受孔序。次爲凡例。此本正文前無提綱、婦人脈法，凡例却稱“首列提綱，內分四卷，便於尋閲”，可見有殘缺，未爲善備。
（楊金萍）

傅青主女科二卷附產後編二卷　（清）傅山撰（第 1007 册）

傅山（1607—1684），初名鼎臣，後改山，原字青竹，改青主，號公他，又號石道人、朱衣道人等，陽曲（今山西太原）人。明時因袁臨侯冤案，以諸生伏闕上書訟冤，使冤情大白，而義聞天下。曾入山爲道士。入清，積極參加反清復明鬥爭。康熙年間設博學鴻詞科，被强徵入京，拒不應試。朝廷授内閣中書，亦不受，以病放歸。博學多才，詩、書、畫兼絶。精於醫，於内科、婦科、男科皆有深究，其診疾微而藏，用方奇而法。除此書外，另著有《傅青主男科》等。其生平見《清史稿·隱逸二》及此書道光七年（1827）張鳳翔序。

此書成書年代，今人或著録爲康熙二十九年（1690），或著録爲康熙二十三年。皆不可信。按傅山卒於康熙二十三年，斷無死後再作之理；或者蓋誤將卒年定爲成書時間。道光七年丁亥張鳳翔將從友人所得抄本剞劂付梓。分上、下二卷，發明女科經、帶、胎、產理論方治。上卷論帶下、血崩、鬼胎、調經、種子，目録注“共三十八條，三十九症，四十一方”；下卷論妊娠、臨產、產後，目録注“共三十九條，四十一症，四十二方，二法”。此書層層剖析，每依辨證分型，每病下臚列證型數種，每證先論後方，探其病源，處以方治，方後復加方論，論理精闢，方治嚴謹。傅氏談症不落古人窠臼，製方不失古人準繩，用藥純和，無一峻品，辨證詳明，一目了然。常能於古方加減，亦多有新方，其完帶湯、易黃湯即爲後世名方。書中亦有不經之處，如鬼胎之説，不足憑信。

《產後編》二卷，共四十症，論產後諸病。因其與《傅青主女科》下卷内容重複，故陸懋修重訂此書時，取“生化湯”意，易名《生化編》。生化湯爲治產後名方，後人多謂爲傅青主所創，然最早當源自紹興錢氏家傳經驗方，如《景岳全書》載“錢氏生化湯”、“錢氏世傳治婦人者”。

此書因與陳士鐸《辨證録》、《石室秘録》頗爲相近，後人多疑其爲陳士鐸書傳出，非傅青主所作。如陸定圃《冷廬醫話》載：“王孟英謂文理粗鄙，勦襲甚多，誤信刊行，玷辱青主。余觀此書，措辭冗衍，立方板實，說理亦無獨到之處……成此書者，當是陳遠公之流，而其學更不如遠公，乃女科書之最下者。”謝誦穆《中醫僞書考》：“或云《傅青主女科》係從陳敬之《辨證録》中録出。”然傅氏《大小諸症方論》抄本有顧炎武康熙十二年序，中謂：“予友傅青主先生手著《女科》一卷，《小兒科》一卷，《男科雜症》一卷，誠醫林不可不有之書。”按其說，傅青主當有《女科》之作。山西省文物局藏有題“松僑老人傅山稿”之《醫學手稿》，經鑒定爲傅山手筆，有學者將《手稿》與《傅青主女科》、《辨證録》“調經”比勘，認爲《女科》與《手稿》基本相同，而與《辨證録》不同，足證《女科》非録自《辨證録》。

又，此書三處以“山”自稱，如卷上調經“經水數月一行”十八條言“山聞異人之教，特爲闡揚”，“骨蒸夜熱不孕”三十六條言“山一旦創言之，不幾爲世俗所駭乎”，卷下小産“行房小産”五十一條言“山未見有能濟者也”，似可確信爲傅山手筆。又，陳士鐸，清初人，精於醫，著述頗豐，其所撰《石室秘録》、《辨證録》、《洞天奧旨》三書皆言奇遇天師、仲景，其術傳自二人，又有“其父遍遊名山，得奇士秘方”之語。陳氏三書晚於《傅青主女科》，其假托岐伯、仲景傳授，或即搜輯包括《傅青主女科》在内的他書内容而成。關於傅青主與陳士鐸諸書之關係，尚待進一步考索。

此書現存主要有道光七年張鳳翔刻本、道光十一年祁爾誠序刻本、陸懋修重訂本等。今據上海圖書館藏清同治八年（1828）湖北崇文書局刻本影印，扉頁分別題“傅青主女科”、“同治八年湖北崇文書局開雕”。有張鳳翔序、祁爾誠序，正文刻有眉批。（楊金萍）

女科經綸八卷　（清）蕭壎撰（第1007册）

蕭壎（生卒不詳），字賡六，號慎齋，檇李（今浙江嘉興）人，約生活於明末清初。少習儒，屢試不第，遂攻醫。生平略見此書自序。

蕭壎積二十年之勤，纂輯《醫學經綸》，博極群書，兼綜條貫。後因婦人月經諸病未在其中，另撰女科之書。以婦人之病，莫重於月經、胎産、崩漏、帶下，别立標名曰《女科經綸》。書成於清康熙二十三年甲子（1684），共八卷，卷一月經門，卷二嗣育，卷三、四胎前證，卷五、六産後證，卷七崩漏門、帶下門，卷八熱入血室、血分水分證、咽中證等雜症。目録每門以小字標條數，卷一月經門“計一百九條”，卷二嗣育下標“計六十一條”，卷三胎産證下標“計八十三條”，卷四胎前門“計八十條”，卷五産後證“計一百九條”，卷六産後證“計二百二十一條”，卷七崩漏門“計五十一條”，帶下門“計三十四條”，卷八雜症七證共標七十一條。此書雖名女科，實該婦科、産科，以月經、胎産、崩漏、帶下爲重。

是書萃集前賢諸論，亦有作者按語，條貫類分，以經、帶、胎、産分門，以具體證候立論。每論皆以標題命名，每證必分表裏虛實，綱目分明。書中博採百家，參稽衆論，上採《内》、《難》，下及諸家，引書一百餘部，採論七百餘條。其引書除經典外，他如晉唐《肘後方》、《千金》等書，宋金元《婦人大全良方》、《聖濟總録》、《蘭室秘藏》、《儒門事親》、《醫壘元戎》等書及丹溪、子和、東垣等論，明清如《景岳全書》、《證治準繩》、《女科撮要》、《産孕集》等，其中多有亡佚者。所引文獻皆標明出處。此書析理精闢，持論平允，於前賢之論，叙其微旨，彰其未明，言其未盡，糾其偏謬，可爲婦科之指南，醫林之準繩。

是書初刻於清康熙二十三年。現存清康熙二十三年遺經堂刻本（書口題燕貽堂）、康熙文淵堂刻本、乾隆四十六年（1781）湖郡有鴻齋刻本。今據南京圖書館藏清乾隆四十六年湖郡有鴻齋刻本影印,扉頁中行題"女科經綸",右行題"檇李蕭賡六先生纂著",并有印鑑,左行題"湖郡有鴻齋梓行",天頭題"乾隆辛丑重刊"。正文前有自序。每卷首題撰人及校刊、參訂者姓名。(楊金萍)

女科輯要二卷 （清）沈又彭撰 （第 1007 冊）

沈又彭(1698—?),字堯封,嘉善(今屬浙江)人。孝讓敦行,少習舉子業,兼占星等術,尤粹於醫。三十歲時,以國子生三躓浙闈,遂閉關十年,醫技大精。爲人療疾不計利,不居功。除此書外,另著有《醫經讀》、《傷寒論讀》等書。生平見《(嘉慶)嘉善縣志》卷一七《人物志五·藝術新纂》、《(光緒)嘉善縣志》卷二六《人物志八·藝術》。

書約成於乾隆二十九年(1764),原稿爲王孟英外舅徐虹橋(政杰)補注珍藏,王孟英得之,遂加參訂,於道光三十年庚戌(1850)付梓刊行。全書分上、下二卷。上卷論經水、血崩、帶下、求子、受胎、辨胎、妊娠諸病,末附泰西諸説,採録合信氏《全體新論》;下卷論產、產後諸病、乳證、雜病、諸方。書中選輯前賢諸家方論精要,按病證類萃彙編,以諸賢之説列於前,沈氏、徐政杰按語隨於後,復加王孟英發揮心要,有論有方,或載醫案,前後合參,互相徵驗。此書上採《內經》、《傷寒》、《金匱》,中及王叔和、徐之才、褚澄,而唐宋金元各家及明清諸書無不採擷發揮。更能融匯中西,引用合信氏《全體新論》,以西學闡發醫理。王孟英謂其"頗多入理深談,發前人所未發",而陸以湉謂清代女科書中,以此書與蕭壎《女科經綸》爲最善。

此書現存主要有初刊本、清同治元年(1862)刻本(海上大隱廬藏板)、光緒七年(1881)重慶堂刻本、《潛齋醫學叢書八種》本、《潛齋醫學叢書十四種》本等。民國十一年(1922)張山雷重訂此書,加以箋正,名《沈氏女科輯要箋正》。今據中國中醫研究院圖書館藏清同治元年刻本影印,扉頁題"女科輯要兩卷"、"海上大隱廬藏"及印鑑,有王孟英序。每卷正文前題撰著人、參訂人姓名。(楊金萍)

婦科玉尺六卷 （清）沈金鰲撰 （第 1008 冊）

沈金鰲生平見前《痧脹源流》提要。

書乃沈氏集前人之説,參以己見,考訂而成。凡六卷,分爲求嗣、月經、胎前、小產、臨產、產後、帶下、崩漏及雜病九篇。求嗣列爲篇首,其實兼言男女,認爲婦科之病,不外胎、產、經、帶,故雖列九篇,而一切病皆統於是。沈氏以診治婦人,望、聞、問恐難詳其情,故頗重脈法,於每篇總論之後,便列脈法。廣引各家之言,逐一論證,後附方劑,間有按語。所言諸病,必按脈切症,期於的当。所選論述皆至精至粹,選方亦是百用百效者。沈氏自許如玉所劃,堅久不磨,冀爲婦科之標準,故名《婦科玉尺》。

沈氏強調無嗣關乎男女,提出求嗣之術"不越男養精、女養血兩大關鍵"。養血之法首要調經,積行、滯去、虛回,方能受孕。強調受孕要候時機,贊同萬全所謂"婦人血經方絕,金水相生,此時子宮正開,乃受精結胎之候,妙合太和之時",若過此佳期,則子宮之氣閉而不受。又謂婦人月經乃天癸至、任脈通、太沖脈盛之結果,強調沖任二脈對月經之主導作用。將月經病分爲月經不調、經閉、痛經、崩漏、熱入血室等,審詳病機,常以四物爲基,加減變化。認爲"凡有胎者,貴沖任脈旺",氣血充實,則分娩無虞,強調胎前以安爲要,佐以養血順氣,故以四物湯爲要劑,并附秦氏逐月養胎方。婦人產後多氣血虛弱,故沈氏強調"先以大補氣血爲主"。認爲帶下之疾,常因氣虛、胃中濕熱有痰、傷於五臟、風寒入內所致,論治審因,然總要健脾燥濕、升提胃氣,佐以補澀爲大法。關注情志因素對婦人之影響,情志不暢則氣逆血亂,百病所由生。此類論述詳而有據,細緻入微,誠爲婦科之精準"玉尺"。

現存主要有清乾隆三十九年(1774)刻本、《沈氏尊生書》本等。今據上海圖書館藏清乾隆刻《沈氏尊生書》本影印。(李紹林)

竹林寺女科秘傳一卷　佚名撰　(第1008冊)

書又名《婦科秘方》、《濟陰至寶錄》等。相傳爲浙江蕭山竹林寺范和尚原著。

據此書原序可知,浙江蕭山竹林寺專治婦科,由來久矣。雲南夏晴對未仕在籍時與僧交遊,竊錄其書,爲僧覺奪去,故第五十六症下但云:"抄錄未完。"第八十二症下云:"此方因寺僧驚覺奪去,抄錄未全。"梅安德在夏氏抄本基礎上,又復擷精聚華,得屢驗良方若干,附刊書末,於清乾隆六十年(1795)付梓,名《重刊婦科秘方》。

書經梅氏增訂後,篇目含《月經四十症》、《增補經疾并血塊氣痛十症》、《血崩并赤白帶下諸症》、《種子五方》、《驗胎并保胎轉女爲男法五方》、《胎前三十八症》、《增補胎前二十六症》、《產後十五症》、《附產後必要二方》、《增補產後十九症》、《回生丹治產後二十症》、《難產十二症》、《催生保全母子十三方》、《婦人陰戶八症》、《乳門十六症》、《婦人肚腸生癗足指生瘡三方》、《新增補附刊驗方》。清道光十四年(1834)春,祥符(今河南開封)人常茂徠從友人處得此書一抄本,因囊澀久未付梓,後幸得刺史李春帆資助,於咸豐二年(1852)付之剞劂。載症一百一十一,以經、胎、產爲詳,略於帶下之證。後附七十二方,包括女科方三十首、幼科方十四首、急救良方二十八首。

此書錄載婦科諸症,按症列方,頗有條例,檢方甚便。諸方皆本前人,間有稍從加減而仍用原名,亦偶有新異未見他書者。其名方經效者服之無弊,新異之品仍需審慎。所選方藥爲尋常之品,可隨手拈來。書中言語描述形象,淺顯易懂,雖山村野人能明其義,鄉僻無醫之處頗得其用,以故頗稱於時,屢有傳刊。不同刊本內容稍有差異。

現存清乾隆六十年梅安德刻本、咸豐二年豫省張龍文齋刻本、咸豐十年汴省錦文齋刻本、光緒十六年(1890)浙省顧宅刻本等。今據中國科學院圖書館藏咸豐二年刻本影印,書前有咸豐二年常茂徠序,扉頁有"板存豫省鴻影庵對門江西張龍文齋刻字鋪刷印"等字樣。(臧守虎)

達生編二卷　(清)亟齋居士撰　(第1008冊)

亟齋居士,據書中驗案所載,當爲康熙時安徽人,餘不詳。

此書成書并首刊於康熙五十二年(1713),特爲難產而設,故論述難產甚詳。書分上下二卷。上卷主要是臨產事宜,分《原生》、《臨產》、《宜忌》、《試痛》、《驗案》五篇。下卷論述胎前產後諸事,分《保胎》、《飲食》、《小產》、《產後》、《胎死腹中》、《胞衣不下》、《乳少》、《格言》、《方藥》九篇,并附錄有《神驗方》三首。作者不主張用藥,謂"他自會生,何消用藥,縱有不順,睡爲上乘"。所載方藥不過數十首,且多是尋常之品,若平胃散、生化湯類。

書中認爲生產乃人必然之理,極容易之事,臨產勿慌張恐懼,謹記"睡、忍痛、慢臨盆"六字真言,養神惜力,沉著冷靜,則分娩順利。初覺腹疼,不必驚慌,只當安眠穩食,不可亂動;次要忍疼爲主,不可輕易臨盆坐草,揉腰擦肚;最後養神惜力,等待產兒自然鑽出。無論遲早,切不可輕易臨盆用力。強調"總以睡爲第一妙法",并宜仰臥,腹中寬舒,則小兒易於轉動。保胎"以絕慾爲第一義",寡慾則心清,胎氣亦寧謐。飲食亦不可過食肥甘厚味,宜清輕甘平爲佳。產後宜避風上床高臥,不可熟睡,恐血氣上湧而致眩暈。不可高聲急叫驚動產婦,亦不可因生女而抱怨產婦。

產後飲食不但要清，且要淡，"蓋清淡之味本乎天，能生精神"。此書語言簡練，通俗易懂，人皆能曉。所論皆爲閱歷有得之言，所載方藥平穩，至今仍爲臨床沿用。

此書自刊刻以來，流傳甚廣，翻刻頗多，主要有清康熙五十四年刻本、乾隆五十八年（1793）官刻本、道光二十年（1840）孔繁灝刻本、《醫林指月》本、《壽世彙編》本等，有一卷、二卷、三卷本之不同。後出版本多增列方藥以備採用，轉致歧出混淆，不如原本之言簡意賅、純粹無弊。惟王氏《醫林指月》本所刊猶是原本，未經增附羼亂，彌爲可貴。

今據上海圖書館藏清乾隆三十九年敬義堂刻本影印，書前有康熙乙未巫齋居士《達生編小引》、西泠拙圓何鍾台《達生編大意》，後有乾隆三十九年復齋主人跋。（李紹林　臧守虎）

胎產心法三卷　（清）閻純璽撰（第 1008 冊）

閻純璽（生卒不詳），字誠齋，直隸宣化（今屬河北）人。幼習舉業，康熙間貢生，雍正中官廣西左江道。事迹見此書龔健颺序。

閻氏因念胎產一門宗嗣攸繫，兩命相關，尤爲醫道之最難者，於是博採方書，取先賢名論考驗揣摩，歷三十餘年，於雍正三年（1725）撰成此書，初刊於雍正八年。書分上、中、下三卷。上卷論胎前，載醫論與病證三十條；中卷論臨產前事宜；下卷論產後病四十一條，收錄方劑百餘首。此書先論病證，後附方藥，廣搜群籍，觸類引申，引《內經》、《金匱》諸經書及《證治準繩》、《景岳全書》、《濟陰綱目》等相關內容，涉及保胎、安胎、胎漏、子腫、子瘖、試胎、妊娠傷寒等，涵蓋甚廣。論病中肯，選方平和，載有不少臨證經驗。然書中亦有諸如產前受胎試驗法、試男女胎法、臨產之胎殺方位、遊神方位、安產藏衣方向等不經之論。

此書現存版本較多，有清雍正八年刊本、道光四年莊氏延慶堂刻本等。另有德清沈棪增訂五卷本。今據中國科學院圖書館藏雍正八年刻本影印，書前有雍正三年龔健颺序、雍正八年自序。（李紹林　臧守虎）

增廣大生要旨五卷　（清）唐千頃撰（清）葉灝增訂（第 1008 冊）

唐千頃（生卒不詳），字桐園，上海人。秉承家學，窮究刀圭，六氣五味均有心悟，尤念胎產一門。除此書外，另著有《內經疏證》、《傷寒論疏證》等書。子秉鈞，亦精於醫道。生平事迹見嘉慶十九年《上海縣志》卷一八。

葉灝（生卒不詳），字雅卿，婁縣（今屬上海）人。事迹略見此書序。

此書乃唐氏會輯產科舊説，間出新裁，編撰而成，刊於乾隆二十七年（1762）。書分《種子》、《胎前》、《臨盆》、《產後》、《保嬰》五卷，後附江駕鵬《格言》、《髫齡培植》及《新增種痘説》。唐氏認爲子嗣有無，全在男子，責之婦人，乃不通之論。若欲種子則男子以補腎爲要，女子以調經爲先。胚胎營養在於妊婦之氣血充實，護胎之要在於清心寡慾。此書於前人成法搜載詳備，選擇精當，載方平緩，療法多樣，有不少奇效外治法。

後葉氏在此書基礎上復採休寧汪喆《產科心法》及家藏胎產各方附列其中，名曰《增廣大生要旨》。其增補之處均予注明，如青娥丸"自尿血至此出《產科心法》"，心腹諸痛"以下皆《產科心法》"等，亦有部分涉於迷信。

此書現存版本較多，主要有清道光十三年（1834）種善堂刻本、道光十九年邦都高郵刻本、光緒十年（1884）刻本、光緒十五年刻本等。今據上海圖書館藏咸豐八年（1858）刻本影印，書前有咸豐八年江駕鵬序、李鍾瀚序、葉灝序、乾隆二十七年喬光烈原序、乾隆四十五年汪喆《產科心法自序》。（李紹林　臧守虎）

幼幼新書四十卷拾遺方一卷 　（宋）劉昉等
編（第 1008—1009 冊）

劉昉（約 1080—1150），字方明，又名旦，潮
陽（今屬廣東）人，或云海陽（今廣東潮安）
人。父劉允爲“潮州八賢”之一。宣和六年
（1124）進士，曾任龍圖閣直學士、太常寺少
卿，虔州（今江西贛州）知州、夔州（今重慶奉
節）知州、潭州（今湖南長沙）知州等，兼荆湖
南路經略安撫使。除此書外，另與其父撰
《劉氏家傳方》、《八陣圖記》。生平事迹見
《南宋館閣録》卷八、《建炎以來繫年要録》、
《（乾隆）廣西通志》卷八六等。

劉昉平時留意方藥，尤重兒科，每患世無良
醫，且無全書，致小兒不幸殞於庸人之手者
多，故取古聖賢方論與近世聞人家傳，下至醫
工、技工之禁方及閭巷小夫已試之秘訣，兼收
并録，命幹辦公事王歷主其事，鄉貢進士王湜
編其書，名曰《幼幼新書》。成書於南宋紹興
二十年（1150）。《宋史·藝文志》有著録。

書共四十卷，前三十八卷由劉氏主持編撰
完成，後兩卷因病不起，未加討訂。樓璹接
手，乃將末二卷合爲一卷，復纂歷代所述求子
方論爲一卷，冠於卷首，爲卷一，仍爲四十卷。
全書凡五百四十七門，約一百六十萬字。卷
一《求端探本》，論求子。卷二《方書叙例》，
含叙初有小兒方、叙調理、叙修合藥、三關錦
紋、脈法等篇，總論小兒病症、診治、方藥。卷
三《病源形色》，論小兒五臟主病及病源、形
證、察色、治病要法。卷四《形初保育》，論小
兒護養諸法。卷五至卷三九論述兒科各病病
證方藥。其中卷五、六論初生、禀受諸病；卷
七至一二論小兒驚癇、客忤諸病；卷一三至一
七論中風、傷寒、咳嗽、瘧瘴各種外感病；卷一
八論斑疹麻痘；卷一九至三二論兒科各種常
見病證，如諸熱、諸寒、癥瘕積聚、疳痢吐瀉、
血疾淋痔、蟲疝等；卷三三至三四論五官科眼
目耳鼻、口唇喉齒諸病；卷三五至三九論外科
諸病，如癰疽瘰癧、丹毒瘡疥、鯁刺蟲毒等。

卷四〇《論藥叙方》，“論藥”按玉石、草、木、
人、獸、禽、蟲魚、果、米、菜各部發明藥物性味
功用，“叙方”乃詳列六十三種主要書目，并
附每書情況介紹。

此書收羅廣泛，内容詳備，彙輯宋及以前大
量兒科方論，不乏民間方書，涉及兒科生理、
病理、診斷、治療、護養各個方面。所該病證
廣泛，所載治法亦夥，引用資料翔實完備，引
用典論，不妄改動，且皆標明出處。引論後多
加評按，或釋文義，或稽出處，或并存衆説，皆
有依據。所引書目達百餘種，卷四〇末又列
六十三種主要書目，對每書之作者、得於誰
手、藏於誰家等，都詳爲考察。如《嬰孺方》
條下曰：“此方得之湖南撫幹向澹伯海，云相
傳出於秘閣，凡十一卷。近《崇文總目》求遺
書有兩《嬰孺方》，卷目皆同，不載作者姓
名。”此書所引方書多已不傳，如《顱囟經》、
《嬰孺方》、《石壁經》等，文獻價值頗高。又
因宋代去古未遠，能保存宋及前代醫書早期
風貌，故被譽爲“幼科第一全書”。

此書主要有明萬曆十四年（1586）古吳陳
氏刻本（刪節本）、明萬曆刻本、明抄本、日本
據宋墨書真本抄本等。今據上海圖書館藏明
萬曆十四年陳履端刻本影印，書前有王世貞
序、劉鳳序、張應文序、紹興二十年李庚序、陳
履端序，次凡例。正文後有《拾遺方》一卷。
卷末有石才孺後序、樓璹跋。（楊金萍）

新刊演山省翁活幼口議二十卷 　（元）曾世
榮撰（第 1009 冊）

曾世榮（約 1253—約 1332），字德顯，號育
溪，別號省翁，又號演山翁，衡州（今湖南衡
陽）蒸西人。幼習儒，後從世醫劉思道習醫。
思道五世祖劉茂先，師於宋徽宗時侍御世醫
戴克臣，克臣時有“活幼宗師”之譽。故世榮
得戴、劉活幼心傳，於幼科極有聲名。其辨證
詳審，用方奇特，且醫德高尚。生平略見《活
幼心書》序。

此書爲曾氏兒科理論及治療經驗之概括，其以幼幼之心，參前輩之奧議，伸一己之獨見，諄諄詳議，故名之曰《活幼口議》。成書於元至元三十一年（1294）。此書明代焦竑《國史·經籍志》、黄虞稷《千頃堂書目》等著録。凡二十卷，卷一至卷三議明至理，共二十五篇并序；卷四至卷五議初生牙兒證候，共二十六篇并序；卷六議小兒指紋脈診；卷七議小兒面部氣色并序；卷八議病證疑難，共十八篇并序；卷九議胎中受病諸證，共十五篇并序；卷一〇至卷二〇議兒科各種病證病因、病機、辨證治療及方藥。

曾氏長於審病辨證，提出察病之審、察、究、詳、按、考、推、備八法，即審契表裏，察定陰陽，究竟臟腑，詳悉標本，按明虚實，考較輕重，推評前後，備準端的。書中强調辨治通變，指出小兒病候易變，應因證候而變治，當明其標本、表裏、陰陽，參其盈虧、經絡、榮衛，察其升降、臟腑、腸胃，審其盛衰，然後可以度其疾之輕重，較其方之優劣而治之。又注重辨析疑難，對兒科十八種疑難病證進行詳細辨析，如逆證似順、陰證反陽、陰盛强陽、虚極生熱等。又圖文并茂，以圖譜描繪小兒十三種指紋脈形，繪製面部五臟形圖，形象易懂。此書論理精闢，述證詳備，用藥獨特，對後世兒科學有一定影響。

現存主要有明嘉靖二十四年（1545）葉氏作德堂刻本、日本文政三年（1820）抄本等。今據中國中醫研究院圖書館藏日本文政三年抄本影印，書名作“新刊演山省翁活幼口議”，有石峰熊槐序。多處文字有脱落，未爲盡善。（楊金萍）

嬰童百問十卷　（明）魯伯嗣撰（第 1009 册）

魯伯嗣，生平失考。

書約成於明正德元年（1506），共十卷，每卷十問，共設百問以辨明兒科醫理，故名《嬰童百問》。附方八百四十首。每問之下，必

浚之以源，表之以證，對之以療，詳述小兒生理、病理、證候、診斷、治療。卷一第一問至第五問，論嬰童初生生理及初誕、護養之法；第六問至卷二第十二問，論五臟病證，多發明錢氏小兒五臟辨證理論；卷二第十三問至卷一〇第一百問，主論兒科常見病之辨證及診斷、治療、方劑。每於病證之下，先析病因，後述治法，法下列方。其方内服外敷，治法多樣。

此書搜羅廣泛，博採衆家，在參會諸説基礎上，又獨出新見。如對病因辨析甚爲詳細，有一證之下所析病因達十餘條者，而治法方藥又一一相對，便於審證求因，審因論治。所論驚癎病機發前人所未發，如指出驚癎由血滯心竅，治當通行心血，開活血化瘀之法門，後世遂有“瘀癎”之説，王清任、張錫純等在此基礎上多有發揮。此書諸多病名爲首見，如積滯、乳嗽、盤腸氣痛等。明許讚謂此書“乃以嬰童各證設爲百問，每問必究其受證之原，每證必詳其治療之方，觀形審勢，因病投藥，極爲詳備，誠保護嬰幼之全書也”。

此書有明嘉靖二十一年（1542）禮部奉旨校刻本、明嘉靖二十三年太平府陳與音刻本、明嘉靖癸錦堂刻本、又明嘉靖刻本（殘）、明萬曆刻本、明天啓五年（1625）吴門德馨堂刻本等。今據天津圖書館藏明末刻本影印，有王肯堂序，許讚進表，卷一〇後“附葵菜治痘神方”，末有題識：“天啓乙丑歲三月吉旦慈溪松槃山人姜應麟筆記”，當是明天啓五年或其後刊本。（楊金萍）

全幼心鑑四卷　（明）寇平撰（第 1010 册）

寇平（生卒不詳），字衡美，嵩陽（今河南登封）人。生平略見此書序。

寇平精於兒科，其選古方效於今日者，彙成一書，前列察病法，後具用藥方，名《全幼心鑑》。成書并刊於明成化四年（1468）。書凡四卷。卷一總論，包括警醫、戒醫等醫生守則，小兒受氣、胎禀、初誕等兒科生理及養護，

面部五臟及虎口三關指紋望診,修合藥法等;卷二論脈法,含初生兒斷臍、試拭等調護,胎疾及雜病;卷三至卷四論小兒内科雜病約百種,包括疹痘證,卷四記載多種灸法,如小兒明堂灸法、點灸法、下火法、用火法等。附圖四十餘幅。

作者廣引《素問》、巢氏《病源》、《千金》、《聖惠方》、《幼幼新書》、《三因》、《寶鑑》、《百問》、《龍木論》等書,博採錢乙、閻氏、董氏、楊氏、湯氏、鄧氏、呂氏等論,頗能徵古而驗今。書中系統總結兒科生理、病理、診斷、治療等知識,其理論方治多有獨到之處。又能糾正兒科用藥陋習,有糾錯正訛、補偏救弊之功。注重面部與指紋望診,圖文結合,生動易懂;注重灸法應用,以圖譜形式説明灸治穴位。兼以歌賦,論理精闢,引徵廣博,影響及於後世,王肯堂《幼科準繩》、李時珍《本草綱目》等皆有引用。明代鄭應婁將此書刪節成《全幼心鑑要刪》。

今據中國醫學科學院藏明成化四年全幼堂刻本影印,有序、寇平全幼堂箴,扉頁有一小兒舉葫蘆牌記,上書書名,有寇氏印鑑。此爲寇氏原刻本,但刷印欠善,字迹多模糊,難以辨認。(楊金萍)

新刊萬氏家傳幼科發揮二卷　(明) 萬全撰 (第 1010 册)

萬全生平見前《萬氏女科》提要。

書又名《幼科發揮》。萬全曾因"幼科之不明不行",自求家世相傳之緒,散失者集之,缺略者補之,繁蕪者删之,錯誤者訂之,著《育嬰家秘》。又恐醫家擇法不精,語意不詳,故著《幼科發揮》以發明《育嬰家秘》之遺意。書成於明嘉靖二十八年己酉(1549)。

書分上、下卷。卷上論胎疾、臍風、變蒸、幼疾,五臟主病,肝經、心經、脾經主病、兼證、所生病;卷下主論肺臟、腎臟主病、兼證、所生病,五臟虛實補瀉之法等。萬氏注重五臟辨

證,發揮錢乙五臟辨證論治思想,以五臟爲綱統論諸病,如肝病分爲肝經主病、肝經兼證、肝所生病,述因審證,辨證用方,常附醫案以驗之。書中所選之方,除前人如錢乙等方外,尚有萬氏家傳驗方及萬氏本人經驗效方。此書於兒科生理、病理、診斷、辨證治療,論述精詳,選方切於實用,故問世之後即廣爲流傳,至清尚盛。

此書除二卷本外,尚有四卷本。刻本較多。今據上海圖書館藏清乾隆六年(1741)敷文堂刻《萬密齋醫學全書》本影印,扉頁中行題"幼科發揮",右行題"萬密齋書",左行題"敷文堂",天頭題"第五種"。有序叙萬氏幼科源流。(楊金萍)

萬氏秘傳片玉心書五卷　(明) 萬全撰 (第 1010 册)

萬全生平見前《萬氏女科》提要。

書又名《片玉心書》,成於明嘉靖二十八年(1549)。共五卷。卷一《活幼指南賦》、《慈幼徹心賦》,以賦體總述兒科特點及小兒養護、診斷、治療"活幼"大法;卷二亦以歌賦形式,略論小兒總治法、診法及諸證病因、病機、症候及治法;卷三以歌賦、圖譜形式,詳述小兒指紋、面部五官、穴位觀形察色法,并列《觀形察色總論》,以示兒科望診之重要;卷四至卷五列胎毒門、驚風門、頭項門、斑疹隱疹門等三十二門,採用以論夾歌形式,分別闡述小兒自初生以後各種病症,包括五官、斑瘡各門病症辨證、治法及方藥。卷末附《秘傳十三方》。

萬氏重視形色望診,如卷一列《活幼指南賦》,卷三又列《水鏡訣》、《指掌形圖》、《察形色之圖》、《五位所屬》等二十三論,反復強調兒科望診之重要。因兒科號曰啞科,口不能言,脈無可施,惟以形色爲憑,故凡看小兒疾病,先觀形色,而切脈次之。書中突出兒科特色,指出小兒生理特點爲腸胃脆薄、飲食易

傷、筋骨柔弱、風寒易襲,其發病則易實易虛,變如反掌,而治療或補或泄,貴若轉丸。作者常恐急則生變,治療強調中正無過,藥用平甘,勿耽擱,勿過當。全書從生理、病理、診斷、治療、用藥諸方面進行論述,論理精闢,選方簡切,且以歌賦兼夾圖譜,通俗易懂,故爲後世醫家所喜愛,明清以後流傳較廣。

此書主要有清順治十一年(1654)山東故泰安州李氏刻本、康熙三十一年壬申(1692)忠信堂刻本乾隆四十三年(1778)重印本、乾隆六年敷文堂刻本、嘉慶十三年戊辰(1808)抄本等。今據上海圖書館藏清順治十一年泰安李氏刻本影印。(楊金萍)

萬氏家傳育嬰四卷　（明）萬全撰（第1010册）

萬全生平見前《萬氏女科》提要。

書又名《育嬰家秘》、《育嬰秘訣》,乃萬氏自以家世相傳之緒輯補而成,故名"家秘"。成書於明嘉靖二十八年己酉(1549)。

書凡四卷,卷首有《幼科發微賦》一篇。卷一總述培元、胎養、護產、育嬰之法,小兒診脈察色,及五臟證治總論。卷二至卷四論小兒各種疾病,包括目、鼻、頭、面等病之證治,卷四後并附録醫案。

萬氏在胎護、用藥特别是兒科臟腑理論方面有重要發揮。其重視胎護育嬰,提出養護四法:一曰預養以培其元,二曰胎養以保其真,三曰蓐養以防其變,四曰鞠養以慎其疾。指出妊婦有疾,當慎用藥,不可妄投藥餌,只以和胎爲主,宜用柴胡和胎飲。其疾以末治之,中病即已,勿過用劑。認爲小兒五臟之中,肝、心常有餘,屬熱屬火,脾、肺常不足,腎常虛。其病證特點,驚癇爲肝有餘,熱侵心神易生驚,脾常不足致疳虛,形體不全爲腎弱,嬌肺遭傷不易愈。此説揭示小兒生理、病理特點,對臨床有指導意義。書中又強調小兒用藥當擇其良,毒藥毫釐不可嘗,即用氣味平和、無毒之藥,不用猛峻蝕利、瞑眩之藥,如巴

豆、牽牛不敢專用,反對用硇砂、輕粉、砒硫類大毒之品。論理精闢貼切,用方精簡有效,多爲家傳秘方,且詩賦相兼,朗朗上口,淺顯易懂,故問世後即受醫家喜愛,流傳頗廣。

此書主要有清乾隆四十三年(1778)重印康熙三十一年(1692)忠信堂刻本、清敷文堂刻本、清視履堂刻本等。今據湖北省圖書館藏乾隆六年敷文堂刻《萬密齋書》本影印,目録殘缺。(楊金萍)

幼科鐵鏡六卷　（清）夏鼎撰（第1010册）

夏鼎,字禹鑄,號卓溪,貴池卓溪(今安徽池州貴池區梅村鎮)人。康熙八年(1669)武舉,學問淵博,精通醫學,擅長兒科,尤以小兒推拿見長。除此書外,另著有《推拿述略》、《保嬰要言》。生平見《(光緒)貴池縣志·人物志·方技》。

此書是夏氏家傳及本人兒科理論經驗總結,因自謂論理精闢而有實效,"誠醫門之鐵案,幼科之寶鏡",故名《幼科鐵鏡》。書成於康熙三十四年乙亥(1695)。凡六卷,卷一首闢《九恨》、《十三不可學》等論,以叙爲醫之道,又結合圖譜歌賦,重點介紹小兒推拿之法;卷二論述小兒望形色審苗竅、以外知內之診斷方法,及初生兒臍風、胎病、諸臟熱證之辨治;卷三辨驚、癇、痙三證;卷四至卷五叙述兒科常見病證之病因、病機、診斷,及藥、灸、推拿等各種治療方法;卷六推原藥性,後附録諸湯方。書中多處附有醫案。

此書在兒科理論及診斷、治療方面有其獨特之處。如診斷方面推重望診,認爲四診惟以望爲主,問繼之,聞則次,而切則無矣。主張望顏色,審苗竅。作者自言其兩代行醫約七十餘年,活嬰不下百千萬,皆以望面色、審苗竅爲主,治無不神,反對單執指紋之法。又如治療方面,重視兒科推拿,書中以圖譜歌括形式,反復論述小兒推拿之法。并認爲推拿即是用藥,不同推拿揉掐手法即如同藥物之

寒熱溫平。如推上三關，代却麻黄、肉桂；推下六腑，替代滑石、羚羊等。又發明十三燋燈火灸法，治臍風頗效。該書對驚風之辨治頗多創見，如闢驚風名目之謬，認爲世人所論蛇絲、馬蹄、鯽魚、烏鴉之驚風名目乃因發作形狀而命名，勿執其形而濫用鍼挑，當從本病而治，辨其風寒暑濕、虛實痰熱；提出療驚必先豁痰、豁痰必先祛風、祛風必先解熱、解熱必先祛邪之先後治療原則。此書辨證極精，用法極簡，多個人臨證體會，其方法多家傳經效，切於臨床。故問世之後，自康熙直至光緒年間刊刻不衰，影響深遠。

此書主要有清康熙三多齋刻本、康熙味經堂刻本、康熙文淵堂刻本、道光十年（1830）掃葉山房刻本、同治三年（1864）揚州文富堂刻本、光緒二十一年（1895）貴池劉氏信天堂刻本等。今據上海圖書館藏清同治三年揚州文富堂刻本影印。扉頁作“同治甲子春鐫”、“貴池夏禹鑄先生著”、“幼科鐵鏡”、“揚州文富堂藏板”，有《幼科鐵鏡》梁國標序、凡例。（楊金萍）

鼎鍥幼幼集成六卷　（清）陳復正撰（第1010—1011 冊）

陳復正（生卒不詳），號飛霞，約清乾隆時人，曾在廣東羅浮山爲道士。醫道兼修，臨證四十餘年，治驗頗多，尤擅兒科。生平見方步範《遂初軒醫話》卷上《名醫補傳》及此書自序。

書爲兒科闢妄救弊而作。陳氏因念驚風之説多被訛傳，故取前代幼科諸家，參互考訂，存其精要，辨其是非，加以臨證所得，附以經驗之方。自稟予胎元，火功爍艾，以及雜證麻痘，湯火瘡瘍，無不周備，名爲《幼幼集成》。書成於清乾隆十五年（1750），共六卷，計數十萬言。卷一主論幼兒養護、診斷、治療，叙述小兒指紋、脈法等四診内容及嬰兒火功之法；卷二重論驚風闢妄；卷三至卷四論小兒常見病包括痘疹等之證治、入方，復以經驗簡便方并外治法附於方後；卷五至卷六《萬氏痘麻》爲歌賦，取萬氏之言，詳加删潤。

此書於兒科理論及臨證皆有獨到之處。陳氏對驚風辨治頗具卓識，尤其反對偏執驚風之説，批駁世人妄以傷寒爲驚風，誤以治驚風法治痙之謬，并袪除驚風之名目，以“搐”字代之，另立“誤搐”、“類搐”、“非搐”三門以别，其説有補偏救弊之功。其於“誤搐”門列入仲景柔痙、剛痙，并採王海藏、張景岳、喻嘉言、周虛中等論治，補充痙病治法方藥。在診斷方面，該書所述指紋脈診别具心法，提出指紋表裏、寒熱、虛實辨證要領，即“浮沈分表裏”、“紅紫辨寒熱”、“淡滯定虛實”。在治法方面，治法周備，推重火功。書中備述兒科治法，除藥物治療外，尚有神火法、艾灸法、鍼鋒砭法等特殊治療法，尤推重火功，稱之爲幼科第一要務，有起死回生之效。此書集衆説而不拘執，闢時弊而切實用，對兒科理論及臨床都有重要指導價值。周虛中曰：“其中闢驚風之悖謬，晰指紋之精微，與乎秘傳神火之功驗，莫不有本有標，有表裏陰陽，有寒熱虛實，條分縷晰，界限井然。俾後之業醫者無誤治之虞，保赤者荷生全之德。”

此書初刻於清乾隆十六年（廣東登雲閣藏板）。今據首都圖書館藏乾隆刻本影印，扉頁有“翰墨園藏板”字樣，書前有裘曰修序、梁玉序、凡例、陳復正“集成小引”。（楊金萍）

聞人氏痘疹論四卷　（宋）聞人規撰（第1011 冊）

聞人規（生卒不詳），字伯圜，檇李（今浙江嘉興）人。南宋待補國學進士，善治小兒痘疹。生平略見此書附録聞人氏自序。

聞氏謂痘疹治療關乎生死，毫髮一差，生死隨異，而小兒痘瘡諸書，略而不詳，倉卒之際，不能爲用；因廣求古人議論，證以己所聞見，撰成問難八十一篇,名曰《小兒痘疹論》。書成於南宋紹定五年壬辰(1232),共四卷,八十一論。卷一第一至十八問,論痘疹病理、初作症狀、透發情況;卷二第十九至三十九問,論痘疹治療、禁忌、誤治變證及痘疹伴發症;卷三第四十至六十二問,論痘疹起發、成漿、潰膿,通過疹色判斷透發逆順,及論黑陷、倒靨等逆證;卷四第六十三至八十問,論痘疹結痂症、病後餘症,最後第八十一問對比董汲方、《指迷論》、錢乙、朱肱諸家論治之不同。

是書彙集宋以前痘疹理論方治,以問答體例,對痘疹從起發、灌漿、潰膿到結痂各階段症狀表現、逆順、伴發症及治療,進行詳細論述。每問先論後方,因症分治,因治應方,體例獨特,條理清晰,論述精深。其能折衷諸家,取前人之長而不拘泥。如言瘡疹病,諸家所言不一,董汲謂當用大黃、青黛,《指迷論》戒投溫劑,錢氏戒妄發妄下,朱奉議言小兒耳熱尻冷用利藥則毒氣入裏,四家皆局於一方,聞氏則謂需隨證商榷,以應無窮之變,體現靈活變通思想。

此書議論精闢,方藥效驗,爲兒科痘疹之良書,"其說雖出於張從道百二十篇,然考變分論,因症分治,因治應方,而於病之緩急輕重、寒溫補瀉、攻擊保養,罔不具載,確而當,簡而備,視從道尤詳焉"(劉尚義序),聞氏亦自言"每施以済人,隨試輒效,所活者亦多"。後世《本草綱目》、《古今醫統大全》、《赤水玄珠》皆有引用。

此書宋刻本已不可見。現存最早傳本爲元至治三年(1323)阮桂榮重刻本,阮氏重刊時增加附方內容。明嘉靖年間劉尚義重刻此書。現存主要有元至治三年刻本、明嘉靖二十一年(1542)劉尚義刻本、明嘉靖二十三年劉尚義松邑重刻本等。聞氏自序稱此書分三卷,明刻本作四卷,說明重刻時篇章有所調整。今據中國中醫科學院圖書館藏明嘉靖二十一年刻本影印,有陸深、劉尚義序,卷四後有附録阮桂榮序、聞人氏自序、聞人氏又自序。(楊金萍)

痘疹世醫心法十二卷痘疹格致要論十一卷

(明) 萬全撰(第1011冊)

萬全生平見前《萬氏女科》提要。

萬全秉承家傳,善治兒科痘疹,謂嬰孺之疾,痘疹最酷,万氏得父點撥,乃明虛實補瀉之理,施治多所全活,因此搜輯家教,考諸前言,廣詢博訪,附以己意,著痘疹之書,概其名曰《痘疹心法》,或名《痘疹心要》。書凡三易稿而成,初稿成於嘉靖二十八年己酉(1549),三稿刊於萬曆七年己卯(1579)。

《痘疹世醫心法》以歌括形式論述痘疹發病不同階段之證治。卷首《痘疹碎金賦》;卷一《治痘總括》;卷二至卷一〇分別爲發熱、痘疹出見、起發、成實、收靨、落痂、痘後餘毒、疹毒、婦女瘡疹之"證治歌括";卷一一、卷一二《古今經驗方》,各載方八十五首及六十一首。《痘疹格致要論》則推原痘疹病理,論述痘疹雜病之證治,并述藥性主治及炮製等內容。卷一推原痘疹發病及病理,包括"原痘論"、"胎毒論"、"五臟證見論"及"臟腑六氣十二經所主證治"等;卷二論氣運、疫癘與痘疹發病,辨其部位、脈候、氣血、陰陽、標本、形色,述其疏密、輕重、順逆等證治;卷三論痘疹伴發症之證治;卷四驗頭面、耳目鼻等"驗法";卷五論治痘要略及禁忌、預後;卷六辨析某些相似病證、治法,如"瘡疹證似傷寒辨"、"升麻葛根湯辨"、"錢氏陳氏立法用藥同異辨";卷七《先哲格言》;卷八《或問》;卷九《治痘凡例》;卷一〇、卷一一《藥性主治及修治法》,其中卷一〇氣類藥四十五品,血類藥十七品,解毒類藥六十八品。二書共二十三卷。

此書論述詳備,立論深刻,既有前哲之言,更多經驗家法,并附醫案,誠爲痘疹論治之圭臬。萬氏論治痘疹,既循前賢,又不拘執,指出醫要識證，藥不執方，如對於陳文中之溫補，錢乙之涼瀉，能客觀看待，以虛實補瀉之法辨證論治，而非偏執一家。對於某些通行治法亦不泥守，如汗下之禁，不死守戒律，指出當分虛實，能權變。其書影響很大，甫刊便傳抄流布，萬全在世時已有人抄襲偽冒，易稿過程中亦經多次刊刻。

此書成書及刊刻過程頗爲複雜，由諸序及萬氏《痘疹心要改刻始末》，可知萬氏曾三易其稿，四次付刊。初稿，萬氏於嘉靖二十五年、二十六年作《痘疹骨髓賦》及《西江月》，二十八年、二十九年作《世醫心法》，爲歌括形式，由長男邦忠私授於喻朝憲，轉而授於王濂。王氏偽爲己作，刻於贛州軍門，是爲贛本，時間爲隆慶三年己巳（1569），爲此書首刻。二稿，萬氏因王氏剽竊，又復重修，於嘉靖三十一年、三十二年作《痘疹心法》、《格致要論》，將初稿《痘疹骨髓賦》改爲《碎金賦》。郾陽孫應鰲以萬氏重修本刊於行都司，書名作《痘疹心要》，是爲郾本，亦稱隆慶本，此爲二次刊刻。黃州知府孫光祖於萬曆元年（1573）據隆慶本重刊，是爲黃本，此爲第三次刊刻。萬氏三稿即定稿，時在萬曆七年。萬全《痘疹心要改刻始末》言，因所刻《世醫心法》尚有未盡之證、未立之法，闕略頗多，故於晚年重新修訂，附加醫案，取其往日所治之證、經驗之法，因案以立括，因括以附案，補其闕略百餘條，撰爲定本，於萬曆七年刊刻，此爲第四次刊刻。

現存主要有明萬曆十一年吳門陳允升刻本、明萬曆三十八年夏邑彭端吾刻本、日本享保十三年（1728）田邊會英等合刻本（題《痘疹心要》、《痘疹格致要論》五卷）等。另有《痘疹心法》、《痘疹世醫心法》單行本多種。今據上海圖書館藏明萬曆十一年陳允升刻本影印，書前有孫應鰲、孫光祖叙、萬氏《重刻痘疹心要序》（闕"己卯人日羅田萬全自序"題識），萬氏《痘疹心要改刻始末》、《碎金賦》後有"隆慶戊辰秋九月全自述"。（楊金萍）

活幼心法九卷　（明）聶尚恒撰（第 1011 册）

聶尚恒（約 1572—?），字久吾，又字惟貞，清江（今江西樟樹）人。父精理學，旁通於醫。尚恒少事王龍溪、王荆石兩先生，知名當時。萬曆年間以鄉進士出知福建汀州府寧化縣事，卓有政聲。嘗任撫寧令、福州教授。少從父訓，每乘暇日，博覽方書，精察病情，遂通於醫，尤精心於活幼治痘。除此書外，另著有《奇效醫述》、《痘科慈航》等。生平見同治十二年《新淦縣志》卷八及《活幼心法》自序、朱純嘏《痘疹定論》序。

聶氏以其閱歷、精思，寫己心之所悟，發前人之未發，欲取長棄短，矯偏救失，故著成此書，命曰《活幼心法》，又名《活幼心法大全》，自謂"以吾之心悟爲後法，而可以回生起死"。書成於明萬曆四十四年（1616），共九卷。卷一列"論受病之源"、"折諸家之衷"、"闢時醫之謬"、"辨虛實寒熱之異"、"晰氣血盈虧消長之理"、"精炮製用藥之法"諸論，總述痘瘡病因、病機、治法、用藥，并批評時弊。卷二至卷四論痘自初發熱至痘出齊，及出齊後起發、灌膿至結痂之各期調治法，備載各變症方論治法。卷五列"備用緊要諸症方論"，乃論痘症各種兼夾症如夾斑丹、夾麻疹及發疔、衄血、小便不利等雜症治法，并附古今治痘要方。卷六"痘證或問六條"，乃醫論。卷七列"治痘醫案十一條"，爲病案。卷八論痧疹。卷九爲"雜症論"，包括急慢驚風等。

聶氏於痘證病因病機、治則、用藥皆有獨到發明。如謂痘之受病與孕婦飲食、胎毒有關，飲食淡，血氣清，胎毒輕，則痘少平順；飲食厚，血氣濁，胎毒重，則痘密險危。痘之發病與血氣密切相關，痘之發出、成漿、收痂，全賴血氣送毒外出，故治療提倡溫補氣血，反對概用解毒之藥。其立法用藥傾向於宋代陳文中之溫補,立溫補調治氣血之法,扶胃氣而助血氣,用藥以參、芪、歸、朮佐加木香、丁香、桂、附等,反對用芩、連、葀、翹等。於其毒盛者,亦不偏廢寒涼解毒,但用酒製法減其寒涼之性。又倡導逐毒説,反對解毒説,主張痘未出前以逐毒爲主,實熱證當宣發壅滯以逐毒,虛寒證當補助血氣以逐毒,力闢急用寒涼遏毒內攻之弊。論理精到,鍼砭時弊,獨創新法,誠爲痘科之圭臬,後世治痘之指南。其升提補托之法,乃開後世治痘之一大法門。《揚州畫舫錄》曰:"小兒之生,以種痘爲要,不然則治法有二:其一用升提托補以催其膿,聶久吾《活幼心法》發其端,朱純嘏《痘疹定論》詳之;其一通下以瀉其毒。"清朱純嘏《痘疹定論》自謂"遵厥成規,而發其蘊奧"。

此書後世流傳甚廣,曾多次刊刻。主要有明萬曆刻本、日本寬永六年(1629)刻本、明崇禎六年(1633)刻本、日本寬文六年(1661)田原仁左衛門刻本、清康熙十五年(1676)刻本、乾隆四十九年(1784)大元堂刻本、嘉慶二十二年(1817)亦政堂刻本、道光十八年(1838)海陽張汝英刻本、婺源俞氏校刻本等。今據安徽省圖書館藏清抄本影印,前有乾隆五十九年李長根序。(楊金萍)

救偏瑣言十卷備用良方一卷　(清)費啓泰撰 (第 1011 册)

費啓泰,字建中,號德荂,烏程(今浙江湖州)人。博通經史,業儒不就,徙而從醫,精於岐黃,尤工痘科。更著有《一見能醫》。生平見乾隆二十三年(1758)《湖州府志》卷二五。

費氏謂痘症治法有常有變,不可泥文執象。經長年臨證及研摩醫籍,其質疑崇補助陽之"常"法,認爲痘屬血熱,不當循"常"泥古,因作此書以補古法治痘之偏,自謂"不以瑣言爲贅而蹈數窮,良以學至化境,并無可言",名曰《救偏瑣言》。書成於順治十六年己亥

(1659),凡十卷,論述痘疹自起發到結痂各個階段證治,以論爲主,常附治驗。卷一《救偏總論》、《原痘論》、《論氣》、《論血》主要推原痘疹病理。卷二《治痘運掌賦》、《論治痘權宜》、《治痘藥性摘要賦》等論述治法;卷三論發熱、升發,及述疏表、達表、首尾疏達法之宜忌;卷四至卷一〇論痘疹各個階段及不同痘形之證治準則。卷一〇後附《瑣言備用良方》一卷,主要載方。

費氏論治痘疹,理論偏於毒火説,用藥偏於寒涼。痘有陰陽虛實,醫家或偏於溫補托裏,或偏於清解攻下,費氏雖基本認同痘有陰陽,但更强調痘屬熱毒,指出痘犯元臬烈毒,猶夫火宅,不第制化有所不受,連氣亦爲毒氣,血亦爲毒血。謂世醫通行扶元爲重、治毒爲輕之治法,輕重倒置,速其斃亡。尤其反對陳文中溫補之法。故其治療偏重寒涼攻下,善用大黃、生石膏。今觀其所治痘證,屬實熱證者多,費氏雖言"補偏",但重攻下而略溫補,反有以偏救偏之嫌,吳鞠通、葉天士皆責其過,謂臨證當辨其陰陽虛實而施治,不可執一廢全。

此書主要有清順治刻本、康熙二十七年(1688)惠迪堂刻本、康熙二十七年聚錦堂刻本、康熙二十七年文盛堂刻本等。今據山東省圖書館藏順治惠迪堂刻嘉慶元年金閶惟善堂印本影印,書前有方大猷叙、費氏《自題瑣言小引》,無費氏自序。(楊金萍)

痘疹定論四卷　(清)朱純嘏撰 (第 1012 册)

朱純嘏(1634—1718),字玉堂,新建(今屬江西)人。清康熙間太醫院御醫。少習舉子業,後攻醫術,精於痘疹。嘗奉旨爲宮廷種痘,後又赴內蒙種痘,俱獲痊癒。生平略見此書序。

書四卷,刊於康熙五十二年(1713)。卷首刊自序一篇,卷一分二十三論,卷二分三十五論,卷三分十九論,卷四分十二論。書中對古

之胎毒説多有發明,力暢痘疹之症源於胎毒、感於時氣,其發病乃時令邪氣入於命門,隨命門陰陽之別發則爲痘疹之異。其論述詳於痘,略於疹。以臨證效驗爲務,對驗之無效者多有批駁,如人牙、地龍、人中黄、金汁諸論。其禁忌駁雜,可謂不足,然瑕不掩瑜。古之痘疹立論較多,但不出二家之言:錢氏《小兒藥證直訣》立法多寒,陳氏《小兒痘疹方論》用藥偏温。此書則立法公允,不偏不頗,合二家之言,兼數家之論,可謂痘疹之定論。

此書現存版本有四十餘種,其中康熙五十二年聚英堂刊本、乾隆三年(1738)中衛縣署刻本、乾隆三十四年沈大成刻本、咸豐三年(1853)文成堂刻本等多見。今據康熙五十二年聚英堂刊本影印。(張建偉　李亞軍)

種痘新書十二卷　(清)張琰撰(第1012冊)

張琰,字遜玉,三山汀郡寧陽(今山東寧陽)人。清雍乾間名醫,長於痘診。生平略見此書序。

張琰自稱祖傳種痘已數代,其繼承父教,臨診治療痘疹病例近萬人,并用數十年功夫專研種痘術,晚年撰成此書。其自序謂"非敢曰創千古未有之奇也,特以獨得而心裁者公之于世,以補慈幼之術而新岐黄之耳目云爾,故題之曰'種症新書'"。刊於清乾隆六年(1741)。全書分仁、義、禮、智、信五部十二卷。卷一、卷二載藥性、痘疹診法及治療大要,卷三介紹種鼻痘之法,卷四至卷八爲痘疹各期證治,卷九講痘後雜症及調治,卷一〇爲女子痘症,卷一一爲麻疹論治,卷一二爲麻痘諸方。其治痘之法遵循聶尚恒(號久吾)《活幼心書》而有所發揮。

此書現存乾隆六年元成堂刻本、乾隆二十四年聚錦堂刻本、乾隆四十二年寶文堂刻本、乾隆五十一年錫環堂刻本、乾隆五十五年聚錦堂刻本、嘉慶八年(1803)義經堂刻本、道光十二年(1832)桂芳齋刻本、咸豐三年

(1853)紀國堂刻本、同治十年(1871)重慶善成堂刻本、同治光緒間廣州翰文堂刻本、光緒三十二年(1906)上海書局石印本等。今據清乾隆六年元成堂刻本影印。(李亞軍　張星)

麻科活人全書四卷　(清)謝玉瓊撰(第1012冊)

謝玉瓊,字崑秀,號璞齋,安成(今廣西賓陽)人。生平略見此書序。

謝氏有感於小兒夭折於麻疹者甚多,乃專心岐黄,勤研麻疹證治。雍正十二年(1734)於友人處獲静遠主人《麻疹辨症》及《麻科秘本》二書,又補以各家麻疹論述與治麻之方,參以己驗,輯成《麻科活人全書》四卷。卷一總括麻疹及其辨證治療、常用藥物等,卷二至卷四介紹麻疹發病各階段證候與變證具體治法。凡一百零八篇,各篇均有歌訣及論説,末附劉齊珍輯刊舒馳遠《麻疹論》一篇及醫案等,對麻疹發病規律、各期特點論述頗細緻全面,并詳述麻痘病因病理、形態及治則、處方,爲卓有影響之麻疹專書。

此書流傳頗廣,現存乾隆十三年(1748)漢口無元慈善堂刻本、乾隆五十七年刻本、道光三年(1823)宜春彭肇刻本、道光三年述古書院刻本、道光二十一年阜山劉齊珍刻本、道光二十五年刻本、咸豐元年(1851)龍溪村彭氏刻本、咸豐八年刻本、咸豐十一年邵陽姚氏刻本、同治八年(1869)彭聯升刻本、同治九年桂馨堂刻本、光緒十五年(1789)漢口宏文堂刻本、光緒十六年紅杏山房刻本、光緒二十年仿古齋刻本等。今據清道光三年宜春彭肇刻本影印。(李亞軍　張星)

引痘略一卷　(清)邱熺撰(第1012冊)

邱熺,字浩川,南海(今屬廣東佛山)人。生平略見此書序。

邱熺素不知醫,嘉慶初年,洋醫至粵,欲傳

種牛痘之法,人多不信,獨熺詢得其效果詳驗,且身試無誤,遂傳其方,作此書。首列插圖四幅,詳繪種痘之部位、所用刀具及操作之法。其論種痘"首在留養苗漿,次在認識瘋疾",頗有見地。其後載引泄法、度苗法、出痘時宜辨及出痘後須知調養法,最後列附方藥,以療"痘損破膿水不止"、"痘潰爛"等各種可能之後遺症。全書論述詳備,可謂種痘專精之書。

現存版本有六十餘種,如清嘉慶二十二年(1817)刻本、道光七年(1827)刻本、道光二十九年聚文堂刻本、光緒七年(1881)太醫院刻本等。今據清道光七年刻本影印。(張建偉　李亞軍)

劉涓子鬼遺方五卷　(晉)劉涓子撰 (南齊)龔慶宣重訂 (第1012冊)

劉涓子(約370—450),京口(今江蘇鎮江)人。與南朝劉宋同宗,曾爲彭城内史,善醫學,尤精外科方術,東晉安帝義熙六年(410)隨劉裕北征,以所得藥療被創者,多有效驗。事迹散見於《晉書》、《宋書》。

龔慶宣,南齊人。與劉涓子姊之孫道慶爲鄰,得道慶臨終傳付《劉涓子鬼遺方》。生平略見此書序。

據此書龔氏序文載,劉涓子於丹陽郊外獲"黄鬼父"所遺《癰疽方》一卷并藥一臼,後隨軍北征,有金瘡者以藥塗之,隨手而愈,故名《鬼遺方》。實當爲劉涓子所撰。

此書約成於宋元嘉十九年(442),原十卷,草寫無次第,後傳從孫道慶,道慶又傳龔慶宣,龔氏於南齊東昏侯永元元年(499)重爲編次審訂,釐爲五卷,并爲序列於篇首,詳述起因。卷一論癰疽病因、各種癰疽鑒別,卷二述金瘡外傷治法,卷三爲癰疽發背及婦人妒乳、乳腫等病之治療,卷四載黄父癰疽論及治療,卷五載癰疽方及疥癬、婦人乳腫、小兒頭瘡、熱毒等藥方。書遵《内經》、《金匱》之旨,

收録前代醫家經驗,并融合其平生治驗,揭示癰疽病因、病機及鑒別診斷,强調早期治療之重要性。治療方法上,以鍼灸、外用藥、穿刺、排膿、引流等外治法爲主,也强調清熱解毒、活血化瘀、補氣生津等内治法,奠定後世外科消、托、補三法基礎。此書係我國現存最早外科學專著,對後世中醫外科學發展影響較大,對現代外科臨床也有參考價值。

此書後世輾轉傳抄,多有遺佚,宋後存殘版二種,一爲《劉涓子鬼遺方》五卷本,二爲《劉涓子治癰疽神仙遺論》,前者流傳較廣。今存主要有宋刻本、日本寶曆六年(1756)平安文泉堂刻本、日本寬政八年(1796)養氣堂刻本、清嘉慶五年(1800)掃葉山房刻本等。光緒二十八年(1902)新疆吐魯番出土《劉涓子方》殘葉二紙,爲此書早期傳本内容。今據北京圖書館藏宋刻本影印。(臧守虎)

重校宋竇太師瘡瘍經驗全書十二卷　舊題(宋)竇默撰 (明)竇夢麟增輯 (第1012冊)

此書舊題宋竇漢卿撰,實爲明嘉靖四十八年(1569)竇夢麟輯明以前外科諸書論説及經驗諸方而成。竇夢麟,字伯升,號仲泉,無錫(今屬江蘇)人。嘉靖太醫院醫士竇楠之次子,亦任冠帶醫士。

此書又名《竇太師外科全書》、《竇氏外科全書》、《竇太師圖像外科全書》等,共十二卷。卷一備載咽喉口牙舌諸説及症候,爲較早且系統之耳鼻喉科學説;卷二至卷七介紹全身各部位癰疽,如發背、疔毒、骨疽、瘤毒、麻瘋、疳毒、痔漏等症候及經驗方;卷八介紹痘瘡形症,卷九載灸治、開刀法、消托湯散膏丹,卷一〇爲用藥、脈訣、五臟圖説、決生死治法,卷一一、卷一二詳論雜症奇方、怪症及小兒雜症。此書内容較爲龐雜,除外科瘡瘍皮膚病症外,他如五官、小兒諸科亦有論述。其内容多係輯自他書,且未標明出處,向受人詬病,但此亦明代醫籍通病。學者考證此書成

於明後期,題宋竇漢卿撰顯係偽托,申時行序亦涉作偽。書中治驗或即夢麟自輯而托之乃祖。但明前外科經驗得以薈萃存世,其價值仍不可小視。

此書《史志》未載,初見於明殷仲春《醫藏目録》,再見於清《四庫全書總目》。康熙丁酉歙人洪瞻巖重刊,云得宋刻秘本校之,亦屬虛詞。現存明隆慶三年(1569)三衢大酉堂刻本、清康熙五十六年(1717)浩然樓刻本、清乾隆四年(1739)蔚文堂刻本等。清時或增補一卷"黴瘡"成十三卷。現亦存六卷本,與十二卷本内容全同。今據浙江省圖書館藏明隆慶三年三衢大酉堂刻本影印。
(和中濬)

癰疽神秘灸經一卷　〔元〕胡元慶撰　〔明〕薛己校補(第1012冊)

胡元慶(生卒不詳),元代醫家,鶴溪(今浙江景寧)人。

薛己(1487—1559),字新甫,號立齋,吳縣(江蘇蘇州)人。出身世醫,幼承家訓,精研醫術,兼通内、外、婦、兒各科,名著一時。明正德元年(1506)補爲太醫院院士,九年擢爲御醫,十四年授南京太醫院院判,嘉靖九年(1530)以奉政大夫、南京太醫院院使致仕歸里。深受張元素、李杲、錢乙等影響,治療尤以外科見長。著述甚豐。自著有《内科摘要》二卷、《癰瘍機要》三卷、《外科發揮》八卷等十餘種,校注、校勘《婦人良方大全》二十四卷、《小兒藥證直訣》三卷、《十四經發揮》三卷等十餘種。生平見《(康熙)蘇州府志·人物志》。

此書又名《癰疽神妙灸經》,撰年不詳,爲運用灸法治療外科癰疽之專書。主張癰疽、疔瘡係經血阻滯、氣血不通所致,遂輯十二經通滯之穴,撰成此書。究其内容,多源於元滑壽《十四經發揮》。書繫癰疽於十四經脈,分經取穴,且灸穴於遠端。取鍼腧穴,皆繪圖標出,頗便取法。

此書版本有三。其一收於明彭用光《簡易普濟良方》卷六,此本中有少量彭用光按語,各經排列次序與《銅人圖經》大體相近;其二載明祝大年等編《醫學集覽》,各經排列次序與《十四經發揮》相同;其三爲日本享保十四年(1729)鐵研齋本,係據《醫學集覽》本翻刻。今據日本享保十四年鐵研齋刻本影印。
(和中濬)

新刊外科正宗四卷　〔明〕陳實功撰(第1013冊)

陳實功(1555—1636),字毓仁,號若虛,東海(今江蘇南通)人。少時習醫,尤精於刀圭之術,以之爲業,即奇瘍怪證亦多有效驗。積四十餘年臨床經驗著成此書,另著有《外科尺木》四卷。事迹見康熙十三年《通州志》卷一〇、《弘光州乘資》卷四。

此書又名《外科微義》,成於明萬曆四十五年(1617),共四卷。卷一總論癰疽病因病機與治法、形色順逆、調理宜忌,并陰症、陽症、五善七惡等歌訣,有癰疽發圖三十六幅。卷二至卷四通論外科諸證一百餘種,附以驗案,論治精詳。陳氏尊陳無擇三因説,謂外症必根於内,主張内外兼治。内治以消、托、補爲主,尤重保護脾胃,反對濫用寒涼,外治爲刀鍼與外治藥物療法。書中記載多種外科手術法,如自刎者喉管食管縫合術、脱疽截指術、下頜骨脱臼復位等。此書集明以前外科學之大成,爲研習中醫外科重要參考文獻,刊行後廣爲流傳,習之者甚衆,終成外科學一大學派,即"正宗派"。以陳氏正宗派爲開端,中醫外科發展至清代逐漸形成三大學派,即正宗派、全生派、心得派。

此書主要有明萬曆四十五年刻本、明崇禎四年(1631)刻本、日本寬文三年(1663)刻本、清康熙三十八年(1699)振玉堂刻本、觀榮堂刻本、日本寶永三年(1706)宣風坊書林井上忠兵衛刻本等,皆作四卷。另有張鸞翼重訂十二卷本、徐大椿評注十二卷本、係四卷本分析而成。今據安徽圖書館藏明萬曆四十五年新刊四卷本影印，書前有萬曆丁巳夏日顧懋賢序。（谷建軍）

新刊秘授外科百效全書六卷 （明）龔居中撰（第1013冊）

龔居中生平見前《新刻痰火點雪》提要。

書成於明崇禎三年（1630），末附《外科補遺秘授經驗奇方》。傳世雖有六卷與四卷之別，然內容相差無幾。全書詳論癰疽病證，劃分腦頸、胸腹、背腰、臂腿、手足、遍身等六部，兼收雜治、急救、中毒、誤吞、蟲獸傷等疾診療。書中列證七十餘種，插圖近三十幅，故又名爲《圖像外科百效全書》。

書名既稱“全書”，自以輯錄爲功。其中源於《醫學入門》者居多，兼收《古今醫鑒》、《跌損妙方》等。所載圖像亦多參考他書，如《寶太師瘡瘍經驗全書》、《秘傳外科方》等。所錄方劑種類繁多，膏劑、散劑、湯劑、丹劑、丸劑，不一而足，間有祖傳、自創者。其源自民間之單方、驗方、偏方、無名之方等，彌足珍貴。所治病證廣泛，病種齊全，尤以痔瘡、漏瘡、麻風、梅瘡、梅毒等爲詳。又載房中採戰之類，可見明末社會風氣之一斑。

此書主要有明刻本（殘）、清初發祥堂刻本、清同治十三年（1874）鋤經園刻本、清宏道堂刻本、清大文堂刻本、清致和堂刻本（四卷）、清善成堂刻本、清錦盛堂刻本、清致盛堂刻本、清五鳳樓刻本、清寶翰樓刻本、清令德堂刻本等。今據南京圖書館藏清五鳳樓刻本影印。（王緝　和中濬）

洞天奧旨十六卷圖一卷 （清）陳士鐸撰（第1013冊）

陳士鐸（生卒不詳），字敬之，號遠公，別號朱華子，又號蓮公，又自號大雅堂主人，明末清初山陰（今浙江紹興）人。鐸少習舉業，屢試不得志，遂究心醫學。平生好學，上探典籍之奧，博採諸家之長，後自稱得高人指授，醫術精進。著述達十六種，除此書外，現存《內經素問尚論》、《靈樞新編》、《外經微言》等八種。事迹見《（嘉慶）山陰縣志》卷一八。

書係陳氏晚年所著，又名《外科秘錄》，成書於康熙三十三年（1694），三十七年陶式玉爲之序，至乾隆庚戌（1790），其曾孫陳鳳輝付梓并爲之跋。因作者托名“岐伯天師”所傳，又因內容獨特精妙，故名“洞天奧旨”。凡十六卷，書前有康熙甲戌自序，述此書由來及外科家傳經驗，凡例強調其外科學主張，力主內治，喜補惡攻，更惡刀鍼，認爲瘡瘍外發，皆由臟腑內虛。卷一至卷四總論瘡瘍辨證、症候、診法及治法用藥；卷五至一三記述外科、皮膚科及金刃、跌打、蟲獸傷等一百五十七種病症，卷一四至一六選錄外科方劑二百八十一首及刀鍼之法。外科病症尤重辨證，強調辨明經絡、陰陽、標本、虛實、順逆。製方用藥以少而精、分量重爲特色，善用大方，方中藥物或以兩計，甚則人參半斤、黃芪一斤、金銀花一斤等，務使其效專力宏。尤喜用金銀花，每每數兩。然同時方藥亦多輕劑，創新出奇與常法妙用并行不悖。

此書內容與傳爲傅山之《青囊秘訣》有一定關係，如二書病症、方藥大體類似，學術思想亦一致，但其內容與規模遠較《青囊秘訣》厚重。清人《鄭堂讀書記》、《萬卷精華樓藏書志》等有著錄。今存最早刊本爲乾隆五十五年（1790）大雅堂本，另存嘉慶間聚賢堂本、緯文堂巾箱本、光緒間善成堂本以及清末、民國間石印本數種，以大雅堂刊本爲最善。今據中國醫學科學院圖書館藏乾隆五十五年陳鳳輝大雅堂刻本影印。（和中濬）

外科證治全生不分卷附金瘡鐵扇散方一卷 （清）王維德撰 （清）明德輯（第1013冊）

王維德（生卒不詳），字林洪，一字洪緒，號林屋散人,一號定定子,世人尊稱林屋先生,清康熙、乾隆年間吳縣(今江蘇蘇州)人。除醫著外,尚有《永寧通書》、《卜筮正宗》等傳世。《清史稿》有傳,生平又見民國二十二年《吳縣志》卷七五。

明德,清雍正、乾隆時長白(今屬吉林)人,曾任兵部右侍郎、都察院右副都御使等職。

王氏曾祖若谷善瘍科,維德幼承家學,感世之治瘍者多用《外科正宗》之法,濫用刀鍼,枉死者甚多,故薈集祖傳效方及四十餘年臨床經驗,於乾隆五年(1740)著成此書。又名《外科證治全生集》。不分卷,有論證、治法、醫方、雜證、製藥、醫案六部分。謂癰與疽二證一陽一陰,一熱一寒,當分別兩治。對外科常見病證按人身上、中、下三部論治,列外科常用效方七十餘首,并內、婦、兒科雜病驗方。以陰陽虛實爲外科主要辨證論治原則,治療上"以消爲貴,以托爲畏",以溫通爲法則,反對輕用刀鍼,創陽和湯、犀黃丸、小金丹等方。

書刊行於乾隆五年,影響極大,爲業瘍科者奉爲枕秘。其所代表之外科學派稱"全生派",爲外科三大學派之一。此書後經馬培之眉批、陶階臣評批,重新分門別類,訂成四卷。卷一將外科常見諸病證類分爲陰症門、陽症門、有陰有陽症門、雜症門四部分,卷二爲內、婦、兒科雜病,卷三列諸藥法製及藥性,卷四列諸方,并附新增馬氏試驗秘方八首。馬氏謂王氏此書"既不憑脈,亦不辨症,貽誤非淺",陽和、犀黃等方"法非不善,而論究失一偏",爲補偏救弊,故加評批,使其臻於完善。

所附明德輯《金瘡鐵扇散方》一卷,僅載方一首,係從《洗冤錄》中錄出,專治跌打損傷、筋骨斷折等症。後附驗案十三則。

《外科證治全生》刊行後流傳甚廣,有不分卷本、二卷本、四卷本、六卷本。不分卷本主要有清道光二十五年乙巳(1845)瓶花書屋校刻本,道光二十七年丁未掃葉山房刻本、咸

豐十一年辛酉(1861)武昌節署刻本等。二卷本有咸豐木活字本、光緒十六年庚寅(1890)都門刻本等。四卷本主要有乾隆五年庚申(1740)刻本、乾隆十四年己巳長沙經濟堂刻本等。六卷本有乾隆刻本、道光二十一年辛丑(1841)曋城裘孟居刻本等。今據首都圖書館藏姜成堂刻本影印,書前有乾隆五年自序,後附《金瘡鐵扇散方》一卷。又,《金瘡鐵扇散方》現存清同治九年(1870)金陵方氏刻本、光緒三十四年揚州務本堂刊本。(谷建軍)

瘍醫大全四十卷　(清)　顧世澄撰(第1013—1016冊)

顧世澄(生卒不詳),一名澄,字練江,號靜齋,蕪湖(今屬安徽)人,清乾隆間名醫。世醫出身,祖寧華,父青巖,皆蕪湖名醫。少攻儒學,屢試不中,壯年承家學從醫。後遷居揚州,業醫四十餘年,聞名於當時,尤以瘍科著稱。生平見此書各序。

全書凡四十卷,初刻於清乾隆二十五年(1760)。首列《內經》纂要,次列診斷、臟腑、五運六氣、辨證、病機、瘡瘍兼證、治法、用藥、醫論及方,再按頭面、眼目、顴臉、耳唇舌齒咽喉、頸項、腋臂指掌、胸膺臍腹、內臟、腦背、後陰、前陰、腿膝、足踝等部位分列外科病症以及幼科諸瘡、痘疹、跌打、急救、咬傷蟲傷等諸證,兼及內、婦、皮、兒各科與花柳病、男科、溫病等有外證可見者,論及疾病達四百餘種。書中不少病症附有證形圖,又引錄三十多位著名醫家瘡瘍理論,多注明出處,間加按語,重在病因、病機、治法及選方用藥心得,要而不繁,每有畫龍點睛之妙,附方選錄名家效方、古今驗方,參以家藏秘方。

顧氏外科學術思想注重兼收并蓄,強調辨證,除辨陰陽、虛實、肥瘦外特別涉及婦女妊娠、產後、處女、寡婦、僧尼和嬰兒等不同情況診治,且對瘡瘍兼有之發燒等多種全身症候

詳加論述。其治法,從癰疽初起之內消,至膿已成之切開引流,凡非藥石所及之外科手術方法與步驟,均有詳實論述。顧氏重視整體觀念,認爲外科疾病雖多顯於外,然必先受於內,反對僅重局部、只仗膏丹、不習脈理、推諉內科之偏向。提出初起貴乎早治,不宜過用寒涼;膿若已成,不宜一意消散,恐消散不成,反致壞證。此書對清初以來外科理論和證治進行全面彙總,堪稱大全。

現存清乾隆二十五年《顧氏秘書》本、乾隆二十七年達安堂本、乾隆三十八年藝古堂本、清光華堂本、清同治九年(1870)敦仁堂本等。今據上海圖書館藏乾隆二十五年刻《顧氏秘書》本影印,前有汪立德序、喬光烈序、自序。(和中濬)

瘍科臨證心得集三卷方彙三卷方彙補遺一卷家用膏丹丸散方一卷景岳新方歌一卷

(清) 高秉鈞　(清) 吳辰燦　(清) 姚志仁撰 (第1016冊)

高秉鈞(1755—1829),字錦庭,錫山(今江蘇無錫)人。精習經方,洞曉脈理,工內外科,尤精於瘡瘍,乾嘉間名震江浙。積三十餘年臨床經驗著成《瘍科心得集》,另有《謙補齋外科醫案》、《高氏醫案》、《景岳新方歌》傳世。生平見道光二十年《無錫金匱續志》卷六。

吳辰燦,字鶴山,清錫山(今江蘇無錫)人,高秉鈞表兄。學宗張景岳,因慮其方強記頗難,故仿汪訒庵《湯頭歌括》之例,與高氏、姚志仁同編爲《景岳新方歌》一卷,詳析方論,便於誦習,附刻於《瘍科心得集》之後。姚志仁,生平不詳。

書初刊於清嘉慶十一年(1806),包括《瘍科臨證心得集》三卷、《瘍科心得集方彙》三卷、《方匯補遺》一卷、《家用膏丹丸散方》一卷,後附《景岳新方歌》一卷。《瘍科臨證心得集》依人身上、中、下三部編次,卷上論頭面部及上肢諸症,卷中述軀幹、藏府及下肢諸

症,卷下爲痘毒、臁瘡等諸瘡雜症。此書數引《內經》、《金匱要略》之文及朱丹溪、薛立齋等諸家之論,全面闡述諸症病因病機、病症表現及治法。方彙部分依前症之次序列諸方,日用膏丹丸散附後。

此書悉究病因,外證內治,頗得古聖賢之心法,故以"心得"名之。書中申明外瘍實從內出,與內證異流而同源,亦須從陰陽、寒熱、表裏、虛實、氣血、標本辨之。高氏受溫病三焦辨證影響,確立按部求因外科辨證方法,病在上部者俱屬風溫風熱,中部者多屬氣鬱火鬱,下部者俱屬濕火濕熱。以此書爲代表之外科學派稱"心得派",爲外科三大學派之一。

現存主要有嘉慶十一年初刻本、嘉慶十四年己巳盡心齋刻本、光緒二十七年辛丑(1901)無錫日升山房刻本、光緒三十二年丙午上海文瑞樓石印本等。今據浙江圖書館藏嘉慶十四年盡心齋刻本影印,書前有嘉慶乙丑楊潤序、嘉慶丙寅吳趨郭一臨序及嘉慶十年孫爾準序。(谷建軍)

外科證治全書五卷末一卷

(清) 許克昌 (清) 畢法撰 (第1016冊)

許克昌(約1750—1835),字倫聲,和州(今安徽和縣)人。少嗜學,性好醫,於經史百家誦讀之暇,訪求名醫著述。後從東臺周舒軒學醫,以擅外證與小兒痘證兩門,名噪於士大夫間。曾整理鄭西賓《痘證必讀》,刪補耿仁齋《麻科明鏡》遺稿,皆梓行於世。又續畢法《外科證治》二卷成此書。生平略見此書序。畢法,字蒼霖。業醫,與許克昌爲好友,蓋亦和州人氏。著《外科證治》兩卷,年未三十而卒。

此書五卷,附錄一卷,成於清道光十一年辛卯(1831)。許氏深感外證之書汗牛充棟,然偏執者多,適中者寡,恰有友人畢法著《外科證治》,惜甫著兩卷而卒,遂在其基礎上廣集名家外科諸書,詳加考證,訪求效方,又增內

景、外因、奇證、蠱證、中毒五條,并立應驗藥方附於書末,編成此書。卷一至卷三爲外科證治統論,從頭至足按頭、面、眼、鼻、耳、口、唇、齒、舌、喉、項、胸、乳、腋、脅、肋、肩、膊、臂、手、背、腰、腹、前陰、後陰、股、膝、脛、足二十九部位依次論述外科病證及治療;卷四論四十種發無定處之外科病症及内景、惡瘡、奇疾、怪蟲、外因雜傷之證治;卷五爲通用、備用之治法用方,并附五十六類中毒救治之法。附錄一卷,爲王洪緒《外科證治全生集》醫案及曹畸庵《瘍醫雅言》丹藥集方,乃後人重刻時增入。

此書採王洪緒《外科證治全生集》之論、方尤多,而論證深展其理,集方足補其未備。如《外科證治全生集》論咽喉之證"頃刻而痛難忍者係寒,婉轉而痛方勝者係熱",而此書則論"婉轉而痛方勝,乃爲熱病。熱病者,風熱也。風無熱不熏,熱無風不熾,治當疏風降火,如方中蘇子利喉湯、黃連清喉飲是也。"全書不爲高論,一以陰陽虚實爲端,法期簡要,方必中和,實乃融學問與閲歷爲一體之醫門寶卷。

現存清道光十一年辛卯雲夢程氏刻本、同治四年乙丑(1865)刻本、同治六年丁卯刻本、光緒八年壬午(1882)河南聚文齋刻本等。今據上海圖書館藏清同治六年刻本影印,書前有道光辛卯年程懷環序、許氏自記、同治乙丑年屠仁守序及同治丁卯年易崇堦重刻弁言。(王宏利)

外證醫案彙編四卷 (清) 余景和撰(第1016冊)

余景和(1847—1907),字聽鴻,宜興(今屬江蘇)人。候選主簿。伯祖葆渠、伯麓泉均擅岐黄,享譽於嘉、道間。景和幼遭兵燹,父母去世,家道中落,遂棄儒業,隨兄移居武進孟河,拜孟河名醫費蘭泉爲師,盡得其傳,醫道大進。光緒八年(1882),應友人之邀行醫

常熟,數愈危疾,名聲大震,又兼樸誠温厚,醫德高尚,時有"余仙人"之稱。善治内科雜病,亦兼通外科、喉科。除此書外,另著有《診餘集》、《余注傷寒論翼》等。生平事迹見民國九年《宜荆續志》卷九《余景和傳》以及《吳中名醫録》。

余氏在孟河廿餘年,曾搜集費蘭泉、余麓泉等前輩舊方達數萬頁。因見外科臨證方案甚少,又因初學外科者常不能兼顧内科而致誤治,遂於光緒十七年編成《外證醫案彙編》四卷,又名《外科醫案彙編》。稿成之後,同鄉趙惠甫加以評語,光緒二十年孫思恭贊助梓行。卷前有陽湖趙賓暘序、會稽孫思恭序及自序。全書選輯清代名家陳學山醫案四百六十八則,薛生白醫案三則,繆宜亭醫案十八則,葉天士醫案二百三十七則,徐靈胎醫案四十六則,間附余氏個人驗案數則,凡七百餘案,分爲十三部,七十三門。選方必經驗於前人,選案皆徵諸實事,繁博者分其門類,奥妙者闡以釋詞,每部之後附有余氏醫論,闡述病因病證、内外治法,論其利弊,辨其異同,文字樸實,指示懇切。正文後附有徐大椿《瘍科論》一篇。

余氏精於内外科,重視内外證兼治,故此書雖云外科醫案,然屬内外合治者多達十之七八,余氏稱此爲"内外同診,和衷共濟"。其中有刀鍼圍貼,有立方用藥,相互融通斟酌,以求最佳治療效果。余氏强調因地制宜,選材亦突出地方特色。吳中地處東南低窪卑濕之地,濕熱熏蒸,人多食魚嗜鹹,瘍科病證最多,故此書專輯吳中名醫之外科醫案,外地名家一概未録。余氏認爲,醫能和緩者即爲上工,提倡醇正和平,王道緩治,故此書所輯醫案皆瘍科和緩之方。

此書初刊於清光緒二十年。現存主要有稿本、光緒二十年甲午蘇州緑蔭堂刻本、上海文瑞樓石印本等。今據上海圖書館藏光緒二十年甲午蘇州緑蔭堂刻本影印。(曹瑛)

解圍元藪四卷　（明）沈之問輯（第1016冊）

沈之問,號無爲道人、花月無爲道人,明正德、嘉靖間人,不詳其里籍、生卒年月。生平事迹見該書自序。

沈氏祖怡梅,素好醫學,嘗於閩、洛、燕、冀之地得山林逸士、海内高人秘典,麻風者得其施治獲愈甚多。父艾軒得其傳,又博而備之,活人益衆。三傳於之問,更廣求博採,用力尤勤,每遇知風者,即禮迎共研,得一言善法,即珍而筆之。其所隨集隨證若干方,皆旁搜考試,驗而奇異,發無不中者。因感得之甚艱,恐久湮没,遂編爲章次,名《解圍元藪》。書凡四卷,成於明嘉靖二十九年(1550),初無刻本,清嘉慶二十一年(1816),無錫黄鐘始刻於蘇臺,流傳絶少。卷之一首列風癩論,次標三十六風六經分屬;卷之二先立六經三十六風總論、藥病總説,後述癩症一十四種六經所屬、癩症總論;卷之三、四皆列舉藥方,計二百四十九首,并各附加減之法。

此書爲我國早期麻風專書,其論麻風病之理法方藥尤詳。書中所載麻風之論多有創見。如謂麻風患病之由有五,即風水陰陽所損,源流傳染所襲,氣穢蟲症所犯,保養失度所發,感冒積鬱所生。重視預防傳染,指出"須於幼年未曾發病之先,預常服藥"。此書分症甚詳,論風癩有三十六風、十四癩之別,治療則重脈藥相配,診視相參,對症施治,尤以"祛風瀉火殺蟲,排毒爲先;補血壯元導滯,堅筋相濟"爲大法,主張先散寒邪,次攻蟲毒,再調元氣,後養陰血。其用藥則按症分十類,計八十餘種,最善用大風子。

現存版本有清康熙十年辛亥(1671)抄本、嘉慶二十一年丙子黄鐘校刻本等。今據南京圖書館藏清嘉慶二十一年刻本影印。（王宏利）

外科灰餘集二卷　（清）程國彭撰（第1016冊）

程國彭(約1681—?),字鍾齡,又字山齡,號恒陽子,又號普明子,生於普陀(今屬浙江舟山),長於歙縣(今屬安徽),生活於清康熙、雍正年間。天資聰穎,初攻舉子業,考取副貢生。因少時多病,酷嗜醫學,潛心玩索,後以醫爲業,活人甚多。除此書外,另著有《醫學心悟》。生平事迹見道光八年《歙縣志》卷八。

雍正十年(1732)冬,程氏還歸普陀修行,所治多有患背疽及臁瘡疥癬者,投以膏散,不半月而收功。因此前所著《醫學心悟》僅及内科,於是更參外科青囊,約以十法施治之道,撰成此書,又名《外科十法》。書成於雍正十一年(1733),同年由新安江耀舟捐助付梓。前有自序一篇,扉頁題"神醫華佗遺書"。書分二卷,前卷載外科治療所用十法,即内消法、艾灸法、神火照法、刀鍼砭石法、圍藥法、開口除膿法、收口法、總論用藥法、詳論五善七惡救援之法、將息法,是治療癰疽發背之大綱;後卷載外科症治方藥,詳列外科常見病證七十七種,并闡明發病部位、性狀特點、治療方法與治療方藥。全書共載方劑六十九首。

程氏善治外證,此書所載外科十法,乃其在實踐基礎上,對外科臨證常用治法之總結歸納。程氏強調内外兼顧,治癰疽藥方宜顧脾胃爲主,如不得已而用清涼之劑,但期中病,切勿過劑,臨床治療亦以清不傷脾胃、温不助邪爲最佳。書中於癰腫病後將息法,強調既不可缺少血肉滋味,又不能用量太過,因血肉雖能生血肉,然量多則使肉氣勝穀氣,對病後將息不利。書中所載七十七種外科病證,涉及背、手、足、頭、鼻、齒、耳、眼、胸、臀等全身部位,有診斷,有治療,乃其多年外科臨證經驗真實反映,至今仍具參考價值。

此書目前僅見清雍正十一年癸丑刻本,今據南京中醫藥大學圖書館所藏該本影印。（曹瑛）

癩科全書一卷　（清）梁希曾撰（第 1016 册）

梁希曾（生卒未詳），字柘軒，嘉應（今廣東梅州）人。生活於清光緒、宣統年間。早年習儒，後精研醫術，内外各科均悉心研究，尤擅診治瘰癧。從醫數十年，初駐上海、香港，繼遊南洋十餘島。回國後居汕頭鮀江，曾供職於汕頭檢查驗病所。醫德高尚，堅持每日限時義診，有請必往，不畏寒暑，從不苛取分文。生平事迹略見此書諸序。

書成於清宣統元年（1909），同年經梁氏同鄉侯蘭汀出資刊行。書由《點癧藥品》、《點癧法》、《辨癧治癧法》、《辨癧養癧法》、《癧家之忌食》及《癧家之宜食》六篇組成。《點癧法》列十一條點癧注意事項；《辨癧治癧法》載十五種瘰癧證治，詳述其病因、病機及治療方法，羅列治療方劑三十四首，并指出誤治、失治之戒。書中有論有方，有治有養，有食物宜忌，内容豐富。

瘰癧爲難治之症，自古無專科，此書爲第一部瘰癧專著。梁氏細心研究瘰癧十餘年，特具經驗，認爲導致瘰癧原因非一，然皆由體質虛弱，血枯陰虧，氣滯痰凝所致。治療方法主張外用與内服相結合，外用點癧藥，内服湯丸消散，并注重食物調養。與世俗外科多行霸道不同，梁氏更重王道，以善後爲本務。如頸癧之治療，常醫多用剖割或用丹出核，梁氏則專用潛消之藥，手法和緩而奏效甚佳，於今日外科臨床仍有啓發。

此書現有清宣統元年己酉鉛印本、宣統二年庚戌刻本、宣統三年辛亥鉛印本、抄本等，并爲《三三醫書》、《中國醫學大成》、《國醫小叢書》收録。今據民國十三年（1924）鉛印《三三醫書》本影印，書前有宣統二年侯家驥序、宣統元年張衡皋序及宣統元年自序。（曹瑛）

損傷科一卷　（清）霍孔昭撰（第 1016 册）

霍孔昭，約生活於清康熙至乾隆年間，生卒未詳。據此書乾隆四十六年（1781）抄本胡德昂序，霍氏“外科甲於長邑”，尤擅損傷診治，弟子有楊氏。餘不可考。

此書乃胡德昂友人黃鶴林自霍孔昭親戚處“覓得秘本”，胡德昂觀後感其書“治法之次序，用藥之輕重，井井有條”（序），於乾隆四十六年仲冬抄録。書前有胡序，其後爲《損傷科目次》，下署“霍孔昭秘傳”。此書首述“總綱”，凡二十七條（“目次”著爲“廿四條”）；次述“入骱法”，凡五條，分別爲“臂骨出臼”、“胯骨出臼”、“肩骨出臼”、“頷骨出臼”、“鼻骨出臼”；次述“總訣”，凡三條，分別爲“損傷生死訣”、“損傷不治訣”、“損傷戒禁訣”。其後爲方藥，載回生丸、八寶丹、麥殼散、血竭散等凡六十三首，每方述其功用、組成、製法及用法等。所載霍孔昭個人臨證心得及經驗方藥，與彙編類醫書迥然不同，足資臨證參考。

現存僅清乾隆四十六年胡德昂抄本，藏中國中醫科學院，今據以影印。（焦振廉）

傷科補要四卷　（清）錢秀昌撰（第 1017 册）

錢秀昌，字松溪，清乾嘉間上海人。究心傷科，幼讀醫書，覺其義理淵深，有望洋之歎，欲就是科遍訪名家心傳，未獲。乾隆四十六年（1781）折傷左臑，得楊雨蒼治愈，遂受業於楊雨蒼，終精於傷科。生平略見此書序。

書凡四卷。卷一爲《人身正面穴圖》、《周身名位骨度注釋》、《脈訣》等，凡二十題。卷二爲《治傷三十六則》，分別爲金瘡論治、治傷法論、跌打損傷内治證等。卷三爲《湯頭歌括》，載止血黑絨絮、如聖金刀散等九十一首方藥，每方先列歌括，次述功用、組成、用法等。卷四先附録各家秘方，載正骨紫金丹、疏血丸等四十七方，每方述功用、組成、用法等；次述急救良方，載救中暍、凍死等五十類急救藥方，類各一首至數首不等。全書内容豐富，編集有序，圖文并茂，切於臨床實用，在清代傷科專書中極具特色。

書成於嘉慶十三年(1808),刊行於嘉慶二十三年。現存清嘉慶二十三年以來刻本六種,清抄本一種,民國間石印本一種。其中前四種刊刻年代皆爲嘉慶二十三年,分別爲虹口竹蔭堂刻本、引溪志遠堂刻本、上海千頃堂書局刻本、抱芳齋刻本。引溪志遠堂藏板《傷科補要》書後有陳炳嘉慶十五年跋和王煥崧咸豐八年跋。王煥崧爲錢秀昌外曾孫,跋中稱錢氏"及門極盛",而己父(字沛寰)"尤得心傳"。錢氏去世前囑咐沛寰收藏書版,并爲印刷。書版傳至己手,"四十年來毫無缺失",校閱後據以印刷,并作跋以志其事。

今據嘉慶二十三年引溪志遠堂刻本影印。書前有嘉慶十四年蘇昌阿、張範東、朱茂常、李林松、盛鏞、陸雨田、于克家等序七篇及自序一篇。(焦振廉)

傷科彙纂十二卷圖注一卷 (清) 胡廷光輯 (第 1017 冊)

胡廷光(生卒未詳),字耀山,自號洛思山山人,清蕭山(今屬浙江杭州)人。其家三代世醫,精於傷科,胡廷光曾行醫北京,在乃父《陳氏接骨書》基礎上,以《醫宗金鑑·正骨要旨》爲經,各家論述爲緯,彙輯而成此書。生平略見此書序。

書初成於嘉慶二十年(1815),定稿於嘉慶二十三年。書凡十二卷。卷一列《圖注》、《經義》、《脈要》、《鍼灸》、《歌訣》,凡五篇;卷二列《骨度》、《骨脈》、《經筋》、《部位》、《骨節》、《骨格》,凡六篇;卷三列《手法總論》及《摸法》、《接法》、《端法》等六法,《器具總論》及《裹簾》、《振挺》、《披肩》等十條,又《接骨歌訣》、《上髎歌訣》,凡二十篇;卷四列《方法總論》及內證、出血、泛注等三十一種病證,及《論攻利》、《辨生死》、《醫案》,凡三十五篇;卷五列《諸骨總論》及《顛頂骨》、《顱

骨》、《山角骨》等,凡二十二篇;卷六列《鎖子骨》、《胸骨》、《岐骨》、《蔽心骨》等及治驗,凡二十七篇;卷七列《用藥總論》及《二字藥》、《三字丸》、《三字散》等,凡十七篇;卷八列《五字丸》、《五字散》等及《附方》、《陳氏三方》,凡十四篇;卷九先列《後序》、《本草主治》,次列《損傷總論》及《金刃傷》、《箭簇傷》等,凡十四篇;卷一〇列《足踢傷》、《口咬傷》、《拳手傷》等,凡十三篇;卷一一列《嚙傷總論》及《蛇蠆傷》等,凡十三篇;卷一二列《狗咬傷》、《馬咬傷》等及《補遺》,凡九篇。此書爲傷科專書,內容豐富,圖文并茂,闡述頗有條理,驗案頗有特色。

此書現存清嘉慶二十三年博施堂定稿本,今據博施堂本抄本影印,書前有牌記,作"換骨新書"、"蕭山胡耀山編輯",牌記後有盛唐蘆汀氏嘉慶二十一年序、俞登淵陶泉氏嘉慶二十二年序及嘉慶二十年自序。除序文外,書後尚有胡廷光跋及大興周芝錦嘉慶二十三年"後跋"。(焦振廉)

傷科大成一卷 (清) 趙濂撰 (第 1017 冊)

趙濂,字竹泉,京口(今江蘇鎮江)人。同治、光緒年間以醫名。博採群書,證諸平日治法手法,撰成此書。另著有《醫門補要》、《內外驗方》、《青囊立效方》等。生平略見此書序跋。

書一卷,係趙濂在其所獲傷科抄本基礎上,"細爲較勘,擇其精詳,補其缺漏,加以經驗之真"(《自序》),編輯而成。凡七篇:《先看穴道吉凶》、《看傷吉凶》、《死診》、《跌打壓仆損傷者須用引經藥》、《接骨摸法》、《接骨入骱用手巧法》、《應用諸方》。《先看穴道吉凶》述凶門、節梁(鼻梁)等十八個部位損傷預後;《看傷吉凶》從兩眼、手指甲、陽物、脚指甲、脚底等五個部位預判損傷預後;《死診》述左右傷全體者、氣喘急痰響等二十餘種症候之診斷,以及六脈沈細虛小等三種脈

候之診斷;《跌打壓仆損傷者須用引經藥》述上部、手臂、背脊、胸腹、左肋、腰臀、兩足、下部、膝下、周身、順氣、通竅、破血、活血、補血、接骨、婦人等之引經藥,及傷肩、傷背等治法;《接骨摸法》分爲接法、端法、提法、按摩法、推拿法等五種,較爲簡略;《接骨入骱用手巧法》則詳細叙述各種損傷骨折的接骨手法及用藥;《應用諸方》述止血定痛散、封口金瘡藥、損傷膏藥、琥珀膏等四十餘首外用內服方藥。此書要言不繁,内容實用,其中"接骨入骱用手巧法"最具特色,"應用方藥"亦足資參考。書後有趙濂弟子、刑部郎中陳鳳章跋。

此書現存清光緒十七年(1891)刻本、民國間上海中醫書局鉛印本及抄本等。今據光緒十七年刻本影印。(焦振廉)

秘傳眼科龍木醫書總論十卷附葆光道人秘傳眼科一卷 題(明)葆光道人撰(第1017冊)

書又名《秘傳眼科龍木論》、《秘傳眼科龍木論總論》、《秘傳眼科龍木論集》、《眼科龍木論》等。既往諸本多題"葆光道人著",名實不副。葆光道人僅與附録《葆光道人秘傳眼科》有關,且較晚出。《龍木論》作者已無從查考。"龍木"即"龍樹",印度古高僧名。此乃宋人避英宗趙曙嫌名改。

此書源流複雜,淵源於唐代《龍樹眼論》,現存内容多爲宋元醫家在《龍樹眼論》及《審的歌》基礎上增補而成,其中"七十二證方論"與《龍樹眼論》關係尤深。目前學者多認爲當定型於宋元時期。宋《太平聖惠方》、《聖濟總録》輯有此書内容,元《世醫得效方》眼科内容大都源於此書,明初《普濟方》和《醫學綱目》多有引録,尤以前者爲著。此書現存最早爲明萬曆刻本,此亦當爲此書最後增補定型之期。

書凡十卷。卷一至卷六爲七十二證眼病。《龍木總論》由《審的歌發揮》等十二短篇組成,涉及眼科理論、結構、眼病病因病機、内服用藥法則、鍼刺適應症與外用藥使用方法等。七十二證將眼病分爲内障、外障。内障眼病包括各種不同形狀、顔色、原因、性質之翳障二十三種。外障眼病涉及胞瞼、白睛、黑睛、兩眥病症四十九種。每症皆用七言詩概括病證病因、病機、症狀、治則、治法等,共七十七首,實皆録自《劉皓眼論審的歌》。卷七至卷一○介紹諸家治療眼病方藥、鍼灸及藥物,主要爲宋元醫家所增補。附卷《葆光道人秘傳眼科》,以"七十二問"述常見眼病症狀、病因病機特點及治法用方,載《太平聖惠方》眼論、五輪歌、八廓歌、鉤割鍼鐮法、論眼捷法、論眼昏花捷要等内容。

此書爲中醫眼科學早期代表作,最早將眼病分爲内障和外障兩大類,奠定後世眼科病症病位分類,其眼病七十二證全面概括早期所知眼部病症,推動眼科趨於成熟。書中所載《五輪歌》初步構建眼科"五輪"學說,《八廓歌》首次記述八廓名稱及其與臟腑相配屬關係,影響深遠。

此書現存主要有明萬曆大業堂刻本、萬曆黄馥刻本、清光緒五年刻本、清書叢堂刻本、清藜照書屋刻本、清大文堂刻本等。今據遼寧省圖書館藏明萬曆三年刻本影印。(和中濬)

傅氏眼科審視瑶函六卷首一卷醫案一卷 (明)傅仁宇撰(第1017冊)

傅仁宇,字允科,秣陵(今江蘇南京)人。明末清初醫家,眼科世家。長子維藩,曾任職南京太醫院。生平略見此書序。

傅氏父子相繼三十餘年,以《證治準繩·七竅門》眼科内容爲基礎撰成《審視瑶函》。初稿成於崇禎甲申(1644),陳盟、陸彬二序作於此年,但當時并未刊刻。傅維藩序言明末甲申後又歷經八年,與表弟張文凱在家傳經驗基礎上,删繁輯略,博綜纂訂完稿。書中程正揆序題於康熙六年,猶勸傅氏梓行,故最後成書應爲順治九年,初刻於康熙六年。

書又名《眼科大全》,共六卷,卷首爲眼科基礎理論,收載前賢醫案,并載五輪、八廓諸説。卷一、二列眼論十七篇,全文收載《原機啓微》十八類眼病及四十六方。卷三至卷六爲全書主體,載眼病一百一十六證及其證治,以《證治準繩·雜病·七竅門》眼科内容爲基礎,每證新撰病症歌訣,載方三百餘首,補充《證治準繩》原缺一百餘方,有撥内障手法、割胬肉攀睛手法等詳盡介紹。書末附鍼灸要穴圖像、眼科常用穴位取穴與治療法及外用點眼、敷眼諸藥方。

書中眼論多爲傅氏新撰。如在《證治準繩》"開導説"基礎上提出"通光脈道"之説,強調祛邪開通明目之法;新補方劑約百首,自創方有墜血明目飲、驅風散熱飲子等名方;新增鍼撥内障法及術前洗眼、術後封眼、瞼内翻夾眼法、胬肉攀睛切烙法及鍼灸等外治法。提出撥障八法概念,并詳細介紹其操作步驟和方法,準確提出進鍼部位,爲金鍼撥障術做出重要貢獻。

與早期眼科著作如《眼科龍木論》、《銀海精微》等比較,此書内容更爲成熟,結構安排也更爲合理,故廣爲流行。書中"眼科鍼灸要穴圖像"等明以前資料,爲現傳鍼灸文獻所缺,故較珍貴。

此書刊行後受醫家青睞,版本達五十餘種。清周中孚《鄭堂讀書記補遺》、清丁丙《八千卷樓書目》、日本丹波元胤《中國醫籍考》等藏書家目錄多載。其中所謂崇禎甲申刻本及明崇禎間刻本實不足信。此書初刻本應爲康熙六年醉耕堂本,其餘版本皆出此本,而多數剜去程正揆序,似有冒充明刻本之嫌。今據湖南省圖書館藏清刻本影印,無傅維藩序、程正揆序。(和中濬)

一草亭目科全書一卷附録一卷 (明)鄧苑撰(第1018册)

鄧苑,字博望,清江(今屬江西)人。清順

治八年(1651)中舉,曾任河西令,晚年棄仕從醫,搜羅古籍,研習醫書,遂有眼科著作傳世。生平事迹見《(同治)清江县志·人物志》。

書約成於康熙五十一年(1712)。首列《目論》討論眼與臟腑關係,其後《目圖》述五輪分屬及各輪主病,繼述内障、外障諸眼病及症狀。外障列舉四十六症,多風凝熱積血滯所致,治以除風散熱、活血明目,用金液湯爲基礎方加減。内障列舉二十四症,多因血少神勞,治以養血補陰,安神明目,用加減地黄丸爲基礎方。此書列方多爲具有補益效用之名方。篇末爲小兒痘毒、疳積、雀目治法,録薛氏選方十三首。附卷爲《回春集脈案五行先尅解義》。全書内容簡短,以引録前人經驗爲主,個人臨床心得較少。但因其簡易,較爲流行。

此書現有康熙五十一年潁川鹿氏刻本、康熙五十六年廣寧年希堯刻本、乾隆二十九年(1764)雙桂堂刻本。今據上海圖書館藏清康熙五十一年鹿氏刻本影印。(和中濬)

秘傳眼科全書六卷 (明)袁學淵撰(第1018册)

袁學淵,字晴峰,明武夷(今福建崇安)人。生平無考。

書又名《秘傳眼科七十二症全書》,約成於崇禎十七年(1644)。凡六卷,卷一、卷二主要爲眼論及眼科常用藥物,廣泛引録《内經》及宋金元明醫家眼科理論,以倪維德《原機啓微》爲夥。卷三至卷五列内障證治,輔以歌訣,討論眼病七十四症證治,涉及各症症狀、病因病機、治法方藥等,列圖五十幅。此部分内容多出自《眼科龍木論》和《銀海精微》二書。卷六列外治方八十九首,包括點眼、敷貼、摩頂、搐鼻、吹鼻、縛手、洗眼等外治法,以及藥物製備。全書體例駁雜,標題與内容每多不符。其價值在於内障證治内容較

《眼科龍木論》爲多,尤於各種内障描述及撥障手法闡述較爲詳盡,如進鍼部位、進鍼方向與鍼撥意外、術後護理等。

此書現存日本貞享三年癸亥(1686)刻本、日本寬政三年辛亥(1791)刻本、日本文政七年甲申(1824)刻本、仁和鮑毓東氏據潭城書林同仁齋楊春榮刻本抄本。今據上海圖書館藏日本寬政三年崇高堂刻本影印。(和中濬)

校刊目經大成三卷首一卷　(清)黃庭鏡撰(第1018冊)

黃庭鏡(1704—?),字燕臺,號不塵子,濰川(今福建建寧)人。生於書香門第,幼時穎敏過人,及長研習經史,以儒爲業。然科考不利,不久又因其父辭世,悲傷過度而患目疾。遂放棄科考,放浪形骸,悠遊山水,漸對醫學產生興趣。二十餘歲時,憶先儒之言醒悟,乃廣求醫書研習,冀救己度人。數年後,醫道精進,二十六歲拜於培風山人門下,習内障診治心法,醫術漸臻大成,尤擅目科。生平見此書自序及篇末小序。

黃氏三十八歲時草成此書,其後十餘年間稿凡四易,但生前未能刊行。後爲其弟子鄧贊夫剽竊,竄改盜名,刪除序例,於嘉慶十年(1805)刊刻,易名爲《目科正宗》。十餘年後,黃氏之孫黃瑛懷據其家藏舊本校訂,去偽存真,恢復本名,於嘉慶二十二年至二十三年間刊行。

書共三卷,各分上下卷,實爲六卷,另卷首一卷。卷首爲各種圖式,包括臟腑表裏三陽三陰輪廓貫通圖表、五運六氣圖、五輪主屬定位形圖、八廓定位分屬形圖、開導鍼穴圖、太極陰陽動静致病圖表、鍼割鉤烙圖式用法等。卷一眼論,如五輪、八廓、臟腑、經絡、五行、血氣、水火、六淫、七情、診斷、治法等論,闡發中醫眼科基礎理論見解,部分醫論源自李中梓。另有諸藥外治,收録外治方十九首。卷二證治,包括眼科十二病因、眼科八十一證以及八種似因非症之病因病機、臨床證治。卷三列方,收録眼科常用方劑二百二十九首,仿張介賓《景岳全書》古方八陣、新方八陣,將眼科方分爲補、和、寒、熱、攻、散、固、因八類。此書繼承前代眼科醫家學術,又敢於糾正前人錯謬,對眼科病名重加訂正,突破金元以來"目不因火則不病"之常法,指斥時醫濫用寒涼降火,倡導張介賓、趙獻可、李中梓諸家温補治法,反映明清温補學派對眼科專科之影響。

此書現存清嘉慶二十二年丁丑達道堂刻本、清嘉慶兩儀堂刻本、清同治十年辛未(1871)文馨堂刻本、清賓城述古堂刻本、清宏道堂刻本。今據山東省圖書館藏清嘉慶二十二年丁丑達道堂刻本影印。(汪劍　和中濬)

咽喉脈證通論一卷　(清)佚名撰(第1018冊)

此書撰人未詳,清許楩校定刊行。曾托爲宋僧所傳,許楩序已斥其偽。清趙魏《竹崦庵傳抄書目》有《咽喉通論》一卷,題明人撰,疑即此書。

此書内容簡短,包括總論、通治用藥、用藥禁忌、丸散方藥、喉科十八證。列鎖喉、乳蛾等喉病十種,重舌、氣癭等口齒病八種,并述其診斷要領及治療大法。強調脈證合參,認爲喉症多屬風與痰火上升,立法以下氣消痰爲主,次則清火涼血,組方精到,有湯、丸、吹、含、漱、刺等多種,列牛黃解毒丸、冰硼散等六種成藥組成、功用及治法,極力反對使用甘桔諸辛燥升提之藥。

早期多以抄本流傳,今見刻本有嘉慶十二年(1807)静學齋本、清道光二十一年(1841)《咫進齋叢書》本、題清光緒十三年(1887)費伯雄審定本等,後收入《陳修園醫書七十二種》,影響擴大。今據南京圖書館藏清道光二十一年刻本影印。(和中濬)

喉科秘本一卷附方一卷　（清）尤乘撰（清）吳氏輯（第 1018 冊）

此書原題清尤乘撰,實係尤存隱集尤氏數代家傳喉科經驗而成。尤存隱,無錫（今屬江蘇）人。清康乾年間醫家,祖父尤仲仁明嘉靖時補太醫院史目。其家族事迹載清乾隆《無錫縣志·方伎》、光緒七年《無錫金匱縣志·人物》。

書約成於乾隆、嘉慶年間,又名《尤氏喉科》、《尤氏喉科秘本》、《無錫尤氏秘傳喉科真本》、《喉科秘傳》、《喉科尤氏書》。首列總論,次列咽喉門各症辨證,次治法、製藥、煎劑、製藥秘法、喉症良方及增補《内經》拾遺,共八部分。作者倡喉症病機總歸於火,由風、熱、痰三者鬱久化火而兼熱毒,强調去風化痰、解熱開鬱治則。書中論述咽喉七病及口牙舌等相鄰部位二十七病,詳列吹喉藥配伍、炮炙、製藥諸法,頗具特色。附方一卷爲常熟吳氏輯,其人不詳。書末張海鵬識曰:"後有附録一卷,係吳氏所輯經驗良方,非尤氏著,以其相類,并附刻之。"

現存清嘉慶十三年（1808）張海鵬刻本、道光九年（1829）小緑天本等,民國十一年（1922）博古齋影印嘉慶刻本出版,又收入《中國醫學大成》、《叢書集成初編》等。抄本數以十計,如同治六年申胐校訂加朱本、許履和抄本等。今據中國科學院圖書館藏清嘉慶十三年刻本影印。（和中濬）

喉科指掌六卷　（清）張宗良撰（第 1018 冊）

張宗良,字留仙,清長洲（今江蘇蘇州）人。除此書外,另著有《喉科秘集》等。生平略見此書序。

張氏認爲咽喉乃"一身之總要,百節之關防,呼吸出入之所",故採集成方,參以己見,而作此書。彭啓豐序云其自神氣脈理以及色之青紅紫白,音之高下沉浮,皆有注釋,瞭如指掌,故名"喉科指掌"。書初刊於乾隆二十二年（1757）,凡六卷。卷一爲總論,論述咽喉病大綱、分經及治法等,後附脈訣圖及鍼穴圖;卷二爲精選方、製藥法,如製西瓜硝、製膽礬等,計四法二十二方;卷三至卷六爲各論,刊咽喉十一症、乳蛾七症、喉痹七症、喉風十二症、喉癰十一症、大舌十三症、小舌五症、雜喉七症,凡八門,論述七十三種病,首示病型圖譜,後詳論病因、症狀、體徵、治法、方藥及加減運用。

張氏診病重望診,認爲漫腫而痰多者屬風,淡白而牙緊者屬風寒等;認爲凡治咽喉之證,其要在於"診其脈,相其形,再詳其受病之源,細詰其所起之端,而用藥對病,自然愈之速矣"。此書之治療重視人身氣血,不一味使用苦寒涼藥,量人之虛實而定,如謂咽喉紅腫,辨證不明者,不可輕投他藥。先用六味湯一服,吹金不換,然後查清再作加減,危急者,先刺出血亦可。此書首將咽喉（含舌病等）分門別類論述,圖文并茂,言簡意賅。并列有舌卷囊縮、油汗如珠等十六絶症,對喉科臨床頗有參考價值。故彭序謂此書"真濟厄之慈航,拯危之寶筏"。

此書流傳較廣,今存乾隆二十二年雲間張應時刻本、嘉慶元年（1796）合志堂刻本、同治九年（1870）崇川日正軒刻本及光緒八年（1882）刻本等十餘種。嘉慶二十年,包永泰增入牙齒門,合爲四卷,改名《喉科杓指》,又名《圖注喉科杓指》。今據中國醫科大學圖書館藏清乾隆二十二年刻本影印,書前有乾隆丁丑春長洲彭啓豐序。（李紹林）

重樓玉鑰二卷　（清）鄭梅澗撰（第 1018 冊）

鄭梅澗（1727—1787）,名宏綱,字紀原,號梅澗,又號雪萼山人,歙縣（今屬安徽）人。世醫,自明嘉靖初鄭赤山後,精研岐黃者代不乏人,至梅澗已第七代。初以"大方脈"爲業,其父鄭于豐、叔父鄭于蕃得江西喉科名醫黄明生真傳,開新安"南園喉科"及"西園喉科"。梅澗醫德高尚,曾刻印"一腔渾是活人心"以自勉。除此書外,另著《痘疹正傳》、《精選喉科秘要良方》等。事迹見民國二十六年《歙縣志》卷一〇。

道教以咽喉爲"十二重樓",謂咽喉危急重症如重樓之門閉鎖,此書則期爲啓咽喉危急重症之玉鑰,故名《重樓玉鑰》。書成於乾隆三十三年(1768),初刊於道光十八年(1838)。凡二卷。上卷十七篇,列《咽喉説》等八篇爲喉科總論,言病因、證治及不治之症等。又列三十六種喉風名目,將咽喉、口齒、唇舌各症均以"風"名,包括牙疳、喉間發白等症。每症之首,先冠以歌訣,後予闡述,凡常用方劑,逐一言明方藥主次、劑量、炮製、煎取方法。下卷三十九篇,列喉風鍼法、鍼禁忌法等。論述"風鍼訣",包括行鍼手法、補瀉、禁忌及咽喉科常用十四經經穴,多以歌訣方式表達。

鄭氏指出咽喉疾病須尋所自,識其標本,辨其虛實。首載白喉,反對"見喉風便清熱",創養陰清肺法,製養陰清肺湯。認爲用藥上策乃自內攻出,中策爲取痰攻上,否則邪入裏下沉則淪爲下策。此書所載療法多樣,鍼藥并用,以氣鍼爲諸藥之先鋒,佐以奇藥内治之綜合療法,提出"開風路鍼"、"破皮鍼"和"氣鍼"等理論方法。

現存主要有清道光十八年謙吉堂刻本、光緒五年(1879)刻本等。今據遼寧省圖書館藏清道光十八年謙吉堂刻本影印。扉頁有"道光戊戌年鐫"、"謙吉堂藏版"字樣,書前有戊戌仲秋津門馮相棻序、道光十九年桐鄉孫學詩序及鄭梅澗原序。(李紹林)

疫痧草三卷　(清) 陳耕道撰 (第1018冊)

陳耕道,字繼宣,室名思誠廬,虞山(今屬江蘇常熟)人。清乾隆監生。醫學世家,父名陳石泉。耕道子承父業,擅治喉疫。除此書外,另著《喉科淺論》等。事迹見《常熟縣志》。

書成於清嘉慶六年(1801),凡三卷,卷上爲《疫痧辨論》章,包括疫痧名義、疫痧治法、時痧見象治法等。卷中爲《疫痧見象》,包括形色、部位、脈象及發熱、不熱等具體症狀。卷下爲《疫痧湯藥》,立疏達、清散、清化、下奪、救液之法并主方十三首,附《湯藥總論》,及吹藥、漱喉方、敷方,并牙疳神方、驅瘟辟邪法。

陳氏精究葉天士醫案,深得治溫要旨。其反對伏氣學説,認爲疫痧屬温熱之毒,從口鼻而入,最易傳染,故尤重疫痧毒之預防,認爲治疫之要,"當於一發之時,見其勢之順逆,宜散宜涼","兄發痧而預使弟服藥","弟發痧而使兄他居之"。入疫家視病,不宜久居,不宜早晚,不宜飢餓等。同時注重顧護人體正氣,認爲稟氣厚、正氣旺則疫癘無自而干。此書爲疫痧治療入門之作,對後世影響深遠。清沈青芝《喉科集腋》贊云:"斯爲老眼,此論誠有膽識。"清曹心怡《喉痧正的》云:"治喉之法,宜辛涼橫開,以陳氏《疫痧草》、《疫喉淺論》兩書爲最善本。"

此書現存主要有清道光十四年(1834)梓文齋刻本、道光十八年朱耀庭刻本、道光二十二年棣華館刻本等。今據吉林省圖書館藏道光二十二年棣華館刻本影印。前有萬鏞《重刊陳氏疫痧草序》及虞山陳耕道自序,後有棣華館主人跋、仙源崔國因跋。(李紹林)

時疫白喉捷要一卷　(清) 張紹修撰 (第1018冊)

張紹修,字善吾,淮川(今湖南瀏陽)人。清名醫。生平無考。

張氏在同邑陳雨春《白喉嚨證論》基礎上撰成此書,又名《治喉捷要》、《白喉捷要》、《治喉症神效方》、《白喉時疫方論》等,刊於清同治三年(1864)。此書首提時疫白喉及白喉之名,遂成其後醫家共識,至今沿用。書中詳論白喉主證及變證特點,精闢分析白喉初期疑似症,論述各期用藥法則,指出庸醫誤將喉間白腐誤爲寒症,妄投溫燥辛散之劑。認爲白喉實火爲患,用藥以大劑瀉火解毒、滋潤養陰爲特色。介紹西瓜霜及其製法。此書乃白喉專著之始,此後白喉之論多以之爲祖。然書中過分強調忌表忌溫,亦致詬病。

此書有同治七年經綸堂刻本、光緒十一年乙酉(1885)衡山聶氏重刻本、光緒三十年甲辰浙江官書局刻本等多種刻本。今據南京圖書館藏清光緒十一年聶緝槼刻本影印。(和中濬)

疫喉淺論二卷補遺一卷 (清) 夏雲撰(第1018 册)

夏雲(1830—1909),又名繼昭,字春農,號拙庵稀叟,又號湖村農隱、耕雲老人、存吾春齋主人,邗江(今江蘇揚州)人。同治、光緒年間名醫。受業楊慕昭,遂以繼昭爲名。以治喉名世。除此書外,另撰有《經絡穴道歌簡》、《溫病湯方歌注》等。事迹見《(民國)甘泉縣續志》卷二六。

書成於光緒元年(1875)。凡二卷,又補遺一卷。上卷論病,述疫喉辨治,指出辨證當參見舌脈等全身症狀,強調君相二火爲害,治療主張首當辛涼透表,繼用苦寒泄熱,終則甘寒救陰,禁用辛溫升托。卷下論方,列內服十八方,分清透、清化、下奪、救液,每方均冠以"清咽"二字,認爲治法全重乎清。繼漱喉、吹喉類方,附應用良方及外治諸方,共載方六十六首。補遺一卷,叙并發痲、虛勞證治。後附光緒庚子《新補會厭論》,論及會厭結構、治會厭方,有醫論、病案數篇。

此書曾多次刻印,并有陳浩恩、徐兆英、朱湛溪、卞寶第等序跋。現存稿本、光緒三年丁丑刻本、光緒五年己卯存吾春齋刻本。今據山東省圖書館藏光緒五年存吾春齋刻本影印。(和中濬)

白喉治法忌表抉微一卷附錄一卷 題(清)耐修子撰(第1018 册)

耐修子,即孫淦,字麗泉,號筱坪,又號耐修子、耐休子、耐守子,昌邑(今屬山東)人。曾中舉人。生平見民國三十年《濰縣志稿·人物》。

書於光緒十七年(1891)撰成,又名《白喉治法忌表述要》、《喉症治法忌表抉微》、《白喉治法抉微》、《白喉忌表抉微》、《喉症神效方》等。此書闡述白喉治法用藥及其禁忌,分前後二論,將主要用藥列爲正將、猛將、次將及消解、消導、滋潤藥。鑒於醫家每將白喉誤作風寒表證而妄投辛散之品,致使毒邪內陷,釀成危候,力主白喉忌表,推崇養陰清肺之法。其理論源自鄭宏綱及張紹修,用方亦承此二家。書中列有數十味白喉禁藥。忌表經其發揮,逐漸走向極端。後世醫家張采田等以其論過於偏頗,主張表散不可與升表相提并論。

現存光緒十八年湖北官書處刻本、光緒二十三年丁酉蘇州積善局刻本、光緒二十四年戊戌江西書局刻本等。書商又將其附於陳修園多種醫學叢書中,使其流傳更廣。今據浙江省圖書館藏清光緒十八年湖北官書處刻本影印。(和中濬)

白喉條辨一卷 (清)陳葆善撰(第1018 册)

陳葆善(1861—1916),字栗安,瑞安,晚號㳇潦齋主人,溫州(今屬浙江)人。與陳虹等創辦利濟醫學堂。撰有《本草時義》、《燥氣總論》、《燥氣驗案》等,尤以此書影響較大。事迹見《(民國)瑞安縣志稿·人物》。

書又名《瑞安陳氏白喉條辨》,刊於光緒十三年(1887),係作者在其《白喉訂正論》基礎上仿《溫病條辨》之例删削而成。陳氏彙喻嘉言、沈目南、吳鞠通諸説,又集鄭宏綱養陰清肺、張紹修足三陰受邪、耐修子白喉忌表等經驗方藥,仿《溫病條辨》成條辨十五條,對諸説間多指摘,參酌個人經驗補充發揮。書中涉及白喉病原、症狀、所中經絡、辨脈、辨色、手太陰、手少陽、手少陰三經病症治,以及救誤、善後、外治、禁忌等内容。宗鄭宏綱燥氣流行説,明確提出白喉證屬燥火,從燥氣燥火立論,創製清降潛陽滋潤之三乑降龍丹。

此書現存光緒二十四年初刻本等多種刊本。今據上海圖書館藏清光緒初刻本影印。(和中濬)

爛喉痧痧輯要一卷　(清) 金德鑑撰 (第1018册)

金德鑑,字保三,號勌釋老人,元和(今江蘇蘇州)人。精醫術,懸壺滬北,留心喉科,又工山水。生平見楊逸《海上墨林》。

據自序,金氏於同治年間得顧玉峰《丹痧經驗闡解》,增删編訂後,以"爛喉丹痧輯要"爲名刊於同治六年(1867)。書中列總論、論證、要方等篇,主張喉痧爲本,痧從汗透。載内服方五首,散劑八首,喉痧常用藥六十七味,分爲十一類。所載"葉案"經學者考證係托名之作。

現存同治六年崇綸堂刻本、光緒十八年(1882)海上陸氏刻本等。今據上海圖書館藏清光緒十八年陸氏刻本影印。(和中濬)

痧喉正義一卷　(清) 張振鋆撰 (第1018册)

張振鋆生平見前《釐正按摩要術》提要。

此書成於光緒十五年(1889),彙集明清間繆仲淳、喻嘉言、葉天士、王孟英、吳鞠通、陳耕道、余師愚等二十餘位著名醫家有關疫症、痧症、疫喉、痧喉之精闢論述,每篇後附作者按語,闡述認識心得,辨其瑕瑜,褒獎比較,時亦指摘。篇後總論著書原委,意在辨析諸書抵牾之處。末附《痧喉正義音釋》一篇,對書中難僻之字作了集中訓釋。

今據天津圖書館藏清光緒十五年揚州張氏刻述古齋《幼科新書》本影印。(和中濬)

華氏中藏經三卷　題(漢) 華佗撰 (第1018册)

此書初刊時間不詳,書名首載於宋鄭樵《通志·藝文略》。《直齋書録解題》、《宋史·藝文志》并作一卷。舊題爲漢譙郡華佗撰,《直齋書録解題》謂"莫可考",後世多認爲是托名僞作。序中言得書及托夢之説荒誕,然所載醫論及方藥亦有可取之處。《古今醫統大全》從避諱及脈要察證等推測"必出元化遺義"。《四庫未收書目提要》謂"其書文義古奧,似是六朝人手筆,非後世所能假托",《慈雲樓藏書志》亦云"其書文義古奧,方論亦極有精理,其淵源非無自也"。

書分三卷,卷上爲理論論述,包括人法於天地論、陰陽大要調神論等二十九篇。自卷上第二十一篇《五臟六腑虛實寒熱生死逆順之法》至卷中第三十二篇《論三焦虛實寒熱生死逆順脈證之法》,此十一篇皆爲臟腑虛實寒熱生死逆順脈證之法論。卷中另有《論痹》、《中風》、《五疔》、《癰疽瘡腫》等十四篇,涉及内、外病證十餘種,第四十七、四十八、四十九篇爲《論諸病治療交錯致於死候》、《論診雜病必死候》、《察聲色形證決死法》。卷下爲《療諸病藥方》六十首,包括萬應丸、療萬病六神丹等。從書中應靈洞主、探微真人等名號及萬應丸、療萬病六神丹、太上延年萬聖追魂散等方名看,可大致認爲其出道家方士之手。

此書現存版本頗多,主要有元趙孟頫手寫本、明江澄中刊本、掃葉山房刻本、清平津館校刊本、《古今醫統》本、《周氏醫學叢書》本等。今據《宛委别藏》清抄本影印,書前有甲寅少室山鄧處中序,無跋及目録。(王振國 李紹林)

醫學啓源三卷　(金) 張元素撰 (第1019册)

張元素(約1151—1234),字潔古,晚號潔古老人,易州(今河北易縣)人。幼習儒業,八歲試童子舉,二十七歲試經義進士,犯廟諱下第。遂學醫,因治癒劉守真傷寒而名揚天下。爲易水學派開山鼻祖。除此書外,另著有《臟腑標本寒熱虛實用藥式》、《潔古家珍》、《珍珠囊》等。《金史》有傳。

此書乃張氏"暇日輯《素問》五運六氣,《内經》治要,《本草》藥性"以教門生而作,成於金大定二十六年(1186)。凡三卷,卷上載《天地六位藏象圖》、《手足陰陽》、《五臟六腑脈證法》、《三才治法》、《三感之病》、《四因之病》、《五鬱之病》、《六氣主治要法》、《主治心法隨證治病藥品》九節,主要論述臟腑、經脈、病因、主治等。卷中先録《内經》中《主治備要》、《六氣方治》二節之文,以注之形式討論五運六氣之爲病及六氣方治。卷下載《用藥備旨》一節,分述藥物性味、用藥用方、各經引用和藥類法象等。

張氏重視臟腑辨證,以《内經》爲本,吸取《中藏經》及錢乙經驗,認爲人之五臟六腑,虛實寒熱,生死順逆,皆見形證脈氣,若非診切,無由識也。并提出治療大法:虛者補之,實則瀉之,不虛不實,以經調之。此書發揮藥物理論,提出"根升梢降"、"熟升生降"等升降浮沉理論,倡導引經報使,歸納"太陽經羌活,在下者黄檗……厥陰經青皮,在下者柴胡"等十二經之的藥,又據藥味厚薄及升降浮沉,合生長化收藏之理,將藥物分爲風升生、熱浮長、濕化成中央、燥降收、寒沉藏五類。張氏認爲"運氣不齊,古今異軌,古方新病不相能也",以運氣學説指導製方,尊古而不泥古,創有當歸拈痛湯及枳术丸等。

此書現存金刻本、元刻本、明正德刻本等。今據上海圖書館藏明刻本影印,書前有蘭泉老人張吉甫序。書有缺葉。(李紹林)

衛生寶鑑二十四卷補遺一卷　(元)羅天益撰(第1019册)

羅天益(1220—1290),字謙父,真定(今河北正定)人。元朝太醫,曾隨軍出征,足迹遍

布瓜都忽、汴梁、濟南、揚州等地。其學深得東垣密旨,因脈求疾,隨疾製方,治療無不立效。除此書外,另著有《東垣試效方》、《内經類編》等。生平見《新元史》、明《(嘉靖)藁城縣志》卷六。

羅氏理宗《素》、《難》,學承東垣,旁參諸家,附以己見,於至元二十年(1283)撰成此書。以其理法方藥俱備,猶如寶鏡,明察秋毫,故名《衛生寶鑑》。凡二十四卷,卷一至卷三曰《藥誤永鑑》,卷四至卷二〇曰《名方類集》,卷二一至卷二二曰《藥類法象》,卷二三至卷二四曰《醫驗紀述》。書中各證分門別類,纖悉具備,惟治傷寒法記述較簡。補遺一卷,多述仲景治内傷外感經驗方及中暑方,非羅氏所作,疑爲韓氏重刊時增葺。

羅氏繼承李杲之學,重視脾胃,認爲人以水穀爲本,脾胃乃"人之所以爲本者",飲食倍而脾胃傷,可分食傷與飲傷,而治法不同。又論勞倦所傷,當用温補,補中助脾,多用甘藥,創參术調中湯、養胃進食丸等。此書在臟腑辨證基礎上,尤重三焦辨證,認爲三焦乃"元氣之别使",脾胃受傷乃"三焦之氣不能升降"所致。其所載隨軍治案病例較多,治法多樣,鍼藥并用,劑型靈活。全書記載詳細,不僅具有醫學價值,且可備史學參考。

此書現存明永樂十五年(1417)吴郡韓氏刻本、嘉靖十四年(1535)明德堂刻本、清道光二十六年(1846)宏道書院刻《惜陰軒叢書》本等。今據北京大學圖書館藏嘉靖十四年明德堂刻本影印,書前有硯堅、王惲序,胡廣、蔣用文《重刊衛生寶鑑序》及楊榮、金幼孜後序,後有汝南劉廷瓚《補刻衛生寶鑑後序》及明德堂牌記。卷二〇爲抄補,卷二一、二二後亦間有抄補。(李紹林)

新編醫學正傳八卷　(明)虞摶撰(第1019册)

虞摶(1428—1517),字天民,號恒德老人,花溪(今浙江義烏)人。幼習舉子業,後因母

病,立志於醫。承祖父家學,私淑丹溪遺風,深究《素》、《難》。除此書外,另著有《蒼生司命》、《方脈發蒙》等。事迹見《(萬曆)金華府志·人物》。

虞氏宗丹溪,參仲景、東垣、錢乙之説,附以己見,於明正德十年(1515)撰成此書,後經侄孫虞守愚惟明校正。凡八卷,卷一首列《醫學或問》五十三條,闡述遺存醫學疑難問題。卷二至卷八分列内、外、五官、婦、兒等常見病症近百種。全書以證分門,每門先論證,次述脈法,後列方藥。凡諸病總論,以《内經》、《難經》要旨爲提綱,繼以歷代名醫可法之語,間附己見。每病均以《丹溪要語》及所著諸方冠於首,次選他説,并附以祖傳經驗。

虞氏宗丹溪之學,書中所列病證,皆以“丹溪要語”、“丹溪活套”等冠之,認爲其術造精微,偉然百世之宗師。虞氏倡“陰陽氣血有餘不足論”,認爲陰陽該乎人身一體,非指氣爲陽、血爲陰,批判“血虛即陰虛,只可用四物”之説,參以東垣“陽旺則能生陰血”之論,認爲血虛須以參芪補之,可見其宗丹溪而亦不爲所囿。虞氏臨證診病,重視脈診,採擷王叔和《脈經》要語,於病後附以脈論。其選用方藥,多精專效宏,鍼藥并施,内外兼治。療女科疾病,外治法有塞陰治經帶、納臍療難產、摩擦正胎位、熏洗斂產門等,頗具特色。

此書現存正德十五年初刊本、明嘉靖刻本、萬曆五年(1577)金陵三山書舍吳江刻本、明崇禎王溥增補刻本等。今據中國醫學科學院圖書館藏明嘉靖刻本影印,書前有正德乙亥花溪虞摶自序,後有嘉靖辛卯吳郡蔣詔叙及莆田史梧叙。(李紹林)

醫貫六卷　(明)趙獻可撰　(清)吕留良評 (第 1019 册)

趙獻可(約 1573—1644),字養葵,號醫巫閭子,鄞縣(今浙江寧波)人。博學淹貫,善於《易》而精於醫。除此書外,另著有《内經鈔》、《素問注》、《經絡考正》、《脈論二本一例》等。《(乾隆)鄞縣志》有傳。

吕留良生平見前《晚邨先生家訓真迹》提要。

書成於萬曆四十五年(1617),凡六卷。卷一爲玄元膚論,論内經十二官、陰陽、五行。卷二爲主客辨疑,論中風、口眼歪斜、厥、傷寒、温病、陽毒陰毒、鬱病。卷三爲絳雪丹書,論血症。卷四、卷五爲先天要論,論六味丸、八味丸和滋陰降火、相火龍雷、陰虛發熱,以及痰、咳、吐血、喘、咽喉痛、消渴、瀉痢、夢遺、噎膈等。卷六爲後天要論,論補中益氣湯、傷飲食、中暑傷暑、濕、瘧、痢疾等。趙氏重視人身命門之火,認爲養生莫先於養火,所重先天之火者,乃人之所以立命,仙煉之爲丹,釋傳之爲燈,儒明之爲德者,皆是物一以貫之,故名書爲《醫貫》。書中議論甚精,多發前人之未發,對後世影響較大。然其中亦有偏頗之處,徐大椿《醫貫砭》指其“理雖相貫,事有不行”。

吕氏所注採用雙行小字,或闡發醫理,如於“風寒暑濕燥火,皆外因也”條下注:“過食生冷,好啖炙煿,醉飽無度,外之内也。”或評價篇章,如卷一《形景圖》注:“以太極形容,則得其理。”《絳雪丹書》篇注:“此論最精,血症主此,思過半矣。”吕留良獲罪後,評本亦成禁書,原書卷首留良名字皆經墨塗。

今據天津圖書館藏清康熙天蓋樓刻本影印。無序言及跋,有目録。扉頁有“吕晚邨先生評醫貫天蓋樓藏版”字樣。(李紹林)

醫學綱目四十卷　(明)樓英撰 (第 1020—1021 册)

樓英(約 1332—1400),字全善,蕭山(今屬浙江杭州)人,居元度巖。除此書外,另著有《仙巖文集》、《氣運類注》等。《(萬曆)紹興府志·人物》有傳。

樓氏潛心於道,上自《内經》,下至歷代聖

賢書傳及諸家名方,晝讀夜思,廢食忘寢,歷三十餘載而成此書。書成於洪武十三年(1380),凡四十卷。卷一至九爲陰陽臟腑部,卷一〇至一五爲肝膽部,卷一六至二〇爲心小腸部,卷二一至二五爲脾胃部,卷二六至二七爲肺大腸部,卷二八至二九爲腎膀胱部,卷三〇至三三爲傷寒部,卷三四至三五爲婦人部,卷三六至三九爲小兒部,卷四〇爲運氣部。書中分病爲門,門各定陰陽臟腑之部於其卷首,析法爲標,標各撮陰陽臟腑之要於其條上。病有同其門者,則立支門以附;法有同其標者,則立細標以次。凡門分上下者,其上皆爲内經之原法,其下皆後賢之續法。

樓氏重視陰陽五行學説,善於燮理陰陽,調和臟腑,認爲醫之爲學,道博、義深、書繁,其要不過陰陽五行,千變萬化之病態,皆不出乎陰陽五行。書中廣泛闡發内經及歷代醫學理論,大量輯録劉完素、張元素、張從正、李杲、朱丹溪諸家之作,認爲丹溪獨内傷於血氣虛實,東垣扶護中氣,河間推陳致新,錢氏分明五臟等,皆各有所長。樓氏與戴思恭有姻親之誼,故受丹溪學術影響。全書内容豐富,綱舉目張,簡而知要。

此書曹灼得於其友邵偉元,與劉化卿共校讎,於明嘉靖乙丑(1565)年初刻。據曹序可知,此書二百年來幾廢而復舉。現存主要有明嘉靖四十四年(1565)曹履齋刻本等。今據上海圖書館藏該本影印,書前有曹氏序、樓英序。樓氏序文首頁版心刻有寫書人顧擐、刻書人夏文德名。目録首頁版心記寫書人錢世傑、刻書人柯仁意。(李紹林)

新刊醫林狀元壽世保元十卷 （明）龔廷賢撰 （第1021 册）

龔廷賢生平見前《新刻小兒推拿方脈活嬰秘旨全書》提要。

書成於明萬曆四十三年(1615),共十卷。卷一載醫説、五臟六腑經絡、十二經絡、奇經八脈、診脈、脈辨生死等,述臟腑經脈氣血理論及陰陽表裏寒熱虛實辨證綱領;卷二至卷六爲外感、内科雜症;卷七論婦科諸疾;卷八爲兒科;卷九論骨科、折傷、癜風等;卷一〇輯神仙接命秘訣、五絶、邪祟、蠱毒、灸法等。

龔氏推崇《内經》,强調醫理本之於《内經》,如儒道本之於六經。龔氏尤重脈象,其論脈診,七表八裏皆歸四脈,并立"内因脈"、"外因脈"、"不内不外因脈"、"脈辨生死"等内容;其論病,於諸多病證前分列主脈、壞脈,并從脈辨證;其治病,每多從脈棄證;臨證各科論述較爲詳盡,每證先採前賢之説,合以己驗,總論其病形治法,後附方并加減之例,間綴以養生諸法、臨證驗案。龔氏論治,重脾腎,和陰陽氣血,得養生之要,頗有特色。書中收集多宫廷、王府稀世秘方,龔氏自謂"採攝於名藩之異授,内府之珍藏,宇内大夫之所家襲,方外異人之所秘傳,并發諸前人之所未發,參互勘驗而成"。此書首冠醫論,次列條析,再舉治方,并附驗案佐證。取材廣泛,資料豐富,所列方藥,簡單實用,時以歌訣形式闡述,便於記誦。

現存主要有明經綸堂刻本、日本正保二年(1645)風月宗知據周氏光霽堂影刻本等八十餘種刻本。今據南京圖書館藏日本正保二年刻本影印。(張豐聰)

醫宗必讀十卷 （明）李中梓撰 （第1022 册）

李中梓生平見前《鐫補雷公炮製藥性解》提要。

書成於明崇禎十年(1637),共十卷。卷一爲醫論圖説,載醫論十四篇,略論醫學源流、解剖生理、辨證治法,重點論述"腎爲先天之本,脾胃後天之本"和"水火陰陽論";繪製骨度圖,新改正内景臟腑圖,論述精闢,圖文并茂。卷二爲《新著四言脈診》、《脈法新參》、《色診》,摘引前賢名論,論述個人心得,糾正舊本之誤。卷三、卷四爲《本草徵要》,輯論藥物四百四十餘味,分爲十一部;論藥採用賦體,便於誦讀,後加小字注釋,并按禁忌。卷五爲《傷寒證治》,輯録重點傷寒病證,并多加論述。卷六至卷一〇爲内科證治,輯病證三十五種,闡述病機淵源,按以獨到見解,佐以精闢醫案。書中治瀉九法、陰陽攻積等法,多爲後世醫書借鑒。

李氏宗易水,承其遺風,并參合己意,持論公允,闡述醫理有獨到之見,辨證施治能精詳周全。此書立論中肯,辨析精詳,看似平淡無奇,然其條理自清,淵源自正,無偏駁詭誕之説摻雜其間。其自序謂:"明通者讀之而無遺珠之恨,初桄者讀之無望洋之嘆。"陳念祖評曰:"雖曰淺率,却是守常,初學者所不廢也。"

現存明崇禎十年刻本、明金閶王漢鍾刻本、清康熙二十五年(1686)瀛經堂刻本、日本貞享四年(1687)刻本、江府書肆富野次右上門刻本等。今據明崇禎十年刻本影印。(張豐聰)

張氏醫通十六卷 (清)張璐撰(第1022—1023册)

張璐生平見前《本經逢原》提要。

書成於清康熙三十四年(1695),共十六卷。初名《醫歸》,後由其子張倬、張柔重輯"目科治例"和"痘疹心傳",更名爲《醫通》。爲別於《韓氏醫通》,改稱《張氏醫通》。卷一至卷一二詳論内外婦兒諸科,共十六門。每論各病,先列《内經》、《金匱》箴言,繼引東垣、丹溪等諸家之説,稍有晦澀者皆削不録,其辭氣未暢者皆潤色發揮,務闡其意。末附治療驗案。卷一三至卷一六爲各門方論,列專方、祖方。專方一門,以病類方,附以方解;祖方一門,叙諸方之原委、配伍、應用。

書中所引文獻,上自《靈》、《素》,下迄清初各家,達一百三十種之多,究其宗旨,務在廣搜歷覽,由博反約,將千古名賢至論統叙一堂,八方風氣之疾匯通一脈。其引《潔古要略》、《製藥秘旨》、《黄安道讀宣明論説》、《丹溪或問》等書,多爲後世罕見。全書重在論治内傷雜病,尤以血證、痢疾、痰火等論述最爲精當。婦科之中提出三沖、三急、三審之説,甚合臨床之要。

現存清康熙四十八年寶翰樓刻本、日本文化元年(1804)思德堂刻本等。今據遼寧省圖書館藏康熙四十八年寶翰樓刻本影印。(張豐聰)

辨證録十四卷洞垣全書脈訣闡微一卷 (清)陳士鐸撰(第1023—1024册)

陳士鐸生平見前《洞天奥旨》提要。

書成於清康熙二十六年(1687),計十四卷。卷一至卷一〇列傷寒及内科雜證、五官諸證,卷一一、一二論婦科,卷一三、一四述外科、幼科證治;末附《脈訣闡微》一卷。全書共一百二十六病證門,論辨七百六十餘證;每一病證,皆先列病形,再據陰陽、五行之理辨析病情,明確病機,後叙治法、方藥,并附方解。各病證設一主方,附以備方,互相參用,隨證權變。

此書托名岐伯、張仲景所傳,自稱親遇岐伯、張機、華佗、雷公等受法。傳本較多,或有删減,後有翻刻本名《百病辨證録》、《辨證奇聞》、《傷寒辨證録》、《辨證冰鑑》等,内容大同小異。陳氏以"辨病體之異同,證藥味之攻補"爲宗旨,重視辨證及症狀之辨析鑒別。理法方藥靈活,不拘於《内經》、《傷寒》之説,自出心裁,頗有奇效。

現存有清雍正刻本、乾隆十二年(1747)槐蔭草堂刻本、嘉慶二十二年(1817)文成堂刻本等。今據南京圖書館藏乾隆十二年黄晟槐蔭草堂校刻本影印。(張豐聰)

醫學心悟五卷附華佗外科十法一卷 (清)程國彭撰(第1024册)

程國彭生平見前《外科灰餘集》提要。

程氏沉潛學術,凡醫理未明者,便晝夜沉思,有所悟即筆之於稿,積三十年之臨床經驗,并融匯《內經》《難經》以及歷代名醫精華,著成此書。初刊於清雍正十年(1732),凡五卷,首卷總論四診八綱、施治八法及其應用;卷二論傷寒,分述傷寒六經辨證;卷三論內科雜病;卷四論五官諸病及外科;卷五論婦科。末附《外科十法》一卷,詳述內消法、艾灸法、神火照法等外科十法,後錄外科證治方藥,簡明實用,堪補《醫學心悟》外科證治之不足。此書論治,皆列病源、症狀、診斷、治療各項,并載自擬經驗效方。

書中明確提出辨證八綱,即寒、熱、虛、實、表、裏、陰、陽,并論汗、和、下、消、吐、清、溫、補等施治八法,詳述八法之概念、適用範圍、方劑、禁忌等;論述傷寒及內、外、婦、五官疾病,脈因證治,環環相扣。其所選方劑,爲多年臨床經驗效方,如啓膈散、止嗽散等,爲後世醫家唐容川等承用。其立論全面中肯,語言簡明平易,治法切於實用,爲清以來中醫入門者必讀之書。

現存版本有清雍正十年慎德堂刻本、上海錦章書局石印本等四十餘種。今據上海圖書館藏清雍正刻慎德堂印本影印。(王振國　張豐聰)

雜病源流犀燭三十卷　(清)沈金鰲撰(第1024冊)

沈金鰲生平見前《痧脹源流》提要。

書成於乾隆三十八年(1773),共三十卷。卷首錄《脈象統類》及《諸脈主病詩》,以論脈形、主病;卷一至卷三○分爲臟腑門、奇經八脈門、六淫門、內傷外感門、面部門、身形門六門,每門若干病證,每病各著源流,詳述病證原委,悉備形證,詳考主治,理法方藥無不契合。所論條理井然,約而不失其要。

此書所言雜病爲寒熱表裏、臟腑陰陽氣血之病證,繁蕪複雜,難於辨證。書中究其由來,審其變遷,而後論治,如燃犀以燭幽,故名《雜病源流犀燭》。

現存有清乾隆四十九年無錫沈氏師儉堂刻本、清同治十三年(1874)湖北崇文書局刻本等。今據上海圖書館藏同治十三年湖北崇文書局刻本影印。(張豐聰)

石室秘籙六卷　(清)陳士鐸撰(第1025冊)

陳士鐸生平見前《洞天奧旨》提要。

《石室秘籙》六卷,約成於清康熙二十六年(1687),《四庫全書》列入存目。此書托名岐伯傳授,張機、華佗發明,雷公增補,書前有岐伯、張機等序。或謂其爲傅山遺著,經陳氏補充整理而成。卷一至卷五上列舉正醫法、反醫法、內治法、外治法等凡一百二十八法,立法甚奇。卷五下記述五行、陰陽、臟腑、四時、寒熱等論及兒科痘疹、風寒、驚疳、吐瀉諸方。卷六分述傷寒、中寒、中暑、水濕、熱證、燥證、內傷七門及血證、腹痛、癲證、狂證等十六條雜症治法。卷末有義烏金以謀跋,可知該書曾經金氏訂定。

《四庫全書總目》認爲該書"議論詭異,所列之方多不經見",其立法用藥較爲嚴謹,對疾病分析較爲深入,多有獨到見解。王三尊《醫權初編》謂其"從《醫貫》中化出,觀其專於補腎、補脾、舒肝,即《醫貫》之好用地黃湯、補中益氣湯、枳术丸、逍遥散之意也",認爲此書多用桂附參术,以補爲主,可用於久病、虛證及寒證,於新病、實證及熱證則多有不宜。其說可資參考。

此書初刻於清康熙二十六年,流傳較廣,現存較早刻本有康熙二十六年丁卯序刻本、本澄堂刻本、康熙二十八年己巳本澄堂刻本、明德堂刻本、龍務青云樓刻本、雍正八年庚戌馬弘儒刻本等,另有嘉慶、道光、同治、光緒、宣統年間刻本。今據上海圖書館藏康熙二十八年本澄堂刻本影印,書前有康熙二十八年義烏金以謀序。(谷建軍)

醫碥七卷 （清）何夢瑶撰（第 1025 册）

何夢瑶（1693—1764），字報之，號西池，南海（今屬廣東佛山）人。雍正八年（1730）進士，曾官義寧、陽朔、岑溪、思恩及遼陽等地。乾隆十五年（1750），辭官歸里，歷任廣州粤秀書院、越華書院、肇慶端溪書院院長。少負才名，有“南海明珠”之譽。幼多病，故篤嗜醫學，對嶺南温熱病證治多有心得，任職思恩（今廣西武鳴一帶）時，瘟疫流行，何氏廣施方藥，存活甚衆。著述甚豐，其《醫碥》、《神效脚氣秘方》、《婦科良方》等六部著作合刊爲《醫方全書》，另撰有《四診韻語》、《本草韻語》、《傷寒近言》等。《清史稿》有傳，生平又見光緒五年《廣州府志》卷九二、道光十五年《南海縣志》卷二五。

《醫碥》七卷，成書於清乾隆十六年。以“碥”爲名，意以此書爲初學者之階梯，如升車者所登之碥石。此書多從王肯堂《證治準繩》中輯出，辛昌五序謂何氏“慮其奧博難讀，因作《醫碥》以羽翼之”。其時張介賓《景岳全書》盛行，何氏力陳濫用桂附温補之弊，數引仲景、河間、東垣、丹溪諸家之論以匡正時弊，故於自序云“非醫病，實醫醫”。

此書以雜症爲主要内容，從臟腑、陰陽、水火、六氣、虛實、表裏、補瀉等方面論述雜症基本理論，并分述外感風寒、傷暑、傷濕等症及虛損、勞倦、厥逆、癲狂等内傷雜症一百餘種。其醫理闡釋詳明，選方精要，言簡意賅，深入淺出，對學醫者頗有裨益。

此書初刻於清乾隆十六年，現存乾隆十六年辛未樂知堂刻本（有殘缺）、同文堂刻本、光緒刻本等。今據首都圖書館藏乾隆同文堂刻本影印，書前有辛昌五序、乾隆十六年自序及趙林臨序。（谷建軍）

四聖心源十卷 （清）黄元御撰（第 1025 册）

黄元御生平見前《素靈微蕴》提要。

《四聖心源》十卷，始作於乾隆十四年（1749）二月，成書於乾隆十七年。此書發《内經》、《難經》、《傷寒》、《金匱》諸書藴義，融貫黄氏已作諸書旨要，以解内外百病。卷一爲《天人解》，卷二《六氣解》，卷三《脈法解》，卷四《勞傷解》，卷五至卷七《雜病解》，卷八《七竅解》，卷九《瘡瘍解》，卷一〇《婦人解》。

黄氏倡“一氣周流，土樞四象”之中氣，如論氣血本原云：“肝藏血，肺藏氣，而氣原於胃，血本於脾。肺金即心火之清降者也，肝木即腎水之温升者也。腎水温升而化木者，緣己土之左旋也，是以脾爲生血之本；心火清降而化金者，緣戊土之右轉也，是以胃爲化氣之原。”又謂人“陽盛則壯，陰盛則病。病於陰虛者，千百之一，病於陽虛者，盡人皆是也”，故臨證常瀉水補火，扶陽抑陰，使中氣輪轉，清濁復位。書中文辭甚爲工美，《四庫全書總目》至有“其文極爲博辯，而詞勝於意者多”之評。

此書現存清嘉慶十八年癸酉（1813）刻本、道光十二年壬辰（1832）陽湖張琦宛鄰書屋刻本、咸豐十年庚申（1860）長沙徐樹銘變和精舍校刻黄氏醫書八種本等近二十餘種。今據天津市醫學圖書館藏清刻本影印。此本開篇即目録，乾隆十八年九月黄氏自序亦脱去。（王宏利）

筆花醫鏡四卷 （清）江涵暾撰（第 1025 册）

江涵暾，原名秋，字禹門，號筆花，歸安（今浙江湖州）人。嘉慶十三年（1808）進士，官廣東會同知縣。後因病歸田，貧乏不能自存，因素工岐黄之術，遂以醫道爲業。生平事迹見光緒八年《歸安縣志》卷四二。

江涵暾中歲究心醫學，往來江浙之間。後至廣東爲官，因目睹醫士理法往往不清，病家受其誤而不知，欲使病者稍知醫理而不爲庸醫所誤，醫家臨證可得頭緒而救命活人，遂於清道光四年（1824）編成此書。又欲俾人人得有簡要之方,偶遇一症,自可按對病情,症既洞澈,藥自效靈,故博採張仲景、李杲、張景岳、程鍾齡等醫家論,而去其源委之縷叙,以簡捷便覽爲要。條理明晰,綱舉目張,使人開卷了然,故名"醫鏡"。書前有江氏自序。卷一爲四診六辨之法及内傷、外感、傷寒、虚勞、疫痢瘧腫論治;卷二爲臟腑證治;卷三爲兒科證治;卷四爲女科證治。

所論諸症,多述而不作,但理皆詳備精煉,如《兒科非驚論》一篇,僅六百餘字,辨小兒驚風分驚分風、别内别外,言之甚詳。臨證則多採實用之法,如女科以程鍾齡爲正範,謂其無《臨證指南》等書之纖巧習氣,據治每收實功。書成後醫者皆樂用之,頗行於時,翻刻甚多。

現存有清道光四年甲申刻本、道光十四年甲午刻本、道光二十年庚子刻本等八十餘種。今據上海圖書館藏清道光四年刻本影印。(王宏利)

類證治裁八卷　(清) 林珮琴撰 (第 1026 册)

林珮琴(1772—1839),字雲和,號羲桐,丹陽(今屬江蘇)人。嘉慶十三年(1808)恩科舉人。學問賅博,墨藝膾炙人口,蜚聲士林。後因仕途不得志,課徒之餘,致力於醫學,自《素問》、《靈樞》迄明清百家之書,無不鑽研,凡數十年。雖不業醫,但爲人診治甚衆,起奇疾甚多。除醫著外,尚著詩文作品十餘卷。生平事迹見光緒十一年《丹陽縣志》卷三五及此書林芝本撰《皇清例授文林郎先考羲桐府君傳略》。

林氏因世俗多誤治,思以正之,晚年令就醫者還所服方,擇其要者,著爲醫案,前列證論,酌用古方,列綱分目,於清道光十九年(1839)撰爲是編。卷之首爲"内景綜要",依據《内經》,簡要論述臟腑、經絡結構與功能,爲全書立論之始;卷一至卷七爲内科雜病及五官科疾病,卷八爲婦科及外科疾病。全書

共列病證一百零八門,每門病證首綜經立論,概要論述病因、病機,後叙脈候、附方、脈案。脈案部分爲林氏臨證驗案記錄。

林氏認爲司命之難在識證,識證之難在辨證。故此書祖述經典,旁及諸家,博採衆長,審慎取材,對一百零八門病證,均據不同病因、脈證詳加辨識,務求實用。林氏主推陳出新,師古而不泥古。於每方之首標明臨證要點,簡明醒目,便於臨床運用。此書在辨病識證及靈活運用古方治法等方面頗有臨床實用價值。

此書初刊於咸豐元年(1851),係林氏研經堂家塾刻本,距此書撰成已十二年。書前有道光丁未桂超萬序、咸豐元年吉鍾穎序、咸豐元年林氏之侄林植本序、道光十九年己亥自序、林氏之子林芝本撰《皇清例授文林郎先考羲桐府君傳略》。後因書版毀於火,林氏家族於光緒十年(1884)重刊該書。現存主要版本,除咸豐元年丹陽林氏研經堂刻本、光緒十年丹陽林晉卿研經堂刻本外,尚有咸豐十年庚申丹陽文星堂刻本、同治七年(1868)謝希昉刻本等十餘種。今據南京圖書館藏咸豐元年丹陽林氏研經堂刻本影印。(曹瑛)

醫林改錯二卷　(清) 王清任撰 (第 1026 册)

王清任(1768—1831),字勳臣,直隸玉田(今屬河北)人。武庠生,納粟得千總銜。性格磊落。先祖王凝機爲當地名醫,故自幼習醫,長則行醫於京師,名噪一時。《清史稿》有傳,生平事迹又見光緒十年《玉田縣志》卷二七。

王氏嘗疑古人論臟腑及所繪之圖多自相矛盾,故於野塚、刑場等處觀察、解剖人體臟腑,斷續歷四十二年,訪驗確鑿,撰成《醫林改錯》二卷行世。書成於道光十年(1830),同年刊行,分上下二卷,前有知非子叙及自序。正文始《醫林改錯臟腑記叙》篇,詳述訪驗人

體臟腑之艱難過程;繼之以古人《臟腑圖》十二幅,王清任繪《臟腑圖》十三幅;其後載《腦髓説》、《氣血合脈説》、《心無血説》、《半身不遂論叙》等醫論十三篇,總結其臨床經驗,尤其是瘀血、氣虛之證治經驗。全書載方三十三首,用藥八十七味,是一部臨床實用性醫著。

王氏崇尚實踐,重視解剖,強調業醫診病當先明臟腑,故在親歷剖視基礎上,繪製人體臟腑圖以糾古人之偏。中醫於生理方面素少實踐,此書一出,不脛而走,爲醫家所重,在解剖學方面頗具貢獻。王氏又對《内經》氣血理論有所發揮,認爲治病之要訣在氣血,對血瘀證辨治亦有獨到見解,創立通竅活血湯、補陽還五湯、血府逐瘀湯等多首活血化瘀名方,影響頗廣。王氏倡"靈機記性不在心在腦",與現代生理學不謀而合。但亦有誤説,如"心無血説"等。

此書面世以後,屢經重刊,流傳廣泛,又有英、法、日等多種譯本。現存版本四十餘種,主要有清道光十年庚寅京都隆福寺胡同三槐堂書鋪刻本、道光二十七年丁未金閶書業德記刻本、道光二十九年己酉金陵文英堂刻本、同治七年戊辰(1868)廣州三元堂刻本等。今據遼寧圖書館藏道光十年庚寅京都隆福寺胡同三槐堂書鋪刻本影印。(曹瑛)

醫學三字經四卷　(清)陳念祖撰(第1026册)

陳念祖生平見前《傷寒論淺注補正》提要。

陳氏認爲學醫始基在於入門,錯認半字,便入牛鬼蛇神之域,遂仿訓蒙之《三字經》而作此書。書成於清嘉慶九年(1804),所以名"經"者,有採集經文,還之先聖,使海内諸君子可因以共知所遵而不病之義。曾托名葉天士,以投時好,後屬歸本名。卷一、卷二以三言歌訣述醫學源流、中風、虚勞、咳嗽等二十餘種病症及婦人、小兒之病,且附有注釋;卷三、卷四爲臨證常用方劑,後附陰陽、臟腑、運氣之醫説及經絡、四診歌訣。用方以《傷寒論》、《金匱要略》、《千金方》爲重,而於諸名家之方亦有所選。

此書爲醫學入門之作,立論多尊經崇古,重漢唐,認爲自唐代《千金方》、《外臺秘要方》之後諸書皆"等而下之,不足觀也"。書中闡發醫理善用《易》、道之學,每於古經深有所解。如《肝説》篇云:"時醫昧其理,反云肝無補法,宜涼、宜伐,只泥木克土之一説,而不知後天八卦配河圖之象。三八爲木,居東,即後天震巽之位。巽上坤下則爲觀,《易》曰:'觀天之神道,而四時不忒。'上坤下震則爲復,《易》曰:'復,其見天地之心乎。'爲義大矣哉!"可使學淺者得之淺,學深者得之亦深。

現存版本有清嘉慶九年甲子南雅堂刻本、同治四年乙丑(1865)文奎堂刻本、光緒九年庚午(1883)明德堂刻本等五十餘種。今據首都圖書館藏清嘉慶九年南雅堂刻本影印。(王宏利)

簡明中西匯參醫學圖説二卷　(清)王有忠撰(第1026册)

王有忠,字藎臣,鄞縣(今屬浙江寧波)人。業醫於清光緒間二十餘年,後留意西醫,主張以近代解剖學闡釋人體,以中醫、中藥、鍼灸諸法施治,執中西醫學匯通之説。生平略見此書序。

此書屬中醫基礎理論著作,撰於光緒三十二年(1906)。全書以中醫理論爲基礎,參照西醫解剖圖,著重闡述臟腑結構及功能,力圖使中西匯通。書中列有各臟分合圖、十二經穴位,并論及各臟腑病理治法及備用諸方。

現存光緒三十二年丙午廣益書局石印本、光緒三十三年丁未上海樂群圖書局石印本、1917年上海廣益書局石印本及《中西醫學勸讀十二種》本。今據南京圖書館藏光緒三十二年上海廣益書局石印本影印。(邢玉瑞)

醫案五卷　（明）孫一奎撰（第 1026 册）

　　孫一奎（1522—1619），字文垣，號東宿，別號生生子，休寧（今屬安徽）人。汪石山再傳弟子。自幼聰穎，好學勤求，爲尋師訪友，曾遠涉湘贛江浙等地，廣詢博採，訪問名賢，探冥搜奇，經三十年，名噪當時。除此書外，另著有《赤水玄珠》、《醫旨緒餘》等。生平略見此書序。

　　書又名《孫氏醫案》、《孫文垣醫案》、《生生子醫案》、《赤水玄珠醫案》，係由門人余煌、徐景奇及其子泰來、朋來將孫氏治驗按先後順序彙編而成。《醫案》以行醫地名命集，以診治時間爲序，計《三吴治驗》二卷，《新都治驗》二卷，《宜興治驗》一卷，總共收載三百九十八案。不少病例療效卓著，且案中多夾議論，闡發證治，爲孫氏臨證經驗之總結。

　　現存明萬曆元年（1573）刻本、萬曆二十七年刻本等。今據上海圖書館藏明萬曆元年刻本影印。此本多漫漶之處，後有脫頁。（邢玉瑞）

芷園臆草存案一卷　（明）盧復撰（第 1027 册）

　　盧復，字不遠，號芷園，明萬曆、天啓間錢塘（今浙江杭州）人。早年習儒，後隱於醫，與名醫繆希雍、王紹隆等過往甚密。晚年信佛，釋名福一，字畢公。嘗從憨山、蓮池、聞谷三大師游，解悟釋理，謂醫亦當以參悟入門。復殫心著述，除此書外，另著有《金鏡釋文》、《芷園覆餘》、《芷園日記》等，惜多散佚。其所輯《神農本草經》爲現存最早《神農本草經》輯本。事迹見康熙二十三年《浙江通志》卷一九六。

　　書成於天啓三年（1623）。書中雖僅載案十餘則，然多爲内婦科疑難之證，證情複雜，頗耐尋味。每案簡述病者之姓氏、就診時間、證因脈治，繼以問答形式闡述疾病之病因、病機、治則、治法，理法方藥兼備，要而不繁。觀其用藥，靈活中肯，祖述前賢而又多有獨到之處。如孟杼正君因怒而發呃逆一案，盧氏辨其病機爲氣將入胃而不能故發呃，不施常醫所用降胃止呃之品，而用柴胡等條達木鬱，鬱解則呃止。

　　此書初未付梓，後經王琦作跋，輯入《醫林指月》，刻於清乾隆三十年（1765）。現存主要有乾隆三十年刻本、乾隆三十二年寶笏樓刻本等。今據中國醫學科學院圖書館藏乾隆三十年刻本影印。（劉鵬）

臨證指南醫案十卷　（清）葉桂撰（清）華岫雲輯（第 1027 册）

　　葉桂（1667—1746），字天士，號香巖，祖籍歙縣（今屬安徽），吴縣（今江蘇蘇州）人。祖葉時，擅兒科。父朝采，亦知醫。桂幼承家學，先後拜師十餘人，有名者如馬元儀、周揚俊、張璐，盡得各家之長，而立之年即以醫名於世。其對温熱病之病因病機與辨證施治，多有獨到之闡發，爲温病學派之奠基與集成者。葉氏生平無所著述，今傳《温熱論》、《葉案存真》、《未刻葉氏醫案》及此書等，均係其門人或後人，如顧景文、華岫雲、周仲開、葉萬青等編輯整理并附以論評而成，未必盡桂本意也。傳見《清史稿》。

　　書成於清乾隆二十九年（1764），由華岫雲輯。凡十卷，分八十九門。前有乾隆二十九年李治運序、乾隆三十一年李國華序與嵇璜序。卷一至卷八爲内科雜病、外科、五官科病醫案，卷九爲婦科醫案，卷一〇爲兒科醫案，後附案中所用諸方以便初學之士查閱。每病分列醫案數則，其後分附門人華岫雲、邵新甫、鄒滋九、姚亦陶、華德元等所撰之評論，以提示治法大綱。清代醫家徐靈胎亦曾作批，眉批二百六十餘條，行批三千六百餘處，門後附評八十餘條。

　　葉氏曾討論外感温熱病傳變規律，創衛氣營血辨證綱領，此書於此有明顯體現。又，葉氏倡"初病氣結在經，久病血傷入絡"之説，故書中治療積聚、癥瘕、久痛、頑痹等久病,每喜用蚣蜋、地龍、全蝎、蜂房等蟲類藥,以入絡搜剔瘀血。後世醫家應用蟲類藥時,多借鑒其組方用藥之法則。另,葉氏之前諸醫家論治脾胃,多以脾陰胃陽立説,葉氏則謂"太陰陰土,得陽則運,陽明陽土,得陰自安","脾喜剛燥,胃喜柔潤",力倡胃陰之論,足救前世醫家之偏弊。此書案中所處之方,藥少力宏,配伍精當,後世醫家多有繼承發揮。如吳鞠通《温病條辨》中之桑菊飲、銀翹散、清營湯等名方,即從此書化裁而來。

此書現存主要有清乾隆三十三年衛生堂刻本、道光二十四年(1844)蘇州經鉏堂朱墨套印刻本、同治三年(1864)刻本、光緒十年(1884)古吳掃葉山房刻本等。今據浙江圖書館藏乾隆三十三年衛生堂刻本影印。(劉鵬　王振國)

掃葉莊一瓢老人醫案四卷 (清) 薛雪撰
(第 1027 册)

薛雪生平見前《醫經原旨》提要。

書又名《掃葉莊醫案》,成於清乾隆二十九年(1764)。共四卷,載薛氏治案五百餘則。卷一至卷二載內科雜病諸案,分虛勞、中風、陰虛陽逆、勞倦陽虛寒熱、鬱、痢疾、泄瀉、便血、汗、痞脹便秘、痰飲喘咳水氣腫脹、脾胃、胃脅腹中諸痛、氣瘫噎膈關格呃逆諸門;卷三載瘧疾、夏暑濕熱、春温三類温熱病并痘疹幼科雜治諸案;卷四載遺精淋濁尿血、氣鬱發黄、痿痹、癰瘍痔漏、疝及經產淋帶女科雜治諸案,附録調經種子良方、康方伯傳海上仙方。

此書對濕熱病之病因病機及治法多獨到之處,對甘藥之應用亦頗有心得。案中議病用藥,如清養胃陰之論、病久入絡之説、血肉之品用治虛損、柔劑通補充養奇經之法等,與葉桂醫案頗有暗合之處。此或因薛、桂二人同出王子接之門故,或疑有葉案爲後人羼入。

然此書文辭典雅,引證廣博,非葉案不修詞藻者可比。全書內容丰富,理明詞暢,洵爲醫案中之佳作。

此書現存清抄本。另經周小農初校、謝誦穆重校後,又收入《珍本醫書集成》叢書中。今據上海辭書出版社圖書館藏清抄本影印。(劉鵬)

醫學讀書記三卷續記一卷附静香樓醫案一卷
(清) 尤怡撰 (第 1027 册)

尤怡生平見前《張仲景傷寒論貫珠集》提要。

《醫學讀書記》載尤氏心得之言,凡三卷,又《續記》一卷,并附《静香樓醫案》三十一則。上卷探軒岐之幽,爲研習《黄帝内經》之心得二十七篇,卷中或論《靈》、《素》之不同,或論《素問》傳寫之誤,或論《甲乙》與王冰次注《素問》之誤,或論《黄帝内經》中諸多病證之病因病機,尤於陰陽、歲運多所發明。中卷叙長沙之密,爲《傷寒論》之體悟二十四篇,或論風寒營衛之辨,或釋諸病症之成因,或析諸經方之配伍,於相類之證治,求其異同之所以然。下卷泛論製方用藥、五行生尅,以及宋元以下諸家方論之短長。其論宋元以後諸名方,既釋其各自製方之意,又叙其彼此可通互證之處。於張介賓、喻昌、柯琴之書,不存門户之見而品評得失,論多公允。此書卷前徐靈胎乾隆四年(1739)序稱:"凡成書之沿誤者,釐而正之;古人紛紜聚訟者,折而衷之。夫惟多讀古人之書,斯能善用古人之書,不誤於用意,亦不泥於用意,於長沙氏之旨,庶幾得之,可謂通其意者矣。"《四庫全書總目》謂其"隨舉一端,皆具精義,非讀破萬卷者不能爲醫家度此金鍼也"。

《續記》一卷,所論較雜,或論寸口分診臟腑定位,或論古方權量,或論五疰鬼氣、陰陽交等疑難雜症,或論火齊湯、葱豉湯、枳實栀子豉湯等名方,并無固定之主題。然是卷中亦多精妙之論，如其論婦人崩中下血，不同於常醫多處以固脫之劑，而責之於濕熱損傷脾胃，誠臨證躬歷經驗之論。所附《靜香樓醫案》三十一條，析證敘理極爲精煉，處方精當，言簡法純。

此書現存乾隆四年程氏校刻本、嘉慶十九年（1814）松風閣刻本、清行素草堂刻本、《尤在涇全集》本、《槐廬叢書》本和《中國醫學大成》本等。今據北京大學圖書館藏嘉慶十九年松風閣刻本影印。（劉鵬）

洄溪醫案一卷　（清）徐大椿撰（第 1027 册）

徐大椿生平見前《難經經釋》提要。

《洄溪醫案》乃王士雄所輯徐氏之醫案。據咸豐五年（1855）王氏序文云，是年夏王氏從呂愼盦處得徐氏及門金復村《洄溪醫案》抄本一卷，嘆其雖秘本而方藥不甚詳，然辨治巧妙足以垂醫鑑而活蒼生，遂爲編次，并附以按語，梓以傳世。

全書共一卷，列病證五十六種，每證間有兼收數案者，共收載徐氏治療内科雜病、時病、婦人病、小兒病、外科病案九十餘則。所收醫案多屬疑難之症，半出他醫誤治者，徐氏詳述其病因病機及他醫誤治之由，後多僅議其當正治之法，間詳述所處方藥。此書收載大量急症，徐氏每能收效於危重之際，其辨證處藥之法可資今人參考。王士雄所作之按語，或示徐案辨治之關鍵，或參引他家之論以佐徐氏之説，或輔以己案與徐案互爲發明。王氏之醫案數書有載，此書所附王氏之案可補他書之缺漏，亦可借此以窺王氏之醫理。又，王士雄對此書所載徐氏之外科醫案頗爲稱道，云其神於外科，是編列案雖僅十餘條，然各大證治法略備，足可奉爲圭臬，可與徐氏所評《外科正宗》等書互爲發明。

此書現存清咸豐七年海昌蔣氏衍芬草堂刻本、咸豐刻本、光緒四年（1878）掃葉山房刻本、光緒四年葛氏嘯園刻本、光緒十五年上海江左書林刻本、光緒十七年湖北官書處刻本等。亦收録於徐氏醫書之多種刊本。今據南京圖書館藏咸豐七年海昌蔣氏衍芬草堂校刻本影印。（劉鵬）

王氏醫案二卷續編八卷霍亂論二卷　（清）王士雄撰（第 1027 册）

王士雄生平見前《潛齋簡效方》提要。

《王氏醫案》分正、續二編。正編二卷，原名《回春録》，爲周光元所輯王氏自道光四年（1824）至二十三年二十年間之驗案，詳於雜證之證治。續編八卷，原名《仁術志》，乃張柳吟、趙夢齡等輯録王氏自道光二十四年至三十年七年間之驗案，詳於溫熱暑濕諸外感證治，以補正編之不足。後正續二編經楊照藜參訂評點，合爲一書，刊於道光三十年。書中所選醫案或係尋常治法所不能瘳者，或係難辨之證恐被他醫誤藥而成危候者，虛實真假，證情複雜。案中所涉病證之治法，慮及虛實寒熱之不同，或補或瀉或溫或寒，或兼而用之。但因六氣皆從火化，凡外感之邪，雖傷寒必以顧陰爲主，況溫熱暑燥之病，更多於傷寒，而熱之灼陰，尤爲勢所必然，故案中治感多以涼潤清解爲法。觀其案中用藥，或直用古方之藥，或僅取古方組方之意而處以他藥，用藥輕清靈動而避忌補澀壅滯之品，似極平淡卻多奇中。他如論阿片之燥烈傷津、豬肉之柔潤充液之類，亦多發前人之未發。

《霍亂論》一書初撰於道光十八年，由張柳吟閲定，王仲安梓而行世。咸豐元年（1851），楊照藜又將其與《王氏醫案》正續編十卷合刻。同治元年（1862）值王氏避亂上海，適霍亂大行，王氏依金簠齋之囑重訂此書，更名爲《隨息居重訂霍亂論》。共二卷。上卷分總義、熱證治例、寒證治例三篇，總義發明《内經》二條、《傷寒論》二條；熱證治例發明《内經》二條、《傷寒論》一條、《金匱書》一條，引釋《原病式》一條、《治暑全書》一條、

《痧脹玉衡》一條；寒證治例發明《內經》一條、《傷寒論》四條，附傷寒少陰吐利兩條。霍亂之證有寒熱之分，有時疫霍亂與非時疫霍亂之別，王氏以爲：“熱霍亂流行似疫，世之所同也。寒霍亂偶有所傷，人之所獨也。巢氏所論雖詳，乃尋常霍亂耳！執此以治時行霍亂，猶腐儒將兵，其不覆敗者鮮矣。”故是卷以熱霍亂爲主，詳論其病因病機及辨證施治之要。下卷收載醫案與藥方。醫案引釋羅謙甫、汪石山、江篁南、江少微、張石頑、葉天士、王孟英諸家古案九則，後附錄王氏之驗案十則。藥方論霍亂常用方劑之主治、組方及用法。是卷與上卷相合，理法方藥咸備，以共示霍亂之辨治。

《王氏醫案》二卷、《王氏醫案續編》八卷及《霍亂論》二卷，各有單行刊刻者。三者合刊之主要版本爲清咸豐元年（1851）吟香書屋刻本，今據遼寧省圖書館所藏該本影印。（劉鵬）

柳選四家醫案八卷 （清）柳寶詒選評（第1028冊）

柳寶詒生平見前《溫熱逢源》提要。

《惜餘小舍醫學叢書》中共收入柳寶詒評選醫案八種：《評選靜香樓醫案》、《評選繼志堂醫案》、《評選環溪草堂醫案》、《評選愛廬醫案》、《評選琴川醫案三種》、《梓賢醫案十六家》、《清芬醫案》、《鴻雪醫案》。此《柳選四家醫案》即爲前四種醫案之合輯。據此書各家醫案前柳氏題識可知，柳氏乃於光緒二十五年（1899）至次年間評選此四家醫案。柳氏去世後，此書由其門人王吉臣、柳頌餘、金蘭升等參校，邀翁同龢撰寫序文，付梓刊行。

《評選靜香樓醫案》二卷，醫案爲尤在涇所著，柳氏評選於光緒二十六年。柳氏嘆《靜香樓醫案》未經授梓，而附刻於《醫學讀書記》後者僅三十餘條，非全本。後從張氏齋頭見同邑吳氏所抄藏者，借歸抄錄，復就其中精粹者選錄以評。尤氏精於仲景之學，書中所載醫案論病切理，暗合古人之法，却不泛引古書，用藥隨證化裁，靈巧活潑而不蹈襲成方。惟所列醫案多僅述疾病病機之關鍵，於病者之姓氏、發病、四診常遺而不敘，過於簡要。

《評選繼志堂醫案》二卷，醫案爲曹仁伯所著，柳氏評選於光緒二十六年。曹仁伯，諱存心，字仁伯，別號樂山，常熟（今屬江蘇）人。其所著醫案，於《過庭錄存》、《延陵弟子紀略》外，未有傳本。後柳氏得見曹氏門弟子所錄存之醫案，爲之次第整理，删其繁亂，擷其精粹，附以評語，發明其用意所在。

《評選環溪草堂醫案》三卷，醫案爲王旭高所著，柳氏評選於光緒二十六年。王旭高，名泰林，字旭高，無錫（今屬江蘇）人。初學醫於舅氏高錦亭，始先以瘍醫行，後專以內科行。王氏醫案多爲弟子隨時抄錄而成，初柳氏得見其中五六本，囑其門弟子删其繁亂，重爲抄輯。後得顧蓮卿所輯王氏晚年之醫案，又得方耕霞新刊本王氏醫案，一并補錄，簡其精粹分爲三卷，於未盡之處隨加按語以闡明之。觀案中王氏之辨治，常因古法而變化出之。如治小兒喘嗽之藥棗，從葛可久之白鳳丹化出；治上熱下寒之八味丸，用紫雪爲衣，從喻昌之論悟出。又，王氏善治肝病之法在案中亦有體現，可與王氏他書互參。

《評選愛廬醫案》二十四條，醫案爲張仲華所著，柳氏評選於光緒二十五年。張氏醫案原刻爲二卷，共一百餘案，咸豐時刻於蘇州，惜毀於兵燹，少傳本。後柳氏於友人處得見抄本，并就其精選而加評述，共得二十四條，令門人錄而存之。觀案中張氏論病選藥，思路深細，用法精到，頗有發前人所未發之處。

柳氏并上述四家之醫案於一書，擬定總目四十，而以子目分注於下，每家之醫案依病證之不同而分屬於各門，每案之後，加按評述，簡明中肯,頗具啓發之義。此書付梓後,又有江陰鄧養初、孫梓文爲其眉批,批語細膩熨貼,可與柳氏評語互爲發明。

是書現存主要有清光緒三十年惜餘小舍刻本、宣統二年(1910)中書局石印本等。今據湖北省圖書館藏光緒三十年惜餘小舍刻本影印。(劉鵬)

醫經正本書一卷　(宋)程迥撰(第1028冊)

程迥,字可久,宋寧陵(今屬河南)人。家於沙隨,稱沙隨先生。靖康之亂後,徙居餘姚(今屬浙江)。隆興元年(1163)進士。歷揚州泰興尉,調饒州德興丞,後知進賢縣,調信州上饒縣。曾受經學於王葆、聞人茂德、喻樗,著有《古易章句》、《古占法》、《易傳外編》等。醫者除此書外,另編著《活人書辨》,已佚。事迹見《宋史·儒林傳》。

書只一卷,前有程氏淳熙丙申(1176)十月庚寅自序,後有陳言之跋。自叙中嘆彼時社會不良之風俗,如至親危病,妄言傳染,遂相棄絕。故作《醫經正本書》,重在論傷寒無傳染,以救薄俗骨肉相棄絕之弊。其書名“醫經”,乃以黄帝、岐伯之問答爲方書之本。所謂“正本”,則謂邪説異論不能動摇。書凡十四篇,首兩篇言唐宋之醫政;次辯傷寒、温病、熱病并無傳染之理;次辯五運六氣感傷,名曰時氣,亦無傳染;次辯四時不正氣,謂之天行,即非傳染;次論醫書;次辯《本草》、《千金方》權量度;次辯弦脈屬陰;次辯傷寒兩感不治;次辯活人書以湯爲煮散;次辯發汗宜對證不論早晚;次辯方士著書乃採俚俗不合醫經者;次記仲景事實;終載與内弟襄陵許進之論醫書。

此書十四篇辯論,論點新穎,其中《辯傷寒温病熱病并無傳染之理》、《辯五運六氣感傷名曰時氣亦無傳染》、《辯四時不正氣謂之天行即非傳染》三篇,及《與内弟襄陵許進之論醫書》一篇,專論外感傷寒諸病并無傳染,尤

與他醫之論相異。然此論雖可救民風之弊,若由醫學言之,則傳染似難言其必無。謝觀之《中國醫學大辭典》評其乃“士人之粗涉醫書者所爲,於醫理無所發明”。書中所論唐宋醫政,及權量、脈診、湯液、方論等,折衷古書,贊其是而絀其否,可資參考。

此書現存主要有明初刻本、清光緒四年(1878)金山錢氏刻《小萬卷樓叢書》本、光緒歸安陸氏刻《十萬卷樓叢書》本等。《小萬卷樓叢書》本附有錢賓之札記。今據北京圖書館藏明初刻本影印。(劉鵬)

折肱漫録七卷　(明)黄承昊撰(第1028冊)

黄承昊(約1576—1648),字履素,號闇齋,晚號樂白道人,秀水(今浙江嘉興)人。黄洪憲之子。萬曆四十四年(1616)進士,官至福建按察使。除此書外,另著有《律例析微》、《讀律參疑》、《律例互考》、《闇齋吟稿》等。生平見《(崇禎)嘉興縣志》卷一四。

黄氏少年病羸,因不知醫,多爲藥誤。每有所苦,隨筆記之,以告同患者毋蹈覆轍,久而成帙。致仕歸,搜故所存,益以近記,取三折肱乃成良醫之義,題曰《折肱漫録》(見此書小引)。書分養神、養形、醫藥三門,共六卷,初刊於明崇禎八年(1635)。清乾隆五十九年(1794)程永培予以校訂,删除養神篇,并將崇禎八年至清初黄氏所作《續醫藥篇》、《續養形篇》補入,重釐爲七卷,輯入《六醴齋醫書十種》中。是本前載金麗兼、陸圻二序及崇禎乙亥黄氏自題小引,書末載程永培跋文。卷一至三爲醫藥篇,卷四至六爲養形篇、續養形篇,卷七爲續醫藥篇。

此書養生與醫藥并舉,養生之法無外節慾、節勞、節飲食諸法,醫藥則處處强調以固護脾胃之氣爲根本。黄氏自幼孱怯,中氣虛寒,常服甘温藥甚驗,故頗好李東垣、薛立齋之論,奉爲養生家之蓍蔡,反對朱丹溪陽有餘陰不足之論,批駁王節齋治瘵症用補陰丸,力倡温

補。《四庫全書總目》謂其“論專主於補,蓋未免一偏”。然黃氏因己所苦,隨筆所記,其意本爲病者之鑑戒,於醫理未可責之深。又書中所載《品藥》,叙己身或親友用藥之經驗,讀之親切可信,可補本草著述之不足。

現存主要有明崇禎八年刻本、清乾隆五十九年甲寅程永培跋心導樓刻本等。今據南京圖書館藏清心導樓刻本影印。(劉鵬)

裴子言醫四卷　(明) 裴一中撰 (第 1028 册)

裴一中,字兆期,號復庵,原籍海寧(今屬浙江),後遷海鹽(今屬浙江)。其父有醫名,父没而承其業,其子亦知醫。陳之遴云:“今江浙之稱世醫者,必宗裴氏。”除此書外,另著有《裴子言藥》、《素靈類纂》、《醫林要旨》、《證治彙參》、《删潤原病式》等。生平見乾隆十二年《海鹽縣續圖經》卷六。

書乃裴氏集平日之隨筆而成,内容兼及理法方藥與臨證醫案諸端,但未歸并相類之論及編訂目録,稍顯雜亂,又間涉瑣屑,如論診脈不當用書籍爲墊手之具一條,實無關於醫理。然書中所論有古人所未言者,如《治虚》、《傷藥》、《傷飲》、《久病後》、《金匱丸》、《大補脾丸》、《不執本草主治》諸篇;有古人已言而其旨未得盡者,如《命門》、《二火》、《陰證》、《用權》、《補中湯》、《陰陽氣血》、《流濕潤燥》、《柏齋水火辨》諸篇;有古人言不克竟與邪説亂真而未經補救者,如《勿藥》、《王霸》、《産後》、《胎前》、《執流守主》、《内傷元氣》、《脾胃統論》、《好古》、《節齋人參論》諸篇。由是可見裴氏醫學思想之主旨大致有二,一爲固護脾胃,二爲重調攝而輕方藥。

是書自序署崇禎十七年(1644)暮春,書中述及留都(南京)失守,避亂山中,又述及乙未(1655)年事。趙善鳴序署丁酉(1657)中秋。卷一題署“鹽官裴一中兆期著,男裴翰健飛校正,語水閔,孫晉颺接三訂”。則刻板

當在書成十餘年後。康熙己卯(1699)高世栻《醫學真傳·先生自述》中云:“即如《薛氏醫案》、趙氏《醫貫》、《醫宗必讀》、《裴子言醫》等書,亦皆方技之穎悟變通,非神農、軒岐、仲景一脈相傳之大道也。”可見此書彼時必有刊本,且頗聞於時。吳子音《三家醫案合刻》道光辛卯(1831)秋八月《例言》中云續刊書五種,俱已彙稿嗣出,其中之一便是《裴氏言醫》。惜吳氏尋逝,竟未重鐫。後王士雄搜訪得《裴子言醫》,稱其“雖瓣香《醫貫》,而識見實超出趙氏,更有先言余之所欲言者”,并摘録精要者五十條,加之評語,名《言醫選評》,付定州楊素園閱定,刊入叢書《潛齋醫學叢書》,非足本。

現存主要有明崇禎十七年刻本、清康熙自鏡堂刻本、清初刻本、清抄本等。今據中國中醫研究院圖書館藏清初刻本影印。(劉鵬)

侶山堂類辯二卷　(清) 張志聰撰 (第 1028 册)

張志聰,生平見前《黃帝内經素問》提要。

康熙八年張志聰《素問集注》成書,漸次問世,爲免衆醫習訛,遂集錯綜之疑問,參伍考詳,隨類辯起而成此書,謂之“類辯”。“侶山堂”爲張氏所構,與同學友生及諸門弟子講論醫學之所。此書分上下二卷,上卷由張開之合參,論氣血、臟腑、經絡、形體官竅、病因病機、診斷、治法及各種病證,内容龐雜,但多以《素問》、《靈樞》、《傷寒論》、《金匱要略》諸經典爲旨歸,守法有餘而創見不足。又是卷所載“《傷寒論》編次辯”、“風傷衛寒傷榮辯”諸篇,皆明清醫家辯論傷寒之重點,宜與他家互參,不可囿於張氏一家之言。下卷由楊元如參訂,首列《本草綱領論》、《藥性形名論》、《草木不凋論》、《四時逆從論》諸篇,總論藥物之性味,繼之以詳釋四十餘味藥物之性效主治,常參藥物之生長環境及其形態特徵以釋藥物之性能,頗耐尋味。又列《畏惡反辯》、《奇偶分兩辯》、《寒熱補瀉兼

用辯》諸篇以述藥物配伍組方之理，繼之金匱腎氣丸、枳术湯、膠艾湯諸方以釋仲景組方之妙。

此書首刊於清康熙九年（1670），惜世所流傳者極少。後王琦於乾隆己丑（1769）將數年苦尋所得之《侶山堂類辯》一種彙刻於《醫林指月》叢書之中，以廣其傳。現存主要有清康熙九年刻本、乾隆三十三年寶笏樓刻《醫林指月》本、乾隆刻本、清刻本等。今據天津圖書館藏清刻本影印。（劉鵬）

醫貫砭二卷　（清）徐大椿撰（第 1028 冊）

徐大椿生平見前《難經經釋》提要。

《醫貫砭》乃徐氏批駁趙獻可《醫貫》之作，趙書見前《醫貫》提要。徐氏擇其反經背道之尤者逐條辨析，眉批四十餘處，行批三百八十餘處，於清乾隆六年（1741）成書，分上下二卷，凡三十篇。

宋明之時，理學盛行，明季醫家仿理學家尋求宇宙太極之法，探尋人身之太極，遂以前賢所論命門爲基，玄化爲人身之本原，其時醫家多莫能離此藩籬，趙氏亦不例外，所著《醫貫》之理論核心大抵如此。此亦此書重爲貶斥之核心。徐氏謂五臟各有陰陽，惟腎有兩，則左屬水而爲陰，右屬火而爲陽。人之元氣藏於腎中，腎之陰陽必宜保護，不宜戕賊，比諸臟爲尤重，但若執此而幻成真假無形有形、根源太極等語，其說愈微妙，愈俚鄙荒唐。指斥趙獻可《醫貫》中持以八味、六味補太極之說，於諸病證，陽虛用八味，陰虛用六味，大有以二方通治百病之嫌。其考八味丸即仲景《金匱要略》之腎氣丸，後錢乙去其中之肉桂、附子，以爲小兒之用，名之曰六味丸。明薛己擅用二方補陽補陰以調補虛損，每加減以治諸病，未嘗無效。趙獻可承薛氏餘緒，用二方調治百病，常失辨證施治之靈巧，可謂過猶不及。徐氏力斥獻可之說，云五臟六腑乃有形之體，草根木皮亦屬有形之物，不過氣性

各殊，藉以補偏救弊，不必過高其論。

徐氏之論，以今視之，誠屬公允，然考之於明季時境，或不免偏執。《中國醫學大辭典》云："夫偏補之說固太過，然人之疾病隨時運爲變遷，亂世民苦而多勞，故體質多虛。用藥宜偏於培補。盛世民樂而身逸，故體質多實，用藥宜偏於攻瀉。趙著《醫貫》於明末世亂之時，徐著《醫貫砭》於清運方隆之際，故立說不同，而各有其是也。"至於徐氏謾罵《醫貫》爲"亡明之妖書"，稱呂留良評贊《醫貫》乃賞盜以教天下人胥爲盜之舉，詞氣顯然過激。

現存主要有清乾隆半松齋刻本、乾隆孫溪朱氏槐廬刻本，另見《徐氏醫書六種》本、《徐氏醫書八種》本、《徐靈胎十二種全集》本、《徐靈胎醫書三十二種》本等。今據上海辭書出版社圖書館藏清乾隆半松齋刻本影印。（劉鵬）

慎疾芻言一卷　（清）徐大椿撰（第 1028 冊）

徐大椿生平見前《難經經釋》提要。

《慎疾芻言》成於乾隆三十二年（1767）。書名取《詩經·大雅·板》"先民有言，詢於芻蕘"之意，言古之賢者雖採薪之人猶必詢之，自謙之意也。徐氏序中謂彼時之醫全廢古書，隨心自造，以致人多枉死，目擊心傷而作此書，冀醫者以之治人可敬慎寡過，病者以之治己可明哲保身。共一卷，分《補劑》《用藥》《中風》《咳嗽》《吐血》《中暑》《痢疾》《陰症》《老人》《婦人》《小兒》《外科》《治法》《製劑》《煎藥服藥法》《延醫》《秘方》《詭誕》《宗傳》，凡十九篇。首《補劑》一篇，鍼砭時醫多以補劑而貽誤患者病情，云其惟以陽虛、陰虛、肝氣、腎弱等套語概之，專用溫補，以致外邪入裏而不救。間有稍謹慎之人，起病時仍用切近之藥，一二劑未即有效，即轉而改用溫補。次《用藥》篇云，時醫常不論何病，總以幾味溫補投之，愈

則以爲己功,死則以爲病本不治,毫無轉計,誤盡天下而終身不自知。後列中風、咳嗽、吐血、中暑、痢疾、陰症諸病證,以詳述用藥偏於溫補之弊。《老人》篇言老人陰盛者十之一二,陽盛者十之八九,宜清火以保其陰;《婦人》篇言半産滑胎皆火勝陰衰,故胎前宜涼;《小兒》篇言小兒之疾,熱與痰二端而已,宜應清熱。常醫遇老幼婦之病,多慮其體質之虛,遂不詳辨證便用溫補。此三篇所言之弊病,今時猶存,足可謂當頭棒喝。然亦不可拘泥於徐氏之論,《清朝續文獻通考》評此書"欲袪溫補之弊,乃自乾隆丁亥以來,越二百餘年,又生清滋之弊。夫以溫補而加病者其病顯,以清滋而變病者其病隱",故仍當以靈活辨證處藥爲要。此書可與徐氏所著《醫貫砭》互參。

　　此書刊行後,張柳吟曾將其改題爲《醫砭》。據《醫砭》道光三十年王士雄序文云,張氏因徐氏嘗著《醫貫砭》,專砭崇信《醫貫》之病,故名此書爲《醫砭》,以爲可去醫者之病。又,《洄溪醫案》一書《暑》篇蔣奕蘭案後王士雄按曰:"《慎疾芻言》,今罕流傳,海豐張柳吟先生加以按語,改題曰《醫砭》,欲以砭庸流之陋習也。余已刊入叢書。"則此書經張氏改題後又刊入王士雄之《潛齋醫學叢書》中。現存主要有清乾隆三十二年半松齋刻本、道光十八年(1838)蔡氏涵虛閣刻本、道光二十六年上海趙氏刻本、道光二十八年長洲謝嘉孚契蘭堂刻本、光緒二十八年(1902)半松書屋重刻本等。今據上海圖書館藏道光二十八年長洲謝嘉孚刻本影印。(劉鵬)

吳醫彙講十一卷　(清)唐大烈輯(第1028册)

　　唐大烈(?—1801),字立三,一字笠山,號林嶝,長洲(今江蘇蘇州)人。諸生,選授蘇州府醫學正科。生平見民國二十二年《吳縣志》卷七五。

　　《吳醫彙講》乃唐氏仿康熙年間過繹之《吳中醫案》體例,彙集吳中名醫之論及己作而成,門人沈文燮參與校訂,陸續刊於清乾隆五十七年(1792)至嘉慶六年(1801)間,共刊出十一卷,今所傳《吳醫彙講》乃十一卷之合集。卷一載葉天士《溫證論治》及王雲林、陳獻傳、顧雨田之文各一;卷二載薛生白《日講雜記》及唐立三醫論九篇;卷三載孫慶增、傅學淵、江朝宗、唐迎川、周思哲、蔣星墀文共十六篇;卷四載沈受益、沈悦庭、沈實夫、沈思劭、周蘊石文共十篇;卷五載薛鶴山、薛公望論共七篇;卷六載康作霖、顧祖庚、何桂巖、劉九疇、翁壽承、陶厚堂文共十三篇;卷七載王鳴岡、管象黃、姚德培、唐立三文共九篇;卷八載朱應皆、楊存耕、楊立方、屠彝尊、李純修、祖鴻範、陳元益、唐立三文共十二篇;卷九載徐叶壎、王繩林、唐立三文共六篇;卷一〇載汪續功、汪正希、沈香巖、唐立三文共五篇;卷一一載周省吾文五篇。

　　此書凡例述及收輯原則,謂凡屬醫門佳話,發前人所未發,可以益人學問者,不拘内、外、女、幼各科,無不輯入。書中諸家立論之趨向不同,或有互異,唐氏不因己見而存此去彼,頗益後學。唐氏又略仿小傳之意,於諸家條論之前,分列姓字,下注名號、爵里,若爲先世所遺舊稿,則并注生年卒歲,可資今日考證醫家生平之用。書中所集,或闡發經典醫籍,或評價諸家之爭鳴,或解析諸病症辨治之關鍵,或議論方藥,或論讀醫書之法,并無門類體式之限制。所收諸家之著述,如卷一葉天士《溫證論治》,唐氏因顧景文之記録未加修飾,辭多佶屈,語亦稍亂,故條達語句、移掇前後,重加整理,可與世行華岫雲《續刻臨證指南》、章楠《醫門棒喝》、王士雄《溫熱經緯》所載諸本互參,頗有文獻價值。又,乾嘉之時吳中名醫輩出,溫病之研究尤爲昌盛,此書所集諸論中,有關溫熱病、爛喉丹痧、瘟疫、天痘、痲疹之論述較多,吳中溫病診治之特色由此可得一窺。考乾嘉以後,吳中醫家大都衍葉氏一派,若能執此書諸家之論與葉氏所言并參,可證其源流概略。

現存主要有清乾隆五十七年吳門唐氏問心草堂刻本、乾隆五十七年掃葉山房刻本、嘉慶元年(1796)刻本、嘉慶十九年校經山房刻本、宣統二年(1910)上海掃葉山房石印本等。今據山東省圖書館藏乾隆五十七年唐氏問心草堂刻本影印。(劉鵬)

吳鞠通先生醫案五卷　(清)吳瑭撰(第1028冊)

吳瑭生平見前《問心堂溫病條辨》提要。

書凡五卷。卷一爲暑溫、伏暑、濕溫、中燥、瘧、冬溫、傷寒諸案;卷二爲中風、癰瘀、肝風、肝厥、脅痛、肝癰、癲狂、虛勞、吐血、衄血、便血、腫脹、單腹脹、腹脹、滯下、積聚、淋濁、泄瀉諸案;卷三爲頭痛、胃痛、脾胃、噎食、嘔吐、反胃、噦、咳嗽、肺癰、失音、水氣、寒濕、痹、痰飲諸案;卷四爲疝瘕、胎前、產後、陰吹、交腸、調經、帶下、臟燥婦科諸案,及痘、癰瘀、食積、飱泄、咳嗽、暑溫、伏暑兒科諸案;卷五爲肺癰、喉痹、瘧、傷寒、中燥、痙、癰瘀、食積、飱泄、咳嗽、頭痛、胃痛、脾胃諸案。每案除詳述患者之姓氏、就診時間、病機、他醫誤治之過程、應予之治則治法、方藥外,最可貴處在於將其一病數診之過程詳爲記載,由此既可察病情之發展轉變,更可由其中轉變曲折之處得窺吳氏隨證辨治之靈活,較他家醫案僅載一二方,不見始末者,體例遠勝。此書所載醫案,於溫病諸證最爲詳盡,與吳氏《溫病條辨》互參,可察其溫病理法方藥體系之內涵;與葉桂、王士雄諸溫病家之醫案互參,既可察諸家辨治之異同,又可洞悉溫病諸家彼此學術之傳承發展。又,吳氏以溫病顯於世,然此書載吳氏辨治內科雜證、婦科、兒科之醫案,亦多有靈活變通精彩之處。惟諸案中間有用藥過重處,《中國醫學大辭典》稱其"宜於准

域剛土之人,不適於江南柔土之用"。

吳氏《溫病條辨》刊刻較多,流傳甚廣,惟其醫案僅以抄本流傳,藏者多秘不示人,民國五年(1916)始有裘吉生與金月笙分別刊刻發行。裘氏所刻爲四卷本,據高汝賢序文,是本乃三十年前高氏由胡氏處所得,惜未刊行,僅於友人中轉相傳鈔,後裘吉生欲刊行《醫藥叢書》,高氏遂詳加校讎,并付叢書收入以廣其傳。金氏所刻爲五卷本,據吳慶坻序文,金氏得吳氏醫案手稿,分類編次,釐爲五卷。後紹興曹炳章採金月笙之五卷本重爲校定,收入《中國醫學大成》中。

今據吉林省圖書館藏本影印,其前四卷爲民國五年裘氏所刻《醫藥叢書》本,第五卷實爲金月笙所刻五卷本之卷五。蓋藏家不知裘刻、金刻本有四卷、五卷之不同,誤以爲藏本有闕,而以金刻配補也。(劉鵬)

醫門棒喝四卷　(清)章楠撰(第1029冊)

章楠生平見前《醫門棒喝二集傷寒論本旨》提要。

《醫門棒喝》書名取禪家解粘去縛、洞見本源之意。書成於道光五年(1825)。凡四卷,收列論述二十七篇,闡發經典之秘奧,救正諸家之闕失,體例頗與徐洄溪《醫學源流論》相似。前有紀樹馥、田鼎祚、田晉元、韓鳳修、史善長序,并章楠自序、條例十則,後有門人孫廷鉦跋、虛谷小影并自贊。天頭有田晉元評點文字。此書所論以傷寒與溫病爲主,以《靈》、《素》爲醫經之源,張仲景《傷寒雜病論》爲方書之祖,葉桂、薛雪之説爲後世法程,評判後世諸家,謂其各以己之閱歷見解發明經旨一節,不可固執偏從。如云劉河間六氣皆從火化説原爲至理,然僅可以此論六氣之邪,未可論病,因人之體質不一,受邪雖同而病變不同,若謂六氣皆從火化,六氣之病概用涼藥,則誤矣。又謂朱丹溪相火論,與張景岳陽常不足陰常有餘之説,兩家各有見解,不

過發明一節經義,各屬一偏之言,而非全經之理。所論大多公允,誠爲糾偏之作。

此書現存主要有清道光九年刻本、道光十五年偁山書屋刻本、咸豐元年(1851)吟香書屋刻本、同治六年(1867)聚文堂刻本等。今據中國科學院圖書館藏道光九年刻本影印。(劉鵬)

客塵醫話三卷 (清)計楠撰(第1029册)

計楠(1760—1834),字壽喬,號甘谷外史,又號客塵子,秀水(今浙江嘉興)人。家於聞溪,築小圃曰一隅草堂,因自號隅老。官嚴州教授。博雅工詩,尤善畫梅,時稱"計紅梅"。深諳醫理,尤精婦科。除此書外,另著有《一隅草堂集》、《採雨山房詩》、《一隅草堂醫書》等。事迹見光緒五年《嘉興府志》卷五三。

書共三卷,卷一爲《雜症述略》,卷二爲《婦科述略》,卷三爲《産後述略》。計氏嘉慶八年(1803)自序云不敢擅自創作,所輯皆前人緒論,然卷一《雜症述略》多以前人所論爲基礎,而參以己見,不囿於經語、古方,力倡寓變通於成法之中。計氏精於婦科,書中云其看胎産諸症二十餘年,遇大險大危之候竟得十救七八,此皆得益于用補得宜,不隨世俗以治標逐瘀爲先務。卷二、三關於婦科産前産後諸疾之闡發,多屬手試而效者,於理法方藥之闡釋常有獨出心裁處。民國《秀水縣志稿》稱計書婦科居其大半,論墮胎、難産最中肯綮。觀此書可知,其治墮胎、難産,不囿於俗醫之定式,辨治靈活,總以養血益氣、固護元氣爲要,多有可取之處。

此書現存清嘉慶八年刻本等,另《黃壽南抄輯醫書二十種》中收載此書。今據南京圖書館藏清嘉慶八年刻本影印。(劉鵬)

研經言四卷 (清)莫文泉撰(第1029册)

莫文泉,字枚士,號苕川迂叟,歸安(今浙江湖州)人。同治九年(1870)舉人。因病習醫,曾學醫於吳江名醫王寶書。精訓詁之學,善以治經法研習中醫典籍,校注《傷寒論》、《金匱方論》諸書。除此書外,另著有《神農本草經校注》、《經方釋例》、《脈經校注》等。事迹見民國十三年《浙江通志稿·人物志》。

書凡四卷,收醫論一百四十九篇,卷一列三十四篇,卷二列四十篇,卷三列三十八篇,卷四列三十七篇。内容涉及經典醫籍理論之闡釋、病證之辨别、方藥之解析、諸家醫理之評判,甚爲豐富。但每卷所收内容并無核心,蓋莫氏將平日所録依其先後彙爲四卷,未加分類所致,稍顯雜亂。全書所論以解經爲主,於《黃帝内經》、《神農本草經》、《傷寒論》、《金匱要略》、《脈經》、《諸病源候論》、《千金方》、《外臺秘要》多有獨到闡發,故名之爲"研經言"。

先秦古書存於今者多魯魚亥豕,詰屈奧衍,醫書猶然。莫氏潛心小學,以此治醫家言,爲之審聲音、詳訓詁,以經解經,如據《説文》以釋疝,據《玉篇》以釋瘂瘂,據《周禮》以解酸削,復以求病,乃此書最大特色,此法亦爲今時醫家所推重。陸心源評其言識乃本小學以讀《靈》、《素》,挑宋元而稱漢唐,與論學之旨同。然王寶書稱其於著述家之義例、古今名實之異同、文字之舛誤誠汲汲矣,然諸般小學考論所得,尚須用之於臨證,方知其治驗何如。又,莫氏謂習醫當先讀無方之書,無方之書莫善於《巢氏病源》,《病源》引申經意,别類分門,易知易入,習之既久,遂可上探《靈》、《素》,兼讀《難經》、《甲乙經》二書以疏之,則明乎經絡臟腑之源、望聞問切之故。故書中於《巢氏病源》引據獨多,與常醫不類,此乃其又一特徵。

此書初刻於清光緒五年(1879),惜因兵燹所傳未廣。後袁焯從楊霽青處得抄本,選刊於《醫學扶輪報》,1916年又收入裘吉生《醫藥叢書》中。1936年曹炳章得莫氏原刻本,與裘氏刊本相校,知莫氏原刻本卷四尚有

《校正靈樞經脈篇文》、《讀經脈篇書後》、《讀仲景書書後》、《傷寒論跋》、《傷寒論例跋》、《傷寒論痙濕暍篇跋》、《傷寒論太陽篇跋》、《讀金匱書後》八篇，并予以補足，刊刻於《中國醫學大成》中。現存主要爲清光緒五年月河莫氏刻本及《醫藥叢書》本、《中國醫學大成》本等。今據上海辭書出版社圖書館藏清光緒月河莫氏刻本影印。（劉鵬）

冷廬醫話五卷　（清）陸以湉撰（第 1029 冊）

　　陸以湉（約 1802—1865），字敬安，號定圃，桐鄉（今屬浙江）人。道光十六年（1836）進士，十九年任台州教授，二十九年選杭州府教授。李鴻章聞其名，曾聘其爲忠義局董事。晚年應浙江巡撫蔣益澧之聘，任杭州紫陽書院講席。讀書廣博，後因弟及子均爲時醫誤藥而卒，遂潛心於醫。除此書外，另著有《冷廬雜識》、《再續名醫類案》等。事迹見民國二十五年《烏青鎮志》卷二九。

　　此書乃陸氏於讀書涉獵之餘，隨筆載述而成。共五卷，卷一爲《醫範》、《醫鑑》、《慎疾》、《保生》、《慎藥》、《求醫》、《診法》、《脈》、《用藥》；卷二評述古今醫家、醫書；卷三至卷五列述多種病症之辨證施治，於歷代諸醫家有所折衷，苟有片長，并爲採録，又間附己之評按與驗案，所論遍及内外婦兒諸科，理法方藥咸備。凡述一證，必推究其虛實源委，而指摘醫家利弊，言多精鑿。此書雖以評述他家所論爲主，但鍼砭取捨之際不乏妙見。如論名家治病，往往於衆人所用方中加一藥味，即可獲效，故治病必察理精而運機敏，始能奏捷功；治婦人肝症，倡用高鼓峰滋水之法，避時醫每用疏泄攻伐之習，以防竭耗肝陰；治小兒驚風，謂不可每用香竄鎮重之劑，恐小兒稚體反受藥累等，可爲今時醫者之鏡鑒。又陸氏不徇一家之説，而以實驗爲求，單方有效者，亦所不遺，如書中所載用治水腫之大劑黃耆粥，驗之於今日仍有實效。其用方

不以藥味之多少而定其優劣，誠可爲時醫之棒喝。

　　此書成於咸豐八年（1858），後龐元澄於光緒二十一年（1895）得該書之抄本，於光緒二十三年刊行於世。另，1936 年曹炳章將該書收入《中國醫學大成》中，并別類摘輯陸氏《冷廬雜識》中相關醫藥内容，間加附注發明，名爲《冷廬醫話補編》，附刊於該書之後。現存主要有清咸豐八年烏程龐氏刻本、光緒二十年抄本、光緒二十三年刻本、上海千頃堂書局石印本、《中國醫學大成》本等。今據上海圖書館藏光緒二十三年烏程龐元澄刻本影印。（劉鵬）

讀醫隨筆六卷　（清）周學海撰（第 1029 冊）

　　周學海（1856—1906），字澂之，建德（今安徽東至）人。光緒十八年（1892）進士，官至浙江候補道。潛心醫學，服膺葉桂之説，曾評注其《温熱論》、《幼科要略》與《葉案存真類編》。尤精於脈。除此書外，另著有《脈義簡摩》、《脈簡補義》、《診家直訣》、《辨脈平脈章句》等。一生著述丰富，曾將所校勘評注之古醫籍與己著共三十二種彙刻刊行，名曰《周氏醫學叢書》。事迹見宣統二年《建德縣志》卷一五。

　　《讀醫隨筆》凡六卷，乃周氏於讀書臨診之餘隨所見記録而成，後粗爲分類，彙成一書。卷一爲證治總論，卷二上爲形氣類，卷二下爲脈法類，卷三、四爲證治類，卷五爲方藥類，卷六爲評釋類。其卷一總論列《氣血精神論》、《升降出入論》、《承制化論》、《虛實補瀉論》四篇，薈萃古今之説而貫通之，綜述人身生理病理與疾病辨治之核心，提綱挈領，要而不繁。其中《升降出入論》一篇，以升降出入言人身之氣機、脈象、病機、治宜，稱其爲天地之體用、萬物之橐鑰、百病之綱領、生死之樞機，析理透徹，述評古論而不乏創新，頗具啓發意義。周氏自序謂己治醫先治脈，次治藥，故此

書對脈多有闡發。如卷二下脈法類，列《單診總按不同》、《浮沈起伏中途變易》、《脈不應病及脈平而死》、《脈中有線有吉有凶》、《脈有數道》、《止脈形勢吉凶辨》、《搖擺之脈有來去辨》、《躁脈有浮沈辨》、《實洪實散虛洪虛散四脈辨》諸篇，或闡釋常見脈象之特徵及不同脈象之鑑別，或脈證合參判斷疾病之預後，足見周氏脈診之精，可與其《脈簡補義》互參。又卷五方藥類所列二十條，所述方藥雖僅數種，然於性味效用之辨識，常發前賢之未發，爲諸家本草之未備。

此書初刻於清光緒二十四年，民國二十五年（1936）建德周學熙以家刻原本福慧雙修館刊本影印。現存主要有光緒二十四年周學海刻《周氏醫學叢書》本、上海廣益書局石印本、《中國醫學大成》本等。今據上海辭書出版社圖書館藏光緒二十四年周氏刻本影印。（劉鵬）

養生類纂二十二卷養生月覽二卷　（宋）周守忠撰（第 1029 册）

周守忠，號棻庵，約宋寧宗嘉定（1208—1224）年間人。除此書外，另著有《姬侍類偶》、《歷代名醫蒙求》、《養生月覽》等。生平略見此書諸序。

《養生類纂》無總目，首有成化十年甲午（1474）謝穎重刊序，共二十二卷。卷一、卷二、卷三爲養生部；卷四爲天文部；卷五爲地理部；卷六、卷七、卷八、卷九、卷一〇爲人事部；卷一一未明指爲何部，所述内容涉及屋舍、樓、廳堂、庭軒、房室、門户、井竈、天井、窗、溝瀆、厠，皆爲日常起居之場所；卷一二爲服章部。以上十二卷所列各部，强調天人相應，録各家養生要旨格言，重在闡明日常飲食起居應因時因地制宜。卷一三、卷一四爲食饌部；卷一五爲羽禽部；卷一六爲毛獸部；卷一七爲鱗介部；卷一八爲米穀部；卷一九爲果實部；卷二〇爲菜蔬部；卷二一爲草木部；卷二二爲服餌部，題作"服餌部一"，後似尚有續卷，待考。以上諸卷各部，集輯古人對日常飲食之物與常見藥物之論述，釋其功用與禁忌，并述食療要旨與服食之法。

《養生月覽》凡二卷，前有周守忠嘉定十五年壬午（1222）自序。按月令順序編排，上卷列正月、二月、三月、四月、五月、六月諸篇，計二百五十六條；下卷列七月、八月、九月、十月、十一月、十二月諸篇，計二百二十一條。所論以四時月令攝生養命爲核心，逐月述各種生活宜忌，舉凡飲食起居、防避瘟疫、藥餌湯浴等均有涉及，其中不乏迷信荒誕之説。

自岐黄以降，歷代醫家皆謂養生爲治未病之要，但專書言養生者寡，且論多零散，未有如此二書之系統者。此二書中所引宋前古籍百餘種，不乏已佚或罕見者，於古文獻之保存亦有功。

明人胡文煥《格致叢書》收此二書。其所收《養生類纂》爲上下二卷，卷上分養生部、天文部、地理部、人事部四部；卷下分毛獸部、鱗介部、米穀部、果實部、菜蔬部、草木部、服餌部七部。今據上海圖書館藏成化十年謝穎刻本影印。此本《養生類纂》卷一三、一四、一五原闕，書首有葉景葵行書題識云："原缺第十三至十五共三卷。己卯初春，借上元宗氏藏本，煩夏玉如女士影抄補足。宗氏本在後，板已漫漶，故影抄卷中仍有闕疑之字。"《養生月覽》每卷正文前署周守忠纂集、謝穎校正重刊，版式與《養生類纂》同。（劉鵬）

泰定養生主論十六卷　（元）王珪撰（第 1029 册）

王珪（約 1271—1361），字均章，一作君璋，號中陽，又號逸人、洞虛子，常熟（今屬江蘇）人。元初以奇才徵召爲辰州（今湖南沅陵）同知，年未四十，棄官歸鄉隱於虞山。善琴，工詩兼畫，曾作《虞山圖》，深得趙孟頫器重。醉心於丹術及養生，精於醫學。除此書外，另著有《道德經注》、《還原奥旨》、《原道集》、《山居幽興集》等。事迹見明弘治十二年《常熟縣志》卷四。

中醫養生與道家頗有相合之處，歷代醫家常以道家闡釋軒岐之論。《泰定養生主論》始作於泰定元年（1324），取《莊子》"宇泰定者發乎天光"之義，又謂養生而有主則不惑於衆説，且《莊子》中亦有《養生主》篇，故合而名書爲"泰定養生主論"。凡十六卷，首以原心，爲發明之始；次序婚合孕育，嬰幼童壯衰老，宣攝避忌，以禦未然之病；次論運氣標本，陰陽虛實，脈病證治，以爲全生去病之法；後類方對證，以爲規矩之用；備述痰證一條，以爲方書補闕拾遺之式；更類雜治活法，常驗之方；外選《肘後》秘寶，諸家各急數門；續抄古今明訓二道，自省一篇，以爲閑邪存誠之要。合諸卷所言，自幼及壯至老，調攝有序，論證有旨。此書對痰證之闡發與辨治亦頗具特色，卷一四列《痰證》、《痰證叙引》、《滚痰丸歌括》、《滚痰丸服法》、《痰論》、《痰形》、《痰味》、《痰證或問》、《痰忌》、《藥無所忌》諸篇，涉及痰病之病因病機、症狀、診斷、治療與預後，理法方藥咸備。王氏謂痰致病廣泛，其爲内外疾病非止百端，皆痰之所致，且疑難之證多痰，此後世百病皆由痰作祟、怪病多痰諸説之雛形。至若諸痰諸飲挾火爲患，王氏製有滚痰丸，療效卓著，爲後世醫家推崇，沿用至今。

此書初刻於元惠宗至元四年（1338），原版本已佚。現存主要有明正德四年（1509）刻本、正德六年冒鸞刻本、影抄明正德六年刻本等。其中明正德四年刻本非足本，僅存卷一至卷一三。今據北京圖書館藏正德六年冒鸞刻本影印。此本前有正德四年徐繁序文叙冒鸞重刊始末，至元後戊寅段天祐序以及王珪自序。後有正德辛未楊易與冒鸞之跋文各一篇，并叙重刊事宜。（劉鵬）

新刊萬氏家傳養生四要五卷　（明）萬全撰（第 1030 册）

萬全生平見前《萬氏女科》提要。

《新刊萬氏家傳養生四要》凡五卷，分別爲《寡慾》、《慎動》、《法時》、《却疾》、《養生總論》。萬氏謂養生之法有四，寡慾者，堅忍其性，不壞其根；慎動者，保定其氣，不疲其枝；法時者，和於陰陽，不犯其邪；却疾者，慎於醫藥，不遇其毒。四者乃養生大要，全書所論亦本於此。《寡慾》篇論寡慾爲延齡廣嗣之第一緊要，分節制色、食兩端。言人身陰精易虧，故應節制性事以存其精，所論與丹溪陰常不足之説相類。萬氏以爲古人所言御女採戰之法及還精補腦之説無稽，非以養生，適以害生，日久可成淋證、癃腫諸證，可爲濫用房中者之鑑。又謂節制飲食以養脾胃，要在不可過食與偏嗜，五味稍薄則能養人，過則成病；嗜有所偏，必生有所偏之疾，凡有喜食之物，不可縱口，常念病從口入，惕然自省。《慎動》篇論慎動之要在於勿使情志過極、勿勞形體，倡導打坐、調息二法，謂二者正是主静工夫。《法時》篇論法時之要在順應四時而調節人身之氣，故飲食、起居、發病、治療皆應因時制宜。是篇中言春宜吐、夏宜發汗、秋冬宜下之大法，乃教人治病也，若無病之人，春與吐、夏與發汗、秋冬與下，此誅伐無過，所謂大惑。善養生者當以此爲戒，不可輕用治病之法以伐正氣。《却疾》篇論治病却疾之法，然仍以治未病爲首要，謂藥乃攻邪之物，無病不可亂服。又是篇中言善養生者當知五失：不知保身一失，病不早治二失，治不擇醫三失，喜峻藥攻四失，信巫不信醫五失，未病與已病者皆當引以爲戒。末篇總叙前四卷而論養生之道，要在於不思聲色，不思勝負，不思得失，不思榮辱，心無煩惱，形無勞倦，而兼之以導引，助之以服餌，未有不長生者。

此書現存主要有明敷文堂刻本（同仁堂藏板）、清乾隆六年（1741）刻《萬密齋醫學全

書》本、清乾隆四十三年刻本等。今據上海圖書館藏明敷文堂刻本影印。（劉鵬）

壽世青編二卷 （明）李中梓撰 （清）尤乘輯（第1030冊）

李中梓生平見前《鐫補雷公炮製藥性解》提要。尤乘生平見前《喉科秘本》提要。

書又名《壽世編》，凡二卷。上卷輯前人養生之説，論未病攝養之法，搜羅甚廣，遍及醫、儒、道、釋諸家之説，列《勿藥須知》、《療心法言》、《林鑒堂安心詩》、《養心説》、《養肝説》、《養脾説》、《養肺説》、《養腎説》、《齋説》、《食忌説》、《食飲以宜》、《居室安處論》、《居處宜忌説》、《寢室宜忌説》、《卧時祝法》、《睡訣》、《孫真人衛生歌》、《真西山衛生歌》、《養神氣銘》諸篇，於飲食起居、四時調攝、導引吐納等養生之要均有詳細闡發。下卷主論服藥却病宜忌，列《服藥須知》、《煎藥有法》、《服藥忌食》、《飲食禁忌節要》、《病有十失》、《病有八不治》、《却病十要》諸篇。篇中所論多係日常生活之緊要却常失於關注者，叙述平實簡練，如《病有十失》、《病有八不治》、《却病十要》各篇，實病者求醫前所當知。另附病後調理服食法，分風門、寒門、暑門、濕門、燥門、火門、調理脾胃門、氣門、血門、痰門、陰虚門、陽虚門、諸虚門十三門，論述常見病證之服食方法，方藥治療相輔而行，攻補兼施，於病家尤爲可取。

此書成於清康熙六年（1667）。現存主要有雍正六年（1728）刻本、咸豐四年（1854）刻本、光緒十七年（1891）刻本、清宏道堂刻本、清刻本等。另見收於《士材三書》、《珍本醫書集成》。尤乘曾學醫於李中梓，曾增訂合刻中梓之《診家正眼》二卷、《本草通元》二卷、《病機沙篆》二卷，并附《壽世青編》二卷，共爲八卷，總名之爲《士材三書》。今據上海圖書館藏《士材三書》本影印。卷上版心處題有"卷七"，卷下版心處題有"卷

八"。（劉鵬）

勿藥玄詮一卷 （清）汪昂編（第1030冊）

汪昂生平見前《增訂本草備要》提要。

《勿藥玄詮》一卷，首以《黄帝内經》"上古天真論"所言保生之法爲總論，申明法於陰陽、和於術數之旨，繼以《調息》、《小周天》、《道經六字訣》、《一秤金訣》、《金丹秘訣》、《諸傷》、《風寒傷》、《濕傷》、《飲食傷》、《色慾傷》諸節，分述導引調息等攝養及防疾之法。書中所論多輯録前人養生之言而成，雖未有發明，然叙述簡練，多示其緊要之處，是其優點。因避康熙帝玄燁名諱，該書亦曾名《勿藥元詮》。康熙二十一年（1682）《醫方集解》刊行時，曾將其附於書末。其後吴儀洛撰《成方切用》、翁藻編《醫鈔類編》、葉志詵輯《頤身集》時，均將該書收入。

此書現存主要有清道光二十五年（1845）文盛齋刻本、咸豐四年（1854）文盛齋刻本、清末刻本等。今據遼寧省圖書館藏清末刻本影印。與他本相較，此本後有"續增釋義輯注"，分《寡慾養真》、《養生大要》、《簡便法》、《知足尋樂》、《玄機釋喻》、《修積功德》、《學醫防疾》、《敬讀善書》諸節。又，正文後續者稱此書之傳，乃休寧老人汪昂訒庵先生採集前賢修養之法，載於《醫方集解》之卷末，大有濟世活人之功。續者弱冠之年勞碌太過致染沉痾，醫藥罔效，自揣再無生理，因檢閱《醫方集解》，見卷末有《勿藥玄詮》數則，遂信心行持，大獲良效。是以於《玄詮》本集之外，另增數條，發明善惡之報，福禍之因。可知此版本乃後人續增而成，欄外題注蓋亦是此人所加，續者名氏待考。（劉鵬）

新編壽世傳真不分卷 （清）徐文弼輯（第1030冊）

徐文弼，字勷右，號蕑山，又號超廬居士，豐城（今屬江西）人。乾隆六年（1741）舉人，歷

官饒州府學教授,永川、伊陽知縣。著有《詩法度鍼》、《吏治懸鏡》、《洗心篇》等。生平見同治《南昌府志》卷四三《文苑傳》。

《新編壽世傳真》成於清乾隆三十六年,不分卷。前有此年國子監司業王世芳序。正文首列“總述”以概論養生,後列八篇。第一《修養宜行外功》,詳述導引按摩諸法,有分行外功訣與合行外功訣之別。前者爲身體各局部分行之練功法,分身功、首功、面功、耳功、目功、口功、舌功、齒功、鼻功、手功、足功、肩功、背功、腹功、腰功、腎功。後者爲各部協調合行之整體功法,如十二段錦、六字治臟訣等,篇中所載圖文并茂,甚便於按圖操作。第二《修養宜行內功》,載行內功圖與內功正面圖、背面圖,重在闡釋調息與黄河逆流周天功法。第三《修養宜寶精寶氣寶神》,集前賢之言,總論人身三寶精氣神。第四《修養宜知要知忌知傷》,詳列養生十要、十忌與十八傷。第五《修養宜四時調理》,分列春三月、夏三月、秋三月、冬三月,詳述四時養生之法。第六《修養宜飲食調理》,主論飲食宜忌,分穀類、獸類、禽類、水族類、菜類、瓜類、果類、雜食類八綱,釋日用食物之性味與宜忌。第七《修養宜提防疾病》,分述心、肝、脾、肺、腎五臟之生理病理,於未病之先知所謹懼,以防患於未然。又重在闡述養生以保脾胃爲主,於東垣、繆仲淳脾胃之説多有採擷。第八《修養宜護持藥物》,載長春至寶丹、老年常服精力不衰方、八仙糕、回春烏龍丸、牛骨髓膏、脂桃膏、牛乳膏、蓮薏粥、黄耆湯、延年益壽丹、加味安神丸、加減資生丸、辟寒丹、辟暑丹、黑髮烏須方,共十五首方劑,簡述其功用、組成及製法,以備養生之用。

此書廣採前賢頤性全真與却病延年之論,却不以艱深示人,不妄談服食煉養等空渺之論,明白簡易,本末具談,盡爲日用行習之事,可取之處頗多。

現存主要有清乾隆三十六年(1771)致盛堂刻本、清聚文堂刻本、道光静思堂刻本、同治十年(1871)抄本、清刻本、抄本等,另與《洗心輯要壽世傳真》合刻。今據中國科學院圖書館藏抄本影印。（劉鵬）

歷代名醫蒙求二卷釋音一卷　（宋）周守忠撰（第 1030 册）

周守忠生平見前《養生類纂》提要。

《歷代名醫蒙求》爲歷代名醫傳記,係以《名醫録》及友人楊氏手抄《名醫大傳》爲基礎,另檢閲諸史雜説之書雜編而成。凡二卷,附釋音一卷。共釐二百事,上下各以四字爲聯,總一百聯,計載二百有二人,姓氏枚舉,韻語珠連。正文中每聯之下,徵引歷代著述,或列名醫之生平里籍及主要著作,或叙醫家之奇聞軼事,或選編名案以述診治之妙,内容丰富,形式靈活。

此書不囿於醫學著作之限制,所收内容不類一般醫籍,頗能一新耳目。如據《晉書》所載“張苗蒸桃”,即用蒸桃葉取汗,爲諸醫籍所載發汗尋常之法中難見。據《北夢瑣言》所載“趙鄂梨漿”、《名醫録》所載“太丞半夏”與“翰林橘皮”等條,其用梨漿、半夏、橘皮之法亦與醫籍有異。至若“都料取鈎”叙莫都料以蠶蠶與念珠取喉中誤吞之鈎、“草澤筆頭”叙草澤醫筆頭蘸藥用治喉癰以代鍼刀等,皆爲儒醫所不屑,然其用簡便,其效亦驗,可補醫者之不足。此書亦不乏搜奇立異之嫌,若用之於臨證,尚須甄别。另,所附《釋音》一卷,其立意之初或爲指示童蒙而設,今則可借以窺古今音韻之變。

書成於南宋嘉定十三年(1220),現存主要有民國二十年(1931)故宫博物院據宋臨安刻本影印本等,爲《天禄琳琅叢書》之一,今據之影印。（劉鵬）

醫史十卷 （明）李濂撰（第 1030 冊）

李濂（1488—1566），字川父，祥符（今屬河南開封）人。明正德九年（1514）進士，授沔陽知州，稍遷寧波同知，擢山西僉事。除本書外，另著有《祥符文獻志》、《汴京遺迹志》等。傳見《明史》。

《醫史》凡十卷，以古來名醫傳記叙醫史源流。歷代名醫凡史傳所載者録於前五卷，卷一載《左傳》醫和、醫緩二人，《史記》扁鵲、太倉公二人；卷二載《後漢書》郭玉、華佗、吳普、樊阿四人，《晉書》葛洪一人，《宋書》徐文伯宗族八人、《南齊書》褚澄一人、《北齊書》馬嗣明一人；卷三載《後魏書》李脩、徐謇、徐之才、王顯、崔彧、崔景哲、崔景鳳、崔冏、周澹九人，《後周書》姚僧垣、褚該二人；卷四載《隋書》許智藏、許澄二人，《舊唐書》孫思邈、許胤宗、甄權、甄立言、張文仲、李虔縱、韋慈藏、孟詵、宋俠九人；卷五載《宋史》龐安時、許希、僧智緣、王克明、皇甫坦、錢乙六人，《遼》直魯古、耶律敵魯二人，《金史》劉完素、張從正、張元素、李慶嗣、紀天錫五人，《元史》李杲一人。其有散見於各家文集者，亦録之以備考，俱列於後五卷。卷六列張仲景、王叔和、王冰、張擴、吳源五人；卷七列朱丹溪、王履、戴原禮三人；卷八列滑壽、倪維德二人；卷九列吕復、葛應雷、葛可久三人；卷一〇列項昕、蔣用文、祝仲寧、張頤四人。凡七十有二人。

唐甘伯宗曾編《名醫傳》，已佚，其後醫家傳記著述較系統者難尋。此書除採録史傳文集所載外，又親補張機、王叔和、王冰、王履、戴原禮、葛應雷六人之傳，甚爲難得。每傳之後附以論斷，或品評醫家傳記之機要，或辨論醫家事迹之真僞，雖時失於考證，然亦不乏新見。此書凡例自言傳人之選擇標準，謂無事實者不録，涉幻誕者不録，然亦有失誤，如於衆所周知之醫家如陶弘景輩遺而不述，却以"長亦能醫，專事鍼灸"二語遂爲《遼史》所載

直魯古立傳，故《四庫全書總目》有"載之醫家，尤爲濫及"之評。

此書現存主要有明刻本、日本明治二十二年（1889）抄本（尾臺榕堂評點）等。今據上海圖書館藏明刻本影印。（劉鵬）

古今醫史七卷續增二卷附録一卷 （清）王宏翰撰（第 1030 冊）

王宏翰生平見前《四診脈鑑大全》提要。

《古今醫史》凡七卷，縱論古今醫史。卷一列五帝至三國時期五十七人；卷二列晉代十九人；卷三列南北朝、隋代四十五人；卷四列唐、五代三十四人；卷五列宋代八十一人；卷六列金代十二人；卷七列元代四十人。後附《續增古今醫史》二卷，又載明代一百二十八人，清代四十人。二書所載凡四百五十六家。附録一卷，收載王氏醫案十則。

此書自序言收載之準則，謂合於聖賢之旨者仍之，涉於怪誕之説者正之，無真學者不録，隱居好道而有著述者必採。然所收廣而駁雜，其中不乏不以醫名者，或僅有寥寥數句涉醫之論而爲著録者。書中常列"正誤"以糾古書之謬，頗有可取之處。又或於醫家之後加按語評論古人得失，如以朱熹論脈而謂其博通醫理，又力駁其醫乃賤役之論，頗具識見。

此書現僅存抄本，今據南京圖書館藏清抄本影印。（劉鵬）

太醫院志不分卷附同寅録一卷 （清）任錫庚撰（第 1030 冊）

任錫庚，字修如，清末北京人。嘗任太醫院掌印御醫，兼上藥房值宿供奉官。著有《難經筆記》、《醫宗簡要》、《鼠疫辨略》、《太醫院志》等。生平見此書後志及所附太醫院同寅録。

據此書咸豐丙辰（1856）弁言可知，任氏自道光庚子（1840）入太醫院，兩辦院事，得見

九朝檔案及特頒《大清會典》、《古今圖書集成》諸書,其間因革典要,可徵引事實者不少,凡與太醫院相關者,均於公暇錄之,積日而成草稿。後於《難經筆記》脫稿時,偶檢得太醫院記事之草,因依抄稿而成書,名之曰《太醫院志》。書不分卷,正文分《職掌》、《官名》、《學位》、《品級》、《額缺》、《殊恩》、《特簡供奉》、《内直供奉》、《外直供奉》、《駐署》、《辦公》、《醫學》、《製藥》、《隨扈》、《隨侍》等凡三十三篇。書末附《同寅錄》一卷,分《太醫院同寅錄》、《御藥庫同寅錄》,各述其官制與任職之人。

此書所錄,舊謂掌故之學。歷來著述雖體例不同,著錄各異,然皆有關典制,向爲修史者所重。考太醫院之置始於金代,延於明清,後當庚子之變,衙署劃入使館,其職掌醫之政令,率其屬以共醫事。此書專論醫事掌故,簡而不繁,藉之可考清代醫政管理、醫學教育與考試,於今人治醫學之專史者尤有裨益。如書中《職掌》載:"道光二年奉旨,鍼灸一法,由來已久,然以鍼刺火灸,究非奉君之所宜,太醫院鍼灸一科,着永遠停止。"與其前歷朝醫科之設置相參,可察醫學諸科存廢之原由與興衰之變。

是書成書并刊於同治二年(1863)。現存主要有同治二年石印本、民國五年(1916)石印本、民國十二年(1923)石印本、芸心醫舍抄本等。今據北京師範大學圖書館所藏原北平輔仁大學藏清同治二年石印本影印。

(劉鵬)

醫故二卷　鄭文焯撰(第1030冊)

鄭文焯(1856—1918),字俊臣,號小坡,又號叔問、大鶴山人、瘦碧、冷紅詞客、鶴道人,奉天鐵嶺(今屬遼寧)人。自稱高密鄭氏,光緒元年(1875)舉人,官內閣中書。專力於詞,復精於律,善批評,詞名甚盛,與王鵬運、朱祖謀、況周頤合稱晚清四大詞人。晚年尤精醫理,著有《醫故》。生平見鄭復培《先考小坡府君行述》、康有爲《清詞人鄭大鶴先生墓表》、戴正誠《鄭叔問先生年譜》。

卷首有光緒辛卯(1891)俞樾、陳壽昌二序。後有鄭文焯自叙,題商横之歲辜月朔日丁卯,即光緒十六年庚寅(1890)十一月初一。叙中云以無形之脈求百變之病,進而驗之草石之功甚難,而方家遺傳率多依倚,驗與不驗,又不能身試其利害以及人,是以儒者知其無據而諱言醫,及其疾痛呻吟,且治之不暇,又未嘗能自生也。是故採集衆説,論其精要,辨其本末,復取經籍傳注所紀雜家言,疏通證明,而成此書。以治經之義例,名之曰《醫故》。

書凡二卷。卷上論古醫經,下及漢晉諸書,終唐世而止,列《原醫》、《本草》、《素問》、《靈樞》、《難經》、《甲乙經》、《金匱玉函經》、《傷寒論》、《肘後方》、《脈經》、《千金方》、《外臺秘要》、《總論》諸篇。昔徐靈胎作《蘭臺軌範》,謂其書本《内經》以探其源,次《難經》及《金匱》、《傷寒》以求其治,其有未備者,則取六朝唐人之方以廣其法,自宋以後諸家,及諸單方異訣,擇其義有可推,試多獲效者附焉。是卷論醫,以唐爲限,不取宋以後諸書,與徐氏相類。卷下凡十六篇,雜論藥劑、炮炙、脈案、禁術、祝由、按摩、注藥、鍼灸、湯熨、房中諸法,及緯書五藏形氣、漢隋唐宋明史志醫家部目、古逸經方、淮南萬畢術、本草藥品部目,終以雜記。目錄中未見"脈案"。

鄭氏襲乾嘉考據遺風,以詞集校勘聞於世,此書承此法,遍搜諸家之説,詳加考證而叙古籍沿革,辨章學術,考鏡源流,搜輯碎金,藉存古逸,可窺清季以考據學治醫之興盛。俞樾謂懸壺之士,得此一編,可奉爲繩墨,得此書,則知廢醫之論可不作也。此書雖非專家之論,然其研醫之法可爲醫者之鑑。

此書現存主要有光緒十七年初刻本、光緒平江梓文閣刻《書帶草堂叢書》本。今據遼寧省圖書館《書帶草堂叢書》本影印。
（劉鵬）

司牧安驥集五卷　佚名撰（第 1030 冊）

《司牧安驥集》未題撰者與成書年代。卷前有弘治十七年（1504）太中大夫陝西苑馬寺卿車霆《重刊安驥集序》及劉齊阜昌五年（1135）尚書兵部《新刊校正安驥集序》。隋唐書目未著録，《宋史・藝文志》稱其爲李石所撰，《陝西通志・經籍志》謂其爲唐宗室司馬李石所撰。然此書卷五“黃帝八十一問并序”題作於明昌壬子年（1192），顯已晚於新刊之日，可知今所見《司牧安驥集》定非一人一時所撰。又，此書卷一卷首未題書名卷名，卷二卷首題“司牧安驥集卷二”，卷末亦有“司牧安驥集卷二”，卷三卷首題“監本增廣補注安驥集卷三”，字體與卷二不相類，且題“古唐洞羊賈誠重校”，卷末題“安驥集卷第三”，卷四卷首未見書名卷名，卷末題“補注安驥起卧病源四卷”，卷五卷首題“增廣監本補闕注解安驥集卷第五”、“古唐洞羊賈誠校勘”，字體與卷三相同，卷末題“校正監本補闕注解安驥集卷第五”。各卷形制不一，更證此書非一人所作，當爲多人陸續增補而成。然是否爲唐李石初撰，則待考。

此書無目録。卷一載《良馬相圖》、《良馬旋毛之圖》、《口齒圖》、《骨名圖》、《穴名圖》、《續添伯樂畫烙之圖》、《六陽之圖》、《六陰之圖》諸圖，列《相良馬論》、《相良馬寶金篇》、《旋毛論》、《口齒論》、《伯樂鍼經》、《王良百一歌》、《伯樂畫烙圖歌訣》諸篇；卷二載《馬師皇五臟論》、《馬師皇八邪論》、《王良先師天地五臟論》、《胡先生清濁五臟論》、《碎金五臟論》、《起卧入手論》、《造父八十一難經》、《看馬五臟變動形相七十二大病》諸篇；卷三載《天主置三十六黃病源歌》、《治二十四黃歌》、《岐伯瘡腫病源論》、《取槽結法》、《放血法》、《上六脈穴》、《下六脈穴》；卷四載

《三十六起卧病源圖歌》；卷五載《黃帝八十一問并序》。全書訂馬骨相，論馬證治，施鍼用藥，悉有根據。其後《元亨療馬集》多取材於此，又日本《假名安驥集》，內容與此書大體相同。《四庫全書總目》謂“其所載《王良百一歌》及《伯樂畫烙圖》、《十二經絡圖》、《馬師皇五臟論八邪論》，大抵方技依托之言，然其來已久”。新刊序中言馬者國之大用，兵之先務，强兵之本以騎爲先，故開印施行此書，以使牧養得法。重刊序中言擇善本校閲鋟梓，遍給苑監暨諸衛所邊堡，俾師以是而教，子弟以是而學，調養有法，醫療有方，將自是全陝之馬可免橫災，可冀蕃息，於三邊兵事大有裨益。可知此書之廣爲流布，蓋初以强兵爲計，然市者驗此，可知駑驥，醫者考此，以用灌鍼，牧者觀此，以適其水草之齊，救執之宜。

此書卷帙歷代書目著録不一。《宋史・藝文志》載李石《司牧安驥集》三卷，又《司牧安驥方》一卷，《補遼金元藝文志》載《安驥集》八卷，《四庫全書》所收《安驥集》三卷輯自《永樂大典》。現存主要有南京圖書館善本書庫藏明弘治十七年《新刊校正安驥集》五卷本、北京圖書館藏明萬曆《安驥集》二卷本等。另有長春獸醫大學田炳煊所藏石印八卷本《安驥集》，書首有“古亭佚侯”序。北京圖書館所藏二卷本，即《安驥藥方》一卷，《蕃牧纂驗方》一卷。《安驥藥方》書首已殘損，卷末有“新刊監本安驥藥方卷之七終”字樣。《蕃牧纂驗方》書首有“蕃牧纂驗方目録卷八”，卷末有“蕃牧纂驗方□□安驥集卷八”，且與佚侯本第八卷相同。蓋《新刊校正安驥集》初爲八卷本，其後又佚失後三卷，南京圖書館所藏明弘治十七年五卷本正爲八卷本之前五卷。《宋史・藝文志》所載三卷本，今已不可考。弘治十七年五卷本，各卷之首所標書名，或冠以“司牧”二字，或冠以“監本”、“增廣”、“補注”、“補闕注解”，疑爲不同刻本

之雜湊。

今據南京圖書館藏明弘治十七年刊本影印。該本有"汪魚亭藏閱書"印記。汪魚亭爲清季錢塘藏書家,藏書之所名"振綺堂"。此書扉頁有手書小字題識,云"《重刊安驥集》五卷,明弘治刊本,汪魚亭藏書",并錄《四庫全書總目》此書提要,未著題識者姓氏。(劉鵬)

新刊纂圖元亨療馬集六卷圖像水黃牛經合并大全二卷駝經一卷　(明)喻仁(明)喻傑撰(第1030冊)

喻仁,字本元,號曲川;喻傑,字本亨,號月川。皆六安(今屬安徽)人。約生活於明嘉靖至萬曆年間。

此書由《新刊纂圖元亨療馬集》六卷、《圖像水黃牛經合并大全》二卷、《駝經》一卷合刊而成,前有清乾隆元年丙辰(1736)許鏘所作《牛馬駝經序》,謂此書原序稱喻氏二子之隱於醫,其方書已久行於世,近逢李子玉書,重梓其《治療圖經》、《頌論》,以壽於世云云。由此可知此書初刊當有原序,後李玉書重刊時隱去。考《元亨療馬集》又有分春、夏、秋、冬四卷本者,其前有萬曆戊申(1608)丁賓序,云:"近梓其治療方書,《圖經》、《頌論》以壽於世。余素欽其厚濟民物,啓迪來學之善,遂批筆而弁其端。於馬牛二集皆冠以'元亨',所以識伯仲之功於無斁也。"則書名冠以"元亨",乃丁賓首爲。且許序與丁序字句多相同,知許序乃改丁序而成,并於李玉書重刊時删丁氏之原序。又丁序中云:"鍼砭治療,應手而瘥,不浹月而馬大蕃息。時出其餘緒以治牛,民賴以有耕者無算。"至許序則改爲:"鍼砭醫療,應手而瘥。經其治者,馬大蕃息。時出其緒餘以治牛,民賴以有耕。更精其手法以治駝,國賴以引重。"疑此書初刊時僅有療馬、牛二集,李玉書重刊時附《駝經》於後。

全書分論馬、牛、駝之生理、飼養管理與疾病之診治,圖文并茂,鍼藥并施,所論多祖述前賢,推明病症之源,亦間以己意,不乏新論。如《脈色論》中以胸臆左三部、右三關診脈之氣血,以平、反、易分别三十六般應病之脈,簡便易行。《八正論》中以寒、熱、虛、實、表、裏、邪、正總括獸病,分述其病因、病機、色脈及診治之法,綱目清晰,論評簡要,頗益於實用。又《論馬陰陽運氣者何也》以五運六氣與馬之疾患相應,謂醫獸者必須識陰陽,知運氣,明脈色,分五行,方可察其困苦,此非視獸醫僅爲技工者所能及。

此書流傳甚廣,幾經改編、增删、翻刻,版本衆多,書名亦不一,多係書賈所爲。其要者,可依卷前丁序與許序之有無,分丁序本與許序本。兩本之卷帙、内容及其編排次序均有不同,丁序本近於原貌,許序本除删丁氏原序及部分正文外,亦有所增補,所增補之内容,亦見於《司牧安驥集》及《馬書》等。今據中國科學院圖書館藏清乾隆元年李玉書刻本影印。(劉鵬)

天文算法類

周髀算經二卷　題(漢)趙君卿注(北周)甄鸞重述(唐)李淳風等注釋(第1031冊)

趙君卿,名爽,又名嬰,字君卿,約生活於東漢末年至三國時期。曾研究張衡天文學著作《靈憲》及劉洪《乾象曆》,爲《周髀算經》作注,闡明蓋天說、四分曆法。生平見明梅鼎祚《東漢文紀》卷二七《趙爽》和朱彝尊《曝書亭集》卷四四《書周髀後》。

甄鸞(535—576),字叔遵,中山郡無極人(今屬河北)。北周武帝時任司隸校尉、漢中太守。甄鸞長於精算,曾編製天和曆法,撰有《周髀算經注》二卷、《數術記遺注》一卷、《五經算術》二卷等數十種,大部分已失傳。生平不見史書記載,《新唐書·藝文志》及《四庫全書總目》卷一〇六《天文曆算》記其著作情況。

李淳風(602—670),關內道岐州雍縣(今陝西鳳翔)人。曾任秦王府記室參軍、將士郎、承務郎和太史局令等職。李淳風精於天文、曆法和算學,奉詔製造"渾天黃道儀",參與修撰《晉書·天文志》、《晉書·律曆志》、《晉書·五行志》、《隋書·天文志》和《隋書·律曆志》,編製《麟德曆》。奉唐高宗詔敕與算學博士梁述、太學助教王真儒等注釋《周髀算經》、《五曹算經》、《孫子算經》等十部算經,作為全國通用數學教材。著有《法象志》、《乙巳占》、《典章文物志》、《演齊人要術》和《秘閣錄》等。《舊唐書》、《新唐書》有傳。

此書原名《周髀》,唐代官校後稱《周髀算經》,編入《算經十書》。宋元豐七年(1084),秘書省刻《算經十書》中即有此書。南宋寧宗嘉定六年(1213),鮑澣之於福建汀州依秘書省刻本重刻《算經十書》。

此書為中國古代十部算經之首。其成書年代,南宋鮑澣之《周髀算經后序》認為成於商、周之間,錢寶琮《周髀算經提要》認為在漢武帝天漢元年(前100)前後。全書內容有五。一是以商高答周公問,闡述數學方法在測天量地、製定曆法中的巨大作用,解釋并證明勾股、圓方、用距的基本知識與計算方法,如用勾股定理來測量太陽高度,書中列有一年中各節氣日影長度表。二是記載蓋天說,言天形如車蓋,地在其下。三是記載四分曆法,以閏月來調節四時季候的陰曆,以三百六十五日又四分之一日為一回歸年,一平均朔望月為二十九日又九百四十分之四百九十九日,十九年有七閏月。這種曆法出現於春秋後期,與秦漢時《顓頊曆》相同。四是記載二十四節氣,其名稱和順序與《淮南子·天文訓》相同。五是通過陳子答榮方問,提出學習數學需"通類"的思想。

此書在中國數學、天文學和曆法史上占有極高地位,《四庫全書總目》卷一〇六稱:"其首章周公與商高問答,實勾股之鼻祖。"《欽定四庫全書簡明目錄》卷十一認為:"其算法為句股之祖,其推步即蓋天之術,歐羅巴法實從此出。"清陳傑《算法大成上編》卷二認為:"勾股之法始於《周髀算經》,大約漢人所作。"瞿鏞《鐵琴銅劍樓藏書目錄》卷一五亦指出:"《周髀》,即古蓋天之學。今之西法,實出於是。"自唐以來,此書為歷代國子監"算學"課必學著作之一。明清時期,研究、注釋此書成為時尚,有朱戴堉《周髀算經圖解》、吳烺《周髀算經圖注》、馮經《周髀算經述》、顧觀光《周髀算經校勘記》和鄒伯奇《周髀算經考證》等行世。

《隋書·經籍志》載《周髀》一卷,趙嬰注;又一卷,甄鸞重述。又據南宋王應麟《玉海》卷四四《藝文》考證,此書"古一卷,今分為二",可知宋以前為一卷,宋以後分為兩卷。《新唐書·藝文志》、王堯臣等《崇文總目》卷六和《宋史·藝文志六》等,均載趙君卿《周髀算經》二卷。明楊士奇《文淵閣書目》卷三《算法》著錄作"一部一冊"、"一部二冊"。

此書現存最早為南宋本,原藏潘祖蔭滂喜齋,今藏上海圖書館。另有明《永樂大典》本、明萬曆年間胡震亨《秘冊匯函叢書》本、明崇禎《津逮秘書》本、清康熙二十三年毛扆影抄南宋《汲古閣》本、清陳夢雷《古今圖書集成》本、乾隆《武英殿聚珍版叢書》本等。此書曾傳入朝鮮和日本,有少量翻刻注釋本行世。今據上海圖書館藏南宋嘉定六年鮑澣之翻刻秘書省刻本影印。此本明後僅存一部,係孤本。(韓毅)

周髀算經音義一卷 (宋)李籍撰 (第1031冊)

李籍,清四庫館臣據《永樂大典》記載,以李籍為唐人,今人亦有據清末黃鍾駿撰《疇人傳四編》考其爲北宋人。曾任承務郎、秘書省鉤考算經文字等職,著有《周髀算經音義》一卷、《九章算術音義》九卷。

此書對《周髀算經》本文、趙爽注文、甄鸞述文、李淳風釋文中的一百七十餘條數學術語加以注解,注中皆標讀音及確切字義。部分釋義相當精闢,如釋"周髀"之名,指出"《周髀算經》者,以九數、勾股、重差算日月周天行度,遠近之數皆得於股表,即推步蓋天之法也。髀者,股也。以表爲股,周天曆度,本包犧氏立法,其傳自周公,受之於大夫商高,周人志之,故曰《周髀》"。

《宋史・藝文志》載此書一卷,清張英、王士禛等《御定淵鑒類函》卷三三一《巧藝部》同。《欽定四庫全書簡明目錄》卷一一載當時四庫館臣校勘此書,謂:"《音義》爲李籍作,原本舛訛,今據《永樂大典》所載宋本,補脫字一百四十七,改誤字一百一十三,删衍字一十八,補圖二。"私家書目中,自南宋陳振孫《直齋書錄解題》以來均載《音義》一卷,承務郎李籍撰。現存南宋寧宗嘉定六年鮑澣之刻本、明萬曆胡震亨《祕册彙函叢書》本、崇禎《津逮秘書》本、清康熙二十三年汲古閣本、乾隆《武英殿聚珍版叢書》本等。此本據上海圖書館藏南宋嘉定六年鮑澣之刻本影印。(韓毅)

古周髀算經一卷　題(漢)趙君卿注(明)朱載堉圖解(第1031册)

趙君卿生平見前《周髀算經》提要。

朱載堉(1536—1611),字伯勤,號句曲山人,祖籍鳳陽(今屬安徽),生於河南懷慶府(今河南沁陽)。少自號"狂生"、"山陽酒狂仙客",又稱"端靖世子",明成祖朱棣第七世孫,鄭恭王世子。自幼喜音律、數學、天文、物理、文學藝術等,著作頗豐,有《律學新說》、《律曆融通》、《律吕正論》、《瑟譜》等多種,大部分收入《樂律全書》中。生平見《(雍正)河

南通志》卷五八《人物》及阮元《疇人傳》卷三一《朱載堉傳》。

此書成書年代不詳,亦未見官私目錄著錄。其内容係朱載堉對趙爽注《周髀算經》中圓方、勾股之圖解。他認爲"諸家算術最疏謬者,莫如圓田之屬","儒者之學,以格物窮理爲先務,數居六藝之一,規矩方圓之至,此最易察者,而尚莫能辯,何况理之玄奥者乎?"進而指出此書目的在於"微顯闡幽,補其闕略"。此書卷上圖解趙君卿注《周髀算經》之圓方命題,以"載堉圖解曰"出問,以"答曰"、"法曰"作答,每問之後配以插圖。卷下爲圖解趙君卿注《周髀算經》之勾股命題,先列《周髀》原文,再列"趙君卿注曰",後以"載堉圖解曰"予以解答。全文配有大量插圖。

此書有光緒二十四年上海算學書局影印劉鐸輯《古今算學叢書》本。此本據北京師範大學圖書館藏明萬曆三十八年刻本影印。(韓毅)

周髀算經校勘記一卷　(清)顧觀光撰(第1031册)

顧觀光(1799—1862),字賓王,號尚之,別號武陵山人,江蘇金山錢家圩(今屬上海)人。道光年間曾應錢熙祚之聘,於杭州文瀾閣藏書樓校書。顧氏對古代曆法、數學名著及歷史文獻學有系統研究,著述甚豐,大多收入《武陵山人遺書》。其數學著作,有《算賸初編》一卷、《算賸續編》一卷、《算賸餘稿》二卷、《九數外録》一卷和《九數存古》九卷等。生平見《清史列傳》卷六九《儒林傳下二》和諸可寶《疇人傳三編》卷五《顧觀光傳》。

此書卷分上下,乃顧觀光對《周髀算經》所作校勘,收入光緒九年莫祥芝刻印《武陵山人遺書》中。《清史稿・藝文志》有著錄。書中對《周髀算經》正文二十八處文字錯誤進行訂正,其中上卷一十四處,下卷一十四處。内容多爲糾文字之訛謬脱衍,或上下文不相

屬,或計算錯誤,或後人注解錯誤等,反映顧氏文獻考據方面獨到見解。如《周髀算經》"既方之外",顧觀光校"依注則之字當作其";又"其次曰冬至所北照",顧觀光校"北字衍";又"日高圖",顧觀光校"原圖大誤,今正之如左",遂畫一新圖。顧觀光認爲《周髀算經》中内衡、中衡、外衡等數據,僅是古人假設所得,并非實測數據,還指出《周髀》中所提"北極璿璣",也只是爲繪圖所需而假想之星,并非實有。此書對後人理解《周髀算經》中紛繁複雜的數位具有很大作用。在顧氏校勘基礎上,孫詒讓在《札迻》中校勘《周髀算經》本文及趙文、李注十六條。後錢寶琮、郭書春、劉鈍等再次校勘《周髀算經》本文和注文,此書遂趨於完善。

此書現存最早刊本爲光緒九年獨山莫祥芝刻《武陵山人遺書》本,另有光緒十二年吳縣朱記榮槐廬刻《算經三書》本、光緒二十四年劉鐸輯《古今算學叢書》本、光緒間朱記榮刻《槐廬叢書》本等。今據《武陵山人遺書》本影印。(韓毅)

準齋心製几漏圖式一卷　(宋)孫逢吉撰 (第1031冊)

宋代名孫逢吉者有三人。一爲五代宋初之孫逢吉,西川路成都府(今屬四川)人。後蜀時任國子博士,精於書法,奉後蜀孟昶詔敕書刻儒家石經。北宋建立後歸宋,官右拾遺。生平見《宋史・儀衛志》。二爲北宋中期之孫逢吉,字彦同,兩浙路杭州富春(今浙江富陽)人,生活於神宗、哲宗時期,曾任知制诰、中書舍人等。著有《孫逢吉集》、《職官分紀》五十卷。生平見《四庫全書總目》卷一三五《職官分紀》提要。三爲南宋之孫逢吉(1135—1199),字從之,晚年自號"靜閲居士",謚"獻簡",江南西路吉州龍泉(今江西遂川大汾鎮寨溪)人。南宋孝宗隆興元年(1163)進士,曾任郴州司户、國子博士、秘書

監兼吏部侍郎、嘉王府直講、右正言等職。著有《靜閲居士文集》七十卷、《外集》三十卷。生平見《宋史》。此書有學者認爲南宋孫逢吉撰,然文獻記載不詳,終難確指。

此書主要記述几漏製作、各種配件及注意事項等,繪有几漏所用二十五支漏箭樣式,并將晝夜漏刻之制度、日出日入時刻、昏旦更點、換箭時間等示於二十五圖式上。孫逢吉"以心法創兹小壺",分二十五箭,按時而用,以正晷刻,可置坐隅,故曰"几漏";又因其書齋名"古嚴準齋",此書又以圖式爲主,故書名《準齋心製几漏圖式》。書中所記几漏圖式,地理緯度約爲北緯四十度。此書爲研究宋代漏刻技術、記時制度及漏刻使用、管理與操作之寶貴材料,然未繪几漏内部結構圖,是其不足。

此書不見於宋代官私史書記載。清瞿鏞《鐵琴銅劍樓藏書目録》卷一五和瞿良士輯《鐵琴銅劍樓藏書題跋集録》卷三均加著録。此本據中國國家圖書館藏道光三年黄氏士禮居鈔本影印,卷末有黄丕烈跋,是國内外僅見之孤本。(韓毅)

銅壺漏箭制度一卷　(第1031冊)

此書作者有三説。一爲南宋初孫逢吉撰,孫逢吉生平見前《準齋心製几漏圖式》提要。二爲南宋韓仲通撰,韓仲通於南宋紹興三十二年(1162)重製蓮花樓,并撰《銅壺漏箭制度》一書,繪四十一刻箭圖。三爲南宋後期顏頤仲撰。顏頤仲,字景正,福建路泉州龍溪(今福建泉州)人。宋理宗淳祐五年(1245)六月以後,任福建路寧化縣尉、泉州知州、福建路提刑、吏部尚書等職。從顏頤仲《銅壺漏箭制度銘并序》叙述此書成書過程看,此書作者似應爲顏頤仲本人。

此書成於南宋理宗淳祐七年(1247),爲我國現存古代漏刻著作中最完整的一部。卷首有李伯詩序,其次爲《刻漏圖式》,又次列十二節上箭、下箭、獨用、同用之分,較《新儀象

法要》爲密。卷末載王安石《明州新刻漏銘》、許克昌《明州新造蓮華刻漏記》及《銘》，最後爲淳祐丁未七年（1247）顔頤仲跋。

此書主要記述古代銅壺滴漏計時制度。首先，詳述漏刻結構、樣式、尺寸、重量，并繪有漏刻整體示意圖及各零部件圖。書中將晝夜漏刻制度、日出日入時刻、昏旦更點、換箭時間等，分別表示於二十四支箭尺圖樣中。其次，記載一套漏壺，其構造原理與燕肅蓮花漏基本相同，但有一套簡單的音響報時裝置：其受水壺上分別有龍、虎、雀、龜造象，而在其木箭上相當於每個時辰標志處疑有一撥牙，至特定時刻能撥動機關，使朱雀像吐出珠子，擊響銅盤以報告時間。這在宋代極其罕見。第三，此書卷末保存王安石《明州新刻漏銘》、許克昌《明州新造蓮花刻漏記》、顔頤仲《銘并序》等珍貴資料。此書對研究宋代乃至中國古代漏刻技術發展史、計時技術制度、古代時間觀念等，均有重要參考價值。

此書最早著録於明楊士奇《文淵閣書目》卷一五，一部一册。清黄丕烈《蕘圃藏書題識》卷四載其爲一卷，影宋鈔本。清張金吾《愛日精廬藏書志》卷二三載有顔頤仲《銅壺漏箭制度銘并序》。此書最早之南宋淳祐七年慶元府刻本今已不存。此本據中國國家圖書館藏道光三年黄丕烈士禮居黄氏影宋鈔本影印，爲海内外僅存之孤本。（韓毅）

天文精義賦五卷　（元）岳熙載撰（第 1031 册）

岳熙載，字壽之，河北西路相州湯陰（今屬河南）人。生活於金後期至元初年。曾任金司玄大夫，贈資善大夫、集賢院學士、上護軍，追封南陽郡公，諡“簡惠”。貞祐二年（1214）隨金宣宗南遷汴梁，金亡後覲見元太宗窩闊台，仕於元朝。據鄭元佑《僑吴集》卷一二載，岳熙載入蒙元後曾任太史院管勾天文、司玄大夫等職。著有《天文精義賦》五卷、《天文占書類要注》四卷、《天文祥異賦》和《列舍

史傳星總主管》等。生平見錢大昕《補元史藝文志》。

此書又名《天文精義》，成書年代不詳。内容多採自《宋史·天文志》，皆論推測占驗之術，而以韻語儷之。首天體，次分野，次太陽、太陰，次概舉七政，及於恒星，而以凌抵、斗食之説附於其末。每類各成一賦，引舉占驗於後。《四庫全書總目》卷一〇七評價此書“大都摭拾史傳，不能有所發明”，將其列入“存目”類。然此書連賦帶注，便於誦記，亦可用於教材。

此書明趙用賢《趙定宇書目》、明末清初錢謙益《絳雲樓藏書目》卷二、民國孫殿起《販書偶記續編》卷九不著作者和卷數。黄虞稷《千頃堂書目》卷一三載有李泰《補岳熙載注天文精義賦》五卷。乾隆年間官修《欽定續文獻通考·經籍考》、《欽定續通志·藝文略》作四卷。清錢曾、瞿鳳起輯《虞山錢遵王藏書目録彙編》卷五載三卷及一卷本兩種。此書有明毛氏汲古閣鈔本、嘉慶二十二年張金吾輯《金文最》本、宣統元年方功惠輯《碧琳琅館叢書》重印本和民國二十四年南海黄肇沂輯《芋園叢書》本等。今據上海辭書出版社圖書館藏光緒十年方功惠輯《碧琳琅館叢書》本影印。（韓毅）

天文略一卷　（明）蔡汝楠撰（第 1031 册）

蔡汝楠（1514—1565），字子木，號白石，湖州德清（今屬浙江）人。嘉靖十一年（1532）進士。曾任河南巡撫、兵部右侍郎、南京工部右侍郎等職。好詩，喜經學，曾與諸生於石鼓書院講經，與鄒守一、羅洪先交遊。著述豐富，有《説經劄記》八卷、《自知堂集》二十四卷和《輿地略》十一卷等。生平見《明史·文苑傳三》和黄宗羲《明儒學案》卷四〇《侍郎蔡白石先生汝楠》等。

此書主要介紹十二星次、十二分野，并摹繪《步天歌》三垣列宿星圖及天文總圖，然多與

前代有所不同。作者認爲,天文之家,在於圖像,有義無象,莫能知天。書中糾正以往記載中的一些錯誤,如明清類分野書載:"衢自牛五度至女三度",蔡汝楠辯證後認爲"衢州,自牛五度至女一度"。《(雍正)浙江通志》卷三支持蔡汝楠觀點,認爲"牛女之界被於閩粤遠,而衢與婺相距僅二百里,則不應入三度,而宜爲一度,可無疑矣"。此書受到清代學者重視,如戴震著有《續天文略》。

此本據北京大學圖書館藏明嘉靖年間白石精舍刻本影印,清羅士琳批校。(韓毅)

神道大編象宗華天五星九卷　（明）周述學撰（第 1031 册）

周述學(1522—1566),字繼志,號雲淵子,山陰(今浙江紹興)人。曾入胡宗憲幕佐,平倭有功。讀書好深湛之思,尤邃於曆學、術數,精通中西曆法,强調會通,造六輪沙漏。著有《神道大編曆宗通議》十八卷、《神道大編曆宗算會》十五卷、《神道大編象宗華天五星》九卷等。生平見《明史》卷二九九本傳、黄宗羲《黄梨洲文集》卷五《周雲淵先生傳》和《(雍正)浙江通志》卷一九七《方技下》等。

此書共九卷,卷首有萬曆壬午十年(1582)周述學《神道大編象宗華天五星引》。其書專論星命之學,凡圖書、皇極、律吕、山經、水志、分野、輿地、算法、太乙、壬遁、演禽、風角、鳥占、兵符、陣法、卦影、禄命、建除、葬術、五運六氣、海道針經,莫不叙之。卷一論宫度;卷二論立命;卷三論纏離、殿駕、時候、晝夜;卷四論强弱、虚實、拱夾、加盤;卷五論立用、守照、會合、互换;卷六論制化、變局、顛倒;卷七論品格、六親;卷八論行限、流星;卷九論歲煞。書中對星命及其流變,多有考證,認爲"星命肇自天竺,以六合五行爲宫隸,至唐流入中國,袁氏譯爲《指南五星》"。黄宗羲《黄梨洲文集》卷一《序類》對此書評價較高,稱其"數百年以來,精於其學者"。清姚之駰

《元明事類鈔》卷一《天文門》亦稱讚:"古來無所謂星道者,山陰周述學推究五緯之行爲星道五圖,於是七曜皆有道可求。"

此書不見於任何書目,明清官私史書中常見有《神道大編》或《神道大編象宗圖》。據《明史·周述學傳》記載,周述學有《神道大編》一千餘卷,應爲各書總名。明末清初錢謙益《絳雲樓藏書目》卷二載《神道大編象宗圖》一書,不言卷數。清錢曾《讀書敏求記》卷三和錢曾、瞿鳳起輯《虞山錢遵王藏書目録彙編》卷五,均載《神道大編象宗圖説》一卷,不著撰者。清黄虞稷《千頃堂書目》卷一三謂"大編凡十餘卷,今存者僅十一二而已。"清劉獻廷《廣陽雜記》卷二認爲《神道大編》出於洪武中,有吴伯宗之序,非周述學撰。

此本據南京圖書館藏明神宗萬曆壬午十年鈔本影印,爲海内外僅存之孤本。(韓毅)

天官圖不分卷附録一卷　（清）張汝璧撰（第 1031 册）

張汝璧,自號棘津野叟,紹興府(今屬浙江)人,生活於明末清初。曾任江蘇海州知州、監紀淮北軍務等職。參與修撰《南欽天監志》,著有《天官圖》、《乾象考究》等。生平略見此書序。

張汝璧於明天啓元年(1621)修撰《南欽天監志》時,"獲觀本監秘奥,得星圖二十有四,及中星十二",後究心四十餘年,晚年得老友"息公潘先生"合作完成此書。可知此書最終完成於清康熙三年(1664)。

此書卷首有張汝璧《天官圖引》,來憲伊《天官圖序》。其書原爲張汝璧依明南京欽天監所藏三十六圖繪製而成,又增加六幅星圖,共計四十二幅,題名《天官圖》。咸豐三年(1853),來憲伊獲尚存張汝璧原稿十八幅,細加描抄而成今書,并撰《天官圖序》。其書先論述《周禮》春官馮相氏、春官保章氏

職責及功能,後叙《周官精義》、《天官指掌》、《璿璣指掌》内容,在此基礎上繪製天官星圖。書内有圖四十四幅,包括全天星圖一幅,依二十四節氣繪製十二個月中星圖十三幅,三垣二十八宿圖三幅等。全天星圖爲傳統蓋天圖,邊界内注有十二次、十二辰及十二州國分野,内側注明二十八宿宿度。此書圖上北極處爲四輔抱極,注有"北辰"二字。其星座形狀與相對位置,基本上與《新儀象法要》星圖相符合,屬於《晉書·天文志》、《隋書·天文志》所記吳、晉時太史令陳卓總甘公、石申夫及巫咸三家星官二百八十三官一千四百六十四星,亦即丹元子《步天歌》體系。圖中少量星座、聯線方式有異,但星位實際形狀變化不大。又考圖上二十八宿宿度,與郭守敬星表十宿相同,十八宿不同。此書於明代傳世星圖中有一定代表性,屬傳自明廷的罕見孤本,既有中國古代星圖的傳統和特性,又顯示出晚明時期與中國特有二十四節氣相結合的分月中星圖的發展特點。

《附録》一卷,載有東、西半球《世界地圖》兩幅。從行政區劃來看,當爲乾隆二十一年至咸豐三年期間世界政區圖和列國分佈圖。另有《皇清一統輿地全圖》二幅,及亞洲、俄羅斯西部、歐洲、非洲、北美洲、南美洲、東洋二國圖、南洋濱海各國圖、中國東部圖和盛京地圖各一幅,每圖後附有文字説明。尤其是盛京省圖,完全採用經緯度畫法,山脉、河流、海岸線、州縣治所等與今圖完全一致。

張汝璧原圖爲手稿,未加刊刻。咸豐三年來憲伊據張汝璧原稿十八幅,經校正後再次抄寫留存,亦未加刊刻,爲海内外僅存之孤本。張汝璧原手稿,不知去向。今據浙江省圖書館藏來憲伊鈔本影印。(韓毅)

三垣七政二十八宿週天精鑑一卷 (明)章世純撰(第1031册)

章世純(1575—1644),字大力,臨川(今屬江西撫州)人。天啓辛酉元年(1621)舉人。曾任天長縣教諭、國子監學正、柳州府知府等職,明亡悲憤而卒。在文學藝術上名聲顯著,譽爲"臨川四大才子"之一。在天文、律曆、五行、陰陽、星卜等方面均有很深造詣,能解其精要,糾其謬誤。著有《四書留書》六卷、《留書別集》二卷、《已未留》二卷等。生平見《明史·文苑傳四》和《(同治)臨川縣志》卷四《人物志·儒林》。

此書記載中國古代星空的區劃方法。三垣即太微垣、紫微垣、天市垣,七政即日、月、五星共七個天體,二十八宿即黄道附近四大區域,每個區域七星,稱之爲二十八宿。三垣七政二十八宿不僅區劃星官歸屬,且按方位及季節與四象相聯繫。書中保留了大量星圖和文字説明,尤其是大量天文歌訣,便於誦記。此書對研究古代星圖變遷具有重要參考價值。《四庫全書總目》卷一百九《星學大成》提要謂:"自來言術數者,惟章世純所云:其法有驗有不驗,驗者人之智計所及,不驗者天之微妙斯存。其言最爲允當。"

此本據福建省圖書館藏明鈔本影印。(韓毅)

天象儀全圖一卷 (明)徐敬儀輯(第1031册)

徐敬儀,湖州吳興(今屬浙江)人,生活於明末天啓、崇禎年間。

此書目録後題"皇明天啓三年,歲在癸亥,攝提月穀旦,吳興徐敬儀識",可知此書成於明熹宗天啓三年(1623)。此書是一部明代後期全天星圖著作,共三十二圖,分別爲帝席宫圖、帝座宫圖、軒轅宫圖、六甲宫圖、水府宫圖、天囷宫圖、奎宫圖、天皇宫圖、天鈎宫圖、織女宫圖、天妃宫圖、庶子宫圖、天門宫圖、翼宫圖、天社宫圖、軍市宫圖、玉井宫圖、天苑宫圖、天倉宫圖、壁陣宫圖、天壘宫圖、天淵宫圖、天江宫圖、天幅宫圖、定寅圖、日月星比較圖、彗星道圖、日赤道圖、十二辰二十八宿圖、坤元圖、皇明坤圓圖和九洲分野圖。書中第三十一《皇明坤圓圖》尤爲珍貴,乃天啓年間明代疆域圖,該圖北至長城、西至嘉峪關、青海,西南至西藏、雲南,南至海南、臺灣,東至大海,但唯獨缺少東北奴兒干都司所轄地區,可知天啓年間明朝已喪失對該地有效管轄。又該圖呈圓形,具有東半球特性。

此本據北京大學圖書館藏明末彩繪本一册附圖一幅本影印。(韓毅)

天文圖説不分卷 　(明)袁啓輯(第1031册)

袁啓,號松石主人,雲南昆明人,生活於明末清初。

此書題"崇禎壬申歲孟夏望日昆明後學松石主人袁啓集",可知此書編輯最早始於崇禎五年(1632)。又據《大地圓球五洲全圖》題識"揭暄繪"、"乙酉揭暄仿繪",可知此書最終完成於清順治二年(1645)。添加揭暄圖者,有可能是袁啓或揭暄本人,也可能是清代其他學者。

此書内容輯自明末清初西方傳教士論著和地圖,其中多數地圖抄録自利瑪竇《坤輿萬國全圖》和《兩儀玄覽圖》,如《九重天圖》、《日蝕圖》、《月蝕圖》等。其他地圖如《大地圓球五州全圖》等,乃揭暄摹繪艾儒略《萬國全圖》和《職方外紀》。同時,此書還抄録萬曆二十六年(1598)利瑪竇《九天地球諸星總論》和利瑪竇介紹的托勒密"曷捺楞馬"及《天地儀解》等文字。《天文圖説》中還有"中星解"一文,署名"萬曆庚戌歲(1610)孟冬望日袁善識",當爲袁啓所撰。此書保存大量原始資料,對研究明清之際歐洲傳教士在華活動、以及近代西方科學尤其是天文地理學知識在中國傳播價值甚大。

此本據浙江省圖書館藏明鈔本影印。(韓毅)

天文三十六全圖一卷　(明)黃道時製(第1031册)

黃道時,明代北直隸順天(今北京)人。

此書卷末有"崇禎十一年歲在戊寅荷月,順天黃道時繪於監署"題識,可知此書繪於崇禎十一年(1638)六月。全書由三十六幅星圖組成,未有文字描述,亦無凡例,圖中有少量文字注釋。全圖包括星天總圖七幅,歲星行道一幅,熒惑行道一幅,填星行道一幅,太白行道一幅,辰星行道一幅,二十四節氣星天圖十二幅,中天星圖一幅,四至星圖一幅,分野圖一幅,軌道圖一幅,其他星圖八幅。其中二十四節氣星天圖内容最多,計有立春、雨水圖一幅,驚蟄、春分圖一幅,清明、穀雨圖一幅,立夏、小滿圖一幅,芒種、夏至圖一幅,小暑、大暑圖一幅,立秋、處暑圖一幅,白露、秋分圖一幅,寒露、霜降圖一幅,立冬、小雪圖一幅,大雪、冬至圖一幅,小寒、大寒圖一幅,全面描述二十八宿夜晚所在的度數。

此本據北京大學圖書館藏明崇禎十一年彩繪本影印。(韓毅)

交食通軌一卷日食通軌一卷月食通軌一卷四餘通軌一卷五星通軌一卷　(第1031册)

《交食通軌》一卷,未題撰者。按前後卷内容,當爲元統編輯。元統,號抱拙子,長安(今陝西西安)人,生活於明太祖洪武年間。曾任南京欽天監漏刻博士、欽天監監正等職。善天文曆數,與天文學家郭伯玉奉旨修撰《大統曆》,取郭守敬《授時曆》積分法數,去其歲實消長之法,改以洪武十七年甲子爲元,重新整理成四卷,定名《大統曆法通軌》。另著有《圖説》一卷。生平見《明史·曆志一》。此卷目録,清黃虞稷《千頃堂書目》卷一三《曆數類》有著録。考清梅文鼎《曆算全書》卷二二《曆學駢枝》和《大統曆志》卷六所載《大統曆交食通軌用數目録》,《交食通軌》所載二十三條用數目録、陽食入交、陰食入交,與洪武十七年元統所修《大統曆》完全一樣。由於《大統曆》改編於元郭守敬《授時曆》，《交食通軌》積分和交食度數全襲《授時》法數。此卷內容可以和梅文鼎《大統曆志》和《曆學駢枝》相互參證。

《日食通軌》一卷，題"欽天監正元統按經編輯"。考梅文鼎《大統曆志》卷七和《曆學駢枝》卷二，該卷內容與梅氏所著基本相同，可知《日食通軌》抄自明代《大統曆》。軌者，法也，書名意為算月食者以此為通行必用之法。起首部分錄各有食月之朔日下等數，包括經朔全分、盈縮曆全分、盈縮差全分、遲疾曆全分、遲疾限數、遲疾差全分、加減差全分、定朔全分、交泛全分、定入遲疾曆全分、定限、定限行度、半晝分等。中間部分為歲前冬至加時黃道宿次度分，凡二十四方，包括推交常度法、推交定度法、推日食在正交中交限度法、推中前中後度分法、推時差分法、推食甚定分法、推距午定分法、推食甚入盈縮定度分法、推食甚入盈縮差度分法、推食甚入盈縮曆行定度法、推南北泛差度分法、推南北定差度分法、推東西泛差度分法、推東西定差度分法、推日食在正交中交定限度、推日食入陰陽曆交前交後度分法、推日食分秒法、推日食定用分法、推初虧分法、推食甚分法、推復圓分法、推日食起方位法、推日食有帶食分秒法、推食甚日躔黃道宿次度法和推日食有帶食分秒法。後半部分殘缺，但可據梅文鼎《大統曆志》和《曆學駢枝》進行補缺。

《月食通軌》一卷，未題撰者。按前後卷內容，當為元統編輯。考梅文鼎《大統曆志》卷八和《曆學駢枝》卷三，該卷內容與梅氏所著基本相同，可知《日食通軌》抄自明代《大統曆》。起首部分錄各有食之望下，內容包括經望全分、盈縮曆全分、盈縮差全分、遲疾曆全分、遲疾限數、遲疾差全分、加減差全分、定望全分、交泛全分、定入遲疾曆全分、定限、定行限度、晨昏分等。中間部分為歲前冬至加

時黃道宿次度分，共三十二法，為計算月食的方法。

《四餘通軌》一卷，題"欽天監正元統按經編輯"。卷首提出"凡推算四餘，依洪武歲次各年躔度格式"，給出中積分、冬至分和閏年分參數。正文部分以"大明洪武十七年歲次甲子為元"，給出算法，分別為推中積分法、推冬至分法、推閏餘分法、推四餘至後策法、推四餘周後策法、推四餘入各宿次初末度廣積日及分法、推四餘入初末度廣積日在何月日已來日數法、推四餘入各宿次逐度廣積日及分法、推各餘交十二宮次在何月何日辰某時刻法。

《五星通軌》一卷，題"欽天監正按經編輯"，當為元統編輯無疑。卷首為用數目錄十二條，規定計算標準。正文部分以"大明洪武十七年歲次甲子為大統曆元"，規定時間上限。內容包括五星入式程規、五星各各段目行款格式、段目、合伏，并給出了五星通軌的二十五種算法。據梅文鼎《勿庵曆算書記》記載，其初學曆時，未有《五星通軌》，無從入算，因取《元史曆經》以三差法布為五星盈縮立成，然後算之。後十餘年，乃得通軌校之頗合，說明此卷有較高價值。

元統所修《大統曆》，其數據和推步方法來源於郭守敬《授時曆》，基本上應用於整個明代。後世研究此曆者，有梅文鼎《大統曆志》和不著撰人《大統曆注》等。

此書有日本、韓國以及歐美各國藏印本、鈔本和稿本等。今據中國國家圖書館藏明鈔本影印，部分殘缺。（**韓毅**）

三垣列舍入宿去極集一卷 （第 1031 冊）

此書一卷，未署作者姓名及年代，保存於明鈔本《天文彙抄》第三冊，無題記序跋，約成於明中後期。作者可能為《天文彙抄》作者，也可能是明代其他學者。

全書首列二十八宿赤道宿度、黃道十二次

宿度及天漢起没,繼按三垣二十八宿順序繪列二百八十三星座的圖形,星旁注有該星入宿度與去極度。但度分不全,未注者往往位於垣、宿的後半部或星數較密集的地區。注明度分之星,計有紫微垣七十八星,太微垣四十一星,天市垣六十四星,東方七宿九十三星,北方七宿一百九十八星,西方七宿一百六十五星,南方七宿一百零六星,合計七百四十五星,除去壁宿内重出閣道四星外,實七百四十一星。尚有未注入宿去極度分之星六百三十三,缺漏九十星未繪。

考全書内容,可能爲郭守敬《新測二十八宿雜坐諸星入宿去極》一書的部分鈔本。此書的入宿度和去極度與《元史・曆志》所載《授時曆》内容較爲一致,恒星測量誤差很小。此書在星座圖形的星旁標注入宿去極度數,是恒星圖示表達方式的創新。《郭守敬星表》内容多已失傳,故此鈔本史料價值極高,有助於研究元明時期恒星觀測精度、觀測地點、星圖繪製方法。

此本據上海辭書出版社圖書館藏明抄《天文彙抄》本影印。（韓毅）

新製靈臺儀象志十六卷（存十四卷）　（比）
南懷仁撰（第1031—1032册）

南懷仁(Ferdinand Verbiest,1623—1688),字敦伯,又字勳卿,謚“勤敏”,比利時人。耶穌會傳教士。清順治間來華,精通天文曆法,擅長鑄炮,是清初最有影響的來華傳教士之一。曾任康熙帝科學啓蒙老師、欽天監監正、工部侍郎等職。著述頗豐,有《康熙永年曆法》《歐洲天文學》《坤輿圖説》等。生平見《清史稿》本傳和《疇人傳》卷四五《南懷仁傳》。

此書爲清初西方傳教士介紹欽天監觀象臺上天文儀器及其使用方法的一部著作,南懷仁撰,劉藴德筆受,孫有本、徐瑚詳受,完成於康熙十三年(1674),參與編寫工作者三十餘人。此書卷一至卷四介紹新製黄道經緯儀、天體儀、赤道經緯儀、地平經儀、象限儀(地平緯儀)、紀限儀(距度儀)的製造原理、安裝和使用方法,以及近代西方科學知識。卷五至卷一四記載天文測量數據和全天星表。星表主要來源於《西洋新法曆書》中星表,表中列有一千八百七十六顆星的黄道座標值和赤道座標值,附有歲差和星等。星名則採用中國傳統名稱并予以編號,凡不屬中國傳統星官範圍内的,則以附近傳統星官爲主,標出相對方位,再加編號。

此書極爲强調天文儀器與曆法的關係,指出“曆必有理與象與數,而儀器即所在首重也。夫儀也者,曆之理由此得精焉,曆之法由此得密焉”。儀器“有作之法,有安之法,有用之法,三法備而後諸法可次第舉也,況夫測天之儀貴恰肖乎？天本自然之象,故其造法必以天象爲准”,要求“廣大、輕清、堅固、微妙”四者兼備。此書是西方傳教士編撰的重要天文儀器著作之一,介紹了西方天文學、光學、力學、地理學和機械製造學知識,對研究清初中西天文學匯通和天文儀器製造價值較高,但書中亦有訛誤和重複之處。

此書現存康熙十三年刻本、雍正六年《古今圖書集成》本、乾隆十七年《欽定儀象考成》本和朝鮮刻本等。今據湖北省圖書館藏康熙十三年刻本影印。（韓毅）

天官考異一卷　（清）吳肅公撰（第1032册）

吳肅公(1626—1699),字雨若,號晴巖,又號逸鴻,别號街南人、晴道人,宣城(今屬安徽)人。明諸生,入清不仕,以賣字、行醫兼授徒自給。著作甚多,撰有《五行問》一卷、《明語林》十四卷《補遺》一卷、《閩義》二十二卷等。生平見洪亮吉、凌廷堪纂修《(嘉慶)寧國府志》卷二八《人物志・儒林》。

此書爲稿本,撰寫時間不詳。全書詳細考訂《史記・天官書》古今星名的變異,考較同名異位的星官,記述主要星官的名稱、位置、屬性以及日、月、五大行星運動變化,推本古今終始,觀察時事變異,考察天文人事間的相應關係及候歲、望氣、天運和天數。

書中第一部分考證漢代史書天文志"諸星名數有不同於後世者",并引用《史記》及其他漢代史料,對十八顆星名的星數加以考證。其中許多考證甚爲精詳,如天梧五星,"《漢書》作四星,當從《史記》是";杵臼四星,"按杵三星,臼四星,共七星,四星誤也。《正義》云三星亦誤";北斗七星,"或云九星,爲九州象,其二星常不見。夫天與人應,昭昭之多也,不見者亦孰得而辨之,皆星歷家好奇之説耳"。第二部分爲考證占星中十三個常用天象同名異位之情況,如天紀,"一在天市北,九星,主萬物,理冤訟。一在柳南,主禽獸齒歲";太子,"一在紫宮,一在太微垣";天田,"一在角北二星,一在牛旁九星,主幾内封疆"。此書引用天文史料異常豐富,不僅糾正了漢代史書《天文志》中部分星官星數的錯誤,而且也考證了"天象"和"事應"的關係,在天文學史上佔有重要地位。

此書有吳肅公稿本、康熙三十八年刻本、乾隆六十年刻本、道光元年張潮輯《昭代叢書》本等。本書原爲積學齋徐乃昌藏,兹據上海圖書館藏吳肅公稿本影印。(韓毅)

方星圖解一卷　(意)閔明我撰(第1032冊)

閔明我(Philippus Maria Grimaldi, 1639—1712),字德先,意大利人。清初來華傳教士。康熙八年(1669)抵達澳門,同年到廣州,并晉昇爲神甫,康熙三十四年(1695)任中國耶穌會會長。曾任南懷仁的助手、司庫、赴俄使節、欽天監監正等職。精通曆法,製造多種天文儀器,曾參加南懷仁制定《康熙永年曆》三十三卷的編校工作。著有《方星圖解》一卷。生平見黃鍾駿《疇人傳四編》卷一〇《閔明我傳》。

此書是閔明我協助南懷仁工作時所撰星圖著作,刊刻於康熙五十年(1711)。該圖採用一種特殊投影方法,即把天球投影在一個正六面體的六個面上,把全天恒星分繪成六幅正方形分區星圖,南、北極附近各一幅,居中區域四幅,每幅相當於縱橫九十度的範圍。書中所用方法,與明末湯若望《恒星曆指》中介紹的天球投影法,如天球平行正投影、球極投影、球極方位投影和變異球極投影等有所不同。或因星圖形狀爲方形,所以有"方星圖"之名。全書有方星圖六幅,例圖及附圖三幅,共繪一千八百七十六顆星,并有依十度分劃的刻度線,是中外星圖史上此新形式的唯一著作。

此本據中國國家圖書館藏康熙五十年北京刻本影印。又有法國國家圖書館藏《明清天主教文獻》本。(韓毅)

天元曆理全書十二卷　(清)徐發撰(第1032冊)

徐發,字圃臣,嘉興(今屬浙江)人,生活於明末至清初順治、康熙年間。著有《復古分野圖》、《清類亭稿》和《天元曆法全書》十二卷等。生平見阮元《疇人傳》卷三六《徐發傳》。

此書亦名《天元曆理》,成於康熙二十一年(1682)。乾隆年間,經湖北巡撫姚成烈奏繳,被清政府列爲禁毁之書。共十二卷,包括《原理》六卷,《考古》四卷和《定法》二卷,係天文算法類推步著作,論歷代曆法之精粗,古人注疏之瞹合。卷首有康熙二十一年壬戌馮溥《序》和徐發《凡例》。其中《原理》介紹傳統天文學三種理論,即渾天説、蓋天説和宣夜説,論述天道日月五星的運行、計算、觀測方法、儀器、星圖、星表、黃赤道度法以及候氣法説、黃鐘實驗法等。《考古》介紹竹書紀年年表、斗建差法、天元五緯法、三正總説和分野説等。《定法》介紹璇璣圖、古今黃赤道對度表以及通古求法、入章求法、定朔望法等,以正誤説。此書提出"西學中源説",并以傳統曆法和史料加以論證,在當時産生一定影響。清釋澹歸《遍行堂續集》卷二《徐圃臣曆書序》對此書給予較高評價,謂其"皆先賢所未發"。金蓉鏡《致沈曾植尺牘十九通》亦認爲"其言分野衷淮南,極可備參考"。但據劉獻廷《廣陽雜記》卷四記載,清初曆算家王錫闡對此書評價較低。

此本據南京大學圖書館藏清康熙刻本影印。（韓毅）

推步法解五卷 （清）江永撰

江永(1681—1762),字慎修,又字慎齋,安徽婺源(今屬江西)人。康熙四十年(1701)秀才,五十三年補廩膳生,乾隆七年(1742)充貢生。學術博通古今,强調經世致用,尤長於考據之學,對音韻、樂律、天文、數學、地理等均有研究。其著述甚多,《四庫全書》所收達十四種,存目二種,天文曆算方面有《曆學補論》一卷、《歲實消長辨》一卷、《恒氣注曆辨》一卷、《脾至權度》一卷等。生平見《清史稿》、劉大櫆《海峰文集》卷六《江永傳》和阮元《疇人傳》卷四二《江永傳》等。

此書成於乾隆十五年,卷首無序,卷末有錢熙祚跋。經弟子戴震推薦,全文收入乾隆二十六年秦蕙田所編著《五禮通考》中。卷一論述推日躔法,卷二論述推月離法,卷三論述推月食法,卷四論述推日食法,卷五論述推木火土三星法。書中主要用西法介紹日、月、五星運行原理和推算方法,并以第谷學説解釋我國古代天文學上的視運動。此書匯集古代天象計算的方法,有助於研究中西天文學匯通以及西方天文學傳入後中國學者的解釋及應用。

此書《清史稿·艺文志》、江藩《漢學師承記》卷五和張之洞《書目答問》卷三等著録爲五卷。現存乾隆二十六年《五禮通考觀象授

時》本、道光二十四年錢熙祚刻《守山閣叢書》本、光緒十五年《守山閣叢書》石印本等。此本據道光二十四年錢熙祚刻《守山閣叢書》本影印。（韓毅）

周天星位經緯宿度考不分卷 （第1033冊）

此書題下署"抱元子纂輯"。清代號抱元子者有二。一爲沈源,又名沈江,字岷源,號抱元子,秀水(今浙江嘉興)人,生活於康熙乾隆時期。曾任職於太醫院,精醫學,通河圖洛書、周易之學,著《奇症匯》八卷。生平見《(光緒)嘉興府志》和《(民國)新塍鎮志》。另一爲劉德新,字裕公,自號石癡、抱元子,開原(今遼寧開源)人。康熙年間任浚縣知縣、吉安知府、溫州知府等職。性清静,癡道教,好黄老之術。生平見《(嘉慶)浚縣志》卷一九《循政記》。此書爲何人所撰待考。

此書考證太微垣、天市垣、二十八宿諸星之圖和無名星圖的經度、緯度、宿度和星體等級,内容包括太微垣五帝座之圖之星之宫、左垣五星之圖、右垣五星之圖、九卿之圖、三公之圖、五諸侯之圖、内屏之圖、太子之圖、從官之圖、倖臣之圖、郎將之圖、虎賁之圖、常陳之圖、即位之圖、明堂之圖、靈臺之圖、太尊之圖、少微之圖、長垣之圖、三台之圖和太微垣無名之星。天市垣包括帝座之圖、左垣十一星之圖、右垣十一星之圖、市樓之圖、東肆之圖、宗正之圖、宗人之圖、候者之圖、宗星之圖、帛度之圖、屠肆之圖、宦者之圖、列肆之圖、斗星之圖、斛星之圖、貫索之圖、女床之圖、七公之圖、天紀之圖和天市垣無名之星。又有二十八宿東方蒼龍七宿之角、亢、氐、房、心、尾、箕,北方玄武七宿之斗、牛、女、虚、危、室、壁,西方白虎七宿之奎、婁、胃、昴、畢、觜、參,南方朱雀七宿之井、鬼、柳、星、張、翼、軫等諸星之圖和無名星圖。此書最大特點是每一星圖之後均有經度、緯度、宿度和星體等級,數據可能爲明末清初觀測值,對於瞭解星

空有一定參考價值。

此本據浙江省圖書館藏清鈔本影印。
（韓毅）

三才實義天集二十卷　（清）周于漆撰（第
1033 冊）

　　周于漆（1622—?），字萬峰，又字西水，號
步履堂主人，江浦（今江蘇南京浦口區）人。
拔貢入京，進國子監。任懷柔知縣、平谷縣
令、汾州府知府和兵部侍郎等職。據清王士
禎《池北偶談》卷二一《談異·寶蕊》和徐珂
《清稗類鈔·異稟類》記載，周于漆幼時受異
僧傳授，精通象緯律曆、六壬丁甲、勾股洞章、
黃河海道九邊之術。著《三才實義天集》二
十卷和《三才儒要》三十卷。生平見《江南通
志》卷一四七《選舉志》。

　　此書編撰始於崇禎十三年（1640），編輯於
康熙十四年（1675），完成於康熙十九年。卷
首附乾隆二十年（1755）八月湘畦湯溢録王
士禎《池北偶談》卷二一《談異·寶藥》內容，
有白夢鼐《三才實義序》，有康熙庚申十九年
周于漆自序，卷末有"乾隆乙亥湘畦湯溢紹
南氏鈔藏步履堂"題識。每卷題"江寧後學
周于漆萬峰著，男麟角夢村校"。三才者天、
地、人，此書即論述天象、災異與人事之關係。
卷一論天，後附九重天圖、輿地圖上赤道以北
圖和輿地圖下赤道以南圖。卷二論太陽及日
行遲疾等。卷三論日月薄蝕爲災等。卷四論
太陽之變等。卷五論恒星、緯星和五星等。
卷六論乾象之學等。卷七至卷一〇論二十八
宿。卷一一論斗運、五行應曆。卷一二論星
辰逆行出入伏見。卷一三爲五星總論、二星
犯合、五星合聚等。卷一四論五星常變之理
等。卷一五論雷電風雨虹霓雲氣。卷一六論
河漢之理等。卷一七論五運六氣等。卷一八
論天度必明量度之本等。卷一九論測法。卷
二〇論十二分野。此書對於研究象緯、律曆、
災變、氣象、六壬、丁甲和勾股等有一定價值。

此書楊紹和、楊保彝《海源閣書目》作《鈔
本三才實義》十卷，清鈔本，二冊。此本據浙
江省圖書館藏乾隆二十年湯溢鈔本影印。
（韓毅）

不得已二卷　（清）楊光先撰（第 1033 冊）

　　楊光先（1597—1669），字長公，歙縣（今屬
安徽）人。明時受恩蔭任新安所千户，清康
熙年間任欽天監監副、欽天監監正等職。反
對歐洲傳教士湯若望、南懷仁等按照西方天
文學製定新曆法，并著《辟邪論》等文章加以
駁斥。康熙四年（1665）在輔政大臣鰲拜支
持下奏章獲准，湯若望、南懷仁等被逐出欽天
監，史稱"康熙曆獄"。著述較多，有《不得
已》二卷、《野獲》一卷、《辟邪論》三卷等。生
平見《清史稿》。

　　此書完成於清康熙四年，匯輯著者崇禎、順
治、康熙時期專論、奏章等凡二十一篇。其中
正文十九篇，附文二篇。卷上收《小引》、《請
誅邪教狀》、《與許青嶼侍御書》、《辟邪論
上》、《辟邪論中》、《辟邪論下》、《臨湯若望進
呈圖像說》、《正國體呈稿》、《中星說》、《選擇
議》、《摘謬十論》，附《始信録序》和《尊聖學
疏》；卷下收《孽鏡》、《鏡餘》、《合朔初虧時刻
辨》、《日食天象驗》、《一叩閽辭疏》、《二叩閽
辭疏》、《三叩閽辭疏》、《四叩閽辭疏》和《五
叩閽辭疏》。正文篇目最早撰於順治十六年
（1659），如《辟邪論》、《摘謬十論》等；最晚爲
康熙四年，如《叩閽辭疏》等。兩篇附文《始
信録序》和《尊聖學疏》，前者撰於順治十七
年，作者王泰徵，吹捧楊氏捍衛儒道；後者撰
於崇禎年間，是楊光先彈劾陳啓新《假尊經》
的一篇奏疏。此書基本上是批判、攻擊西洋
傳教士、天主教和西洋曆法的言論集，"寧可
使中夏無好曆法，不可使中夏有西洋人"的
觀點在當時引起轟動，對研究崇禎、順治、康
熙年間中西曆法之爭和中西教案等具有較高
價值。

此書有康熙四年刻本、道光鈔本、咸豐八年鈔本、同治八年鈔本和荆楚挽狂子輯《不得已輯要》本等。今據北京大學圖書館藏清咸豐八年鈔本影印。書前題"丙午六月元和錢倚跋"、"戊午六月吳門□柯顏抄",書後有黄丕烈書記。（韓毅）

璇璣遺述六卷末一卷　（清）揭暄撰（第1033冊）

揭暄（1613—1695）,字子宣,號韋綸,又號緯紛,別名半齋,廣昌旴江鎮後塘（今屬江西）人。南明隆武二年（1646）唐王朱聿鍵授以兵部職方司主事,隆武三年調爲宣諭使吳炳副手,前往江西安撫閻羅總諸營,至瑞金時聞父殉難,遂隱居不仕。精研天文、地理、歷史、哲學、數學和軍事,時人稱其"才品兼學,德學并茂"。著有《揭子性書》、《揭子昊書》、《揭子二懷篇》、《揭子兵經》、《揭子戰書》和《揭方問答》等。生平見《清史稿》和阮元《疇人傳》卷三六《揭暄傳》等。

此書又名《寫天新語》,歷時五十餘年,完成於康熙二十八年（1689）。書中提出"天地萬物氣化説"宇宙模型,建立起一套新的天體運行理論。卷一論象緯億證、天以中生和天以虛舉等。卷二論天堅地虛、天起地成和天行地居等。卷三論政皆左旋、政皆圓體和政皆自轉等。卷四論日轉自徵、月轉各徵和諸星轉徵等。卷五論三際無定、炎光影算法和曆理當知等。卷六論風雨實徵、雷雨異同和水火各異等。卷末爲諸圖彙説、北極常見圖和天球圖等。全書言天地大象、七曜、運旋,兼採歐邏巴義,雜以理氣之説,不僅闡發元氣渦漩式宇宙模型和天體演化過程,還提出天體自轉思想,認爲地球居中不動,月球、太陽、火星、木星、土星都繞地球運動。揭暄的自轉學説在中國天文學發展過程中具有開創性意義,受到游藝、梅文鼎、方以智、安清翹等學者高度評價。梅文鼎評價此書"深明西

算,而又别有悟入。其言七政小輪,旋轉而生漩渦,遂成留逆,實爲古今未發"。方以智稱"其論出於大西諸儒之上"。《四庫全書總目》卷一〇七對此書評價毁譽参半,謂"今觀其全書,大抵與游藝《天經或問》相表裏,然藝書切實平正,詞意簡明,暄則持論新奇,頗傷龐雜",又謂"其説殊自相矛盾,至五星有西行之時,日月有盈縮之度,雖設譬多方,似乎言之成理,而揆以實占,多屬矯强,均不足據爲典要"。

此書《皇朝文獻通考·經籍考》、《皇朝通志·藝文志》和《清史稿·疇人傳》等均作七卷。現存乾隆三十年豫章書院本、咸豐初年揭氏濠塘補刻本、咸豐九年廣昌揭和衷補刻本、光緒二十三至二十六年胡念修輯刻《鵠齋叢書》本等。今據乾隆三十年萬年茂、吳廷試和揭要刻豫章書院本影印。（韓毅）

欽定天文正義八十卷　（第1033—1034冊）

此書八十卷,不著撰人。據清鄂爾泰、張廷玉等《國朝宫史》卷二九《書籍八》,爲清儒臣奉乾隆御旨集體而作。

此書記載自周至明之日食、月食等自然現象及推步之道,并配以插圖。卷首爲凡例,無序跋,提出"天文有變則占,而日月交食、五星凌犯,皆有常度。明其常度,則不惑於術士禍福之妄言,而益見聖人敬天之本意"的觀點,故書中極爲重視星占内容和天算推步之術。卷一論天體、黄赤道、經緯度、天文全圖和天漢全圖。卷二論日月行道、五行伏見、五星視行、晦朔弦望和交食凌犯。卷三爲步天歌。卷四爲經星去極入宿度。卷五爲分野。卷六至卷六〇爲占論,包括象占總論、天占、地占、日占、日食占、月占、月食占、五星占、歲星占、熒惑占、填星占、太白占、辰星占、紫微垣占、太微垣占、天市垣占、二十八宿占、雲氣占、雷電占、虹霓占、雷電占、雨占附雹占、雪占、霧占、露占和冰占。卷六一至八〇爲占

考,包括天占考、地占考、日占考、日食占考、月占考、月食占考、五星占考、恒星占考、星雜變占考、瑞星占考、妖星占考、客星占考、流星占考、風占考、雲氣占考、雷電占考、虹蜺占考、雨占考、雹占考、雪占考、霧占考、露占考和冰占考。此書保存大量天文學、曆法、星占學、地理學和氣象學等珍貴史料,對研究異常天象和自然災害有一定參考價值。

此書《國朝宮史》卷二九《書籍八》著録,紀昀等《欽定歷代職官表》卷三五《欽天監表》和《清史稿》卷一六《仁宗本紀》等著録爲一部,未言卷數。此本據中國國家圖書館藏乾隆內府鈔本影印。（韓毅）

天象源委二十卷　（清）張永祚輯（第1034冊）

張永祚,字景韶,號兩湖,錢塘（今浙江杭州餘杭區）人。生活於清康熙、乾隆年間,曾任浙江杭州府生員。乾隆時被閩浙總督嵇曾筠推薦於朝,授欽天監八品博士。乾隆十二年,經華亭張照推薦,奉詔校勘二十二史《天文志》、《律曆志》。張永祚通曉天文,明於星象。著有《古今宿度表》一卷、《經學會貫》十六卷、《三統術考正》一卷、《月食圖》一卷等。生平見杭世駿《道古堂文集》卷四七《欽天監博士張君墓碣》、《（乾隆）杭州府志》卷九六《人物十·方技》、《清史稿·藝術傳》和《（民國）重修浙江通志稿資料》第九十八冊《人物表傳》等。

此書詳細敘述東西天文學的源流和計算方法。卷首有乾隆二年（1737）上諭及參考引用書目四十三種,含儒家經典、史學著作、子部著作和天文類著作,并引用《御纂性理精義》、《御制數理精蘊》等最新曆算著作。卷一爲象理,卷二爲象性,卷三爲象度,卷四爲恒星,乃天文學基礎知識。卷五至卷一〇爲星占,包括占時、占變、占國、占歲、占異和世運。卷一一爲命法、回年法、流月日法,卷一二爲求地平宮法,卷一三爲月離逐,卷一四爲

命理,卷一五爲西法十五格,卷一六爲選擇,卷一七爲望氣,卷一八爲審音,卷一九爲軍占,卷二〇爲分野。附録有董仲舒祈禱晴雨。此外,此書還記載西法十五格,是瞭解清代中西天文學匯通的重要資料,尤爲珍貴。

此書《清史稿·藝術傳》載爲一部,不言卷數。民國李盛鐸《木犀軒藏書書録》卷三載《天象源委》十五卷。此本據上海圖書館藏清鈔本影印。（韓毅）

地球圖説一卷補圖一卷　（法）蔣友仁譯（清）何國宗（清）錢大昕潤色（清）阮元補圖（第1035冊）

蔣友仁（Michael Benoist,1715—1774）,字德翊,法國耶穌會士。乾隆九年（1744）來華,參與北京圓明園西洋樓建築設計。乾隆二十五年,在《皇輿全覽圖》基礎上,增加新疆、西藏測繪資料,編製成新全國總圖《乾隆十三排地圖》,標志我國實測地圖編製的最終完成。蔣友仁精通數學、天文學、物理學和建築學等,著有《坤輿全圖》、《新製渾天儀》、《中國古代天文學便覽表》等。生平見阮元《疇人傳》卷四六《蔣友仁傳》。

何國宗（?—1766）,字翰如,直隸順天府大興（今屬北京）人。康熙五十一年（1712）進士,在內廷學習算法。雍正年間任翰林院編修、侍讀學士、內閣學士、工部侍郎、河東河道總督。乾隆年間任算學館、律呂館總裁、左副都御史、工部侍郎和禮部侍郎等職。康熙五十二年,受命協助允祿編輯《御製律曆淵源》一百卷。乾隆二十一年（1756）,奉命率領努克三、哈清河和明安圖等人赴新疆測繪地圖。參與編撰《數理精蘊》、《曆象考成》、《曆象考成後編》、《儀象考成》、《皇朝文獻通考·象緯考》等。生平見《清史稿》本傳和阮元《疇人傳》卷四一《何國宗傳》。

錢大昕（1728—1804）,字曉徵,又字辛楣,號竹汀,江蘇嘉定（今屬上海）人。乾隆十九

年進士,曾任翰林院庶吉士、翰林院編修、詹事府少詹事、廣東學政等職,後旋引歸里,主持鍾山、婁東、紫陽三大書院。錢大昕精於小學、金石、訓詁、目録、版本、校勘、輯佚之學,尤精史學,著有《廿二史考異》一百卷、《三史拾遺》三卷、《十駕齋養新餘録》二十卷附録三卷和《潛研堂文集》五十卷等。生平見《清史稿》本傳。

阮元生平見前《曾子注釋》提要。

乾隆二十五年蔣友仁向清政府進呈《坤輿全圖》後,一直藏於内府,未出版。嘉慶四年(1799),參加過《坤輿全圖》文字潤色的錢大昕,將《坤輿全圖》中文字部分校勘出版,是爲《地球圖説》,阮元作序。全書一卷補圖一卷,共二十二篇。前八篇爲坤輿全圖説、經緯線、測量地周新程、四大州、七曜序次、恒星、諸曜經各不同、論春夏秋冬、地半徑差、清蒙氣差、論地圓、交食和渾天儀等,認爲地圓如球,故畫大地全圖,作兩圈界以象上下兩半球,合之即成全球,并介紹世界各地風土人情。後十四篇介紹西方天文學知識,包括哥白尼日心説宇宙模型、開普勒行星運動第一定律、第二定律、太陽黑子、太陽自轉、月面結構、金星位元相、四顆木星衛星和五顆土星衛星的繞行週期、土星環、太陽系天體自轉及有關數據、彗星以橢圓軌道繞日運行、恒星是同太陽一樣的發光體以及地球爲橢圓形球體等内容。

錢大昕在編輯此書過程中提出"假像"説,認爲不管是日心還是地心,不管是本輪、均輪還是橢圓軌道,都不過是爲便於計算而設的"假像"。阮元序對哥白尼學説評價較低,謂"此所譯《地球圖説》,侈言外國風土,或不可據。至其言天地七政恒星之行度,則皆沿習古法,所謂疇人子弟散在四夷者也",指出其説"乃周公、商高、孔子、曾子之舊説也。學者不必喜其新而宗之,亦不必疑其奇而辟之可也"。書中指出托勒密體系"不足以明七

政運行之諸理,今人無從之者",第谷等折衷體系"雖有可取,然皆不如哥白尼之密",但同時也批判哥白尼學説"上下易位,動静顛倒"。此書把當時歐洲較爲先進的宇宙體系如哥白尼學説、開普勒行星運動定律等介紹到中國,具有積極意義。書中介紹西方地理學知識,對魏源《海國圖志》有一定影響。

此書《清史稿‧藝文志》、魏源《海國圖志》卷四、張之洞《書目答問》卷二和孫殿起《販書偶記續編》卷七等著録。今據湖北省圖書館藏嘉慶至道光年間阮亨輯刻《文選樓叢書》本影印。（韓毅）

地圓説一卷　（清）焦廷琥撰（第1035册）

焦廷琥(1783—1821),字虎玉,江都甘泉(今江蘇揚州)人。焦循之子。以優貢生入國子監。幼承家學,性醇篤,讀書具慧心,知平圓三角八線之法。著有《冕服考》四卷、《尚書伸孔篇》一卷、《春秋三傳經文辨異》四卷等。生平見《清史稿》本傳和《清儒學案》卷一二○《里堂學案‧焦先生廷琥》。

此書撰於嘉慶二十年(1815),係針對孫星衍《釋方》不信地圓説而作。自萬曆十一年(1583)利瑪竇等西方傳教士介紹地圓學説以來,遭到部分中國官僚、學者和士人的詆毁與反對,如楊光先、王夫之、孫星衍等明確表示反對。此書針對孫星衍《釋方》,提出地圓説"非西人所自創,乃中土自古已有之説"的觀點。書中博搜古籍,遍引儒經、正史、諸子和宋儒之書,合諸家之言而臚列之,指出古時談天有三家:宣夜、周髀、渾天。宣夜説無有師承,失傳已久,其餘兩家則皆屬地圓説。關於中土地圓説流變,焦廷琥認爲:《大戴》有曾子之説,《内經》有岐伯之説,宋有邵子之説、程子之説,其説非西人所自創。同時,此書大量引用利瑪竇《乾坤體義》、熊山拔《簡平儀説》、《表度説》、陽瑪諾《天問略》、艾儒略《職方外紀》和蔣友仁《地球圖説》有關觀

點,指出"西人之説,皆前人所已言者,西人第闡而詳之耳。謂地圓之説爲西人所創,固非。又謂西人誤會古人之説,亦非也"。此書提出的"西學中源説"觀點,及對中西地圓説形成與演變的介紹,在當時產生一定的影響。

此本據中國國家圖書館藏焦廷琥稿本影印。(韓毅)

宣西通三卷　(清)許桂林撰(第1035冊)

許桂林(1779—1822),字同叔,號月南,又號月嵐,別號棲雲野客,海州板浦(今江蘇連雲港)人,祖籍安徽。嘉慶二十一年(1816)舉人,終生以教書爲生。諸經皆有發明,通古算術及天文曆算,生平所著達四十餘種,如《許氏説音》十二卷、《説文後解》十卷、《易確》二十卷等。生平見《清史稿》本傳、《清儒學案》卷一〇〇《許先生桂林》和《續疇人傳》卷五一《許桂林傳》等。

此書完成於嘉慶六年,書名意爲"通西人之法於宣夜而宣夜明,通宣夜之理於西法而西法正"。卷一爲述宣夜遺文,述西法大要;卷二爲内篇;卷三爲外篇。其書對中國古代宇宙理論"宣夜説"和"西法大要"作了精闢解釋和會通,指出:"氣外無殼,其氣將散;氣外有殼,此殼何依? 桂林思得一説以補宣夜所未及者。天實一氣,而其根在北,北極是也。北極不當爲天樞,而當爲氣母。"因而採集宣夜算法遺文,以西法通之。清阮元對此書評價甚高,稱"談天秘欲傳宣夜,學海深須到鬱州"。此書對研究清代中西天文學匯通,以及宣夜説和西學中源説理論具有參考價值。

此書《清史稿·藝文志》、李慈銘《越縵堂讀書記》、孫殿起《販書偶記》卷九和張之洞《書目答問》卷三等皆著録,有《許月南五種》家刻本和道光間善化唐氏刻本。今據華東師範大學圖書館藏嘉慶年間金陵狀元境陶開揚局刻本影印。(韓毅)

天學闡微十卷　(清)王家弼撰(第1035冊)

王家弼,江蘇鹽城人,生活於道光年間。道光十四年(1834)甲午優貢生。精經算之學,發明簡子夜儀,兼用緯度,以測恒星。著有《勾股啓蒙》、《方田正誤》、《算法》等。生平見《(光緒)鹽城縣志卷一二《人物志》。

此書主要闡發傳統天文學理論及計算方法。其中卷一、二爲解經,遍引百家之書,釋天文曆數之學,於北辰、衆星、行夏之時、日月蝕、敬致、時令、風雨、朔望、星辰變動、九州、地圓等多有論述。卷三至卷五爲句股釋例,述推步測量之學,專論勾股淵源、名義、原理、相求、求積、容圓、容方等,并介紹西法三角學知識與勾股之學關係。卷六爲天象圖説,述渾儀測算之事,介紹渾象斜視圖、渾象平視圖、立圓旁視圖、黃赤全規圖等計算方法。卷七爲地平圖説,述地平經緯之度,認爲"天頂變則地平變,地平變則高下方位俱變"。卷八至卷十爲推步,認爲算法爲曆算家必通之要務,介紹了八線簡法互求法、大距算法、冬至算法、赤經緯算法、步日躔、步土星、步木星、步火星、步金星、步水星等内容。此書解釋重點仍在傳統天文學方面,但也介紹西方三角學知識,對研究中西天文學匯通有一定的幫助。

此書孫殿起《販書偶記續編》卷九著録。此本據中國科學院國家科學圖書館藏清慈蔭堂鈔本影印。底稿本,紅格紙,版心下有"慈蔭堂"三字。(韓毅)

欽定儀象考成續編三十二卷　(第1035冊)

此書三十二卷,乃清欽天監天文學家奉道光帝詔敕而撰,成於道光二十五年(1845)七月。敬徵任總裁,周餘慶、高煜任副總裁,三十八人參與測算和編寫。

此書是在乾隆九年(1744)敕編《儀象考成》基礎上,對原有星表、星圖、星數進行復測、修訂而成,故稱爲《儀象考成續編》。内容包括《經星彙考》一卷,《恒星總記》一卷,《星圖步天歌》一卷,《黃道經緯度表》十二卷,《赤道經緯度表》十二卷,《月五星相距表》一卷,《天漢界度表》四卷。與《儀象考成》相比,《續編》新增一百六十三星,減去未觀測到的六顆星,共收星官三百個,星名三千二百四十個,其中入表正座一千四百四十九星,外增一千七百九十一星,以道光二十四年冬至爲星表曆元。此書是西學傳入以後由中國天文學家獨立考測、編算的第一部星表,提供了一批年代可靠的新測恒星座標值。如此書否定恒星亮暗不同是由於恒星直徑大小不同的説法,而以恒星距離地球遠近來解釋,并提出恒星本身變化也會造成恒星亮度變化,糾正了傳教士所傳授的錯誤概念,反映道光年間中國天文學的進步。《清史稿·疇人傳》評價此書“洵爲明備”,《時憲志》“較舊法爲簡捷”。

此書《清史稿·宣宗本紀》、《清史稿·藝文志》和《清史稿·疇人傳》均著録,有光緒二十四年上海愼記書莊石印本和中國科學院國家科學圖書館藏鈔本等。今據復旦大學圖書館藏道光二十五年欽天監刻本影印。(韓毅)

天文秘旨五卷　(第1036册)

此書五卷,不著撰人。據錢謙益《絳雲樓藏書目》卷二記載,出現於明末清初。考此書道光二十二年(1842)豐玉甫《運餘籌略釋天文秘旨序》及卷一至卷五題識,可知係豐烈抄寫。據曾紀澤《出使英法俄國日記》記載,豐烈,字玉甫,即愛新覺羅·豐烈,又字藎臣,號古香主人,生活於道光、咸豐、同治、光緒時期。此書於道光二十二年冬子月抄完,抄寫與原本無差。

此書卷首叙述天文秘旨傳派之源,介紹伏羲、黃帝、姜太公、周公、鬼谷子、黃石公、張子

房、諸葛亮、李淳風、陳希夷、劉伯温等傳承秘術情況。卷一共二十一篇,題“豐玉甫述”,論述天體、天度、天象、天漢、天變、地變、天占、日象、四時日行度數、日影長短休咎、日占、日暈、日蝕、月象、月度、月占、月暈、月蝕、月暈蝕掩犯衆星、月影和日月會次等。卷二共二十九篇,題“古香主人原字藎臣烈書”,論述星象、北斗歌訣、紫微垣、太微垣、天市垣、經星占,以及東方七宿和南方七宿等。卷三題“玉甫原字藎臣書”,介紹西方七宿和北方七宿。卷四共二十七篇,題“玉甫書”,内容爲緯星象,包括金星及其犯沖、水星及其犯沖、火星及其犯沖、土星及其犯沖、五星合宿及其占驗、流星占、客星占、彗孛占、客星彗孛守射衆星、良星占和妖星占、星變等。卷五共十九篇,題“玉甫原字藎臣述”,内容爲風占、冬至日起風、五風占、五風尤以日時爲助、八風占、八風只以先天方位爲主導、雲占、雷占、雨占、霞占、霰占、雹占、冰占、霧占、霜占、露占、雪占和虹占等。此書内容駁雜,而以天文星占學等内容爲主。

此書錢謙益《絳雲樓藏書目》卷二和錢曾、瞿鳳起《虞山錢遵王藏書目録彙編》卷五著録,不言卷數。此本據浙江省圖書館藏道光二十二年豐烈鈔本影印。(韓毅)

西學圖説一卷　(清)王韜撰(第1036册)

王韜(1828—1897),初名利賓,字蘭瀛,後改名瀚、韜,字懶今,又字紫詮、蘭卿,號仲弢、天南遁叟、甫里逸民、淞北逸民、歐西富公、弢園老民、蘅華館主、玉鮑生、尊聞閣王,外號“長毛狀元”,蘇州府甫里(今江蘇蘇州吳中區甪直古鎮)人。道光二十四年(1844)中秀才,二十五年應英國傳教士麥都士之邀,任職上海墨海書館。同治六年(1867)至七年遊歷法、英等國。十三年在香港集資創辦《循環日報》,評論時政,提倡維新變法。光緒五年(1879),應日本文人邀請,赴日考察四月。

精於中西之學,强調變通,著述頗多,達四十餘種,如《西學輯存》六種、《西學原始考》一卷、《韜園文録外編》十卷等;譯有《華英通商事略》一卷、《重學淺説》、《光學圖説》一卷和《西國天學源流》一卷等。生平見《韜園文録外編》卷一一《弢園老民自傳》。

此書成於光緒十五年,係王韜《西學輯存》六種之一。全書共二十三章,論述太陽説、地球赤道圖説、行星環繞太陽圖説、行星續説、五星説、星氣説、行星圖二説、歲差圖説、空氣説、聲學淺説、光動圖説,第一圖説、第二圖説、第三圖説、第四圖説、第五圖説、第六圖説、第七圖説、第八圖説、第九圖遠鏡説、第十圖説,附光差表和曲綫圖説等内容。書中重點對西方最新哥白尼日心學説加以介紹,每一論述多配以插圖,簡明易懂,便於傳播。

此本據中國科學院圖書館藏光緒十五年長洲王氏淞北寄廬(淞隱廬)鉛印《西學輯存》本影印。(韓毅)

顓頊曆考二卷　(清)鄒漢勛撰(第1036冊)

鄒漢勛(1805—1854),字叔績,湖南新化人。咸豐元年(1851)舉人。太平天國時隨曾國藩湘軍增援南昌,守廬州,官知縣,贈道衛,咸豐四年被太平軍所殺。於經學、天文、地理、算學皆有研究,著述豐富,但大多毀於戰火,僅存《顓頊曆考》二卷、《讀書偶識》八卷、《五均論》二卷、《詩》一卷、《紅崖石刻釋文》二卷和《南高平物產記》二卷等。光緒四年(1878),其子鄒世縣、孫鄒代鈞等將其遺文編入《鄒叔子遺書七種》。生平見《清史稿》卷四八二本傳。

此書完成於清道光二十九年(1849)。作者鑒於歷代《曆書》、《曆志》不載秦朝《顓頊曆》之術,自來學者又無從考校,遂搜索群史曆論及《史記》、《漢書》中至朔日閏,仿《春秋》長曆體例,編成《顓頊曆考》二卷,詳考《史記・曆書》、《漢書・律曆志》、《宋書・曆志》、《唐書・曆志》和《開元占經》中顓頊曆的内容、誤差,以及重大歷史事件和地理沿革等,認爲該曆屬四分曆,一回歸年爲三百六十五又四分之一日,一朔望月爲二十九日又九百四十分之四百九十九日,十月爲歲首,十九年七閏,閏月置於九月之后,該曆行用至西漢《太初曆》頒行止。由於《顓頊曆》原書已佚,此書所輯史料及對該曆行用時間、内容、特點的介紹,對研究《顓頊曆》有參考價值。鄒氏此書和姚文田《顓頊曆術》,爲清代研究《顓頊曆》的重要著作。

此書《清史稿・藝文志》著録。現存道光二十九年刻本、光緒四年龍汝霖刻《新化鄒氏敩藝齋遺書》本、光緒九年鄒世縣輯《鄒叔子遺書》本和光緒十三年新化鄒氏刻本等。今據湖北省圖書館藏光緒四年龍汝霖刻《新化鄒氏敩藝齋遺書》本影印,有"鄒叔子遺書之三"和"新化鄒漢勛叔績"題識。(韓毅)

漢太初曆考一卷　(清)成蓉鏡撰(第1036冊)

成蓉鏡(1816—1883),後更名孺,字芙卿,一字心巢,揚州寶應(今屬江蘇)人。秀才,曾任職於南京金陵書局、長沙校經堂。推崇漢學和宋學,著有《周易釋爻例》、《尚書曆譜》、《春秋日南至譜》等。生平見朱葭生、馮煦、趙世榮等纂修《(民國)寶應縣志》卷三一《金石・清故寶應縣學生成君墓志銘》。

此書成書年代不詳。詳考元封六年(前104)司馬遷、落下閎、鄧平等人奉漢武帝之命編撰《太初曆》的過程、内容、使用情況和優缺點等。認爲《太初曆》以天象實測及多年天文記録爲依據,重新規定年、月、日長度,將原以十月爲歲首改爲以正月爲歲首,開始採用有利於農時的二十四節氣,以没有中氣之月爲閏月,調整了太陽周天與陰曆紀月不相合的矛盾。又指出太初曆基本常數是八十一分法,或八十一分律曆,同時還考證氣朔、閏法、五星、交食週期等。關於該曆使用情況,成蓉鏡考證西漢末年劉歆《三統曆》,認爲其數據來源於《太初曆》,直至東漢章帝元和二年(85)"始廢不行",共行用一百八十九年。《太初曆》是我國第一部比較完整的曆法,也是當時世界上最先進的曆法,對農業生產有重要指導作用。由於《太初曆》原書已逸,此書遂成爲研究《太初曆》的重要資料,所輯《太初曆譜》具有極高史料價值。

此書《清史稿·藝文志三》著録。此本據上海辭書出版社圖書館藏光緒十四年江陰南菁書院刻王先謙、繆荃孫輯《南菁書院叢書》本影印。(韓毅)

回回曆法一卷　(第1036册)

此書原爲西域默狄納國王馬哈麻所作,元時傳入中國。洪武元年,徐達平定元大都時得其書。洪武十五年,明太祖以"西域推測天象最精,其五星緯度又中國所無",詔命回回大師馬沙亦黑和翰林院侍講學士李翀、吳伯宗等同譯《回回曆書》,洪武十六年二月譯成。

此書包括《回回曆法釋例》和《七政經緯度法》兩部分,卷首有洪武十六年五月辛亥翰林院檢討吳伯宗序。採用黃道坐標系,分全天爲三百六十度,十二宮,每宮三十度,度以下分、秒、微、纖都用六十進位制,不僅系統介紹以托勒密本輪均輪體系推算太陽、月亮、五大行星運動及日月交蝕的計算方法,還介紹回曆曆日計算方法,以及動的月(太陰月)和不動的月(太陽月)的意義。此書第一次從波斯文譯出十二月名和一周七天名,介紹七天一周的計日方法。又據《四庫全書》本《七政推步》記載,此書還有一份中西恒星星名對照表,計有二百七十七星,分別注明各星黃道座標、星等、中西名稱對照等,然洪武十六年南京内府刻本和《明史·曆志》本無此内容。《回回曆法》達到當時世界先進水平,成爲明朝初期天文學重要著作,也是研究回曆和阿拉伯天文學的重要資料。

此書洪武十六年内府刊本不分卷,清瞿鏞《鐵琴銅劍樓藏書目録》卷一五著録明刊本一卷,《明史·曆志》、《明史·藝文志》和黄虞稷《千頃堂書目》卷一三等均著録爲三卷。清代編入《四庫全書》時改爲《七政推步》,著録爲七卷。現存明洪武十六年南京内府刻本、日本内閣文庫藏明成化十三年秋欽天監監副貝琳重編《回回曆法》刻本、《明史·曆志》本、《四庫全書》所收《七政推步》本和南京圖書館藏清鈔本等。今據中國國家圖書館藏明洪武十六年南京内府刻本影印。(韓毅)

回回曆法釋例一卷　(明)貝琳撰(第1036册)

貝琳(1420—1490),字宗器,號竹溪拙叟,南直隸金陵(今江蘇南京)人。幼習儒學,精天官學,被薦入欽天監,成化年間任南京承德郎、南京欽天監監副。成化六年(1470)至十三年重新編譯《回回曆法》,著《回回曆法釋例》一卷。生平見汪士鐸等編《(同治)上江兩縣志》卷二八《人物志》、趙宏恩等監修《江南通志》卷一七○《人物志》和阮元《疇人傳》卷二九《貝琳傳》等。

此書一卷,係《回回曆法》之釋例,清瞿鏞撰《鐵琴銅劍樓藏書目録》卷一五和李盛鐸《木犀軒藏書書録》卷三均著録爲一卷。據中國國家圖書館藏明洪武十六年(1383)南京内府刻本《回回曆法》,可知内府刻本卷首已有《回回曆法釋例》,但内容較爲簡略。成化六年,貝琳鑒於馬沙亦黑所譯《回回曆法》"廢弛而失真傳",具奏朝廷,重新編譯《回回曆法》,成化十三年秋修撰完成,撰《釋例》一卷。《釋例》包括釋用數例、釋回回曆法積年、釋宮分日數、釋月分大小及本音名號、釋七曜數及本音名號和釋閏法。此書較洪武十六年南京内府刻本《回回曆法》卷首之《回回曆法釋例》,内容更爲詳盡,對《回回曆法》編撰體例、編譯原則、阿拉伯曆法、中阿曆法換算等内容,作了進一步説明。

此本據北京大學圖書館藏清鈔本影印。
（韓毅）

神道大編曆宗通議十八卷　（明）周述學撰
（第 1036 册）

周述學生平見前《神道大編象宗華天五星》提要。

此書乃取歷代史志之議,正其訛舛、删其繁蕪而成。卷首有光緒二十二年（1896）九月九日松老題記和周述學《神道大編曆宗通議題辭》。卷一至卷二包括歷代曆總叙、上古六曆和秦曆議。卷三至卷四爲兩漢四曆。卷五爲魏晉七曆議、南朝五曆議。卷六爲北朝四曆議、周隋六曆議。卷七至卷八爲唐朝八曆議。卷九爲五代七曆議、兩宋十七曆議。卷一〇爲金元五曆議。卷一一爲趙緣督論十八篇。卷一二爲天體七曜循環論、周東皐治曆三考,附唐順之（荆川）《與萬思節編曆書》二封及其《書張方齋曆書後》。卷一三爲皇明大統萬年通議。卷一四爲度里通議。卷一五爲張衡地動儀議、沈括儀象議。卷一六爲蘇頌儀象法式。卷一七爲郭守敬儀象法式、西域儀象法式和趙緣督儀象論九篇。卷一八爲詹希元沙漏法式和論馬上日晷法。

此書内容除曆外,凡圖書、皇極、律吕、山經、水志、分野、輿地、算法、太乙、壬遁、演禽、風角、鳥占、兵符、陣法、卦影、禄命、建除、葬術、五運六氣、海道針經,無所不録。此書彙集了明以前所有天文曆法資料,在明清時期產生較大影響。《四庫全書總目》肯定其學術價值,黄宗羲《黄梨洲文集》卷五亦給予較高評價,謂"見其《曆宗通議》,而後知邢雲路《律曆考》所載,皆述學之説,掩之爲己有也"。

此書《明史·藝文志》著録爲一卷。清黄宗羲《黄梨洲文集》卷五、黄虞稷《千頃堂書目》卷一三、龍文彬《明會要》卷二七和繆荃孫、吳昌綬《嘉業堂藏書志》等著録爲十八卷。此本據南京圖書館藏明嘉靖三十七年鈔本影印。（韓毅）

大統曆注不分卷　（第 1036 册）

此書不分卷,佚名撰。考明末清初錢謙益《絳雲樓藏書目》卷二載《大統曆注》一部,不著姓氏,可知此書作者生活於明代或清初。又據光緒年間刻書人考證,此書乃康熙年間人所作,"是時通嚴禁書之令,故作者不注姓氏也"。此書爲道光年間著名藏書家汪士鐘所收藏,書前有"藝芸精舍"、"三十五峰園主人"等藏書印章,汪氏乃長洲人,號閬原。從汪氏題跋來看,此書有鈔本流傳,未有槧版行世。

《大統曆》爲明政府頒佈之天文曆法,其天文數據及推步方法繼承元郭守敬《授時曆》。朱元璋吳王四年（1367）十一月冬至,太史院使劉基率屬下高翼上呈次年曆日,名曰《大統曆》。洪武十七年（1384）,明政府令欽天監博士元統修曆,仍以《大統曆》爲名,而積分猶踵"授時"之數。此曆明代中後期漸生誤差,因推算日食不准,朝廷要求改曆。此書即修正、補充《大統曆》而作。全書分十二月作注,首爲正月立春、雨水二節,及月令六候甲子,月分吉神凶神,下列宜忌事項,其他諸月同。此書與王錫闡《大統曆法啓蒙》皆研究明代大統曆法的重要史料。

此書現存明鈔本、《明代大統曆日彙編》本、清光緒年間刻本和韓國奎章閣藏本等。此本據南京圖書館藏明鈔本影印。（韓毅）

新編遵依司天臺經緯曆書六卷　（明）陸位校（第 1036—1037 册）

陸位,字斗南,蘭溪（今屬浙江）人,生活於明嘉靖、隆慶、萬曆年間。精於天文、曆法、星命、占卜等術,輯《新編評注通玄先生張果星宗大全》十卷,校《新編遵依司天臺經緯曆書》六卷,著《星學綱目正傳》二十卷等。生平見明程子鼇、徐用檢纂修《（萬曆）蘭溪縣志》卷四《人物志》。

此書爲明嘉靖三十三年(1554)至萬曆四十一年(1613)曆書,共六卷,陸位校,陳可教閲,成於萬曆年間。卷一爲嘉靖三十三年至嘉靖四十二年曆書,卷二爲嘉靖四十五年至萬曆元年曆書,卷三爲萬曆二年至十一年曆書,卷四爲萬曆十二年至二十年曆書,卷五爲萬曆二十一年至三十一年曆書,卷六爲萬曆三十二年至四十一年曆書。書中每年、月、日均包括日、月、木、火、土、金、水及二十八宿度數,便於民衆從事農業生産、婚喪嫁娶、房屋修建、破土動工、出門遠行及經商擇日等。

此書《明史‧藝文志》和黃虞稷《千頃堂書目》卷一三著録爲八卷。此本據上海圖書館藏明萬曆刻本影印。(韓毅)

曆志十六卷 (第 1037—1039 册)

此書十六卷,不著撰人。考《曆志》所載内容,作者應生活於清康熙、雍正、乾隆時期。此書官私目録學著作均不載。據此書所録《曆象考成》未涉及乾隆七年(1742)編撰《曆象考成後編》事,可推知其完成於乾隆七年前。

此書論述各種複雜平面、球面、圓形三角形解法,包括平面直線三角形、球面曲線三角形、八線割圓、天體、太陽、月離、交食、五星、推步總法和曆象考成等。此書將中國古代曆法中描述性内容全部圖形化,并給出推算原理和方法,其中曆象考成是此書重點内容。《曆象考成》共四十二卷,分上下兩篇,上篇十六卷,下篇二十六卷,欽天監集體修撰,完成於康熙六十一年(1722),主要闡明天文曆法理論、行星運動理論和推算方法,同時還包含大量珍貴的各類均數表等。此書還包含大量天文計算方法,計有日躔曆法、月躔曆法、月食曆法、日食曆法、土星曆法、木星曆法、火星曆法、金星曆法、水星曆法和恒星曆法等。

此本據中國國家圖書館藏清鈔本影印。(韓毅)

折中曆法十三卷 (明)朱仲福撰(第 1039 册)

朱仲福,世稱孝德先生,北直隸真定靈壽(今屬河北)人,生活於明萬曆年間。著《折中曆法》十三卷。生平見傅維麟《四思堂文集》卷三《孝德先生朱仲福傳》及姚之駰《元明事類鈔》卷三六。

此書十三卷,完成於萬曆二十二年(1594)。前有朱仲福《折中曆法序》和太子少保、工部尚書傅維麟《孝德先生朱仲福傳》,每卷卷首次行、三行題"靈壽朱仲福纂録"和"邑後學傅宗善校字",書後題"同治己巳歲十一月朔後學傅宗善拜跋"。朱仲福試圖折衷《授時曆》和《大統曆》之强弱,謂"或以爲《授時》減分太峻,失之先天;《大統》不減,失之後天",故詳閲諸史志中所載曆法五十多家,考其異同,辨其疏密,採衆説之所長,輯爲一書,因其"以折衷衆法而成之",故稱《折中曆法》。此書以萬曆九年爲元,并以此曆和《太初曆》、《元嘉曆》、《大衍曆》、《授時曆》、《大統曆》等諸曆法對比,檢驗《折中曆法》正誤。康熙二十九年(1690),靈壽知縣陸隴其將搜集所得《折中曆法》送交數學家梅文鼎校訂,梅文鼎閲後稱"摘録鄭端清世子朱載堉書",正其名《曆學新説鈔》。此書對研究明代中後期曆法改革具有一定價值。

此書《欽定續文獻通考‧經籍考》著録。此本據湖北省圖書館藏清同治八年傅宗善鈔本影印。(韓毅)

曆測二卷附曆元布算法一卷 (明)魏文魁撰(第 1039 册)

魏文魁(1557—1638),自號玉山布衣,直隸滿城玉山(今屬河北)人。崇禎七年(1634)至十一年領導東局工作。著有《曆測》二卷和《曆元布算法》一卷。生平見阮元

《疇人傳》卷三一《魏文魁傳》。

此書完成於崇禎二年。書前有崇禎二年夏方一藻《序》，崇禎二年閏四月辛酉潘彦登《曆測紀事》，書後有歙方萬順仲《曆測跋》。《曆測》兩卷，卷上爲曆元直指等，卷下爲交食元等。《曆元布算法》一卷，論述推中積、推天正、推閏餘、推經朔、推遲疾、推交泛、求盈餘、求定限、推日食、推時差、推南北泛差、推南北定差、推東西泛差、推日食分秒、推月食分秒等具體推演方法。此書是魏文魁及其學生薛鳳祚爲研究曆法、反對西學而作，認爲中國傳統方法推算曆法精確度要高於西法。崇禎帝受魏文魁之子魏象乾進呈《曆測》和《曆算》後，於崇禎七年命魏文魁“入京測驗”，組建東局，與徐光啓領導的西法曆局進行爭論。當時主管改曆的徐光啓針對《曆測》、《曆元》中提出的問題，作《學曆小辨》予以駁斥，并列舉“當極論者七事”，指出中西曆法方面存在的矛盾和衝突。魏文魁隨後進行辯解，提出“外夷之曆學，非中國之曆學”的觀點，公開跟徐光啓展開曆理之爭。崇禎十七年明政府頒佈《崇禎曆書》，標志着以徐光啓爲代表的西曆取得勝利，而以魏文魁爲代表的中曆遭到失敗。此書對研究明末學術思想轉變和“祖制”與“西學”之爭具有重要價值。

此書《明史·曆志》、《四庫全書總目·天文算法類》和《續文獻通考·象緯考》等均著錄爲二卷。此本據南京圖書館藏明崇禎二年方一藻刻本影印。（韓毅）

民曆鋪注解惑一卷　（德）湯若望撰（第1040冊）

湯若望，生平見前《火攻挈要》提要。

湯若望在南懷仁協助下於康熙元年（1662）完成此天文曆書著作。書前有作者《小引》，闡明所編曆書中鋪注內容的原意，回應部分教內人士視鋪注爲民眾迷信天象的

責難。其書内容包括：於輔注是後人愛慕前人之意、原輔注附曆頒行之故、以經傳證上論、以理證上論、年神方位圖說、月建說、天道天德等說、月建下九宮說、天恩天赦等說、太歲出遊說、日遊神說、人神說、太白遊方說、長短星說、百忌說、祀竈說、男女宮說及周堂圖說、五姓修宅說和附摘。此書認爲“古之王者，撫有天下，必須首頒正朔，雖則敬授人時，重在稼穡上”，然而小民日用，除稼穡外，尚有冠婚、葬祭、棟宇、衣服等許多事件，於是付與曆官鋪注在民曆上頒行。爲便於民曆使用，此書列舉大量“年神方位陣圖”和“逐日人神位居”情況，認爲“年神方位陣圖”原是爲達到“比例相稱”及“色樣不同”的目的，以冀求建築物齊整美觀。書後總結道“此圖所用名色多屬比似，觀者勿泥”。至於九宮外周所署星殺，此書在摘引傳統文獻中對各星殺的解釋後，稱“以上諸星殺，每年各有方位，總不越陰陽五行、合離生克之理，蓋與百工營造有關係焉”。

此書成於明末清初欲行用新曆時，凡舊曆中最主要的方位、神殺、用事等，皆沿襲舊曆傳統，未作大改變，有利於民眾之接受。而又於民曆中載入依西法推算的各項具科學内容的表格，試圖調和、匯通中西術數之學，具有積極意義。此本據中國國家圖書館藏清康熙刻本影印。（韓毅）

授時曆故四卷　（清）黃宗羲撰（第1040冊）

黃宗羲生平見前《明夷待訪録》提要。

此書按郭守敬《授時曆》本法推算，詳細演繹平定立三差及弧矢割圓諸法，闡明曆理。考此書卷二“歲差”條注“黃先生算曆，歲在丁亥”，可知此書初撰於南明魯王監國二年（1647）。又據卷一題“辛巳歲距今作《曆故》之歲丙辰積三百九十六年”，此書完成於康熙十五年（1676）。

書前有宋景昌題識，書後有劉承幹跋。卷

首爲《授時曆要法歌》。卷一爲《氣朔曆》,解釋圭表測望。卷二爲《日躔曆上》,解釋求盈縮差。卷三爲《日躔曆下》,闡述弧失割圓之術。卷四爲《月離曆》,闡述遲疾、盈縮術、由經朔轉求定朔等。書中對氣朔、日躔、月離問題的討論極爲深入,并旁引祖沖之、周瓊和《測景術》、《定歲實術》中學說,與《授時曆》進行對比、推算,因而内容更加豐富,理論性更强。同時,此書在卷三《日躔曆下》大量採取自問自答方式進行解説,體現黄宗羲一貫提倡的"經世實用"思想。此書關於《授時曆》計算方法的解釋,使郭守敬創造的"三次差内插法"和"弧失割圓法"得以流傳,對研究明清之際授時曆傳承,具有重要的學術價值和史料價值。

此本據民國十二年吴興劉承幹刻《嘉業堂叢書》本影印。又有宣統二年《黎洲遺著彙刊》本。(韓毅)

曆學假如二卷　(清) 黄宗羲　(清) 姜希轍撰　(第1040册)

黄宗羲生平見前《明夷待訪録》提要。

姜希轍(？—1698),字二濱,會稽餘姚(今屬浙江)人。明崇禎十五年(1642)中舉人。入清任工科給事中、户科都給事中、順天府丞等職。著有《左傳統箋》三十五卷和《曆學假如》二卷。生平見《(雍正)浙江通志》卷一六九《人物》。

此書完成於清順治四年(1647),刊刻於康熙二十二年(1683),書前有姜希轍《序》,謂以"裁量諸儒宗旨,徹其堂奥"爲目的,闡明授時法數。卷一爲《西曆假如》,分"日躔"、"月離"、"五緯"和"交食"四部分。卷二爲《授時假如》,分"步氣朔"和"步月離"兩部分,主要是實例推算,實爲對《授時曆故》的補充和發展。書中分别討論二十四節氣、七十二候計算,月朔和閏月安排,每日日影長度、赤道日度、黄道日度推求,日月交食預報

等問題。爲解釋問題,往往列舉明朝某一年份爲例加以説明。同時,書中還開列推算日躔黄道入十二次時刻、黄道積度鈐、赤道積度鈐、赤道宫界、遲疾轉定度鈐、推日食合用數、推月食合用數等表格,糾正了原《授時曆》、《大統曆》偏差。

此本據中國國家圖書館藏康熙二十二年癸亥西爽堂刻本影印。(韓毅)

交食曆書一卷　(比) 南懷仁撰 (第1040册)

南懷仁生平見前《新製靈臺儀象志》提要。

此書完成於康熙二十二年(1683),係南懷仁於康熙二十一年奉康熙帝詔命至遼寧盛京實測北極高度後所撰。全書包括黄道九十度表、太陽高度表兩部分,依康熙二十二年癸亥孟春盛京北極高四十二度推算。最終測量結果爲:盛京地區北極出地約四十二度之高,并依其地脈正南向;盛京正指南向而不偏;盛京較京師高二度。書中還繪有渾天儀象圖一幅。此書是對盛京極高(緯度)最精確的測算,與現代測量值相差無幾。

此本據中國國家圖書館藏清康熙刻本影印。(韓毅)

曆象本要一卷　(清) 楊文言撰 (第1040册)

楊文言,字道聲,號南蘭,常州武進(今屬江蘇)人,生活於康熙、雍正時期。曾應靖南王耿精忠藩下人聘,爲幕客。三藩之亂起被羈,清兵平亂后得救。通曆算,尤明習《幾何原本》,參與校訂《明史·曆志》。著有《圖卦闡義》、《書象圖説》、《握機發微》等。生平見清楊宗熙等修《毗陵大街楊氏族譜》卷一一《行迹志》和張球、湯成烈等修纂《(光緒)武進陽湖縣志》卷二六《人物·藝術》。

此書《清史稿·藝文志》、楊紹和、楊保彝《海源閣書目》、孫殿起《販書偶記續編》卷九等皆著録爲李光地撰。考《毗陵大街楊氏族譜》卷一一《行迹志》記載,《曆象本要》係楊

文言撰,李光地刊刻。然李光地康熙四十八年初刊此書時不署楊文言名,造成後人誤解。道光九年(1829)李維迪、李維翰彙刻李光地《榕村全書》,更將其刻入李光地名下,原作者遂不爲人知。又考李光地《榕村語録》卷二六《理氣》:"曩在京師,見某所著《曆象本要》有未當處,許爲改訂,乃攜往天津。"更可知此書非李光地所撰。清平步青《霞外隨筆》謂爲李光地"攘爲己有"。

此書共一卷,約成於康熙二十一年(1682),經梅文鼎及其門生弟子訂正而成。全書含新曆法名、渾天總象、平周經度、平周緯度、同升經差、斜升緯差、黃道交周、晝夜永短、晨昏朦景、月道交周、遠近次第、本天高卑、七政本輪、高卑本輪、太陰次輪、太陰高卑四限、太陰遲疾大差、土星次輪、木星次輪、火星次輪、金星次輪、水星次輪、土星視行、木星視行、火星視行、金星視行、水星視行、九服見蝕、日食三差圖、闇虛蝕限、里差時刻、簡平儀天盤和簡平儀地盤等三十三篇內容,介紹西方天文學有關知識,採用西方天文學中天地皆圓説,并對其宇宙結構及第谷學説作詳細叙述。同時,此書極爲重視中西天文學匯通,認爲中國傳統天文學不僅包含地圓説,且包含宇宙結構的知識,不僅渾天説包含地圓説,且作爲蓋天説代表作的《周髀算經》也有地圓思想,提出屈原"天有九重"説、朱熹"地便只在中央不動,不是在下"説,與西方天文學的宇宙結構知識一致。

此書有康熙四十八年李光地刻本等。此本據中國國家圖書館藏道光九年安溪李維迪、李維翰彙刻李光地《榕村全書》本影印。(韓毅)

七政臺曆八卷 （第 1040 册）

此書八卷,不著撰人。明徐渤《徐氏紅雨樓書目》卷三載《七政臺曆星命全書》十三卷,是否爲此書,不可考。

此書爲明清時期流行的通書類天文算法著作,康熙十二年(1673)欽天監訂正重刻。卷首有嘉靖十五年(1536)霍韜《叙監曆刻》。書中列萬曆三十六年(1608)至康熙十二年間曆日,包括七政每日所在宮度,每月"諸吉利"、"諸煞利"日期,以及每月"日月合朔"時間,均有"早子時"及"夜子時"之分。其中卷一爲二十四氣晨昏日出入刻、諸曆黃道宿度、二十八宿所在過宮圖和萬曆戊申三十六年至壬子四十年曆日。卷二爲萬曆癸丑四十一年至天啓辛酉元年曆日。卷三爲天啓壬戌二年至崇禎己巳二年曆日。卷四爲崇禎庚午三年至戊寅十一年曆日。卷五爲崇禎己卯十二年至清順治乙酉二年的曆日。卷六爲順治丙戌三年至順治癸巳十年的曆日。卷七爲順治甲午十一年至順治辛丑十八年曆日。卷八爲康熙壬寅元年至康熙癸丑十三年曆日。此書對研究明清之際通俗類書和民間曆日有一定參考價值。

此本據故宮博物院圖書館藏康熙十二年金陵龔氏刻本影印。(韓毅)

算七政交食凌犯法一卷 （第 1040 册）

此書一卷,不著撰人。考現存最早之康熙內府鈔本,爲欽天監監副宜塔喇等訂正。書中提到甲戌年,可知此書應完成於康熙三十三年(1694)之後。

此書爲天文算法類著作,論述推日躔法、推月離法、推土木星法、推火星法、推金水二星法、推日食法和推月食法。全書內容包括兩部分,第一部分爲推算七政交食的具體算法,第二部分爲康熙甲戌年算凌犯曆恒星鈴,分十二分野加以論述。其中推日躔法包括年根、日數、時數、平行、高衝、引數、均數、實行、宿、日距度、正升度,含具體算法和實例。推月離法包括太陽實行、日差、年根、日數、時數、分數、平行、均數、月實行實引、月距日次引、次均、白道經度、交均、正交經度、月距正交、同升差、黄道經度、宿、黄道緯度、月正球升度、月斜球升度、加减時數,亦含具體算法和實例。推土木星法包括年根、日數、平行、自行均中分、實經、太陽實行、次引、次均較分、三均、并均、視經、宿、距交、中分、緯限、視緯、正球升度、斜球升度和加减時數。推火星法包括年根、日數、平行、均數、距日、實經實引、太陽實行、相距、半距、距餘半、日引、半徑、日差、星數、總、較、半距切線、減弧、次均、視經、宿、距交、中分緯限、緯、正球升度、斜球升度和加减時數。推金水二星法包括年根、日數、兩平行平引、自行均中分、實經、實引、實行、次均、三均、并均、視經、宿、前中分、前緯限、前緯、後中分後緯限、後緯、視緯、正球升度、斜球升度、加减時數,以及具體算法和實例。推日食法包括求諸平行、求日月相距、求實引、復求日月相距、求實朔、求躔離實度、求宿度、求視朔、求實交周、求徑距較數、求近時、求真時、求考時、求食分、求虧復時刻、求復圓時刻,以及具體算法和實例。推月食法包括求諸平行、求日月相距、求實引、復求日月相距、求實望、求躔離實度、求實交周、求視望、求月距黄緯、求徑距較數、求食分和求所食時刻。此書較爲重視算法法則和具體實例相結合,對研究各類算法具有一定價值。

此本據故宫博物院圖書館藏康熙内府鈔本影印。（韓毅）

囂囂子曆鏡一卷　（清）胡襲參（清）方江自輯（第 1040 册）

胡襲參,名宗緒,號嘉遯,桐城（今屬安徽）人。康熙五十六年（1717）舉人,雍正八年（1730）進士。曾任明史館纂修、翰林院編修、國子監司業等職。殫心於仰觀俯察,旁及三式及律曆、兵刑、六書、九章、禮儀、音律之學。著有《晝夜儀象説》一卷、《九九淺説》一卷、《字學音韻辨》一卷等,輯有《囂囂子曆鏡》一卷。生平見清法式善《陶廬雜録》卷二和廖大聞等修《（道光）桐城續修縣志》卷一五《人物志·儒林·胡宗緒》。方江自,生活於清初康熙時期,生平不可考。

此書成於康熙二十三年（1684）以後。編者欲使"讀書好古之士,不必習乘除開方勾股諸法,不必用矩用規,不必考圭測景,不必布算周密,而曆法之所以然已了了於胸中"。書中"囂囂子"乃人名,生活於魏晉時期。全書包括總説、地球、天道、赤道軌、黄道規、子午規、黄赤二極、二道中距、曆元、太陽體用、太陰大約總要、日時説、恒星、中星、日軌、年月、晝夜晨昏、太陰、交食、四餘、五緯異行、五緯緯行、五星伏見、歲差、曆算、勾股、割圓、測黄赤道日用等旨、測太陽、測恒星、測太陰、測五緯和後序。尤爲重要的是,此書發現諸本曆法中積年互不相同,明確指出"古曆積年,亦各不等,乃知古用積年之法,不過虛立其界,以意逆之,以起算耳"。此書可作學習天文曆法理論和氣數的入門讀物。

此本據清華大學圖書館藏康熙桂花書屋刻本影印。（韓毅）

定曆玉衡十八卷首一卷　（清）張雍敬撰（第 1040 册）

張雍敬,初名珩,字珩佩,號簡庵,別號風雅主人,秀水新塍鎮（今屬浙江嘉興秀洲區）人,生活於康熙、雍正、乾隆時期。通曉天文、律曆、繪畫、詩歌和戲曲,後棄書"學道",與潘耒交遊,康熙年間曾與王錫闡、梅文鼎等討論地圓學説。著有《西術推步法例》一卷、《蓋天曆法》、《恒星考》、《弦矢立成》等二十餘種,另有戲曲作品存世。生平見清錢儀吉纂《碑傳集》卷一三二《梅文鼎傳附張雍敬傳》、竇鎮《國朝書畫家筆録》卷二《張雍敬》、阮元《疇人傳》卷四〇《張雍敬傳》和朱士楷《（民國）新塍鎮志》卷一三《人物·文苑》等。

此書卷首有朱彝尊序及乾隆二十四年

（1759）楊燮序。康熙三十五年（1696）至三十六年，張雍敬受潘耒建議，專訪梅文鼎，切磋學問，相互辯論一年有餘，此書所收即爲辯論之内容。全書博綜曆法五十六家，正古今曆術之謬四十四部，認爲中西曆法，各有長短，可以相成。卷首爲原編目録、略言、曆統和曆辨。卷一爲曆原、曆理和曆要等。卷二爲測量天地辨、虚象説和周髀圖等。卷三爲地理、大地圖、輿地圖和天中地中説。卷四爲日遠近辨、日無盈縮説和日光盛衰説等。卷五爲西法辨小序、西方天象辨、月食辨和西法地球圖辨等。卷六爲星圖説、垣宿説、南極圖和古今北斗入度不同表等。卷七爲分野説、測經度説和步斗法説等。卷八爲天地始終問、曆家上元問和書傳上元問等。卷九爲三統圖説、上元圖説和求上元日躔月離等。卷一〇爲歲差總説、立周法、推三正和宗堯典等。卷一一爲歲差定法、歲差星躔過宫中次統表、歲差實度簡明表和帝王年世等。卷一二爲經朔定法説、經朔策數、閏法策數和定朔法等。卷一三爲歲實消長説等。卷一四爲歲星定法、第九紀五緯前合應表、五星率和五星聚井考等。卷一五爲五步曆率説、五星入率捷法和經史歲星新率考證等。卷一六爲考春秋晦朔交食説、經傳晦朔考和左傳至朔辨等。卷一七爲定氣辨、歲差辨、辰次辨、天度辨、九執宫度説和刻法説等。卷一八爲器數考辨、五德終始、渾儀和交食説等。

此書接受西方宇宙觀，將之與中國傳統宇宙觀相結合，企圖重建傳統古法理論。爲重現古曆法中蘊涵之理，廣泛研究古代曆書，提出星體是没有物質形態之積氣，從而否定傳教士們用以支撑其天文學的視覺理論，形成構造傳統古法的基本原則。此外，此書接受當時"恒星東移"理論，并企圖將其融入傳統的分野理論，但不接受西方地圓學説。朱彝尊對此書極爲推崇，稱其"足以伸儒者之氣，折泰西之口，而王氏梅氏爲不孤矣"。楊燮亦稱"其説之不誣"。此書反映明清之際儒家士大夫對西方天文學的立場和態度，對於研究清代學術思潮演變和中西曆法之争，頗具參考價值。

此本據復旦大學圖書館藏清鈔本影印。（韓毅）

大清時憲書箋釋一卷　（清）繆之晉輯（第1040册）

繆之晉，字半隱，號客吴半巢主人，浙江杭州人，生活於康熙、雍正時期。編輯有《大清時憲書箋釋》一卷。生平見龔嘉俊、吴慶坵等《（光緒）杭州府志》卷一四七《人物志·疇人》。

清欽天監每年頒發《時憲書》一册，而在年前需定期呈次年曆樣，并於十一月初一日頒曆於百官，其進呈御用者有上位曆、七政曆、月令曆，各布政司依禮部所頒欽天監印造曆，遍及民間。此書係康熙十年欽天監所頒歲次《大清時憲書》之箋釋，卷首有雍正元年（1723）春雲逸子序、康熙六十一年（1722）八月繆之晉自序及《例言》。全書內容包括康熙十年都城順天府節氣時刻、歲德、年神方位之圖，各有宜忌，各省太陽出入晝夜時刻、各蒙古節氣時刻，以及正月建寅、二月建卯、三月建辰、四月建巳、五月建午、六月建未、七月建申、八月建酉、九月建戌、十月建亥、十一月建子、十二月建甲和閏月逐月節日、修造、日躔等。卷末附有用事、宜忌、社日、合婚、嫁娶、五音利姓説等。《箋釋》增加了與民間百姓婚喪嫁娶、出門遠行、上樑建房、挖井祭灶等社會生活密切相關的内容，有助於瞭解康熙時代曆日和社會生活。

此本據上海圖書館藏清鈔本影印。（韓毅）

歷代長術輯要十卷首一卷古今推步諸術考二卷　（清）汪曰楨撰（第1041册）

汪曰楨生平見前《湖蠶述》提要。

此書卷首有光緒四年秋七月撫浙使者梅啓照序、光緒三年俞樾序、同治六年五月汪曰楨識。其書始撰於道光十六年丙申(1836)夏,同治元年壬戌(1862)夏定稿,原名《二十四史月日考》,共五十三卷,因篇幅較大,未能刊刻。同治五年丙寅夏,在莫偲建議下,汪曰楨刪繁就簡,仿通鑑目錄,專載朔閏,又取群書所見朔閏不合者,綴於每年之末,編爲《輯要》十卷。此書輯錄西周共和元年(前841)至清康熙九年(1670)曆法共一百四十六部,每年首列干支紀年和帝王紀年,各以當時用術,步其朔潤,略如萬年曆。其紀年形式,大致繼承司馬光《通鑑目錄》傳統,分別載入朝代、作者、曆法名稱、法數、出處、行用年代、後人研究、作者簡評及推步措施等諸項內容。此書主要依據文獻記錄和依法推步,凡各曆法所做重大創造發明及變革,都有明確介紹。如無文獻交待改正朔、閏事宜,則不輕易加以改變。凡出現不合之處,均記於每年朔閏之後,以資參考。

所附《古今推步諸術考》二卷,詳論推步之術,是《歷代長術輯要》重要補充。其所載之法,主要便於推算朔閏表,包括積年、日法(分朔日法、氣日法和度法)、歲實、朔策四項,有的還包括周天分、虛分、秒母等項。此書糾正許多史書記載中錯誤,包括古人附會之說、曆法資料之誤、行用年代之誤等。如書中糾正劉義叟《劉氏輯術》以《史記·曆書》所載甲寅元曆來推算漢太初以後曆譜之誤,正確指出太初以後行用鄧平八十一分曆,也指出《太初曆》與《三統曆》的關係。此書不僅彙集古今所有曆法的基本法數,而且列有一份各個朝代行用的《甲子紀年表》。

此書爲收集中國古代曆法最齊全之著作,對中國歷史的月日紀錄,編排極爲詳盡,除重新依術推步以往劉義叟、錢侗二家所作朔閏表外,增補西周共和元年至秦末和明初至清

初的朔閏表,其推步年代較劉、錢二家長術增加一千餘年。書中不但記載自家所推歷年朔閏,且與史書中記載的干支和前人推算的曆表相比較,以資互驗。此書搜集、採用文獻極多,如春秋時代除引用周曆和魯曆推步朔閏外,還特別引用杜預《春秋長曆》,至於其他曆書,除參考劉義叟《劉氏輯術》、錢侗《四史朔閏考》外,還大量引用編年體史書,如《續資治通鑑長編》、《建炎以來繫年要錄》等,凡有異同處必并載之。此書是研究歷史天文年代學的重要參考文獻,具有較高的史料價值。但由於書中所記朔閏均爲推步結果,難免有誤,陳垣《二十史朔閏表》、《中西回史日曆》等有所糾正。

此書《清史稿·藝文志》、孫殿起《販書偶記》等著錄。此本據浙江省圖書館藏光緒四年汪氏刻《荔牆叢刻》本影印,牌記題"同治六年夏五月蔣維基署檢"。(韓毅)

三統術詳説四卷　(清) 陳澧撰　(清) 廖廷相補　(第 1041 册)

陳澧生平見前《漢儒通義》提要。

廖廷相(1842—1897),字子亮,又字澤群,南海(今廣東佛山南海區)人。清光緒二年(1876)進士。曾任翰林院庶吉士、翰林院編修、國史館修撰、水陸師學堂總辦、惠濟義倉總理、南海保良局總理、金山書院、羊城書院、應元書院、廣雅書院山長、學海堂和菊坡精舍學長等職。著有《粵東水道分合表》二卷、《順天人物志》六卷、《三禮表》十卷等。其事迹見陳宗穎《墓志》和梁鼎芬《墓表》等。生平見《(民國)番禺縣續志》卷二六和繆荃孫《藝風堂文續集》卷八。

此書係光緒八年陳澧病逝後,門人廖廷相補充修訂而成,收入光緒年間廣雅書局輯刻《東塾遺書》本。此書鑒於《漢書·律曆志》所載劉歆《三統曆》中數字多附會假托,名目繁亂,次第顛倒,雖有學者致力發明仍不易

解,乃爲之鉤摘演繹,仿三統之法,以己意補之。卷一至卷二釋日法、月法、大餘、小餘、五星見伏等基本數據,駁劉歆附會之説。卷三至卷四爲推算入統年、朔閏、節氣、日月食及五星運動等。此書比錢大昕、李鋭之作更爲詳備,凡錢氏已詳者則略。然由於受《漢書‧律曆志》所載材料限制,此書雖有發明,但創見不大。

此書《清史稿‧藝文志》著録爲三卷,廣雅書局輯刻時更爲四卷。此書有光緒二十二年上海鴻寶齋《中西算學叢書初編》本、光緒年間廣雅書局輯刻《東塾遺書》本等。今據華東師範大學圖書館藏《東塾遺書》本影印。（韓毅）

九章算經九卷（存卷一至卷五）　（晉）劉徽注（唐）李淳風等釋（第1041册）

劉徽,魏晉時期青州濟南郡鄒平淄鄉（今山東淄博臨川區）人。宋徽宗時追封爲淄鄉男。在算術、代數、幾何等方面都有傑出貢獻,著《九章算術注》十卷、《九章重差圖》一卷和《魯史欹器圖》一卷,後來《九章算術注》第十卷《重差》單行,改稱《海島算經》。生平史書無載,近人嚴敦杰《劉徽簡傳》、郭書春《古代世界數學泰斗劉徽》、李迪《劉徽傳瑣考》和周瀚光《劉徽評傳》等有考證。

李淳風生平見前《周髀算經》提要。

《九章算經》原名《九章算術》,唐初至清中葉稱《九章算經》,清中葉以後又恢復原名。其主要内容在先秦已具備,秦末戰亂時慘遭破壞,西漢初年經張蒼、耿壽昌删補而成。魏元帝景元四年（263）,劉徽撰《九章算術注》。唐高宗顯慶元年（656）,李淳風奉敕編入《算經十書》之中,并撰《九章算術注釋》。北宋元豐七年（1084）,秘書省所刻《算經十書》中即有此書。南宋慶元年間,鮑澣之與天文學家楊忠輔討論曆法時獲元豐年間秘書省刻本《九章算經》,遂於嘉定六年於福建汀州刊刻傳世。

《九章算經》共九卷,分方田、粟米、衰分、少廣、商功、均輸、盈不足、方程及勾股九章。全書以"今有"、"問"、"答曰"和"術曰"的形式組成,共有二百四十六個問題與解法。書中提出的分數及其四則運算法則,衰分術（比列分配）、盈不足術、開方等算法,線性方程組解法,正負數加減法則,勾股形問題解法,以及測望問題解法等具有世界意義的成就,奠定了中國傳統數學的基本框架。此書以術文爲中心,以解決實際應用爲目的,重視計算,規範與統一了中國傳統數學術語的表達方式。

劉徽《九章算術注》重在"悟其意"和"採其所見",發展了《九章算術》的率概念、齊同原理和傳統的出入相補原理,將無窮小分割方法與極限思想引入數學證明。在解方程中,創造了互乘相消法和方程新術。在開方不盡時,創造了繼續開方"求其徽數"的重要方法。在幾何方面,創造了"割圓術",求出圓周率約等於三點一四,認爲"割之彌細,所失彌少。割之又割,以至於不可割,則與圓周合體,而無所失矣"等。書中還定義了許多數學概念,如率、冪（面積）、方程（線性方程組）、正負數等。此書對《九章算術》中的許多結論給出了嚴格證明,標志着中國古代數學的巨大發展和數學理論體系的完成,對後世影響很大。

唐代李淳風等以劉徽注爲底本爲《九章算術》作注釋,其目的是爲科舉"明算科"提供教材。其注釋以初學者爲對象,重點在於解説題意與算法,對劉徽注文中意義明確之處不再補注。李淳風等在注釋《九章算術》少廣章開立圓術時,引用祖暅提出的球體積計算公式,介紹球體積公式的理論基礎,即"冪勢既同,則積不容異",這就是著名的"祖暅原理"。《綴術》失傳之後,李淳風注成爲研究祖沖之父子計算方法的重要依據。

此書《舊唐書・經籍志》和《新唐書・藝文志》著録,不著撰人。《宋史》卷二〇七《藝文志》和王應麟《玉海》卷四四《藝文》著録爲魏劉徽撰,唐李淳風注。現存最早爲南宋本,原藏潘祖蔭滂喜齋,今藏上海圖書館。另有南宋楊輝《詳解九章算法》本、明永樂六年《永樂大典》本、康熙二十三年毛扆刻汲古閣本、乾隆《四庫全書》本、乾隆《武英殿聚珍版叢書》本、孔繼涵刻微波榭本等。今據上海圖書館藏南宋寧宗嘉定六年鮑澣之翻刻秘書省刻本影印,明後僅存一部,係孤本。（韓毅）

九章算術細草圖説九卷　（清）李潢撰（第1041 册）

李潢（1746—1812）,字雲門,鍾祥郢中新堤街（今屬湖北）人。乾隆三十六年（1771）進士,任翰林院庶吉士、翰林院編修、四庫館纂修官、内閣學士兼禮部侍郎、兵部右侍郎、京城會試副總裁和兵部左侍郎等職。李潢精於算學、天文學和音律學,《清史稿》稱其"博綜群書,尤精算學,推步律吕,俱臻微妙",當時有"南齊北紀,不逮鍾祥一李"之説。著有《九章算術細草圖説》十卷、《海島算經細草圖説》一卷、《輯古算經考注》二卷。生平見《清史稿》和《疇人傳》卷四九《李潢傳》。

此書完成於清嘉慶十七年（1812）,沈欽裴校,李潢之甥程喬采再校,嘉慶二十五年由語鴻堂刊刻,卷首有戴敦元《九章算術細草圖説序》、李潢《重差圖序》和劉徽《九章算術注原序》。此書以孔繼涵刻戴震校微波榭本《算經十書》之《九章算術》爲底本,對劉徽注文、李淳風釋文進行仔細校勘,包含"按"、"圖"、"説"、"草"四種内容。其中"按"爲校勘意見,對戴震所校大多數内容未提出異議,而着重校勘戴震未校部分及孔繼涵之刊刻錯誤。"説"主要是對劉徽注文、李淳風釋文的解釋,對不易理解的文字提出見解。"説"中也兼及校勘,李潢依《永樂大典》重新糾正戴

震抄錯的文字内容。"圖"是爲更準確地反映劉徽、李淳風注本意而所作之圖,且十分細緻,如爲少廣章祖暅之開立圓術補圖二十二幅,彌足珍貴。"草"多爲據劉徽注所列演算程式,大多正確。

此書爲《九章算術》所作注釋優於戴震,孫殿起《琉璃廠小志》稱"於戴本多所糾正,微嫌其説稍繁"。此書爲治《九章算術》之必讀書,其校勘内容和補圖大都正確。此書與汪萊《校正九章算術》及戴氏《訂訛》、駱騰鳳《藝遊録》、羅士琳《比例匯通》、吳嘉善《九章翼》等,同爲清代研究和校勘《九章算術》的重要著作。

此書《清史稿・藝文志三》、張之洞《書目答問》卷三、孫殿起《販書偶記續編》卷九（作"十卷"）等著録。現存清嘉慶二十五年語鴻堂刻本、光緒十七年成都王氏刻本和光緒二十二年上海文淵山房石印本等。今據上海辭書出版社圖書館藏清嘉慶二十五年語鴻堂刻本影印。（韓毅）

海島算經細草圖説一卷　（清）李潢撰

李潢生平見前《九章算術細草圖説》提要。

《海島算經》原爲劉徽撰《九章算術注》第九卷後所附,名《重差》,成於魏景元四年（263）。後單獨流行,因其第一問是測望海島高、遠的問題,故改書名爲《海島算經》。唐代初年,李淳風奉敕校正后刻入《算經十書》。全書共九題,由"今有"、"問"、"答曰"、"術曰"以及"淳風等按"的形式組成。劉徽在《海島算經》中,設計了用"重差術"測望山高、海廣、谷深、樓高、水深、津廣、邑方等問題,并使用了重表、累矩、連索三種基本測望方法。

《海島算經細草圖説》一卷,是李潢對魏劉徽撰注、唐李淳風注釋《海島算經》一書的校勘。全書包含"按"、"圖"、"説"、"草"四種内容,其中按、圖、説爲李潢自撰,草則爲沈欽

裴所補。"按"是李潢提出的校勘意見，"説"與"圖"相配合，用"同式形兩兩相比，所作四率，二三率相乘，與一四率相乘同積"的原理，以今有術求之，解釋劉徽造術的根據。劉徽《海島算經》原有重差圖九幅，後惟海島一題有圖解，李潢依術補八圖，所補原則是"如欲作圖明之，第取一三率聯爲一邊，又取二四率聯爲一邊，作相乘長方圖之，自然分爲四冪。又以斜弦界爲同式句股形各二，則形勢驗矣"。

此書是南宋楊輝以來第一部系統研究《海島算經》的著作，對於瞭解《海島算經》劉徽原文、李淳風釋文，以及中國在數學測量學方面的傑出成就，具有一定的積極意義。

此書爲未定稿，李潢病逝後由甥程矞采遵囑於嘉慶二十五年（1820）請沈欽裴演草算校，語鴻堂刊刻，附於《九章算術細草圖説》之後，卷首無序，卷末有李潢《重差圖序》。《清史稿·藝文志》和張之洞《書目答問》卷三著録爲一卷。現存嘉慶二十五年語鴻堂刻本，光緒十七年成都王氏刻本。今據復旦大學圖書館藏嘉慶二十五年語鴻堂刻本影印。（韓毅）

孫子算經三卷　（唐）李淳風等注釋（第1041冊）

李淳風生平見前《周髀算經》提要。

此書原名《孫子算術》，現傳本爲三卷。孫子生活時代不詳，清朱彝尊《孫子算經跋》認爲即春秋時代孫武，阮元《疇人傳》認爲是周代人，戴震《孫子算經三卷提要》認爲是東漢明帝以後人，錢寶琮《孫子算經提要》認爲是南北朝人，書約成於東晉安帝隆安四年、北魏道武帝天興三年（400）前後。

此書唐初編入《算經十書》。宋元豐七年（1084），秘書省所刻《算經十書》中即有此書。南宋寧宗嘉定六年（1213），鮑澣之於福建汀州依秘書省刻本重刻《算經十書》。

此書卷首有《孫子算經序》，闡明數學在通神明、順性命、經世務、類萬物等方面的作用，謂"夫算者，天地之經緯，群生之元首，五常之本末，陰陽之父母，星辰之建號，三光之表裏，五行之準平，四時之終始，萬物之祖宗，六藝之綱紀"。此書卷上介紹必要的數學知識，如進位元制度、運算法則、度量衡單位元等。卷中列二十八個問題，主要是關於分數加減、約簡的應用題，包括面積、體積、商功、開方、盈不足、方程、等差數列等。卷下列三十六個問題，其"物不知數"問是中國乃至全世界數學著作中第一個同餘方程組解法問題，傳播至國外後被稱爲"孫子定理"，也稱中國剩餘定理。此書是一部數學入門讀物，書中所載市易、田域、倉窖、獸禽、營造、賦役、測望、軍旅等各類算題六十四問，大都通俗易懂，易於解問，對後世產生很大的影響。

此書《隋書·經籍志》作二卷，不著撰者，可知隋以前已流傳。《舊唐書·經籍志》作三卷，甄鸞撰注。《新唐書·藝文志》作三卷，甄鸞注。《宋史·藝文志》作三卷，李淳風注。現存最早爲南宋本，原藏潘祖蔭滂喜齋，今藏上海圖書館。另有明《永樂大典》本、汲古閣本、《武英殿聚珍版叢書》本、《四庫全書》本、微波榭本、《知不足齋叢書》本、《古今算學叢書》本、《天祿琳琅叢書》本等。今據上海圖書館藏南宋寧宗嘉定六年鮑澣之翻刻秘書省刻本影印，明後僅存一部，係孤本。（韓毅）

五曹算經五卷　（唐）李淳風等注釋（第1041冊）

此書約成於北魏初年之後，甄鸞編，李淳風注釋。共五卷，分田曹、兵曹、集曹、倉曹和金曹，共收六十七個問題，解法淺近，且都避免分數。其中"田曹"所收問題是各種田畝面積的計算，"兵曹"是關於軍隊配置、給養運輸等軍事數學問題，"集曹"是貿易交換問題，"倉曹"是糧食稅收和倉窖體積問題，"金曹"是絲織物交易等問題。此書兵曹第九題、金曹第十題解法可體現十進小數概念的新發展，明確了小數記法和小數運算。此書內容切中實際，解題方法淺顯易懂，具有很強實用性，對研究數學問題和魏晉南北朝時期社會經濟制度的關係，具有重要參考價值。其內容可與《晉書·食貨志》、《晉書·職官志》、《魏書·官氏志》等相互印證。

此書唐初編入《算經十書》，宋元豐七年（1084）秘書省所刻《算經十書》中即有此書。南宋寧宗嘉定六年（1213），鮑澣之在福建汀州依秘書省刻本重刻《算經十書》。《舊唐書·經籍志》著錄作五卷，又作三卷。《新唐書·藝文志》載甄鸞《五曹算經》五卷、韓延《五曹算經》五卷和李淳風注《五曹算經》五卷等。南宋刻本未有甄鸞之名，僅言李淳風等奉敕注釋。《四庫全書》收入時亦著錄爲五卷，指出"甄韓二家皆注是書者也，其作者則不知爲誰"。錢寶琮《五曹算經提要》明確指出此書是甄鸞編輯。《四庫全書總目》卷一○七有此書提要。

此書現存最早爲南宋本，原藏李盛鐸木犀軒，今藏北京大學圖書館。另有明《永樂大典》本、汲古閣本、清《武英殿聚珍版叢書》本、《四庫全書》本、微波榭本、《知不足齋叢書》本、《古今算學叢書》本、《天祿琳琅叢書》本等。今據北京大學圖書館藏南宋寧宗嘉定六年鮑澣之翻刻的秘書省刻本影印，明後僅存一部，係孤本。（韓毅）

數術記遺一卷　題（漢）徐岳撰（北周）甄鸞注　算學源流一卷　（第1041冊）

徐岳，漢末魏初東萊郡（今山東萊州）人。通曉數學、天文，曾向劉洪學習《乾象曆》，著《算經要用百法》一卷、《九章算術》二卷、《九

章算經》二十九卷等。生平見《宋書·曆志》和杭世駿《三國志補注》卷六《魏書》。甄鸞生平見前《周髀算經》提要。

此書爲徐岳原撰，成於漢獻帝初平元年（190），但文字較爲簡略，北周時甄鸞加以注釋。唐代官學《算經十書》中未有此書，宋元豐七年（1084）秘書省刊刻《算經十書》時亦未補入。南宋寧宗嘉定五年（1212），鮑澣之從杭州七寶山三茅寧壽觀所藏道書中發現此書，嘉定六年於福建長汀刻書時，因祖沖之、祖暅《綴術》業已失傳，便將《數術記遺》補入，仍成《算經十書》。

此書以劉洪與徐岳之問答爲經，旁徵博引而爲之注，共介紹十四種數學計算方法，分爲積算、太一算、兩儀算、三才算、五行算、八卦算、九宮算、運籌算、了知算、成數算、把頭算、龜算、珠算和計數。書中最早總結中國古代大數記法，謂"黃帝爲法，數有十等。及其用也，乃有三焉。十等者，謂億、兆、京、垓、秭、壤、溝、澗、正、載。三等者，謂上、中、下也。其下數者，十十變之，若言十萬曰億，十億曰兆，十兆曰京也。中數者，萬萬變之，若言萬萬曰億，萬萬億曰兆，萬萬兆曰京也。上數者，數窮則變，若言萬萬曰億，億億曰兆，兆兆曰京也。從億至載，終於大衍。下數淺短，計事則不盡，上數宏廓，世不可用。故其傳業，唯以中數耳"。此書第一次爲珠算定名，且設計出珠算盤樣式，爲後世珠算的研製和使用提供了重要歷史參考。此書提出"九宮"計算方法，謂"九宮算五行，參數猶如循環"，在縱橫圖計算中也具有重要意義。

此書《舊唐書·經籍志》、《新唐書·藝文志》等著錄。《四庫全書總目》卷一○七有此書提要。現存最早爲鮑澣之刻南宋本，原藏李盛鐸木犀軒，今藏北京大學圖書館。另有明胡震亨刻《秘冊匯函》本、毛晉刻《津逮叢書》本、汲古閣本、《武英殿聚珍版叢書》本、

《四庫全書》本、微波榭本、《知不足齋叢書》本、《古今算學叢書》本、《天禄琳琅叢書》本、《槐廬叢書》本和《説郛》本等。今據北京大學圖書館藏南宋寧宗嘉定六年鮑澣之翻刻的秘書省刻本影印，明後僅存一部，係孤本。

後附《算學源流》一卷，不著撰人，以其中録有《崇寧國子監算學令》、《崇寧國子監算學格》等内容，作者當爲北宋末或南宋人。摘録史書、《周禮》簡述算學源流，并録北宋算學人材之考試科目與録取人員名額。此本據北京大學圖書館藏南宋嘉定六年鮑澣之翻刻的秘書省刻本影印，明後僅存一部，係孤本。（韓毅）

夏侯陽算經三卷　題夏侯陽撰（第 1041 册）

夏侯陽，生平不見史書，北宋徽宗年間追封爲平陸男，故或疑其爲平陸（今屬山西）人。

此書作者，南宋陳振孫《直齋書録解題》卷十四《雜藝類》認爲是夏侯陽。清戴震《夏侯陽算經跋》認爲是隋人，後改稱晉人。今人或認爲是唐代宗時人。或認爲此書成於唐德宗興元元年（784）后。

此書爲《算經十書》之一，原書已失傳無考，《新唐書》載甄鸞注，又曰韓延注。北宋元豐七年（1084）秘書省刻漢唐算經時，因一部唐代算書開頭有“夏侯陽曰”，遂作爲《夏侯陽算經》刻入。清四庫館臣從《永樂大典》録出，編入《四庫全書》。全書包括卷首《原序》和正文十二門，叙述乘除法則、分數法則，并解釋“法除”、“步除”、“約除”、“開平方除、開立方除”等法則。卷上六門爲“明乘除法”、“辯度量衡”、“言斛法不同”、“課租庸調”、“論步數不等”、“變米穀”；卷中五門爲“求地税”、“分禄料”、“計給糧”、“定脚價”、“稱輕重”；卷下一門爲“説諸分”。全書共給出八十三個例題，其中一小部分與《孫子算經》、《五曹算經》中題目相同，其餘皆爲切合當時社會實際需要的算題。特别是在一些題

目的乘除演算過程中，改變過去籌算乘除法分上、中、下三層排列的繁複做法，使其變爲可在一個横列裏演算，使籌算乘除簡約易行，爲宋以後簡便算法的發展開創先河。此書不僅簡要實用，且因其例題切合實際，故可作爲考核當時經濟政治制度的史料。

此書《隋書·經籍志》載爲二卷，未著作者。《新唐書·藝文志》著録《夏侯陽算經》一卷，甄鸞注，又載韓延《夏侯陽算經》一卷。《四庫全書總目》卷一〇七有此書提要。現存清代影宋鈔本、《四庫全書》本、微波榭本、《武英殿聚珍版叢書》本、《清芬堂叢書》本等。今據中國國家圖書館藏清代影宋鈔本影印。（韓毅）

緝古算經考注二卷　（唐）王孝通撰并注（清）李潢考注（第 1041 册）

王孝通，約生活於北周武帝至唐太宗貞觀年間，籍貫不詳。隋朝時以曆算入仕，唐初爲曆算博士，參修曆法，唐高祖武德六年（623）與吏部郎中祖孝孫校勘傅仁均《戊寅元曆》。武德九年任通直郎、太史丞。喜好數學，對《九章算術》和祖冲之《綴術》有深入研究，著有《緝古算經》一卷，唐代列入《算經十書》中，爲國子監算學課本，對後世有深遠影響。生平略見於《舊唐書·傅仁均傳》中。

李潢生平見前《九章算術細草圖説》提要。

此書是李潢爲王孝通《緝古算經》所作注解，經劉衡、吳蘭修校訂，道光十二年（1832）由新建程矞采刊刻出版，卷首有武進李兆洛序、吳蘭修序和王孝通《上緝古算經表》。書中對王孝通《緝古算經》涉及的二十個數學問題進行詳細考注。卷上共三術，第一術是用比例知識確定月球對太陽相對位置的天文計算問題，第二術是建築問題，第三術是築堤問題。卷下共十七術，其中第一術至第十一術是土木建築和水利工程中填土、挖土計算，以及存儲糧食建倉庫或挖地窖中所產生的高

次方程問題;第十二至十七術是解勾股有關問題。書中最早提出利用三次方程求解問題,反映當時開鑿運河、修築長城和大規模城市建設等工程施工計算的實際需要。李潢考注在當時產生很大影響,李兆洛序中評價其"於是書立法之根,如鋸解木,如錐劃土,又復補正脱誤,條理秩然,信王氏之功臣矣"。李潢此書與駱騰鳳《藝遊録·重訂緝古算經仰觀臺求乙高術》、陳杰《緝古算經細草》、《緝古算經圖解》、《緝古算經音義》、揭廷鏘《緝古算經圖草》等,皆是清代研究和校勘《緝古算經》的重要著作。

此書《清史稿·藝文志》、張之洞《書目答問》卷三和孫殿起《販書偶記》卷九等均著録。此本據上海師範大學圖書館藏清道光十二年新建程喬采刻本影印。(韓毅)

楊輝算法六卷札記一卷 (宋) 楊輝撰 (清) 宋景昌札記 (第1042冊)

楊輝,字謙光,兩浙路錢塘(今浙江杭州餘杭區)人,生活於南宋中後期。曾任蘇杭一帶地方官,爲政清廉。楊輝精於算學,與秦九韶、李治、朱世傑并稱宋元數學四大家。著述豐富,有《詳解九章算法》十二卷、《日用算法》二卷、《乘除通變本末》三卷、《田畝比類乘除捷法》二卷和《續古摘奇算法》二卷等傳世。生平見阮元、羅士琳《疇人傳》卷四七《楊輝傳》。

宋景昌,字勉之,江蘇江陰人,生活於清乾隆時期。曾任教於江陰暨陽書院。精曆算之學,著《數書九章札記》、《楊輝算法札記》、《開方之分還原術》、《星緯測量》和《藩部世系表》等。生平見季念貽等纂《(光緒)江陰縣志》卷一七。

《楊輝算法》有南宋刻本,明初抄入《永樂大典》。明末毛晉汲古閣影抄宋刻本,然闕《續古摘奇算法》卷上。嘉慶十五年,阮元從《永樂大典》輯出《續古摘奇算法》卷上,嘉慶

十九年由鮑廷博刻入《知不足齋叢書》。道光二十二年,郁松年又據汲古閣本,刻入《宜稼堂叢書》。卷首有清道光二十二年郁松年序、羅士琳《補疇人傳·楊輝傳》、嘉慶十九年李鋭跋、道光二十年宋景昌序、宋恭宗德祐元年楊輝序。全書包括《田畝比類乘除捷法》二卷、《算法通變本末》一卷、《乘除通變算寶》一卷、《法算取用本末》一卷和《續古摘奇算法》一卷,卷末附宋景昌《楊輝算法札記》一卷。

《田畝比類乘除捷法》二卷,成於南宋德祐元年(1275)。卷上三十七問,實際是《詳解九章算法》方田章的延展,主要講述各類平面田畝面積計算問題,如直田、方田、圓田、寰田、圭田、梯田等,分別對應長方形、正方形、圓形、圓環形、三角形、梯形等。卷下二十七問,專述開方及其應用,亦以田畝入手,以二次方程和四次方程解法爲主,并徵引北宋數學家劉益《議古根源》二十二問題。楊輝《田畝比類乘除捷法序》稱此書乃據中山劉先生《議古根源》,"擇可作關鍵題問者重爲詳悉著述,推廣劉君垂訓之意"。

《乘除通變本末》三卷,成於南宋咸淳十年(1274),各卷獨立。卷上爲《算法通變本末》,首先提出"習算綱目",後爲乘除加減用法、相乘六法、商除二法,共給出十七條命題二十一個例題。卷中爲《乘除通變算寶》,論述乘除簡潔算法,包括加法、減法、求一、九歸四種方法,化簡乘除計算過程,并用二十三條命題三十三個例題表明具體應用。卷下爲《法算取用本末》,由楊輝與史仲榮合編,乃中卷的注解和例題,共給出一個命題,總述乘除法原則。書中所述"九歸捷法",介紹籌算乘除的各種簡捷運算。

《續古摘奇算法》一卷,成於南宋德祐元年(1275)。第一部分叙述二十餘個縱橫圖,首河圖,次洛書,其次爲三階至十階縱橫圖十三個,最後有"聚五"、"聚六"、"聚八"、"攢

九"、"八陣"、"連環"等圖六個。每一圖都有變換、構造方法。第二部分是對各類算書中"摘奇"題的研究,其中"率分身"五題,"互換"二題,"變換活法"四題,"合分入互換"二題,"差分"四題,"盈不足"二題,"方圓論"六題,"海島題解"三題。此書不僅廣泛徵引數學典籍和當時算書,如劉益"正負開方術"、賈憲"開方作法本源圖"、"增乘開方法"等,而且極爲重視數學的實際算法和應用。其中著名的"楊輝三角",揭示二項式高次冪展開式各項系數所遵循的基本規律,比歐洲"巴斯加三角"早三百九十四年。

《楊輝算法札記》一卷,宋景昌撰,成於清乾隆年間。此書對楊輝《乘除通變本末》、《田畝比類乘除捷法》、《續古摘奇算法》等著作,進行仔細校核、整理,糾正了此書中的一些闕字、衍字和計算錯誤。

此書宋代史書不載,清趙宗建《舊山樓書目》載《楊輝算法》兩本,張之洞《書目答問》卷三載《楊輝算法六種》七卷,題宋楊輝撰,宋景昌校。此書有朝鮮重刊明洪武戊午年刻本和日本寬文辛丑年關孝和抄寫朝鮮宣德本。今據上海辭書出版社圖書館藏清道光二十二年上海郁松年輯刻《宜稼堂叢書》本影印。(韓毅)

詳解九章算法一卷纂類一卷札記一卷　(宋)
楊輝撰　(清)宋景昌札記　(第1042冊)

楊輝、宋景昌生平見前《楊輝算法》提要。

《詳解九章算法》原書十二卷,現僅存一卷,楊輝撰,成於南宋景定二年(1261)。書前有劉徽原序、南宋紹興十八年(1148)八月丙戌臨安府汴陽學算榮啓序、南宋嘉定六年(1213)六月一日鮑澣之《書》、景定二年正月十七日錢塘楊輝序。此書以魏劉徽注、唐李淳風等注釋、北宋賈憲細草《九章算術》爲底本,對其中八十問進行詳解,在原有基礎上新增三卷,即圖、乘除算法和纂類。現存刊本散

逸嚴重,卷首"圖",卷一"乘除",卷二"方田",卷三"粟米",卷四"衰分",卷六"商功"等已亡佚。卷四衰分下半卷及卷五"少廣"存《永樂大典》殘卷中,其餘存《宜稼堂叢書》中。從殘本體例看,此書對《九章算術》的詳解分爲解題、明法、草、比類、續釋注等。其中解題爲解釋名詞術語、題目含義、文字校勘以及題目評論等內容。明法、草涉及編排體例,楊輝用大字將賈憲的法、草與自己的詳解明確區分開來。比類則選取與《九章算術》中算法相同或類似的問題作對照分析。續釋注是在前人基礎上,對原書八十問進一步作注釋。楊輝在此書中畫有一張表示二項式展開後係數構成的三角圖形,稱做"開方做法本源",即著名的"楊輝三角"。

《詳解九章算法纂類》一卷,楊輝撰,附於《詳解九章算法》之後。該書突破《九章算術》的分類格局,按照解法性質,重新分爲乘除、互換、合率、分率、衰分、壘積、盈不足、方程和勾股九類。

《詳解九章算法札記》一卷,宋景昌撰,成於清乾隆年間。其書以李兆洛抄明趙琦美本之《九章算術》副本爲底本,參考李銳校本、沈欽裴校勘手稿,參以己意,撰寫而成,道光二十二年(1842)附刻於《詳解九章算法》之後,作爲郁松年輯刻《宜稼堂叢書》之一種。書前有道光壬寅年孟夏月上海郁松年題記和宋景昌札記序。此書取孔李二本,校其訛脫,如"頤"和"賾","木"和"本"之誤等,亦涉及《九章算術》中之脫字、誤字、訛字、衍字等。書後附"戴校一術細草并附"和"李校一術細草并附",作爲參校依據。此書整理與校勘《九章算術》,保存戴震校本《細草》和李銳校本《細草》,頗具意義。

清趙宗建《舊山樓書目》未著著者及卷數,張之洞《書目答問》無卷數。現存清道光二十二年上海郁松年輯刻《宜稼堂叢書七種》本、民國十二年上海商務印書館影印《宜稼

堂叢書》本等。今據上海辭書出版社圖書館藏《宜稼堂叢書七種》本影印，牌記題"道光壬寅臘月開雕"，鈐"修養堂主人藏書之印"。（韓毅）

丁巨算法一卷　（元）丁巨撰（第1042冊）

丁巨，生活於元代末年，著《丁巨算法》八卷。生平見黃鍾駿《疇人傳四編》卷六《丁巨傳》。

此書原爲八卷，成於元惠宗至正十五年（1355）。明《永樂大典》收錄時已殘缺不全，僅存九十餘題。乾隆年間，長塘鮑廷博輯刻《知不足齋叢書》收入其中六十二題。《永樂大典》卷一六三四三和卷一六三四四保存二十八題。

此書是以四則運算爲主的應用數學著作，共有若干個數學問題，包括度量衡、田畝、斤秤、加減乘除、歸除、異乘同除、垛積、就物抽糞、盈不足、方程、少廣、倉窖及各種粟布等問題，涉及方求圓、圓求方、平面求周、外圓求積、立圓求徑、立方求圓、見斜求方、見方求斜等算法。此書不按九章順序編排，而是按問題分類編寫，把度量衡、田畝、斤秤、大小數等內容和加減乘除等算法列在首位，發展了唐中葉以來的籌算乘除捷算法，提出"撞歸方法"并給出"撞歸口訣"，標誌着籌算歌訣的完備。書中許多算題，多與商業計算有關，且以歌謠、口訣形式出現，通俗易懂。

此書張之洞《書目答問》著錄，有明《永樂大典》殘卷本等。今據復旦大學圖書館藏乾隆間長塘鮑廷博輯刻《知不足齋叢書》本影印。（韓毅）

詳明算法二卷　（元）安止齋撰（第1042冊）

安止齋，元末明初人，著《詳明算法》二卷。生平見黃鍾駿《疇人傳四編》卷六《安止齋傳》。

此書作者尚有爭論。明《永樂大典》摘編《詳明算法》算題，未提作者。周述學《神道大編曆宗算會》卷一五載何平子編《詳明算法》一部，程大位《算法統宗》載元儒安止齋何平子作。安止齋、何平子是否一人，未有定論。

此書於明洪武六年（1373）由廬陵李氏明經堂刊刻，書前有安止齋序，書後有廬陵李氏明經堂刊題識。全書分爲兩卷，卷上爲九章名數、小大名數、九九合數、斗斛丈尺、斤秤田畝、口訣、乘除見總、因法、加法、乘法、歸法、減法、歸除、求一、商除和約分等，并強調"熟此卷則下卷自通"。卷下爲異乘同除、就物抽分、差分、和合差分、端匹、斤秤、堆垛、盤量倉窖、丈量田畝、田畝紐糧、修築等，指出"須熟上卷方通此卷"。此書與元末賈亨《算法全能集》關係密切，一百一十四題中除"田畝紐糧"外，餘一百一十二題皆相同或相近。此書是習算入門之書，大部分爲唐中葉以後流行方法，凡不切於初學者概不採用。書中保存的預備知識、具體問題和大量歌訣口訣等，便於初學者學習掌握，明清時期有一定影響。

明代呂毖《明宮史》卷五《内板書數》、孫承澤《春明夢餘録》卷一二《文淵閣》和劉若愚《酌中志》卷一八、楊士奇《文淵閣書目》卷一四、晁瑮《晁氏寶文堂書目》卷下和《菉竹堂書目》卷五等著録此書，不言作者和卷數。此本據中國科學院自然科學史研究所圖書館藏明洪武六年廬陵李氏刻明經堂本手鈔本影印。另有韓國和日本藏刊本或鈔本。（韓毅）

益古演段三卷　（元）李冶撰（第1042冊）

李冶（1192—1279），字仁卿，號敬齋，河北西路真定府欒城（今屬河北）人。金哀宗正大七年（1230）中詞賦科舉人。任金朝南京路鈞州知事，元朝翰林院學士知制誥同修國史等職，晚年主持封龍山書院，與元好問、張德輝稱"龍山三老"。精於數學和歷史，著《測圓海鏡》十二卷、《敬齋文集》四十卷、《壁書蕖削》十二卷等。生平見《元史》。

此書成於蒙古憲宗九年（1259），初版於元世祖至元十九年（1282），鄖城硯堅作序，李師珪刊行。明永樂六年抄入《永樂大典》，清乾隆年間依《永樂大典》本抄入《四庫全書》。嘉慶三年（1798），收入長塘鮑廷博輯刻《知不足齋叢書》。卷首有至元壬午（1282）仲秋二十六日鄖城硯堅序、大元己未（1259）夏六月二十四日欒城李冶自序，卷末有嘉慶二年冬十一月二十二日元和李鋭跋，并有“元和李鋭算校、錢塘厲鶚覆校、桐鄉馬以艮再校”題識。

此書所謂“益古”，指宋代數學家蔣周所作算書《益古集》，“演段”指《益古集》中條段法。《益古演段》三卷共六十四問，先用天元術建立方程，再用條段法旁證。每一題格式固定，以“今有”問之，以“答曰”答之，以“法曰”、“條段圖”、“依條段求之”、“義曰”和“舊術曰”解之，基本都是求圓面積、半徑、正方形邊長和周長等。其中卷上第一問至二十二問，是求正方形和圓形的問題。卷中第二十三問至四十二問，是解長方形和圓形的問題。卷下第四十三問至六十四問，是關於複雜圖形的解法。此書在明清時期產生較大影響，《四庫全書總目》稱“此書即設爲問答，爲初學明是法之意也。所列諸法，文皆淺顯”。李鋭跋中亦稱“是書之可寶，願當代名算君子毋忽視焉”。此書在數學史上具有重要地位，不僅保存了數學家蔣周《益古集》中條段法的主要內容，而且在數學理論上也有創新，如創設化多元問題爲一元問題以及設輔助未知數的方法。

此書《新元史》卷一七一《藝文志》、張之洞《書目答問》卷三和黃之驥《宏遠謨齋家塾程課條録》等均著録。《四庫全書總目》卷一〇七有此書提要。現存清嘉慶三年長塘鮑廷博輯刻《知不足齋叢書》本、同治十三年丁取忠輯《白芙堂算學叢書》本、光緒八年《知不足齋叢書》本、光緒二十四年劉鐸《古今算學叢書》本等。今據清嘉慶三年長塘鮑廷博輯刻《知不足齋叢書》本影印。（韓毅）

測圓海鏡細草十二卷　（元）李冶撰（第1042冊）

李冶生平見前《益古演段》提要。

此書成於蒙古定宗三年（1248），初版於元世祖至元十九年（1282），再版於至元二十五年（1288）。清四庫館臣以李潢家藏本抄入《四庫全書》。乾隆六十年（1795），阮元從杭州文瀾閣《四庫全書》抄録一部，付李鋭校勘，嘉慶二年（1797）校畢。嘉慶三年，收入長塘鮑廷博輯刻《知不足齋叢書》。卷首有嘉慶三年正月乙酉內閣學士兼禮部侍郎文淵閣直閣事儀徵阮元序、戊申（1282）秋九月晦日欒城李冶序、卷末爲至元十四年王德淵後序、嘉慶二年三月十九日元和李鋭跋。

此書利用“天元術”相關解法，系統解決勾股容圓問題，在各種條件下求直角三角形內切圓、旁切圓的直徑和勾、股、弦及其和、差關係。卷一爲“圓城圖式”、“總率名號”、“今問正數”、“識別雜記”，以直角三角形及其內切圓爲基礎，通過若干相互平行或垂直直線，構成十六個勾股形。卷二爲“正率一十四問”，卷三爲“邊股一十七問”，卷四爲“底勾一十七問”，卷五爲“大股一十八問”，卷六爲“大勾一十八問”，卷七爲“明惠前一十八問”，卷八爲“明惠後一十六問”，卷九上爲“大斜四問”，卷九下爲“大和八問”，卷一〇爲“三事和八問”，卷一一爲“雜糅十八問”，卷一二爲“之分十四問”，皆已知某些勾股形的邊長而求圓徑的問題。每題由“問”、“法”、“草”三部分組成，“問”由一百七十個問題組成，“法”是説明求解該題的方程係數，“草”是演題的具體過程。

此書最主要貢獻在天元術、高次方程數值解法、小數記法等方面。《四庫全書總目》稱

"此書言之獨詳,其關乎數學者甚大,然自元以來疇人皆株守立成,習而不察,至明遂無知其法者",所演秦九韶立天元一法爲唐順之、顧應祥等所不解,則精妙可知矣。阮元序中稱"中土數學之寶書也"。清羅士琳《疇人傳續編》稱"超越秦、李兩家之上"。此書被認爲是中國現存第一部天元術著作,不僅標志着方程理論有獨立於幾何的傾向,而且也標志着方程符號的發明與創造,從而改變以往用文字描述方程的傳統。此書受明清學者高度關注,研究、校勘此書者有李善蘭《測圓海鏡解》、張楚鍾《測圓海鏡識別詳解》、劉岳雲《測圓海鏡通釋》和葉耀元《測圓海鏡解》等。

此書明楊士奇《文淵閣書目》卷三載李冶《測圓海鏡》一部五册。《新元史》卷一七一、張之洞《書目答問》卷三、《續文獻通考》卷一八二、《千頃堂書目》卷三等均著録。《四庫全書總目》卷一〇七有此書提要。現存清嘉慶三年長塘鮑廷博輯刻《知不足齋叢書》本、《四庫全書》本、同治十三年丁取忠輯《白芙堂算學叢書》本、光緒二年上海同文館本等。今據清嘉慶三年長塘鮑廷博輯刻《知不足齋叢書》本影印。（韓毅）

新編四元玉鑑三卷 　（元）朱世傑撰（第1042册）

朱世傑（1249—1314）,字漢卿,號松庭,中書省大都路燕山（今北京）人。通曉數學,畢生從事數學教育,著有《算學啓蒙》三卷和《四元玉鑑》三卷。生平見《新元史》和阮元、羅士琳《疇人傳》卷四七《朱世傑傳》。

此書開卷有大德癸卯上元日臨川前進士莫若序。分三卷,二十四門,共收録二百八十八個問題,介紹四元術、垛積術、招差術等計算方法。卷首爲今古開方會要之圖、古法七乘方圖、四元自乘演段之圖、五和自乘演段之圖、五較自乘演段之圖,列出賈憲三角等四種

五幅圖,給出天元術、二元術、三元術、四元術解法範例。卷上七門,計七十五問;卷中十門,計一百零三問;卷下八門,計一百一十問。三卷分別介紹二元、三元、四元高次方程組的列法及解法,其中關於四元方程組問題有七個,三元的有十三個,二元的有三十六個。書中給出多元高次方程組消元方法,以及用正負開方術求數值解方法。此書最大貢獻是創造四元消法,解決多元高次方程組問題,另一個重大成就是系統解決高階等差級數求和問題和高次招差法問題。此外,此書還吸納部分日用算法、商用算法和通俗歌訣,反映數學與社會現實的密切關係。此書在中國數學史上佔有突出地位,清羅士琳稱"漢卿在宋元間,與秦道古、李仁卿可稱鼎足而三。道古正負開方,漢卿天元如積皆足上下千古,漢卿又兼包衆有,充類儘量,神而明之,尤超越乎秦、李之上"。清王鑒説"朱松庭先生兼秦、李之所長,成一家之著作"。

此書成於元大德七年（1303）,有大德七年揚州版《四元玉鑑》本,即《宛委別藏》所收底本。阮元《揅經室外集》卷四、楊保彝《海源閣書目》和《新元史》卷一七一等均作三卷,唯清黃虞稷《千頃堂書目》卷三載爲二卷。今國家圖書館藏兩種鈔本,均抄自大德七年刊本,一本題《四元玉鑑細草》,道光癸未駱大鏞、白焜、白桂貞手抄;另一本題《四元細草》,即李儼藏《四元細草》轉鈔本。另有《宛委別藏》本、阮元抄《四元玉鑑》副本、羅士琳《四元玉鑑細草》本、丁取忠輯《白芙堂算學叢書》、《榆次董氏柳門東齋算學叢書》本等。今據國家圖書館藏《四元玉鑑細草》清鈔本影印。（韓毅）

四元玉鑑細草不分卷 　（清）羅士琳撰（第1043册）

羅士琳（1789—1853）,字次璆,號茗香,歙縣（今屬安徽）人,長期寄居揚州,自稱甘泉

人。嘉慶年間依"循例貢"入太學。精於數學和校勘學,著述頗豐。撰有《此例匯通》四卷、《勾股容三事拾遺》三卷、《附例》一卷、《演元九式》一卷等,主要數學著作收入《觀我生室彙稿》十二種之中。生平見《清史稿》和諸可寶《疇人傳三編》卷四《羅士琳傳》。

此書係羅士琳對朱世傑《四元玉鑑》的解釋和發展,凡原書於率不通及步算傳寫之譌,悉爲標出,補漏正誤,反覆設例,申明疑義,推演訂證。原書三卷二十四門,羅氏廣爲二十四卷,門各補草。經羅士琳整理、闡發,《四元玉鑑》中四元術、垛積術、招差術等有了詳細的設問與解法,頗便習讀者理解。

此書《清史稿・藝文志》、張之洞《書目答問》卷三、孫殿起《販書偶記》卷九和劉聲木《萇楚齋隨筆》卷十等均著錄爲二十四卷,羅士琳撰。現存羅士琳《四元玉鑑細草》初刊本、改刊本、羅士琳《觀我生室彙稿》本、清駱大熔等鈔本、易之瀚刻印本、《測海山房中西算學叢刻初編》本等。今據中國國家圖書館藏清駱大熔、白焜道光元年鈔本影印。（韓毅）

新編算學啓蒙三卷總括一卷　（元）朱世傑撰　（清）羅士琳附釋　（第 1043 冊）

朱世傑生平見前《新編四元玉鑑》提要。羅士琳生平見前《四元玉鑑細草》提要。

此書於元大德三年（1299）初刊於揚州,書前有大德己亥七月趙城序。清道光十四年（1834）羅士琳得朝鮮全州府尹金始振朝鮮顯宗二年（1660）刻《算學啓蒙》本,經校正後於道光十九年刊刻於揚州,大學士太子少保阮元作序,羅士琳撰《附釋》一卷,後收入羅士琳《觀我生室彙稿》。

此書共三卷,分二十門,收入二百五十九個數學問題。全書首爲《新編算學啓蒙總括》,是十八條常用數學歌訣和各種常用數學常數,釋九數法、九歸除法、斤下留法、明縱橫

訣、大數之類、小數之類、求諸率類、斛斗起率、斤秤起率、端匹起率、田畝起率、古法圓率、劉徽新術、冲之密率、明異名訣、明正負數、明乘除段、明開方法等。《總括》後附《算學啓蒙識誤》及道光己亥羅士琳後記,闡明校正此書原則和凡例。卷上八門一百一十三問,包括各種乘除捷算法和歌訣應用題,以及各種比例算法,許多問題可反映元代社會經濟情況。卷中七門七十一問,是面積、體積及各種算術問題。卷下五門七十五問,是關於分數運算、垛積、盈不足術、線性方程組解法、天元術及增乘開方法等問題。此書由淺入深,循序漸進,從一位數乘法開始,涵蓋各類乘除法歌訣、各類面積和體積以及算術問題,還有分數運算、垛積法、盈不足術,一直講到天元術,幾乎包含當時數學學科各方面內容。羅士琳評此書"似淺實深",柯劭忞《新元史》稱"較《四元玉鑑》爲便於初學"。

此書《清史稿》卷一四七、《新元史》卷一七一和張之洞《書目答問》卷三等均著錄。清王呈祥輯《尊經閣藏書目》載《算學啓蒙》六冊,不言卷數和作者。現存清道光十九年羅士琳據朝鮮顯宗二年刊本重刻本、光緒八年吳氏醉六堂刻本、光緒二十一年上海著易堂石印本等。又有朝鮮李朝世宗十五年慶州府刻本、顯宗二年金州府尹金始振翻刻本、日本萬治元年土師道雲翻刻本、寬文十二年星野實宣《新編算學啓蒙注解》本、元祿三年建部賢弘《算學啓蒙諺解大成》本等。今據北京大學圖書館藏清道光十九年羅士琳據朝鮮顯宗二年刊本重刻本影印。（韓毅）

算法二卷　（第 1043 冊）

此書二卷,不著撰人。晁公武《郡齋讀書志》卷一五載唐人（原題宋人）龍受益撰有《算法》五卷,然據《永樂大典》卷一六三四三至卷一六三四四記載,此書大量引用《丁巨算法》、《詳明算法》和《賈通全能集》等著作,

應爲元末明初作品。

此書卷分上下,屬資料彙編,大體爲前代數學的具體推演方法,包括《詳明算法》、《九章算經》、《夏侯陽算經》、《孫子算經》、《五曹算經》、《楊輝摘奇算法》、《楊輝詳解算法》、《楊輝纂類算法》、《丁巨算法》、《通原算法》、《數書九章》、《張子算經》、《五經算術》、《透廉細草》、《賈通全能集》等關於錢、糧、布匹、蜜蠟、田畝等的具體案例和演算方法,每一問題大多由"問"、"答"和"術"或"法"組成。同時,書中還保留大量籌算口訣。此書採摘文獻廣泛,保存大量前代數學資料,頗具研究價值。

此本據《永樂大典》本影印。（韓毅）

算法全能集二卷　（明）賈亨撰（第 1043 冊）

賈亨,字季通,湖南長沙人,生活於元末明初。著《算法全能集》二卷。生平見阮元《疇人傳》卷二八《賈亨傳》。

此書初刊於元成宗大德三年（1299）,明初重刻,無序文和跋。此書屬實用性算術著作,分爲上下兩卷,一百二十七題。卷上爲總説五項,包括錢、糧、端匹、斤秤、田畝,是關於度量衡單位和大小數名稱的説明,内容較爲簡略。卷下爲常用法二十項,包括因法、加法、乘法、減法、歸法、歸除、求一、商除、異乘同除、就物抽分、差分、和合差分、端匹、斤秤、堆垛、盤量倉窖、丈量田畝、修築、約分和開平方。此書所載内容大多爲前代數學著作所有,但極爲重視歌訣和算法,便於誦讀默記,爲珠算發明創造了條件。

清曹元忠《箋經室所見宋元書題跋·元刊算法全能集跋》記載其在文華殿見内閣大庫藏有元大德三年刊本,現已不存。《永樂大典》卷一六三四三作賈通《全能集》,當爲《算法全能集》之簡稱。明楊士奇《文淵閣書目》卷一四、葉盛《菉竹堂書目》卷五不言作者和卷數。清錢曾、瞿鳳起《虞山錢遵

王藏書目録彙編》卷一載爲六卷,亦不著作者。現存明初刻本、《永樂大典》本、戴震輯校本、《玄覽堂叢書三集》本和《中珠叢書》本等。今據南京圖書館藏明初刻本影印。（韓毅）

九章詳注比類算法大全十卷乘除開方起例一卷　（明）吴敬撰（第 1043 冊）

吴敬,字信民,號主一翁,仁和（今屬杭州）人。曾任浙江布政使司幕僚。留心算術,推崇《九章算術》,著有《九章詳注比類算法大全》十卷和《乘除開方起例》一卷。生平見清黄鍾駿《疇人傳四編》卷六《吴信民傳》。

《九章詳注比類算法大全》初刊於明景泰元年（1450）,弘治元年（1488）王均重刻景泰元年吴訥補修本。卷首有景泰元年秋七月壬子杭州府仁和縣儒學教諭聶大年序、吴敬自序和南京刑部郎中項麒序,以及吴興張寧像贊、山東布政使司右參政孫暲《吴先生肖像贊》,每卷題"錢唐南湖後學吴敬信民編集"。此書卷首爲乘除開方起例目録,共一百九十四問,包括商除、求一乘法、求一除法、約分等,主要叙述算法的基本理論,列舉了大數記法、小數記法、度量衡制單位、整數四則運算、分數四則運算、定位、開方、差分等項,并用詩歌形式一一加以解釋。正文卷一爲方田二百〇一問,詳述約分、合分等分數運算和各種複雜田畝面積的計算。除《算經十書》中田畝面積類型外,此書還增加梭田、箭翎田、二不等田、八不等田、錢田、船田、火塘田、圭田、勾股田、半梭田、腕田、丘田、盆田、笷田、碗田和凹田等面積的計算。卷二爲粟米二百一十二問,卷三爲衰分一百六十七問,卷四爲少廣一百〇五問,卷五爲商功一百三十五問,卷六爲均輸一百一十九問,卷七爲盈不足六十四問,卷八爲方程四十三問,卷九爲勾股一百〇一問。全書多引楊輝《詳解九章算術》、劉徽《海島算經》和朱世傑《四元玉鑑》中内容,以

生活實踐中應用問題爲多。卷一〇爲各色開方九十四問，專述開平方、開立方，以及開高次冪、開帶縱平方與開帶縱立方的各類解法。

此書包含很多與社會經濟有關的應用問題，如麥、絲、鈔、緞、銀、紵絲、絹、芝麻、麻、錢等商品的計算實例。對算盤的記載尤多，如《乘除易會算訣》等價值甚高。此書實用性較強，清代數學家梅文鼎認爲優於《算法統宗》，且對程大位《算法統宗》以及明中葉以後的珠算產生重大影響。

此書明周弘祖《古今書刻》不署作者和卷數。清黃虞稷《千頃堂書目》卷三著錄爲九卷。清錢曾、瞿鳳起《虞山錢遵王藏書目錄彙編》卷一載吳信民《九章算法大全》十卷。此本據上海圖書館藏明景泰元年王均重刻弘治元年吳訥補修本影印。（韓毅）

神道大編曆宗算會十五卷　（明）周述學撰（第1043冊）

周述學生平見前《神道大編象宗華天五星》提要。

此書成於明嘉靖三十七年（1558）。全書由基礎知識與基本概念組成，包括分數、勾股、開方、圓與截積、弧矢、分法、積法八大類。卷一"入算"，介紹記數法、詞義、基本算法、度量衡單位和定位法，并介紹圖書算法、寫算法和連環算法等內容。卷二"子母分法"，介紹分數及其運算方法，包括命分、益分、約分、合分、課分、平分、乘分、除分等內容。卷三"勾股"，介紹勾股形、勾股五和五較和較互求、勾股容方容圓、勾股測望等內容。卷四"開方"，介紹開平方和各種帶縱平方。卷五"立方"，介紹開立方、開三乘方、四乘方、五乘方及開帶縱三、四次方。卷六"平圓、立圓、截方"，介紹與圓及球體相關計算、各種面積和體積的截積問題。卷七至卷八"弧矢經補"，在顧應祥和唐順之弧矢研究基礎上進一步討論弧矢形之弧、矢、弦、弧背、面積間

關係及兩圓相割所成弧矢形的計算問題。卷九至卷一一"分法"，包括互分、總分、各分，介紹如何將混雜在一起的事物區分開來。卷一二至一四"積法"，包括平積、立積、隙積和鎔積四部分。卷一五"歌訣"，包括九九乘法表和關於因法、九歸、歸法等各類歌訣三十七首。

此書極重視算理分析，其對數學的整體分類包括當時幾乎所有數學內容，同時吸收新研究成果，把顧應祥和唐順之對弧矢的研究單列成一類，改變以前數學著作將狐矢列於方田問題下的做法，是中國數學史上繼楊輝之後新的分類嘗試。

此書有嘉靖刊本和明鈔本傳世。今據南京圖書館藏明鈔本影印。（韓毅）

勾股算術二卷　（明）顧應祥撰（第1044冊）

顧應祥（1483—1565），字惟賢，號箬溪，又稱箬溪道人，祖籍吳縣長洲（今屬江蘇蘇州），定居長興縣鴻橋顧家潭村（今屬浙江湖州）。明弘治十八年（1505）中進士。任江西饒州推官、錦衣衛、廣東按察僉事兼嶺東道、江西副使分巡南昌道、都察院右副都御史、南京刑部尚書等職。一生勤奮好學，少年時曾隨王陽明、湛若水二先生遊學，精於九章勾股之學。著有《測圓海境分類釋術》十卷、《弧矢算術》一卷、《測圓算術》四卷等。生平見黃宗羲《明儒學案》卷一四《尚書顧箬溪先生應祥》和阮元《疇人傳》卷三〇《顧應祥傳》。

此書上下二卷，成於嘉靖十二年（1533），初刊於嘉靖三十二年。卷首有顧應祥序，序末署"時嘉靖癸巳夏四月朔吳興箬溪道人顧應祥書於滇南巡撫行臺"。再刊於嘉靖三十六年，新增鄭濁跋。

此書是關於勾股形解法及用勾股形測量的數學專著。書前有"勾股論說"和"勾股名義"，其中"勾股論說"給出勾股三邊及其五

和五較之間的關係式,爲正文總綱;"勾股名義"包括勾股形三邊名稱及勾股弦三邊"五和五較"名目。正文分上下卷,共三十八節,系統介紹勾股弦三邊與三邊和、三邊差之間各種關係及相互求法,并給出四十個相關公式,發展了"勾股步率",即將速率與勾股形相結合的問題。此書所述内容大多爲前代所有,但是我國數學史上第一部研究勾股的專門著作。

此書明董斯張《吳興備志》卷二二著録爲一卷,有嘉靖三十六年刻本等。今據浙江省圖書館藏明嘉靖三十二年刻本影印。（韓毅）

新編直指算法統宗十七卷首一卷 （明）程大位撰（第 1044 冊）

程大位（1533—1606）,字汝思,號賓渠,徽州府休寧率口（今屬安徽）人。萬曆年間參與全國土地丈量工作,親自製作測量工具"丈量步車"。長期經商,讀書廣博,酷嗜數學,著《算法統宗》十七卷和《算法纂要》四卷。生平見阮元《疇人傳》卷三一《程大位傳》。

此書十七卷,成於明萬曆二十年（1592）,卷首載程大位畫像和像贊,書前有程涓序、程時用《刻直指算法統宗序》、吳繼綬《算法統宗序》,書後有程大位《書直指算法統宗後》。萬曆二十六年,程大位又將此書删繁就簡,編爲《算法纂要》四卷。《四庫全書總目》卷一〇七有此書提要。

此書系統、完備地介紹珠算術,確立算盤用法,完善珠算口訣,搜集了古代流傳的五百九十五道數學難題和解決方法。全書包括總說、河圖、洛書、伏羲則圖作易、洛書釋數、九宮八卦圖、洛書易換數和黃鍾萬事根本圖。卷一、卷二介紹數學名詞、大數、小數、度量衡單位及珠算盤式圖、各種算法口訣等,并舉例說明具體用法。卷三至卷一二按"九章算

術"次序列舉各種應用題及解法,但"粟米"改爲"粟布","盈不足"改稱"盈朒"。卷一三至卷一六爲"難題"解法彙編,仍依"九章算術"分類,用詩詞形式表達算題。卷一七爲"雜法",介紹民間算法"金蟬脱殼"及珠算式的筆算"一筆錦"、"鋪地錦"、"一掌金"及各種幻方等,并列有一十四個縱橫圖。卷末附録《算經源流》一篇,著録北宋元豐七年（1084）以來數學書目五十一種,這些著作目前尚存一十五種,餘均失傳。

此書是一部全面講述珠算的著作,廣泛吸收了當時流傳的各種數學著作,採納楊輝《詳解九章算術》、劉仕隆《九章通明算法》和吳敬《九章算法比類大全》等成果,内容極爲豐富,堪稱中國十六至十七世紀數學領域集大成之著。書中首次完整介紹珠算"定位總歌",許多算題以歌訣形式出現,影響極其深遠。此外,此書所載縱橫圖和程大位發明的"丈量步車",也是重要數學成果。明清之際,此書傳入朝鮮、日本、東南亞和歐洲,極大促進了中國數學知識的東傳和西傳。

此書現存清康熙丙申五十五年海陽率濱維新堂刻本、清貴文堂刻本、文盛堂刻本、道光二十六年文萃堂刻本、同治三年文成堂刻本等。今據清康熙丙申五十五年海陽率濱維新堂刻本影印,題《新編直指演算法統宗》,書前有程世綏《重刻直指算法統宗序》,書後有程大位曾孫程光紳跋。（韓毅）

嘉量算經三卷問答一卷 （明）朱載堉撰（第 1044 冊）

朱載堉生平見前《古周髀算經》提要。

此書是一部關於樂律及其計算的著作,完成於明萬曆二十八年（1600）,書前有朱載堉序,書後附《嘉量算經答問》一卷。卷首爲"三圖說",即"仰覆二釜圖説"、"方圓二率圖説"和"黍尺三種圖説"。卷上爲"明律之理"

二十款,解讀古代關於嘉量的記録文字,給出相關計算。卷中爲"明律之數"十四款,討論樂律計算。卷下爲"明律之音"六十款,是關於旋宮的説明。此書致力於用數學方法解决樂律問題,認爲聲生於器,而以度定量,以量定權,必參相得而後黄鍾之律可求。又謂數學之妙,出於天地自然,非由人力所能杜撰。《答問》一卷,二十七款,主要介紹與嘉量相關的計算公式,以及各律三種不同尺度律度,末叙實驗。此書大部分内容與作者另一部著作《算學新説》相同,阮元評"其設術皆得諸心解,固非空言無徵者所能及"。

此書《明史·藝文志》、黄虞稷《千頃堂書目》卷三、阮元《研經室外集》卷一和查慎行《人海記》等均著録。阮元《揅經室集》有此書提要。有阮元輯《宛委别藏》本等。今據北京師範大學圖書館藏明萬曆刻本影印。(韓毅)

度測三卷開平方説一卷開立方説一卷度算解一卷 (明) 陳藎謨撰 (第 1044 册)

陳藎謨,字獻可,號礦庵,晚號真徵子,嘉興(今屬浙江)人,生活於明末清初。師從黄道周,通周髀之學和西洋數學。著有《度測》三卷、《尺算用法》一卷、《母音統韻》二十八卷、《五車韻府》十卷等。生平見阮元《疇人傳》卷三三《陳藎謨傳》。

《度測》三卷,成於明崇禎十三年(1640)。卷首有陳藎謨自序、劉師明《度測頌》。其書將當時傳入之西法反復引伸,以附會《周髀》古義。卷上爲詮經、詮理、詮器、詮法、詮算和詮原,其體例編排不同於以往算書,而和《崇禎曆書》體例類似。卷中爲平矩以正繩、偃矩以望高、覆矩以測深和絃矩以見廣。卷下爲卧矩以知遠、環矩以爲圓、合矩以爲方。

《度測》後附《開平方説》、《開立方説》和《度算解》三書。其中《開平方説》一卷,專論開平方之法。《開立方説》一卷,論開立方之法。《度算解》一卷,論西人比例規之用。

此書將《周髀算經》與西方測量術進行綜合、會通。書中依《崇禎曆書》體例,以徐玄扈《測量法義》和《勾股義》爲基礎,解説測量原理及方法,并結合陳藎謨個人測算實例,重新詮釋《周髀算經》及進行"勾股測望",將西方傳入的矩度等測量儀器和納皮爾算籌巧妙融入中國傳統數學之中。

此本據中國科學院自然科學史研究所圖書館藏清鈔本影印。(韓毅)

算海説詳九卷 (清) 李長茂撰 (第 1044 册)

李長茂,字明南,章丘(今屬山東)人。與梅文鼎同時。著有《算海説詳》九卷,生平見阮元《疇人傳》卷三六《李長茂傳》。

此書刊刻於清順治十八年(1661),書前有順治十八年蕭維樞序,順治十六年李長茂自序。此書卷一爲彙法章,卷二爲軌區章,卷三爲勾股章,卷四五爲開方章,卷六卷七爲功程章,卷八爲衰分章,卷九爲匿覆章。正文前有三附録,附一爲《算書源流本末》,列舉元豐七年至萬曆壬辰刻印的數學典籍,附二爲《算法九章名義》,叙述九章之結構,附三爲《算法用字凡例》,給出數學術語和概念。此書爲實用性算學著作,保存了大量宋以來的史學資料,梅文鼎《勿庵歷算書記》謂"近代作者如李長茂《算海説詳》,亦有發明"。

此書《四庫全書總目》卷一〇七、《皇朝文獻通考·經籍考》提及,不言卷數。此本據山東省圖書館藏清順治十八年蕭維樞刻本影印。(韓毅)

割圓密率捷法四卷 (清) 明安圖撰 (清) 陳際新等續 (第 1045 册)

明安圖(1692—1763),字静庵,蒙古正白旗常舒保佐領(今内蒙古錫林格勒盟)人。

乾隆十六年（1751）中進士。任欽天監五官正、欽天監監正等職。在天文、曆算、數學和地圖測繪等方面有突出成就，曾隨法國人杜德美學習牛頓三個無窮級數展開式。参與編撰《律曆淵源》、《曆象考成後編》，著《割圓密率捷法》四卷。生平見阮元《疇人傳》卷四八《明安圖傳》。

陳際新，字舜五，直隸宛平（今北京）人，祖籍福建，生活於清乾隆時。任欽天監靈臺郎、欽天監監正等職。與戴震等編修、校勘《四庫全書》中天文曆算部分，補續明安圖《割圓密率捷法》，著有《氣候備考》一卷，與弟陳道新合撰《陳氏六書》十三卷。生平見《清史稿・疇人傳》和阮元《疇人傳》卷四八《陳際新傳》。

明安圖初稿完成於清乾隆二十八年，惜書未成而卒。乾隆三十九年，明安圖子明新、學生陳際新、張肱等將其整理成書，共四卷，書前有陳際新序。此書成書後并未刊刻，可能爲數學家張敦仁收藏，并有鈔本傳世。道光十九年（1839），羅士琳從其師戴敦元家將原本影抄，請石樵岑建功校正刊行，書前有道光二十年阮元序及道光己亥孟秋岑建功題識，書後有道光己亥秋羅士琳跋。

此書卷一爲“步法”，爲無窮級數公式。卷二爲“用法”，是各公式在數學和天文學上的應用。卷三爲“法解上”，卷四爲“法解下”，皆利用三角函數互求圓周率問題。此書從中國傳統弧背求正弦方法入手，以獨特的幾何連比例式對“杜氏三法”進行創造性論證，提出“割圓連比例法”等概念和公式，論證三角函數冪級數展開式和圓周率無窮級數表示式等九個公式，即求圓徑密率捷法、求正弦捷法、弧背求正矢法、弧背求通弦法、正弦求弧背法、正矢求弧背法、弧背求矢法、矢求弧背法和通弦求弧背法。前三式爲杜德美傳入之西法，後六術爲明安圖獨創。這九個公式全部爲三角函數無窮級數展開式，且皆有證明，

在當時較爲先進。此書最大成就在於創立“割圓連比例法”和“級數回求法”兩種重要的數學方法，并創造無窮級數的記法，正確地做出無窮級數的加、減、數乘、項乘、自乘以及兩級數相乘等運算。此書在清末以後產生較大影響，受羅士琳、董祐誠、項名達、戴煦、徐有壬、李善蘭、李儔等學者讚譽，如羅士琳評其爲“明氏新法”，李儔稱“堪與笛卡兒創解析幾何媲美”。

此書《清史稿・疇人傳》、張之洞《書目答問》卷三、孫殿起《販書偶記續編》卷九和震鈞《天咫偶聞》卷五等均著錄爲五卷，明安圖撰，宛平陳際新續撰。現存道光十九年岑建功刻本、道光年間阮氏刻羅士琳輯《觀我生室彙稿》本和光緒二十四年《古今算學叢書》本等，另有北京圖書館古籍部藏手鈔本殘卷。今據浙江省圖書館藏道光十九年岑建功刻本影印。（韓毅）

勾股割圜記三卷　（清）戴震撰　吳思孝注（第 1045 册）

戴震生平見前《原善》提要。

吳思孝，生平不可考，據清李斗《揚州畫舫錄》卷五記載，戴震以《勾股割圜記》中所立新名，懼讀者不解，乃假托吳思孝名注之。

此書於乾隆二十年（1755）成書，乾隆二十三年吳思孝作注，乾隆二十六年收入秦惠田撰《五禮通考》卷一九七《觀象受時》附錄，後以江蘇巡撫採進本抄入《四庫全書》。乾隆三十八年孔繼涵刻《微波榭叢書》本《算經十書》，將戴震《策算》和《勾股割圜記》作爲附錄收入。

此書三卷，計六十四圖、四十九術。卷上論述三角八線和平面三角形解法，卷中論述球面直三角形解法，卷下論述球面斜三角形解法。書中詳細介紹平面三角形和球面三角形的勾股原理，發展了自《周髀》以來的勾股弦求法，試圖建立與西方三角學類似的

勾股割圓術。但由於此書使用一些深奧難懂的古語替代當時從歐洲傳入且流行的數學用語,曾遭錢大昕、凌延勘、焦循、王國維等學者批評。

此書現存乾隆二十六年秦惠田《五禮通考》本、乾隆年間孔繼涵刻《微波榭叢書》之《算經十書》本、《四庫全書》本、段玉裁經韻樓本、乾隆四十二年孔繼涵刻《戴氏遺書》本和光緒十年張氏秋樹根齋刻《戴東原集》本等。今據中國國家圖書館藏孔繼涵刻《微波榭叢書》本影印。(韓毅)

準望簡法一卷割圓弧矢補論一卷勾股割圓全義圖一卷方圓比例數表一卷　(清)戴震撰(第1045冊)

戴震生平見前《原善》提要。

此書又稱《算學初稿四種》,係戴震乾隆七年(1742)前後所撰,包括《準望簡法》、《割圓弧矢補論》、《勾股割圓全義圖》和《方圓比例數表》四書。其中《準望簡法》一卷,主要依據西方幾何學三角法解說《周髀算經》中勾股定理,并進一步説明如何用勾股定理進行實地測量。書中繪有三十餘幅與測量有關的幾何圖形,介紹數種西方幾何測量儀器的原理和用法。《割圓弧矢補論》一卷,主要利用勾股定理計算圓半徑、弦長及其比例關係,繪圖七幅。《勾股割圓全義圖》一卷,繪有七幅簡圖,皆摘自第谷宇宙論,書中利用勾股定理測量、計算黃道、赤道及天體間位置關係。《方圓比例數表》一卷,列有"圓經求周"至"有圓經自乘之冪求八線表一分之分圓積"等關係的數據表,其精確度均在小數點後十位以上。

戴震將四篇文章稱作《算學初稿四種》,知此四種著作相互聯繫,有理論、有圖形、有證明、有方法、有數據,反映出戴震早期利用西方幾何學、三角學研究中國傳統數學中的勾股定理,并試圖建立與西方三角學相似的勾股割圓術的努力。

此書有北京大學圖書館藏乾隆七年前後戴震撰《算學初稿四種》稿本。今據中山大學圖書館藏鈔本影印。(韓毅)

同度記四卷　(清)孔繼涵撰(第1045冊)

孔繼涵(1739—1783),字體生,又字埔孟,號荭穀,別號南州,曲阜(今屬山東)人。六十七代衍聖公孔毓圻之孫。任户部河南司主事兼理軍需局事、《日下舊聞》纂修官、朝議大夫等職。擅三《禮》,通曉經學、天文、曆算、地志、字義和校勘,與戴震相交深厚。著有《考工車度記補》一卷、《杜氏考工記解》一卷、《勾股粟米法釋數》一卷等。其著作及所校訂書籍,於乾隆三十九年(1774)刻入《微波榭叢書》。生平見《清史列傳》卷六八、翁方綱《復初齋文集》卷一四《户部河南司主事孔君墓志銘》和諸可寶《疇人傳三編》卷一《孔繼涵傳》等。

此書初稿約完成於乾隆三十五年,四十六年再次修改,稿本中可見多處塗改。此書專論古今度量衡的變化與計算,卷首有孔繼涵序,初署"庚寅"(乾隆三十五年),後圈改爲"辛丑"(乾隆四十六年),提出"起數者,律之事也;成數者,度量衡之事也。故律之數以九,而度量衡之數以十",闡明度量衡的淵源和重要性。卷一至卷三爲經準上中下篇,論述先秦至清的度、量、衡變化與換算。卷四爲表,表一爲漢粟米法,表二爲考工法,表三爲古今計量單位換算表。全書以考工起題,以"由是而推之"和"細草曰"爲固定格式,對古今度量權衡制度等變化作精確考證和換算,對研究中國古代度量衡有重要參考價值。

此書《清史稿·藝文志》、孫永漢修《續修曲阜縣志·藝文志》、法式善《陶廬雜錄》卷四、《(宣統)山東通志·藝文志》作二卷。清俞正燮《癸巳存稿》卷一〇著録爲一卷。清孫殿起《販書偶記續編》卷一五著録爲四卷。現存孔繼涵稿本、乾隆三十九年曲阜孔繼涵撰刻《微波榭遺書》本、光緒南陵徐乃昌輯刻《積學齋叢書》本和光緒二十四年劉鐸輯印《古今算學叢書》本等。今據中國國家圖書館藏孔繼涵稿本影印，版心上有"文集"二字，下有"微波榭刻"四字，與孫殿起《販書偶記續編》所述同。（韓毅）

求一算術三卷　（清）張敦仁撰（第 1045 册）

張敦仁（1754—1834），字仲篙，號古遇，亦號胡奥，人稱古餘先生，陽城縣潤城（今屬山西）人。乾隆三十九年（1774）舉人，次年中進士。任江西高安知縣、銅鼓營同知、松江知府、蘇州知府、江寧知府、雲南鹽法道等職。喜好數學，著作甚豐，但大多散佚。著有《輯古算經細草》二卷、《開方補記》九卷、《求一通解》二卷等。生平見《清史稿》、《清史列傳》卷六九《儒林傳》和阮元、羅士琳《疇人傳》卷五二《張敦仁傳》。

此書成於嘉慶八年（1803），自刻於道光十一年（1831）秋月，李鋭校，書前有門生程恩澤所題書名及張敦仁序，書後有"道光辛卯年秋月陽城張氏鐫"和"江寧顧晴崖家刻"題識。此書鑒於"大衍求一術"少有人知，遂著書闡明。書中對南宋秦九韶"求一術"和元代李冶"天元術"加以總結和發揮，詳細闡明整數論中一次同餘式解法。卷上介紹秦九韶《數書九章》中求等、約分、求定母、求衍數、求乘率諸術，并結合《孫子算經》"物不知數"及同類算題數則，闡明秦九韶"大衍求一術"的原理。卷中介紹一些複雜算題，述其方法。卷下爲演算習題，詳盡闡述整數論中一次同餘式解法，并以唐代《麟德曆》、《大衍曆》和宋代《崇天曆》、《紀元曆》四曆的歲積算法爲例，以明其法。此書將秦九韶、李冶以來的"求一術"算法進一步簡化，且多有創新。張氏此書與李鋭《日法朔餘强弱考》、駱騰鳳《藝遊録》等極大促進了清代數學家對大衍總數術的了解和研究。

此書《清史稿·藝文志》著録爲一卷，清劉錦藻《清朝續文獻通考·經籍考》、張之洞《書目答問》卷三、孫殿起《販書偶記續編》卷九和楊紹和《海源閣書目》等均著録，有乾隆道光間蘭陵孫星衍輯刻《岱南閣叢書》本。今據浙江省圖書館藏清宣宗道光十一年陽城張敦仁自刻本影印。（韓毅）

里堂學算記五種十六卷　（清）焦循撰（第 1045 册）

焦循生平見前《里堂家訓》提要。

此書五種十六卷，皆焦循所撰算學著作。書前有阮元《里堂學算記總序》。焦循嘉慶元年（1796）完成《釋輪》二卷、《釋橢》一卷、《釋弧》三卷，嘉慶二年完成《加減乘除釋》八卷，嘉慶三年完成《天元一釋》二卷。其中《釋輪》闡述諸輪異同及弧線變化，偏重立法之意，以明第谷學派天文理論中本輪、次輪的幾何原理。《釋橢》闡述橢圓之義，以明凱西尼學派天文理論中橢圓的幾何原理。《釋弧》闡述六弧八線之義、正弧弦切之用、内外垂弧之義及次形矢較之術，是一部介紹平面、球面三角學知識的著述。《加減乘除釋》以加減乘除運算理論總結中國古代數學成果。《天元一釋》闡述宋元數學家秦九韶、李冶"天元術"的不同及若干算理，并批判南宋周密對秦九韶的詆毀，稱讚秦九韶爲"瑰奇有用之才"。諸書詳情見以下分列提要。

此書是焦循研究和匯通天文曆算學的代表作，總結了當時天文數學知識，用數理形式論述哲學，認爲"名起於立法之後，理存於立法之先"，并提出"理本自然"、"數先形後"、"名主其形，理主其數"等主張。阮元對此書評價較高，稱其"精意無不包，簡而不遺，典而有則"。

此書清劉錦藻《清朝續文獻通考》卷二六七《經籍考》、張之洞《書目答問》卷三、孫殿起《販書偶記》卷九和楊紹和《海源閣書目》等均著録。現存清嘉慶四年江都焦循雕菰樓刻《焦氏叢書》本、道光間江都焦氏刻《焦氏遺書》本、光緒二年衡陽魏綸先增修焦循撰《焦氏遺書》本和光緒二十二年上海鴻寶齋石印四明求敏齋輯《中西算學叢書初編》本等。今據嘉慶四年雕菰樓刻《焦氏叢書》本影印。

加減乘除釋八卷

此書係前述焦循《里堂學算記》五種之第一種，草創於清乾隆五十九年（1794），完成於嘉慶二年（1797）。卷首有嘉慶三年五月江都黃承吉序，卷末署“門人汪昌序、男廷琥校字”。

此書主要闡述加減乘除運算法則。焦循鑒於《九章算術》及劉徽注不能盡加減乘除之用，於是將“劉氏之書以加減乘除爲綱，以《九章》分注而明辨之”，建立數學運算的若干基本理論。卷一主要討論數的加減關係，共三十一條綱目。卷二爲六條綱目和一個乘法表，主要闡明乘法的基本概念。卷三有八條綱目，闡明同數自乘與異數相乘。卷四有十一條綱目，説明除法以及分數的基本概念及運算。卷五有六條綱目，説明分數加減運算。卷六有七條綱目，討論關於分數運算的“齊同術”原理。卷七以數之子母論比例。卷八有十二條綱目，統一論述加減乘除的基本原理。全書共總結加減乘除運算規則九十七條，其中最主要且基本的五條運算定律爲加法交換律、加法結合律、乘法交換律、乘法結合律、加法對乘法的分配律。

此書集中體現焦循“理本自然”的數學思想，提出《九章算術》中一切算法，包括方田、粟米、衰分、少廣等，都源於加減乘除之錯綜變化，故詳論加減乘除基本定律，以推論《九章算術》、《孫子算經》、《張丘建算經》、《緝古

算經》各種算法的邏輯思維。此書還首次用甲、乙、丙、丁等天干字來代表不相等數字，指出“論數之理，取於相通，不偏舉數而以甲乙明之”，這是中國數學著作的創舉，開中國符號代數學之先河。此書對算數運算理論的研究，將我國古算書中各種數學思維理論化，具有開創性意義。

此書《清史稿·藝文志》、李斗《揚州畫舫録》卷一三和張之洞《書目答問》卷三等著録爲三卷。

天元一釋二卷

此書係前述焦循《里堂學算記》五種之第二種，完成於清嘉慶三年（1798）。卷首有嘉慶庚申十二月談泰序、嘉慶五年冬十月二十日元和李鋭序，卷末署“門人汪昌序、男焦廷琥校字”。

此書主要闡述南宋數學家秦九韶《數書九章》和元代李治《測圓海鏡》中“天元術”的意義及其計算方法。卷上論述“立天元一”的數學意義和基本運算方法，規範“天元一”的名詞術語。焦循稱正爲盈，負爲朒，加爲和，減爲較，并分析宋元數學著作中“天元在上，太極在下”和“太極在上，天元在下”的利弊。卷下以焦循新創的“正負和較”概念對《測圓海鏡》進行分類，論述秦九韶“天元一”和李治“天元一”的關係及異同，重點對各種方程的解法進行説明與注解，揭示“天元術”部分算法與《九章算學》的淵源關係。卷末通過仔細考證，否定當時流行的“李演秦説”觀點。此外，此書還批判南宋周密、劉克莊對秦九韶的詆毀，充分肯定其數學成就。此書所論重在算理，具體計算問題涉及較少，表明焦循從數理角度對“天元術”進行研究，重視一般規律和原則的總結。

此書《清史稿·藝文志》、張之洞《書目答問》卷三和范希曾《書目答問補正》卷三等著録，有光緒二十二年上海璣衡堂石印測海山房主人輯《測海山房中西算學叢刻初編》本、

清光緒二十三年上海鴻文書局石印求志齋主
人輯《中西新學大全》和光緒二十七年小倉
山房石印袁俊德輯《富强齋叢書續全集》
本等。

釋弧三卷

此書係前述焦循《里堂學算記》五種之第
三種,完成於清嘉慶三年(1796),嘉定張焱
題書名,卷末署"門人汪昌序、男焦廷琥
校字"。

此書是一部介紹平面、球面三角學知識的
著作。焦循在閱讀梅文鼎《弧三角舉要》、
《環中黍尺》等書基礎上,對六弧八線之義、
正弧弦切之用、内外垂弧之義及次形矢較之
術等内容進行闡釋。卷上解説平面三角基本
概念,如周、半周、象限、弧、弦、觚、八線(即
正弦、餘弦、正割、餘割、正切、餘切、正矢、餘
矢)的定義,此外還有割圓度數與觚數對照
表,以及運算方法。卷中解説弧三角基本概
念。卷下解説利用垂弧求球面三角形面積之
法,以及利用正投影法討論球面三角形。此
書配有大量圖表,對梅文鼎算法有所改進,使
計算過程進一步簡化,受到李鋭、錢大昕等學
者高度評價。

此書《清史稿·藝文志》、焦循《北湖續志》
卷五、李斗《揚州畫舫録》卷五和張之洞《書
目答問》卷三等均著録。

釋輪二卷

此書係前述焦循《里堂學算記》五種之第
四種,完成於清嘉慶元年(1796),嘉定張焱
題書名,卷首有錢大昕致函、李鋭致函。

此書主要論述第谷學派天文學中本輪、均
輪、次輪的幾何理論,明七政諸輪及所用弧三
角之法。卷上論述諸輪之異同,指出第谷理
論與梅文鼎、江永學説的異同。第谷學説認
爲日月恒星所在的本輪心沿本天(又稱均
輪)繞地運轉,五星所在的次輪心沿太陽所
在的本輪運轉。梅文鼎在介紹第谷學説的
《交食》、《七政》、《五星管見》、《揆日紀要》、

《恒星紀要》等著作中,提出"圍日圓象"説,
試圖調合第谷和托勒密的宇宙體系,建立
整齊和諧的行星運動模型。江永《翼梅》卷
六《數學》用幾何方法證明,梅文鼎模型中
置行星於歲輪上或繞日圓象上計算其視黄
經,結果完全相等。卷下是利用弧三角計算
諸輪,以明立法之意。即用球面三角形計算
本輪、均輪、次輪等,建立一套幾何學的計算
系統,從而與原先採用基於内插法和經驗公
式的代數計算系統的傳統曆法方式有所
不同。

此書《清史稿·藝文志》、焦循《北湖續志》
卷五、李斗《揚州畫舫録》卷五和張之洞《書
目答問》卷三等均著録。

釋橢一卷

此書係前述焦循《里堂學算記》五種之第
五種,完成於清嘉慶元年(1796)。嘉定張焱
題書名,卷首有嘉慶三年季冬月江藩序。

此書主要論述義大利天文學家凱西尼學派
有關橢圓的幾何理論,以爲測天計算之用。
焦循仿北魏張淵《觀象賦》之例,以《康熙甲
子律書》所用第谷諸輪法、《雍正癸卯律書》
所用橢圓法,自爲圖注,反覆參稽,抉蘊闡奥,
介紹諸輪法和橢圓法的互算方法。書中以實
測日、月、五星運行的計算爲例,詳細解釋第
谷天文學理論中本輪、次輪法改爲橢圓法的
方法。此書是介紹橢圓學基礎知識的著作,
以其法求日躔月離交食諸輪,精確度極高。
江藩評價其"爲實測推步之學者所不可無
之書"。

此書《清史稿·藝文志》、焦循《北湖續志》
卷五、李斗《揚州畫舫録》卷一三、張之洞《書
目答問》卷三和傅增湘《藏園群書經眼録》卷
七等均著録,有碧虛齋抄焦循《釋橢》一卷本
等。(韓毅)

開方通釋一卷　(清)焦循撰(第1045册)

此書完成於清嘉慶六年(1801),卷首有嘉

慶六年歙縣汪萊《開方通釋叙》,光緒六年由
德化李盛鐸木犀軒初刻問世。此書鑒於元李
冶《測圓海鏡》、《益古演段》二書不詳開方之
法,且開方結果與當時流行的開方法所得不
符,而感秦九韶《數書九章》正負開方法“秦
既簡且精,不特與《測圓海鏡》相表裏”,遂於
嘉慶五年與李鋭共研秦著,究其原實,撰成此
書。全書分十四個綱目,其中前十二爲圖式,
每式列出一至十次方程并以題例及術草加以
説明,是全書核心。其中前八式爲八類不同
形式的高次方程。一式爲“都式”,介紹一般
高次方程表達法;二式爲“開方無從者”,介
紹普通方程問題;三式爲“玲瓏開方式”,介
紹奇次項或偶次項方程;四式爲“正負式”,
除實爲負外,各項均爲正高次方程;五式均
爲除隅爲正外,其他項爲負的高次方程;六式爲
除方爲正外,其他各項均爲負的高次方程;七
式爲廉或方中一項爲正,其餘諸項皆負的高
次方程;八式爲“正負相雜式”,即各項正負
相同的高次方程。後四式爲增乘開方法的關
鍵步驟。其中九式爲“商數定位法”,焦循援
引《九章算術》、《張丘建算經》、《五經算術》
説明“開方要法”的意義;十式爲“方廉隅定
位法”,詳述增乘開方程式中各廉與商及隅
相乘相加減的規律;十一式爲“廉法”,詳述
增乘開方程式中各廉與商及隅相乘相加減
的規律;十二式爲“退位式”,詳述增乘開方
程式中商除之後各項退位的規律。書中對
秦九韶、李冶“正負開方術”異同進行詳細
解釋、説明,例題大多取自《數書九章》、《測
圓海鏡》、《益古演段》等,大大方便對秦、李
開方法的學習。此書有關正負開方術,即數
學高次方程式解法的論述,提綱挈領,條理
清楚,受到李鋭、汪萊、阮元等學者高度
讚譽。

此書《清史稿・藝文志》、焦循《北湖續志》
卷五、范希曾《書目答問補正》卷三和傅增湘
《藏園群書經眼録》卷七等均著録。現存中
國科學院圖書館藏焦循稿本、光緒六年德化
李盛鐸木犀軒刻本。今據上海辭書出版社圖
書館藏光緒十三年刻《木犀軒叢書》本影印,
牌記題“德化李氏刻”。（韓毅）

衡齋算學七卷　（清）汪萊撰（第1045册）

汪萊生平見前《列子盧注考證》提要。

此書是汪萊自清嘉慶三年（1798）至嘉慶
八年所撰七種算學著作,卷首有汪萊《序》。
全書包括《弧三角形》、《勾股形》、《平圓形》、
《遞兼數理》、《方程論》和《乘方數》等著作。
嘉慶三年,巴樹穀將汪萊所撰《弧三角形》、
《勾股形》合刻,題名《衡齋算學》,此爲汪著
最早刊本。嘉慶三年汪萊《平圓形》成書,爲
《衡齋算學》之三。嘉慶四年又撰《弧三角
形》,與舊著《遞兼數理》合爲《衡齋算學》之
四。嘉慶六年寫成《方程論》,爲《衡齋算學》
之五。嘉慶六年秋,汪萊離揚州赴六安,途中
撰成《平圓形》,爲《衡齋算學》之六。年底,
汪延麟於揚州刊刻六卷本《衡齋算學》。嘉
慶八年,汪萊撰成《方程論》,爲《衡齋算學》
之七。咸豐四年（1854）,夏燮從胡培翬後人
處訪得《衡齋遺書》稿本,連同《衡齋算學》一
道,刊成《衡齋算學遺書》合刻本。

此書凡七卷,每卷卷首均有汪萊叙。卷一
爲“弧三角形”,卷首有汪萊《叙》,討論球面
三角形解法。卷二爲“勾股形”,首有汪萊
《叙》,討論已知勾股積與勾弦和求其他元素
的勾股和較術問題。卷三爲“平圓形”,卷首
有汪萊《叙》,討論有圓内若干度之通弦求其
度五分之一之通弦。卷四爲“弧三角形”和
“遞兼數理”,討論弧三角形有無定限問題。
卷五爲“乘方二乘方形”,專門討論方程論問
題。卷六爲“平圓形”,討論有圓内若干度之
通弦求其度五分之一之通弦,即弧長、弧弦的
解法問題。卷七爲“諸乘方數根數真數糅雜
設題式并訣”。此書受到當時數學家高度評
價,如李鋭稱其“窮幽極微,真算氏之最”,江

蕃稱"今之學者,大江以南惟顧君千里與孝嬰二人而已,烏可多得哉"。然亦有學者因不理解此書成就,而持批評態度。

此書《清史稿・藝文志》、江藩《漢學師承記》卷六、張之洞《書目答問》卷三和孫殿起《販書偶記》卷九等均著録。現存清嘉慶間嘉樹堂六九書樹刻汪萊《衡齋算學》六種六卷本、嘉慶十五年劉景堂、咸豐四年當塗夏燮鄱陽縣署刻《衡齋算學遺書合刻》本、張未山等刻汪萊《衡齋算學》七卷本、光緒十八年歙縣汪廷棟聞梅舊塾重刻《衡齋算學遺書合刻》十六卷本、光緒間貴池劉世珩輯刻《聚學軒叢書》六十種本等。今據中國國家圖書館藏咸豐四年《衡齋算學遺書合刻》本影印。(韓毅)

李氏遺書十一種十八卷　(清)李鋭撰(第1045—1046冊)

李鋭(1772—1817),字尚之,號四香,元和(今江蘇蘇州古城區)人。乾隆五十三年(1788)爲元和縣生員。乾隆五十六年於紫陽書院肄業,師從錢大昕學習天文、數學,與汪萊、焦循號爲"談天三友"。曾爲浙江巡撫阮元、揚州知府張敦仁等幕僚,協助阮元編纂《疇人傳》,校勘整理《算經十書》、《測圓海鏡》、《益古演段》和《數書九章》等古代數學名著。著有《測圓海鏡細草》、《緝古算經細草》、《補宋金六家術》和《回回曆元考》等,後人編有《李氏遺書》等。生平見《清史稿》、《清史列傳》卷六九、阮元《揅經室二集》卷四《李尚之傳》和阮元《疇人傳》卷五○《李鋭傳》等。

此書又名《李氏算學遺書》,共十一種十八卷,係李鋭去世後由其好友儀徵阮亨、門人等整理,包括《召誥日名考》、《三統術注》、《四分術注》、《乾象術注》、《奉元術注》、《占天術注》、《日法朔餘强弱考》、《方程新術草》、《勾股算術細草》、《弧矢算術細草》和《開方説》,前七種爲天文學著作,後四種爲數學著作。

此書嘉慶年間初刻,道光三年(1823)阮亨重刻,書前有阮元《李君尚之傳》。其中《召誥日名考》爲年代學著作,《三統術注》、《四分術注》、《乾象術注》、《奉元術注》和《占天術注》,分別對三統曆、四分曆、乾象曆、奉元曆、占天曆等曆法詳加考證與注解。《日法朔餘强弱考》是對《宋書・律曆志》所載何承天調日法進行的數理研究。《弧矢算術細草》是以天元術求解弧矢問題。《方程新術草》介釋劉徽方程新術。《勾股算術細草》利用圖驗法證明勾股定理。《李氏遺書》代表李鋭在天文學、數學方面取得的重要成就,尤其是此書的曆法術注和方程細草研究,受到當時學者高度評價,如錢大昕稱"生平未嘗輕許人,獨於鋭則以爲勝己",羅士琳稱"尚之兼二子之長,不執不平,於實事中匪特求是,尤復求精"。

此書《清史列傳》卷六九《李鋭傳》和楊紹和《海源閣書目》著録,張之洞《書目答問》卷三則著録爲十七卷。現存嘉慶原刊本、道光三年儀徵阮氏據嘉慶原刊本重刻本、道光十七年馮氏聯興堂刻本、光緒十六年上海醉六堂刻《李氏算學遺書》十一種本等。此本據上海辭書出版社圖書館藏清道光三年儀徵阮氏據嘉慶原刊本重刻《李氏遺書》本影印。

召誥日名考一卷

此書係前述李鋭《李氏遺書》十一種之第一種,成於清嘉慶元年(1796)至二年,初刊於嘉慶年間,道光三年(1823)儀徵阮亨重刻,儀徵阮福校。

李鋭在校勘、注釋周代曆法時,發現《詩經・大雅・大明》和《尚書・召誥》、《尚書・洛誥》所載周公攝政年月,與鄭玄《尚書正義》推論不合。於是重新推算各年曆法,排比干支,分次上下,從周公攝政元年推算到周公攝政七年,驗證鄭玄注文是否正確。如李銳以《召誥》、《洛誥》俱攝政七年事,認爲其年二月乙亥、三月甲辰朔、十二月戊辰晦,"并與鄭不合"。此書不僅詳細推算周初文王受命元年(入部三十年)至周公攝政七年的年代編排,而且記載許多周初重大歷史事件,如文王受命、武王克商、成王繼位、周公攝政和周公作《召》《誥》等。書中以曆法驗證經學中重要日期,不僅爲歷史年代學提供了便利,而且也爲儒家經學研究提供了新途徑。

此書《清史稿·藝文志》、劉錦藻《清朝續文獻通考·經籍考》和范希曾《書目答問補正》卷三等著録,有道光間刻思賢講舍本,光緒二十三年思賢書局刻李銳撰、劉逢禄、皮錫瑞補撰本等。

漢三統術三卷

此書係前述李銳《李氏遺書》十一種之第二種,成於嘉慶元年(1796)至二年,初刊於嘉慶年間,道光三年(1823)儀徵阮亨重刻,卷首題"李銳述并注",卷後題"甘泉老友江藩校"。

此書是李銳對西漢天文學家劉歆《三統曆》的注解和校勘,依《漢書》所載順序分爲三部分,採取注家通例,先述《漢書》所載,後詳加注釋,闡明己意。李銳發現,西漢《三統曆》日法、月法來自西漢《太初曆》,指出"《漢書》載三統而不著太初,其實一月之日,二十九日八十一分日之四十三,是日法、月法與三統同"。經過大量計算,不僅發現《太初曆》統法周天與三統同,而且得出回歸年中"八十一"之數,并對江聲、王鳴盛算法重新進行推算,以與《漢書》原文相驗。書中訂訛、補脱、去衍處多引錢大昕之説,又加己意推算,以校舛誤。同時,書中還對《三統曆》中數據予以詳細解釋,斥黄鐘、象數之説,闡明節氣、朔望、交食、五星運動等推算過程。此書與錢大昕《三統術衍》、董祐誠《三統術衍補》、陳澧《三統術詳説》、成

蓉鏡《三統術補衍》等,皆爲清代系統研究西漢《三統曆》的重要著作,對研究漢代曆法具有一定價值。

此書《清史稿·藝文志》、劉錦藻《清朝續文獻通考·經籍考》和范希曾《書目答問補正》卷三等著録。

漢四分術三卷

此書係前述李銳《李氏遺書》十一種之第三種,成於嘉慶元年(1796)至二年,初刊於嘉慶年間,道光三年(1823)儀徵阮亨重刻,卷首題"李銳述并注",卷後題"甘泉老友江藩校"。

此書是李銳對東漢元和二年(85)所頒《四分曆》的注解和校勘,依《後漢書》所載順序分爲三部分,採取注家通例,先述《後漢書》所載,後詳加注釋,闡明己意。其書認爲東漢《四分曆》是在西漢《三統曆》基礎上發展而來,該曆取漢文帝後元三年庚申(前161)十一月夜半朔旦冬至爲曆元,歲餘取四分之一日,其交氣、合朔時刻比太初曆提前四分之三日。該曆以黄道度數計算日、月運行和位置,根據實測定二十八宿距星間的赤道度數和黄道度數、二十四節氣的太陽位置及昏旦中星、晝夜漏刻、晷表日影長短等重要資料,較太初曆準確。書中認爲"儀表"之"儀"爲"渾儀","表"爲"圭表",歲名不用"超辰",五星始於"合伏"等,不同於以往看法。又如對"朔餘"、"中餘"的計算,使過去簡略的曆法變得更加豐富,易於理解。李銳將《後漢書·律曆志》的"太、半、少、強、弱",細分爲"四分之一爲少,二爲半,三爲太,三分少之一爲強,二爲少弱。通而言之,十二分之一爲強,二爲少弱,三爲少,四爲少強,五爲半弱,六爲半,七爲半強,八爲太弱,九爲太,十爲太強,十一爲一弱",此種解釋較《後漢書》更爲精確。書中訂訛、補脱、刪衍處較多,又增加推算,以校舛誤。同時,此書還對《四分曆》中數據予以詳細

解釋,闡明節氣、朔望、交食、五星運動等推算過程。李鋭對東漢《四分曆》的注釋和校勘,有利於太初曆法後天現象校正,對於研究漢代曆法具有一定價值。

此書《清史稿‧藝文志》和范希曾《書目答問補正》卷三著錄。

漢乾象術二卷

此書係前述李鋭《李氏遺書》十一種之第四種,成於清嘉慶元年(1796)至二年,初刊於嘉慶年間,道光三年(1823)儀徵阮亨重刻,卷首題"李鋭述并注",卷後題"甘泉老友江藩校"。

此書是李鋭對東漢末年天文學家劉洪《乾象曆》的注解和校勘。書中首先考證《乾象曆》在吳太祖孫權黄武二年(223)至吳末帝孫皓天紀四年(280)間實施情況。其次引用《吳志》、《晉書》、《宋書》之論,採注家通例,先述《後漢書》所載,後詳加注釋,闡明己意。此書對劉洪《乾象曆》"月行遲疾"術論述較詳,提出朔望月和回歸年長度兩值偏大是由四分曆斗分太大造成,確立近點月概念及其長度計算方法,建立計算公式等,從而奠定"月球運動"學說基礎,彌補了《四分曆》"於天疏闊"的不足。書中訂訛、補脱、去衍處較多,又增加推算,以校舛誤。同時,書中還對《乾象曆》中數據予以詳細解釋,闡明節氣、朔望、交食、五星運動等推算過程。此書和朱鴻《乾象曆注》、黄爽《劉洪乾象術》、王元啓《漢書律曆志正僞》、錢大昭《漢書律曆志天文志辯疑》、錢大昕《潛研堂集》之"乾象推卦用事"、"推月行術"等,皆爲清代學者研究漢末、三國時期曆法的重要著作。

此書《清史稿‧藝文志》和范希曾《書目答問補正》卷三著錄。

補修宋奉元術一卷

此書係前述李鋭《李氏遺書》十一種之第五種,成於清嘉慶元年(1796)至二年,初刊於嘉慶年間,道光三年(1823)儀徵阮亨重刻,卷首題"李鋭述并注",卷後題"甘泉老友江藩校"。

此書是李鋭對北宋天文學家衞朴《奉元曆》的輯佚、補修之作。衞朴自熙寧七年(1074)至元豐四年(1081)奉宋神宗詔令編製《奉元曆》,行用於熙寧八年至宋哲宗元祐八年(1093)。該曆糾正《崇天曆》中節氣比實測晚、《明天曆》中朔日比實際提前的狀況,重新確定曆法起始點,與實際天象較爲符合。但因"靖康之變",北宋典籍被擄往金朝,散佚殆盡。紹興二年(1132)宋高宗詔修《神宗正史》、《神宗實錄》時,陳得一、裴伯壽等曾奉詔補修《奉元曆》,但南宋滅亡後,《神宗正史》、《神宗實錄》等典籍再遭破壞,《奉元曆》不知所終。元修《宋史》時,已稱"奉元法不存"。李鋭據《元史》、《宋史》、《玉海》和《夢溪筆談》等記載造曆過程,予以修補。據《元史‧曆志》所載《積年日法算補》和《氣朔發斂》,重新確定奉元術基本方法。通過步氣朔術,推得奉天術斗分和歲周。通過步氣朔術,推得朔望、節氣、卦候等,但步日躔術、月離術、晷漏術、交會術和五星術俱闕。爲證實推算無誤,他利用新復原《奉元曆》推求熙寧七年合朔時刻,經驗證,氣朔并合,説明《奉元曆》在當時是較爲準確的。此書對北宋《奉元曆》的輯佚和復原,使七百餘年前散佚的曆法重現於世,成爲研究北宋後期曆法改革最重要的資料。

此書《清史稿‧藝文志》和范希曾《書目答問補正》卷三著錄。

補修宋占天術一卷

此書係前述李鋭《李氏遺書》十一種之第六種,成於清嘉慶元年(1796)至二年,初刊於嘉慶年間,道光三年(1823)儀徵阮亨重刻,卷首題"李鋭述并注",卷後題"甘泉老友江藩校"。

此書是李鋭對北宋末期《占天曆》的輯佚、

校勘之作。《占天曆》成於宋徽宗崇寧二年（1103），太史局姚舜輔編造，行用於崇寧三年至五年。該曆接受太史局建議，改十一月朔爲丁丑，後因採用《紀元曆》而被廢，又隨徽宗、欽宗朝資料散佚而不爲人知。李銳據《元史》、《宋史》、《玉海》、《夢溪筆談》記載造曆過程，予以修補。他據《元史・律曆志》記載，從《觀天曆》與《占天曆》的關係入手，參照《觀天曆》數據，通過步氣朔術，推得占天術斗分和歲周。其中崇寧二年積年爲二千五百五十萬一千九百三十七，日法爲二萬八千八十。通過步氣朔術，推得朔望、節氣、卦候等，最終得出《占天曆》基本數據，但步日躔術、月離術、晷漏術、交會術和五星術俱闕。此書基本上復原了《占天曆》原貌，對研究宋代曆法改革具有重要意義。

此書《清史稿・藝文志》和范希曾《書目答問補正》卷三著録。

日法朔餘强弱考一卷

此書係前述李銳《李氏遺書》十一種之第七種，成於清嘉慶四年（1799），初刊於嘉慶年間，道光三年（1823）儀徵阮亨重刻，卷首有嘉慶四年五月十八日李銳序，卷末署“同縣門人蔣廷榮校字”。

李銳根據《宋史・律历志》所載北宋天文學家周琮所轉述南朝何承天之“調日法”，提出以日法求强、弱二率的加權敷方法，認爲中國古代多數曆法都以此法確定其日法和朔餘這兩項基本數據，進而考證《開元占經》、《授時術議》所載五十一家曆法的日法、朔餘之數，試圖以此判斷它們與調日法的關係。此書經過大量計算，指出凡合者三十五家，不合者十六家，基本證了古代曆算家以近似分數表達實測朔望月長度。書中提出兩種正確的强弱數算法，從而使何承天所創之“調日法”重新面世，使人們重新認識這一行用八百餘年、自元明以來“竟無知其説者”的古代分數近似法。書中提出“於强弱之際以求日

法”，溝通一次同餘式組和二元一次不定方程的關係，爲駱騰鳳、時曰醇等人提供了借鑒。此書受清代數學家肯定，李潢稱讚“抉盡闡奥，皆必傳之作”，顧觀光撰《日法朔餘强弱考補》一書予以發揮。

此書《清史稿・藝文志》、劉錦藻《清朝續文獻通考・經籍考》和范希曾《書目答問補正》卷三等著録。

方程新術草一卷

此書係前述李銳《李氏遺書》十一種之第八種，成於清嘉慶十三年（1808），初刊於嘉慶年間，道光三年（1823）儀徵阮亨重刻，卷末署“儀徵阮福校”。

此書是李銳爲劉徽《九章算術注》中“方程新術”所作校勘和細草。“方程”爲《九章算術》之一，其算法散見於算書之中，無專書，清初梅文鼎曾作《方程論》六卷以論之。李銳又將《方程論》創爲草，先用舊術十一法，後用新術二十八法，雖較《方程論》簡單，但算法較爲完備。此書受李潢高度評價，謂“讀大著《方程新術草》一卷，正負相當各率，一出自然，正從前傳刻之誤，闡古人未發之覆，愉快彌日”。李潢《九章算術細草圖説》中關於“方程新術”的解釋，完全採納李銳觀點。

此書《清史稿・藝文志》、《清史列傳》卷六九《李銳傳》和范希曾《書目答問補正》卷三等著録。

勾股算術細草一卷

此書係前述李銳《李氏遺書》十一種之第九種，成於清嘉慶丙寅十一年（1806），初刊於嘉慶年間，道光三年（1823）儀徵阮亨重刻，卷首有李銳序、嘉慶丁卯四月十三日陽城張敦仁序、李潢序，卷末署“嘉慶丙寅冬十月尚之手寫時寓鳳梧道院”。

此書是李銳爲明代數學家顧應祥《勾股算術》一書所作細草，是一部以天元術解勾股問題的專著。其書以圖驗法證明勾股定理，

强調"爲算之道,要須會通大義"。書中考察勾、股、弦三事中已知二事求他事的不同組合,列出全部七十八種情形,每種解法都包括:題、"答曰"、"術曰"、"草曰"、"圖曰"、"解曰"六項。全書所列七十八題中,二十五題以"勾股求弦"形式出現,五十三題以"勾勾股和,以勾减和餘即股,依勾、股術入之"出現,着重闡述二十五種解法。數學家李潢評此書"條段各圖,細入毫芒,真精思大力之作",并在其《九章算術細草圖説》中採納了李鋭之説。對李鋭未作詳細解答的其他題目,清陳志堅撰《李氏勾股術補》,依天元術加補細草。

此書《清史稿・藝文志》、《清史列傳》卷六九《李鋭傳》和范希曾《書目答問補正》卷三等著録,有同治光緒間丁取忠輯《白芙堂算學叢書》二十三種本等。

弧矢算術細草一卷

此書係前述李鋭《李氏遺書》十一種之第十種,成於清嘉慶三年(1798),初刊於嘉慶年間,道光三年(1823)儀徵阮亨重刻,卷首有李鋭序。

李鋭在校勘元代數學家李冶《測圓海鏡》和《益古演段》基礎上,以天元術詳演明代數學家顧應祥《弧矢算術》,從而撰成此書。顧書主要闡明已知弦、矢、圓徑、弧背、殘周及捷積六項中二項求其餘諸項的方法,原書中有十一題十三術。李書則用天元術對原有算題重新予以推演,其法沿襲《九章》之算法,在高次方程系數符號變化規律方面有獨到見解。此書刊行後頗受清末學者重視,道光二十三年羅士琳撰《弧矢算術補》,道光二十七年馮桂芬撰《弧矢算術細草圖解》一卷,對李鋭的工作進一步予以説明、圖解和發展。

此書《清史稿・藝文志》、《清史列傳》卷六九《李鋭傳》和張之洞《書目答問》卷三等著録,有道光間長塘鮑氏知不足齋刻《知不足

齋叢書》二百零六種本、道光二十七年瀋陽鍾文粤海権署刻印李鋭撰馮桂芬解《弧矢算術細草圖解》本等。

開方説三卷

此書係前述李鋭《李氏遺書》十一種之第十一種,李氏生前未及完成卷下部分,後由學生黎應南於嘉慶二十二年補完(1817),初刊於嘉慶二十四年,道光三年(1823)儀徵阮亨重刻。

此書是關於開方問題和高次方程理論的算學著作,其中卷上、卷中爲李鋭生前講稿,卷下由黎應南補充。李鋭在研究秦九韶《數書九章》、李冶《測圓海鏡》、《益古演段》和汪萊《衡齋算學》"方程論"基礎上,發現秦氏所述開方法與《九章算術》"少廣章"更爲接近,與梅文鼎《少廣拾遺》差别較大。李鋭於是撰《開方説》,進一步探討方程理論、符號法則、重根問題、正根問題、負根問題等。其卷上部分着重論述有理數範圍内方程系數變號與正根個數之間的關係。李鋭將有正根稱"可開",無正根稱"不可開",提出"可開"數與系數符號變化的關係。其法爲,"凡上負、下正,可開一數","上負、中正、下負,可開二數","上負、次正、次負、下正,可開三數或一數","上負、次正、次負、次正、下負,可開四數或二數"。書中對宋元算家所創方程變換進行了一般性總結,謂"凡可開三數或止一數,可開四數或止二數,其二數不可開,是爲無數。凡無數,必兩無,無一數者"。卷中討論負根與無實根問題,明確指出方程根可以爲負數,"凡商數爲正,今令之爲負",并提出負根概念和"求勾股率捷法",突破了過去不承認負根的局限。書中指出,一個二次方程可以有二個實根,"凡平方皆可開二數";三次方程可以有三個實根或一個實根,"立方皆可開三數或一數"。同時,此書還討論降低方程次數的"代開法"和重根問題,即一個方程求出一個實根後,原方程降低一次,新方

程的根就是原方程的根。卷下部分補充命題甚多,使方程論形成完整體系。

此書特詳於超步、商除、翻積和益積諸例,書中提到高次方程正根個數、重根負根概念和用法、方程諸根求法、初商次商簡化、根與係數關係、方程變換等內容,使中國方程論形成一門比較完整的學科,在數學史上具有重要意義。此書反映的數學思想與計算方法,與法國數學家笛卡兒符號法則相一致,具有代數基本定理的初步思想。梁啓超《中國近三百年學術史》評價此書"發明正負開方定律,少廣之學大明"。

此書《清史稿‧藝文志》、《清史列傳》卷六九《李鋭傳》和范希曾《書目答問補正》卷三等著錄,另有同治、光緒間丁取忠輯《白芙堂算學叢書》二十三種本、光緒二十四年上海算學書局影印劉鐸輯《古今算學叢書》等。(韓毅)

如積引蒙十卷　(清) 汪曰楨撰 (第 1046 冊)

汪曰楨生平見前《湖蠶述》提要。

此書是汪曰楨在李鋭《天元一釋‧解四元解》和方貞元《流金學算‧天地二元解》基礎上,用傳統數學勾股術(即如積術)解釋西方傳入的借根方。卷首有勾股弦數據表一幅,勾股容方圖四幅,容圓圖一幅,容垂線圖一幅。卷一爲勾股容方十八問。卷二爲勾上、股上、勾股上、弦內和弦上容方共二十三問。卷三爲勾股容圓二十二問。卷四爲勾上、股上、勾股上、弦上、勾外、股外和弦外容圓共十四問,勾外容半圓、股外容半圓各一問,勾股容中垂線一十二問。卷五爲勾股容、勾上容、股上容、勾股上容、弦內容、弦上容、勾外容、股外容、勾外容半和股外容半斜方前十九問。卷六爲勾股、勾上、股上和勾股上容斜方中十三問。卷七爲弦內、弦上、勾弦上、股弦上、勾外、股外和弦外容斜方中共十九問,勾外容半斜方中八問,股外

容半斜方中二問。卷八爲勾股、勾上、股上和勾股上容斜方後二十六問。卷九爲弦內、弦上、勾弦上、股弦上、勾外和股外容斜方後共三十二問,勾外、股外、弦外容半斜方後共十二問。卷十爲勾內、股內、弦內、勾上、股上、弦上容方,勾內、股內、弦內、勾上、股上和弦上居中容圓共十八問;勾內、股內、弦內、勾上、股上、弦上、勾外和股外居中容斜方共二十二問。全書共二百六十二問,每一問題均以"今有"、"容方幾何"、"答曰"、"術曰"、"草曰"組成。此書爲稿本,書內有汪曰楨批示"存"、"删"等字樣,是研究勾股三角學的重要資料。

此書完成於咸豐九年(1859),卷首有六月十四日汪曰楨序,當時未刊行,副稿藏浙江山陰許在衡家。此本據中國國家圖書館藏汪曰楨稿本影印。(韓毅)

六九軒算書五種七卷附輯古算經補注一卷　(清) 劉衡撰 (第 1046 冊)

劉衡(1776—1841),字蘊聲,又字訒堂,號廉舫,南豐(今屬江西)人。嘉慶元年(1796)中副榜貢生,任官學教習。嘉慶十八年後任四會知縣、博羅知縣、新興縣知縣,道光三年(1823)後昇任錦州知州、保寧知府、河南開歸陳許兵備道等。受業於數學家李潢,對《九章算術》及中西各種算法研究頗深,爲李潢《緝古算經考注》二卷作校。著有《六九軒算書六種》、《庸吏庸言》、《庸吏餘談》等。生平見《清史稿‧循吏傳三》、《清史列傳》卷七六《循吏傳三》等。

此書約成於嘉慶十二年(1807)至二十一年前後,道光三十年(1850)由兩淮轉運署刊刻,卷首有嘉慶二十一年夏趙敬襄序、咸豐元年(1851)三月梅曾亮序、劉良駒識語。全書包括《尺算日晷新義》二卷,主要闡述造尺法和造晷法;《勾股尺測量新法》一卷,主要闡述十二個用勾股進行測高和測遠的典型問

題;《籌表開諸乘方捷法》二卷,主要介紹釋籌、乘方表、廉法譜、進位譜、賈憲三角和開方總法等;《借根方法淺說》一卷,用中國傳統借根法解說西方代數學;《四率淺說》一卷,用立天元一法解釋《九章算術》"今有術"。此書是劉衡研究傳統算學以及用傳統算學知識解釋西方代數學的代表性著作,趙敬襄序稱其"欲以艱深,歸諸顯易,使人人皆得其門而入"。

此書後附《輯古算經補注》一卷,約成於道光十二年。《輯古算經考注》爲李潢所撰,但其去世時遺稿中有幾處誤字和闕文、脫文,故劉衡爲之補注。

此書張之洞《書目答問》卷三和孫殿起《販書偶記續編》卷九著録爲八卷。現存道光三十年兩淮轉運署刻本、咸豐元年劉良駒手鈔本、道光咸豐間黃秩模編《遜敏堂叢書》本、咸豐五年陝西長安縣署刻本和光緒二十九年石印本等。此本據浙江省圖書館藏清道光三十年兩淮轉運署刻本影印。

尺算日晷新義二卷

此書係前述劉衡《六九軒算書》五種之第一種,初刊於清道光三十年(1850),卷首有劉衡序,每卷題"南豐劉衡訒堂著",書中有羅士琳案語。

劉衡在研閱《考工記》、《比例規解》和《御制曆象考成》等基礎上撰成此書,專論造尺法和造晷法。卷上爲造尺法,繪有尺式,列有作尺法、規式。劉衡在造尺法中引入日晷線,根據日晷線相應刻度做成算尺,并由算尺確定各種日晷時刻線。卷下爲作晷法六法。第一法爲斜立向正南之日晷,第二法爲斜立向正東之日晷,第三法爲斜立向正西之日晷,第四法爲平臥向正北之日晷,第五法爲立面向正南之日晷,第六法爲斜立向正北正對北極之日晷。每一法後均有圖式、晷狀、用法,第六法列有各地緯度。此書利用算尺來確定日晷指標長度、晷心位置以及時刻線和節氣線,從而使計時較以往圓盤形日晷更爲精確。劉衡日晷法不僅能測時,還能兼測二十四節氣,對指導農牧業生產有一定意義。但由於體積龐大,加之各地緯度不同而產生誤差,且受天氣變化影響明顯,限制其大規模應用。劉氏此書和方中通《尺算》、馬良譯《尺算微用》等,皆爲清代學者系統研究尺算之重要著作。

此書《清史稿・藝文志》、張之洞《書目答問》卷三、范希曾《書目答問補正》卷三和孫殿起《販書偶記續編》卷九等均著録。

勾股尺測量新法一卷

此書係前述劉衡《六九軒算書》五種之第二種,完成於清嘉慶十二年(1807)四月,初刊於道光三十年(1850),卷首有劉衡自序。

此書首先介紹造尺、尺角、矩角、窺管、托版及置尺法、橫置法、直置法、斜置法的內容、圖式和用法。其次列舉十二個典型的用勾股尺進行測高和測遠的數學問題,包括自平測高、測山上之兩高、測不知遠之高、從高測高、從高測不知遠之高、借山下兩遠測本山之高、平面測遠、平面測遠銳角形、用高測遠、用高上之高測遠、測不知廣之遠和借不知之高測遠等,每一法之後均繪有詳細測量圖形。劉衡在研究中西測量諸法基礎上發明勾股尺,用以測量各類數據。其法是根據三角形相似原理,利用直角三角尺和鉛垂線製成的測量裝置進行測量,稱之爲"勾股測量術"。勾股尺製作簡單,操作方便,可根據不同已知條件,固定尺面,調整水平,欲測結果可通過尺面刻度直接讀出。其測量數據相對獨立,誤差幾率較低,克服了中國古代"重差術"的缺點。此外,勾股尺中有細長窺管,可大幅度減小目測誤差,測量精度亦較高。劉衡此書不僅是重要史料,且對現代測量儀器的研製和應用有一定借鑒意義。

此書《清史稿・藝文志》、張之洞《書目答問》卷三、范希曾《書目答問補正》卷三和孫殿起《販書偶記續編》卷九等著録。

籌表開諸乘方捷法二卷

此書係前述劉衡《六九軒算書》五種之第三種,成於清嘉慶十二年十二月,初刊於道光三十年(1850),卷首有嘉慶十二年歲次丁卯冬十二月既望南豐劉衡自序。

劉衡在梅文鼎《開方捷法》基礎上,根據意大利傳教士羅雅谷籌算開方之法,將其推廣爲可開二乘以上特殊類型諸乘方的方法。此書即闡釋如何利用籌算開二乘以上諸乘方。卷上含五部分内容,一爲開方籌式及釋開方籌,作開方表及釋開方表,表例及釋表之例;二爲次土行諸廉,次格行前商,次木行諸乘數,次金行通率,次石行築法,次絲行現商,次竹行各乘數,次自冀至亥三十六行廉積;三爲十六層的賈憲三角;四爲釋廉率圓、釋通率譜、釋譜、釋列初商數進位譜;五爲次商廉法譜、釋次商廉法譜。卷下爲開方總法,包括具籌、填表、原積列位,後載開三乘、四乘、五乘方的例子和算法。

此書《清史稿·藝文志》、張之洞《書目答問》卷三、范希曾《書目答問補正》卷三和孫殿起《販書偶記續編》卷九等均著録。

借根方法淺説一卷

此書係前述劉衡《六九軒算書》五種之第四種,羅士琳增補,初刊於道光三十年(1850),卷首有劉衡《自序》。

此書用中國傳統算學之"天元一法"或稱"借根方法",解釋西方傳入的"阿爾熱八達學"(即代數學)。劉衡首先研究符號用法,即"用號説",解決借根方在乘除法中的定位問題,然後據此進行借根方的加、減、乘、除運算,并由此論述借根方的一般規則,同時也論及方程一題多解問題。書中關於二元一次方程組問題的解法,以加減消元法爲多,乘除法組合則較少。

此書《清史稿·藝文志》、張之洞《書目答問》卷三、范希曾《書目答問補正》卷三和孫

殿起《販書偶記續編》卷九等均著録。

四率淺説一卷

此書係前述劉衡《六九軒算書》五種之第五種,初刊於清道光三十年(1850),題"南豐劉衡訒堂著",卷首有劉衡自序,書中有羅士琳案語。

劉衡在元代數學家李冶《測圓海鏡》基礎上,試圖用"立天元一法"解釋《九章算術》中的"今有術",而撰此書。認爲立天元一法"窮極神妙","泰西借根法亦從此出","閒通其意,以御衰分諸法,無不立破",并將其應用於有關"放債加本還利","商販得息","錢買鵝鴨","老人歲問實年"等問題的計算上。全書由"假如"、"問"、"答曰"、"術曰"、"士琳案"、"法曰"等形式組成,共六道問題,内容爲放債利息計算、商販放貸獲利計算、老人年齡計算、河流長度計算和鵝鴨價格計算,淺顯易懂,便於習學。

此書《清史稿·藝文志》、張之洞《書目答問》卷三、范希曾《書目答問補正》卷三和孫殿起《販書偶記續編》卷九等均著録。

(韓毅)

割圓連比例術圖解三卷　(清)董祐誠撰
(第 1047 册)

董祐誠(1791—1823),初名曾臣,字方立,陽湖(今江蘇常州)人。嘉慶戊寅二十三年(1818)中順天府鄉試。精通駢體文詞、輿地學及數學等。嘉慶二十二年隨兄董基誠客居北京,專攻數學。著有《橢圓求周術》、《斜弧三邊求角補術》、《堆垛求積術》等。去世後,其兄董基誠匯其遺稿,以《董方立遺書》十六卷刊刻出版。生平見《清史稿》、《清史列傳》卷七四《文苑傳四》和阮元、羅士琳《疇人傳》卷五一《董祐誠傳》。

此書是董祐誠研究割圓連比例術的著作,成於嘉慶二十四年,道光十年(1830)京都文德齋刻入董祐誠《董方立遺書》九種之中。

卷首有道光三年冬十月三日董基誠序、嘉慶二十四年夏四月陽湖董祐誠自序,卷末有道光元年六月朔日跋。董祐誠在北京友人處得見明安圖九術鈔本,發現"九術之外,別無圖説",於是反復尋繹,究其立法之原,取法國耶穌會士杜德美(Pierre Jartoux,1668—1720)圓徑求周諸術反復推解,知即圓容十八觚之術,引伸類長,求其累積,實兼差分之列衰,商功之堆垛,而會通以盡勾股之變,乃爲分圖著解,并立弦矢互求四術。卷上首列九術,次置弧線表,末附以弦求弦、以矢求矢術。卷中論弧求弦、矢。卷下論弦、矢求弧。此書從成連比例的幾何線段入手,研究全弧通弦和分弧通弦二者的關係,發現全弧正矢和分弧正矢間關係,并明確給出四個冪級數展開式,即所謂"立法之原"四術,可推出所謂"杜氏九術"。

此書以連比例四律法和垛續術給出"有通弦求通弧加倍幾分之通弦"、"有矢求通弧加倍幾分之矢"、"有通弦求幾分通弧之一通弦"及"有矢求幾分通弧之一矢"等四公式,揭示了九術的"立法之原"。董氏還發現,分割次數無限增多,則弧與弧可相互轉化,將此現象稱爲"方圓互通"。此書研究法與明安圖《割圓密率捷法》有相同之處,但所得弧、弦、矢三者關係的四公式,簡化了明安圖的結果,其見解相當於微積分。此書受到清代學者重視,如項名達在《象數一原》中繼承并推廣了董祐誠和明安圖"橢圓求周術"的結果。

此書《清史稿·藝文志》、《清史稿·董祐誠傳》和李慈銘《越縵堂讀書記》等著録。現存道光十年京都文德齋刻董祐誠撰《董方立遺書》九種十六卷本、同治八年成都董貽清翻刻《董方立遺書》九種本、光緒五年江南機器製造總局刻董祐誠撰《董方立算書》五種本、光緒二十二年上海璣衡堂石印測海山房主人輯《測海山房中西算學叢刻初編》二十

七種本等。今據上海辭書出版社圖書館藏清同治八年刻《董方立遺書》本影印。(韓毅)

象數一原七卷 (清)項名達撰 (清)戴煦校補 (第 1047 册)

項名達(1789—1850),原名萬準,字步萊,號梅侶,祖籍歙縣(今屬安徽),錢塘(今浙江杭州餘杭區)人。嘉慶二十一年(1816)舉人,道光六年(1826)進士。曾任北京國子監學正等職。道光十七年前後執教杭州紫陽書院,研究數學。著有《象數一原》、《勾股六術》、《三角和較術》和《開諸乘方捷術》,後三種合刻爲《下學庵算術》三卷。生平見《清史稿·疇人傳》、《清史列傳》卷七三《文苑傳四》和《疇人傳三編》卷三《項名達傳》等。

戴煦(1805—1860),初名邦棣,字鄂士,號鶴墅,又號仲乙,錢塘(今浙江杭州餘杭區)人。道光六年中杭州童子試。咸豐十年(1860)三月太平軍攻佔錢塘時投井殉難。深研數學、音韻、文學、繪畫、篆刻、造船等,與項名達交往深厚。數學著作有《重差圖説》、《對數簡法》、《續對數簡法》等,又補充項名達《象數一原》遺著中未完成部分,并補撰《橢圓求周圖解》。生平見《清史稿·忠義傳》、《清史列傳》卷七三《文苑傳四》和《疇人傳三編》卷四《戴煦傳》等。

此書成於道光二十九年。項名達撰寫此書時已年老病重,僅寫成六卷,爲整分起度弦矢率論、半分起度弦矢率論、零分起度弦矢率論、諸術通詮和諸術明變。其中卷四和卷六未能完稿,友人戴煦遵囑於咸豐七年補寫完成,并作《橢圓求周術補作圖解》一卷,故現傳本共七卷。咸豐年間,張南坪刻印於蘇州,但未及刊行即遭太平軍戰火焚毀。光緒十四年(1888),華衡芳從友人處得書稿,付上海趙氏高齋匯刊刻,同年華衡芳自刻一版。此書前有"象數一原七卷"、"元和江標署"和"光緒戊子刊於上海"題識,卷首有道光二十

三年項名達序,道光己酉二十九年項名達"絶筆序",卷末有華衡芳跋,每卷前署"錢唐項名達著,錢唐戴熙校"。

此書主要論述三角函數冪級數展開式問題,推廣明安圖和董祐誠"橢圓求周術"的結果。其書卷一爲整分起度弦矢率論。卷二爲半分起度弦矢率論。卷三和卷四爲零分起度弦矢率論,皆以兩等邊三角形明其象,遞加法定其數,末乃申論其算法。卷五爲諸術通詮,取新立弧弦矢求他弧弦矢二術、半徑求弦矢二術及杜德美、董祐誠諸術,按術詮釋之。卷六爲諸術明變,雜列所定弦矢求八線術,開諸乘方捷術,算律管新術,橢圓求周術,以明皆從遞加數轉變而得。卷七爲橢圓求周圖解,原術以袤爲徑,求大圓周及周較,相減而得周,補術則以廣爲徑,求小圓周,周較相加而得周;末繫以圖解。

此書繼承和發展董祐誠方法,通過科學分析和邏輯推理,把割圓連比例、三角堆及推廣的二項式定理系數表聯繫起來,成功解決董祐誠弦矢公式推導中的堆積有倍分無析分、倍分中弦率有奇分無偶分等問題。書中所闡述的"橢圓求周術",和現在"微積分初步"中求平面曲線弧長的微積分方法一致。

此書《清史稿·藝文志》著錄爲六卷,孫殿起《販書偶記》卷九、張德瀛《詞徵》卷二和鄭振鐸《晚清文選》卷中等著錄。現存光緒十四年上海趙氏高齋匯刻七卷本、光緒十四年上海金匱華蘅芳自刻本和光緒二十四年上海算學書局影印劉鐸輯《古今算學叢書》本。今據浙江省圖書館藏清光緒十四年上海趙氏高齋匯刻七卷本影印。（韓毅）

下學庵算書三種　（清）項名達撰（第1047冊）

此書由羊城書院初刊於清同治七年（1868）,包括《勾股六術》一卷,完成於道光五年（1825）,分有術解和圖解兩部分,詳述直角三角形勾、股、弦各邊互求之法;《平三角和較術》一卷,完成於道光二十三年,論述平三角和較相求、正弦三角和較相求等問題;《弧三角和較術》一卷,完成於道光二十三年,論斜弧三角和較相求法等。此書内容淺顯易懂,是項名達爲初學者所撰數學入門書。

此書清孫殿起《販書偶記續編》卷九著錄,有清道光癸卯刊本、同治七年正月羊城書院刊本、光緒十三年錢塘項氏刻《下學庵算術》三種本。此本據天津圖書館藏清同治七年羊城書院刻本影印。

勾股六術一卷

此書係前述項名達《下學庵算書》三種之第一種,成於清道光五年（1825）,道光十六年（1836）初刻,同治七年（1868）羊城書院刻入《下學庵算書》。卷首有道光十二年秋七月黎應南序。

此書叙述直角三角形勾、股、弦各邊互求之法,由術解和圖解兩部分組成。其中"術解"共六術二十五題,第一術三題,第二術二題,第三術四題,第四術四題,第五術四題,第六術八題,末附五十三題。"圖解"亦爲六術。每題以"有"、"法"、"得"形式組成,題之相通者用同一術解。此書雖以傳統勾股術爲基礎稍加變通而成,却使紛繁複雜的三角諸邊互求通俗易懂,爲初學者提供了便利。

此書清張之洞《書目答問》卷三、孫殿起《販書偶記續編》卷九和鄭振鐸《晚清文選》卷中等著錄,有同治年間上海江南機器製造總局刻賈步緯輯《算學十書》本、光緒二十二年上海鴻文書局《西學富彊叢書·算學》石印本、光緒二十二年上海璣衡堂《測海山房中西算學叢刻初編》石印本等。

平三角和較術一卷

此書係前述項名達《下學庵算書》三種之第二種,成於清道光二十三年（1843）,王大有初刻,同治七年（1868）羊城書院刻入《下學庵算書》。卷首有道光二十三年（1843）項名達序,卷末有王大有跋。

此書分三角形和勾股形兩部分,主要闡述"平三角二邊夾一角,逕求斜角對邊"的解法。其具體算法爲:"蓋以甲乙邊自乘與甲丙邊自乘相加,得數寄左;乃以半徑爲一率,甲角餘弦爲二率,甲乙、甲丙兩邊相乘倍之爲三率,求得四率,與寄左數相減,鈍角則相加,平方開之,得數即乙丙邊。"此解法受清代學者重視,國子監算學助教陳傑曾命學生丁兆慶、張福僖爲項名達二邊夾一角求夾角對邊之術作圖解,後成《兩邊夾角逕求對角新法圖説》一書,輯入陳傑《算法大成》重刻本。此外,解析、闡發項氏著作者尚有崔朝慶《釋勾股形邊角相求法》、胡炳文《勾股邊角圖説》、吳和翺《勾股邊角相求圖解舉隅》、周達《三角和較術解》、張毓瑗《平三角和較術圖解》、許光熊《三角和較術圖解》、鄒永良《平三角和較術圖解、附解》和石振埏《勾股形邊角相求圖解》等,可見其影響。此書與羅士琳《三角和較算例》,同爲清代研究平面三角學的重要著作,在中國數學史上佔有重要地位。

此書張之洞《書目答問》卷三、孫殿起《販書偶記續編》卷九等著錄,有道光二十三年王大有刻本等。

弧三角和較術一卷

此書係前述項名達《下學庵算書》三種之第三種,成於清道光二十三年(1843),王大有初刻,同治七年(1868)羊城書院刻入《下學庵算書》。卷首有道光二十三年項名達序,卷末有道光癸卯王大有跋。

此書論述球面三角形各邊及其和、差的互求關係,分正弧三角和斜弧三角兩部分,指出"古法用半徑屢求勾股得圜周,不勝其繁。杜氏則以三角堆禦連比例諸率,而弧弦可以互通,割圜術蔑以加矣。然以此制八線全表,每求一數,必乘除兩次,所用弧線,位多而乘不便,董、徐二氏大、小弧相求法亦然"。於是別立簡易之法,"因從三角堆整數中推出

零數,但用半徑,即可任求幾度分秒之正餘弦,不煩取資於弧線及他弧弦矢。且每一乘除,便得一數,似可爲製表之一助"。清代學者重視此書,鄒永良著有《弧三角和較術圖解》二卷加以解析。

此書張之洞《書目答問》卷三和孫殿起《販書偶記續編》卷九等著錄,有道光二十三年王大有刻本等。（韓毅）

求表捷術九卷　（清）戴煦撰（第 1047 册）

戴煦生平見前《象數一原》提要。

此書含四種九卷,成於道光二十五年(1845)至咸豐二年(1852)之間,同治二年(1863)由南海伍崇曜粵雅堂刻入《粵雅堂叢書續集》,爲戴煦最重要數學著作之一。卷首有咸豐壬子戴煦序,卷末有同治癸亥伍崇曜跋,每一種書後題"譚瑩玉生覆校"。

《對數簡法》二卷,成於道光二十五年,有項名達序。研究了常用對數簡捷造表法。卷上爲"開方七術"、"求開方表"和"有開方表逕求諸對數"。卷下爲"求七十二假設對數"、"求七十二定準對數"和"有七十二數求諸對數"。用加減法代替乘除法,用乘除法代替乘方和開方,大大簡化了運算。同時,提出"共定開方捷術",論述指數爲任意實數的二項展開式、對數展開式及三角函數對數展開式的演算方法,并用來計算對數表。

《續對數簡法》一卷,成於道光二十六年,有項名達序、戴煦自序、徐有壬跋。論述連比例遞求法,闡明十的自然對數及任何整數的常用對數都可用冪級數來計算。

《外切密率》四卷,成於咸豐二年,有夏鸞翔序、戴煦自序。主要討論正切、餘切、正割、餘割四級與弧度間的關係。

《假數測圓》二卷,成於咸豐二年,有夏鸞翔序、戴煦自序。論述三角函數對數表造法,羅列三種表的造法,尤以對數和三角函數對數表最爲突出,在中國數學史上具有重要

地位。

戴氏此書是在未受西方數學影响下獨立研究取得的重大成果,在中國數學史上占有重要地位。書中有關對數表造法和三角函數冪級數展開式的研究,受到項名達、張有壬、夏鸞翔、顧觀光等高度評價,也得到國外學者的重視,如咸豐四年英國學者艾約瑟(Joseph Edkins,1823—1905)將其譯成英文,在倫敦出版,產生較大影響。咸豐七年,英國學者偉烈亞力(Alexander Wylie,1815—1887)在《六合叢談》月刊中介紹戴氏《對數簡法》和《續對數簡法》,又在其所著《中國文獻錄》(Notes on Chinese Literature)中,再次給予《對數簡法》較高評價,認爲戴煦首次發現了一個求常用對數的簡捷的表,此表似乎與納皮爾(John Napier,1550—1617)的對數體系相同。

此書有戴煦稿本。今據清同治二年南海伍崇曜粵雅堂刻《粵雅堂叢書續集》四十五種本影印。(韓毅)

筆算説略一卷籌算説略一卷　(清)鄭復光撰 (第1047冊)

鄭復光(1780—約1862),字元甫,號浣香、瀚香,歙縣(今屬安徽)人。少年時考中監生,但未入仕途,終身以塾師及幕僚維持生計。精通數學、物理、光學與機械製造,善於融會貫通中西算術,以明算知名海内,凡天元、四元、中西各術,無不窮究入微,常與數學家李鋭、汪萊、張敦仁等討論天文學、算學問題。著有《周髀算經淺注》、《鏡鏡詅癡》、《割圓弧積表》等。生平見沈葆楨、何紹基纂《(光緒)重修安徽通志》卷二六二《人物志·方技傳》和石國柱、樓文釗纂《(民國)歙縣志》卷一〇《人物志·士林》。

《筆算説略》一卷,包括加法二題,減法三題,乘法一題,除法四題。由"設"、"問"、"答"、"法"形式組成,內容多爲錢、磚、銀等實用性計算方法。《籌算説略》一卷,包括橫算式、立算式、補作籌法、垂法、除法、開方法、平方、立方等,并一一列舉算題加以説明。此二書對初習筆算、籌算者有較大幫助,《(光緒)重修安徽通志》和《(民國)歙縣志》皆給予較高評價。

此本據中國科學院自然科學史研究所圖書館藏清鈔本影印。書後有1962年6月8日張子高後記。(韓毅)

測圓密率三卷　(清)徐有壬撰 (第1047冊)

徐有壬(1800—1860),字鈞卿,又作君青,謚號莊愍,直隸順天府宛平(今屬北京豐台)人,原籍浙江烏程。道光九年(1829)進士,曾任户部主事、汧昇郎中、四川按察使、雲南布政使、江蘇巡撫等職。咸豐九年(1860),太平軍進攻蘇州時遇難。師事姚學塽,精於曆算、天文。著有《橢圓正術》、《弧三角拾遺》、《朔食九服里差》等,後收入其侄徐震翰、侄孫徐樹勳匯刻《務民義齋算學》(又名《徐莊愍公算書》)。生平見《清史稿》、《清史列傳》卷四三和諸可寶《疇人傳三編》卷四《徐有壬傳》等。

此書爲《徐莊愍公算書》之第一種,成於道光十七年前。同治十一年(1872)刻入《徐莊愍公算書》中,題有"徐莊滜公算書"、"同治十一年刻於長沙"字樣,每卷下題"烏程徐有壬君青著"。

此書主要論述三角函數及其冪級數的展開問題。全書共五十六術。卷一共十七術,論述圓周率及其冪級數展開式在不同形體的體積、面積和長度公式中的應用,包括圓徑求周、圓徑求面積、球徑求體積、圓面積求周、圓徑冪求圓周冪、圓球體積求周、圓困求周、圓錐求積、圓臺求積、環田求積、圓內容方積求圓積、球內立方積求球積、橢圓求面積、橢圓蛋體求積、橢圓桶體求積、橢圓尖錐求積和橢圓臺體求積。卷二共二十一術,前七術爲弧背與正弦、正矢、弦矢、正切的互求冪級數式,

後十四術是由八線求各種形體體積和面積的
冪級數式，內容爲弧背求正弦、正矢、正切，正
弦、正矢、弦矢、正切求弧背，弦矢、通弦、通弧
求弧田積、截球弦矢、截球矢、截球弦、截球腰
鼓求截球積，截球鼓形面徑截高求積，以及圓
內各形之一邊求圓外各形之一邊、圓外各形
之一邊求圓內各形之一邊、圓內幾等邊形積
求圓外同式形積、圓外幾等邊形積求圓內同
式形積、圓內幾等邊形面積求圓面積、圓外幾
等邊形面積求圓面積等。卷三共十八術，是
大小八線互求公式，內容爲大弧矢與小弧矢、
小弧正弦求大弧正弦、小弧正弦求大弧矢、小
弧矢求大弧正弦、大弧正切與小弧正弦、小弧
正切與大弧正弦、大弧正切與小弧矢、小弧正
切與大弧矢、大弧正弦與小弧正切、小弧正弦
與大弧正切、大弧矢與小弧矢正切、小弧矢與
大弧正切、大弧正切與小弧正切的互求等。
此書是清代研究冪級數展開式的集大成之
作，書中將冪級數算式形式轉化爲"術"的立
術方法具有一定的獨創性。

　　此書現存同治十一年長沙刻《徐莊愍公算
書》本、光緒九年歸安姚覲元輯刻徐有壬撰
《務民義齋算學》七種本、光緒末年成都算學
書局刻徐有壬撰《務民義齋算學》九種本、光
緒九年歸安姚覲元咫進齋刻姚覲元輯《咫進
齋叢書三集》三十七種本等。今據上海辭書
出版社圖書館藏清同治十一年長沙刻《徐莊
愍公算書》本影印。（韓毅）

致曲術一卷致曲圖解一卷　（清）夏鸞翔撰
（第 1047 册）

　　夏鸞翔（1823—1864），字紫笙，錢塘（今浙
江杭州餘杭區）人。曾任詹事府主簿、光禄
寺署正、同文館教習等職。師從項名達，通曉
數學，擅長繪畫，在求弦矢、開方、曲線諸領域
皆有研究，與戴煦、鄒伯奇、吳嘉善等數學家
有交遊。數學類著作有《洞方術圖解》、《致
曲術》、《致曲圖解》、《少廣縋鑿》、《萬象一

原》和《視學簡法》（失傳）等。其中前四種由
吳嘉善、鄒伯奇彙編爲《夏氏算書遺稿四種》
（又名《夏氏算術》），同治十三年（1874）由陳
璞附刻於鄒伯奇的《鄒徵君遺書》中。此外
尚有若干文學著作。生平見《清史稿·疇人
傳》、《清史列傳》卷七三《文苑傳》和諸可寶
《疇人傳三編》卷五《夏鸞翔傳》。

　　此書成於咸豐十一年（1861），同治十三年
（1874），南海鄒達泉拾芥園以《夏紫笙算書
四種》附刻於鄒伯奇《鄒徵君遺書六種》之
後。書中系統研究了弧長、旋轉體表面積以
及二次曲線等問題，是當時最早研究西方近
代數學的著作。其中《致曲術》一卷，討論平
圓、橢圓、拋物線、雙曲線、擺線、對數曲線、螺
線等的計算問題，包括弧長、所圍面積、曲面
面積與所圍體積，用無窮級數展開方法解決
了若干橢圓相關問題。《致曲圖解》又名《致
曲術圖解》，討論二次曲線及若干超越曲線
的問題，書中研究弧長等的計算，揭示了"拋
物線之面爲橢圓之極"與"雙曲線之面爲橢
圓之反"的結論，對二次曲線焦點、準線、漸
近線、法線、切線、曲率、曲率半徑均有討論，
并附以圖解。

　　此書將西方以線所生之次數分爲一次式
爲直線，二次式有平員（圓）、橢員（圓）、拋
物線、雙曲線四式，三次式有八十種，四次式
有五千餘種，五次以上殆難以數計。又進一
步將曲線分爲十二項，一爲諸曲線始於一
點終於一點，二爲諸式之心，三爲準線，四爲
規線，五爲橫直二徑，六爲兑徑亦名相屬二
徑，七爲兩心差，八爲法線切線，九爲斜規線
又名曲率徑，十爲縱橫線式，十一爲諸式互
爲比例，十二爲八線。此書代表了當時中國
數學家研究圓錐曲線的最高水平，其中許多
結果可彌補李善蘭所譯《代微積拾級》的
不足。

　　此書《清史稿·藝文志》、《清史稿·疇人
傳》和張之洞《書目答問》卷三等均著録。現

存夏鸞翔手稿本、同治十三年南海鄒達泉拾芥園刻鄒伯奇撰《鄒徵君遺書》六種附刻夏鸞翔撰《夏紫笙算書四種》本、光緒二十四年上海算學書局影印劉鐸輯《古今算學叢書》本和光緒間刻佚名輯《蟄雲雷齋叢書》十四種四十五卷本等。今據上海圖書館藏夏鸞翔手稿本影印。（韓毅）

則古昔齋算學十三種　（清）李善蘭撰（第1047冊）

　　李善蘭（1811—1882），原名心蘭，字竟芳，號秋紉，又號壬叔，海寧（今屬浙江）人。咸豐二年（1852）至八年任職於上海墨海書館，咸同之際任江蘇巡撫徐有壬、兩江總督曾國藩幕僚。同治七年（1868）經廣東巡撫郭嵩燾推薦，任京師同文館算學總教習。同治十三年任戶部主事，光緒二年（1876）任戶部員外郎，光緒八年任戶部郎中。曾師從吳兆圻、陳奐等，與蔣仁榮、崔德華等親友組織"鴛湖吟社"，與戴煦、羅士琳、徐有壬、吳嘉善、劉彝程等數學家有交遊。李善蘭精通數學、天文學、力學和植物學，著述、譯著頗豐。道光年間撰成《四元解》、《麟德術解》、《弧矢啓秘》、《方圓闡幽》及《對數探源》等。咸豐年間與英國漢學家偉烈亞力合譯歐幾里得《幾何原本》後九卷。又與偉烈亞力、艾約瑟等合譯《代微積拾級》、《重學》、《談天》等多種西方數學及自然科學著作，翻譯、創立了許多數學名詞和術語。主要著作彙集於其《則古昔齋算學》十三種二十四卷內。生平見《清史稿·疇人傳》、《清史列傳》卷六九《儒林傳》和諸可寶《疇人傳三編》卷六《李善蘭傳》等。

　　《則古昔齋算學》十三種二十四卷，初刊於同治六年，是李善蘭研究尖錐術、垛積術、三角函數與對數冪級數展開式、高階等差級數求和等方面的著作。卷首有"同治丁卯初春獨山莫友芝檢"印識，及同治丁卯九月李善蘭自序、同治三年二月劉世仲題識。全書包括《方圓闡幽》一卷，《弧矢啓秘》二卷，《對數探源》二卷，《垛積比類》四卷，《四元解》二卷，《麟德術解》三卷，《橢圓正術解》二卷，《橢圓新術》一卷，《橢圓拾遺》三卷，《火器真訣》一卷，《對數尖錐變法釋》一卷，《級數回求》一卷和《天算或問》一卷。此書"於算學用心極深"，"不讓西人"，代表了十九世紀後半期中國傳統數學最高水平。《清史稿》稱其爲"梅氏後一人"。汪煦《則古昔齋詩存序》稱"仰承漢唐，薈萃中外"，"業疇人者莫不家備一編，奉爲圭臬"。晚清數學家馮竣光、張文虎、賈步緯、曾紀鴻、汪曰楨、汪士鐸、徐壽、華蘅芳、孫文川、吳嘉善、徐建寅、丁取忠等，都曾校勘、研究和介紹此書。

　　此書《清史稿·藝文志》、《清史稿·疇人傳》、李慈銘《越縵堂讀書記》、王呈祥輯《尊經閣藏書目》和張之洞《書目答問》卷三等均作十三種二十四卷。現存同治六年金陵刻海寧李善蘭撰《則古昔齋算學》十三種二十四卷本、光緒八年江寧藩署刻本和光緒二十二年上海積山書局石印本等。今據上海辭書出版社圖書館藏同治六年金陵刻本影印。

方圓闡幽一卷

　　此書係前述李善蘭《則古昔齋算學》十三種之第一種，成於道光二十五年（1845）。

　　此書是清代後期探討尖錐術理論與算法的重要著作，書中列出十條命題作爲尖錐術的本理論，又以求圓面積爲例說明尖錐術的應用。首次提出尖錐術的概念及解法，并給出一些重要的積分公式，創立二次平方根、三角函數、反三角函數和對數函數的冪級數展開式，提出"元數起於絲髮而遞增之而疊之則成平尖錐"、"平方數起於絲髮而漸增之而疊之則成立尖錐"、"立方數起於絲髮而漸增之變爲面而疊之則成三乘尖錐"、"三乘方數起於絲髮而漸增之變爲面而疊之成三乘尖錐"、"從此遞推可至無窮,然則多一乘之尖錐,皆少一乘方漸增漸疊而成"等觀點,并給予尖錐體、尖錐面、方內圓外尖錐合積、正弦求弧背術、對數合尖錐曲線等詳細解法。尖錐術是十九世紀中國傳統數學最重大發明之一,具有解析幾何和微積分的思想萌芽,受到中外學者高度重視。在西方微積分尚未傳入中國的情況下,李善蘭的研究具有積極意義。顧觀光《算賸餘稿》中稱李善蘭方法比傳教士所傳方法高明、簡捷,認爲洋人"故爲委曲繁重之算法以惑人視聽",因而大力表彰。

此書《清史稿·藝文志》、李慈銘《越縵堂讀書記》和張之洞《書目答問》卷三等著錄,有道光三十年金山錢氏漱石軒刻《藝海珠塵壬集》本等。

弧矢啓秘二卷

此書係前述李善蘭《則古昔齋算學》十三種之第二種,成於道光二十五年。

此書是李善蘭以尖錐術推導正弦、正矢、反正弦、反正矢以及正切、正割、反正切、反正割諸三角函數的冪級數展開式的著作。卷一爲"正弦求弧背術"、"正矢求弧背術"、"正切求弧背術"、"正割求弧背術"、"弧背求正弦術"、"弧背求正矢術"、"弧背求正切術"和"弧背求正割術"。卷二爲"約法"、"弧背度分真數互求法"和"度分秒真數表"等。此書突破明安圖、董祐誠、項名達等有關"割圓連比例法",利用方內圓外的"截積"與尖錐合積的關係,得到"正弦求弧背"即反正弦的冪級數展開式,然後用直除、還原等方法得到其他諸多三角函數和反三角函數的冪級數展開式,其中正切、正割、反正切、反正割的冪級數展開式爲中國人首次獨立得到。清代數學家戴煦在《外切密率序》中稱讚"《弧矢啓秘》則用尖錐立算,別開生面"。同治六年(1867)英國人偉烈亞力(Alexander Wylie, 1815—

1887)《中國文獻錄》(Notes on Chinese Literature)評價:"在《弧矢啓秘》中,李善蘭給出了推演八線互求的新方法,特別是從正割求弧長和從弧長求正割的方法,則是在任何先前本國的工作中尚未給出過的。"

此書《清史稿·藝文志》、李慈銘《越縵堂讀書記》和張之洞《書目答問》卷三等著錄,有道光三十年金山錢氏漱石軒刻《藝海珠塵壬集》本、光緒二十四年上海算學書局影印劉鐸輯《古今算學叢書第三》本等。

對數探源二卷

此書係前述李善蘭《則古昔齋算學》十三種之第三種,成於道光二十五年(1845)。

此書是李善蘭用尖錐術研究對數函數冪級數展開式的重要著作。書中列有對數函數的冪級數展開式,并給出依此方法造表求對數的若干實例,描述對數合尖錐曲線之性質,揭示了對數合尖錐曲線乃雙曲線之一支,合尖錐底乃雙曲線漸近線之一,對數可用諸尖錐合積表示。卷一明確提出"對數之積,諸乘尖錐之合積也,與方圓之較同"的觀點,指出"正數以乘除爲比例,對數以加減爲比例,正數連比例之率,以前率與後率遞減之,則所餘者仍爲連比例之率,且仍如原率之比例。對數連比例之率,以前率與後率遞減之,則所餘者必爲齊同之數,是故有對數"。卷二"詳法"爲用無窮級數方法求對數的具體步驟。此書用尖錐術處理對數問題,先明其理,次詳其法,取得了相當於使用微積分纔能得到的結果。光緒二十三年(1897)英國偉烈亞力(Alexander Wylie, 1815—1887)《中國研究》(Chinese researches)評價:"李善蘭的對數論,使用了具有獨創性的一連串方法,達到了如同聖文森特的格列哥利於十七世紀發明雙曲線求積法時一樣的結果。"

此書《清史稿·藝文志》、李慈銘《越縵堂讀書記》和張之洞《書目答問》卷三等著錄,有光緒二十四年上海算學書局影印劉鐸輯《古今算學叢書第三》本和民國二十四年上海大東書局影印錢熙祚、錢培讓、錢培傑輯《指海》二十集一百四十種本等。

垛積比類四卷

此書係前述李善蘭《則古昔齋算學》十三種之第四種，約成於咸豐九年（1859）至同治六年（1867）間。

此書是研究各種垛積問題的專著，卷首有李善蘭序，卷末有"湘鄉曾紀澤校"題識。書中論述三角垛、乘方垛、三角自乘垛、三角變垛等求和問題，發現了多種類型的代數恒等式和高階等差級數求和方法，其中最著名的是三角自乘垛求和公式，即"李善蘭恒等式"。書中有表、有圖、有法，分條別派，詳細言之，自成體系。每卷含四方面內容：一是"表"和"造表法"，全書共有十五表，其中基本垛表六幅，支垛表七幅，系數表二幅；二是"解"和"草"，具有定義、推導和演草的性質，全書列出五十七個具體垛的定義式；三是"有高求積術"，主要爲多項求和公式和定理，全書給出一百二十四個垛的求和公式；四是"有積求高術"，全書給出一百個方程和一百一十二個列方程的草式。書中三角垛和三角變垛爲朱世傑所創，李善蘭則新創"三角垛有積求高開方廉隅表"、"乘方垛各廉表"兩類新垛積，豐富了高階等差級數求和的研究，得出一些相當於現代組合數學中的成果，極大拓展了垛積術的體系和内容。此書最大特點是圖、表、法俱全，尤其各種垛積表是他書所無。李善蘭"垛積術"是冪函數的定積分公式的階梯，是通向微積分學最基本和最普遍的公式，受到中外學者高度評價，章用《〈垛積比類〉疏證》、華羅庚《數學歸納法》、匈牙利數學家杜蘭·巴爾等曾予以研究和證明。

此書《清史稿·藝文志》、李慈銘《越縵堂讀書記》和張之洞《書目答問》卷三等著録，

有光緒二十四年上海算學書局影印劉鐸輯《古今算學叢書第三》本和民國二十四年上海大東書局影印錢熙祚、錢培讓、錢培傑輯《指海》二十集一百四十種本。

四元解二卷

此書係前述李善蘭《則古昔齋算學》十三種之第五種，成於道光二十五年（1845）。

此書是研究四元術的重要著作，卷首有李善蘭序，卷末署"湘鄉曾紀鴻校"。李善蘭在朱世傑《四元玉鑑》基礎上，通過"細草"和"繪圖"相結合形式，以十六個圖式解釋四元術。全書以"《玉鑑》問"、"答曰"、"草曰"組成，先釋列位及加減乘除相消諸法，復改定算格，其一元、二元圖與古同，三元、四元圖與古異，再取《四元玉鑑》首四問以其改定後之布算格式一一補足細草，逐節繪圖，詳釋其術。此書改進朱世傑《四元玉鑑》中四元高次方程布列法，提出一套新的四元消法，是繼徐有壬《四元算式》、戴煦《四元玉鑑細草》、沈欽裴《四元細草》、羅士琳《四元玉鑑細草》、李鏐《四元玉鑑省筆》、陳棠《四元消元法易簡草》等之後研究朱世傑"四元術"的重要著作。同治七年（1867）、光緒二年（1876年）列入京師同文館五年制二年級課程。

此書《清史稿·藝文志》、李慈銘《越縵堂讀書記》和張之洞《書目答問》卷三等著録。

麟德術解三卷

此書係前述李善蘭《則古昔齋算學》十三種之第六種，成於道光二十八年（1848）。

此書是爲答汪曰楨《二十四史月日考》之疑而作，解釋唐朝李淳風《麟德曆》中的二次差内插法。卷首有李善蘭序，卷末署"烏程汪曰楨校"。卷一爲消息盈朒法，解釋日躔術，採用運動學中已知速度求行程的幾何方法。卷二爲遲速法及其解法。卷三爲麟德二年閏三月氣朔細草，詳列各類解法。此書研究唐李淳風所著《麟德曆》中的"二次差内插法"及其對郭守敬《授時曆》的影響，指出"麟

德術盈朒、遲速二法,已暗寓平定二差於其中","不在西人均論、本輪、橢圓諸術下",其具體做法爲"取史志盈朒、遲速二法詳論之,以質世之治中法者"。李善蘭用幾何學方法驗證《麟德曆》引入劉焯(544—610)《皇極曆》二次差内插法解釋太陽和月亮的不均匀運動,并校釋《麟德曆》日躔與月離二術,爲研究隋唐曆法的内插公式提供了數學依據。

此書《清史稿·藝文志》、李慈銘《越縵堂讀書記》和張之洞《書目答問》卷三等著録。

橢圓正術解二卷

此書係前述李善蘭《則古昔齋算學》十三種之第七種,約完成於咸豐十年(1860)任江蘇巡撫徐有壬幕僚期間。

此書是李善蘭對徐有壬《橢圓正術》一書的圖解證明,闡釋徐氏著作中行星橢圓軌道運行問題的比例算法和對數算法。卷首有李善蘭序,卷末署"江寧汪士鐸校"。卷一有兩術,第一術爲"以角求積",第二術爲"以積求角",兩術均由"設有"、"求借角"、"所有率"、"所求率"、"今有數"、"求得數"等組成。卷二爲遲疾曆補法、日躔用對數法、月離用對數法、依後編法求諸用數等。李氏此書和《橢圓新術》、《橢圓拾遺》,以及徐有壬《橢圓正術》、項名達《橢圓求周術》、董祐誠《橢圓求周術》等,皆爲清代研究圓錐曲綫的重要著作,在中國數學史佔有重要地位。

此書《清史稿·藝文志》、李慈銘《越縵堂讀書記》和張之洞《書目答問》卷三等著録。

橢圓新術一卷

此書係前述李善蘭《則古昔齋算學》十三種之第八種,約完成於咸豐十年(1860)任江蘇巡撫徐有壬幕僚期間。

此書論述天體橢圓軌道運動的算法問題,卷末署"無錫徐壽校"。共載二術,採用求比例方法,第一術爲"以角求積",引進平圓圓面積角作爲計算方法;第二術爲"以積求角",採用級數展開方式求解。書中提出用無窮級數方法求解開普勒方程,即用級數展開式求解。此法是近代天體力學、軌道計算中常用數學方法,較歐洲學者爲晚,然是中國數學家獨立研究的成果。此書省却求半形的步驟,故比徐有壬《橢圓正術》算法簡捷。

此書《清史稿·藝文志》、李慈銘《越縵堂讀書記》和張之洞《書目答問》卷三等著録。

橢圓拾遺三卷

此書係前述李善蘭《則古昔齋算學》十三種之第九種,約完成於咸豐十年(1860)任江蘇巡撫徐有壬幕僚期間。

此書是研究天體橢圓軌道運動算法問題的重要著作,卷末署"無錫華蘅芳校"。書中介紹了有關橢圓的幾何性質和命題,卷一由二十款組成,其中第一款至第十二款介紹橢圓幾何性質,第十三款至第二十款運用綜合幾何方法推導橢圓向徑與平行角、實行角間關係,其中第十四款和第十七款重點論述橢圓向徑與實引角間關係。卷二爲第二十一款至第二十九款,論述已知橢圓一(圓)心、最高(卑)點和橢圓周一點求另一(圓)心之法。卷三爲第三十款至第四十四款,運用"微積分"方法和級數回求法,在卷一基礎上得出橢圓軌道運動問題的級數解答。此書所示其他冪級數展開解法,反映出李善蘭對天體運行軌道和微積分的理解和運用。

此書《清史稿·藝文志》、李慈銘《越縵堂讀書記》和張之洞《書目答問》卷三等著録。

火器真訣一卷

此書係前述李善蘭《則古昔齋算學》十三種之第十種,成於清咸豐八年(1858)臘月三十日。

此書卷首有咸豐八年臘盡日李善蘭題識,卷末署"上元孫文川校"。書中以幾何學方法介紹彈道學原理,創造了平圓計算法,是我國第一部具有精密科學意義的彈道學著作。此書提出"凡槍炮鉛子,皆行拋物線"的觀點,對槍炮射擊中發射角度與射程及命中點的關係作出明確論述。全書共十二款，每款數十至上百字，均用幾何圖示法加以説明。其中第一、二款論述槍炮與彈丸製造的標準化；第三款論述平地射擊的最大射程；第四款論述斜面射擊的最大射程；第五、六款論述最大射程内任一點有兩對稱發射角；第七款論述平地最大射程；第八款論述如何判斷鉛子所落之處；第九款至十一款爲平地最遠界計算方法和火炮射角確定等；第十二款介紹炮規操作方法，以鉛垂半圓儀指使發射角和斜面傾角。

此書作爲力學與幾何方法結合的産物，是清代數學家較早運用高等數學成功解決兵器製造中技術問題的著作，具有較强實用性，受到清代及後世學者較高評價，對此後數學家研究拋物線問題和射擊彈道學命中問題産生積極影響。如咸豐九年二月二十二日王韜《日記》稱："壬叔近著一書，曰《火器真訣》，苟量其高下，度其方向，即可知其所擊遠近，發無不中。""西人所以能獲勝者，率以此法，其術亦神矣哉。"光緒年間，盧靖撰《火器真訣釋例》、黄宗憲釋補李善蘭《火器真訣》爲《練炮宜知》、沈善蒸撰《火器真訣解證》等，均是闡發此書的重要著作。

此書《清史稿·藝文志》、李慈銘《越縵堂讀書記》和張之洞《書目答問》卷三等著録，有光緒十年湖北撫署刻李善蘭撰、盧靖述《火器真訣釋例》本和光緒二十三年梅城知足堂刻黄宗憲撰《古琴古研齋算率》五種本等。

對數尖錐變法釋一卷

此書係前述李善蘭《則古昔齋算學》十三種之第十一種，成於咸豐九年（1859）至同治三年間（1864）。

此書爲解釋西法對數積與諸乘方尖錐異同的數學著作。卷首有李善蘭序，卷末署"南豐吳嘉善校"。書中用尖錐術證明《對數探源》中得到的對數函數冪級數展開式，解釋西法對數積與諸乘方尖錐的異同，認爲兩術同用一合尖錐，一爲正法，一爲變法，尖錐術同西方級數論方法是相通的。全書包括合尖錐圖説、真數求對數兩部分，其中合尖錐圖説介紹對數探源圖，真數求對數介紹對數探源法和十乘尖錐計算法。李氏所著《對數探源》和《對數尖錐變法釋》兩書，是十九世紀中國數學之傑作，素爲數學史研究者所重視。

此書《清史稿·藝文志》、李慈銘《越縵堂讀書記》和張之洞《書目答問》卷三等著録。

級數回求一卷

此書係前述李善蘭《則古昔齋算學》十三種之第十二種，成於咸豐九年（1859）至同治三年間（1864）。

此書詳論對數還原之法，卷首有李善蘭序，卷末署"無錫徐建寅校"。書中以三角函數、對數函數等冪級數展開式爲例，設"今有弧背求正弦之級數，問正弦求弧背之級數若何"、"今有真數求對數之級數，問對數求真數之級數若何"和"今有橢圓最卑後實引平圓上借積度求平引之級數，問平引求借積度之級數若何"三個問題，討論如何由冪級數展開式反求冪級數。此書提出"凡算術用級數推者，有以此推彼之級數，即可求以彼推此之級數"，并用代數符號表達冪級數展開式闡述函數與自變數互求的演算程式，比明安圖《割圓密率捷法》、董祐誠《割圓連比例圖解》、項名達《象數一原》等更爲簡化，具有一定的開創性。

此書《清史稿·藝文志》、李慈銘《越縵堂讀書記》和張之洞《書目答問》卷三等著録。

天算或問一卷

此書係前述李善蘭《則古昔齋算學》十三種之第十三種，成於清道光二十年（1840）。

此書是李善蘭最早的數學著作，卷首有李善蘭序，卷末署"長沙丁取忠校"。李善蘭因"友人及門弟子，時有問難"，遂"擇其理之尤精者，録存於卷"，以問答體形式收録與學生答問的二十個數學天文問題,其中多有天文數學難題,如李冶、秦九韶、朱世傑、汪孝嬰、顏家樂、梅文鼎、歐幾里得等數學著作中有關勾股容圓、立天元術、尖錐術、勾股定理、平三角形、弧三角形、四率之理、顏家樂測北極高度、方圓冪積、圓内五邊形簡化等。

此書介紹法國耶穌會士顏家樂(C. Maigrot,1652—1730)利用恒星出地平到上中天的時間和上中天的地平高度求當地地理緯度的方法,改進恒星子午觀測定緯度方法和計算公式,使能選用任意恒星決定任一地方緯度。此外,書中也以文字形式給出容圓公式的統一表達形式。此書的計算方法對地圖測緯也具有重要價值。

此書《清史稿·藝文志》、張文虎《張文虎日記》、李慈銘《越縵堂讀書記》和張之洞《書目答問》卷三等著録。(韓毅)

求一術通解二卷 (清)黃宗憲撰(第1047册)

此書作者《續修四庫全書》誤題"黃遵憲撰",實當爲黃宗憲。黃宗憲,字玉屏,號筱谷、小谷,晚年自號資濱釣叟、味空居士,新化(今屬湖南)人,生活於清末同治、光緒年間。曾任國子監監生、中書科中書及新化算學教習等。同治十年(1871)師從丁取忠,於長沙"荷池精舍"研習古今算書,協助校訂《白芙堂算學叢書》。光緒二年(1876)隨郭嵩燾出使英國,充公使館監印官,後任駐西班牙使館供事。光緒三十二年受楊光瀚聘出任新化縣資江小學堂算學教習。黃宗憲"健於思而鋭於進,凡古算之繁者、深者、變幻而莫測者,必一一究其原",著有《求一術通解》二卷、《容圓七術》三卷、《曲面容方》一卷、《憫笑不計》一卷等,改編李善蘭《練炮宜知》一卷,與左潜合著《環率考真圖解》一卷。其著作於光緒二十二年集爲《古琴古研齋算率》五種,由梅城知足堂刊印。生平見《新化縣志·黃宗憲傳》。

此書完成於同治元年,同治十三年,經左潜參定,刊入長沙古荷花池精舍刻丁取忠輯《白芙堂算學叢書》中。卷首有同治甲戌夏月左潜序、同治甲戌二月黃宗憲叙及例言,書前有"同治甲戌夏刊於荷池精舍"牌記,卷首署"新化黃宗憲小谷編述,湘陰左潜壬叟參定"。書中對秦九韶"求一術"作進一步闡述,不僅解答一次同餘式組問題,還用"求一術"解決二元一次不定方程問題。卷上包括"析泛母法"、"求定母法"、"求寄數法"和附"求一術別題",每法均以"今有"、"問曰"、"答曰"、"按此"、"術曰"組成。卷下爲例題,主要利用"求一術"方法計算有關物不知數、築堤、道里遠近等數學問題,每題均由"今有"、"問曰"、"答曰"、"草曰"、"釋曰"各部分組成。

此書最大創新處有三:一是以"析各泛母爲極小數根"法求"定母","遇題有多式者,一索無遺"。其法爲"遍視各同根(如三與三、五與五之類),取某行最多者用之,餘行所有,棄之不用。再視本行所有異根(如三與五之類),或少於他行,則棄之(因他行已用,則此行必棄);抑或多於餘行,亦用之。或與他行最多者等,則此兩行隨意用之(用此則棄彼,用彼則棄此)。以所用數根連乘之,即得本行定母",此法與現代所用素因數分解求定數之法完全相同;二是不立"天元一"而得"求乘率捷法",其法爲"以定母衍數對列,輾轉相減,遞求寄數,即爲乘率,不立天元",使同餘式的求一術算法程式臻於完善;三是用求一術解不定方程,并新創反乘率法。此書爲清中葉以後關於一次同餘式問題研究的總結,用素因數分解法對秦九韶化問數爲定數的方法進行改進,是繼張敦仁《求一算術》、駱騰鳳《遊藝録》、時曰醇《求一術指》之後對秦九韶"大衍術"研究最深入且極具創意的著作,豐富和深化了中國傳統數學的不定分析方法。

此書《清史稿・藝文志》和范希曾《書目答問補正》卷三著録。現存同治十三年長沙古荷花池精舍刻丁取忠輯《白芙堂算學叢書》二十三種本、光緒十四年上海龍文書局石印丁取忠輯《白芙堂算學叢書》本、光緒二十三年梅城知足堂刻黄宗憲撰《古琴古研齋算率》五種本等。今據華東師範大學圖書館藏同治十三年長沙古荷花池精舍刻本影印。

術數類

集注太玄六卷　（宋）司馬光撰（第 1048 册）

司馬光（1019—1086），字君實，又字公實，號迂夫，晚號迂叟，世稱涑水先生，永興軍路陝州夏縣涑水鄉（今屬山西）人。卒贈太師、温國公，謚文正，賜碑“忠清粹德”。寶元元年（1038）進士甲科，歷仕宋仁宗、英宗、神宗、哲宗四朝，官至端明殿學士知永興軍、資政殿學士、尚書左僕射兼門下侍郎等。學識淵博，於史學、音樂、律曆、天文、數術，無所不通。著有《資治通鑒》二九四卷、《通鑒舉要曆》八十卷、《曆年圖》七卷、《集注太玄》六卷、《温公易説》六卷等。生平見《宋史》、蘇軾《司馬温公行狀》和范鎮《司馬文正公光墓志銘》等。

《太玄》爲西漢揚雄所撰，後世稱《太玄經》，歷代多有注釋。此書是司馬光“疑先儒之解未能盡契揚子之志”，從宋衷《太玄解詁》、陸績《太玄釋文》、范望《太玄解贊》、王涯注《太玄經》及《首》、《測》、宋惟幹《太玄經注》、陳漸《演玄》、吳秘《章義》等著作中集出揚雄《太玄經》原文及前代注文，集取其説，斷以己意，編撰而成。其書從慶曆中始作，至元豐五年（1082）六月書成，前後凡三十餘年。卷一爲《玄首》和《玄測》，卷二至卷六爲六十卦卦文和解文。《太玄經》仿照《周易》體例，用陰陽、五行和天文曆法知識，以

占卜形式解釋宇宙圖式。在自然觀方面以“玄”作爲體系的最高範疇，將空間分爲一、二、三方，再分爲九州、二十七部、八十一家。在時間上，綜合方、州、部、家，疊成八十一首，相當於《周易》六十四卦。提倡“殊塗而同歸，百慮而一致，皆本於太極、兩儀、三才、四時、五行，而歸於道德仁義禮”的觀點。此書源於宋以前諸家《太玄注》，頗具史料價值。清錢大昕審定此書後，“歎其絶佳”。

此書最早著録於晁公武《郡齋讀書志》卷一〇，作《温公集注太玄經》十卷，馬端臨《文獻通考・經籍考》同。《宋史・藝文志》、瞿良士《鐵琴銅劍樓藏書題跋集録》卷三等著録爲六卷。此書有南宋鈔本，明唐伯虎、錢孔周家有收藏，乾隆壬子年雲濤舍人購之，經錢大昕審定，於嘉慶三年（1798）五柳居陶氏刊印。另有《百子全書》影印南宋鈔本、明正統十年《正統道藏》本、嘉靖五年張士鎬刻本、明萬玉堂翻刻宋本、嘉慶三年五柳居柳氏鉛印本、道光十一年鵝溪孫氏刻《古棠書屋叢書》本、光緒元年湖北崇文書局刻本等。今據中國國家圖書館藏明抄本影印。（韓毅）

太玄解　（宋）許翰撰（第 1048 册）

許翰（？—1133），字崧老，開封府拱州襄邑（今河南睢縣）人。元祐三年（1088）舉進士第。歷任給事中、尚書右丞兼權門下侍郎、資政殿大學士提舉洞霄宮、端明殿學士等職。通經術，著有《太玄解》四卷、《襄陵集》十二卷、《論語解》和《春秋傳》等。生平見《宋史》和李綱《梁溪集》卷一六五《祭許崧老文》。

此書附刻於司馬光《集注太玄》六卷之後，卷七至卷十即爲許翰《太玄解》四卷，又名《玄解》，因續司馬光而作，故卷第相承。每卷書名不同，卷七書名題《太玄首測衝錯摛瑩注》，論述《玄首》、《玄測》、《玄衝》、《玄錯》、《玄摛》和《玄瑩》；卷八題《太玄數》，論述《玄數》；卷九題《太玄文掜》，論述《玄文》、

《玄捃》;卷十題《太玄圖告》,論述《玄圖》、
《玄告》,後附《太玄曆》。大抵《玄首》如
《彖》,《贊》如《爻》,《測》如《象》,《文》如
《文言》,《攡》、《瑩》、《捃》、《告》如《繫辭》,
《數》如《說卦》,《衝》如《序卦》,《錯》如《雜
卦》之類。此書承襲司馬光"玄易互通"的觀
點,仿照《周易》體例,運用陰陽、五行和當時
天文曆法知識,以占卜形式解釋宇宙圖式。

此書最早著録於南宋陳振孫《直齋書録解
題》卷九。清瞿鏞《鐵琴銅劍樓藏書目録》卷
十五和民國繆荃孫《藝風藏書續記》卷二等
皆著録。此書有南宋鈔本,唐仲冕家藏,現已
不存。現存明鈔本、嘉慶三年五柳居柳氏鉛
印本、道光十一年鵝溪孫氏刻《古棠書屋叢
書》本、道光二十四年五柳居陶氏鉛印本等。
今據中國國家圖書館藏明抄四卷本影印。
(韓毅)

翼玄十二卷　(宋)張行成撰(第 1048 册)

張行成,字文饒,又字子饒,人稱"觀物先
生",成都府路邛州臨邛(今四川邛崍)人,生
活於南宋高宗、孝宗時期。紹興初年中進士。
歷任直徽猷閣、兵部郎中、潼川府知府等職。
精易學,通術數,闡發揚雄、衛元嵩、司馬炎、
邵雍等人《易》說。乾道二年(1166)進呈《易
學七書》九十九卷,受宋孝宗採納、獎勵。著
有《周易述衍》十八卷、《皇極經世索隱》二
卷、《皇極經世觀物外篇衍義》九卷、《觀物
篇》三十卷等。生平見黃宗羲《宋元學案》卷
七八《張祝諸儒學案》和陸心源《宋史翼》卷
二八《張行成傳》。

此書每卷首爲張行成《易學七書》之一,是
解說西漢揚雄《太玄》的專著。卷首有作者
自序,每卷首署"宋臨邛張行成撰,綿州李調
元校"。書中將《太玄》與《周易》進行比較,
提出"理之自然,數生於理"的觀點,以闡明
《周易》之理。其中卷一論述前三變、後三
變、元首九變數、太元揲數、太元畫數、著數

等;卷二論述太元曆數、太初曆法析分爲秒
數、太元曆法析分爲秒數、三統太初曆法、四
分顓頊帝曆法和太元律數等;卷三論述五音
數、京房六十律和淮南子六十律變音數;卷四
論述太元五行數、天元五運數、淮南子一律生
五音數、五奇數、五偶數、奇偶互易圖、五音
數、淮南王六十律、淮南六十律圖和先天律吕
數等;卷五論述五音分配五行、太元納音數、
十二律娶妻生子圖、六十律納音同位娶妻隔
八生子圖;卷六論述五行支干相合數、納音起
於四方、納音子午分兩數、太元爲納音數與觀
物數合、論禮樂生於律曆、元衝、元錯和牝牡
群正以摘吉凶;卷七論述元數、罔直蒙酋冥
等;卷八論述太衍法;卷九論述易元數;卷一
〇論述揲蓍法;卷一一論述太元一元總數;卷
一二論述一行卦意,附有易緯卦氣圖。

此書每卷先述《太玄》之文,後與《易》并
言,即用圖書易學之法注釋《太玄》。如卷一
指出,"一者,玄也。一生三,其數成六,天之
用也。故易一卦六爻","易,天也,分於地
者,君甩臣也;玄者,地也,宗於天者,臣尊君
也","玄用九數,故中於八;易用十五數,故
中於九。易兼九六,玄獨用九也。易之八者
天體,玄之九者地用也"。書中利用術數之
法,算得《太玄》一元總數爲三方,各一千五
百三十九歲,而爲四千六百一十七歲。在與
"太玄圖"比較中提出"易先天圖"的觀點,對
邵雍《先天圖》進行圖解。書中提到"易先天
圖"有三,即先天方圖、先天圓圖和方圓合一
圖,分別對應邵雍先天八卦六十四卦方位陣
圖中的方圖、圓圖、方圓合一圖。此書是張行
成利用先天學數本論思想研究《易》的重要
著作,不僅深入研究易與玄的互通之理,而且
也研究漢代《太玄曆》、《太初曆》和《顓頊曆》
日分法的不同。黃宗羲《宋元學案》卷七八
《張祝諸儒學案》稱其爲"論《易》之名言"。

此書南宋淳熙五年(1178)陳騤《中興館閣
書目・子部》、《宋史》卷二〇五《藝文志》、

《玉海》卷三六《藝文》著録。楊士奇《文淵閣書目》卷二載《翼玄》一部九册。清四庫館臣從《永樂大典》抄得,收入術數類《存目》。乾隆三十五年(1770)至四十九年,萬卷樓李調元輯刻《函海》,此書得以流傳。有嘉慶十四年李鼎元重刻本、道光五年李朝夔補刻本、光緒七至八年廣漢鍾登甲樂道齋刻本等。今據上海圖書館藏萬卷樓李調元輯刻《函海》一百六十三種本影印。（韓毅）

太玄闡秘十卷首一卷外編一卷附編一卷
（清）陳本禮撰（第 1048 册）

陳本禮(1739—1818),字嘉會,號素村,又號耕心老農,江都(今屬江蘇揚州)人。國子監監生。著有《易林考證》六十六卷、《協律鈎元》四卷《外集》一卷、《屈辭精義》六卷等。生平見謝延庚修《(光緒)江都縣續志》卷二四下《人物志·陳本禮傳》。

此書十卷,完成於嘉慶十九年(1814),每卷首署“聚學軒叢書第四集,江都陳本禮纂述,貴池劉世珩校勘”。卷首有光緒四年(1878)汪鑒序、李兆洛序和嘉慶甲戌自序。此書爲闡發西漢揚雄《太玄經》而作,以“玄”爲中心,糅和儒、道、陰陽三家思想,對禍福、動静、寒暑、因革等對立統一關係及其相互轉化情況進行闡述。卷首有《自序》、《例言》、《漢書列傳》、《漢給事黃門郎揚雄生卒年考》、《筮儀》、《玄圖》、《集説》。卷一至卷一〇闡述《太玄經》原文,指出“《太玄》文字簡奥,寄喻幽深,似古箴銘,若古謡諺,海内素心,定多欣賞,特憶此書”,故“闡微表幽”。此書廣引各家注釋,精擇其有義理者,冠以某氏,詳加闡明。其間有冗蔓者,略爲删減。若與本文無關者,概不引述。又於先儒繪諸圖中復究精義,製方圓一氣圖。

《附編》一卷,含《太玄賦》、《解嘲》、《解難》和《反離騷》,卷末有嘉慶二十二年陳本禮跋。《外編》一卷,收録歷代注解、讚頌、考

證《太玄經》的著作,包括陸績《述玄》、范望《解賛》、韓愈《讀荀》、曾鞏《答王深甫論揚雄書》、王世貞《書揚雄傳後》、汪琬《跋漢書揚雄傳後》、全祖望《子雲生卒考》、鍾惺《讀揚雄傳》、朱少文《史論》、何涉《墨池準易堂記》、范淶《新修揚子雲草玄堂記》、郭子章《漢揚雄墓記》、班固《漢書子雲叙傳》、張俞《子雲像賛》和宋祁《子雲像賛》等,卷末有嘉慶二十年陳本禮跋。

此書是陳本禮闡發《太玄經》的代表作之一,李兆洛序中評其“復推尋子雲所歷時變,原其忠義憤鬱之微旨”。書中對揚雄生卒年的考證,自成一説。《附編》録入歷代研究《太玄經》的著作,保存史料甚豐。

此書《清史稿·藝文志》著録爲十卷,民國李盛鐸《木犀軒藏書書録》卷三著録爲六卷附録一卷。現存中國國家圖書館藏陳本禮稿本、嘉慶道光間江都陳氏褱露軒刻本、光緒二十八年貴池劉世珩輯刻《聚學軒叢書》本、陳逢衡輯《陳氏叢書》本等。今據光緒貴池劉世珩《聚學軒叢書》本影印。（韓毅）

潛虚述義四卷附考異一卷 （清）蘇天木撰
（第 1048 册）

蘇天木,字戴一,高要(今廣東肇慶端州區)人。乾隆三十三年(1768)貢生。少時師從江西新建劉斯組學習象數、太玄等,精究宋五子書。著有《潛虛述義》四卷附《攷異》一卷和《家訓》一卷。生平見屠英、江藩等纂《(光緒)肇慶府志》卷一九《人物志·蘇天木傳》。

此書是蘇天木闡發司馬光《潛虛》的重要著作,分義理、圖式、術數三大内容,而又貫通一體。卷一爲總義,論述解氣圖、體圖、性圖和名圖。卷二、卷三爲解行圖,從元至齊凡五十五條。卷四爲解命圖。書後附《圖像辨》和張行成《潛虛數義》。書中以司馬光“萬物皆祖於虛,生於氣,氣以成體,體以受性,性以

辨名,名以立行,行以俟命"爲主體思想,以"天木案"的形式對《潛虛》進行詳細解説,增添大量宋以來潛虛的理論和内容。凡每行每變,多繫以韻語數句。附《考異》一卷,考性圖、名圖和行圖。此書是研究司馬光《潛虛》和蘇天木哲學思想的重要著作,伍崇耀稱讚此書"詞旨典雅,古奥頗近《焦氏易林》","實足以闡發名理"。

此書道光三十年(1850)刻入南海伍氏粤雅堂伍元薇、伍崇耀輯刻《嶺南遺書》第五集,書前署"宋涑水司馬光君實撰,高要蘇天木戴一述",卷末有道光三十年伍崇耀跋。另有同治二年《嶺南遺書》六集五十九種本。今據復旦大學圖書館藏道光三十年南海伍氏粤雅堂伍元薇、伍崇耀輯刻《嶺南遺書》五集五十四種本影印。(韓毅)

皇極經世觀物外篇釋義四卷　(明)余本撰(第1048册)

余本,字子華,别號守愚子,時人稱南湖先生,寧波府鄞縣(今浙江寧波鄞州區)人。明正德六年(1511)進士第二。曾任翰林院編修、廣東提學副使、山東督學、南京通政等職。精於性理之學,於易學多所發明。著有《易經集解》十二卷、《正蒙集解》二卷、《皇極經世解》六卷等。生平見明張時徹纂修《(嘉靖)寧波府志》卷三〇《理學・余本傳》。

此書共四卷,撰於任山東督學期間。嘉靖元年(1522)青州府初刻,嘉靖四十四年青州府補刻,題守愚子余本著。卷首有青州府知府杜思序、吳澄識、余本序,卷末有四明董國俊跋。書中主要解釋邵雍《皇極經世觀物外篇》,專明象數之學。卷一論皇極起數之原致用之法,附一元消長總運圖、一元消長分算圖、僻數祖先天圖和掛圖載通變者。卷二論河洛之數易象之理,解釋河圖、洛書、伏羲則圖作易、大禹叙書作范的原理,附有聲音入既濟圖、例掛圖、乾長數圖、坤消數圖、天體一極

圖、地體十二圖、伏羲八卦橫圖、伏羲六十四卦橫圖、伏羲八卦圓圖、伏羲六十四卦方圓圖、文王八卦次序圖、文王八卦方位圖和文王六十四卦次序圖算。卷三論太極之本天象地理物數之原,附有天地十二辰圖、閏月定時成歲圖和日月九道圖等。卷四論人事之數,附有先天四象與臟腑配合之圖、臟腑出生次序本八卦圖和六十四卦卦氣圖等。書中凡邵雍本文高一字,余本注文低一字,邵雍本文無圖,余本取邵雍他書及史志諸書補之。此書引用資料廣博,補充數十幅易圖,有助於了解邵雍先天象數之學。杜思序稱"先生獨於數百年之後,精思妙契,會悟旁通,裒輯諸家注釋,纂彙成編,其師授固有所自,而學者能因其書而求之,則於邵子數法之妙思過半矣"。

此書晁瑮《晁氏寶文堂書目》卷上、黄虞稷《千頃堂書目》卷十一和《(雍正)浙江通志》卷二四五《藝文》等均著録,有民國二十五年四明張壽鏞約園輯刻《四明叢書第四集》三十八種本等。今據上海圖書館藏明嘉靖四十四年青州府刻杜思補修本影印。(韓毅)

古太極測一卷　(明)徐熥撰(第1048册)

徐熥(1515—1586),字文華,號巖泉,太倉(今屬江蘇)人。明嘉靖三十二年(1553)進士。任長沙府推官、四川道御史、山東巡鹽御使、北畿學政、江西按察副使和山西道行太僕寺卿等職。晚好神仙之術,葬於直塘北小虹橋梅園。著有《定性書釋》一卷、《李翰林批點四書初問講義》八卷《補》一卷、《徐氏殘編》四卷等。生平見王世貞《弇州續稿》卷一一二《吳孺人合葬志銘》和民國八年《太倉州志》卷一六《人物志・徐熥》。

此書是徐熥在對畿輔生曹魯、李應勛等講述《太極圖》基礎上撰寫而成。全書一卷,成於嘉靖四十三年七月,由北直隸順義縣知縣都温請人刊刻,卷首有徐熥自序。據曾朝節《學初述》記載,嘉靖乙丑四十四年春,徐熥

將此書贈於曾朝節、王楚陽、南宮下等人。書中提出"兹圖也,人之所以爲心也。圖不明,病心者多矣"的觀點,論述孔子全體太極小像、六圖像、古太極像、八卦應天、八卦應地、六陰六陽卦位、天地定位陰陽妙合、五行成象、五行相生、五行相克、消息、鬼神、氣質虧盈、四府、世道昇降、陰遜陽、陰抗陽、幾微過中、災祥倚伏、心體、人心四德、性之、身之、上達、下達、中人、中人以下、遮隔、落陷、淪溺、聖學、良知、教化、川流、位育和無極之象等内容。此書内容淺易,配有大量圖像,是明代研究太極圖和易學的重要著作。

此本據中國國家圖書館藏明嘉靖四十三年順義縣知縣都温刻本影印。(韓毅)

範衍十卷　(明)錢一本撰(第 1048 册)

錢一本(1539—1610),字國瑞,號啓新,武進(今屬江蘇常州)人。明萬曆十一年(1583)進士。曾任廬陵知縣、福建道御史等職。因彈劾江西巡按御史祝大舟和内閣首輔張居正,上《論相》、《建儲》二疏論政弊,觸怒明神宗,削職爲民。天啓二年(1622)贈太僕寺卿。深研六經,尤邃於《易》,曾與顧憲成、高攀龍等分主東林講席,人稱"東林八君子"。著有《周易像象管見》九卷、《易像抄》六卷、《續像抄》二卷等。生平見《明史》、黄宗羲《明儒學案》卷五九《東林學案二·御史錢啓新先生一本》和《(光緒)武進陽湖縣志》卷二八《錢一本傳》等。

此書十卷,成於明萬曆三十四年,書名題《龜背範衍》。卷首有錢一本《範衍題辭》,介紹《周書洪範》和《衍法》,總論要旨。卷一論述五行疇,凡九章。卷二論述五事疇,凡三十六章。卷三論述八政疇,凡八十四章。卷四論述五紀疇,凡一百二十六章。卷五論述皇極疇,凡一百二十六章。卷六論述三德疇,凡八十四章。卷七論述稽疑疇,凡三十六章。卷八論述庶徵疇,凡九章。卷九論述福極疇,

凡二章。卷一〇爲疇問,共十個問題。全書首以衍法,仿《靈棋經》之例而小變之。又總論疇數之義綴於卷末,其意欲以補宋代蔡沈書所未備。《四庫全書總目》認爲此書雖以《範衍》説爲名,而與蔡氏各自爲説,故仍以作者之時代爲次。此書兼收諸家注釋,是研究明代占卜、數術的重要著作。

此書《明史·藝文志》、《欽定續通志·藝文略》、《欽定續文獻通考·經籍考》和黄虞稷《千頃堂書目》卷一《易類》著録。此本據清華大學圖書館藏明萬曆刻本影印。(韓毅)

馬王堆帛書五星占　(第 1049 册)

此帛書 1973 年出土於湖南長沙馬王堆三號漢墓,字體有篆、隸之分,是中國目前已發現的最早天文學著作。"五星占"題爲整理者所加。書分兩部分,第一部分爲《五星占》原文,第二部分爲馬王堆漢墓帛書整理小組《五星占釋文》,分九章。

《五星占》寫作年代約在漢文帝十年(前170)前後。其書用整幅絲帛抄寫而成,約八千字,前半部爲《五星占》占文,後半部爲五星行度表。書中以五星行度的異常和雲氣星慧的變化來占卜吉凶,含有大量天文星占文字,多爲戰國時期甘德《天文星占》和石申《天文》中占文遺存,甘氏占文尤多。此書作者根據實地觀測,記録了從秦始皇元年(前246)到漢文帝二年間木星、金星、火星、土星、水星位置,以及五星會合週期和五星行度。此書保存了戰國至西漢初期天文星占學的重要内容,具有極高文獻價值。

此書原件藏湖南省博物館。今據 1978 年《中國天文史文集》本影印。(韓毅)

馬王堆帛書天文氣象雜占　(第 1049 册)

此帛書於 1973 年出土於湖南長沙馬王堆三號漢墓,字體有篆、隸之分,是中國乃至世

界上現存最早的天文氣象占卜著作。"天文氣象雜占"題爲整理者所加。書分兩部分，第一部分爲《天文氣象雜占》原文，第二部分爲國家文物局古文獻研究室整理《天文氣象雜占釋文》。

《雜占》或成於戰國時期，當與《周禮》成書年代相近。圖文并茂，內容多爲利用星象和雲氣變化占驗災異變故、戰争勝敗，可能是經整理完善的定本。分兩部分，第一部分以圖爲主，共六列圖文，每列從右到左分若干行，每行以墨或朱砂，或朱墨并用，畫成雲氣、星圖，每圖下縱向排列説明文字。插圖與文字編排有一定順序，大致以雲氣、日占、月占、星占爲序，其占測物件用圖畫表現，或對圖畫形象輔以文字説明。第二部分爲帛書末尾的專文論述，有四列占文，占家有"北宫"、"任氏"、"趙氏"三家。全書有圖二百五十餘幅，其中二十九幅彗星圖是現存世界上最早關於彗星組成和彗星形態的描述，其彗核、彗髮、彗尾和朝向與現代天文學描述極爲一致，反映了我國古代天文觀測精度及彗星研究方面的突出成就。此書對研究戰國秦漢時期天文、氣象與占卜的發展具有重要意義。

此書原件藏湖南省博物館。今據1979年《中國文物》本影印。（韓毅）

乙巳占九卷　題（唐）李淳風撰（第1049冊）

李淳風生平見前《周髀算經》提要。

此書成於唐太宗貞觀十九年（645），一説成於高宗顯慶元年（656）稍後。書名來源有二説，一説因完成於貞觀乙巳年，故名《乙巳占》；一説此書起算上元爲乙巳，故名。

此書爲李淳風"集其所記，以類相聚，編而次之"所成，全面總結唐貞觀以前諸家星占學説，建立起系統的星占體系。卷首有作者自序和後序。其書起算上元爲乙巳，卷一爲天象、天數、天占等，卷二爲月占、月干犯列宿占、月干犯中外官占等，卷三爲分野、詩緯雅

測、史記天官書等，卷四爲五星占、星官占、歲星占等，卷五爲熒惑占、熒惑干犯中外官占、熒惑入列宿占等，卷六爲太白占、太白干犯列宿占、太白干犯中外官占等，卷七爲流星犯日月占、流星干犯五星占、流星入列宿占等，卷八爲彗孛占、彗孛干犯中外官占、雜星妖星占等，卷九爲帝王氣象占、將軍氣象占、軍勝軍敗氣象占等。書中內容除包括星占方法和應驗情況外，還保留大量天象記録、天象描述、分至點位置、渾儀部件及結構、歲差計算值和軍事占驗等重要史料。尤其卷一部分，介紹唐代最新的天文學成就，如《天象》列舉八家言天體象者而獨取渾天，《天數》給出關於天球度數、黄道、赤道位置、地理緯度及其相應的計算公式。更重要者，此書明確論述了歲差的存在。《乙巳占》被譽爲中國古代星象百科全書，對唐代及以後的星占學產生很大影響。

此書《舊唐書·經籍志》、《宋史·藝文志》、王堯臣《崇文總目》卷八、陳振孫《直齋書録解題》卷十二、馬端臨《文獻通考·經籍考》和陸心源《十萬卷樓叢書》等著録爲十卷，王應麟《玉海》卷三作十二卷，又記其書原爲五十卷，後合爲十卷；《新唐書·藝文志》、鄭樵《通志·藝文略》著録爲十二卷；朱彝尊《曝書亭集》卷四四著録爲爲七卷，所藏或非完書。此書現存明抄七卷本、清抄九卷本、雍正四年陳夢雷、蔣廷錫編《古今圖書集成》本、嘉慶二十四年東武劉氏嘉蔭簃鈔本、光緒二年歸安陸心源《十萬卷樓叢書》本等。今據天津圖書館藏清抄九卷本影印。（韓毅）

觀象玩占五十卷　題（唐）李淳風撰（第1049冊）

李淳風生平見前《周髀算經》提要。

此書分十集五十卷，對日月、五緯、經星、雲漢、彗孛、客流、雜氣以及山川、陸澤、城郭、宫室、營壘、戰陣等用占卜形式加以解釋，後附陰晴風雨、雹露霜霧等。其中甲集三卷，卷一

爲天論及天占,卷二爲日及日占,卷三爲月及月占,介紹天文學八家理論,而獨重渾天,并用占卜形式介紹天、日、月等災異變化。乙集四卷,卷四至卷五爲五星總叙和五星占,卷六爲歲星和熒惑占,卷七爲鎮星及太白占。丙集四卷,論經星二十八舍之東方蒼龍七宿及其占法。丁集五卷,論經星二十八舍之北方玄武七宿、西方白虎七宿及其占法。戊集五卷,論南方朱雀七宿、紫薇宮垣、太微宮垣、天市垣及其占法。己集五卷,論雜座、太微垣雜座、紫薇垣雜座、天市垣雜座等。庚集五卷,論東方七宿雜座、西方七宿雜座及其占法。辛集六卷,論南方七宿雜座及五星、妖星、流星、雲氣等占。壬集七卷,卷三八至卷四三論日暈、月暈、雲氣、雷、雹、霜、雪、雨、露、雲、風等占,卷四四論風角五音六屬法。癸集六卷,論風角及其占法,以及地占、山川占、日占、月占、星占、雲氣占、地震占等。此書認爲日月之交會、五星之退留可用推步計算,至於日月所不至,五星所不經,亦往往斷以占候。此書每論占驗必引史實以證,保存了大量豐富的天象、災異和氣象學的資料。

此書或題唐李淳風著,或題明劉基撰,或題清黃鼎輯録,《四庫全書總目》列入存目,并認爲其不見於唐宋史籍目録,明代以後驟然增加,"夫古書日亡而日少,淳風之書獨愈遠而愈增,其爲術家依托,大概可見"。《述古堂書目》、《嘉業堂藏書志》等著録,清錢謙益《絳雲樓書目》、《浙江通志》等作四十九卷,明陳第《世善堂書目》、清黃虞稷《千頃堂書目》卷十三載爲十卷,不著撰人,《明史‧藝文志》載一卷,不著撰人。現存明鈔本約十多部,另有題劉基撰五十二卷本,題黃鼎輯四十二卷本,佚名撰八卷本,佚名撰四十八卷拾遺一卷本,乾隆陽湖左氏念宛齋鈔本,蒲松齡抄三卷本,朝鮮肅宗三年銅活字四十七卷拾遺一卷本等。今據清華大學圖書館藏明抄本影印。（韓毅）

譙子五行志五卷　（唐）濮陽夏撰（第1049冊）

濮陽夏,唐人。生平不詳。此書或名《樵子五行志》,宋元明間"樵子"多於"譙子",清以後則皆書"譙子"。

此書分木、火、土、金、水五行,應四時以編次,首天文,次及物類,以推休咎。卷一爲木行、龍行、蛇行、魚行、雷行和風行。卷二爲火行、衆羽蟲、白鳩、伯勞、烏鵲、雀、雉、雞、卦直離、日旁氣和日暈。卷三爲土行、填星、戊己、倮蟲、人頭形、坤艮、占霧氣和虹蜺。卷四爲金行、太白星、庚辛金德、石人、騊駼、牛馬和霜雪等。卷五爲水行、辰星、壬癸、龜、黿、雪、寒、卦直坎、月暈和月珥等。其書綜論五行相生、相克、相補及運轉變化,記録大量有關天象、星占、數術的資料,明祁承爜《澹生堂集》卷一八稱此書爲"宇宙間一大觀",是唐及唐前星占數術的重要研究資料。

此書首見著録於《新唐書‧藝文志》。北宋王堯臣《崇文總目》卷八《五行類》、南宋王應麟《玉海》卷五《天文》、鄭樵《通志》卷六八《藝文略‧五行‧陰陽》和《宋史》卷二〇六《藝文志五》等亦著録。南宋以後明祁承爜《澹生堂藏書目》卷一〇載爲一卷,南宋尤袤《遂初堂書目》、元陶宗儀《說郛》卷一〇、清趙宗建《舊山樓書目》等不分卷。此書有清鈔本二冊。此本據中國國家圖書館藏明鈔本影印。（韓毅）

素問六氣玄珠密語十七卷　題（唐）王冰撰（第1049冊）

王冰（約710—805）,號啓玄子。唐肅宗寶應年間（762—763）任太僕寺太僕令,史稱"王太僕"。精研《素問》,著有《次注黃帝内經素問》、《素問六氣玄珠密語》等。今所傳《玄珠密語》、《昭明隱旨》、《天元玉册》和《元和紀用經》或爲後人托名之書。生平見北宋高保衡、林億《重廣補注黃帝内經素問序》引《唐人物志》、南宋張杲《醫說》卷一《王冰自號啓玄子》和明徐春甫《古今醫統大全》卷一《歷世聖賢名醫姓氏·王冰》等。

此書成書年代不詳。宋人林億《重廣補注黄帝内經素問序》中謂"王氏《玄珠》,世無傳者。今有《玄珠》十卷、《昭明隱旨》三卷,蓋後人附托之文"。然王冰自序言《素問》"辭理秘密,難精論述者,别撰《玄珠》,以陳其道",可見王冰確有此作。

此書專論五運六氣,闡發《素問》七篇大論主旨。王冰自序認爲"《素問》中隱奥之言,可以直而申之。可以修養五内,資益群生。有罰强補弱之門,有祛邪全正之法","能究其《玄珠》之義,見之天生,可以延生,見之天殺,可以逃殺",起預防疾病的作用。全書共二十四篇,從運氣角度闡釋醫理,極大發展了《内經》思想,對後世運氣學説有一定影響,如宋代官修醫書《政和聖濟經》、《政和聖濟總録》和劉温舒《素問入式運氣論奥》等即以運氣學説作爲醫學理論。書中從運氣角度闡述五臟病機及其症候,有利於疾病的預防,亦有可取之處。

此書宋張行成《皇極經世觀物外篇衍義》卷九《觀物外篇》載王冰《玄珠密語》,不著卷數。《宋史·藝文志六》載王冰《素問六脉玄珠密語》一卷。戴良《九靈山房集》卷二七《滄洲翁傳》載"《玄珠密語》十卷,乃啓玄子所述"。明白雲霽《道藏目録詳注》卷四《太玄部》、高濂《遵生八箋》卷七、清王植《皇極經世書解》卷一四《觀物外篇》、楊保彝《海源閣宋元秘本書目補遺》、王紹曾《楹書隅録補遺》卷三等亦有記載。現存明鈔本、正統十年《正統道藏》本、清道光二年振賢堂鈔本、清仁壽山房寫本和民國《道藏舉要》本。此本據中國國家圖書館藏明鈔本影印。(韓毅)

景祐乾象新書三十卷(存十二卷) (宋)楊惟德等撰 (第1050册)

楊惟德,宋真宗、仁宗時人。曾任司天監保章正、太子洗馬兼司天監春官正、同判司天監、權知司天少監、司天監少監等職。景祐元年(1034)九月,與燕肅合造景祐水秤。至和元年(1054)七月,記録"天官客星"爆發情況。精於天文、曆法、六壬、遁甲之術,著有《景祐遁甲玉函符應經》二卷、《七曜神氣經》二卷、《景祐太一福應集要》十卷等。生平見南宋陳振孫《直齋書録解題》卷一二和王應麟《玉海》卷三《天文·景祐乾象新書》。

陳振孫《直齋書録解題》卷一二載,司天監春官正楊惟德等以歷代占書及春秋至五代諸史,採摭撰集而成此書。成於景祐元年七月,宋仁宗賜書名并御製序,序文見王應麟《玉海》卷三《天文》。編撰者除楊氏外,尚有春官正王立、翰林天文李自立、何湛及内侍任承亮、鄧保信、皇甫繼和、周惟德等人。全書共三十卷,卷一爲天占,卷二爲地占,卷三和卷四爲太陽占,卷五和卷六爲太陰占,卷七爲周天星座去極入宿度,卷八爲晷景晝夜刻中星七曜行數分野,卷九至卷一三爲歲星占、熒惑占、填星占、太白占、辰星占,卷一四和卷一五爲紫微垣占、太微垣占、天市垣占,卷一六至卷二二爲角亢氐房四宿占、心尾箕斗四宿占、牛女虚危四宿占、室壁奎婁四宿占、胃昴畢觜四宿占、參井鬼柳四宿占、星張翼軫四宿占,卷二三至卷二六爲東雜座占、北雜座占、西雜座占、南雜座占,卷二七爲五星總占,卷二八爲彗星孛星占,卷二九爲瑞星妖星客星占,卷三〇爲流星占。此書内容以星占爲主,據馬端臨《文獻通考·經籍考》考證,部分内容引自唐武密《古今通占》,然其恒星座標值却爲景祐年間觀測和占測值,以景祐年間二十八宿距度及周天恒星觀測爲基礎,記録有周天星宿度分及占測之術。書中曾列有一張周天星座入宿去極度數表,史稱《楊惟德星表》,惜現已失傳,僅在《宋史·天文志》中載有部分内容。另,書中大部分觀測數據,保存在南宋建炎四年(1130)李季編纂的《乾象通鑒》

中。此書對研究景祐年間恒星觀測和天文儀器具有重要意義。

此書首見著録於景祐年間王堯臣等編《崇文總目》卷四《天文類》，其後《宋史‧藝文志五》、陳振孫《直齋書録解題》卷一二、晁公武《郡齋讀書志》卷一三和馬端臨《文獻通考‧經籍考》等亦皆著録。有北宋元豐元年（1078）十二月司天監學生秦孝先、司天監楷書蘇宗亮、司天監書庫官徐欽鄰等鈔本，現僅存卷三至卷六、卷一二、卷一三、卷一六至卷一九、卷二七和卷二八等共十二卷，清中葉爲虞山張蓉鏡所得。卷首有道光甲午年陳鑾、錢泳，道光壬辰年陶廷傑，道光甲子年李兆洛等衆多題識，書名題“宋鈔景祐乾象新書”、“宋鈔本乾象占驗秘册”等。另有明抄三十卷及《拾遺》十卷本、民國十六年上虞羅振玉依北宋元豐手寫殘本《景祐乾象新書》卷三和卷四排印“太陽占”本。今據中國國家圖書館藏宋神宗元豐元年鈔本影印。（韓毅）

乾象通鑑一百卷　　題（宋）李季撰（第1050—1051册）

李季，生活於北宋末年至南宋初年，河北東路河間府（今屬河北）人。紹興年間免解進士。任將仕郎等職。編有《乾象通鑑》一百卷。生平見此書卷首自序、王應麟《玉海》卷三《紹興乾象通鑑》和莫友芝《郘亭知見傳本書目》卷九《乾象通鑑一百卷》等。

此書又名《紹興乾象通鑑》，書前有宋高宗御製序及李季自序。據李心傳《建炎以來繫年要録》卷四三記載，此書於南宋建炎四年（1130）由兩浙路婺州上奏朝廷，紹興元年（1131）三月宋高宗詔令太史局天文官吳師彥等依經改正訛舛，與舊書參用。李季自序稱其書“據經集諸家之善，考古驗已驗之迹，復以《景祐新書》、《海上秘法》，參列而次之，著爲成書，凡一百卷，目之曰《乾象通鑑》”，凡“天之所示，時之所變，無一不在，將

不勞推測而吉凶禍福之兆，鑑古驗今，昭然自見”。知是李季彙集歷代天文星占著作而成，收録大量前代星占學著作，如《京房易傳》、《京氏外傳》、《京房星經外傳》、《京房易飛候氣候》、《京房易妖占》、《京房易占》、《京氏五星占》、《京房災異後序》、《災異後論》和《春秋合誠圖》等。卷一爲乾變論；卷二爲坤變論；卷三爲陽徵前論；卷四爲陽徵後論；卷五爲歷代事證論；卷六爲陰徵前論；卷七爲陰徵後論；卷八爲石申周天星坐去極度數論；卷九爲巫咸甘德周天去極度數論；卷一〇爲石申巫咸甘德三氏紫微垣星坐論；卷一一爲晷刻星行論；卷一二爲十二分野論；卷一三爲五緯歲星論；卷一四爲五緯熒惑論；卷一五爲五緯鎮星論；卷一六爲五緯太白論；卷一七爲五緯辰星論；卷一八爲紫微垣星論；卷一九爲紫微垣内坐統論；卷二〇爲紫微垣外座統論；卷二一爲太微星論；卷二二爲太微垣前論；卷二三爲太微垣後論；卷二四爲天市垣統論；卷二五爲天市垣前論；卷二六爲天市垣後論；卷二七至卷八二爲列舍二十八宿前論、列舍二十八宿後論；卷八三至卷八五爲東方雜坐統論；卷八六至卷八八爲北方雜坐統論；卷八九至卷九一爲西方雜坐統論；卷九二至卷九四爲南方雜坐統論；卷九五至卷九六爲五星總論；卷九七爲瑞星總論；卷九八爲妖星總論；卷九九爲流星總論；卷一〇〇爲雜占總論。此書援引廣博，推驗精詳，以占引史，保存宋代恒星觀測數據以及大量前代星占學資料，可補《開元占經》之遺漏。其中所引前代史料宋以後多已失傳，故具有較高價值。

此書南宋王應麟《玉海》卷三作《紹興乾象通鑑》一百卷，明鈔本作一百卷，清鈔本亦作一百卷而增加卷首《星宿總説》一卷。清莫友芝《郘亭知見傳本書目》卷九考此書平津館有舊鈔本，孫馮翼重抄之，後歸孫星衍，再歸上海郁松年。《四庫全書》未收此書，阮元搜訪四庫遺書時亦未見。道光二十五年

（1845）楊振藩校勘此書，未及刊行，後又歸豐順丁氏嘉業堂。孫星衍得舊本影抄後，海内才有傳本。有清孫星衍舊藏馮孫翼鈔本和廣雅書局精鈔本等。今據中國國家圖書館藏明抄本影印。（韓毅）

戎事類占二十一卷 （元）李克家撰（第1051 册）

李克家，字肖翁、嗣宗，豐城（今屬江西）人，生活於元末明初。元順帝至正年間（1341—1370）任本學教諭，遷遼陽儒學副提舉。在豐城建同文書院，凡鄉人有志於學者，聚而教焉，買田自給。著有《戎事類占》、《豐水續志》等。生平見《（雍正）江西通志》卷二一《書院》、卷六七《人物》和《（康熙）新建縣志》卷二四《人物志·李克家傳》。

此書卷首有張壽朋序、孫汝澄《題辭》，卷末有蔡正茂撰、羅彝序書《戎事類占後序》。書中取兵家占候，採輯成編，多爲占驗之術。卷首爲天象圖、分野圖；卷一至卷二一論述天類、日類、月類、星野類、星類、風類、雲氣類、蒙霧類、虹霓類、雨雹類、雷電類、霜露類、冰雪類、五行類、時日類和厭勝類，凡十六門。楊周憲纂修《（康熙）新建縣志》稱此書“通星緯、雲氣、風角、鳥情諸象占”，保留大量天文星占圖譜和資料。《四庫全書總目》則批評其“真妖妄之言，法所必斥者也”。

此書錢大昕《補元史藝文志》和《明史·藝文志》等均著録爲二十一卷。明趙用賢《趙定宇書目》和清錢謙益《絳雲樓藏書目》卷三著録爲五本，不言卷數。《四庫全書總目》卷一一○有此書提要。今據北京大學圖書館藏明萬曆二十五年厭原山館刻本影印。（韓毅）

參籌秘書十卷 （明）汪三益輯注（第1051—1052 册）

汪三益，字漢謀，信州貴溪（今屬江西）人，生活於明崇禎年間。幼習儒學，頗涉經史，少遇異人，授太乙六壬奇陰禽遁諸家之學。輯注《參籌秘書》十卷。生平見此書《自叙》和錢謙益《牧齋初學集》卷二九《參籌秘書序》。

此書乃裒合禽遁奇門諸書而成編，以備兵家之占。書共十卷，成於明崇禎十一年（1638），每卷前題“古吳楊廷樞維斗父鑒定”、“豫章汪三益漢謀父輯注”、“平江張拱端孟恭父較閱”。卷一叙述列宿論、二十八宿分野躔度、禽星起例、征法、戰鬥法、伏兵佈陣法、諸禽所屬、禽星利宜等，凡一百四十九例，主要爲禽遁相關知識；卷二叙述一元禽遁；卷三叙述二元禽遁；卷四叙述三元禽遁；卷五叙述四元禽遁；卷六叙述五元禽遁；卷七叙述六元禽遁；卷八叙述七元禽遁；卷九叙述金鼓旌旗圖説，凡五十餘圖，尤其是五方神旗圖、二十八宿真形旗圖、六丁六甲神旗圖、出兵破陣神旗圖等，將陣法、陣圖、陣旗與軍事戰爭結合起來；卷一○爲烟波釣叟歌、陰陽二遁歌、遁年奇法、遁月奇法、遁日奇法、遁時奇法、遁年月日時三奇帝星、遁日門法、遁時門法、遁甲定論、超接置閏心法、六甲主事、八神主事、五陽時利客、起長生訣、起五符訣、五符主事、起青龍訣、八宮生門斷訣、八宮克門、八門比和斷訣、六儀臨時斷訣、六乙加時斷訣、六丙加時斷訣、六丁加時斷訣、六己臨時斷訣、六庚臨時斷訣、六辛臨時斷訣、六壬臨時斷訣、六癸臨時斷訣、八門三奇吉星方和八門三奇凶星方等。此書重在叙述禽星占候與軍事戰爭的關係，深受民間術數人士推崇。錢謙益《參籌秘書序》評價此書“濟世安民，匡時定亂”。《四庫全書總目》則謂：“是時流氛方熾，廟堂主招撫，而草澤則競談兵，乃至方外者流亦炫鬻其術，托於異人之傳。夫天時之説見於《孟子》，則孤虛旺相亦屬舊文。然周興紂滅，同一干支；我往彼亡，難分宜忌。軍政不修，而規規以小術求勝負，末矣。”

此書因楊序有反清思想，遭清政府限禁。

《續通志・藝文略》、《續文獻通考・經籍考》和黃虞稷《千頃堂書目》卷一三等著録。清錢謙益《參籌秘書序》、孫星衍《孫氏祠堂書目外編》卷二將其書列入兵家類書目。《四庫全書總目》卷一一〇有提要。此本據北京大學圖書館藏明崇禎十二年楊廷樞刻本影印。（韓毅）

風角書八卷　（清）張爾岐撰（第 1052 册）

張爾岐（1612—1678），字稷若，號蒿庵居士，又號汗漫，濟陽（今屬山東）人。少時爲濟陽縣諸生。後熟讀經史，兼及諸子百家，旁及太乙、奇門之學。一生未仕，教授於鄉里，晚年精研"三禮"，與顧炎武、劉友生、李象先、李中孚、王宏等交遊。學宗程朱，提出"天人一氣"和"天道即自然"的觀點。康熙十二年（1673）至十四年，受聘參與修纂《山東通志》。一生著述甚多，撰有《夏小正傳注》一卷、《蒿庵集》三卷、《周易説略》八卷等，多由後人及弟子刻版問世。生平見《清史稿》、江藩《漢學師承記》卷一《張爾岐》、羅有高《尊聞居士集》卷五《張爾岐傳》等。

此書八卷，專論占風候雨術。歷史上專論風角的著述，西漢京房《風角書》早已失傳，《新唐書・藝文志》所載劉孝恭著《風角書》十卷亦不傳，惟張爾岐此書僅存。此書成於明崇禎己卯十二年（1639），初刊於清道光九年（1829）。卷首有張爾岐序。據《蒿庵集》卷二《風角書序》記載，張爾岐通壬遁之法，善風角之術，故此書收集歷代占風候之術，提出"四方四隅之風以占吉凶"的觀點。卷一爲風角占總例，論風候、候風法、風名狀、占驗大法和觀風知賊數等。卷二爲五音占法，論五音所生、納音五音、五音風聲占、占風知敵將、五音相動風占一以時日方參驗之、五音相動風占二以音與方參驗之、五音之日風占專詳納音、五音風聲占、日納音風發止占、五音雜占、五音主客勝負例和五音次序。卷三爲

六情占法，論六情干屬、六情支屬釋義和六情日。卷四爲八風占法，論京房八風占、歲首占風、八節風占、八逆風占、三辰八角風占、八卦王相例、八風形狀加方位、四時八風占、乙巳略例八節風占、八風兵占、八風兼五音兵占、八風十二辰占和八風雜占。卷五爲干支占法，論四時午子占、巫咸干支占、十二支占、三刑相會占、刑德衝墓雜占和干支附餘占。卷六爲事類風占，論占風知兵、出軍占風、兩軍相守風占、城營風占、邊夷水賊風占、水火災風占、候喪疾風占、候公疾貴客占法、兵占和附救百姓疫法、候風知遷官免罪法。卷七爲飄風占法，論宮宅占、行道占、國事占、天門風占附、飄風占附餘。卷八爲海運風占，論風候、風忌、海運抄略、風旺四時、海運水經、各月風候和占歲謠言等。書中區分各種風勢，計有和風、噎風、怒風、亂風、暴風、飄風、勃風、回風和旋風，專門論述花信風、四季季風特點，認爲"春有二十四番花信風，梅花風打頭，楝花風打末"，又謂季風旺四時，"春旺東風，夏旺南風，秋旺西風，冬旺北風"。此書徵引資料豐富，如引用《京房八風占》、《武備志》、《巫咸占》、《乙巳占》等，保存了大量資料。書中各類風占，與天象運行和二十八宿位置密切相關，爲古人長期天文觀察和統計氣象、氣候的經驗總結，爲預報各類風雨提供史實依據。此外，書中還保存了大量彗星、氣象和海洋預報的資料。

此書《清史稿・藝文志》著録，孫殿起《販書偶記》卷十有著録而無卷數。現存道光九年李瀚章輯刻《正覺樓叢書》本、道光十四年安康張鵬翂刻本、光緒年間崇文書局重刻《正覺樓叢書》本和清平安館鈔本等。此本據遼寧省圖書館藏清道光十四年安康張鵬翂刻本影印。（韓毅）

雲氣占候二卷　（清）汪宗沂撰（第 1052 册）

汪宗沂（1837—1906），字仲伊、詠村，號韜

盧子,歙縣西溪(今屬安徽)人。師從臨川李聯琇、儀征劉文淇、桐城方宗誠和常熟翁同龢等,學習經學。光緒丙辰六年(1880)進士。任山西知縣、曾國藩忠義局編纂、李鴻章幕僚等職,先後在安慶敬敷書院、蕪湖中江書院和徽州紫陽書院講學,後在家開經館授徒,有"江南大儒"之稱。對儒、兵、易、農、禮、樂等諸學頗有研究,著作甚多。生平見此書卷首小序、閔爾昌《碑傳集補》卷四一和民國《安徽通志稿·列傳稿》。

此書上下二篇,成書年代不詳,卷首有汪宗沂小序。全書用韻文寫成,提出"陰陽自屬兵家之一術"的觀點,認爲"無智無慮而候於雲氣,則不可以決勝負"。全書分爲序、雲氣占候上、雲氣占候下三部分。上篇專論雲氣占驗、望氣之道、候氣之術、奇門雲氣、王氣所在、德將之氣、賢將之氣、智將之氣、猛將之氣、勁兵之氣、勝兵之氣、伏兵之氣、詭兵之氣、襲兵之氣、暴兵之氣、兵起之氣、死將之氣、求和之氣、佈陣之氣、邊兵之氣、破軍之氣、潰兵之氣、怯將之氣、城壘之氣、病兵之氣、叛兵之氣、敗兵之氣、城中敗氣、城中勝氣、建牙之氣和決戰之氣等,凡三十餘種。下篇內容龐雜,以占雲氣爲主,專論日暈之氣、月暈之氣、霞之爲氣、天河之氣、北斗之氣、風亦主氣、風暴之氣、霾之爲氣、蒙爲霧氣、霧之爲氣、虹之爲氣、雷爲正氣、凡占雨氣、候塵之氣、雨星之氣、金銀之氣、葬乘生氣、相宅之氣、譽中地氣、觀人氣色、相馬之式、射獵之氣等,以及禽占、獸占、蟲占等內容。此書是對古代兵家望氣術的全面整理,保存了大量古代物候學知識及資料,并以隨文夾注形式注明出處,對研究古代物候、氣象、農事、軍事和神秘哲學具有一定價值,也可據此輯錄大量佚書。

此書清王呈祥輯《尊經閣藏書目》著錄。此本據上海辭書出版社圖書館藏清光緒間桐廬袁昶輯刻《漸西村舍彙刊》本影印。

(韓毅)

管氏指蒙二卷　題(魏)管輅撰　(宋)王伋注　(明)汪尚廣補注　(第1052冊)

管輅(209—256),字公明,平原郡平原(今屬山東)人。魏國術士,喜觀星辰,精通《周易》,善於卜筮、相術,習鳥語。魏正元初(254),任少府丞。《三國志》將"管輅之術筮"與"華佗之醫診,杜夔之聲樂,朱建平之相術,周宣之相夢"相提并論,認爲"皆玄妙之殊巧,非常之絕技"。一生著述甚豐,有《周易林》四卷、《遇仙訣五音歌》六卷、《周易八仙歌》三卷和《易傳》一卷等。生平見《三國志》。

王伋(1007—1073),字肇卿、孔彰,原籍河南開封,後居江南西路贛州(今屬江西)。精管輅地理之學,開創新理氣學派,稱爲閩派或福建派,弟子葉叔亮傳其所著《心經》及《問答話錄》。生平見《浙江通志》卷一九七《方技》。

汪尚廣,歙縣新安(今安徽黃山徽州區)人,生活於明萬曆年間。曾任新安縣令。生平見清汪鳴相等纂修《新安汪氏宗祠通譜·汪尚廣傳》。

此書又名《管氏地理指蒙》。卷首有《管氏指蒙序》、李淳風《表奏》、朱允升序和王伋《指蒙後序》,卷後有萬曆八年(1580)冬新安縣令汪尚廣《管氏指蒙跋》。書中以陰陽五行爲綱領,系統闡述相土度地、望氣尋龍、擬穴得穴、擇向定向等理論。全書一百篇,卷上四十五篇,介紹地勢斷吉凶之法,包括有無往來、山岳配天、配祀、相土度地、三奇、四鎮十坐、辨正朔、釋中、乾流過脉、象物、開明堂、支分誼合、釋子位、離窠入路、形勢異相、朝從異相、三徑釋微、四勢三形、遠勢近形、應案、擬穴、得穴、擇向、復向定穴、左右釋名、五鬼克應、次舍祥沴等四十五術。卷下五十五篇,介紹尋龍秘訣之法,包括望勢尋形、水城、陽明造作、擇日釋微、迷徒寡學、亨絕動靜、通世之術、左右勝負等。此書爲歷代堪輿家、地理學家必讀之書,書中所提諸理論觀點,如"尋龍先分九勢"、"葬先蔭後"、"三吉五凶"等堪輿思想,對後世影響極爲深遠。

明項喬《項喬集》、朱升《環秀樓序》均提及此書,不著卷數。清倪燦《宋史地理志補》、黃虞稷《千頃堂書目》載魏管輅《管氏指蒙》二册。錢曾《讀書敏求記》卷三亦不著卷數,并將此書和《狐首古經》、《青烏先生葬經》稱爲"陰陽書之祖"。陳夢雷編《古今圖書集成·堪輿部》收錄此書,定爲二卷。有雍正六年武英殿《古今圖書集成》本和道光十九年豫章義岡王氏《形家》二十種本等。此本據浙江省圖書館藏明萬曆八年新安刻本影印。(韓毅)

陽宅大全十一卷　（第 1052 册）

此書編撰者不詳,共十一卷,精選當時最爲盛行堪輿學著作,包括明一墅居士《八宅四書》四卷,周繼撰、郭澹編、吳勉學校補、江湛若訂正《陽宅真訣》三卷,《楊救貧先師宅寶經》一卷,《陽宅神搜經心傳秘法》一卷,題唐李淳風《鑿井圖經》一卷,《楊公來路玄空烟火活法》一卷,此卷后附《楊公十八忌玄空經房煞》。此書是明代專論陽宅風水的代表性著作,不僅包含相宅理論、方法、吉日和禁忌等諸多內容,而且對陽宅外部地形、內部結構、元運宜忌等有詳細介紹。書中的理論和形勝,針對性強,在民間居住選址方面影響深遠。

《明史·藝文志三》著録此書,不著撰人。清黃虞稷《千頃堂書目》卷十三著録爲一卷。現存最早刊本爲明萬曆辛丑十年（1582）新安吳勉學刻本。清乾隆三十七年（1772）懷德堂刻《重鐫官板陽宅大全》十卷,題明一墅居士集。同治十年（1871）,文淵堂和文英堂分別刊刻《陽宅大全》十卷,亦題明西陵一墅居士集。光緒十五年（1889）刻《陽宅大全》四種十卷,題明周繼撰。民國年間上海錦章圖書局和上海廣益書局分別石印《陽宅大全》亦作十卷,題明一墅集。此本據浙江省圖書館藏明神宗萬曆十年吳勉學刻本影印。

八宅四書四卷　（明）一墅居士撰

此書係前述《陽宅大全》七種之第一種,一墅居士撰。一墅居士,湖北西陵（今屬湖北宜昌）人,生活於明神宗萬曆年間。一墅居士有二説,一爲《八宅四書引》所載黃亭州,明末清初人;一爲《養生修真證道弘典》所載彭好古,明萬曆時西陵人,少而好道,中年歸隱,撰有《金碧古文龍虎上經解》、《金丹四百字注》、《古本參同契注》等。

此書始撰於萬曆二十三年（1595）,成於萬曆二十九年,是一部專論陽宅風水的著作。卷首有一墅居士《八宅四書引》,指出"陽宅之法,北方薦紳先生侈譚之,而於南方爲闕聞"。其書由四部分組成,其一圖式,其二大綱,其三細目,其四則斷法。卷一論述八宮掌訣、九宮掌訣、飛宮掌訣、野馬跳澗訣、三元訣、男女泊宮訣、遊年七煞訣、七煞吉凶訣和七煞圖及各類圖式。卷二論述各類穿宅、造宅之法。卷三論福元、論生命、論修造、論分房、論丈尺、論抽爻換象、論方位節氣、論九宮、論遊年變宅、論命辰、論九星流年臨官、論流年小運、論二十八宿臨宮、論火庵、論遷移、論遷移避忌、論選擇、論門路、論廚竈井池碾磨和論馬牛六畜。卷四論述五行生剋斷訣、星卦生克斷訣、抽爻換象斷訣、九星曆卦斷訣、九星宮位斷訣、九星子孫斷訣、開門斷訣、門尺斷訣等。其書圖文并茂,保存大量與建築學有關的地形方位圖,其"福元説"和"八宅法"等對明代建築學產生一定影響。同時,此書還區分明代"形勢宗"和"理氣宗"相宅的理論差異,指出"南人習依形勢,不便方位家;北人無形勢足據,一切卦例,隨地可布,故其術易行"。

此書清黃虞稷《千頃堂書目》卷一三著録。

陽宅真訣三卷　（明）周繼撰　（明）郭澹編　（明）吳勉學校補　（明）江湛若訂正

此書係前述《陽宅大全》之第二種，明周繼撰，郭澹編，吳勉學校補，江湛若訂正。周繼，字志齋，山東歷城（今屬山東濟南）人，生活於明世宗嘉靖年間。嘉靖四十四年（1565）進士。任南京户部侍郎、應天府巡撫等職。著有《陽宅真訣》。生平見《山東通志》卷十五之一《選舉志》。郭澹，汶上（今屬山東）人。著有《理數通考》二卷，其餘生平不可考。吳勉學，字肖愚，新安歙縣（今屬安徽）人。萬曆年間輯刻大量醫學和數術書籍。生平見《四庫全書總目》卷一〇五《河間六書》提要。江湛若，新安（今安徽黄山徽州區）人。其餘生平不可考。

此書刊刻於明萬曆二十五年，卷首有萬曆十年中元日周繼《陽宅書序》，萬曆丁酉董復亨《陽宅真訣序》。其書"博採群書，獨闡秘論"，詳細論述陽宅八宅的坐落朝向。卷上爲宅元十事，包括第一先定三元數、二十四氣穿中遊、三論分房臨七政、四議爻神換象抽、五是火庵拜易卦、六明宅體數源流、七疊布文成卦象、八來遁甲九星搜、九推年月穿宫宿、十用廉真倒換頭。卷中爲各類陽宅圖式、斷房之訣、斷門之訣等。卷下爲六十花甲子、長生秘訣等。此書圖文并茂，保存了大量相宅的圖例和歌訣。

此書《明史・藝文志三》著録爲二卷，清黄虞稷《千頃堂書目》卷一三作一卷。

楊救貧先師宅寶經一卷

此書係前述《陽宅大全》之第三種。楊救貧（834—904），即楊筠松，名益，字叔茂，號救貧，世稱救貧先生、救貧仙人。嶺南道竇州（今廣東信宜）人，一説山南西道贛州（今屬江西）人。唐宣宗大中八年（854）中舉人。唐僖宗時任金紫光禄大夫，掌靈臺地理，主管宫廷建築、重要寺廟的規劃佈局，以及天象觀察、皇族祭祀等。乾符二年（875）黄巢起義

軍攻佔長安後，攜御庫秘笈南逃至虔州府崇賢里居住，後卒於贛州。精研輿地之學，著述豐富，有《疑龍經》、《撼龍經》、《畫夾圖》、《四大穴法》等。生平見謝旻等纂修《（雍正）江西通志》卷一〇六《方技》。

此書明萬曆三十年由青蓮居士江中澄刊刻，卷首有青蓮居士江中澄《宅寶經序》。後由吳勉學刻入《陽宅大全》之中。然考《舊唐書》、《新唐書》、《宋史》、《元史》和《明史》等均不載此書，可能爲後人托名之作，亦可能爲青蓮居士江中澄編輯。

此書論述節氣、農事、出行、婚嫁、禁忌等相宅内容。全書包括起九星訣、九星配合六十甲子法則、正四七十四孟之月以交節氣之時準算、二五八十一四仲之月、三六九十二四季之月、妖星、惑星、禾刀、煞貢、直星、土才、角巳、人專、立早、逐月求婚吉日、逐月下定吉日、嫁娶、五合、入學求師吉日、襲爵蒞官吉日、逐月豎造吉日、按床吉日、胎産雜忌、逐月作竈吉日、移居吉日、栽種吉日、開耘種忌日、養蠶作繭五音凶吉年方月日、安蠶方位、蠶禾大忌、裁衣合帳吉日、造酒醋麴醬吉日、立契交易吉日、分家財吉日、公庭詞訟、祈福吉日、設齋吉日、年上起月例、日上起時例、定寅時訣、喜神方位作事向大吉、逐日黄道吉時用之亨通、鶴神方位作事避之大吉、彭祖百忌日、赤口日、九焦日諸事宜忌和望病凶日等，末附《諸葛卧龍先生定萬年出行圖》。此書實際是一部通俗類書，内容龐雜，多爲百姓日常生活知識。

此書有明抄《新抄楊救貧宅寶經》一卷本、明種德堂刻《新刻楊救貧秘傳陰陽二宅便用統宗》二卷本、雍正六年武英殿刻陳夢雷等撰《古今圖書集成》本和黄亭州一壑居士《八宅四書全集》本等。

陽宅神搜經心傳秘法一卷

此書係前述《陽宅大全》之第四種，明佚名撰。

此書主要介紹與生活相關的住宅風水,提出不同住宅風水佈置會給人帶來不同影響。以羅經、神禹洛書、洛書數目和八卦之圖爲依據,介紹相形章、五行方位形勢章、相堂章、塔數章、九星章、論門章、道路章、天井章、造牆章、運氣章等,凡房屋構造、石材用料、建築規模、天井放水、房屋佈局、門前禁忌,以及與健康相關的形勢等,多有論述。書中謂"相宅之法,以坐山爲主;下羅之法,當於正堂;梁中心下之,以定房之方隅",極爲強調門前環境佈局。亦極重視室內建築佈局,有"相堂章"、"天井章"等強調"明堂以方勻圓净爲佳"、"富貴不離金土"。凡屬金、土形者爲吉,不屬金、土形者爲凶。書中對"天井"的論述尤有特色,以大量圖樣解析天井放水以趨吉避凶的辦法,認爲不可隨便放置亂石、假山、花木,以至破壞宅內風水。此外,書中還配有各類房堂佈局詳圖,列有與五行有關的各類禁忌。總之,此書沿襲八宅風水理論和定屋之法,內容簡潔,實用性強,對明清風水學及房屋建築佈局的發展有一定影響。

此書有雍正六年武英殿刻陳夢雷等撰《古今圖書集成》本和清鈔本。

鑿井圖經一卷　題(唐) 李淳風撰

此書係前述《陽宅大全》之第五種,題唐李淳風撰。李淳風生平見前《周髀算經》提要。

此書以陰陽八卦理論爲指導,提出"陰陽交而天地泰,山水會而氣脉和",認爲鑿井要察形勢,順乎山水走勢。全書內容包括穿地錦、造井透泉奇書和立圖鑿井之訣,書後附有二十四山水向井圖之水深尺寸。書中重點介紹八卦方位與井深尺度及井內遇泥沙的處理辦法,亦涉及主房屋主人健康情況、子孫延續與財富積累等內容。此書是中國古代風水學中鑿井的代表性著作,對後世鑿井選位有一定影響。

此書清錢曾撰、瞿鳳起輯《虞山錢遵王藏書目録彙編》卷五著録。然考《舊唐書》、《新唐書》、《宋史》、《元史》和《明史》等官私史書,均不載此書,可能爲明人假托。此書有雍正六年武英殿刻陳夢雷等撰《古今圖書集成》本。

楊公來路玄空烟火活法一卷附楊公十八忌玄空經房煞一卷

此書係前述《陽宅大全》之第六種,明佚名撰。楊公即唐人楊筠松,生平見前《楊救貧先師宅寶經》提要。

此書以陰陽八卦理論爲指導,提出"山澤通氣"、"雷風相薄"、"水火不相射"的觀點,認爲玄空烟火具有重要作用。全書包括兩部分內容,一爲烟火氣口走向,以訣曰、假令、卦象、斷、曰等形式組成,主要介紹烟火氣口走向與宅主富貴、發財、禄壽、吉凶之間的關係;二爲楊公十八忌玄空經房煞,重點介紹各種房煞,如飛翅宅、單耳房、孤獨房、雙耳房、焦尾房、丁字房、暗箭房、露脊房、赤脚房、露骨房、枯骨房、單翅房、雙翅房、龜背莊頭房、依台房、漏星房、批頭房、鳳台房等與宅主疾病、損壽、破財、傷畜之間的關係。此書是風水學陽宅建築中烟火朝向佈局的重要著作。

此書不見明以前任何史籍,可能爲楊公弟子或明人托撰。有雍正六年武英殿刻陳夢雷等撰《古今圖書集成》本等。

《楊公十八忌玄空經房煞》一卷附于《玄空烟火活法》後,此書專論相宅禁忌,共十八忌。全書以"忌名"、"假如"、"斷曰"形式組成,介紹飛翅宅、單耳房、孤獨房、雙耳房、焦尾房、丁字房、暗箭房、露脊房、赤脚房、露骨房、枯骨房、單翅房、雙翅房、龜背莊頭房、倚臺房、漏星房、披頭房、鳳臺房等禁忌。如第一忌飛翅房,"假如舊堂房前後又接新椽者,主家長瘟疫,破財,官事,失音,邪風,被人劫盗。多主癆癖之瘡,大凶不利",斷曰:"莫把新椽接舊椽,破財人口不安康。當年必定墳頭哭,盗賊官司枷鎖殃。"書中沒有明顯輕重次序之分,亦未有化解之法,但極爲重視房屋本身的形狀與構造。此書强調十八條與房屋建築有關的禁忌、注重房屋的方正格局、忌亂加亂改房屋造型等,對傳統建築佈局有規範作用。全書以歌訣形式寫成,實用性强。

此書明以前未見著録,可能爲其弟子或明人僞托。有雍正六年武英殿刻陳夢雷等撰《古今圖書集成》本。（韓毅）

安居金鏡八卷　（清）周南（清）吕臨輯（第1052冊）

周南,字梅堂,錢塘（今浙江杭州餘杭區）人。吕臨,字蔚若,仁和（今浙江杭州餘杭區）人。二人生活於乾隆時期,合輯《安居金鏡》八卷,其餘生平不可考。

此書介紹八宅派風水理論中有關住房風水的理論與實踐。卷一爲相宅全書,介紹二十四山房屋朝向與富貴之關係、都天煞方位歌、元髓經。卷二爲黄帝授宅經,認爲宅地是陰陽樞紐,修建房屋要選擇好方位、方向、破土動工時間,以達到陰陽和諧。書中將天干地支與八卦相配合,組成二十四路山向,分別形成陽宅圖和陰宅圖,然後以每方向吉凶配以羅盤選擇地址。卷三爲搜源鑒,以洛書爲依據,介紹房屋間數。卷四爲八卦九宫探源窮本論,介紹五行相生、相克、文王伏羲八卦方位和八卦變宅。卷五爲天機相宅秘奧,論宅外形。卷六爲相宅形圖説,包括各種相宅歌訣和吉凶宅圖譜。卷七爲陽宅本旨,包括坐宫分房配門訣和分房配門圖解。卷八爲陽宅真訣,總論陽宅各種理論。此書包含陽宅建築各項內容,介紹建宅居室宜忌,有一定實用性。

此本據廣東省中山市圖書館藏清乾隆四十五年周氏壽南堂刻本影印。書前有"《安居金鏡》,錢塘周梅堂手輯,仁和王司直參閱,壽南堂藏板"題識。每卷前署"周南梅堂甫、吕臨蔚若甫全輯,吴永年巽峴甫鑒定,王惟諫司直甫參閱,薛儁理齋甫、陸煌檀甫甫全校"字樣。壽南堂爲周南堂號,知爲其自刻本。（韓毅）

玉髓真經三十卷　（宋）張洞玄撰　（宋）劉允中注釋　（宋）蔡元定發揮　後卷二十一卷　房正等撰（第1053冊）

張子微,號洞玄,江南西路貴溪（今屬江西）人。宋太祖開寶年間任國師,撰《玉髓真經》三十卷。生平略見此書序。劉允中,荆湖南路長沙（今湖南長沙）人,生活於南宋紹興年間。曾任進義副尉。生平見此書序及李心傳《建炎以來繫年要録》卷一六二。

蔡元定（1135—1198）,字季通,號西山先生,福建路建州建陽（今福建建陽）人。曾拜朱熹爲師,對理學、律吕、堪輿、天文、地理、曆數、兵陣等有深入的研究,協助朱熹撰成《易學啓蒙》、《太極圖説解》、《周易參同契考異》等。著有《玉髓真經發揮》、《太玄潛虚指要》、《洪範解》等。生平見《宋史·儒林傳四》。房正,字一君。張子微門人,生平略見此書序。

《玉髓真經》三十卷,張洞玄撰,宋高宗紹興丙辰六年（1136）長沙劉允中注釋并作《玉髓真經總序》。宋光宗紹熙年間（1190—1194）蔡元定發揮并作《玉髓經發揮序》。南宋中後期,房正撰《玉髓真經後卷》二十一卷。此書一直深藏宫廷,世間罕有刊布。明嘉靖二十九年（1550）福州府將其刻本傳世,張經作《玉髓真經序》。萬曆二十年（1592）,福州知府何繼高重修并作序。

《玉髓真經》是風水學巒頭派重要典籍,專述三十論髓,闡明自然界龍、穴、砂、水以及山脉、河川等形勢與陰陽宅選址的關係。張洞玄等人採諸家所長,闡明要旨,以作圖像,劉允中之注釋,蔡元定之發揮,皆互相表章。全書論述五星龍髓、穿變龍髓、真龍名髓、形象穴髓、秘穴名髓、青龍論髓、白虎論髓、朱雀論髓、玄武論髓、官星論髓、曜星論髓、鬼星論髓、文星論髓、武星論髓、財星論髓、祿星論髓、秀星論髓、龍髓捷法、穴髓摘玄、形穴驗髓、十巧穴髓、穴體尺度、邢煞論髓、方向論髓、凹風論髓、明堂折水論髓、前沙論髓、水口論髓、陽宅論髓和陰陽正訛論髓等内容。《玉髓真經後卷》二十一卷,宋房正等撰,專述十八論髓。内容爲精華秘髓、片王純髓、逆順龍髓、輕重論髓、貴賤論髓、背面龍髓、老嫩玄髓、巧拙穴髓、小巧穴髓、禁秘神髓、子午針髓、胎息論髓、崩洪論髓、五星吉凶論髓、辯龍論髓、辯穴論髓、配宿論髓和玉堂論髓。後附《玉髓本原》三卷和《玉髓秘傳》三卷。

此書提出"擇地以定至計"的思想,認爲地理之學固關治道,乃聖人之先務,亦儒者窮理之大端。此書受宋以後學者推崇,元陳櫟《定宇集》卷七稱其"乃蔡季通發揮,真是奇偉"。元貢師泰《玩齋集》卷八《題玉髓經後集》稱"其於卜葬定宅之法,固爲詳矣,然其浩博而精深,非專門地理者未易觀也"。書中保留大量山川寫實圖景,對研究明以前山川分佈、河流走向、行政區劃和環境變化有一定參考價值。

此書明晁瑮《晁氏寶文堂書目》卷下、清黃虞稷《千頃堂書目》卷一三、錢曾《讀書敏求記》卷三和民國李盛鐸《木犀軒藏書書録》卷三等均著録爲張子微《玉髓真經》三十卷,《後卷》十八卷,《本原》三卷,《秘傳》三卷。明楊士奇《文淵閣書目》卷一五、葉盛《菉竹堂書目》卷六和周弘祖《古今書刻》等著録爲一部六册不分卷。明徐渤《徐氏紅雨樓書目》卷三著録爲十四卷。現存明嘉靖二十九年福州府刻本、萬曆二十年何繼高重修本、清龍溪堂刻《重校刊官板地理玉髓真經》本、明清手鈔本和民國十四年上海錦章圖書局石印《重校刊官板地理玉髓真經》本等。今據浙江寧波天一閣藏嘉靖二十九年福州府刻本影印。（韓毅）

重校正地理新書十五卷 （宋）王洙等修（金）畢履道、張謙增補（第1054册）

此本原未題撰者。卷首有王洙、畢履道和張謙序,介紹書籍源流和校刻原委。據王應麟《玉海》卷一五記載,皇祐五年(1053)正月,宋仁宗命知制誥王洙提舉修纂《地理圖書》,掌禹錫、劉羲叟等删修,嘉祐元年(1056)十一月書成,賜書名《皇祐地理新書》。此書原爲三十二卷,包括形法類三十卷,首以城邑、營壘、府寺、郵傳、市宅、衢術爲地事二十篇,次以塚穴、埏門、道陌、頃畝爲葬事十篇,地圖一篇,目録一卷。金章宗明昌三年畢履道、張謙對此書進行校補,刻爲十五卷。字體多倣宋,但其紙墨、刀法與宋版略有差異。

王洙(997—1057),字原叔,京東路應天府(今河南商丘)人。天聖二年(1024)進士,官至翰林學士、尚書工部員外郎、直龍圖閣、權同判太常寺。少聰穎,博覽强記,遍覽方技、術數、陰陽、五行、音韻、訓詁、書法等,無所不通。奉詔敕修撰《地理新書》、《國朝會要》、《崇文總目》等。著有《易傳》十卷,《王氏談録》一卷,《新刊圖解玉靈聚義占卜龜經》四卷和《昌元集》十卷,編有《杜工部詩集》二十卷等。生平見《宋史》和歐陽修《歐陽文忠公集》卷三一《翰林侍讀學士王公墓志銘》。

畢履道,河東南路平陽府(今山西臨汾)人,生活於金世宗、章宗時期,精於校勘。張謙,號古戴鄙夫,刻書家,生活於金章宗時期。二人生平略見此書序。

此書於風水學强調五音地理説和五姓擇地説,强調陽宅禁忌。卷一論述四方定位、日影取正、水地定平、五行定位、五姓所屬、城邑地形和軍壘地形。卷二論述宅居地形、地形吉凶、形氣吉凶和土壤虛實。卷三論述岡原吉凶。卷四論述水勢吉凶、衢巷道路和草木吉凶。卷五論述筮地吉凶。卷六論述卜地吉凶、内外從山和朝山砂形。卷七論述五音利宜。卷八論述山水凶忌。卷九論述史傳事驗。卷一〇論述年月吉凶、主人年月避忌。卷一一論述擇日吉凶、擇時吉凶。卷一二和卷一三論述塚冗吉凶。卷一四論述阡陌頃畝、祭壇位置和斬草建旐。卷一五論述行喪避忌、送喪避忌、葬祭雜忌、諸殺雜曆、師術禁忌和風響瑞應。此書在宋代影響很大,其理論成爲皇家擇陵、建陵的重要依據,成爲宋金時期風水學必讀實用地理手册。書中保留大量圖解和部分購買地券材料,爲研究宋金時期山川河湖分佈與地理環境變遷保存了大量資料。

此書《宋史·藝文志》、鄭樵《通志·藝文略》等著録爲三十卷,王應麟《玉海》卷三載《皇祐地理新書》十册。南宋曾慥《類説目録》卷四九、元王士點《秘書監志》卷七和袁桷《清容居士集》卷四一等載十五卷,此當爲金朝明昌本。明楊士奇《文淵閣書目》卷三載《地理新書》一部三册,又載一部一册,或爲二書。清葉德輝《書林清話》卷四著録張謙明昌壬子刻《新刊圖解校正地理新書》十五卷。莫友芝《宋元秘本經眼録》載“此本即張謙所刻,每半葉十七行,行三十字”。楊紹和《楹書隅録》載:“刻書雙行細注,皆刻畫分明。”丁日昌《持静齋書目》考證甚詳:“金大定甲辰,平陽畢履道校正爲之圖解。章宗明昌壬子,古戴鄶夫張謙更爲精校以行,此本即其時刻也。蓋此書自張謙增輯刊行,明昌一本而外,別無傳本,四庫亦未著録。”此書現存金章宗明昌三年刻本、北京圖書館藏清鈔本、臺北“中央圖書館”藏手抄《圖解地理新書》秘本等。今據北京大學圖書館藏金章宗明昌三年刻本影印。（韓毅）

鐫地理參補評林圖訣全備平沙玉尺經二卷附録一卷

題（元）劉秉忠撰（明）劉基注（明）賴從謙增釋（明）徐之鏌參補（第1054册）

劉秉忠（1216—1274）,初名侃,字仲晦,號藏春散人,河北西路邢州（今河北邢臺）人。蒙古滅金後,出任邢臺節度府令史,後與雲海禪師覲見元世祖忽必烈,改名秉忠,拜光禄大夫太保,參領中書省事,卒贈太傅、趙國公,謚文貞,後改謚文正,追封常山王。精於周易、陰陽、數術,著有《平沙玉尺》和《玉尺新鏡》等。生平見《元史》和錢大昕《補元史藝文志》卷四。

劉基（1311—1375）,字伯温,謚文成,青田縣南田鄉（今浙江文成南田鎮武陽村）人。明太祖洪武三年（1370）封誠意伯。通曉經史、天文、兵法,著有《天文秘略》、《奇門遁甲》和《火龍經》等,後收入《誠意伯文集》。生平見《明史》。賴從謙,明人,撰《石函平沙玉尺經纂》,其餘生平不詳。徐之鏌,福建建陽人,萬曆中諸生,撰《羅經頂門針》二卷、《羅經簡易圖解》一卷和《擇禽奇盤例定局》五卷。生平見《四庫全書總目》卷一一一《羅經頂門針提要》。

此書真偽,明末清初即有争論。《四庫全書總目》卷一一一考證係明人僞造,指出“《永樂大典》備收元以前地理之書,亦無是編。明嘉、隆以前人語地學者皆未嘗引及,知其晚出,特依托於秉忠”。清人蔣大鴻撰《平砂玉尺辨僞》亦認爲是假托之作。今人或考證此書原名《神文通機集》,宋人陳希夷所撰,后爲元太師左衿山人劉秉忠所得,又歸劉伯温,賴從謙等又從而發揮。又有學者認爲《玉尺經》之造微賦、逐吉賦、天機賦是唐代風水大師楊筠松作品。

此書卷首有朱鍾文《序參補平沙玉尺經》及徐之鏌《自叙》。書中詳述元明時期陰宅、陽宅選址的理論和方法,是研究三合風水理論的經典著作。書中將五行生長十二宮理論、陰陽八卦理論、河洛理數理論、三合理論緊密結合,闡述龍、水、向三者間關係,用於排龍立穴、飛星布盤、收山出煞等陰宅和陽宅選址。全書凡九篇,上卷論述審勢、審氣、審龍、審穴、審局和審向。其基礎理論分五大類，即尋龍、定穴、觀砂、覓水、立向。其核心理論有二，一爲向水相合的坤壬乙訣，即"坤壬乙，文曲從頭出；艮丙辛，位位是廉貞；巽庚癸，俱是武曲位；幹甲丁，貪狼一路行"；二爲龍水配合的立向訣，即"龍合水，水合向"。下卷爲造微賦、逐吉賦、天機賦，爲具體操作歌訣。附録一卷，收録蔡牧堂《發微論》、郭景純《葬經》和黄紗應《博山經》等，爲經典選址案例。此書實效性强，易於操作，遂盛行江南。此書是明清時期三合風水理論代表作之一，深受南方民間風水師推崇。然《四庫全書總目》對此書有所批評，謂"趨生趨旺，從向從龍，糾紛不已。蓋三吴澤國言水口，則易於傅會，是以輾轉相承，末流益熾"。

黄虞稷《千頃堂書目》卷一三著録此書。《續通志・藝文略》、《續文獻通考・經籍考》等著録爲四卷。清錢曾《讀書敏求記》卷三載《劉文正公平砂玉尺經》六卷。現存明建邑書林陳賢刻本、《故宫珍本叢刊》收録劉氏家藏《新刻石函平砂玉尺經》本、清許明《地理大全輯要》本、李定信先生家藏祖傳《地理天機會元》本、掃葉山房《玉尺經》本和民國六年上海江東書局石印本等。今據浙江省圖書館藏明建邑書林陳賢刻本影印。（韓毅）

葬經箋注一卷圖説一卷　（清）吴元音撰（第1054冊）

吴元音（1677—1761），字立安、律安，號遜牧，又號求放心齋，人稱貞隱先生，浙江海鹽人。乾隆間貢生。撰《葬經箋注》一卷、《圖説》一卷、《四書宗朱明辨大全》四十卷等。生平見清錢儀吉《碑傳集》卷一二九《理學下・吴元音傳》。

此書是吴元音對晉郭璞《葬經》所作箋注，成於清乾隆八年（1743）。嘉慶十一年（1806）收入虞山張海鵬輯刻《借月山房匯鈔》。卷首有乾隆癸亥吴元音自序及《凡

例》，卷尾有張海鵬識語。吴元音鑒於當時"諸家雖有精粗本末之殊，而未嘗無深淺源流之合，其枝分派别蓋皆具體於郭氏《葬經》一書，而流傳於後，分其肢體，各立門户，而互相牴牾者"。於是，"於葬書坊刻中，擇其本之有章可循、有節可次、絶無攙和誕謾之涉於荒唐者，字推而句解之，段疏而脉貫之，去其支離附會之説，透以真實無妄之理，壽諸黎棗以問世。"《箋注》中凡郭璞原文用大字，注解用小字。此書包括葬乘生氣、氣感而應、謂之風水、風水自成、土形氣行、行止氣蓄、支葬壟葬、禍福之差、避其所害、若懷萬寶、若器之貯、若龍若鸞、朝海拱辰、龍虎抱衛、五山不葬、吉勢凶勢、四勢八方和三吉六凶等，進一步發揮風水學"葬乘生氣"的觀點，認爲憑藉有生機的地氣，可使葬者安逸、生者富貴。書中認爲每人之禍福都取決於其住宅和祖父輩葬地風水好壞。而風水之法，得水爲上，藏風次之，需看地形，避禁忌，講方向，求吉祥。《圖説》一卷，附各類山水墓葬圖，爲具體操作法則。此書不僅保留了郭璞《葬經》原文，而且也記載了清代研究《葬經》的重要資料。清周中孚《鄭堂讀書記》稱此書"以古證今，脉絡貫通，要於葬乘生氣提綱一語，尤能數典出之者也。"

此書現存清嘉慶十一年虞山張海鵬輯刻《借月山房匯鈔》本、道光四年上海陳氏《澤古齋重鈔》刻本、民國九年上海博古齋影印張海鵬輯刻《借月山房匯鈔》本等。今據中國科學院國家科學圖書館藏清嘉慶十一年《借月山房匯鈔》本影印。（韓毅）

風水祛惑一卷　（清）丁芮樸撰（第1054冊）

丁芮樸，湖州歸安（今浙江湖州吴興區）人，生活於同治、光緒時。著《風水祛惑》一卷。其餘生平不可考。

此書一卷，總結風水學盛行的"巒體"和"理氣"兩大觀點，指出"風水之術，大抵不出

形勢、方位兩家。言形勢者,今謂之戀體,言方位者,今謂之理氣。唐宋時人,各有宗派授受。自立門户,不相通用"。其書廣採諸家風水學説,介紹《葬説》、《二十四向》、《指南針》、《先天八卦》、《郭璞藏經》、《青囊經》、《楊曾書》、《蔣大鴻書》、《風水稱謂》和《風水異尚》等内容。此書保存了大量前代地理學、堪輿學資料,并對風水學上流傳的疑誤加以辨析,如認爲《葬書》非郭璞所著。尤珍貴者,書中對風水學術語加以注解與統一,爲融會諸家學説奠定了基礎。

此書《清史稿·藝文志》著録作《風水祛感》一卷,"祛感"當是"祛惑"之誤。此本據湖北省圖書館藏清光緒元年(1875)苕溪丁寶書輯刻《月河精舍叢抄》本影印。(韓毅)

黄帝龍首經二卷 （清）孫星衍校 （第1054册）

孫星衍生平見前《孔子集語》提要。

此書爲孫星衍校《黄帝五書》之第一種。《黄帝龍首經》之名,最早見於晉葛洪《抱朴子内篇》卷四《遐覽》。現存最早刊本爲明英宗正統十年(1445)《正統道藏》本,清代有手鈔本。嘉慶十二年(1807)孫星衍從《道藏》中録出,進行仔細校勘,收入《平津館叢書》第一集《黄帝五書》。

此書爲術數類星占著作,上經三十六占,下經三十六占,共七十二占法,法用六壬。書中提出"將四七,使三光,通八風,定五行,令六壬,領吉凶"的觀點,分別叙述七十二項占吉凶法,如占歲利道吉凶法、占月利道吉凶行法、占月吉日嫁娶祠祀法等。其占法屬六壬遁甲一類,以年月日之干支及所值星宿相配,依其間陰陽之沖和生克,來定人事之吉凶。如分歲月爲陰陽,分日辰爲陽陰將,視天上甲庚所臨爲天道,丙壬所臨爲人道,魁罡所臨爲拘檢,謂舉事從天道則大吉。人道次之,拘檢道大凶,日辰以陰陽不將爲吉。經文中有孫星衍注,如注"六壬"曰:"言日辰陰陽及所坐所養之御,三陰三陽,故曰六壬也。"此書所占多與日常生活有關,有助於了解漢晉以來占星術的發展情況。

《抱朴子内篇》卷四載《龍首經》一卷,《隋書·經籍志》、《新唐書·藝文志》載此書二卷。此後分別以一卷和二卷行於世。《宋史·藝文志》、鄭樵《通志·藝文略》載爲一卷;明白雲霽《道藏目録詳注》卷一、清錢曾《讀書敏求記》卷三、錢曾《虞山錢遵王藏書目録彙編》卷五、俞正燮《癸巳類稿》卷一〇等均載爲二卷。此孫星衍校刻本有光緒十年吳縣朱記榮槐廬刻《平津館叢書》甲集《黄帝五書》本等。今據湖北省圖書館藏嘉慶十二年孫星衍刻《黄帝五書》本影印,版心題"龍首經"。(韓毅)

黄帝授三子玄女經一卷 （清）孫星衍校 （第1054册）

孫星衍生平見前《孔子集語》提要。

此書是孫星衍校《黄帝五書》之第三種。《黄帝授三子玄女經》之名,最早見於晉葛洪《抱朴子内篇》卷四《遐覽》。現存最早刊本爲明正統十年(1445)《正統道藏》本,後有明萬曆二十五年(1597)金陵荆山書林刻本和崇禎間虞山毛晉汲古閣輯刻《津逮祕書》本。清兩江總督採進本即爲汲古閣本,《四庫全書總目》列入"存目"。嘉慶十二年(1807),孫星衍進行仔細校勘,收入《平津館叢書》第一集《黄帝五書》之中。

此書主要論述擇時凶吉、娶嫁時辰相克等内容,云"黄帝將上天,召其三子而授以玄女所傳之術"。書中叙述"日辰勝克"之理,詳於嫁娶擇日良辰。其發端以天一所在,占日之吉凶,以天罡加臨占與人期會,屬五行家言。《四庫全書總目》認爲此書是"術數家依托所爲"。孫星衍校勘本更正了汲古閣本錯字極多、無法卒讀的情況,對了解我國古代以占卜選擇吉日良辰的習俗有一定參考價值。

葛洪《抱朴子内篇》卷四載《玄女經》一卷,《隋書·經籍志》載《玄女式經要法》一卷,明白雲霽《道藏目録詳注》卷一《洞真部》、徐應秋《玉芝堂談薈》卷一七《仙書》等亦著録。《四庫全書總目》卷一一一有此書提要。另《宋史》卷二〇六《藝文志》、王堯臣《崇文總目》卷八、鄭樵《通志》卷六八《藝文略》載《占風九天玄女經》一卷,或爲同書不同名。此孫星衍校刻本有光緒十年吳縣朱記榮槐廬刻《平津館叢書》甲集《黄帝五書》本等,今即據湖北省圖書館藏嘉慶十二年孫星衍刻《黄帝五書》本影印。（韓毅）

黄帝金匱玉衡經一卷　（清）孫星衍校（第1054 册）

孫星衍生平見前《孔子集語》提要。

此書是孫星衍校《黄帝五書》之第二種。《黄帝金匱玉衡經》,簡稱《金匱玉衡經》,原作者不詳,托名黄帝所授。現存最早刊本爲明正統十年（1445）《正統道藏》本。清嘉慶十二年（1807）,孫星衍對此書進行校勘,收入《平津館叢書》第一集《黄帝五書》之中。

此書卷首有序,專述六壬占課吉凶之術。書中認爲黄帝授二子以此經,謂“不出房户,可知天下。不出户房,可致真王”,其要旨爲二十八宿均受天一貴神統轄,五行各有列行。全書包括《金匱章》十經、《玉衡章》十經,每章均以“天一六壬發用”爲題,每經多以“假令”形式提問,然後占卜,述時日吉凶。其術大略以日、辰陰職之生克定其日人事之吉凶。如《金匱章》載:“假令正月辛亥日,時日出卯,勝先加辛,小吉;加亥,此兩上剋下,小吉。與辛比,有辛未,無辛午,小吉,當爲用。”《金匱》第一經曰:“日辰陰陽中有相剋者爲用,是謂入不入。”第二經曰:“日辰陰陽中有兩相剋者,先以下剋上爲用。上剋下爲順,下剋上爲逆。逆者憂深,在内難解;順者憂淺,在外易解,是謂入者。”《道藏提要》稱“本書托

名、詞語多與《黄帝龍首經》相類。《黄帝龍首經》注所引之《金匱》,唐末之《秤星靈台秘要經》中所稱《金匱經》,殆即此書”。此書在漢魏六朝時極爲流行,對今人了解道教禁忌和民間日常生活亦有幫助。

此書首見著録於明白雲霽《道藏目録詳注》卷一《洞真部》,清俞正燮《癸巳類稿》卷一〇亦著録。有清光緒十年吳縣朱記榮槐廬刻《平津館叢書》甲集《黄帝五書》本。今即據湖北省圖書館藏嘉慶十二年孫星衍刻《黄帝五書》本影印。（韓毅）

易林注十六卷　（第 1054—1055 册）

此書作者有四説。一爲焦延壽,字贛,西漢梁國（今河南商丘睢陽區）人,曾任小黄令、三老等,爲易學家京房師。西漢費直《焦氏易林序》、唐魏徵《隋書》和民國尚秉和《焦氏易林注》等持此説。二爲崔篆,涿郡安平（今屬河北）人,新朝王莽時人。清李慈銘《越縵堂讀書記》、近人余嘉錫《四庫提要辨證》卷一三等持此説。三爲許峻,字季山,東漢後期人,治《易》,善占卜之術,多有靈驗,著《易林》。南宋鄭樵《通志》、清代唐晏《兩漢三國學案》卷二和黄開國主編《經學辭典》等持此説。四爲佚名,東漢以後人。元本《易林注》等持此説。

此書卷首有西漢費直《焦氏易林序》、唐武宗會昌六年（846）王俞《易林序》。其書每卷四林,共六十四林。每一林六十四卦,共四千零九十六卦。每一卦後配韻文繫辭,共四千零九十六首,用以占驗吉凶。其中每個斷辭都是根據本卦、互卦、之卦等卦象推斷出預測結果。此書使用内外卦象、互象、正反象、錯象、半象等釋《易》并係以韻語,在易學史上有重要地位。唐王俞《易林序》讚其“辭假出於經史,其意合於神明,但齋潔精專,舉無不中”。此書上承孟喜及先秦易學,下啓京房象數易學,爲後世以術數談《易》者所宗,受

楊慎、鍾惺、近人尚秉和、魯迅、聞一多、錢鍾書等重視。

《隋書·經籍志》載焦贛《易林》十六卷,焦贛即焦延壽。元大德刊本《易林注》殘卷作十六卷,不著撰人。明末清初錢謙益《絳雲樓書目》載其書名,未著錄卷數及版本。黃丕烈《士禮居藏書題跋記·易林十六卷》載:"宋本藏絳雲樓,已為灰燼,而(瞿)雲谷校時未及舉錄宋本全注,亦并未著出宋本卷數。"可見錢氏藏宋本確有全注,但未提及宋本卷數。從宋以前著錄情況看,基本都為十六卷本。明刻《焦氏易林》多為二卷本和四卷本,如成化年間彭華刻本、姜恩本、馬麟本、周曰校本等都是二卷本,何允中刻本、鍾惺刻本、《津逮秘書》本、《四庫全書》本都是四卷本。清代藏書家黃丕烈曾以陸救先校宋二卷本和汲古閣毛晉四卷本、顧廣圻校本為底本刊刻校宋本十六卷,為依托古意,黃氏自改為十六卷。此書現存京師圖書館藏元刊《易林注》殘本和烏程蔣氏密韻樓藏影元寫本,民國八年(1919)上海商務印書館據以影印入《四部叢刊初編》。另有民國二十九年蒲城仵道益刻焦延壽撰、尚秉和注《焦氏易林注》十六卷本等。今據中國國家圖書館藏明末清初毛晉汲古閣影元鈔本影印。(韓毅)

焦氏易林校略十六卷　(清)瞿云升撰(第1055冊)

瞿云升(1776—1860),字舜堂,號文泉,掖縣(今山東萊州)人。道光二年(1822)進士,歷任黃縣教諭、粵西知縣、廣西知縣、國子監助教等職。精於古文字和書法,著有《焦氏易林校略》、《說文形聲後案》、《說文辨異》等。生平見光緒十九年魏起鵬修、王緒藩纂《三續掖縣志》卷四《藝文傳·瞿文泉先生傳》。

此書十六卷,自刊於道光十二年五月。據清劉聲木《萇楚齋隨筆》卷一記載,此書為瞿

云升《五經歲遍齋校書三種》之一,然流行不廣,見者頗稀,道光二十八年再次刊刻。卷首有道光二十八年瞿云升序、嘉慶二十一年(1816)春三月牟庭序。鑒於"世所行《焦氏易林》無善本,宋槧亦交相齟齬,蓋傳寫傳刻為後人改竄,顛倒割裂,久失真矣",其書乃"勘以各本,證以諸書,參以它說,而是正之"。全書考證精詳,頗見功力,校正大量錯字、謬字、衍字、脫字、倒文等。如乾之恒卦和兌之臨卦,詞語基本相同,惟前者第三句曰:"百喜送從",後者曰"百家送從",瞿云升正之曰:"皆當作嘉。原其意,一以音誤,一以形誤。而原文第二句曰'會合俱食',尤見以'嘉'為是;蓋焦氏即取《文言》'嘉會足以合禮'之義也。"

此書光緒二十年(1894)湖南藝文書局刻清王謨、黃元壽輯《漢魏叢書·經翼》、劉聲木《萇楚齋隨筆》卷一和楊紹和《海源閣書目》等著錄,有光緒二十年湖南藝文書局刻《漢魏叢書·經翼》本等。今據華東師範大學圖書館藏道光二十八年瞿云升刻《五經歲遍齋校書三種》本影印。(韓毅)

易林釋文二卷　(清)丁晏撰(第1055冊)

丁晏(1794—1875),字儉卿,號石亭、柘堂、淮亭,別號石亭居士、頤志老人,山陽(今江蘇淮安)人。道光元年(1821)舉人。任侍讀銜內閣中書等職,主持觀海書院、麗正書院、文津書院,有"江淮經師"之稱。精於校勘,一生致力於經學研究,著述頗豐,有《尚書餘論》、《毛鄭詩釋》、《鄭氏詩譜考正》等;輯有《禹貢集釋》、《鄭康成年譜》、《山陽詩征》等;編有《山陽縣志》和《淮安藝文志》。其中已刊者稱《頤志齋叢書》,未刊稿多為國家圖書館等收藏。生平見《清史稿·儒林三》、《清史列傳》卷六九《儒林傳下二》和丁壽恒等編、丁志安增訂《頤志老人年譜》等。

此書二卷,咸豐五年(1855)初刊於《頤志

齋叢書》,光緒十四年(1888)收入江陰南菁書院刻王先謙輯《南菁書院叢書》,光緒十六年廣雅書局再次新刻。卷首有咸豐四年丁晏《叙》,卷末有咸豐四年丁晏《書後》及咸豐五年劉毓崧跋。全書因黃丕烈重校宋本《易林》訛誤甚多而作。尋訪舊本,相互校對,辨清其錯字。仿唐陸德明《經典釋文》例,有考據注釋者詳加收録,未考據者不予收録,黃丕烈、翟云升所校誤字加以更正。書分二卷,卷上二十三卦,卷下四十一卦。顧炎武和翟云升曾對《易林》作者作過考辨,此書則在其基礎上認爲焦氏《易林》作於昭帝之時,體例早定,其繫辭則晚年尚有所修訂增補。

此書廣羅各本之異同,凡宋本及翟云升校之善者皆取之,未明者闕疑,未善者乃作訂正或增補,具有極高價值。如乾之坎卦"黃鳥來葉",校曰:"何本作'來集',當從之。"又如師之否卦"羿張烏號,穀射天狼",翟本未注,丁晏校曰:"案:烏號,弓名,《文選·子虛賦》:'左烏號之雕弓。'《史記·天官書》:'其東有大星曰狼;下有四星曰弧,直狼。'天狼星也,如羿射十日之類。"此類考證辨析之處甚多,可爲研《易林》者之重要參考。

此書《清史稿·藝文志》著録爲一卷,范希曾《書目答問補正》卷三作二卷。現存咸豐五年《頤志齋叢書》本、光緒十四年江陰南菁書院刻王先謙輯《南菁書院叢書》四十一種本、光緒十六年廣雅書局刻《易林釋文》二卷本和民國九年番禺徐紹棨刻《廣雅叢書》一百五十八種本。今據上海辭書出版社圖書館藏光緒十四年江陰南菁書院刻王先謙輯《南菁書院叢書》四十一種本影印。(韓毅)

玉靈照膽經一卷心傳要訣一卷　(宋)邵平軒撰(第1055册)

邵平軒,號竹隱老人,吳興(今屬浙江湖州)人,生活於南宋孝宗時期。撰《玉靈照膽經》一卷、《心傳要訣》一卷。生平見此書自序。

此書一卷,初撰於宋孝宗乾道五年(1169),最終成於淳熙十六年(1189)。卷首有淳熙十六年邵平軒自序和至順壬申(1332)東吳詹伸修序。其書以洛書八卦之形分四科爲四卦,取其簡要習俗之方,依次序編輯,其間補注鬼神真妙之說,詳述龜卜占筮之法。書中首列河圖洛書之數,次列取穴之圖、觀兆之圖、五行六親發用、六神六親發用、五兆正形之圖等各種龜卜之圖和卜筮之紋,圖後附各種讚語等。元人詹伸修稱此書:"其理微妙莫可測,斷法如鑒照物,無不影現","則竹隱老人殆深於龜卜者也。"

《心傳要訣》一卷,乃選龜卜筮之實用操作手册。內容包括擇龜、取穴、兆形、休囚動變和日辰,書後附實例、占出行訣、志誠、格物、洪範稽疑章、甲乙金兆章等心訣。

此書明趙用賢《趙定宇書目》、清錢謙益《絳雲樓藏書目》卷二和黃虞稷《千頃堂書目》卷一三等著録,不著卷數。清錢曾《讀書敏求記》卷三、瞿鏞《鐵琴銅劍樓藏書目録》卷一五、瞿鳳起輯《虞山錢遵王藏書目録彙編》卷首等亦著録。今據中國國家圖書館藏明鈔本影印。(韓毅)

覆盆明鏡照占真經八卷　(宋)趙天祐撰(第1055册)

趙天祐,號雲峰道人,荆湖南路武陵(今湖南常德武陵區)人,生活於南宋理宗時期。著有《覆盆明鏡照占真經》八卷。生平略見此書序。

此書八卷,卷首有宋理宗淳祐二年(1242)趙天祐《序》,卷末有寶祐元年(1253)烟波演隱《後序》。書中提出"吉人凶其吉,凶人吉其凶"的觀點,認爲吉人以吉爲凶,故能常戒慎之至也;凶人以凶爲吉,故不懲不勸,廢人事而任天命,得凶而猶以爲吉。卷一論乾卦,卷二論兑卦,卷三論離卦,卷四論震卦,卷五論巽卦,卷六論坎卦,卷七論艮卦,卷八論坤卦。此書認爲:"易者,當自得之也。自得之則不求之卜筮之迹,而惟求之吾心之誠,則廣大悉備之道皆且於心矣","夫易理之微,非聖神無以泄其奧,照占之數,非庸俗之可窺其藩。"書中記載具體方法:"凡人有問,不待明言,默以先天之所有而合後天之所有;金錢下處,即以中(先)天之所得而配神數之所藏;求名求利,或成或敗,仔細推詳,見貴求婚,可行可止,分明告兆。"烟波演隱《後序》對此書評價較高,謂"甚矣哉,斯術之妙也。至有至無而有無不可測焉,斯術之神也。凡諸六經九流三教遺之有象者可觀,寄之有物者可察,此皆自古在昔先聖先賢載道之興也"。全書用韻文寫成,多爲七言。

此本據中國國家圖書館藏明鈔本影印。(韓毅)

增注周易神應六親百章海底眼前集一卷後集一卷 (宋)王嵩撰 (宋)何侁重編 (第1055冊)

王嵩,字大鼎,宋江南西路臨川(今屬江西撫州)人。其餘生平不可考。

何侁,字信亨,宋兩浙路杭州(今屬浙江)人,生活於宋理宗淳祐年間。重編有《海底眼》一書。其餘生平不可考。

此書卷首有淳祐甲辰(1244)何侁序,每篇前題"臨川王嵩大鼎撰,杭郡何侁信亨重編,錢塘東齋徐大升進之校正"。據清瞿鏞《鐵琴銅劍樓藏書目錄》卷一五考證,王、何所注此書,出晉逸士無惑先生王鄴(字子路)所傳,蓋後人托名之作。其書依《周易》中神應、六親、百章、海底眼等部分易理而作,其占法專言六親,凡王嵩所撰用"王曰",何侁所補用"何曰"。前集一卷,專述易道、六親、旺相、空亡、刑克、六合、飛伏、日辰、世應、世應相克、出應當中隔交、八純重動、獨發、亂動、生氣、五行有無和男女等。後集一卷,專述占

法,凡時日、應舉、文書、來財、送物、養蠶、耕種、失物、逃亡、官訟、憂疑、生産、婚姻、病患、病證、占祟、還賽、行人、出行、謁人、添進人口、家宅、墳葬、陰晴、覆射、征戰和雜占等,均在占卜之列。書中占法多以四言、五言、七言韻文寫成,如叙易道時言:"古聖遺書不可輕,留傳今日顯其情。雖然易理無窮極,也要人心自曉明。"

此書《宋史・藝文志》載《通玄海底眼》一卷,不著作者。明高儒《百川書志》卷一〇載爲《海底眼》二卷,臨川王嵩大鼎撰。清瞿鏞《鐵琴銅劍樓藏書目錄》卷一五載《周易神應六親百章海底眼》二卷,影鈔元本。清黃虞稷《千頃堂書目》卷一三載王嵩《易卦海底眼》一卷。此書有清鈔本一冊。此本據上海圖書館藏元刻本影印。(韓毅)

六壬軍帳神機四十八卷 (第1055—1058冊)

據此書卷首道光庚子(1840)朱昌頤序和白水道人序,此書爲乾隆年間平定四川大小金川之戰時所得。後阮元從清廷内庫録出,共録三部,一部歸蔣光煦,一部歸阮元本人,一部歸朱昌頤。

此書共四十八卷,爲數術六壬類著作。六壬術爲三式之一,與奇門遁甲、太乙神數并爲三式,用以占測災異、軍旅等各類事項,漢魏兩晉南北朝時期極爲盛行。其術以太陽位置爲基礎,用十二月將,即亥將登明、戌將河魁、酉將從魁、申將傳送、未將小吉、午將勝光、巳將太乙、辰將天罡、卯將太沖、寅將功曹、丑將大吉、子將神后。其法用六壬占式,先立地盤,將所在月份加時支上,然後予以占驗。全書分四十八卷,内容包括甲子、乙丑、丙寅、丁卯、戊辰、己巳、庚午、辛未、壬申、癸酉、甲戌、乙亥、丙子、丁丑、戊寅、己卯、庚辰、辛巳、壬午、癸未、甲申、乙酉、丙戌、丁亥、戊子、己丑、庚寅、辛卯、壬辰、癸巳、甲午、乙未、丙申、丁

酉、戊戌、己亥、庚子、辛丑、壬寅、癸卯、甲辰、乙巳、丙午、丁未、戊申、己酉、庚戌和辛亥。其占測必先知其所占時辰、月份、每日干支，按干支求四課和三傳，求出四課三傳後再配以六壬十二神即貴人螣蛇、朱雀、六合、勾陳、青龍、天空、白虎、太常、玄武、太陰、天后，而後即可論占。每課有一方圖，行兵之事皆以占，有總論列於每課之後。此書專論征戰之勝負，爲軍帳之神機，在軍事學、星占學、氣象學等方面有一定參考價值。朱昌頤稱此書爲"軍機要籍，韜略宏深"。白水道人稱"可爲安邦定國，慎勿妄傳匪類之人"，"不但十用十靈，而有百占百驗也。雖有風后握奇、虎鈐韜略諸書，亦不可少，是書于帳中庶助兵家之要道"。因涉及軍占內容，此書一直深藏內府，不易得見，清代官私史書均不載此書。

此本據中國國家圖書館藏清鈔本影印。（韓毅）

卜筮全書十四卷　（明）姚際隆刪補（第1059冊）

姚際隆，字百愚，號吳門逸叟，江蘇蘇州人。刪補《卜筮全書》，劉基撰《斷易黃金策》。生平略見此書序。

此書舊本爲何時何人所集，已不可考。明崇禎三年（1630）翁少麓請姚際隆刪補此書，姚氏"刪繁補闕，響異他書"，并"增刊秘本，始著門人之節要，次列玄奧之篇章，末附吉凶之星曜"。書成後，由翁氏談易齋刊刻。清康熙年間，編入陳夢雷主編《古今圖書集成·博物彙編·藝術典》之中，雍正年間刊刻時稱易卜老人著。

此書卷首有崇禎三年夏四月顧宗孟序和《凡例》。書中收集明以前各種卜筮典籍，并有姚際隆《注解》。卷一爲《啓蒙節要》，屬卜筮學基礎知識；卷二爲《卦爻呈象》，卷三爲《通玄妙論》，卷四至五爲《闡奧歌章》，卷六至七爲《天玄賦》，卷八至一三爲《黃金策》、

附《闡幽精要》，卷一四爲《神殺歌例》。此書全面總結中國古代吉凶卜筮之學的理論、方法與成就，凡六十甲子、五行相生相剋、陰陽八卦、安身起居、六親取用、隨官入墓、植樹建宅、行人求財、人畜疾病、求師問道等，無不論及，實爲百科全書式著作。不僅爲後世提供了許多寶貴的六爻納甲筮法資料，且把《易經》六十四卦經文載入其中，提供占法占則。明翁少麓稱讚此書"條貫有倫，燦然不紊，同志之士，一覽自知，無須絮語"。

《明史·藝文志》、清黃虞稷《千頃堂書目》卷一三、沈復粲《鳴野山房書目》卷三著錄此書。明晁瑮《晁氏寶文堂書目》卷下未著卷數。有清雍正四年《古今圖書集成》本。此本據中國科學院國家科學圖書館藏明崇禎三年翁少麓刻本影印。（韓毅）

相法十六篇一卷　（漢）許負撰（第1059冊）

許負（前221—前138），河內郡溫縣（今屬河南）人。漢初女相術家。西漢陸賈《楚漢春秋》記其精於面相之學，被漢高祖封爲鳴雌亭侯，曾爲漢初周亞夫、薄姬等面相。《（乾隆）懷慶府志·藝文志》載其《德器歌》、《五官雜論》、《聽聲相行》、《相法十六篇》等，可能爲後人所輯。生平見《（雍正）河南通志》卷七一《方伎·許負》。

此書一卷，共十六篇，卷首有黃省曾序。又《敦煌遺書》載《相書》一書，題漢許負等十二人輯，包含甲乙丙三卷。《相法十六篇》一卷和《相書》三卷可能爲同一著作，然版本不同，文句稍異。其書對各種相法記載甚詳，以人體十四部位特徵和行、聲兩項作爲評判依據，各自成一體，解釋周詳。全書內容包括相目篇、相鼻篇、相人中篇、相耳篇、相唇篇、相口篇、相齒篇、相舌篇、相胸篇、相腹篇、相手篇、相腳篇、相陰篇、相尿屎篇、相行篇和聽聲篇，涵蓋壽夭、貴賤、仕途、職業、俸祿、疾病、子嗣、婚姻、家庭等多個方面。如論男女五官

曰:"頭雖大,額無角;目雖大,無廓落;鼻雖大,樑柱弱;口雖大,語略綽;耳雖大,無輪廓;腹雖大,近上著;非奴即作客。頭雖小,方且平;目雖小,粗且明;鼻雖小,梁柱成;口雖小,語媚生;如此之人,法主聰明,兼不少衣食。夫女人共語未了,即面看地,如此之人,必有病也。"此書是中國古代重要的相術學著作,體系完整,内容豐富,影響深遠,其相眉、相鼻、相耳、相口、相額、相手掌、相腳掌文諸説,爲相家最重要之部,於中醫臨床診斷亦有一定價值。清錢曾《讀書敏求記》讚其"言簡而旨明,爲古今相書之祖"。黃省曾《五岳山人集》稱讚"余誦其文,雖多後世增色,而古簡要,非漢代莫有也。嘗取一二,私自鏡别,則往往靈中可愕"。

此書明徐㶿《徐氏紅雨樓書目》卷三、清錢曾《讀書敏求記》卷三、瞿鳳起輯《虞山錢遵王藏書目録彙編》卷五著録。現存最早版本爲明萬曆二十五年(1597)金陵荆山書林刻周履靖輯校、俞允升手校《夷門廣牘》本。此本據萬曆二十五年《夷門廣牘》本影印。(韓毅)

新雕注疏珞琭子三命消息賦三卷新雕李燕陰陽三命二卷　(宋)李仝注　(宋)東方明疏　(第1059册)

李仝,江南西路袁州宜春(今屬江西)人,生活於宋仁宗時期。生平略見此書序。

東方明,宋人。生平不可考。

《新雕注疏珞琭子三命消息賦》三卷,成於宋仁宗慶曆元年(1041)之前,初刊於宋仁宗嘉祐己亥四年(1059),金世宗大定年間(1161—1189)再刊。卷首有嘉祐四年十二月二十一日李仝序,卷末有道光元年(1821)黃丕烈跋。此書爲王喬子晉原撰,宋李仝注,東方明疏。據錢曾《讀書敏求記》卷三記載,注解《珞琭子三命消息賦》者有王廷光、李仝、釋曇瑩、徐子平等四家,李仝之注爲其中

之一家。李仝注解,以三命之學爲宗旨,將《周易》理論與推命術相結合,專攻人之命運。後由東方明注疏,進一步闡發三命通會之説。卷上論先天一氣篇、逆順循環篇、三奇妙用篇、歸定水府篇、息一氣以凝神篇、健旺偃蹇篇和尊卑吉凶篇。卷中論一氣遷榮篇、元辰出入篇、貴地待時篇、庚辛甲乙篇、虎嘯龍吟篇、乍舉乍勝篇、墓在其鬼篇和防災元首篇。卷下論三生定命篇、四煞五鬼篇、逢三佩印篇、操執乘持篇和吉凶異兆篇。此書爲易理學派重要代表作之一。《四庫全書簡明目録》卷一一稱"其説多牽合於易數,蓋易道陰陽與術數家,事事可通"。

《新雕李燕陰陽三命》二卷,原撰者爲唐末五代人李燕,宋人李仝注,東方明疏。李燕曾撰有《三命》一卷、《陰陽詩》一卷、《三命九中歌》一卷、《五行九中歌》一卷和《穆護詞》一卷等。此書專論推算之法,"凡欲知人福與災,行年先把細推排。次看生月窮支干,兼尋生日又推胎"。卷上論述推值驛馬高貴法、推行年所主、推人生死、推著服、推人生年月形狀、推修造命宅、推遷官。卷下論述推馬、推食禄神、推到食禄絶、推貴積穀、推上下食和推官鬼。

《新雕注疏珞琭子三命消息賦》,首見於北宋王堯臣等編《崇文總目》卷四,載爲一卷,李仝注。《宋史·藝文志》、鄭樵《通志·藝文略》和晁公武《郡齋讀書志》卷一四等亦著録爲一卷。清代著述以三卷爲多,如葉德輝《書林清話》卷九、瞿鏞《鐵琴銅劍樓藏書目録》卷一五、瞿良士輯《鐵琴銅劍樓藏書題跋集録》卷三和黃丕烈《蕘圃藏書題識》等。也有作二卷者,如錢曾《讀書敏求記》卷三載《注解珞琭子三命消息賦》二卷。李仝之名,《讀書敏求記》作李同,晁公武《郡齋讀書志》作李仝。又《新雕李燕陰陽三命》,《宋史·藝文志》載作一卷,清葉德輝《書林清話》卷九作二卷,清瞿鏞《鐵琴銅劍樓藏書目録》卷

一五載《校正李燕陰陽三命》二卷。此書有《永樂大典》本、張元濟等輯《續古逸叢書》本等。此本據中國國家圖書館藏金世宗大定年間刻本影印。（韓毅）

新刊範圍數二卷　（第 1059 冊）

此書不著撰人。據《四庫全書總目》卷一一一和瞿鏞《鐵琴銅劍樓藏書目録》卷一五考證，《永樂大典》中曾載此書，題元賈顗撰。

此書二卷八門，爲術數類著作。其書以伏羲先天圖和文王後天圖爲本源，配合八宮、八卦和八節旺廢，推人吉凶和禄命。取甲己子午九、乙庚丑未八之數爲先天，爲範。天一生水，地六成之之數爲後天，爲圍。書名含用《易》繫辭範圍天地之意，起於一百一十一數，而極於二千三百五十四數。卷上論述《圖式門》、《起例門》、《總訣門》和《賦論門》。卷下論述《卦訣門》、《數格門》、《吉歌門》、《凶歌門》。全書以歌賦形式記述各式圖例、吉凶、戰事、財賦、求醫、問事等内容，多與生活密切相關。如賦論門之妙理賦、範圍論、陰陽爻説和貫三才篇，卦訣門之易斷賦、推魁禄卦歌、空亡歌、無財歌、無子孫歌、流年凶卦、疾卦、五行生克圖例，數格門之立數、吉數、凶數等，皆通俗實用。明趙迎亦著《範圍數》一書，自《圖式》至《流年斷訣》凡十五門，體例和内容深受此書影響。

明高儒《百川書志》卷一〇、周弘祖《古今書刻》、清瞿鏞《鐵琴銅劍樓藏書目録》卷一五和季振宜《季滄葦藏書目》等，著録元刊此書二卷。明楊士奇《文淵閣書目》卷一五載此書三部，均爲一部一冊。此本據中國國家圖書館藏元刻本影印。（韓毅）

大定新編四卷　（明）楊向春撰　（第 1059 冊）

楊向春，字體仁或體元，號野厓，後更名爲孔道人，雲南（今雲南祥雲）人，一説普洱（今屬雲南）人。自幼習儒，好易學，隱居深山，精於邵雍皇極之學。著有《大定新編》四卷、《皇極經世心易發微》八卷和《格物篇》等，輯《大定新編便覽》二卷、《大定續編纂要》一卷。生平見《（康熙）雲南通志》卷二一之二《宦迹·大理府》。

此書爲六壬類著作，共四卷，卷後有黄丕烈題識，杭州圖書館藏本載其刊刻於明嘉靖二十五年（1546）。書中論述集命、卦、數、理於一體的大定神數。其書推衍《皇極經世》舊説，創立命卦合一的斷法體系，將理論、斷法和實例結合，認爲吉凶産生於干支、納音、卦爻等變化之中。"大定"者，以年、月、日、時錯綜布算，成千百十零，加入奇偶數，而分元、會、運、世。年符元、月符會，日符運、時符世，看上下生克何如，定其吉凶。此書卷一爲起先天例、行限、起中天例、起後天例、起流年、起月、起卦例、起總數、八卦分宫、干支所屬八卦正數、八卦策數加訣、十二宫及分野所屬、乾旋坤轉圖、八卦方位圖、歸元還元圖、文王重易圖、八卦取象圖、天根月窟圖、掌訣、八卦納甲圖和十干吉凶圖等。卷二爲元會運世論、五行化數、重象爲隔、衝關、重七得福、血光得福、離兑得名、離坎中和得福、太陽博殿、太陰愽殿、旬空不盡、反正上夾下應例、離卦、坎卦、乾卦、乾坤喪朋論、新台及上烝、女後歸宗、千元春、百會夏、十運秋、零十冬、品數格、富貴大格局、八卦玉石局、諸般格局、關門沐浴、連身沐浴、扶杖沐浴、出門沐浴、回頭沐浴、沐浴例、六甲玉石局、十段錦、八段錦、八卦吉數、八卦凶數、一段錦和金石篇。卷三爲天樞論、時支否運圖、運前日後否圖、日前運後泰圖、天地生成圖、地樞論、人樞論、密論上、密論中、密論下、搜山狗、字字金和金剪刀。卷四爲先天論、後論、玄微論、清濁升降賦、先天祕訣賦、寸金賦、乾坎艮震論、巽離坤兑論、重疊卦象論、尅父母、父母閏年、論兄弟、論妻、兒女、商買、貧下、疾厄、論二極、畜類、沐浴論、天干沐浴論、地支沐浴論、雜斷、沐浴會各凶星論、羊刃論、天劫論、官局、天禄局、地福局、財局、失局得化、雜論、流年數論吉星、流年數論凶星、流年除數、流年推死數法、遊年倒限訣、月家數吉凶和論日家數。此書涵蓋地理、家宅、起屋、婚姻、產育、求財、出行、疾病、訟詞、逃亡、墳墓、見貴等與日常生活密切相關的内容,與《大定新編便覽》、《大定續編纂要》等同爲研究皇極經世學的重要典籍,對後世產生較大影響。

明毛扆編《汲古閣珍藏秘本書目》、清錢曾《讀書敏求記》卷三、瞿鳳起輯《虞山錢遵王藏書目録彙編》卷五、黄丕烈《蕘圃藏書題識》卷四和民國傅增湘《藏園群書經眼録》卷七著録此書。此書有清鈔本,今據中國國家圖書館藏明刻本影印。(韓毅)

新刊指南臺司袁天罡先生五星三命大全四卷 (第1059册)

據南宋陳振孫《直齋書録解題》卷一二記載,宋時即有《五星三命指南》十四卷,不知何人所撰,大抵書坊售利,托名袁天罡。元馬端臨《文獻通考·經籍考》承襲此説。袁天罡,唐初劍南道益州成都府(今四川成都)人。精於天文、曆算和易學,曾任鹽官令、火山令等。著有《六壬課》、《五行相書》、《推背圖》、《袁天罡稱骨歌》和《易鏡玄要》等,生平見《舊唐書》。

此書專論陰陽家五星三命之説。五星指水、木、金、火、土五星。三命本指受命、遭命、隨命,唐宋以後星命術士以人生辰的年、月、日所屬干支推算命數,也稱"三命"。卷一論五行金木水火土所生、論十干十二支所生、論十干十二支所屬,以及六十花甲子歌、十干所屬陎队定例、十干所屬五行定例、纂定十二宫歌括斷例、諸吉星面訣和華蓋印等。卷二論述諸凶星面訣。卷三論述看命法、起大運例、行小運例、詳數小運、詳論二運、急脚限、年月日時所生、造微論、流年論、流年都天賦、倒限、推婦人貴賤和二十四般正貴格。卷四論述五星六曜乘旺好樂宫歌、五星忌宫、星辰妙度歌、七精配屬五行宫中、十二宫神,以及五星論、六曜論、太陎法、定太陎星度數、太陎星歌訣、推太陎星行度方、定天元禄五星、説學堂星、説科甲星、説科名星、定十二宫禍福、添八天機九數、歌男女和歌官禄等内容。此書配有大量插圖,以七言歌訣叙述。

此本據中國國家圖書館藏明書林種德堂熊沖宇刻本影印。(韓毅)

回谷先生人倫廣鑑集説十卷 (第1059册)

此書十卷,不著撰人,書中有題"回谷先生"者,亦不可考,係明嘉靖年間吴緝輯,由刻工顧植、顧櫰、何鯨、何鈅、何釗、彭恩、邵埴、張熬等刊刻。

此書爲術數類著作,專論男女面相與福禄之貴。卷首爲面部形相圖類,包括面部形相總圖、面部三才三停圖、面部五嶽四瀆圖、六曜所屬之圖、面部六學堂三學堂圖、面部八卦所屬之圖、面部九州分位之圖和面部十二支干所屬之圖。卷一爲大略門,詳述觀人八法,曰威、厚、清、古、孤、薄、惡、俗;貴門。卷二爲富門和壽門。卷三爲天門和貧賤門。卷四爲孤苦門和名標門。卷五爲蹇難門和忠信慈孝門。卷六爲愚僻兇暴門和紋理門。卷七爲骨節門和黑子門。卷八爲識形門和識部位門。卷九爲氣色門等。卷一〇爲九仙會源相氣訣、論形俗、六格觀形、袁天綱相女人貴賤論和相嬰兒訣并附圖像。此書彙集歷代相學家論述和著作,涵蓋中國傳統相術的所有領域,爲面相學重要著作。書中圖示衆多,并有文字注解,簡易明了,成爲自明、清以來最流行的相術技法大全之一。

明葉盛《菉竹堂書目》卷六載《人倫廣鑑》一册,明晁瑮《晁氏寶文堂書目》卷下載《人倫廣鑑》一部,均不載卷數。此本據中國國

家圖書館藏明吳緝刻本影印。（韓毅）

造命宗鏡集十二卷　（明）吳國仕輯（第1059—1060冊）

吳國仕，字元卿、天洪、季升，新安歙縣（今屬安徽）人，萬曆三十二年（1604）進士。曾任刑部主事、南太常卿和户部侍郎等職。著有《造命宗鏡集》、《楚邊條約》、《楚邊餉》和《楚邊圖説》等。生平見趙弘恩等監修《（雍正）江南通志》卷一四七《人物志·吳國仕》。

此書凡十二卷，每卷首署“古歙吳國仕季升父纂輯，胡德輝君實父較訂”，自序謂成於“南禄勳署”，有“光禄大夫之章”，吳氏時任南京光禄寺卿。明崇禎庚午（1630）吳氏搜玄齋刊刻，卷首有崇禎庚午年吳國仕《造命宗鏡序》，卷末有胡德輝跋。吳氏自謂“里中胡君明宇識洞陰陽，玄詮指掌，其手録古仙諸書種種，皆秘授”，於是“相與朝夕討論，窮源析流”，“總名之曰《造命宗鏡》”。全書採摘秘傳者十之七八，採之通書者十之一二，主要介紹擇吉知識，包括吉凶神煞、太陽、帝星、三奇、天德等。卷一爲元本類，介紹各類圖説。卷二爲運氣類。卷三爲元會運世圖説、金精山人語、用卦説、八卦順逆生旺圖、三元運氣卦象明著、董德彰天機素書論和分金坐度吉凶定局。卷四爲玄應經、透地坐穴六十龍吉局、一百二十分金配卦吉凶定局。卷五爲體用類。卷六爲尊帝二星定局圖例等。卷七和卷八爲奇門類。卷九和卷一〇爲大六壬類。卷一一爲雜用類。卷一二爲神煞類。此書爲明代最權威造命擇吉著作之一，集理論、圖像、文字和方法於一體。全書神煞義理俱全，吉凶之日清晰，乃擇吉定日必參之書。同時，此書存有大量前代珍稀文獻，如董德彰《天機素書論》、楊救貧《造命歌》、吳景鸞《要語》等。

《明史·藝文志》、清黄虞稷《千頃堂書目》卷一三、孫殿起《販書偶記》卷一〇等著録此書。此本據上海圖書館藏崇禎三年吳氏搜玄齋刻本影印。（韓毅）

五行大義五卷　（隋）蕭吉撰（第1060冊）

蕭吉，字文休，毗陵郡南蘭陵（今江蘇常州武進區）人。曾任北周儀同、隋上儀同三司、太府少卿等職，封城陽郡開國公。博學多通，尤精陰陽、算術。開皇十四年（594），奉敕“考定古今陰陽書”，受隋文帝獎賞。著述豐富，有《金海》、《相經要録》、《宅經》、《葬經》等。除《五行大義》五卷尚存外，餘皆亡佚。生平見《隋書》本傳。

此書約成於隋開皇十四年前後，卷首有蕭吉《五行大義序》。其書博採經緯，搜窮簡牒，略談大義，凡二十四論，共四十段。卷一含第一釋名，分釋五行名、論支干名二段；第二論辨體性；第三論數，分論易動静數、論五行及生成數、論支干數、論納音數、論九宫數五段。卷二含第四論相生，分論相生、論生死所、論四時休王三段；第五論配支干；第六論相雜，分論五行雜體、論支干雜、論方位雜三段；第七論德；第八論合；第九論扶抑；第十論相剋；第十一論刑；第十二論善；第十三論衝破。卷三爲第十四論雜配，分論配五色、論配音聲、論配氣味、論配藏府、論配五帝、論配五事六段。卷四含第十五論律吕，第十六論七政，第十七論八卦八風，第十八論性情，第十九論治政。卷五含第二十論諸神；第二十一論五帝；第二十二論諸官；第二十三論諸人，分論人配五行、論人遊年年立二段；第二十四論禽蟲，分論五靈、論三十六禽二段。

此書最大特點在於論述五行之配屬、體性、相剋和相雜，認爲五行依據“立象以顯事”的方法歸類萬物，贊同鄭玄五行五臟不同配法與醫學實踐有關之説，同時指出：“《甲乙》、《素問》是診候之書，故從行實而辨。《道經》、《管子》，各以一家之趣。”其觀點對理解中醫臟腑配屬有參考價值。此書廣泛流行於唐宋時期,被《舊唐書》、《太平御覽》等廣泛徵引。此書亦引用許多隋以前史書,如《帝王世紀》、《太公》、《黃帝兵法雜要訣》、《周書》等,其中多有佚書,具有較高文獻價值。

此書最早著録於《舊唐書》卷二四,然不載卷數。宋李昉等《太平御覽》卷二二《時序部七》、王溥《唐會要》卷一○下、王應麟《玉海》卷六二和馬端臨《文獻通考》卷八○《郊社考十三》等同。《宋史·藝文志》始著録爲五卷。此書現存刊本最早爲日本元禄十二年(1669)刻五卷五册本。清嘉慶九年(1804)德清許宗彦據日本林述齋《佚存叢書》所收之本,將其重新刊刻流傳,後《宛委別藏》據日本天瀑山人輯《佚存叢書》本再次刊刻。又有乾隆間長塘鮑氏《知不足齋叢書》本、光緒二十四年武進盛氏思惠齋刻《常州先哲遺書》本等。此本據《宛委別藏》刻日本《佚存叢書》本影印。(韓毅)

遁甲符應經三卷　（宋）楊維德等撰（第1060册）

楊維德,即楊惟德,生平見前《景祐乾象新書》提要。

此書又名《景祐遁甲符應經》,成於宋仁宗景祐年間,卷首有宋仁宗《御製景祐遁甲符應經序》,卷末有永樂十二年(1414)欽天監五官司曆王巽後序。此書以遁甲論行軍趨避之用、百事凶吉,包含三奇咒、六種符用訣以及六甲神符等民間千古不傳之珍貴資料。卷一論述遁甲總序、造式法、九星所值宮、八門法、推八節以主卦爲初直、陽遁上中下局、陰遁上中下局、佈局法、超神、接氣、拆局、補局和氣應變局等。卷中釋天遁、釋地遁和釋人遁等。卷下論述十干人君所利、十干吉凶、六甲下營法、三勝宮、涉陰危之中、飲食左右冠帶步履法、伏匿藏形和請神入局、真人步斗法等。此書爲奇門遁甲術之重要著作,受歷代

政府和天文學家重視。宋仁宗讚其"上之於國家,下之於庶民,一切有爲,皆宜用也"。《四庫全書總目》卷一○九稱"當時壬遁之學最盛,談數者至今多援引之"。清阮元撰、阮福編《四庫未收書提要》亦稱"立術精密,考較詳明,宜五行之家所不廢"。

此書首見於景祐年間王堯臣編《崇文總目》卷四,《宋史·藝文志》、鄭樵《通志·藝文略》、陶宗儀《說郛》卷一○下、錢遵王《述古堂書目》、錢曾《讀書敏求記》卷三、瞿鳳起輯《虞山錢遵王藏書目録彙編》卷五和阮元《研經室外集》卷三等,均作《景祐遁甲符應經》三卷。南宋尤袤《遂初堂書目》著録爲一部,不分卷。元馬端臨《文獻通考》著録爲二卷。此本據清嘉慶年間阮元編《宛委別藏》舊鈔本影印。(韓毅)

洪範政鑒十二卷　（宋）趙禎撰（第1060册）

趙禎(1010—1063),初名受益,天聖元年(1022)至嘉祐八年(1063)在位,廟號仁宗,諡號體天法道極功全德神文聖武睿哲明孝皇帝,葬永昭陵。在位期間任用范仲淹等推行"慶曆新政"。著有《洪範政鑒》十二卷、《明堂新曲譜》一卷、《景祐樂髓新經》一卷、《審樂要記》二卷等。生平見《宋史》本紀、李燾《續資治通鑑長編》和徐松輯《宋會要輯稿·帝系》等。

此書完成於康定元年(1040)。據李燾《續資治通鑑長編》卷一二九記載,康定元年十一月丙辰,内出御製《洪範政鑒》十二卷示輔臣。淳熙十三年(1186年)二月八日,宋孝宗令秘閣繕寫《洪範政鑒》一本進納。明永樂年間,淳熙寫本抄入《永樂大典》,原件深藏内府,清光緒年間被宗室盛昱收藏,後歸完顏景賢,又歸藏書家傅增湘,今藏中國國家圖書館。傅增湘《藏園群書題記》卷六《宋内府寫本洪範政鑒書後》和《洪範政鑒后跋》,叙其源流。

此書是我國現存唯一完整的宋代寫本文獻。書爲蝴蝶裝舊式，無邊欄，半頁九行，每行十七字，有宋"內殿文璽"、"御府圖書"、"緝熙殿書籍印"、"大本堂書"、"藏園秘笈孤本"、"周逗"和傅增湘"雙鑒"等印記，卷末有邵章、傅增湘跋。書共十二卷，有宋仁宗御製序，卷一和卷二論述水行，卷三和卷四論述火行，卷五和卷六論述木行，卷七和卷八論述金行，卷九和卷一○論述土行，卷一一和卷一二論述皇極。其書雜採儒道兩家"天人一體"思想，以五行分類，自春秋以迄歷代事應、帝王言行、朝代興衰等，精加採撡，以使承天子民者心存敬畏，奉天修德。此書在資料取捨上亦有新意，若語非典要，過涉怪誦，則略而不載；若占有差別，互存考驗，則析而詳言。此書史料豐富，借鑒性强，是研究古代哲學思想以及行爲規範的重要著作，也是研究宋版書的珍貴資料。

《宋史·藝文志》、南宋鄭樵《通志·藝文略》、王應麟《玉海》卷二八《聖文》和章如愚《群書考索》卷二六《經門》等載此書。南宋尤袤《遂初堂書目》載其爲一部，不分卷。《四庫全書總目》卷一一一有此書提要。此書有《永樂大典》本和光緒八年黃彭年家鈔本。今據中國國家圖書館藏南宋淳熙十三年內府寫本影印。（韓毅）

洪範淺解十一卷　（明）程宗舜撰（第1060冊）

程宗舜（1502—1570），字廷韶，號風崗，華容義門（今湖南華容）人。嘉靖十年（1531）鄉試舉人，昇京師國子監貢生，嘉靖十二年授瑞金縣知縣，嘉靖二十一年三月授文林郎。著有《洪範淺解》、《洪範傳》和《律呂或問》等。生平見邁柱、德齡、趙宏恩等纂輯《（雍正）湖廣通志》卷五七《人物志·程宗舜》。

此書完成於明嘉靖十九年，卷首有明通議大夫工部右侍郎顧璘序。嘉靖二十五年初刊於瑞金，嘉靖三十六年再刊於華容，題門人楊

可教、鄧仕、劉替熏、湯惟德、朱靖等刊本。清乾隆三十七年（1773），此書與《洪範傳》、《律呂或問》一起入貢皇宮。

此書是《尚書·洪范》篇之注解。書中對《洪範》所載"初一曰五行，次二曰敬用五事，次三曰農用八政，次四曰協用五紀，次五曰建用皇極，次六曰乂用三德，次七曰明用稽疑，次八曰念用庶徵，次九曰嚮用五福，威用六極"等進行充分闡發，認爲"五行之爲物"，且"皆各有耦"，而"耦之中又有耦焉，而萬物之變遂至於無窮"，同時批判"天有是變，必由我有是罪以致之"的荒謬觀點。其書還從"習以成德性"的觀點出發，提出"五事成性"的道德修養論，謂"五事，人所以繼天道而成性者也"。此書是宋以來注解《洪範》的最重要著作之一，能成一家之言，受黃道周、胡渭等學者重視。明人孫宜《洪范淺解序》評價此書："程子之解，沿體於《易》，而共旨則自以所推見靡所因襲，成一家之言。"

此本據遼寧省圖書館藏明嘉靖三十六年刻本影印，該本係現存最早刊本。（韓毅）

景祐太乙福應經十卷　（第1061冊）

景祐年間（1034—1038）奉宋仁宗詔旨，由司天監春官正楊維德、王立、李自立、何湛等撰寫，後又由楊維德、任承亮、鄧保信、皇甫繼總集而成此書。專言太乙之術，以占測軍國大事，始紀於上元三年。卷一論述推太乙積年、推四計總法、推太歲所在等。卷二爲釋太乙所主、釋五將所主、釋計神所主等。卷三爲釋掩、釋擊、釋迫、釋囚等。卷四爲釋三門具不具、釋五將發不發、釋主客相關、釋主客等。卷五爲君基太乙、臣基太乙等。卷六爲太乙七術總序、臨津問道等。卷七爲十精太乙積年、天尊太乙等。卷八爲十二分野。卷九爲釋敵國動靜、釋敵信虛實等。卷十爲占天子巡狩、占郡國舉賢良等。此書是太乙術數發展史上承前啓後的重要著作，是《景祐太乙

曆》的理論基礎和算法依據。書中不僅包含大量天文學、數學知識，而且含有地理學和兵學知識，對宋以後太乙曆法的産生與變革，以及數理天文學的發展，産生一定影響。所引文獻有《易》、《禮記·月令》、《春秋釋例》、《乾鑿度》、《尚書考靈曜》、《詩緯》、《春秋元命苞》、《淮南子》、《白虎通》、桓譚《新論》、《物理論》、《釋名》、《素問》、《樂志》、《玄女經》、《金匱經》、《靈轄經》、《集神經》、《集靈經》、《靈匣經》、《玉門經》、《曾門經》等，又引董仲舒、費直、鄭司農（鄭衆）、班固、許慎、蔡邕、虞喜、陳卓、樂産、黃辛諸説，保存了大量前代珍貴史料。

王堯臣等編《崇文總目》卷四、《宋史·藝文志》載《景祐太乙福應集要》十卷。南宋陳振孫《直齋書録解題》卷一二載《景祐太乙福應集要》十卷，御製序，末題紹興元年嵩陽潛士魏郡劉箕。南宋尤袤《遂初堂書目》載《太乙福應經》一部不分卷。南宋鄭樵《通志》卷六八、王應麟《玉海》三和馬端臨《文獻通考》卷二二〇等則將此書著録爲《景祐太一福應集要》。此本據中國國家圖書館藏明談劍山居鈔本影印，該本係現存最早版本。（韓毅）

三曆撮要一卷 （第 1061 册）

此書一卷，不著撰人。據南宋陳振孫《直齋書録解題》、卷一二《陰陽家類》記載，爲《百忌》、《總聖》和《集正》三書合稱。又據此書卷末錢大昕、孫星衍等跋文，知此書不見於北宋時期記載，南宋以後記載漸多。則此書或撰於南宋時。

此書爲術數類擇日著作。全書分十二月，每月注天德、月德、月合、月空所在，次列嫁娶、求婚、送禮、出行、行船、上官、起造、架屋、動土、入宅、安葬、掛服、除服、詞訟、開店庫、造酒麴醬醋、市賈、安床帳、裁衣、入學、祈禱、耕種吉日，凡廿二條。十二月中只有吉日，無忌日。其所引文獻有《萬通曆吉凶圖説》、《萬通曆吉凶日圖訣》、《九宮上官兀星訣》、《猖鬼敗亡日》、《明墨二星》、《黃黑道日》、《九天玄女選時訣》、《逐月選時法》、《集正曆論選時法》、《推月將法》、《推貴人旦暮法》、《居注曆日出入法》和《選時法并輪局》等，爲選擇吉日常用著作。尤其書中所引《太史百忌曆圖》、《太史百忌》、《廣濟陰陽百忌曆净》、《廣聖曆》、《萬年曆》、《集聖曆》等，今皆不存，彌足珍貴。又引劉德成、方操仲、汪德昭、倪和父等術數家言，尤爲精闢。此書内容簡略，按月排列，吉日清晰，便於選擇，堪稱指南。

此書首見於南宋陳振孫《直齋書録解題》卷一二《陰陽家類》記載，又一本名《擇日撮要曆》。據《直齋書録解題》引建安徐清叟説法，此書爲尚書公應龍所輯。清瞿鏞《鐵琴銅劍樓藏書目録》卷一五和黃丕烈《蕘圃藏書題識》卷四亦著録。清楊紹和《海源閣藏書目》和楊保彝《海源閣宋元秘本書目》卷三等載《影宋精鈔本三曆撮要》一册，不分卷，不著撰人姓名。黃丕烈《蕘圃藏書題識》卷四和錢大昕《十駕齋養新録》卷一四等有此書提要。此書有宋刻本，另有咸豐元年顏士欽鈔本、光緒元年陸心源輯《十萬卷樓叢書》本和民國五年南陵徐乃昌輯刻《隨庵徐氏叢書續編》本。今據中國國家圖書館藏宋刻本影印。（韓毅）

河洛真數十卷 題（宋）陳摶（宋）邵雍撰 （第 1061 册）

陳摶（約 871—989），字圖南，號扶摇子，賜號希夷先生，淮南路亳州真源（今河南鹿邑）人。五代宋初著名道教學者和隱士，好讀經史百家之書，亦好讀《易》，通三教之學，其《周易先天圖》對宋代學術思想産生較大影響。著有《心相編》、《河洛理數》、《紫微斗數全書》等。生平見《宋史·隱逸傳》和王稱《東都事略》卷一一八《隱逸傳》。

邵雍（1011—1077），字堯夫，又稱安樂先生、百源先生，謚康節，其先范陽（今河北涿州）人，幼隨父遷共城（今河南輝縣），後定居洛陽。北宋五子之一，與富弼、司馬光、呂公著、程頤、程顥、張載等有交遊。對《易經》有較深研究，繼承并發揚陳摶“周易先天圖說”，創“先天之學”，開拓了“象數”學的領域。著有《皇極經世》十二卷、《伊川擊壤集》二十卷、《漁樵對問》一卷等。生平見《宋史·隱逸傳》、王稱《東都事略》卷一一八《隱逸傳》和黃宗羲《宋元學案》卷九《百源學案》。

此書爲萬曆辛卯年（1591）李學詩集録和校補而成。卷首萬曆辛卯年李學詩《河洛數序》謂“檢閱舊集，删其煩蕪，正其舛訛，屢易寒暑，始克成編，鳩工鋟梓，以永其傳”。全書包括《河洛真數起例》三卷、《陳邵二先生河洛真數易卦釋義》五卷和《陳圖南先生河洛真數詩斷秘訣》二卷。《河洛真數》亦稱“河洛數”，其説以《易》之卦爻配合人生年、月、日、時，以定休咎。此書爲易學名篇，所述方法複雜，成卦成象之後還須與《易經》三百八十四爻相配方能斷其吉凶，故通識者較少。全書專言數理，圖文并茂，不僅包含大量河洛數圖，且予以詳細注解。同時，書中還保存大量前代序文，如《邵堯夫序》、《齊仲確序》、《張南軒論》、《李延平論》等，有較高史料價值。然《四庫全書總目》對此書評價甚低，謂其“詞皆鄙倍，殆術士不學者所爲”。《欽定續文獻通考·經籍考》認爲所集諸書乃術士僞托。

此書不見於宋代官私書目記載。明晁瑮《寶文堂書目》卷下和趙用賢《趙定宇書目》載《河洛真數》一部，不分卷，不題撰人。《欽定續通志·藝文略》載爲二卷、舊本題宋陳摶撰。另，明徐渤《紅雨樓書目》卷一載陳摶《河洛數》二卷，或與《河洛真數》爲同一書。此書有明天一閣藏本等。今據明萬曆二十年

李學詩刻本影印，該本係現存最早刊本。（韓毅）

太乙統宗寶鑑二十卷　題（元）曉山老人撰（第1061冊）

此書作者有三説。一爲元代廣陵人秦曉山，號曉山老人，通十二運之言，著《太乙統宗寶鑑》二十卷，黃宗羲《宋元學案》卷八二《北山四先生學案》和《黃梨洲詩集》卷一持此説。二爲明人吳琓，別號曉山老人，黃虞稷《千頃堂書目》卷一三、嵇曾筠等纂修《浙江通志》卷二四七《經籍志》和趙定邦等纂修《（同治）長興縣志》卷二三《人物志》等持此説。三爲明永樂年間張燁，何良臣《白話陣紀》和陳秉才《陣紀淺説》等持此説。此書因涉太乙改元等禁忌，乾隆五十三年被軍機處列入《全毀書目》之中。

此書卷首有元成宗大德七年（1303）曉山老人序，自詡“人君用之，可使民爲堯舜之民。人臣用之，可以致君爲堯舜之君”。書中以太乙周行統運六十四卦，與五福三基之貴神，八門十精之星使，經緯錯綜，表裏貫通，是明清兩代流行較廣的易數之書，對研究中國古代三式中的太乙神術有重要參考價值。然據王肯堂《郁岡齋筆麈》和趙爾巽等《清史稿》考證，此書積年術的求法有誤差。

此書《元史》不載。《明史·藝文志》著録二十卷，作者吳琓。唐順之《武編》、錢曾《讀書敏求記》卷三、瞿鳳起輯《虞山錢遵王藏書目録彙編》卷五和民國李盛鐸《木犀軒藏書書録》卷三等著録，然不題作者。現存明清鈔本中，亦有作十六卷、二十二卷和二十四卷本者。清錢曾《讀書敏求記》卷三曾載其家藏舊抄《統宗寶鑑》有二，前俱有大德癸卯曉山老人序，其一後附《起例》、《真數》、《淘金歌》三書各一卷；其一後附《數林》、《籌數》、《專徵集略》、《神機三鏡》四書各一卷。《四

庫全書總目》認爲"今檢此本,并無所附,或爲傳録者所删削也"。現存明抄二十卷本、道光六年黼堂羅氏匯鈔本、清鈔本十八册二十二卷本、明清鈔本二十四册二十四卷本和韓國奎章閣藏清嘉慶二十年鈔本等。今據明抄二十卷本影印。(韓毅)

新刊陰陽寶鑑剋擇通書前集五卷後集五卷

(第1061—1062册)

此書不著撰人。前集五卷,以修造擇黄道吉日爲主,具注曆和通書性質,内容涉及住宅、倉庫、殿塔、宫觀、神廟、社壇等。卷一叙述黄道吉日總論、修造運白和年命修造等。卷二叙述修造動土、入山伐木、起工架馬、定磉扇架、豎造宅舍、避宅出火、入宅歸火、修造雜忌、修作雜造、門向路道、修作倉庫、建橋樑、建殿塔寺院、建宫觀、建神廟、建社壇、建師人宅舍、塑繪神像起手開光、修方造作和修作命殺。卷三叙述破土安葬、喪事雜用、諸喪事總忌、擇葬年月啓攢遷附、出行遠回、收捕出行、元旦燒香出行、行船裝載、結婚嫁娶、養子納婿、納奴婢、男冠女笄、洗頭沐浴、男女合婚、祭祀祈福、納表進章、預修因果、合壽木作生墳和合壽木作生墳諸例。卷四叙述穿井導泉、牧養欄枋、造牛屋、造馬枋、造羊棧、造豬椆、豬胎、猫兒、六畜凶忌、買猫兒法、修作陂塘、種蒔載植、伐竹木抱雞鵝鴨、養蠶經絡、裁衣合帳、求醫療病、瘟鬼所在、胎産雜忌、入學求師、安床設帳、公庭詞訟、造酒麴醋醬、爐臺鑄造、會親友、習學技藝、立契券交易、移徙、開市、人事雜用、萬事利宜和年吉凶神。卷五叙述月吉凶神、吉日凶神、從辰吉凶、日吉凶方、日神起法、時家凶神、時家吉神和氣候圖等,其中氣候圖殘缺嚴重。後集五卷,專論開山事宜。卷一和卷二叙述六十太歲修方凶神、開山立向吉神。卷三叙述十二月日吉、日凶和動土諸事宜。卷四叙述諸家年月起例、造

葬一覽、開山立向凶神、走馬六壬通天竅開山立向宜用年月。卷五叙述通天竅圖諸事宜、年月釋論和諸公口訣,後面内容散逸不全。此書包含大量基本生活常識和匠人必須掌握的實用科技知識,可視作元代民間社會生活百科全書。

明楊士奇《文淵閣書目》卷三載《剋擇通書》一部二册,晁瑮《寶文堂書目》卷下載《陰陽寶鑒剋擇》一部。此書有明初刻本等,此本據中國國家圖書館藏元刻本影印。(韓毅)

類編曆法通書大全三十卷 (元)宋魯珍通書 (元)何士泰曆法 (明)熊宗立類編(第1062册)

宋魯珍,字輝山,元代臨江(今屬江西樟樹)人,著《通書》一部。其餘不可考。

何士泰,字景祥,元江西金溪人。著《曆法》一部。生平不可考。

熊宗立(約1409—約1481),字道軒,自號勿聽子,福建建陽鼇峰人。著名醫學家和刻書家。著有《金精鼇極》、《通書大全》、《類編》、《名醫類證醫書大全》等。生平見郝玉麟等纂修《(雍正)福建通志》卷六一《伎術・熊宗立》。

此書三十卷,係元宋魯珍《輝山通書》、何士泰《景祥曆法》和明熊宗立《道軒類編》三書之合編,合編時間當爲明弘治年間以後。考《明史・藝文志》和無名氏《類編通書大全序》,改編者鑒於宋、何二書刊行已久,"字畫訛舛","使覽者病焉",遂以"二書合而一之",又增熊宗立《道軒類編》入内,"舍疵薈萃,訂正是非","定局而省繁,言直而用當,開卷瞭然,使各知其避凶趨吉之方"。其所載内容,皆術家擇日常法,亦無秘義。

此書卷一至卷一九列有宋魯珍、何士泰、熊宗立三人姓名,卷二〇至卷三〇則未列,或爲改編者所增他人之作。其書卷一至九爲宋魯

珍《輝山通書》，内容爲前朝公規、推測時刻、氣候圖、歲時紀事、襲爵上官、修造運白、修造壬運、年命修造、修造動土、入山伐木、起工駕馬、定礎扇架、豎造宅舍、避宅出火、入宅歸火、移徙入宅、修造雜忌、修作雜造、門向路道、修作倉庫、建立橋樑、建立僧尼寺院殿塔、建宮觀、建神廟、建社壇、建師人宅舍、塑繪神像、出行遠回、收捕出行、元旦燒香、元旦出行、行船裝載、結婚嫁娶、男女合婚、祭祀祈福、納表進章、預修因果、祭祀竈、男冠女笄、洗頭沐浴、養子納婿、買納奴婢、穿井導泉、牧養欄枋、六畜凶忌、造牛屋、造馬枋、造羊舍、造豬榈、作雞鵝鴨樞和納猫犬等。卷一〇至一六爲何士泰《景祥曆法》，内容包括修作陂塘、開鑿池塘、種蒔載植、伐竹木抱雞鵝鴨、養蠶作繭、經絡安機、裁衣合帳、安牀設帳、胎産雜忌、求醫療病、瘟鬼所在、瘟鬼所在、入學求師、習學技藝、公庭詞訟、酒醋麴醬、爐冶鑄鈒、會親友、立契交易、開庫店肆、十二月擇日吉凶神、選時寶鏡、年吉凶神、月吉凶神、日吉凶神、叢辰吉凶、日吉凶方、日神起法、時家凶神和時家吉神等。卷一七至一九爲熊宗立《道軒類編》，主要論述凶神方位。卷二〇至三〇不著作者，内容爲諸神殺方位、諸家年月起例、修方造作、破壞修營、造葬一覽、開生墳、合木開生墳總局、破土安葬、喪事雜用、諸喪事總忌、擇葬年月啓攢遷附、年月釋論和諸公口訣等。此書是元明時期民間社會生活的百科全書式著作，然由於出自民間，部分算法紊亂，乾隆四年（1739）下詔編纂《欽定協紀辨方書》，方統一了各家推算方法。

《明史·藝文志》載《曆法通書》三十卷，并注明爲金溪何士泰景祥《曆法》和臨江宋魯珍輝山《通書》之合編，未言熊宗立《類編》一書。清黃虞稷《千頃堂書目》卷一三同。清《欽定續通志·藝文略》、《欽定大清會典則例·欽天監》、《欽定續文獻通考·經籍考》、《皇朝文獻通考·象緯考》、錢謙益《絳雲樓藏書目》卷二，繆荃孫、吳昌綬《嘉業堂藏書志》等亦載此書。《四庫全書總目》卷一一一有此書提要。此書有明刻十九卷本和嘉靖三十年劉釪刻本等。此本據遼寧省圖書館藏明刻三十卷本影印。（韓毅）

新刊理氣詳辯纂要三台便覽通書正宗二十卷首一卷 （明）林紹周輯 （明）林維松重編（第 1063 册）

林紹周，號寒竹山人，潭城（今湖南湘潭）人。著《增補參贊秘傳天機大要》二卷，纂輯《新刊理氣詳辯纂要三台便覽通書正宗》二十卷首一卷。其子林維松，號承竹山人。二人生平略見此書序。

此書卷首有明萬曆二十六年（1598）林維松《三台通書正宗序》。其書初爲林紹周纂輯，後由林維松重編，增補起例、歌訣、制化、明示和根宗，凡堪輿葬造，無不備具。此書體例編深受元何士泰《景祥曆法》和宋魯珍《輝山通書》影響。卷一至卷二爲甲集，題林紹周纂輯，林維松重編，余象斗繡梓；卷三爲乙集，卷四爲丙集，卷五、卷六和卷七爲丁集，題潭城承竹山人林維松纂輯。卷八爲戊集，卷九至卷一二爲己集，卷一三至卷一五爲庚集，卷一六爲辛集，卷一七不著集數，卷一八至卷一九爲壬集，卷二十爲癸集，僅卷十九題柯珮編集，林紹周校正，林維松補遺，余象斗繡梓，其餘均未題著者。

此書卷首爲辯論凶星，共十五條，包括辯正天地荒蕪、辯正絶烟火、辯正五音等。卷一爲理氣門，共三百一十一條，包含與曆法、吉日有關的歌訣和詩訣。卷二爲年月日時吉凶神總局并神注，共四十八條，包含各種吉日吉神總局和定局。卷三爲甲子年至癸未年太歲姓名并纂年月吉凶神定局。卷四爲甲申年至癸卯年太歲姓名并纂年月吉凶神定局。卷五爲甲辰年至癸亥年太歲姓名并纂年月吉凶神定局。卷六和卷七爲正月至十二月諸用并宜忌吉凶神集成。卷八爲選時寶鏡局,共二十一條,包括各種計時圖和計時工具等。卷九爲五十二條,包括前朝公規、春牛式詩、上官赴任、上册謚封、演武教兵等各種日常禮儀。卷一○共十八條,包括胎教法、胎産雜忌、剃頭沐浴、經絡、養龜、裁衣、結婚、會友等。卷一一共三十條,包括陽宅論、天和地寧日等陽宅修造論。卷一二共十九條,包括伐木、架馬、建廟、建塔等建築内容。卷一三共十五條,包括造基、蓋屋、造門、安床、修井、作竈、作廁等。卷一四共十八條,包括修造動土、修作方向、避宅出火、均分家財、祭祀祈福、神農經、老君遣瘟法等。卷一五共十五條,多爲畜牧、獸醫、蟲魚、雞鴨、養蜂、塞鼠穴等内容。卷一六共七條,專爲陰宅、造墳、送終、喪事等。卷一七共七條,包括行表立方法、除靈周堂、四魂入墓、安葬等。卷一八共五條,包括五運六氣之圖、璿璣玉衡之圖、造命歌等。卷一九共三條,包括家傳遁甲奇門二十四用修方天極秘要、遁甲奇門起例定局歌訣和豎造安葬致語符訣。卷二十共三條,包括帶禽起居十二定局、未來流年和地母經。此書圖文并茂,内容豐富,多爲賦訣,使用方便,同時徵引大量前代和同時代著作,如《養宅論》出自《玉髓真經》,《宅長年命》出自《二宅一覽》,《五音三斗火》出自《元龜》,以及《鬼谷先生響卜法》、《楊救貧催屍年》、《烟波釣叟歌》等,此類著作今多亡佚,故具有極高文獻價值。

此書有明崇禎十年余仰止刻本等。今據南京圖書館藏明萬曆書林福建建安余象斗雙峰堂刻本影印。(韓毅)

天文書四卷　(明)海達兒等口授　(明)李翀 吴伯宗譯(第1063册)

海達兒,又譯黑的兒,元明之際回回天文學家,任南京欽天監靈臺郎。洪武十五年(1382)奉明太祖詔旨與李翀、吴伯宗一起翻譯阿拉伯天文學著作《回回曆法》。

李翀,山西壺關人。洪武年間薦舉入京,任翰林院侍講學士、浙江右布政使等職。著有《日聞録》一卷。生平見明王世貞《弇山堂别集》卷四六《講讀學士表》。

吴伯宗(?—1384),名祐,字伯宗。撫州金溪(今屬江西)人。洪武四年(1371)辛亥科狀元。任禮部員外郎、武英殿大學士等職。參與編修《大明日曆》,翻譯《回回曆法》、《經緯度》、《天文》等書,著《榮進集》四卷。生平見明廖道南《殿閣詞林記》卷一《武英殿大學士吴伯宗》。

此書又稱《明譯天文書》或《回回曆》,共四卷,海達兒等口授,李翀、吴伯宗譯。考《明史·曆志七》,《回回曆法》是西域默狄納國王馬哈麻所作,洪武元年徐達平元大都時"收其圖籍"所得。洪武十五年九月明太祖命翰林編修李翀、吴伯宗、靈臺郎海達兒、回回大師馬黑亦沙、馬哈麻等翻譯西域曆法。洪武十六年譯成,繕寫以進。

此書卷首有洪武十六年五月吴伯宗《譯天文書序》,指出"邇來西域陰陽家,推測天象,至爲精密有驗。其緯度之法,又中國書之所未備,此其有關於天人甚大,宜譯其書",强調"西域天文書與中國所傳,殊途同歸","刻而列之,與中國聖賢之書并傳并用,豈惟有補於當今,抑亦有功於萬世"。此書含四類内容。第一類凡二十三門,總説題目,包括説撰此書爲始之由、説七曜、説五星、説雜星、説十二宫和説各星等。第二類凡十二門,斷説世事吉凶,内容包括總論題目、論上下等第應驗、説災禍征戰之事、説天災疾病、説天時寒熱風雨、説陰雨濕潤、説天地顯象之事、斷説天象、説物價貴賤、説日月交食、説土木二星同度相纏和説世運。第三類凡二十門,説人命運并流年,内容包括總論題目、説人生、説人壽、説人疾病、説人父母、説兄弟姐妹、説財帛福禄、説婚姻、説男女、説朋友、説遷徙和説流年并小限等。第四類凡三門,説一切選擇,包括總論選擇、細分選擇條件、總結推用此書之理。此書所用天文系統與阿拉伯天文或星占著作一致,皆沿用古希臘黄道坐標系及黄道十二宫,高度重視各天體運動及位置間相互關係,所載星表以天文星占和醫學星占爲主。此書是阿拉伯天文曆法著作在中國的第一本譯本,對明代曆法計算産生一定影響。

《明史·曆志七》和楊士奇《文淵閣書目》卷三、沈德符《萬曆野獲編》卷二〇、龍文彬《明會要》卷二七《運曆上》和民國繆荃孫、吴昌綬《嘉業堂藏書志》等均著録此書,不載卷數。明憲宗成化六年(1470),南京欽天監監副貝琳將此書重編爲《七政推步》七卷行世。此書有民國間孫毓修輯《涵芬樓秘笈》本等。今據中國國家圖書館藏明太祖洪武十六年内府刻本殘本影印,該本係現存最早刊本。

(韓毅)

夢林玄解三十四卷首一卷　題(宋)邵雍纂輯(明)陳士元增删(明)何棟如重輯(第1063—1064 册)

邵雍生平見前《河洛真數》提要。陳士元(1516—1597),字心叔,號養吾、江漢潛夫,又稱環中愚叟,應城西鄉陳嶺(今湖北應城)人。嘉靖二十三年(1544)進士,二十四年任灤州知州,後辭職回鄉。陳士元學識頗豐,旁及經、史、子、集諸類,著述豐富。其著述總目,清周亮工《書影》卷八考證甚詳。生平見清邁柱等纂修《雍正湖廣通志》卷五七《人物志·文苑·陳士元》。何棟如(1572—1637),字充符,一字子極,號天玉,無錫(今屬江蘇)人。萬曆二十六年(1598)進士。曾任湖廣襄陽府推官、南京兵部主事、太僕少卿充軍前贊畫等職。著有《文廟雅樂考》二卷、《史記事大成禮樂集》三卷和《皇明四大法》十二卷。生平見《明史》。

此書作者有三説。一爲宋邵雍纂輯,明陳士元增删,何棟如重輯,明刊本多持此説。二爲陳士元撰,何棟如重輯,不言邵雍纂輯,清官修書持此説,如《四庫全書總目·術數類》、《欽定續通志·藝文略》和《欽定續文獻通考·經籍考》等。三爲晉葛洪撰,宋邵雍纂輯,明陳士元增删,何棟如重輯,清黄漢輯《貓苑》持此説。今按此書卷首有崇禎丙子(1636)何棟如《夢林玄解叙》、《夢林玄解凡例》、《稚川葛仙翁傳略》,又有北宋仁宗景祐三年(1036)孫奭《圓夢祕策叙》、嘉靖甲子年(1564)陳士元《夢林玄解小引》。可知此書在宋時便已流傳。

此書爲占夢之作,分天象、地理、人物、形貌、政事、什物、棟宇、服飾、飲食、蕃彙、飛走、珍玩、文翰共十三部,一百三十餘目。其書卷首爲《占繇》十三條,包括觀天地之會、辨二氣之乘、審三辰之象、貴賤有別、邪正有分、吉凶有概、敬肆有端、夢變、夢寄、夢有不占占有不驗、夢無晝夜必有吉凶、怪異無占尋常有驗、仙神靈秘未可妄占等,乃解夢之原則。書中提出"夢有五不占,占有五不驗"的觀點,認爲"占夢者,必考於其會,始能按候而定吉凶"。卷首至卷二六爲《夢占》,以夢境占驗吉凶,包括天象部、地理部、人物部、形貌部、政事部、什物部、棟宇部、服飾部、飲食部、蕃會部、飛走部、珍玩部、文翰部、名數部、長柳圖和甘德圖等内容。卷二七至卷二八爲《夢禳》,介紹諸家解夢之説。卷二九爲《夢原》,論述醫學之説,每一大類中又分爲若干小類,如"形貌部"中小類達二十九種。卷三十至卷三四爲《夢徵》,解析夢的徵狀。此書根據夢境内容不同,分爲直夢、象夢、因夢、想夢、精夢、性夢、人夢、感夢、時夢、反夢、籍夢、寄夢、轉夢、病夢和鬼夢十五類。清黄漢輯《貓苑》對此書評價甚高,認爲"起自周官宗夫長柳,引經證史,觸類旁通,么解靈警,發人深省,洵有裨於世教書也。漢得此書,每以占夢,悉有應驗"。此書是中國古代夢學集大成之作。

此本據上海辭書出版社圖書館藏明崇禎刻本影印,此本係現存最早刊本。（韓毅）

夢占逸旨八卷　（明）陳士元撰（第1064冊）

陳士元生平見前《夢林玄解》提要。

此書爲術數類占夢解夢著作,卷首有陳士元自序。書中收集、綜合歷代有關占夢的記載和傳說,根據天人感應思想,提出"天地有機祥,皆其精神所發"的觀點,認爲夢可以測知天地旨意,昭示人世吉凶,系統闡發一整套占夢理論。全書分爲内外兩篇,卷一、卷二爲内篇,關涉占夢理論。卷一《真宰篇》、《長柳篇》、《晝夜篇》、《衆占篇》和《宗空篇》,論述夢的産生和解夢原則。卷二《聖人篇》、《六夢篇》、《古法篇》、《吉事篇》和《感應篇》,認爲六夢是八覺感觸産生的結果,夢有五行徵兆。卷三至卷八爲外篇,詳論夢兆。書中所載夢兆内容有日月星辰、自然現象、地理環境、衣食住行、器物財貨、草木河湖和鳥獸蟲魚等。每篇論述一個問題,分爲正文和注解兩大部分。注解夾在正文中間,或注明正文出處,或引證夢例,或援舉先賢聖哲之語。全書共引夢例達數百個,所引古籍有《詩經》、《尚書》、《莊子》、《廣成子》、《淮南子》、《列子》、《靈樞經》、《禮統》、《白虎通義》、《丹鉛録》、《元史》等,以及鄭玄、高誘、周敦頤、王安石、朱熹等人之語,共達一二百種。此書詳細論述古代成夢理論、解夢原則及夢類區分,是明代占夢學集大成之作。稍嫌不足處在於,此書未有占夢之辭和占夢方法。

《明史·藝文志》、徐渤《紅雨樓書目》卷三、黄虞稷《千頃堂書目》卷一三和周亮工《書影》卷八等著録此書。現存清嘉慶南匯吳省蘭聽彝堂刻吳省蘭輯《藝海珠塵》本、道光十三年應城吳毓梅刻《歸雲別集》本、道光三十年金山錢氏漱石軒重印南匯吳省蘭聽彝堂本。今據華東師範大學圖書館藏嘉慶吳氏聽彝堂刻《藝海珠塵》本影印。（韓毅）

夢占類考十二卷　（明）張鳳翼撰（第1064冊）

張鳳翼(1527—1613),字伯起,號靈墟,世稱靈虛先生、泠然居士,蘇州府長洲(今江蘇蘇州吳中區)人。嘉靖四十三年(1564)舉人。精通戲曲和解夢之學,與弟張燕翼、張獻翼并有才名,時號"三張"。一生著述豐富,除夢學著作《夢占類考》外,尚有戲曲、文學著作多種。生平見《江南通志》卷一六五《人物志》。

此書乃取六經子史及稗官野乘所言夢兆之事而成,凡十二卷三十四類,卷首有萬曆乙酉年(1585)張鳳翼《夢占類考序》和《夢占類考凡例》。卷一分爲《天象》、《地理》和《聖賢》。卷二爲《人身》和《彝倫》。卷三爲《飛鳥》和《走獸》。卷四爲《鱗介》、《昆蟲》、《品物》和《飲食》。卷五爲《棟宇》、《成器》和《舟車》。卷六爲《帷服》、《紈綺》、《珍寶》和《醫藥》。卷七爲《爵禄》、《旂常》和《名姓》。卷八爲《文翰》和《音樂》。卷九爲《燈火》、《什白》、《呼召》和《虔劉》。卷十爲《陵墓》和《英靈》。卷一一爲《冥感》和《輪回》。卷一二爲《黄冠》、《緇流》和《説夢》。其書摭集前代占夢原文,亦略採後人之論,保存了大量珍貴的夢學資料。

《明史·藝文志》、清《欽定續通志·藝文略》、《江南通志》卷一九二《藝文志》、黄虞稷《千頃堂書目》卷一三和沈復粲《鳴野山房書目》卷三等著録此書。明趙用賢《趙定宇書目》載其爲二百一十七冊。《四庫全書總目》入術數類存目。此本據明萬曆十三年信陽王祖嫡刻本影印,此本係現存最早刊本。（韓毅）

新刻萬法歸宗五卷　（第1064冊）

此書五卷,明刻本不著撰人。清刻本題唐

李淳風撰,袁天罡補,書名頁題《增補萬法歸宗》。考此書卷四《康節邵先生觀梅術》,知此書當出現於宋代以後,或爲明人所編。清紀昀《閱微草堂筆記》卷一七《姑妄聽之三》和丁治棠《仕隱齋涉筆》卷三記載此書部分符籙和製作燈花之術。

此書爲術數類符咒著作。卷一爲《請仙箕法》、《净法界真言》、《葛仙治病法符》和《六甲天書》。卷二爲《煮墨豆隱家法》、《冷起敬先王神術》、《金鎖連環隱遁法》、《金剛靈通寶劍法》、《萬化無窮籙》、《湘祖白鶴紫芝遁》、《五鬼混天法》、《混煉柳靈鬼法》和《陰魂報一宗》。卷三爲《步天格秘訣》、《格天規模》、《五方進上取水法》、《煉由基神射法》、《虛無真人造神彈法》、《陰陽遁秘訣》和《九天玄女耳報》。卷四爲《周易内秘丁甲大法》、《秘傳耳報千里法》、《預報却禍法》、《至剛道人秘術》、《陶朱公催花十錦術》和《康節邵先生觀梅術》。卷五爲《底襟集天文秘旨》、《底襟集地理秘旨》和《底襟集人事秘旨》。書中包含大量符咒、圖録、真言、歌訣、禁忌等,自謂有却鬼治病、隱秘遁甲、預報禍福之效,是道家乃至民間流行知識之一類。

此書不見於官私目録記載。有明刻本、清刻本傳世。今據中國國家圖書館藏明刻本影印,該本係現存最早刻本。（韓毅）

新鍥徽郡原板夢學全書三卷首一卷　（第1064 册）

此書三卷首一卷,不著撰人。此書明以前未見,明書林熊建山始刊刻傳世。熊建山,即熊秉宸,字建山,福建建陽人,明代建陽著名刻書坊肆種德堂主人之一,生活於崇禎年間,以刻書爲業。刻有《新鍥徽郡原板夢學全書》、《鼎刻楊先生注釋孔聖家語》和《新刻古今名公啓劄雲章》等。

此書是明代通書類解夢之作。每頁均由三部分組成,上部分爲圖,并配七言對聯一副;中部爲圖之解説或故事,叙述古代婚禮的儀式流程和擇吉方面的吉日和禁忌;下部爲文章,專門記述古典知識和周公解夢内容。此書卷首十三篇,主要叙述歲時、甲子、歷代帝王、三公九卿、人倫三教、勸學、敬慎、禮儀、書算、起置、賢臣、送終和古人等内容,爲占夢解夢之原則。卷一爲故事類,凡一百一十八篇,專述歷代名人做夢之事,如夢良弼、夢飛燕、夢黃匭、夢日入懷、夢彩雲生、夢手捧日和夢屋懸刀等。卷二爲七言詩占,凡二十八篇,内容包含夢天文篇、夢地理篇、夢道路橋市篇等内容。卷三爲夢學理論和道家符咒類,包含異夢記、内經辯夢總論、夢宜預解等,以及占逐日見怪之圖、占見各樣怪異之圖、占見五色禽獸怪異之圖和各類符咒法。此書圖文并茂,爲明代通俗類著作慣用版例。

此書明清官私書目均不載,今據中國國家圖書館藏明書林熊建山刻本影印。卷首殘缺數頁。（韓毅）

藝術類

畫繼補遺二卷　（元）莊肅撰（第 1065 册）

莊肅,字恭叔,一作幼恭,號蓼塘,吴郡（今江蘇蘇州）人。江南三大藏書家之一。宋末爲秘書院小史,宋亡棄官歸隱。著有《藝經》、《畫繼補遺》等。事迹見《（光緒）青浦縣志》卷五。

此書成於元大德二年（1298）,繼《畫繼》之後,補録南宋紹興元年至德祐年間畫家傳略,分上、下兩卷。卷首有莊氏自撰序文,記述編撰緣起、體例。上卷爲帝王、貴族、官宦、僧道、士人及平民畫家,下卷主要爲院畫家。涉及畫家九十人,共有傳記八十四篇,内容包括畫家生平、師承、專擅、畫法風格、所見作品、影響等項,重要者略作評價。個別北宋畫家亦有記載。此書收入曾爲趙伯駒、趙伯驌家僕之趙大亨,流入太行山爲盜之蕭照,且著墨頗多,評價亦客觀,在當時尤屬可貴。

此書不足之處,《四庫全書總目》謂"頗多舛錯,如馬遠之父名公顯,兄名逵,乃以逵爲遠之弟,以公顯爲遠之孫,顛倒甚矣"。書中對馬遠、夏圭、李嵩、牧溪等人評價有譏貶之處,如稱馬遠"所畫山水人物,未敢許耳",夏圭"畫山水人物極俗惡",李嵩"雖通諸科,不備六法,特於界畫人物,粗可觀玩,他無足取"等,確失之偏頗。然此書爲宋末元初人所撰南宋畫史,仍足爲後來畫史研究者之參考。

此書因散佚,久不爲人知,直至清代黃錫蕃得羅鳳抄本,於乾隆五十四年刊行。今據清乾隆五十四年黃氏醉經樓刻本影印。(石莉)

孫氏書畫鈔二卷 (明)孫鳳撰 (第1065冊)

孫鳳,字鳴岐,長洲(今江蘇蘇州)人。書畫裝裱工。著有《孫氏書畫鈔》二卷。事迹見此書明萬曆八年佚名跋。

據跋,孫鳳以裝潢爲業,人有以古昔書畫求裝潢者,則錄其上詩文跋語,積久而成此書。此書著錄古代書畫,體例仿《鐵網珊瑚》,分法書、名畫兩卷,以宋人作品爲主。上卷爲古今法書,收錄自魏鍾繇《薦季直表》、唐顏真卿《書朱巨川告》、五代楊凝式《神仙起居法》至宋代蘇軾、黃庭堅、李公麟、米芾等書法名迹三十九件,錄其書法原文、款識、印章及題跋。下卷名畫部分收錄自唐閻立本《洪崖圖》至南宋《霜入千林圖》共四十五件畫作,另有法帖《群玉堂帖十卷》和《聞定陶河出孔子廟堂碑序》列於卷末,詳載各畫作款識、印章及題跋。關於收藏、卷軸種類、紙絹或尺寸等情況,僅於《黃庭堅題浣花醉歸圖》與《界畫簫史圖》中略有提及,其餘作品均未記述。

此書所錄書畫皆孫氏所親見,足爲後世藏家及史學研究者提供重要參考。但因係裱工抄錄之作,所錄法書名畫是否俱屬真迹,尚難斷言。

據孫毓修跋此書原爲明嘉靖上海秦鳳樓錄而傳之,此本似從秦本迻寫,有"吳麐"、"清來"諸印記。收錄於《涵芬樓秘笈》第三集。今據涵芬樓秘笈影印抄本影印。(石莉)

中麓畫品一卷 (明)李開先撰 (第1065冊)

李開先(1502—1568),字伯華,號中麓,濟南府章丘縣(今屬山東濟南)人。嘉靖八年(1529)進士,官至太常寺少卿,明代著名文學家、戲曲家。詩文聞名當世,與王慎中、唐順之等并稱"嘉靖八子"。性好收藏,後築"萬卷藏書樓"貯之。撰有《畫品》一冊,另有雜著《詞謔》、《詩禪》等行世。生平事迹見《獻徵錄》卷七〇殷士儋所作墓志銘。

此書爲斷代畫品著作。書前有嘉靖二十年自序。大致仿謝赫《古畫品錄》與姚最《續畫品》體例,品評明初至嘉靖年間畫家作品,爲畫品五篇。品評原則不同於歷來以"神妙能逸"或"逸神妙能"區分品級之法。"畫品一"論諸家梗概,評論畫家藝術品格,寓褒貶於其中。"畫品二"以神筆法、清筆法、老筆法、勁筆法、活筆法、潤筆法"六要"綜述各家之長,以用筆僵、枯、濁、弱"四病"指摘所短。"畫品三"搜羅各家所擅之長,"畫品四"以類相從,分爲六等,"畫品五"追溯各家師法淵源。

此書崇尚宋元及明代"浙派",貶抑明代其他畫家,尤其吳門畫家。當時浙派逐漸衰落,吳門畫派一統畫壇,此書推崇浙派。王士禎《香祖筆記》謂李氏"以戴文進、吳偉、陶成、杜堇爲第一等,倪瓚、莊麟爲次等,而沈周、唐寅居四等,持論與吳人頗異"。然其對浙派末流短處亦加以稱頌,持論未免偏頗。

此書有清代李調元校乾隆年間刻本,收入《函海》。今據上海圖書館藏明抄本影印。(石莉)

王奉常書畫題跋二卷　（明）王時敏撰（第1065 册）

王時敏（1592—1680），字遜之，號烟客，又號西廬老人，自號歸村老人，太倉（今屬江蘇蘇州）人。錫爵孫，衡子。官至太常寺少卿，人稱王奉常。崇禎五年（1632）辭官歸里，隱居西田别墅，潛心繪畫，尤擅山水。兼工隸書，榜書亦負盛名。與王鑒、王翬、王原祁合稱爲“四王”。傳世作品有《仿山樵山水圖》、《層巒疊嶂圖》、《雅宜山齋圖》等，并著有《西田集》、《疑年録彙編》、《西廬詩草》等。《清史稿》有傳。

此書又名《烟客題跋》，爲李玉棻輯集而成。書前有宣統二年（1910）李玉棻、倪墧兩序。分上下兩卷，共收王氏書畫題跋一百七十七則，其中書跋二十四則，畫跋一百五十三則。所作題跋可分爲三類，一爲題前人畫迹、書迹及帖本；一爲題自作畫，計有四十六則，對己作多批評貶抑之辭，殊少矯情做作之態；一爲題同時代之董其昌、吴歷、楊晉等人以及門中弟子之作，其中題王鑒畫二十六則，王翬畫十八則，贊譽有加，推崇備至。據謝巍考證，該書所收題跋，皆作於天啓至康熙十八年之間，以康熙時所撰居多。題語多涉及畫理、畫法。

李玉棻所刊此書得自涿鹿李芝陔家，芝陔則從商丘宋犖之裔孫處鈔得，字多蠹蝕，與秦祖永《畫學心印》中《西廬畫跋》（十六則）文句略有出入。今據復旦大學圖書館藏清宣統二年李氏甌鉢羅室刻本影印。（石莉）

書法約言一卷　（清）宋曹撰（第1065 册）

宋曹（1620—1701），字彬臣，又字邠臣，號射陵，又號耕海潛夫，鹽城（今江蘇鹽城）人。明崇禎時官中書，清初舉山林隱逸，薦鴻博，皆稱病不應。工書法，質樸勁健，有名一時。生平事迹見《國朝耆獻類徵》卷四七三、《國朝書人輯略》卷一。

此書分總論、答客問書法、論作字之始、論楷書、論行書、論草書六則。宋氏夙以能書稱，是編首爲總論，不作浮詞，至爲扼要。次爲“答客問書法”一篇，發揮《筆陣圖》及孫過庭《書譜》之意，設爲問答以明之。又次“論作字之始”一篇，略叙書體變遷之迹，别無論議。最末論楷書、行書、草書三篇，切實精到，足以爲法。曹溶評謂：“如爛漫春花，遠近瞻望，無處不發，可稱書家三昧。”

此書有清張潮輯《昭代叢書》甲集第五帙本，前有張潮所撰《小引》，後有跋言及覓得稿本刊印事甚詳。各篇之後分别有計東、曹溶、魏禧、湯來賀等人評語。今據北京大學圖書館藏清康熙三十六年刻《昭代叢書》甲集本影印。（吴旭民）

龔安節先生畫訣一卷　（清）龔賢撰（第1065 册）

龔賢（1618—1689），又名豈賢，字半千，更字野遺，號柴丈人，又號半畝，崑山（今屬江蘇蘇州）人。十歲左右隨父遷居上元（今南京）。早年參加復社活動，明末戰亂時外出漂泊，晚年隱居南京，以鬻畫課徒爲生。工詩文，善行草，與樊圻、高岑、鄒喆、吴宏、葉欣、胡慥、謝蓀等稱“金陵八家”，且居八家之首。代表畫作有《深山飛瀑圖》、《急峽風帆圖》、《木葉丹黃圖》等，著有《香草堂集》、《柴丈人畫稿》等。生平事迹見《清史稿》。

此書約作於康熙九年（1670），係龔賢山水畫創作技法專著，內容多爲解説授課畫稿，文辭簡明易懂，言之有物。書中對山水畫常見景物，如山石、樹木、雲泉、屋宇亭橋、寺觀樓閣、船楫等造型、結構、畫法程式、位置安排等，均有闡述。其中講解樹木與山石畫法頗爲具體，如認爲“畫石筆法亦與畫樹同，中有轉折處，勿露稜角”，“石下宜平，或在水中或從土出，要有著落，今人畫石皆若倒懸，可笑可笑”，并提醒畫者注意各石面向，“石必一叢數塊,大石間小石,然須聯絡,面宜一向,即不一向,亦宜大小顧盼"。書中對皴法僅寥寥數語,然亦可見其受董其昌南北宗論影響。龔賢因著意於追求樸素自然之美,甚少作設色畫,故書中少色彩論,所提及顏色不過綠、赭、墨、白而已。

此書介紹山水畫基本技法,引導初學者入門,亦爲研習龔賢創作方法的重要資料。

傳世版本有清順治刻本、清管庭芬編《花近樓叢書》本等。今據清乾隆至道光間長塘鮑氏刻《知不足齋叢書》本影印。(石莉)

畫譜一卷　(清)石濤撰 (第1065冊)

石濤(1642—1707),原姓朱,名若極,小字阿長,剃髮爲僧後更名元濟、原濟、道濟,自稱苦瓜和尚,全州(今廣西全縣)人。明靖江王朱贊儀十世孫。潛心繪畫,凡山水、人物、花果、蘭竹、梅花,無不精妙,與弘仁、髡殘、八大山人并稱"清初四畫僧"。一生作畫甚勤,代表作有《松鶴圖》、《十六阿羅應真圖卷》、《疏竹幽蘭圖》等。著有《石濤畫語録》,後人輯有《大滌子題畫詩跋》等。生平事迹見李驎《虯峰文集》卷一六《大滌子傳》及《清史稿》。

此書爲畫論專著,書前有康熙四十九年(1710)胡琪序言。全書凡十八章,前五章述畫法起源諸問題,并首倡一畫説,爲其畫學理論基礎。續九章探討具體山水畫法,涉及創作本體之規律、形態、本質以及素材搜集、構圖布局、林木海濤四時諸創作要領等。末四章論創作受畫家心態精神影響,認爲繪畫應遵循自然,不爲物蔽,否則"勞心於刻畫而自毀,蔽塵於筆墨而自拘"。此書篇幅簡短,但結構完整,體系嚴密,從古典哲學角度闡述藝術與審美關係諸問題,自出機杼,意義深遠。尤其一畫説富有創造精神及理論意義。與前代畫論著述相比,此書遠超衆作之上,爲後代畫家陳衡恪、齊白石等推重。

石濤另有《畫語録》,章數及各章標題與此書同,但論説稍有差異,亦更細微周至。或以爲《畫語録》爲初稿本,經石濤晚年局部修改,最後定稿形成此書;亦有人持相反看法。

今據上海博物館藏清康熙大滌堂刻本影印。此爲1961年所發現之珍本,係石濤手寫,大滌堂精刻,首頁有"阿長"、"清湘老人"兩方朱印。(石莉)

法書通釋二卷　(明)張紳撰 (第1065冊)

張紳,字仲紳,一字士行,自稱雲門山樵,又號雲門遺老,濟南(今山東濟南)人,或作登州(今屬山東)人。明洪武十五年(1382)被召至京城,授鄠縣教諭。十七年,升爲都察院右僉都御史。翌年授浙江左布政使。張紳工大小篆,精於賞鑒,法書名畫多有品題。著有《雲門山樵集》等書。事迹見《(道光)濟南府志》卷四九。

此書分上下兩卷,包括八法(附偏旁)、結構(附形勢)、執使、篇段(附變化風神)、從古、立式、辨體、名稱、利器及總論共十篇。彙集晉、唐以來書法名家之精妙論斷,間及宋人蘇軾、黃庭堅、姜夔及元人吾衍之説,并參以己見。如《立式》"真書"類開篇提出:"古無真書之名,所謂隸書、楷書,正書是也。鍾、王楷書,皆是隸法,唐之歐、顏,猶存此意。近代不知此法,俗劣生矣。"書中所取古人碑帖,止於唐代。所引法書陶隱居《瘞鶴銘》在"真書"類一列之小楷,一列之大楷,小楷《瘞鶴銘》未見,不知何據。

今據明萬曆二十五年金陵荆山書林刻《夷門廣牘》本影印。(石莉)

大書長語二卷　(明)費瀛撰 (第1065冊)

費瀛(1506—1579),字汝登,號豐山,晚號藝林賸夫,慈溪(今屬浙江寧波)人。幼隨父居湖湘間。失意功名,遂肆力於古文辭、經史百家,旁通書學,尤精署書,豐坊言其書當與徵明小楷,祝枝山草書稱三絶。事迹見書後附明鄭光弼《費高士傳》、《（光緒）慈溪縣志》卷二〇。

此書成於明隆慶年間，分上下兩卷，凡二十一篇。内容廣泛，涉及結構筆法、神采氣韻、臨寫技法、榜書鑒賞、匾額製作、歷史沿革、筆墨紙硯等。面對書壇尚奇之風，承續唐宋書家理論，重視書品與人品關係，開篇即謂"學書自作人始，作人自正心始。未有心不正而能工書者"，强調"心"對於書法藝術所起主導作用。推重榜書，首次指出榜書之難，謂"草書千字，不敵楷書十字；楷書千字，不敵大書一字。愈大愈難，苟無師承，知從何處下手"。

今據南京圖書館藏明隆慶刻本影印。（石莉）

平生壯觀十卷　（清）顧復撰（第 1065 册）

顧復，字來侯，號方涇上農，常熟（今屬江蘇蘇州）人，明遺民，約生活于清順治、康熙時期。生平見此書徐乾學序及顧復引。

顧氏精書畫鑒賞，家藏既富，更延攬東南好事收藏之家，隨筆記之，歷時三十餘年而定稿。依時代著録歷代書畫，前五卷爲法書，後五卷爲圖繪，計録魏晉至明末清初書畫家三百九十餘人，部分有目無文。其著録格式爲，先標人名字號，繼而爲作品名，注其紙絹長短高低。繪畫則標明設色水墨，略述佈景繪法，題款姓名，或摘録題跋，後加簡論，以明書事繪法源流之變革及特點。

此書成於清康熙三十一年（1692），然對明末北京、南京等死節諸賢遺墨均闢專章著録，收范景文、倪元璐、侯峒曾、夏允彝、陳子龍、祁彪佳、劉宗周、瞿式耜等人翰墨，并云："予未常親炙諸公之左右，昧昧諸公之行實，豈能仰追聖與、皋羽之風。今記録諸公手書，爲有明一代法書之殿，是亦聖與、皋羽之志也夫。"眷戀故國、仰慕風節之情赫然在焉。

清雍正、乾隆間文字獄興，此書遭禁燬，有

清一代，未曾刊刻。現存清抄本未見清人著録，1941 年余紹宋《書畫書録解題》始加介紹，記叙此書甚詳，且認爲乃道咸間蔣香生精抄本。今據之影印。（吴旭民）

無聲詩史七卷　（清）姜紹書撰（第 1065 册）

姜紹書，字二酉，丹陽（今江蘇鎮江）人。活動於明末清初，曾官明南京工部郎。著有《瓊琚譜》、《韻石齋筆談》、《韻石齋筆談摘要》等。生平事迹見《四庫全書總目》卷一一四。

此書搜輯明洪武至崇禎畫家爲四卷，附女史一卷，卷六以下則或真迹不存，或品格未高，偶然點染，不以畫名者。前有自序，稱"雅頌爲無形之畫，丹青爲不語之詩"，故題名"無聲詩"。此書詳史略評，附作者出處，凡有關繪事者，聞見所及，悉所收録。品鑒首重氣韻生動，而非匠才，標榜文心之靈溢而爲畫，以勝流、高士之作爲第一等。葉德輝《郎園讀書志》以爲"足與徐沁《明畫録》、周亮工《讀畫録》、張庚《畫徵録》參考互證，同爲有功藝苑之書"。余紹宋《書畫書録解題》稱其"搜輯頗爲勤至，評論亦頗通達"。而此書李光暎跋譏其搜輯未備，《四庫全書總目》譏其叙次無法。

此書有清康熙五十九年李光暎觀妙齋刻本、清道光依樣壺盧山館抄《繪事晬編》本、清光緒間錦江葉氏刻本、清藏修書屋刻本、《述古堂叢鈔》二集本、《藏修堂叢書》本、《翠琅玕館叢書》本。今據天津圖書館藏清康熙五十九年李光暎觀妙齋刻本影印。李氏跋言此書刊印事甚詳，知據原稿本刊刻。（朱坤禎）

讀畫録四卷　（清）周亮工撰（第 1065 册）

周亮工（1612—1672），字元亮，一字减齋，其先世居金谿櫟下，因號櫟園，祥符（今河南開封）人。崇禎庚辰（1640）進士。歷任福建按察使、户部侍郎等。精鑒賞，尤嗜畫及印章,搜羅著録,有賴古堂藏弆印篆書畫極富。著有《印人傳》、《閩小紀》等,輯有《尺牘新鈔》、《賴古堂尺牘新鈔二選》、《賴古堂尺牘新鈔三選》、《因樹屋書影》等。生平事迹見《清史列傳》卷七九、《碑傳集》卷一〇等。

亮工爲人豪邁好士,此書周在浚等作序云:"凡海内之士,有以一竹一木、一丘一壑見長者,無不曲示獎借收之夾袋,而海内之士,凡能爲一竹一木、一丘一壑者,亦無不畢竭所長,以求鑒賞。數十年中所收不下數千帙,於是拔萃選尤,裝潢成册。一時名流多爲品題,此《讀畫録》所由作也。"全書四卷,記録明末清初畫家七十七人,其中多南京一帶畫家,不少爲著者好友或相交,簡述其家世、生平和畫學淵源,兼引時人品評或加己評,較爲信實。作者讀畫勤於隨手札記,惜其未成書而卒,故當時名家尚有缺略。後附有名無傳者六十九人。

此書有清康熙十二年周氏烟雲過眼堂刻本,復旦大學圖書館藏,今據以影印,卷前有唐夢賚、毛奇齡、周在浚等序。（朱坤禎）

明畫録八卷　（清）徐沁撰（第1065册）

徐沁（1626—1683）,字埜公,號水浣、委羽山人,又號鏡曲花農,會稽（今浙江紹興）人。康熙十七年（1678）薦舉博學鴻詞,辭不就,隱居若耶溪。工詩文,善畫,又喜戲曲,著有《秋水堂稿》、《墨苑志》等。事迹見《（康熙）山陰縣志》卷三一、謝其龍撰《東山志》卷八。

此書成於清初,是繼宋人《宣和畫譜》、元夏文彦《圖繪寶鑒》之作。凡八卷,依宋元以來畫史體例,先分門類,次按時間先後,爲明代畫家一一列傳。小傳內容簡略,但所收人數龐大,計有八百七十餘名,依次爲帝王藩邸畫作以及擅長道釋、人物、宮室、山水、獸畜、龍魚、花鳥、墨竹、墨梅及蔬果之畫家。書後并有《彙記》,然所録畫家均資料不詳,有待

進一步考證。此書所分門類,除帝王藩邸畫家列於書前外,均按題材劃分,共十門,每門前有短叙一篇,或略論各畫科源流及發展,或闡發個人藝術觀點,如認爲人物畫應以"形模爲先",强調師法自然,重視畫家創作精神、興會、靈感作用等。十門中以山水畫家人數最多,達四百餘人。浙派重要畫家戴進、吳偉、張路、汪肇、朱邦、藍瑛等人均予收録。

此書與《無聲詩史》同爲明代畫家傳記,而編排詳略不同,體例較《無聲詩史》更爲嚴謹。

此書爲後世實用之書,坊間多有翻刻。今據華東師範大學圖書館藏清嘉慶四年刻《讀畫齋叢書》本影印。（石莉）

書畫記六卷　（清）吳其貞撰（第1066册）

吳其貞（約1607—1681）,字公一,號寄谷,室名梅景書屋,徽州（今安徽休寧）商山人。生於鑒藏世家,經營書畫四十餘年,凡所經眼,擇元代以前作品隨手著録,成《書畫記》一書,亦其唯一名著。生平事迹見《四庫抽燬書提要》及此書。

此書凡六卷,所記書畫作品自明崇禎八年（1635）至清康熙十六年（1677）,按所見所得時間爲序。卷一、卷二爲徽州所見,其後四卷所記多屬江浙兩地。每篇録質地、狀況、特色、款識、題跋、收藏印記、鑒定意見等,於藏家與買家亦有簡略介紹,可補史闕,亦足爲今日書畫鑒別、評騭者之參考。此書行文并不精彩,隨手而記,略顯繁複,但具有獨特生活和商業氣息,可反映當時江南收藏古書畫風氣之盛。

《書畫記》原擬入《四庫全書》子部藝術類書畫之屬,後因"語有違礙"遭銷毁,僅少量抄本行世。存世有清四庫全書館寫本和清抄本。今據清乾隆《四庫全書》寫本影印。（吳旭民　孫暉）

畫筌一卷 （清）笪重光撰　（清）王翬 （清）惲格評（第1066册）

笪重光（1623—1692），字在辛，又號蟾光、逸叟、江上外史、鬱岡掃葉道人，句容（今屬江蘇鎮江）人。順治九年（1652）進士，官御史，巡按江西，以劾明珠去官。隱居茅山之麓，潛心於道教。工書善畫，精鑒賞。嘗作《仿元人山水》軸，著録於《虛齋名畫録》。著有《書筏》、《畫筌》。生平見《（乾隆）江南通志》卷一四三。

此書付印於康熙七年（1668）夏，凡四千餘字，通篇以駢文論山水畫理與技法，兼論人物畫與花鳥畫。論斷精闢，發前人所未發。意境論爲其繪畫理論核心，將山水畫創作分“實境”、“真境”、“神境”，認爲“實景清而空景現；神無可繪，真境逼而神境生”，“虛實相生，無畫處皆成妙境”，對意與境之涵義及相互關係分析深入，又兼及虛實等問題。又其論“通體”與“段落”、土與石、筆與墨、“師化工”與“撫縑素”等多種關係，亦有新意。篇末有笪氏跋語，論及清初畫家王翬、惲格（壽平）“過訪虎阜，討論詩畫，索觀此篇，深爲許可……遂參較評閱”，逐段加以評語。後人評此書薈萃歷代畫論，聚集百家畫法，字斟句酌，諸法俱備，毫無門户之見。

此書是重要繪畫理論著作，當時即有湯貽汾將其重新整理，删去人物、花卉、鳥獸、蟲魚之論而未詳者，留下與山水畫相關資料，經十載編成《畫筌析覽》，便於讀者深入理解原著。

今據清乾隆至道光間長塘鮑氏刻《知不足齋叢書》本影印。（石莉）

墨井畫跋一卷 （清）吳歷撰（第1066册）

吳歷（1632—1718），本名啟歷，字漁山，號墨井道人，又號桃溪居士，常熟（今屬江蘇蘇州）人。一生布衣，以賣畫爲生。中年信奉天主教，五十歲至澳門入教修道，五十一歲爲天主教司鐸。晚年生活清苦，歿於上海。善書畫，能鼓琴，工詩文。書法宗蘇東坡，畫宗元人，爲“清初六家”之一。存世畫作有《秋林步月圖》、《秋寺晚鐘圖》、《松壑鳴琴圖》等。著有《墨井詩鈔》、《桃溪集》、《三巴集》等。《清史稿》有傳。

吳氏晚年在上海，將《墨井詩鈔》二卷及《墨井畫跋》一卷付托弟子陸道淮。康熙五十八年（1719），陸氏刻行亡師詩文，列此書爲《墨井詩鈔》外卷，計有作者隨筆題跋六十九則。或記時光景物，或記平生所見宋元名迹及收藏情況。所題跋文以“元四家”畫迹爲多，剖析比較各家之優劣，參以己見，頗爲允當。追求筆墨酣暢、意趣高古、“不取形似，不落窠臼”之品，不受清初摹古風尚影響，甚爲難得。

今據北京大學圖書館藏清康熙五十八年陸道淮飛霞閣刻本影印。卷尾有張鵬翀與陸道淮跋文。（石莉）

雨窗漫筆一卷 （清）王原祁撰（第1066册）

王原祁（1642—1715），字茂京，號麓臺、石師道人，太倉（今屬江蘇蘇州）人。時敏孫。清康熙九年（1670）進士，三十九年入直南書房，歷任侍講侍讀學士、户部左侍郎，人稱王司農。以畫供奉内廷，鑒定古今名畫。擅畫山水，與王時敏、王鑒、王翬并稱“四王”。其畫得清帝之寵，領袖群倫，學生衆多，形成“婁東派”，左右清代畫壇三百年。主要畫作有《仿巨然萬山雲起圖》、《夏山圖》、《晴窗秋色圖》等，著有《雨窗漫筆》、《罨畫集》、《麓臺題畫稿》等。《清史稿》有傳。

此書系統反映王氏晚年畫學理論。全書論畫八則，第一則論明末畫派臨摹複製古畫之陋習，第二則提出“意在筆先爲畫中要訣”，係王氏藝術創作之核心。第三則之“龍脈”説，是其晚年畫學思想之理論概括。此後數則，對創作技術提出建議，并强調正確使用五種墨色及色彩。如第四則提出"作畫但須顧氣勢輪廓,不必求好景,亦不必拘舊稿";第七則論設色主張以色彩"補筆墨之不足",指出設色可俾氣息之傳遞,不應視爲附加裝飾;第八則認爲作畫以理、氣、趣兼到爲重。

此書用意在推崇正統畫體以教育後學,而其畫學教育不局限於單純技法,而重在畫理與畫意。雖僅千餘言,貴能體現王氏對畫理、畫學、畫法之認識。余紹宋《書畫書録解題》謂其"寥寥九條,頗多精義,固學畫者所當亟讀也"。

此書輯入《翠琅玕館叢書》、《四銅鼓齋論畫集刊》等。今據浙江圖書館藏清光緒刻《翠琅玕館叢書》本影印。(石莉)

麓臺題畫稿一卷　（清）王原祁撰（第1066冊）

王原祁生平見前《雨窗漫筆》提要。

此書輯集王氏自畫題跋五十三則。所畫多仿宋元諸家之作,如仿黃公望二十五幅、王蒙四幅、吳鎮五幅、倪瓚兩幅,仿"倪黃"有三幅,仿荆浩、關仝、董源、巨然和高克恭等又有十餘幅,另兩幅未明確師法何人。

王氏繪畫思想承董其昌衣鉢,以"南宗"爲正統。此書自述力推南宗山水畫典範黃公望,題跋中亦於黃氏畫藝稱道不已,對前人畫風及筆墨特長亦有精闢評論。提出用墨應"淡中取濃"、"濃中取淡";主張學古"須以神遇,不以迹求"。強調畫家人品、氣質、修養等作用,"筆墨一道,同乎性情,非高曠中有真摯,則性情終不出也","作畫先定體勢,後加點染,俱要以氣行乎其間"。全書頗多真知灼見,是清代畫論精品。

此書收入吳江沈氏世楷堂清道光年間刻印《昭代叢書》補編卷三十三。今據清道光二十四年刻《昭代叢書》本影印。(石莉)

大觀録二十卷　（清）吳升撰（第1066冊）

吳升,字子敏,吳縣(今江蘇蘇州)人。以古董爲業,尤精書畫鑒定。與名畫家王時敏、鑒賞家孫承澤及曹溶等人多有交往。一生所見名畫法書無數,經年累積,擇選精要,著成《大觀録》十二卷。生平略見此書王掞、宋犖序。

此書爲書畫著録之作,成於康熙五十一年(1712),卷首有宋犖、翁方綱等序。所收均爲吳氏生平所見書畫,達六七百件之多。其書撰寫體例與吳其貞《書畫記》基本相同,書畫分列以時間爲序,以朝代爲卷。前九卷記載魏、晉、唐、宋、元、明名賢法書,卷十《元明賢詩翰姓氏》,録有元、明時期著名法書家小傳;後十卷録東晉至明代名畫,其中趙文敏、元四大家、沈唐文仇四大家各占一卷。此書所録多有書畫名迹,如隋人展子虔《游春圖》是迄今存世最早山水畫,晉人陸機《平復帖》是迄今存世最早著名墨迹。

此書詳細記録作品尺寸、質料、裝潢形制、色質、殘損、筆墨精神、書畫內容、鑒藏印記等,并述及作品源流、傳承,以及歷代跋語之得失;兼論作品審美、風格、意義,發表己見,不爲時評所左右,不爲賢者諱。書中對諸多作品描述詳盡,爲後世鑒藏家可憑信之第一手資料,於書畫研習者亦頗具價值。故翁方綱在此書序中評其足可爲鑒真辨僞、知人論世之備。

此書書稿始成未及刊刻而吳氏歿,其稿本由山西靈石人楊氏及武進人李祖年等先後收藏。由於完稿倉促,未及審校,兼之後世輾轉傳抄,頗多遺漏錯訛。李祖年搜尋十餘年,終得獨山莫氏與吳縣顧氏兩種抄本,并以三本互爲補正,始得全璧。後有莫棠、李祖年跋。今據華東師範大學圖書館藏民國九年武進李氏聖譯廎鉛印本影印。(石莉)

東莊論畫一卷　（清）王昱撰（第1067冊）

王昱,字日初,號東莊老人,又號雲槎山人,太倉(今屬江蘇蘇州)人。原祁族弟。喜畫山水,師承婁東"四王"一脈。與王玖、王宸、王愫合稱"小四王"。傳世畫作有《浮巒暖翠圖》、《春色滿山圖》、《楓林秋色圖》等,著有《東莊論畫》。生平事迹見《國朝畫徵錄》卷下。

王昱曾遊京師,從王原祁學畫三年,是其忠實追隨者。此書追憶原祁,參以心得,篇幅僅約千餘字,論畫三十則。認爲繪畫"養性情,且可滌煩襟,破孤悶,釋躁心,迎静氣",提出"氣骨古雅"、"神韻秀逸"、"使筆無痕"、"用墨精彩"、"佈局變化"、"設色高華"等繪畫"六要"。又以爲畫家三昧盡在"清空"二字,而"位置高簡,氣味荒寒,運筆渾化"者,則爲畫中最高品。又主張"以性靈運成法"、"以天然圖畫,開拓心胸",既不刻意抄襲古人,亦不刻意師法自然。提出"自我作古,不拘家數而自成家數",則與王原祁復古摹古主張相去甚遠。此書所論多屬婁東畫派範圍,是研究婁東畫派之重要資料。

今據復旦大學圖書館藏清光緒刻《翠琅玕館叢書》本影印。（石莉）

繪事發微一卷　（清）唐岱撰（第 1067 冊）

唐岱(1673—?),字毓東,號静巖,又號知生、愛廬、默莊,滿洲正藍旗人。承祖爵,任驍騎參領,官内務府總管,以畫祇候内廷。康熙帝賜稱"畫狀元"。歷事世宗、高宗,因畫甚得寵遇。山水畫初從焦秉貞,後爲王原祁弟子。其作品沉厚深穩,得力於宋人居多。傳世有《重巒疊翠圖》、《劉長卿詩意圖》、《晴巒春靄圖》等。精畫理,亦工詩,著有《載樂堂集》等。事迹見《國朝院畫録》卷上等。

此書爲清代重要山水畫論著。成書於康熙五十五年(1718),書前有陳鵬年、沈宗敬等序及著者自序。凡二十四篇,涉及山水根源、陰陽向背、丘壑位置、用筆用墨、皴染著色諸法,兼論林木、坡石、遠山、雲霧、雪景等創作。書中總結王原祁以來山水畫體系,從中可見

唐氏對婁東畫派山水理論之認識。作爲婁東派傳人,唐氏推崇"南宗",指出"畫有正派,須得正傳,不得真傳,雖步趨古法,難以名世"。唐氏還將繪畫功用歸結爲"怡情養性",反對"用之圖利"。書中又闡述王原祁所謂"理、氣、趣",尤其强調"趣",要求畫家"大而丘壑位置,小而樹石沙水,無一筆不精當,無一點不生動"。書後另附有唐代王維《山水訣》至明代董其昌《畫旨》等共十二種重要畫論著作。此書所論多承前人之説,唯"遊覽"一篇,要求畫家遊覽名山大川,考察山水形制,在摹古風尚盛行之時尤爲可貴。

此書有道光刊《昭代叢書》本、《花近樓叢書》本、《四銅鼓齋論畫集刻》本等。今據南京圖書館藏清乾隆刻本影印。（石莉）

視學不分卷　（清）年希堯撰（第 1067 冊）

年希堯(?—1738),字允恭,廣寧(今屬遼寧錦州)人,隸漢軍鑲黃旗。遐齡子,羹堯弟。曾任工部侍郎、江寧布政使及廣東巡撫等職。雍正帝排除異己時,受株連失官,後又復出。精於繪畫,工畫山水、花卉、翎毛。好音樂,是廣陵琴派傳人之一。喜西方科學,主研數學與醫學。著有《測算刀圭》、《對數廣運》、《視學》等。事迹見《疇人傳》卷四〇。

此書爲中國最早介紹西方透視學原理之著作,係年氏在西方傳教士、著名宮廷畫家郎世寧協助下完成。初刊行於雍正七年(1729),因不甚滿意,又於十三年修訂刊印。不分卷,以例圖及文字介紹透視學原理及多種透視方法,如用"量點法"作出圖形平行透視圖和成角透視圖,利用幾何體二視圖作出透視圖(截距法),以及軸測圖上中心光源陰影作圖法等。書中術語如"視平線"、"地平線"等至今沿用。

此書包含大小圖繪共一百八十七幅,描繪對象包括平面多邊形、平面立體、圓球、曲線

回轉面、西式建築柱頭柱礎、西式建築内部視圖、中國式殿宇牌樓以及各式器皿等。經研究,書中前三十幅及後三幅透視圖翻刻自義大利藝術家樸蜀(Andrea Pozzo,1642—1709)《建築繪畫透視》(1693 年出版),而帶序號五十九幅則爲年氏自繪,其餘九十五幅應與郎世寧有密切關係。

此書較法國數學家蒙日《畫法幾何學》(1799 年)早七十年,在理論精深程度上雖稍遜,然就圖學範疇而論,却非後者所能超越。此書印數不多,流傳至今者甚少。初版已亡佚,英國牛津大學 Bodleian 圖書館藏修訂再版一部,係乾隆時傳教士宋君榮贈送英國皇家學會者;又法國巴黎圖書館、中國國家圖書館、自然科學史研究所各藏一部。國内所藏互有缺損,以後者較爲完整。今據清雍正刻本影印。(石莉)

國朝畫徵録三卷續録二卷　（清）　張庚撰（第 1067 册）

張庚(1685—1860),原名燾,字溥三,後改浦山,號瓜田逸史、白苧村桑者、彌伽居士,秀水(今浙江嘉興)人。雍正十三年(1735)應鴻博詔。一生不事科舉,精研學術與畫史,工詩畫,精鑒賞。著有《强恕齋集》、《浦山論畫》、《通鑒綱目釋地糾繆》等。事迹見《清史列傳》卷七一。

張庚曾遍遊各地,"凡遇圖畫之可觀者輒考其人而録之"(《自序》)。康熙六十一年(1722)至雍正十三年(1735)間,仿《史記》體例,撰成此書,又名《翰苑分書畫徵録》。分上、中、下三卷,又《明人附録》一卷,後又增補續録兩卷,乾隆四年(1739)初刊,清代第一部斷代畫史。全書著録清初至乾隆初年畫家小傳,自八大山人迄豐質共二百九十餘家。續二卷自黄宗炎迄閨秀鮑詩共一百六十八家。畫家小傳包括畫家姓名、字號、所長、師承、畫法、成就、影響、言論、著述目録,兼涉有

關評論、作僞代筆、款識等。或合傳,或附傳,斟酌安排,頗見心思。又能評論得失,綜述源流,立論精闢。

此書取材廣博,著録態度謹慎嚴肅,爲研究清前期畫史之寶貴資料。惜所録仍不够完備。今據清乾隆四年刻本影印。(石莉)

國朝畫徵補録二卷　（清）劉瑗撰（第 1067 册）

劉瑗,生平事迹不詳。

此書補録張庚《國朝畫徵録》所偶遺之畫家,爲斷代畫傳著作。書前有徐廣綏等人序及道光二十九年(1849)作者自序,書當成於此時。書分上下兩卷,仿《國朝畫徵録》體例,載清初至道光間畫家一百餘人。書後附釋道畫家三人,閨秀畫家六人。畫家各列小傳,記其姓氏、籍貫、生平、師承、擅長,并有畫風品評,較爲公允。或合傳,或附傳,詳略得當,頗見匠心。

今據遼寧省圖書館藏清道光刻本影印。(石莉)

畫論一卷　（清）張庚撰（第 1067 册）

張庚生平見前《國朝畫徵録》提要。

此書又名《浦山論畫》,又名《國畫精意識畫論》,作於乾隆十五年(1750)前後,是張氏畫論代表著作。凡八則,即"總論"、"論筆"、"論墨"、"論品格"、"論氣韻"、"論性情"、"論工夫"、"論入門"及"論取資"。

"總論"中叙述明末清初各派淵源及得失。提出"新安畫派"之説,後人多所沿用,遂成定名。雖字數不多,但内涵深邃,見解獨到。如謂繪畫要注重筆墨情趣,"墨不論濃淡乾濕,要不帶半點烟火食氣,斯爲極致",且"用筆須重","用墨不必遠求古人,能得董氏之意,便超矣"。又强調繪畫要表現"氣韻",并在方薰氣韻説基礎上將分爲四種,"有發於墨者,有發於筆者,有發於意者,有發於無意者",而以發於無意者爲上,發於墨者爲下。

又主張繼承傳統并有所創新,謂"若死守舊本,終無出路"。全書觀點不襲陳論,獨抒心得,言簡意賅,對後世繪畫創作影響深遠。

今據清道光十三年世楷堂刻《昭代叢書》本影印。此本將"總論"列於最後。(石莉)

墨緣彙觀録四卷　(清) 安岐撰 (第1067 冊)

安岐(1683—1745?),字儀周,號麓村,別號松泉老人,室名思原堂、古香書屋、沽水草堂,天津人,一說朝鮮人。清代書畫鑒賞及收藏家,與梁清標、高士奇齊名。傳其父安尚義爲高麗貢使入清,安岐隨父至京。後安氏父子爲康熙年間武英殿大學士納蘭明珠家臣,并先後於天津、揚州經營鹽業,富甲天下。安岐博雅好古,好搜集翰墨。晚年將其數十年書畫劄記選編爲此書。卒後精品多歸乾隆御府,藏書歸楊氏海源閣。生平詳見《清史稿》。

此書前有自序,因落款爲"松泉老人",故作者曾有爭議。民國姚大榮《墨緣彙觀撰人考》考訂爲安歧所撰。正編四卷,分法書、名畫,各上下二卷。法書上卷載鍾繇《薦季直表》、陸機《平復帖》、索靖《出師頌》等自魏至宋約百餘件。法書下卷載南宋至明作品百餘件,多爲精品,其中後三希堂所刻半見於此。名畫上卷録自晉至明代五十餘人。名畫下卷著録《唐宋元寶繪册》、《宋元明名畫大觀册》、《唐五代北宋宋集册》等歷代畫册,其中傳世者居多,見藏於今北京故宮博物院及臺北"故宮"者尤多。内容、材質、題識、印章等無不畢載。頗多考訂,時或糾正前人之訛。如訂正周密《雲烟過眼録》著録陸滉《捕魚圖》爲金明昌時之誤(見《卷三》)等。間有論及畫家筆墨及畫法特色者。體例完備,内容充實,爲書畫鑒定者必讀之書。

此書有清西古畫樓抄本、清抄本、清光緒十九年德化李氏木犀軒抄本《粵雅堂叢書》本、清光緒二十六年鉛印本、清宣統元年端方刻本等。另有續編二卷傳世。今據清光緒元年刻《粵雅堂叢書》本影印。(吳旭民　孫暉)

虛舟題跋十卷原三卷　(清) 王澍撰 (第1067 冊)

王澍(1668—1743),字若霖,一字若林,又字箬林,號虛舟,又自署二泉寓客,晚號恭壽老人,金壇(今屬江蘇常州)人。清康熙五十一年(1712)進士,官至吏部員外郎。曾爲五經篆文館總裁官,致仕歸,置地築良常山館,故常署款良常王澍。精楷書、篆書,長鑒定碑刻。著有《淳化閣帖考正》、《古今法帖考》等。生平事迹見《清史稿》。

此書爲王氏臨摹古字畫之題跋,共十卷,三卷爲補。前有錢陳群、馬浩序各一篇。卷一起首自《比干墓殘字》至晉王獻之《中秋帖》凡十七種,卷二自晉武帝至隋《緣果道場磚塔記》凡十四種,卷三自唐歐陽詢《皇甫誕碑》至唐僧懷仁《集王羲之書聖教序》凡十三種,卷四自唐李邕《少林寺戒壇銘》至唐褚遂良《東山二帖》凡十一種,卷五唐薛稷《杳冥君銘》至唐褚遂良《孟法師碑》凡十種,卷六自唐顏真卿《多寶塔碑》至其《家廟碑》凡十四種,卷七自唐顏真卿《郭太保廟碑》至唐人《雁塔題名》凡十三種,卷八自宋歐陽修《瀧岡阡表》至明董其昌《臨黃庭内景經》凡三十三種,卷九自《萬松山房蘭亭》至《評宋四家書》凡二十二種,卷一〇自五代僧貫休《散髮維摩》至《高忠憲公盡節池》凡二十二種。卷一至卷九均爲書法,卷十獨爲繪畫。於源流同異,考證尤詳。其對碑版考訂之據,常爲後人提及,可資參考。王氏另有《竹雲題跋》入《四庫全書》,與此書可互爲印證。

此書有清乾隆間刻本《王箬林先生題跋》十七卷、清乾隆五十四年温純墨妙樓刻本《虛舟題跋》十卷《虛舟題跋補原》三卷、清翁方綱輯稿本《虛舟題跋節抄》、清乾隆三十五年楊建聞川易鶴軒刻本《虛舟題跋》十卷、清乾隆三十五年楊建閩川易鶴軒刻三十九年續刻本《虛舟題跋》十卷又三卷、清光緒十年刻本《虛舟題跋》十卷《原》三卷、清乾隆間刻本《虛舟題跋原》七卷等。今據清乾隆五十三年溫純刻本影印。（孫暉）

漢溪書法通解八卷　（清）戈守智撰（第1067冊）

戈守智（1720—1786），字達夫，號漢溪，平湖（今屬浙江嘉興）人。著有《漢溪偕存集》、《邗江雜詠》等。生平事迹見《四庫全書總目》卷一一四。

此書八卷，書前有金志章、厲鶚、梁啓心、梁詩正諸序及自序，成於乾隆庚午（1750）。採録古人論書語，分述古、執筆、運筆、結字、訣法、譜序六門。卷一述古兩篇，第一篇溯古來書法源流；第二篇雜輯古代名人論書法之語。卷二執筆兩篇，一爲執筆圖，一爲執筆論，詳論執筆之法。卷三、卷四運筆，詳録"永字八法"之説。卷五結字，爲歐陽詢楷書結字法。卷六訣法，録梁武帝《觀鍾繇書法十二意》、智果《心成頌》、顔真卿《述張旭筆法十二意》、《古今傳授筆法十三訣》、張懷瓘《用筆十法》、陳繹曾《爲學綱目》、董内直《書訣》等七篇。卷七爲王羲之《傳子敬筆勢論》與虞世南《筆髓論》二篇。卷八爲孫過庭《書譜》與姜夔《續書譜》兩篇。卷二以下所録雖爲舊文，但有注釋，并集他家所論，故可資參考。

此書有清乾隆霽雲閣刻本、清道光十九年刻本、清刻本等。今據清乾隆霽雲閣刻本影印。（吳旭民　孫暉）

指頭畫説一卷　（清）高秉撰（第1067冊）

高秉，字青疇，號澤公，晚號蒙叟，遼陽（今屬遼寧）人。高其佩侄孫，常見其佩"推蓬畫册"及指頭作畫情景。善丹青，好治印。著有《青疇詩鈔》等。傳見《印人傳》卷七。

此書約成於十八世紀中後期。著者以筆記形式，詳述其佩指頭畫技法及創作過程，包括章法、指法、染法、皴法、用指、用色、用墨諸法，及如何指畫道釋人物、龍、虎、獅、梅、柳等。如"用無名指肚蘸墨點梅瓣"，"巨幅枯柳用兩指急掃，或重或輕，或濃或淡，任其自然。但不得增減一絲爾，小幅枯柳、新柳則專用指甲"。并具體介紹高其佩用紙、印章、落款、書題等特點，如"落款常書二三字於上角，或書於實處，或加年月，書數字於側邊，皆與畫意洽和"。又詳載高其佩生平軼事及"畫從夢授"等傳聞。認爲繪畫"天資要高，學力要深，而胸襟尤要寬大"，"必有静氣，方爲神品"。重視傳神，追求"别趣"、"機趣"，反對拘於古法，主張"有我"，要求作品面貌多樣化。

此書總結歸納高其佩畫法，是研究指畫藝術之重要資料，亦足爲鑒定高其佩作品真僞之重要參考。

今據北京大學圖書館藏清乾隆刻本影印。（石莉）

吳越所見書畫録六卷書畫説鈴一卷　（清）陸時化撰（第1068冊）

陸時化（1714—1779），字潤之，號聽松，別號聽松散仙、聽松老人，室名翠華軒、嘯雲軒、聽松山房，太倉（今屬江蘇蘇州）人。國子監生。嗜書畫，富收藏，精鑒別。著有《書畫説鈴》、《作僞日奇説》等。生平事迹見《國朝耆獻類徵初編》卷四三八。

此書六卷，乾隆四十二年（1777）成書，所載均作者吳越所見。其體例仿高士奇《江村銷夏録》例，不同處爲每卷必分時代，題跋仍用大字，圖章無邊方。所記書畫以明人居多，止於四王、吳、惲六家，凡六百二十八件。所論甚精，雖偶有所誤，實白璧微瑕。書前有王戌贈言、馮偉叙及自叙各一。卷首有《書畫説鈴》二十九則。末附《書畫作僞日奇論》。

傳此書因載董其昌所撰《兵部左侍郎節寰袁公行狀》，有詆斥滿洲語句，險遭毀版。

此書有清乾隆四十一年陸氏懷烟閣刻本、清光緒五年木活字印本、《風雨樓叢書》本、清沈氏鳴野山房抄本等傳世。今據復旦大學圖書館藏清乾隆懷烟閣刻本影印。（吳旭民　孫暉）

閩中書畫録十六卷　（清）黃錫蕃撰（第1068冊）

黃錫蕃（1761—1851），字椒升，號晉康，海鹽（今屬浙江嘉興）人。清嘉慶三年（1798）應京兆試，五年，以布政司都事次福建，署上杭縣典史，十年後辭疾歸。精鑒賞、篆刻，工八分書。喜藏書，購求書畫、金石文字，日事丹鉛。嘗從錢大昕游，與黃丕烈友善。藏書處爲醉經樓，在閩中有擘荔軒，藏書印有“醉經樓”、“黃錫蕃印”、“椒升”等。著有《金石考》、《海上竹枝詞》等。生平事迹見《（光緒）海鹽縣志‧文苑》。

此書爲書畫學史傳著作，以丁希曾《八閩書畫記》爲藍本增輯，五易其稿，由二百餘家增至八百餘家，前列纂輯書目，採書多至三百二十餘種，包括正史、筆記、傳記、方志、詩話、書畫論著、別集等。首冠康熙御製書畫跋、乾隆御製詩及閩人書畫詩文。自唐至清嘉慶初，以時代爲次。卷十三至十六爲女史、方外、流寓、遊宦四門，以別品類。凡所採録，各注出處，搜羅廣博，編次秩然，足資八閩藝苑之徵。

此書有《黃椒升遺書》本、《合衆圖書館叢書》本。今據民國三十二年《合衆圖書館叢書》本影印。（朱坤禎）

蔣氏游藝秘録九種九卷　（清）蔣和等撰（第1068冊）

蔣和，字仲和，一作重和、仲淑，號醉峰，一作最峰，金壇（今屬江蘇常州）人，後移家無錫。拙老人蔣衡之孫，故自稱江南小拙。父蔣驥。因充四庫館篆隸總校，乾隆欽賜舉人，官國子監學正。精小學，善書畫。著有《寫竹簡明法》、《漢碑隸體舉要》、《説文集解》等。生平事迹見《國朝書人輯略》卷七。

此編爲蔣氏輯一家三代所撰之書畫著作，前有乾隆五十九年（1794）趙琳序。共九種，九卷，分別爲蔣衡《書法論》一卷，蔣驥《續書法論》一卷、《九宮新式》一卷、《讀畫紀聞》一卷、《傳神秘要》一卷，蔣和《説文字原表》一卷、《漢碑隸體舉要》一卷、《學書雜論》一卷、《學畫雜論》一卷。

此書有清乾隆五十九年刻本、清乾隆間刻本、《藝苑叢鈔》本（稿本）等。今據復旦大學圖書館藏清乾隆五十九年刻本影印。

書法論一卷　（清）蔣衡撰

蔣衡（1672—1743），原名振生，字湘帆，一字拙存，號江南拙叟、拙老人、函潭老布衣，金壇（今屬江蘇常州）人。康熙年間貢生，授國子監學正。蔣和祖父。善書法，曾受敕書《乾隆石經》，刻石太學。著有《拙存堂詩文集》、《易卦私箋》、《拙存堂題跋》、《書法論》等。生平事迹見《清史稿》。

此書認爲書法當以中正靈静爲宗，主張傳統，追溯魏晉二王，講究神氣，對知名書家及作品有所論及。

續書法論一卷　（清）蔣驥撰

蔣驥（1714—約1787），字赤霄，號勉齋，金壇（今屬江蘇常州）人。父衡，以書法名於一時。諸生，雍正末曾入京師，乾隆間遊幕南北。善書法，得父傳而稍遜，特以寫真聞名。著有《讀畫紀聞》、《傳神秘要》等。生平事迹見《清朝書人輯略》卷四。

此爲蔣驥續其父《書法論》之作。凡十九則，分臨古、墨迹、楷法、執筆、用筆、兩轉字最要、頓挫、頓與駐別、轉折、用墨、筆鋒字鋒、中鋒、藏鋒、偏鋒、筆畫、筆意、向背、力量、章法。每則僅數行，所述多心得。

九宮新式一卷 （清）蔣驥撰

九宮爲舊傳學書之法。蔣氏認爲“舊制九宮作九九之數,雖立法精嚴,初學者易於眩目”,爲求簡易明白,乃“分九宮,每宮中界十字爲三十六格”,同時附圖以明之。圖有四幅,一爲九宮新格,二爲分三層線式,三爲長字用式,四爲短字用式,頗便初學者用。《初學要論》九則,提倡懸臂法,主張從顏柳入手,又指出其不應學之處。立論能由實用出發,不爲空談。

讀畫紀聞一卷 （清）蔣驥撰

此書約撰於乾隆六年(1741)至八年之間,爲蔣氏畫理技法隨筆,凡十六則。首則總論書法與繪畫之關係,謂“書畫一體,爲其有筆氣也”。其後論及“用筆用墨”、“皴法”、“章法”、“佈置樹竹”、“濃淡”、“松”、“枯樹”、“人物屋宇”、“風雨”、“雪月”、“苔”、“神女論”、“品格論”、“衣紋”及“寫照布景”。認爲臨摹名人真迹,須先掌握“用筆用墨之法”,再講究章法,方有進境。畫人物畫,要能得其神,“惟取精於阿堵中,寫得臨風揚步,翩翩然若將離絹素而來下者”。至於山水,則山石樹木之形態與佈置應符合客觀規律,如“畫中有風者,其人物及山石樹身皆當與風相左。惟樹杪、藤梢點綴處作飄揚之致”;墨色要合於自然,“山亦近則濃,遠則淡。然淡遠之外仍可作濃墨,蓋日影到處則明,不到處則黯黑,此景於早晚時遊觀可得見焉”。“神女論”則總結歷代道教人物畫理論,認爲“爲神女寫真,意在端嚴,不在嫵媚,於端嚴中具一種瓌姿豔逸”。又強調畫家個性氣質之表現,提出筆墨應有“書卷氣”,且在置陣佈勢時,“胸中以有膽識爲主”。所論頗得要領。

傳神秘要一卷 （清）蔣驥撰

此書成書於乾隆七年(1742),前有程嗣立序。系統介紹人物肖像畫創作技法,凡傳神以遠取神法、點睛取神法、眼珠上下分寸、笑容部位不同、氣色、用全面顏色法、用筆總論、用筆四要、砌染虛實不同、用筆層次、鼻準與鼻相參核法、起稿算全面分寸法、生紙畫法、礬紙畫法、設色層次、氣韻、臨摹等二十七則,皆蔣氏平生寫真心得,如需在人物應對進退、言談笑語間細察風神,得其“天真”、“神情”,然後落筆,始有生趣。又詳述如何起稿,如何計算面部五官位置分寸。強調學問品詣關乎畫中氣韻,唯有人品高,學問深,筆底方顯深秀,有書卷氣,方得氣韻得。

古代寫真術被視爲工匠之藝,故以寫真之法編撰成書者,除陶宗儀《輟耕録》所載王繹《寫像秘訣》外,并不多見。蔣氏撰著人物畫訣,闡述精微,分類研析,實可補古人之未備,與沈宗騫《芥舟學畫編》“傳神”一卷、丁皋《寫真秘訣》合稱清代“傳神三論”。

説文字原表一卷 （清）蔣和撰

此書前有自序,後有《字原表説》一篇。《説文解字》以序目綱領共五百四十部,自唐李騰依《説文》部首集李陽冰篆書後,稱爲《字原》。蔣氏參考《字原》,仍按《説文》之字頭及相關聯繫編次爲表,分別部居,枝節相貫,又對原《字原》訛誤予以修訂。表分五則,共五百四十部。此書收入《遊藝祕録》,當是蔣氏認爲小學與書法有關。

漢碑隸體舉要一卷 （清）蔣和撰

此書前有清乾隆癸丑(1793)自序一篇。蔣氏因隸書雖近於楷而體制各殊,其中又有加、省、借、譌,因輯八百餘字,分四聲編次,各舉其異體俗字,以便檢閱。是書字形多採自《隸釋》、《隸辨》、《字原》等書。作爲習隸工具書,甚爲實用。

學書雜論一卷 （清）蔣和撰

蔣和祖父蔣衡有《書法論》,父蔣驥有《續書法論》。此書雖僅千言,却勝於前二者。專論學習篆真隸草之法,所涉甚廣,包括布白、用筆、學書次序、結體、臨摹等,兼談名家書法之得失。認爲“隸體筆法實開真書之秘”，學真書者應尊崇隸書。主張書法創作時不唯注意單字“八面流通”，亦應兼具“章法照應”，使“內氣”、“外氣”渾然一體。強調書法乃創作者精神、性情之體現，“無精神者，書法雖可觀，不能耐久”，胸中之氣勢應“流露於字裏行間”，而非“僅在點畫上”。所論多係作者心得，尤其篆隸方面詳盡細緻。全書理論、實踐有機融合，具有重要意義。

學畫雜論一卷　（清）蔣和撰

此書凡十六則，分別爲“立意”、“章法”、“剪裁”、“收放”、“意到理到”、“分別土石”、“用稿”、“日影”、“雲”、“石”、“取勝”、“樹石虛實”、“名目”、“水村圖”、“畫有不可用意者”、“林木窠石”。蔣氏認爲落筆之前“先須立意”，待胸有成竹，“追出心中之畫。理法相生，氣機流暢，自不與凡俗等”。主張師法自然，兼重學習古人，認爲臨摹畫稿“必以熟爲主”，“熟後便能離古法而自出新意”。強調“實處之妙，皆因虛處而生”，指出無筆墨處在書畫中居主導地位。同時談及如何佈置表現山水畫中樹石、雲霧等物。如謂樹石佈置“須疏密相間，虛實相生，乃得畫理”，整幅畫中，“山峰有高下，山脈有勾連，樹木有參差，水口有遠近，及屋宇、樓觀佈置各得其所，即是好章法”。此書記錄蔣氏多年繪畫經驗及創作心得，對後世學畫者具有重要指導作用。（孫暉　石莉）

芥舟學畫編四卷　（清）沈宗騫撰（第1068冊）

沈宗騫（1736—1820），字熙遠，號芥舟，又號研灣老圃，烏程（今浙江湖州）人。庠生。工書畫，小楷、章草及盈丈大字，皆具古人神致魄力。善山水、人物。晚年純用焦墨。生平傑作《漢宮春曉》、《萬竿烟雨》爲賞鑒家所珍，有神品之稱。事迹見清蔣寶齡《墨林今話》卷三。

此書成於乾隆四十六年（1781），卷首有自叙，謂“正法日替，俗學日張，貽誤來學”，遂以潛心畫學三十年來之所得著成此書，旨在鞭撻時弊，痛斥俗學，回歸文人畫正統。書中首論山水，分“宗派”、“用筆”、“用墨”、“布置”、“窮源”、“作法”、“平貼”、“神韻”、“避俗”、“存質”、“仿古”、“自運”、“會意”、“立格”、“取勢”及“醞釀”十八篇。“立格”篇將“清心地以消俗慮”、“善讀書以明理境”、“却早譽以幾遠到”、“親風雅以正體裁”列爲立格之道，注重繪畫品味與格調。次論傳神，分“傳神總論”、“取神”、“約形”、“用筆”、“用墨”、“傅色”、“斷決”、“分別”、“相勢”、“活法”十篇。末卷有“人物瑣論”、“筆墨縑素瑣論”和“設色瑣論”等三篇，詳細介紹人物、傳神等技法，以及筆墨、絹素、顏色諸問題，於肖像畫著墨頗多。書中將“傳神寫照”定爲繼承古法之根本，主張以形取神，追求“法度因心”、“法外求法”、“心手妙和”之境界。

此書爲沈氏長期藝術實踐經驗總結，體現正統文人畫派美學思想和審美旨趣，對當今繪畫創作仍具意義。書中“痛斥俗學，闡揚正法”之主張，對後世影響尤爲深遠。

今據復旦大學圖書館藏清乾隆四十六年冰壺閣刻本影印。（石莉）

蘇齋題跋不分卷附鐵函齋書跋補一卷
（清）翁方綱撰　（清）何溱輯（第1068冊）

翁方綱（1733—1818），字正三，一字忠叙，號覃溪，晚號蘇齋，直隸大興（今屬北京）人。清乾隆十七年（1752）進士，官至內閣學士。清代書法家、文學家、金石學家。書法與劉墉、梁同書、王文治齊名。著有《粵東金石略》、《蘇米齋蘭亭考》、《復初齋詩文集》等。《清史稿》有傳。何溱，字方穀，錢塘（今浙江杭州）人。生平不詳。

《蘇齋題跋》爲翁氏所見所題碑帖之輯録。因屬隨見隨録，次序未及釐清，自云“暇時當重加編定”（見乾隆丙申序）。此書於乾隆丙申年（1776）十月四日初定，後又加抄《兩漢

《金石記》，戊戌年（1778）删减部分，已亥（1779）春完稿。首篇宋王復齋鐘鼎款識册，末篇蘇齋自臨小字蘭亭，合計四十種，大多爲名聞遐邇之作。

此書後附《鐵函齋書跋補》，當爲何溱録楊賓《魯峻碑并陰》等十五碑之題跋。《鐵函齋書跋》六卷，楊賓撰。楊賓（1650—1720），字可師，號耕父，別號大瓢山人，又號小鐵。生平事迹見《清史稿》。《鐵函齋書跋》所論碑帖均爲楊氏家藏或親見。

此書有清抄本傳世，今據福建省圖書館藏清抄本影印。（孫暉）

墨梅人名録一卷　（清）童翼駒輯（第1068册）

童翼駒，字山子，號古柏山人，會稽（今浙江紹興）人。生平略見此書序。

此書爲童翼駒編寫，弟子榮譽校正。書前有乾隆五十二年（1787）“澹游居士”玉棟及童氏序，書後有乾隆五十八年何紹寧跋。全書專述歷代畫梅名家，按宋金元明爲序，再以畫家身份排序。共輯一百三十二人。其中宋朝畫家釋仲仁、楊無咎、楊季衡、湯正仲、湯叔周、趙孟堅等四十一人，金朝趙秉文一人，元朝趙孟頫、周密、錢選、吳鎮、倪瓚、釋允才等二十九人，明朝袁子初、陸復、程南雲、項元汴、陳繼儒等六十一人。因釋仲仁爲墨梅鼻祖，故列卷首。此書又將擅畫設色梅花者一并録入。書前例言云：“紅梅雖用胭脂，而枝幹鬚蒂皆用寫法，與墨梅不殊。故善此者，亦録焉。”書中内容多徵引自《圖繪寶鑒》、《畫史會要》及地方志等書，注明出處，可爲研究歷代畫梅名家之重要參考。

今據華東師範大學圖書館藏清道光十年刻《得月簃叢書》本影印。（石莉）

九勢碎事一卷　（清）程瑶田撰（第1068册）

程瑶田生平事迹見前《論學小記》提要。

程瑶田所撰《通藝録》共四十二卷，十九種書，嘉慶八年（1803）刻成。此書爲其中一種，僅存上卷，主要評論書法和碑帖。内容包括“書勢五事”、“書勢篡言”、“論書示瑞兒”、“論書示露孫”、“論贋書帖子”及“吳澂野編修藏舊搨原石夏承碑跋”。其中，“書勢五事”又分“虛運”、“中鋒”、“結體”、“點畫”、“頓折”等，闡述詳盡。作者主張行筆時“陰陽互藏，頓挫互用”，方盡得筆勢；又强調“書法當以虛運”，而“虛者必以實運之”，書法點畫唯有參用“虛運”，“得其以實運虛之妙，則點畫自然得心應手”。“論書示露孫兒”探討書法“用力”與“行氣”關係，認爲“氣非力不達，而力非氣不充，惟勁子使到，斯氣盛力大，毫髮無遺憾矣”。書中所論多探前人之所未探，發前人之所未發。

今據清嘉慶刻《通藝録》本影印。（石莉）

繪事瑣言八卷　（清）迮朗撰（第1068册）

迮朗，字輝庭，又字蘊高，號卍川，吳江（今屬江蘇蘇州）人。乾隆五十四年（1789）順天舉人，以校書得官，未仕。或謂官鳳陽訓導，未幾歸里，卒。工詩古文辭，擅繪畫，亦好篆刻，著有《印譜》。初在京師，以工筆山水名動公卿，返故里後則以寫意花卉爲主，用墨設色多師法惲南田。亦工鐵筆。著有《繪事雕蟲》、《三萬六千頃湖中畫船録》等。事迹見《歷代畫史匯傳》卷六一、《續印人傳》卷八。

此書成於嘉慶二年（1797），書前有作者自叙及嘉慶四年宋葆淳序。書中專論繪事器用，詳述各種繪畫工具與材料之歷史淵源、製作方法、分類及功用等。凡八卷，共六十篇。卷一至卷五論繪畫基本材料，如水、墨、紙、絹、膠、朽炭、香頭以及粉、石緑、珊瑚等二十餘種顔色之選料、研漂、處理與施用。所載顔料有非中國本土物料者，如洋紅、馬來半島藤黄等。迮氏對洋紅評價甚高，認爲“洋紅在五色之外，而置之五色中，可謂出類拔萃者矣”。卷五“用法”一節略論用丹砂法、用墨法、用水法、用筆法、用泥金法、落墨法、運墨法等繪畫技法，提出"凡用五色，必善於用水，乃更鮮明"。卷六介紹繪畫輔助工具，如尺、熨斗、鎮紙、磁器、罏，并討論畫室、承塵、畫几、櫥、文匱等使用情況。卷七詳細介紹治印知識，包括印文、材質、分式、筆法、刀法等。卷八則記述印泥、畫叉、畫鉤、刀、眼鏡、燭臺、炭、貝等用品製法或用法。全書收羅廣博，闡述詳明，分類合理。

今據北京圖書館藏清嘉慶刻本影印。（石莉）

承晉齋積聞録一卷　（清）梁巘撰（第 1068 册）

梁巘，字聞山、文山，號松齋，又號斷研齋主人，亳州（今安徽亳州）人。清乾隆二十七年（1762）舉人，敕授文林郎，由咸安宫教習轉任湖北巴東縣知縣。晚辭官，任壽州循理書院院長。善詩文，尤以工李北海書名於世，與乾隆年間著名書家張照、王澍、劉墉、王文治、梁同書等人齊名。精於碑刻書，有六十餘種碑刻書法存世。著有《評書帖》等。事迹見《清史稿》及《亳州志・人物志・藝術類》。

此書爲清代重要書論，以語録與筆記體爲主，内容詳博，分"古今法帖論"、"名人書法論"、"自書論跋"、"學書論"、"執筆論"、"硯論"、"印章論"及"襍論"八部分。其論述、評價歷代法書碑帖等翔實客觀，觀點新穎。

此書屢論及勁健問題，體現梁氏書學"尚勁健"思想，如"歐書勁健，其勢緊；柳書勁健，其勢鬆"，"《戲鴻堂帖》中唐明皇《鶺鴒頌》遒緊健勁，較宋《秘閣》尤妙"等。又將"提筆空，運筆靈，瘦硬清挺"定爲衡量書法"神品"標準。又提出"學書如究經，先宜博涉，而後返約"，又詳述唐大家、名家善八分與不善者，認爲"人苟欲精其藝以傳世，須取其所長而用之"。梁巘一生創作不輟，且精於品鑒，故所論切實深入。

此書有民國三年裴景福校訂、安徽官紙印

刷局鉛印綫裝本，即裝印本；又有現藏上海圖書館之手鈔殘本二卷，以及光緒三十三年荷亭鈔本。今據上海圖書館藏民國國學圖書館抄本影印。（石莉）

山静居畫論二卷　（清）方薰撰（第 1068 册）

方薰（1736 — 1799），字蘭士，一字懶儒，號蘭坻，又號蘭如、蘭生、樗庵，別署語兒鄉農，石門（今浙江崇德）人。一生未應鄉舉。其山水畫結構精妙，風度超逸；人物花鳥別開生面，綽有餘韻。乾隆南巡，嘗進《太平歡樂圖册》百幅，極蒙嘉獎。詩、書、畫并妙，與奚岡齊名，稱"方奚"。著有《蘭坻詩鈔》、《井研齋印存》、《山静居詩稿》等。生平事迹見《國朝畫人輯略》卷六、《（民國）杭州府志》卷一七〇。

此書爲方氏晚年梳理、總結繪畫實踐與領悟之作，約成於乾隆六十年（1795）前後，書後有嘉慶三年（1799）陳希濂序。全書以隨筆形式自抒心得，雜論上迄晉唐，下及清初各家各派風格、畫理、技法、淵源、山水、花鳥、人物以及款題等，共二百四十四則。内容龐雜，大致可分畫學理論泛論、各種畫科及其淵源流變略述、歷代畫家評述、名畫著録四部分，尤以第一部分最爲精湛。第四部分詳載生平所見名迹，因部分畫作今已失傳，頗顯珍貴。

方氏認爲氣韻由筆墨產生，筆取其氣，墨取其韻；又反對摹古之風與因循成法，并首次將畫理、畫法、畫趣相統一，提出"有畫法而無畫理非也，有畫理而無畫趣亦非也"；又對寫意畫持批判態度；又貶斥畫派門户之見，主張畫家應互相學習，"惟其能知他人之工，則己之所造也深矣"。此類見解獨到深刻，至今仍有指導意義。

此書有清道光二十六年《四銅鼓齋論畫集》刻本、光緒二年成都葉氏刻本及光緒四年孫福清輯《檇李遺書》所收本。今據清嘉慶長塘鮑氏刻《知不足齋叢書》本影印。
（石莉）

二十四畫品一卷　（清）黃鉞撰（第1068冊）

黃鉞（1750—1841），字太君，又字左田，號壹齋、左庶子，晚自號盲左，當塗（今屬安徽馬鞍山）人。乾隆五十五年（1790）進士。歷官戶部主事、贊善，山東、湖北、順天鄉試正、副考官。充秘殿珠林、石渠寶笈續編總閱、全唐文館總裁。擅長詩文，尤工書畫，山水宗蕭雲從之風，與大學士董誥并稱“董黃”。卒賜太子太保，謚勤敏。著有《壹齋集》、《畫友錄》等。傳見《清史稿》。

此書專言林壑理趣，成於清嘉慶五年（1800）前後。由書前小序可知，作者上承謝赫《古畫品錄》之遺意，體例則仿唐司空圖《二十四詩品》，將繪畫分爲“氣韻”、“神妙”、“高古”、“蒼潤”、“沈雄”、“沖和”、“澹起”、“樸拙”、“超脫”、“奇闢”、“縱橫”、“淋漓”、“荒寒”、“清曠”、“性靈”、“圓渾”、“幽邃”、“明净”、“健拔”、“簡潔”、“精謹”、“儁爽”、“空靈”、“韶秀”二十四品。每品下有釋義一篇，每篇一韻，每韻十二句，每句四字。詞藻典雅，斐然可誦。其旨在鑒賞品評，分析畫藝獨到境界，不在評定技工優劣或高低。如論氣韻曰“如音棲弦，如烟成靄”，論蒼潤曰“氣厚則蒼，神和乃潤”，論幽邃曰“山不在高，惟深則幽”、“林不在茂，惟健乃修”等等，立論精闢，比況恰切。清潘曾瑩《墨緣小錄》評其“力探閫奧，直抒心得，非深於畫理者，不能道隻字”。

此書有《翠琅玕館叢書》本、《四銅鼓齋論畫集》刻本，民國以後收入《美術叢書》。今據清光緒十年刻《翠琅玕館叢書》本影印。
（石莉）

松壺畫憶二卷　（清）錢杜撰（第1068冊）

錢杜（1764—1845），初名榆，字叔枚，更名杜，字叔美，號松壺、壺公，齋號松壺小隱，仁和（今浙江杭州）人。以蔭生赴雲南候補府經歷，官至主事。後自滇南歸杭城。工詩，善書畫，與時人金農、奚岡齊名。門生弟子衆多，有“松壺派”之稱。其作《皋亭送別圖卷》今藏故宮博物院。著有《松壺畫贅》等。事迹見《清畫家詩史》二集。

此書成於道光十年（1830）仲冬。書前自序稱：“從收藏家觀唐、宋、元、明諸家真迹，有所得即筆之於紙，久之成帙。”則此書乃作者晚年創作經驗與觀摩歷代名迹之心得體悟。上下兩卷，上卷論畫理、畫法，涉及作畫環境、胸次、筆墨、章法佈局、樹石、屋宇、雲氣、人物、點苔、設色、樹木、牛馬、瀑布、水勢、寫月諸法，并評述畫中題跋、款識、印章。下卷記平生所見名迹，自陸探微、展子虔，而至明清文徵明、藍瑛、石溪、石濤，凡一百零一則。論及畫作佈局、畫法、筆墨、意境、淵源、材料、尺寸，記述畫家軼事，或録其題跋、藏家流傳等。主張“下筆須先定意見”，“意在筆先”。學古者應求古人神韻，而以己意爲之。一反“崇古”、“摹古”之時風，具有眼光與膽識。

此書收入光緒六年潘氏八喜齋《松壺先生集》、光緒十四年《榆園叢刻》、光緒二十二年《湖墅錢氏家集》。《松壺先生集》錯誤較多，而《湖墅錢氏家集》流傳不廣。今據清光緒十四年刻《榆園叢刻》本影印。此本由程庭鷺、葉正琯同校，以小字加注，更正書中錯訛疏漏。（石莉）

養素居畫學鉤深一卷　（清）董棨撰（第1068冊）

董棨（1772—1844），字石農，號樂閒，又號梅溪老農，秀水（今浙江嘉興）人。涵子。性高潔，貧而樂道。平生嗜好翰墨丹青，山水、人物、雜品，頗見功力。尤善花卉，得方薰指授。有《曲水流觴》長卷，爲其中年得意之作。楷書宗顏、柳，行草宗董其昌。暮年構嘉會堂以居。著有詩稿雜記若干卷。生平事迹見書後汪日楨跋、《清畫家詩史》二集。

此書約成於嘉慶五年(1800)前後,書後有光緒三年仲秋汪日楨短跋。據跋文可知,該書係董榮自以行草書之,裝池小册,頗珍祕,凡二十三則,約千餘言。首則確立"形"、"色"之義,又闡發畫師與畫工之不同。繼就如何"師古人"獨抒心得,提出"凡畫須要臨,臨多自然曉","臨畫并不外一熟字",并主張"用古人之規矩,而抒寫自己之性靈"。又總結畫理、畫法,提出"四不窮"説,强調"作畫需有成竹,用筆自能指揮"。又以書論畫。立一家之言,無偏頗之失。余紹宋《書畫書録解題》評其"持論平正"。

董氏撰成此書後,藏於家中,不輕示人。後汪日楨因父事董氏,得見此書,抄寫副本。經兵燹後,原稿已失,副本幸存,收入汪日楨輯《荔牆叢刻》中。今據清光緒三年刻《荔牆叢刻》本影印。(石莉)

欽定祕殿珠林續編八卷欽定石渠寶笈續編八十八卷 　(清)王杰等輯(第1069—1074册)

王杰(1725—1805),字偉人,號葆淳,又號惺園、畏堂等,韓城(今陝西韓城)人。乾隆二十六年(1761)進士,累遷東閣大學士,晉太子太傅。卒贈太子太師,謚文端。著有《葆淳閣集》、《惺園易説》等。生平事迹見《清史稿》。

《秘殿珠林》及《石渠寶笈》二書,著録清内府所藏繪畫、書法作品。前者專録釋道者之書畫,後者著録歷代書畫藏品。各有初編、續編及三編。二書編纂時代相近,體例相同。自乾隆十年初編完成後,迄乾隆五十六年,凡四十餘年間,每逢帝后大慶、朝廷盛典,"臣工所獻古今書畫之類及幾暇涉筆者,又不知其凡幾"(《秘殿珠林石渠寶笈續編御製序》),故乾隆帝敕諭重加薈輯。王杰奉旨領

銜編撰此書,參與編修者有董誥、彭元瑞、金士松、沈初、玉寶、瑚圖禮、吳省蘭、阮元、那彥成等十人。書成於五十八年夏至,名曰續編。

此書體例與初編大致相同,以書畫貯存之所乾清宮、養心殿、重華宮、御書房等爲序,再按書册、畫册、書畫合册、書卷、畫卷、書畫合卷、書軸、畫軸、書畫合軸九類區分。與初編不同處有三,一增立總目,并專列法帖一門;二取消分等與千文編號;三整理、記録内府書畫更爲詳實,包括作品之紙絹、幅數、尺度、真草篆隸、設色、水墨、界畫、書法原文、畫作内容,以及御筆詩識、前人題跋、臣工題與印記、辨文等,卷帙更爲浩繁。除録入初編未收之臣工新進作品外,又著録乾隆皇帝一百五十幅御筆畫與七十四幅御臨作品,以松、梅、竹石居多,約近九十幅。編撰人員均爲當時書畫大家或權威鑒定家,其書畫作品也多著録於此書。全書徵引歷代書畫著録、正史、政書、方志、筆記、文集等參考文獻凡一百一十餘種。

此書之初、續、三編皆有稿本與抄本兩種,當時不準發刻,由詞臣謄録數部供大内備覽。續編書成後,繕寫正本五份,分貯於乾清宮、寧壽宮、圓明園、避暑山莊、盛京五處。今據清内府抄本影印。(石莉)

欽定祕殿珠林三編不分卷欽定石渠寶笈三編不分卷 　(清)英和等輯(第1075—1081册)

英和(1771—1840),幼名石桐,字樹琴,一字定圃,號煦齋,索綽絡氏,滿洲正白旗人。乾隆五十八年(1793)進士。官户部尚書,協辦大學士。歷仕於乾隆、嘉慶、道光三朝。工詩文,善書法。數次主持各類科考,任續纂《四庫全書》總裁、《會典》館總裁、武英殿總裁及重修《明史》總裁。著有《恩福堂詩集筆記》、《卜魁集》等。嘉慶十五年(1810)刻有《松雪齋帖》六卷、《英煦齋家刻劉文清公書》帖等。生平事迹見《清史稿》。

此書自嘉慶二十年(1815)二月開始編撰,至二十一年閏六月完成。由英和主持,參與者計有吳其彥、黃鉞、姚文田、張鱗、顧皋、朱方增、吳信中、龍汝言、沈維鐈、胡敬等十一人。與初、續二編相較,此書編者擅書畫者不多,較少參與内府書畫鑒賞,主要致力於考訂及徵引文獻,書畫鑒選水準不免略遜。全書共録入書畫作品二千餘件,包括宫中所藏書畫、臣工陸續所進,以及舊編缺略者。體例與續編相同,書首列有總目,并在書畫目下注所藏宫殿。以書畫貯存處所爲順序,再按書畫類别區分,取消分等與千文編號。此書對内府書畫作詳實考訂與記録,并整理出乾隆帝所有早、中、晚期未登録畫作,計有御筆畫一百五十五幅,御臨作品三十九幅,仍以歲寒三友題材爲主。書中徵引參考文獻達一百六十餘種。此外,初編、續編兼收圖像,而未專列,三編則專列南薰殿歷代帝王及聖賢、名臣畫像。

《秘殿珠林》、《石渠寶笈》初、續、三編皆有稿本和抄本兩種,當時不準發刻,由詞臣謄録數部供大内備覽。三編完成後,由專人以精整小楷繕寫爲朱絲欄抄本兩套,分函保存。一套現存於北京故宫博物院,一套現存臺北。今據清嘉慶内府抄本影印。(石莉)

石渠隨筆八卷　(清)阮元撰(第1081册)

阮元生平見前《曾子注釋》提要。

此書成於乾隆五十六年,乃阮元據奉敕參編《石渠寶笈續編》時所作内府書畫收藏筆記整理編集而成。所録書畫全部收藏於養心殿、寧壽宫、乾清宫、重華宫、御書房、淳化軒六處,凡二百七十餘件(包括諸家總册及合卷),不乏歷代法書名迹。記述法書、名畫之款行、字數、題識、跋語、畫面佈局及收藏印等,詳略得當。間有評語,或評書品畫藝,或考真僞優劣、辨前人得失,識見卓然。書後附《論鈐寶》和《論紙籤》二則。前者詳叙乾隆時皇室鈐璽規格、印文以及使用制度。如列朝、臣工書畫皆用"乾隆御覽之寶"、

"乾隆鑒賞"、"石渠寶笈"、"宜子孫"、"三希堂精鑒璽"、"石渠定鑒"、"寶笈重編"七璽。藏於乾清宫者則用"乾清宫精鑒璽",寧壽宫、養心殿、御書房皆如是。後者介紹宋以來各種紙箋質地、性能及玉籤。全書内容豐富,述評精審,尤爲鑒賞家推重。

今據南京圖書館藏阮亨揚州珠湖草堂刻本影印。(石莉)

國朝畫識十七卷　(清)馮金伯撰(第1081册)

馮金伯(1738—1810),字冶堂,號南岑、墨香居士,南匯(今屬上海)人。官句容縣訓導。乾隆四十年(1775)主講應城蒲陽書院。少即喜好詩文書畫,壯歲四方遊歷。其書法學歐陽詢、米芾,繪畫取法董源、巨然及董其昌諸家。畫迹有《碧梧山莊圖》、《幻園八景》册頁等。著有《墨香居畫識》等。生平事迹見《海上墨林》卷六。

此書爲清代重要畫傳專著,補録《國朝畫徵録》中未採入者。書前有王昶、錢大昕二序,序最早作於乾隆五十九年(1794),成書亦當在此時。輯入清初至乾隆年間畫家一千一百六十五人。前十三卷九百一十三人,以王時敏爲首;後四卷分别爲釋子六十九人,道人十人,閨秀五十九人,閨秀、姬侍、女尼、妓女等四十六人。此書繼承《歷代名畫記》彙編資料之著述傳統,效《佩文齋書畫譜》"畫家傳"例,輯録諸書,廣徵博引,略記畫家生平梗概及藝事,并各注所出,便於徵考。書中引用詩文集二百餘種、志傳九十餘種、筆記雜著四十餘種、繪畫史籍二十餘種。另加案語七十六則,或糾正引文紕漏,或補充所録内容之不足,或評論畫家得失。案語多簡略,在畫理見解上無甚新意。然書中所收畫家甚廣,輯集資料頗豐富,不失爲優秀清代畫家傳記資料彙編。

此書有清乾隆精刻初印本。今據上海圖書館藏清道光十一年刻本影印。(石莉)

胡氏書畫考三種八卷 （清）胡敬撰（第1082冊）

胡敬（1769—1845），號書農，字以莊，仁和（今浙江杭州）人。嘉慶十年（1805）進士，官翰林院編修。生平事迹見《清史列傳》卷七三。胡敬所撰《南薰殿圖像考》、《國朝院畫録》和《西清劄記》清嘉慶刊刻時合輯爲《胡氏書畫考三種》。今據清嘉慶刻本影印。（石莉）

南薰殿圖像考二卷 （清）胡敬撰

胡敬曾參編《秘殿珠林》、《石渠寶笈》三編。嘉慶二十年（1815），敕命將南薰殿圖像收入《石渠寶笈三編》。胡敬奉旨編撰，并另編此書。書成於嘉慶二十一年，著録内府南薰殿舊藏歷代帝王聖賢圖像及茶庫所存歷代功臣像。上古五帝至明代帝后畫像軸九十八件，其中帝王坐像有成祖、仁宗、宣宗、英宗、憲宗、孝宗、武宗、世宗、穆宗、神宗各一軸，光宗、熹宗及興獻帝各兩軸，面容嚴肅、衣冠整肅、繪製精美。又歷代人物畫像册十六册，包括《歷代帝王像》一册，爲伏羲氏至宋寧宗共三十七張畫像；《聖君賢臣畫像》一册，爲伏羲氏至漢代韓信共二十三頁，每頁兩幅；以及《宋代帝像》、《宋代后像》、《元代帝像》、《元代后像》、《元代后妃太子像》各一册、《明帝后像》二册、《至聖先賢像》、《歷代聖賢像》、《歷代聖賢名人像》、《唐名臣像》各一册，末爲《明宣宗行樂圖》等人物像卷三幅。書中按軸、册、卷陳設，記載作品質地、尺寸及畫面人物冠服。并有按語，或考證服制，或記述人物事迹，或介紹畫像存儲情況，追溯流傳淵源，甚爲詳備。

此書著録内容與胡敬所編《石渠寶笈三編》略有出入。後者記有唐太宗像三軸，而此書却只一軸。可能爲受損、遺失或增補，亦可能爲有意增減。（石莉）

國朝院畫録二卷 （清）胡敬撰

此書爲胡敬參編《秘殿珠林》、《石渠寶笈》時，採擷《石渠寶笈》所藏清宫廷畫家作品并考其人而成。書前有嘉慶二十一年（1816）自序，書當成於此時。全書分三部分。首依時代列順治、康熙、雍正、乾隆四朝畫院畫家五十三人，成就顯著者有焦秉貞、冷枚、唐岱、姚文瀚、金廷標、張宗蒼等。每人附小傳，略叙字號、籍貫、官職、經歷，間加案語，評其藝術風格。小傳後備列其人録入《石渠寶笈》初、續、三編之作品，著録畫名、裝裱形式、作品内容、款識、題跋，并録皇帝御題。其著録以雍正、乾隆兩朝較爲詳細。次爲諸家合作畫幅及無名氏畫幅，涉及畫家二十八人，作品大多只列畫名，按《石渠寶笈》所編排纂。末爲《石渠寶笈》未著録而散見於志乘及譜録諸書之清代畫院畫家，計有顧銘、湯祖祥、王雲、楊芝茂、袁江等三十三人，僅列姓氏字號、籍貫、官職，附列於卷末。序言詳考歷代畫院之沿革與發展概貌，列舉主要畫家。此書不失爲研究清代院畫重要資料。（石莉）

西清劄記四卷 （清）胡敬撰

此書爲胡敬於懋勤殿鑒別書畫時所作私人筆記，後經整理而成，書前有嘉慶二十一年（1816）自序，書當成於此時。仿《石渠隨筆》，按每日所記編排，列唐代至清前期書畫作品一百九十五件，其中未收入《石渠寶笈》者四十九件，收入者有延春閣一百一十件、乾清宫二十件、御書房兩件、重華宫兩件、養性齋三件、養心殿兩件。入録者皆爲精品，包括宋徽宗畫兩幅，明宣宗畫三幅，另有宋人李唐、米芾、劉松年，元人王蒙、趙孟頫、倪瓚，明人文徵明、仇英、唐寅等人作品。每件作品著録名稱、質地、款題、印章等。書法原文或録或不録，繪畫内容略有描述。考訂頗詳，間作評注。

此書與阮元《石渠隨筆》可謂前後相繼。

書中著録乃作者親見者,真實可靠。(石莉)

谿山臥游録四卷 (清)盛大士撰 (第 1082 册)

盛大士(1771—1836),字子履,號逸雲,又號蘭道人、蘭畦道人,鎮洋(今屬江蘇蘇州)人。錢大昕弟子。嘉慶五年(1800)舉人,官山陽教諭。學識精深,沉耽詩畫。嘗作《烟溽雲嶠圖》、《疏林遠岫圖》及《靈芬館圖》。著有《藴愫閣集》、《琴竹山房樂府》等。事迹見《清畫家詩史》二集。

此書爲作者晚年論畫之作。書前有清黄培芳、惲秉怡、麟慶序,陳文述題辭、郭麐題跋及作者自序,書後有弟子郝其燮等後序。書末跋云“是編始於嘉慶丙子(二十一年,1816)冬”,“明年丁丑入都添綴若干條”,成書約在此時。全書録平生所見名迹、前人題跋及諸家論畫,并綴以評語。前二卷論畫理畫法,并抄録前人論畫語。後二卷記與同時畫家及友人交遊,兼及題贈諸事。

作者認爲士大夫畫所以異於畫工畫者“全在氣韻間求之而已”,提出畫有七忌,即“用筆忌滑、忌軟、忌硬、忌重而滯、忌率而溷、忌明净而膩、忌叢密而亂”,有三到,即“理、氣、趣”,又强調“氣骨古雅、神韵秀逸”等六長及“筆少畫多、境顯意深”等四難。强調畫家主觀情思之抒發與寄托,反對畫家“沉溺於利欲名場”,并有論畫山水如泉、水、雲、屋、橋、船、皴、樹、石、山、雨等數則。

此書於畫理技法有獨到闡發,然因作者宗法王原祁,遂大力宣揚王原祁婁東一派,以爲王翬虞山一派不可效法,此門户之見,有失公允。全書内容豐富,記載人物軼事甚多。

今據遼寧省圖書館藏清道光刻本影印。(石莉)

紅豆樹館書畫記八卷 (清)陶樑撰 (第 1082 册)

陶樑(1772—1857),字寧求,號鳧薌,一作鳧香,長洲(今江蘇蘇州)人。擅詩詞,富書畫收藏。清嘉慶十三年(1808)進士,改庶吉士,授編修,官至禮部侍郎。著有《紅豆樹館詩稿》等。生平詳見《清史稿》、《(同治)蘇州府志》卷八九等。

是書乃陶氏據數十年收藏,著録自唐至清代書畫作品三百餘種,編爲八卷,分手卷、册頁、立軸三大類,卷一至卷五爲手卷,卷一唐至宋二十二種,卷二明代二十一種,卷三明代十八種,卷四清代十二種,卷五清代十五種;卷六、卷七爲册頁,卷六唐至明二十五種,卷七清代二十九種;卷八爲立軸,自唐至清代一百七十一種。每類以時代爲序,體例仿《雲烟過眼録》、《鐵網珊瑚》及《江村銷夏録》,標題下詳記材質、尺寸、印章、題跋、款識、畫幅等。特於明清兩代作者附小傳,爲《江村銷夏録》所無。所録以明清爲主,尤以清代爲多。書前有潘霨、吴雲、潘曾綬序各一,另有陶氏光緒十六年(1890)自序一篇。此書内容豐富,惜個别説明欠精,有失考證。

此書有清光緒八年吴趨潘霨韡園刻本。今據以影印。(孫暉)

辛丑銷夏記五卷 (清)吴榮光撰 (第 1082 册)

吴榮光(1773—1843),字殿垣,一字伯榮,號荷屋、可庵,别署拜經老人、白雲山人,南海(今廣東廣州)人。清嘉慶四年(1799)進士,改庶吉士,授編修。清道光年間官至湖南巡撫兼署湖廣總督,貴州布政使、湖南巡撫等職。嶺南名宿,精金石字畫,擅鑑定。師從翁方綱、阮元,深得嫡傳。著有《筠清館金石録》、《吾學録初編》、《歷代名人年譜》等。生平事迹見《清史列傳》卷三八、《國朝詩人徵略二編》卷五一、《國朝書人輯略》卷八等。

此書爲作者歸田後所著,仿清孫承澤《庚子銷夏記》及清高士奇《江村銷夏録》體例,因作於道光辛丑夏(1841),故名。書中載録其自藏及借觀法帖書畫一百四十六種,由凡例、目錄、正文組成,共五卷,卷一起"宋拓五字不損真定武蘭亭叙卷"等蘭亭三種舊拓本,次唐迹四種,次五代三種,又次宋十四種;卷二宋廿四種,金一種;卷三四爲元迹五十八種;卷五明四十四種,迄於"明黃石齋松石卷"。其中頗多名迹。每件詳記題籤、質地、尺寸、印記(楷書釋文)、釋文、題跋,間附自作詩跋和題記等,其考作品真贋及記流傳經過較詳,精審過於《江村銷夏錄》。

此書有清顧文彬抄本(卷五配清顧辛侯抄本)、清道光間刻本、清光緒三十一年長沙葉德輝刻本等。今據南京圖書館藏清道光刻本影印。(孫暉)

藝舟雙楫六卷附錄三卷　(清) 包世臣撰 (第1082 冊)

包世臣(1775—1855),字慎伯,晚號倦翁、小倦遊閣外史,涇縣(今屬安徽宣城)人。因安徽涇縣古名安吳,人稱"包安吳"。清嘉慶十三年(1808)舉人,道光十八年(1838)官新渝知縣。一年後去官寓江寧,終爲布衣。學識淵博,書法曾師從鄧石如學篆隸,後又宣導北魏,晚年復習二王,其書法世稱"包體",成就甚高。著有《皇朝書品》、《小倦遊閣文集》、《濁泉編》等,晚年整理彙編爲《安吳四種》。生平事迹見《清史稿》。

此書六卷附錄三卷,屬《安吳四種》之一,在卷八至卷十六。書中論作文與作書,故名"雙輯"。其中"論文"四卷,"論書"二卷。附錄三卷,爲包氏所撰墓志、傳記等。"論文"收錄包世臣所撰諸篇古文,有《文譜》、《答張韓風書》、《自編小倦遊閣文集》等。"論書"中有《述書》、《書譜辨誤》、《十七帖疏證》、《完白山人傳》等,皆爲包氏論書精華,其中述執筆法頗爲詳盡,特重"雙鈎"。其論文、論書皆見解獨到,論書尤爲藝林所重。

清代碑石出土較多,乾嘉考證學派興起,書法風氣也由重帖學轉爲重碑學。此書爲繼阮元《南北書派論》和《北碑南帖論》後,清中期又一重要書學著作,但亦有對帖學長處認識不足之憾。

此書版本較多,現存清道光十年刻本《藝舟雙楫》二卷,清道光二十六年白門倦游閣木活字印《安吳四種》本《藝舟雙楫》六卷《附錄》三卷,清同治十一年湖北包誠注經堂刻《安吳四種》本《藝舟雙楫》六卷《附錄》三卷,清光緒九年刻本《藝舟雙楫》六卷,清光緒八年蒲圻但氏刻本、清光緒九年汗青簃刻本、清光緒十一年安徽聚文堂刻本《藝舟雙楫》不分卷,清光緒十七年漢陽刻本《藝舟雙楫書論》二卷等。今據上海圖書館藏清道光二十六年白門倦游閣木活字印《安吳四種》本影印。(孫暉)

畫筌析覽二卷　(清) 湯貽汾撰 (第1083 冊)

湯貽汾(1778—1853),字若儀,號雨生,晚號粥翁、琴隱翁,武進(今江蘇常州)人。以祖、父難蔭襲雲騎尉,授揚州三江營守備,歷官粵東、山西、浙江。歸隱南京,築琴隱園以居。太平天國破金陵,投池而死,諡貞湣。工詩文,精音律,通天文、輿地、百家之學。著有《琴隱園詩集》、《琴隱園詞集》等。傳見《清史稿》。

此書爲整理《畫筌》一書而撰。笪重光《畫筌》通篇以駢體寫成,"章段連翩,論説互雜",不便閱讀,作者遂將其重新整理,删人物、花卉、鳥獸、蟲魚之論及未詳者,留山水畫相關資料,經十載編成此書。書前有嘉慶十八年仲振履序及嘉慶九年、十八年自序。書中以"原起"一段作首,下分論山、論水、論樹石、論點綴、論時景、論勾皴染點、論用筆用墨、論設色、雜論、總論十則,每則後附以己見,對深入理解《畫筌》旨意頗有裨益。

此書有《述古叢鈔》本、《翠琅玕館叢書》本。今據南京圖書館藏清嘉慶十九年刻本影印。(石莉)

歷代畫史彙傳七十二卷首一卷附錄二卷

（清）彭蘊璨撰（第 1083—1084 册）

彭蘊璨，字朗峰，長洲（今江蘇蘇州）人，活動於道光年間。生平事迹見《霞外攟屑》卷六、《儀顧堂題跋》卷九。

此書又稱《歷朝畫史傳》，簡稱《畫史彙傳》，輯錄歷朝七千五百餘名畫家評傳。書前有石韞玉序及著者弁言。卷首爲“國朝聖製”，編入清代善畫帝王，并附宗室王公善畫者。正文“古帝王門”錄上古至明善畫帝王；“畫史門”以詩韻編次姓氏，於同一姓氏下依時代先後編排；“偏闕門”錄自周至清逸姓而存其名、或隱姓名而以字行世之畫家；“外藩門”錄自秦至清少數民族畫家及外國畫家；“釋氏門”錄自晉至清僧侶畫家；“后妃門”、“女史門”，亦以姓氏錄歷代女畫家。附錄二卷，輯錄有待考證或增補之畫家。另外，書中所收釋氏善繪者甚多，依年代排序，不分韻部，附於卷末。

此書廣引《宣和畫譜》、《宋朝名畫評》、《書史會要》等畫史、詩文集、方志、筆記、史書資料凡一千二百餘種，概括諸説之要，記述畫家姓氏、籍貫、擅長、藝事，簡潔明瞭。間有考證，偶附論畫之語，尚具心得。每條傳後注明輯錄出處，頗便考據。然此書卷帙既繁，只錄前人成説，不加論斷，故沿襲前人錯誤及前後淆雜之處亦復不少。如將周勃、關羽、張飛等人採錄其中，不免失之過濫。然此書開創畫家人名辭典之先例，不失爲重要畫史與畫傳著作。

今據遼寧省圖書館藏清道光五年吳門尚志堂彭氏刻本影印。（石莉）

玉臺畫史五卷別錄一卷 （清）湯漱玉輯

（清）汪遠孫輯（第 1084 册）

湯漱玉（1795—1855），字德媛，錢塘（今浙江杭州）人。浙江藏書家汪遠孫繼妻。出生名門，好讀書，知詩文。幼耽翰墨，擅畫梅蘭。生平事迹見胡敬《玉臺畫史序》。

汪遠孫（1789—1835），字久也，號小米，又號借閑漫士，錢塘（今浙江杭州）人。嘉慶二十一年（1816）舉人，官內閣中書。爲汪氏振綺堂第四代傳人。嘗結東軒詩社。著有《詩考補遺》、《漢書地理志校勘記》、《借閑生詞》等。生平事迹見《清史列傳》卷六八。

此書爲中國歷史上第一部女性所撰女性畫家專書，成於十九世紀。由書前胡敬序可知，書名乃襲自徐陵《玉臺新詠》。全書仿厲鶚《玉臺書史》體例，載歷代擅畫女子二百二十四人，依身份分宮掖、名媛、姬侍、名妓四部分。“宮掖”輯錄上古至清初宮廷女畫家二十八人；“名媛”輯錄晉至清閨秀畫家一百二十五人；“姬侍”輯錄宋至清女畫家身爲姬妾者十六人；“名妓”輯錄唐至清名妓畫家四十人。後附汪遠孫所輯“別錄”一卷，共計十五人，皆清代名媛。書中資料均引自前人書畫史著作，如《國朝畫徵錄》、《圖繪寶鑒》、《珊瑚網》，以及各類詩詞集、地方志、雜談、逸史、金石資料等，所涉極廣，而能標明出處。

此書所收女畫家數目龐大，史料性較强，但難見作者觀點，有數處“借閑漫士曰”，皆爲其夫汪遠孫語。另外，書中所收畫家，有以地位或聲譽而入編者，如李清照、朱淑貞、蔡國長公主等，部分畫藝精湛者反未能輯入。余紹宋《書畫書錄題解》認爲書中所錄“未爲賅備，且有《書史》徵引各書在前，亦易爲，然出諸閨秀，亦難能可貴矣”。

此書有道光十七年錢塘汪氏振綺堂刻本、光緒五年《述古叢鈔》本、光緒十六年《藏修堂叢書》本。今據復旦大學圖書館藏清道光十七年汪氏振綺堂刻本影印。（石莉）

玉臺書史一卷 （清）厲鶚撰（第 1084 册）

厲鶚（1692—1752），字太鴻，又字雄飛，號樊榭、南湖花隱等，錢塘（今浙江杭州）人。

浙西詞派代表。康熙五十九年（1720）舉人，後屢試不第。著有《宋詩紀事》、《遼史拾遺》、《樊榭山房集》等。傳見《清史稿》。

此書不分卷，輯自周至明女性書家爲一編，共計二百一十一人，分宮閨四十九人、女仙七人、尼一人、名媛一百零四人、姬侍十二人、名妓三十三人、靈異二人、雜録三人。每人一傳，有書迹傳世者附之，并録題跋，其批注均有來歷。此書開輯女書家事迹之先河。書末有震澤楊復吉撰跋。因無序，又未分卷，或疑其爲未完之稿。

此書有《昭代叢書》稿本、濟寧李氏《墨亭叢書》本、道光刻《昭代叢書》本、《賜硯堂叢書》未刻稿本（清然松書屋抄）、清抄本及清道光十七年振綺堂刻本（另附録一卷）。今據清道光十三年刻《昭代叢書》本影印。（孫暉）

別下齋書畫録七卷補闕一卷 （清）蔣光煦撰（第1084冊）

蔣光煦（1813—1860），字日甫、愛荀，號雅山、生沐、放庵居士，海寧（今屬浙江嘉興）人。從叔蔣楷處得大半藏書，又廣加搜集，築別下齋以藏，約十萬餘卷，名刻善本較多，遂爲知名藏書樓，與其祖父開基所建"衍芬草堂"齊名。太平天國中被焚，嘔血而亡。輯刻有《別下齋叢書》、《甌香館集》等，著有《東湖叢記》、《斠補隅録》、《花樹草堂詩稿》等。生平事迹見此書序。

此書七卷附補闕一卷，前有管廷芬序。書中所記爲蔣氏所藏書畫，收宋至清書畫家作品，并兼收題跋、印章等，叙述書畫源流甚詳。據管序，蔣氏曾與同里許羹梅纂此書若干卷，未竣而羹梅謝世。太平天國中州城陷落，蔣氏居毀人亡，平生所著、所藏均付之一炬。後管氏搜其草稿及羹梅部分手稿，故不分類，亦無作者年代時序之次。後補闕一卷爲原草稿所脱逸者，因從許羹梅本中補完。全書名迹

不多，且半爲同時人所作，或因流傳本非全本之故。

此書有清管庭芬跋手稿本《別下齋書畫録》不分卷，清同治四年管庭芬抄本《別下齋書畫録》七卷《補闕》一卷，清末抄本《別下齋書畫録》七卷，民國二十二年文學山房活字本等。今據北京圖書館藏清同治四年管庭芬抄本影印。（孫暉）

習苦齋畫絮十卷 （清）戴熙撰（第1084冊）

戴熙生平見前《象數一原》提要。

此書又名《戴文節題畫類編》，前有俞樾序，惠年凡例。此書原爲戴氏日記，按時間爲序，多爲題畫跋文，自道光辛丑（1841）起至咸豐己未（1859）止，凡十九年，分爲九卷；另附公子進卿、昆玉所補一卷，共計十卷。原書不分類，輾轉傳鈔，多有訛誤，惠年得之，乃重加編輯，以卷類、册類、大幅類、橫幅類、立幅類、紈扇類、雜件類等編次以類相從，付之剞劂。書後有戴氏孫兆春、吳祥麟、王軌、邊保樞四跋。書中對作品種類及何人所作均加注明，其間亦可見作者論畫觀點。戴氏畫論殆承"外師造化，中得心源"之説，較爲傳統。

此書有清光緒十九年刻本。今據此影印。（孫暉）

嶽雪樓書畫録五卷 （清）孔廣陶撰（第1085冊）

孔廣陶（1832—1890），字弘昌，亦作鴻昌，號少唐，室名"三十三萬卷書堂"、"嶽雪樓"、"清淑軒"等，南海南莊（今廣東佛山）人。孔子第七十代孫。官刑部福建司郎中。精鑒賞，富收藏，其藏書室"三十三萬卷堂"，與伍崇曜"粤雅堂"、潘仕成"海山仙館"、康有爲"萬木草堂"合稱"粤省四家"。除據家藏撰此書外，另著《三十三萬卷堂書目略》，著録圖書三千餘種，又著《清淑軒錢譜》等。生平詳見《廣東藏書紀事詩》之《孔廣陶嶽雪樓》。

此書成於咸豐十一年（1861），前有陳其錕、黎兆堂序，所録多爲其自藏書畫之稀有者，體例類高士奇《江村銷夏録》與孫承澤《庚子銷夏記》。卷一爲唐、五代、北宋書畫；卷二爲兩宋書畫；卷三爲宋元書畫；卷四、卷五均爲明代書畫，共計一百三十八件。詳記題籤、材質、尺寸、印鑒、序跋，又或記得畫經過，或加品評鑒賞。

此書有清咸豐十一年刻本和清光緒十五年三十三萬卷堂廣州刻本行世。今據南京圖書館藏咸豐十一年刻本影印。（孫暉）

過雲樓書畫記十卷 （清）顧文彬撰（第1085 冊）

顧文彬（1811—1889），字蔚如，號子山，又作紫珊，晚號艮盦、過雲樓主，蘇州府元和縣（今江蘇蘇州）人。道光二十一年（1841）進士，官至湖北漢陽府，擢鹽法道，補寧紹台道。於蘇州建義莊，又自建過雲樓、鶴廬、眉緑樓等。通音律，善字畫，精鑑賞，富收藏。著有《鶴廬畫學》、《百納琴言》等，皆有稿本流傳於世。生平事迹見《碑傳集補》卷一七王頌蔚《浙江寧紹台道顧公墓志銘》。

此書十卷，所記均爲過雲樓所藏書畫。前四卷爲書類，後六卷爲畫類，書畫合璧者入畫類。共録書法五十八件，繪畫一百八十八件，合計二百四十六件。内多傳世名迹。除隋唐宋元外，於明四家、董其昌、清初四王等所收尤多。每件後略記行款、佈局、題記及印章，間加評論，或考訂源流，或品評優劣。

此書有《過雲樓書畫記初稿》不分卷稿本、《過雲樓書畫記》四卷稿本、《過雲樓書畫記》十卷清光緒刻本等。今據清光緒刻本影印。（孫暉）

桐陰論畫二卷首一卷附録一卷桐陰畫訣一卷續桐陰論畫一卷 （清）秦祖永撰（第1085 冊）

秦祖永（1825—1884），字逸芬，又字撷芬，號楞烟、鄰烟、楞烟外史、逸道人，金匱（今江蘇無錫）人。貢生，官廣東碧甲場鹽大使。工詩古文辭，善書畫，富收藏，精鑒賞。山水以王時敏爲宗。道光十三年（1833）後專心於畫，齋名“桐陰館”。咸豐三年（1853），隱居太湖許舍山下，潛心研究古代畫論，著有《畫學心印》、《桐陰畫訣》等。生平事迹見《清史稿》。

此書爲清代繪畫品評著作。作者就生平鑒賞，集晚明至清同治初畫家三百六十人，分三編。此爲初編，成於同治五年（1866），書前有葉法、李秦、秦緗業三序，張之萬贈言，何基祺、馬履泰二跋，李銘山、梁敞、錢燦題詞，秦氏自撰例言。全書以時間爲序，按“大家”、“名家”分類，共收明季至道光間畫家百二十人。卷首一卷，列董其昌至石濤十六位“書畫大家”，正文卷上、卷下列惲向至費丹旭等“書畫名家”一百零四人。附録收入“閨秀名家”顧媚、李因、馬荃、陳書四人。此書效北宋黃休復《益州名畫録》之體，沿用逸、神、妙、能四品，依各家宗法造詣標其品目，成一家言。謂“有神而兼逸，有能而兼逸，有神與能兼擅而仍無失爲逸”，故選入逸品者居多。而董其昌、王時敏等世人尊爲逸品，此書列入神品，評騭有別於前人。書眉處另注評語百餘條，以抒心得，強調博采衆長而自立門庭。每人各附小傳，詳述生平仕履等。

此編末附《桐陰畫訣》與《續桐陰論畫》各一卷。《桐陰畫訣》又名《繪事津梁》，初撰於同治初年，後有修改。卷末有李銘山跋文。集黃公望、倪瓚、吳鎮、王蒙及清初諸家山水畫論精要，詳述章法佈局、筆墨設色、虛實濃淡以及山水樹石、點苔之法，承前人之論而能獨抒己見，頗具精義。《續桐陰論畫》又名《論畫小傳》，收畫家百二十人，略述各畫家字號、生平、官職、擅長，并以寥寥數字總結其藝術成就，較爲公允。

今據復旦大學圖書館藏清同治三年刻朱墨

套印本影印。（石莉）

桐陰論畫二編二卷桐陰論畫三編二卷
（清）秦祖永撰（第 1085 冊）

秦祖永生平見前《桐陰論畫》提要。

《桐陰論畫》二編、三編爲繼初編而成，有光緒六年（1880）自序。此書體例與初編相仿，仍以時代先後排序。二編記明季至康熙間畫家百二十人，三編記雍正至道光間畫家百二十人。皆效北宋黄休復《益州名畫録》體，并各附小傳，詳述其生平經歷、官職、擅長等。書眉處有批語數百條，簡論畫藝優劣。書中認爲周亮工精於鑒賞，故落筆便得三昧，高其佩筆墨雖有大家氣象，惜終不免失之粗豪雄獷。又謂"畫家學力最爲緊要，縱天分高明，功夫不到，不能深造"，"畫不論繁簡，只要氣足神完，自然精神團結"。善以寥寥數語闡畫理畫學，精妙得當。景其濬《畫學心印序》評其"独標精蕴，非時史所能企及"，楊翰《畫學心印序》贊其"爲藝苑獨開生面"。

今據復旦大學圖書館藏清光緒八年刻朱墨套印本影印。（石莉）

畫學心印八卷　（清）秦祖永撰（第 1085 冊）

秦祖永生平見前《桐陰論畫》提要。

此書爲歷代名家畫論專輯。書前有景其濬、楊翰、秦緗業等人序及咸豐六年（1856）自序。由例言可知，此書編撰起自咸豐三年，迄於同治十三年，歷時二十年。以時代先後爲序，上自晉唐，下迄明清，集顧愷之《畫評》、王維《山水訣》、米芾《西園雅集記》、沈周《論畫》、唐寅《論畫》、文徵明《論畫》、董其昌《畫眼》等畫論六十餘篇，并加圈點品評，有評語九百餘條。如評點王維《山水論》，肯定其"意在筆先"之説，提出"意在筆先爲繪畫第一要旨"；贊成張彦遠《六法論》所述，認爲"畫中筆意最爲主要"，畫需"氣韻筆力兼備，方臻神妙"。

書中所輯畫論皆經慎重甄選，合乎理法，有神後學。推崇《畫筌》、《雨窗漫筆》、《東莊論畫》、《浦山論畫》、《山静居畫論》、《山南論畫》等，謂其精妙簡當，理解透徹，又謂錢松壺《畫訣》説理精妙，"與古大家同鼻孔出氣"。至如清代大家石濤畫論，雖詞意玄妙，理解融徹，終因與"四王"正統思想對立，"究非山水正宗"，故未録入。

今據清光緒四年刻朱墨套印本影印。（石莉）

書畫鑑影二十四卷　（清）李佐賢撰（第 1085—1086 冊）

李佐賢（1807—1876 年），字仲敏，號竹朋，利津（今屬山東東營）人。道光十五年（1835）進士，官翰林院編修、文淵閣校理、國史館總纂。咸豐二年（1852）引退故里。工詩文，好金石書畫，尤好古錢，兼涉考據之學。與夫人張衍蕙被譽爲畫壇伉儷。著有《古泉匯》、《石泉書屋類稿詩鈔》、《武定府詩續鈔》等。生平事迹見《晚晴簃詩匯》卷一三八。

此書成於同治十年（1871），有李氏自刊本。自序稱爲取歷年所得及寓目者，仿《江村銷夏録》、《辛丑銷夏記》體例而加變通，隨閲隨録，積久成篇。全書按卷、軸、册三類編録，每類再按時代先後排序，屏幅、橫幀則附之軸類。所録書畫上始東晉，下迄乾隆，并涉及内府圖書，頗爲繁富。書中記述作品標目、紙絹、尺寸長短、畫之筆墨設色、書迹内容，兼涉字體行數、收藏印鑒、各家題跋等。

李氏精於鑒賞，甄選作品十分慎重。凡宋元以前傳世真迹，即使已見於前人著録，仍爲重録，明代作品擇佳者録之，清代名迹則擇至佳者存之，雖真而不佳者刪去。另外，凡遇字有剥蝕殘缺及不可識者，以方圈記之，不妄自增改。著録嚴謹而詳備，於書畫研究及鑒賞考證頗有參考價值。

此書原稿現存利津縣文管所，爲國家一級文物。今據華東師範大學圖書館藏清同治十

年利津李氏刻本影印。（石莉）

夢幻居畫學簡明五卷續五卷又一卷　（清）
鄭績撰（第 1086 册）

　　鄭績（1813—1874），字紀常，號憨士，別署夢香園叟，新會（今屬廣東江門）人。屢試不第。初業醫，後以賣字畫爲生。擅畫山水、人物。中年後改營鹽業，販鹽三十餘年。晚年隱居廣州越秀山南麓，自建別墅，園曰夢香，居曰夢幻樓、夢寄。傳世作品有《寒江醉釣圖》軸，現藏廣州美術館。著有《論畫》、《夢香園剩草》等，而以《夢幻居畫學簡明》揚名於世。生平事迹見汪兆鏞《嶺南畫徵略》卷一〇。

　　此書成於同治五年（1866），有同年自序。以畫科編次，分山水、人物、花卉、翎毛、獸畜五卷。每卷先著總論，再分則論之，每則有數條。後附總跋。鄭氏主張繪畫應反映現實，又能形神兼備；强調師法自然，不拘泥成法，有書卷氣，不入匠派。畫人物不僅要寫貌，更要肖品；花卉不能徒寫嬌豔，更要寫骨氣；禽獸，要"能於形似中得筋力，於筋力中傳精神"。可資參考。

　　此書每卷後有圖，是爲續五卷。分"山石皴法譜"、"人物譜"、"花卉畫譜"、"畫翎毛譜"及"獸禽鱗蟲譜"。"山石皴法譜"後附"樹譜"一卷。

　　此書有清同治三年聚賢堂刻本及同治三年夢幻居刻本，後者雕版精雅，線條流暢，多爲濃、淡二色墨套印，今據南京圖書館藏清同治三年夢幻居刻本影印。（石莉）

夢園書畫録二十五卷　（清）方濬頤撰（第 1086 册）

　　方濬頤，字子箴，號夢園，定遠（今屬安徽滁州）人。道光二十四年（1844）進士，同治八年（1869）授兩淮鹽運使。歷任浙江、江西、河南、山東各道御史及兩廣鹽運使兼署廣東布政使、四川按察史等職。後引退，在揚州開設淮南書局，并重修平山堂等名勝古迹。另開辦梅花、安定兩書院，校刊經籍。著有《二知軒詩文集》、《忍齋詩文集》、《朝天録》等。生平略見《晚晴簃詩匯》卷一四五。

　　此書據家藏書畫彙編而成，桐城許奉恩、湯世厚參訂。書前有弟子朱銘盤叙及光緒元年（1875）自序，成書當在此時。仿高士奇《江村銷夏録》體例，以時代先後爲序，著録作品四百餘件。所録書畫以宦游北京、廣西、揚州等地時所得法書名畫爲主，上自南北朝，下迄清代，尤以明清作品居多，如李復堂、金冬心、邊壽民、汪巢林、鄭板橋、華秋岳、黃癭瓢、羅兩峰等。詳録各作紙絹、尺寸、書迹原文、畫面內容、題跋及印記等，間有自撰題語或詩詠，或記載購藏經過，或品評書畫，皆附載前人跋後。此書所録南朝及唐宋諸家書畫真贋亦難確定。

　　此書有清光緒元年刻本。今據復旦大學圖書館藏清光緒三年定遠方氏成都刻本影印。（石莉）

穰梨館過眼録四十卷續録十六卷　（清）陸心源撰（第 1087 册）

　　陸心源（1834—1894），字剛甫、剛父，號存齋，晚號潛園老人，歸安（今浙江湖州）人。清四大藏書家之一。咸豐九年（1859）舉人，官至福建鹽運使。築有"皕宋樓"、"十萬卷樓"、"守先閣"，藏書達十五多萬卷。著有《諸病源候論校》、《外臺秘要校》、《皕宋樓藏書志》等。生平事迹見《碑傳集補》卷一八繆荃孫《二品頂戴記名簡放道員前廣東高廉兵備道陸公神道碑銘》。

　　此書爲陸氏過眼書畫之輯録，成於光緒十八年，體例類高士奇《江村銷夏録》、孫承澤《庚子銷夏記》。前有作者自序。書中備載紙絹、尺寸、印記及名人題跋，以時代爲次，卷一梁迹一種，唐迹九種，卷二至卷五宋迹三十二種,卷六至卷一一元迹五十種,卷一二至卷三六明迹三百四十七種,卷三七至卷四〇清迹四十三種。《續録》卷一唐迹四種、次宋迹十二種,卷二宋迹五種、元迹九種,卷三、四元迹二十三種,卷五至卷一二明迹一百十一種,卷一三至卷一六清迹四十二種。

陸氏本以藏書名,長處在考訂古籍,故其經眼書畫鮮有贋品。然書中不少已爲《江村銷夏録》所記,又此書僅有鈔録編次,而無考證,不免遺憾。

此書有《潛園總集》本和光緒十七年吴興陸氏家塾刻本(清李延達校)。今據陸氏家塾刻本影印。(孫暉)

揚州畫苑録四卷　(清)汪鋆撰(第1087冊)

汪鋆(1816—?),字硯山,或作研山,又字汪度,號十二硯齋,儀徵(今屬江蘇)人。邑諸生,師李馨。工詩,精研金石,善山水花卉,兼能寫真。嘗作《揚州景物圖册》、《歲朝清供圖》、《梅花圖》等。著有《十二硯齋金石過眼録》、《春草堂隨筆》等。生平事迹見《十二硯齋文録》。

此書專爲表揚咸豐三年(1853)遇難畫友而作,光緒九年(1883)成書,有同年自序,記載清朝以來寓揚畫家約五百六十人,其中不乏名家。按本邑、流寓、方外、閨秀分類,開地方斷代畫家傳記先例。所録畫家事迹來源有二,一爲畫史、筆記、詩文集、縣志所載。僅序中所述就有《揚州畫舫録》、《圖繪寶鑒》、《無聲詩史》等二十五種。所引依書中原傳録出,并引他書考證。二爲親身經歷所得。汪氏生活於揚州,與當地畫家交遊甚多,故能摭拾舊聞,人補一傳,并稍加按語,以"鋆按"、"拙補"等字區別。所記畫家行迹及生卒年月頗爲可信。書中論述清代揚州畫壇面貌,見解獨到。

今據南京圖書館藏清光緒十一年刻本影印。(石莉)

頤園論畫不分卷　(清)松年撰(第1088冊)

松年(1837—1906),姓鄂覺特氏,字小夢,號頤園,蒙古鑲藍旗(今內蒙古烏蘭查布盟東部)人。以廢生官山東昌邑、汶上、博山等縣知縣。工書法,擅山水、人物、花卉、翎毛、蘭竹,用筆爽勁。罷官後流寓濟南二十餘年,創辦"枕流畫社",被推爲"盟主"。生平散見《八旗畫録》後編卷中。

此書原爲"枕流畫社"授課之講學稿,爲作者一生藝術經驗實踐之總結。光緒二十三年(1897)成書,有自序和賦詩。教授初學者畫山水、人物、花卉、書法各科,以及筆墨運用、創造意境、臨摩古人等繪畫技法,兼涉書畫鑒賞收藏之道,凡數十則。以"詩畫本一律"爲論畫原則,"書畫同源"論在書中占據重要地位。

二十世紀初,畫論學家俞劍華獲此書手抄本,去其自序,石印百册,依內容分十部分録入《中國畫論類編》。後于安瀾又依《中國畫論類編》録入《畫史叢刊》。此書另有光緒二十三年(1897)鉛印本。今據上海圖書館藏稿本影印,缺自序和賦詩兩部分內容。(石莉)

澄蘭室古緣萃録十八卷　(清)邵松年撰(第1088冊)

邵松年(1848—1923),字伯英,號息盦,常熟(今屬江蘇蘇州)人。同治九年(1870)舉人,授內閣中書。光緒九年(1883)進士,授翰林院編修,官至河南學政。民國六年(1917)任《常昭合志》協修。精書畫,工小楷,尤善收藏、鑒賞。家中設蘭雪堂專藏碑帖字畫,古鯨琴館專藏古琴。曾編《海虞文徵録》,刊印《虞山畫志補編》。生平事迹見《(同治)蘇州府志》卷六五。

此書成於光緒二十九年(1903),書前有自序。略仿《江邨銷夏録》體例,書畫不分類,按朝代分先後,著録三十年來自藏及其外舅楊慶麟所藏書畫、碑帖。所收書畫,自唐宋迄於清代,凡數百十種。其中卷一三著録清代各名家書畫扇面册,卷一七、一八爲歷代碑帖。詳述作品尺寸、紙絹、收藏印記、書迹、畫面内容、題跋,間有按語,或辨别優劣、考證真僞,或評論書畫家及作品。如謂石濤"一生鬱勃之氣,無所發洩",故其畫"有時如豁然長嘯,有時若戚然長鳴,無不以筆墨之中寓之",寥寥數語,即能傳神。

此書所録書畫碑帖均爲名品。如卷五董其昌《仿米雲山》畫藝精妙,流傳有緒,曾爲清代著名藏家李恩慶所有,後歸邵氏。然書中亦有部分僞作,如石濤《詩畫稿》即爲對臨僞本,其真迹著録於《虚齋名畫録續録》。

今據清光緒三十年上海鴻文書局石印本影印。(石莉)

寒松閣談藝瑣録六卷　(清)張鳴珂撰(第1088册)

張鳴珂(1829—1908),原名國檢,字公束,號玉山、玉珊、窳翁,晚號寒松老人,嘉興(今浙江嘉興)人。咸豐十一年(1861)拔貢,官江西德興縣知縣,義寧州知州。嘗入提督李朝斌幕,寓於蘇州。晚年辭官,寓居嘉興石佛寺鎮。好吟詠,嗜書畫,工於詞。著有《寒松閣詩集》、《寒松閣詞》、《國朝駢體正宗續編》等,生前自刊行。生平事迹見《(民國)吳縣志》卷七六。

此書爲張氏晚年所作,成書於光緒三十四年(1908),原名《景行録》。生前未及刊行,歿後數年始得付梓,由友人吳受福改爲《寒松閣談藝瑣録》。書前有自序、題辭和姓氏韻目,吳受福附志,楊峴曾校勘。其書補蔣寶齡《墨林今話》未採入者,録咸豐、同治、光緒三朝書畫家三百三十一人,包括方外九人,閨秀二十二人。各立小傳,記其名氏字號、籍貫、生平事迹、著述文集,并涉及書法、詩文諸專長,間有評議,頗爲翔實。

自海禁一開,上海成書畫家聚集之所,故所録書畫家以當時活躍於上海地區者爲主,如海上畫派之代表胡公壽、虚谷、任熊、蒲華、任伯年、吳昌碩等。張氏交遊廣泛,書中所録多第一手資料,且所收皆同時或相去不遠者,記事信實。又遍覽名家真迹,精於鑒賞,分析透徹,見解獨到。推崇黃山壽,將其列於改琦、任熊之後,鼎足而三。又記述畫家結社等情況,爲研究海上畫派形成、書畫市場發展提供豐富資料。

此書有清宣統二年上海聚珍仿宋印書局鉛印本,今據以影印。(石莉)

愛日吟廬書畫録四卷　(清)葛金烺撰(第1088册)

葛金烺(1837—1890),字景亮,號毓珊,平湖(今屬浙江嘉興)人。光緒十二年(1886)進士,任刑部主事、湖廣司主稿。復援例爲户部郎中,未補官即卒。性嗜書,築傳樸堂,藏書十萬,時與寧波天一閣、南潯嘉業堂并稱浙江三大藏書樓。又喜藏古書名畫,品鑒尤具精識。著有《傳樸堂詩稿》、《竹樊詞稿》等。生平事迹見《兩浙輶軒續録》卷五〇。

此書著録葛氏平生所藏書畫,成於光緒七年(1881)。書前有朱福詵、繆荃孫、章鈺三序及自序。仿《江村銷夏録》體例而略有變化,按朝代先後,録范寬、馬遠、趙孟頫、元四家、明四家、董其昌、陳洪綬、揚州八怪諸家法書名繪一百六十八件,以明清作品爲主,多精品佳作,如卷四所著録邊壽民絹本《蘆雁圖》,乃畫家晚年精品,十分罕見。書中著録作品尺寸、樣式、鈐印和題跋,介紹畫作面貌,書法或全録或選録文字,間有按語,考證源流,辨别真僞,考叙作者生平,論其書藝。繆荃孫《愛日吟廬書畫續録・序》謂此書"搜羅之富,體例之精,足駕江村而上"。

今據清宣統二年葛氏刻本影印。(石莉)

愛日吟廬書畫補録一卷愛日吟廬書畫續録八卷愛日吟廬書畫別録四卷 （清）葛嗣浵撰（第 1088 册）

葛嗣浵（1867—1937），字稚威，又字詞蔚，號竹林，平湖（今屬浙江嘉興）人。金焴季子。光緒十年（1884）廩生，十六年棄官南歸。承父兄遺志，擴增傳樸堂藏書，三十年内增至四十萬餘卷，尤以地方志爲主。光緒二十八年，設立稚川學堂，後改爲稚川兩等小學堂，自任校長。後又創辦稚川初中。著有《水西吟舫詩鈔》《傳樸堂書目》等。生平事迹見《平湖縣志》卷一一。

《愛日吟廬書畫補録》著録葛金焴所藏而《愛日吟廬書畫録》未採入之法書名繪，民國二年（1913）成書，有同年自序。此書以朝代先後爲序，録趙孟頫、黄公望、唐寅、董其昌、王翬、揚州八怪等人書畫作品，凡八十七件。記述畫作内容，考訂真僞，兼品評畫藝，内容詳略得當。

同年，嗣浵又撰《愛日吟廬書畫續録》，書前有沈曾植、繆荃孫、金兆蕃、褚德彝四序及自序。此書體例亦襲《愛日吟廬書畫録》，仍以朝代爲序，録明以前作品七十餘件，清代作品一百九十餘件，俱爲嗣浵新購藏之書畫名迹。書中叙述作品尺寸、樣式、鈐印和題跋，介紹畫作面貌，書法全録或選録文字，并綴按語評騭或考訂。後附《别録》四卷，專録明清時期詩翰、尺牘、扇面、楹聯之類。

葛嗣浵所撰《愛日吟廬書畫補録》《續録》《别録》與其父《愛日吟廬書畫録》，皆爲内容廣博、擇選謹嚴、考證精詳之私家書畫著録，爲中國古代書畫鑒定、考證及作品研究之重要資料。

今據民國二年葛氏刻本影印。（石莉）

廣藝舟雙楫六卷 （清）康有爲撰（第 1089 册）

康有爲生平見前《大同書》提要。

此書又名《書鏡》，共六卷，二十七篇，爲其政治失意時移情之作，曾著録於其《新學僞經考》中。書中提倡碑學，承繼包世臣《藝舟雙楫》"揚碑抑帖"理論，因名《廣藝舟雙楫》。卷一、卷二論書體源流，卷三、卷四評品碑品，卷五、卷六論用筆技巧、書學經驗和各種書體要求，對書法藝術各方面皆有論述或評價，反映清末碑學興盛風氣，被譽爲碑學重要理論書籍，亦爲其時最有體系之書論著作。康氏將書法變化與事物變化相聯繫，依此建立之書法理論與古自異。此書觀點雖多繼承阮元、包世臣，但仍有不同處。如阮元、包世臣將書學分爲南北二派，此書則認爲："書可分派，南北不能分派。"（卷三）其書論可歸結爲尊碑薄帖、重魏卑唐、厚古薄今。書中更認爲唐後之書幾無可取，偏激與片面較爲明顯，爲人所詬病。

此書光緒十七年刻，凡十八印。戊戌八月、庚子正月兩奉旨毁板，日本以《六朝書道論》爲名翻印六版。另有清光緒十九年南海康氏萬木草堂刻本、清光緒二十八年刻本、清宣統上海廣智書局鉛印本《藝林名著》等。今據中國科學院圖書館藏清光緒刻本影印。（孫暉）

國朝書人輯略十一卷首一卷 （清）震鈞輯（第 1089 册）

震鈞（1857—1920），滿族，姓瓜爾佳氏，字在廷，又作在亭，漢名唐晏，後冠姓鄭，自號涉江道人，北京人。出身滿族官宦世家。光緒己丑（1889）舉人，任江都知縣。宣統二年（1910）任教於京師大學堂。辛亥革命後轉徙南方。博學多聞，善畫。著有《天咫偶聞》《渤海國志》《庚子西行紀事》等。生平事迹見此書自叙。

此書爲震鈞所輯清代書人小傳，前有光緒三十三年（1907）自叙。連卷首共十二卷，記録善書者八百四十八人。卷首爲清宗室五人，卷一凡一百十人，多爲明人入清者，其中著名者如傅山、歸莊、王鐸、朱耷等；卷二凡一百八人；卷三凡七十九人；卷四凡一百七人；卷五凡六十六人；卷六凡六十九人；卷七凡七十八人；卷八凡四十四人；卷九凡八十八人；卷一〇凡二十一人；卷一一爲閨秀得五十六人，方外得十五人，女冠得二人。此書仿清張維屏《詩人徵略》體例，先梳籍貫、官閥，後列群籍、評論，均著明所出。

此書記載清代書人完備，資料信而有徵，對後人瞭解清代書壇全貌有一定參考價值。

此書有清光緒三十四年刻本、清宣統元年金陵刻本。今據浙江省圖書館藏清光緒三十四年刻本影印。（孫暉）

壬寅銷夏録不分卷　（清）端方撰（第1089—1090 册）

端方（1861—1911），字午橋，號陶齋，托忒克氏，滿洲正白旗人。清光緒八年（1882）舉人，入貲爲員外郎，歷任陝西、湖北、江蘇、湖南巡撫、湖廣總督等職，爲清末出洋考察憲政五大臣之一。宣統三年（1911）入川鎮壓保路運動，爲起義新軍所殺。清室追贈太子太保，謚忠敏。著有《陶齋吉金録》、《陶齋藏石記》、《端忠敏公奏稿》等。《清史稿》有傳。

此書所録爲端方光緒二十八年（1902）兩江總督任上所得之書畫。按卷、册、軸順序著録晉唐至清代法書、繪畫、墓志、碑傳等，凡三百二十九件，包括索靖《出師頌》、蔡襄《謝御書詩表》、文彦博《三禮卷》、米芾《向太后挽詞》等。書中詳細著録作品名稱、材質、尺寸、藏印、題跋等，重要作品附編撰者考訂按語，爲清代重要私家收藏書畫著録書。

此書以墨書正楷抄寫，繕寫工整，字體娟秀，有繆荃蓀批校。學界歷來將之與清康熙高士奇《江村銷夏録》、清乾隆孫承澤《庚子銷夏録》、清道光吳榮光《辛丑銷夏録》合稱"四銷夏"。後三種皆有印本行世，唯此書鮮爲人所識。

此書稿本現藏於中國文物研究所，後由文物出版社出版。另有編修後餘稿，現藏於上海圖書館，爲海内孤本，保存完整，極爲珍貴。今據中國文物研究所文物資料資訊中心藏稿本影印。（石莉）

虛齋名畫録十六卷續録四卷補遺一卷　（民國）龐元濟撰（第1090—1091 册）

龐元濟（1864—1949），字萊臣，號虛齋，烏程（今浙江湖州南潯）人。出生巨富之家。受賜舉人，加四品京堂。自幼即好字畫碑帖，常臨摹乾嘉名人字畫，後從事字畫買賣，并投資實業。書畫藏品頗夥，爲清末民國初年著名收藏家。抗戰後常居上海，逝後藏品多入上海博物館、南京博物館和蘇州博物館。著有《中華歷代名畫志》等。生平事迹見此書諸序。

此爲清代書畫題跋類著述風尚之延續。所編皆自藏，共計十六卷，前有鄭孝胥序及自序。所收上自唐代，下止清末，其記録方式與體裁仿《江村銷夏録》，按時代先後爲序，每種詳記紙絹、尺寸、題跋及印章，凡題跋之高寬、鈐印之位置、文字損蝕，悉照原本備載。書中以形制分卷子、立軸、册頁三類，卷子凡一百二十三種，立軸凡三百二十五種，册頁凡八十七種，合計五百三十五件。"續録"不以時代爲次，共計一百九十五件，著於民國甲子（1924）；"補遺"六件，著於乙丑年（1925）。龐氏著書審慎，所録均屬精品，可作今人鑒定之參考。

此書有清宣統元年上海龐氏刻本傳世。今據清宣統元年烏程龐氏刻本及民國十三年烏程龐氏上海刻本影印。（孫暉）

印存初集四卷　（明）胡正言篆刻（第1091 册）

胡正言（1580—1671），字曰從，原籍安徽休寧，後寄居南京，自署海陽（今山東烟臺）人。官至武英殿中書舍人。善畫山水、人物，又善製墨。家有竹十餘株,因以"十竹"顏其齋。主持印刷《十竹齋書畫譜》、《十竹齋箋譜》等,印集有《十竹齋印存》、《印存玄覽》等。生平事迹見《四庫全書總目》卷一一四、《南疆逸史》卷四一等。

此書爲胡正言個人印存。明中晚期,篆刻主流有文彭、何震兩派。文派尚秀雅,何派宗蒼勁,而其末流均不能無失。胡氏欲矯正兩派之失,刻印刊行。書前有周亮工、陳丹衷、韓詩、杜濬、王相業、錢應金等序,後有吳奇、彭原等跋。正文共四卷,卷一有印三十九枚,卷二有印一百七十二枚,卷三有印三百七十六枚,卷四有印九十一枚。印下有釋文。

此書有清順治四年胡氏十竹齋鈐印本存世,今據以影印。（孫暉）

印存玄覽四卷　（明）胡正言篆刻（第 1091 册）

胡正言生平事迹見前《印存初集》提要。

此書亦爲胡正言個人印存,前有王相業、陳師泰、紀映鍾三序。胡氏印集凡四種,即《十竹齋印存》、《印史初集》、《印存初集》及此書,此書成書最晚。卷一集印七十一方,卷二集印一百五十六方,卷三集印四百四十四方,卷四集印三百六十七方,印下有釋文。問世後頗得好評。

此書有清順治十七年胡氏蒂古堂刻本存世,今據以影印。（孫暉）

篆鏤心得一卷　（清）孔繼浩撰（第 1091 册）

孔繼浩,字義壑,曲阜（今屬山東濟寧）人。孔子後人。清代篆刻家,生平不詳。

此書因"慨夫篆學之不明皆由篆刻家本無考據,漫試操刀,且因以射利,止圖速效,而篆畫刀法皆置不講"（見徐穎梁《叙》）,乃取古人篆刻之説删繁節冗,参以二十餘年篆刻心得而成。不分卷而分題,有篆總論、章法論、落墨法、執刀法、奏刀法、識白文、識朱文、陰鐵線文、陽鐵線文、爛銅章文、急就章文、滿白滿朱二種文、陰陽邊欄論、篆書揀要、戒好奇第一、戒欲速第二、戒俗態第三、戒自欺第四、戒杜撰第五、戒雜配第六、戒放心第七、戒懶惰第八、戒志滿第九、戒寡聞第十、晶章玉章論、銅章金章論、石章論、牙章論、市石解、修製法、鈕名總識、收藏瑣言、盛印色器皿、用印法、圖書匣論、鐫印床論、製刀之法、治石質鬆脆法、選硃砂法、漂硃二方、製選艾絨法、製油三方、合印色二方、製竹茹法、治敗印色法、硃礬珊瑚欲速散、鑄銅章法等題。後附唐張懷瓘《十體書斷》（選四）、宋張表臣《論蟲鳥書》、宋歐陽修《論仙篆》等十篇古人篆學文章。書前有徐穎梁、屠烔、孔繼涆序及自序,另有蔣楍題辭;後有胡士鈜、袁俊、范崧跋。所涉諸題涵蓋篆刻各門類,可爲學篆者参考。

今據國家圖書館藏清抄本影印。（孫暉）

篆刻鍼度八卷　（清）陳克恕撰（第 1091 册）

陳克恕（1741—1809）,字體行,號目耕,又字吟香、健清、妙果山人等,海寧（今屬浙江嘉興）人。篆刻家,然傳世作品甚少。著有《篆學示範》、《印人彙考》、《存幾希齋印存》等。生平事迹見《廣印人傳》卷五。

此書爲清代篆學名著,成於乾隆丙午（1786）,書前有翁方綱、查瑩、桂馥序,後有周廣業、金家麒跋,另有自跋一篇。自謂此書"盡言無隱,不惜以鍼暗度"（《例言》）,故名《篆刻鍼度》。凡八卷二十篇,彙集前人精華,而多採明徐上達《印法参同》。卷一"考篆"篇分篆源、六書、八體,"審名"篇分璽、印、章、圖書、符節等目,"辨印"篇分三代、秦印、漢印至明印、清印等十目,"論材"篇分玉印、金印、銀印等十四目。卷二"分式"篇分名印、字印、號印等九目;"制度"篇分陰陽、款識、體制、品式等四目;"定見"篇分會意酌宜、圖像間架等七目。卷三"参考"篇分蓄印譜、集印章等四目,"摹古"篇分傳神、親炙、分品等十目,"撮要"篇分典、正、雅、變等十四目。卷四"章法"篇分情意、勢態、邊闌等二十七目,"字法"篇分白文、朱文、方圓等五目。卷五"筆法"篇分自然、動靜、巧拙等七目;"刀法"篇分正入正刀法、單入正刀法、雙入正刀法等二十九目。卷六"總論"篇分論意筆、論區畫等十目,"用印法"篇分論長幼平交用印、論詩文用印等六目。卷七"雜記"篇分刀式、煉刀法、印床等十一目,"製印色"篇分製油、治艾等十九目,"收藏"篇分用法、滌篆等三目。卷八"選石"篇介紹青田凍石、封門石、大松石等十六種印石。前七卷十八章係摘録前人之論,間亦有作者之心得體會。

陳氏博覽群書,治學嚴謹,全書編訂有序,內容周詳,被認爲繼元吾邱衍《三十五舉》之後篆學最詳備之書,享有盛譽。

此書有清稿本、清抄本、乾隆五十一年刻本、同治四年廣東刻本、光緒二十三年浦城李氏酌海樓刻本等,又收入《嘯園叢書》、《碎珮叢鈴》、《金石花館》等叢書。今據遼寧省圖書館藏清乾隆五十一年刻本影印。(孫暉)

篆學瑣著三十種四十卷　(清)顧湘輯(第1091—1092冊)

顧湘(1829—1880),字翠嵐,號蘭江、石墩山人、石墩山民等,常熟(今屬江蘇蘇州)人。藏書樓名玲瓏山館、小石山房、珍藝堂,與同鄉張海鵬照曠閣齊名。藏宋、元、明古籍逾萬卷,尤喜搜羅未刻之書。刊刻《小石山房叢書》《玲瓏山館叢書》等。又精篆刻,幷好集印,嘗與弟顧浩編《小石山房印譜》。生平事迹見《續文獻通考》卷二七二。

此書成於清道光二十年(1840),又名《篆學叢書》,共輯唐宋以來篆學論著三十種,分爲各家論書、各家論印、正、續《印人傳》等。具體篇目見以下各條提要。書前有王寶仁、邵淵耀序。

此書資料全面,堪稱唐宋以來篆學集成,極具參考價值。

此書有清道光二十年海虞顧氏刻本、清光緒十四年虛山飛鴻延堂刻本等。今據復旦大學圖書館藏清道光二十年海虞顧氏刻本影印。

論篆一卷　(唐)李陽冰撰

李陽冰,字少溫,祖籍趙郡(今屬河北石家莊),五世祖善權爲後魏譙郡太守,舉家徙至譙郡(今安徽亳州)。唐代文學家、書法家,尤擅篆書。李白族叔。唐寶應元年(762)爲當塗令。歷集賢院學士,晚爲將作少監,人稱李監。傳世篆書有《三墳記》、《城隍廟碑》等。生平事迹見《新唐書》、《唐詩紀事》卷二六、《全唐詩》卷二六二等。

李氏素以篆書聞名,此書實將其《上李大夫書》一文删去末段,又附以《法書要録》中有關內容而成,僅一千餘字。雖名"論篆",實非專論篆法之書。全文先總論書之源起,自謂"天將未喪斯文也,故小子得篆籀之宗旨";後論書史,述書體之興衰,兼評歷代善書人。

五十六種書法一卷　(唐)韋續撰

韋續,唐代書法家,生平事迹不詳,唯《文獻通考》著録其所著《墨藪》二卷。生平見《直齋書録解題》卷一四。

此書又名《五十六種書法》,不分卷,題唐韋續述。其文選自《墨藪》,篇首有小序,先述結繩造字之説,又述六書之法及五易、八體,又述五十六種書。所謂五十六種書,係由五易、八體、十二時書、三十三體相加,幷減去重述二種而得。然諸體出典往往失所據,分類亦屬牽强。宋朱長文曰:"所謂五十六種書者,何其紛紛多説邪?彼皆得於傳聞,因於曲説,或重複,或虛誕,未可盡信也。學者惟工大小篆、八分、楷、章、行、草爲法足矣,不必究心於諸體爾。"(《墨池編卷一》)

學古編一卷　(元)吾邱衍撰

吾邱衍(1272—約1311),原名丘衍,清初避孔丘諱,作吾邱衍、吾衍。字子行,號竹房,又號竹素,亦稱貞白,太末(今浙江衢州)人。善隸書,精小篆,治印與趙孟頫齊名。終生不仕不娶,專事吟詠。著有《竹素山房集》、《周秦刻石釋音》等。生平見《元詩選》二集卷二、《大清一統志》卷二一九等。

此書原爲上、下兩卷,後合爲一卷,前有大德四年自序,後有沈喬跋。書成於元大德四年(1300),分《三十五舉》、《合用文集品目》及《附錄》三部。書中叙述篆隸書體之變及篆刻章法、刀法等,開印學研究之風尚。首列《三十五舉》,詳論書體之變及寫篆、摹刻之法,爲全書核心。一至十八舉叙述篆、隸書體之源流分類,十九至三十五舉述朱白文印章結構、佈局等。次爲《合用文集品目》,列小篆品五則、鐘鼎品二則、古文品一則、碑刻品九則、附用器品九則、辨謬品六則、隸書品七則、字源七辯等八類四十六則,首創篆學分類之法。末列《附錄》,介紹洗印法、印油法、取字法和摹印四妙等治印基本之法。

此書爲中國篆學開山之作,上承秦漢古璽,下啓明清諸篆學流派,對後世篆學發展有重大影響。明清印學多效《三十五舉》之體例。

古今印史一卷 (明)徐官撰

徐官(約1521—約1572),字元懋,號榆庵,吳縣(今江蘇蘇州)人。隱居不仕,博學善醫,精篆學。著有《經傳纂言》、《閑中紀聞》、《孝經古文集成》等。與師魏莊渠合著有《六書精蘊》。生平事迹見《四庫全書總目》卷一一四。

是書成於明隆慶己巳(1569),細論篆書字形及考篆等,分五十三篇。首篇《前輩知書法》爲全書總論,叙撰著之由;《璽字》、《節字》、《印字》等篇考論歷代篆字、奇字;《籀文大略》、《小篆大略》、《隸書大略》、《孔子書》等概論書體歷史;《古今書刻》爲書論概述,《墨青印色》、《印章用成語》、《用印法》等爲篆刻實用之法,《重碑額》等叙述心得。全書叙述無序,内容駁雜,《四庫全書總目》稱此

書"承其師説,謬爲高論。於摹印一事動引六書爲詞,而實於摹印無所解,於六書亦無所解","其謬妄更不足辨矣"。

篆學指南一卷 (明)趙宧光撰

趙宧光(1559—1625),字凡夫,一字水臣,號廣平,又號寒山子,蘇州(今江蘇蘇州)人。精通文字學,融草入篆,堪稱一絶,開"草篆"先河。傳爲宋太宗趙炅第八子元儼之後,不仕,舉家匿於寒山。妻陸卿子亦有名,能詩,有集傳世。撰有《草篆説文》、《石經論語》、《寒山帚談》等數十種,多佚。生平事迹見《續書史會要》。

是書作者自述云:"余讀周公謹所著《印説》,叙論精確,前輩文、何多宗之。第稍嫌其繁冗,特節錄數則。語雖不多,而作印之要已備,因名之曰《篆學指南》,以貽同好云。"知其爲删錄周應愿《印説》而成。全書述印學史及篆印字法、線條、章法、審美、刀法等,文短而精闢,可當"指南"之稱。

印章集説一卷 (明)甘暘撰

甘暘,又名旭,字旭父,號寅東,江寧(今江蘇南京)人。何震門人。隱居雞籠山。精篆刻,尤嗜秦漢古印。《再續印人傳》卷二、《廣印人傳》卷一〇、《歷朝印識》等。

此書先論篆原、六書、璽、印、章、符節等,又述三代至明朝各代印,又按印質述玉、金、銀、銅、寶石、瑪瑙、瓷、水晶、石、象牙、犀角等印,又按製作方式論摹、鑄、刻、鑿等,又論篆法、章法、筆法、刀法、挪移法、增減法等,又按印文内容述名、表字、書簡、收藏、齋堂館閣印等,又論印材如製印色方、辨硃砂、飛硃砂法、取蓖麻油法、煎油法、治艾法、合印色法、印池等,共六十七目。此書出於摹刻實踐,翔實不虛,多可取資。

續學古編二卷 (明)何震撰

何震(約1530—1604),字主臣,又字長卿,號雪漁,安徽徽州(今江西婺源)人,客居南京。明中葉篆刻名家,與文彭情同師友,世稱

"文何"。提出印章當循六書,創單刀款識,印風錯落雄健,自成一家,爲皖派代表。生平詳見周亮工《印人傳》卷一。

此書二卷,爲續元吾邱衍《學古編》之作,内容大抵爲《學古編》之縮改。卷一《二十五舉》,仿《學古編》卷上《三十五舉》體例,一舉述書體之史,二舉至六舉論篆書,七舉之後論印。卷下無名,亦仿《學古編》卷下《合用文集品目》體例,論歷代金石,分小篆篇八則、鐘鼎品二則、古文品一則等。此書署名何震撰,然水平較低,清孫光祖《古今印制》評曰:"何震作《二十五舉》,論篆論隸,誤者比比。"故學者多疑其爲僞托。另此書標題有不確處,如器用十則,實爲十一則;辨謬品六則,實爲十則。

印旨一卷　(明)程遠撰

程遠,字彦明,梁溪(今江蘇無錫)人。約活動於明萬曆年間(1573—1620)。篆、刻俱佳。著有《古今印則》等。《廣印人傳》卷九、《歷朝印識》。

明萬曆間,文人喜搜存、摹刻秦漢印璽,程氏集各家佳製,於萬曆壬寅年(1602)摹成《古今印則》四卷,書後附此書,凡一卷五則,多述心得,如謂"筆有意,善用意者,馳騁合度;刀有鋒,善用鋒者,裁頓爲法";又謂"神欲其藏,而忌於暗;鋒欲其顯,而忌於露;形貴有向背、有勢力;脉貴有起伏、有承應"等,言多簡約,意多辯證,爲明代印學著作較出色者。

印經一卷　(明)朱簡撰

朱簡,又名聞,字修能,號畸臣,休寧(今安徽黃山)人。工詩歌,擅篆刻,師何震而自成一體。創短刀碎切之法,開清丁敬浙派先河。著有《印品》、《印章要論》、《印書》等。生平見《再續印人傳》卷一、《廣印人傳》卷三。

此書爲朱氏晚年彙其所著《印品》、《印章要論》之精要而成,爲其畢生印學之精華,故名之曰"經"。先述篆印溯源,後論印譜,再

評近時篆刻,間述刀法。以風格分當時印派爲四類,共涉印人五十餘。其論刀法與流派甚精,爲後世推崇。又提出以形製斷代說,如將戰國古璽斷爲"先秦以上印也"。

印章要論一卷　(明)朱簡撰

此書爲朱氏又一力作。共四十四則,首叙印原始,再叙印譜,再叙《石鼓文》、《嶧山碑》等歷代碑刻印璽,再叙《説文》等篆學名著。其謂用字當有所本,"蓋字未見秦漢以上碑帖印章款識者,定是有故,當細推求古篆,若無,求之漢隸,漢隸再無,則不可作",批評"今人不怪不謂之奇,不忸怩不謂之委曲,不做作不謂之古拙,學無淵原"。此書反復強調《印經》所謂"使刀如使筆,不易之法也"之論,有與《印經》相似者二十餘條,故二書當互參。

篆刻十三略一卷　(清)袁三俊撰

袁三俊,字籲尊,號抱甕,吳郡(今江蘇蘇州)人。約活動於清康熙、乾隆年間。不仕,喜篆刻,師法秦漢,著有《抱甕印稿》等。生平事迹見《續印人傳》卷一、《廣印人傳》卷五。

此書含印論十三則,題爲學古、結構、章法、滿、縱橫、蒼、光、沈著、停匀、靈動、寫意、天趣、雅,皆針對時弊而作。首則爲全文總論,所謂"秦漢六朝古印,乃後學楷模,猶學書必祖鍾、王,學畫必宗顧、陸也。廣搜博覽,自有會心"。可知其法古思想。第二至四則述章法,第五則述刀法。第六至十二則述印章美學,提出"靈動、寫意、天趣"等概念。第十三則論述印人修養。全書篇制短小,言而有物,對後世影響甚大。

印章考一卷　(清)方以智撰

方以智生平見前《藥地炮莊》提要。

此書不分卷,共七則,考析秦漢至宋元等歷代印式和封泥等。旁徵博引,材料翔實。對當時篆刻風尚亦有批評,如認爲"世多以篆入楷,吾所不安,而刻印仿古,則雖奇無

礙也"。

敦好堂論印一卷　（清）吳先聲撰

吳先聲,字實存,號孟亭、石岑,古郢（今湖北江陵）人。約活動於清康熙年間。擅篆刻,著有《印證》等。生平事迹見《廣印人傳》卷四、《清續文獻通考》卷二七五。

此書雜論治印,成於康熙丁卯（1687）。吳氏主尚秦漢而不拘泥,所謂"學漢印者須得其精意所在,取其神,不必肖其貌"。又主自然,不尚雕琢,所謂"古人作印,不求工緻,自然成文,疏密巧拙,大段都可觀覽。今人自作聰明,私意配搭,補綴增減,屈曲盤旋,盡失漢人真樸之意"。全書前半多爲印學通論,後半所述多出於實踐。

説篆一卷　（清）許容撰

許容（約1635—約1696）,字寔夫,號默公,別號遇道人,如皋（今屬江蘇）人。諸生。師邵潛,工篆刻,與林皋、吳先聲等齊名,爲如皋印派始祖。著有《印略》、《印鑒》、《説篆》等。生平事迹見《圖繪寶鑑續纂》卷二。

是書先述太古結繩記事至漢代草書諸體沿革,再述書學心得,如"欲法諸書,先求執筆,執筆爲發書之關鍵也","執筆之法既明,然後可以刻印"等。再述文法、章法、筆法、刀法等篆刻之法。刀法中提出"十三法",對後人頗有啓示。全書內容簡要,但高積厚評價不高,謂其"駁雜無稽,舉從屏絶"（見《印述》）。

印辨一卷　（清）高積厚撰

高積厚,字淳夫,武陵（今浙江杭州）人。約活動於清中期。出生金石世家,工治印。繼胡克生、林三畏、王若村諸家而起,名噪一時。著有《我娛齋摹印》、《印述》等。生平事迹見《廣印人傳》卷六。

此書不分卷,篇幅短小,大體爲論述印體之作,時出己見,如認爲"漢印之文陰,唐變爲陽文,欲法漢,不事陽文而後可"之説"似高而實非",又謂"漢以土德王,土數五,印文用五數,不足則以'之'字足之"等,均可備參。

印述一卷　（清）高積厚撰

此書成於清乾隆壬午年（1762）,以辨析印章體例及介紹治印方法爲主,亦兼品評印人。文末有"蓋三十年於兹"之語,知爲高氏晚年所著。書中論印璽源頭、秦漢印體,於元趙孟頫,明文彭、何震諸家品評甚高,對何門陳文叔、全君求、梁千秋、沈子雲等亦頗欣賞。清人論印多隨好惡,難免主觀,此書亦有此弊。

印箋説一卷　（清）徐堅撰

徐堅（約1712—1798）,字孝先,號友竹,晚號澡雪老人等,吳郡（今江蘇蘇州）人。貢生。篆刻宗秦漢,臨摹官私印千餘方。著有《友竹詩鈔》、《西京職官印録》等。生平事迹見清錢泳《履園叢話》卷一下。

是書漫論篆法、章法、刀法等。先論印用篆籀之由,再論章法、刀法之大要,又論印信字體,於當時盤曲造作之風頗多微詞。末論作印。清魏錫曾以"有心得"稱此書（見《書賴古堂殘譜後》）。

六書緣起一卷　（清）孫光祖撰

孫光祖,字翼龍,自署崑山（今屬江蘇）人,一説江蘇嘉定（今屬上海）人。幼孤力學,事母以孝聞。工書善篆。著有《古今印制》、《篆印發微》等。生平事迹見《（嘉慶）安亭志》卷一八、《廣印人傳》卷五。

此書論古文、籀文、小篆、隸書、八分、楷書諸體,又論入印篆字及其他字體。文簡意賅,可供一參。

古今印制一卷　（清）孫光祖撰

此書論三代至明代印式。論及歷朝印璽體式、形制及印人。觀點鮮明,如謂何震《二十五舉》"論篆、論隸、誤者比比",又謂其印"既不合於秦漢摹印篆,則與三橋迥殊,又不合於籀、斯之碑帖,則與嘯民懸絶,乃以殘缺爲僞古,名與三橋、嘯民、文休、長蘅輩并重,異哉"。於趙孟頫甚爲激賞,稱其"爲篆學中興","形神俱肖,既能蕭散,又能堂皇,真神品也"。於文彭、蘇嘯民、歸文休、顧云美、顧天山評價亦高。

篆印發微一卷　（清）孫光祖撰

此書論印學書法與技法。開宗即稱"印章之道，先識篆隸"，謂識字順序爲先秦篆、漢隸，後古文、籀文。又羅列學書要旨，先爲執筆，謂有指實、掌虛、指齊、腕直、雙鈎、懸腕、運腕、運臂、正鋒、藏鋒、管與鼻對、手與心齊、心和氣平、機流、神旺諸法。又謂執筆無謬，始可臨摹篆隸名碑，并舉若干名碑略作評點。又謂當玩秦漢印文，舉若干印譜略作點評。論字法，謂"凡字當任其自然，斷不可因繁簡不協，而改易篆法"；又論章法，謂"凡諸章法，不可杜撰，務定時代，務合體式，一點一畫，不容夾雜"。

古印考略一卷　（清）夏一駒撰

夏一駒，字昂千，號一齋，又號鳳凰山樵，江陰（今屬江蘇）人。約活動於清中期。善治印，精鑒賞。與陸叔成合鎸《弘遠堂印正》。子夏犀、夏犖，於清乾隆癸巳（1773）輯其舊藏成《拾古印遺》。生平事迹見《廣印人傳》卷一三。

是書撰成於雍正戊申（1728）夏四月，附於《拾古印遺》末。書中考辨秦漢古印章技法與特徵，述秦人切玉、碾玉之法，又述秦銅印、漢官印及私印及漢人刻玉、碾玉之法。

續三十五舉一卷再續三十五舉一卷重定續三十五舉一卷　（清）桂馥撰

桂馥（1736—1805），字未谷，一字東卉，號雪門等，曲阜（今屬山東濟寧）人。清乾隆五十五年（1790）進士，官雲南永平縣知縣。擅小學，與段玉裁齊名，人稱"南段北桂"。擅篆刻。著有《説文解字義證》、《繆篆分韻》等。生平事迹見《清史稿》。

《續三十五舉》成於乾隆戊戌（1778），前有自序，後有吳錫麒跋。序道撰此書之原由，乃"摹印變於唐，晦於宋，迨元吾邱衍作《三十五舉》始從漢法。元以後古印日出，衍不及

見，且近世流弊，亦非衍所能逆知也，因續舉之"。并加按語品評。

《再續三十五舉》成於清乾隆辛丑（1781），乃作者"記錄聯綴舊聞，復足成一卷"，體例類《續三十五舉》。後有翁方綱記、楊復吉識、顧湘校識。

《重定續三十五舉》成於清乾隆乙巳（1785），爲《續三十五舉》、《再續三十五舉》重訂合編本，爲顧湘所輯刻。前有陸費墀、翁方綱、沈心醇、吳錫麒、宋葆淳、陳鱣等序，後有顧湘跋。

印説一卷　（清）陳鍊撰

陳鍊（1729—1775），字在專，號西葊、鍊玉道人，日安（今福建廈門同安）人。流寓松江華亭（今屬上海）。性嗜古，每入市，見鐘鼎彝器摩挲不釋手。書學懷素，有古致可觀。篆刻得朱脩能指授，與汪啓淑友善，得汪氏所藏先秦兩漢印數千鈕而觀，冥思默會，篆法刀法直造於古而不拘一格。有《超然樓印賞》八卷，《秋水園印譜》二卷等傳世，又有《西葊詩抄》。生平事迹見《續印人傳》卷一。

此書爲陳氏治印心得，凡二十餘則，論及印章佈局、篆體、篆法、用刀之法、結字之法、秦漢印文之分別、印章神妙能逸品區分等。將用刀之法分爲十種，詳述各種切削動作及方向角度，頗便初學之用。

印言一卷　（清）陳鍊撰

此書分印章風格爲二十二目，曰氣、情、興、古、堅、雄、清、從、活、轉、净、嬌、鬆、稱、整、豐、莊、呆、肥、單、促、苟。其論篆刻頗多發明，如論創作之興曰："興之爲物也無形，其勃發也莫禦。印之發興高者，時或賓朋濃話，倏爾成章，半夜夢廻，躍起落筆，忽然偶然而不知其然，即規矩未遑。譬如漁歌樵唱，雖罕節奏而神情暢滿。"其論印之古意曰："在印則或有沙石磨瀩之痕，或爲水火變壞之狀是矣。意在篆與刀之間者也，刀筆峻嶒曰高古，氣味瀟灑曰清古，不使俗筆曰古雅，絶少常態

曰古異。"

或謂《印言》名目襲自明人楊士脩《印母》，然兩者多寡尚有差異，見解亦不盡相同。

論印絕句一卷　（清）沈心等撰

沈心，初名廷機，字房仲，號孤石翁、松阜，一作松皋，仁和（今浙江杭州）人。約清雍正時人。諸生。性落拓，精篆刻，山水宗黃公望。早從查慎行游。工詩，著有《孤石山房詩集》六卷。生平事迹見《廣印人傳》、《杭郡詩集》等。

此書實爲清吳騫輯集沈心、周春、倪印元等十三人論印絕句而成。吳騫乾隆五十七年（1792）自序云："予少有印癖，偶讀前輩沈房仲、厲太鴻諸公論印絕句，適然有會於中，間亦效矉，且要同志者屬而和之，通得如干首，薈爲一編而付之剞氏。"清初金石之學盛行，文人學者對篆刻、印學頗感興趣，多有題詠。書中收錄沈心、厲鶚等吟詠篆刻之詩一百五十四首，所詠涉及書體、璽印、印史、印壇掌故等。詩後小注點明絕句所詠之事，於篆學理論、篆學史研究頗有價值。

印學管見一卷　（清）馮承輝撰

馮承輝（1786—1840），字少眉，又字少麋，號伯承，別號老麋、眉道人、梅花畫隱等，江蘇婁縣（今上海松江）人。貢生。室名梅花樓，別署古鐵齋、欀風草堂、十二長生長樂之齋等。工篆隸，精刻印，取法秦漢，旁及浙皖兩派，所作能出新意，自成面目。又工八分書，兼善畫梅，風格近金農。嘗與改琦、張祥河等結泖東蓮社。著述甚富，著有《古鐵齋印譜》、《歷朝印識》等。生平事迹見《廣印人傳》、《墨林今話》等。

此書爲馮氏治印心得，如謂刻印大小篆不可混用，不宜將宋夢英十八體入印，元朱文結字之法等。議論平實，簡明直截。

印人傳三卷　（清）周亮工撰

周亮工生平事迹見前《讀畫錄四卷》提要。

此書係第一部記錄篆刻印人之著作。元代趙孟頫、吾邱衍涉獵篆刻，王冕以花乳石刻印，治印遂成士大夫一藝。此書記錄元明以來印人師承、交遊、創作活動、著述及風格流派，共三卷六十五篇，除卷首記述文天祥、海瑞、顧憲成等藏印外，多爲作者所藏印譜之題跋。自文彭而下，共五十九篇，以題跋形式作印人傳記，別開傳記體之生面。書中間亦闡述印學見解，如謂"取法古人而運以己意"、"不規規學步秦漢"、"絕去甜俗蹊徑，是濟叔本色"。叙印人流派，特別注意各流派地域風格特徵，如《書沈石民印章前》稱："沈石民世和，常熟人，印章漢以下推文國博謂正燈矣，近人惟參此一燈。以猛利參者何雪漁，至蘇泗水而猛利盡矣，以和平參者汪尹子，至顧元方、邱令和而和平盡矣。"

此書爲周氏未完稿，由其子在浚編成，康熙十二年刊刻。另有乾隆《四庫全書》撤出本。

續印人傳八卷　（清）汪啓淑撰

汪啓淑（1728—1800），字秀峰、一字慎義，號訒庵、訒葊等，歙縣（今屬安徽黃山）人，僑居杭州（今屬浙江）。家以經商致富，捐官爲工部都水司郎中，遷兵部職方司郎中。工詩，與厲鶚、杭世駿、朱樟結南屏詩社。嗜古印，自稱印癖先生。築飛鴻堂，藏周秦迄元明各朝印章數萬鈕，編有《集古印存》、《漢銅印原》、《飛鴻堂印譜》等。生平事迹見《廣印人傳》。

此書繼周亮工《印人傳》而作，并仿其體例，又名《飛鴻堂印人傳》。書中輯錄周書未收篆刻家一百二十九人，爲研究宋元明清篆刻學不可或缺之史料。（孫暉　吳旭民）

沈筤邨選抄印學四種四卷　（清）沈清佐編
（第1092冊）

沈清佐，字古岑，號筤邨，歸安（今浙江湖州）人。約生活於清乾隆時，嘗館袁枚隨園。力學好古，工詩，山水得董其昌法，花卉生動。生平事迹見《國朝名畫錄》、《墨香居畫識》等。

此書自序云："余每見古篆名章，即撫玩不忍釋，至廢寢食以求快，不自知其鄰於癖也。""余嘗往復窮探，寒暑罔間，余雖不敢與今之專家名世者量長而較短，而從事於筆床印几間亦足以自娱云爾。"書中計選抄尹樹民《印鐙牋》一卷，佚名撰《古今印説補》一卷，《印譜摘要》一卷，《印説》四種。

《印鐙牋》一卷，尹樹民撰。尹樹民，字覺臣，湞昌（今廣東南雄）人，工篆刻。此書係從諸家古印譜中選集秦漢印章三十體，如象形、龍文、偃波、墳書、鳥迹、鐘鼎、大篆、小篆、繆書等而成。各體之下考證詳釋，并篆印以明之。除本書所收外，尚有鈐印手抄本傳世。

《古今印説補》一卷，佚名撰。此書論篆原、六書、歷代印制，論金、玉、銀、銅各類材料，及篆法、刀法、印鈕等印學知識，共六十二則。

《印譜摘要》一卷，佚名撰。此書論篆原、璽印、配法、鑄印、用刀、製艾、製油、印色等，多經驗之談，頗切實用。

《印説》，此書未署撰人，而實爲清陳鍊所撰，惟末新增"煮銅令軟法"、"煮玉令軟法"二則，不知何人所作。

今據上海圖書館藏《沈筤邨選抄印學四種》稿本影印。（吴旭民）

紅朮軒紫泥法定本一卷　（清）汪鎬京撰（第1092册）

汪鎬京，字宗周、快士，號西穀、洋湖居士，歙縣（今屬安徽黄山）人。工詩，精於篆刻，爲徽派篆刻名家。齋名爲紅朮軒。著有《紅朮軒山水篆册》、《紅朮軒印範》等。生平事迹見《鄭堂讀書記》卷四九。

此書爲汪氏製作印色心得之記録。書前有自序，總論印色製作，謂製印色妙處全在染砂、染艾、曬油三法，缺一不可；三法既得，印泥則具明、爽、潤、潔、易乾、不落、不濘、不粘、不霾、不凍十大優點；前四者關鍵在染砂與艾，後六者關鍵在曬油。正文分述"染砂法"、"紅艾法"、"曬油法"、"合印色法"、"用印色法"五部分，列舉所需材料，分析特性，辨其優劣，并對如何製作印泥詳作闡述。其中重點介紹"染砂法"與"紅艾法"，補前人論説之不足。書後又記有"攜遠"、"闢謬"、"補遺"等數則，論述如何保存印色諸問題。全書言簡意賅，要言不煩。

此書於明崇禎十七年重修刊印，收入《檀几叢書》二集。今據華東師範大學圖書館藏清光緒刻《翠琅玕館叢書》本影印。（石莉）

琴操二卷補遺一卷　（漢）蔡邕撰（清）孫星衍校輯（第1092册）

蔡邕（132—192），字伯喈，陳留圉（今屬河南開封）人。博學多才，通曉經史、天文、音律，擅長辭賦。漢靈帝時召拜郎中，校書東觀，遷議郎。因彈劾宦官流放朔方。獻帝時爲董卓强迫，出仕爲侍御史，官左中郎將。董卓誅，爲王允所捕，死於獄中。一生著詩、賦、碑、誄、銘等共一百零四篇，并作琴曲《蔡氏五弄》。《後漢書》有傳。孫星衍生平見前《孔子集語》提要。

此書傳爲蔡邕所撰，但尚存争議。《隋書・經籍志》載爲晉代孔衍所撰，《文選》李善注、《初學記》、《太平御覽》均稱蔡邕所撰。

全書分上下兩卷，經清代孫星衍校輯。卷首有嘉慶十年（1805）馬瑞辰所作《琴操校本序》，卷末附《琴操補遺》，每卷卷末題"臨海洪頤煊校字"。全書彙集五十餘首琴曲解題與歌辭，包括《歌詩》五首、《九引》、《十二操》、《河間雜歌》二十餘首。書中介紹每首琴曲相關故事内容，帶有濃厚傳奇色彩，與正史記載有一定出入，故吴兢《樂府古題要解》曰："《琴操》紀事，好與本傳相違。"此書介紹早期琴曲最爲豐富詳盡，史料價值很高。

今據華東師範大學圖書館藏清嘉慶十一年刻《平津館叢書》本影印。另有清顧觀光校清抄本存世。（單蕾）

碣石調幽蘭一卷　（南朝梁）丘明傳譜（第1092 冊）

丘明（493—590），會稽（今浙江紹興）人。梁末隱於九嶷山，隋開皇十年卒於丹陽縣，年九十七。精於琴，於《幽蘭》一曲尤特精絕。生平事迹見譜前小序。

此譜首有小序，末有楊守敬《經籍訪古志跋》。全譜共四千九百五十四字，詳細記述琴曲演奏手法，如以左右手指法、弦序、徽位等記錄琴曲。由小序和後跋可知，此譜丘明臨終前傳王叔明，當是六朝舊曲。"碣石調"曲調來源很早，一般認爲魏晉時已作爲舞曲演奏。《南齊書·樂志》言："碣石調篇，魏武帝辭，晉亦爲《碣石舞歌》，其歌四章。"今存此譜分爲四段，正與"其歌四章"相合。《幽蘭》最早爲"楚調"著名歌曲，後經改編，成爲漢魏六朝著名琴曲。全曲共四段，每段結尾皆有一句具悲憤、感傷情緒曲調，帶有總結全段意味。其詞如泣如訴，如怨如慕，楊守敬據原譜標題下"一名倚蘭"四字斷此曲內容爲表現懷才不遇、生不逢時。

此譜爲我國現存最早古琴譜，亦爲唯一以文字譜記寫方式留存之琴曲。後陸續有琴家對其進行研究打譜。

此譜原藏於日本，清末學者楊守敬於日本訪書時發現此譜之寶素堂抄本，後由當時駐日公使黎庶昌摹刻收入所輯印《古逸叢書》中，於光緒十年刊行。今據清光緒十年黎庶昌日本東京使署《古逸叢書》影刻唐寫本影印。（單蕾）

臞仙神奇秘譜三卷　（明）朱權輯（第1092 冊）

朱權（1378—1448），晚號臞仙，又號涵虛子、丹丘先生，盱眙（今屬江蘇淮安）人。明太祖朱元璋第十七子。洪武二十四年（1391）被封爲寧王，諡獻，故亦稱寧獻王。早年受太祖器重，統帥精兵，其兄成祖朱棣登基後，改封南昌。從此閉門韜晦，寄情於戲曲、遊娛、著述、釋道。編撰有《通鑒博論》、《家訓》、《太和正音譜》等數十種著作。《明史》有傳。

朱權在江西時對各家琴譜"詳加校正，用心非一日"（見此書《序》），從當時"琴譜數家所載者千有餘曲"中精選傳於世者六十四曲，歷時十二年編成此書，於洪熙元年（1425）刻印刊行。

全書共分三卷，卷首有朱權序。上卷稱《太古神品》，收十六曲，均爲"太古之操，昔人不傳之秘，故無句點"，如《廣陵散》、《高山》、《流水》、《陽春》、《遯世操》、《酒狂》等，從其減字形式及譜內解題，可知多爲唐宋間所遺留原寫曲譜。中、下卷稱《霞外神品》，收四十八曲，大多爲編者"昔所受之曲"，是宋元間流傳較廣者，"俱有句點"，其譜式亦與上卷多有不同。如有據晉代笛曲改編之《梅花三弄》，有傳自南北朝西曲民歌之《烏夜啼》，有唐代流行之《大胡笳》、唐人陳康士所作《離騷》及宋代浙派琴家郭楚望《瀟湘水雲》、毛敏仲《樵歌》等。

此琴曲譜聲望最高，對研究隋唐宋元古琴藝術及中國古代音樂流變極具作用。

今據上海圖書館藏明洪熙刻本影印。（單蕾）

太音大全集五卷　（明）袁均哲等編（第1092 冊）

袁均哲字庶明，建昌（今江西南城）人，正統中（1436—1449）官郴州知州。生平事迹見《四庫全書總目》卷一三七。

此書原爲宋田芝翁所輯《太古遺音》，共三卷。南宋嘉定年間楊祖雲更名爲《琴苑須知》，進之於朝。明永樂十一年（1413），朱權結合所得不同版本,編成兩卷本《太古遺音》。明正統年間(1436—1449),琴家袁均哲又在《太古遺音》基礎上,綜合其他諸家琴譜,彙編成此書。共五卷,卷首有題辭。分述"造琴法度"、"古琴式樣"、"撫琴手勢與指法"、"群書要語"、"琴譜總説"等,是現存年代較早琴論專集,保存唐宋散佚琴論如唐趙耶利、陳居士、陳拙、宋田芝翁、楊祖雲等人指法材料甚多。其中二卷本《太古遺音》所載材料,對於研究此書史料源流、鑒別史料真僞尤具價值。

此書屢經增訂翻刻,今存版本主有四種:《太古遺音》二卷,僅存上卷殘本,明刊本,不著編撰人,國家圖書館藏,爲該書現存最早版本;《太音大全集》五卷,明正德刊本,爲明正統間袁均哲重編本;明正統抄本,內容基本與正德刊本相同,但卷三所載"袁均哲作撫琴詩"爲他本所無;《新刊太音大全集》五卷,明嘉靖書林汪諒翻刻本,現藏臺灣,實據《太音大全集》重編而成。今據明正德刊本影印。(單蕾)

重修正文對音捷要真傳琴譜大全十卷

(明) 楊表正輯 (第1092冊)

楊表正(1520—1590),字本直,號西山峰人,又號巫峽主人,永安貢川(今福建永安)人。深研琴學三十餘年,曾在南京從事琴藝活動,後人稱之爲江派琴家。生平事迹見書中自序及劉御《刻琴譜真傳序》。

萬曆元年(1573),楊氏撰成《楊氏正文對音捷要真傳琴譜大全》六卷,於南京初刻印行;十三年又加修訂,增爲十卷,改名爲《重修正文對音捷要真傳琴譜大全》。卷首有萬曆十三年楊氏自序、無名氏《刻太古琴譜序》及劉御《刻琴譜真傳序》;序後有十三年陳書箴、姚士畏"重修真傳琴譜大全後跋"各一篇。書中先論琴,記述自黃帝起歷代名人如孔子、諸葛亮、李白、唐明皇、朱熹等琴學成就、音樂論述及故實;并記述"琴學須知"、"辨琴雜説"、"十二律吕論"、"樂器流源論"等琴學、琴法理論。續爲琴譜,收録屈原《離騷》、諸葛亮前後《出師表》、蔡文姬《胡笳十八拍》、陶淵明《歸去來辭》、王勃《滕王閣序》、唐明皇《廣寒遊》等一百零二首歷史名曲名詞。其中,《遇仙吟》、《浩浩歌》、《前出師表》、《後出師表》、《陳情表》等爲楊氏自作。每首琴曲於譜旁注有歌詞,將曲、詞并行間隔配對。此書備受音樂界贊賞,後來操琴者均依此而行。

楊氏將江派音律配上演唱腔韻,填詞配歌,且刊印琴歌樂譜,在當時可謂獨樹一幟。此外,此書在琴論上也卓有建樹,其中"彈琴雜説"對琴曲作用、演奏者應具之修養以及彈奏要領等均有簡要論述。

今據遼寧省圖書館藏明萬曆十三年唐富春刻積秀堂印本影印。(單蕾)

琴書大全二十二卷

(明) 蔣克謙輯 (第1092冊—第1093冊)

蔣克謙,字國光,徐州(今江蘇徐州)人。出生於書香門第,喜讀書、彈琴、繪畫。生平事迹見此書蕭大亨序及自序。

據自序,此書原稿爲克謙祖父(正德皇后之父)自古籍中所録琴學文獻,於正德末年編成。嘉靖間其父繼續搜集諸譜,補充"製作"、"曲詞"、"音律"、"詩賦"等內容。至萬曆年間,克謙又延請海內琴家,用三年時間編輯完成,於萬曆十八年(1590)刊印傳世。此書實蔣氏祖孫三代心血之結晶。

全書共二十二卷,卷首有萬曆十八年蕭大亨序及蔣克謙自序。前二十卷收録歷代琴學文獻,包括聲律、琴製、指法、曲調、歷代彈琴聖賢以及有關詩文六百八十一篇。其中"聲律"部分,彙集宋人朱熹、徐理、元人陳敏子等相關著作,闡述律制與宫調在琴曲中之運用。"琴製"部分詳盡介紹造琴工藝、歷代琴式等知識。"指法"部分保存唐人趙耶利、陳康士、陳拙、宋人成玉磵、楊祖雲等人指法理論，爲鑒別與運用古譜提供重要依據。"曲調"部分彙集歷代琴曲作品之解説與歌辭，總共二百一十一首，另有曲目九百三十四首，收羅之富爲歷代之首。"歷代彈琴聖賢"部分收集歷代彈琴家二百零三人。另外尚有相關記載二百二十一篇，詩四百六十餘首。後二卷爲琴譜，收録琴曲六十二首。

此書體例嚴謹，引用材料出處詳明，其中大量琴書專書、專論未見於他書，尤其部分唐宋琴書，如唐陳拙《琴書》、李勉《琴徽字義》、宋田芝翁《太古遺音》、僧居月《琴制》、苗滋《琴德發源》、元陳敏子《琴律發微》等早已散佚，賴此以存。尤其《琴律發微》一書幾乎全書録入，彌足珍貴。其收録豐富，堪稱琴學領域百科全書，爲後世系統全面整理琴學文獻奠定基礎。

今據天津圖書館藏明萬曆十八年刻本影印。（單蕾）

太古正音琴經十四卷太古正音琴譜四卷 （明）張大命輯（第 1093 冊）

張大命，字右袞、憲翼，建甌（今屬福建南平）人。通經史，嫻音律。生平事迹見此書序。

全書包括《琴經》和《琴譜》兩部分。據自序，張氏先輯《琴經》，後纂《琴譜》。書牌作"太古正音琴經琴譜合參定選，大潭張右袞先生輯，後學沈益生重校，陽春堂藏板"。

《太古正音琴經》又名《陽春堂琴經》，共十四卷。卷首有明萬曆三十七年（1609）葉向高、劉大任序及張大命自序，卷末有陳五昌跋。全書內容包括"琴學淵源"、"操縵指訣"、"字譜流源"、"博古名操"、"歷代名琴"、"古琴辨"、"斲法"、"琴社"、"大雅嗣音"、"格古要論"、"煞風景"、"琅嬛記"等。

《太古正音琴譜》又名《陽春堂琴譜》，共四卷，卷首有萬曆三十七年董其昌序及張大命

自序，卷末有王宇跋及萬曆三十九年楊容光跋。前亦有琴經，後收琴譜五十二曲，其中十二曲有歌詞。其曲自宮商以至外調，或出自名公之指授，或出自名譜之刪裁，稍加印定。

今據中國藝術研究院音樂研究所、上海圖書館藏明萬曆刻後印本影印。（單蕾）

西麓堂琴統二十五卷 （明）汪芝輯（第 1094 冊）

汪芝，字時瑞，號雲嵐山人，歙縣（今屬安徽黃山）人。好音樂，尤擅彈琴與音律之學。生平事迹見此書序。

汪氏博采諸家，搜集、整理古琴譜三十年，最終編成此書。因居於西麓堂，其琴論又大部分録自南宋許理《琴統》，故稱《西麓堂琴統》。

此書成於嘉靖四年（1525），卷首有嘉靖四年秋七月唐皋序。前五卷爲論琴文字，主要取自南宋徐理《琴統》與宋以來所傳《太古遺音》兩書，分論聲律、琴制、字譜及雜説等。其中第五卷論字譜指法，已大部分缺失，僅殘存卷首二頁。後二十卷爲琴譜，收録自宋至明琴曲一百七十曲，以及外調琴曲一百多種等。其中除注明抄自宋本者外，大都爲遠年遺響，極爲罕見，如《廣陵散》、《神人暢》、《間弦明君》、《風雲遊》與宋人所作《宋玉悲秋》等。此類資料對研究漢魏六朝以來琴曲創作藝術成就及鑒定琴曲創作時代，具有重要參考價值。

此書頗受琴家青睞，老輩琴家管平湖、吳景略等都曾從中選曲打譜。《醉漁唱晚》、《漁歌》等曲均出自此書。

此書有抄本三種。今據華東師範大學圖書館藏抄本影印。（單蕾）

萬峰閣指法閟箋不分卷 （清）徐谼撰（第 1094 冊）

徐谼（約 1582—1662），原名上瀛，號青山，

明亡後改名汱,號石汎山人,婁東(今屬江蘇蘇州)人。吴三桂入關,請求北上抗清,未果,更名以琴隱於吴地,爲繼嚴天池之後虞山派另一重要代表人物。徐汱在嚴氏所倡"清、微、淡、遠"四字琴學理論基礎上,取諸家之長而別創一格,時人稱爲"今之戴安道"、"今世之伯牙"。編訂《大還閣琴譜》,撰有《萬峰閣指法閟箋》、《谿山琴况》等。生平事迹見陸符及錢棻《大還閣琴譜序》。

此書卷首有徐氏自序。書中詳盡記録古琴指法,主要包括萬峰閣指法秘箋、左右手二十勢圖説、五音統論、彈琴規範五則、古琴式樣等。自序謂"譜之所繇悉本於指法",朱權琴譜所遺指法失之簡略,則古音雖不没,而琴道漸衰,皆因不知指法之妙,故整理指法,刊刻流通,以期琴道中興。

此書刊入《大還閣琴譜》。今據上海圖書館所藏稿本影印。(單蕾)

大還閣琴譜六卷谿山琴况一卷　(清)徐汱撰(第1094册)

徐汱生平見前《萬峰閣指法閟箋》提要。

《大還閣琴譜》原名《青山琴譜》,共六卷,收録琴曲曲譜三十二首。後附《谿山琴况》一卷。卷首有清康熙十二年(1673)秋蔡毓榮《青山琴譜序》及陸符、伊桓、錢棻、夏溥諸序。此譜與嚴天池《松弦館琴譜》體系一致,而又有發展。其一,嚴譜譜法約略,指法簡拙,不收疾曲、外調,此譜則自成體系,疾曲如《烏夜啼》、《雉朝飛》,外調如《瀟湘水雲》、《離騷》等均兼收并蓄。即便同爲清微淡遠,嚴氏偏於孤高、約略、平易、從容,徐氏則由演奏層面上昇至審美意境,如其《谿山琴况》每項均結合彈琴特點作詳盡分析,從而使虞山琴學得以"臻於大雅"。其二,指法、記譜方面有新變化。如改變徽間音不明確標出之傳統,每首琴曲徽間音標示均十分明確細緻;又改動嚴譜中不合運指邏輯之指法。其三,左

手潤飾更趨豐富、細膩,通過運用多種滑奏音,使音樂更具韻味,旋律更爲多彩。徐氏"二十四琴况"之琴樂審美思想,正由大量運用左手指法體現出來。《四庫全書總目》評嚴譜稱:"是譜之後,繼之者有徐汱《大還閣譜》。天池、青山兩家,遂爲虞山派之大宗。"

《谿山琴况》提出"和、静、清、遠、古、澹、恬、逸、雅、麗、亮、采、潔、潤、圓、堅、宏、細、溜、健、輕、重、遲、速"二十四字要訣,闡述運指、用力、取音等彈琴要點及琴學美學原則,系統而詳盡,被虞山琴派奉爲準則,對後世琴學理論發展有很大影響。

徐氏逝世前,將手稿交學生夏溥保存。康熙十二年,夏溥得蔡毓榮資助,以《大還閣琴譜》之名刊行此譜。今據華東師範大學圖書館藏清康熙十二年蔡毓榮刻本影印。(單蕾)

琴學心聲諧譜二卷　(清)莊臻鳳撰(第1094册)

莊臻鳳(1624—1667),字蝶庵,三山(今江蘇揚州)人。幼隨父居南京,因體弱多病,請虞山何白雲先生醫病兼教彈琴。後師從徐上瀛,攻琴近三十年,爲清初著名琴家。生平見此書自序及王先舒《思古堂集序》。

全書分兩卷。卷首有康熙三年(1664)自序、四年袁一相等人所題序及五年查培繼所題序,序後有《琴學心聲凡例》。上卷載《琴學粹言》、《律吕圖説》、《歷代琴紀》、《左右指法》。卷末收録所著琴論《琴聲十六法》,列輕、鬆、脆、滑、高、潔、清、虛、幽、奇、古、澹、中、和、疾、徐十六法,分别論之。下卷收録同時期人所作《聽琴詩》,卷首有康熙六年(1667)楊雍建《聽琴詩序》、九年(1670)施閏章《梧葉舞秋風序》及莊氏《秋鴻序》,卷末有何元英跋。

莊氏創作琴曲,强調生活内藴與獨創性,凡例謂:"予臆製新曲,或偶得名人佳句,或因

鳥語風聲,感懷入耳,得手應心。""音律句讀,弗類他聲,若不發明,難於入彀。"其作品基本彙集此書中,共十四首,多有歌詞。其中流傳最廣、最具代表性者爲《梧葉舞秋風》(無詞),另有《春山聽杜鵑》收入《松風閣琴譜》。莊氏琴論,主張尊重各流派風格特點,不贊成以主觀好惡肆意褒貶。又認爲應當區別對待琴曲填詞,稱部分獨奏曲目"音樂自然"、"妙自入神",則"不喜以文拘之,拘之則音乏滯";而"原取文諧音"之作品,也不必"舍文而就音"。此觀點比較通達,有利於表現樂曲內容,也符合琴曲創作實際情況。

今據清康熙三年刻本影印。(單蕾)

琴譜指法二卷　(清)徐常遇輯(第1094冊)

徐常遇,字二勳,號五山老人,揚州(今江蘇揚州)人。清順治、康熙年間琴家,廣陵琴派開山鼻祖。琴風與虞山派相近。琴名遠揚大江南北,弟子極多。著有《琴譜指法》,輯有《響山堂琴譜》。生平見此書序。

此書二卷,卷首有清康熙三十八年(1699)孔毓圻序、五十七年年希堯序、許汝霖序、四十年徐秉義序、二十七年何金驤序、范國禄序及徐常遇子徐禕序,卷末有薛瑮《指法跋》。上卷詳録右手指法,共八頁;下卷收録左手指法與指法紀略,共十三頁。書口下方題"澄鑒堂"三字。其指法沿襲徐青山《萬峰閣指法閟箋》體系,"探微淺奧,積古人之未盡",與虞山派"輕、微、澹、遠"琴風相近而有所發展,因而博人喜愛。

此書於康熙四十一年初刻於響山堂。康熙五十七年,年希堯出資合《琴譜指法》、《響山堂琴譜》二書刊行,稱《澄鑒堂琴譜》。康熙至乾隆間三次重刻,操縵之家多備此譜。今據山東省圖書館藏清康熙五十七年年希堯刻本影印。(單蕾)

五知齋琴譜八卷　(清)徐祺輯(第1094—1095冊)

徐祺,號大生,別號古琅老人,揚州(今江蘇揚州)人。徐常遇之子,廣陵琴派著名琴家。早年遊歷燕、齊、趙、魏及吳、楚、甌、越等地,遍訪知音名士,精細推敲各家傳譜三十餘年,於清康熙六年(1667)編成《五知齋琴譜》。生平見此書徐俊序。

此譜共八卷,卷首有康熙六十一年黃鎮序、徐俊序、康熙六十年周魯封序,卷末有雍正二年黃琨跋,石清、楊恢基序。前兩卷爲論琴文字,後六卷爲古琴曲譜。書中共收録三十三曲。除收録《澄鑒堂琴譜》二十一曲以外,兼收金陵、吳、蜀各派琴曲十二操。其中部分琴曲如《墨子悲絲》、《普庵咒》、《秋塞吟》等,經徐氏及其後廣陵派各琴家加工改造,已成爲廣陵派傳統曲目。

此書強調"琴之爲道,在乎音韻之妙,而音韻之妙,全賴乎指法之細微",爲使演奏獲得"婉婉成吟"、"絲絲叶韻"效果,徐氏父子以畢生精力考訂譜中指法,極爲完善詳盡,對左手吟猱上下該至幾徽幾分亦一一注明,尤其左手指法極爲細緻。與他譜相比,此譜論斷精嚴,指示全面,在抉取舊譜時亦非一味照抄,而能匠心獨運,賦予新意。虞山派對徐氏父子影響較大,但此書并不因循守舊,"添合始末,損益相加",發展爲風格獨特之樂曲。故此譜近三百年來在琴壇流傳最廣。

此譜編成後未能立即梓行。五十四年後,徐祺之子徐俊從金陵至皖江,遇知音周魯封等人支援,由周修改匯纂,徐俊、黃鎮校訂,於康熙六十年(1721)刊刻,雍正二年(1724)刻成。今據清雍正二年周魯封刻本影印。(單蕾)

治心齋琴學練要五卷　(清)王善撰(第1095冊)

王善(1678—約1758),字元伯,長安(今陜西西安）人。中州派重要琴家。著有《治心齋琴學練要》五卷。生平見此書序。

王氏自幼學琴，後又殫精竭慮數十年，訂正諸譜，於乾隆四年（1739）定稿。此書作爲琴書譜集，既有琴論，又有傳統古譜及自創新曲。全書共五卷，卷首有清乾隆七年（1742）帥念祖序、王愻序、九年楊岫序、四年王氏自叙，卷末有李謙德跋及劉一德《元伯王先生傳贊》。前兩卷論琴，凡五音定舍、律呂相生、音位相次、絃徽高下以及正變全半、子倍之交，用三準十二律相生之互見悉爲注釋，并各列圖，以補從前之缺，正明指法，删訂字母。後三卷爲琴譜，收録二十六曲，凡三十譜。除收傳統琴曲外，尚有王氏自創曲譜七首，如《精忠詞》、《讀易》、《易春操》等。新作中有四首琴歌，爲《詩經》之《關雎》、李白《幽澗泉》、劉禹錫《陋室銘》及據岳飛《滿江紅》譜曲之《精忠詞》。四曲皆借鑒戲曲曲調處理手法，變化豐富，藝術上頗有特點，在琴歌中獨樹一幟。尤以《精忠詞》最受歡迎，曲調激昂慷慨，至今仍有傳唱。

今據上海圖書館藏清乾隆刻本影印。（單蕾）

琴譜新聲六卷指法一卷琴説一卷鼓琴八則一卷　（清）曹尚絅等輯（第1095册）

曹尚絅，號澹齋。蘇璟，號琴山。戴源，號蘭厓。均爲錢塘（今浙江杭州）人。以琴結爲摯友，數十年博採諸家名譜，編成《春草堂琴譜》，又名《琴譜新聲》。由好友閆沛年資助，初刊於清乾隆九年（1744）。風格清麗柔和，代表江南特色。後世浦城派祝鳳喈極爲推崇是譜，於清同治三年（1864）評定重刊。事見《琴譜新聲序》。

此書共六卷，卷首有閆沛年序、曹尚絅自序，卷末有清乾隆九年戴源跋。書中收録蘇氏闡述律呂之《琴説》、戴氏《鼓琴八則》及琴曲二十八首。所收琴曲純正合古，首

分五調，次別五音，與他譜不同，實爲法古。然曲中變音悉數更改，爲近代琴家所不取。《鼓琴八則》，執筆者戴源謂爲與蘇璟、曹尚絅等琴友平日議論之總結，對彈琴修養提出多方面要求。一謂"彈琴須要得情"，二謂"彈琴作歌"，三謂"彈琴要按節"，四謂"彈琴要調氣"，五謂"彈琴要鍊骨"，六謂"彈琴要取音"，七謂"彈琴要明譜理"，八謂"彈琴要辨派"。見解頗爲獨到，影響深遠。

今據天津圖書館藏清乾隆九年刻本影印。（單蕾）

琴學内篇一卷外篇一卷　（清）曹庭棟撰（第1095册）

曹庭棟（1699—1785），一作廷棟，字楷人，號六圃，又號慈山居士，嘉善魏塘（今屬浙江嘉興）人。乾隆六年（1741）舉人。工詩文，於經史、詞章、考據等皆有深研。中年後絶意仕途，於居處累土爲山，名曰"慈山"。著有《産鶴亭詩集》九卷、《隸通》二卷、《易準》等。生平事迹見《曹庭棟自編年譜》。

此書包括内外兩篇。卷首有清乾隆十五年（1750）曹氏《琴學例説》，稱其自小學琴，歷考漢、唐律書，論者紛紛，卒無定法，蓋由論律者空言其理，而不能施於用；以指法授受者能施於用，而究其理多失，遂憑器審聲，仔細鑽研，而成此書。

《内篇》共二十二篇，論琴律正、變、倍、半之理，及定徽轉調之法，認爲正律之外，必有變律，還宫五聲，必取半律，實出於琴聲清濁之自然。《外篇》四篇，薈萃古今琴説，以己意斷其是非，以明其理之必然與其用之變化。近代蜀派琴人顧梅羹《琴學備要》稱此書與祝桐君《與古齋琴譜》爲前人著述中論琴律最精當者。

今據清乾隆刻本影印。（單蕾）

琴律譜一卷　（清）陳澧撰（第 1095 冊）

陳澧生平見前《漢儒通義》提要。

此譜前有小引，謂欲知樂應先學琴，若言樂理而不習琴，則不過空談而已。次言製琴尺度，次周尺黃鐘管圖，次三分損益及連比例附表，次琴旁屈曲爲記律呂之位，并新製十二律琴圖，次十二律旋相爲宮表附說，次十二調定弦法附譜，次彈琴調弦二則。陳澧於所著《聲律通考》中已言琴律大略，復爲此譜，自稱可視之爲古經傳五聲十二律之義疏，可使學琴者一覽而明，而工於指法者亦可由此進於儒者之藝。

此書原稿藏陳氏第四孫慶貢處，標題下有“丁卯六月廿四日”七字，則其書成於同治六年。今據湖北省圖書館藏清刻本影印。此藏本僅存“十二調定弦法”，共十三頁，千餘字，爲殘本。（單蕾）

音調定程一卷絃徽宣秘一卷　（清）繆闐撰（第 1095 冊）

繆闐，字可齋、又謙，號卓韓，蕪湖（今安徽蕪湖）人。幼習琴，篤好聲律。曾官工部屯田司，後改雲南涼州知州，升白鹽井提舉司、澄江府知府及甘肅平慶涇道。

中國古樂，秦前書不傳，論律自漢班固始。古律有十二而只用其七，繆氏欲考其聲律對應關係，無果，爲此蓄疑三十餘年。咸豐十年（1860）由雲南入京，與馬君衢結爲同好，盡閱馬氏所藏之譜，反復玩繹，成《律呂通令圖說》，又作《律易》。同治年間，又作《音調定程》《絃徽宣秘》二書，與前兩種合名《庚癸原音》。

《音調定程》書名頁題“音調定程原音第三種”。卷首有自序，收錄《七聲十四管清濁旋宮圖》《班蔡七均順逆分旋圖》《五行四時正音清濁圖》《五音順行九宮》等圖及十二音調定程，將音調指掌衍爲定程六十格，詳列聲律之陰陽，分別時日之宜忌，以資利用。

《絃徽宣秘》書名頁題“絃徽宣秘原音第四種”。卷首有同治四年（1865）潘曾綬序、繆氏自序，正文收錄《五調合樂定程》《五調八準泛和法》《五調間徽定位》《五調按和法》《五調字譜舉隅》及《指法備略》。卷末有同治四年繆氏跋。潘序贊賞此書“實發古人未宣之秘，而律呂之全、聲音之備，無逾於此”。

此書收錄於《庚癸原音》，國家圖書館所藏爲清同治五年蕪湖繆氏刻本，含《律呂通令圖說》《律易》《音調定程》和《絃徽宣秘》四種。今據浙江省圖書館藏清同治五年蕪湖繆氏刻本影印。（單蕾）

與古齋琴譜四卷補義一卷　（清）祝鳳喈撰（第 1095 冊）

祝鳳喈（？—1864），字桐君，浦城（今屬福建南平）人，鳳鳴弟。曾任浙江東防同知。清代浦城琴派創始人。十九歲從兄學琴，曾廣泛搜求琴譜，彙集明、清刊傳譜集三十多種。著有《與古齋琴譜》，爲琴論專著。生平著述多已散佚，僅張鶴《琴學入門》中存祝氏家傳秘譜《風雲際會》《漁樵問答》《平沙落雁》《石上流泉》《陽關三疊》《古琴吟》六首。生平事迹見此書自序。

此書首刻於清咸豐五年（1855）。共四卷，後附《與古齋琴譜補義》。卷首有祝氏自序。此書幾乎遍涉琴學理論各方面，其中所論古琴音樂打譜、製曲、演奏、琴樂審美、教育傳承等頗有獨到見地。如打譜，祝氏指出“按譜鼓曲”，又詳論打譜之音調、節奏，認爲節奏“要不外於聯斷、疾徐、踢宕、收縱。一曲始終，必得其綱，起承轉合，四者以成之”。此外還借用工尺譜之點板幫助標記節奏。又如演奏，強調節奏之作用，認爲雖同其音，若異其節，則神情各別。又引用昆曲術語，解釋各種節奏變化，比如頭板、腰板、底板、閑板等。書中總結學琴所歷三階段，初變知其妙趣，次變得其趣妙,三變忘其爲琴之聲,具有普遍意義。又概括琴樂審美特徵爲"以音傳神",認爲一切情狀皆可表現於琴樂中,通過演奏者"傳神"與接受者"會意"來實現。"神"、"趣"是其論琴樂審美主要概念。又如關於琴樂教育,提出"授受琴約"問題,對當時商品化教琴行爲提出批評。

今據清咸豐五年浦城祝氏刻本影印。(單蕾)

琴律指掌不分卷　(清)婁啓衍撰(第1095冊)

婁啓衍,字君昌,山陰(今浙江紹興)人。婁杰之子。生平略見此書自序。

婁氏少好操縵,遍訪名流,遇所論不外指法之輕重、節奏之和猛,而於辨調、審音與絲縷律度之取分、生聲甚少,故连年搜集典籍,反復研求。其父又爲剖析疑義,日久頗有會心。因慮及近世琴家多不究心律呂,實懼算數之紛繁,乃撰此書,以淺近之言闡析音律之體用度分,務取簡明切當,使覽者一目了然,由是進求聲氣、理數之玄奥。

全書共二十一頁。書牌題"光緒戊戌仲春聽虛館刊"。卷首有清光緒二十四年婁傑序及婁氏自序。正文内容包括《五聲相生歌附圖》、《旋宮轉調歌》、《旋宮轉調表》、《宮調五音歌》、《實泛二音絃度説》、《實音弦度表》、《泛音弦度表》、《變聲清聲説》及《二變二清爲用表》等。

今據北京大學圖書館藏清光緒二十四年聽虛館刻本影印。(單蕾)

敦煌曲子譜一卷　(第1096冊)

敦煌曲子譜,或稱敦煌卷子譜,爲中國古代曲譜,光緒二十六年(1900)發現於敦煌石窟藏經洞。其譜抄於一經卷背面,用古代譜字記寫。卷子正面經文抄於五代後唐長興四年(933),據此推斷此譜抄寫時間大致相同或稍晚。原件現藏法國國家圖書館。

自二十世紀三十年代起,中外學者對此譜進行多方研究,并試圖將其譯爲現代曲譜,但對其譯譜及其體式辨識等迄今尚無一致看法。此譜以"ーレクエス七八九十ヒマフてノムヤ"等譜字及數個可能爲節拍及演奏手法符號記寫。學者或以爲琵琶譜,或以爲管色譜。由於二者記譜示意法則不同,如各據其法則譯譜,結果自然相異。

今按譜上分段標題,全譜計有二十五首樂曲,曲名爲《品弄》、《口弄》、《傾杯樂》、《急曲子》、《長沙女引》、《撒金沙》、《營富》、《伊州》、《水鼓子》等。其中"慢曲子"、"急曲子"、"又曲子"等,似爲曲式或段落名稱,而非曲名。按抄寫筆迹,樂曲可分三群,一至十曲爲第一群,十一至二十曲爲第二群,二十一至二十五曲爲第三群。對於此譜體式,學者意見亦不同,或以爲聯曲體唐代大曲譜,或以爲單曲體唐代歌曲"曲子"之伴奏譜,或以爲唐代舞蹈伴奏譜。

數十年來,致力於敦煌卷子譜研究者,初有任二北、楊蔭瀏、饒宗頤、張世彬及日本學者林謙三與平出久雄等,繼起者有葉棟、何昌林等多人。諸人或將其譯成現代曲譜并付諸音響,或發表論文各抒己見,此譜之研究探討,遂逐漸深入。

今據法國圖書館藏唐五代寫本影印。(單蕾)

敦煌舞譜二卷　(第1096冊)

此書爲中國唐、五代舞譜寫本殘卷,發現於甘肅敦煌莫高窟第十七窟藏經洞,於光緒三十三年(1907)至三十四年間被英國人斯坦因與法國人伯希和盜運出中國,原件現藏倫敦博物館與法國國家圖書館,編號爲 S.5643 與 P.3501。

英藏之譜《南歌子》中記明"上酒""開平己巳歲",可略知其時代爲梁太祖開平三年(909)。法藏之譜背面有周世宗顯德五年

(958)四月押衙安元進牒,據此可暫定爲後周寫本。敦煌舞譜年代約當五代時期,正爲曲子詞之歌舞結合、侑酒佐歡盛行之時。敦煌舞譜主要由曲名、序詞與表示舞蹈動作、節奏以及舞蹈與歌唱關聯之字組三部分組成。其所示歌舞場合,就譜中曲子詞調觀之,必爲歌筵上酒之用。譜中曲名有《南鄉子》、《鳳歸雲》、《遐方遠》、《雙燕子》、《浣溪沙》、《驀山溪》等,大都是當時流行曲詞名稱。其序詞主要説明該曲舞節拍、節奏、段落、起止轉換等。字組則由令、送、舞、據、奇、摇、頭、約、拽、請、與等字組合而成,每曲二段、四段、八段不等,以四段居多。每段十二字、十四字、十六字、二十二字不等,所示節拍亦不相同。國内外研究者對令、送、據等字含義以及節拍計算等,至今未能有一致解釋,敦煌舞譜研究尚處於初步探索階段。

今據法國國家圖書館、英國國家圖書館藏唐五代寫本影印。(單蕾)

魏氏樂譜一卷　(日)魏皓編(第1096冊)

魏皓(?—1774),字子明,原籍福州(今福建福州),生於日本。在京都以演唱、傳授其曾祖魏雙侯所傳"明樂"爲生。魏雙侯(?—1689),名九官,又名九使,字之琰,明崇禎帝之宫廷樂官,李自成攻占北京後東渡。康熙十一年(日寬文十二年,1672)被召進日本皇宫,表演中國明朝宫廷雅樂,日人稱之爲"明樂"。魏皓熟悉"明樂",技藝甚高,許多名人拜其爲師。後又去平安等地傳授明樂,從學者甚衆,以平信好師古爲最有名。生平事迹見此譜前序、後跋。

魏皓爲減少樂譜傳抄差錯,自二百餘首曲譜中遴選五十首,由平信校訂,於乾隆三十三年(日本明和五年,1768)由芸香堂刊印,定名爲《魏氏樂譜》。此譜卷首有明和五年海西宫奇序,卷末有平信好師古後跋。譜中全爲漢文歌詞,歌詞旁以日語片假名注寫漢字發音。歌詞内容爲《詩經》、漢樂府、唐宋詩詞,文學價值很高。樂譜每行八格,節拍整齊,基本無節奏記號,需據譜字音距離來判斷。記譜採用工尺譜基本譜字。各曲多注有燕樂宫調名稱,共有《道宫》、《小石調》、《正平調》、《越調》、《雙角調》、《黄鐘羽》、《雙調》、《仙吕調》八種,日本學生稱之爲"明樂八調"。今以之與樂曲實際情況相對照,大多符合南宋蔡元定"燕樂二十八調"理論;其伴奏樂器,管樂器爲笙、笛、横簫、篥,絃樂器爲小瑟、琵琶、月琴,擊樂器有大鼓、小鼓、檀板、雲鑼等,均魏氏東渡時所攜中國樂器。

此譜因魏氏避亂而流入日本,在日本刊印後,又輾轉返回故土。中國古代歌曲曲譜流傳稀少,因而此譜尤爲珍貴。

現存《魏氏樂譜》主要有兩種。一爲日本明和五年魏皓編、平信好師古校訂一卷本,國内以明和五年書林芸香堂刻本較爲常見。一爲六卷手抄本《魏氏樂譜一一六》,收録二百四十曲,現藏東京藝術大學圖書館。今據中國藝術研究院音樂研究所藏日本明和五年書林芸香堂刻本影印。(單蕾)

管色考一卷　(清)徐養原撰(第1096冊)

徐養原(1758—1825),字新田,又字飴庵,德清(今屬浙江湖州)人。嘉慶六年(1801)副貢生。阮元校勘《十三經注疏》,徐氏負責《尚書》、《儀禮》。通經傳,兼通聲律、六書、古音,旁逮曆算、輿地、氏族之學。著有《尚書考》、《六書故》、《説文聲類》等。生平事迹見《清史列傳》卷六九。

徐氏於金陵丞相家得唐賀懷智琵琶譜一册,而撰此書。《緣起》稱,"琵琶八十四調内,黄鐘、太簇、林鐘宫聲,弦中彈不出,須管色定弦,其餘八十一調,皆以此三調爲準。"書中考管色以定弦,内容包括管制、譜法、旋宫、銀字中管、殺聲用聲、辨異、笛制和考誤。徐氏謂隋唐以後俗樂勝於雅樂,將隋代視爲音樂文學史上重要里程碑及一代曲辭繁榮之開端。

今據清光緒崇文書局刻《正覺樓叢刻》本影印。（單蕾）

絃索備考六卷　（清）爲光等撰（第1096冊）

爲光，清代蒙古人。生平事迹不詳。

絃索十三套爲以絃樂器爲主之著名合奏曲調，此書序言稱其爲古曲，無樂譜，故學習者唯靠教師當面傳授指法。爲光與隆公、祥公同學琵琶、三弦及胡琴奏法於赫公，又學箏之奏法於福公，乃編成此書，爲十三套之最早傳本。

全書共六卷。卷首有嘉慶十九年（1814）自序，鈐有“爲光私印”、“榮齋圖書”印。全書先記指法與總譜，列《十六板》、《岔串》兩曲，續爲各樂器分譜，計有琵琶譜十一曲、弦子譜十一曲、胡琴譜十三曲、箏譜十三曲，均以工尺譜記寫。此譜以琵琶、三弦、胡琴、箏等絃樂器爲主，收有《十六板》、《琴音板》、《月兒高》、《海青》、《陽關三疊》、《清音串》、《平韻串》、《琴音月兒高》、《松青夜遊》、《合歡令》、《將軍令》、《普庵咒》及《舞名馬》十三套以絃樂器爲主之合奏樂曲。其中《十六板》最難。《合歡令》與《將軍令》兩套爲箏譜，其餘均爲胡琴、琵琶、三弦與箏之合奏譜。

此譜與傳統琵琶譜《華氏譜》等聯繫密切，各樂曲於旋律音調、組織結構及定弦法諸方面有相似性。但此譜又具突出個性，與琵琶譜各有獨立發展演變過程。除古琴譜外，此譜可稱爲中國音樂史上記録最爲詳盡完整之弦索樂樂譜。

此書僅有清嘉慶十九年（1814）抄本存世。今據中國藝術研究院音樂研究所藏本影印。（單蕾）

琵琶譜三卷　（清）華秋蘋輯（第1096冊）

此書作者《續修四庫全書》題華文桂，卷末華文桂跋云：“與兄秋蘋細加參訂，付諸剞劂。”則當爲華秋蘋、華文桂同編。華文桂，字子同，號小石山人，無錫（今屬江蘇）人。華秋蘋（1784—1859），名文彬，號秋蘋，又號借雲館主人。擅琴，兼唱昆曲，好詩詞、篆刻、繪畫，通醫學。曾邀集兄弟及族人等成立詩文音樂社“二柳村莊吟社”。輯有《琵琶譜》三，著有《詩草》、《詞草》等。生平事迹見《華秋蘋資料聞見録》。

此書又名《華秋蘋琵琶譜》。中國琵琶流派衆多，即使同一樂曲，各派在樂譜、指法及演奏風格等方面亦各有特點。清乾嘉時期，各派大體分爲南北兩系，南以浙江陳牧夫爲代表，北則以直隸王君錫爲魁首。華氏向兩位大家習得兩派秘譜，考訂輯成《南北二派秘本琵琶譜真傳》三卷，又稱《華秋蘋琵琶譜》，簡稱《華氏譜》。此譜於嘉慶二十三年（1818）刊印，爲我國首部琵琶曲譜刊本。

此書卷首有南屏、荇舟、海雲散人序。卷末有華文桂跋，全書共三卷，收録南、北兩派琵琶小曲六十二首，大曲六套。上卷收録王君錫傳譜，有文板五首，武板七首，雜板《普庵咒》一首，大曲《十面》一首。中、下卷收録陳牧夫傳譜。中卷有《思春》、《昭君怨》等文板十八首，《步步高》、《巧梳粧》等武板十二首，《春光好》、《鳳唧珠》等隨手八板五首，《倒垂蓮》、《小月兒高》等雜板十四首。下卷有《將軍令》、《霸王卸甲》、《海青拏鶴》、《月兒高》及《普庵咒》五首大曲。華氏編訂時忠於舊譜，不加增改，并參照琴曲減字譜法，擬訂較爲完整琵琶指法譜字，對琵琶定弦、把位、指法等加以規範，爲後世記録、編訂琵琶曲譜奠定基礎。

此書前後出版三次，對保存、傳播優秀琵琶曲貢獻很大。著名琵琶曲《十面埋伏》完整樂譜最早即見於此，楊廷果唯一存世作品《普庵咒》亦見於此，其他各派或多或少採用譜中部分樂曲，并且陸續整理成爲現今流行之演奏曲。

今據湖北省圖書館藏清嘉慶刻本影印。（單蕾）

借雲館曲譜二卷　（清）華文彬輯（第 1096 册）

華文彬即華秋蘋，生平見前《琵琶譜》提要。

此書卷首有華氏自序、蘭隱生序，正文内容包括《小唱》、《韻略》兩部分。華氏於嘉慶二十三年（1818），將平時所集小唱、小曲整理訂譜，輯成江南牌子小曲譜《借雲館小唱》，署名"鵝湖秋水采蘋人"刊印。内收明清以來流行之《三陽開泰》、《軟平調》、《五瓣梅》、《題牡丹亭後》、《琴曲》、《番腔》等十首作品，以工尺譜記寫。《韻略》部分輯有《出字收音總訣》、《辨聲捷訣》、《四聲唱法所宜》等篇，記録當時小唱演唱之用韻技術、要求以及演唱經驗。

此譜既記載有歌詞、又標有工尺譜字，在俗曲作品集中比較少見，成爲音樂曲調之實例，爲古代歌曲、尤其明清俗曲之有聲研究提供可靠依據。然此譜中多數作品并非真正俗曲歌詞，而是填詞作品，詞雅曲俗，已失"俗曲"、"山歌"率真本性，其文詞價值遠不及馮夢龍所集俗曲集。

此書僅存清嘉慶刻本。今據中國藝術研究院音樂研究所藏清嘉慶刻本影印。（單蕾）

南北派十三套大曲琵琶新譜二卷附録一卷
（清）李祖棻輯（第 1096 册）

李祖棻（1850—1901），號芳園，平湖（今屬浙江嘉興）人。出生於琵琶世家，其家五代均爲琵琶高手。曾中秀才，業商。整理編輯李家祖傳琵琶樂曲爲《南北派十三套大曲琵琶新譜》。生平事迹見此書序。

此書又稱《李芳園琵琶譜》，分上下兩卷，後附《初學入門》，卷首有清光緒二十一年

（1895）袁祖志序、李氏自序。書中所收大套曲目之多，記譜及指法標記之詳，明顯優於其他諸家各譜。全書共收録《陽春古曲》、《滿將軍令》、《霸王卸甲》等十三套琵琶大曲。後附初學入門之《薰風操》等曲譜九首。其編譜特點，首先在於收録曲目廣泛，前人或不同傳派者、散見於樂人手中者或民間音樂均予收録。如不僅收録北派王君錫所傳《十面埋伏》，南派陳牧夫所傳《海青拏鶴》、《霓裳曲》、《滿將軍令》、《鬱輪袍》、《普庵咒》等，又從華譜西板小曲中精選情緒相近者九首，連綴成《塞上曲》與《青蓮樂府》二套文曲。華譜之六十八板《平沙落雁》被發展成七段大曲，《陽春古曲》則顯然吸取浦東派閑叙幽音中之《大十樣景》、《小十樣景》與《滿地金》等樂曲組成。初學入門《梅花三弄》等八首，則源自江南民歌與民間絲竹樂。至於《陳隋古音》、《潯陽琵琶》、《漢將軍令》三首，則爲散見於民間不同傳派之琵琶譜加工而成。其次，統觀各家琵琶譜，此譜卷首及每首套曲名下明確標明參編諸琵琶演奏家與琴人姓名，達十六人，實所罕見。

此譜爲繼華秋蘋後又一部正式刊行之琵琶譜，規模空前，拓寬文武大套表現領域，使琵琶音樂更趨充實豐富。然李氏好偽托古人，無端爲部分曲調偽造"作者"姓名，又常將原屬於尺字調曲調，改作小工調記寫，於小工調中不自覺加入諸多不適當花音，造成調性混亂。

今據中國藝術研究院音樂研究所藏清光緒二十一年上海賜書堂石印本影印。（單蕾）

泉南指譜重編六卷　林鴻編（第 1096 册）

林鴻（約 1862—?），字霽秋，廈門（今福建廈門）人。酷愛南音，兼擅南音琵琶，能書畫，爲廈門南音團體集安堂成員。曾任職稅局。編訂有《泉南指譜重編》、《南曲精選》。生平事迹見此書序。

此書爲福建南音曲譜集，簡稱《泉南指

譜》。南音中,有詞有曲用於歌唱之套曲稱爲"指"或"指套"。指套亦多作器樂曲演奏。純粹器樂曲稱爲"譜"。此書收録指套與譜兩部分,故名爲"指譜"。

全書分訂爲禮、樂、射、御、書、數六册。第一册内容繁多,前有序言、題詠及凡例。正文首述樂器,分列南音主要樂器琵琶、簫、笛、二弦、三弦、拍板之形制與奏法。再述唱曲大意,説明幾種基本板式與唱曲應注意事項。後爲"指詞四十五名概括",即將四十五套指詞名目依先後次序串成曲文,以便記誦。末爲目録兩種,包括南詞四十五套曲牌共一百三十二支,南譜十三腔曲牌共八十八支。其中南詞四十五套之板式譜,曲文僅注撩拍,無工尺。其凡例部分,具識譜法性質,頗爲重要。南音曲譜自成體例,其唱名、板眼、節拍、襯字、字音、字義之標記均與近代流行之工尺譜不同,欲讀此書曲譜,必先熟悉此部分内容。第二至第五册爲南詞《輕輕行》、《陣狂風》、《南海贊》、《爲郎情》等四十五個指套工尺譜,均分别注明曲名、套數和宫調、曲牌名和曲文本事。指套記指法爲一支香式,於曲文每字之下分注工尺、板眼、琵琶弦序及指法;標注襯字,個别特殊讀音均加注明。第六册爲南譜十三腔曲譜,有《四時景》、《梅花操》、《八走馬》、《百鳥歸》等十三套器樂曲。

此南音譜集成書較早,其選曲、分類、訂譜、注音及附説等均甚精審,爲學習及研究南音者所珍視。其中關於南音源流等傳説部分尚待詳考。

此書爲林氏以近二十年之力,旁搜博采,編纂而成,完成於民國元年冬。民國十年由上海文瑞樓書莊代印發行。今據中國藝術研究院音樂研究所藏民國十年上海文瑞樓書莊石印本影印。(單蕾)

碁經一卷(殘) (北周)佚名撰 (第1097册)

此書光緒二十五年(1899)出土於敦煌莫高窟第十七窟藏經洞,故又名《敦煌碁經》。全卷於光緒三十三年爲英籍匈牙利人斯坦因盜劫,原件現藏於倫敦大英博物館,編號爲敦煌寫本斯5574。1933年,清華大學歷史系張蔭麟得見此卷,即作簡要評述,并抄《梁武帝碁評要略》。1936年,向達於大英博物館閱敦煌經卷時亦見之,將其收於1957年所著《唐代長安與西域文明》目録中。1962年5月商務印書館編輯出版《敦煌遺書總目索引》,劉銘恕於"碁經一卷"條下説明《碁經》七篇篇名及後題之後有西域文文字一行。

《碁經》諱"黑"字,當爲避北周太祖宇文泰小字"黑獺",故應抄寫於北周。所談多唐以前弈情,含棋法、制度、詞彙、術語、典故等,基本限於春秋至蕭梁,無六朝以後人名。經文書法亦具六朝風度,別體字尤爲六朝經卷、碑碣中所常見者。就地域位置論,敦煌郡當時正屬北周領域。由此亦可推斷爲北周作品。

此書共一卷,原件卷首已殘損,除藏文題記外,存一百五十九行,二千四百四十三字。全書殘存七篇半,原應爲八篇,即誘征一、二,勢用,釋圖勢,碁制,部襄,碁病法及梁武帝碁評要略。作者以辯證觀點,將《孫子兵法》戰略戰術思想巧妙運用於圍棋,精闢論證下棋要訣在於鬥智、敏捷、靈活。

此書内容豐富,體系完備,語言精練警策,爲目前所見最早棋藝經典著作,比此前認爲最早之北宋張擬《棋經十三篇》提前五百年。此書對唐以前圍棋棋藝作一總結,表明古代圍棋發展和圍棋理論在唐以前已達到較高水平。

今據英國國家圖書館藏敦煌寫本影印。(裴 旎)

忘憂清樂集一卷 (宋)李逸民撰 **附棋經一卷** (宋)張擬撰 **棋訣一卷** (宋)劉仲甫撰 (第1097册)

李逸民,宋代棋壇宗師,曾被欽點爲翰林院

棋待詔。著有《忘憂清樂集》。生平略見此書序跋。張擬，清河（今江蘇淮安）人。宋仁宗皇祐年間（1049—1054）爲翰林學士。生平略見《棊經》序。

此書得名於宋徽宗詩句“忘憂清樂在枰棋”，内容包括文字和棋譜兩部分。文字部分録北宋仁宗皇祐中翰林學士張擬所撰《棊經》十三篇，北宋徽宗御製詩一首，南宋初年劉仲甫所撰《棋訣》四篇，張靖所撰《論棊訣要雜説》一篇，以及《孫策詔吕範弈棋局面》、《晉武帝詔王武子弈棋局》、《明皇詔鄭觀音弈棊局圖》、《諸國手野戰轉換十格圖》。棋譜部分録三國孫吳至北宋時期所流行之著名“棋圖”和“棋勢”五十餘幅，其中“孫策詔吕範弈棋局面”、“晉武帝詔王武子弈棋局”等圖局爲現存最早棋局，其於考察中國古代圍棋脈絡具有極高文獻價值。此外，書中録存宋代國手大量棋局、棋式、對戰套路以及記譜方法，至今仍頗具借鑒意義。

此書輯集前人有關圍棋之撰述以及歷代著名棋局、弈譜，加以編次，可謂有理論、有經驗、有指導之系統著作。過去普遍認爲，南北朝以前中國圍棋棋藝水準僅有十七道，而此書所載《孫策詔吕範弈棋局面》爲十九道。

此書有宋刻本，爲我國現存最早圍棋專著刻本，現藏國家圖書館，蝴蝶裝，分三册。書中避諱至孝宗朝，爲南宋孝宗時杭州地區刻本。此書著録於南宋陳振孫《直齋書録解題》、元馬端臨《文獻通考》、明葉盛《菉竹堂書目》及楊士奇《文淵閣書目》。清代先後經錢曾、黄丕烈，以及長洲汪氏藝芸精舍、湖州金仁甫、常熟瞿氏鐵琴銅劍樓諸家收藏。今據國家圖書館藏宋刻本影印。（裴犄旎）

適情録二十卷（存卷一至卷十五、卷十七至卷二十）（明）林應龍撰（第1097册）

林應龍，字翔之，號九溪，永嘉（今浙江温州）人。學問奥博，多才藝，擅畫、精篆隸、治印及圍棋，爲鑄印局大使。嘉靖初，充禮部儒士待次銓曹。著有《適情録》、《棋史》等。事迹見《（萬曆）温州府志》卷十二、《（光緒）永嘉縣志·藝文》等。

此書爲明代圍棋著作，共十册，二十卷，由兩部分組成。一爲正篇（一至九卷）、外篇與補遺（十至十八卷）；一爲圖説（十九至二十卷）。此書記譜仍採用唐代形式，即將棋盤劃分爲平、上、去、入四小局。正篇所載三百八十四圖，源出日僧虚中所撰《決勝圖》，林氏改編；九卷以下爲林氏自撰。前十八卷以軍事名詞術語爲題，按内容分爲正兵、奇兵、野戰、鏖戰、挑戰、守城、降城、封關、斬關、伏兵、游擊、開疆、受降、解圍、得雋、會盟、舞劍、演武、要遮、背擊等二十部；後兩卷繪有“五音諧律吕局”、“五行協歷紀局”、“五位乘會數局”、“三才定位局”、“三元起例局”、“三辰加臨局”等奇異圖型。書中并在棋局内外標注古代律曆、陰陽、五行、術數、九宫等相關符號，如將棋盤分爲九區，稱爲“九宫”，將棋局按古代“四分法”、“八分法”、“十二分法”區分爲若干部位，圖側一般注有“安貞吉”、“蔑貞凶”等與《易經》有關文字，或爲以一圖象徵一爻，全圖象徵六十四卦之三百八十四爻。

此書爲林氏增益發揮日僧虚中《決勝圖》而成，可謂中日兩國棋手合作之結晶。虚中著有《決勝圖》二卷，林氏甚爲欽佩，於弘治十七年取而益以己見，改編成《玄通集》，共二卷；嘉靖四年（1525），又追述虚中舊聞所傳弈譜三百八十四圖，爲之補遺，編成此書，共載棋圖近千種，在明代棋譜中占有重要位置。

此書《明史·藝文志》、《千頃堂書目》、《四庫全書總目》均有著録。初刊於嘉靖四年，有李廷相《引》及林氏自序各一篇。現存版本有嘉靖十七年楚藩崇文書院重刻本，浙江范懋柱家天一閣藏本二十卷，國家圖書館藏本存十六卷。另有明嘉靖四十年澄心堂刻本,陝西省圖書館藏本存十六卷,中共北京市委圖書館也有收藏。今據陝西省圖書館藏明嘉靖四十年澄心堂刻本影印,其中卷八、卷九、卷十七據河南省圖書館藏明刻本補入。(裴𪨧旎)

秋仙遺譜前集八卷後集四卷 （明） 褚克明撰 **附碁經一卷** （宋） 張擬撰 （第 1097 册）

褚克明,明代文人,生平事迹不詳。張擬生平見前《忘憂清樂集》提要。

此書前集八卷,後集四卷,爲明代頗負盛名之棋譜。卷前有徐慰懷序,稱褚氏“深知用譜之説,乃集國工之譜,自唐劉積薪及宋劉仲甫諸人,莫不悉備”,故此書“時出新意,以補古人之不及”,可令棋手“俱有譜之可依”。書前張擬《碁經》、劉仲甫《碁法》、《圍碁十訣》及《圍碁三十二字釋義》。

此書共十三篇,按論局、得筭、權輿、合戰、虛實、自知、審局、度情、斜正、洞微、名數、品格、雜説篇排列,次第井然,建立起圍棋理論體系。從北宋中葉起,此書流行最廣,影響最大,被棋人奉爲圭臬。

此書體例仿《孫子十三篇》,參照兵法闡述棋理“勝敗之要”。較以往圍棋理論多有深刻全面處。全書始述圍棋起源象徵,言其暗寓四方三百六十周天及陰陽八卦等,從而引申出圍棋開發心智之作用。尤其涉及圍棋戰略、戰術諸篇頗有精闢之見,如謂“棋有不走之走,不下之下”、“有始近而終遠者,有始少而終多者”、“與其無事而强行,不若因之而自補”等,均妙絕千古,後人罕出其右。此書首次闡述棋手品質作風等問題,提出“勝不言,敗不語”,“安而不泰,存而不驕”。

此書刊印於明嘉靖三十六年。今據國家圖書館藏明嘉靖三十六年徐慰懷刻本影印。(裴𪨧旎)

弈史一卷 （明） 王稺登撰 （第 1098 册）

王稺登生平見前《虎苑》提要。

此書一卷,正文分五部分,以弈者爲主線,歷數自“堯造圍棋”,經晉、唐、宋至明各代著名棋手,對其弈品加以品評,叙述甚爲簡潔。其末附辨論一則,駁諸書附會神奇之説,亦頗中理。此書著録於《四庫全書總目》存目。

今據南京圖書館藏清抄本影印。(裴𪨧旎)

弈藪四卷碁經注一卷 （明） 蘇之軾撰 （第 1098 册）

蘇之軾,字具瞻,海陽(今屬山東)人。天資聰敏,年十六即善弈稱國手,以熟勢見長,爲明中後期著名棋手。明末曾與朱玉亭、林符卿、過百齡等較量。著《弈藪》四卷行世,推古今第一,後來棋譜,皆從此脱胎。事迹見此書卷首蘇之軾《小説》及明程敏政編《休寧縣志》卷三三。

《弈藪》分元、亨、利、貞四集。元集前載有神宗萬曆至熹宗天啓間、程光祚、朱輅、王行可、程明宗、潘紹顯、汪文懋等名家序跋及贈詩,由此可知其成書至付梓歷時甚久。各集均分滿局、起手、侵分、殘局四部分。書中尚有蘇氏與同時高手角逐之若干對局。《弈藪》中各譜一律白先,布勢則選擇局中最精彩部分。此書在利集、貞集之間刻入《碁經注》一卷,注解詳盡,通俗易懂。所載官子、死活等殘局均爲常見者,比較實用。

此書有明天啓二年海陽程氏刻三色套印本。今據遼寧省圖書館所藏影印。(裴𪨧旎)

仙機武庫八卷 （明） 陸玄宇輯 （第 1098—1099 册）

陸玄宇,明萬曆年間著名藏譜家,吳趨(今江蘇蘇州)人。生平事迹不詳。

此書八卷,爲陸玄宇父子所輯,名手李伯闓、過百齡刪削,成於崇禎二年(1629)。書前有董中行序,謂過百齡主其書之刪削及殘局之翻新增變,可知此書先由陸氏父子長期收集資料編成，但内容龐雜，經李伯闔、過百齡等悉心整理、校訂，方定稿成書，由張懷玉刻印。全書以金、石、絲、管、匏、土、革、木八字分集，選録編輯當時幾部著名棋譜及對局，爲大型綜合性圍棋譜集，集前人之大成。書中主要收集明代名手對局，以及明人棋藝研究成果，其中如程白水遺局、蘇具瞻《弈藪》、朱玉亭《手譚選要》等，皆世所罕見，賴此書以存其概。書中殘局部分，乃過百齡心力所萃，不少創作發人深省。此書内容亦以死活題爲主，多有角上寥寥幾子之未定形死活題，實用價值極高，與《玄玄棋經》齊名。

今據天津圖書館藏明崇禎二年刻本影印。

（裴旖旎）

潞藩輯纂萬彙仙機碁譜十卷　（明）朱常淓輯　（第1099—1100 册）

朱常淓（1607—1646），字中和，號敬一主人、敬一道人。鳳陽（今屬安徽滁州）人。明潞簡王朱翊鏐第三子，萬曆帝侄，俗稱小潞王。萬曆四十六年（1618）襲潞王爵位。明亡後流寓杭州。清順治二年（1645）六月，弘光政權覆滅後，在杭州被明朝大臣推爲監國。清軍至，遂投降，被殺於北京。善書畫、圍棋，精通音律，著有《古音正宗》，輯編有《潞藩輯纂萬彙仙機碁譜》。生平略見於《明史》、《明神宗實録》卷四四二。

此書刊行於崇禎七年（1634），共十卷，以天干爲序號。卷首有自撰題跋與序。全書選刊前代遺留棋譜，載“敵手出局”一百局，并有當時流行棋式及變化，又有首子下於天元之“太極圖”七十四局及少量受子局，并選載殘局和死活棋形四百九十餘式。

今據北京大學圖書館藏明崇禎刻本影印。

（裴旖旎）

不古編不分卷　（清）吳貞吉輯　（第1100 册）

吳貞吉，字瑞徵，新安（今屬安徽黃山）人。

康熙年間著名棋手，曾往來江淮吳越間，從諸前輩盛大有、季心雪等交流棋藝，與新鋭黃龍士、張吕陳、卞邠原等多有對局。推崇“不戰屈人”理論，頗有大局觀。輯有《不古編》。生平略見《官子譜》吳貞吉序。

康熙十五（1676）至十六年間，吳氏往福州授棋，有好弈者詢近世名家新譜，吳氏於是編選此譜，福建總督姚啓聖及瞿世壽等爲之作序。據書前康熙二十一年姚啓聖題序及蔣焜題序，書名“不古編”，乃“以見弈藝日新，不以古囿之也”之義。書中每局皆有評語，極爲精當。從吳氏與黃龍士對局三局，及與程仲容、高欽如、吳孔祚、蕭幼白、楊汝炯諸人之對局，皆可見其棋藝之精湛。

今據福建省圖書館藏清康熙刻本影印。

（裴旖旎）

兼山堂弈譜一卷　（清）徐星友輯　（第1100 册）

徐星友，名遠，錢塘（今浙江杭州）人。工書善畫，亦工象棋，名列清代“九大家”。三十歲後始攻圍棋，師從黃龍士，棋藝猛進，終與黃氏齊名。後游北京，敗周東侯及高麗使者，聲名益噪。康熙末期，爲新鋭程蘭如所敗。從此南歸故里，專事著作，著有《兼山堂奕譜》、《殘局專集》、《繪聲園奕譜》等。事迹見《碑傳集補》卷五六。

此書爲徐氏傾注後半生精力而成，因録有與黃龍士激烈對殺之十局“血淚篇”而著稱，爲我國最有價值古譜之一。書前有翁嵩年序。書中解説精良，對局評注上佳。明以前，棋譜一般只列姓名圖勢，不加評斷。明中葉起，部分棋譜始略加評語，但評述寥寥，讀者獲益不多。清初棋譜，如吳貞吉《不古編》、盛大有《弈府陽秋》、周東侯《弈悟》等，改變以往評語過簡之不足，惜又語多含糊，不確之處俯首可拾。此書則精選過百齡、李元兆、周懶予、盛大有、汪漢年、周東侯、黃龍士等明末清初近二十位國手之代表性對局，每局評解均鞭辟入裹,觀點頗爲中肯確切。徐氏結合自己一生對局經驗,認真研究各盤各局之得失,對各家之棋風進行深刻總結,定式之沿革也多有介紹。徐氏論棋重在平淡,自述棋風有"沖和恬淡,渾淪融和"、"制於有形,不若制於無形"、"閒談整密,大方正派"諸語,其含蓄而有力之棋術,對後世影響甚大。

此書初刻於康熙末年,後屢有翻刻。今據北京大學圖書館藏清康熙刻本影印。(裴鏑旎)

官子譜三卷　(清)陶式玉輯(第1101册)

陶式玉,名存齋,別號霍童山人,紹興(今浙江紹興)人。清康熙間初仕北京畿南道屬官,二十五年(1686)擢居臺諫,二十六年出任兩淮鹽道。二十八年主持編輯《官子譜》。生平事迹見此書諸序。

此書署陶式玉評輯,吳貞吉、蔡四德參訂。據自序,陶氏康熙二十八年觀國手對弈,見其勝負往往決定於官子之得失,因編輯此書。而此前吳貞吉已編印《不古編》圍棋名譜,亦在收集資料準備編撰《官子譜》,陶氏因邀其校訂。書成於康熙三十三年,六年間改稿六次,終在榕城付梓。

此書分上、中、下三卷,卷首有陶式玉自叙、朱弘祚序、胡獻徵叙、吳瑞徵序。書中共載一千四百七十八局,據吳貞吉序所言"其間有仍之舊譜而增變者,有取之成局而翻新者,有得之對壘而脱換者",可見其收集之廣泛。其中有過百齡、曹元尊等人《官子譜》,亦有黃龍士《官子譜》及蕭燕公《弈鏡》之官子部分,尚有各名手新作及其對局之精妙收官法,包括死活、侵分、收官等部分,可謂我國古代官子部分較爲全面之總結。

此書有"惠直堂"及"本衙"兩種版本,均爲清康熙年間刻本。惠直堂版流傳較廣,本衙版僅見於孫殿起《販書偶記》。今據惠直堂刻本影印。(裴鏑旎)

官子譜不分卷　(清)過百齡撰(清)林則徐輯評(第1101册)

過百齡(1587—1660),百齡一作伯齡,名文年,無錫(今江蘇無錫)人。十一歲解弈,與人對局輒勝。及長游北京,與前輩國手林符卿激戰百餘局,占優勢。數十年間,天下論弈者咸推爲宗,奉爲國手。後與周懶予對局,負多勝少。入清後,來往於北京及江淮之間,與棋界名手角逐。卒於北京。著有《四子譜》、《三子譜》、《官子譜》,并輯定明陸玄宇父子《仙機武庫》。事迹見清秦松齡《蒼峴集・過文年傳》。

林則徐(1785—1850),字元撫,又字少穆、石麟,晚號俟村老人、俟村退叟、七十二峰退叟、瓶泉居士、櫟社散人,侯官(今福建福州)人。曾任江蘇巡撫、兩廣總督、湖廣總督、陝甘總督、雲貴總督,兩次受命爲欽差大臣。愛好詩詞、書法、棋類,著《雲左山房文鈔》、《雲左山房詩鈔》、《使滇吟草》及《林文忠公政書》等。傳見《清史稿》。

此書爲過百齡撰,林則徐輯評。收集整理自古流傳之死活與收官妙手,論述收官問題全面透徹,爲我國首部收官著作,亦屬過氏諸作中價值最高者,深受日本棋界重視。此書頗多創新,流傳極廣,其中"倚蓋"一項,至今仍爲中外沿用之範型。過氏畢生從事圍棋研究,對明末清初圍棋發展有重要貢獻。周懶予、黃龍士、徐星友等人繼之而起,均以其爲基礎。清乾隆年間,中國圍棋出現高峰,與過氏貢獻密不可分。

今據山東省圖書館藏本影印。(裴鏑旎)

弈妙一卷弈妙二編一卷　(清)吳峻輯(第1101册)

吳峻,字繍仙,無錫(今屬江蘇)人。

《弈妙》與《弈妙二編》各載二十局,分別爲梁魏今、程蘭如、施襄夏、范世勳之對局。

此書有崇雅堂刻本,卷前有"餘杭施襄夏

先生鑒定"、"范西屏、施襄夏先生鑒定"字樣。并有吳峻、吳駒序。今據復旦大學圖書館藏清乾隆二十九年崇雅堂刻本影印。（裴旖旎）

桃花泉弈譜二卷　（清）范世勳撰（第 1101 冊）

范世勳（1709—約 1770），字西屏，海寧（今屬浙江）人。初拜郭店張良臣學棋，後拜浙江圍棋高手山陰俞長侯爲師，十三歲即與其師并肩齊驅，十六歲隨師游松江，屢勝名家，成爲國手。二十餘歲游京師，與各地名手較量，戰無不勝，被推爲"棋聖"。棋風奔放，不循古法，有"弈林李白"之美稱。事迹見袁枚《范西屏墓志銘》及畢沅《秋學對弈歌序》。

乾隆四年（1739），范氏應平湖一大戶之邀，與同里棋聖施襄夏對弈十局。平湖別稱當湖，故稱"當湖十局"。二人對弈實十三局，氣勢磅礴，殺法精緊，前所未有。范氏將"當湖十局"及平生對弈經驗著成棋譜，揚州鹽運史高恒特以官署古井"桃花泉"名之，并用署中公款代印此書。

此書在我國圍棋史上最有影響，價值亦最大。全書分上、下兩卷，上卷起爲"九五鎮"，止於"九四壓"；下卷起於"五六飛攻"，止於"扭十字"。内容極爲豐富、全面，多所闡發獨特見解，故甫一刊行，便轟動棋壇，此後不斷重刻，二百年來影響棋手無數。

此書現存清乾隆三十年刻本、清同治二銘草堂刊本、清光緒弈潛齋刻本、清末民初千頃堂石印本等數種。今據清乾隆三十年刻本影印。（裴旖旎）

弈理指歸圖三卷　（清）施襄夏撰（清）錢長澤繪圖（第 1101—1102 冊）

施襄夏（1710—1770），名紹闇，字襄夏，號定庵，海寧（今屬浙江）郭店人。見同鄉范西屏學弈甚優，慕而同學，不久與范爭先，後又得老國手徐星友指教。雍正十年（1732），與

前輩國手梁魏今同游岷山，得其指點，遂悟自然之理，棋藝精進。與范西屏同列爲當代第一國手，并稱"棋聖"。兩人於雍正、乾隆間同時馳騁棋壇，所向披靡。棋藝各擅其妙，行家比作詩中李杜。乾隆四年（1739），兩人對弈於平湖，前後十局，勝負相當，即著名"當湖十局"。生平事迹見此書自序。

施氏晚年客居揚州，認真總結前人棋著得失，著《弈理指歸》，後又著《續編》，其書與范西屏《桃花泉弈譜》同爲後世弈者所必讀，理論貢獻很大。書中推崇《兼山堂弈譜》與《晚香亭弈譜》，但也大膽指出二書缺陷，較前人有較大發展。施氏《弈理指歸》原文爲文言口訣，字句深奧，圖勢較少，後錢長澤爲之增訂，配以圖勢，成《弈理指歸圖》三卷。卷前有錢長澤、趙深、張夢喈序，張世達作跋。

今據復旦大學圖書館藏清乾隆三十六年笙雅堂刻本影印。（裴旖旎）

弈理指歸續編一卷　（清）施襄夏撰（第 1102 冊）

施襄夏生平見前《弈理指歸圖》提要。

此書爲施襄夏過世後，學生李良所刊行，卷前有鄧元鏸、李良序及施襄夏自序。書中《凡遇要處總訣》部分，幾乎涵蓋當時圍棋全部着法，爲全面論述圍棋戰術之著作，亦爲我國古典圍棋理論少見之精品。其口訣化抽象爲詳細，變深奧爲通俗，變蕪雜爲精當，皆爲施氏平生實戰及研究心得。句法精煉，内容豐富，爲人傳頌。其所述行棋之道，其深度超《棋經十三篇》。此書另含《攻角總旨》、《四子總指》及制孤、大鐵網、小鐵網、空花角、點角、封角、下侵、扭角等局部圖譜，皆用歌訣寫成，多精闢通俗，易於誦記。

今據上海圖書館藏清光緒二十二年弈潛齋刻本影印。（裴旖旎）

過伯齡先生四子譜二卷 （清）過文年撰
（第 1102 册）

過文年，見前《官子譜》提要。

此書專門研究被讓四子條件下之對局棋式，包含鎮神頭起手式六十六變、大壓梁起手式一百一十一變、倚蓋起手式一百七十八變、六四起手式三十變、七三起手式五十四變等類，每一類又分"全局圖"、"變化圖"二種，着法一般緊湊扼要，計算精確，并附有詳細解説。此書以角上起手法（即"定式"）爲主，可見當時棋手已着重在起手上下功夫，爲一大進步。其所録定式着法精勁，實用價值極高。此書堪爲過氏一生棋藝之總結，其中各種起手式窮盡變化，批注詳盡，所演述倚蓋起手式尤爲精彩詳備，可稱受子譜典範，被後學視作範本。

此書由陸求可訂正，并作序。今據清乾隆五十一年金閶書業堂刻本影印。（裴旖旎）

弈程二卷 （清）張雅博輯（第 1102 册）

張雅博，名又村。生平事迹不詳。

嘉慶四年（1799），張氏於自名家國手百數十局中選出三十六局輯成此書，爲我國古代圍棋名譜之一。全書由三十六局棋、得心篇、施襄夏手批十八局三部分組成，最有價值部分爲手批十八局，而三十六局棋亦頗有價值。據研究者以《寄青霞館弈選》、《受子譜選》和《海昌二妙集》等書相參照，確定此三十六局中有施襄夏與陸士經、徐星友與趙端木、徐星友與張廉善、范西屏與卜立言、黄龍士與徐星友等對局。此書可謂集前人之精粹，爲後世圍棋對局研究貢獻頗豐。

今據上海圖書館藏清嘉慶四年退一步山房刻本影印。（裴旖旎）

餐菊齋棋評一卷 （清）周鼎撰（第 1102 册）

周鼎（約 1820—1891），字小松，江都（今江蘇揚州）人。與陳子仙爲師兄弟。二十一歲享名全國，馳騁棋壇五十餘年，棋風穩健平和，算路準確，爲晚清"十八國手"之一，當時知名棋手多曾承其指導。著有《餐菊齋棋評》。事迹見汪二丘《周鼎傳》、《碑傳集補》卷五六。

此書卷首有管樂序、周氏識。書中選載嘉慶至同治年間名手潘星鑒、任渭南、申立功、金秋林、楚桐隱、黄曉江、李堪源、周星垣、施省三、董六泉、周小松、陳子仙等二十七局棋譜，每局均作詳細分析與解説，論斷精辟。周氏治學嚴謹，書中對弈譜均遴選自上千局實戰對局，選擇既嚴，評述亦中肯、精當，如評價潘星鑒、任渭南、金秋林、申立功四名手云："潘、任、金、申四君余未及見，皆一時名手，雖棋路不同，同歸於善。但千慮之中不免一失，義求至當，不厭索瘢，固非好訾先輩也。"

此書於同治十一年首刊於揚州無弦琴室，與清初徐星友所編《兼山堂弈譜》并稱爲清代兩大評譜名著。今據浙江圖書館藏清同治十一年管樂刻本影印。（裴旖旎）

周懶予先生圍碁譜一卷 （清）周嘉錫撰
（第 1103 册）

周嘉錫（約 1630—?），字覽予，又稱懶予，浙江嘉興人。自幼善棋，於"過周十局"之爭中擊敗棋壇名宿過百齡，又敗清初名手周東侯，獨步南北棋壇。約卒於康熙初期。著有《圍棋譜》一卷。事迹見此書卷前周篔撰《周懶予傳》及《兼山堂弈譜》。

此書原本亡佚，現存同治十二年蘇州覆刻本。封面題"同治癸酉三月"，牌記題：上海江左書林藏板，卷前有《周懶予傳》，卷尾題"嘉慶丙寅小春月嘉禾盛如柏重校"。譜中詳記周懶予與過百齡、周東侯、周元服、汪漢年、野雪、戴臣埜、許在中、汪幼清、盛大有、李元兆等棋手之對弈棋局。今據南京圖書館藏清同治十二年刻本影印。（裴旖旎）

寄青霞館弈選八卷續編八卷　（清）王存善輯（第 1103—1104 冊）

王存善（1849—1916），字子展，仁和（今浙江杭州）人。早年隨父至廣東，光緒中署知南海，官虎門同知，并管理廣州税局。光緒二十六年（1900）遷居上海，因善理財受盛宣懷賞識，主持招商局并任漢冶萍公司董事，擢保道員。其家世有藏書，編有《知悔齋存書總目》、《知悔齋檢書續目》。亦喜校書，著有《南朝史精語》、《輯雅堂詩話》等。輯刊有《寄青霞館弈選》及《續編》各八卷。生平見《清史稿》。

此書共十六卷，爲自明末至民初衆多代表性棋譜之彙編，卷前有各棋手簡傳，所選棋手皆當時名噪一時者。全書共收録八百四十八局棋譜，計有五百八十局分先對局譜、七局定先對局譜、一百七十七局受二子對局譜、五十七局受三子對局譜、二十七局受四子對局譜，集清代國手對局大全，可稱規模浩大之棋譜集成。

今據復旦大學圖書館藏清光緒二十一年刻二十三年增修本影印。（裴旖旎）

潘景齋弈譜約選一卷　（清）楚桐隱（清）章芝楣編（第 1105 冊）

楚桐隱，大興（今屬北京）人，約生活於晚清。潘景齋，名耀遠，號星鑒，又作星見，宜興（今屬江蘇無錫）人。與任渭南、申立功、金秋林同爲晚清棋壇佼佼者。道光年間曾設局京師。卒年四十。生平見《碑傳集補》卷五六。

此書選潘氏棋譜三十局，皆爲與圍棋名家申立功、陳勝林等人之對局。書中有楚桐隱、章芝楣合評，二人均列晚清十八國手，評點精當。

此書於清光緒年間刊印，今據浙江圖書館藏清刻本影印。（裴旖旎）

橘中秘四卷　（明）朱晉楨輯（第 1105 冊）

朱晉楨，字進之，東海（今屬江蘇連雲港）人。明崇禎時象棋名手。雲南總督翼維弟。輯有象棋譜《橘中秘》四卷。生平事迹見此書朱翼維（無住居士）序。

此譜校閲者朱爾鄰、朱景蕭稱，晉楨有感於弈貴象賤，象譜寥寥，乃總結前人戰術成就，輯成此譜。此書與《梅花譜》并爲傳世兩大象棋譜。其内容大多選自《適情雅趣》，又加整理、分類及棋譜編寫方法均較完整。卷首有無住居士序、凡例。書分四卷，前二卷爲全局，分爲得先、饒先、饒左馬、饒雙馬；後二卷係實用殘局，共一百三十七局，多取自《適情雅趣》。譜中《殘局説》一文屬我國象棋史上第一篇殘局專著，言簡意賅，指出殘局重要性及規律性，且闡明勝負和要點，將軍事原理成功引入象棋中。

此書可稱集明代全局與殘局之大成者。書中全局部分基本徑襲《金鵬十八變》譜，而又有所改進，更趨精密、系統。所收殘局不多，但其實用性顯著，勝於《夢入神機》、《適情雅趣》等名著。所選録宋明以來之實用殘局，歸爲雙車、雙馬、車馬等十五類，伸其説，訂其謬，間附自創殘局。此外，本譜作爲鬥炮時代殿後之名著，對宋元明以來鬥炮戰術之總結頗爲全面。此譜編排多所變革，爲後來棋譜家稱道效法。清薛丙在《心武殘篇·凡例》中稱：“舊譜接變之法，朱進之先生《橘中秘》最善，可使閲者易於參變。”全書又創一整套符號系統，對後人多有啓發。

此譜刊印於崇禎五年。問世後一版再版，廣爲流傳，古譜中影響最大、版本最多。清代有江左書林、静樂齋、萬元齋、味根齋、本衙藏版等翻印本，此後石印、鉛印本亦多。今據吉林大學圖書館藏明崇禎五年刻本影印。（裴旖旎）

適情雅趣十卷　（清）徐芝輯（第1105冊）

徐芝，金陵（今南京）人，活動於明末清初。

此書爲象棋譜，徐芝輯選，陳學禮校正。卷首有《棊經論》一篇。共十卷，前八卷爲殘局圖式，相傳選自《夢入神機》。其中殘局棋圖共五百五十局，每局均以四字命名，圖下附有提示，指出取勝要領。後兩卷爲全局部分，選自《金鵬十八變》，主要介紹順手炮、列手炮各種變化。其内容以殺局爲主，兼有少量精妙和局。此譜内容豐富、局例多，爲現存象棋古譜中最早、最系統、最具規模者。此譜廣收博覽，録存明代以前象棋成果，諸多紅勝棋局爲清代以和局爲主之古譜之藍本。

此譜刊印於明隆慶四年，現存主要版本有三畏光啓堂、敦化懷德堂及敦化齋等木刻本。其中三畏光啓堂本爲此書最早刻本，書内扉頁題“適情雅趣”四字，上有“爽心怡神”四小字，右上角列“金鵬十八變”五字，左下角列“三畏　光啓堂藏版”字樣，另有一拙逸道人序文，題爲“適情雅趣引”。敦化懷德堂較晚，列有“敦化　懷德堂藏版”字樣，其内容全同三畏光啓堂本。今據北京大學圖書館藏清刻敦化懷德堂印本影印。（裴驍旎）

心武殘編四卷首一卷　（清）薛丙輯（第1105冊）

薛丙，號橘隱居士，松江（今屬上海）人。幼得象棋名家何克昌指導，棋藝超群。著有象棋排局譜《心武殘編》，并增訂童聖公所著《梅花泉》。兩書均爲後世棋界經典。生平可見《松江縣志》卷三一。

四卷，卷首爲圖式，正文爲着法，基本以和局爲主，同類殘局則集中加以解析。其和局又分彼此終無勝着之正和、一將一閑之紛和及祥和三種。譜中所有着法變化及訂正部分，均較此前諸殘局譜深奧。全譜歸類編排得體，着法洗煉深奧，將殘（排）局研究推向深入。此譜與清代象棋名譜《百局象棋譜》、

《竹香齋象戲譜》、《韜略元機》合稱“清代四大殘排局譜”。

此譜初刊於嘉慶五年，六年後重訂補遺。現存抄本，分四卷，卷首一卷，卷前有王昶、汪大經序及自序、凡例。卷後附原書紙簽二十九條。今據上海圖書館藏抄本影印。（裴驍旎）

竹香齋象戲譜三卷　（清）張喬棟輯（第1105—1106冊）

張喬棟（？—1812），字蘭汀，號櫟洲散人，又自號竹香齋主人，長洲（今江蘇蘇州）人。三世好弈，家藏象棋譜百餘種。輯有《竹香齋象戲譜》三集。

此譜爲繼《橘中秘》、《韜略元機》、《梅花譜》之後又一象棋名譜，爲清代四大象棋名譜之一，在四譜中最後刊行，水平甚高，備受矚目。此書所録棋局，與《韜略元機》相同者八十四局，與《橘中秘》相同者十九局，但局名多不同，著法亦有變動，於前譜部分謬誤有所訂正。尤其此譜三集局後偶有跋語，標明武林派、吴中派等，乾隆年間象棋藝術流派，可從此書見其端倪。明以後棋譜多以勝局及實用殘局爲主，此譜則多以和局作爲殘局之研究方向，反映出乾嘉棋藝水準之提昇，堪稱此時期棋藝水準之尺規。

此譜卷前有丁澗、徐雲路、董國琛題詞，張喬棟序、張景煦序。三集有張喬棟序。此譜初刊於嘉慶九年，稱“甲子刻本”，只刊行初、二兩集。其中初集八十四局，二集七十六局，合計一百六十局。後又將四十八局棋勢變化最繁複者編爲第三集，邊雕版邊增删，惜未能面世而張氏去世。其子景煦繼承父志，删初集六局、二集六局，三集加四十八局，合編成三集共一百九十六局之丁丑本，於嘉慶二十二年刊印。清以來，此譜屢經翻刻，有木刻、石印、鉛印多種版本，局數不同，或有多達二百零八、二百一十一局者。今據南京圖書館藏清嘉慶刻二十二年增修

本影印。（裴旖旎）

漢官儀三卷　（宋）劉攽撰（第 1106 册）

劉攽生平見前《孟子外書四篇》提要。

此書集西漢士大夫遷官故事爲博戲，乃博弈游戲之書，内容獨特。雖爲適情之作，而西京職官之制度大備，可資讀《漢書》者參考。晁公武《郡齋讀書後志》以"雅馴"稱之。

此書爲《天禄琳琅書目續編》卷五著録，阮元據影宋抄本著録於《四庫未收書目》。有宋刻本傳世，有"紹興九年三月臨安府雕印"及"揚州穆西堂刊"字樣。此本鐫刻甚精，明代藏於内府，入清爲徐乾學所藏，後入内府，民國後歸周叔弢，今藏國家圖書館。今據國家圖書館藏此本影印。（裴旖旎）

射書四卷首一卷　（明）顧煜撰（第 1106 册）

顧煜，字銘栢，無錫（今江蘇無錫）人。順治六年（1649）進士。知象山縣，清勤自飭，邑以大治。因失上官意，罷歸。著有《尚書講議》、《經濟巨文》、《古文粹》等。傳見《（乾隆）大清一統志》卷六一《常州府》、《（光緒）無錫金匱縣志》卷二〇《宦望》。

此書内容包括明代《武科制詔疏議》、射法、射式、馬射、射禮等。其射法、射式所引之書多注"秘授"二字。其中附版畫十餘幅，較精。《四庫全書總目提要》稱其"體例頗爲蕪雜"。

顧氏爲明末清初人，此書自序作於崇禎十年，故《四庫全書》定爲明人著作。清徐乾學《傳是樓書目》、《四庫全書總目》存目、唐豪《中國武藝圖籍考》、《中國古籍善本書目》子部藝術類對此書均有著録。此書有明崇禎十年刻本、光緒十四年貽經書屋刊本。今據明崇禎十年刻本影印。（裴旖旎）

射學指南一卷　（明）楊惟明輯（第 1106 册）

此書卷首題"蘭陵許鼎臣論定，同社楊惟明編輯、邵元植參閲"。楊惟明，字遠孺，生平不詳。許鼎臣，武進（今江蘇常州）人。萬曆三十五年進士（1607），崇禎六年（1633）出任山西巡撫，鎮壓山、陝農民軍頗有戰功，後調河南，因閹黨干擾而不得其用。生平見《（雍正）江南通志》卷一四二。

此書前有許鼎臣《小引》，稱楊氏擅長射箭，并輯編射家要法而成此書，書後有楊氏跋。全書分"步射法"與"馬射法"兩部分，而重在步射，馬射則一筆帶過。步射所述各法，有沿襲之談，亦頗有心得處，如眼法言："凡射六十步拳對把子中心；七十步拳對把子頭頸；八十步拳對把子頭上。務用目力諦視。"

今據明崇禎十年刻本影印。（裴旖旎）

壺史五卷　（清）郭元鴻撰（第 1106 册）

郭元鴻，號兩峰山人，江西泰和人。生平事迹不詳。

此書撰成於萬曆五年（1577）。作者以投壺爲射禮之遺，爲之考訂。首引群書，集結關於投壺之各式群書雜書，包括《禮記·投壺篇》、《左傳·齊侯晉侯投壺》、《西京雜記》、《漢記》、《崔寔投壺》、《晉陽秋·王胡之投壺》、《吕氏投壺說》、《壺籌銘》、《投壺對》、《投壺經》等；次載投壺正義，即"司馬温公投壺格序"并"太常博士陳祥道禮書"；後爲投壺所創新名介紹。卷末有製壺矢法。正文并附圖像，羅列明晰，講解詳盡。

今據明抄本影印。（裴旖旎）

投壺考原一卷　（清）丁晏撰（第 1106 册）

丁晏生平見前《易林釋文》提要。

此書對投壺活動作詳盡注解、剖析，并論述此禮儀活動隨古禮源流變遷之發展過程。卷前有作者自叙，正文分禮典、傳記、賦文、圖經幾部分，將投壺活動形成之背景、源流、發展、軼事、詩文等詳盡介紹。另附圖例解說。書成於咸豐六年（1856）。

今據清光緒十四年刻《南菁書院叢書》本影印。（裴喬旎）

蹴踘譜不分卷　（第1106冊）

此書爲明人所著，不分章節，有部分文字、詩詞重複，內容大體可分爲蹴鞠意義與球場禮儀、踢球基本動作、球之製作規格、一至九人場踢法、各種雜踢、球門格範與官場踢法、圓社錦語、花式動作及成套解數、白打社規、拜師及踢球禮儀十部分。於宋元民間蹴鞠藝人及蹴鞠愛好者社團組織"齊雲社"、"圓社"亦有涉及，如書中記有圓社拜師入會程序及社規禮儀，并記有"天下稱圓社，人間最美稱"、"萬種風流事，圓社總爲先"等宣傳語，可知南宋之圓社專事蹴踘比賽組織與宣傳之職。

此書爲鄭振鐸收藏。原書爲手抄本，缺封面封底，無書名及著者名，乃據其首頁詩文之首句"蹴鞠初興黃帝爲"首二字擬訂今名。全書現存六十九頁，每頁十行，每行二十四字，共約三萬多字。鄭振鐸曾據以影印，收入其《玄覽堂叢書》第三集中，流傳極少。《中國叢書綜録》將此書定爲明人著作。今據南京圖書館藏清抄本影印。（裴喬旎）

酒人觴政一卷　（清）訥齋道人編（第1106冊）

此書卷前有乾隆五十八年（1793）仲秋編者自叙，并有吳彬（繡園）酒政六則，分別爲飲人、飲地、飲候、飲趣、飲禁、飲闌。另有張蓋（晉濤）彷園酒評之酒德、酒戒及飲酒八味。全書詳盡解説酒令、酒籌、酒事，圖文并茂，每幅圖均分欄解説，引人入勝。

今據國家圖書館藏清乾隆五十八年怡府刻本影印。（裴喬旎）

六博譜一卷　（明）潘之恒撰（第1106冊）

潘之恒（1556—1621），字景升，號鸞嘯生、冰華生，安徽歙縣人。明嘉靖年間（1522—1566），任中書舍人，得汪道昆保薦，入汪氏主

持之著名詩社"白榆社"。兩試太學未中，從此研究古文、詩歌，恣情山水。工詩，愛好戲曲。著有《叙曲》、《吳劇》、《涉江集》等。生平見《列朝詩集小傳》丁集下。

此書詳述古代擲采下棋之比賽游戲"六博"。此游戲以吃子爲勝，因使用六根博箸，故名。其中古玩法大博，如同象棋，需殺掉特定棋子以求勝，爲早期兵種棋戲，被認爲象棋類游戲源頭。此譜介紹六種牌戲，即宣和譜、合歡譜、除紅譜、鬥腰譜、雙成譜、投瓊譜，簡略介紹棋具、結構複雜之棋局、變化多樣之走棋方式及名目繁複之彩點等，文字簡潔有法。

今據上海圖書館藏明刻《重訂欣賞編》本影印。（裴喬旎）

六博碎金七卷　（第1106冊）

"六博"牌戲盛行於明代，原爲擲箸行棋角勝之古老局戲，後衍伸爲機率游戲之總稱。此書著者不詳，卷前有凡例及"賞采"一卷。正文有缺損，主要介紹六種牌戲，即宣和譜、續貂譜、除紅譜、鬥腰譜、雙成譜、投瓊譜，共用五十六張牌。全書圖文并茂，極爲詳盡。其中《宣和譜》有一百二十六幅圖，二百三十種變化。無論"文牌"、"武牌"，都曾成對出現。每頁圖左側爲牌名，右側爲一句唐詩，中間爲牌形。今據國家圖書館藏明雕蟲館刻本影印。（裴喬旎）

宣和牌譜　（第1106冊）

此書著者不詳。"宣和牌"古稱"牙牌"、"骨牌"，今稱"天九"牌，亦稱"牌九"。明末張自烈《正字通·牌》云："牙牌，今戲具。俗傳宋宣和二年，臣某疏請設牙牌三十二扇，詩點二百二十有七，以按星宿布列之。"宣和爲北宋徽宗趙佶年號。後宋高宗趙構下旨頒行天下，流行至今。

此譜爲迄今最完善之博戲類牌譜書，乃酒令之一，書中配以長者及仕女欣賞園林美景

之精美圖畫、七言古詩。譜中鐫有譜名、配詩、配畫牌譜六十八幅，繪圖工整細緻，解説詳盡。卷前有味道齋翠巘序。

今據江安傅氏佩德齋藏明正統成化間彩繪本影印。（裴旖旎）

弔譜集成六卷首一卷緒餘一卷　（清）退庵居士輯（第 1106 册）

弔，即馬弔，亦作馬吊，古代博戲之一種。因合四十葉紙牌而成，又稱“葉子戲”。牌分十字、萬字、索子、文錢四門，前兩門畫《水滸》人像，後兩門畫線索圖形。四人同玩，每人八葉，餘置中央，出牌以大打小。具體可參明潘之恒《葉子譜》、馮夢龍《馬吊牌經》。

此書卷前有雍正十年（1732）小隱山叟笠亭氏序及有乾隆五十八年（1793）斗橋學人弁言，及採取各譜名目、凡例、目録，書後附有緒餘、紀事一卷。全書共分卷首一卷、後六卷、緒餘一卷。卷首爲龍子猶十三篇，分別爲：論品、論弔、論發、論捉、論開門、論減、論留、論隱、論忍、論還、論意、論損益、論勝負、論弔五要。卷一爲賀例、沖例、罰例；卷二爲發張賠例；卷三爲捉張賠例；卷四爲縱張賠例；卷五爲減張賠例；卷六爲留張賠例。全書將馬吊活動形成之背景、源流、發展、規則等作一介紹，内容詳盡，結構嚴謹。

今據復旦大學圖書館藏清刻本影印。（裴旖旎）

葉戲原起一卷　（清）汪師韓撰（第 1106 册）

汪師韓（1707—1780），字抒懷，號韓門，錢塘（今浙江杭州）人。雍正十一年（1733）進士，爲翰林院庶吉士。散館，授編修，奏直起居注。尚書張照任武英殿總裁時，薦舉校勘經史。後又受大學士傅恒推薦，入直上書房，復授編修官。不久落職，客游京畿，應直隷總督方觀承邀請，主講蓮花池書院，曾奉命查核全國書院山長。師韓精通經義，著述宏富。

著有《觀象居易傳箋》十二卷，《孝經約義》一卷，《韓門輟學》五卷續編一卷等。生平見《清史列傳》卷七一、《碑傳集補》卷八。

葉戲，即葉子戲，博戲之一種，以葉子格爲用具。大約出現於漢代，宋時風靡全國，出現有關“葉子戲”書籍和牌譜，如《編金葉子格》、《小葉子格》、《新定編葉子格》、《擊蒙葉子格》等。此書即闡述葉子戲之起始及形制，謂優點有五：“便宜挾以游，一也；靈活可思，二也；無彈棋坐隱之煩，三也；可容坐四人，四也；可以聚談不厭，五也。”卷前有牌記“光緒丙戌秋錢塘汪氏重刊於長沙”，後有作者自叙。正文詳述葉戲形成之背景、源流、發展、規則等。書後另有六種書譜附録，分別爲明汪伯玉《數錢葉譜》一卷、明潘之恒《葉子譜》、明潘之恒《續葉子譜》、明黎遂球《運掌經》、明龍子猶《牌經》十三篇、明龍子猶《馬弔脚例》。

今據清光緒十二年刻《叢睦汪氏遺書》本影印。（裴旖旎）

譜録類

古玉圖考不分卷　（清）吳大澂撰（第 1107 册）

吳大澂生平見前《憲齋自省録》提要。

吳氏喜玉，精於鑒别，有感當時好古之士詳於金石而略於玉，而古玉典籍或無考證，或乏圖録，故廣收資料，以所見及所藏古玉考以《周禮》等先秦古籍，編成此書。

此書卷首有吳氏手書書名及光緒十五年（1889）自叙。全書考證古玉，圖文并茂，共録玉器近二百件。每類玉器均有附圖，其圖由吳氏族弟大楨繪製，圖後按類附有器物尺寸、名稱、用途、年代等文字説明。此書將古玉器考據同古代歷史研究相聯繫，是學術性古玉研究專著。如吳氏將《周禮》所載天子、諸侯及各級官吏所用玉器尺寸、長短，與所見古玉對比，考出周朝之一尺相當於清朝之六寸。此書在中國收藏史上佔據重要地位,亦且折服日本及歐美漢學家,被學術界奉爲圭臬。

此書成書於光緒十五年,同年由上海同文書局石印刊行。當時印行兩種版本,一爲大開本兩册,一爲縮小本四册。今據華東師範大學圖書館藏清光緒十五年上海同文書局石印本兩册大開本影印。(裴旖旎)

奕載堂古玉圖録一卷 （清）瞿中溶撰（第1107 册）

瞿中溶(1769—1842),幼名慰劬,字鏡濤、萇生,一字安槎,號木夫,晚號木居士,妻死後改號空空叟,嘉定(今屬上海)人。錢大昕婿,嘉慶十九年(1814)進士。曾任辰州府通判、安福縣知縣。博綜群籍,生平詩文、書法、繪畫,無所不能,尤邃金石之學,亦精於考證。著有《古泉山館印存》、《錢志補》、《奕載堂古玉圖録》等。《清史稿》有傳。

此書爲古代玉器著述,所採玉器三百六十五種,均爲瞿氏所藏。所著録玉器原均有圖形,後被傳抄者省略,甚爲可惜。此書所載玉器詳其形制玉色,度其高低尺寸,雕琢精粗,文字原委,援經據史,闡發疑義,相當精彩,至今仍爲考古工作者必備之重要工具書。

此書成於道光十二年,原稿藏丁氏八千卷樓,復歸江寧圖書館,後由徐乃昌録副以歸,囑陳準刻之行世。卷前有瞿中溶道光十二年自叙,卷後有民國十九年徐乃昌、陳準跋。今據復旦大學圖書館藏民國十九年陳準刻《湫漻齋叢書》本影印。(裴旖旎)

寧壽鑒古十六卷 （清）高宗弘曆敕編（第1107 册）

乾嘉時期古銅器大量出土,加以朝廷提倡,古文字研究形成高潮,著録青銅器及其銘文之專書紛紛出現。乾隆皇帝命梁詩正、王杰等仿宋代《宣和博古圖》體例,以内府所藏古銅器編成《西清古鑒》、《寧壽鑒古》、《西清續鑒甲編》及《西清續鑒乙編》四書,統稱"西清四鑒",共收録四千餘件青銅器。以記録圖形爲主并附以銘文和考釋。此書即"西清四鑒"之一,共十六卷,收寧壽宮藏商周至唐代銅器七百零一件,其中青銅器六百件,銅鏡一百零一面,對於推動宮廷和達官顯貴收藏青銅器作用很大。

民國二年商務印書館據内府寫本縮小影印。據書中所鈐"乾隆御覽之寶"、"古希天子"等印,知與《西清續鑒》甲、乙編編定時間相隔不久,編纂者或亦爲王杰等人。今據民國二年上海涵芬樓石印寧壽宮寫本影印。(裴旖旎)

西清續鑒甲編二十卷附録一卷 （清）王杰等輯（第 1107—1108 册）

王杰生平見前《欽定祕殿珠林續編》提要。三十九年任刑部侍郎又轉吏部,擢升右都御史。五十一年任軍機大臣,上書房總師傅,次年任東閣大學士。嘉慶間致仕還鄉。著有《惺園易説》、《葆醇閣集》等。《清史稿》有傳。

此書爲"西清四鑒"之一,簡稱《續鑒》,爲王杰等奉敕所著銅器圖録,共二十卷。書中收録宮廷續得之唐以前古銅器九百四十四件,并附唐代以後銅器、印璽等三十一件,共計九百七十五件。此書編輯方法與《西清古鑒》相同,皆繪製器物圖形,附有文字拓本釋文及器物簡要考證。然其所選器物不精,真僞混雜。

此書成於乾隆五十八年,宣統三年涵芬樓依寧壽宮寫本影印行世。今據清宣統三年上海商務印書館石印寧壽宮寫本影印。(裴旖旎)

西清續鑒乙編二十卷 （清）王杰等輯（第 1108—1109 册）

王杰生平見前《欽定祕殿珠林續編》提要。

此書爲"西清四鑒"之一,簡稱《續乙》,二十卷,爲王杰等奉敕編,體例與《西清古鑒》及《西清續鑒甲編》相同。書中收録盛京清故宮所藏商周至唐代銅器九百件。書中圖形描摹極精,并附款識銘文拓片、釋文及尺寸、説明。唯其所收器物不精,真贋混雜。

此書編纂時間與《西清續鑒甲編》相同,編定於乾隆五十八年(1793),當時未能刻印。民國二十年,北平文物陳列所據內府寫本縮小影印。雖爲石印本,但印刷極爲講究,流傳稀少。今據復旦大學圖書館藏民國二十年北平文物陳列所石印寶藴樓鈔本影印。(裴旑旎)

古金待問録四卷餘一卷補遺一卷　(清) 朱楓輯 (第 1109 冊)

朱楓,字近漪,號排山,仁和(今浙江杭州)人。生平略見此書序。

此書約成於清乾隆年間,卷前有朱氏乾隆三十四年(1769)自序。書中收録各種先秦貨幣圖案,部分貨幣圖案珍稀少見。又著録新坑出土之古幣,旁配詳盡注解及描述,係最早記載錢幣出土情況之專著。全書共分四卷,書後并有補遺一卷。

此書有乾隆刻本及光緒十六年常熟鮑氏《後知不足齋》刻本。今據中國科學院圖書館藏乾隆刻本影印。(裴旑旎)

古金録四卷　(清)萬光煒輯 (第 1109 冊)

萬光煒,字子昭,無錫(今江蘇無錫)人。生平略見《古金録》序。

此書專考先秦貨幣,并記録貨幣發現地點,附有秦漢及新莽錢,爲古錢幣考證研究之重要文獻。全書四卷,卷前有乾隆四十七年(1782)自序,署"錫山萬光煒子昭氏書於梁園之荷净草堂"。又有"錢幣考",追述錢幣發明及發展源流。正文四卷均配有錢圖,文字描述詳盡。卷後有吳紹漻、汪鳴珂跋,團維

壙題詩。

今據復旦大學圖書館藏清乾隆四十九年藝香齋刻本影印。(裴旑旎)

集古官印考十七卷集古虎符魚符考一卷　(清)瞿中溶撰 (第 1109 冊)

瞿中溶生平見前《奕載堂古玉圖録》提要。

官印爲古璽印之一種。按璽印始於周,盛於秦漢,成熟於唐宋,歷史悠久。璽印形制隨朝代更替有所變化。將古璽印擷拾成譜始於明代,至清末盛極一時。此書收集官印九百餘鈕,始自漢魏,迄於宋元,其內容爲存摹刻印蜕、著録印譜、印材、鈕首、考釋等。此書作爲官印集成,具有極高學術價值,對後世影響甚大,是璽印研究重要史料。又附《集古虎符魚符考》,著録虎符魚符數品,摹其圖形并詳加考釋,於研究古代典章亦頗有裨益。

此書有清同治十三年瞿樹鎬校刊本,書名頁爲咸豐二年(1852)何紹基題署,卷前有道光十一年(1831)自序及同治十三年(1874)吳大澂叙,同治十二年袁保恒序,後有瞿樹鎬跋。今據北京大學圖書館藏本影印。(裴旑旎)

封泥考略十卷　(清) 吳式芬 (清) 陳介祺輯 (第 1109—1110 冊)

吳式芬(1796—1856),字子苾,號誦孫,海豐(今屬山東濱州)人。清道光進士,官至內閣學士。生平專攻訓詁之學,長於音韻,精於考訂,凡鼎彝、碑碣、漢磚、唐鏡之文,皆拓本收録。最早發現封泥,并作收藏、考釋,造詣很深。著有《金石匯目分編》、《陶嘉書屋鐘鼎彝器款識》、《雙虞壺齋日記八種》等。《清史稿》有傳。

陳介祺(1813—1884),字壽卿,號簠齋,晚號海濱病史、齊東陶父,濰縣(今山東濰坊)人。吏部尚書陳官俊子。道光二十五年(1845)進士。官至翰林院編修。嗜好古物收藏,精於金石文字考證及器物辨僞,鑒精藏

富,治學嚴謹,多有創見,與江蘇學者潘祖蔭齊名,人稱"南潘北陳"。所藏僅三代、秦漢古印一項即達七千餘方,商、周古鐘達十一件。道光三十年在其濰縣舊居建萬印樓,又稱十鐘山房。著有《十鐘山房印舉》、《簠齋藏古目》、《簠齋傳古別錄》等著作十餘種。《清史稿》有傳。

此書由吳式芬、陳介祺合撰,録二家所藏封泥,爲最早封泥資料專書。書中收録秦漢官私封泥八百四十九枚,大多出自四川和西安,部分爲山東臨淄所出,基本爲秦漢時物,戰國封泥僅幾方。書中先列官印,後列私印與閑印。官印又分中朝官,王國、侯國和郡縣諸官。每封泥皆有原大拓片,後附文字考釋,對研究古代官制、地理以及秦漢篆刻藝術有重要參考價值。考釋主要由翁大年撰成。書中無序言、凡例、跋文,顯係未定稿時即行刊印。此後周明泰於民國十七年(1928),又編成《續封泥考略》六卷、《再續封泥考略》四卷。

今據復旦大學圖書館藏清光緒三十年石印本影印。(裴旖旎)

劍筴二十七卷　(明)錢希言撰(第1110冊)

錢希言(1573—約1638),字簡棲,初字象先,以字行,自稱廢人、東西南北人,常熟(今屬江蘇)人。錢希言出身貴富,由於家難,辟地吳門,肄業秦陂山中。博學多識,才華橫溢,博覽好學,與當時名士多有交往,亦遊走於權貴之門。然負才恃氣,所遇多不合。晚年生計困頓,終窮困而卒。希言才情爛漫,罕見其比。所著作品多種,總其名曰《樞松十九山》。生平事迹見《列朝詩集小傳》丁集、《(康熙)常熟縣志》卷二〇《文苑》等。

此書卷前有閩南曹學佺《錢氏劍筴叙》。每卷前均有標目,清晰工整。書中將各類、各國劍之出處、紀事、鑄造方式及用途著述詳盡,其所列各類劍之範圍涵蓋極廣,從帝王之劍到名將之劍,從中原鑄劍到異域鑄劍,收録

極爲詳盡。此書是劍之考據、收藏、研究實用著作,極富史料價值。

今據明陳訏謨翠幄草堂刻本影印。(裴旖旎)

藤花亭鏡譜八卷　(清)梁廷枏撰(第1111冊)

梁廷枏(1796—1861),字章冉,號藤花亭主人,廣東順德人。精研史學,兼擅詩文戲曲,精音律。曾任澄海縣教諭,學海堂學長,越華、粤秀書院監院及兩廣總督林則徐幕僚,以獻策抵禦外侮獲內閣中書銜。梁氏富收藏,喜賞玩鐘鼎文字,學識淵博,貫通四部。著述豐富,有《海國四説》、《南漢書》及《藤花亭曲話》等近四十種。事迹見《清史稿》。

據自序可知,梁氏認爲應於所聚之器尚未流散時加以匯編考證,故作此書。全書共八卷,記録梁氏所藏金石古鏡等器物一百多件。書中對各類古鏡之材質、形狀、紋理、銘文、圖案、來源、背景一一作有詳盡描述。

今據中國科學院圖書館藏清道光刻本影印。(裴旖旎)

晉義熙銅鼓考一卷　(清)羅士琳撰(第1111冊)

羅士琳生平見前《四元玉鑑細草》提要。

此書詳述晉代義熙年間銅鼓之出處、紀事、鑄造方式及用途,内容短小精悍,并有小字作解。

今據湖北省圖書館藏日照丁氏《柲林館叢書》寫本影印。(裴旖旎)

秦漢瓦圖記四卷補遺一卷　(清)朱楓撰(第1111冊)

朱楓生平見前《古金待問録》提要。

乾隆初年,朱氏於長安得瓦當并有文字者三十餘種,摹刻原形,各爲圖記,以成此書。卷首有清乾隆二十四年(1759)自序,卷末附詩三首。此書共分四卷補遺一卷,記録作者

所收集秦漢瓦當圖記，書中對各類圖記之形狀、紋理、文字、來源一一作詳盡描述，圖文并茂。此書爲最早之瓦當專著，奠定瓦當文字研究基礎。

今據復旦大學圖書館藏清乾隆刻《朱近漪所著書》本影印。（裴嘵旎）

漢甘泉宫瓦記一卷　（清）林佶撰（第1111册）

林佶（1660—?），字吉人，號鹿原，侯官（今福建福州）人，居光禄坊。曾拜汪琬、王士禛爲師。清康熙三十八年（1699）中舉。四十五年九月，康熙北游，歸駐密雲，獻詩賦，召入武英殿抄寫御集。五十一年，特賜進士，授内閣中書，專理御製文字，并分纂《詩經傳説》，匯纂《子史精華》。雍正元年（1723），世宗疑其與諸皇子争位有關，免職下獄，不久釋放歸原籍。家中築有樸學齋、陶舫書屋，藏書宏富。著有《樸學齋詩文集》、《焦山古金鼎詩》、《漢甘泉宫瓦記》等。生平見《清史列傳》卷七〇。

此書所記之瓦乃林佶之兄林侗得於陝西石門山中者。瓦背有一印，外圓而中以格斗分界，字隨格斗作三角形，其文曰"長生未央"，世間亦多有拓本。卷前、卷後有張潮題辭及跋。西漢金石文字甚少，而漢瓦當字大道美。此書匯録徐釚、王譽昌、周在浚等記甘泉宫瓦之題跋詩文。

此本據清康熙三十九年刻《昭代叢書乙集》本影印。（裴嘵旎）

千甓亭磚録六卷續録四卷　（清）陸心源撰（第1111册）

陸心源生平見前《穰梨館過眼録》提要。

陸宅有千甓亭，藏陸氏所集漢魏至唐宋各時期古磚千餘方，尤以漢、晉各帝號磚最多，陸氏因此被稱爲"五百漢晉磚齋主人"。古磚多出烏程、武康、長興各縣漢至南朝古墓，磚上花紋别致、字迹奇異，保留有許多古代紀

元、地理、官制、姓氏等資料。光緒六年（1880），陸氏拓所藏墓磚磚文、紋飾，詳加考證，仿馮登府《浙江磚録》格式，於光緒七年輯成《千甓亭磚録》六卷，光緒十四年又刊行《續録》四卷。

《千甓亭磚録》六卷，以朝代爲序，記録從漢代、三國吳、晉、宋、齊、梁、陳、唐、宋以來各類古磚，卷五起著録無年月考證之古磚。卷前有陸心源叙和吳雲序。全書所收古磚著録詳盡，資料翔實。《千甓亭磚續録》亦以朝代分類，記録漢、吳、晉、宋以來各類古磚，卷四起著録無年月考證之古磚。書法家楊峴爲《千甓亭磚續録》作序，指出其史學、書法、治印諸方面之學術價值。後陸氏又令其子樹藩、樹屏及門人李延達用西法攝影拍攝磚圖并石印，於光緒十七年刊行《千甓亭古磚圖釋》二十卷，在同類著作中影響較大。

今據清光緒吳興陸氏十萬卷樓刻本影印。（裴嘵旎）

陶説六卷　（清）朱琰撰（第1111册）

朱琰，字桐川，别號笠亭。海鹽（今屬浙江嘉興）人。清乾隆三十一年（1766）進士。任江西巡撫幕僚，後授直隷阜平縣知縣。爲政廉慎，捐俸重建學宫。在阜平推廣種植水稻。阜平素無志書，首創編纂，惜未及完稿，積勞過度，卒於任上。朱琰工詩擅文，著有《金華詩録》、《笠亭詩鈔》、《金粟山人遺事》等十餘種。生平事迹見《海鹽縣志》卷一六。

朱氏客居江西時，留心瓷業，通過參考有關文獻與訪問前輩藝人，考察當代窯器燒製方法及成品，撰成此書。書中記述中國陶瓷製作技術及其發展歷程，是我國第一部陶瓷史著作。

此書共六卷，分説今、説古、説明、説器四篇，按時代作介紹，著重介紹明、清兩代饒州窯與其他代表性官窯之瓷器及製造技術。《説今篇》介紹清朝饒州窯（即景德鎮窯）及其生產過程；《説古篇》叙述窯器起源，追溯

至神農之世,并述唐至元朝名窯及其產品;《説明篇》介紹明代歷朝官窯器及生產技術;《説器篇》叙述唐虞以至明朝各時期窯器。

此書由鮑廷博初刻於乾隆三十九年。今據上海圖書館藏清乾隆三十九年鮑廷博刻本影印。(裴碃旎)

陽羨名陶録二卷續録一卷　(清)吴騫撰 (第 1111 册)

吴騫(1733—1813),字槎客,又字葵里,號兔牀,別號齊雲采藥翁,海寧(今屬浙江嘉興)新倉人。清貢生。幼多病,遂棄舉業。學識淵博,能畫工詩,喜藏書,築拜經樓以庋藏。所輯《拜經樓叢書》,校勘精審,著名於世。著有《愚谷文存》及《續編》、《詩譜補亡後訂》、《許氏詩譜鈔》等。生平事迹見《清史列傳》卷七二。

此書爲有關紫砂壺之專著,成於乾隆五十年(1785)。全書計一萬八千字,分上下兩卷,含原始、選材、本藝、家溯、叢談、文翰(包括記、銘、贊、賦、詩等)六部分。卷首有周春題辭及自序。上卷介紹宜興紫砂壺起源,詳述紫砂壺所選用泥料、製作技藝,及金沙寺僧、供春、時大彬、李茂林等三十九名製壺名家壺藝特色。下卷叙紫砂壺泡茶特殊功能、工藝價值,并附相關詩詞銘賦等文翰。《續録》一卷,分家溯、本藝、談叢、藝文等,對《陽羨名陶録》作補充,另有補遺二則。

此書版本衆多,有乾隆五十一年吴騫《拜經樓叢書》本、道光十三年《昭代叢書》本、會稽章化光緒十一年刊本等。光緒十八年刻入《榆園叢刻》。另有道光十三年吴江沈氏世楷堂刊不分卷本。今據清乾隆海昌吴氏刻《拜經樓叢書》本影印。(裴碃旎)

景德鎮陶録十卷　(清)藍浦撰 (清)鄭廷桂補輯 (第 1111 册)

藍浦,字濱南,號耕餘先生,景德鎮(今江西景德鎮)人。曾於浮梁任文學監。生平可參此書序。

藍浦原著《景德鎮陶録》六卷,後經其弟子鄭廷桂(字問谷)增補爲八卷,另加入卷首《圖説》與卷尾《陶録餘論》共十卷。此書詳實記述景德鎮瓷業起源與發展,補朱琰《陶説》之不足,對景德鎮窯瓷器之燒造及歷代沿革,均有深入叙述,爲全面瞭解與研究景德鎮陶瓷史提供珍貴史料。卷首有劉丙、王廷鑑序。全書首列陶冶圖説,詳記清御窯廠、陶務、景德鎮陶瓷製作之十七工與十八作,開列各種釉色配方,對瓷土、釉料、青料出產地與精粗記録頗爲詳盡。此外又介紹景德鎮自唐宋以至明清各期瓷窯,匯輯自唐宋以來有關景德鎮之文獻記載。其書"於鎮陶之原流,工作之勤勞,器用之美利,雖不備悉,然已可得其大略矣"(見鄭廷桂《書後》),堪稱集大成之作。

此書最早版本爲嘉慶二十年翼經堂刊本,其後又有光緒十七年書業堂重刻本、民國三十六年民國《美術叢書》本等。今據復旦大學圖書館藏清嘉慶翼經堂刻同治補修本影印。(裴碃旎)

窯器説一卷　(清)程哲撰 (第 1111 册)

程哲,字聖跂,號蓉槎,歙縣(今安徽歙縣)人。有七略書堂,嘗刊刻《舊唐書》、《帶經堂全集》等。監生,康熙五十五年(1716)任寧遠州知州,雍正二年(1724)知崖州,雍正七年任鹽運司運同。簡略生平事迹散見《廣東通志》卷二九、《盛京通志》卷四二等。

此書一卷,論述歷代名窯所出之瓷器,包括成窯、宣窯、永窯、嘉窯、隆窯、彭窯、龍泉窯、象窯、歐窯、建窯、饒器、吉窯、山西窯、陝窯、廣東窯、高麗窯器、大食國器、古瓷器等。書中將每一瓷器出窯時代、產地、特點均作詳細注釋,考據精當,言簡意賅。附明沈德符《敝帚齋餘譚》、清張宗柟輯《帶經堂詩話》等對瓷器的評述。卷末有楊復吉跋。

今據清道光十三年沈氏世楷堂刻《昭代叢書辛集別編》本影印。（裴喆施）

蝶几譜一卷　（明）戈汕撰（第1111册）

戈汕，字莊樂，號豈莽。常熟（今屬江蘇蘇州）人。能詩，精篆、籀，善畫松石。作畫鉤染細密，人謂其得北宋畫院筆意。生平見明楊子器撰《常熟縣志》卷二〇。

此書成於明萬曆四十五年（1617），嚴澂序。此書自《燕几圖》變通而來。《燕几圖》以方几長短相參，而蝶几則以勾股之形作三角相錯，形如蝶翅，故名。書中所載蝶几由等邊三角形、直角三角形及等腰三角形組成，計六種十三隻。可以任何排列組合，拼成八類一百五十種格局及圖案美麗之組合桌。以"蝶几"所拼圖形較"燕几"更爲複雜豐富，可組成亭、山、鼎、瓶、蝴蝶等形，變幻無窮。《四庫全書總目》稱"其式有三，其制有六，其數十有三，其變化之式凡一百有餘，較《燕几圖》頗巧云"。

《常熟縣志》載"戈汕造蝶几且有譜"。今據北京大學圖書館藏明萬曆四十五年毛晉刻本影印。（裴喆施）

古今名扇録不分卷　（清）陸紹曾輯（第1111册）

陸紹曾，字貫夫，號白齋，吳縣（今江蘇蘇州）人。工篆、籀、八分，精於賞鑒，抄録平日所見碑帖字畫，成《續鐵網珊瑚》、《吉光片羽》及《不惑編》、《名扇録》等，皆作小楷書。晚年尤長飛白，與張燕昌同輯《飛白録》。後家計中落，常入市售所作書、畫。事迹散見於《履園叢話》、《鷗波漁話》、《吳門畫史》、《清朝書畫家筆録》、《書畫書録解題》諸書。

此書收入清帝扇録、古今名扇録及各家扇賦、扇面題詩題畫等，并對各類名扇之材質、圖案、文字、詩賦、鈐印、來源、背景等加以描述，極爲詳盡全面。

今據國家圖書館藏清抄本影印。（裴喆施）

羽扇譜一卷　（清）張燕昌撰（第1111册）

張燕昌（1738—1814），字文魚，號芑堂，又號金粟山人，海鹽武原（今屬浙江嘉興）人。乾隆四十三年（1777）優貢，嘉慶元年（1796）舉孝廉方正。擅篆、隸、飛白、行、楷書，精金石篆刻，勒石，工畫蘭竹，兼善山水、人物、花卉，亦精竹木雕刻。勤奮好學，爲浙派創始人丁敬高徒。大膽創新，以飛白體入印。又善於鑒別，凡商周銅器、漢唐石刻碑拓，皆潛心搜剔，不遺餘力。曾師事嘉興張庚，又在杭州與梁同書、翁方綱探討考釋，多所創見。著有《飛白書》、《石鼓文考釋》、《芑堂印存》、《和鴛鴦湖棹歌》等。生平事迹見《桂馨堂集》、《鷗波漁話》、《墨香居畫識》、《墨林今話》等。

此書著重記叙湖州羽扇，述其製法，謂："每歲采羽洗刷，或白或染，匯合成扇，復用利刀破羽管，用鶴、鸛等尾下毛綴之，以爲美觀。"據書中記載可知，當時湖州羽扇以孫甫周所製最佳。

今據清道光二十九年沈氏世楷堂刻《昭代叢書別集》本影印。（裴喆施）

看珠録一卷　（第1112册）

此書著者不詳。全書不分章節，記述各式寶石珠玉之材質、形態、特徵等，并收録立辨寶真僞法、看子母緑法、看貓兒眼法、看各色寶石法、看琥珀蜜蠟法、看水晶法、看玉石法、看玳瑁法、看犀角法、試石用鑽法、軟玉法、看柴窯片法、看馬腦石法、看珊瑚樹法等。卷末有"寶石論"。

此書爲清抄本，卷前有序，署康熙四十五年春月作。後有抄録者序，署雍正元年"健庵汪浩手抄"。書中鈐"司馬之章"、"涵青"。今據上海圖書館藏清抄本影印。（裴喆施）

素園石譜四卷　（明）林有麟輯（第 1112 冊）

林有麟，字仁甫，號衷齋，華亭（今上海松江）人。善山水，風格妍雅茂密。著有《素園石譜》。生平事迹見姜紹書《無聲詩史》。

此書共四卷，有黃經序、萬曆四十一年（1613）自序。全書搜采自南唐以來見諸史籍圖譜之名石奇峰一百零二種，計二百四十九幅大小石畫，基本限於小巧可供娱玩者。其中録有宋代書畫家米芾所藏"石丈"、"寶晉齋硯山"、"蒼雪堂硯山"，蘇軾所藏"雪浪石"、"仇池石"以及欲購未果之"壺中九華"等。此書圖文并茂，又記有不少名人玩石趣事，如米芾以"蒼雪堂硯山"換海岳庵之地，蘇軾命名"仇池石"等事，亦録存許多名人詩文，其圖其文均有重要史料價值。此書被公認爲傳世最早、篇幅最宏之賞石譜録，有助於瞭解古代賞石概貌。

今據萬曆四十一年刻本影印。（裴磾旎）

泉志十五卷　（宋）洪遵撰（第 1112 冊）

洪遵生平見前《洪氏集驗》提要。

中國錢幣學源遠流長，但相關專著多已亡逸，幸賴《泉志》保留不少南朝至北宋錢學論説與見聞。此書成於南宋紹興十九年（1149），共十五卷，收録錢幣三百四十八品，除洪遵本人所得百餘品實物外，均從他人錢譜及史書中抄録。分正用品、僞品、不知年代品、天品、刀布品、外國品、奇品、神品、厭勝品九類。書中所録名貴錢幣，如文信、續銖、永光、景和、天成、乾封泉寶大錢、天策、永隆、天德、通行泉貨、天贊、天感、廣政、永通泉貨、西夏錢等，無不與後世所傳實物相合。日本、朝鮮、安南錢幣，亦最早載録於此書。

此書爲中國錢幣學經典著作，體例嚴謹，文字精練，考訂審慎，識見卓越，引文出處詳明。其對先秦貨幣之斷代等有獨到見解，於後世錢幣學研究影響甚大。如將先秦鑄幣斷自春秋戰國之説，較嘉慶時《吉金所見録》早六百餘年。書中引述古譜資料頗多，如引《劉氏

錢譜》二則，顧烜《錢譜》三十四則，封演《續錢譜》四則，張台《錢譜》二十八則，陶嶽《貨泉録》三則，金光襲《錢寶録》四則，李孝美《歷代錢譜》五十餘則，董逌《錢譜》十三則，不知年代之《舊譜》六十則等，保留不少古代錢幣學重要資料。

今據明萬曆刻《秘册匯函》本影印。（裴磾旎）

古泉匯六十四卷首一卷　（清）李佐賢輯（第 1112 冊）

李佐賢生平見前《書畫鑑影》提要。

此書編成於同治三年（1864），鮑康作序并跋，張銓題詞。全書共六十四卷，十七册，收春秋戰國以至明代錢幣拓本六千餘種，錢範七十五枚，分元、亨、利、貞四集。元集大布，亨集大刀，利集圓錢，貞集異泉雜品。書中對春秋戰國之刀、布首次加以考校分類，并著録農民軍及地方割據勢力所製錢幣，兼收深受中國錢法影響之日本、朝鮮、越南歷朝錢幣，又將錢範及錢母列入錢譜中。其中不少錢幣爲舊史籍所未載。全書著重記述錢幣出處、鑄造方法、文字變化及流通手段。

李氏治學嚴謹，鮑康《觀古閣叢稿》言："竹朋對所載古泉，慎之又慎，僅見拓本，未經審定原泉者不載。"其審慎可見一斑。此書集錢學著作之大成，王獻唐《五鐙精舍印話》及日本錢幣學家甲賀宜政《東亞錢志》均稱其爲錢幣學之冠。

此書同治三年刊行，至今已百餘年。其刻板早已散佚，部分手稿存利津縣文物管理所；李氏之舊泉現存遼寧省博物館。今據清同治三年利津李氏石泉書屋刻本影印。（裴磾旎）

續泉匯十四卷首集一卷補遺二卷　（清）李佐賢鮑康撰（第 1113 冊）

李佐賢生平見前《書畫鑑影》提要。

鮑康（1810—1881），字子年，自號觀古閣

主人,晚年退隱臆園,又號臆園野人,歙縣(今屬安徽黃山)人。道光十九年(1839)舉人,官至夔州知府。喜收藏,精鑒賞,與劉燕庭、路子端、呂堯仙等金石、泉學大家廣泛交往。著有《謚法考》、《臆園手劄》、《觀古閣泉說》等。生平可參此書鮑康序。

同治十二年(1873),李氏與鮑氏同輯此書,依《古泉匯》體例,分爲元、亨、利、貞四集。元集爲布幣三卷,亨集爲刀幣三卷,利集爲歷代圓錢三卷,貞集收録無考品、泉範共五卷,合補遺二卷,總十六卷,共收錢幣、錢範九百八十四品。書中材料豐富,超過以往各家。作者精於古錢鑒別,選材比較嚴格,考釋與論證皆稱審慎,但由於所收古錢幣均爲傳世品,不免混入贋品。《古泉匯》、《續泉匯》二書共收錢圖六千品,實爲古典錢幣學巨著。

今據清光緒元年刻本影印。(裴旖旎)

錢志新編二十卷 (清)張崇懿撰(第1113冊)

作者張崇懿,字麗瀛,雲間(今屬上海松江)。生平事迹見卷末伊湘跋。

作者於清代道光、咸豐間參考前人著述,詳加考訂,按年編排,而成此書。卷前有湯貽序,凡例,收録先秦至明末諸王所發行貨幣,後附"無考古錢"、"馬錢"、"壓勝錢"等,日本、高麗等亞洲各國貨幣亦列其中。惜吳三桂、吳世熊、鄭成功、耿精忠等所謂"叛逆"所鑄之錢不在著録之列。此書版刻較精,内多錢幣版圖,繪圖精細,可傳原物之精神。譜中各種錢幣圖形均用本錢搨印上版,可信度較高,是研究古錢不可多得之資料。

今據清道光十年尹氏酌春堂刻本影印。卷前有"庚寅孟秋鐫　酌春堂藏版"牌記。(裴旖旎)

文房肆考圖説八卷 (清)唐秉鈞撰(第1113冊)

唐秉鈞,字衡銓,嘉定(今屬上海)人。清名醫千頃之子。著述頗富,據此書卷八"唐氏纂著"所記,尚著有《歷朝詩賦説體》、《時文譜》、《課餘學詠存稿》等。

此書爲秉鈞十八歲所作,凡例稱其"就傅後,凡閱經史子集,及聞父兄師長與博雅前輩譚論,間有關於文房日用者,輒爲登記"。全書包括古今名硯圖、古硯考、紙墨筆考、古窯器考、古銅器考、古玉器考、古今琴考、文字考、書法考、畫學考、文章考、人參考及竹莊文獻考等内容。卷前有乾隆四十年撰凡例十五則及像讚等。

《古今名硯圖》繪硯像七十餘幅,皆就其家珍藏及年親故舊處之見聞,圖文并茂,描摹工細,繪圖者爲秉鈞表兄康愷。《古硯考》録諸家硯説,參以己見,其論諸坑石品、舊坑新坑之辨、花紋辨、眼辨、巖石各有三疊優劣等,考論翔實,爲治硯者所重。《古窯器考》分論古今諸窯,品評其優劣,并及火候窯變、釉水等内容,爲治瓷器史之重要資料。其他論銅器、玉器、琴、墨等項,皆言而有據。《人參考》詳記市肆人參名色等第,并其產地、種植、收藏、僞造、辨別真僞之法等,爲士人需用,藉以得知等級,不受市儈之欺。此爲古代人參研究重要論著,後有單出之本。據凡例所言,秉鈞又有碑帖真贋、經籍訂訛、音樂正變、幾何勾股、茶經泉等、香譜竹刻諸説,俟續刻嗣出。

據卷前乾隆四十一年汪炤序,本書乾隆四十一年已刻成,其後增入乾隆四十三年沈初序。今即據清乾隆四十一年刻本影印。(張麗娟)

歙硯輯考一卷 (清)徐毅撰(第1113冊)

徐毅,渠陽(今屬湖南懷化)人。雍正十二年(1734)至乾隆間守新安衛,曾專辦爲乾隆帝在徽州搜羅歙硯事務。事迹見此書卷前徐毅自序。

此書作於乾隆五年,其時徐氏守新安衛。以乾隆皇帝酷嗜文玩,徽州地方曾多次徵求民間精硯進獻,數令徐氏專辦硯事。徐氏通過經眼精硯,實地考察歙硯產地坑口,考諸前人論述,撰成此書。此書搜集前代有關歙硯之詩文論説,并述個人相關見解,爲清代專論歙硯之重要著作。

此書前半部分采輯前人之説,如唐積《婺源硯圖説》、《歙硯説》及黄庭堅、蘇軾等詠歙硯之詩文,後半部分包括《石坑》、《品目》、《石病》、《修斷》、《名狀》、《評訂》、《辨僞》等條,則多出己意。其中《石坑》記載歙硯產地諸坑口位置、闊深、產石特點、存廢等,如記水舷坑"臨溪,冬水涸時方可取,春夏不可得。發地丈餘乃至石,率多金花眉子",記羅紋坑"今絶籍,爲硯户戴義八人共請之,歲輸山税三十金",記"濟源坑在縣之正北,凡三坑并列,曰碧裡坑,在山上,色理青瑩。及半里有水步坑,石大雨點白暈。次十里,入裡山坑,石青細,有金紋花暈",皆言而有徵。《品目》記眉子石紋十四種、水舷金紋十種、外山羅紋十七種、裡山羅紋一種、金星紋三種、盧坑一種,并對各品目特徵詳加描摹、品評賞鑑,時出精論。如論"石以眉子爲絶,而眉子品目不一,要以石色青碧、石質瑩潤而紋理匀净者,尤爲精絶"。"眉紋羅紋俱有金星,惟審石質之高下,金星乃餘事耳"。又《評訂》論"凡石質堅者必不嫩,潤者必多滑,惟歙石則嫩而堅,潤而不滑,扣之有聲,撫之若膚,磨之如鋒",可見徐氏於歙硯之識見。

此書刻成於乾隆間,今據上海圖書館藏清乾隆刻本影印。(張麗娟)

端溪研志三卷首一卷　(清)吳繩年撰(第 1113 册)

吳繩年,字淞巗,錢塘(今浙江杭州)人。清乾隆十七年(1752)任肇慶知府,二十五年任滿,循例入覲,挈眷旋里。曾主持纂修《肇慶府志》。事見《(道光)肇慶府志》卷二一及此書卷前序。

端硯位列我國四大名硯之首,產於廣東肇慶,唐代即有生產。吳氏任肇慶知府多年,其間奉檄開端溪,得窮歷三巖四洞諸迹,既蕆事,集所見聞并前人硯説,編爲此書。

此書匯輯前人有關端硯之記述,包括蘇易簡《文房四友譜》、唐詢《硯録》、李之彦《硯譜》、《端溪硯譜》等論硯專著,及宋以來見諸文集、筆記等著作之相關内容,皆注明出處,間加按語。卷首有吳氏所撰《水巖大西洞硯石説》、《端溪硯坑開採圖記》,記端溪硯坑各洞方位形勢、開鑿歷史、當前開鑿狀況、及各洞硯石特徵、優劣,皆出其數年治理端溪之親身調查體會。吳氏於端溪硯事既躬親其任,凡施工致力品材取料皆出自經營目睹,又廣徵博引,繪圖立説,故此書叙事精詳,足資考證。

此書清乾隆二十二年吳氏刻於肇慶任中,乾隆二十五年俸滿歸里,載版以去,書板不可復得,故王永熙重刻其書。王氏重刻本較原本稍有節略。北京大學圖書館藏有吳氏自刻本之後印本,卷首有圖二幅,繪硯山諸坑開採形勢,王本則無圖。

今據復旦大學圖書館藏清乾隆王永熙刻本影印。(張麗娟)

增訂端溪硯坑志六卷卷首一卷　(清)朱玉振撰(第 1113 册)

朱玉振(?—1795),字秋汀,錢塘(今浙江杭州)人。困於場屋,因親老急謀禄養,遂捧檄之官,初任粵東之通衢司,後補北寨司。轉餉京師,調任吉安司,歷署香山、瓊山各縣丞,最後署南海丞。乾隆五十九年(1794)謝職,購學圃山莊於羊城北鄉之沙亭崗村。次年卒。事迹見此書卷末朱啓澂跋。

朱氏雅善臨池,兼善丹青,解音律,通醫術,尤喜藏硯石。會奉臺符採辦貢硯,因得親歷端溪各巖洞,擇佳石,選良工,手鑴進呈,益精鑑賞。歸居學圃山莊,辟硯田齋羅列各硯,有石百二十方。以吳繩年《端溪研志》尚有未備，遂遍搜古來論硯各書，重加增訂，手録成帙。書甫成，放筆而逝。甥屠紹理、子啓澂爲編次刻梓。

此書在《端溪研志》基礎上增訂而成，收録《端溪研志》原序跋及大部分内容，并增入部分前人論端硯之説，重加編次。古今論端硯之文，盡匯於此。卷首爲分野圖説、端州圖説、硯山外圖説、坑洞内圖説，以文配圖。卷前嘉慶四年屠紹理序及卷末朱啓澂跋詳述朱氏生平蹤迹及此書編刻始末。卷一朱氏所作《硯田齋記》云其除考輯增訂《端溪研志》外，還"將所得硯石繪圖注説"，朱啓澂跋亦云其父"并自著百二山房硯石圖説以附於後"，今本無此内容，或當時未付刊刻。

今據中國科學院圖書館藏清嘉慶四年求己軒刻本影印。（張麗娟）

飛鴻堂硯譜三卷墨譜一卷瓶譜一卷鼎鑪譜一卷　（清）汪啓淑輯（第1113册）

汪啓淑生平見前《續印人傳》提要。

汪氏嗜古成癖，除書籍、印章外，又廣搜硯、墨、瓶、爐等文玩，摹繪而成《飛鴻堂硯譜》三卷，《飛鴻堂墨譜》一卷，《飛鴻堂瓶譜》一卷及《飛鴻堂鼎鑪譜》一卷。《硯譜》前有乾隆十一年方岳薦序，稱汪氏留心覓硯，購求甚多，延名手摹其銘言、篆刻新奇者，彙成此譜。《硯譜》繪硯圖數百幅，皆取自汪氏家藏精品，於各石形制、圖案、銘文等，描摹精緻，收羅宏富。《飛鴻堂墨譜》繪墨圖百餘幅，亦皆出汪氏自藏。前有乾隆十二年孫陳典序，稱其"考别真贋，選擇精良，收羅諸家均所膾炙人口者"。《瓶譜》收圖六十餘幅，除摹繪各瓶形狀、花紋圖案外，并注出各瓶尺寸及瓶座材質。《鼎鑪譜》收圖三十餘幅，繪圖精工，旁注各件尺寸及重量。

汪氏財力雄厚，又雅嗜收藏，文人名士多與之游，聞見廣博而收藏宏富。所藏除璽印冠

當代，硯、墨、瓶、鼎、爐亦多精奇之作。此四譜可見汪氏於古物文玩收藏之廣博，更以其圖繪逼真、描摹細緻，爲研治硯墨文玩之重要參考。

此書未曾付刻，今據南京圖書館藏清乾隆摹繪本影印。（張麗娟）

程氏墨苑十四卷　（明）程君房撰（第1114册）

程君房，又名大約，字幼博，號筱野，又號守玄居士、玄玄子等，歙縣（今屬安徽黄山）人。由太學官鴻臚寺序班，善製墨，爲萬曆間四大製墨名家之一，開創獨特製墨工藝，其墨曾貢入宫中。有《程幼博集》。事迹參見此書所録諸家序跋文字。

程氏以製墨名家，又好古文辭，與當代文人名士多所交往。董其昌稱程氏必以其墨傳名久遠。時有方于魯，曾隨程氏學製墨，後自立門户，與程氏爭勝，作《方氏墨譜》以利售。程氏遂不惜工本，延請當時繪畫名家丁雲鵬繪圖、書法家杜大綬等書字、徽州名工黄鏻等雕版，遍請當代名家雅士爲題詠詩文，編成此書。

此書共收入墨樣五百餘式，分爲玄工、輿圖、人官、物華、儒藏、緇黄六類，涉及天文地理、鳥獸蟲魚、人物故事、經書文句、宗教題材等，并摹刻西洋天主教故事圖。每圖皆配以讚、銘、詩、賦等題詠文字，出自焦竑、湯賓尹、顧起元、瞿汝稷等名家，程氏自撰者亦多。或請書法名家書字，或徑以諸作者手書上板，楷、隸、篆、行、草各體皆備。附刻《墨苑人文爵里》，包括題詠諸人姓氏爵里，王錫爵、董其昌、焦竑、屠隆等所作《墨苑》序、諸家題贈詩文、古人論墨書記、名公書啓等。

此書今存明萬曆程氏滋蘭堂刻本，傳世稀少。因其繪圖精美，且以名家手書上板，而刻工精絕，書、畫之神韻盡出，不僅爲墨史之名作，亦爲我國版刻史、美術史之名作，可代表明代版畫及雕版印刷技術之高超水平。今傳

各本内容多有參差,卷數亦有差異。如國家圖書館所藏《程氏墨苑》爲十四卷彩色印本,其中有約五十幅插圖爲彩色刷印。又天主教故事圖四幅,配以利瑪竇所撰解釋文字,并以羅馬字注音。

今據明萬曆程氏滋蘭堂刻本影印。此本刷印當晚於國圖本,其天主教故事圖有三幅,無注音文字。所附刻之姓氏爵里、題贈詩文、古人論墨書記、名公書啓等,爲國圖本所無。

（張麗娟）

方氏墨譜六卷　（明）方于魯撰（第1114冊）

方于魯,初名大滶,字于魯,後以字行,遂更字建元,歙县（今屬安徽黃山）人。與程君房等并爲萬曆間四大製墨名家之一。初學詩文,應汪道昆之邀參加豐干社,漸博名聲。曾寄食於程君房門下,學製墨法,後獨營墨業,建坊名“美蔭堂”。著有《佳日樓詩集》。事迹見此書卷首諸家序。

此書收方氏所製之墨,各繪其形制圖案,共收圖三百八十餘幅。全書以圖案内容分類編排,其中國寶包括國璽、紫微垣、圭璧、青璋、虎節、玄璜、璿璣玉衡等圖案;國華包括龍鳳呈祥、衆星拱極、四岳、五雉等圖案;博古包括始作書契、神禹碑、竹册、刀筆、貨布等圖案;博物包括大玄山、五岳、百花香露、九英梅等圖案;灋寶包括燉盛光輪、六根清净、三生花、貝多葉等佛教圖案;鴻寶包括霞城丹鼎、仙杏三玄、八珍果、七星檜等仙道圖案。由當時名畫家丁雲鵬等繪圖,卷首有王穉登、李維楨序,録汪道貫《墨書》、汪道會《墨賦》、潘之恆《水母泉記》及《題方氏墨雜言八則》、《墨按十則》等。

汪道昆萬曆十一年序稱方氏以製墨名家。方宇萬曆十六年後序云得觀此譜,共六卷,歷五載乃成。王穉登萬曆十七年序言方氏“殺青成譜,鍥梓盈編,形文畢陳,圖詠并載”。則此譜之刻成,在萬曆十六、十七年間。此書以名家繪圖題詠,刻印精美,令方氏墨名聲大振。同時製墨名家程君房遂編印《程氏墨譜》。兩譜共爲我國版畫之名作。

今據明萬曆方氏美蔭堂刻本影印。

（張麗娟）

汪氏鑑古齋墨藪不分卷　（清）汪近聖撰（第1114冊）

汪近聖,績溪（今屬安徽宣城）人。雍正、乾隆間製墨名家。設肆於郡城,曰鑑古齋。乾隆六年（1741）徵墨工於徽,其子惟高應詔入都,供奉内廷,製墨稱旨,由是汪氏父子名大著。其孫、曾孫承祖業,鑑古齋之名延至清末而不衰。事迹見此書所録諸家序贊文字。

此書爲嘉慶間汪氏孫輩炳宇等輯汪氏製墨并諸家題贈而成。卷前有乾隆十三年明晟序、乾隆十七年趙青藜序、乾隆五十三年峻亮序、嘉慶三年劉瑨序、嘉慶五年法式善序,及諸家題贈、墨讚、墨銘、墨賦等,時間自乾隆初年至嘉慶間。諸家序及題詠皆稱汪氏製墨之精。如趙青藜序云:“摩挲於手,惟其堅可以水,鋒可以截也,急滌硯試之,則古香襲人,光炯炯奪雙目,恐世所寶於曹氏之紫玉光亦無以過。”劉瑨序云:“黝然以黑,硻然以堅,鋒不損硯,膠不滯筆。”

汪氏世代業墨,所製墨名聞遠近,上達内廷,文人雅士題詠者衆。此書卷前輯録諸家題詠,正文爲汪氏製墨圖式。内容包括御詠四靈圖詩墨、御製仿古硯墨、御製淳化軒記墨、御製快雪堂記墨、御製棉華圖詩墨、御製西湖名勝圖詩墨、御製重排石鼓文墨、進呈輞川圖詩墨、黃山圖詩墨、新安大好山水、御製耕織圖詩墨、御筆題畫詩墨、御製花卉圖詩墨等。圖繪精工,刻印精湛,爲清代墨譜中上乘之作。

今據國家圖書館藏清嘉慶刻本影印。

（張麗娟）

金粟箋説一卷 （清）張燕昌撰（第 1115 冊）

張燕昌生平見前《羽扇譜》提要。

海鹽縣西南金粟山下有金粟寺，寺中所藏大藏經紙上有朱印"金粟山藏經紙"，其中多宋代元豐、熙寧年號，蓋北宋寫大藏經。其紙內外皆蠟，厚韌無紋理，後人取以裝飾珍貴書畫作爲引首，或作珍貴書籍書衣。因其年代久遠、紙質精良，而傳世稀少，爲世所重。張氏廣泛搜集前人有關金粟山藏經紙之記載，并其本人及友朋所藏經紙實物，加以親往金粟寺調查搜訪，撰成此書，成爲研究金粟山藏經紙最著之書。

此書所收前人記載，有《金粟寺記》、《樂郊私語》、《海鹽縣圖經》等，更多内容則是個人及友朋輩吳騫、鮑廷博等所藏實物，詳記品相、尺寸、年號、寫經人名等，并摹繪紙上鈐印，令人如睹實物，大量有關金粟山大藏經及其他相關大藏經資料賴以保存。張氏并對相關資料加以辨析考證，如云："藏經有黃白二種，有卷筒及摺本，有每幅印記，有不印記，印式亦不同，印文有篆有楷之别。""藏經用印有朱墨二種。朱印用于造經時，如金粟山、秀州精嚴寺諸印，當時設局營造，專爲寫經，故每幅鈐記。至勾當及捨墨二印，又秀州智覺大藏印，乃寫經成後記也。"考訂詳明，言之有據。

此書有《昭代叢書》、《榆園叢刻》本，今據清道光二十四年沈氏世楷堂刻《昭代叢書》癸集萃編本影印。（張麗娟）

筆史一卷 （清）梁同書撰（第 1115 冊）

梁同書（1723—1815），字元穎，號山舟，晚號新吾長翁，錢塘（今浙江杭州）人。大學士詩正子。乾隆十七年（1752）會試未第，高宗特許殿試，賜進士，官至翰林院侍講。工書法，與翁方綱、劉墉等并稱。又工詩文，著有《頻羅庵遺集》、《頻羅庵論書》、《頻羅庵書畫跋》等。事迹見《兩浙輶軒續錄》卷七。

此書廣搜前人有關筆之記載，加以個人見聞，分爲筆之始、筆之料、筆之製、筆之匠四部分。其中筆之料記兔毫、青毫、紫毫、羊鬚、羊毛、青羊、黃羊、鹿毛等三十多種材料所製之筆，筆之匠記漢唐以來見於記載之製筆匠人姓名事迹，包括當代製筆匠人九名。其記當代筆匠云："以上九人予常用其筆，岐山、岳南製尤佳。"所記多出前代史子文集，引書廣而搜羅富，爲研究製筆史之重要著作。

此書有《頻羅庵遺集》本、《榆園叢刻》本，今據復旦大學圖書館藏清嘉慶二十二年仁和陸貞一刻《頻羅庵遺集》本影印。（張麗娟）

天工開物三卷 （明）宋應星撰（第 1115 冊）

宋應星，字長庚，奉新（今屬江西宜春）人。萬曆四十三年（1615）中舉，會試不第。崇禎七年（1634），任江西分宜教諭，任中著述頗豐。十一年，升福建汀州府推官。十七年任亳州知州，第二年棄官歸鄉隱居。著有《天工開物》、《野議》、《談天》等。《八修新吳雅溪宋氏宗譜》有其行略。

是書作於分宜教諭任中，崇禎十年友人涂紹煃資助刊行。全書共三卷十八章，内容涉及農業與手工業各個方面。其編次以"貴五穀而賤金玉"之義，首以農業，次以手工業及金玉之事。農業方面依次論述糧食作物種植、生產及灌溉工具，養蠶、紡織技術，植物染料製造及染作工藝，農作物收割與加工，製鹽、製糖技術等。手工業方面記述磚瓦陶器燒製、銅鐵器鑄造工藝及采煤、榨油、造紙等技術。金玉之事方面則記述各類金屬開採、冶煉技術，兵器、火藥等製造，朱砂、烟墨等文房用品及酒麴製作，珠寶玉石之採集加工技術等。書中又輔以插圖一百餘幅，展示農業手工業生產過程，圖文并茂，生動翔實。

此書系統總結我國古代農業及手工業生產技術，反映明代農業、手工業、商業等先進生產技術水平，其内容絶大部分來自宋氏多年南北調查研究所得。此書對各項生產技術并非簡單描述，而是通過具體調查實驗，對關鍵技術及操作要點親自實踐，獲得準確數據，將傳統工藝技術上升至科學理論高度。書中所載煉鋅技術、採煤技術、灌鋼、育種等技術，都在當時處於世界領先地位。書成之後，在日本、歐洲各國多次印行，被譽爲十七世紀工藝百科全書，影響深遠。

此書初刻於明崇禎十年，其後有書林楊素卿刻本，皆流傳甚罕。今據明崇禎十年刻本影印。（張麗娟）

浮梁陶政志一卷附景鎮舊事一卷 （清）吳允嘉撰（第1115冊）

吳允嘉，字志上，又字石倉，錢塘（今浙江杭州）人。雅好吟詠，愛藏書，晚年嗜好尤篤。著有《四古堂文鈔》、《石倉存稿》、《石甎山房詩》等，輯有《武林耆舊集》、《吳越順存集》等。《（雍正）浙江通志》卷一七八有傳。

浮梁爲景德鎮舊稱，唐代製瓷業即很興盛，明清時期更成爲著名瓷都。《浮梁陶政志》記乾隆以前景德鎮瓷業發展概貌，尤以順治、康熙間官窯始末爲詳。又及陶土產地、回青之法、陶器形狀花紋、陶夫隸屬等事，皆信而有徵。《景鎮舊事》雜錄前人撰述中有關景德鎮事，包括明史四條、昊十九、明畫瓷器、官不資瓷器、瓷易經、窯變、窯變觀音、権陶器、饒州之名等。此書爲研究景德鎮瓷業史之重要資料。

此書有《遜敏堂叢書》本、《學海類編》本，今據華東師範大學圖書館藏清道光十一年六安晁氏木活字印《學海類編》本影印。（張麗娟）

南學製墨劄記一卷 （清）謝崧岱撰（第1115冊）

謝崧岱，字祐生，湘鄉（今屬湖南湘潭）人。太學肄業生，一得閣墨汁創始者，又有《論墨絕句》。事迹見本書卷前自序。

清光緒六年（1880），謝氏游太學，與同學相與討論製墨之法，幾經摸索，終有所得。因將數年所歷試者，詳其原委，撰爲此書。書成於光緒十年。

據謝氏自序，取烟入墨盒之法得於同學劉炳靈、饒登達處，然不甚佳。其後又與彭廷弼相與討論，多次試製，漸知和膠輕重之數，然墨色忽淺忽深。又經多方實踐，至光緒九年冬，始漸知收餅入盒之法，遂無前弊。此書總結其製墨之法爲八：取烟第一，研烟第二，和胶第三，去渣第四，收餅第五，入盒第六，入麝第七，成條第八。

此書所述皆作者身歷手試而得，故多發前人所未發。如論取烟云：“松香及桐、麻等油皆可取烟，僅就已經試用者而論，桐油爲上，松香次之，豬油又次之，鐙油又次之，麻油又次之。”論研烟云：“法將烟置研鉢，内用酒浸透，烟見酒即服，不飛不浮，自然受研。”論和膠之法云：“膠水必俟冷透方可入烟，不然必至不匀。乾烟三錢以入乾膠二錢爲度，既不滯筆，亦不脱落。”收餅之法云：“既篩之後……須盛入餅内，蓋不可太嚴，須令其透風出氣，愈陳愈佳。”等等。書中又參入《墨法集要》之浸油法、煎膠法等内容，洵爲重要製墨著作。

今據南京圖書館藏清光緒十年謝氏研經榭刻本影印。（張麗娟）

裝潢志一卷 （明）周嘉冑撰（第1115冊）

周嘉冑，字江左，揚州（今江蘇揚州）人。主要活動於萬曆、崇禎間，清初卒。著有《香乘》二十八卷。事迹見此書卷前自序。

此書係我國最早系統論述裝裱技術之專著。周氏於自序中稱裝潢之優劣實繫名迹之存亡，故謂裝潢爲書畫之司命。指出裝潢於保存古代書畫碑帖作用重要，不容忽視。

此書分條論述書畫、碑帖裝裱各工序及需

注意問題,從洗、揭、補、襯邊,到安軸、上桿、貼籤、裝囊,以及染古絹托紙、治畫粉變黑、治糊、用糊、紙料、綾絹料等,於裝裱工藝流程叙述詳備,皆爲作者親身經驗所得。其述裝裱“切要二條”云:“托畫須用綿紙,自備去。庸工必以扛連紙托,或連七紙。用扛連如藥用砒霜,永世不能再揭,畫命絶矣。連七如用輕粉,雖均是毒,尚可解救。扛連雖與綿紙等價,庸工必不肯易。此可痛恨者一也。又畫心勿令裁傷。庸工或因邊料不敷,裁畫就邊,或重表時不揭邊縫,從裏裁截,又將新邊箱進一分,畫本身逾蹙,致傷款印。所可痛恨者二也。苟無此二患,雖劣表惡式,尚可保畫之本身。”皆經驗切要之談。另如述洗畫、治糊等工藝,切實實用,爲明代後期書畫裝裱之成熟技藝,於今日仍有重要參考價值。

此書有《昭代叢書》本、《學海類編》本等,今據清華大學圖書館藏清康熙三十六年刻《昭代叢書》甲集本影印。(張麗娟)

繡譜二卷　(清)丁佩撰(第1115冊)

丁佩,字步珊,松江華亭(今屬上海)人。工詩畫,有零星詩文傳世。其夫陳毓桐,號兩橋,道光進士。其夫中進士一年而病殁,丁氏撫三女,藉女紅以度日。事迹見沈善寶《名媛詩話》卷七。

丁氏擅長刺繡,此書即其有關刺繡之專著。全書分擇地、選樣、取材、辨色、程工、論品六部分,其下各有細目。《擇地》論述刺繡環境需閒、静、明、潔。《選樣》包括審理、度勢、裁汰、點綴、崇雅、傳神、及日月雲霞、花果草木等各類圖樣選樣要點。《取材》論述絨線、綾緞、紗羅、鍼剪、繃架、粉墨等材料之使用;《辨色》辨析各色之運用規律。《程工》論刺繡之齊、光、直、匀、薄、順、密,以此辨別繡品工拙。《論品》以文章、書畫之標準品評刺繡高下,劃分繡品爲能、巧、妙、神等品第。此書首次對我國傳統刺繡藝術進行系統總結。

此書有《喜詠軒叢書》本、《美術叢書》本等,今據上海圖書館藏清道光間十二梅花連理樓刻本影印。(張麗娟)

髹飾録二卷　(明)黄成撰(明)楊明注
髹飾録箋證一卷　(日本)壽碌堂主人撰
闞鐸輯(第1115冊)

黄成,字大成,新安平沙(今屬安徽黄山)人。生活於明隆慶間。楊明,字清仲,西塘(今屬浙江嘉善)人。生活於明末。二人皆髹漆名匠。事迹見此書卷前朱啓鈐弁言。

黄成精明古今髹法,爲一時名工。此書二卷,分乾、坤二集,含利用、楷法、質色、紋㪍、罩明、描飾、填嵌、陽識、堆起、雕鏤、鎗劃、斒斓、複飾、紋間、裹衣、單素、質法、尚古十八章,其中利用、楷法二章介紹漆工用具、原料及製作中需注意之處,質色以下分別論述漆器品種、技法及各類漆器的形態、特點等。每章下又分若干條,共一百八十餘條。天啓中,楊明又於每條下添加注釋,對書中語焉不詳或缺漏之處進行補充説明。

此書爲我國僅存之古代漆工專著,從中可見明代漆器工藝高度發達,漆器品種豐富多彩。其中所録漆工技法,皆出自作者實踐所得,翔實具體,爲研究古代漆工史之重要文獻。如論剔紅云:“唐制多印板刻平錦朱色,雕法古拙可賞;復有陷地黄錦者。宋元之制,藏鋒清楚,隱起圓滑,纖細精緻。”論剔犀云:“複或三色更疊,其文皆疏刻劍環、縧環、重圈、回文、雲鉤之類,純朱者不好。”論鎗金鎗銀云:“朱地、黑質共可飾。細鉤纖皴,運刀要流暢,而忌結節。物象細鉤之間,一一劃刷絲爲妙。”總結前人及當時漆器工藝技法,對髹漆工藝作較爲科學之分類,於漆藝之闡發多有會心。

此書我國久無傳本,僅日本兼葭堂藏抄本傳世。民國間朱啓鈐獲得日藏抄本之副本,校訂刻梓。前有朱氏弁言,末附日本壽碌堂

主人原本、合肥闞鐸輯校之《髹飾録箋證》。今即據民國十六年朱啓鈐刻本影印。（張麗娟）

茶譜一卷　（明）顧元慶撰（第1115冊）

顧元慶，字大有，號大石山人，長洲（今江蘇蘇州）人。工書法，富藏書，室名夷白齋。著有《雲林遺事》、《大石山房十友譜》、《夷白齋詩話》等。又擇藏書之善本刻爲《顧氏文房小説》。事迹見《（同治）蘇州府志》卷八六。

由此書自序可知，顧氏自幼好茶事，從吳心遠、過養拙學茶法，於前代茶書多所究心，據友蘭翁所撰《茶譜》删校而成此書。友蘭翁，即錢椿年，常熟人。明程文德《恩授承事郎友蘭錢翁墓志銘》稱其“嘗集《茶譜》”，《千頃堂書目》著録有錢椿年撰《茶譜》。

此書分茶略、茶品、藝茶、採茶、藏茶、製茶諸法、煎茶四要、點茶三要、茶效九則，并附“王友石竹爐并分封六事”，有圖八幅，爲苦節君像、苦節君行省、建城、雲屯、烏府、水曹、器局、品司。所論製茶諸法，記述橙茶、蓮花茶、木樨、茉莉、玫瑰、薔薇等花茶製法。煎茶四要包括擇水、洗茶、候湯、擇品，點茶三要包括滌器、熁盞、擇果，其論頗爲後人所重。

此書有《説郛》本、《格致叢書》本、《山居雜志》本等，今據南京圖書館藏明刻本影印。（張麗娟）

茶乘六卷拾遺一卷　（明）高元濬撰（第1115冊）

高元濬，字君鼎，號黄如居士，龍溪（今福建漳州）人。《千頃堂書目》卷九及《明史》著録有其《茶乘》四卷、《花疏》六卷。

此書前自序末署“癸亥菊月”，當爲明天啓三年（1623）九月。卷前有品藻五篇，分別爲高氏友人張燮、王志道、陳正學、章載道、黄以陞品題《茶乘》之語，如張燮云“余向見友人

屠田叔作《茗笈》而樂之，高君鼎復合諸家，删纂而作《茶乘》，古來茗竈間之點綴，可謂備嘗矣”。張燮等人皆明末萬曆、天啓間龍溪名士。又北京大學圖書館藏舊抄本《桂院詩删》八卷，各卷卷端除署“龍溪高元濬君鼎著”外，亦有校閲者同社黄以陞及明末著名藏書家徐𤊹之名。

此書採録前人有關茶事論述及詩文，分類編排。首爲茶原、茶産、藝法、采法、製法、藏法、煮法、品水、擇器、滌器、茶宜、茶禁、茶效、茶具等，引録之書包括顧元慶《茶譜》、邢士襄《茶説》、許次杼《茶疏》、張源《茶録》、羅廩《茶解》、聞龍《茶箋》等論茶專著；次爲志林，雜録有關茶之故事八十則，内容出自古代子史諸書；再爲文苑，收録前代文人學士與茶相關之詩、詞、賦、銘、頌、贊等文字。末附拾遺二篇。卷前章載道品題云：“君鼎嗜茶，直肩隨陸、蔡，故所著《茶乘》，雖述倍于創，要於疏原引類，各極其致。”此書收羅宏富，類次詳明，録存許多古代茶書資料，爲研究茶史之重要著作。

此書有明天啓刻本，傳世甚稀，今據南京大學圖書館藏本影印。（張麗娟）

茗史二卷　（明）萬邦寧撰（第1115冊）

萬邦寧，字惟咸，自稱鬚頭陀，甬上（今浙江寧波）人。《四庫全書總目》云其爲奉節人，天啓壬戌進士，蓋同名異人而誤混。

此書前有天啓元年自序，從中可知萬氏寄情山水，鍾愛茶事，採集前人書中涉及茗事者，而成此編，書成於天啓元年（1721）。

《四庫全書總目》云：“是書不載焙造煎試諸法，惟雜採古今茗事，多從類書撮録而成，未爲博奥。”全書分上下二卷，雜採前代有關茶事掌故，而不著出處。包括收茶三等、換茶醒酒、縛奴投火、都統籠、漏卮、載茗一車等條目，共録八十餘條。

今據清抄本影印。（張麗娟）

茶史二卷補一卷　（清）劉源長撰（清）余懷補（第1115冊）

劉源長，字介祉，山陽（今江蘇淮安）人。性至孝，爲邑諸生，名節重於鄉里，卒祀鄉賢。著有《二十一史略》、《古今要言箋釋》等。傳見《（光緒）淮安府志》卷二九。

余懷，字澹心，一字無懷，號曼翁，又號曼持老人，莆田（今屬福建）人，居江寧。生於明季，才情綺麗，著述甚富，有《板橋雜記》、《東山談苑》、《宮閨小名録》等。傳見《文獻徵存録》卷一。

此書採集前人書中有關茶事記載，分類編次，包括茶之原始、茶之名産、茶之分産、茶之近品、陸鴻漸品茶之出、唐宋諸名家品茶、袁宏道龍井記、採茶、焙茶、藏茶、製茶、品水、名泉、古今名家品水、歐陽修大明水記、歐陽修浮槎水記、葉清臣述煮茶泉品、貯水、湯候、蘇廙十六湯、茶具、茶事、茶之雋賞、茶之辨論、茶之高致、茶癖、茶效、古今名家茶詠、雜録、志地。列"各著述家"及"陸羽事迹十一則"。卷端題"八十老人劉源長介祉父著"，知是書爲劉氏晚年所作。《四庫全書總目》言其"蓋暮年頤養，姑以寄意而已，不足以言著書也"。

余懷先曾著《茶苑》一書，爲人竊稿。後見劉氏《茶史》，遂取《茶苑》雜紙，删此書已載者，存其未備者，名《茶史補》。康熙中源長子謙吉刻其父《茶史》，亦取《茶史補》六十三則刻之行世。

劉謙吉所刻《茶史》、《茶史補》，至雍正間書板殘蝕，源長曾孫乃大遂爲校訂修整。修補本卷前有清雍正六年張廷玉序，末有劉乃大跋。

今據清康熙劉謙吉刻雍正六年劉乃大補修本影印。（張麗娟）

酒概四卷　（明）沈沈撰（第1115冊）

沈沈，字困困，自署震旦醄民。《文選樓藏書記》稱其爲無錫（今屬江蘇）人。沈氏曾修《泰州志》，時在天啓三年（1623）。此書沈氏自序署"題於泰之觀衍居"，卷端校訂諸人皆泰州人氏，則此書當刻於泰州。

此書泛論酒事，分爲源、名、器、釋、法、造、出、稱、量、飲、評、僻、寄、緣、事、異、功、德、戒、亂、令、文二十二則。仿陸羽《茶經》之體，取前代文獻典故相關酒事者，分類而記。如"名"記各類酒名一百多種，"器"記古今酒器之名一百六十餘種，"法"、"造"、"出"記製酒之法及古今釀酒名家、名酒産地等，皆可稱瞻博。其他如記酒量、飲法、品評、有關酒之典故、有關酒之文賦等，亦可廣見聞，資參考。《四庫全書總目》稱其"雜引諸書，體例叢碎，至以孔子爲酒聖，阮籍、陶潛、王績、邵雍爲四配，尤妄誕矣"。然其作爲古代論酒專門之作，保存古代酒事資料甚富，可爲酒史研究之重要參考。

今據明刻本影印。（張麗娟）

六必酒經三卷　（清）楊萬樹撰（第1115冊）

楊萬樹，號蘇堤，寧海（今屬浙江寧波）人。清嘉慶、道光間人，數試不第，遂絶意舉業，以書史自娛。性慷慨，率族人修宗祠，設家塾，多爲義舉。

楊氏嗜酒，家又業酒，乃博考前人製釀之法，參以己意，撰爲此書。由楊氏自序，知其廣搜歷代有關於酒之記載，纂輯諸書奧旨，間有疑義未析者，以己意設爲問答，附記於後，皆發明《月令》"乃命大酋，秫稻必齊，麴蘖必時，湛熾必潔，水泉必香，陶器必良，火齊必得"六必之義，故名書曰《六必酒經》。

此書三卷，始以酒論、麴論、秫稻必齊說、麴蘖必時說、湛熾必潔說、水泉必香說、陶器必良說、火齊必得說，闡發"六必"釀酒理論；次以製造紅麴法、醖釀三白法、問答說，解說製酒技術各個環節；末以五穀果食蒸燒法、附録諸酒法、附倡和詩，介紹各種藥酒、名酒，并同學好友戚學標等人題詞、倡和詩。書前附引據酒書三十九種。

楊氏畢生從事釀酒之業,實踐經驗豐富,又廣搜歷代作酒之法,多有心得。其書推崇《月令》"六必"釀酒理論,對釀酒工藝有細緻闡發,并以問答方式,詳細説明製麴釀酒各個技術環節之問題及解決辦法。如書中述麴粉拌水法、浸米之法、加水量、加麴量、出酒率等,對浙東地區釀酒技術特點加以總結,皆經驗之談,翔實細緻,爲我國釀酒史之重要著作。

自序云"余業此五十餘年",可知此書撰作於楊氏晚年,有道光二年楊氏四知家塾自刻本。今據北京大學圖書館藏本影印。(張麗娟)

粥譜一卷廣粥譜一卷 　(清)黃雲鵠撰(第1115冊)

黃雲鵠,字翔雲,蘄州(今屬湖北黃岡)人。侃父。咸豐三年(1853)進士,授刑部主事、兵部郎中,同治中(1862—1874)任職四川,歷雅州知府、成都知府、建昌兵備道、四川鹽茶道署理按察使等職,勤於政事,有廉聲。光緒十六年(1890)辭官返鄉。先於江寧掌尊經書院,後歸鄉主講江漢書院等。著有《群經引詩大旨》、《兵部公牘》、《實其文齋詩文抄》等。《碑傳集補》卷一八有傳。

《粥譜》成於光緒七年,包括食粥時五思、集古食粥名論、粥之宜、粥之忌、粥品五部分。前四部分總結前人食粥理論,結合個人經驗,論述食粥功用、宜忌。《粥品》分爲穀、蔬、蔬實、檽、菰、木果、植藥、卉藥、動物九類,收錄二百餘粥方,記其製法、功用、療效。此書廣泛吸取《本草綱目》、《遵生八牋》等前人粥方資料,又加總結發展,對各方療效、功用多有心得。尤於四川、湖北民間粥方之記述親作調查研究,如烏苓粥、兔絲子粥、麥冬粥等并出川中,皆作者調查所得。此書系統總結古代食粥、藥粥、以粥養生理論及粥方,爲食粥養生之集大成著作。

《廣粥譜》收錄前代荒年賑粥資料,抄撮自陸曾禹《康濟錄》、潘游龍《康濟譜》等書,包括賑粥須知等内容。又有《平糶章程》,爲同治十年雲鵠守成都時,適遇旱饑,所定之平糶章程,共十六條,於清代賑荒研究頗有價值。

今據華東師範大學圖書館藏清光緒刻本影印。(張麗娟)

膳夫經手錄一卷 　(唐)楊曄撰(第1115冊)

楊曄,曾任巢縣令,唐大中十年(856)撰成此書。事迹見此書卷末題記。

此書録存二十餘種食品原料,包括虜豆、傖子、胡麻、薏苡、署藥、芋頭、桂心、蘿蔔、鶺鴒、苜蓿、勃公英、刺結、水葵、苽蔞、木耳、菌子、蕪荑、羊、鶉子、禍侯、鴛鴦、鰻鮰、鯊魚、櫻桃、枇杷等。或記其產地、類別,或記其性味、功用,或記其食用之法。書中於唐代食品名物、飲食習俗、飲食掌故等,皆能提供有價值之資料。此書又載各地名茶,包括新安茶、饒州浮梁茶、蘄州茶、鄂州茶、至德茶、潭州茶、陽團茶、渠江薄片茶、江陵南木香茶、施州方茶、建州大團、蒙頂、舒州天柱茶、壽州霍山小團等等,名目繁多。《四庫未收書提要》稱其"所載茶品甚詳,分所產之地,別優劣之殊,足與《茶録》、《茶經》資考證也"。

此書《新唐書·藝文志》、《崇文總目》、《宋史·藝文志》等皆著録作四卷,今存一卷本,蓋後人攟拾成編者。卷末有宋人題記云:"右鈔唐巢縣令楊曄所撰《膳夫經手錄》,大中十年六月成書,迨今二百餘年矣。其間如茶目食飲茗粥之類別鈔皆與今不同。以此知古今之事異宜者多矣。必曰井田肉刑邊豆而飲食者非通論也。臘月八日西樓記。"以此推之,題記當撰於北宋仁宗、神宗間。

此書有《碧琳琅館叢書》本、《芋園叢書》本等,今據國家圖書館藏清初毛氏汲古閣抄本影印。(張麗娟)

疏食譜一卷　（宋）陳達叟編（第 1115 冊）

此書作者，前人有作陳達叟撰，有作本心翁撰、陳達叟編者。《四庫全書總目》提要云："明汪士賢《山居雜志》載此書，題曰清漳陳達叟撰，不著時代。《千頃堂書目》亦作達叟，題曰宋人。考左圭《百川學海》載有此書，則宋人無疑。然《百川學海》所刻，其序自稱本心翁，而書前標題乃作門人清漳友善書堂陳達叟編，則達叟乃編其師之書，非所自撰也。"

按此書明刻《山居雜志》本卷端題"清漳陳達叟編"，卷前小序言，本心翁以疏饌待客，客謂無人間烟火氣，問食譜，則口授二十品，每品贊十六字。則此書當爲本心翁口授，陳達叟編。又宋何夢桂《潛齋集》卷五有《本心先生疏食譜序》，云："客有問本心先生《疏食譜》於門人何某者，曰：'先生固嘗長丹屏貳黃扉矣，饗人膳夫宜有致天下滋味以自奉者，而日食若此，毋乃太簡乎？'曰：'子非知先生者也。'""唐侯舉師善面受先生錄譜，將與世之知味者共之，且徵余言，敬拜手爲之序。"該序作於元代至元二十三年（1286）。本心先生當即文及翁，字時學，號本心，綿州（今四川綿陽）人，寶祐元年（1253）進士，官至簽書樞密院事。宋亡後隱居著述，累徵不起。此書收入《百川學海》，其作在宋亡之前，入元後又曾付唐師善梓行，故有門人何夢桂之序。

此書爲研究宋代飲食尤其是素食文化之重要資料，又名《本心齋疏食譜》或《蔬食譜》，篇幅極短，載食品二十種，即啜菽、羹菜、粉餈、薦韭、貽來、玉延、瓊珠、玉磚、銀齏、水團、玉版、雪藕、玉（一本作土）酥、炊栗、煨芋、采杞、甘薺、綠粉、紫芝、白粲，皆素食，各繫以贊，并加小注説明其材料製法等。如"玉延"，小注云"山藥也，炊熟片切，漬以生蜜"；"玉磚"，小注云"炊餅方切，椒鹽糝之"；"水團"，小注云"秫粉包糖，香湯浴之"等。

此書有《百川學海》本、《説郛》本等。今據北京大學圖書館藏明萬曆新安汪士賢刻《山居雜志》本影印。（張麗娟）

飲膳正要三卷　（元）忽思慧撰（第 1115 冊）

忽思慧，蒙古族，元延祐至天曆間任宮廷飲膳太醫，兼通蒙、漢醫學。事迹見此書卷前序及進書表。

此書爲忽思慧任職飲膳太醫期間撰成。據書前天曆三年進書表，忽思慧於延祐年間選充飲膳之職，多年供奉飲膳之餘，潛心鑽研，"將累朝親侍進用奇珍異饌、湯膏煎造及諸家本草名醫方術，并日所必用穀、肉、菓、菜，取其性味補益者，集成一書，名曰《飲膳正要》"。

此書爲忽思慧總結古代食療理論與各族食療方法，結合個人多年經驗而成。書分三卷，論及三皇聖紀、養生避忌、妊娠食忌、乳母食忌、飲酒避忌、聚珍異饌、諸般湯煎、諸水、神仙服餌、四時所宜、五味偏走、食療諸病、食物利害、食物相反、食物中毒、禽獸變異、米穀品、獸品、禽品、魚品、菓品、菜品、料物諸問題。其中聚珍異饌記蒙、漢、維吾爾、藏族等營養食譜九十餘種，如馬思答吉湯、八兒不湯、沙乞某兒湯等，各記其原料、製法及性味、功效等。食療諸病記具食療方六十餘種，如生地黃雞、羊蜜膏、鹿蹄湯等，各記其適應病癥、材料配比、製作之法等。卷三集中介紹各種食品之性味、功效及營養價值，配以大量插圖，圖文并茂。此外，所論養生避忌、妊娠食忌、食物利害、食物相反等，涉及疾病預防、食療與養生理論、飲食衛生、食物中毒防治等內容。此書重視飲食營養與疾病預防，全面總結元代各族食療理論與方法，是我國食療營養學重要專著。

此書有元刻本，今僅存殘本。明景泰七年內府據元刻本翻刻，傳本亦稀。今據明景泰七年內府刻本影印。（張麗娟）

雲林堂飲食製度集一卷　（元）倪瓚撰（第1115冊）

倪瓚（1301—1374），字元鎮，號雲林，無錫（今江蘇無錫）人。好讀書，工詩畫，爲元末四畫家之一。禮樂制度靡不究索，爲詩雅淡有理致，嗜蓄古法書名畫，有閣名清閟。洪武七年卒，年七十四。有《清閟閣全集》。事迹見《國朝獻徵録》卷一一五《倪瓚墓志銘》。

此書收録菜點飲食之製作方法五十餘種，反映無錫一帶菜肴特點，爲研究元代飲食文化之重要資料。所記菜肴以水產居多，另有麵點、蔬菜、肉類、煎茶法等。其中蜜釀蟶蚨、煮蟹法、酒煮蟹法、新法蛤蜊、蚶子、青蝦卷、香螺、鱭魚、田螺、鯉魚、蟹鱉、鯽魚肚兒羹、海蜇羹等水產烹製之法，頗具地域特點。如"新法蛤蜊"："用蛤蜊洗净，生劈開，留漿別器中。刮去蛤蜊泥沙，批破，水洗净，留洗水。再用溫湯洗，次用細葱絲或橘絲少許拌蛤蜊肉，匀排碗内，以前漿及二次洗水湯澄清去脚，入葱、椒、酒調和入汁澆供，甚妙。"其他肉類、蔬菜等菜品，皆製作精細，在後代影響極大。如"燒豬肉"："洗肉净，以葱、椒及蜜少許、鹽、酒擦之。鍋内竹棒閣起。鍋内用水一盞，酒一盞，蓋鍋，用濕紙封縫。乾則以水潤之。用大草把一箇燒，不用撥動。候過，再燒草把一箇。住火飯頃，以手候鍋蓋冷，開蓋翻肉。再蓋，以濕紙仍前封縫，再以燒草把一箇。候鍋蓋冷即熟。"他如青蝦卷、醋笋、海蜇羹等，皆爲後人所稱道。

此書有《芋園叢書》本、《碧琳琅館叢書》本，今據國家圖書館藏清初毛氏汲古閣抄本影印。（張麗娟）

易牙遺意二卷　（明）韓奕撰（第1115冊）

韓奕，字公望，吴郡（今江蘇蘇州）人。潛心理學，尤精於醫。由元入明，隱居不仕，與王賓、錢芹、俞貞木并爲蘇郡四處士。洪武初太守姚善聞其名，將見之，奕避去山中，善追

至，而泛舟入太湖。尤工詩，有《韓山人詩》稱於時。事迹見《（正德）姑蘇志》卷五五。

此書作者是否韓奕，《四庫全書總目》曾表懷疑："奕與王賓、王履齊名，明初稱吴中三高士，未必營心刀俎若此。或好事者僞撰托名於奕耶？周氏《夷門廣牘》、胡氏《格致叢書》、曹氏《學海類編》所載古書，十有九僞，大抵不足據也。"然明隆慶年間撰成之《吴中人物志》記韓奕"別著《易牙遺意》"，明何喬遠《名山藏》等也有同樣記載，四庫館臣之説并無確據。

此書包括醖造類、脯鮓類、蔬菜類、籠造類、爐造類、糕餌類、湯餅類、齋食類、果實類、諸湯類、諸茶類、食藥類，共記載一百四十餘種飲食製作方法，涉及酒類、調料、肉類、水產、蔬菜、麵食、甜點、蜜餞、湯飲、茶類、食藥等，内容豐富，品種多樣。所收菜肴具有製作精細、濃淡相宜之特點，如帶凍薑醋魚、爐焙鷄、釀肚子、燒鴨羹等。麵點品種極爲豐富，如爐造類即有椒鹽餅、酥餅、風消餅、肉油餅、素油餅、燒餅麵棗、雪花餅、芋餅、韭餅、白酥燒餅、薄苛餅、捲煎餅、糖榧、肉餅、麻膩餅子等。又各類蜜餞、臘肉、火腿及各種酒類、糟、醋、醬等製法，皆切實用，可反映元末明初吴中飲食文化特點。

今據明萬曆刻《夷門廣牘》本影印。（張麗娟）

隨園食單四卷　（清）袁枚撰（第1115冊）

袁枚（1716—1798），字子才，號簡齋，晚號隨園老人，錢塘（今浙江杭州）人。年十二補太學生，乾隆四年（1739）成進士，授翰林院庶吉士，改知縣，歷任溧水、江浦、沭陽、江寧等縣知縣。請歸養母，卜築江寧小倉山，自是優游其間五十年，終不復仕。盡其才以爲文辭歌詩，倡導性靈之説，爲當時詩壇所宗。著有《小倉山房詩文集》、《隨園詩話》等。《清史稿》有傳。

袁枚頗留意飲食，優游小倉山期間隨時收集美食之法。此書序云："每食於某氏而飽，必使家廚往彼竈觚，執弟子之禮。四十年來，頗集衆美。"全書分爲須知單、戒單、海鮮單、江鮮單、特牲單、雜牲單、羽族單、水族有鱗單、水族無鱗單、雜素菜單、小菜單、點心單、飯粥單、茶酒單十四類。後十二類收録南北美食名肴三百餘種，皆當時流行菜品，或注明出自何家。如豆腐即有蔣侍郎豆腐、楊中丞豆腐、張愷豆腐、慶元豆腐、芙蓉豆腐、王太守八寶豆腐、程立萬豆腐、凍豆腐等；鴨類有野鴨、烝鴨、鴨湖塗、滷鴨、鴨肺、燒鴨、掛滷鴨、乾烝鴨、野鴨團、徐鴨等，品種極爲豐富，今日仍有廣泛影響。

除記載南北菜肴名品，此書亦旨在全面總結各代烹調理論，以須知單、戒單兩部分集中論述。須知單列先天須知、作料須知、洗刷須知、調劑須知、配搭須知等二十種須知，涉及烹飪選料、加工、搭配、火候、調味、器具、上菜等諸多環節，系統論述傳統烹飪手法及各環節需注意之問題。如論選料，"大抵一席佳肴，司廚之功居其六，買辦之功居其四"。論配搭，"要使清者配清，濃者配濃，柔者配柔，剛者配剛，方有和合之妙"。論上菜之法，"鹽者宜先，淡者宜後。濃者宜先，薄者宜後。無湯者宜先，有湯者宜後"。戒單包括戒外加油、戒同鍋熟、戒耳餐、戒目食等十四戒，論述烹調中需著意避免者，如反對追求原料名貴、反對烹調中停頓、反對縱酒等。其烹調理論，今日仍具指導意義。

此書最早有清乾隆五十七年刻本，以後多次翻刻。今據上海圖書館藏清嘉慶元年小倉山房刻本影印。（張麗娟）

御膳單不分卷　（第1116册）

此書爲清宣統二年十二月初一日至二十九日宮廷御膳單。記載宣統皇帝每日早、晚膳地點、品種、盌盤、賞賜等情況。清吳振棫

《養吉齋叢録》卷二四記載宮廷供膳之制："進膳有膳單，每日膳單指出某物賜某人。曩時内廷主位阿哥宮主及御前内務府、軍機、南書房入直大臣皆間得被賜，每日召見外省文職臬司以上、武職總兵以上，亦賜餑餑二盤，謂之克食。進膳之物，按時備供，不設飲。卯正二刻早膳，午正二刻晚膳，申酉以後或需飲食，則内宮別有承應之處，其物隨意命進，無定供矣。"此《御膳單》正可與《養吉齋叢録》記載相印證，爲清末宮廷飲食制度、飲食文化之實録。

此膳單所記宣統帝每日膳食，主要分早膳、晚膳，早、晚膳品種大抵包括肉類、火鍋、豆腐、蔬菜、菓品、麵點、湯粥等，一般品種達四十餘品。每日又有隆裕皇太后賜早晚膳若干，如十二月初三日，"隆裕皇太后賜萬歲爺早晚膳葷菜各五品，餑餑各七品，粥各二品，晚用燻肘花一品，小肚一品，燒餅一品，發麵火燒一品。"每日克食二桌，如十二月初二日"克食二桌：餑餑五品，菜二盌，奶子一品，共一桌。盤肉四盤一桌。"又每日皆有賞賜侍從嬤嬤等記載，如十二月初九日"上進早膳元宵賞内殿總管謙和、嬤嬤"，"上進晚膳元宵賞諳達張得安、邵代班"，"賞嬤嬤媽媽三人早晚飯"。特殊日期會有一些特別供膳，如十二月初八日除日常早晚膳及隆裕皇太后賜膳外，還增加素早膳一桌、素晚膳一桌。十二月二十九日增加添安早膳、添安晚膳各一桌，包括火鍋二品、大盤菜四品、懷盌菜四品、碟菜六品、片盤六品、餑餑四品及燕窩八仙湯等，其中大盤菜還擺出"洪福萬年"等字樣。

今據國家圖書館藏清宣統二年抄本影印。（張麗娟）

閩中荔支通譜十六卷　（明）鄧慶寀撰（第1116册）

鄧慶寀，字道協，閩縣（今福建福州）人。

天啓間(1621—1627)國子監生。著有《還山草》、《荔枝譜》等。生平略見此書序。

此書輯録閩中荔枝專著五種,除宋蔡君謨《荔支譜》一卷外,均爲明末作品,分別爲明徐興公《荔支譜》七卷、明鄧道協《荔支譜》六卷、明宋比玉《荔支譜》一卷、明曹介人《荔支譜》一卷。

蔡襄《荔支譜》爲現存最早荔枝譜。蔡氏有感於中原所見荔枝僅嶺南、巴蜀所産,均非佳品,特意收集福建荔枝資料撰寫而成此書,共載福建産荔枝三十二種。同時收録大量相關資料,介紹荔枝歷史,記述詳實,頗具價值。徐𤊰《荔枝譜》成於萬曆二十五年(1597),録閩省荔枝一百種,并叙述繁殖、栽培、加工利用等方法。如“荔枝種不佳者,可以好本接之”之法,現爲絶大多數種植者所採用。宋珏《荔枝譜》又名《荔支食譜》,成於萬曆三十年,書中雜録荔枝故事及荔枝酒、烹饌等。曹蕃《荔枝譜》成於萬曆四十年,分述二十六種荔枝之特徵。鄧慶寀自撰《荔枝譜》成於崇禎元年(1628),分“雜論”、“事實”、“文類”、“宋元詩”和“明詩”五部分,記録各地荔農及本人經驗。《四庫全書總目》謂該書中“蔡譜尚已,徐譜所收如《十八娘外傳》之類,鄧譜所收如《鮑山荔支夢》之類,皆近傳奇。宋譜福業諸説,不脱明人小品習氣。曹譜差簡質,猶有古格”。

今據明崇禎刻本影印。（石莉）

嶺南荔支譜六卷　（清）吳應逵撰（第1116冊）

吳應逵,字鴻來,號雁山,鶴山(今屬廣東江門)人。乾隆六十年(1795)舉人。嘉慶間,任昆暘義學主講,開平長沙書院主講。道光初,任《廣東通志》分纂。又受聘爲《鶴山縣志》纂修,道光六年完成新版縣志。後爲阮元聘爲廣州學海堂學長。著有《雁山文集》四卷、《嶺南荔枝譜》六卷、《譜荔軒筆記》二卷。生平事迹見伍崇曜《嶺南荔枝譜跋》。

此書成於道光六年,專收嶺南荔枝資料,爲現存唯一廣東荔枝譜。凡六卷,分爲總論、種植、節候、品類、雜事五類。書中專述廣東荔枝名品及種植經驗,歸納廣東荔枝品種爲五十八種,著名者有桂味、掛綠、水晶丸(即糯米糍)、黑葉、塘墜、懷枝、三月紅、新興香荔、妃子笑等,至今仍爲重要栽培品種。此書廣輯前人記述,博引《曝書亭集》、《本草綱目》、《廣東新語》及歷代荔枝文獻近百種,分門別類加以摘録,共得二百餘條,并以夾注形式注明引文出處,酌附個人見聞。

此書《清續通考・經籍考》誤作一卷,王毓瑚《中國農學書録》誤作二卷。現存《嶺南遺書》第五集本、《叢書集成初編》本等。今據清道光三十年南海伍氏粵雅堂刻《嶺南遺書》本影印。（石莉）

水蜜桃譜一卷　（清）褚華撰（第1116冊）

褚華(1758—1804),字秋萼,號文洲,上海縣(今屬上海)人。諸生。著有《滬城備考》六卷。工詩文,有《寶書堂詩鈔》。亦善農事,著有《木棉譜》等書。生平事迹見《(同治)上海縣志》卷一二。

上海明代即盛産水蜜桃,最早記載於王象晉《群芳譜》:“水蜜桃獨上海有之,而顧尚寶西園所出尤佳。”及至清初,顧氏衰落,主要産區轉移至城西南之黃泥牆,以李氏吾園最爲有名。此書撰於嘉慶十八年(1813),逐一闡述上海水蜜桃栽培歷史、産區變遷、品種特性、繁殖方法、栽培管理等等。寥寥千言,却較爲詳實,對研究中國尤其上海水蜜桃栽培歷史,頗具參考價值。書前有陳文述序。此書爲單一水果品種而著,在我國古代農學專著中罕見。

此書有清嘉慶刻本、《農學叢書》本、《上海掌故叢書》本、北洋官報局石印本等。今據上海圖書館藏清嘉慶刻本影印。（石莉）

橘譜一卷　（清）諸匡鼎撰（第1116冊）

　　諸匡鼎（1636—?），字虎男，錢塘（今浙江杭州）人。工詩，著有《橘苑詩鈔》十一卷及《説詩堂集》二十卷。

　　此書成於康熙十六年（1677），不分卷，專收帶“橘”之詞語，記述其來源、典故，計有懷橘、奉橘、貢橘、橘月、橘苗等一百九十條。全書搜奇抉奥，辭條豐贍。

　　今據國家圖書館藏清康熙刻本影印。（石莉）

亳州牡丹史四卷　（明）薛鳳翔撰（第1116冊）

　　薛鳳翔，字公儀，亳州（今安徽亳州）人。萬曆間以例貢至鴻臚少卿，不久告退還鄉。擅詩文，工書法，尤嗜牡丹。生平見此書序跋。

　　薛姓爲牡丹世家，在當地最富盛名。薛氏親自栽培，潛心研究，輯録歷代有關牡丹資料，費時數年撰成此書，又名《牡丹史》。書前有焦竑、袁中道、李胤華、鄧汝舟序，末有李猶龍跋。全書詳述牡丹種植歷史，總結牡丹栽培管理技術，并仿照《漢書古今人物表》與鍾嶸《詩品》例，以類相從，分亳州所產二百七十四種牡丹名品爲六品第，形象描述一百五十二種牡丹性狀、花形及顔色，并輯録軼聞掌故，彙集唐宋著名詩人詠牡丹之詩詞歌賦，收羅堪稱完備。

　　此書内容豐富，篇幅遠超歐陽修《洛陽牡丹記》及其他諸家同類著作。採用史書體例，結構嚴密，主次分明。所論牡丹栽培技藝集前人此類著作之大成，又多爲作者長期實踐所得，譬如有關牡丹生育習性及與環境條件之關係，選育牡丹名品之法等。此書爲我國現存最早大型牡丹專著，在牡丹栽培技術方面有新貢獻。

　　此書現存萬曆刻本、傳抄本等。今據南京圖書館藏明萬曆刻本影印。（石莉）

曹州牡丹譜一卷　（清）余鵬年撰（第1116冊）

　　余鵬年，原名鵬飛，字伯扶，懷寧（今屬安徽安慶）人。舉孝廉，博學工詩。乾隆五十七年（1792）講學山東菏澤縣重華書院。著有《曹州牡丹譜》一書。生平略見此書序。

　　明代牡丹以安徽亳州爲盛，至清代轉至山東曹州。乾隆五十七年二月，山東學正翁方綱來曹，授意弟子余鵬年爲曹州牡丹作譜，鵬年遂至牡丹鄉採訪花事，并親臨各花圃觀察記載，查書考證。次年春正式撰成，菏澤知縣安奎文作序，翁方綱親書《題曹州牡丹譜三首》。

　　此書備述山東曹州牡丹盛況，記録曹州牡丹優良品種五十六種，依花色分爲黄、青、紅、黑、白、粉、紫、綠八類。正色三十四種，包括黄者七種，青者一種，紅者十五種，白者八種，黑者三種。花間色計二十二種，包括粉者十一種，紫者六種，綠者五種。其中正色以黄色爲貴居首，次列青、紅、白、黑諸色。取名雅麗確切，描述形態特色簡練詳盡。考查曹州牡丹來源出處，認爲“曹州牡丹多移之安徽亳州”，又考查“嬌容三變”名稱，認爲此品種與薛鳳翔《牡丹史》所載“嬌容三變”名相同而花色有異。此書爲曹州牡丹首部較詳盡完整之專志，係經調查考證而成，内容可靠。曹州牡丹名聲亦因此書而增加。

　　此書有《鶴齋叢書》本、《喜詠軒叢書》本及《叢書集成》本。今據上海圖書館藏清乾隆五十八年刻本影印。（石莉）

菊譜一卷　（明）周履靖撰（第1116冊）

　　周履靖（1549—1640），字逸之，號梅墟，自號螺冠子、梅顛、梅癡道人，嘉興（今浙江嘉興）人。履靖在隆、萬間號爲隱士，而聲氣頗廣，能詩好事，與其妻桑貞白自相唱和，多刊書籍以行，《夷門廣牘》即其所編。更著有《梅墟雜稿》、《梅塢貽瓊》、《梅墟別録》等。生平事迹見《螺冠子自叙》、《（雍正）浙江通志》卷二五一。

明菊譜存二,爲黃省曾《藝菊書》及此書。此書撰於黃著後,與黃譜合刊,初刻入所刊《夷門廣牘》叢書,作上下兩卷。上卷以"藝菊法"爲題,注重栽培方法,分培根、分苗、擇本、摘頭、掐眼、剔蕊、扦頭、惜花、護葉、灌溉、去蠹、抑揚、拾遺、品第、名號等十五目。其中,僅吳地菊花名號即有二百二十二種。下卷録黃省曾《藝菊書》,分貯土、留種、分秧、登盆、理緝、護養治菊月令七目,具一定實用性。

今據明萬曆刻《夷門廣牘》本影印。(石莉)

藝菊志八卷　(清) 陸廷燦撰 (第 1116 册)

陸廷燦(約 1678—1743),字扶照,號幔亭,嘉定(今屬上海)人。歲貢生,康熙五十六年(1717)任崇安縣知縣,候補主事。著有《續茶經》、《藝菊志》等。生平事迹見《武夷山志》卷一六。

此書彙編歷代菊譜、菊文及散落於史志、筆記、詩畫及其他論著之藝菊資料,分爲考、譜、法、文、詩、詞六類,卷八爲《槎溪藝菊圖》題辭。其中法類所録黃省曾《種樹書》及陳繼儒《種菊法》專言種菊,文詳而法備。譜類排比歷來名家所列菊花品種,一目了然。又采魏晉至元明相關詩文。

此書爲古代菊事資料摘録,少個人論述,然結構嚴密,條理清楚,便於聚觀,頗切實用。書中保存大量稀見菊文化史料,具有相當學術與史料價值。

此書有浙江鮑士恭家藏本。今據清康熙五十七年棣華書屋刻本影印。(石莉)

菊譜二卷　(清) 葉天培撰 (第 1116 册)

葉天培,字蒼植,號霖夫。生平事迹不詳。

書前自序稱藝菊數十載,每年在宅後半畝園內手植千餘株,研究氣候土壤,觀察菊花習性,培育出大量優良品種。全書分培根、蓄子、擇地、換土、布子、開畦、栽苗、分芽、分枝、刪繁、培土、護葉、扶幹、繫綫、灌水、培肥、扦插、留蕊、捕蟲、救種、便移、遮篷、登盆、盆植、編籬、列屏、插瓶、位置、命名共二十九目。除繼承前人經驗外,其菊花栽培法多有創見。如"培根"指出,冬日應將佳種菊苗栽於高爽之地,注意勿傷水濕,時近太陽。"擇地"指出,栽菊"宜新墾,宜高阜","宜疏籬向東向南,隨其所便,北恐氣陰,西防日烈"。菊花品種繁多,此書"於諸譜所載之種,一種不列;所命之名,一名不參"(見《命名》),僅記載葉氏親手培植名品,多達一百四十五種,頗具特色。

此書僅見乾隆四十一年(1776)刻本,自序中題爲初刻。今據北京大學圖書館藏本影印。(石莉)

東籬中正一卷　(清) 許兆熊撰　附渡花居東籬集一卷　(明) 屠承燻撰 (第 1116 册)

許兆熊(?—1833),字繡周、裊舟,別稱裊舟居士,吳縣(今屬江蘇)光福人。工詩文,擅書畫篆刻,精醫術。辟六君子齋,專意著述。又築池上草堂,植梅蘭竹菊、花草異木,歷十四年之久。著有《東籬中正》、《藥籠手鏡》。後者咸豐十年(1860)毀於寇擾。生平略見此書序。

許氏於藝菊之道頗有心得,擇所得細葉菊二十七種、洋菊十三種,一一加以評贊而成此書。書名"中正"爲其友沈欽韓所名,取義於"九品中正"之制。附沈欽韓《池上菊賦》一篇,徐保注,書中屢言明代屠承燻《渡花居東籬集》,稱所記種植方法切實有效,故一并附載於卷末。

此書初刻於嘉慶二十三年,即池上草堂本。咸豐十年粵寇肆擾,雕版毀。至光緒四年,其子許玉璪檢得此書,別録一通,付之剞劂,至七年春刊成。今據上海圖書館藏清光緒七年

許玉瑑刻本影印。（石莉）

蘭易二卷蘭史一卷　（明）馮京第輯（第1116 冊）

馮京第（？—1654），字躋仲，號葷溪，慈溪（今屬浙江）人。明末復社名士，崇禎十一年（1638）列名《留都防亂公揭》一百四十位士子之一。參與浙東抗清義軍，唐王時任監軍御史。後回鄉募"馮家軍"，與王翊等義軍聯合建立四明山寨，屢敗清兵。魯王時官爲都察院右僉都御史，後晉爲兵部侍郎。順治十一年（1654 年）九月，被俘就義。生平著作頗多，詩集名《三山吟》。事迹見《四明叢書》第二集所收《馮侍郎遺書》。

《蘭易》上下兩卷，係中國古代蘭花專著。原題宋鹿亭翁撰，經考證實爲明末馮京第撰。上卷名《天根易》，仿《周易》形式，以天地陰陽對立統一論蘭花生長習性、栽培環境及四季管理等。又附《蘭四時口訣二條》、《蘭月令口訣十二章》。《四庫全書總目》謂此卷以"復、臨、泰、大壯、夬、乾、姤、遯、否、觀、剝、坤十二月卦爲蘭消長之機，每卦各綴以詞，其文如象，下又各繫以詞，其文如象傳，備述出納栽培之法"。下卷爲《蘭易十二翼》，作者題葷溪子，實即京第。分析蘭之習性，總結蘭花"喜日而畏暑"、"喜風而畏寒"、"喜雨而畏潦"、"喜潤而畏濕"、"喜乾而畏燥"、"喜土而畏厚"、"喜肥而畏濁""喜樹蔭而畏塵"、"喜暖氣而畏烟"、"喜人而畏蟲"、"喜聚族而畏離母"、"喜培植而畏驕縱"等宜忌十二條。

書後附《蘭史》一卷，亦題葷溪子撰。戲仿司馬遷《史記》體例，首列蘭表，將蘭花分爲"蘭九品"，其中紫品十七種，白品十九種和外品十四種，再按"蘭本紀"、"蘭世家"、"蘭列傳"、"蘭外紀"及"蘭外傳"，敘述各種蘭花及其種溉養護等法，頗爲精練。

王毓瑚《中國農學書録》謂此書屬明末文人遊戲小品體裁，作者之意不在蘭，而在借花

草抒發政見，然對養蘭、藝蘭仍有參考價值。

今據清蔣氏別下齋抄本影印。（石莉）

茶花譜一卷總説一卷茶花詠一卷　題（清）樸静子撰（第 1116 冊）

樸静子，福建人。生平事迹不詳。

此書刊行於康熙五十八年（1719），乃作者爲官漳州時所撰。含《茶花譜》一卷，《總説》一卷，《茶花別名詠》一卷，《擬詠鍾款茶花詩》一卷，《茶花詠》一卷，論述茶花性狀、品種及至栽培技術等，内容豐富翔實。書中記載當時福建一帶茶花品種四十四種，茶花別名十種，又於《茶花譜》中定三十品位，即神品、異品、奇品、妍品、佳品、妙品、美品、上品、净品、逸品、雋品、淑品、貴品、豔品、極品、優品、華品、殊品、偉品、令品、名品、韻品、小品、細品、雅品、文品、媚品、鮮品、精品、雄品。《茶花別名詠》、《擬詠鍾茶花詩》、《茶花詠》等篇爲每一別名配詩一首，計有《佛座白》、《狀元紅》、《出爐銀》、《粉紅蓮》、《長春紅》、《菊華》、《松塔》等五十九首，均爲七言絶句。此書爲古代傑出之山茶品種譜，使中國茶花品種研究更系統、完整化。

今據清康熙刻本影印。（石莉）

月季花譜一卷　（第 1116 冊）

此書作者不詳，爲我國較早詳細載叙月季品種及種植之專業花譜。《農學叢書》本後有羅振玉附記，謂"不知何人所箸，序中有'吳下月季之盛'語，殆出於吳人也"。作者癖好月季，於栽種之法頗有心得，以生平歷試之法著成此書。全書僅千餘言，分澆灌、培壅、養胎、修剪、避寒、扦插、下子、去蟲、品種九類，記載古老月季名品十種，爲"藍田碧玉"、"金甌泛绿"、"朝霞散綺"、"虢國淡妝"、"赤龍含珠"、"曉風殘月"、"淡抹鵝黃"、"春水綠波"、"六朝金粉"及"玉液芙蓉"。雖大多今失傳，却可見當時中國月季

育種居世界領先地位。

此書流傳坊間,得之者視若拱璧,秘不示人。原稿本由郁蓮卿删訂付刻,以廣其傳,後輯入《農學叢書》、《藝海一勺》等。今據天津圖書館藏清光緒三十年羅振玉輯《農學叢書》本影印。(石莉)

高寄齋訂正缾花譜一卷　（明）張謙德撰（第1116 册）

張謙德(1577—1643),字叔益,後更名丑,字青甫,或作青父,號米庵,又號遶覺生,崑山(今屬江蘇)人。應文子。廣涉獵,好書畫。撰有《名山藏》、《清河書畫舫》、《真迹日録》、《朱砂魚譜》等。生平事迹見《清畫拾遺》。

此書成於明萬曆二十三年(1595),爲張氏早年插花著作,亦中國論瓶花藝術較早之專著。全書約一千九百字,分品缾、品花、折枝、插貯、滋養、事宜、花忌與護缾八節,以論缾花維護與攝養爲主,體系完整。"品花"一節以"九品九命"等級品評花卉,如將滇茶列爲"一品九命",黄、白山茶列爲"二品八命",蜀茶列爲"三品七命",茶梅列爲"六品四命"等,甚爲精闢。

此書問世較袁宏道《瓶史》早四年,較高濂《遵生八箋・高子瓶花三説》稍晚,依次記載插花相關諸項事宜,間有獨到見解,但因以《瓶花三説》爲本,内容略有重複,發揮有限,但仍不失爲承前啓後之作,與袁宏道《瓶史》同爲中國插花典籍中雙璧。

此書版本較多,今據明萬曆刻奕政堂鐫陳眉公家藏《廣秘笈》本影印。(石莉)

陳眉公重訂瓶史二卷　（明）袁宏道撰（第1116 册）

袁宏道(1568—1610),字中郎,又字無學,號石公,又號六休,公安(今屬湖北荆州)人。萬曆二十年(1592)進士,歷任吳縣知縣、京兆校官、禮部儀制司主事、驗封司主事,官至

稽勳郎中。事畢請假歸里,定居沙市。公安派領袖與代表作家,與兄宗道、弟中道并稱"三袁"。著有《袁中郎集》、《廣陵集》、《瓶花齋集》等。傳見《明史》。

明代插花理論著作甚夥,高濂《瓶花三説》開風氣之先,而張謙德《瓶花譜》與袁宏道《瓶史》最爲人稱道。《瓶史》頗受《瓶花譜》影響,成於萬曆二十七年(1599),爲中國重要插花著述。全書三千餘字,從鑒賞角度詳述花材選用、花器選擇、供養環境及插法等,并藉插花提倡愛花精神、賞花態度與插花熱情,開明代花藝理論之新境。

此書問世後深受時人贊許,陳繼儒輯《尚白齋鐫陳眉公訂正秘笈二十一種四十九卷》,第十七袟即收入袁宏道《瓶史》,卷首署"陳眉公重訂瓶史"。前有"瓶花引",正文十二篇,包括花目、品第、器具、擇水、宜稱、屏俗、花祟、洗沐、使令、好事、清賞、監戒等。

此書版本衆多,可知者有近百種,分一卷本與二卷本兩類,内容頗有差異。二卷本卷上言瓶花之宜、瓶花之忌、瓶花之法,爲一卷本所無,然據考證,此類内容實爲高濂《瓶花三説》之文,非袁宏道所撰。今據中國科學院圖書館藏明萬曆沈氏尚白齋刻本影印。(石莉)

花史四卷（存夏集、秋集、冬集）　（明）佚名撰

此書年代未詳,不著撰人。原書輯録四季花木,分春、夏、秋、冬四卷,現存夏集、秋集、冬集。每集介紹該季主要花卉,夏集包括石榴、荷花、茉莉、紫薇、紫荆、葵花、萱花、梔子花、夾竹桃、山丹等十五種;秋集包括菊花、桂花、芙蓉、百合、雞冠秋海棠等十四種;冬集包括山茶、梅花、臘梅、瑞香、素馨、水仙等七種。每種花卉配有繪圖,詳述花卉名稱、形態、習性、産地及栽培,并綴拾前人典籍中花卉掌故、詩詞、品行與栽種資料,附於集末。然全書版刻繪畫較爲粗拙。

今據國家圖書館藏明刻彩色套印本影印。（石莉）

花史左編二十七卷 （明）王路撰（第1117册）

王路，字仲遵，號澹雲，又自號太原是岸生，嘉興（今浙江嘉興）人。平生嗜花，入山建草堂，種花栽竹，輯録各花木品目、故事及栽培方法，著成此書。生平見陳繼儒《花史左編·序》。

此書成於萬曆四十五年（1617），次年刊行。書前有陳繼儒題詞、序及王氏自識，金星軺《文瑞樓藏書目録》嘗誤此書爲陳繼儒所輯。全書分花之品、花之寄、花之名、花之辨、花之候、花之瑞、花之妖、花之宜、花之情、花之味、花之榮、花之辱、花之忌、花之運、花之夢、花之事、花之人、花之證、花之妬、花之兀、花之藥、花之毒、花之似、花之變、花之友、花塵、花之器二十七卷。其中"花之辨"分析一花數名、一名數色，兼論異瓣、異實、異味、異產、培灌異法；"花之候"講述花卉培養、寒暑、朝暮、春秋、年月日時各有紀律；"花之宜"記載栽培、灌溉得益、護持等事；"花之忌"則列舉各花病害、蟲害及療法，皆具特色。

此書雖爲文人遣興之作，難脱明季小品之習，但所録各花品種頗爲詳盡，可供園藝學家參考。陳繼儒評此書"修花史之先"（見此書序）。作者原計畫編輯《花之辭翰》爲"右編"，約十二卷，故名此書爲"左編"（見卷二十六作者《小引》）。

今據明萬曆刻本影印。（石莉）

秘傳花鏡六卷圖一卷 （清）陳淏子輯（第1117册）

陳淏子（1612—?），字扶搖，自號西湖花隱翁。喜讀書，好栽花。明亡後隱逸鄉里，栽培及研究花草果木，并兼授徒爲業。生平略見此書自序。

陳氏晚年總結生平栽種花果樹木之親身經驗，兼參歷代花譜，於康熙二十七年（1688）撰成此書。凡六卷，約十一萬字。卷一"花曆新栽"，包括分栽、移植、扦插、接換、壓條、下種、收種、澆灌、培壅、整頓等十目，列舉各種觀賞植物栽培之逐月行事；卷二"課花十八法"，包括課花大略、辨花性情法、種植位置法、接換神奇法、扦插易生法、移花轉垛法、澆灌得宜法、培壅可否法、治諸蟲蠹法、變花摧花法、整頓删科法等內容，暢論觀賞植物栽培原理及管理方法，是全書精華所在。又有"花木類考"、"藤蔓類考"及"花草類考"等，各約百種，述花木名稱、形態、生活習性、產地、用途及栽培。卷六附記調養禽獸、鱗介、昆蟲之法。另有附圖一卷，繪花木、觀賞動物等百餘種。

此書所載技術精巧實用，故坊刻本甚多，書名或作《園林花鏡》、《百花栽培秘訣》、《群芳花鏡全書》等。其中康熙二十七年善成堂刻本及金閶書業堂刻本應屬最早版本。此外尚有文德堂乾隆年間本、同治四年刻本及幾種石刻本與鉛印本。又有日本刊本行世。今據復旦大學圖書館藏清刻本影印。（石莉）

花木小志一卷 （清）謝堃撰（第1117册）

謝堃（1784—1844），字佩禾，號春草詞人，原籍江西，先輩遷居揚州（今江蘇揚州），住邵伯鎮。清代戲曲作家。國子監生，官貢阜屯田郎。一生困頓，寄食四方。善書畫，工詞曲，精鑒賞。著有《謝堃所見書畫録》、《金玉瑣碎》、《春草堂全集》等。生平略見此書自序。

謝氏癖好花木，親爲種植澆灌，又行遊各地，遇罕見花木必購致，不便攜帶者則畫圖記録，經年累月而成此書。記載花木達一百三十餘種，詳述花木名稱、形態、習性、用途等。因所記均爲謝氏親眼所見，內容可信，具有較高參考價值。

此書收入道光十年所刻《春草堂全集》。今據上海圖書館藏清道光二十年刻《春草堂集》本影印。（石莉）

竹譜一卷　（清）陳鼎撰（第1117冊）

陳鼎（1650—?），字定九，又字九符、子重，號鶴沙，晚號鐵肩道人，江陰（今屬江蘇無錫）人。少隨父至雲南，後返歸周莊故里定居。少任俠，後折節讀書，立志著述，尤注意鄉邦文獻。著有《滇黔遊記》、《留溪外傳》、《武備略》等。生平事迹見《（道光）江陰縣志》卷一二。

此書卷首及卷末分別有張潮題辭及跋。陳氏長期居於雲貴，書中所記均爲西南一帶奇異竹種，共六十條，包括回春竹、孝子竹、忠臣竹、君子竹、王侯竹、方竹、碧天霞、鳳尾竹、羅浮竹、玳瑁竹、太史竹等，每條簡單介紹其竹產地、形色、特性、名稱來歷。

此書《四庫全書總目》收入存目。有《昭代叢書》、《農學叢書》等本。今據清道光十三年沈氏世楷堂刻《昭代叢書》本影印。（單蕾）

種芋法一卷　（明）黃省曾撰（第1117冊）

黃省曾（1490—1540），字勉之，號五嶽山人，吳縣（今江蘇蘇州）人。明嘉靖十年（1531）舉人，進士不第，轉攻古代詩詞繪畫。南都參贊喬白巖請纂《游諸山記》。後轉學王陽明門下，著《會稽問道録》。一生撰著農學著作多種，主要有《稻品》、《養蠶經》、《養魚經》、《藝菊書》各一卷，合稱《農圃四書》，另有《種芋法》一卷、《獸經》一卷。《明史》有傳。

黃氏總結前人論述及種芋技術經驗，首次撰寫種芋專著。此書包括《名》、《食忌》、《藝法》和《事》四部分，廣泛匯輯古代文獻中有關芋之記載。《名》章徵引《説文》、《廣雅》、《廣志》、《唐本草》等書有關內容，述芋名及

其種類。《食忌》章述食芋注意事項，以及如何防止野芋中毒。《事》章引述食芋充饑掌故。《藝法》章最具農學意義，除匯録《氾勝之書》、《齊民要術》、《家政法》、《務本新書》和《物類相感志》等書之種芋法外，還叙述當時種芋方法，主要包括選種、整地育苗、栽種塘土等，多有發明。如提出窖藏越冬法防止芋種凍害，又如記載塘土，即於芋棵行間挖土壅芋根上，使根上土壤保持疏鬆，則結芋大而圓；并首次提出種芋輪作倒茬問題。

今據明萬曆刻《百陵學山》本影印。（單蕾）

吳蕈譜一卷　（清）吳林撰（第1117冊）

吳林，字息園，長洲（今江蘇蘇州）人。此書收入《昭代叢書》本編，可知其爲清代初期人。其餘生平不詳。

我國古代菌類植物專書，以宋淳祐五年（1245）陳仁玉所撰《菌譜》爲最早。此後，明代潘之恒在此基礎上編撰《廣菌譜》，收録各種蘑菇四十餘種。至清代則有《吳蕈譜》，爲我國古代研究菌類植物之科學總結，有很高學術價值。此書卷首有長篇引言，概述吳中所產蕈之種類。書中列載可食之蕈，分上、中、下三品，共二十六種，介紹各種蕈之產地、形色、特性等。書末談及毒蕈，可見吳氏對此確有深入研究。

此書除《昭代叢書》本外，尚有《賜硯堂叢書》本和《農學叢書》本等存世。今據清道光十三年沈氏世楷堂刻《昭代叢書》本影印。（單蕾）

烟草譜八卷題詞一卷　（清）陳琮撰（第1117冊）

陳琮（1761—1823），字愛筠，祖籍紹興（今浙江紹興），其先祖自明代中葉遷至松江府青浦縣（今屬上海）定居。家世富紳。陳氏勤奮篤學，四十歲後專事著述，著有《烟草譜》、《雲間山史》、《茸城事迹考》等。生平事

迹見《明齋小識》。

此書爲清代烟草專著，爲陳氏自前人著作中輯録而成。共八卷，卷首有自序、徵引書目二百一十種及圖二幅、贊一篇。卷一叙述烟草來歷和別名、各地種類等。卷二記載烟草栽培過程、烟葉調製方法、烟絲製作方法、烟草販賣及保管、使用等知識。卷三爲故實，記載閨房吸烟、烟畢詩成、烟筒禦盗等與烟相關典故。卷四至卷八爲有關烟草之詩、詞、賦等。全書内容豐富，包羅萬象，被譽爲清代烟草歷史與文化總集，對後世影響較大。

此書於清嘉慶二十年刊行，傳世者有嘉慶、道光年間刻本。今據浙江省圖書館藏嘉慶刻本影印。（單蕾）

烟譜一卷　（清）陸燿撰（第1117冊）

陸燿（1723—1785），字青來、朗夫，吳江蘆墟（今屬江蘇蘇州）人。清乾隆十七年（1752）中舉人，十九年考授内閣中書充軍機處章京。因辦事勤奮果斷，深得大學士傅恒器重。乾隆帝外出巡幸，每令其扈從。五十年任湖南巡撫時，湖南大旱，奔波勞累而死。著有《切問齋文抄》、《金石續編》、《甘薯録》等。生平事迹見《清史稿》。

此書成於乾隆三十九年之前，爲繼汪師韓《金絲録》後又一部烟草專著，研究我國烟草發展史難得之文獻。包括五部分及附録。正文《生產第一》記述烟草傳入歷史、名稱及其特性。稱烟草"辛温有毒"，可治風寒痺濕、滯氣停積、山嵐瘴霧，其氣入口令人通體俱快，但又"火氣薰灼，耗血損年"。指出浙江塘西、山東濟寧、湖南衡州及四川皆產名烟。《製造第二》記載當時烟葉製作技術要求，各地烟葉包括湖南衡烟之特色。特別指出，凡烟葉被風雨所傷及蟲蝕傷者，味輒不佳。若製成後潮濕及有黴鬱之氣亦不可食。《器具第三》評述清初南北各地及士大夫、朝士、工匠、傭夫及農夫各色人等所用吸烟工具之類別、特點。《好尚第四》叙述當時吸烟風尚，稱至清初時，烟草已廣泛流傳，士大夫無不嗜烟，乃至婦人、孺子亦皆手執一管。并詳述鼻烟種類、特色、價值及鼻烟壺等，是清初最早記述鼻烟及鼻烟壺文獻之一。《宜忌第五》精闢論述烟有宜吃者八事、忌吃者七事、吃而宜節者七事以及吃而可憎者五事，於當時乃至今日皆有警誡作用。附録中有前、後《烟草歌》，乃清初以文學形式記述烟草之較佳作品。阮葵生《茶餘客話》言："陸青來燿作烟草歌，形容盡致。"

今據清道光十三年沈氏世楷堂刻《昭代叢書》本影印。（單蕾）

植物名實圖考三十八卷　（清）吳其濬撰（第1118冊）

吳其濬（？—1847），字瀹齋，別號雩婁農，固始（今河南固始）人。嘉慶二十二年（1817）進士。喜植物學研究，廣泛搜集相關記載、議論，編成《植物名實圖考長編》，又據多年研究所得撰定《植物名實圖考》。傳見《清史稿》。

此書三十八卷。卷首有清道光二十八年（1848）陸應穀序。全書記載植物一千七百十四種，分穀、蔬、山草、隰草、石草、水草、蔓草、芳草、毒草、群芳等十二類，每類列若干種，并附圖一千八百多幅。書中所載植物涉及我國十九省，尤其雲南、河南、貴州等省植物採集較多。書中所載植物在種類及地理分布上，均遠超歷代諸家本草。

此書致力於考核植物名實，專談各種植物之形狀、用途以及產地，尤詳於其藥性。其性質稍近於本草，但又能突破《神農本草經》所創建、爲歷代本草學家所遵循之植物編寫體例，不局限於藥物，比《本草綱目》等更具備現代科學學科性質。其植物學史地位，早已爲古今中外學者所公認。吳氏研究態度嚴謹，既重視古籍文獻，又能結合實際觀察、考查、訪問,未完全解決之問題絕不妄下結論。書中引述文獻資料四百五十種,覆蓋經、史、子、集四大類,偏重於史部地理類與子部醫家類、農家類。

此書於道光二十八年即吳氏死後第二年由陸應穀校訂刊行。書中有部分錯亂處,或爲吳氏生前未定之故。光緒六年及民國八年又先後以原刻板重印,只小部分毀損板片經過修補。今據山東省圖書館藏清道光二十八年陸應穀刻本影印。(單蕾)

汝南圃史十二卷　(明)周文華撰(第1119冊)

周文華,字含章,蘇州(今江蘇蘇州)人。性閑淡,常邀青門野叟商討蒔花、鋤豆、種瓜之法。生平事迹見此書自序。

周文華偶得周允齋所輯《花史》十卷,甚愛之,因憾其搜集未備,乃取書籍中有關於竹木蔬藜菜菽者,詳加採録,著成此書。全書十二卷,卷首有萬曆四十八年(1620)陳元素序及周氏自序。書分月令、栽種、花果、木果、水果、木本花、條刺花、草本花、竹木、草、蔬菜、瓜豆十二門,每門皆叙述栽種之法,間以詩詞。所列植物大抵就江南所有言之,河北、嶺表之屬均不著録。此書較他書剿竊陳言、侈陳珍怪者較爲切實。

今據明萬曆書帶齋刻本影印。(單蕾)

灌園草木識六卷　(明)陳正學撰(第1119冊)

陳正學,字貞鉉,漳州(今福建漳州)人。生平事迹見此書何楫序及自序。

陳氏於東郊小園栽植百卉果木,親自從事園藝二十餘年,因著《灌園草木識》。其撰書講求實事求是,故所紀述足可珍貴。全書共六卷,含花之屬一百三十餘種,果之屬四十八種,木竹之屬二十五種,藥之屬三十六種,蔬之屬二十五種及雜著若干篇。卷首有明崇禎七年(1634)何楫序及陳氏自序。書名下題"東冶陳正學貞鉉著"。陳氏園中移植殊方花木頗多,陳氏勤加培護,多見植物生態變異現象,故得以積累園藝學上改造植物之經驗。書中記述此類情況雖非出自覺,却成爲生物學史與園藝學之寶貴資料。

此書流傳不廣,僅見著録於《南洋中學藏書目・名物類》,書名作《草木識》,卷數誤爲"十"。崇禎七年刻本,亦此書唯一一刻本。今據上海圖書館藏明崇禎刻本影印。(單蕾)

北墅抱甕録一卷　(清)高士奇撰(第1119冊)

高士奇(1645—1704),字澹人,號瓶廬,又號江村,餘姚(今屬浙江寧波)樟樹鄉高家村人。康熙十年(1671)入國子監,試後留翰林院。十四年授職詹事府録事,遷內閣中書。十八年後歷任翰林院侍講、侍讀、侍讀學士、《一統志》副總裁、詹事府少詹。二十八年隨帝南巡。因追隨姻親徐乾學被彈劾,解職居平湖。三十三年,奉召入京,充《明史》纂修官。三十六年,以養母求歸,特授詹事府詹事。四十二年卒於家,謚文恪。著有《春秋地名考略》、《左傳紀事本末》、《清吟堂全集》等。生平事迹見《清史列傳》卷一〇、《清史稿》等。

此書乃高氏告歸後所作,卷首有康熙二十九年自序。"北墅"爲高氏所居別業之名,墅中蒔植花木頗多,因取花卉、竹、木、果、蔬、藥、蔓之類,各疏其形色品狀,以爲此編,凡二百二十二種,叙録頗爲詳備。此書與王象晉《群芳譜》相類,但多有高氏本人看法。

今據清康熙刻本影印。(單蕾)

倦圃蒔植記三卷總論二卷　(清)曹溶撰(第1119冊)

曹溶(1613—1685),字秋嶽,一字潔躬,亦作鑒躬,號倦圃、鉬菜翁,秀水(今浙江嘉興)人。明崇禎十年(1637)進士,官御史。仕清,初授原官,累遷廣東布政使,降山西陽和道。工詩詞,詩與龔鼎孳齊名,世稱"龔曹";詞爲浙西詞派之先河。著有《静惕堂詩詞集》、《崇禎五十宰相傳》、《古林金石表》等書。傳見《清史稿》。

此書含《總論》上、下卷及《倦圃蒔植記》三卷兩部分。卷首有康熙二十三年（1684）自序，可知爲其晚年遊戲之筆。曹氏自山西陽和道歸里，築室范蠡湖上，名曰倦圃，其間多植花木，因記圃中所有。《總論》上卷包括總論、論木、論花和論果；下卷包括論蔬、論瓜、論豆、論竹、論草、論盆樹和雜論。《倦圃蒔植記》前兩卷介紹牡丹、芍藥、蘭蕙等花卉，卷下介紹竹、桐、槐、柳等竹樹，茶、筍、茄、薑等茶蔬。全書各疏其名品故實及種植之法。曹氏學本贍博，引據多有可觀，惟下語頗涉纖仄，尚未脱明季小品積習。

今據清抄本影印。（單蕾）

花傭月令一卷　（清）徐石麒撰（第1119冊）

徐石麒，字又陵，號坦庵，祖籍鄞縣（今屬浙江寧波），後遷居揚州（今江蘇揚州）。精研名理，明亡後隱居不仕，以著書自娛。善畫花卉，工詩詞戲曲，有著述四十餘種，達二百餘卷。順治二年清兵陷揚州，其稿殘毀，僅存《坦庵枕函待問編》五卷、《蝸亭雜訂》十卷、《花傭月令》一卷等。生平事迹見《嘉慶重修揚州府志》卷五三。

此書爲記載栽種花樹果疏之書。書牌頁題“光緒十一年六月刊成，屛守山莊藏板”，卷首有焦循序。其書以十二月爲經，以移植、分栽、下種、過接、扦壓、滋培、修整、收正、防忌九事爲緯，記叙一年中之園藝操作方法。徐氏逸居湖上，以常年養花種樹經驗撰成此書，爲後世提供寶貴種植經驗。

今據湖北省圖書館藏清光緒十一年儀徵吳氏刻《傳硯齋叢書》本影印。（單蕾）

名馬記二卷　（明）郭子章撰　續名馬記二卷　（明）李承勛撰（第1119冊）

郭子章（1543—1618），字相奎，號青螺，別號蠙衣生，謚文定，泰和（今屬江西吉安）人。文武兼資，爲罕見全才。明隆慶五年（1571）進士。官至兵部尚書、右都御史，加太子少保衛。六十七歲告老還鄉，卒年七十六歲。著有《粵草》十卷、《蜀草》七卷、《晉草》九卷等書九十餘種。生平事迹見《〈民國〉杭州府志》卷一一九。

李承勛，字錫庸，浙江處州人，先世安遠（今屬江西贛州）人。抗倭將領。永樂中由錦衣衛調處州衛，世襲指揮同知。萬曆元年（1573），陸續在浙江、山東、朝鮮等地任職，抗擊倭寇。二十八年班師回朝，後又鎮守貴州、浙江。生平事迹見《明史》。

《名馬記》卷首有郭氏自序，卷端題名《蠙衣生小記》，收録自伏羲以來數千年間有關名馬之史料。《續名馬記》卷端題名“雅歌齋雜集”，爲李氏在郭氏之書基礎上續增八十二條相關記載。卷末有《跋名馬記》。

今據天一閣藏明李承勛刻本影印。（單蕾）

獸經一卷　（清）張綱孫撰（第1119冊）

張綱孫，字祖望，改名丹，號秦亭、竹隱，錢塘（今浙江杭州）人。喜山水，工詩，旅遊詩尤奇崛，以詩文稱於時，與陸圻、毛先舒、柴紹炳等齊名，稱“西泠十子”。著有《從野堂集》、《獸經》。生平事迹見《清史稿》。

此書簡略介紹各種獸類之名稱、外形及特性，如：“麟，仁獸。麒，似麟而無角。牡鳴曰遊聖。牝鳴曰歸和。”若此之類，皆爲稀奇獸類之珍貴資料。

此書收録於《檀几叢書》卷四十七。今據清康熙三十四年張氏霞舉堂刻《檀几叢書》本影印。（單蕾）

虎苑二卷　（明）王穉登撰（第1119冊）

王穉登（1535—1612），字百穀，一字伯穀，號玉遮山人，吳郡（今江蘇蘇州）人。爲人通明,妙於書及篆隸,好交遊,善結交。爲吴中詩人,當時最負盛名。著有《王稺登詩集》等。生平事迹見《明史》、《萬曆野獲編》卷二三。

此書卷首有王氏自序,詳述成書原因、過程、分類標準及書名由來,卷末有吴近道重刻題跋。全書不足一萬字,分德政、孝感、貞符、占候、戴義、殛暴、威猛、靈怪、豢擾、搏射、神攝、人化、旁喻、雜志十四篇。據自序,此書來源有二,一爲古代典籍,二爲民間傳説。所徵引古書有《易經》、《詩經》、《禮記》、《孟子》、《韓子》、《管子》、《列子》、《尸子》、《左傳》等,凡四十二種。此書體例嚴謹,收録標準明確,分類合理。如"孝感篇"收録五條各時期孝子故事;"戴義篇"收録三條虎類感恩圖報故事。每篇最後有"贊",爲王氏之評價。

據跋文"王先生作《虎苑》垂三十年",可知其輯於嘉靖三十三年(1554)前後。此書在蘇松地區流傳甚廣。現存明萬曆十二年常州吴氏蕭疏齋刻本及清順治三年兩浙督學周南李際期宛委山堂刻《説郛續》本,今據中國科學院圖書館藏明萬曆十二年吴氏蕭疏齋刻本影印。(單蕾)

猫乘八卷　(清)　王初桐輯　(第 1119 册)

王初桐(1729—1821),原名丕烈,字子陽,嘉定(今屬上海)方泰人。擅填詞,工詩、古文、長短句,涉獵甚廣。乾隆四十一年(1776)召試,授四庫館謄録,旋任齊河縣丞。後爲官山東,歷署新城、淄川、平陰、壽光知縣,寧海州同知。著有《濟南竹枝詞》、《奩史》,并編纂《(嘉慶)嘉定縣志》等。生平事迹見《奩史·序》。

此書卷首有清嘉慶三年(1798)王氏《猫乘小引》。王氏因感於歷代有關猫之記載,見於經史者寥寥無幾,大多雜出於傳記百家之書,故將所見資料仔細讐校記録,積久成帙,削繁去冗,分門析類,撰成此書。書中記述猫

之名號、孕育、形體、蓄養、種類,兼涉相關詩詞,是較早且較全面之述猫專著。

今據上海圖書館藏清嘉慶三年刻本影印。(單蕾)

鷄譜不分卷　(清)　佚名撰　(第 1119 册)

作者與成書年代失載,由其引用清乾隆年間所刊《古今秘苑》一書,可知成書不應早於乾隆年間。

此書專述鬥鷄之飼養,爲迄今所見惟一中國古代養鷄專著。約一萬四千字,凡五十一篇,包括鬥鷄外貌鑒定、鬥鷄良種培育、種蛋孵化與雛鷄培育、鬥鷄飼養管理、鬥鷄疾病防治、鬥鷄對陣與陣後處理六方面内容。書中諸多記載頗具畜物學價值。例如從鷄各部位入手,專門論述鬥鷄外部形態差異及其與體質强弱、性情勇怯之關係,提出外貌鑒定標準。在良種培育上,重視選配,指出若以上等雄鷄配次等雌鷄,則其雛鷄不佳,而鷄之生相往往不能十全十美,故皆需通過選配,方能獲得良好結果。作者提出"三配"措施,即據頭部、羽毛顔色與骨骼肌肉三方面特點,視具體要求選擇相應母鷄或公鷄進行交配。在鷄病防治方面,此書又記載十多餘種鷄病,論述鷄病起因、症狀和防治措施。書中所涉鷄病,或可與現代獸醫學對照,如"鷄痘"之名,沿用至今。書中還記載鷄病防治措施,并以中藥爲主,針對不同疾病,開列有十數個藥方,甚至涉及手術治療,首次介紹嗉囊切開術。

此書總結和發展中國古代幾千年養鷄經驗,具有一定科學水準,有助於瞭解古代養鷄科學技術發展水平,爲難得之歷史文獻。

此書僅有抄本傳世。今據中科院自然科學史所藏清抄本影印。(單蕾)

鷯鶉譜全集四卷　(清)　浣花逸士撰　(第 1119 册)

浣花逸士,生平事迹不詳。

作者因偶得《鵪鶉譜》一卷,見其論法甚善而未能精詳,遂稍加更訂,綱舉條目,分析縷定,撰成此書,以備參考。書中并由鵪鶉一物而推之世道人情,警告世人毋玩物喪志。

此書四卷,卷首有叙,卷末有跋。全書從相鶉法、養法、洗法、喂法、把法、調法、鬥法、籠養法、出籠法等方面,對古代鵪鶉飼養經驗進行科學分析與總結,對今日之鵪鶉飼養業仍具參考價值。書中認爲鵪鶉相鬥亦寓用兵之道。叙中贊其用心甚細且格物入微,深知物理且悟世情變化。

今據國家圖書館藏清道光五年和遜堂刻本影印。(單蕾)

鴿經一卷　(清) 張萬鍾撰 (第 1119 冊)

張萬鍾(1592—1644),字扣之,貢生,鄒平(今屬山東濱州)人。出生於官宦世家。中歲以前,家境優裕,養鴿撰經。《鴿經》爲其傳世唯一著述。崇禎十年(1637)以後,迭遭兵亂。明亡,移居南京。福王立國,授鎮江推官,力圖復明,後以身殉國。生平事迹見《(道光)鄒平縣志》卷一五。

此書專門研究鴿子品種、特徵、欣賞與飼養,含論鴿、花色、飛放、翻跳、典故和賦詩六部分。論鴿介紹鴿之性情、品德、生活習性及羽毛、眼、嘴、脚各部特徵及優良品種之標志,并涉及築巢、鴿病治療方法。此後詳列鴿之品種,區爲花色、飛放、翻跳三大類。花色部分從鴿羽花紋角度,著録三十種觀賞鴿,辨析近似品種一百餘,皆形美色妍,最宜觀賞。飛放部分從鴿子飛翔角度著録六個品種,辨析近似品種二十餘。飛放類所録鴿種,皆修翎健翅,擅長遠翔,可千里傳書。翻跳部分從空中翻跳姿勢角度著録七個品種,此類鴿或能空中筋斗若轉輪,或階前跳躍,轉滾不離原地,近似雜技表演。書中每種鴿名下皆描述其花色形態及頭、眼、嘴、鳳之要求,十分嚴格。同種又有羽色之異,故其著録總數當在百種之上。典故、賦詩兩部分分別採録前人關於鴿之軼聞軼事及詩詞歌詠,可窺古代文人之雅致。全書篇幅雖不大,却爲明以前鴿文化之詳實總結,爲世界最早之論鴿專著。

此書撰於明代,萬曆年間成書,其刊行則遲至清康熙三十五年(1696)。其時張潮於揚州編輯刊刻《檀几叢書》,王漁洋得其岳父《鴿經》一書,列入叢書,方得刊本流傳。今據清康熙三十四年新安張氏霞舉堂刻《檀几叢書》本影印。(單蕾)

欽定鳥譜十二卷　(清) 佚名撰 (第 1119 冊)

此書作者不詳,書名"欽定",亦不知所指何帝。全書共十二卷,總結見於古籍之鳥類資料,簡略介紹各種鳥類名稱、外形及特性。書中所徵引古書有《爾雅》、《韓詩外傳》、《山海經》、《禽經》、《禮記》、《抱朴子》、《異物志》、《春秋繁露》、《物類志》等。

今據國家圖書館藏清抄本影印。(單蕾)

畫眉筆談一卷　(清) 陳均撰 (第 1120 冊)

陳均,字康疇,歙縣(今屬安徽黄山)人。生平事迹不詳。

此書收録於張潮所輯《昭代叢書·別集》,卷末有張潮跋。書中介紹我國飼養畫眉古法,大略謂養育之時,當謹防外患,常與之相偕出入,使其習慣與人相處,使猫狗與之相熟相安,則不生恐懼,飲食自安;又言此鳥或當日晴之時,或值花蔭之下,或聞他鳥之音,或遇人聲調唤,即不斷發聲,不知身處樊籠之内。書中説明畫眉聲音輕亮,能歌唱及效仿人語,并能作猫聲狗聲、笛聲、雞聲及各鳥鳴聲,均爲人所教;始教應於其雛時,每夜棒擊其籠令醒,度音令習之,久久即能曲肖;於其未吐音之時,應先辨其爲雄且能鳴者方可教。此書雖簡短,但已大略説明飼養畫眉要旨,爲不可多得之小品。

今據清道光二十九年沈氏世楷堂刻《昭代

叢書別集》本影印。（單蕾）

説蛇一卷 （清）趙彪詔撰（第1120冊）

趙彪詔，字豹三，武進（今屬江蘇常州）人。生平事迹不詳。

此書收録於張潮所輯《昭代叢書・別集》中，卷末有楊復吉跋。全書分爲蛇譜、蛇事和雜紀三部分。蛇譜部分，在前人陳鼎《蛇譜》基礎上，補充介紹三十三種蛇，如三角蛇、枳首蛇、戴鏡蛇、黄連蛇、土錦蛇、黄喉蛇、雞冠蛇、矛蛇、猫蛇、青龍蛇、海蛇、木龍蛇等等，逐一描述其產地、形貌、習性等等。蛇事部分輯録有關民間傳說，如美人蛇、見巨蛇必登科等等奇聞軼事。雜紀部分輯録《漢雋格物》、《鶴林玉露》、《草木子》等書中相關記載。

楊復吉跋文將此書與《蛇譜》相較，認爲陳氏《蛇譜》之記載爲眼見筆録，故能盡相窮形，而趙氏此書則未免紙上空談。

今據清道光二十九年沈氏世楷堂刻《昭代叢書別集》本影印。（單蕾）

蜂衙小記一卷 （清）郝懿行撰（第1120冊）

郝懿行生平見前《寶訓》提要。

此書爲清代養蜂專著。卷首有作者小序，卷末有牟廷相跋。全書凡十五則：識君臣、坐衙、分族、課蜜、試花、割蜜、相陰陽、知天時、擇地利、惡螫人、祝子、逐婦、野蜂、草蜂、雜蜂。書中描述蜜蜂方方面面，觀察細緻。比如，"坐衙"中指明蜂喜聚群而居，既有分工，又相互依存。"擇地利"中提出養蜂要選擇好場地，宜靠近蜜源植物，地勢高爽開朗，通風清潔。"試花"中描繪蜜蜂采蜜情景，形象逼真。"割蜜"中言，割蜜時當注意勿傷蜜蜂，亦應留足御冬之蜂糧，否則蜂群會凍餓死亡。

郝氏往往以所見與《爾雅》互相印證，此其治學一貫風格。但偶有議論，往往過多攀附人事，不免迂遠。然亦有可觀者，如"野蜂"一則云："蜂有野處者，或居古木及石壁中，亦作蜜，與常蜂等，而性野喜螫，不及居人家者馴良也。余謂此種無官衙，止是山寨大王耳。"此類記載於博物記事中不無風趣，增強可讀性。此書文字簡明扼要，内容較充實，涉及有關蜜蜂及養蜂諸多問題，至今仍有參考借鑒作用。

此書收録於清嘉慶至光緒年間所刻《郝氏遺書》，有光緒五年刻本。今據清光緒五年東路廳署刻《郝氏遺書》本影印。（單蕾）

禽蟲述一卷 （明）袁達撰（第1120冊）

袁達，字德修，號佩蘭子，閩縣（今福建福州）人。博學强記，性迂，嗜酒。曾任貴溪令，官終廣湖都司。嘉靖年間曾刻印自撰《佩蘭子文集》三卷，又《禽蟲述》一卷。生平事迹見《本朝分省人物考》卷一〇九。

綜合性動物學著作源於東漢，後又有《異物志》類著作，内容包羅萬有，如宋代陸佃《埤雅》由《爾雅》派生而來，是此類著述之代表。直至明清時期，真正綜合性動物學著作才出現，此書即爲其中之一。此書述禽蟲名義典故，兼仿《禽經》、《埤雅》之體，聯絡成文，亦或間以排偶，但有章段，不分門目，亦無注釋，不免爲餖飣之學。

今據南京圖書館藏明抄本影印。（單蕾）

蟲薈五卷 （清）方旭撰（第1120冊）

方旭（1857—1921），原名承鼎，字調卿，梅城（今屬浙江杭州）人。清光緒元年（1875）秀才，二十六年拔貢。曾任惠英女校校長，兩次參與《建德縣志》編輯工作。一生獻身教育，研究博物。著有《蟲薈》五卷、《蠡存》兩卷。生平事迹見此書序。

此書卷首有光緒十六年孫詒謀序及自序，録寫一千零三十九種蟲類，分羽蟲、毛蟲、昆蟲、鱗蟲、介蟲五類。漢語中，"昆"有衆多、龐大之義，而"蟲"字所指範圍甚廣，如劉安、董仲舒"五蟲説"與《大戴禮·易本命》中之"蟲"即爲所有動物之總稱。至十九世紀六十年代後,昆蟲學作爲一門學科傳入中國。方氏此書將五類動物中二百一十九種小動物歸爲"昆蟲"類,"昆蟲"一詞方具近代概念,爲"昆蟲"規範爲近代概念之最早記載。

今據華東師範大學圖書館藏光緒十六年刻本影印。(單蕾)

重刊訂正秋蟲譜二卷　題(宋)賈似道輯(第1120冊)

賈似道(1213—1275),字師憲,號悦生、秋壑,天台(今屬浙江台州)人。南宋理宗時權臣。精於逗蟋蟀,人稱"賈蟲"。好收藏,聚斂奇珍異寶、法書名畫甚多。傳見《宋史》。

中國古代昆蟲研究專著極爲罕見,唯談蟋蟀之書較多。殆由於古人認爲"促織之戲"俗不傷雅之故。"促織之戲"源於唐朝,宋元時期迅猛發展,并有多部專著出現,明清時期則出現高峰。

此書分上下兩卷,題宋賈秋壑輯,明王淇竹校,步虛子重校。前有明嘉靖二十五年(1546)徽藩芸窗道人《促織論前序》,自稱得促織舊本,見其分別物色之類,曲盡安養之術,頗得其中之道,遂附己見,并贈以詩詞若干而成此書。卷末題嘉靖丙午年(1546)步虛子增釋重刊。此書闡述蟋蟀鬥性差異、餵養調理要點、各種外傷内疾治療方法、蟋蟀種類形色以及選盆用器要領等,内容雖簡,但有關蟋蟀定色命名基本原則却爲最完備者。此譜爲目前所見到最早蟋蟀譜,亦爲最接近宋譜原貌之蟲譜,其文本體例增補部分皆自行注出,對原書有較忠實交代。其後《蟲經》、《蟋蟀譜》等著作均循此格局。

此書刊於嘉靖丙午,爲孤本,原藏寧波天一閣。今據明天一閣藏明嘉靖二十五年刻本影印。(單蕾)

鼎新圖像蟲經二卷　題(宋)賈似道輯(第1120冊)

此書題宋賈似道輯,賈氏生平見前《重刊訂正秋蟲譜》提要。

此書卷首有明嘉靖二十五年(1546)徽藩芸窗道人《促織論前序》。書前附圖十幅,涉及嬰戲鬥蛩圖兩幅、蟋蟀盆四幅,關籠、罩筒、比匣、蒇筒各一幅。此譜刊於萬曆年間,從收錄有《促織論前序》可知,此譜與《秋蟲譜》有共同祖本,内容亦基本相同,唯略有增廣,而又缺其中"青蟲總論"及"五色看法重辨",可知其曾參照其他本子。此譜書口有"虎林元板"字樣,可揣知其版本之所出。

今據上海圖書館藏明萬曆刻本影印。(單蕾)

蚟孫鑑三卷　(清)朱從延纂輯(第1120冊)

朱從延,字翠庭,霞瀛人。嗜古博物,酷愛鬥蟋蟀,輯有《蚟孫鑑》。生平見此書序文。

朱氏多搜蟋蟀譜舊本,晚年删繁就簡,彙成此書,士大夫争購之。朱氏去世後,好友林德垓於其住處偶得該書殘卷,按次檢點,已亡其半,遂與莊樂耕補亡重訂,經半載而成。

此書目錄題"霞瀛朱從延翠庭纂輯,茸城林德垓田九、莊樂耕梓恬重訂"。卷首有愛月居士序、作者自序兩篇及莊樂耕重訂序文。其書延續賈似道《促織經》傳統,辨其形聲,審其飲食,察其性情,進一步擴充蟋蟀飼養資料。

今據南京大學圖書館藏清乾隆刻四十一年林德垓補修本影印。(單蕾)

功蟲錄二卷　(清)秦偶僧撰(第1120冊)

秦偶僧,號無悶道人,錫山(今屬江蘇無錫)人。生平事迹不詳。

此書卷首有楊揩《鬥蟋蟀賦》、清光緒十年(1884)作者自序及題詞《金縷曲》。秦氏自序稱,自幼飼養蟋蟀,數十年樂此不彼,因感於蟋蟀食米半粒,寄迹一盆,養之使鬪,無不竭力奮勇直前,故仿功臣録編撰功蟲録,擇其尤者,逐一表明産地、色相、鬪品,列爲一册。每一功蟲各有其名,如金黄、真黑青、侯字青大頭、小白牙青、值年五色、紅牙青、金背白等。

今據湖北省圖書館藏清光緒鉛印本影印。(單蕾)

王孫經補遺一卷　(清)秦偶僧撰(第1120册)

秦偶僧生平見前《功蟲録》提要。

此書卷首收録前賢張鏐《滿庭芳·促織》和姜夔《齊天樂》二名作,正文前有清光緒十八年(1892)心禪居士序。此書在《蚟孫鑑》三卷基礎上補遺四十條,包括頭形、頭色、腦綫、眼、鬚、臉、牙、項、翅、腰背、肉身、腿脚、鈴門、尾、三秋養蛩法、吃湯法、三秋秘訣等,於蟋蟀形色及飼養方法叙述更爲詳盡。

今據湖北圖書館藏清光緒十八年聽秋室鉛印本影印。(單蕾)

江南魚鮮品一卷　(清)陳鑑撰(第1120册)

陳鑑(1594—1682),字子明,化州(今屬廣東茂名)樂嶺人。博學能文,被譽爲“嶺南才子”。明萬曆四十六年(1618)鄉試經魁。因修府志觸怒州、府官員,兩次入獄。清順治二年(1645)因支持陳子龍,入獄八年。後離鄉遊歷各地,薦爲江夏縣教諭、南京兵部司務、松江府華亭縣知縣,所在有政聲。著有《羅江紀行詩集》、《廣騷》、《天南酒樓詩集》等。生平事迹見《(嘉慶)松江府志》卷四三。

此書記述吴中魚類,包括品名、形體、性味等。列舉可食者有鮋魚、刀鱭、鯉魚、鯇魚、青魚、鱸魚、菜花小鱸魚、鱖魚、白魚、鯿魚、鱘鼻魚、鱧魚、鮰魚、玉筋魚、鯽魚、麵條魚、黄鱔、黄魚等共二十一種,不包括河豚和鮥魚。河豚陳氏另有記,鮥魚則有友人全二何所撰《鮥魚箋》。但此二篇均失傳。

今據清康熙三十四年張氏霞舉堂刻《檀几叢書》本影印。(單蕾)

晴川蟹録四卷後蟹録四卷續蟹録一卷
(清)孫之騄輯(第1120册)

孫之騄,字子駿,號晴川,又號南漳子,仁和(今浙江杭州)人。雍正間曾任慶元縣教諭。博文好古,尤專於經學,與毛奇齡善。年逾六旬,仍與諸生講學。撰有《別本尚書大傳》三卷《補遺》一卷、《松源經説》四卷、《考定竹書》十三卷等。生平事迹見《四庫全書總目》卷一四。

此書分三部分。《蟹録》卷首有沈繹祖序,分譜録、事録、文録、詩録四門。《後蟹録》卷首有作者自序,分事典、賦詠、食憲、拾遺四門。《續蟹録》不分卷,主要爲事典。全書廣搜博採蟹之詩文故實,徵引古書有《易》、《周禮》、《爾雅》、《荀子》、《淮南子》、《莊子》、《抱朴子》、《本草》、《夷堅志》、《説文》、《輟耕録》等,并收録陸龜蒙《蟹志》、傅肱《蟹序》、蘇軾《雜説》等專文。沈繹祖評其書“名雖述古,意由獨造”(見《蟹録》序)。

今據清刻《晴川八識》本影印。(單蕾)

海錯百一録五卷　(清)郭柏蒼撰(第1120册)

郭柏蒼(1815—1890),又名彌苞,字兼秋、青郎,侯官(今福建福州)人。道光二十年(1840)舉人。一生致力於勘察水道、水源、港灣,整理地方文獻,興建學校、祠堂。酷好藏書,室名補蕉山館、鄂跗草堂。著作門類甚多,有《海錯百一録》、《新港開塞論》、《柳湄小榭詩集》等。生平事迹見《福州郭氏支譜》卷九。

古語“海錯”爲食用海洋動物之統稱,然此書所記已超此範圍,實爲海生類本草專著。此書卷首有光緒十二年(1886)自序。全書大致依海魚、海介、海殼石、海蟲、鹽海菜、海鳥、海獸、海草等類别編次,計收録有關海生動植物二百八十九種。每種均據閩語爲目而加解釋,詳盡介紹其稱呼異名、形態體貌、生長繁殖狀況等。

郭氏自序稱,其以數十年所見者求證於老漁,并記録老漁所見,以諸書參證所聞,諸書所載亦録之,存其名,備其説,使所記音與義合。故書中所録大抵言之有據。所述奇聞頗多,如記"占風草",謂此草可預報颱風,頗爲有趣。

此書初刊於光緒十二年。鄭振鐸《談訪書》載此書,謂北京隆福寺文淵閣所藏福建抄本《海錯百一録》雖是近刊,却極罕見。今據浙江省圖書館藏清光緒刻本影印。(單蕾)

朱魚譜一卷　(清) 蔣在雛撰 (第 1120 册)

蔣在雛,清康熙年間人,著《朱魚譜》一書。其餘生平不詳。

此書卷首有自序,自謂喜愛金魚,三十餘年間獲珍稀品種甚多,遂集當時入格金魚式樣五十六款及入格金魚體段十八條,著成此書。全書主要介紹金魚鑒賞、飼養繁殖方法以及幼苗飼養方法等。其中有關金魚鑒賞者最多,如爲金魚命名,介紹金魚體型標準及欣賞金魚之法等。書中依據不同花色爲金魚命名,所録品種約八十種,大多爲紅白色系。所取名稱頗具中國特色,如"狀元紅"、"金袍玉帶"、"八卦紅"、"太極魚"等。所録部分金魚花紋極爲特殊,可證明清時期金魚有較大進化。此書亦可見古人獨特審美好尚與情趣講究。

此書流傳稀少,有上海圖書館所藏清康熙年間抄本傳世。今據此清抄本影印。(單蕾)

金魚圖譜一卷　(清) 句曲山農撰 (第 1120 册)

句曲山農,句容(今屬江蘇鎮江)人,姓名及生平不詳。

金魚發源於浙江嘉興、杭州,經長期飼養選育,成爲著名觀賞魚類。古代關於金魚飼養之專著不多,有關記載多散見於文獻中。此書參取《本草綱目》、《群芳譜》、《格致鏡原》、《資生雜志》、《培幼集》、《花鏡》諸書,薈録爲譜。全書由原始、池畜、缸畜、配孕、養苗、辨色、相品、飼食、療疾、識性、徵用十一部分組成,以簡練文字,系統表述金魚飼養方法,令人一目了然。正文後附金魚品種目録,如:玉印、十紅、三元、玳瑁、銀鰓、珠眼、點絳唇、冰片梅、雙飛劍、十段錦、玉燕穿波、丹出金爐、金瓶玉蓋、金鉤釣月、一片丹心、二龍戲珠、水戀落花、仙人背劍、天圓地方、衆星拱月等,可見金魚命名之有趣而不俗。最後爲金魚彩圖五十六幅,尚兆山所繪,尚氏字仰止,句容人,諸生。善畫,尤嗜金石,數入山中搜金石古刻。卒年四十九。著有《括囊詩詞草》等。其運用中國繪畫技法及西方透視學原理,將金魚奇異身姿及絢麗色彩繪於紙上,立體感强,栩栩如生。

此書流傳稀少,國家圖書館藏有清道光刻彩色套印本,雖鐫印欠精美,却爲唯一木刻彩色套印本,今據以影印。(單蕾)

雜家類

墨子閒詁十五卷附録一卷後語二卷　(清) 孫詒讓撰 (第 1121 册)

孫詒讓(1848—1908),字仲容,號籀廎,瑞安(今浙江瑞安)人。同治六年(1867)舉人,光緒十二年(1886)官刑部主事。孫氏爲清代樸學殿軍,尚著有《周禮正義》、《契文舉例》、《温州經籍志》等書。生平事迹見《清史稿》。

書前除自序及"復記"外,尚有俞樾光緒二十一年序,書後有黃紹箕跋。此書依《隋書・經籍志》例,正文前列《墨子目録》一卷,卷末附畢沅及洪頤煊《墨子》目録之考説;另立《墨子閒詁總目》,并附孫氏之附記;正文後,各家之《墨子》篇目考、佚文及舊序,輯爲《附録》一卷;更有《後語》二卷,含孫氏考辨墨學流傳之六篇專文。

此書旁摭衆家,擇善而從,以畢沅校本爲底本,吸收吳寬、王念孫、王引之、顧千里、洪頤煊、俞樾、戴望等人校勘成果;後又得張惠言《墨子經說解》、楊葆彝《墨子經說校》以補正。此書審定文例,疏證名物,頗有發明。然用以參校者僅吳寬殘鈔本、顧千里校《道藏》本、日本寶曆間仿刻明茅坤本殘帙等,所見《墨子》版本有限,往往沿襲畢刻訛誤。後有王景曦《墨商》、張純一《墨子閒詁箋》、李笠《墨子閒詁校補》、劉再庚《續墨子閒詁》、陳漢章《墨子閒詁批校》、吳毓江《墨子校注》、馬宗霍《墨子閒詁參正》諸書糾謬補缺,於此書多所匡補,一時引發墨學研究之熱潮。

清人王景曦《墨商跋》稱此書興廢繼絶,與晉魯勝同功,而精博遠勝。黃紹箕跋稱此書援聲類以訂誤讀,審文例以迻錯簡,推篆籀隸楷之遷變以刊正訛文,發故書雅記之晻昧以疏證軼事。

此書孫氏寫定於光緒十八、十九年間,現見稿本有二,一存十四卷(卷一至卷一三、卷一五),今藏上海圖書館,一存一卷(卷一〇),今藏瑞安玉海樓。刻印本有光緒二十年蘇州毛翼庭聚珍本、宣統二年刻本等。此本據清光緒三十三年刻本影印。(司馬朝軍)

尸子二卷存疑一卷　(清)汪繼培輯校(第1121冊)

汪繼培生平見前《潛夫論》提要。

書前嘉慶十六年汪氏自序稱:劉向序《荀子》,謂尸子著書非先王之法,不循孔氏之術;劉勰又謂其兼總雜術,術通而文鈍;因《尸子》原書散佚,故採擇各書,略明歸出,以證釋同異。今按《尸子》佚文,兼綜儒、墨、名、法、陰陽,確爲雜家。然錢穆《先秦諸子繫年・尸佼考》謂《尸子》二十篇在當時即非

尸子自爲,今亡佚已多,不足以見尸子爲學之大綱。又據同時學風,推測尸子之學當與李悝、吳起、商鞅爲一脈。

《尸子》一書,《漢書・藝文志》著録二十篇,入雜家。其後各家著録是書,或列於雜家,或列於法家。《隋書・經籍志》著録二十卷目一卷,并記:"其九篇亡,魏黃初中續。"原書宋時已散佚嚴重,北宋李淑《李氏書目》著録四卷,南宋陳騤《中興館閣書目》則載僅存二篇,合爲一卷。清代輯佚之風起,惠棟、任大椿、孫星衍諸人皆輯此書,然其時唐末失傳之《群書治要》尚未流入中國,唐人殘本無從得見,故未能盡善。汪氏則就所輯録標明出處,糾謬拾遺,是正文字;復用惠棟之書,互相比校,加以釐訂。全書以《群書治要》所載爲上卷,諸書稱引與之相同者,分注於下;其不載於《治要》而散見諸書者,爲下卷,凡一百八十餘條;至其引用違錯,及各本誤收者,別爲《存疑》,附於書後。

汪氏輯校,最稱精審。文廷式《純常子枝語》卷三稱其輯本甚詳備。吕思勉《經子解題》亦許之爲最善之本,又稱此書雖闕佚特甚,然確爲先秦古籍,殊爲可寶。

此本據《湖海樓叢書》之清嘉慶十七年《尸子尹文子》合刻本影印。(司馬朝軍)

古迃陳氏家塾尹文子二卷　題(周)尹文子撰(第1121冊)

尹文,生活於戰國時期,游於齊稷下學宫。交游廣泛,與宋鈃、田駢、彭蒙等"不治而議論";同公孫龍同爲名學。

洪邁《容齋續筆》卷一四"尹文子"條稱其書言論膚淺,多及釋氏,蓋晉、宋時細人所作。羅根澤《諸子考索・尹文子探源》亦稱魏晉人僞作。然胡家聰《尹文子與稷下黄老學派》不以爲僞。

《尹文子》之書,《漢書・藝文志》著録爲一篇,《隋書・經籍志》、《舊唐書・經籍志》同

著録爲二卷,《新唐書·藝文志》、《宋史·藝文志》同著録爲一卷,《郡齋讀書志》、《直齋書録解題》同著録爲三卷,以上諸書均將其列於名家類。《四庫全書·子部·雜家類》載録一卷本。

此本據國家圖書館藏本影印,書前仲長氏序殘缺不全,僅餘一行。書名中之"古迁陳氏",即陳仁子,字同甫(一作同佣),號古迁,茶陵(今湖南茶陵)人。南宋咸淳十年(1274)漕試第一,入元未仕,以著述刻書爲業,此書即刊刻於入元之後。《愛日精廬藏書志》以此爲宋刊本,誤,實爲元刻本,説見葉德輝《書林清話》卷四。但此本仍不失爲現存《尹文子》諸本中時代最早者,且爲海内孤本。(司馬朝軍)

公孫龍子注一卷校勘記一卷篇目考一卷附録一卷　(清)陳澧撰(第1121冊)

陳澧生平見前《漢儒通義》提要。

陳氏注《公孫龍子》,自題手稿名《公孫龍子淺説》。道光二十九年、三十年兩度修改,自稱尚須再閲加注,以發其義,惜未及改訂。後門人汪兆鏞得其手稿,校刻行世。原書經門人傳鈔,互有出入,兆鏞刊刻全從陳氏手稿。其正文與諸刻本有牴牾者,不敢徑改,附按語申明;字句歧異者,别爲《校勘記》一卷。其《篇目考》一卷,專考篇目存佚。復輯公孫龍事迹見於他書足資考證者,附録於後。全書大體曉暢可讀,然注較簡約,且有訛誤脱漏處。兆鏞跋亦稱名家已成絶學,此注發明義趣,大體曉暢可讀,洵爲難得之作。

此本據南京圖書館藏民國十四年(1925)刻本影印。(司馬朝軍)

鬼谷子三卷　(梁)陶弘景注　(清)秦恩復校正　篇目考一卷附録一卷　(清)秦恩復輯(第1121冊)

陶弘景(456—536),字通明,謚貞白先生,

南朝梁丹陽秣陵(今屬江蘇南京)人。讀書萬卷,善琴棋,工草隸,博通曆算、地理、醫藥等,主張儒、佛、道合流。蕭道成(齊高帝)爲相時,引爲諸王侍讀。更著有《本草經集注》、《肘後百一方》等。生平事迹見《梁書》、《南史》等。秦恩復生平見《列子》提要。

爲《鬼谷子》作注者,舊有樂壹、皇甫謐、尹知章、陶弘景,陶氏注本僅賴《道藏》以存。孫淵如讀《道藏》於華陰嶽廟,録出陶氏注本《鬼谷子》。乾隆五十三年(1788),恩復於京師就孫氏録本讎校之,次年刊刻。此書所存篇目與《四庫全書》本同,卷次則爲上、中、下三卷。此書前有恩復兩篇序文,分别作於乾隆五十四年四月和八月;書後有阮元跋;恩復又輯《鬼谷子》之歷代著録情況爲《鬼谷子篇目考》,并輯他書引《鬼谷子》本文不見於今本者及稱鬼谷事迹足資考證者爲《附録》,同列於書前。

此本以華東師範大學圖書館藏乾隆五十四年江都秦氏石研齋刊本影印。此本中"陶弘景"避清高宗諱,作"陶宏景"。另有嘉慶十年江都秦氏石研齋刻本等。(司馬朝軍)

淮南鴻烈閒詁二卷　(漢)許慎撰　葉德輝輯(第1121冊)

許慎(約58—約147),字叔重,東漢汝南召陵(今屬河南漯河)人。官至太尉南閣祭酒。師事賈逵,博通經籍,時有"五經無雙"之稱。尚著有《説文解字》、《五經異義》。《後漢書》有傳。

葉德輝(1864—1927),字奂彬,一字焕彬,號郋園,祖籍吳縣(今屬江蘇蘇州),寄籍湖南湘潭。著有《書林清話》、《郋園讀書志》、《説文故訓》等,匯爲《郋園全書》。生平事迹見汪兆鏞《葉郋園先生事略》、許崇熙《郋園先生墓志銘》、葉德輝《郋園六十自述》及楊樹達《郋園學行記》。

漢時爲《淮南子》作注者有許慎、高誘二

家,許注曰"閒詁",高注曰"解"。二氏注本,《隋書·經籍志》《舊唐書·經籍志》皆有記載,唐人注書及類書亦并稱引,至宋,二書混淆,二注相攙。宋蘇頌校《淮南子》,對二注頗有分辨,然所校之本不録許注。

葉氏竭十年之力,冥搜博採,於三十餘種古書中輯録許氏《淮南鴻烈閒詁》,得文注全者三百五十餘事,有文無注者三十餘事,終成此書。書前有葉氏光緒十七年(1891)序,後有光緒二十年其弟德炯跋。跋文釋"閒詁"之名曰:"猶言夾注,與箋同實而異名。""蓋其書爲許君未卒業之書,僅約略箋識其旁,若夾注然,故謂之閒詁。"

此本據國家圖書館藏清光緒二十一年長沙葉氏郎園刻本影印。(司馬朝軍)

淮南萬畢術一卷　(清)丁晏輯(第1121册)

丁晏生平見前《易林釋文》提要。

此書前有丁氏道光七年序,後有丁氏同治四年(1865)跋。跋稱丁氏道光七年讀《太平御覽》,見其稱引《淮南萬畢術》甚夥,知是書北宋初猶存,遂抄撮爲一卷,同治四年檢舊本重抄。《淮南萬畢術》,蓋五行家言,其書早佚,《隋書·經籍志》稱梁有《淮南萬畢經》,似即此書。萬畢,陳奂釋爲人名,不確。方以智《通雅》卷三云:"萬畢,言萬法畢於此也。"王仁俊《玉函山房輯佚書續編》則認爲:"畢、變音近,猶言萬變術耳。"此書實爲我國古代有關物理、化學之重要文獻,書中所記多爲試圖通過人爲努力實現與常情相悖之變化。然丁氏作爲傳統學者,并未認識其書之科學價值。

光緒十九年(1893),羅振玉於滬上書肆中得此書稿本,遂爲之校補脱誤。此本即據國家圖書館所藏羅氏校本影印。(司馬朝軍)

淮南許注異同詁四卷補遺一卷續補一卷　(清)陶方琦撰(第1121册)

陶方琦(1845—1885),字子縝,一字子珍,

號湘湄、蘭當、巽廬,會稽(今屬浙江紹興)人。光緒二年(1876)進士,選翰林院編修,督學湖南。更著有《字林考逸補本》、《巽廬駢文選》、《漢孳室文鈔》等。生平事迹見《清史稿》、《兩浙輶軒續録》及譚獻撰《亡友傳》。

《淮南子》漢有許慎、高誘二注。許注久佚,葉德輝輯有《淮南鴻烈閒詁》二卷,已著録。舊傳《道藏》本《淮南子》有許注羼入,陶氏輯各家經籍所引許注,與《道藏》本相校,其間有同者,有異者,成《異同詁》四卷。其大要以本書證本書,如《原道訓》"三仞之城"下注云"八尺曰仞",而《覽冥訓》注作"七尺曰仞",以《説文》"仞,伸臂一尋八尺"推之,知云"八尺"者乃許注。其次以引書證本書,如《俶真訓》"谿子之弩",高注谿子爲弩,而《史記索隱》引許注正作"南方谿子,蠻夷出柘弩及竹弩"。後從蕭吉《五行大義》補九則,杜佑《通典》補一則,慧琳《一切經音義》補九十餘則,成《補遺》一卷;又見唐人寫本《玉篇》、隋杜臺卿《玉燭寶典》、希麟《續一切經音義》等,另補寫若干則,爲《續補》一卷。其考訂之法悉如正編,益爲詳備。

此本據國家圖書館藏清光緒刻本影印。是本中有清王仁俊校補手書。(司馬朝軍)

淮南天文訓補注二卷　(清)錢塘撰(第1121册)

錢塘(1735—1790),字學淵,一字禹美,號溉亭,嘉定(今屬上海)人。錢大昕族子,爲"嘉定九錢"之一。乾隆四十五年(1780)進士,選江寧府學教授。於聲音、文字、律吕、推步尤精。著有《律吕古義》、《史記三書釋疑》、《述古録》等。事迹見《清史列傳》卷六八、錢大昕所撰《溉亭别傳》。

《淮南子·天文訓》尚存高誘注,而高誘未諳術數,不能詳言其義,於是錢氏以算數稽諸載籍,於高氏所未及者皆爲詳言,而成《補注》二卷。其書体例爲:先列原書,次列高

注,再列補注。陶澍謂其書"大旨以淮南所用爲顓頊曆,信而有徵,以八風配奇門,亦足訂術家休生相次之謬"。書中詳盡解釋原篇之曆法、宇宙理論、術數、律吕、分野、觀測方法等重要内容,其中對歲星紀年法和顓頊曆曆元之討論尤有價值。錢氏之補注以算學推證而出,并列圖以明之,凡十四圖。是書初成於乾隆四十四年(1779),錢氏又於乾隆五十三年修訂,遂爲定本。是書前有陶澍道光八年(1828)、謝墉乾隆四十五年六月、翁方綱乾隆四十五年五月、錢大昕序及作者乾隆五十三年九月自序,書後有淡春臺道光八年跋。

此本據天津圖書館藏清道光八年刻本影印。是本乃淡春臺據錢氏稿本刊刻。另有嘉慶十七年(1812)元和顧氏思適齋刻本。(司馬朝軍)

風俗通義校正二卷風俗通義補逸一卷

(清)朱筠撰(第1121册)

朱筠(1729—1781),字竹君,號笥河,大興(今屬北京)人。乾隆十九年(1754)進士,授編修,擢翰林院侍讀學士,充日講起居注官。奉命督安徽學政。更著有《笥河詩文集》。生平事迹見《清史稿》、《清史列傳》卷六八及孫星衍《朱先生筠行狀》、章學誠《朱先生墓志銘》。

《風俗通義》一書,宋時已非完本,清盧文弨《群書拾補》始爲之考文訂事,其後錢大昕、臧庸、顧明、孫志祖、郝懿行諸人續有是正。乾隆三十二年(1767),朱筠以元大德本《風俗通義》校明何鐣《漢魏叢書》本,以細字標於簡端;又以《漢魏叢書》本校大德本,用籤記押於册内。先此,朱筠爲諸生時,尚於乾隆十七年輯《文選注》、《後漢書注》、《唐類函》、《事類賦注》等宋以前諸書所引《風俗通義》之軼文,凡十餘則;乾隆十八年復於宋大中祥符間重修《廣韻》,輯得與姓氏相關者一

百五十五則,非關姓氏者十一則,可補正傳本之訛誤闕漏。

道光七年(1827),朱錫庚就其父兩本中校正者一一抄録成帙,釐爲二卷,一爲《漢魏叢書》本校正,一爲大德本校正;又合其父所得軼文等補闕資料爲《補逸》一卷,以成此書。是書後有錫庚道光七年跋,詳述成書之原委。

此書從未刊行,以鈔本傳世。此本據國家圖書館藏清鈔本影印。(司馬朝軍)

顏氏家訓七卷 (北齊)顏之推撰 (清)趙曦明注 (清)盧文弨補 補校注一卷 嚴式誨撰 附録一卷

顏之推(531—591),字介,琅邪臨沂(今山東臨沂)人。身歷數朝,梁元帝時爲散騎侍郎;梁亡後,投北齊,官至黄門侍郎、平原太守;齊亡入周,爲御史上士;隋文帝開皇中,太子召爲學士。博覽群書,詞情典麗。北齊時主編《修文殿御覽》。《北齊書》有傳。

趙曦明(1705—1787),初名大潤,後易名肅,晚復更今名,字敬夫,自號瞰江山人,江陰(今江蘇江陰)人。諸生。著有《讀書一得》、《桑梓見聞録》、《中隱集》等。生平事迹見《清史列傳》卷六八、盧文弨《瞰江山人傳》。

盧文弨(1717—1795),初名嗣宗,後更名文弨,字紹弓,一作召弓,號磯漁,又號巢齋,其堂號曰抱經堂,人稱抱經先生。餘姚(今浙江餘姚)人,遷居杭州。乾隆十七年(1752)一甲進士,歷官左春坊左中允、翰林院侍讀學士。著有《抱經堂文集》三十四卷,《儀禮注疏詳校》十七卷等。生平事迹見《清史稿》、段玉裁《翰林院侍讀學士盧公墓志銘》。

嚴式誨(1890—1976),字谷聲,又作谷孫,渭南(今陝西渭南)人,居成都。家富藏書,於成都創建"賁園書庫"。與其父雁峰刻書多種,《音韻學叢書》尤稱善本。

曦明取宋沈揆本《顏氏家訓》爲之注釋,甫

脱稿,疾作而終。盧文弨求其副本,爲之補注,并作《例言》十二則,述是書之原委頗詳,有云:沈氏之《考證》原繫之書後,今散置文句之下;原本經沈氏訂正,誤字甚少,然通行本亦頗有是者,故擇其義長者從之,而注其異同於下。

盧文弨補注書成,刊入《抱經堂叢書》。刊刻後,盧氏繼有補訂,錢大昕又爲補正十餘條,孫頤谷《讀書脞録》、錢廣伯《讀書記》續有校補,李詳復爲補注。嚴式誨尚見鄭珍父子之《顏氏家訓》校本及趙堯生、龔向農、華陽林山腴三人之箋識,有可補趙、盧諸人之缺者。民國十七年,式誨重刊此書,將盧文弨續補重校各條散入本文,據以改補;并匯輯錢、孫諸家補訂資料,間下己意;又宋沈揆本、明程榮本、遼陽傅太平本,文字異同有可兼存而原本未採者,亦掇録一二,以成《補校注》一卷。復彙纂盧文弨注釋之《北齊書·顏之推傳》、南宋淳熙七年沈揆序、"宋本校刊名銜"、乾隆五十一年趙曦明序、盧文弨所撰《瞰江山人家傳》爲《附録》一卷。是書前有盧文弨乾隆五十四年(1789)序及宋本無名氏序,并盧文弨《例言》。

此本據中國科學院圖書館藏民國十七年(1928)渭南嚴氏孝義家塾刻本影印。(司馬朝軍)

續家訓八卷(存卷六至卷八) (宋)董正功撰(第1122册)

董正功,生平事迹不詳。

是書體例先録《顏氏家訓》原文,董氏所續者列於各篇之後,加陰文"續曰"二字以相區別。叙次一依原書。其大旨排斥佛教,守衛儒學道統。張金吾《愛日精廬藏書志》卷二一稱是書引據詳贍,辭義宏博,并云顏氏之書崇尚佛典,此書《歸心篇》載李翱之論佛,《終制篇》載姚崇之遺令,深斥釋氏之妄,顯闢崇奉之非,足以矯顏氏之失,解後人之惑。

是書宋晁公武《郡齋讀書志》、《宋史·藝文志》、元馬端臨《經籍考》、明焦竑《經籍志》均著録爲八卷,唯錢曾《讀書敏求記》云七卷。今存三卷(卷六至卷八),自《誡兵》至《終制》凡七篇,卷六闕第一、二兩頁。

此本爲殘宋刻本,有清黄丕烈跋,十行二十字,黑口左右雙邊。今藏國家圖書館。此本即據以影印。(司馬朝軍)

讒書五卷附校一卷 (唐)羅隱撰(第1122册)

羅隱(833—910),字昭諫,新城(今屬浙江杭州)人。本名横,以十舉不中第,乃更名。朱温篡唐,以諫議大夫召,不應,後仕錢鏐爲錢塘令,尋爲鎮海軍,掌書記節度判官鹽鐵發運副使,授著作佐郎、司勳郎中,歷遷諫議大夫給事中。著有《兩同書》、《羅昭諫集》等,今人匯爲《羅隱集》。生平事迹見《舊五代史》、《唐才子傳》卷九、《吳越備史》卷一。

羅隱對唐末社會之腐敗認識深刻,採取揭露、批判態度。其於京師舉進士,留七年而不第,咸通八年(867)遂輯所作爲《讒書》。是書卷五羅氏《讒書重序》云:"君子有其位,則執大柄以定是非;無其位,則著私書而疏善惡,以此警當世而誡將來。"方回跋稱此書乃"不遇於當世而無所以泄其怒之所作",阮元《四庫未收書目提要·讒書五卷提要》謂方氏此言不虛。書中史論尤具卓識,能從歷史事件中探求興亡成敗之迹,啓人深思。如卷一《吳宮遺事》寫吳王夫差不聽忠諫,終致國破人亡;卷四《漢武山呼》稱漢武帝聽信佞人阿諛奉承,導致"勞師弊俗"、"百姓困窮"。其他篇章亦多有感而發,嘻笑怒罵,涉筆成趣。

是書南宋淳熙二年(1175)楊思濟刊刻於新城,并爲之作叙。元大德六年(1302),方應龍重刊,書前增黄真輔《題辭》,書後增方回跋。其後,流傳漸少,至明隆慶二年(1568),錢穀得元本,手自抄録,然卷二内已闕兩頁,非完帙也,錢氏又列《吳越備史·羅隱傳》於書首。隆慶四年,錢氏抄本又經轉抄。後,吳翌鳳於王鳴盛處抄得該書,并加校勘,又據《唐文粹》補卷二所闕之《子高之讓》及《說天雞》之"狙氏子"以下七十三字。翌鳳去世,黃丕烈得其書,轉交吳騫。嘉慶十二年(1807),騫刻是書,并據《唐文粹》、《羅昭諫集》讎校一過,成《讒書附校》一卷,附於書後;翌鳳之校勘文字,則以小字夾注文中;復錄楊復吉乾隆五十八年(1793)跋及嘉慶十二年自作之《重刊讒書跋》於後。翌鳳抄本,卷二尚闕《蘇季子》、《維嶽降神解》、《忠孝廉潔》、《疑鳳臺》四篇,騫刻本仍付闕如,無從得補。嘉慶十六年,徐松於《永樂大典》抄得所闕之《維嶽降神解》、《疑鳳臺》,騫遂補刻於卷二之末。

此本據復旦大學圖書館藏清嘉慶十二年刻嘉慶十六年補刻本影印。(司馬朝軍)

松窗百説一卷 (宋)李季可撰(第1122冊)

李季可,約生活於宋南渡之初,松窗或爲其號,洛陽(今河南洛陽)人,南渡後居錢塘(今屬浙江杭州)。陸心源《宋詩紀事補遺》、阮元《四庫未收書目提要》等書言季可爲永嘉人,不確。簡略生平見是書所附各跋及史浩《鄮峯真隱漫錄》卷三六《跋李季可百説》。

是書凡一百條,故曰"百説",每條各有標目,摭拾古今事實而各爲論説,涉及古今人物及故事等,内容廣泛。史浩跋稱是書"語用兵、理財、治劇之方,亹亹有緒,乃知季可不爲無用之學";王十朋跋亦甚稱賞之,謂其有益風教,比於唐之杜牧。孫詒讓《温州經籍志》稱"搜誤"一條"足以參正五代史"。

是書南宋尹大任嘗經刻板梓行,書後有王十朋、尹大任等多人跋文,分別作紹興二十七年(1157)及二十八年。然其人其書沈薶已久,不見於歷代史乘、書目記載。清鮑廷博始於蠹簡敗篋中見而出之。

此本據清嘉慶間《宛委別藏》鈔本影印。(司馬朝軍)

捫虱新話十五卷 (宋)陳善撰(第1122冊)

陳善(?—1169),字子兼,號秋塘,羅源(今福建羅源)人。紹興間爲太學生,力詆和議。及秦檜死,始登紹興三十年(1160)進士第。乾道五年(1169)爲左迪功郎,官至太學錄。事迹見《淳熙三山志》卷二九、《道光羅源縣志》卷一九及陳益《捫虱新話序》。

此書貫串經史百氏之説,開抉古人議論之所未到。《四庫全書總目》列入雜家類存目,於其人其書極詆之,謂顛倒是非,毫無忌憚,必紹述餘黨之子孫不得志而作。然此論有失公允,李慈銘《越縵堂讀書記》已辨之尤詳,大略謂是書多持平之論。

此書有十五卷本及上下兩集之八卷本。十五卷者,多爲明本,分爲四十九類,然所分未免過於瑣碎,如其中詩詞、詩四六、異端等二十類,每類祇有一條,尤不合體統。八卷者,分上下兩集,每集四卷一百則,不分門類,南宋俞鼎孫等《儒學警悟》本即爲兩集八卷。觀《儒學警悟》本,書後陳善跋稱其"著《捫虱新話》已,爲好事者傳之,尚有餘簡久,欲纂次",紹興二十七(1157)年"因理舊楮,兼摭新聞,又得一百則,錄之以爲第二集"。書前門人陳益序謂善著《窗間紀聞》一百則,又數年復出百則。知上下兩集之八卷本尤近古;此書初名《窗間紀聞》,纂次第二集時更今名。然《儒學警悟》向無刻本,清繆荃孫云光緒十八年(1892)始見明抄本。

此本爲十五卷本,據北京大學圖書館藏明崇禎毛氏汲古閣刻《津逮秘書》本影印。此藏本書首有手抄之《潮溪先生小傳》及陳善紹興十九年題記,書後又據他本抄補三則,復有黃丕烈嘉慶二年(1797)和十五年兩跋及附記兩則。(司馬朝軍)

經鉏堂雜志八卷　（宋）倪思撰（第1122冊）

倪思（1147—1220），字正甫，號齊齋，歸安（今屬浙江湖州）人。乾道二年（1166）進士，中博學宏詞科。歷官秘書郎、著作郎、寶文閣學士，卒諡文節。《宋元學案》將其列入横浦學案之中。更著有《班馬異同》等。《宋史》有傳。

此書乃倪氏晚年劄記之文。因所居爲經鉏堂，故以之名書。《四庫全書總目・子部・雜家類存目》著錄此書，謂其務爲恬退高曠之説，頗雜釋老，又稱明代陳繼儒一派發源於此。書中所論爲朝事、家政、山川、世味等，繁而不亂，約而有規。其論觀史之法，以爲苟有一長，皆足垂世行後，不藉富貴，不假勢力，可謂卓識。“兒戲優人”條謂“年老名利之心漸消，思中年時馳逐，殆類大人之觀兒戲，坐客之觀優人”云云，亦可謂通達之論。

此本據明萬曆二十八年潘大復刻本影印。（司馬朝軍）

東洲几上語一卷東洲枕上語一卷　（宋）施清臣撰（第1122冊）

施清臣，字真卿，號東洲，自署赤城散吏。淳祐二年（1242）爲兵部侍郎、知臨安府，三年爲朝散大夫、荆湖南路安撫大使司主管機宜文字。生平事迹略見此書自序及《（道光）蘇州府志》卷一三六。

《几上語》成於淳祐四年（1244）十月，乃收拾昔日所作，删改而成，凡七十八條。《枕上語》成於淳祐五年，凡七十五條，自序稱自丙戌歲（1226）卧痁六月，病枕光陰，無可排遣，攝之以善念，後追錄於册，以爲家庭之警訓。

《几上語》自序稱“合老、釋以非三，融精粗而爲一”，可以想見其宗旨。書中闡發此意者甚多，如曰：“性理之學，儒家歷等級而有持循，老、釋掀窠臼而有超詣，大率在究竟踐履而積工夫爾。”其論學亦多妙語。如曰：

“爲學日益，爲道日損。由損而益，則至理有歸宿。多聞守約，多見守卓。由約而卓，則群言無混淆。”

《四庫全書總目・子部・雜家類存目》著錄，稱“詞多儷偶，明人小品濫觴於斯”，《宋史藝文志補》則列小説家類。書後孫毓修民國八年（1919）跋稱此書清辭名理，引人入勝，爲晁迥《法藏碎金》之流亞。

此本據民國十四年鉛印《涵芬樓秘笈》本影印。（司馬朝軍）

慮得集四卷附錄二卷　（明）華㟃轑撰（第1122冊）

華㟃轑（1341—1397），字公愷，自號貞固處士，學者稱貞固先生。無錫（今江蘇無錫）人。元季兵興，奉親往來蘇、松間，事平還鄉。洪武中屢徵不起。洪武丁丑九月病革，召别家人，索筆賦詩而逝，年五十七。生平事迹見《江南通志・隱逸傳》、趙友同《貞固處士傳》、陳鎰所作墓表及《雜闥源流錄》卷二。

書名蓋取《大學》“慮而後得”之義，乃華氏貽子孫之家訓。全書集古人嘉言懿行，大旨主於修身教家、忠厚傳家。錢仲益序稱其所編冠、婚、喪、祭之禮，皆效法朱子《家禮》，取其不悖於古而可行於今者爲之。

全書四卷。卷一爲《家勸》，概述家居之常事，於待人接物尤爲屬意，如曰：“凡遇事務，須要明白參問，具陳情實，精思詳慮，熟議可否，擇善而行。勿執己見，勿恃己能，勿遂己欲。”卷二爲《祭禮習目》，凡祀先節式祝文，具載於此。首爲時祭奠獻禮節，分拂拭、設位、請主、參神、降神、進饌、初獻、亞獻、終獻、侑食、進茶、辭神、奉主歸祠堂諸目。次爲欽遵祝文。卷三爲《冠婚儀略》，分冠笄、議婚、成婚、禮賓、教以婦儀諸目。卷四爲《治喪記要》，斟酌古禮，擇其可行而已。又輯其詩文、雜著爲二卷，附錄於後。

此書初由華氏子伯諄付梓，嘉靖十一年

（1532）裔孫從智重刊，萬曆四十二年（1614）八世孫繼祥又重刊。此本據中國科學院圖書館藏明嘉靖十一年華從智刻本影印。（司馬朝軍）

閑中今古二卷　（明）陳頎撰（第1122册）

陳頎，字永之，號味芝居士，長洲（今屬江蘇蘇州）人。景泰中以《春秋》領鄉薦，授開封府陽武縣學訓導。中歲致仕。博學工古文，更著有《適楚録》、《遊梁録》、《味芝集》等。生平事迹見王鏊《（正德）姑蘇志》卷五四、錢謙益《列朝詩集》丙集第八。

此書名"閑中今古"，蓋取"閑中静觀古今之變，而萬期須臾"之意。全書二卷，書前有成化三年（1467）陳氏自序，稱録古今之事迹，與平昔之見聞，總萃爲一編。正德四年（1509）周詔序稱其文典贍有法，好議論，而必據於理。書末有正德四年沈周、邢參二跋。

此爲陳氏平日紀事之書，引古以證今，寓言以伸志，大旨有二：一爲關心民生。陳氏爲民請命，主張均田税，一以杜里胥之弊，一以制豪右之强。又謂江南之田多有瀕江并海坍塌無遺，而税粮尚存，亦有洲淤漲漸成美田，而未經開科。其粮税尚存者，小民多受其害；未開科者，大户獨享其利。又稱當今之弊，宜先革冗員、罷工役，以節財用之流，而後選廉幹之臣，分理天下田土，開闢荒蕪，搜索隱陋，以清財用之源。二爲廉潔精神。陳氏爲人廉介，反對貪污腐敗，提倡守廉養廉。如謂："宣德以來，未有增官吏俸禄，在下位者不敢有所譏諷，而爲大臣者不能爲之申請，而欲責其下之守廉，不亦難乎！又謂使禄不足以供衣食，鮮有以廉耻爲重者。近時大臣惟以治窮贓吏爲能，於其衣食用度則略不念及焉。"於此見陳氏已從制度層面探究養廉之本。《本朝分省人物考》卷二〇稱所持論長於刺駁，而卒歸之正，要以折衷於經義而止。書中頗存警策之句，如"保初節易，保晚節難"等，

皆爲悟道之言。然多祖述沈括《夢溪筆談》、歐陽修《歸田録》諸書，或注出處，或不注，未免美中不足。

此本據國家圖書館藏明鈔本影印。（司馬朝軍）

龍江夢餘録四卷　（明）唐錦撰（第1122册）

唐錦（1475—1554），字士綱，一字士囧，號龍江居士，松江（今屬上海）人。弘治九年（1496）進士，官至江西提學副使。更著有《龍江集》。生平事迹見《本朝分省人物考》卷二六。

此書爲唐氏弘治十五年夏六月避暑龍江别業時所作。書前有唐氏自序及盧龍郭經序，書末有邑人朱曜跋。凡四卷，不分門類，不標條目。《千頃堂書目》、《晁氏寶文堂書目》入雜家類，《國史經籍志》、《百川書志》、《天一閣書目》入小説家類。然其書大旨在維持名教，以儒家之道衡量群言。其開卷第一條即謂王充爲名教之罪人。其排斥道教曰："道家者流，雖以老子爲祖，本非老子之教也。蓋自漢之張道陵以巫術創爲此教，然恐不足以動人，故採摭老莊虚無之談以文之，取方士延年度世之術以實之，引釋氏六道輪回之説以廣之，而其君臣上下之儀，則竊取之於吾儒者也。"論王安石曰："王金陵《明妃曲》云：'漢恩自淺胡自深，人生樂在相知心。'此老心術不正，於此可見。"唐氏又反對火葬，主張用夏變夷。此論看似迂闊，却合乎禮教。論因革之道曰："天下事唯因其所可因，而革其所宜革，是之謂大中之道。"論品人之法曰："夫論人之法，須惡而知其美，乃不傷於殘刻耳。"論作文之法曰："作文寧爲巧遲，毋取拙速，此古今不易之論。"皆合於中庸之道，可謂有體有用。

此本據上海圖書館藏明弘治十七年郭經刻本影印。（司馬朝軍）

静虚齋惜陰録十二卷附録一卷　（明）顧應祥撰（第1122冊）

顧應祥生平見前《勾股算術》提要。

此書乃顧氏致仕後所作,時年八十有二。書前有嘉靖四十三年(1564)自序,謂不敢以老耄自荒,間以平日所見,論古今人物之賢否、政治之得失,以成此書。中間多有前人所不道,及與當世名儒議論不合者。全書十二卷,分爲論理,理學,論學,讀《易》,論《尚書》、《詩》、《三禮》、《春秋》及諸子,論字學,論古,論雜數等部分。《四庫全書總目》卷一八二稱"前數卷論理、論學諸篇,皆主良知之説",此論不確。顧氏雖爲王守仁弟子,然非墨守王學者。如公開批評提倡致良知者不能知行合一:"今之講良知者,非不明白,及考其行事,則有大不然者,甚至義利之間多不能辯,是何也? 徒講而未嘗致也。"又曰:"今之講學者,自以爲能得致良知之宗旨,而凡先儒所謂以誠敬爲入門、以踐履爲實地者,一切以爲支離而廢之,放肆不檢,而意亦不誠矣。"書中批評朱學、王學,不一而足。尤其批評明末王學末流,如云:"古人之學專務躬行,今之學者專論古人之是非,此今日講學之病也。""今曰:'心之良知是謂聖。'人人皆是聖人,遂使今之講良知者皆肆爲大言,而不加克治之功,此講良知之病也。"破除門户之見,實屬難得。

此書卷首爲"附録",載《禮論》一篇,係嘉靖二年議大禮時所作,主張但尊以天子之號,而別立一廟,與桂萼初議相同。

此書《明史・藝文志》列之儒家類,《四庫全書總目》改入雜家類存目,以其中頗及雜説,不專講學。

此本據明刻本影印。（司馬朝軍）

祝子罪知録十卷　（明）祝允明撰（第1122冊）

祝允明(1460—1526),字希哲,自號枝山,又稱枝指生,長洲(今屬江蘇蘇州)人。弘治五年(1492)舉鄉薦,後七試不第。後授廣東興寧知縣,遷應天府通判,謝病歸。與唐寅、文徵明、徐禎卿并稱"吳中四才子"。更著有《懷星堂集》、《蘇材小纂》、《浮物》等。事迹見《明史》、明陸粲《祝先生墓志銘》、明王寵《明故承直郎應天府通判祝公行狀》等。

是書乃論古之言,多石破天驚之論,故歷來褒貶不一。清初王弘撰《山志》稱其舉、刺、予、奪,言人之所不敢言,刻而戾,僻而肆,蓋爲學禪之弊,故力主焚毀其書。書前題爲王世貞撰序則以"卓然是非之宗匠"褒之。此書開卷論宜廟祀宓犧、炎黄,慎終追遠,不遺初功,仍具現實之意義。至於指斥趙匡胤篡國亂賊,趙匡義弑兄篡國,謂王安石爲姦臣聚斂之臣,皆持之有故。祝氏爲人疏狂放誕,好作新奇之論。此書雖具批判意識,却有過激之處。

此書成於祝氏晚年,正德十五年(1520)祝氏辭官歸里即開始編纂。嘉靖初年曾刊刻。隆慶六年(1572),由王世貞、李攀龍負責校閱,再刻於世。今所傳《祝子罪知録》僅存原書十之二,凡十卷。《四庫全書總目》卷一二四據兩江總督採進本著録爲七卷,又佚去卷八、九、一〇,三卷。

此十卷本據中國科學院圖書館藏明刻本影印。（司馬朝軍）

七修類稿五十一卷　（明）郎瑛撰（第1123冊）

郎瑛(1487—1566),字仁寶,號藻泉,學者稱草橋先生,仁和(今屬浙江杭州)人。更著有《萃忠録》、《青史袞鉞》等,今已不傳。生平事迹見許應元所撰《草橋先生傳》。

此書乃郎氏筆記。分天地、國事、義理、辨證、詩文、事物、奇謔七門,凡一千二百五十七條。成書於明嘉靖二十六年(1547)或稍後。"七修"之義,郎氏未述,蓋取"因類立義,刊修經時"之意。此書内容大體有三,一是當朝及前朝之史事掌故,二是社會風俗與瑣聞,三是藝文與學術考辨。以前二類尤具特色。如"本朝內官專權"、"趙松雪不知大頭腦"、"邪正天賦非至親可移"、《世說新語》記事多謬"、"詩文托名"、"陶詩真偽"、"詞非歐陽作"、"偽仙詩"、《家語》非孔安國所爲"、"《孔叢子》"、"《素問》"等條,皆具參考價值。

書前有陳仕賢序,稱"其言測天地之高深,明國家之典故,研窮義理,辯證古今,掇詩文而拾其遺,擴事物而章其賾,以至奇怪詼諧之事,無不採錄"。《四庫全書總目》入雜家類存目,因其中有多處涉礙,稱其間有足資考證者,然不詳檢出處,故踳謬者不一而足。李慈銘《越縵堂讀書記》亦稱此書引證頗廣,然識見殊卑,筆亦冗拙;又稱"辨證類"有"梅雨"一條,持論甚通。要之,其書雖不免有採掇龐雜之弊,然在明人筆記中可謂翹楚。

《草橋先生傳》稱此書五十五卷,《明史·藝文志》小說家類著錄五十一卷,焦竑《國史經籍志》作五十三卷。此書有耕堙草堂本及明刊本等,前者較明刊本多所糾誤,然刪改涉礙篇目與語句,故二本各有優劣。此本據國家圖書館藏明刻本影印。(司馬朝軍)

七修續稿七卷 (明) 郎瑛撰 (第 1123 冊)

郎瑛生平見前《七修類稿》提要。

書前有錢塘陳善序,稱嘉靖四十五年(1566)郎氏八十歲時猶日綜群籍,參互考訂,以成此書。又稱其書古今疑義,辨析曲盡,論時事則憂深言切。全書分類同《七修類稿》。

"國事類"之"國家戌元"條辨《南園漫錄》與《近峯聞略》之雷同,稱二書皆記明朝戌元之事,無一字不同,刊書則《近峯》在後,人則同時;"義理類"之"理論"條曰:"術之精者必殺身,天道不容也;利之多者害必隨,人怨所致也。位極則危,功高不賞,損益之道也,惟謙約爲可免耳。有利無害,求之愈得,其惟學

乎?然必至於貧,爲仁不富矣。""人形"條駁相家以人如某物之形爲貴之說;"辨證類"之"書名沿作"條論書名模擬現象,"半夜鐘"條辨唐張繼之詩"夜半鐘聲到客船"不誤,"亡命爲僧"條稱皆素養貌相似者,急則詭充其名,一旦臨危,得之者不辯真偽,不知真者早具文牒,一時毀形,去之遠而未可識云云,可謂有識之論。至於"詩文類"之"俗語本詩句"條、"唐宋用字之別"條、"事物類"之"婦女殺賊"條、"奇謔類"之"透光鏡"條,皆有可觀。

此本據揚州市圖書館藏明刻本影印。(司馬朝軍)

古言二卷 (明) 鄭曉撰 (第 1123 冊)

鄭曉(1499—1566),字窒甫,海鹽(今浙江海鹽)人。嘉靖二年(1523)進士,官至刑部尚書。通曉經術,習國家典故,時望蔚然。卒,贈太子少保,謚端簡。更著有《禹貢說》、《四書講意》、《徵吾錄》等。《明史》有傳。

此書前有嘉靖四十四年(1565)鄭曉自序,稱此書爲其家傳之課兒錄,故多述前人陳說,時有可取之處。鄭氏之學,主三教合一,重陸、王而排程、朱,力辨陸學非禪學。《四庫全書總目》卷一二五謂其議論時有偏僻,引據亦不免疏舛,提唱二氏之說不一而足,尤不可爲訓。何良俊《四友齋叢說》卷一稱其書所論經傳,於考究盡有詳密處,但於義理無所發明。周中孚《鄭堂讀書記》卷五三稱其說經諸條祇緣飾舊說,未能有所發明,其說子史益加偏僻,而導揚二氏之教尚少,猶有可取。

此本據復旦大學圖書館藏明嘉靖四十四年項篤壽刻本影印。另有明鈔本藏山東省博物館,《鹽邑志林》本書名作《古言類編》。(司馬朝軍)

芝園外集二十四卷 (明) 張時徹撰 (第 1123 冊)

張時徹(1500—1577),字維靜,號東沙,鄞

縣(今屬浙江寧波)人。嘉靖二年(1523)進士,歷官禮部郎中、南京刑部侍郎、南京兵部尚書等。更著有《芝園定集》、《急救良方》、《明文範》等。事迹附見《明史》張邦奇傳、《乾隆鄞縣志》卷一五等。

此書分二編,卷一至一六爲《説林》,成於嘉靖二十一年(1542),十七卷以下爲《續説林》。其文喜擬古,採用古人筆調,遍擬《莊》、《列》、《孟》、《左》以及唐、宋鉅子之文,所擬諸篇,實借古人之酒杯,澆胸中之塊壘。其書切近簡要,質而能該,於範世勵俗之道頗有發明,其中亦不乏善言。如卷二《諫説林》曰:"人臣之惡,莫大於樹黨,而其速禍也亦莫大於樹黨。"卷三《政治林》曰:"漢武帝窮奢極欲,賦役繁興,民不堪命。"卷四《議論林》曰:"貪也者,殺生之阱乎? 貪色死色,貪酒死酒,貪盜死盜,貪鬭死鬭,貪獵死獵,貪漁死漁,此人情之所共明也。貪禄死禄,貪位死位,貪權死權,貪賄死賄,貪名死名,貪計死計,此人情之所易暗也。"卷五《人事林》曰:"善持貴者以謙,善持富者以廉。"卷六《鑒戒林》戒幻鬼,戒奢靡,戒樹黨,戒毀譽,戒貪欲,戒偷安,戒媚權,慎擇術,慎擇臣,慎擇地。所戒六妖者,爲物妖、食妖、服妖、學妖、政妖、俗妖。論"學妖"曰:"道德不師周、孔,文章不則六經,勸佛、老以爲博,逞鈎棘以爲奇,以徑超頓悟爲絕學,以博聞廣見爲習迷,穿鑿經傳,非毀程、朱,此之爲學妖。"皆是也。

此本據中國科學院圖書館藏明嘉靖刻本影印。(司馬朝軍)

稽古緒論二卷　(明)趙時春撰　(第1123冊)

趙時春(1509—1567),字景仁,號浚谷,平涼(今屬甘肅平涼)人。嘉靖五年(1526)進士,會試第一,選庶吉士,以張璁言改官得户部主事,尋轉兵部,官至右副都御史,巡撫山西。"嘉靖八才子"之一。著有《平涼府通志》、《趙浚谷集》等。事迹見《明史》、徐階撰《都察院右僉都御史浚谷趙公時春墓志銘》)。

此書凡上、下二卷。趙氏稽古未深,是書未能自成家數,然所論亦有可觀者。如論聖門之學曰"君子量力而行,度德而任者,不敢以自大自高之詞欺世而盜名,故聖門之學在務實";論聖人之道曰"始乎禮,終乎樂。禮之分嚴,嚴以止亂。樂之情和,和以興治";論先王至德要道則曰"常觀天下之理,其弛也或張之,其散也或翕之,其敗也或成之,其伏也或振之"。

此書前有孫應鰲嘉靖四十一年序。明王祖嫡《師竹堂集》卷九有《重刻稽古緒論序》,稱平涼舊有小帙,淮海孫公督學關中,復梓之。

此本據北京師範大學圖書館藏明嘉靖刻本影印。(司馬朝軍)

畏齋薛先生緒言四卷　(明)薛甲撰　(第1124冊)

薛甲(1498—1572),字應登,號畏齋,江陰(今江蘇江陰)人。嘉靖八年(1529)進士,選擢兵科給事中,疏上封事,攻排異端甚力,升寧波府通判,官至江西按察司副使,忤嚴嵩,解任以歸。著有《易象大旨》、《心學淵源録》、《藝文類稿》等。生平事迹見《本朝分省人物考》卷二八。

此書前有隆慶二年(1568)薛氏自序。全書發揮朱熹"去兩短合兩長"之説,於朱、陸之學多有折中,究其實,其學更重陸象山、王陽明一系。薛氏少時深惡陽明之學,詆之甚力,後於患難之際,因陽明"除却人情事變則無事矣"一語而開悟,遂極力宣揚其學。如稱陽明學問是孔門嫡傳,又稱陽明是義理正脉。薛氏有志於理學,以所學驗諸行事,有未盡合,益取陸象山、王陽明遺書而加以驗證,合異爲同,反博於約,深爲有得。彼於訓詁、詞章之學則頗輕視。書中又有論修生養性之語,其他雜論亦有可取之處。

此本據福建省圖書館藏明隆慶刻本影印。(司馬朝軍)

覺山先生緒言二卷　（明）洪垣撰（第1124冊）

洪垣（1507—1593），字峻之，號覺山，婺源（今江西婺源）人。嘉靖十一年（1532）進士，官至温州府知府。湛若水講學京師，垣受業其門。後坐落職歸。復與同里方瓘往從湛若水，若水爲建二妙樓居之。更著有《覺山史説》。《明史》有傳。

此爲洪氏講學之書，《千頃堂書目》著録爲七卷，今僅殘存二卷《語録》。洪氏爲湛若水門人，《明儒學案》卷三九謂洪氏調停王守仁、湛若水二家之説，以隨處體認。其晚年又融佛、道入儒，追求心體之超越。卷一多精要之語，如稱：“仁以爲己任，除却此，更無別事。故祇此一路，死而後已。”“學在盡性，不在盡事。”卷二則多援佛入儒，不一而足。

此書前有萬曆三十六年（1608）焦竑序，稱其論著，詳言檢束躬行，而略於自然之宗，能得孔氏之遺意。

此本據浙江省圖書館藏明萬曆刻本影印。
（司馬朝軍）

涇林雜紀二卷　（明）周復俊撰　涇林續紀二卷　（明）周玄暐撰（第1124冊）

周復俊（1496—1574），字子籲，號木涇子，崑山（今屬江蘇蘇州）人。嘉靖十一年（1532）進士。充工部郎中，升四川提學副使，轉四川、雲南左右布政使，遷南京太僕卿致仕。與楊慎相交甚密。更著有《涇林集》、《全蜀藝文志》、《玉峰詩纂》等。生平事迹見《穀城山館文集》卷二〇《周公墓志銘》、錢謙益《列朝詩集》丁集第三。

周玄暐，字叔懋，一字緘吾，崑山（今屬江蘇蘇州）人。萬曆十四年（1586）進士，官至雲南道御史。坐事瘐死獄中。生平事迹見《太倉州儒學志》卷二。

《涇林雜紀》二卷，多記滇中風土人情，如婦女服飾之異，花木鳥獸之奇，山川景物之美，風俗人情之淳，無不備載。雜記見聞瑣事，頗資談助。如李夢陽劾李東陽事，東陽拒不負匪徒横行之責。又推崇曹端之實學，許爲道學正宗。論小學曰：“不識古訓，未可與談經；不識古字，未可與解經。”論詩曰：“詩最怕近。”記嘉靖乙卯鳥夷寇蘇城時“毛三官人割耳朵”之童謡，可補正史之闕。所記科場舞弊之術，亦具史料價值。又載案宗數起，可徵案例情狀。至於所記方孝孺少年除妖事，則似小説家言。

《涇林續紀》二卷，卷端題“天南逸史周玄暐著”，與《涇林雜紀》合刊，卷次亦接續之，爲卷三、卷四。玄暐爲復俊之孫，故此書稱“續紀”。此書多記嘉靖、萬曆年間之朝野軼聞。李慈銘《越縵堂讀書記》稱其所記大抵村俗傳聞瑣屑之事，唯載嚴嵩父子弄權、納賄兩條，可補史闕。然其言嚴世蕃資性強記之事則不可信。

此本據上海圖書館藏明刻本影印。
（司馬朝軍）

虛舟集一卷　（明）陳堯撰（第1124冊）

陳堯，字敬甫，號梧岡，通州（今屬北京）人。嘉靖十四年（1535）進士，官至刑部左侍郎。更著有《陳梧岡集》。生平事迹見《本朝分省人物考》卷二。

此書前有嘉靖四十二年（1563）陳氏自序，稱好觀劉基《郁離子》、宋濂《龍門子》，因取蟲魚草木之細小者叙而録之。書名本於《莊子·山木篇》“方舟而濟於河，有虛船來觸舟，雖有惼心之人，不怒”之語，取處世應變之義。

此書爲寓言體，凡三十二條，意存發憤，然寓意未深，詞旨淺顯。如“灌園得金”條稱“窮不違其道”；“鶴媒”條斥責“大則賣國，小則賣友”；“人鼠”條指斥守倉之吏監守自盜，結黨營私，上下其手，貪污腐化；“娟魚”條稱“不飲貪泉，不食淫魚”；“禳鴞”條痛斥妖鳥；“獨象”條稱清除敗群之象；“鬥犬”條稱自古帝王求士而不用,徒有虛名;"珠還"條稱孟嘗君爲政清廉,而百姓還合浦之珠。此書雖小有可觀,然終不及《郁離子》、《龍門子》。

此本據國家圖書館藏明嘉靖刻本影印。(司馬朝軍)

畫永編二卷 （明）宋岳撰（第 1124 冊）

宋岳,自號東越承山子,餘姚（今屬浙江寧波）人。嘉靖二十年（1541）進士。兩拜部郎,遊闕下十餘年,後出任天雄兵憲。嘉靖間任河間府知府、大名兵備道。《（雍正）浙江通志》卷一三二稱官至按察使。

此書前有嘉靖四十三年呂時中序,稱其書雖宏肆散見,旨趣不一,要多歸之切身。書後有嘉靖四十三年閭承光跋。書前宋氏嘉靖四十一年自序謂昔爲比部郎,繼補夏官之武庫,皆簡署也,故得檢諸家書,錄可以省躬、可以保生、有關世教、有裨見聞之言行,以效先儒隨筆之義。

此書分上下二集,不分子目,最早著錄於清徐乾學《傳是樓書目》。皆鈔錄前人嘉言懿行之可爲法則者,稍加點竄,掩爲己有,而諱其出處。全書凡三百六十條,其中三百五十三條可尋其鈔錄所自,僅有七條出處待考。視作雜鈔、雜纂之類可也。

此本據國家圖書館藏嘉靖四十三年閭承光刻本影印。(司馬朝軍)

金罍子四十四卷 （明）陳絳撰（第 1124 冊）

陳絳,字用揚,上虞（今屬浙江紹興）人。嘉靖二十三年（1544）進士,官至太僕寺卿、應天府尹。生平事迹見車任遠《金罍子傳》。

此書原名《山堂隨鈔》,後經陶望齡刪汰,改題此名,以所居地有金罍山之故。原無銓次,後分爲上、中、下三篇。上篇二十卷,中篇十二卷,下篇十二卷。上、中二篇按時代爲序,下篇則分古禮、稱名、考古、象數祠祀、仙技雜異、雜異、忌諱、雜言、辨物九類。體例、

內容皆仿王充《論衡》,博引古事,而加以考證。萬曆三十四年（1606）其子陳昱所作《凡例》稱,上篇考訂訛謬,自古今治亂得失以及禮儀,撮其事之博大、義之宏深者加以揚扢;中篇比事述詞,拾遺糾舛,并加考訂,而儀禮尤詳;下篇究古以原其始,考禮以證其實。

今按其書,頗有正論,如言"尚論人物,當就其明志大節觀之","教人者,先察其所短而治之;取人者,當量其所長而任之"等。故陶望齡以其書爲儒家。《四庫全書總目》卷一二四稱其迂僻者居多。

此書初刻本有萬曆三十四年陶望齡、舒曰敬序,陳昱《凡例》及車任遠《金罍子傳》。明泰昌元年（1620）續刻之,又增徐待聘序、陳民性後序及陳志澄跋。此本據明萬曆三十四年陳昱初刻本影印。(司馬朝軍)

蓬窗日錄八卷 （明）陳全之撰（第 1125 冊）

陳全之（1512—1580）,原名朝鎣,字全之,以字行,閩縣（今屬福建福州）人。嘉靖二十三年（1544）進士,仕至山西布政司右參政。更著有《遊雜集》、《巴黔集》。生平事迹見明俞汝楫《禮部志稿》卷四四。

此書始作於嘉靖十九年,編於嘉靖三十年。書前有嘉靖四十四年朱繪序。書末有嘉靖四十四年陳氏《後語》,稱其書或搜之遺編斷簡,或採之往行前言,自資考閱,略比稗史。

全書八卷,分寰宇、世務、事紀、詩談四門,門各二卷。寰宇門爲地理之作,首述九州、山脉、水源,次論山東、山西、長城、寧夏及黃河形勢等,次敘通遠,尤重日本、朝鮮、安南、西南夷之要道。世務門記食貨制度,鑒於衛兵之弊,主張弭盜、固本,於邊事尤所關心,主張"徙戎"及"募民實邊"。事紀門雜紀佚聞,解釋名物,間或論及讀書方法。詩談門多爲詩作、詩話。

《（雍正）福建通志》卷三六稱此書談九邊阨塞甚悉。四庫館臣將此書列爲抽毀書,

《抽毀書目》稱："書内'寰宇'等篇雖泛論邊事，而議論多極駁雜，應請抽毀。"《四庫全書總目》列入子部雜家類存目，稱世務一門多可採，寰宇一門頗參與記陳言，詩談、事紀則更傷猥雜。今考其書多涉及宋、金關係，内有《虜情論》《北伐論》等，語多觸礙，故遭禁毀。書名"日録"者，録之於他人，多非原創，然此書并未一一注明出處。

此本據復旦大學圖書館藏明嘉靖四十四年刻本影印。（司馬朝軍）

輟耰述四卷　（明）陳全之撰（第1125册）

陳全之生平見前《蓬窗日録》提要。

此書爲陳氏歸田後之作，故名"輟耰"。書前有萬曆五年（1577）陳氏自序，暢述耕讀之樂。又有陳瑞萬曆十一年序，稱所載皆古今事變、釋偈詩譚、倭虜鹽政，足資多識、理性情、禪時務。

全書四卷，不分門類。細核其書，實隱寓義例。卷一録嘉言懿行。如記楊萬里月下傳杯賦詩；引朱熹名言："朝市令人昏，山林使人傲。誰知昏傲兩俱非，但説山林是高蹈。"卷二紀詩話佳句，如記無名氏題子陵釣臺詩，又記題鳴琴畫軸詩"膝上橫琴玉一枝"云云，言其悠揚蒼潤，千古佳句，竟不知何人所作。今按，後詩爲周芝田作，見於元蔣正子《山房隨筆》。卷三記地理史實，如《京都形勢説》稱"本朝之都燕也，蓋與古不同，稍難於周、漢，而大勝於東漢、趙宋"。卷四言邊防海防，如《虜情説》等，頗爲可觀。

此書《千頃堂書目》著録於小説類。因書中有《北虜考叙》等内容，清代嚴加禁毀，故流傳甚少。

此本據上海圖書館藏明萬曆十一年書林熊少泉刻本影印。（司馬朝軍）

海沂子五卷　（明）王文禄撰（第1125册）

王文禄（1503—？），字世廉，自號海沂子，海鹽（今浙江海鹽）人。嘉靖十年（1531）舉人。博學好名，屢上春官不第，以天下文章節義自命，居身廉峻。卒，私謚文定。更著有《廉矩》《竹下寤言》《邱陵學山》等。生平事迹見《本朝分省人物考》卷四四。

此書分真才、作聖、稽闈、儀曜、敦原五篇，篇各爲卷。《真才篇》主張"真才之持世"，但又歸之於天命；《作聖篇》以心學爲主，但又混儒、釋而一之；《稽闈篇》考證古事古言，申以己見；《儀曜篇》主氣化之説，認爲氣爲宇宙之本根，天地之氣循環無端；《敦原篇》反對封建禮教制度，主張父母喪服一致。王氏之學出王守仁，故書中頗推崇陽明心學。書中論朱陸之學，不辨朱、陸，實則抑朱揚陸。《四庫全書總目》卷一二四稱其持論往往偏駁，不免於偏私，其言皆不可訓云云。然其持論不乏啓蒙新意。

此本據商務印書館藏民國二十七年（1938）影印明隆慶刻《百陵學山》本影印。（司馬朝軍）

掌中宇宙十四卷　（明）盧翰撰（第1125册）

盧翰，字子羽，號中庵，又號中黄子，潁州（今屬安徽阜陽）人。嘉靖十三年（1534）舉人，官兗州府推官。更著有《易經中説》《月令通考》等。事迹見《（乾隆）江南通志》《（光緒）重修安徽通志》。

此書前有王道增《掌中宇宙叙略》，又有嘉靖十八年盧氏小引，稱書之在天下者汗牛充棟，乃隨所讀而鈔之，間麗以圖，綱舉目張，若指諸掌云云。

全書十四卷，分爲仰觀篇、俯察篇、原人篇、建極篇、列職篇、崇道篇、耀武篇、表俗篇、旁通篇、博物篇，共十篇。篇下分部，如仰觀篇分儀象部、星宿部、天澤部、節序部，俯察篇分流峙部、方隅部、名勝部。部下分細目，如儀象部下分天、日、月、星等。細目之下又出條目，如天下有九天、九霄、九野等條目。則此書實若通俗類書。

此本據北京大學圖書館藏明萬曆三十三年歐陽東鳳刻本影印。（司馬朝軍）

四友齋叢説三十八卷　（明）何良俊撰（第1125 册）

何良俊（1506—1573），字元朗，號柘湖居士、清溪漫叟、紫溪真逸，華亭（今屬上海松江）人。嘉靖三十二年（1553）以歲貢入國學，特授南京翰林院孔目。嘉靖四十年，移居蘇州。更著有《何氏語林》、《世説新語補》、《何翰林集》等。事迹見《獻徵録》卷二三、《列朝詩集小傳》丁集上。

何氏自稱與莊子、維摩詰、白居易爲友，故齋名“四友”。書前有隆慶三年（1569）何氏自序，稱其書直寫胸臆，觸犯時忌，可謂憂時之言，憤世之作。初刻本又有朱大韶序。

此書爲綜合性筆記，分十七類，凡經四卷、史十三卷、雜記一卷、子二卷、釋道二卷、文一卷、詩三卷、書一卷、畫二卷、求志一卷、崇訓一卷、尊生一卷、娱老一卷、正俗二卷、考文一卷、詞曲一卷、續史一卷。何氏自稱仿《世説新語》之體，從歷代史傳、筆記雜録中採輯兩漢至元代文人言行。其書重漢學輕宋學，如稱“漢儒尚訓詁，至唐人作正義，而訓詁始蕪穢矣；宋人喜説經，至南宋人作傳注，而説經遂支離矣”，“今之學者易於叛經，難於違傳，寧得罪於孔孟，毋得罪於宋儒，此亦可爲深痼之病”；重陽明輕朱子，如稱“陽明先生拈出良知以示人，真可謂擴前聖所未發”，“朱子作傳注，其嘉惠後學之功甚大，但祇是分頭路太多，其學便覺支離”；又指斥八股取士之弊端：“朝廷求士之心其切如此，而有司取士之術其乖如彼。余恐由今之日以盡今之世，但用此輩布列有位，而欲致隆古之治，是猶以酖毒愈疾，日就羸憊，必至於不可救藥而後已耳。”他如論文章、論觀人之術等，多直抒胸臆之言。尤以書、畫、詞曲等類最具特色，曾

被單獨輯出，題爲《四友齋書論》、《四友齋畫論》、《四友齋曲説》。

此書初以活字刊於隆慶三年，計三十卷，後何氏續撰八卷，萬曆七年得以合刻行於世。此本據明萬曆七年張仲頤刻本影印。（司馬朝軍）

篷底浮談十五卷附録一卷　（明）張元諭撰（第1126 册）

張元諭，字伯啓，號月泉，浦江（今浙江浦江）人。嘉靖二十六年（1547）進士，官至雲南副使。更著有《詹詹集》。事迹見《（萬曆）吉安府志》卷一七、《兩浙名賢録》卷四二、《本朝分省人物考》卷五三等。

書前有隆慶二年（1568）張氏《篷底浮談引》，稱隆慶改元北上，往返舟中，讀書有得，輒書於册。自以得之水上，其論亦如流萍飄梗，不根著於理道，故命之曰“浮談”。又有徐栻隆慶四年序。

全書分談道、談理、談治、談學、談文、談子、談史、談經、談書九門，凡十五卷。又附録一卷，乃張氏隆慶二年六月爲纓泉邵子所作之《適適園四景曲》。其書大旨宗尚理學，一本庸恕立言，然亦不失辯證精神，如稱：“程朱謂能求放心，方可上達，恐非孟子之本意，予不敢盡信也。”大略談治能識大體，偶失於泛；談學能務所要，時流於固；談文、談子，亦能切中肯綮；談經、談史、談書諸卷，瑕瑜互見。其中頗有警策之論，如云：“學者大病，惟傲、惰二字最難除。傲由氣盈，有一毫自高自是之心，皆傲也。傲則其本病，而無以善其始矣。惰由氣欸，有一毫自畫自暴之心，皆惰也。惰則其功廢，而無以要其終矣。”

此本據國家圖書館藏明隆慶四年董原道刻本影印。（司馬朝軍）

千一録二十六卷　（明）方弘静撰（第1126 册）

方弘静（1516—1611），字定之，號素園，歙

縣(今安徽歙縣)人。嘉靖二十九年(1550)進士,萬曆十四年(1586)以右副都任升南户部右侍郎,不徇權貴,屢觸嚴嵩之焰,後中蜚語罷歸,卒贈南京工部尚書。更著有《素園存稿》、《復古編》、《籌國稿》。生平事迹見《國榷》卷八一、《國朝列卿紀》卷一一二、葉向高撰《通議大夫南京户部右侍郎方公墓志銘》。

此書前有萬曆十三年《千一録自序》,云:"少所涉獵,時而有疑,今大半遺忘矣。郎臺齋中偶與客談,稍存其略,蓋愚者之慮,庶幾千之一也。"萬曆三十五年自序復稱:"千載之上有奥義焉,未有盡其旨者,余偶發之,有妙詞焉,未有逆其志者,余幸得之,則庶幾云爾者,未可誣也,故曰千一。"則書名"千一",作者本意前後不甚一致,大致取千中存一之意。

全書凡二十六卷,分經解、子評、詩釋、客談、家訓五部分。所録由少及老,隨筆記成,多駁雜不純。其説經大旨以經解經,宗法程朱之學;評子則攻駁多而闡發少;釋詩偏重於杜甫。綜合以觀,則歸於返經。凡不經之人、不經之事、不經之言,皆所摒斥。如稱:"聖人之言有一言盡天下之道者,萬世不可易者也;言有有爲而發者,教有因人而施者,則非一端而已也。《論語》論孝,言人人殊,此因人而施也。"

此本據北京大學圖書館藏明萬曆刻本影印。(司馬朝軍)

近溪羅先生一貫編十一卷 (明) 羅汝芳撰 (明) 熊儐輯 (第1126 册)

羅汝芳(1515—1588),字維德,號近溪,南城(今屬江西撫州)人。嘉靖三十二年(1553)進士,官至雲南布政使參政。泰州學派之代表人物,講明道學,門徒數千,多理學名士,學者稱明德先生。更著有《孝經宗旨》等。事迹見《羅近溪先生履歷略》、《明儒學案》卷三四。

熊儐,字敬吾,星子(今屬江西九江)人。潛心性學,授徒白鹿洞書院。聞羅汝芳得陽明旨要,徒步往南昌與語,若合符契。簡略生平見《江西通志》卷九一。

"一以貫之"乃羅氏治學之要義,大旨以《易》之"生生"之理貫通"四書五經",即天命之性,即仁,即心,尚云:"聖門之求仁也,曰一以貫之。一也者,兼天地萬物,而我其渾融合德者也;貫也者,通天地萬物,而我其運化同流者也。"以"仁"盡天地之心。

是書熊氏編於萬曆二十五年(1597)。前有萬曆二十六年楊起元及熊氏序,又有熊氏之《凡例》,述其編次之旨頗詳。全書以"四書五經"爲綱,以羅汝芳會語爲目。冠以熊氏所輯汝芳之《一貫説》,又附以像贊及履歷,次爲講論"五經四書"之説,次爲心性之説。書中議論獨到者,如曰:"先儒謂《易》爲'五經'祖,則《書》之政事,《詩》之性情,《禮》之大本,《春秋》之大義,言言皆自伏羲畫中衍出,非《易》自爲《易》,各經自爲各經。"凡此之類,未可悉舉,學者取其精妙之處,切體於身,則可得兼觀之益。

此本據中國科學院圖書館藏明長松館刻本影印。(司馬朝軍)

近溪子明道録八卷 (明) 羅汝芳撰 (第1127 册)

羅汝芳生平見前《近溪羅先生一貫編》提要。

是書後有門人杜應奎萬曆十二年(1584)跋,稱其自嘉靖四十五年(1566)以來,凡會中肯綮語皆録之,曾與羅氏子軒、輅匯輯成卷,後軼去,今即所録之一二藏於家者刻之。書前有郭斗萬曆四年序,稱羅氏以家居富美堂及雲南五華書院所集講義二卷,合而刻之,一題曰《五華會語》,一題曰《雙玉會語》,杜應奎附以所記羅氏《論學編》,分爲三卷,題曰《近溪先生會語》。書後復有詹事講萬曆十三年跋,稱讀其《會語》,宛然姚江宗派,書足以明道,故名爲《明道録》。

書前復有耿定向萬曆十一年(1583)序,稱是書多發明孔孟學脉,一軌於正。羅氏以《大學》爲入門之書,謂孔門之學在於求仁,而《大學》正是孔門求仁全書。或問:"《中庸》比之《大學》似更深奥。"答曰:"先賢亦云《大學》爲入道之門。"明儒論學多有宗旨,然羅氏頗有去宗旨之傾向,故其論學不顯標宗旨。

此本據明萬曆十三年詹事講刻本影印。(司馬朝軍)

筠齋漫録十卷續集二卷別集一卷 （明）黄學海撰（第1127冊）

黄學海,字宗於,無錫(今江蘇無錫)人。嘉靖四十一年(1562)進士,後知贛州。生平略見《古今圖書集成·氏族典》卷二八七。

《漫録》十卷,乃節録《憲章録》、《震澤長語》、《餘冬稿》、《天順日録》、《國語》、《戰國策》、《史記》、《唐世説新語》、《續通鑑》、《西京雜記》、《述異記》、《博物志》、《世説新語》、《韻語陽秋》、《何氏語林》、《四友齋叢説》、《篷底浮談》、《王氏耳談》、《省心録》、《自警編》、《續觀感録》、《玄敬詩話》、《養生類纂》、《桯史》、《省約三書》、《白沙遺言》、《景行録》、《室病録》、《橘壯録》、《橘如録》、《近代名臣録》、《松窗寱言》諸書而成。《續集》二卷,上卷鈔録《韓詩外傳》、《拾遺記》、《抱朴子》等,復分神仙、異僧、報應、定數、廉儉五目;下卷雜鈔諸書,分知人、精察、神明、俊辨、將帥、豪俠、畫、醫、相、賢婦、交友、詭詐、雜録諸目。《別集》一卷,鈔自《經鉏堂雜志》、《西湖遊覽志》等,復分雜録、談林二目,殿以隨筆數條。

是書前有萬曆二十九年(1601)黄氏小引,稱其日手一編,時擷其有當於衷者手録一二,置之奚囊,積歲蠹蝕,乃衷其存者僅十之二三,彙而成帙。書後有萬曆三十年黄氏侄懋孝跋,稱此書凡記載以來之可法可懲、可駭可愕、可被弦歌、可勒金石、可垂千萬祀者皆録之。詳勘此書,全係摘鈔,漫無體例,毫無原創,實爲質量不佳之雜鈔。

是書《千頃堂書目》著録爲《漫録》十卷,又《續録》一卷,又《新録》一卷,又《別録》一卷,又《外録》一卷,作者誤爲"王學海",《明史·藝文志》沿其誤。

此本據上海圖書館藏明萬曆三十年刻本影印。(司馬朝軍)

續羊棗集九卷附二卷 （明）駱問禮撰（第1127冊）

駱問禮(1527—1608),字子本,號纘亭、萬一樓居士,諸暨(今浙江諸暨)人。嘉靖四十四年(1565)進士,官至湖廣按察副使。更著有《萬一樓集》。《明史》有傳。

是書蓋接續駱氏《萬一樓集》而作,卷一有駱氏自序,稱其書不合於世俗者甚多,因取曾晳獨食羊棗之意,名爲"續羊棗",非敢謂能繼美前人,其性所獨好則然。書前有高承埏《續羊棗集序》,譽此書爲説部之雋。

此書多爲零星雜語,集名"羊棗",亦喻其細,然細中亦頗見精粹之言,大旨在揚朱抑王。如謂:王陽明良知之説與朱子大相矛盾,王氏《朱子晚年定論》,實誣朱子;朱子爲心口相應者,陽明、象山未免操異説以勝人。又指斥陽明學術,謂其不當言知必兼行,必行過然後能知,恐非《大學》宗旨;謂陳白沙語録多腐詞,王陽明語録多遁詞;謂王學末流所言者皆古人小學工夫。又謂今之講學者皆好善,惜不明理。

此本據中國科學院圖書館藏高承埏鈔本影印。(司馬朝軍)

道古録二卷 （明）李贄 劉東星撰 （第1127冊）

李贄生平見前《陽明先生道學鈔》提要。

劉東星（1538—1601），字子明，號晉川，沁水（今山西沁水）人。隆慶二年（1568）進士，官湖廣左布政使、工部尚書等職，謚莊靖。生平事迹見《明史》本傳、《本朝分省人物考》等。

劉氏官湖廣左布政使時，於武昌洪山寺結識李贄。萬曆二十四年（1596）劉氏丁父憂於家，遣子用相至麻城龍湖邀請李氏。李氏不遠千里而來居，歷秋至春，晝則閉户讀書，夜則與劉氏相對問答。劉氏子用相及猶子用健時而在坐，聞之而心喜，退而録其所聞之最親切者。時日既多，積久成帙。李氏視之，歎云：“是録也，乃吾二人明燈道古之實録也。”因以“道古録”名之。

全書分爲二十四章，可謂《大學》、《中庸》之“拷問録”。書中公開非孔非儒，反對神聖偶像，反對中庸之道，稱“予實不知中庸之可以免死”。書中又重新詮釋“道”，稱“人即道也，道即人也，人外無道，而道外亦無人”。此書具有鮮明之啓蒙特色。

此本據上海圖書館藏明萬曆刻本影印。（司馬朝軍）

譚輅三卷 （明）張鳳翼撰 （第1127冊）

張鳳翼生平見前《夢占類考》提要。

此書《千頃堂書目》小説類著録爲三卷，《四庫全書總目·處實堂集提要》稱：“《處實堂集》末一卷曰《談輅》，則其筆記也。”書名“譚輅”，蓋取《三國志》管輅“老生常譚”之典故。

此書分爲上、中、下三卷，偏重於考據辨訂，經、史、子、集之外，戲曲、小説亦有所論及。其書多駁朱熹之説，如《孟子》“爲長者折枝”，朱氏釋作“折草木之枝”，鳳翼認爲可笑，釋爲按摩，斥之甚當。朱熹以淫奔之辭釋《詩·鄭風·將仲子》三章，鳳翼認爲殊失作

者之旨。張氏長於持論，書中頗多名句，如曰：“大都僞君子即欲爲非，尚畏清議，真小人爲非，則肆無忌憚矣。”“争名者名必損，争利者利必奪。”“今人營營謀利，不知止足將爲身計，則身之壽考不可知。將爲子孫計，則子孫之賢否不可必。”針砭時弊，似有所指。

此本據遼寧省圖書館藏明萬曆刻本影印。（司馬朝軍）

閒適劇談五卷 （明）鄧球撰 （第1127冊）

鄧球，字應明，自號三吾寄漫子，祁陽（今湖南祁陽）人。嘉靖十四年（1535）進士，官至銅仁府知府。著有《泳化類編》、《泳化類編雜記》等。生平事迹見《皇明貢舉考》卷七。

是書末有鄧氏萬曆十一年（1583）跋，托言遇隱君子，悟忘言之意。是書《千頃堂書目》著録於小説類。《四庫全書總目》列入雜家類存目，稱此書雜論理氣，兼涉三教；每徵一事，輒鈔撮舊文，不能運化。但披沙簡金，往往見寶。如曰：“傳道本不在言語間，亦非言之所能傳。”“學者將聖賢言語句句如此實踐之，纔是道問學工夫。”

書中間附己詩，頗類《擊壤集》體。鄧氏所注《太極圖説》、《西銘》、《老子》諸書，皆全部收入，未免龐雜。

此本據南京圖書館藏明萬曆鄧雲臺刻本影印。（司馬朝軍）

重刻來瞿唐先生日録內篇七卷外篇五卷 （明）來知德撰 （第1128冊）

來知德（1525—1604），字矣鮮，號瞿塘，梁山（今重慶梁平縣）人。嘉靖三十一年（1552）舉人，萬曆三十年（1602）薦授翰林院待詔，以老疾辭，詔以所授官致仕。更著有《周易集注》、《理學辨疑》、《心學晦明解》等。《明史》有傳。

是書之內篇七卷計文十五種：一爲《弄圓

篇》,作一大圈,虛其中以象無極,外圍則用陳敷文所傳蜀中太極圖,來氏以此圖爲宇宙模式;二爲《河圖洛書論》,皆其《易》説之緒餘;三爲《格物諸圖》,大旨以《論語》三戒爲三欲,務格而正之;四爲《大學古本》,不取朱子之説,亦不取王守仁之説;五爲《入聖工夫字義》,體例略如陳淳《北溪字義》,但立説不同;六爲《省覺録》,皆講學之語;七爲《孔子謹言工夫》,以《論語》四十條聯貫其文,分爲八段;八爲《省事録》,與《省覺録》相近,但彼多講學,此多論事;九爲《九喜楬記》,作於萬曆十三年,所謂"九喜"乃喜生中華、喜父母兄俱壽考、喜無惡疾等;十爲《四箴》,乃《醉箴》、《刑于箴》、《言箴》、《九德箴》;十一爲《諭俗俚語》,乃勸人積善之文;十二爲《革喪葬夷俗約》,作於萬曆二十年,大意在革除元代以來喪葬之設宴作樂等夷俗;十三爲《理學辨疑》,所論皆陰陽天象之事,純以臆斷;十四爲《心學晦明解》,自述所以攻駁先儒之意;十五爲《讀易悟言》,内容缺如。外篇爲所作詩文,分《釜山稿》、《悟山稿》、《遊峨眉稿》等十三種,多遊覽名勝之作。其學以致知爲本,盡倫爲要。

萬曆八年郭棐序稱其獨探理窟,不落言筌。萬曆十一年傳時望序稱其直接孔氏之絶學。《四庫全書總目》卷一二四稱知德既無師友之切劘,又無典籍之考證,冥心孤想,時有所見,遂堅執所得,自以爲然。

此書有多種刻本,内容稍異。據王重民《中國善本書提要》推測,四庫館臣所據蓋爲原刻。此本據中國社會科學院考古研究所圖書館藏明萬曆間刻本影印。(司馬朝軍)

推篷寤語九卷餘録一卷　(明) 李豫亨撰 (第1128 册)

李豫亨,字元薦,號中條長公,松江(今屬上海)人。自幼性耽博覽,築室西湖上,與王龍溪講學,從遊者甚多,後抵武夷,生徒益衆。

自五經子史,旁及山川、象緯、兵農、財賦、醫卜、堪輿暨二氏之學,咸窺精藴。更著有《自樂編》、《三事遡真》、《格致明辯》等。生平事迹見《皇明詞林人物考》卷一一。

是書前有豫亨自序,稱隆慶四年(1570)暮春挂帆北征,因舟中多暇,摅其所知解,表見古今嘉聞懿行可垂世則者,以成此書。又稱舟之亡所見者篷蔽之,人之懵所知者寐障之,故以"推篷寤語"名之。

是書之卷次篇目乃趙謙光編訂。是書《目録》下有趙氏附記,云初豫亨隨得輒書,未嘗以類相從。趙氏爲之校讎,析其書爲篇者六,以象陰六之數;析其篇爲卷者九,以象陽九之數;又析其篇爲類者三十,以象三十輻共一轂之數;總計爲章者五百五十。其所謂"爲篇者六"乃《測微》、《原教》、《本術》、《還真》、《訂疑》、《毗政》。豫亨復裒其友人周思兼往返書翰爲《餘録》一卷,附綴於後。

是書參掇前聞,附以己見,多涉釋、道二家言。然精語亦復不少,如曰:"聖人以天地爲法象,明人身之安危。""善攝生者,吾之天地陰陽無愆,則榮衛周密而六淫無自入矣。""善理家者忘其身,善理國者忘其家。"於修齊治平之道,皆有所論列。是書卷八、卷九之《毗政》,多涉違礙,故《四庫全書總目》列入雜家類存目。

此本據北京大學圖書館藏明隆慶五年李氏思敬堂刻本影印。(司馬朝軍)

寶顏堂訂正脉望八卷　(明) 趙台鼎撰 (第1128 册)

趙台鼎,字長玄,自號丹華洞主,内江(今四川内江)人。大學士趙貞吉之子,貞吉爲"泰州學派"學者,台鼎則旁通醫卜之術,達識利根,潛心玄覽。簡略生平見曹代蕭《脉望序》。

是書纂輯儒、釋、道三家修身養性之言。卷首趙氏自識稱窮搜廣獵,仰拾俯取,積久盈筒，食固無味，棄亦可惜，姑存而置之。曹代蕭序稱讀《脉望》而知三教之趣合，佛教深而廣，道教精而顯，儒者以維世，故作用稍近。書末龔懋賢跋亦稱世之談學者，往往守其粗迹，至稍涉性命，則輒詆之爲二氏，惟趙氏獨能張膽明目，公然取二氏與吾儒并類。明鄭鄤《峚陽草堂詩文集》文集卷九《題脉望鈔》稱趙氏所輯禪玄兩家言，直截簡明，更無影晦，可謂道眼開而婆心切。書中多論養生之術，如曰："一陽潛動，處萬物未生時。跏趺大坐，凝神内照，調息綿綿，默而守之，則一炁從虛無中來，杳杳冥冥，無色無形，兆於玄冥坤癸之地，生於腎中，以育元精，補續元氣，續續不耗，日益月强，始之去疴，次以返嬰，積爲内丹之基本矣。"大旨主於養氣修身。

《四庫全書總目》列此書於雜家類存目，稱其陳因相襲，未能獨抽奇秘。然是書實以説理見長，内容博雜，既有自身體認，亦有臨證經驗，可稱修習丹道之要籍。

此本據北京大學圖書館藏明萬曆沈氏尚白齋刻《陳眉公家藏秘笈續函》本影印。（司馬朝軍）

河上楮談三卷　（明）朱孟震撰（第1128冊）

朱孟震，字秉器，自號秦關散吏、鬱木山人，新淦（今屬江西吉安）人。隆慶二年（1568）進士，官至右副都御史，巡撫山西。更著有《遊宦餘談》、《秉器集》等。《明史》有傳。

是書前有孟震萬曆七年（1579）序，稱於金陵時從諸長者遊，得聞所未聞，間取架上書，稍紬繹其義，偶見管一班，命楮生録之。後官潼關，閲其所録，意稍會，又更益數語，删其繁雜，取可以代客言者，命之曰《河上楮談》。

是書多述佚聞。卷一記建文遺事極詳，又多記練子寧、金幼孜遺事。卷三曰《停雲小志》，乃於潼關時追憶金陵舊好及生平所知交，記其出處大概而成。卷二"紀事差誤"、"著書遺誤"諸條，皆考證典籍。

朱彝尊《静志居詩話》稱孟震是書，述先哲之舊聞，綜同人之麗句，可謂好事。阮元《文選樓藏書記》卷二稱其讀書有得，并見聞所及，隨筆劄記。

此本據明萬曆刻本影印。（司馬朝軍）

汾上續談一卷　（明）朱孟震撰（第1128冊）

朱孟震生平見前《河上楮談》提要。

是書成於朱氏汾上任職時，實爲《河上楮談》之續編。書前有朱氏萬曆十年（1582）《汾上續談引》，稱旨在存故實，闡幽微，補逸漏，糾訛謬，托諷諭，考文辭，又有隱僻怪異，可資抵掌者。觀其書，實以志怪、故實二者爲較勝。志怪異者，如"裙亭虎"條，人虎相戀，極具人情意味。又如"東山狐"、"傅君狐異"、"潼關異"諸條，皆引人入勝。存故實者，如"雲麾將軍碑"條，可謂古代文物保護之先例。

《四庫全書總目》卷一二八稱其體例與《河上楮談》同，而所記多瑣事，惟"安南國試録"一條叙述頗詳，足資考證。《千頃堂書目》則將是書與《河上楮談》同著録於小説家類。

此本據明萬曆刻本影印。（司馬朝軍）

穀山筆麈十八卷　（明）于慎行撰（第1128冊）

于慎行（1545—1608），字可遠，更字無垢，東阿（今山東東阿）人。隆慶二年（1568）進士，選翰林庶吉士，授編修。官至禮部尚書。萬曆十八年（1590）致仕，家居十七年，以讀書著述爲事。更著有《讀史漫録》、《穀城山館詩集》、《穀城山館文集》等。《明史》有傳。

此書乃慎行退居穀城山中時所著，門人郭應寵編次於萬曆四十一年（1613）。凡十八卷三十五類，所紀多明代萬曆以前典章、人物、兵刑、財賦、禮樂、釋道、邊塞諸事，亦兼及前明諸朝史實。其中所載嘉靖、隆慶、萬曆時期朝廷内閣排擠傾軋、官場腐敗、士大夫寡廉鮮耻及社會經濟、文化諸狀況，多出親歷親聞,尤具史料價值。

周中孚《鄭堂讀書記》稱是書援引舊聞,無不切劇時事,信經國之大業,不僅資清暇之談柄。

此本據中國科學院圖書館藏明萬曆于緯刻本影印。(司馬朝軍)

留青日札三十九卷 (明)田藝衡撰(第1129冊)

田藝衡(1524—?),字子藝,號香宇,自號品喦子,錢塘(今浙江杭州)人。以歲貢生官休寧縣訓導。曾任應天(今南京)府學教授。更著有《大明同文集》、《田子藝集》、《煮泉小品》等。生平見《明史·田汝成傳》、《品喦子小傳》。

是書前四卷雜談經史掌故。卷五、卷六論詩,卷七爲“玉笑零音”,卷八至卷十一談天文地理,卷十二至卷十四談曆法,卷十五至卷十七談禮,卷十八談姓氏,卷十九談律呂,卷二十、卷二十一論人物,卷二十二談服飾,卷二十三談金石,卷二十四、卷二十五談酒,卷二十六談“開門七件事”,卷二十七、卷二十八論佛道,卷二十九至卷三十一論靈異志怪,卷三十二至卷三十四論草木花果,卷三十五論姦人,卷三十六論《易》,卷三十七論政治得失,卷三十八論文字,卷三十九爲《陽關三疊圖譜》。要而言之,其書本隨筆之體,雜記明朝社會風俗、藝林掌故。書中零星記及政治經濟、冠服飲食、豪富中官之貪瀆、鄉村農民之生活,以及劉六、劉七、白蓮教馬祖師之起事情形,頗有資料價值。然亦未免輾轉稗販,如“菠薐”條引鄭樵《通志》,不知溯源至唐韋絢《劉賓客嘉話錄》。書前有黃汝亭序,稱其書所載博物通雅,撫時悼俗,如列肆五都,飄蹤海外。萬曆元年(1573)劉紹恤序稱田氏以博雅聞,其著志在闊説時事,慷慨悲憤,有擊筑彈劍之風。《四庫全書總目》稱是書蕪雜特甚,故列入雜家類存目。謝國

楨《江浙訪書記》稱是書撫拾叢殘,記述蕪雜,爲例不純,然高瞻遠矚,不爲俗囿,頗具別裁,時有創見,世多稱之;又許之爲“有明一代雜家之冠”。

此本據明萬曆三十七年刻本影印。(司馬朝軍)

太史楊復所先生證學編四卷首一卷證學論一卷策一卷 (明)楊起元撰(第1129冊)

楊起元(1547—1599),字貞復,號復所,歸善(今廣東惠州)人。萬曆五年(1577)進士,官至吏部左侍郎,謚文懿。更著有《楊文懿集》等。生平見《明史·王畿傳》、《明名臣言行錄》卷七〇。

萬曆二十四年楊氏編刻其尺牘、語錄、雜文等爲《證學編》,大抵爲講學之語。萬曆四十五年楊氏門人佘永寧等重加校閲,復以楊氏《六諭翼》、《對聖學問》等弁之於卷首,《心如穀種》等數論、《孝弟》等二策附於後。

楊氏之學不諱禪,是書有謂:“學者因儒先闢佛、老,遂不敢顯言之,而私窺其書焉,陰用而陽拒,是竊也,爲有竊心不除而可以入道者哉?”又曰:“秦、漢以還,不復知‘道’爲何物,而佛之教能守其心性之法,及至達摩西來,單傳直指,儒生學士從此悟入,然後稍接孔脉。”皆可見楊氏論學之特點。《四庫全書總目》列是書於雜家類存目著録,稱楊氏援儒入墨,誣誕實甚,變亂先儒,流毒及於經義。

此本據南京圖書館藏明萬曆四十五年佘永寧刻本影印。(司馬朝軍)

焦氏筆乘六卷續集八卷 (明)焦竑撰(第1129冊)

焦竑生平見前《養正圖解》提要。

此書正集六卷,續集八卷,頗涉典章名物之討論,亦多故實。其中涉及時事者,最見情致。所載明代史事、人物、詩文,爲後世研究

明代人物、歷史或思想史之材料。如卷二載李贄寫《宏甫書高尚册後》，頗具史料價值。此書於辨偽之事亦特別留意，如卷六《偽書》條曰："或摹古書而偽作，或以己意而妄增，至使好事之流曲爲辯釋，以炫其博，是皆未之深考耳。"《續集》卷三《尚書古文》條曰："余嘗疑《尚書古文》之偽，《筆乘》已載梅學正、歸太僕二人之言爲據，昨偶見趙子昂真迹一卷中一篇，亦具論此，乃知人心之同然也，第恨其書不可見。"

《四庫全書總目》卷一二八稱其書多考證舊聞，亦兼涉名理，多勦襲説部，没其所出，以爲博雜有餘，精深不足。周中孚《鄭堂讀書記》卷五七稱其訂經子之訛，補史傳之闕，網羅時事，綴輯藝文，不無可取；而膚淺杜撰，疑誤觀聽者往往有之。

此本據上海師範大學圖書館藏明萬曆三十四年謝與棟刻本影印。（司馬朝軍）

鬱岡齋筆麈四卷　（明）王肯堂撰（第 1130 册）

王肯堂生平見前《胤産全書》提要。

王氏與明末傳教士利瑪竇有交，對天文、醫學等知識多有深究。書前王氏萬曆三十年（1602）自序稱其幼而好博覽，九流百家，無一弗探。是書乃王氏之隨筆雜記，頗可見其平生治學趣尚。舉凡天文算法、術數方技以及書畫之類，是書無不分條辨論，足資考核。如論中曆、西曆之異同，論《太乙統宗寶鑑》演記尋元之術之謬舛，指摘《宣和畫譜》牴牾之處，諸如此類，皆有見地。而其中論方藥者十之三四，得古人法外之意，與王氏《證治準繩》足相表裏。《四庫全書總目》卷一二八稱是書所議論大抵以佛經詁儒理，周中孚《鄭堂讀書記》卷五七則稱賞有加。

書前王氏自序云"業已成三卷"，則是書原有卷次之釐定。此本不分卷，刻爲四册，兹以册爲卷。

此本據明萬曆三十年王懋錕刻本影印。（司馬朝軍）

塵餘四卷　（明）謝肇淛撰（第 1130 册）

謝肇淛（1567—1624），字在杭，號武林，長樂（今福建長樂）人。萬曆二十年（1592）進士，官至廣西左布政使。博學能詩文。更著有《滇略》、《五雜組》、《小草堂集》等。生平見《明史·文苑傳》。

此書爲肇淛服喪間所作。書前有萬曆三十五年趙世顯序，稱事核而奇，語詳而俊，洵談苑之卮辭，稗官之奧撰。又有肇淛自序，云"《虞初》、《齊諧》，謬悠不經；《山海》、《宛委》，宂漫駭俗"，其書則採自賓友閒談，耳目近事，歲月有稽，徵且信矣。然觀其書，多涉動物精怪故事。如卷二記有一狐其"祖曾在白鹿洞中聽朱晦翁及陸子静講《易》，遂通大義"；卷三記一販鱣者鄭某，與水鬼格鬥等。故是書與《虞初新志》等小説家言相類。《千頃堂書目》、《明史·藝文志》均將其著録於小説家類。

此本據浙江省圖書館藏明萬曆間刻本影印。（司馬朝軍）

文海披沙八卷　（明）謝肇淛撰（第 1130 册）

謝肇淛生平見《塵餘》提要。

是書八卷，皆筆記之文，隨手摘録，提要鈎玄。卷四"吾儒高於二氏"條謂："三教精微，盡頭原亦不甚相遠，但釋氏有輪回之説，俗僧至假懺悔以愚人。道家有符籙之傳，羽流遂借祈禳以惑世。獨吾儒之教無之也。故世人崇奉不及二氏，以此而吾儒所以高於二氏者亦以此。"可見其學術大旨。

是書前有陳五昌萬曆三十七年（1609）序，稱此書"要抒獨得，兼摭前言，無處不佳"，不免過譽。周中孚《鄭堂讀書記》卷五七稱其書掇拾載籍中雜事瑣聞，以發抒議論，隨筆所之，絶無倫次；其所徵引，不拘偽書、小説、傳奇、演義。

此本據明萬曆三十七年沈儆炌刻本影印。
（司馬朝軍）

五雜組十六卷　（明）謝肇淛撰（第1130冊）

謝肇淛生平見前《塵餘》提要。

書名"五雜組"者，李維楨序釋之頗詳，大意謂：五者，其說分五部，天、地、人、物、事；雜者，《易》有《雜卦》，物相雜而成文；組者，《爾雅》有云"組似組，產東海"，織者效之，間次五彩。

是書内容豐富，大凡明代之人事、地理等方方面面多有論及，而尤以明代史事最爲可採。如論閩中之貧富差異："仕宦富室相競畜田，貪官勢族有畛隔遍於鄰境者，至於連疆之產，羅而取之，無主之業囑而丐之。寺觀香火之奉，強而寇之，黃雲遍野，玉粒盈艘，十九皆大姓之物，故富者日富，而貧者日貧矣。"又論奸臣之爲虎作倀，致倭寇猖獗，多可補史之闕。此書主張內中國而外夷狄，其論户口之凋耗，於蒙古、女真頗加诋諆，故乾隆間列入禁書。

此本據明萬曆四十四年潘膺祉如韋館刻本影印。（司馬朝軍）

珊瑚林二卷　金屑編一卷　（明）袁宏道撰（第1131冊）

袁宏道生平見前《陳眉公重訂瓶史》提要。

袁氏晚年，於萬曆三十二年與僧徒遊德山，同僧人寒灰、雪照、冷雲以及門人張明教縱橫議論，所談涉及儒釋道，而偏重於佛禪。明教將其彙編成次，即爲《珊瑚林》。宏道生前是書并未刊刻流布，只是親揀出一部分，題爲《德山暑譚》（後稱《德山麈譚》），梓行之。然《德山暑譚》僅80餘條，《珊瑚林》則達三百餘條。其中談李贄、論佛經、析論儒莊釋之同異等，均頗可觀，由此可窺公安派之基本學術思想。如曰："儒家之學順人情，老莊之學逆人情。然逆人情正是順處，故老莊常曰因，曰自然，如不尚賢，使民不爭，此語似逆而實因，思之可見。儒者順人情，然有是非，有進退，却似革，革者革其不同，以歸大同也，是亦因也。但俗儒不知以因爲革，故所之必務張皇。"

袁氏早年既於佛禪思想多有浸染。萬曆十七年下第後，與兄宗道一起居家修習。"索之華梵諸典"，又於"文字、語言、意識不行處極力參究"，終"於張子韶論格物處，忽然大豁"。於是從一千七百多條禪宗公案中擇選七十餘條，詳加評説，遂成《金屑編》。

《珊瑚林》、《金屑編》歷代書目多分別著録，如《澹生堂藏書目》分載"《珊瑚林》二卷一冊"，"《金屑編》一卷一冊"。清響齋將二者合刻之，《珊瑚林》前有陳繼儒序，後有馮貢跋；《金屑編》前有袁氏自叙。

此本據國家圖書館藏明清響齋刻本影印。（司馬朝軍）

沈氏弋説六卷　（明）沈長卿撰（第1131冊）

沈長卿（1573—1632），字幼宰，更名遜，別號灰庵，自號錢江逸民，錢塘（今屬浙江杭州）人。以孝廉筮仕永定令。未幾，僦居秣陵十餘載而卒。更著有《沈氏蓮説》、《沈氏日旦》。生平見《沈氏日旦》諸條及張昂之《序日旦後》。

書前有沈氏自叙，稱其書"援往昔，據目前，是非非是，自旋於楮墨之間"，取《詩經·大雅·桑柔》"如彼飛蟲，時亦弋獲"之義，以名之。又有李維楨、湯顯祖、陳繼儒等人之序，書後有徐如珂萬曆乙卯歲六月跋。

是書共六卷，二百餘條，前三卷專論先秦至宋代之人物，後三卷雜論經史相關問題。弋取傳記以來國家存亡，聖賢豪傑所由顯隱之故，説古衡今，抉微闡幽；所辨析關切倫常品類，且證據經史。其所品論頗有可採，如"司馬光"條曰："安石有所短，亦有所長。勇於

立異,銳於變常,自是非人,其所短也;憤宋室
之傾頹,壹意富强,冒衆怨而不恤,其所長也。
光但見其所短,不見其所長,則向之預卜而許
可者,不知其何所指也。逮新法罷矣,并顧役
法亦罷,光之有成心也。秦之長城,隋之渠
河,萬世利焉。漢、唐始祖未嘗廢之,光何所
見之隘。"

　　書中多條涉及宋金關係,又有"攘夷說"一
則,曰:"三代而下,一統而最久者無如漢、
唐、宋。宋受夷狄之禍最慘,橫於遼,侵於金,
滅於元,固天運使然,亦宋之君臣禦失其道
也。蓋夷情如犬羊,不可禮義化誨。"清代文
網漸嚴,此書被列入"全毁"之目。

　　是書,《千頃堂書目》卷一二著録爲十卷,
《澹生堂藏書目》著録爲六卷,今所見者爲六
卷。按,《千頃堂書目》或爲誤載,參下條
"《沈氏日旦》提要"。

　　此本據上海圖書館藏明萬曆間刻本影印。
（司馬朝軍）

沈氏日旦十二卷　（明）沈長卿撰（第1131册）

　　沈長卿生平見前《沈氏弋說》提要。

　　是書作於崇禎元年（1628）春至三年冬,每
季爲一卷。前有長卿自序,稱縮月旦爲日旦,
猶古人縮寸陰爲分陰,取惜時之意。後有崇
禎七年張昂之後序稱"日旦"乃祖"月旦評"
之意,并云其識深藻微。

　　其書大旨主於經世之學。如曰:"《六經》、
《語》、《孟》不專爲經世而設,《綱目》、《通
鑑》乃經世之良方也。""八股時文但可借以
出身,不可經世,不可保身,專恃此則地方危,
自己軀命亦危。"又辨朱陸是非曰:"紫陽但
從事下學而遺上達,人遂以腐儒目之;象山但
從事尊德性,而遺道問學,人遂以異端揣之,
皆偏致也。"又主張以"耻"說取代"良知"說。

　　《千頃堂書目》卷一二載:"沈長卿《沈氏弋
說》十卷,又《沈氏月旦》(按,"月"誤)六
卷。"今所見沈氏二書,《弋說》均作六卷,《日

旦》均作十二卷。張昂之《序日旦後》記"已
刻十卷,予爲之續二卷於後",則是書先有刻
本十卷,張氏在十卷本基礎上續刻二卷乃成
十二卷本。黃虞稷所見或爲十卷本《日旦》,
而將卷次與《弋說》之六卷誤倒歟?

　　此本據北京大學圖書館藏明崇禎七年刻本
影印。此本卷九闕第一四至一七四頁。另有
天啓間刻本等。（司馬朝軍）

聞雁齋筆談六卷　（明）張大復撰（第1131册）

　　張大復（1554—1630）,字元長,號鹿城病
居士,崑山（今屬江蘇蘇州）人。更著有《梅
花草堂集》、《梅花草堂筆談》、《崑山人物傳》
等。生平事迹見張氏《梅花草堂集》卷九《張
氏紀略》及錢謙益《牧齋初學集》卷五四《張
元長墓志銘》。

　　是書多記明中葉以來蘇州一帶風土人情、
士人之遺聞瑣事,文筆頗類明末小品文。卷
五"論文"曰:"作文無他法,只要深入題髓,
跳出題外。深入題髓,觀題之意;跳出題外,
寫題之情。觀題之意,下語不疏;寫題之情,
運筆不滯。"於此可窺張氏文章之法。

　　是書六卷二百餘則,據所載諸條推斷,蓋作
於萬曆二十四年至三十二年間。書後有張氏
萬曆三十三年跋,稱有傭書生陸弢以其業侍
彼,瞿然請曰:"公方有文章,而弢病且死,懼
不復從事,豈有帳中秘弢堪爲役者耶? 吾願
也。"大復聞之惻然,命兒子桐取《筆談》付
之,録未五卷,而弢死。海虞瞿元初、梁溪鄒
公履促付梓,乃請之華亭陳眉公,又請之沈湛
元,皆曰可,於是求顧孟兆、唐淳伯校而刻之。
則是書初刻於萬曆三十三年。

　　自《四庫全書總目》卷一二八載録張氏有
"《梅花草堂筆談》十四卷《二談》六卷"後,學
界頗有疑是書即爲《二談》者。然《總目》將
張氏二書分别著録,則視《聞雁齋筆談》爲獨
立之書,非《二談》,明也。今所存張氏雜記
類著述僅《梅花草堂筆談》十四卷及是書六

卷,《二談》不復可見,其内容亦不得而知。至於《二談》與是書及《梅花草堂筆談》之關係,只能揣測之,難成確論。經今人檢視,是書二百餘則中,内容與《梅花草堂筆談》相同或相近者一百四十餘則。《梅花草堂筆談》初刻於崇禎三年(1630),較是書後出二十六年。則重複之内容,當是張氏編撰《梅花草堂筆談》時採摭是書所致。

此本據上海圖書館藏明萬曆三十三年顧孟兆等刻本影印。(司馬朝軍)

道聽録五卷　(明)李春熙撰(第1132册)

李春熙(1516—?),字沅南,號桃源山人,桃源(今屬湖南常德)人。自髫年隨長者北遊,足迹遍及燕、吴、趙、魏諸地。嘉靖十三年甲午科(1534)中舉。更著有《唐韡》、《屈瓠亭稿》、《沅南四六》等。生平事迹參是書卷首自序、後跋、書中有關條目,以及《萬曆桃源縣志》卷上、《(光緒)湖南通志》卷二五四。

是書卷首有萬曆元年王嘉言序、隆慶三年(1569)春熙《自言》。書末有萬曆二年龔天申跋、劉崇文跋、隆慶六年壬申(1572)王伊跋。據王跋及書中相關條目推斷,是書始撰於隆慶年間,最後成書則不早於萬曆八年。

全書五卷,凡一百零五則,編排無序,蓋隨憶隨録,順手而記。卷首録各卷篇目,然書中各條則不題篇目。是書專記當代詩人詩事,於閣臣名士詩事記載尤多,多録佳詩秀句,偶亦涉及罕見地名、人名、字謎等。所載詩作,均因人因事而附,多爲當時膾炙人口者,如夏言獄中所作,楊一清幼年所吟《苦哉》詩,楚人譏刺毛伯温之詩,金陵妓楊狀元送行詩等。於所録諸詩大多不作評論,偶爾抒發感慨,頗爲簡潔,如卷一録唐寅《自詠》詩,評點僅六字:"末句令人悚然!"所録詩作版本或與今日習見者不同,如録于謙《詠石灰》詩:"千錘萬斧出深山,烈火坑中過幾番。粉骨碎身渾不怕,獨留明白在人間。"與今傳本明顯有

異。又如録《諭世歌》"人生七十古來少,先除幼年後除老"云云,謂此詩乃狀元唐皐詩作,今人則多將此詩置於唐寅名下。故本書於明人事迹之搜求、明詩之校勘,尤其嘉靖年間詩人詩事之考訂,可資參考。

此本據國家圖書館清鈔本影印。另有恬養齋鈔四卷本,藏南京圖書館。(孫小力)

五先堂文市榷酤四卷　(明)袁子讓撰(第1132册)

袁子讓(約1560—1628),字仔肩,一字元静,郴州(今湖南郴州)人。萬曆二十九年(1601)進士,官至眉州知州,精於音韻之學。更著有《字學元元》。生平事迹見《(嘉慶)郴州總志》卷三〇。

是書前有袁氏萬曆三十二年(1604)自序,述是書取名之意,言漢武有榷酤,孔孟亦有榷酤。善學者似税,品列可以神拾,博取可以精收,紀事者約而税其概,屬辭者撮而税其神。遂種分其事,類繁其辭,彙成篇帙,古人千計百慮鑄爲一己之精神。故名是書曰"文市榷酤","五先堂"蓋爲袁氏之齋名。書後復有萬曆三十六年其兄子謙及其弟子訓後序。

全書四卷,按類標目,計一〇八篇。卷一爲君道、重勢、君鑒等,共二十八篇;卷二爲法度、因民、順治等,共二十七篇;卷三爲御臣、壅蔽、國資等,共二十六篇;卷四爲用知、適宜、讒蠹等,共二十七篇。是書借古説今,論人主之治,述君臣之道,大旨主於崇正祛邪,議論多有可取之處,對研究有明一代政治、法律頗有參考價值。

此本據中國社會科學院歷史研究所藏明萬曆三十六年刻本影印。(司馬朝軍)

密庵卮言六卷　(明)樊良樞撰(第1132册)

樊良樞,字尚植、尚默,號致虚,又號密庵,進賢(今江西進賢)人。萬曆三十二年(1604)進士,官至浙江提學副使。更著有

《樊致虛詩集》、《三山集》、《二酉集》等。生平事迹見《明詩紀事》庚籤卷二一。

書前有崇禎四年（1631）樊氏自序，云其入楚問言於舒日敬，舒氏以自警十則見示，比至酉陽，揭之壁，如覿良友，退食之暇，時綴一二言以自參證。久之滿百，又簡舊録格言警訓，合之得一百六十則，名之曰"卮言"。

是書六卷，卷一約己，卷二達生，卷三學道，卷四經世，卷五性理，卷六座訓。卷一至卷五多爲自擬，間採他人之語；卷六又題"先正格言"，乃撮録司馬光、朱熹、顧璘、陳繼儒、湯若士、陳獻章、舒日敬等人自警之言。

樊氏自序稱：言約己者，正言也；言達生者，寓言也；言學道者，曖曖姝姝之言也；言經世者，詹詹之言也；述先正者，耆艾之已言也；以人道先人，故重言也。是書乃格言體，多爲聯語，書後舒日敬崇禎四年（1631）跋稱其巧於承接，究歸醒迷。書中警策者頗多，如："家本農桑，雖宦達，當記得先人櫛風沐雨；世守耕讀，縱富貴，莫忘却平日淡飯黃虀。""只看得眼前員滿，從古來有缺陷世界；但心中放得寬平，普天下無險仄人情。""羅敬叔會心不遠，清池上林水翳然，便作濠濮間想；陶簡文開卷有得，北窗下涼風暫至，自謂羲皇上人。"

此本據中山大學圖書館藏明崇禎刻本影印。（司馬朝軍）

剩言十七卷　（明）戴君恩撰（第1132冊）

戴君恩（1570—1636），字忠甫，號紫宸，別號蘭江癡叟，澧州（今湖南澧縣）人。萬曆四十一年（1613）進士，歷工部主事，督修永陵有功，奢酋之變，監軍討平之，歷官都御史，巡撫山西，計擒賊王綱等三百餘人。更著有《讀風臆評》等。生平事迹見《（嘉慶）大清一統志》卷三七四、《（光緒）湖南通志》卷一七四。

是編凡內篇十一卷、外篇六卷。其學出於姚江，大旨主於內儒教而外釋道。如曰："二氏與吾儒其不同者，教也。其無不同者，道也。爲其教之異也，而欲并其道而斥之，則誤道；爲其道之無異也，而欲并其教而一之，則誤教。"又謂三教曰："釋者，遺釋也，色空俱遺，是名釋故。道者，道路也，內外經行，是名道故。然則吾道何以名儒？曰字從人從需，立人所需，是名儒故。"

此書《四庫全書總目》著録於雜家類存目，稱"外篇謂孔子近禪，孟子近道"，真可謂援儒入墨云云。今核原書，君恩與友人談及聖學，有曰："孔子近禪，孟子近玄。彼其自道曰無知，曰無能，曰何有其門人，曰無意無必無固無我，不居然禪宗語乎？論養心曰寡欲，論養氣曰持志，曰勿正勿忘勿助長，不居然道家言乎？"君恩雖謂此語良然，又曰："釋氏有托離生死之意，道家有長生不死之意，是猶有生死見也。孔孟則渾然忘之，自是超出二家。"不可謂之援儒入墨。館臣誤讀原文，不足爲訓。

此本據國家圖書館藏明刻本影印。（司馬朝軍）

剡溪漫筆六卷　（明）孫能傳撰（第1132冊）

孫能傳（約1564—1613），字一之，奉化（今浙江奉化）人。萬曆十年（1582）舉人，官至工部員外郎。雅好讀書，縱觀秘閣藏書，萬曆三十三年嘗與張萱等同編《內閣書目》。更著有《益智編》、《謚法纂》等。生平事迹散見於《（雍正）浙江通志》。

此書前有能傳自序，稱剡溪爲其家上遊，其地產紙，曰"剡溪藤"，其宦游之日偶有所得，筆之剡中紙，録剡中人語，故係之剡溪。萬曆四十一年其弟能正《小引》稱是編雖屑越於訓詁名物之辨，搜校於耳目螢欬之餘，往往出入經史，錯綜古今，能糾傳習之訛，補注疏之闕。

此書六卷，附驥於《益智編》。每言一事，

必舉古人成敗得失,所以臨機處變者。能傳敦德博古,淵宏廣肆,於書無所不讀,而又識見瞻遠,知微慮深。嘗曰:"時局日非,當事者有功成之危,遁尾之厲,將滔天燎原,噬臍莫及矣。"可知其著書之旨。孫氏能識古人經世之用,書中頗有精粹之語。如謂《晉書》、《世説新語》可互證;謂唐賦善體物;謂《管子》多後人贗入;謂韓非《説難》本荀子;謂《南史》多方言;謂岑參集中多襲用己句云云,多爲讀書得間之言。亦有感於時事而發者,如謂位高難退;謂文士好上人,往往非薄前輩,轉相彈射;謂時人銘狀表傳諸作如戲場丑净説話,多虛而不實;謂士必器識而後才智,士必愨而後求智;謂以此始,亦以此終,非獨人事,亦天道云云:類能啓發智慧。然亦有"種羊"等條所載頗不經,未免道聽塗説,或因此之故,《千頃堂書目》、《明史・藝文志》將其著録於小説家類。

此本據天一閣藏明萬曆四十一年孫能正刻本影印。(司馬朝軍)

讀書雜録二卷　(明)胡震亨撰(第1132冊)

胡震亨(1569—1645),字孝轅,晚自稱遯叟,海鹽(今浙江海鹽)人。萬曆二十五年(1597)舉人。除固城縣教諭,歷合肥知縣,遷德州知州,不赴,改定州,擢兵部員外郎。家多藏書,學問淵博,尤長於搜集詩文資料。更著有《海鹽縣圖經》、《赤城山人稿》等,又輯有《唐音統簽》。生平事迹見《(乾隆)江南通志》卷一一七。

是書乃胡氏晚年讀書札記,所涉頗廣,尤以考訂見長。所考雖多瑣雜,然折衷平允,殊有可取。其考訂詩文者,如引顏師古《匡謬正俗》證《柏梁詩》傳寫之謬,引劉孝標《世説注》證《蜀都賦》有改本,引曾慥《類説》證李賀"容州槎"語;考訂名物者,如引孟元老《東京夢華録》證爆仗字,引朱熹、陸游詩證豆腐緣起;記述人物者,如記鑒真東渡故事,略述

道教代表人物王嚞號重陽子、馬鈺號丹陽子等。此類皆語有根據,足資考證。然其所記,亦有佻薄狂詈者,難脱明末士人之習。

是書《明史・藝文志》、《千頃堂書目》卷一二均著録於小説家類,《明史・藝文志》誤其卷次爲"三"。《四庫全書總目》卷一二八入子部雜家類存目,評價褒貶參半,頗中肯綮,可參讀之。

此本據上海圖書館藏清康熙刻本影印。(司馬朝軍)

息齋筆記二卷　(明)吳桂森撰(第1132冊)

吳桂森(1565—1631),字叔美,號覲華、東林素衣,學者稱素衣先生,無錫(今江蘇無錫)人。萬曆四十三年(1615)歲貢生,然終生未仕。與顧憲成、高攀龍講學東林書院,從武進錢一本學《易》。更著有《周易像象述》、《真儒一脈》等。生平事迹見《雒閩源流録》卷一二、華貞元《觀華吳先生進道之序》及鄒期楨所撰《墓志銘》。

是書乃吳氏學術筆記,其治學之大概,於此可窺,如辨朱、陸異同曰:"朱子之學,孔子教人之法也;陸子静之學,孟子教人之法也。然孟子有集義工夫。陸子静曰:'吾工夫祇在人情事變上用。'是孟、陸之直指本體,蓋於工夫揭其綱領也。"辨朱、王異同曰:"或曰'朱重修,王重悟;朱言功夫,王言本體。'非也。朱以仁義禮知言性,王以虛無明覺言性,此其本源之絶不同處也。"辨禪學曰:"禪學混儒,無煩深辨。一言以蔽之曰:'舍修齊而談性命。'"吳氏爲東林領袖之一,書中涉及東林書院之記述,尤有資料價值,如曰:"東林開講於甲辰,縉紳輻湊,其時盛而繁。未幾,見齟於當塗。庚戌已後,漸簡漸真。癸丑講《易》則二三君子,蒼然隆冬之松柏矣。丁巳以來,巋然碩果一脈獨存於天地,千秋獨立,孤麟隻鳳,真不可常見於世,故倪而升朝,倪而雲集,而遂不容於今日矣。"

是書前有崇禎六年(1633)儲乾《素衣吳觀華先生小叙》及華貞元《觀華吳先生進道之序》,述吳氏生平學術頗詳。

此本據國家圖書館藏明崇禎刻本影印。(司馬朝軍)

露書十四卷　(明)姚旅撰(第1132册)

姚旅(1572—?),初名鼎梅,號園客,莆田(今福建莆田)人。以布衣游四方,或因此易名爲"旅"。卒於燕,具體時間不詳,《露書》紀事至天啓三年(1623)。簡略生平見《列朝詩集》丁集卷七及是書諸條與書前諸序。

是書前有晉應斗、李維楨、韓位甫、侯應琛四序,又有姚氏自序。其書始撰於萬曆三十四年,初成於萬曆三十九年,先後兩次付梓,而兩次遭毀。書名"露書"者,取典於王充《論衡·自紀篇》"口則務在明言,筆則務在露文"。

全書十四卷,卷一、卷二"核篇",考證經史;卷三至卷五"韻篇",論詩賦諸文體之美惡;卷六"華篇",仿《法言》,間駁言道者;卷七"雜篇"、"迹篇","雜篇"雜論隸焉,"迹篇"記古迹;卷八、卷九"風篇",記風俗人情及莆人方言;卷一○"錯篇"記中外土産,卷一一"人篇"、"政篇"、"籟篇","人篇"記人物佳否;"政篇"記政事,"籟篇"記佳言;卷一二"諧篇"、"規篇"、"枝篇","諧篇"記謔言,"規篇"記譏刺,"枝篇"記雜技;卷一三、卷一四"異篇",記怪異。姚旅自序云:"自'迹篇'而上,多稽古而間附以今;'風篇'而下,皆徵今而欲還於古。"

是書頗富史料價值,如於人情風俗、戲劇樂舞、朝鮮、琉球、越南諸國及西南少數民族習俗與西洋利瑪竇等人事迹,火把節傳説,凡此均有詳載,對民俗、地理等相關研究多有助益。其所記關中地震後所出現地下水位下降及地温變化現象,則爲古代地震科學資料;又載烟草傳入中國之過程,亦有文獻價值。

是書《千頃堂書目》卷一二著録於小説類,《四庫全書總目》卷一二八入於子部雜家類存目,稱其詞氣猥薄,頗乖著書之體。

此本據華東師範大學圖書館藏明天啓刻本影印。(司馬朝軍)

炳燭齋隨筆一卷　(明)顧大韶撰(第1133册)

顧大韶(1576—?),字仲恭,常熟(今江蘇常熟)人。諸生。通經史百家及内典,與其兄大章齊名。生平事迹見錢謙益《顧仲恭傳》及《明史》顧大章傳。

顧氏嘗欲將《十三經》、諸子墜言滯義,標舉數則,勒成一書,比於程大昌《演繁露》、王應麟《困學紀聞》,然事未竟。錢謙益稱是書乃顧氏臨終前繕寫所箋《詩經》、《禮記》、《莊子》而成。

此書爲顧氏博涉群書時之筆記,説經者居其半。書中頗有精語,如曰:"讀類書、文集而不讀子、史,是沽酒市脯之學也。讀子、史而不讀五經,是拔本塞源之學也。讀五經而不講理學,不通三教,是貧兒數寶之學也。故曰博學而詳説之,將以反説約也。"又曰:"凡事觀於其大,則必不争於其小矣。"又曰:"識時勢而不明義理,則市井之智耳;不明義理,并不識時勢,則婦人之智耳。所以古人有舉朝皆婦人之嘆。"

葉昌熾《緣督廬日記鈔》卷六稱其深於漆園之學,又宗墨子,而抑孟子,雖不純,在明人説部中要爲切實;又稱頗詆宋儒,其偏駁處尚不至如李贄,而博識可比楊慎。

此本據上海圖書館藏清初刻本影印。(司馬朝軍)

樗齋漫録十二卷　(明)許自昌撰(第1133册)

許自昌(1578—1623),字玄祐,號霖寰,自稱高陽生,別署梅花墅、梅花主人、卧云居士、樗道人等,長洲甫里(今江蘇蘇州)人。父朝相,以經商成巨富,樂善好施,捐數千金建學宮。自昌少讀書，即好漁獵傳記、兩漢、四唐之業，不屑爲經生言。二十歲遊學南京國子監，四試不售。三十歲，入貲爲文華殿中書舍人，次年，即以侍親告歸，築梅花墅，聚書連屋。四十六歲，生母陸氏卒，自昌以哀毁卒。自昌博學嗜交，所遊如王稚登、屠隆、陳繼儒、董其昌、鍾惺、李流芳、曹學佺等俱一時之選。誥歸後按拍度曲、校刻書籍，所撰戲曲作品有《水滸傳》等九部，校勘《分類補注李太白詩》、《太平廣記》十餘種等，自撰《樗齋詩草》、《卧云稿》等十一部詩文集、雜著。生平事迹見董其昌《容臺集》卷八《中書舍人許玄祐墓志銘》、《（康熙）蘇州府志》卷六七等。

是書內容龐雜，雜記見聞，或摘録他書文字而加點評發揮。其對當時之士人風氣多有反映，如曰："近來一種講學者，高談玄論，究其歸宿，茫無據依，大都臆度之路熟，實地之理疏，只于知崇上尋求，而不知從禮卑處體究，徒令人凌躐高遠，長浮虛之習，是所謂履平地而説相輪，處井幹而談海若者也。"又曰："今之學士大夫未嘗不讀《孝經》、《論語》也，而乃嘲貨咏略，污自己之行止，不忠不孝，敗國亡家。"自昌爲文章裏手，是書之詩文評點諸條亦有可觀，如論宋大家文曰："歐陽文紆徐曲折，偃仰可觀，最耐咀嚼。荆公文亦高古，意見超卓，所乏者雍容整暇氣象爾。曾子固文敦厚凝重，如秦碑漢鼎。老蘇一擊一刺，皆有法度。東坡胡擊亂刺，自不出乎法度。"論樂府作法曰："喬孟符吉博學多能，以樂府稱，嘗云作樂府亦有法，曰'鳳頭'、'猪肚'、'豹尾'六字是也。大概起要美麗，中要浩蕩，結要響亮，尤貴在首尾貫穿，意思清新。苟能若是，斯可以言樂府矣。"他如所記《水滸傳》流變、刊刻及李贄評點情況等，則爲珍貴之小説史料。

此本據明萬曆刻本影印。書中有大量眉批文字，書末有光緒十六年（1890）無名氏識語。（司馬朝軍）

菜根譚前集一卷後集一卷　（明）洪自誠撰（第 1133 册）

洪自誠，名應明，字自誠，號還初道人，明萬曆間人。更著有《仙佛奇蹤》等。

書名"菜根譚"，或以爲典出"性定菜根香"，所謂"夫菜根，棄物也，而其香非性定者莫知"；或以爲化自宋儒汪信民之語："人能咬得菜根，則百事可做。"洪氏友人于孔兼"題詞"則稱："譚以菜根名，固自清苦歷練中來，亦自栽培灌溉裏得，其顛頓風波、備嘗險阻可想矣。"蓋書名藴涵洪氏對人情世味之體認。

是書分前、後二集，前集二百餘則，後集一百餘則，多爲清言體小品文。大旨欲集儒、釋、道之精華而冶於一爐。書前于孔兼題詞稱其"譚性命，直入玄微；道人情，曲盡巖險；俯仰天地，見胸次之夷猶；塵芥功名，知識趣之高遠"。

此本據上海圖書館藏明刻本影印。另有清刻本諸種，一卷，分爲修省、應酬、評議、閒適、概論五類，文字與此本略有不同。（司馬朝軍）

幾亭外書九卷　（明）陳龍正撰（第 1133 册）

明陳龍正（1585—1645），字惕龍，號幾亭，嘉善（今浙江嘉善）人。崇禎七年（1634）進士，授中書舍人，左遷南京國子監丞，福王召爲禮部祠祭司員外郎。南京爲清軍攻陷後，絶粒而死。師事高攀龍，其學以萬物一體爲宗，尤留心於經世致用之學。更著有《幾亭文録》、《幾亭再集》、《救荒策會》等，後編所著爲《幾亭全書》。生平事迹見《明史》本傳、陳揆《陳祠部公家傳》及萬斯同《陳幾亭先生傳》。

是書前有陳氏崇禎四年自序，其書蓋成於此時。全書九卷，所論大體醇正，極力守護儒學正統。卷一、卷二曰《隨處學問》，多爲論學之語，陳氏之理學思想於此可見大概。卷三曰《家載》，乃載其一家之事，多與實務相關者,如"父兄實録"所記乃從政事迹。卷四曰《鄉邦利弊考》,專論地方經濟政務等,於晚明江南社會研究尤有資料價值。卷五曰《保生帖》,陳氏子揆卧病期間,遠近醫者至,各有所長,陳氏細簡方書,爲之參訂,竟得以愈;此卷乃陳氏記其立論之微、診脈之精、方法之巧者及所帖養生防疾諸説、藥性食味諸條。卷六曰《易占驗》,陳氏認爲,占乃《易》之一道,故緝其顯而微者會於篇,弁以古事,附以己見,使習者得有徵焉。卷七曰《舉業素語》,陳氏自稱其於舉業專且久,覺竿尺無窮,真與道通;故録其課子之文,内容凡四:曰用功,曰爲文,曰遇合,曰觀文。卷八曰《方技偶及》,陳氏認爲,以方技爲主則無道,以道爲主則亦無方技,此卷所載大抵責斥方技家悖妄怪誕之説,而律以道理。卷九曰《緒緒》,内容大體同《隨處學問》,亦爲論道之語,陳氏自釋云:"緒者耶,言道之緒也。稍緩者,緒之緒也。"

此本據北京大學圖書館藏明崇禎刻本影印。(司馬朝軍)

客問篇一卷　(明)吳易撰(第1133册)

吳易(1612—1646),字日生,號惕齋、朔清,吳江(今屬江蘇蘇州)人。崇禎十六年(1643)進士。清兵攻陷吳江後,起兵抗清,與孫兆奎等結成義軍"孫吳軍"。清順治三年(1646)被戮於杭州,年三十五。生平事迹見《明季南略》卷九、《明四朝成仁録》卷六。

吳氏雖進士出身,然好言王略,尤長於兵計。是書總略時事,根本國謨,成於明末危亡之際,取客問主答體。共十三篇,内容不出强兵之計,救時之策,如《大勢第一》、《經費第二》、《屯墾第三》等。書前有李建泰崇禎十五年及吳應箕序;書末有吳氏後序,以四言韻語總述全書内容。

是書曾經刊刻,然遭亂毁廢,後經署名木崔者抄録,得以流傳。書後有木崔跋語,言其於

中表兄龐鳳翥處知吳氏之爲人,得此書遂繕録以藏諸家塾。

此本據上海圖書館藏清鈔本影印。此藏本前有清徐大橋及柳亞子民國九年(1920)識語,後有陳去病二跋。(司馬朝軍)

三戌叢譚十三卷　(明)茅元儀撰(第1133册)

茅元儀生平見前《武備志》提要。

茅氏先後三次被貶至閩,第一次遭貶時有《戌樓閒話》,第二次有《西峰淡話》。是書作於崇禎十年(1637)因請"勤王"而第三次遭貶時,故名"三戌"。書前有茅氏崇禎十年自序,云:"筆劄所記,前以爲'閒話'者,繼自知其淡,今更覺其叢也。"又云:"夫得志則行其道,不得志則托於言,言且不敢,而爲閒,爲淡,爲叢。"

是書多論史事及見聞,以泄憂憤、譏時政。如卷一首則泛論歷代兵制,結尾則言:"愚自己巳即建議以募調之兵,皆責餉於本道,而司農止加給鹽菜,略用唐法。梁大司馬廷棟用其意以留各鎮援兵,卒賴以濟。今歲并加給者,亦以不能給,而盡罷之。我不知其所終也。"諸如此類,書中多見。所記見聞,亦多關時事。如卷二詳述茅氏領龍舞營遇兵嘩之始末:"余爲大司馬梁廷棟所忌,嗾其軍嘩。亦止十九人,餘則與力鬥。監司王楫誣以'下怨其嚴刻矣',廷棟述楫塘報上聞,又改'嚴刻'爲'貪横'。而所發邸抄則仍用原文,一大異矣。又益以風聞斂運卒一事,遂致讞訊。"

是書鮮見著録,殆世所罕覯。茅氏著作因頗涉干礙,多遭清廷禁毁,此或爲是書流傳不廣之原因。清楊鳳苞《秋室集》卷一有《三戌叢譚跋》,稱明之末造,禦邊平賊,未嘗無才,姦人惎之,率不竟其用,國乃滅亡云云。

此本據國家圖書館藏明崇禎刻本影印。(司馬朝軍)

野航史話四卷　（明）茅元儀撰（第 1133 冊）

茅元儀生平見前《武備志》提要。

據書前自序，知是書作於崇禎七年（1634）夏第二次戍闔途中。侍者叩其史事，欣然爲答。雖抽殘帙，無復條理，興寄所及，亦無義例，然每一論過，亦自快然，如吐喉骨。隨行之兩豎隨卽記録，因成是書。

是書乃雜記體，專論史事，上及《春秋》，下涉時政，且加議論，識見不失通達，頗多可取。如曰：“王安石經學，敗於楊時，而成於王居正。時嘗出所著《三經義辨》以示，謂曰：‘吾擧其端，子成吾志。’居正感勵，首尾十載，爲《書辨學》十三卷、《詩辨學》三十卷、《周禮辨學》五卷、《辨學外集》一卷。居正書既進，楊時《三經義辨》亦列秘閣，二書行，天下遂不復言王氏學。今王氏書與駁正王氏書俱不流傳，亦千古一恨也。”又如：“凡用人者，務得其意。得其意之道，在不拘常格。拘常格，鮮有能用人者矣。”

此本據國家圖書館藏明末刻本影印。（司馬朝軍）

暇老齋雜記三十二卷　（明）茅元儀撰（第 1133 冊）

茅元儀生平見前《武備志》提要。

是書成於崇禎元年（1628），其時茅氏待罪思過，因名齋爲“暇老”，卽以其時所記者，名曰“雜記”。

全書三十二卷，所論多爲唐、宋、元及有明之人事，大凡制度沿革、詩文評點、文人趣事、時事政治等，無所不包。於典章制度之因仍，尤多注意。如云：“宋時有官專領烟火、盜賊。烟火卽今火燭之説，今衛中止言捕賊，不及火耳，然職仍如故也。”茅氏長於持論，是書雖爲“雜記”，然議論頗多精彩者，如論盛衰之理曰：“易盛則易衰，極盛則極衰，地固有之，況於家國乎？”論學校分科曰：“胡瑗蘇湖之教甲於古者，只以刑政實學分科而訓。

蓋涵養漸摹，雖士人一生本業，然在學較政宜分科而治，乃得實際。此問禮問官之遺意，亦今士業一經之本指也。”

是書歷代書目未見著録，唯清萬斯同撰《明史》卷一三五有載。《清代禁毀書目四種》有茅氏《暇老齋筆記》、《暇老齋筆意》二種，是否爲此書或此書之一部分，未可知也。

此本據國家圖書館藏清光緒李文田家鈔本影印。另有明崇禎間刻本，六卷。（司馬朝軍）

吹景集十四卷　（明）董斯張撰（第 1134 冊）

董斯張（1587—1628），原名嗣章，字然明，號遐周，烏程（今浙江吳興）人。少負雋才，爲同里吳允兆所許。長與吳門王亦房賡唱。體弱多病，自稱瘦居士，年過四十而卒。更著有《廣博物志》、《静嘯齋存草》、《吳興備志》等。生平事迹見錢謙益《列朝詩集》丁集卷一六、董樵、董耒《遐周先生言行略》。

書前有崇禎二年（1629）王德元、凌義渠及韓昌箕三序。韓序釋是書之名云：“惟此貞觀，足垂端鑒，不藉猛力，直下吻吹。則吾亡友董遐周氏，謂上溯千古，厥有六經；下迄九流，延該百氏。此宇宙間最大景。”

全書十四卷，有細目，卷一爲《朝玄閣雜語》短章札記四十則及《静嘯齋噉》禪悦緒言三十二則，卷二以下多考證之語，亦有箋注詩文者多條。韓昌箕序稱之曰：“見徹書契已前，勇鍥金石之固。箋駁所至，博極緗函；音叶所該，韻窮瑻律。”可見是書大概。其“古詩多訛字”條能於精微處辨之，“《春秋》闡華夷氣運”條能於大旨處辨之，“《列子》中雜贋書”條云其竄《南華》語者十之三。諸如此類，多資參考。然亦有考證舛誤者，周嬰《巵林》已有指摘。周中孚《鄭堂讀書記》卷五五對是書頗多稱許，謂不可與同時之茅元儀諸書一概以糠秕視之。

此本據山東省圖書館藏明崇禎二年韓昌箕刻本影印。（司馬朝軍）

谷簾先生遺書八卷 （明）黃淵耀撰（第1134 冊）

黃淵耀（1624—1645），字偉恭，嘉定（今屬上海）人。諸生。清軍攻破嘉定城，與兄淳耀自縊於城西僧舍，年僅二十餘。生平事迹見侯開國《文學黃先生傳》。

是書乃秦立與參氏編次，書前有秦氏雍正五年（1727）序，稱其雍正四年（1726）於書肆殘帙中得淵耀《存誠録》及後附《自怡草》數紙；友人吳雪臣又於里中唐氏得淵耀手録之《鶴鳴集》、《拈花録》、《玉版録》，因編次爲八卷。

卷一至卷三爲《存誠録》，卷四爲《自怡草》，卷五、卷六爲《鶴鳴集》，卷七爲《拈花録》，卷八爲《玉版録》。除《玉版録》外，各種之前均有淵耀小引，述其著述之緣起；卷一《存誠録》前有淵耀兄淳耀原序，卷五《鶴鳴集》前有署名純陽道人者之序。秦立與參氏又作《編輯緒言》列於全書之前，道其編次之旨及是書之大概。書前復附侯開國《文學黃先生傳》及淵耀像贊。

崇禎十五年（1642）淳耀與同志諸子爲“直言社”，凡十四人，淵耀預焉。“直言社”每月一叙，叙則各出日記相質。是書之《存誠録》即淵耀輯日記粹言質於同社諸友者，取《易》“閑邪存誠”之義，故名“存誠録”。内容乃平日讀書窮理，深造自得，及父兄師友互相砥礪之言。《自怡草》爲古今體詩，乃治經餘暇，閒事吟詠，爲其兄及同社諸君子所許可，因録而存之。《鶴鳴集》、《拈花録》、《玉版録》皆淵耀所録“直言社”諸師友之言談。《鶴鳴集》輯有關《六經》及諸子百家之説，《拈花録》輯有關釋氏之説，《玉版録》輯有關道家之説。

此本據中國科學院圖書館藏清雍正刻本影印。（司馬朝軍）

政餘筆録四卷 （清）蔣鳴玉撰（第1134 冊）

蔣鳴玉（1600—1654），字楚珍，號中完，金壇（今江蘇金壇）人。崇禎十年（1637）進士，官台州府推官，入清爲山東按察司僉事。爲學不主一家，自經史外，諸子百家、神仙浮屠之書，無不博覽强記。更著有《五經圭約》。事迹見汪琬所撰神道碑。

書前有順治二年（1645）劉顯績序及順治元年蔣氏自序，書後有順治二年王之晉跋。全書四卷，皆爲蔣氏從政之餘暇所録心得，大抵關乎修齊治平。書中頗有嘉言，如曰：“凡事皆須識大體，如國體、政體、文體皆須務其大者。”“讀書自無百般病痛，所以説義理養心。”“雜書不可不看，微言妙理別有所觸，不獨應事無方，見開廣博。”蔣氏究心理學，所論猶不失爲平正。

此本據清華大學圖書館藏清順治刻本影印。（司馬朝軍）

因樹屋書影十卷 （清）周亮工撰（第1134 冊）

周亮工生平見前《讀畫録》提要。

是書卷首有康熙六年（1667）杜濬、徐芳、姜承烈、高阜、黃虞稷等人之序，書後有張遂辰、鄧漢儀、周銘跋。順治十七年（1660）周氏官户部侍郎緣事逮繫，於囹圄中追憶平生所學、所見、所聞，因成是書。因獄中無書可供檢閲，故取“老人讀書祇存影子”之語，而以“書影”爲名。

全書十卷，内容廣泛，凡典章制度、藝壇掌故、名人傳記、文人軼事、史事考訂、文學評論等無不涉及。周氏或自爲辨論，或引成説而加以折衷，雖間傷瑣屑，而遺聞佚事，多有他書所不見。是書原入《四庫全書》，後遭撤毁，然四庫館臣曾對其讚許有加，稱其議論平允，遺文舊事，頗足爲文獻之徵，於説部之中猶爲瑕不掩瑜者。周中孚《鄭堂讀書記》卷五七更譽其網羅甚博，採擇甚精，文筆甚高古。然因成於獄中，無書可檢，皆隨筆而録，故偶有考證未能精核、傳聞不得其實者。

此本據北京大學圖書館藏清康熙六年刻本

影印。(司馬朝軍)

東西均一卷 　(清)方以智撰(第1134冊)

方以智生平見前《藥地炮莊》提要。

是書成於清順治九年(1652)前後,爲方氏重要學術著作。書首有《東西均開章》,爲全書導論,大旨主"全均"之説;又有《東西均記》,似自序,述成書旨趣。書名之"東西"或指萬事萬物;"均"本爲"造瓦之具,旋轉者也",方氏云"均備五行而中五音,所旋所和,皆非言可傳",此處蓋指旋轉、運行之意。

全書除《開章》及《記》外,分《擴信》、《三徵》、《盡心》等二十六篇,不分卷。是書融會三教,旁及諸子,立論精微,以禪激理學,以理學激禪,以老救釋,以釋救老。強調"盡天地古今皆二",把"相因者皆極"看作是"天地間之至理","兩間無不交,則無不二而一者";事物都是"兩端中貫"、"相反相因者,相勝而相成",對立面互相鬥爭又互相依賴。又提出"交、輪、幾":"交也者,合二而一也,輪也者,首尾相銜也。凡有動静往來,無不交輪,則真常貫合於幾可征矣。"又創立"圓∴(讀伊)"理論,大旨謂上一點爲無對待,不落四句之太極,下二點爲相對待,交輪太極之兩儀,上一點實貫二者而如環。在"天地","陰陽"、"有無"、"善無"等對立面之上有一個"無對待","無對待在對待中",即"真天"、"真陽"、"太無"、"至善",亦即"公心"。

此本據安徽博物館藏清初鈔本影印。(司馬朝軍)

寒夜録二卷 　(清)陳弘緒撰(第1134冊)

陳弘緒(1597—1665),字士業,號石莊,新建(今江西新建)人。明末以薦授晉州知州。早年入復社,入清不仕,輯《宋遺民録》以見志。更著有《陳士業先生集》等。生平事迹見《清史稿·文苑傳》、《清史列傳》卷七〇。

是書乃隨筆劄記,分上下兩卷,不分門類,不立篇目。或引前人所論,評賞得失;或自抒意見,發爲新論。言簡意精,多有可取。又多涉藝文,頗解文事。如曰:"凡著書立言,而計較於傳與不傳者,政與患得患失之心無異。古之作者不得已而有言,要以暢其胸之所存耳。若必擬議何等乃傳,便已增却無限躲避,無限逢迎,未見伸紙舐毫之爲樂也。""文愈短愈要曲折,所謂畫一尺樹不可令有一寸之直也。敖子發古文短篇,最宜涵泳。""篇法有預先提出而精神踴躍者,有數轉仍藏而氣勢曲折盡妙者,有實事從虚境出者,有閃躲於此而點現於彼者。"書中間及時事,然多不切實際。羅繼祖以爲其商榷經史,激揚詞章,則中無所守,不免支絀,而論事理尤無識見,并非苛論。

此本據北京大學圖書館藏清鈔本影印。(司馬朝軍)

棗林雜俎六卷 　(清)談遷撰(第1134—1135冊)

談遷(1594—1657或1658),原名以訓,字孺木,號射父,明亡後改名遷,一字仲木,號觀若,海寧棗林人。晚明諸生。更著有《國榷》、《北游録》等。生平事迹見《清史稿·遺逸傳》、《碑傳集》卷一二三。

是書分智、仁、聖、義、中、和六集,一集爲一卷,分類記載,凡十八門,曰逸典,曰科牘,曰先正流聞,曰藝簀,曰彤管,曰技餘,曰土司,曰空玄,曰烱鑒,曰緯候,曰名勝,曰營建,曰器用,曰榮植,曰賾動,曰幽冥,曰妖異,曰叢贅。其中土司一門有目無文,故實爲十七門,凡一千四百餘條。《逸典》占兩集,《科牘》、《先正流聞》及《叢贅》篇幅亦夥,内容多涉明末清初歷史,爲全書之精華,有可補正史所闕者。其餘各門均採自志乘、文集,涉及明代各地民俗、物産、宗教、典籍、學術等。

朱彝尊《曝書亭集》卷四四《南京太常寺志跋》稱談遷館於膠州高弘圖邸舍,借册府書縱觀,因成《國榷》一書,掇其遺爲《棗林雜俎》。是書前有崇禎甲申（1644）高弘圖序，序後有談氏自題：“舊稿二帙，高相國序。後歲有增定。”知是書成於崇禎末年，此後作者繼有增訂。書前又有談氏《題棗林雜俎》，云宋靖康之難時其先人自汴徙杭，南宋末年又避兵徙棗林，至其世，又值明亡之亂，不知何所避，庶以棗林老耳，書從地，不忘本也。

然書中亦有記載失實者，與《明史》等典籍相參讀，可明其誤。周中孚《鄭堂讀書記》卷五七稱其所記佚事頗多瑣碎而無端緒，其詞又復枝蔓，而是非或頗謬於正史。《四庫全書總目》入雜家類存目，稱其語多支蔓。書中又有唐李元壙、天啟二年諸等相關記述，於清廷頗有干礙，故遭抽毀。

此本據上海圖書館藏清鈔本影印。另有清述鄭齋、德化李氏木犀軒鈔本等，似均祖於上海圖書館所藏清鈔本。（司馬朝軍）

棗林外索三卷　（清）談遷撰（第 1135 冊）

談遷生平見前《棗林雜俎》提要。

順治十年（1653），談氏隨朱之錫北游，是書編成於其客居京師之時。書前有談氏順治十一年自序，稱其性好涉獵，雖家無藏簡，時閱於市，或乞覽。其犖然當於心者，嘗寸紙録之，投空函中，積若干紙，終成是書。《易》有云“探賾索隱”，司馬貞有《史記索引》。談氏云其書限於管蠡之內，一窺一測，於四庫五車尚未染指，祇可自怡，故曰“外索”。書名之“棗林”，取意同於《棗林雜俎》。

是書三卷，各有條目，乃談氏讀書瑣録，大致按條目之時間先後編排。上起先秦典籍，下迄時人筆乘，凡談氏所寓目者，均據己之理解有所摘録，或注出處，或不注。所摘多為有關歷史掌故、人物事迹者，短者十餘字，長者數百字，形式不拘。葉昌熾《緣督廬日記鈔》卷二於是書極力貶之，謂其乃一無所用之書，未免過於苛責。

此本據上海圖書館藏清鈔本影印。該藏本行間有批校文字。（司馬朝軍）

雕丘雜録十八卷　（清）梁清遠撰（第 1135 冊）

梁清遠（1606—1683），字邇之，號葵石，真定（今河北正定）人。順治三年（1646）進士，官至吏部侍郎，事左遥通政使，後請養歸。更著有《祓園集》。生平事迹見《廣清碑傳集》卷二。

是書前有高珩序及吳儀一康熙二十一年（1682）序，後有其子允桓康熙二十一年及其弟清標康熙十七年跋。吳序云“雕丘”乃清遠之別業，因以此為名。允桓跋稱，清遠康熙十二年令其手録副墨，至次年季夏終成此帙，康熙二十年始付梓。

是書十八卷，每卷又立卷名，如卷一為《眠雲閑録》，卷二為《藤亭漫抄》，卷三為《情話記》等。內容多為明末雜事及其鄉之逸聞，其所論則頗關勸誡。清標跋稱，是書上而朝常國典以及郊廟禮樂之因革，下而人情土俗以及草木蟲魚之變化，靡不網羅粲列。又云其微言讜議，兼寓《春秋》予奪之旨。《四庫全書總目》卷一二八著録是書，云清遠蓋沿襲明末禪學、玄學之餘風，書中於此有所體現；又稱其有關考證者，多不甚留意，致有顛舛。

此本據中國科學院圖書館藏清康熙二十一年梁允桓刻本影印。（司馬朝軍）

讀書雜述十卷　（清）李鎧撰（第 1135 冊）

李鎧（1638—1707），字公凱，號艮齋、惺庵，山陽（今江蘇山陽）人。順治十八年（1661）進士，康熙十八年（1679）由博學鴻詞入翰林院，授編修，充《明史》纂修官，官至內閣學士兼禮部侍郎。更著有《恪素堂集》。生平事迹見王士禎《李閣學傳》。

是書前有門人汪灝康熙三十八年序及任棟序，又録王士禎《李閣學傳》於書前。書後有其侄孫景賢康熙四十年跋，跋稱鎧官京師最久,不逐聲華,不希寵利,讀書有所得,輒筆於紙。惜年久傳觀,遺編散失,論斷五經、全史,止存其半。景賢乃校繹三閱月,依文測義,釐爲十卷。

此書十卷,分讀書、實學、貞遇、言行、處世、知人、家訓、官箴、讀經、讀史十目,各別爲一卷。《學案小識》卷六稱李氏重彝倫,砥節行,安常守約,堅確不移,日用起居,有裨名教。書中多持身勵世之言,如曰:"讀書不識人倫道理,雖破萬卷,奚益?""志高明而後所就者大,心靜虛而後所入者深。""志向不堅,心地不净,皆不可以學道。"諸如此類,皆持論正大,可爲法戒。

此本據清康熙四十年恪素堂刻本影印。（司馬朝軍）

夜航船二十卷 　（清）張岱撰（第1135冊）

張岱(1597—?),卒年諸説不一,有1684年説,1689年説。初字宗子,後字石公、天孫,號陶庵、蝶庵、古劍老人、六休居士,山陰(今浙江紹興)人。明亡後披髮入山,安貧著書。更著有《陶庵夢憶》、《西湖夢尋》、《琅嬛文集》等。生平事迹見《南疆逸史》卷四三等。

書前有張氏自序,云天下學問惟夜航船中最難對付,蓋村夫俗子其學問皆預先備辦,人名、官爵等枚舉之未嘗少錯,然無益於文理考校。又稱其所記載皆眼前極膚淺之事。由此可知書名之意。

是書二十卷,每卷爲一類,依次爲天文、地理、人物、考古、倫類、選舉、政事、文學、禮樂、兵刑、日用、寶玩、容貌、九流、外國、植物、四靈、荒唐、物理、方術。二十大類復分一百二十五小類,凡四千餘條目。此書實為類書,後人多以隨筆小品視之。所記多關當時之世用,文筆頗詼諧。亦有可資參考者,如《心史》條曰:"鄭所南作《心史》,醜元思宋,以鐵函重匱沉之古吳智井,至明朝崇禎戊寅,凡三百五十六年,而此書始出。"

此本據寧波天一閣藏清鈔本影印。（司馬朝軍）

山志六卷 　（清）王弘撰撰（第1136冊）

王弘撰(1622—1702),字文修,一字無異,號太華山史,又署鹿馬山人,晚號山翁,又曰麗農老人、天山丈人,華陰(今屬陝西)人。入清,隱居華山,築"讀易廬",潛心治學,又好金石,擅長書法。康熙十七年(1678)被薦博學鴻詞科,雖勉强赴京,終以疾病堅辭。更著有《周易筮述》、《正學隅見述》等。生平事迹見《清史稿》、王士禛所撰墓志銘。

是編六卷,乃王氏筆記之文。書前有余懷序,稱是書大而理學文章,細而音韻書畫,無不稽察典核,辨證精詳。卷一下有弘撰自識,稱雅俗并收,久而成帙,題曰《山志》。全書議論較多,涉及史評、治學等諸多方面;亦頗及見聞雜事,所記金石、書畫等內容尤可資參考。"明善"條曰:"年逾四十,始知爲學,見聖賢言語實際,要以明善爲宗。""朱子讀二氏書"條曰:"朱子讀釋氏書,作詩有身心晏如之嘆,而尤時時有取於道家之言。""其學通徹上下,包括巨細,如海涵地負,無所不有,故於二氏之言不盡棄絶,而要其所守一歸於正。學者必如朱子之守,方可以讀二氏之書。""順逆虛實"條曰:"凡爲學之道,皆逆功也。逆以用之,順以成之,自然之道也。""天下之道,順逆虛實而已。不逆,則其順無成也。"此講學諸條,誠如《四庫全書總目》卷一二九所稱,皆醇正平允。

此本據復旦大學圖書館藏清康熙間刻本影印。（司馬朝軍）

蒿庵閑話二卷 　（清）張爾岐撰（第1136冊）

張爾岐生平見前《風角書》提要。

是書乃張氏劄記之文,凡二百九十六條。卷首有康熙九年(1670)張氏自題,云每於義理節目外爲説家所略者,偶有弋獲,隨札記之,積二十年巾笥漸滿,隨編録成袟。又云書中内容於經學無關大義,於世務亦不切得失,故命之曰"閒話"。

張氏恪守程朱之學,所論不失敦厚之旨。周中孚《鄭堂讀書記補逸》卷二六稱是書所劄記多精義,爲前賢所未發;間有寥寥數語及瑣細率略處,持論叙事,皆頗精切。然書中偏頗之處亦不能免,如將明代文章之猥雜及甲申之變歸因於士人不宗程朱而崇良知之說。又如論"《易》一名而含三義"亦有不妥,已爲錢鍾書《管錐編》所駁正。

此本據國家圖書館藏清康熙間徐氏真合齋磁版印本影印。此藏本書前有王獻唐民國二十一年(1932)題識一篇、民國二十二年題識兩則,云其先有是書上卷,後友人訪得下卷以贈。另有清乾隆三十二年(1767)李文藻家鈔本、清嘉慶二十一年(1816)蔣國培刻本。(司馬朝軍)

尚論持平二卷析疑待正二卷事文標異一卷
(清) 陸次雲撰 (第 1136 冊)

陸次雲,字雲士,號北墅,錢塘(今浙江杭州)人。康熙初拔貢生,官江陰縣知縣。更著有《湖壖雜記》、《八紘譯史》、《八紘荒史》等。生平事迹見《清史列傳》卷七〇。

是編三書,共五卷,全編卷次相連,卷一、二爲《尚論持平》二卷,卷三、四爲《析疑待正》二卷,卷五爲《事文標異》一卷。《四庫全書總目》卷一二九稱"三書皆辨證經史疑義,體例相同,特隨得一二卷即以付梓,遂各立名目,實則一書而再續耳"。阮元《文選樓藏書記》卷五稱其發揮義理者爲《尚論持平》,辨証疑義者《析疑待正》,注解新奇者《事文標異》。

其論《金縢》之書未敢信其盡出周公之言,又以情理、稱謂而辨之。又謂《論語》爲孔子之史,中多《春秋》之書法,或出自夫子,或爲門人所書,皆有褒貶存其間,與《春秋》相表

裏。"封建"條謂封建不可以行於後世,迂儒以爲不復封建所致,豈足與之論變通。"四皓"條稱古今真僞之辨,辨之於其人,不若辨之於其事之可信。如此之論皆足以開拓心胸。四庫館臣稱其書多捃拾瑣說,而參以臆斷,殊穿鑿無理,持論未免稍苛。

此本據中國科學院圖書館藏清刻《芙蓉城四種書》本影印。(司馬朝軍)

艮齋雜説十卷 (清) 尤侗撰 (第 1136 冊)

尤侗(1618—1704),字同人,一字展成,號悔庵,又號艮齋、西堂老人等,長洲(今屬江蘇蘇州)人。明末諸生。順治九年(1652)由拔貢生任永平府推官,康熙十八年(1679)召試博學鴻詞,授翰林院檢討,官至侍講。更著有《西堂詩集》、《西堂雜俎》等。生平事迹見《清史稿》、《清史列傳》卷七一及自編《悔庵年譜》。

是書爲尤侗晚年居家所撰論學雜著。前有康熙二十九年尤氏自序,稱歸田數載,偶憶生平載籍所傳,賓客所話,參以臆見,隨筆著録。卷一至卷六爲《雜説》,卷七至卷十爲《續説》。尤氏論學大旨在主敬,書中云:"主敬二字,先聖未道,宋儒特爲拈出,此千古心法也。堯曰欽,舜曰恭,皆敬也。"又倡"隨境安心說",但反對調和儒、釋。書中論"《老》、《易》之合"、論假道學真鄉願等,議論不俗,頗有可取,至於論李卓吾爲天下之怪物,未免太過。

尤氏自序稱其書大抵雅俗間出,褒貶不倫,洸洋悠謬。書中所記確有近俗者,如記鄭成功之"真賊眼",記陳眉公之"眉公馬桶",記錢謙益、柳如是之"錢柳戲言"。陳康祺《郎潛紀聞》卷一〇稱其書塵俗蕪陋,嘗逐條細評,可議者幾什八九云云,不免貶之過甚。

此本據復旦大學圖書館藏康熙二十九年《西堂全書》本影印。(司馬朝軍)

此木軒雜著八卷　（清）焦袁熹撰（第 1136 冊）

焦袁熹（1661—1736），字廣期，號南浦，金山（今屬上海）人。康熙三十五年（1696）舉人。選任山陽縣教諭，未赴。擅長制藝。更著有《此木軒詩集》、《此木軒文集》、《此木軒直寄詞》等。生平事迹見《清史列傳》卷六七及焦以敬、焦以恕合編《焦南浦先生年譜》。

是書八卷，三百六十餘條，每條各爲標目。書前有嘉慶九年（1804）王寶序叙，稱論者謂先生制藝有不可名言之妙，爲吾郡本朝之第一人；而此書爲學問之散見、文章之餘波。此書非考證之作，乃其史論之餘，取古人事迹加以評騭，純抒議論。如“封建”條曰：“秦并六王，廢封建爲郡縣，天下一君，其後因革不常，而三代之制卒不可復。不知封建雖廢，而郡國之間，所以君其土，臣其人者，由漢已下閱千餘年，所謂封建之意未嘗不存也。”“直至宋有天下，然後此意乃無復存耳。”“學”條曰：“學始於有所見，終於忘所見。有所見者，始得之之謂也。忘所見者，得之深不自知得之之謂也。”如此之類，平允中理者頗多。

此本據清嘉慶九年刻本影印。（司馬朝軍）

妙貫堂餘譚六卷　（清）裘君弘撰（第 1136 冊）

裘君弘（1670—1740），字任遠，新建（今屬江西南昌）人。君弼弟。康熙三十五年（1696）舉人，補教習。主講白鹿洞書院。更著有《敬止録》、《西江詩話》。生平事迹見《（康熙）江西通志》卷五六。

是書前有君弘小引，稱其書有談史者，有談經者，有談詩文者，有談風月者，有談里巷瑣屑，間附己見，或加評騭。全書凡分五類，一曰譚史；二曰譚學，譚經附焉；三曰譚詩文；四曰清譚；五曰雜譚。多記舊聞，隨事論斷，或意所未盡，則本條之下更綴餘論以申之。《四庫全書總目》卷一二九入雜家類存目，稱記其鄉人之事爲多。此書不以考據見長，故

不爲四庫館臣所喜，但其議論頗爲純正。如卷一“貪甚於酷”曰：“古今治平之有待，皆由貪墨之未除。黄海岸先生嘗曰：‘貪吏之害，比酷吏尤甚。’”卷二“文人宜敦厚道”曰：“文人最宜敦厚道，不可有忌嫉念頭，或肆意傲物，亦足損人器識。”卷三“文忌枯淡”曰：“文字最忌枯淡，非真正峻潔陡健，簡之一字未易言也。”如此餘譚，多爲見道之論。

此本據清康熙刻本影印。（司馬朝軍）

在園雜志四卷　（清）劉廷璣撰（第 1137 冊）

劉廷璣（1653—1716），字玉衡，號在園，又號葛莊，遼陽（今遼寧遼陽）人。隸漢軍鑲紅旗。康熙年間由廕生官至江西按察使，後降補分巡淮徐道。更著有《葛莊分體詩鈔》、《葛莊編年詩》。生平事迹見《八旗通志》卷二三九。

是書四卷，前有劉氏康熙五十四年（1715）序，稱居官閒暇之時，與賓友清談，偶有記憶，輒書一紙，積久成帙，以成是書。書前又有孔尚任康熙五十四年序，稱是書或紀官制，或載人物，或訓雅釋疑，或考古博物，即《夷堅》、《諾皋》幻誕詼諧之事，莫不遊衍。書中頗多涉及小説戲曲、清初官制等，此類條目很具資料價值。如論歷朝小説曰：“小説至今日濫觴極矣，幾於《六經》史函相垺，但鄙穢不堪寓目者居多。蓋小説之名雖同，而古今之别則相去天淵。自漢、魏、晉、唐、宋、元、明以來，不下數百家，皆文辭典雅，有紀其各代之帝略官制、朝政宫幃，上而天文，下而輿土，人物歲時，禽魚花卉，邊塞外國，釋道神鬼，仙妖怪異，或合或分，或詳或略，或列傳，或行紀，或舉大綱，或陳瑣細，或短章數語，或連篇成帙，用佐正史之未備，統曰歷朝小説。讀之可以索幽隱，考正誤，助詞藻之麗華，資談鋒之鋭利，更可以暢行文之奇正，而得叙事之法焉。”《四庫全書總目》卷一二九著録是書，稱其雜記見聞，亦間有考證。

此本據康熙五十四年刻本影印。（司馬朝軍）

南村隨筆六卷　（清）陸廷燦撰（第1137冊）

陸廷燦生平見前《藝菊志》提要。

是書六卷，各立條目，乃陸氏臥病家居時，錄平日見聞掌記而成。前有雍正十三年（1735）王澍及陸之序。王序云，陸氏少植經於王士禛、宋犖之門，學有淵源。是書於王、宋兩家説部採取尤多，其議論多本《池北偶談》、《筠廊隨筆》諸書，而略推擴之。書中徵引文獻甚多，如《夢溪筆談》、《方洲雜録》、《研北雜志》、《嚴棲幽事》、《册府元龜》等。其所記甚瑣碎，陸氏自序稱或可助我身儀，或可佐人政事，或有關典故，或偶涉新奇，以及考明物理，辨正異同者，輒隨筆掌記。如記泉品云：“山頂泉輕而清，山下泉清而重，石中泉清而甘，沙中泉清而冽，土中泉清而厚。流動者良於安静，負陰者勝於向陽。山削者泉寡，山秀者有神。真源無味，真水無香。”

《四庫全書總目》卷一二九稱其中如辨古人之登高不獨重九、開元寺紙簾勝於磁簾諸條，亦頗見新意；然考據時有未密。周中孚《鄭堂讀書記補逸》卷二六則稱其議論考證，頗多可取。

此本據復旦大學圖書館藏清雍正十三年陸氏壽椿堂刻本影印。（司馬朝軍）

蓉槎蠡説十二卷　（清）程哲撰（第1137冊）

程哲生平見前《窰器説》提要。

是書十二卷，前有王士禛康熙五十年（1711）序，云書以“蠡説”名之，若曰僅以蠡測海云爾。又稱是書抱博辨之才，具論斷之識，毋雷同，毋勦説，雖於朝章國故弗遑彈悉，至於前言往行，大可供畜德之助，細亦可佐多識之功。程氏爲王士禛弟子，然是書遠不及王氏之説部。《四庫全書總目》卷一二九稱其書雜掇瑣聞，不甚考證，大抵皆才士聰明語。周中孚《鄭堂讀書記補逸》卷二六亦稱

其議論雖多而考證獨少。今觀是書，不乏警策語。如曰：“權奸懼禍，百計求免，究竟何曾免，祇壞亂人家國耳。”

此本據清康熙五十年程氏七略書堂刻本影印。（司馬朝軍）

諤崖脞説五卷　（清）章楷撰（第1137冊）

章楷，字柱天，號諤崖，自號苧田氏，新城（今浙江富陽）人。雍正十一年（1733）進士，官青田縣教諭。晚年移居餘杭城東，後遷溪塘上，閉門謝客，以吟詠自娱。生平事迹見《（民國）杭州府志》卷一四五及是書卷一諸條。

是書五卷，内容分爲四，卷一爲《詩話》，多録同時諸人贈答詩篇，意在表微；卷二爲《昔遊》，述平生經歷山水佳勝；卷三爲《詫異》，記近世異聞，而間證以古事，聊供笑談，無關掌故；卷四、卷五爲《摭軼》，諸書記載非世所習見者節録大略，而以己見發明之，略仿史家長編、總論之意。書前有作者“例言”，記其編排之大概。

書前有章氏雍正十三年（1735）自序，云其食貧浪遊，性喜鉛槧，家居之日少，作客之日多，一瓻借讀，每有所得，輒默識於懷，以成是書。初以“噩挭脞説”名之，蓋義取《周禮·春官》之“噩夢”，以譬况半生之偃蹇侘傺，而假此荒寒瑣碎之筆墨，消遣破除，徐挭歲月云耳。姚聖湖謂其命名之指嫌於詭激，變其號曰“諤崖”，蓋勖之以謇諤之節而不奪其崖岸之風。書前另有萬綿乾隆三十六年（1771）序，稱：“爰集同志周君苢林、羅子耐齋、余叔近蓬分任校讎，共藏其事。”知是書刊刻於乾隆三十六年。

此本據復旦大學圖書館藏清乾隆三十六年浣雪堂刻本影印。此藏本於書眉處詳載章氏友諸錦、鍾衡、張灝、茅應奎、黄家相、高藹之評點。（司馬朝軍）

片刻餘閒集二卷 （清）劉埥撰（第 1137 册）

劉埥（1694—1768），字原圃，一字暢亭，新鄭（今河南新鄭）人。副榜。雍正五年（1727）署侯官縣知縣，六年署莆田縣知縣，七年署安溪、南平縣知縣，十年署崇安縣知縣，調任臺灣彰化縣知縣，八閩之地，遊歷殆遍。後又歷官直隸，任景州及遵化州知州。更著有《順寧雜著》。生平事迹見陳浩《生香書屋文集》卷四《雲南順寧府知府暢亭劉公墓志銘》。

劉埥於羽檄星馳公務旁午之中，就其耳目所見，撰爲此書，故題曰《片刻餘閒集》。書前有乾隆十九年（1755）彭樹葵序。

劉埥官閩臺既久，故閱歷之事頗多。當鄭成功與張煌言聯師北伐圍攻金陵，退師之後，清廷施行沿海遷界之令，劉埥之祖父某正宦遊鎮江，奉令辦理遷界之事。其後劉埥又任彰化令，故是書於鄭氏遺事與清初沿海遷界之情況及高山族風俗事迹記載較詳。書中詳記旅臺情形，可謂珍貴史料。書中又多記明末清初雜事遺聞，如節録《虎口餘生記》所述李自成事，録鄭氏歸降第一表、第二表，録評吳梅村《圓圓曲》、陸雲士《圓圓傳》、沈虬《圓圓偶記》等。尤可異者，此書記福建崇安之小種紅茶云：“山之第九曲盡處有星村鎮，爲行家萃聚所。外有本省邵武，江西廣信等處所產之茶，黑色紅湯，土名江西鳥，皆私售於星村各行。”紅茶起源之確實年代已不可考，《多能鄙事》曾提及“紅茶”之名稱，然語焉不詳。此處所載，頗可參考。

此本據清乾隆十九年刻本影印。（司馬朝軍）

書隱叢説十九卷 （清）袁棟撰（第 1137 册）

袁棟（1697—1761），字國柱，號漫恬，又號玉田，吳江（今屬江蘇蘇州）人。乾隆間監生。更著有《玉田樂府》等。生平事迹見《國朝耆獻類徵》卷四一九、沈德潛《袁棟墓志銘》。

是書十九卷，各立條目。書前有書前有乾

隆九年（1744）袁氏自序及蔡寅斗序，十三年沈德潛序、十四年陳祖范序、十六年阮學濬序。“書隱”者，乃袁氏所居住之樓名，亦以自號。沈序稱二十卷，實爲十九卷。

沈序稱袁氏以讀書爲業，坐鋤經樓中，風晨雨夕，凡所披覽，中有心得，偶開一疑，偶尋一間，輒反覆推詳，必窮源溯本，辨舛正譌，以歸於至當。其前人已言者汰之，其始以爲是而後以爲非者改之，隨時剳記，筆之於牘。故是書乃袁氏讀書筆録，周中孚《鄭堂讀書記》卷五七云：“其議論、考據、辨駁、援引，總期解世之惑，立意未嘗不善，然皆前人所已言，不過加以鈔撮而參以己見，非別有所心得。即間及當代見聞，亦皆他書所已具也。”袁氏自序言是編祖述洪邁《容齋隨筆》、顧炎武《日知録》，然誠如《四庫全書總目》卷一二九子部雜家類存目所評論“究非前人之比”。今觀是書，亦不乏自得之見，如“盈虛消息”條曰：“一部《易經》只是‘盈虛消息’四字。上而天地陰陽、四時日月，下而昆蟲草木、器用菽帛，以至人生之生老病死，世事之循環往復，其象莫不著於《易》，莫外乎盈虛消息之間。”“學問境遇”條曰：“人生學問，當存比上不足之念。”“人生境遇，當存比下有餘之念。”“寬静退遠”條曰：“人自處乎隘，我自處乎寬。人自處乎囂，我自處乎静。人自處乎進，我自處乎退。人自處乎近，我自處乎遠。寬謂器量，静謂心境。退謂作事，遠謂識見。知此者自高出於人一等。”

此本據上海圖書館藏清乾隆間刻本影印。（司馬朝軍）

瀟湘聽雨録八卷 （清）江昱撰（第 1138 册）

江昱（1706—1775），字賓谷，號松泉，甘泉（今江蘇儀徵）人。貢生，乾隆初舉博學宏詞，不就。通小學，嗜金石，工詩詞。更著有《尚書私學》、《松泉詩集》、《梅鶴詞》、《韻歧》等。生平事迹見《清史列傳》卷七一。

是書前有江氏乾隆二十八年（1763）自序，稱乾隆二十年其弟江恂官湖南常寧知縣時，江昱奉母就養，因擷見聞，考訂故實，著爲是編。大半與其弟所共對牀聽雨，因以名之。

是書頗重考證，涉及天文地理、金石文字、文人趣事等。其中如引《幽明録》證渣江爲查江；引《玉篇》、《北史》及歐陽詢書温彦博碑，證案牘以"準"作"准"，非宋時院吏避寇準名等，均言有根據，頗資考證，《四庫全書總目》卷一二九子部雜家類存目已稱述之。書中與湖南風土民俗有關者尤多，光緒間所修《湖南通志》徵引甚夥。其記南楚風俗如："南楚六月初，早稻即熟，民間獨重食新，不必有田之家各擇吉日，置酒脯，炊新穀，祀神薦先，然後招親友宴酬。""其日用辰巳，以龍蛇不食穀米也，其饌用魚忌雞，餘、饋，音相同也。重農敦本，其俗極厚。秋祭曰嘗，於禮亦洽。"是書於湖南地方文化研究尤有參考價值。

此本據天津圖書館藏清乾隆二十八年春草軒刻本影印。（司馬朝軍）

茶餘客話二十二卷　（清）阮葵生撰（第1138册）

阮葵生（1727—1789），字寶誠，號唐山，山陽（今屬江蘇淮安）人。乾隆中以內閣中書入直軍機處，歷官刑部郎中、河南道監察御史、通政司參議，終刑部右侍郎。更著有《風雅蒙求》、《七録齋詩集》等。生平事迹見《國朝耆獻類徵》卷九六及阮元《揅經室集·二集》卷三《刑部侍郎唐山阮公傳》。

是書內容豐富，典章制度、金石書畫、邊疆地理等均有涉及，其大旨主於通經致用。卷一〇曰："五經、四子之書，其精多其用宏矣。漢儒引經率非本旨，而皆有裨於世務。後人治經株守前説，而反無益於身心。漢儒雖誤而有濟，後人似正而無功。豈唯無功，抑猶有害！"阮氏不喜宋儒之學，故曰："宋儒學無根

柢，不考經制，徒取其能行周禮而究儀章制度，不亦悖乎！"又論明代學術之壞、批評清初之學，亦頗中其失。書中於詩文之道亦多有論述，如曰："昔人謂作詩如食胡桃宣栗，剥三層皮，方見佳味。作而不改，與食青皮胡桃帶毛栗子何殊？作詩有甘苦，獨喻人不能知之境。""評斷古人詩文，最忌耳食，隨聲褒貶，不足爲定論也。""宋人好以虛字入詩，介甫、東坡皆多警句。其流極至不可救藥，初學不可效。"如此之類，皆不失爲有識之見。

李慈銘《越縵堂讀書記》稱其書頗多記清朝掌故，嫻於文獻之學，間及考古，則多疏舛。劉咸炘《內景樓檢書記》亦稱多記掌故，取資不窮，間有瑣屑。

是書前附《淮安府志》所載《阮葵生傳》。書後有光緒十四年（1888）王錫祺跋，稱其二十年前購得《茶餘客話》十二卷，後修郡志徵遺集，知程仲材處有是書，號稱足本，然未能得覽。光緒十三年秋，阮氏裔孫鐵庵先生慨然見假，始知原書二十二卷。十二卷本乃戴璐節選，且顛倒先後，尤改舊觀。

此本據復旦大學圖書館藏清光緒十四年鉛印本影印。另有稿本，藏國家圖書館；戴璐校刊十二卷本。（司馬朝軍）

水曹清暇録十六卷　（清）汪啓淑撰（第1138册）

汪啓淑生平見前《續印人傳》提要。

是書前有乾隆五十七年（1792）錢大昕序，述都水部官之來歷甚詳盡。書成於汪氏官都水清吏司郎中時，公餘清暇隨手所記，因以"水曹清暇録"名之。內容涉及清代北京政事掌故、名勝古迹、歷史人物、趣聞異事等。記人物，如稱朱筠品學兼優，洵爲一代文人，視學安徽時，提拔孤寒，表揚節烈，人甚德之，而以江永、汪紱入祀鄉賢祠，尤爲善政；又稱莫太史瞻菉，學問賅博，善畫墨蘭，交友亦極誠篤；又於其長婿洪榜記載尤爲詳盡。記文

物,如曰:"曩在姚徵士培謙家,見柴窰茶盞一枚,翠光璀璨,陸龜蒙所謂'九秋風露越窰開,奪得千峰翠色來',信非虛語。"書中間辨文獻真偽,如論孔明《心書》非近世人所能假托;《碧雲騢》爲魏泰所作,嫁名於梅堯臣等。諸如此類,多可廣見聞,資考證。

此本據南京圖書館藏清乾隆五十七年汪氏飛鴻堂刻本影印。此藏本中有汪啓淑手校痕迹,書前有汪氏叔存寬乾隆四十六年序及馬貞榆同治六年(1867)題識。（司馬朝軍）

簷曝雜記六卷附錄一卷　（清）趙翼撰（第1138冊）

趙翼(1727—1814),字雲崧,號甌北,陽湖(今屬江蘇常州)人。乾隆二十六年(1761)進士,歷任編修、廣西鎮安府知府、貴西兵備道等官。乾隆三十八年後歸籍著述,又主講揚州安定書院。更著有《廿二史劄記》、《陔餘叢考》等。生平事迹見《清史稿》、《清史列傳》卷七二、姚鼐《貴西兵備道趙先生翼家傳》、孫星衍《甌北先生墓志銘》。

是書六卷,附錄一卷。乃趙氏一生零散筆記文字之匯輯。卷一述朝廷政事。所記軍機處沿革掌故,雖可供參考,然未能越《內閣小志》、《嘯亭雜錄》諸書之範圍。"烟火"條詳記乾隆時元宵節烟火晚會,文字生動,歷歷如畫。卷二記人物逸事。如記杭應龍玉成之力,又記汪文端公、傅文忠公、總憲觀公保之愛才,多涉及人物事實,向爲史家所重。他如"殿試送卷頭"、"徐健庵"條,亦可考科舉制度之利弊。又詳記辛巳殿試之經過,自述經歷,應屬可信。卷三、卷四記風土人情。趙翼嘗官桂、滇、黔、粵,故其中多記諸地之氣候水土、風光勝景、特產奇珍、習俗民情。卷五、卷六爲讀書筆記。

前人對是書前四卷與後二卷之評價頗有不同,如平步青《霞外攟屑》卷六云:"卷一、二載朝章沿革,卷三、四紀滇、黔、粵西風土人

物,魏默深《經世文編》多採之,足資援證。五卷則錄《池北偶談》、《居易錄》諸書,昔人成說,無所參訂,且雜以隱語。六卷并附方藥,又多複出,殆茅簷曝背隨手拉雜書之,授梓時不加芟削,讀者取瑜略瑕可也。"

此本據復旦大學圖書館藏清嘉慶湛貽堂刻本影印。（司馬朝軍）

黃嬭餘話八卷　（清）陳錫路撰（第1138冊）

陳錫路,約爲乾嘉時人,字玉田,歸安(今屬浙江湖州)人。舉人,嘉慶間任富陽縣教諭。生平事迹略見《(民國)杭州府志》卷一〇四。

是書八卷,各爲條目,乃陳氏讀書有得之作。書名"黃嬭",典出梁元帝《金樓子》卷六:"有人讀書握卷而輒睡者,梁朝有名士呼書卷爲黃嬭,此蓋見其美神養性如嬭媼也。"前有乾隆三十七年(1772)曾光先序,稱此編自叢言胜史文詞韻語中來,或加以考訂,復具有理致,令閱者心開目明。

是書於經史子集均有品評,而評詩文者尤多。論文章修辭如"文章穩字"條云:"文章下字,最貴是穩,而得之或難易不同。朱文公云:'作文自有穩字。古之能文者才用便用着。'宋景文云:'人之屬文有穩當字,第初思之未至也。'二公皆甘苦有得之言。"論校勘如"論讀書耐訛字"條云:"昔人云:'讀書須耐訛字。'陳眉公謂:'如登山耐仄路,踏雪耐危橋,閒居耐俗漢,看花耐惡酒。'此四語比況最好,可謂曲盡神致。因念北齊邢子才有書不甚讎校,以爲誤書思之,更是一適,正以緣耐得思,緣思得適,初非有二旨也。"又論東坡貧家詩曰:"嘗見羅大經《玉露》記東坡詩云:'貧家净掃地,貧女巧梳頭。下士晚聞道,聊以拙自修。'以爲朱文公每借此句作話頭,接引窮鄉晚學之士。竊疑貧女巧梳頭,'巧'字與下'拙'字相左,但所見數本皆然,後閱蘇集,是'好'字,爲之首肯,豈羅亦漫憶

之而漫筆之,或傳寫之訛耶?"前者主於不校而書存,後者主於校勘而義明,合而論之,校勘之理始備。

此本據北京大學圖書館藏清乾隆刻本影印。(司馬朝軍)

定香亭筆談四卷　(清)阮元撰(第1138册)

阮元生平見前《曾子注釋》提要。

書前有阮元嘉慶五年(1800)自序,稱督學浙江時,隨筆疏記近事,因成是書。書中首條即記定香亭,云杭州學使署西園荷池中有小亭而無名,因用陸游詩"風定池蓮自在香"意名之爲定香亭。

是書四卷,每條之後附相應之詩文甚夥,性質有似詩話者。據阮氏自序云,是書撰成後未經校定,嘉慶三年,任滿還京,錢塘陳雲伯偕阮氏入都,手寫一帙,置行篋中。嘉慶四年,雲伯從阮氏撫浙旋南,孝豐施孝廉應心復轉寫去,付之梓人。然其中漏略尚多,"爰出舊稿,屬吳澹川、陳曼生、錢金粟、陳雲伯諸君重訂之。諸君以其中詩文不妨詳載,遂連篇附録於各條之後"。知阮氏是書初未附詩文,乃重訂之時遵吳澹川之請而後加。

書中多紀山水遊覽之樂,亦涉及金石考據等内容,如釋《老子》"夫佳兵者,不祥之器"云:"'佳'字古'惟'字。'夫惟'二字乃引出之詞,今讀爲'佳'字,且習用之,誤矣。"其意與《讀書雜志餘編》闇合。其所録阮氏等人之詩文,有他書所未載者,可備補遺之用。

此本據清嘉慶五年揚州阮氏琅嬛仙館刻本影印。(司馬朝軍)

循陔纂聞五卷　(清)周廣業撰(第1138册)

周廣業(1730—1798),字耕厓,號勤圃,海寧(今浙江海寧)人。乾隆四十八年(1783)舉人,明年應春闈試,不第,留京佐沈嵩門校《四庫全書》者二年。終身課徒授業。通小學,尤邃於經。安徽巡撫朱珪聘主廣德書院。

更著有《孟子四考》、《讀相臺五經隨筆》、《經史避名匯考》等。生平事迹見《清史列傳》卷六八、吳騫《愚谷文存》卷一〇《周耕崖孝廉傳》。

古人稱奉養父母爲"循陔"。此書名"循陔",當爲居家奉養父母時所作。書前有嘉慶二十五年(1820)趙懷玉序,云是書二卷,今爲鈔本五卷,蓋其所見爲稿本歟?又稱其上引墳典,旁援子集,下及稗官家説,又採雜史傳記中之可以旁引曲證者,一一書之。其持論平允,諷刺深長,不泥於古,不背於今。書後有周勳常道光二年(1822)跋。書中有名物考證者,如謂:"傘一作繖,即古之盖也。"又辨犧象曰:"按《博古圖》載,周時犧尊二,皆有盖,以口爲流,四足無銘,并全牛像之形,而鑿背爲尊。象尊有盖,四足有提梁,無銘,全作象形,開背爲尊。據此,則今廟中所用正合古制,而犧、象本是二器,注家謂畫鳳尾而飾以象骨者,大誤矣。"

此本據國家圖書館藏清鈔本影印。(司馬朝軍)

履園叢話二十四卷　(清)錢泳撰(第1139册)

錢泳(1759—1844),原名鶴,字立群,號臺仙;改名泳,更字梅溪,號梅溪居士,金匱(今江蘇無錫)人。一生艱於科舉,以諸生客遊畢沅、秦震鈞諸大僚幕府,工詩詞、篆隸,精鐫碑版,善於書畫。畢生以訪碑、刻帖、著述爲事。更著有《履園金石目》、《説文識小録》、《梅溪詩鈔》等。生平事迹見胡源、褚逢春《梅溪先生年譜》。

書前有孫原湘道光三年(1823)序,又有錢氏道光十八年(1838)《履園叢話序目》,云:"余自弱冠後便出門負米,歷楚、豫、浙、閩、齊、魯、燕、趙之間,或出或處,垂五十年。""所聞所見,日積月多。鄉居少事,抑鬱無聊,惟恐失之,自爲箋記,以所居履園名曰叢話。雖遣愁索笑之筆,而亦《齊諧》、《世説》

之流亞也。曩嘗與友人徐厚卿明經同輯《熙朝新語》十六卷,已行於世。兹復得二十四卷,分爲三集以續其後云。”

是書二十四卷,内容分爲二十三類,除“雜記”爲兩卷外,其餘皆每類一卷,如“舊聞”、“閱古”、“考索”等。其中“碑帖”、“收藏”、“書畫”、“藝能”、“閱古”諸卷,尤可資參考。對歷代石刻、拓本、法書、名畫,或叙述源流,或評騭得失,或品第甲乙,或鑒別真僞。如卷九“僞法帖”條曰:“吳中既有僞書畫,又造僞法帖,謂之充頭貨。”卷十“總論”曰:“考訂之與詞章,固是兩途,賞鑒之與考訂,亦截然相反,有賞鑒而不知考訂者,有考訂而不明賞鑒者。宋、元人皆不講考訂,故所見書畫題跋殊空疏不切。至明之文衡山、都元(玄)敬、王弇州諸人,始兼考訂。若本朝朱竹垞、何義門、王虛舟輩,則專精考訂矣,然物之真僞,恐未免疏略。”

此本據華東師範大學圖書館藏道光十八年述德堂刻本影印。(司馬朝軍)

竹葉亭雜記八卷　(清)姚元之撰(第1139册)

姚元之(1776—1852),字伯昂,號薦青,又號竹葉亭生,桐城(今安徽桐城)人。嘉慶十年(1805)進士,官至左都御史,以事降調内閣學士。更著有《薦青詩集》。事迹見《清史稿》、《清史列傳》卷四二、《桐城耆舊傳》卷一〇。

姚氏家近浮山,老屋數楹,内有竹葉亭,因以自號,兼以名書。此書爲其平生讀書聞見之得,雜録成稿,生前未曾付梓,殁後由從孫姚穀據其遺稿編校,姚虞卿捐俸刊行。卷首有姚穀序,稱元之官京朝數十年,每就見聞所及,成《竹葉亭雜記》十萬餘言,一時士大夫相與傳録。梁章鉅《歸田瑣記》採摭尤多。姚穀編校時於梁氏所採則不復重録。

是書八卷,凡三百餘則,内容廣博。卷一叙清廷掌故、禮儀官制、進貢之禮,卷二述科場

官宦典制、關市税收、災患時弊,卷三述民俗古迹、名勝奇景、異域聽聞,卷四述金石雕刻、典籍文物,卷五、卷六多記官僚文人、同鄉親人行迹故事,卷七爲雜説考辨之屬,卷八記花草石木、蟲魚鳥獸。

姚氏曾從學姚鼐,書畫并工,尤熟諳朝廷典制。嘗參與高宗、仁宗實録及《大清一統志》之編纂,其於朝廷典制、宫廷内幕、諸事禮儀明了於心,所記本朝時政朝章諸條,如卷一所記嘉慶時事,地方、外國每歲進貢方物之制,卷六所記鈔録奏稿,近於實録。其中御用時憲書規制、嘉慶十七年壬申三月二十日皇帝幸南苑事諸條,記載尤爲詳贍。晚清吏治衰微,官貪肆斂,鬻爵成風,爲所欲爲。元之痛陳時弊,揭露吏治黑幕,以示警惕。又記州縣中差役之擾鄉民,其術百端。言民間遇有竊案,呈報之後,差役將被竊鄰近之家資財股實而無頂帶者,扳出指爲窩户,拘押索錢。每報一案,牽連數家,名曰“賊開花”。鄉曲無知,懼干法網,出錢七八千至十數千不等。胥役欲壑既盈,始釋之,謂之“洗賊名”。孫寶瑄《忘山廬日記》稱其多載本朝天家佚事,足備掌故。

此本據復旦大學圖書館藏清光緒十九年姚虞卿刻本影印。另有稿本,藏國家圖書館。(司馬朝軍　龍文真)

尖陽叢筆十卷續筆一卷　(清)吳騫撰(第1139册)

吳騫生平見前《陽羨名陶録》提要。

吳騫家近海上之尖山,故名之曰《尖陽叢筆》。《叢筆》十卷,《續筆》一卷,皆不分門類。大體考辨經史,訂其訛謬。於經史詩文、金石碑銘之外,亦涉典册藏書、經籍版本,搜羅佚聞逸事,俚語俗言,叙文士事迹,載復社姓氏,所記端溪之硯、罍金類别、傳國璽、骨牌之制諸事,皆可廣見聞。如卷二載王士禎據罏上銘文言姜氏即姜娘子,吳騫繼而據《建

炎以來朝野雜記》所述南宋古銅器姜娘子、王吉二人所鑄,定姜爲南宋初人,辨曹昭《格古要論》謂姜、王二人俱爲元人之謬。卷六又以汲冢出土之竹書校之於傳世文獻,載其異同。卷三據紹興崇化寺《甄塔記》所載延福之名及其封號,證葉九來《金石録補》所言崇化寺在臨安城之訛。

是書爲其孫之淳據所存遺稿編輯而成,書末有道光十三年(1836)之淳識語,稱此書援據詳明,議論精確。劉咸炘《内景樓檢書記》稱其考證尚多而皆瑣屑,本無專長,經、史皆罕實得。平心而論,劉評不無道理。

此本據國家圖書館藏清鈔本影印。

(司馬朝軍　龍文真)

桃溪客語五卷　（清）吳騫撰（第 1139 册）

吳騫,生平見前《陽羨名陶録》提要。

此書爲吳氏閒談隨筆,因其客居桃溪而專録此地見聞,計五卷,各立條目。書前有乾隆五十三年(1788)周廣業序,稱其搜剔溪山,爬疏人物,博而且精。卷首有吳氏乾隆五十二年自序。書中或述山川地理,奇山異石;或記風光勝景,賦詩酬唱;或載碑刻銘文,叙及歷史故實;或傳寫人物,鋪陳事迹;或記奇聞逸事,民俗風情。

是書所記地理山川、金石碑銘考證,與史事相參,實可徵信。如卷一以國山與吳孫皓封禪碣所在之董山有别,辨《常州府志》所載之誤;辨世所傳祝陵并非祝英臺墓。卷二據《吳書》、《茅山志》、《吳志·陸抗傳》辨“立信”實爲吳時官號。卷三據周孝侯墓碑文意與史傳乖謬,且文勢不貫,辨其所言韓信事實爲後人竄入。然亦有可議之處,如言《荆溪外紀》所載詩文多不可信。

此本據復旦大學圖書館藏清乾隆吳氏刻《拜經樓叢書》本影印。另有稿本,藏上海圖書館;錢大昕、吳騫校清鈔本,藏國家圖書館。

(司馬朝軍　龍文真)

鐙窗叢録五卷補遺一卷　（清）吳翌鳳撰（第 1139 册）

吳翌鳳(1742—1819),初名鳳鳴,字伊仲,號枚庵漫士,休寧(今屬安徽黄山市)人,僑居吳縣(今江蘇蘇州)。諸生。中歲應湖南巡撫姜晟之聘,繼主瀏陽南臺書院。更著有《與稽齋叢稿》、《吳梅村詩集箋注》、《國朝文徵》等。生平事迹見《清史列傳》卷七三。

是書五卷,補遺一卷。卷一議論文字,記稱謂忌諱、社集始末、風俗趣聞。卷二記本朝圖書典籍、文士詩賦、太學典制、前朝舊臣及周代建寅之制。卷三記官宦臣僚事迹,載名士傳聞及民間風俗。卷四叙本朝時政、前朝遺事,兼及經史雜文。卷五記名士佚聞、錢幣稅制、醫藥雜方。是書注重經史訂誤,如鄭氏解《周禮》“奚三百”曰:“古者從坐,男女没入縣官爲奴,無才知者爲奚,即今之侍史官婢。”吳氏據《周禮》無“縣官”之文駁之。又雜記名物、風俗等亦可廣見聞,如古時凡物皆可云牀,宋時稱“牀”爲“座”,如屏風一牀,南朝呼筆四管爲一牀,《北史》有“彊弩一二牀”,北齊賦民之法稱一夫一婦爲一牀;又記燕北風俗,不問士庶,皆自稱“小人”;京師風俗入冬以花藏土窖中,四周以火逼之,故隆冬時即有壯丹,謂之“唐花”。

書末有民國九年(1920)孫毓修跋,稱此録或記載客語,或鈔撮古書,時與吳氏《東齋脞録》相出入。

是書向未刊行,鈔本後爲上海商務印書館涵芬樓所藏。此書據民國十五年鉛印《涵芬樓秘笈》本影印。(司馬朝軍　龍文真)

瑟榭叢談二卷　（清）沈濤撰（第 1139 册）

沈濤(1792—1855),原名爾政,字季壽,一字西雍,號匏廬,嘉興(今浙江嘉興)人。嘉慶十五年(1810)舉人,咸豐初署江西鹽法道,隨巡撫張芾守南昌,拒太平軍,授興泉永道,未到官,病卒。更著有《柴辟亭詩集》、

《十經齋文集》、《匏盧詩話》等。生平事迹見《清史稿·黃易傳》、《清史列傳》卷六九。

書前有道光十年(1830)沈濤自序，稱廨之西偏有射圃，爲賓從遊讌之所，隙地十笏，老屋數楹，水木清華，几格明净，顏曰"瑟榭"，因名此書爲《瑟榭叢談》。末有吳更生《瑟榭記》。

是書分上下兩卷。上卷多以經史考證地理。如言鷂兒嶺爲唐李可舉破李克用兵之處，引《舊唐書·僖宗紀》、《五代史》、《唐本紀》、《舊唐書·地理志》爲證，辨《新唐書·藩鎮傳》所稱"可舉遣軍司馬韓園詔擊沙陀藥兒嶺"事實謬。下卷多搜羅俗語舊聞。如浙江乍浦之"光餅"爲"戚繼光行軍時所作，爲三軍裹糧之用"。又世所稱人之老病而死者爲"燈盡油乾"，漢時已有此説。

此本據南京圖書館藏清道光刻本影印。（司馬朝軍　龍文真）

醒世一斑録五卷附編三卷雜述八卷　（清）鄭光祖撰（第1139—1140册）

鄭光祖(1776—1867)，字企先，號梅軒，又號青玉山房居士，琴川(今屬江蘇常熟)人。少曾隨父宦遊雲南，足迹遍布西南諸省。數度應舉不第。家居以儒自命，敦品力行，抗心古學。事迹見《虞山鄭氏支譜》卷一二《先兄梅軒公述略》。

書前有道光二十四年(1844)邵淵懿序及同年顧文標所書顧恩道光十八年序，另有鄭氏道光二十五年自序，及補記數則。自序云其嘉慶三年(1798)後偶患不寐，乃夜思人情物理等，時有微會，輒濡毫記之。積久漸多，不忍捐棄，分作五篇。又云其不務取他書所載、前人所道之陳説據而誇多，惟即一己至微至陋之見聞著爲獨得，豈不遺管中窺豹之譏哉，因自名所録曰"一斑"。據自序及其補記可知，是書曾經鄭氏反復增補修訂：道光二年是書初成五卷；道光八年增益之；道光十五

年，重爲修飾，删去者十之一，增入者十之三；道光十八年又增人世所宜知之事於其末，別之曰"附編"；道光二十四年，再爲勘訂；道光二十五年春刊成。是書之《雜述》前有道光十九年《一斑録雜述自序》，知其《雜述》部分成於此時。是書之《一斑録》卷五後有《後言》，稱欲俾讀者細想立身行己之要務，勿爲萬物所溷，勿爲衆欲所乘，勿誤信仙佛而攻異端，勿誤信鬼神而惑妖術，庶幾於理不悖，於己無傷。其著書宗旨於此可見。

是書又名《一斑録》，記録觀察心得與遊歷見聞。正編五卷，分天地、人事、物理、方外、鬼神，實則五卷皆言物理，亦均爲人事。附編三卷，權量、勾股、醫方各一卷。雜述八卷。此書雖未極精深，然醒世振俗，在當時正爲不可多得之筆記。如書中言天文參西法，而不信天主所居之名；説地理窮北極，而獨得中旋滲入之真；詮物理通古今，能綜其蓄變紛紜。又兼採泰西聲光化電之學，以探陰陽消長之機。又鬼神禍福之説，本智者之所不屑道，故光祖闢之尤力。記物產物價，多有可採。如所載盲魚，爲最早之科學描述。書中又有《中國外夷總圖》，以"落漈"標注東沙群島，"東沙"標注中沙群島，"西沙"標注西沙群島，"石塘"標注南沙群島。

此本據浙江省圖書館藏清道光二十五年刻咸豐二年增修本影印。（司馬朝軍）

費隱與知録一卷　（清）鄭復光撰（第1140册）

鄭復光生平見前《筆算説略》提要。

據王錦光《費隱與知録發凡》，"費隱與知"取自《中庸》："君之道費而隱。夫婦之愚，可以與知焉。"以"費隱與知録"名書，蓋引泰西之説，而取其可信者録之。書前有道光二十二年(1842)包世臣序，稱其書不僅窮物理之極，且使天下人知物理自然之常。

是書採用主客問答體例，所涉多爲格致之學，凡天文五行、日月星辰、風雲氣候、潮汐月

相、人之臟腑與精氣、視力遠近之別、飲食烹調、紙墨筆硯、器物製作、蟲魚鳥獸諸項,皆有記載。復光引介泰西之學,探研格物原理,倡導科學實驗精神。此書多載生活常識,析之以理,往往徵實可信,切於實用。其記氣象小識,如曰"西風多燥閒亦致雨","地濕成雨多在夏時","雨有浮漚雨不遽止","寒日久雨必雪乃晴",皆言之成理。又謂天氣預測當因地而異,如曰"缸汗驗雨江南無聞","濕氣占雨隨地而異",此論洵爲可貴。氣象變化與農業生產休戚相關,其言多有可取。他如"井爲止水無有蟲毒"、"蓄水生蟲無害於水"、"人糞有毒糞清解毒"、"石羊膽寒故能止喘"、"濕地之害甚於舟居"、"飲食滋益過則爲災",皆有裨於實用。

此本據清道光二十二年活字印本影印。（司馬朝軍　龍文真）

讀書小記一卷因柳閣讀書録一卷 （清）焦廷琥撰（第1140册）

焦廷琥生平見前《地圖説》提要。

《讀書小記》六十五則,《柳閣讀書録》二十六則,均爲焦氏隨筆劄記,於俗字俗語、民情風俗之類多探其源。如賤者之稱曰"白衣",見《漢書·兩龔傳》;"親家母"之稱始於《舊唐書·蕭嵩傳》。又記《舊唐書·楊虞卿傳》云:"鄭注爲上合金丹,須小兒心肝,密旨捕小兒無算,民間相告語,扃鐍小兒甚密。"稱《西遊記》演比丘國事實源於此,亦可廣見聞。

此本據國家圖書館藏稿本影印。（龍文真）

丱兮筆記二卷 （清）管庭芬撰（第1140册）

管庭芬(1797—1880),原名懷許,字培蘭,號芷湘,海寧(今浙江海寧)人。諸生。少時博覽群書,能詩文,善畫山水,尤善畫蘭竹,精鑒賞、校勘。嘗佐錢泰吉纂修《海昌備志》。更著有《芷湘吟稿》、《芷湘筆乘》等,輯有《天竺山志》、《花近樓叢書》。生平事迹見《(民國)海寧州志稿》卷二九、《海昌藝文志》卷一七、李濬之《清畫家詩史》庚下等。

是書前有道光二年(1822)管庭芬自序,稱其十二三歲時即喜觀書,心有所得筆而存之,積三四年成一巨帙,十年後將此幼時筆記,汰去二三,取《毛詩》"總角丱兮"之義,題曰《丱兮筆記》。是書乃作者童時之讀書筆記,雖無微言宏論,然所記亦有可存掌故,廣見聞者,可見古代士子讀書之精勤。如云"漢興緯書,隋始禁之",并録其目可考者之《易》緯、《書》緯、《詩》緯、《樂》緯、《禮》緯、《孝經》緯、《春秋》緯、《論語》緯、《河圖》緯、《洛書》緯等數十種數目;又云"正史、雜史中每多逸文",并列"散於他書者"數則。十餘歲之孩童能有如此讀書筆記,當時考據學之盛行,由此可窺一斑。

此本據國家圖書館藏稿本影印。另有清鈔本收入《中國稀見史料叢刊》第一輯。（司馬朝軍）

冷廬雜識八卷續編一卷 （清）陸以湉撰（第1140册）

陸以湉生平見前《冷廬醫話》提要。

是書乃陸氏讀書筆記,凡八卷,各立條目。末附《續編》一卷,重次千字文爲《冷廬憶言》。書前有咸豐六年(1856)以湉自序,稱隨筆漫録,搜探未精,稽考多疏,論説鮮當云云,詞氣謙遜。

是書大體載經史著作、詩詞典故、金石碑文、文字書畫,述古代文人學者之學行、經歷及交遊。又記姓名字號、謚號、避諱,録詩詞聯帖、印文、硯銘、箴言,及三吴山水名勝。尤以品論藝文爲主,如評葉茂才調元《漢口竹枝詞》之《後湖詞》云"筆意獨俊逸可喜";評吴石華所著桐花閣詞"清空婉約,情味俱勝,可稱嶺南詞家巨擘";評金岱峰詩"沈著清老,無描頭畫角習氣",又謂其詩"氣格高爽,雅近中唐"。卷五論爲學之道曰:"凡爲學之道,見聞欲其博,術業欲其約。”又引毛奇齡之言曰:“動筆一次,展卷一回,則典故純熟,終身不忘。日積月累,自然博洽。”於此可窺其治學宗旨。

李慈銘《越縵堂讀書雜記》稱其頗有史學,記時事亦多可觀,較梁紹壬《兩般秋雨盦隨筆》、梁章鉅《歸田瑣記》諸書更勝一籌。

此本據清咸豐六年刻本影印。(司馬朝軍 龍文真)

春在堂隨筆十卷 (清)俞樾撰(第1141册)

俞樾(1821—1907),字蔭甫,號曲園,德清(今浙江德清)人。道光三十年(1850)進士,授翰林院編修,咸豐五年(1855)任河南學政,罷歸。所著凡五百餘卷,統曰《春在堂全書》。生平事迹見《清史稿》卷二六九、俞樾《曲園自述詩》、繆荃孫《藝風堂文續集》卷二《俞先生行狀》。

是書乃俞樾平素所作讀書筆記,計十卷,大體按年代排序。或訂訛誤,或考風土,或記佚聞,間及議論時政。如卷二據《慧因寺志》辨《湖壖雜記》載“佛無靈”之説爲流俗謬傳,卷三記《明紀》刻書始末,卷四記包立身率包存人衆抗賊就義事,卷九載《況太守集》況鐘本作黄鐘事,皆可補史書之闕。書中引金石碑銘與史實相參,洵爲難能可貴。

俞樾著書之外,亦關心時政。此書編撰之日,時勢日非,内有遊民舉事之亂,外有列强侵凌之患,書中多載愛國志士言行事迹。如趙景賢守湖州三載而亡,卷三記其言曰:“作一日事,盡一日心。”“力竭矣,而心不敢謂竭。勢危矣,而身不以爲危。守死善道,以盡臣子之責而已。”卷七又叙及鴉片烟危害中國至深,引戒烟之方,以救其危厄。

劉咸炘《内景樓檢書記》稱是書考訂記事,多可取,少纖瑣語,特勢利誇詡語亦不免。

此本據清光緒二十五年(1899)刻《春在堂全書》本影印。(司馬朝軍 龍文真)

止園筆談八卷 (清)史夢蘭撰(第1141册)

史夢蘭(1813—1898),字香崖,號硯農,樂亭(今屬河北唐山)人。道光二十年(1840)舉人。咸豐十年(1860),僧格林沁爲抵禦英法聯軍,至永平府加固海防,史夢蘭招鄉勇團練,事平授五品銜。光緒十六年(1890)授四品卿銜。光緒二十四年加授國子監祭酒。卒後入祀畿輔先哲祠。更著有《疊雅》、《畿輔藝文考》、《全史宫詞》等。生平事迹見《清史列傳》卷七三、徐世昌《大清畿輔先哲傳》卷二六《史夢蘭傳》。

此書前有光緒四年夢蘭自序,稱所居瀕海無山,因於碣石買山田百畝,規以爲園,種松三萬株,雜果數百,取“黄鳥丘隅”之意,名之“止園”。園居無事,唯以卷軸破寂,偶有所觸,輒記之以備遺忘。全書八卷,不分門類,内容博雜,或傳人物佚事,或搜羅佚聞諧語,或記天文曆法、規制度量,或言古文字方言,或叙本朝時政,或載邊疆史實、域外風土習俗及宗教等。

是書頗重考訂。如卷二考《孝烈將軍祠像辨正記》及來氏樵書,稱所指“木蘭”與樂府《木蘭詞》中之“木蘭”相去甚遠。卷三考《史記》、漢吾邱壽王《兩都賦》“吴”爲“虞”字,辨古無“吴”姓,辨“槃瓠銜吴將軍頭事”爲訛傳。然亦有考之未審者,如卷二《朱子四時讀書樂詩》不知作者爲誰。至論秦始皇坑儒事,疑爲掩其不知而加害,非真設爲陷阱而坑殺之。卷八以秦之權臣趙高之竊權覆國,因其出身趙國,故於趙可爲忠臣。如此標新立異,未免逞臆而談。

此本據遼寧省圖書館藏清光緒四年刻本影印。(司馬朝軍 龍文真)

蕉軒隨録十二卷 (清)方濬師撰(第1141册)

方濬師(1830—1889),字子嚴,晚號夢簪,定遠(今安徽定遠)人。咸豐乙卯(1855)舉人。歷任内閣中書、總理各國事務衙門章京、侍學講士、直隸永定河道。更著有《退一步齋文集》、《退一步齋詩集》、《二程粹言直解》等。生平事迹見《道咸同光四朝詩史》乙集卷三、《晚晴簃詩匯》卷一五四、《廣清碑傳集》卷一三金天羽《方濬頤方濬師傳》。

李光廷同治十一年(1872)序,稱方氏自束髮受書,即能翻前人窠臼,抉其幽隱,其心有所得,見有可喜,必筆而録之。既而侍直禁林,橐筆天禄、石渠之地,凡史宬所載大聖人所以擅恩威而昭法戒者,可驚可愕,又備録而歸,積之歲月,遂成巨帙。同治七年方氏分巡嶺西,乃盡發其藏,刪繁舉要,編成是書。

是書凡十二卷,各立條目。或述經史異文,辨訛糾謬;或載清廷時事及前朝舊事;或記奏疏章表、聖諭制詔;或言寺廟寶刹,金石銘文;或論時人名賢及域外人士事迹;或節録詩詞曲賦、序跋、題記、書信及楹聯;或載清廷獄案始末。他如典章名物、職官制度、邊疆史實、域外見聞及風土俗聞,無所不載。方氏長期任職內閣及總理各國事務衙門,於宮廷內幕、時政外交多有接觸,故其所録,較爲可信。

書中記乾隆以來震動朝野之大案,如卷一僞稿案;卷四徐文誥案,戊午科場案;卷六記甘肅收捐監穀案;卷八吕留良論南雷文案,兩淮提引案,反應清廷吏治衰微、官員貪污、官場傾軋之情狀。亦載中外交涉之事,如卷三載葉名琛中堂病死外國事;卷八"海洋紀略"條,輯録清廷有關洋務活動及海防事宜之章奏文書;卷十載"書用外國銀兩事":亦具史料價值。

李慈銘《越縵堂讀書記》稱方氏其人本不足齒,而復强作解事,妄談經學;中言詩文,諂附時貴,卑鄙無恥,文理又極不通;梨棗之禍,至於此極,乃鬼奴之爲害烈也,尤小人狂吠之言。對方氏其人其書幾乎全盤否定,未免太過。

此本據清同治十一年刻本影印。(司馬朝軍龍文真)

蕉軒續録二卷 (清)方濬師撰(第1141冊)

方濬師生平見前《蕉軒隨録》提要。

是編雜考經史,擇録前賢及時人詩作文集,載記史事,間及禮儀官制。其論爲政當依儉防奢,如"光禄寺廚役"條詳載宮廷奢侈之習,又稱萬曆以後,宮中脂粉錢開銷至四十萬兩,馬口柴、紅螺炭需用至數千萬觔。其論爲民利疏河道,如"西湖"條稱自明季以來,各聞廢壞,而沙土多淤,繼且并其淤者而聽佃於民,則山與湖隔絶,源流既損,而湖利遂微,退田還湖,不僅開通水源,便利灌溉,亦以貽萬世無窮之利。此實可供爲政者興農事、修水利時參考。書中間或品評人物,如"李不器"條,詳述道士李不器誣捏岳鍾琪一案始末,"張玉父子奪門"條詳載明人張玉出策助明成帝竊權、其子張軏助英宗復辟事,皆可補史。

此書評騭詩文,亦有可觀。如論《冰鑑》議論微妙,宛似子家,可備甄識人物之一端。又録朱彝尊《讀書》詩十二首,并載林蔗溪之論曰:"子知宋儒之學極精也,至論五行,則未免失之齷;子知宋儒之學極實也,至論太極,則未免近於玄虛。子試於精齷虛實間求之,思過半矣。"

是書後附《退一步齋楹聯》,并有方氏孫臻喜光緒十七年辛卯(1891)跋,稱將其祖所作聯語附於是書之後,以見翰墨餘事亦原本學術云。

此本據清光緒刻本影印。(司馬朝軍龍文真)

章安雜説 (清)趙之謙撰(第1141冊)

趙之謙(1829—1884),字益甫,又字撝叔,號悲盦,會稽(今浙江紹興)人。咸豐九年(1859)舉人,官至江西鄱陽、奉新知縣。精於書畫印。更著有《補寰宇訪碑録》、《六朝別字記》、《國朝漢學師承續記》等,編有《鶴齋叢書》。生平事迹見程秉釚《清故江西知縣會稽趙君墓志銘》、葉昌熾《趙之謙益甫事實》。

是書前有咸豐十一年五月之謙自序,云自客章安,得識江湜於永嘉,上下議論,互有棄取。簡札既多,筆墨遂費。因隨所得録之,且及書牘,題曰"雜説",志無不有也。

是書八十餘則,所論以書畫碑碣爲多,頗多精到之論,如稱閣帖所搜失當,實不及絳州本;六朝古刻在耐看,猝遇之,鄙夫駭,智士哂耳。

此本據國家圖書館藏稿本影印。(司馬朝軍)

庸閒齋筆記十二卷　(清)陳其元撰(第1142冊)

陳其元(1811—1881),字子莊,號庸閒老人,海寧(今浙江海寧)人。諸生。入資爲金華訓導,旋擢富陽教諭,官上海縣令等,晉階知府,加道員銜。生平事迹見《庸閒老人自叙》、湯紀尚《槃薖紀事初稿》卷二《江蘇候選道陳君墓志銘》。

是書前有陳氏同治十二年(1873)自序及俞樾同治十三年序,自序云:同治十一年秋,陳氏僑寓武林,兵燹之後,老成凋謝,昔日知交存不十一。端居多暇,嘗舉宗族舊事與兒輩言之,恐其遺忘,筆之簡牘,俾免數典忘祖之誚。殘冬未盡,倏已成帙。同治十二年因公事滯迹吳門半載,日長務閑,追念平日舊聞,及身所經歷目睹事,有所記憶,輒拉雜書之。合之前編共爲八卷,名之曰"庸閒齋筆記"。知是書初成於同治十二年,原爲八卷,今十二卷。卷九首列陳氏光緒元年(1875)序,云書成八卷後俞樾勸其付梓,兩年來繼有所得,排檢爲四卷,續於前記之後。

是書多記有清一代歷史掌故,上自典章制度、經濟民生,次及風俗民情、先世佚事,下迄讀書心得之類,彙萃一編,有裨史乘。書中尤爲著力記述、評説遊宦見聞之吏治得失、功過及利弊。陳氏講求經世之學,列強入侵之際復留心世事之學,故其書有體有用。如卷三記其祖論爲官之道:"居家儉,則居官廉。吾歷官數十年,見奢者未嘗不以貪敗。"又記明廣西布政使喬純所之言:"士大夫不可一日無窮措大氣。"卷九曰:"做官不可有邀功心。"皆可爲官箴。又反對貪腐,抨擊貪官,如卷四載戴兆熊言冥司尚勘校侵用勇糧者以直斥貪官,卷五載直斥貪污救災款項之山陽教諭。所記官場惡行,類多近實。但書中間涉神鬼怪異之事、輪回之説,多不可信。

薛福成《庸庵筆記》卷三"《庸閒齋筆記》褒貶未允"條稱於先朝掌故、家世淵源述之較詳,又頗能留心時務,閲歷既深,凡所纂論,均愜人意;惟每於左宗棠事頗覺推崇過當,又其間所論左宗棠與曾國藩齟齬一條,則更持議偏頗,褒貶失當。

此本據華東師範大學圖書館藏清同治十三年開刻本影印。(司馬朝軍　龍文真)

白虎通疏證十二卷　(清)陳立撰(第1142冊)

陳立(1809—1869),字卓人,又字默齋,句容(今屬江蘇鎮江)人。道光二十一年(1841)進士,二十四年補應殿試。由庶吉士改刑部主事,累官雲南曲靖府知府,會道梗不克之任,流轉東歸。更著有《説文諧聲孳生述》、《爾雅舊注》、《句溪雜著》等。生平事迹見《清史稿》。

陳立以漢儒説經師法莫備於《白虎通》,又以《白虎通》能集禮制之大成,乃撰《白虎通疏證》十二卷,取古代典章制度一一疏通證明。是書前有道光十二年(1832)陳立自序,稱祇取疏通,無資辨難,仿沖遠疏之例,依河間述義之條,析其滯疑,通其結轖。曹元弼《禮經學‧流別第七》稱此書沈實精博,蔚爲禮家巨觀。葉昌熾《緣督廬日記鈔》卷二亦稱其書援據賅洽,而於古今文源流派別言之尤能鑿鑿。實乃校釋《白虎通》之佳作。

此本據清光緒元年淮南書局刻本影印。(司馬朝軍)

新刻釋常談三卷　佚名撰（第 1142 冊）

是書三卷，一百二十六則，各立條目。陳振孫《直齋書録解題》卷一一載南宋龔頤正有《續釋常談》二十卷，云昔有《釋常談》一書不著名氏，故龔氏書以"續"稱之。南宋末年方回《桐江集》卷三《讀續釋常談跋》云"《釋常談》，古有此書而亡"。則《釋常談》之書成於南宋之前。萬曆二十一年（1593），胡文焕對其重加校訂，并刊刻之，題曰"新刻釋常談"。是書前有胡氏萬曆二十一年序及莊汝敬序，後有胡光盛萬曆二十一年跋。

謝肇淛《文海披沙》卷三"《釋常談》"條云："《釋常談》一書，作者不著名氏。其中援引蕪陋，極有可笑。至以鵝爲右軍，箭爲趙達，盲爲小冠子夏，癭爲智囊，醉爲倒載，覓食爲彈鋏，五遷爲盤庚，子死爲喪明，聾爲黈纊，皆謬誤不經，似村學究所爲。"周中孚《鄭堂讀書記》卷五四對是書亦多所批評。雖則如此，是書成於南宋前，時代頗久遠，且其中亦有可資言談、廣見聞者，如謝靈運所謂"八斗之才"出處即爲是書；清人王琦注解《李太白詩集》，對是書亦有所稱引。此書開俗語詞研究之先河，亦事之奇者矣。以"鵝"爲"右軍"，即以"右軍"爲"鵝"之代稱。其餘可類推。代稱由來已久，既已約定俗成，何來謬誤不經？謝肇淛等人缺乏專門研究，反而譏諷前人，異矣！

此本據國家圖書館藏明萬曆二十一年胡文焕刻本影印。此藏本經傅增湘校，卷尾有傅氏民國六年（1917）跋。（司馬朝軍）

困學紀聞注二十卷　（清）翁元圻撰（第 1142—1143 冊）

翁元圻（1751—1826，或 1760—1837），字載青，號鳳西，餘姚（今屬浙江）人。生平事迹見《晚晴簃詩匯》卷一〇四、《國朝耆獻類徵》卷一九二、朱彭壽《清代人物大事紀年》。

書前依次附《四庫全書總目》之《困學紀聞》提要、牟應龍至治二年（1322）八月序、袁桷泰定二年（1325）十月序、閻詠康熙三十七年（1698）六月序、閻詠所臨之題識、全祖望乾隆七年（1742）二月《困學紀聞三箋序》、胡敬道光六年（1826）七月《困學紀聞注序》、黃徵乂道光五年八月序、翁元圻道光五年三月自序、凡例。

胡敬序稱翁氏於《困學紀聞》尤篤好之，輯閻若璩、何焯、全祖望諸家之説，益以己所心得爲之注，可謂集大成。翁氏自序稱《紀聞》一書實集諸儒之大成，徵引浩博，猝難探其本源，雖以閻、何、全三先生之淵雅，尚未盡詳其出處。通籍後備官禮曹，嘗質疑於中表邵二雲，二雲提議爲之詳注。

凡例八條自述注解體例，略爲：於閻氏、全氏語全録，何氏注有與閻氏同者，則存閻而删何，閻注標"閻按"，何注標"何云"；全注則於首一條標"三箋本全云"，以後則云"全氏"；全氏另有所釋而不載於"三箋"者，另標出處；三箋本兼載方樸山、程易田、方心醇、屠繼序諸公之説，雖不全録，亦標明姓氏；萬希槐《集證》，亦多採録；元圻自注，見於句下者，加"案"字以别之，總注於後者，加"元圻案"以别之，或於自注後更引他人之説者，亦加"〇"以别之。

是書匯集前人成果，翁氏集注分量亦大，幾占全書篇幅一半以上。《書目答問》於《困學紀聞》諸多版本之中，獨舉二部以示後學，一爲萬希槐《七箋集證》，一即元圻《集注》。范希曾《書目答問補正》亦謂此注更勝《七箋》本。然李慈銘《越縵堂讀書記》認爲翁注雜鈔碎録，未有所辯證，評價似嫌過苛。

此本據國家圖書館藏清道光五年翁氏守福堂刻本影印。（司馬朝軍）

箐齋讀書録二卷　（明）周洪謨撰（第 1143 冊）

周洪謨（1420—1491），字堯弼，號箐齋，又號南皋子，長寧（今四川長寧）人。正統十年

（1445）進士，官至禮部尚書，諡文安。更著有《群經辨疑録》、《箐齋集》、《南皋集》等。生平事迹見《明史》本傳、徐溥《謙齋文録》卷四《故太子少保禮部尚書諡文安周公神道碑銘》。

周氏有《箐齋説》，云：“余故鄉方言，凡竹木茂者皆呼爲箐，竹曰竹箐，木曰木箐。”“名其讀書之所亦曰箐齋，不忘鄉土之思也。”是書分上下兩卷，凡二十九篇三十七條。卷首一行題“南皋子述”，篇中皆自稱“南皋子”。今觀上卷“黑水”、“和夷”諸辨，頗見考據之功。又有《三皇制器論》、《堯儉德論》、《殷民叛周論》、《周頑民論》、《豫讓論》、《項羽論》等，義甚平淺，如《項羽論》一篇稱羽但知天之亡己，而不知己之所以獲罪於天耳。下卷辨論周正，凡十餘條，力主蔡氏改時不改月之説，反詆孔、鄭爲非，極爲博辨。書中亦有臆斷及不必辨而辨者，又頗輕視《汲冢周書》，稱其文體淺露，詞意疏迂等。

此本據國家圖書館藏清鈔本影印。（司馬朝軍）

兩山墨談十八卷　（明）陳霆撰（第 1143 冊）

陳霆（1479？—1553？），字聲伯，號水南，德清（今浙江德清）人。弘治十五年（1502）進士，授給事中，抗直敢言，以忤逆劉瑾逮獄，謫判六安，瑾誅，復起，歷遷山西提學僉事。以師道自任，雅好詩文，結廬兩山之間，放情山水，鋭意述作。更著有《唐餘紀傳》、《渚山堂詞話》、《水南集》等。生平事迹見《萬姓統譜》卷八、《兩浙名賢録》卷二四。

是書前有嘉靖十八年（1539）李檗序，云其任德清縣令時爲之付梓，稱其書大則根經據史，訂疑考誤，採之足以備史，資之足以宏識云云。末有嘉靖十八年陳氏自跋，略言是書刊刻之始末。

是書《明史·藝文志》小説家類著録。《四庫全書總目》卷一二六入雜家類存目，稱此書考証古籍，頗爲詳贍，而持論每涉偏駁。王士禎《香祖筆記》卷八稱其書甚有義理。周中孚《鄭堂讀書記補逸》卷二五稱是編乃其告歸兩山之間考論古書而作，根柢經史，析疑訂誤，頗爲詳富，而持論或平或駁，未能悉歸於醇。

今觀是書，於辨僞頗有特識。如辨《鷸子》爲東漢以後好事者掇拾其語，匯集成篇。辨《子華子》信是贗作，其文氣不類《國語》、《左氏》，乃近世習爲文者之語，決其僞作者必晉宋時人。書中所謂“古今紀録之書多承訛踵謬”，誠爲快論。至其論“斧聲燭影”之疑案，偏信邱濬之辯，又誤信程克勤《宋史受終考》一書，未免先入爲主，而失之不考。所稱蘇軾有妹嫁秦觀之説，《戒庵老人漫筆》亦斥爲誕妄。

此本據天津圖書館藏明嘉靖十八年李檗刻本影印。（司馬朝軍）

秇林伐山二十卷　（明）楊慎撰（第 1143 冊）

楊慎生平見前《鄧子》提要。

是書二十卷，各立條目。秇，即藝；伐山，即伐山語，指駢體文中引用之生僻典故。書中内容皆爲作者平日隨筆所記，大略採擷經、史、諸子、釋典及文集中字句，多録前人詩詞佳言，或集前人詩句爲對，亦有名詞考證及文壇掌故，間有四六奇句等内容。

是書《千頃堂書目》、《明史·藝文志》小説家類著録二十卷，《國史經籍志》作四卷。翁方綱所擬《四庫全書》提要稿稱此書既不限於對偶，又不專爲考證，罕涉昔人所譏慎著書之弊，而薈粹鉤索，良足鼓吹藝苑，取材奧博，應予刊刻。晚明陳耀文之《正楊》憑考據之術，對是書駁之甚厲。唯胡應麟仿此書體例作《藝林學山》八卷，似較肯定其價值。

此本據華東師範大學圖書館藏明嘉靖三十五年王詢刻本影印。（司馬朝軍）

讀書囈語十卷 （明）李元吉撰（第 1143 册）

李元吉,字允慶,號履齋,同州(今陝西大荔)人。萬曆八年(1580)進士。尚著有《老莊蠡測》,今已不傳。生平事迹見是書金毓峒序及《(雍正)陝西通志》卷三〇。

全書十卷,卷一《四書》,卷二《易經》,卷三《書經》,卷四《詩經》,卷五《春秋》,卷六《禮記》,卷七《左傳》,卷八《國語》,卷九《戰國策》,卷十《史記》。書前有崇禎十六年(1643)金毓峒序,謂其書闡微言,析疑義,每樹一解,多發昔賢之所未發,折衷於漢、宋之間,務求至當云云,未免溢美。其所論列,確有作新奇解者,如"緣木求魚,或謂非求魚木上,是求魚不以鈎餌網罟,而但以一木取魚也,固亦有理。然今南蠻人往往以木叉叉魚,是緣木亦可求魚也";又如"淫威,舊説亦未盡善,余意即'寅畏'之誤耳。言其客有此寅畏之德,故周天子嘉之,而錫之以甚大之福也"。通觀全書,亦有嘉言,如"古人之學,以明人倫爲急";"自秦法既行,而君臣上下之情殊不洽,則固當以和爲貴也"。

此本據中國科學院圖書館藏明崇禎十六年刻本影印。（司馬朝軍）

戲瑕三卷 （明）錢希言撰（第 1143 册）

錢希言生平見前《劍筴》提要。

是書三卷,各立條目,多考證之文。有辨僞者,如"贗籍"條曰:"昔人著贗籍,往往附會古人之名,然其名雖假托乎,其書不得謂之僞也。今人則鬻其所著之書,爲射利計,而所假托者不過取悦里耳足矣。"有辨誤者,如引陸龜蒙詩證宋玉真有《微詠賦》,引《梁書》證梁皇懺都后化蟒之妄,《四庫全書總目》卷一二六稱可資參考。阮元《文選樓藏書記》卷六亦稱是書考訂古今,辨疑刊誤。然書中頗以博識自炫,而所言茫昧無徵。周中孚《鄭堂讀書記》卷五五稱錢氏:"學既淺膚,見復鹵莽,所考皆淺近之事,而猶不免於疏舛。"

此本據安徽省圖書館藏明刻本影印。（司馬朝軍）

玉唾壺二卷 （明）王一槐撰（第 1143 册）

王一槐,字蔭伯,仁和(今浙江杭州)人。正德十一年(1516)舉人,萬曆間官臨淄縣知縣。與朗瑛爲至交。曾修《九華山志》。生平事迹見《(嘉靖)銅陵縣志》卷五、《七修類稿》卷五一。

是書乃王氏官臨淄時所作。書前自序謂讀書於齊,寄相於閣,書之朽墻,斂之唾壺,滿而册脱,因以爲名。

全書二卷,卷上、卷下各十九條。是書多雜考經史及詩文。如"後唐始稅耗"條曰:"三代以來,什一而稅,更不聞有加耗,租稅有加耗,不知始於何時。後唐明宗嘗入倉觀受納,主吏懼責其多取,固爲輕量。明宗曰:'倉廩宿藏,動經數歲,若取之如此,後豈無折缺乎?'吏因曰:'自來主藏者,所以破家竭產以償欠,正爲是耳。'明宗惻然,乃詔:'自今石取二升,爲雀鼠耗。'糧有加耗實昉於此。後世官貪而吏奸,其害不可言矣。""韓文正誤"條據《爾雅》"食苗心曰螟,食葉曰蟘,食節曰賊,食根曰蟊",駁韓文"根節之螟"句爲誤,可資考訂。至如"蘭亭考異"條謂《蘭亭序》曾字作僧,"落霞孤鶩釋"條以王勃名句"落霞與孤鶩齊飛"之"落霞"爲鳥名,則又穿鑿太甚。

此本據國家圖書館藏明鈔本影印。（司馬朝軍）

日知録集釋三十二卷刊誤二卷續刊誤二卷
（清）黃汝成撰（第 1143—1144 册）

黃汝成(1799—1837),字庸玉,號潛夫,嘉定(今屬上海)人。嗣父黃鍾爲錢大昕弟子。汝成少承家學,又師事錢大昕再傳弟子毛嶽生。早歲久困場屋,遂發憤攻讀經史,尤好《日知録》一書。不幸英年早逝,毛嶽生輯其遺文爲《袖海樓雜著》。生平事迹見李兆洛《養一齋集》文集續編卷五《黃潛夫家傳》、《疇人傳三編》卷三。

關於是書編纂人,間有提出異議者,如光緒間藏書家朱記榮言纂輯者爲李兆洛,黃氏乃竊李稿爲己有;宣統初名儒李詳《愧生叢談》卷二稱是書係李兆洛與吳育、毛嶽生共撰,借刻於黃氏;王欣夫《蛾術軒篋存善本書録·未編年稿》卷一云,黃氏之纂《集釋》,雖李主之,實出自吳山子、毛生甫二人之手。然學界一般仍視黃氏爲是書編纂者。

是書前有顧炎武初刻自序、顧氏書信數通、自記及康熙三十四年(1695)潘耒原序、道光十四年(1834)黃汝成自叙,并附《四庫全書總目》之《日知録》提要。是書以遂初堂本《日知録》爲底本,參以閻若璩、沈彤、錢大昕、楊寧四家校本;博採諸家疏説,成此《集釋》三十二卷。後黃氏復得《日知録》原寫本(黃氏曾見原删録本,而未見初刻八卷本),并參以陳訏、張惟赤、蘧園孫氏、楷庵楊氏校語,撰《日知録刊誤》二卷;其後又得陸筠校本,撰《續刊誤》二卷。是書《刊誤》前有黃氏道光十五年序,《續刊誤》前有黃氏道光十六年序。

《集釋》收録道光以前九十餘位學者對《日知録》之研究成果,參考原寫本并汲取諸家校勘成果。是書一出,傳誦士林,讀者稱便。但其缺失亦有三端:一爲未能正本。潘耒刊定《日知録》時,懲於史禍,故於原文多所竄亂挖改,如删去卷六"素夷狄行乎夷狄"及卷二八"胡服"二條。黃氏等人雖多所是正,然於原本禁諱之語猶待闕疑,仍不敢將原寫本中若干違礙文字,貿然校改遂初堂本,未足饜讀者之意。後黃侃得校滄州張繼所藏雍正年間舊鈔本《日知録》,正誤補遺,撰爲《校記》,原本面目始得以復見於世。二爲未能清源。《日知録》引書例不注卷數,又不注起止,每每與己文相混,讀者往往不能分辨何者爲引

文,何者爲亭林議論。《集釋》不能分辨顧氏原文與引文,甚至將原書引文截斷,更易生誤解。三爲出處不清。《集釋》所引者凡九十餘家,本應一一列舉其書名、卷次,但此書僅舉其官,或稱姓氏,或稱謚號,或稱官職。

李慈銘《越縵堂讀書記》稱其畸零漏略,採擇不當,間下己意,亦鮮所發明。雖有批評之聲,及諸種遺憾,但終難否定是書於《日知録》研究之重大價值。

此本即據清道光黃氏西谿草廬刻本影印。是書稿本存八卷,藏北京大學圖書館。(司馬朝軍)

日知録之餘四卷　(清)顧炎武撰(第1144册)

顧炎武(1613—1682),初名絳,字忠清,後改名炎武,字寧人,別署蔣山傭,學者稱亭林先生,昆山(今屬江蘇蘇州)人。顧氏爲明清之際一代通儒,博學多聞,勤於著述。更著有《音學五書》、《天下郡國利病書》等,尤以《日知録》爲不朽之作。生平事迹見全祖望《鮚埼亭集》卷一二《亭林先生神道表》、《清史稿》等。

是書前有宣統二年(1910)鄒福保序。此四卷爲潘耒刻《日知録》所未收,當時曾別刻單行,而流傳未廣。故鄒福保爲之重刻,以廣其傳。

是編四卷,體例與《日知録》相同,卷一論書法、隸書源流,卷二述官禁之事,卷三闢佛道異端,卷四論雜事。全書廣輯史料,且明其由來。如卷一"隸書"條,旁徵博引,説明隸書之形成及其演變。卷二"禁造銅器"條,記宋孝武帝建孝三年(456)、唐代宗大曆七年(772)、唐德宗貞元九年(793)、唐憲宗元和元年(806)、唐文宗開成三年(838)禁造銅器之事;"禁酒"條考歷代禁酒之事。遍考官方禁令,且多關係國計民生之大事,乃是書一大特色。

劉咸炘《内景樓檢書記》稱《餘録》爲鄂潤

泉所搜得,刊於成都,其書皆隨筆記録,鈔自《實録》,多禁令而少斷語。今按,是書於《實録》之外,多鈔正史;雖少斷語,實則論斷寓於敘事之中。如"風聞言事"條僅録二則史料,一曰"願勿聽小人銷骨之謗",一曰"如此非所廣聰明也",巧借他人之口,將"風聞言事"之法否定。此乃顧炎武慣用之手法,不可以今日之標準衡之。

此本據清宣統二年吳中刻本影印。(司馬朝軍)

修潔齋閑筆八卷　(清) 劉堅撰 (第 1144 册)

劉堅,字青城,號雨窗,無錫(今江蘇無錫)人。生卒年及事迹均不詳。

是書前有乾隆六年(1741)自序,稱檢説部諸書隨意披覽,有會於心,輒掌録之,初分四卷。又稱同邑顧宸有《辟疆園習察》一書,綴緝未竟,復刺取數十則以附益之。今書中不加標識,不知孰爲顧氏之語。書末又有乾隆十八年識語,稱《閑筆》之刻倏逾十載,近復增益四卷,隨見隨録,類例不分,終成此八卷本。

是書八卷,凡七百餘條,各立條目,雜論掌故、字義。如"良知"條曰:"一士人從王陽明學,初聞良知,不解,猝然起問曰:'良知何物? 黑耶白耶?'群弟子啞然失笑,士慚而報,先生徐曰:'良知非白非黑,其色正赤。'"此書大抵從《容齋隨筆》、《北夢瑣言》、《老學庵筆記》、《鶴林玉露》、《堯山堂外紀》、《襄陽耆舊傳》、《疑耀》、《茅亭客話》、《筆叢》、《春明退朝録》、《清異録》、《捫蝨新話》、《古今事物考》、《歐陽詩話》諸書中録出。如"無心"條鈔自劉宗周《人譜類記》卷下,"花書"條鈔自程大昌《演繁露·花書》。然全書多未注明出處。

此本據華東師範大學圖書館藏清乾隆六年刻增修本影印。(司馬朝軍)

古今釋疑十八卷　(清) 方中履撰 (第 1145 册)

方中履(1638—1686),字素北,自號龍眠小愚,又號合山逸民,桐城(今安徽桐城)人。方以智之第三子。更著有《汗青閣集》。生平事迹見《清史稿》、《清史列傳》卷六八。

是書前依次有張英康熙二十一年(1682)序,楊霖康熙十七年序,吳雲序,戴移孝序,馬教思康熙十八年序,黃虞稷序,潘江序,方中德康熙十九年序,方中通康熙十八年序,方中履康熙十八年自序,方中履《寄謝竹庵先生爲刻古今釋疑五十有二韻》及《凡例》。書後有方中發康熙十八年後序,題横溪逢月之後序,楊嗣漢跋。

是書爲方氏考據筆記,皆考證古今疑義之作。卷一至卷三論經籍爲主,卷四至卷九論禮制,卷一〇論氏族姓名,卷一一論樂,卷一二、卷一三論天文推步,卷一四論地理,卷一五論醫學,卷一六至卷一八論小學、算術。各立標題,分類考究,剖析詳明,尤於承訛踵謬之處毫釐必辨。《四庫全書總目》卷一二六稱其持論皆不紕陋,然鎔鑄舊説以成文,皆不標其所出,其體例不及《通雅》之精核。

徐乾學《儋園文集》卷一九有《古今釋疑序》,稱其能窮天地事物古今之變,斂其心思才識,以蘄於至當。然李慈銘《越縵堂讀書記》稱其好訾謷先儒,深不滿於鄭注及許氏《説文》,至極詈《周禮》,以爲不經,又貶《禮記》爲非先聖之書,辯《左傳》爲非丘明作,未免悍而肆。

此本據中國科學院圖書館藏清康熙十八年楊霖刻本影印。(司馬朝軍)

群書疑辨十二卷　(清) 萬斯同撰 (第 1145 册)

萬斯同(1643—1702),字季野,號石園,鄞縣(今屬浙江寧波)人。從黃宗羲遊,專意古學,博通諸史,尤熟於明代掌故。以布衣參修《明史》。更著有《喪禮辨疑》、《石經考》、《儒林宗派》等。生平事迹見錢大昕《潛研堂文集》卷三八《萬先生傳》、劉坊《萬季野先生行狀》、《清史列傳》卷六八、《清史稿》。

是書爲萬氏考據筆記,乃斯同歿後由其鄉人匯輯而成。卷一至卷三皆考論經傳,卷四雜論古今喪禮,卷五辨周正及《春秋》、《孟子》,卷六爲禘説及房室、夾室、附廟、遷廟考,卷七爲周、漢、晉、唐、宋、明廟制考,卷八辨石鼓文、古經、隸書,卷九雜論《説文》及書法碑帖,卷一〇辨崑崙、河源,卷一一、卷一二雜論宋、元、明史傳記。全書以論喪禮及明史者爲最精。

斯同之學,誠爲廣博,精悍之處,亦人所難及。但勇於自信,好出新意。其論《周易》,謂《周易》非道陰陽之書,以《周易》道陰陽爲莊周之言,爲儒者所不道。其辨古文《尚書》,不信其僞,而謂伏生所傳今文《尚書》非《尚書》原本。其論《經詩》,則顯攻《小序》,又以己意重分爲《風》、《雅》、《頌》。其論三《禮》,則好詆鄭玄。其論《春秋》,則喜闢左氏。是書前有嘉慶二十一年(1816)汪廷珍序,稱其間有考之未詳者,有可備一義而未敢信爲必然者,有勇於自信而於古未有確證者。李慈銘《越縵堂讀書記》稱:“萬氏兄弟之學,頗喜自出新意。”“季野較爲篤實,其經學尤深於禮,其史學尤詳於明,所作《歷代史表》,已成絶詣。此書得失,山陽汪文端一序已盡之。”汪、李之論,可謂切中肯綮。

此本據湖北圖書館藏清嘉慶二十一年刻本影印。(司馬朝軍)

畏壘筆記四卷　(清)徐昂發撰(第1145册)

徐昂發(?—1740),榜姓管,字大臨,號絅庵,自號畏壘山人,原籍長洲(今江蘇蘇州),後移居昆山(今屬江蘇蘇州)。康熙三十九年(1700)進士,授翰林院編修,官至江西學政。少負才名,博學工詩,兼精書翰,爲時所稱。更著有《畏壘山人詩文集》。生平事迹見《清史列傳》卷七一。

是書前有徐氏康熙五十七年七月十八日題詞,稱其康熙四十八年、四十九年間始讀書時隨筆札記,雖古人成説,有裨聞見、增長智識者,咸掇録,間參以己見,用備遺忘。全書大體先録古人成説,後斷以己見。如“阿房宫”條云“秦之阿房宫,非宫名也”,并引《史記》、《括地志》、顏師古相關資料以證,最後總結云:“嗚呼! 以秦之威力,宫室未成,嘉名未立,而天下叛之。《易》曰:‘豐其屋,蔀其家,三歲不覿,凶。’豈非萬世之炯鑒哉!”

是書歷來評價不一。《四庫全書總目》卷一二六稱此書大抵皆採掇舊聞,斷以己意,愛博嗜奇,隨文生義,未能本末賅貫。周中孚《鄭堂讀書記》卷五五亦稱此書多單文孤證,不足以爲定評,且於前人僞托之書亦援以爲據,并時文謬用管子亦煩其辭説,其視顧氏《日知録》、閻氏《潛丘劄記》誠不可相提而論。但謝國楨云,清初治考據之學者,當以是書爲時較早,覃治亦頗精審。平心而論,是書旨在“有裨見聞,增長智識”,欲將歷史經驗教訓轉化爲後世智慧資源,其意甚善。

此本據清康熙桂森堂刻本影印。此藏本後有謝國楨藏書跋,云是書流傳頗罕,羅振玉嘗爲校印於《殷禮在斯堂叢書》。(司馬朝軍)

隟光亭雜識六卷　(清)揆叙撰(第1146册)

揆叙(1675—1717),字愷功,號惟實居士,姓那拉氏,滿洲正白(或作黄)旗人。明珠之子,納蘭容若之弟。官至左都御史,卒謚文端。著有《益戒堂詩集》。生平事迹見《滿洲名臣傳》卷三二。

是書爲揆叙讀書筆記,書中多涉考證。其所考,析而言之,約有五端,即考真僞,考沿革,考俗語,考俗字,考版本。如辨佛道文獻云:“宋濳溪云:‘道家諸書多寇謙之、吳筠、杜光庭、王欽若之徒所撰,文多鄙俚,獨《度人經》號爲雅馴。《唐·藝文志》頗著其目。’余按:道家天尊、道士等稱并見佛經。沙門自稱貧道,見於《世説》諸書。此其偷竊之至微者,然亦可以見其無所不竊矣。"又論宋儒疑古之不可信云:"夫子請討陳恒,胡氏云:'仲尼此舉先發後聞可也。'蓋宋儒於昔賢每多吹毛索瘢,此則并夫子而不滿其意矣。楊升庵云:'果如胡氏之言,則不告於君而擅興甲兵,是孔子先叛矣,何以討人哉? 與宋岳武穆之意正同。'其語亦甚快,惜乎胡氏不聞斯言也。"揆叙反對過於疑古,尤爲至論。書中間有考之未詳之處,如不知陶弘景別號外兵出《華陽陶隱居内傳》等。至於祈夢之類,數數道之,未能免俗。

此本據中國科學院圖書館藏清康熙謙牧堂刻本影印。(司馬朝軍)

讀書記疑十六卷　(清)王懋竑撰(第1146冊)

王懋竑(1668—1741),字予中,號白田,寶應(今屬江蘇揚州)人。康熙五十七年(1718)進士,授安慶府教授。雍正元年(1723),授翰林院編修;二年,以母憂去官;三年,入都謝恩畢,遂以老病辭歸,杜門著書,不聞外事。更著有《白田草堂存稿》。生平事迹見《清史稿》、《清史列傳》卷六七、錢大昕《王先生懋竑傳》等。

是書前有同治十一年(1872)俞樾序,稱名曰"記疑",實所以袪千載之疑。全書十六卷,卷一論《周易》,卷二論《尚書》、《毛詩》,卷三、卷四論《禮記》、《左傳》、《論語》、《孟子》,卷五音韻考,卷六至卷一〇論史,卷一一《國語存校》、《莊子存校》、《荀子存校》,卷一二《後漢書存校》,卷一三《南史存校》,卷一四、卷一五《北史存校》,卷一六《讀杜工部集》、《讀昌黎集》、《讀河東集》、《讀廬陵集》、《讀老泉集》、《讀東坡集》、《讀潁濱集》、《讀南豐集》、《讀臨川集》。書後有王凱泰跋,記是書校訂及刊刻始末,又云是書鈔本原名《白田草堂續稿》,劉恭冕易爲今名。

清蕭穆《敬孚類稿》卷五《跋讀書記疑》稱

其書多微言奧論,考訂群書字句謬誤,確有根據,實開高郵王氏父子《讀書雜志》、《經傳釋詞》、《經義述聞》等書之先河。

其辨《書序》曰:"朱子斷以爲非安國作,今云至劉歆、班固,則真以爲安國作矣。此注朱子文集無之。"辨《大禹謨》曰:"典以紀事,謨以紀言,而《大禹謨》乃雜亂其體,可怪也。其中精言不一,必非後之人所能贋作。意殘編斷簡,或有存者,而依倣增益以成之與?"此類論辨,足以發人深思。讀唐、宋八大家文集亦頗有所得,如論蘇軾《代張方平諫》用兵書,稱所言深切著明,老臣惓惓忠君愛國之意溢於言表,千載而下猶爲感泣,當爲奏疏第一。又如《讀臨川集》曰:"《桂州新城記》總歸在法度上。公之學問根本如此。"由蘇、王之文集而探其學術之根柢,可謂善讀書矣。

此本據復旦大學圖書館藏清同治十一年福建撫署刻本影印。(司馬朝軍)

燕在閣知新録三十二卷　(清)王棠撰(第1146—1147冊)

王棠,字勿翦,歙縣(今安徽黃山)人。約生活於清初。於書無所不讀,遍游江、淮、閩、越。嘗著有《燕在閣詩文集》百餘卷,今已不傳。生平事迹見《(光緒)重修安徽通志》卷二二五。

是書前有康熙五十六年(1717)王棠自序,稱兀坐荒齋,不克自遣,於是以涉獵爲樗蒲,以名理爲豔冶,以議論爲歌板,以詩書爲酒食,遇會心之處,即書之殘簡,名曰"知新",亦不過於窮愁中强爲歡娛。書首有凡例十餘條,稱採集皆屬前人議論,間參以己意,如云某事,則曰見某人某書,如論詩出自其父者,則曰見《樗園詩評》;是書有論,有記,有説,有題,後不著姓氏者皆其臆説;積久成帙,事之相近者,編於一處,云云。

全書三十二卷,按類撰編,不立部目。每論一事立一標題,且博採衆家之説,詳細考辨,間或闡述個人觀點,如"頌德政"條稱風俗之壞在於不立廉隅,而最無恥者,士人頌有司德政,如去任後立德政碑之類,蓋其初爲有司爪牙,貪緣爲奸,不可深詰;至於頌大臣德政,尤爲不可。又如"論古"條稱天下之患最患於似是而非之論,不以誠心推究聖人之所以然,而以私意借聖人之言以文其過,後之人側身於學問之途,而胸無真宰,好偏執一意,往往墮於鬼魅而不自覺,此亦名教之罪人也,故善讀書,全要在處事上參考古人得失,論古不精,便不能論斷今人。如此探微發隱,皆頗具識見。

是書《四庫全書總目》卷一二六列入雜家類存目,稱其採摭頗富,而多不著所出,大旨欲倣顧炎武《日知錄》,然不過《談薈》、《樵書》之流亞。

此本據山東省圖書館藏清康熙刻本影印。(司馬朝軍)

柳南隨筆六卷續筆四卷　(清) 王應奎撰 (第 1147 册)

王應奎(1684—1757),字東漵,號柳南,常熟(今屬江蘇蘇州)人。諸生。更著有《柳南詩文鈔》、《海虞詩苑》。生平事迹見《(同治)蘇州府志》卷一〇一、《清續文獻通考》卷二七七及《國朝詩人徵略初編》卷二三。

《隨筆》六卷,内容大致爲兩類:一記讀書所得,考詩之源流,究名物之根柢,訂史實之謬誤;二記所見所聞。應奎廣聞多識,喜訪舊事佚聞,書中多記士大夫文人遺聞佚事、社會習俗、風土人情。如卷一論句讀之難,卷四論嚴衍輯《通鑑補》之甘苦,辨陳眉公《秘笈》解"廉能"爲"後世不熟經術之論"之謬。《續筆》四卷,雜記瑣聞,亦兼載風土俗語,體例同於前編。應奎《續筆自序》稱:"以視前書,或少紕繆。"

《隨筆》前有乾隆五年(1740)顧士榮序,稱吳門沈確士取王維詩句題應奎草堂曰"柳南"。又云是書搜遺佚,則可以補志乘;辨訛謬,則可以正沿習。卷末黄廷鑑跋稱其體例在語林、詩話之間,故其書雅俗俱陳,訂俗學之謬訛。《續筆》後有乾隆二十八年邵齊燾序,稱卷中所載略同前編,或語傳流俗,或論涉詩文。謝章鋌《課餘續錄》卷四稱是書多記清初老輩遺事,筆墨娟潔,在説部中允爲翹楚;又稱其於錢謙益雖爲同鄉,不爲盛名所怵,時有微辭,尤足見好惡之公。

《隨筆》初刊於乾隆五年,《續筆》初刊於乾隆二十二年。嘉慶時張海鵬將《隨筆》、《續筆》合刻,收入《借月山房匯鈔》。其後又有道光年間陳璚刻《澤古齋重鈔》本、光緒年間《申報館叢書》本,均以《借月山房匯鈔》爲祖本。此本據中國科學院圖書館藏清嘉慶刻《借月山房匯鈔》本影印。(司馬朝軍　龍文真)

韓門綴學五卷續編一卷談書録一卷　(清) 汪師韓撰 (第 1147 册)

汪師韓生平見前《葉戲原起》提要。

是書正編五卷,卷首有汪師韓題辭,曰:"'韓門',余所自號,取《唐書》'韓門弟子'之語;綴學,則劉歆所謂'分文析字,煩言碎辭者'也。"卷一説經,卷二論史,卷三雜録,卷四天文星象、曆法時令、五行卜卦、志書地理,卷五石刻碑銘、人物傳聞。書中訂訛匡謬之處甚多。如卷三元劉國傑因功賜號"霸都",又呼爲"拔都兒",其實一人,據此辨《元史》以爲兩人之誤。間亦論及水利,如卷三"河淤田"條論淤田之法。《續編》一卷,間或考證經籍,如考南嶽衡山、霍山實一山二名。又載俗聞俚語,如三拜、冰牀、飛放泊、梁山濼、假面、繩伎、天竺風俗,可廣見聞。《談書録》一卷,所記多爲雜聞瑣事,如楊六郎、宋江之佚事,亦間有考證。

盧文弨《抱經堂文集》卷一一有《書韓門綴學後》,稱是書仿顧氏《日知錄》之體例,先經次史,以及古今事始與雜辯證,徵引詳洽而考訂精覈，爲近代説部之佳者。

此本據上海圖書館藏清乾隆刻《上湖遺集》本影印。（司馬朝軍　龍文真）

全謝山先生經史問答十卷　（清）全祖望撰
（第 1147 册）

全祖望（1705—1755），字紹衣，號謝山，自署鮚埼亭長，鄞縣（今屬浙江寧波）人。乾隆元年（1736）薦舉博學鴻詞，同年中進士，選翰林院庶吉士。次年返鄉，專事著述。先後主講浙江蕺山書院、廣東端溪書院。更著有《漢書地理志稽疑》、《鮚埼亭集》等。生平事迹見《清史稿》、嚴可均《全紹衣傳》、劉光漢《全祖望傳》及董秉純《全謝山年譜》。

是書十卷，前七卷論經，後三卷論史。卷一答董秉純問《易》，卷二答董秉純問《尚書》，卷三答張炳問《詩》，卷四答蔣學鏞問《三傳》，卷五答全藻問《三禮》，卷六答范鵬問《論語》，卷七答盧鎬問《大學》、《中庸》、《孟子》、《爾雅》，卷八答郭景兆問諸史，卷九答盧鎬問諸史，卷十答董秉純問諸史。全氏上承黃宗羲經世致用之學，精通經史，元元本本。故書中問答，小扣大鳴，有理有據，頗見功底。

卷二全氏自稱："生平於解經，未嘗敢專主一家之説，以放口舌之争，但求其是而已。"雖無宗主，但有宗旨。如云："一貫之説，不須注疏，但讀《中庸》，便是注疏。一者，誠也。天地一誠而已矣，其爲物不貳，則其生物不測。維天之命，於穆不已，天地之一以貫之者也。誠者，非自成己而已也，所以成物也。成己，仁也。成物，知也。性之德也，合外内之道也。故時措之宜也，聖人之一以貫之者也。"

是書雖不如顧炎武《日知録》之博大，但論識高遠，當時罕見其匹，阮元謂足以繼古賢、啟後學。謝山以爲當時無能序其書者，亦可以見其自負之深。然其間尚待商榷而遂難以

爲定論者，亦復不少。劉咸炘《内景樓檢書記》稱其學希厚齋，不出宋人範圍，考訂、議論要多可取，惜少識力；又稱此十卷中，説《易》互體及地理尤詳，而於禮名物甚略。

此本據清乾隆三十年刻本影印。（司馬朝軍）

訂訛類編六卷續補二卷　（清）杭世駿撰
（第 1148 册）

杭世駿（1696—1772），字大宗，晚號菫浦老人，又號秦亭老民，仁和（今浙江杭州）人。乾隆元年（1736）召試博學鴻詞，授翰林院編修。因直言奪職罷歸，家居貧甚，謀食維艱，後主講揚州安定書院、廣東粤秀書院。更著有《石經考異》、《續方言》、《道古堂詩文集》等。生平事迹見《清史稿》、應澧《杭大宗墓志銘》、龔自珍《杭大宗逸事狀》等。

是書爲杭氏考據筆記，正編六卷，續補二卷。正編前杭氏自序稱，自解組歸田，惟手一編，見古人行事與古書紕繆處，輒爲摘記，參互考訂，校正其非，積成卷帙。續編前杭氏自序稱，其書闢僞糾謬，自謂稍稍有功於後學，因考訂續補，得若干條，依前類編次，分爲上下二卷，以成完書。書末有民國七年（1918）劉承幹跋，稱是書訛者正之，謬者糾之，不作一模稜語，可謂博學者之實功、求學者之寶鑑。

正編分爲義訛、事訛、字訛、句訛、書訛、人訛、天文訛、地理訛、歲時訛、世代訛、鬼神訛、禮制訛、稱名訛、服食訛、動物訛、植物訛、雜物訛，凡十七類，續編分類同此，涉及真僞之辨、有無之辨。真僞之辨多見精彩，如"書訛"部分之"子貢《詩傳》申公《詩説》"條、"《文選》繆陋"條、"孔子未嘗删《詩》"條等。大體而言，全書引據典核，多有可觀。

此本據民國七年刻《嘉業堂叢書》本影印。另有清鈔本，藏上海圖書館；清葉氏敦夙好齋鈔本，藏復旦大學圖書館。（司馬朝軍）

隨園隨筆二十八卷　（清）袁枚撰（第1148册）

袁枚生平見前《隨園食單》提要。

是書前袁氏自序曰："著作之文,形而上;考據之學,形而下。各有資性,兩者斷不能兼。""本朝考據尤盛,判別同異,諸儒麻起。予敢披膩顏恰,逐康成車後哉! 以故自謝不敏,知難而退者久矣。"考據辭章,兩美難并。當乾嘉考據學派勃興之際,袁氏提倡性靈,公然與之作對,晚年又折節讀書,復墮入"形而下"。是書爲袁枚考據筆記,共二十八卷,分二十類,曰諸經、諸史、金石、天時地志、官職、科第、名解、典禮、政條、稱謂、辨訛、存疑、原始、不可亦可、應知不知、不符、詩文著述、古姓名、雜記、術數。辨訛類多有可觀,存疑類更見其闕疑之治學態度。

袁氏與趙翼詩名相埒,此書亦與《陔餘叢考》風格相近,而各有千秋。方濬師《蕉軒隨録》卷一二"伊川錯引《論語》"條謂袁氏不喜考據之學,而《隨園隨筆》一書實考據家所不能及。

此本據華東師範大學圖書館藏清嘉慶十三年刻本影印。（司馬朝軍）

援鶉堂筆記五十卷　（清）　姚範撰（第1148—1149册）

姚範（1702—1771）,字南青,號薑塢,晚號几蘧老人,桐城（今安徽桐城）人。乾隆七年（1742）進士,授編修,充武英殿經史館校刊官兼三禮館纂修。更著有《援鶉堂文集》、《援鶉堂詩集》。生平事迹見《清史列傳》卷七二、包世臣《清故翰林院編修崇祀鄉賢姚君墓碑》、馬其昶《姚編修範庶子傳》。

全書五十卷。卷一至卷一四專論經部,卷一五至卷三五專論史部,卷三六專論子部,卷三七至卷四四專論集部,卷四五至卷四九爲雜識,卷五○爲續編。遍及四部,尤以"九經"、"四史"、《文選》、韓文爲詳。桐城派主張讀常見書,此亦一證。

書名之"援鶉"蓋取揚雄《法言·寡見》"春木之芚兮,援我之鶉兮"句意,指援引而進於純美之境。是書前有沈雄鑣道光十六年序,目録後有方東樹道光十五年冬十月題識,卷五○"續編"末有方東樹跋語,書後有姚瑩《閩刻原後序》及《重刻筆記後跋》,并附《安徽通志》姚範傳,又有方東樹《援鶉堂筆記刊誤》、《援鶉堂筆記刊誤補遺》置全書之後。其編刻過程頗爲曲折。姚範考論經史子集蓋萬餘卷,皆細書條記未有撰述,世頗有竊之以爲己説者,歿後益散亡。姚鼐嘗爲之輯録,然事未竟。嘉慶十三年姚瑩復遵從姚鼐所定之體例續爲之,初輯爲二十四卷刊刻之。道光十五年姚瑩又請方東樹爲之編輯,成四十九卷。開雕後方氏續自他處得書若干種,説若干條,難於按類編入各卷,都爲一卷附書末,即爲卷五○之"續編"。是書刊成後,方氏就校勘不精處,成《刊誤》及《刊誤補遺》附於全書之後。

是書編次未臻美境,向有褒貶。楊鍾羲《雪橋詩話續集》卷五稱此書兼綜四部,談藝尤精。但曾國藩《曾文正公書札》卷六《覆張廉卿》曰："《援鶉堂筆記》,輒閲一二卷,殊不愜意。凡讀書筆記,貴於得閒。""今觀援鶉堂所記《幽通》、《思玄》二賦多云,何云某字,《後漢書》作某,是義門校對之字,而薑塢鈔謄之也","無所質正於其閒"。"當時批寫書眉,本不以爲著述之事,後人概以編入筆記之内,殆非薑塢及惜抱之意。"李慈銘《越縵堂讀書記》則持論較允,稱此書自經、史、子、集以至説部、佛經,皆摘録其異文佚義,多所辨正。

此本據清道光姚瑩刻本影印。（司馬朝軍）

群書拾補不分卷　（清）盧文弨撰（第1149册）

盧文弨,生平見前《顏氏家訓》提要。

是書前有乾隆五十五年錢大昕序,又有盧文弨乾隆五十二年小引,稱先舉缺文斷簡譌繆尤甚者,摘録以傳諸人,則以傳一書之力分而傳數書,費省而功倍,就餘力所能,友朋所助,次第出之,名曰《群書拾補》。其所校録,皆據善本,於原書脱漏訛誤者,多有校正。其校補内容爲:《五經正義表補逸》、《易經注疏校正》、《周易略例校正》、《尚書注疏校正》、《春秋左傳注疏》、《禮記注疏》、《儀禮注疏》、《吕氏讀詩記補闕》、《史記惠景間侯者年表補闕并校》、《續漢書志注補》、《晉書》、《魏書》、《宋史孝宗紀補脱》、《金史》、《資治通鑑序補逸》、《文獻通考經籍校并補》、《史通校正》、《新唐書糾謬校并補》、《山海經圖讚補逸》、《水經序補逸》、《鹽鐵論校正并補》、《新序校正并補遺》、《説苑校正并補遺》、《申鑒校正》、《列子張湛注校正》、《韓非子校正》、《晏子春秋校正》、《風俗通義校正并補遺》、《劉書新論校正》、《潛虚校正》、《春渚紀聞補闕》、《嘯堂集古録補逸校正》、《鮑照集校正并補》、《韋蘇州集校正并補》、《元微之集校正并補闕》、《白氏長慶集校正》、《林和靖集校正》、《宋史藝文志補》、《補遼金元藝文志》,皆使學者諟正積非,蓄疑涣釋。

周中孚《鄭堂讀書記》卷五五稱抱經家藏群書,皆手自校勘,凡所校定,必參稽善本,證以他書,即友人後進之片言,亦擇善而從之。劉咸炘《内景樓檢書記》亦稱其經疏校正,猶非罕見,然創始之功已不可没;至於《新序》、《説苑》、劉畫《新論》,更無善本,惟賴此書校正。

此本據清《抱經堂叢書》本影印。(司馬朝軍　王獻松)

鍾山札記四卷　(清)盧文弨撰(第1149册)

盧文弨,生平見前《顔氏家訓》提要。

書前有乾隆五十五年(1790)文弨自序,稱前後忝鍾山講席最久,故以《鍾山札記》標其目。書凡四卷,各立條目,大體刊正古代經史典籍訛謬,於古書體式、古籍整理及俗語探源尤有獨到之見。其關於古書體式者如卷三"大題小題"條曰:"古書大題多在小題之下,如'周南關雎詁訓傳第一',此小題也,在前;'毛詩'二字,大題也,在下。……蓋古人於一題目之微,亦遵守前式,而不敢紛亂如此。今人率意紛更,凡疏及釋文所云云者,并未寓目,題與説兩相矛盾,而亦不自知也。"其關於古籍整理者如卷二"大成午"條曰:"古書之不可輕議更改也。"又"王菩"條曰:"故古書雖明知其誤,毋寧姑仍之之爲愈。"可爲古籍整理之法戒。

周中孚《鄭堂讀書記補逸》卷二五稱凡名物訓詁、聲音文字,無不辨析精詳,足與顧亭林、閻若璩方駕。李慈銘《越縵堂讀書記》稱其書與《十駕齋養新録》頡頏。

此本據復旦大學圖書館藏清《抱經堂叢書》本影印。(司馬朝軍　龍文真)

龍城札記三卷　(清)盧文弨撰(第1149册)

盧文弨,生平見前《顔氏家訓》提要。

書前有嘉慶元年(1796)錢馥序,稱盧氏嗜學至老不衰,有所得輒隨手劄記。此三卷爲文弨掌教常州龍城書院時所記,繕寫成篇,與《鍾山札記》并行,是編刊於盧氏殁後。嚴元照《書盧抱經先生札記後》稱,書院之在常州者曰龍城,盧氏歸田後,曾主講於此,故以名其書。

全書三卷,各立條目,内容多爲經史、文字考辨之屬。書中間論古書體例,如卷一"魯公爲字禺人"條曰:"古人行文亦當有遷就之處。如曰'爲爲此禍也',疊兩'爲'字,頗不清楚,想公當日亦以不順口之故而改稱其字,非傳家之修飾也。如北魏當曹魏未禪晉之時,而《魏書》即稱曹魏爲晉,此史家有意相避。後校者一一改正,是則是矣,而失其本意。"又論僞《古文尚書》不可廢:"《尚書》僞古文,東晉時始出,宋、元以來疑者衆矣,近世諸儒攻之尤不遺餘力。然雖知其僞,而不可去也。善乎白田王氏之言曰：'東晉所上之書，疑爲王肅、束皙、皇甫謐輩所僞作。其時未經永嘉之亂，古書多在，採摭綴緝，無一字無所本。特其文氣緩弱，又辭意不相連屬，時事不相對值，有以識其非真。而古聖賢之格言大訓，往往在焉，有斷斷不可以廢者。'"凡此之類皆具卓識。

此本據復旦大學圖書館藏清《抱經堂叢書》本影印。（司馬朝軍　龍文真）

蛾術編八十二卷　（清）王鳴盛撰（清）迮鶴壽參校（第 1150—1151 冊）

王鳴盛（1722—1798），字鳳喈，號禮堂，又號西莊，晚號西沚，嘉定（今屬上海）人。乾隆十九年（1754）進士，授編修，遷侍講學士，充日講起居注官，擢內閣學士兼禮部侍郎，尋授光祿寺卿。更著有《尚書後案》、《十七史商榷》、《西莊始存稿》等。生平事迹見《清史稿》。

迮鶴壽（1773—？），字蘭宮，號青垕，吳江（今江蘇蘇州）人。道光六年（1826）進士，改池州府學教授。鶴壽自少治經，特精考據。更著有《齊詩翼氏學》、《帝王世紀地名衍》、《孟子班爵祿正經界兩章考疏證》。置田贍族，卒祀鄉賢。生平事迹見《（同治）蘇州府志》卷一〇七《清史列傳》卷六九。

書名"蛾術"，蓋取《禮記·學記》"蛾子時術之"一語。"蛾"同"蟻"，蟻雖小蟲，有時時習銜土之能，積漸而成大垤，喻學問須經長期積累乃有成就。

是書前依次有梁章鉅道光二十一年（1841）序，楊承湛道光二十三年序，陶澍道光九年《蛾術編原序》，趙彥修序，迮鶴壽《凡例》，目錄後又有沈楙悳道光二十一年題識。書後有姚承緒道光十八年跋。姚跋稱其道光元年從鳴盛孫處假得是書，抄寫一通。沈楙悳題識云其得姚氏鈔本於張鑑處，凡九十三卷，令迮氏校勘。迮氏於每段後加以按語，糾

謬正訛。《凡例》記迮氏校勘體例，云是書原本九十五卷，今止校刊八十二卷，尚有"説刻"十卷，詳載歷代金石，已見《金石粹編》，無庸贅述；"説系"三卷，備列先世舊聞，入《王氏家譜》。今是書八十二卷，卷一至卷一四爲"説錄"，卷一五至卷三六爲"説字"，卷三七至卷五〇爲"説地"，卷五一至卷六〇爲"説人"，卷六一至卷六二爲"説物"，卷六三至卷七四爲"説制"，卷七五至卷八〇爲"説集"，卷八一至卷八二爲"説通"。其於典章制度、歷史地理、語言文字之考索尤爲詳盡，多資參考。

楊氏序稱是書考據精能，搜羅宏富，久已推重士林。陶氏《蛾術編原序》稱是書網羅繁富，多所發明；其言經義主鄭玄，文字主許慎。但李慈銘《越縵堂讀書記》稱鳴盛氣矜好罵，自爲學問之累；迮氏補正甚多，但峻詞詰難，同於反脣，是非校注之體。

此本據清道光二十一年世楷堂開刻本影印。另有清鈔本，藏國家圖書館。（司馬朝軍）

十駕齋養新錄二十卷餘錄三卷　（清）錢大昕撰（第 1151 冊）

錢大昕，生平見前《地球圖説》提要。

是書前有嘉慶四年（1799）自序及嘉慶九年阮元序，後有嘉慶十六年錢氏孫師康跋。阮序稱："國初以來，諸儒或言道德，或言經術，或言史學，或言天學，或言地理，或言文字音韻，或言金石詩文，專精者固多，兼擅者尚少，惟嘉定錢辛楣能兼其成。"且約舉"九難"之義，許爲當代大儒。《餘錄》後有錢氏子東塾跋，稱《養新錄》開雕後，續有所得，別爲一編曰"養新餘錄"，錢氏卒後取手稿繕錄，分爲三卷云云。

是書不分門目，而編次先後則略以類從。前三卷論經學，卷四、卷五論小學，卷六至卷九論史學，卷一〇論官制，卷一一論地理，卷一二論姓名，卷一三、卷一四論古書，卷一五

論金石,卷一六論词章,卷一七論術數,卷一八論儒術,卷一九、卷二〇爲雜考。《餘錄》三卷,上卷論經,中卷論史,下卷爲雜談。

是書乃錢氏晚年精心結撰之學術筆記,頗多精識,爲學界所推重。卷一"易韻"條揭示《易象傳》六十四卦皆有韻,"協句即古音"、"以重言釋一言"、"毛傳多轉音"諸條發明《詩經》義例。卷三《孟子章指》、"《孟子正義》非孫宣公作"二條辨《孟子正義》之僞。卷四"《説文》舉一反三之例"、"《説文》連上篆字爲句"、"《説文》讀若之字或取轉聲"、"二徐私改諧聲字"、"唐人引《説文》不皆可信",亦多爲前人所未道。卷五論聲韻,則發明古今聲變之理,倡"古無輕唇音"、"古無舌上音"、"古人多舌音"之説,尤具卓識,於文字聲韻觀其會通,得古人聲音文字之本。章太炎《與友人書》論近世治聲韻云"最精者爲錢曉徵,獨明古紐與今紐有異"。卷八末條以《金史》紀傳證《南遷錄》之僞,首發難端。卷九於《元史》匡正尤多。卷一一"《水經注》難盡信"條亦爲真實不欺之言。卷一二"家譜不可信"條標舉古人姓名異同及割裂現象,特別指出"私譜、雜志不敢輕信"。卷一三證今本《竹書紀年》、《十六國春秋》、《東家雜記》等書之僞,均可信從。卷一四"《日知錄》"條辨正顧炎武訛誤二則。卷一九"引書注卷數"條論及學術規則。凡此足資徵引,備考證。

此本據復旦大學圖書館藏清嘉慶刻本影印。(司馬朝軍)

陔餘叢考四十三卷　(清)趙翼撰(第1151—1152册)

趙翼生平見前《簷曝雜記》提要。

書前有乾隆五十五年(1790)趙翼小引,稱自黔西歸家,重理故業,讀有所得,輒劄記别紙,積久遂得四十餘卷。以其爲循陔時所輯,故名曰《陔餘叢考》。

全書四十三卷,不分門目,而編次先後則略以類從。大抵前四卷論經義,卷五至卷一四論廿四史,卷一五論《通鑒》、《綱目》,卷一六至卷二〇雜論故事,卷二一至卷二四論藝文,卷二五論年號,卷二六、卷二七論官制,卷二八、卷二九論科舉,卷三〇、卷三一雜論名義,卷三二論喪葬禮俗,卷三三論器物,卷三四、卷三五論術數神佛,卷三六至卷三八論稱謂,卷三九至卷四二爲雜考,卷四三爲俗語詞。

此書作者問題曾有爭議。李慈銘《越縵堂讀書記》稱此書與《廿二史劄記》乃是"趙以千金買之一宿儒之子"。或以爲非出一人之手,或以爲必趙翼所作無疑。按趙翼於自撰諸書中數數道之,如《簷曝雜記》卷六"洛陽伽藍記"條:"佛教之入中國,已見《陔餘叢考》。"《廿二史札記》卷一:"古書凡記事立論及解經者,皆謂之傳,非專記一人事迹也。説見《陔餘叢考》。"《廿二史札記》卷三〇"一母生數帝"條:"前代有一母生數帝者,《陔餘叢考》所載尚未備,今更詳錄於此。"《甌北詩話》卷八:"遺山複句最多……已見《陔餘叢考》。"凡此諸條,連環互證,皆可補證趙翼所作説。

周中孚《鄭堂讀書記》卷三五云《陔餘叢考》其考證正史之十卷可與《廿二史札記》互相證明,卷五五又稱趙氏"本詞賦家,於經從無所得,故考論經義率皆門外之談,惟史學頗稱熟悉",是書"雜論故事數卷尚多可取,餘所考證,其細已甚,不足以當大方之一噱也"。王端履《重論文齋筆錄》卷一一稱:"《陔餘叢考》僅勝席上談天,只可場中對策,無補經術。"王氏僅見其經學之短,而未見其史學之長。劉咸炘《内景樓檢書記》稱:"考訂甚廣,未盡精粹,識力亦差,而鈔纂薈萃,無妄談,無苟作。因有益於後學,有可揀,非《隨園隨筆》所可擬也。"是書瑕瑜互見,經短史長,棄短取長可也。

此本據清乾隆五十五年湛貽堂刻本影印。(司馬朝軍)

惜抱軒筆記八卷 （清）姚鼐撰（第 1152 冊）

姚鼐（1732—1815），字姬傳，學者稱惜抱先生，桐城（今安徽桐城）人。乾隆二十八年（1763）進士，歷任禮部主事、刑部郎中、四庫館纂修官。歷主揚州梅花書院、安慶敷文書院、歙縣紫陽書院及江寧鍾山書院。更著有《惜抱軒文集》、《惜抱軒詩集》、編選《古文辭類纂》等，其所著後結集爲《惜抱軒全集》。生平事迹見《清史稿》、毛嶽生《姚先生墓志銘》、吳德旋《姚惜抱先生墓表》等。

是書前有道光元年（1821）梅曾亮《刊姬傳先生遺書跋》，稱姚氏所著《後集》十一卷、《筆記》八卷，未及刊而卒。是書八卷，分類編纂，按四部排列。前三卷經部，卷一《易》、《書》，卷二《詩》、《周禮》、《儀禮》、《禮記》，卷三《春秋》、《左傳》、《公羊傳》、《論語》、《孟子》、《爾雅》，附小學。卷四至卷六史部，卷四《國語》、《史記》、《漢書》，卷五《後漢書》、《三國志》、《晉書》，卷六《隋書》、《唐書》、《五代史》、《宋史》、《遼金元史》，附地輿。卷七子部，《荀子》、《莊子》、《法言》、《司馬法》、《鹽鐵論》，附雜記。卷八集部，《文選》、《五言詩選》、《杜子美集》、《李義山集》、《蘇子瞻集》，附雜記。

是書以考證爲主，間有通論。論《尚書》曰：“《尚書》爲僞作古文者竄增，以亂聖籍，固可惡矣。而自漢以來所傳之《今文尚書》亦頗爲所改易，轉失其真。”論《周禮》曰：“《周禮》一書，何休以爲六國陰謀之書，非也。鄭康成云：‘周公居攝，作六典之職。’宋儒亦信以爲周公所爲。此亦非也。劉歆以謂周公致太平之迹，謂之迹，非謂其書周公作也。其語差近實矣。吾則以謂其書非一時之書。漢鄭仲師以爲即《尚書·周官篇》，後儒多譏其誤。吾以謂仲師雖誤，然其說亦有失中之得焉。”姚氏學宗程朱，却大膽批評朱子混淆明道、伊川之學：“朱子以明道、伊川二程子之學如一人，故於《集注》内但稱程子，

更不分別，有連引二人之說者，但以又曰隔之，正以爲如一人也。在朱子之義止取明義理，而不復較其語之出於兩賢，此自是著書之變體。若以文字之體言之，似不若明白分出之之爲當也。”

周中孚《鄭堂讀書記補逸》卷二五稱是書引據古義，考證字句，無不精詳切要，有益學者。劉咸炘《内景樓檢書記》亦稱是書不苟立説，文詞雅潔，固無餖飣之弊。

此本據同治五年（1866）省心閣刻《惜抱軒全集》本影印。（司馬朝軍）

讀書脞録七卷續編四卷 （清）孫志祖撰（第 1152 冊）

孫志祖生平見前《家語疏證》提要。

是書前有孫氏嘉慶四年（1799）自記，潘世恩嘉慶十二年序，阮元《孫頤谷侍御史傳》；《續編》卷末有孫同元嘉慶七年跋；書後附孫星衍《清故江南道監察御史孫君志祖傳》。孫氏自記稱其乾隆四十一年陳情歸里，恣意披覽，偶有所得，隨筆疏記，積久成帙，是爲《脞録》七卷。孫同元跋稱，《續編》一百五十一條，其先君未定之稿，詮次爲四卷，就正於王毅脡、梁諫庵、許周生諸摯友，校審數過，爰付諸梓。

正編七卷，成於嘉慶四年，凡説經二卷，説子、史二卷，雜識三卷；《續編》四卷，成於嘉慶七年，體例大致與正編相近，凡説經二卷，説史一卷，説子及雜識一卷。《脞録》於勘正經籍文字尤爲用力。如“《舜典》無錯簡”條，辨《史記·舜本紀》於“命夔”之下亦有“夔曰於”十二字，而非錯簡。此書亦留意古書體式。如“古書重文”條載《大戴禮·誥志篇》“此謂表裏時合”，楊慈湖《先聖大訓》“表裏”作“表表裏裏”，蓋當是“此謂表裏表裏時合”也。丁小山云：“古書重文，表＝裏＝，如今人書何＝如、千＝萬＝之例。”《續編》尤爲注重平議史家作法。如“南北史兩傳”條批評李

氏自亂其例;"南北史列傳附載子孫"條謂史家列傳之體與譜牒不同,其子孫功名不甚顯著者,本可不載;"史家虛張傳目"條謂史家有虛張傳目而實無其傳者,蓋由採自舊史,失於檢照,或作非一手,刪改未盡。

潘世恩序其書,稱於兼採漢、宋,統會群說,其言約而賅、醇而確。阮元《儒林傳稿》卷四亦稱其考論經子雜家,折中精詳,不爲武斷之論。

此本據國家圖書館藏清嘉慶本影印。（司馬朝軍　龍文真）

南江札記四卷　（清）邵晉涵撰（第 1152 冊）

邵晉涵(1743—1796),字與桐,又字二雲,號南江,餘姚（今屬浙江寧波）人。乾隆三十六年(1771)進士,歸班銓選,會開四庫館,特詔徵入館編纂,授編修,擢侍講學士,充文淵閣直閣事、日講起居注官。更著有《爾雅正義》等。生平事迹見《清史稿》、王昶《翰林院侍講學士充國史館提調官邵君晉涵墓表》、洪亮吉《邵二雲先生傳》、章學誠《邵與桐別傳》。

是書乃邵氏卒後其子秉華所輯刊。書凡四卷,皆爲考據筆記。卷一考《春秋左氏傳》二百十三條、《穀梁傳》十四條。卷二考《儀禮正誤》三十四條,皆摘鄭本之誤,凡鄭玄言"古文作某"、"今文作某"者,皆以鄭所從爲不然;《禮記》一條;三禮論天帝郊丘之祭七條,亦皆駁鄭玄之說。卷三考《孟子》三百七十四條,蓋即其《孟子正義》之稿本。卷四考《史記》十九條、《漢書》七條、《後漢書》三條、《三國志》四十九條、《五代史》十七條、《宋史》四十九條。

是書多列經史異文,頗具校勘價值。如記《春秋左氏傳》與他書文字異同,謂隱公四年"戊申,衛州吁弑其君完",汲古閣本"戊申"誤作"庚戌";桓十七年"夏五月",《石經》及淳化本無"夏"字,《公羊傳》同。

此本據嘉慶八年(1803)邵氏面水層軒刻本影印。另有《南江邵氏遺書》本、光緒間《式訓堂叢書》本、《仰視千七百二十九鶴齋叢書》本、《紹興先正遺書》本等。（司馬朝軍　龍文真）

焠掌錄二卷　（清）汪啓淑撰（第 1152 冊）

汪啓淑生平見前《續印人傳》提要。

焠掌者,謂苦學者自灼其掌,猶頭懸梁,錐刺股耳。此書皆汪氏生平讀書之劄記,凡一百餘條,多取瑣事碎語而考證之,而於高且遠者置之不論。此錄分上下卷,以《史記》、《漢書》、《後漢書》、《三國志》、《晉書》、《南北史》、《唐書》、《五代史》、《宋史》、《遼史》、《金史》、《元史》、《明史》爲次。

是書前有杭世駿序,序中頗有微詞。周中孚《鄭堂讀書記》卷五五稱其引據分明,以求前人之間,究與遊談無根者有上下牀之別。謝國楨《明清筆記談叢》稱其書瑣碎餖飣,爲清代第三流考據書,毫無發明。

此本據國家圖書館藏清汪氏開萬樓刻本影印。此藏本有焦循識語。（司馬朝軍）

讀書雜志八十二卷餘編二卷　（清）王念孫撰（第 1152—1153 冊）

王念孫(1744—1832),字懷祖,號石臞,高郵（今江蘇高郵）人。乾隆四十年(1775 年)進士,歷任翰林院庶吉士、工部主事、直隸永定河道等職。王念孫受業於戴震,致力於音韻、文字訓詁的研究。平生篤守經訓,個性正直,好古精審,剖析入微,爲清代樸學主要代表之一。著作更有《廣雅疏證》等。生平見《清史稿》。

《雜志》八十二卷,分爲十種,依次爲:志一論《逸周書》四卷;志二論《戰國策》三卷;志三論《史記》六卷;志四論《漢書》十六卷;志五《管子》十二卷;志六論《晏子春秋》二卷;志七論《墨子》六卷;志八論《荀子》八卷、《荀子補遺》一卷;志九論《淮南內篇》二十一卷,又附《顧校淮南子各條》一卷;志十《漢隸拾遺》一卷。志三前有念孫嘉慶二十二年(1817)序;志五前有念孫嘉慶二十四年序;志六前有念孫道光十一年(1831)序;志七前有念孫道光十一年序;志九論《淮南內篇》卷二一後有念孫嘉慶二十年跋,《顧校淮南子各條》一卷下有王引之道光元年二月序;志十前有念孫道光十一年序。《餘編》上下二卷,上卷《後漢書》二十一條、《老子》四條、《莊子》三十五條、《呂氏春秋》三十八條、《韓子》十四條、《法言》八條,下卷《楚辭》二十六條、《文選》一百十五條。《餘編》目錄後有王引之道光十二年小記,云《讀書雜志》十種自嘉慶十七年以後陸續付梓,至道光十一年仲冬甫畢。其父卒後,檢遺稿十種而外猶有手訂二百六十餘條。恐其久而散失,謹刻爲《餘編》二卷以附於全書之後。

是書以校勘古書中的文字訛誤爲主,乃"高郵王氏四種"之一,用力甚深,考證甚精,爲乾嘉考據典範之作。楊樹達《訓詁學小史》評云:"綜觀其訓詁學之所以絕人者,約有四端:一曰了徹音義相通之故,二曰能鉤古義之沉,三曰審句例,四曰審詞氣。"然書中亦不免微瑕,如曾國藩《求闕齋日記類鈔》卷下稱:"《讀書雜志》所校《管子》各條,似不如校他書之精實。"俞樾《春在堂雜文》五編卷七《左袒文諸子補校序》稱《讀書雜志》精密之至,但喜據《群書治要》改易舊文,此亦通人之一敝。

此本據天津圖書館藏清道光十二年刻本影印。(司馬朝軍)

柚堂筆談四卷　(清)盛百二撰　(第1154冊)

盛百二(1720—1785?),字秦川,號柚堂,秀水(今浙江嘉興)人。乾隆二十一年(1756)舉人,官淄川知縣。晚主山棗、棗城書院。更著有《尚書釋天》、《皆山閣詩集》、《柚堂文存》。生平事迹見題爲梅花村人撰《柚堂居士著述序》、《清史列傳》卷六八"范家相傳"。

是書爲盛氏讀書之劄記。前有乾隆三十四年潘蓮庚識語,稱其不屑屑於章句,隨意涉獵經史,輒有妙悟,不與世人同。凡四卷,卷一、卷二解說經史,卷三記前賢詩文,卷四雜記名物度數,間有考訂。大體而言,是書要旨有二:一爲道術并舉。如論治家之道曰:"凡爲天下國家,有'九經'。所以行之者,一也。一者,誠也。"論治家之法曰:"其上利導之,其次教誨之,最下者與之爭,故人樂有賢父兄也。"論修身之術曰:"明於盈虛剛柔之理者,可以處憂患。"二爲漢宋兼採。柚堂雖以漢學名家,亦不菲薄宋學。如論太極問題稱"理是一理,法是活法",又極力贊同元儒程端禮讀書之法。盛氏其身處漢學極盛之時,不爲風氣所囿,不爲習俗所移,殊爲難得。

周中孚《鄭堂讀書記》卷五五稱其議論純正,頗有裨於風教,又稱其所考證亦皆精切不移。但亦有可議之處,如曰:"敦煌產瓜,瓜之長者,狐入瓜中,食之首尾不出,故狐字從瓜也。"如此説字,顯不足信。

此本據山東省圖書館藏清乾隆三十四年潘蓮庚刻本影印。(司馬朝軍　龍文真)

覺非盦筆記八卷　(清)顧堃撰　(第1154冊)

顧堃(1740—1811),初名陶尊,字堯峻,號思亭,長洲(今江蘇蘇州)人。乾隆三十八年(1773)賜舉人,嘗官丹徒教諭、常州教授。更著有《思亭全集》、《雕玉草》、《賡衢草》。生平事迹見《(同治)蘇州府志》卷八九、法式善《槐廳載筆》卷七。

書前有嘉慶二十三年(1818)蔡之定序,稱是書綜述古今,博採典籍,遵唐賢之軌則,集藝苑之精華,不僅學古有獲,其輔翼世道人心處亦復不少。後有光緒八年(1882)其子鎮生跋,稱其性好讀書,每遇切理饜心之處,隨手劄記,顏之曰《覺非盦筆記》。

是書凡八卷,不分門目,而編次先後,略以類從。大抵前四卷論經學、小學,卷五論史事,卷六論藝文,卷七論書畫、碑版及雜綴,卷八論風俗、政治。卷中撮録《周易古義》、《容齋隨筆》、《癸辛雜志》、《敬齋古今黈》、《畏壘筆記》、《圍爐詩話》、《考古質疑》、《清異録》、《霏屑録》、《雪浪齋日記》、《池北偶談》、《日下舊聞》、《贅言》諸書,又節録王應麟、戴震、錢大昕、段玉裁諸家之説。胡玉縉《許廎經籍題跋》稱其纂録有法,頗見審慎,標舉出處,尤合體例。

然書中不乏摭拾舊説,聊備遺忘而無發明者,如卷一自稱:"鮑氏廷博得梁皇侃《論語義疏》於日本足利學中,正文有與今本異者,愚輒摭録之,以廣異文,其疏義之當否,通人碩士自有定論,愚不及論也。"又如卷八自稱:"余讀馮氏景集,每多見道之言,因摘録以備觀省。"

此本據上海辭書出版社圖書館藏清光緒八年刻本影印。(司馬朝軍)

過夏雜録六卷續録一卷　(清)周廣業撰
(第1154冊)

周廣業生平見前《循陔纂聞》提要。

唐世舉子進京趕考,下第後不復出京,退而肄業,以待再試,謂之過夏。宋時多借靜坊廟院及閑宅居住,作新文章,謂之夏課。至明初,則有寄監讀書,以俟後舉者。清代其風猶存。廣業於乾隆四十九年(1784)春闈下第,留京佐沈景熊校四庫書,長達二年之久。是書乃廣業於胝沫之暇,隨筆記録而成,故題曰《過夏雜録》。

《雜録》六卷,《續録》一卷。《雜録》前三卷爲讀書雜鈔及零散考證。"諸經古注疏"條曰:"元、明以來,習科舉者墨守宋、元儒注,是以一家之言包括數聖人之微言大義,本屬未盡。明中葉後,漸悟其非,於是有稱述古注

而疑宋人爲杜撰者。本朝名儒碩學尤鋭意於漢、魏、晉人之學,而宋學僅以供場屋之用而已。"由此可窺其重漢學輕宋學之學術傾向。"從聖經看來"條曰:"魏了翁答周子曰:'向來多看先儒解説,不如一一從聖經看來。蓋不到地頭親自涉歷一番,終是見得不真。'案:此真善讀書人語!然聖經不易看,息心靜氣,反覆涵泳,猶未必有得。"要之,其讀書方法在於"回歸原典"。《雜録》後三卷多載京師掌故,而"太學石鼓"、"辟雍"二則考之尤詳。於石鼓主馬定國後周宇文氏物之説,博引史傳,申焦竑所未及,重排甲乙,從孫星衍之次第。於辟雍,則徵經考史,詳繹制度,列爲"辟雍名義"、"辟雍制度"、"文王辟雍"、"武王辟雍"、"成王辟雍"、"西漢辟雍"、"東漢辟雍"諸目。

是書考訂名物多有過人之處,如"青桐"條曰:"《月令》:'桐始華。'此青桐,非梧桐也。青桐三月開花,淡紅色而無子,《爾雅》所謂榮桐木也。梧桐四月開淡黃小花而多子,《爾雅》櫬梧是也。陶隱居曰:'桐有四種:青桐葉皮青,似梧而無子;梧桐色白,葉似青桐而有子;白桐與岡桐無異,唯有華子爾;岡桐無子,材中琴瑟。'《埤雅》非之,反以青桐爲即今梧桐,謬矣。余辛丑晚春入南山省墓,見有花滿樹,豔若朝霞,全未有葉,山中人呼爲青桐。《南越志》'青桐花似木綿,而輝薰過之',最善名狀。《本草衍義》謂梧桐即《月令》之桐,尤謬。"以目驗佐考證,故能精審入微。

《雜録》後有廣業乾隆五十一年序,記是書成編之由來。書前有其宗叔周春嘉慶辛未(1811)序,稱茲録考訂精詳,不減洪容齋一流;間及時事,則漁洋山人《居易録》例。王欣夫《蛾術軒篋存善本書録》謂《雜録》後三卷可作《帝京景物略》、《日下舊聞考》讀。

此本據國家圖書館藏清種松書塾鈔本影印。另有稿本藏上海圖書館。(司馬朝軍)

群書札記十六卷　（清）朱亦棟撰（第 1155 册）

朱亦棟，初名芹，字獻公，號碧山，上虞（今屬浙江紹興）人。乾隆三十三年（1768）舉人，官平陽教諭。更著有《十三經札記》等。生平事迹見《兩浙輶軒續録》卷一○。

全書各卷之前有目録，詳列該卷細目。是書爲朱氏研讀子史百家、稗官小說、名人文集時所作考證筆記，與其所著《十三經札記》爲姊妹篇，均有心得。如“坑儒”條據下文長子扶蘇諫曰“諸生皆誦法孔子，今上皆重法繩之，臣恐天下不安”駁“始皇所坑者乃方士非儒生”之説。

書前有光緒四年（1878）馮一梅序，云朱氏於所讀之書有一字之疑、一言之誤，必爲之疏通證明，以羽翼經傳。李慈銘《越縵堂讀書記》稱是書雜考古義，頗有心得，惟讀書不多，時有村塾陋語。

此本據上海辭書出版社圖書館藏清光緒四年武林竹簡齋刻本影印。（司馬朝軍）

蠡勺編四十卷　（清）凌揚藻撰（第 1155 册）

凌揚藻（1760—1845），字譽釗，號藥洲，番禺（今屬廣東廣州市）人。乾隆時諸生。工於詩文，長於考證，爲巡撫朱珪所賞識。更著有《藥洲花農詩文略》、《四書紀疑録》等，編有《嶺海詩鈔》。生平事迹見《清史列傳》卷七三、《（光緒）廣州府志》卷一三一。

“蠡勺”者，以蠡勺海，以此名書，蓋謂學問之道渺無涯涘，取不自滿之意。書後有同治二年（1863）伍崇曜跋，稱凌氏晚年依類編次，裝裱成帙，藏之於家，有目録而無序跋。

是書四十卷，乃凌氏泛讀經史子集之札記，各卷之卷首均有目録，詳列該卷條目。卷三五“《經稗》”條云是書體例仿於《經稗》。今觀是書，卷一至卷二四，大致以四部爲次編排，卷二五至卷三四雜記制度名物，卷三五至卷四○復論經史。是書或採擇先哲著述，或紀録同時師友講論之言，或斷以己意。搜羅四部，博觀約取，間論辨僞。

清葉東卿稱是書足爲經史子集之翼，亦《陔餘叢考》之亞。但李慈銘《越縵堂讀書記》稱是書多直載古今人之説，罕所折衷，間有論辨，亦不甚精。

此本據華東師範大學圖書館藏清同治二年伍氏粵雅堂刻《嶺南遺書》本影印。（司馬朝軍）

曉讀書齋雜録八卷　（清）洪亮吉撰（第 1155 册）

洪亮吉（1746—1809），字稚存，號北江，又號更生居士，歙縣（今屬安徽黄山市）人，後入江蘇陽湖（今江蘇常州）籍。乾隆五十五年（1790）進士，嘉慶四年（1799）上書言事，極論時弊，得罪戍伊犁，次年詔釋還，居家十年而卒。更著有《春秋左傳詁》、《補三國疆域志》、《北江遺書》等。生平事迹見《清史稿》、謝階樹《洪稚存先生傳》、惲敬《前翰林院編修洪君遺事》等。

是書爲洪氏考訂經史疑義之劄記，凡八卷，四録，每録二卷，其録三卷上題爲“黔中録”、卷下題爲“塞外録”。其論學頗有精要語，如云“古人才識皆自學問中來”等等。其於史事考證尤爲注意，吳士鑒、劉承幹《晉書斠注》對是書頗多徵引。然其粗疏之處間亦有之，如稱“釋氏出於道家，故古人皆言道釋”，可謂不通之論。

是書初録卷首有亮吉自記，稱：“余自絶域生還，或扃户浹旬，或授徒百里，皆日課讀書二卷，非人事牽率，歲臘倥傯，未嘗輟也。偶有所得，輒筆之於書，非敢云質之同人，聊自記其不廢學云。”書前有奕經序，稱其書精窾通博，而尤所致意者，爲訓詁、地理，蓋洪氏於二者固爲專門絶學。但李慈銘《越縵堂讀書記》稱此書包羅雖廣，而運思不細，檢覈不周，不能條條精當。

此本據中國科學院圖書館藏清道光二十二年刻本影印。（司馬朝軍）

炳燭編四卷　（清）李賡芸撰（第 1155 册）

李賡芸（1753—1817），字生甫，號書田，自號郲齋，嘉定（今屬上海）人。乾隆五十五年（1790）進士，累官福建布政使。更著有《稻香吟館詩稿》。生平事迹見《清史稿》、《清史列傳》卷七五、秦瀛《福建布政使郲齋李君墓志銘》。

書前有同治十一年（1872）正月潘祖蔭序，稱李氏爲錢大昕弟子，學有師法，中歲服官，治尚廉靜。《炳燭編》乃李氏之孫用光所輯，爲目至繁，文率未竟，蓋初稿之俟更定者，故世不克見。又有同治十一年四月刻成後之小記，録是書編校人員。

是書四卷，卷一説經；卷二記古字通假舉例、《説文》古證、《説文》衍脱及古字通用；卷三記文字音韻；卷四記《荀子》音韻句讀，校定《老子》、《吕覽》、《説苑》，訂正《漢書》、《舊唐書》、《新唐書》志、傳之譌，并雜考金石跋文、禮儀官制。是書考訂經史譌誤頗有可觀，如“敬用五事”條，李氏引《漢書·藝文志》引“次二曰羞用五事，言進用五事，以順五行”，又云《漢書》之《藝文志》、《五行志》、《孔光傳》皆作“羞用五事”，據此辨云：“以‘進’訓羞，不得謂‘苟’之誤矣。當是‘羞’譌爲‘苟’，‘苟’改爲‘敬’耳。”

李氏博綜經史，能守竹汀錢氏家法，然此書得失參半。李慈銘《越縵堂讀書記》稱其書本四大帙，潘祖蔭屬陳倬、胡澍、趙之謙共校之，釐爲四卷，梓以行世。劉咸炘《内景樓檢書記》稱此書可取處亦不多，説古音聲近者尤多傷附會泛濫。

此本據國家圖書館藏清同治十一年刻《滂喜齋叢書》本影印。此藏本爲李慈銘批校本，有李氏校語及跋。（司馬朝軍　龍文真）

札樸十卷　（清）桂馥撰（第 1156 册）

桂馥生平見前《續三十五舉》提要。

嘉慶元年，桂馥由水程就官滇南，舟中追憶舊聞，隨筆疏記，到任後續以滇事，編爲十卷。以其細碎，竊比匠門之木，題曰“札樸”。書刻於嘉慶十八年（1813）。分温經、覽古、匡謬、金石文字、鄉里舊聞、滇遊續事六門。桂氏精於小學，故此書於名物訓詁研析甚精。書前段玉裁嘉慶十八年序稱其考核精審，有資於博物者，不可枚舉。又有同年翁廣平序，稱讀是書而服桂氏之學有兼長，自“六經”諸史、象緯輿地、財賦河渠、算數曆律之學，與夫六書聲韻、方言風俗之類，罔不根究原委，剖析疑似。

周中孚《鄭堂讀書記》卷五五稱是書引證奧博，詞藻古雅，有資於博物者亦不可枚數，洵考據之專門，而自成一家之言。平步青《霞外攟屑》卷六“《札樸》”條稱是書於六書聲韻引據奧博，偶有過泥《説文》改經字處，而考覈精確，補前人未及者十之七，金石拓本諸家未著録者收載辨證尤夥。

此本據國家圖書館藏清嘉慶十八年李宏信小李山房刻本影印。（司馬朝軍）

愈愚録六卷　（清）劉寶楠撰（第 1156 册）

劉寶楠（1791—1855），字楚楨，號念樓，寶應（今屬江蘇揚州）人。爲諸生時，與儀徵劉文淇有“揚州二劉”之目。道光二十年（1840）進士，歷任文安、元氏、三河、寶坻等地知縣。更著有《論語正義》、《釋穀》、《念樓集》等。生平事迹見《清史稿》、戴望《故三河知縣劉君事狀》、劉文興《劉楚楨先生年譜》。

是書六卷，爲劉氏考據筆記，涉獵甚廣，精義甚多。如論《詩》“日之方中”、“定之方中”，謂爲向中，引《史記·天官書》“日方南”、“日方北”，《索隱》“方猶向也”爲證，闢傳箋以方爲四方之非。又如論《詩·河廣》“一葦杭之”，謂“杭”與“斻”同，引《説文》“斻，方舟也”爲證，又舉《後漢書·文苑杜篤傳》“造舟於渭北，斻涇流”，李賢注“斻，舟度也”等證據，證杭、斻同音假借。其他諸説，亦多出己見,皆實事求是,言必有證。

是書原不分卷,以記載之先後爲次。當劉氏未没時,曾手自録其精説爲六卷,授山陽丁壽昌閲定,丁氏爲加按語甚多。後其子恭冕又釐定其未録者爲八卷,合爲十四卷。此本據上海辭書出版社圖書館藏清光緒十五年廣雅書局刻本。(司馬朝軍)

經史雜記八卷　(清) 王玉樹撰 (第 1156 册)

王玉樹,字松亭,又字廷楨,安康(今陝西安康)人。乾隆五十四年(1789)拔貢生,官廣東州判。更著有《退思易話》、《説文拈字》、《志學録》、《薌林草堂文鈔》等。生平事迹見李慈銘《越縵堂日記》。

是書前有道光十年(1830)王氏識語,稱公餘讀書,每究尋經史,偶有所得,輒筆記之,間有他説,亦附益焉,日月既深,紙墨遂多,爰擇其有關考證者,薈萃成編。今細核其書,考其來源,勘定其鈔襲成書,尤以《廿二史劄記》、《四庫全書總目》爲多。

此本據南京圖書館藏清道光十年芳梫堂刻本影印。(司馬朝軍)

雪泥書屋雜志四卷　(清) 牟庭相撰 (第 1156 册)

牟庭相(1759—1832),又名牟庭,字默人,一字陌人,棲霞(今屬山東烟臺)人。乾隆六十年(1795)優貢生,任觀城縣訓導。與同縣郝懿行相友善,同研樸學。更著有《楚辭述芳》、《同文尚書》、《詩切》等五十餘種,後散佚大半。生平事迹見《疇人傳三編》卷二、《清史列傳》卷六九、《清儒學案新編》第六册。

是書乃庭相卒後其子房輯録而成,初未有書名,房仿鄭小同《鄭志》之意,且以其中體例不一,題之曰《雪泥書屋雜志》。是書前有道光二十八年(1848)王東槐序,稱其書無一語不見精心,雖出於百衲之集,自成一家言。

後有咸豐五年(1855)其子牟房跋。

是書四卷,雜論經史、諸子、天文、地理。如論韓非曰:"韓非淫辭靡辯之才,能爲文章,而不知道德。然其書有《解老》、《喻老》二篇者,盖爲慕老子之高名,而附托聲價,妄作解論,欲借此以爲重也。老子之學過於高,韓非之識過於卑,以韓解老,譬如赴火飛蛾而語冰也。"又論《商君書》唐後書亡,今所行《商子》是後人僞造,所言開塞,全非商君意,率爾作僞,甚爲淺妄。又如論今世所傳《洪範五行傳》一篇,或出劉歆,或出許商,皆不可知,然必知其非伏生書。牟氏曰:"學士不通古今方語者,不可以讀古書也。"可謂名言。楊向奎稱牟氏博學在邵晉涵、郝懿行之間,於乾嘉學派中可占一席之地。

此本據上海圖書館藏咸豐安吉官署刻本影印。(司馬朝軍)

葀厓考古録四卷　(清) 鍾裵撰　校記一卷 (清) 鮑鼎撰 (第 1156 册)

鍾裵(1761—1805),字保其,號葀厓,甘泉(今屬江蘇揚州)人。省試十三次不第,嘉慶九年(1804)舉爲優貢生。更著有《春秋考異》、《説書》等。生平事迹見《國朝漢學師承記》卷七、《國朝先正事略》卷三六及焦循《皇清優貢生鍾君墓志銘》。鮑鼎(1898—1973),字扶九,號默庵,丹徒(今屬江蘇鎮江)人。1941 年任大夏大學兼無錫國專教員。更著有《金文略例》、《〈鐵雲藏龜〉釋文》、《〈鐵雲藏龜之餘〉釋文》等。

《考古録》乃雜論經籍之作,系焦循編次而成。書前所附焦氏《皇清優貢生鍾君墓志銘》稱:"君卒之明年夏四月,君之子負二囊來,皆君著述草稿,乞循爲理之。""其餘零星斷爛,卷帙未完,窮三日力,刺其精華,爲君寫之,統得四卷,名之曰《葀厓考古録》。"是書前又有阮元序,嘉慶十三年(1808)阮亨序。亨序稱其中若"毛鄭昏月辨證"、"春秋衛輙據國罪案"諸説,皆闡前賢之奧論。

書中所記,多考訂字義,辨析名物,如"校正字畫"條稱:"校正字畫自以《説文》爲主,而參之以《釋文》,從古而不必泥,博考以折其衷。"又如"省字當讀生上聲"條稱:"可知'省察'之'省',古正讀如'臺省'之'省',即《周易》之'省方',《論語》之'三省',無不當讀爲生上聲者,蓋顯有確據。"又有考論著作得失者,如"《論語》注有得失"條稱:"讀書固資實證,亦貴虛會,要衷之於理而已。"又有考辨漢朝經師博士者,如"五經博士辨證"、"石渠論五經殿中平公穀同異諸儒"、"白虎觀諸儒考證"、"師傅諸儒"諸條。

《校勘記》一卷,末有民國二十年(1931)鮑鼎識語,言其校勘始末云:"此書刊行未久,即遭赭寇之亂,板燬於兵,故傳本極少,歲丙寅,上虞羅經之振常世丈得鈔本,文字多舛誤,屬爲讎校,未能盡加是正也。今年春,聞南陵徐積餘乃昌年伯藏有刊本,因假以比勘,有鈔本不誤而刊本誤者,有刊本不誤而鈔本誤者,亦有兩本皆誤者,知鈔本別有所本,非由刊本傳鈔,因參稽各書,逐一詳校,成《校記》一卷。"

此本據湖北省圖書館藏清嘉慶十三年阮元刻本影印,《校勘記》據民國二十年鮑鼎稿本影印。(司馬朝軍　王獻松)

二初齋讀書記十卷首一卷 （清）倪思寬撰（第 1156 册）

倪思寬(1729—1786),原名世球,字存未,號二初,華亭(今屬上海)人。乾隆恩貢生。見知於學政雷翠峰,嘗與戴震定交。更著有《經籍録要》、《文選意義訂正》、《二初齋詩文集》等。生平事迹見倪元坦所撰《行略》。

是書首一卷依次爲沈業富序、王寶序、盛灝元跋、鍾晉《家傳》、倪元坦《行略》及《祭田記》。沈序譽是書爲王氏《困學紀聞》、《黃氏日鈔》之亞。盛跋稱其書兼有聞道、致用之

學。卷一下有倪氏自序,稱温習舊學,心有所得,輒自録記,以待他時再思,故名之曰《讀書記》。

是書乃倪氏讀書有得,隨手劄記之書。大旨宗朱斥陸,尤不喜毛奇齡。書中所記,多論經學。如論《儀禮》生養葬祭一切完備,實是全書,前人以爲不全者不確。謂胡胐明《禹貢錐指》用意深遠,爲經濟之書。又謂《伊川易傳》雖不講象數,而有合於聖人"加年學《易》"之本意,要爲千古《易》理之宗,與朱子《四書章句集注》同爲義理之總匯;至於《周易本義》,不過補程《傳》之闕。凡此皆爲心得之言,旗幟鮮明,不爲模棱之談。

周中孚《鄭堂讀書記》卷五七稱是書殊少至理名言,真末流語録習氣,未免貶之過甚。李慈銘《越縵堂讀書記》稱其書多考據經義,間及古人詩賦,雖未爲博奧,而實事求是,亦漢學之有根柢者。

此本據上海辭書出版社圖書館藏清嘉慶八年涵和堂刻本影印。(司馬朝軍)

瞥記七卷 （清）梁玉繩撰　庭立記聞四卷（清）梁學昌等輯（第 1157 册）

梁玉繩(1744—1819),字曜北,號諫庵,錢塘(今浙江杭州)人。增貢生。家世貴顯,不志富貴,自號清白士,鄉試九次不第,年未四十,即棄舉業,潛心著述。與弟履繩以學問相勉,相互切磋,時有二難之目。又與杭世駿、陳兆崙、錢大昕、孫志祖、盧文弨等遊。更著有《人表考》、《元號略》等,後彙編爲《清白士集》。生平事迹見《清史稿》。梁學昌,字蛾子,晚號道子。梁玉繩之子。更著有《蕉屏覆瓿集》。生平事迹見《兩浙輶軒續録》卷一一、《清續文獻通考》卷二六九。

《瞥記》爲梁氏讀書劄記,書名取王德柔語"遇有瞥觀,皆即疏記"之義。全書七卷,卷一、卷二論經,附《檀弓剩義》、《説文俪經附證》;卷三、卷四論史;卷五論子,附《列女傳

補勘》,卷六論詩文;卷七記雜事,附《日本碎語》。書中多辨僞之言。如謂今所傳《易林》乃《周易卦林》,獻王在永平時已用爲占,則亦非東漢人所爲,或後來有所羼入。又謂孔安國《書序》、《書傳》皆後人僞作,其真者不可見,蓋久已亡逸,或謂安國得古文衹讀而寫之,未嘗爲傳,似未確。又謂《湯征》一篇今存《史記·殷本紀》中,未嘗亡逸。其他如論及《左傳》、《國語》、《尚書·金縢》、《管子》、《亢倉子》、《孔子家語》、《孔叢子》、《西京雜記》、陶潛《四八目》、蘇軾《杜詩事實》等,雖不必一一精確,足以啓迪後學。

陳壽祺《與仁和梁曜北書》稱其鈎深索隱之功甚至。張舜徽《清人文集別録》稱此書考證經史,自多精義,不失爲説部中之錚錚者。

此本據清嘉慶刻《清白士集》本影印。

《庭立記聞》前有嘉慶十七年(1812)諸以敦序,稱是書皆記梁玉繩與諸子考古答問之語及撰造所未刻者,因題曰《庭立記聞》。書後有嘉慶十六年陸準跋,稱十三年仲冬,得讀梁玉繩諸子所輯《庭立記聞》,出經入史,援據精確。

是書爲問答體,共四卷,卷一爲補《史記志疑》及《清白士集》,題梁學昌輯,卷二至卷四爲玉繩與諸子問答語,分別題梁者、梁衆、梁田輯。書中所記,有關辨僞者,如稱《孟子》古注,惟趙氏得存;《後漢書·儒林傳》載程曾作《孟子章句》,高誘《呂氏春秋序》曰誘正《孟子章句》,又《隋志》有鄭康成注《孟子》七卷,今皆無傳,諸書均未引及,《宋史·藝文志》有揚雄注,似僞托。又論讀經史之法曰:"經須逐字鑽研,更參異同,於別條而融貫之;史須逐事檢對,先分門類,於胸中而粹聚之。諸葛公略觀大意,靖節翁不求甚解,似非讀書常法。"可謂經驗之談。

徐時棟《烟嶼樓讀書志》卷一六稱此書大約玉繩自著,而分屬於其子者。徐氏又斥其書名之不通。張舜徽亦稱此爲玉繩自記以補《瞥記》者,乃嫁名爲其四子所分輯。

此本據清嘉慶刻《清白士集》本影印。

(司馬朝軍　王獻松)

簡莊疏記十七卷　(清)陳鱣撰(第1157冊)

陳鱣(1753—1817),字仲魚,號簡莊,海寧(今浙江海寧)人。嘉慶三年(1798)舉人。雅好藏書,遇宋元佳槧及罕見之本,不惜重值收之,與吳騫、黃丕烈等互相鈔傳。其向山閣足與黃丕烈"百宋一廛"及吳騫"千元十駕"媲美。更著有《論語古訓》、《續唐書》、《經籍跋文》等,輯鄭玄《孝經注》、《六藝論》。生平事迹見《清史稿》、《清史列傳》卷六九。

陳氏營果園於硤石紫微山麓,構向山閣,藏書十萬卷,次第校勘。是書爲陳氏疏解《十三經》之作,共十七卷,卷一《易》,卷二《書》,卷三至卷五《詩》,卷六、卷七《周禮》,卷八《儀禮》,卷九、卷一〇《禮記》,卷一一《春秋左氏傳》,卷一二《春秋公羊傳》,卷一三《春秋穀梁傳》,卷一四《論語》,卷一五《孟子》,卷一六《孝經》,卷一七《爾雅》。書中考證燦然有條,咸可徵信。如謂"易之字取諸蜥易",以駁"日月爲易"之非。又論董逌《廣川詩故》曰:"《讀詩紀》所載董氏説,即此人,其言齊《詩》及石經崔靈恩《集注》,江左古本多僞托,《詩考》誤信之。"陳氏博極群書,精習許、鄭之學,精於校讎,於經籍校訂成就尤著。

書後有民國四年(1915)張鈞衡跋,稱是書乃其鈔自武進盛氏,原爲十四卷,前六卷爲寫定本,後八卷爲手稿。

此本據民國四年張氏刻《適園叢書》本影印。(司馬朝軍)

合肥學舍札記十二卷　(清)陸繼輅撰(第1157冊)

陸繼輅(1772—1834),字祁孫,陽湖(今屬江蘇常州)人。嘉慶五年(1800)舉人,歷官合肥縣訓導、江西貴溪縣知縣。繼輅爲文,能於陽湖、桐城外自樹一幟,尤致力於詩。更著有《崇百藥齋文集》。生平事迹見《清史稿》、《清史列傳》卷七二、李兆洛《貴溪縣知縣陸君墓志銘》)。

是書爲陸氏主講合肥學舍時所作札記,經史、詩文、掌故,均有涉及,而以論詩之語爲多。如"江西詩"條稱江西詩人曾賓谷先生燠、蔣藕船知讓、吳蘭雪嵩、梁樂蓮裳鈞可稱四大家,但三家托興深遠,深得古人"所言在此、所指在彼"之旨,藕船有賦而無比興,固應不逮。"唐人詩學漢魏"條論樂天、長吉、文昌、仲初學漢魏而各得其性之所近,亦非肯遠舍古人,別求規範。談言微中,皆爲有識之論。

書前有李兆洛序,稱是書蓋編次陸氏對客之語及爲校官時所以語及門諸弟子者,平心易氣而出,不爲矯亢,無有偏詭,與王士禛《居易録》相近。楊鍾羲《雪橋詩話》亦稱是書稱心而言,老輩談藝語亦多見其中。

此本據華東師範大學圖書館藏清光緒四年興國州署刻本影印。(司馬朝軍　王獻松)

過庭録十六卷　(清)宋翔鳳撰(第1157冊)

宋翔鳳(1777—1860),字虞庭,又字於庭,長洲(今屬江蘇蘇州)人。嘉慶五年(1800)舉人,授泰州學正,官湖南寶慶府(今湖南邵陽)同知。宋翔鳳爲莊述祖之甥,主今文經學,爲常州學派代表人物。更著有《小爾雅訓纂》、《周易考異》、《樸學齋文録》、《洞簫集》等,又輯有《五經要義》、《五經通義》。生平事迹見《清史稿》、《清史列傳》卷六九。

是書爲宋氏讀書札記,目録下之宋氏小記云是録始輯於道光二十九年(1849),成書於咸豐三年(1853)。全書十六卷,卷一至卷三論《易》,其中卷二、卷三爲《周易考異》;卷四、卷五爲《尚書略説》;卷六爲《尚書譜》;卷七論《詩》;卷八論《禮》;卷九論《春秋》;卷一

〇雜説《論語》、《孝經》、《爾雅》、《孟子》;卷一一、卷一二論史;卷一三、卷一四論子,其中卷一四爲《管子識誤》;卷一五、卷一六論文。其論經有云《周禮》爲本,《儀禮》爲末;辨子書有云《鬻子》書已不傳,今傳逢行珪注《鬻子》乃是僞書;論詩文有"宋廣平《梅花賦》宋元間人僞托"、"近人妄改元白詩"諸條,凡此之類皆成一家之言。

宋氏專爲公羊家言,而不菲薄左氏,不偏主一家。全書考據精當,譚獻稱其精研絶學,洞識本原。李慈銘《越縵堂讀書記》稱其學主公羊,而湛深古義,紛綸推繹,多有可觀。劉咸炘《内景樓檢書記》稱其以《歸藏》詮老子,謂老子同黃帝;以《禮運》大同之説證孔、老同浮屠、黃、老一家,則皆非淺人所能言,但不盡醇。

此本據中國科學院圖書館藏清咸豐浮溪精舍刻本影印。(司馬朝軍　王獻松)

讀書叢録二十四卷　(清)洪頤煊撰(第1157冊)

洪頤煊生平見前《管子義證》提要。

是書前有道光元年(1821)洪頤煊自序,稱五十以後始抵粵東,餘暇重取經史百家,朝夕研稽,證其異同,辨其得失,以聲音文字通其原,以轉寫譌舛窮其變。洪氏爲學精研經訓,宗主鄭學。是書爲其考據筆記,共二十四卷,仿錢大昕《十駕齋養新録》而作,雜考群經子史。書中多考證群書字詞,亦有通論之語。論佛書俗字曰:"西域以音,中國以字,自佛書入中國,翻譯者隨意創造,而俗字始多矣。"又論反切之學創於魏晉,舌腹、舌頭、橫口、合唇、蹙口、開唇,此即西域四十二字母之所自始。又辨《公羊疏》爲梁齊間舊帙無疑,謂《孟子外書》四篇是後人所益,又謂《老子》今本王弼注明代始出,或後人掇拾爲之,又證顏師古《漢書集注》多掩他人之説以爲己説。此等皆持論不苟,足見其沉篤澹雅之才。

周中孚《鄭堂讀書記》卷五五稱是書繁簡適均,考據精確,絶無嚮壁虛造、勦襲陳言之病,而於辨證輿地,尤簡而明。劉咸炘《内景樓檢書記》稱是書可取者甚多,但舉義不大,毛舉細碎,又多孤證,好據類書,不及《養新録》之精慎。

此本據國家圖書館藏清道光二年富文齋刻本影印。此藏本卷首有李慈銘手跋二則。(司馬朝軍　王獻松)

鄭堂札記五卷　(清)周中孚撰(第1158册)

周中孚(1768—1831),字信之,號鄭堂,烏程(今浙江湖州)人。嘉慶元年(1796)拔貢。曾佐阮元修《經籍纂詁》,更著有《鄭堂讀書記》等。生平事迹見馮登府所作傳、戴望《外王父周先生述》、《清史列傳》卷六九。

是書爲周氏讀書札記,考論諸史、經籍、藝文等。其中多評論學者著作之語。如謂前人編集,好採取自著大部書中之成篇者,别立題目,羅列其間,以張大卷帙。又謂寧使文集之一覽易盡,不使著作之兩處互見,或有改定,亦宜别記。又謂歸有光長於文而短於詩,汪琬酷愛其文,并及其詩,因撰《歸詩考異》一卷,此則誤用心思,不得著述之要領。其評趙翼《陔餘叢考》、王鳴盛《十七史商榷》之語頗多。又有論詩文者,如謂王詩秀,孟詩清;又謂陶靖節詩只百餘首,唐代王、孟、儲、韋、柳諸位大詩人,得其一體,無不名家,可知好詩不貴多。

此本據清光緒趙氏刻《仰視千七百二十九鶴齋叢書》本影印。(司馬朝軍　王獻松)

柿葉軒筆記一卷　(清)胡虔撰(第1158册)

胡虔(1753—1804),字恭孟,一字雛君,號楓原,桐城(今安徽桐城)人。嘉慶元年(1796)舉孝廉方正,賜六品頂戴。工古文辭,精經史考據,尤長地理、目録之學。助謝啓昆著《西魏書》、《小學考》、《南昌府志》、

《廣西通志》,助畢沅著《兩湖通志》、《史籍考》。著有《識學録》、《欽定四庫全書附存目録》等。生平事迹見馬其昶《桐城耆舊傳》卷一〇、劉聲木《桐城文學淵源考》、《(光緒)重修安徽通志》卷二二三。

是書前有道光十九年(1839)方東樹序,稱其見是書於胡氏仲子處,遂鈔藏并刊刻之,書中有數處"損之按",即方東樹鈔刻時所加。後有民國五年(1916)趙詒琛跋,記其重刻是書之經過。

其書於金石、地志等史部文獻論説尤有見地。如云古人稱州郡必於所治之縣,如隋以後稱鄂州即知爲江夏,其屬邑則不得被州郡之名,故晉沙羨不能稱武昌,自楊吳以武昌軍治江夏,而江夏乃得專武昌之稱。又記科舉事者,如稱明中葉以後,右文輕武,精神久已消耗於鄉試,人才衰沮,故張、李一亂,而天下滅亡。

葉昌熾《緣督廬日記鈔》卷一六以此書多考證輿地家言及志乘條例,近於章學誠之學。蕭穆《跋柿葉軒筆記四則》稱是書記載乾隆初謝濟世詆毁朱子《大學中庸章句》一條,事迹未了,文氣未完,大抵未深悉此事原委之故。

此本據上海辭書出版社圖書館藏民國五年趙氏刻《峭帆樓叢書》本影印。(司馬朝軍　王獻松)

拜經日記十二卷　(清)臧庸撰(第1158册)

臧庸(1767—1811),本名鏞堂,字西成,室名拜經,武進(今屬江蘇常州)人。以縣學生爲國子監生。阮元編纂《經籍纂詁》、《十三經注疏》,多所襄助。更著有《拜經文集》等。生平事迹見《清史稿》、阮元《臧拜經别傳》、桂馥《亡友臧君誄》。

是書爲臧庸仿其高祖臧琳《經義雜記》而作,乃其平生精力所萃。卷一下有庸小記,云其懼家學日漸廢墜,於乾隆五十六年(1791)

校訂高祖玉林先生《經義雜記》成，不量其力，思克紹先德，遇一隙之明，簪筆書之，久而彙録，題曰《拜經日記》。

是書所論及者，大致有七，一曰諸經今古文，二曰王肅改經，三曰四家《詩》同異，四曰《釋文》義疏所據舊本，五曰南北學者音讀不同，六曰今人以《説文》改經之非，七曰《説文》譌脱之字，而於孔孟事實考之尤詳。

書前有莊述祖嘉慶十四年（1809）題識，許宗彥嘉慶三年題識，陳壽祺嘉慶十五年題識。書後有庸子相嘉慶二十四年跋。許氏云是書任舉一義一字，皆於經學之本源，經師之受授，會通而暢其説，使讀者若置身於兩漢，親見諸家之本者。陳氏云是書窮源竟委，鉤貫會通，實爲近時説經家所罕及。王念孫《拜經日記叙》稱是書考訂漢世經師流傳之分合、字句之異同，後人傳寫之脱誤、改竄之蹤迹，擘肌分理，剖毫析芒，確有根據，而補前人所未及。周中孚《鄭堂讀書記》卷五五稱此書專於發揮經義，推見至隱，直使讀者置身兩漢，若親見諸家之説者；其餘泛論學問無關於經義者，亦皆窮源竟委，鉤貫會通。

此本據北京大學圖書館藏清嘉慶二十四年武進臧氏拜經堂刻本影印。（司馬朝軍）

蕙櫋襍記一卷 （清）嚴元照撰（第 1158 册）

嚴元照（1773—1817），字九能，號悔庵，又號蕙榜，歸安（今屬浙江湖州）人。貢生。絶意仕進，致力經傳，於聲韵訓詁之學多所闡發。更著有《爾雅匡名》、《悔庵學文》、《柯家山館詩集》等。生平事迹見《清史稿》、《清史列傳》卷六九等。

書中多論學之語。如論朱子之學，由博反約，非空談性理者也，而學朱子之學者往往流於空疏。論毛奇齡駁難朱熹曰："有宋諸儒，自元以後，最尊奉朱子，駁難者雖亦不少，顧未有若毛西河檢討之甚。檢討著《四書改錯》一書，攻訐朱子。向刻《西河合集》中，後

懼禍抽出，余曾一見。其書深文醜詆，不遺餘力。盧抱經學士嘗曰：'微論其所言非也，即其氣象已迥與儒者不侔矣。'斯定論也。"可見其學術傾向爲重漢輕宋。書中又有辨僞之語，如稱慈相寺半月泉上刻東坡五絶一首，實爲僞作；又稱《孟子外書》今所傳者乃僞書；又稱鄭所南《心史》明末始出，此實爲僞書，今按，《心史》并非僞書，嚴氏此處未免隨人短長。

此本據國家圖書館藏清勞權鈔本影印。此藏本書前有殘缺。另有《新陽趙氏叢刊》本、《峭帆樓叢書》本等。（司馬朝軍）

娛親雅言六卷 （清）嚴元照撰（第 1158 册）

嚴元照生平見前《蕙櫋雜記》提要。

是書前有嘉慶十二年（1807）元照自序，稱嘉慶元年，其父年六十三，患河魚之疾，思以此娛之，因以娛親名書；曰雅言，其父所定名。錢大昕嘉慶元年序稱嚴氏以讀書爲家法，而取之富，擇之精。又有吳蘭庭嘉慶三年序、段玉裁嘉慶十四年序、徐養原嘉慶七年序。

是書六卷，卷一論《周易》、《尚書》；卷二論《毛詩》；卷三論《三禮》，附《大戴禮》；卷四論《春秋三傳》，附《國語》；卷五論《論語》、《孝經》、《孟子》；卷六論《爾雅》。是書於聲韵訓詁之學多所闡發。如謂《周禮疏》前有《序周禮廢興》一篇，此非賈氏特作此文以冠篇首者，乃後人從疏録出，妄題之。又謂疏體於注經之人所作之序，皆隨爲之疏，《尚書》、三《傳》、《論語》、《孝經》皆然，宋人疏《論語》、《爾雅》者遵之，即《孟子》之疏，雖删其篇叙，亂其章指，而於題辭亦未敢棄，獨賈氏之疏《周禮》，不疏鄭君之序，馴至散失。又論古書體例曰："古書叙述言辭，有兩人之言，總蒙一'曰'字者，有一人之言，重一'曰'字者。《孟子》'自范之齊章'内'孟子曰'三字是重文起義，亦猶《禮記·哀公問》孔子遂言曰之例也，趙氏《章句》分爲兩章，別有章指，故知

分爲兩章,《集注》合爲一章,而以'孟子曰'三字爲羡文,恐皆非是。"可謂穿穴經史,守正出新。書中間録師友之論,以錢大昕、段玉裁、臧庸諸人之説爲多,如引錢氏語曰:"説經不蘄乎新,而蘄乎確。此古今不易之論,宋儒之病,亦在求新。"

潘衍桐《兩浙輶軒續録》卷三〇稱是書與趙氏《陔餘叢考》命意相似,而稍詳於經傳。嘉慶七年徐養原序亦稱其書於經鈎覈異同,宣釋疑滯,於《爾雅》尤多發明,往往補郭氏所未備,其他議論亦俱不苟。

此本據上海辭書出版社圖書館藏清光緒湖城義塾刻《湖州叢書》本影印。(司馬朝軍王獻松)

養吉齋叢録二十六卷餘録十卷　(清)吴振棫撰(第1158册)

吴振棫(1792—1870),字仲雲,號毅甫,晚號再翁,室名養吉齋,錢塘(今浙江杭州)人。嘉慶十九年(1814)進士,授編修。咸豐間,歷任疆吏,於雲南最久。著有《國朝杭郡詩續輯》、《黔語》、《花宜館詩鈔》等。生平事迹見《清史稿》、《碑傳集補》卷一四繆荃孫撰《神道碑》、《(民國)杭州府志》卷一二六。

是書所記皆清代同治以前掌故,以典章制度爲主,兼及宮内殿閣苑囿、奇聞趣事、飲食服飾、典籍弅藏。以事爲主,涉及盛典、聖德、故實、興革、異數、嘉言、宸翰、秘書、禁近、宮闈、六曹、行省、民物、辭章、佚事、舊聞等,以類爲次,條舉件繫,便於查閱。《叢録》二十六卷,卷一至卷三記職官典制,按史志類列條分,考鏡源流,於變革異數尤爲詳備;卷四記軍機大臣直房制度;卷五記經筵日講、御臨耕耤、御門制度;卷六記刑部典制與頒朔;卷七、卷八記祭祀;卷九、卷一〇記科舉考試;卷一一記萬壽盛典,包括清仁宗六旬慶典與清高宗八旬慶典;卷一二記列朝廟號、列聖尊謚、列后尊謚及妃、嬪、王、貝勒、群臣謚號;卷一三至卷一五記宮内各種慶祝活動,如節日、壽慶、凱旋及一切筵宴;卷一六記行宮行營之制,包括木蘭秋獮等;卷一七至卷一九記宮殿苑囿;卷二〇記清朝官修圖書;卷二一至卷二六記國書、鑄錢、儀器、黄册、樂器、儀仗、用印、服飾、車馬、慶賀、膳食、俸禄、賜賞、婚喪、弅藏、貢品。《餘録》十卷,卷一至卷三記皇行,頌揚聖德;卷四記康熙己未科場案及文字獄、年羹堯案;卷五記白蓮教及滇、蜀、蒙、藏風情;卷六記名勝古迹,如孔府、昭陵等;卷七記書籍人物;卷八録名臣佚事;卷九、卷一〇記士林清話。

是書所記或採自實録、會典,或稽之宮廷檔案,或參覈群籍,或親歷睹聞,纂録皆有所本。有例外之典,則列舉時間與主名。制度先後變化,則述其沿革。凡以己意撮録者,書所自來。其書雖不如法式善、王慶雲諸書一一標明史源,但體制謹嚴,不發空論,亦不採小説家言。間或採用傳説,但仍存疑。書前有光緒二十二年(1896)譚獻序,稱讀之如游治升平之世。繆荃孫《古學匯刊叙》推此録擇精而語詳。

此本據上海辭書出版社圖書館藏清光緒刻本影印。(司馬朝軍)

經史質疑録不分卷　(清)　張聰咸撰(第1158册)

張聰咸(1783—1814),字阮林,號傅巖,桐城(今安徽桐城)人。嘉慶十五年(1810)舉人,補覺羅教習。更著有《左傳杜注辨證》、《傅巖詩集》等。生平事迹見《(光緒)重修安徽通志》卷二二三、《桐城耆舊傳》卷一〇。

是書前有嘉慶十七年(1812)聰咸自序,稱與賢士大夫講習經史,退而尋繹其義,有論難而後得進者,有商榷而不敢附者。書中考證,或釋名物,如《釋軨轄》、《轡說》、《與郝蘭皋農部商〈爾雅·釋山〉〈釋樂〉〈釋草〉三疏》、《復郝蘭皋户部訂〈爾雅〉轡首郭注之誤》諸篇皆是。或論曆法，如《與顧千里明經難〈左氏〉四事》謂：“聰咸嘗治《左氏》，竊謂當陽之學既顯，而古學微矣。其大端紕繆，約有四事。《長曆》非曆也，司馬溫公、王伯厚已糾其失，至本朝江慎修始以今曆推究，其置閏之失實，并《春秋》梓慎、裨竈之流，以爲長於占驗而不長於推蔀，鄙人不敢以爲然也。”或考地理，如《訂大別在安豐大隧直轅冥阨不在鄳縣説》、《復胡景孟編修論大別書》、《復姚姬傳夫子論大別書》皆是。

桂文燦《經學博採録》卷八稱是書語多有補於經義。張舜徽《清人文集別録》卷一五稱其《漢書補注》及《與阮侍郎論〈晉逸史〉例》等篇頗有條貫，足爲理董諸史之式。

此本據國家圖書館藏清嘉慶刻本影印。（司馬朝軍　王獻松）

交翠軒筆記四卷　（清）沈濤撰（第1158冊）

沈濤生平見前《瑟榭叢談》提要。

是編爲沈濤官大名時所記。交翠軒爲大名試院之室，沈氏視事之所。書前有道光十六年（1836）沈氏自序，稱公事餘暇考訂金石，瀏覽典籍，有得即隨筆疏記，積日成帙，命曰《交翠軒筆記》。書後有道光十八年湯敦後序。

全書四卷，卷一記大名建置沿革，并金石器物。卷二記大名地方人物佚聞，間評詩文。卷三雜辨經史，如曰：“宋人説經，務爲新義，以破古訓，始於荆公而成於南渡諸君。”卷四於俗語及詩詞書畫皆有探析，如曰：“今人呼湯之沸者爲滾，宋時已有此語。”是書重視金石考證，如石門方鐵珊參軍所寄古銅器，沈氏考其形制，斷其爲古之錘器；又據“款識”“秉仲作用”四小篆字，斷此銅器乃由“秉仲”造於周末。又以金石證史，如辨“大名”建置時間。又以金石補史之闕，如沈氏於長垣遽子祠中得魏興和二年（540）造象，銘文中有“佛弟子程榮以去天平二年（535）遭大苦霜”字，

考《魏書·孝静紀》但載春之旱，而不紀秋之霜，蓋史書之漏略。又以金石證金石，如魏興和二年造象銘文中有“去天平二年”字，沈氏言此當爲古句法，并引《樊毅復華下租田口算碑》“臣以去元年十一月到官”、《白石神君碑》“去光和四年三公守民爲無極山求法食此”爲證。

李慈銘《越縵堂讀書記》稱是書雜考群書，多有異聞，卷三考據經史，最爲精密。

此本據上海辭書出版社圖書館藏清道光刻本影印。（司馬朝軍　龍文真）

銅熨斗齋隨筆八卷　（清）沈濤撰（第1158冊）

沈濤生平見前《瑟榭叢談》提要。

銅熨斗者，乃沈氏所得太和三年（229）之器，據其《交翠軒筆記》卷一考訂，爲曹魏明帝太和年間物，故以此名齋，又以之名書。

是書爲考訂筆記，共八卷，卷一至卷三考群經，卷四至卷六考史，卷七、卷八考子書、詩文及字詞俗語。其考訂頗見功力，不僅於古籍之文字錯訛、釋義不洽者多所訂正，尤能不爲名家成説所囿，自出新見。“合象象於經”條稱鄭玄合象象於經，欲使學者尋省易了。“《兼明書》”條稱《宋史·藝文志》邱光庭《兼明書》既入經部禮類，又入經解類，一卷之中，重複如此，實則應入子部雜家類。又如“竹書非《紀年》”條稱今本《紀年》固非晉時舊文，而或據此以疑《紀年》之僞托，則非矣。

俞樾稱是書考證經史，頗爲精審。劉咸炘《内景樓檢書記》稱此書校勘細密，八卷中無甚苟且語，好以《説文》本字證書，是其師法，而論《尚書》古今文，《詩》三家，《論語》古魯諸異字往往武斷，亦似其師段玉裁。

此本據天津圖書館藏清光緒間會稽章氏刻本影印。（司馬朝軍　王獻松）

經史答問四卷　（清）朱駿聲撰（第1159冊）

朱駿聲（1788—1858），字豐芑，號允倩，吳

縣（今屬江蘇蘇州）人。嘉慶二十三年
（1818）舉人，官黟縣訓導，咸豐元年（1851）
繕定所著書由禮部進呈御覽，賞國子監博士
銜，尋升揚州府學教授。更著有《六十四卦
經解》、《説文通訓定聲》、《傳經室文集》等。
生平事迹見《清史稿》、自編《石隱山人自訂
年譜》。

書前有光緒二十年（1894）駿聲子孔彰序，
稱駿聲與汪文臺、俞正燮、程鴻詔及弟子程朝
鈺、程朝儀等質疑問難，有《經史答問》一編，
亂後頗有散失。是書今存四卷，爲問答體，凡
五百餘條，涉及群經、《漢書》、《史記》、《戰國
策》，亦有論及《論衡》、《淮南子》者，究以論
經之語爲多。如論毛奇齡《古文尚書冤詞》
之説曰："僞《書》有確鑿可證者，斷非冤獄。"
并詳列證據十二條以證其説。又論《子貢詩
傳》曰："魯賜《詩傳》與申培《詩説》大同小
異，余以爲魯申培弟子有東海太守碭魯賜，明
嘉靖中豐坊所作僞書二種，一《詩説》、一《詩
傳》，非托於衛端木賜，乃托於東海太守，培
之弟子耳！後人以訛傳訛，遂以爲孔子弟子
子貢也。"可見是書爲朱氏經史雜考筆記，皆
爲心得之語，頗能啓發後學。

此本據上海辭書出版社圖書館藏清光緒二
十年刻本影印。（司馬朝軍　王獻松）

蘿藦亭札記八卷　（清）喬松年撰（第1159冊）
喬松年（1815—1875），字健侯，號鶴儕，徐
溝（今山西清徐）人。道光十五年（1835）進
士，授工部主事，遷郎中，後歷官松江知府、蘇
州知府、江寧布政使、安徽巡撫、陝西巡撫、河
東河道總督等。卒謚勤恪。咸、同間在泰州
時廣招詞人，主持風雅。更著有《緯攟》。生
平事迹見《清史稿》、方濬頤《太子少保東河
總督喬公墓志銘》。

書前有同治十二年（1873）松年自序，稱穿
穴群言，差勝博弈，勒成一編，可佐譾譚。是
書凡八卷，卷一論《易》、《書》、《詩》，卷二論

《春秋》、三《禮》、《論語》、《孟子》、《孝經》、
《爾雅》，卷三論天文、地理、《史記》、《漢書》，
卷四論《説文》、音韻、詩文、金石墓志，卷五
至卷八雜考字詞俗語、人物著作。論經以
《書》、《詩》、《春秋》、三《禮》爲多。如辨《古
文尚書》之真僞，稱："毛西河謂古文不僞，作
《冤詞》以折梅、閻，此亦愛古守舊之意。與
其輕疑不如過信，亦未可全非，特作僞之顯而
易見者，莫甚於割《堯典》以爲《舜典》，增出
二十八字，彼姚方興者何所受之，直臆造而
已，臆造而割裂之，致《堯典》止於'帝曰欽
哉'，堯之事未終，而'二十有八載帝乃殂
落'，入於《舜典》矣，《孟子》引此語而曰《堯
典》，真鐵案也。"又如論《毛詩》之序非出一
人之手，其發端一二語或至三語發明大意者，
則爲古序；序後推闡之語，爲後儒附益無疑。
又稱《詩序》起語，縱非子夏、毛公作，而詞句
簡而有要；後儒附益之語，便多枝蔓。又有論
史書、論詩文者，言亦精核。

此本據湖北省圖書館藏清同治刻本影印。
（司馬朝軍　王獻松）

管見舉隅一卷　（清）王培荀撰（第1159冊）
王培荀（1783—1859），字雪嶠，號雪道人，
淄川（今屬山東淄博）人。道光元年（1821）
舉孝廉方正，歷官四川酆都、榮昌、新津、興文
知縣，又特授嘉定府榮縣知縣。歸里後，主講
般陽書院。更著有《鄉園憶舊録》、《聽雨樓
隨筆》、《學庸集説》、《寓蜀草》等書。生平事
迹見孫迺瑶所撰《王雪嶠先生行略》。

是書共收文十五篇，前五篇專論"六經"，
後十篇爲《井田論》、《氣數論》、《書韓文公
〈原道〉後》、《三教論》、《爲政寬猛論》、《天
論》、《正統論》、《大人小人論》、《財論》、《封
建論》。書前有道光二十八年（1848）培荀自
序，稱初至榮縣爲書院諸生偶摘書義解説而
筆之於紙，本無次序。原本久失去，轉從諸生
鈔録删節，取管中窺豹之意統名曰《管見舉

隅》。論者以爲,培荀之學,華而不實,議論多而考證少,諸所議論,亦無所見地。如謂他經言理,《易》獨標象,言理則語落邊際,舉此遺彼,立象則大小精粗無不包括,舉一可該萬。謂觀於《詩》而後知聖王之教人。《井田論》稱後世儒者好言井田,迂論也,斷不可行。

孫殿起《販書偶記》載:"《管見舉隅》二卷,《讀書緒論》二卷,淄川王培荀撰,清道光戊申年至己酉年榮梨官廨刊。"孫迺瑤《王雪嶠先生行略》謂此書五卷。則此一卷本疑非全本。

此本據中國科學院圖書館藏清道光二十八年刻本影印。(司馬朝軍　王獻松)

蓑友蛾術編二卷　(清) 王筠撰 (第 1159 冊)

王筠生平見前《馬首農言》提要。

書名"蛾術",蓋與王鳴盛《蛾術編》命名之意相同,取《禮記·學記》"蛾子時術之"一語。書末有咸豐九年(1859)其孫彥侗識語,稱:"先大人嘗曰:'子孫於祖父遺書,不能繼修者,即以原本發刻亦佳。'此書甫屬草稿,因與玉山先生校而刊之。"

是書二卷,內容主要爲研讀古書時所作之注音、釋義、校勘等札記。上卷雜論諸經,以論《毛詩》者爲多。下卷多考《漢書》、《說文》、《楚辭》、《文選》及俗語等。又有論讀書曰:"今人所作之書,未嘗醞釀全書於胸中,只是零星湊泊,則我之讀之也,亦到處可住耳。若讀後漢以前之書,必須窮數十晝夜之力,一氣讀之,先得其命意若何,立格若何。再讀弟二遍,則須一二年工夫,逐篇細審其字句,庶或得其書一半。若枝枝節節讀之,先與他作書時不相似,仍是他底書,不是我底書。"可謂王氏研讀古書之心得,不妨視作是編之引言。

論者以爲,王氏之學,積精全在《說文釋例》,標舉分別,疏通證明,能啓許慎未傳奧旨。此編則其讀書之札記,雖非其精力所注,然所考論,持平心以求實義,觸類引伸,而無破碎支離之語。

此本據上海辭書出版社圖書館藏清咸豐十年宋官瞳刻本影印。(司馬朝軍)

癸巳類稿十五卷　(清) 俞正燮撰 (第 1159 冊)

俞正燮(1775—1840),字理初,黟縣(今屬安徽黃山) 人。道光元年(1821) 舉人,晚主江寧惜陰書舍。參纂《大清會典》、《欽定春秋左傳讀本》、《行水金鑑》,撰輯《五代史補注》、《宋會要》,自著更有《癸巳存稿》、《四養齋詩稿》等。生平事迹見《清史稿》、夏寅官《俞正燮傳》及王立中《俞理初先生年譜》。

書前有道光十三年王藻序,稱俞氏有《類稿》三十卷,尚未付梓;卷帙頗繁,且係初稿,懼其挈之南行,久而散失,商諸及門孔繼勳、邱景湘、吳林光,釀金爲付剞劂;蓍其正者十五卷爲正集,餘爲外集,以俟續梓;題曰《癸巳類稿》,明是編之輯成於癸巳。其目錄乃程恩澤所定,目錄後有道光十三年程氏小記,稱徽州學派,自江永、戴震昌之,金榜、程瑤田承之,其緒蕃變,都説經鏗鏗,尤善治史部,則有凌廷堪、俞正燮。

是書發明經史奧義,旁及諸子百家九流之說,剖析疑似若辨黑白,於史學、諸子、天文、輿地、醫方、星相以及釋道之書,無不探本窮源。除考論經史頗多可取處,其"貞女説"謂後世女子不肯再受聘者,謂之貞女,其義實未安;"娣姒義"謂"禮本人情";"征商論"謂"商賈,民之正業,不得以爲賤";"嚴父母"謂不知古人言嚴者皆敬也;"師道正義"謂師可敬則道尊,非爲暴酷,諸篇反映出俞氏具有樸素之人權觀念及平等思想。然"妒非女人惡德論"謂依經史正義言之,妒非女人惡德,妒而不忌,斯爲上德云云,未免標新立異,似非通論。

劉咸炘《內景樓檢書記》稱是書考據極博,文多徵引密塞,自成一體,有前後互證之妙;又稱其中精語可舉爲讀書法。然李慈銘《越縵堂讀書記》稱是書引證太繁,筆舌冗漫,而浩博殊不易得,又稱俞氏博綜九流,而文繁無擇,拙於文章。

此本據國家圖書館藏道光十三年求日益齋刻本影印。此藏本爲李慈銘手校本,目録後有李氏跋語,眉間有李氏校語。(司馬朝軍)

癸巳存稿十五卷 (清)俞正燮撰(第1159—1160册)

俞正燮生平見前《癸巳類稿》提要。

正燮於道光癸巳年編輯其文稿,因名《癸巳類稿》,餘未刻之文總寫成帙,緣其初名遂題曰《癸巳存稿》。書前有道光二十九年(1849)張穆序,稱理初足迹半天下,得書即讀,讀即有所疏記,每一事爲一題,巨册數十,鱗比行篋中,積歲月,證據周遍,斷以己意,一文遂立。又稱俞氏卒後,其得是編之副本,刻入楊氏《叢書》之中,仿《類稿》例,釐爲十五卷,中多引伸未竟之作。

是書卷一、卷二爲經説,卷三以下爲書後、雜説、論説、説字、論道釋、論詩文等。卷五"會通河道記"一文,卷六"喀爾喀伊犁"、"蒙古",卷十"畝制"、"尺"、"石斗升"、"宋秤"等條,均具史料價值。

梁啓超謂俞氏之學長於局部考證,其實已開後人專題論文之先河。李慈銘《越縵堂讀書記》稱其書雜記古今,不分門類,亦無目録,較之《類稿》,爲無倫次;所採浩博,兼綜説緯,固多可觀,而筆舌冗漫,有學究氣,且時雜以戲謔不經之辭。

此本據上海辭書出版社圖書館藏清道光二十八年靈石楊氏刻《連筠簃叢書》本影印。(司馬朝軍)

癸巳賸稿一卷首一卷附録一卷 (清)俞正燮撰(第1160册)

《癸巳類稿》初編刻之後,俞氏衰未録者爲《存稿》三册。道光十六(1836)年,葉名澧素俞氏《存稿》稿本録藏,録成後,俞氏以原本歸葉氏,而自攜副本。此稿本三册,後爲趙之謙所得。同治八年(1869)胡澍得《存稿》刻本,因借趙氏所藏稿本對勘。知張穆編刻《存稿》時,尚删稿本之《積精篇》、《魏新字》等十六篇,乃別録删除之篇以存之,是爲《賸録》。胡氏於《賸録》前冠以稿本之原目,并附《存稿》之刻較於稿本多出之四十三篇之目。後又附俞氏《題昭君圖詩序》、《異域録題辭》二文。書前又有胡氏《癸巳存稿目并遺篇題辭》及葉名澧《橋西隨筆》有關俞氏書者二則。

書中所録之《積精篇》,其篇末曰:"房術語雜出,忽狂忽狷,皆有小道可觀之長。世儒不明其終始,乍見一二語,爲所震蕩,則足以爲世害。男女居室,人之大倫,庸德則康强,無逸則長壽,要在知其派別,悉其難易,博學審問,慎思而明辨之,則能篤行儒修,知生理之原,絶衆害之萌,而合陰陽自然之數也。"張穆以爲此文非後學所能遽解,故編刻《存稿》時汰去之。鄧實稱此爲俞氏極用意之作,於男女相感之微,洞徹罔遺,文極有關於生理學,不可以其涉於男女之事而掩秘之。然孫寶瑄《忘山廬日記》稱此篇不過雜引房中術,別無精義。

此本據清鈔本影印。(司馬朝軍)

彊識編四卷續一卷 (清)朱士端撰(第1160册)

朱士端(1786—?),字銓甫,寶應(今屬江蘇揚州)人。道光元年(1821)舉人,選廣德州訓導。更著有《説文校定本》等。生平事迹見《清史列傳》卷六九。

書前有道光十三年(1833)湯金釗序,稱博稽往籍,研究古義,聲音訓詁,尤多心得云云。又有咸豐十一年(1861)自序。書後有同治元年(1862)士端跋、咸豐十一年(1861)張寶德跋。

是書爲考證筆記。正編四卷,卷一雜考群經,卷二釋《爾雅》,卷三證《説文》,卷四辨古音、子史。續編一卷,亦多考經傳諸子、音韻字書。"鄭樵《爾雅注》誤"條稱:"《釋魚》:'魚枕謂之丁,魚腸謂之乙,魚尾謂之丙。'鄭樵注云:'以本有此名,故作文字者象其形而爲之,此則爲實文也。如十日之字,乃因音借此耳。許氏妄以乙、丙、丁之字,而取十日之義焉。'士端按:鄭樵之説非也。形似篆書,非書象魚體,許君解甲、乙、丙、丁,義本《周易》《爾雅》,以許氏爲妄,則《周易》爻辰、《爾雅》歲陽亦爲妄乎?""竊謂蝌蚪古文,原取象形,六書之恉,衍以聲音,通諸假借。十日之説,見於《爾雅》,不始許書。鄭樵以許氏爲妄,甚矣其(偵)[偵]也。"卷三後有朱氏自識,稱:"右弟三篇,嫥研小學,謹依《玉篇》《汗簡》,暨歐、趙諸録,薛尚功、王復齋款識,并近世大儒王石臞先生《讀書雜志》、阮相國太夫人《鐘鼎款識》諸書,尋許氏之源流,正後儒之删改,非好異矜奇,亦非鄉壁虛造,此余《説文校定本》所由箸也。蓋經傳由古文而篆,由篆而隸,或以形近傳譌,或以聲近致誤,即文字假借亦由聲音,可不合古文、篆、隸互爲推求邪?"由此可窺其考證方法。

此本據復旦大學圖書館藏清同治元年刻本影印。(司馬朝軍)

東塾讀書記二十五卷(卷一三、卷一四、卷一七至二〇、卷二二至卷二五未刻)　(清)陳澧撰(第1160冊)

陳澧生平見前《漢儒通義》提要。

是編乃陳澧晚年所著,治經每有疑義,乃尋求微言大義、經學源流、正變得失所在,而後解之、考之、論贊之,因成是書。原名《學思録》,後更今名。全書雖標二十五卷,實爲十五卷,陳氏七十歲時手訂付刊。卷一論《孝經》,卷二論《論語》,卷三論《孟子》,卷四論《易》,卷五論《書》,卷六論《詩》,卷七論《周禮》,卷八論《儀禮》,卷九論《禮記》,卷十論《春秋三傳》,卷十一論小學,卷十二論諸子,卷十五論鄭學,卷十六論三國,卷二十一論朱子。卷一三、卷一四、卷一七至卷二〇、卷二二至卷二五未成,有目無文。

陳澧《東塾集》卷四《復劉叔俛書》稱是書自經學外,及於九流諸子、兩漢以後學術,至宋以後,詳於朱子之學。大旨在不分漢宋門户,其人之晦者則表章之。《東塾讀書論學札記》之五稱:"余之學以考據爲主。論事必有考據,乃非妄談;説理必有考據,乃非空談。"此乃夫子自道之語,可以窺是書旨趣。

此本據上海辭書出版社圖書館藏光緒刻本影印。(司馬朝軍)

攀古小廬雜著十二卷　(清)許瀚撰(第1160冊)

許瀚(1797—1866),字印林,一字元翰,室名攀古小廬,日照(今山東日照)人。道光十五年(1835)以拔貢舉順天鄉試,官嶧縣教諭。所校刊宋、元、明書籍,精審不減黃丕烈、顧廣圻。更著有《攀古小廬古器物銘釋文》、《攀古小廬碑跋》、《攀古小廬文》等。生平事迹見《清史稿》及袁行雲《許瀚年譜》。

是書爲許瀚讀書劄記,卷一至卷三爲《經傳説》,卷四、卷五爲《小學説》,卷六至卷一〇爲《金石説》,卷一一、卷一二爲跋。其中卷六至卷九,頗多空白,蓋尚未完工之刻本也。書中所考,多有可採,如卷一"《僞古文尚書》襲《墨子》誤斷句説"稱:"《僞古文尚書》割裂《論語》、《墨子》及真《泰誓》爲《武城》,予小子既獲仁人一段,《泰誓》中雖有周親一段,閻百詩、宋半塘、王西莊論之詳矣。瀚謂僞書不僅剽竊,并不識《墨子》句讀。僞書取裁《墨子》以成文,痕迹顯然,而《墨子》之言亦未可據。"卷三有"讀《四庫全書提要》

志疑",涉及《史記》、《周秦刻石釋音》、《水經注碑目》、《焦山古鼎考》、《金石文字記》、《古今印史》、《孔北海集》、《定齋集》、《文心雕龍》、《唐子西文録》、《恬志堂詩話》、《帝範》等書之提要,爲研究《四庫全書總目》之寶貴資料。許氏邃於小學,深明六書之旨,而講求古韻又極盡其能事,是書卷四"《尚書》韵"、"《論語》韵"、"《孟子》韵"、"《左傳》韵"、"《孝經》韵"討論聲韻,頗爲可觀。卷五"求古韻八例"、"轉注舉例",爲求古音之道有八,轉注之例有七,凡此諸條,均前人之所未發。

謝國楨《江浙訪書記》稱書中所考漢代石刻《漢嵩山三闕》、《三公山碑》、《元氏封龍山碑》等舊拓本,審定行款,辨析文字,徵引史事,詳考其制度,尤啓發余研治兩漢史迹之事。

此本據上海圖書館藏清刻本影印。此藏本前有葉景葵手跋。(司馬朝軍)

丁戊筆記二卷　(清)陳宗起撰(第1161冊)

陳宗起(1798—1832),字敬庭,號叔度,丹徒(今屬江蘇鎮江)人。道光五年(1825),選貢成均,以母老不赴。博貫群籍,自天文曆算、勾股割圓諸術,下及水經、地志、小學、雜家,靡不窮究。更著有《周禮車服志》、《養志居文集》、《養志居僅存稿》。生平事迹見張崇蘭《悔廬文鈔》卷五《拔貢生陳君墓志銘》、《晚晴簃詩匯》卷一三二。

是書二卷,爲陳氏讀書雜考之作,由其子克劼校録。書中以考史爲主,凡天文、地理、字詞、制度、人物、稱謂等,皆有涉及。如"萬歲"條謂此二字古人不專以頌君,亦不始於武帝時。又如"二聲一字"條稱此説雖多巧合,然如"叵"字本從反可,與不可字各有義訓,非若隨以一字呼爲二聲、以二字呼作一聲者比,又以徹定讀脛,音類稍隔,至謂起於西人,則尤不然。

是書實事求是,不雜浮辭,訓詁、史地、雜事之屬,皆有據依。但間有失誤,如"讖緯"條據《史記·趙世家》扁鵲云"秦讖於是乎出矣"一語,斷定讖緯不始於東漢,未免不辨讖、緯之别。

此本據上海辭書出版社圖書館藏清光緒十一年陳氏刻養志居僅存稿本影印。(司馬朝軍　王獻松)

讀書偶記八卷　(清)趙紹祖撰(第1161冊)

趙紹祖(1752—1833),字繹伯,號琴士,涇縣(今屬安徽宣城)人。道光元年(1821)舉孝廉方正,滁州訓導,賞五品銜。後主講池州秀山、太平翠螺書院。著有《通鑑注商》、《新舊唐書互證》、《涇川金石記》等。生平事迹見《清史稿》、《清史列傳》卷七三、陶澍《趙琴士徵君墓志銘》、朱琦《趙琴士徵君傳》。

是書爲考證經史之作,前三卷考經,後五卷證史。舉凡經、史、子、集,靡不論列,多有發明。趙氏之學重經輕傳,如"胥鼓南"條斥後之言義理者寧背經而不敢背朱,言考據者寧背經而不敢背鄭,可見其折衷漢宋之學術傾向。全書考證頗爲詳盡,又間涉辨僞,如"《古文尚書》"條辨《古文尚書》之僞,又辨《孟子外書》之僞,皆持之以故,立論可謂不苟。

此本據華東師範大學圖書館藏清道光四年古墨齋刻本影印。(司馬朝軍　王獻松)

消暑録一卷　(清)趙紹祖撰(第1161冊)

趙紹祖生平見前《讀書偶記》提要。

此書爲趙氏讀書筆記,前有紹祖自序,稱庚辰之夏,天旱甚熱,無避處,不得已,於室之西偏屏擋甕盎,得方丈地,設二几一椅,取説部、詩話等數十種拉雜觀之,偶有所得,輒筆記之。又有嘉慶二十五年(1820)潘恩簡跋。

全書凡五十二則,多論史考史之語。是書

對前人筆記之舛訛疏失研索縷析，勘誤補遺，俱見學識。如曰："真宗眷待寇準之衰，容齋謂由於王欽若城下之盟之一言。余謂澶淵之役，萊公本欲戰，不欲和，而帝實欲之，豈得以此爲準咎也。欽若特借此開端，而驚心動魄，深入真宗之隱者，祇是'孤注'二字，蓋帝本不欲親征渡河，而準强之，其心至是猶悸也，故一聞言而意遂移。容齋不舉此而舉彼，未爲得其情矣。"

此本據復旦大學圖書館藏清道光元年古墨齋刻本影印。（司馬朝軍　王獻松）

求闕齋讀書録十卷　（清）曾國藩撰（第1161冊）

曾國藩生平見前《曾文正公家訓》提要。

曾國藩於道光二十五年（1845）撰《求闕齋記》，略曰："一損一益者，自然之理也。物生而有嗜欲，好盈而忘闕。凡外至之榮，耳目百體之者，皆使留其闕陷。"故以"求闕"名其齋。曾氏平日讀書隨筆題識。光緒時王定安撰成《求闕齋弟子記》，并分門別類，匯集曾氏題識，輯成是書。全書十卷，卷一、卷二論經，卷三、卷四論史，卷五論子，卷六至卷一〇論集部書。曾國藩爲文宗法桐城派，於古文辭用力頗深。其持論亦正大，如論《韓昌黎集·雜說四》曰："謂千里馬不常有，便是不祥之言。何地無才？惟在善使之耳。"論《伯夷頌》曰："舉世非之而不惑，乃退之生平制行作文宗指。此自況之文也。"論《送王秀才序》曰："讀古人書而能辨其正偽醇疵，是謂知言。孟子以下，程、朱以前，無人有此識量。"書中於文獻辨僞亦頗留心，如辨《惜往日》之僞："自吳才老疑《古文尚書》爲贗作，《朱子語類》亦數數疑之，明宣城梅氏、崑山歸氏復申其說。我朝自閻百詩後辨僞古文者無慮數十百家，姚姬傳氏獨以神氣辨之曰不類。柳子厚辨《鶡冠子》之僞亦曰不類。余讀屈原《九章·惜往日》，亦疑其贗作，何以

辨之？曰不類。"又辨《陳思王集》之《鰕䱇篇》曰："按解題云：'謂《長歌行》者，以芳華不久，當努力行樂，無至老大乃傷悲也。'此則有遠志而思立功於世者，殊與《長歌行》不類。"又疑《阮步兵集》多後人所附益，辨第四十八首曰："按《上林賦》注：'焦明似鳳，西方之鳥也。'此與鳴鳩并舉，殊覺不倫，末二句與前四句尤爲不倫，疑後人所附益也。"於此可見，桐城派雖義理、詞章、考據三者并重，然曾國藩終以古文見長，考據非其用力所在，故以上諸例僅憑風格辨僞，缺少實證，難以定案。

此本據光緒二年傳忠書局刻本影印。（司馬朝軍）

南漘楛語八卷　（清）蔣超伯撰（第1161冊）

蔣超伯（1821—1875），初字夢仙，改字叔起，號通齋，自號南漘翁，江都（今江蘇揚州）人。道光二十五年（1845）進士，授刑部主事，補授江西道監察御史，官至廣東按察使。更著有《垂金蔭綠軒詩鈔》、《榕堂續録》、《南行紀程》等。生平事迹見《國朝御史題名》、《碑傳集補》卷一七《蔣超伯傳》。

是書前有超伯自序，稱其遷南河下里，面城而居，漕渠一綫如帶繚其外，戲自目爲南漘翁。又云與客據梧高談，儒墨相糅，齟齬疊見，錯雜靡次，軒蟄或乖，此荀子所謂楛耳。又有李承霖序，稱是編乃平日隨筆所綴，其徵引瑰奇，類多俗儒未見之籍，其證佐精審，不爲調人兩可之詞。書前又附蔣氏《五十自述》詩四首。

是書八卷，卷一至卷六爲雜録，卷七讀《管子》、《荀子》、《淮南子》、《鶡冠子》，卷八讀《莊子》、《列子》、《韓非子》、《法言》、《尸子》、《穆天子傳》。蔣氏論學主"貴悟"，又推重漢儒經師家法，而輕視明人。如"明人積習"條謂掊擊之習，無過於前明士大夫；剿襲之陋，亦無過於明人。"明人著作多不經"條

指斥"明人事求立異"。書中頗重考辨，如"《關尹子》之謬"條、"黃石公"條、"梅妃"條、"太素脉"條、"古書多淆亂"條等。"古書多淆亂"條稱："古書多爲後人羼亂。如莊休之外篇、雜篇有漢人攙入語，其改田恒爲田常，即確證也。馬遷之《史記》，馮商、孟柳均曾續之，見劉歆《七略》，漢章帝時又曾詔楊終删之，見終本傳，則今之遷《史》非原書也。《蒼頡篇》曰：'漢兼天下。'則非李斯語也。《本草》多漢世郡名，恐非神農作也。《易林》繇詞，世疑有崔篆增入者，亦非焦氏本書也。"蔣氏能窺見古書附益現象，殊爲有識。

王伯祥《庋㰍偶識》稱是書："異聞勝解，絡繹腕底。卷尾讀《管子》諸篇，尤具特識，爲諸子之學者足資採擷已。"評價甚高。

此本據南京圖書館藏清同治十年兩罍山房刻本影印。（司馬朝軍）

思益堂日札十卷　（清）周壽昌撰（第1161冊）

周壽昌（1814—1884），字應甫，一字荇農，晚號自庵，長沙（今湖南長沙）人。道光二十五年（1845）進士，累遷內閣學士兼禮部侍郎。更著有《漢書注補校》、《後漢書注補正》、《思益堂集》等。生平事迹見《清史稿》、《續碑傳集》卷八〇周禮昌所撰《行狀》。

是書乃周氏證經考史、談藝論文之作。其書合説部雜家類體裁，略仿《容齋隨筆》。書中記載，頗資考證，如"竊襲前人書"條於典籍考辨頗爲留心；"魏默深遺文"條論《水經注》戴襲趙案，以"五妄"之論駁段玉裁，證戴震所校《水經注》乃鈔襲趙一清著作而成。咸豐七年夏，胡心耘歸自都門，携此書五卷寫本示葉廷琯，間有舛誤，葉氏嘗爲之參訂。

王先謙《思益堂集叙》稱是書博綜兼搜，尤詳掌故，其文詞皆清絶可喜，而於駢體文義法尤精。劉咸炘《內景樓檢書記》稱是書故事考訂兼有，亦多可取，而卓論不多。

此本據復旦大學圖書館藏清光緒十四年刻本影印。另有同治三年鉛印本，五卷。（司馬朝軍　王獻松）

讀書雜釋十四卷　（清）徐鼐撰（第1161冊）

徐鼐（1810—1862），字彝舟，號亦才，別名敝帚齋主人，六合（今屬江蘇南京）人。道光二十五年（1845）進士，授檢討。官至福建延平府知府。著有《未灰齋文集》、《楚辭校注》、《小腆紀年》等。生平事迹見《清史列傳》卷七三、自編《敝帚齋主人年譜》。

是書前有咸豐十一年（1861）自叙，稱其幼從先大人治經，好涉獵，有所疑，輒以私意志之眉額。咸豐三年藏書燬於兵亂，就行篋所遺留録其説以成是書。自叙又稱漢初説經守師法，人治一經，經治一説，無一人兼治數説云云，可見徐氏推崇漢儒師法。

全書十四卷，所釋分別爲卷一《周易》，卷二《尚書》，卷三、卷四《詩經》，卷五至卷七三《禮》，卷八《春秋傳》，卷九《爾雅》，卷一〇《孝經》、《論語》，卷一一《孟子》，卷一二《夏小正》、《吕覽》、《尚書中候》、《老子》、《楚辭》、《史記》、《司馬貞史記補》、《漢書》、《後漢書》、《晉書》、《水經注》，卷一三《説文》，卷一四《鐘鼎彝器款識》、漢碑、《文選》及雜記數則。是書以考證群經爲主，於先儒之説，多所闡釋發明，又有考訂。"訊申胥"條曰："夫居今日而欲明古音古義，非可憑虚臆斷，所賴有古人書耳，豈可以一人之見妄疑古經乎？""《説文》引經不一家"條曰："蓋古人著書例寬而義精，今人著書例嚴而義淺，不得據今人繩古人書也。"此類皆平正通達之論。

俞樾《徐彝舟先生所著書序》稱其説經本之漢儒，爲詩古文辭本之《史》、《漢》、《騷》、《選》，盡去宋、元以來空疏不學之弊，而亦不爲近人穿鑿附會之言。然桂文燦《經學博採録》卷六稱是書微特淺陋，不足問世。平心而論，前者過於溢美，後者未免稍苛。

此本據天津圖書館藏清咸豐十一年刻本影

印。（司馬朝軍 王獻松）

諸子平議三十五卷 （清）俞樾撰（第1161—1162册）

俞樾生平見前《春在堂隨筆》提要。

是書三十五卷，計《管子平議》六卷、《晏子春秋平議》一卷、《老子平議》一卷、《墨子平議》三卷、《荀子平議》四卷、《列子平議》一卷、《莊子平議》三卷、《商子平議》一卷、《韓非子平議》一卷、《吕氏春秋平議》三卷、《春秋繁露平議》二卷、《賈子平議》二卷、《淮南内經平議》四卷、《太玄經平議》一卷、《法言平議》二卷。書前有《序目》，云其仿《群經平議》之例撰成是書，始刻於同治六年（1867），刻成於同治九年。

俞樾《春在堂雜文》五編卷七《左祉文諸子補校序》謂治經之道，其要有三，曰正句讀，審字義，通古文假借；治諸子亦然，然治子難於治經；治諸子者，必以前後文義、全書體例悉心參校，而又博觀唐以前諸書所援引，訂正異同云云。章炳麟《太炎文録》卷二《俞先生傳》稱俞氏治群經不如《經義述聞》審諦，諸子乃與《讀書雜志》抗衡。曾國藩《覆何子貞》稱《群經平議》、《諸子平議》往往精審佚倫，惟年未五十，成書太速，刻之太早，間有據孤證以定案者，將來仍須大加删訂。平心而論，俞氏以治群經之法治諸子，故能稍勝於前。然其書成於亂時，顛沛流離，且無充足書籍比勘，難免瑕疵。書中“樾謹按”多達二千四百餘次，多出臆測，難成定讞。是書似不能與高郵王氏之書分庭抗禮。

此本據清光緒二十五年刻《春在堂全書》本影印。（司馬朝軍）

古書疑義舉例七卷 （清）俞樾撰（第1162册）

書前有俞氏《序目》，稱古書疑義日滋，刺取“九經”諸子，爲《古書疑義舉例》七卷，使童蒙之子，習知其例，有所據依。

是書所列古書諸例，略可分爲三端：一爲古書用字之例，有“上下文異字同義例”、“上下文同字異義例”、“錯綜成文例”、“兩語似平而實側例”、“倒文協韻例”、“變文協韻例”、“以大名代小名例”、“以小名代大名例”、“以雙生疊韻字代本字例”、“以讀若字代本字例”、“實字活用例”、“反言省乎字例”、“助語用不字例”、“也邪通用例”等條；二爲古人行文之例，有“錯綜成文例”、“古人行文不嫌疏略例”、“古人行文不避重複例”、“一人之辭而加曰字例”、“兩人之辭而省曰字例”、“文具於前而略於後例”、“文没於前而見於後例”、“舉此以見彼例”、“因此以及彼例”、“古人引書每有增減例”、“高下相形例”、“叙論并行例”等條。三爲古書訛誤原因之例。是書後三卷，皆論古書訛誤之原因，是俞氏總結前代及自身校勘經驗所得，於後世之校勘可謂發凡起例，如“兩字義同而衍例”、“兩字形似而衍例”條、“以旁記字入正文例”、“因誤衍而誤删例”、“因誤字而誤改例”、“重文作二畫而致誤例”、“簡策錯亂例”、“文隨義變而加偏旁例”。又間有古書訓詁體例數條，如“以重言釋一言例”、“語急例”、“語緩例”。

是書發凡起例，承前啓後誠爲不朽之作。其影響亦甚鉅，後之學者競相續補，如劉師培《古書疑義舉例補》、楊樹達《古書疑義舉例續補》、馬叙倫《古書疑義舉例校録》、姚維鋭《古書疑義舉例增補》皆是。劉師培《古書疑義舉例補小序》稱其幼讀是書，嘆爲絶作，以爲載籍之中，奥言隱詞，解者紛歧，惟約舉其例，以治群書，庶疑文冰釋，蓋發古今未有之奇。

此本據清光緒二十五年刻《春在堂全書》本影印。（司馬朝軍 王獻松）

湖樓筆談七卷 （清）俞樾撰（第1162册）

書前有俞樾自序，稱頻年主講西湖詁經精

舍,精舍有樓三楹,可以攬全湖之勝,然其地距城遠,賓客罕至,或終日雨,則終日不見一人,無與談,談以筆,積久遂多,稍稍編次之,因成是書。

全書七卷,卷一、卷二論經,卷三談《史記》,卷四談《漢書》,卷五談小學,卷六談詩文,卷七記雜事。其論經者,如論《中庸》曰:"子思作《中庸》,漢時已有此説,太史公亦信之。然吾謂《中庸》或孔氏之徒爲之,而非子思所自爲也。《中庸》,蓋秦書也。""吾意秦并六國之後,或孔氏之徒傳述緒言而爲此書。秦始皇二十八年琅邪刻石,文曰:'普天之下,搏心壹志,器械一量,同書文字。'二十九年之罘刻石,文曰:'黔首改化,遠邇同度。'皆與《中庸》所言合,故知《中庸》作於此時也。其曰:'上焉者雖善無徵,無徵不信,不信民弗從;下焉者雖善不尊,不尊不信,不信民弗從。然則一稟時王之制矣。'此亦秦人之語也。"謂東晉所出《古文尚書》,正如刻楮爲葉,翦綵爲華,索索無生氣,望而知爲贋筆。謂戰國傳聞之事,多好事者爲之,往往失真,孟子辭而闢之,卓矣。此類雖不可一一視爲定論,然皆別出心裁。

此本據清光緒二十五年刻《春在堂全書》本影印。(司馬朝軍　王獻松)

悔翁筆記六卷　(清)汪士鐸撰

汪士鐸(1804—1889),字振庵,又字梅村,號悔翁,江寧(今江蘇南京)人。道光二十年(1840)舉人,光緒中授國子監助教銜。其學根柢經術,以爲聖賢大道,有體有用,體原一貫,用則萬變。更著有《水經注圖》、《南北史補志》、《汪梅村先生集》等。生平事迹見士鐸自編《汪悔翁自書紀事》、《續碑傳集》卷七四、繆荃孫《汪士鐸傳》、趙宗復《汪梅村年譜稿》。

是書爲考證經史之作,卷一、卷二考群經,卷三訂《爾雅》、《説文》,卷四至卷六以雜論

史地爲主。全書多爲零星考據,如曰:"'元、良,首也。'《釋文》'首'本作'善'。《易·文言》曰:'元者,善之長。'良本訓善。自'善'訛爲'首'而後,人遂以'元'、'良'之分爲疑。此幸有《釋文》之可校正耳。"書中偶有評論之語,如論《爾雅》郭注曰:"郭注不詳者百四十事,大約訓詁異詞,後人皆能詳之,雖未必盡合,然十得八九矣。惟鳥獸草木,則郭所未詳者,後人亦不能詳,以訓詁可通,以六書鳥獸草木不能臆説也。"又曰:"民生不常用之字,學士大夫以入文章,故千古一音,五方無殊。若民生日用,則婦孺各隨方音言之。"士鐸著述較富,嘗自品其書曰:"《筆記》爲上,詩次之,詞又次之,而文最下。"今觀是書,雖以考據爲主,然頗乏專深之得。

此本據吉林大學圖書館藏清光緒間張氏味古齋刻本影印。(司馬朝軍　王獻松)

烟嶼樓讀書志十六卷烟嶼樓筆記八卷

(清)徐時棟撰(第1162冊)

徐時棟(1814—1873),字定宇,一字同叔,號柳泉,又號澹齋,鄞縣(今屬浙江寧波)人。道光二十六年(1846)舉人,官內閣中書。兩赴會試不第,歸而閉戶讀書。家有烟嶼樓,藏書六萬卷,日坐卧其中,上自經訓,旁及子史百家,靡不究覽。著有《柳泉詩文集》、《烟嶼樓文集》等。生平事迹見《兩浙輶軒續録》卷四〇、董沛《清內閣中書舍人徐先生墓表》。

寧波月湖有十洲,其一曰烟嶼,徐氏家於此,因以烟嶼名其藏書樓,其後徐氏子整理其集時,以之名書。

《讀書志》目録後有時棟孫方來識語,稱其祖去世後,其父傾資刻其遺著,復裒輯賸墨,凡書隙紙尾零篇斷句,手抄成帙,以成是書。方來父又請陳詠橋、董覺軒審定,又屬馮孟顒校閱,於凡徵引必取原書校定,其可類分者釐爲十六卷。

《讀書志》十六卷,凡論經十一卷,論史二

卷,論子二卷,論集一卷。各卷所論,分別爲卷一、卷二《尚書》,卷三《詩經》,卷四《周禮》、《儀禮》、《禮記》、《大戴禮》,卷五、卷六《左傳》,卷七《四書》、《大學》、《中庸》,卷八、卷九《論語》,卷一〇《孟子》,卷一一群經總義、小學;卷一二、一三考史,卷一二《史記》、《漢書》、《後漢書》、《三國志》、《晉書》、《南史》、《北史》、《舊唐書》、《新唐書》、《新五代史記》、《宋史》、《金史》、《明史》,卷一三《通鑑前編》、《甲子會紀》等;卷一四、一五雜論諸子,卷一六校録集部。

《筆記》八卷,凡二百九十八條,卷一記風土人情,卷二爲掌故佚聞,卷三記碑拓,卷四記喪葬事宜,卷五雜記前人傳説之誤,卷六爲瑣聞雜記,卷七記前人文集之誤,卷八記對聯。

徐氏治學,不傍漢,不徇宋,習考證而兼通程朱之學;常主先秦之書,以平衆難,故無墨守之弊。《讀書志》卷一一云:“墨守傳注,不敢稍聞異議,其失詿而固;排擊先儒,以意自創新解,其失鑿而妄,皆非也,過猶不及也。余嘗謂是非天下之公,爭論一己之私。先儒何嘗無得失,細心察之自見;先儒何必不非議,平心言之自足也。”此論甚平正通達。

此本據中國科學院圖書館藏民國十七年鉛印本。(司馬朝軍)

東湖叢記六卷　(清)蔣光煦撰 (第1162册)

蔣光煦生平見前《别下齋書畫録》提要。

是書所載,皆蔣氏讀書時所録典籍遺文、序跋及所見鐘鼎銘文、碑刻拓本、古人墓志等,各篇之後,間有案語。書前有凡例數則,又有蔣氏咸豐六年(1856)小引,稱僻處海隅,見聞寡陋,惟嗜破籍斷碑,遂得遂鈔,初無義例,叢零掎拾,自備遺忘。全書六卷,凡一百四十二條。隨意編排,亦不分類。綜核其書,正如凡例所言“徑録昔人文字,未敢妄加删易”。有録他人序跋,如“元本李善注《文選》跋”條、“元本《春秋左傳句讀直解》跋”條所録陳

鱣跋語皆見《簡莊綴文》。所録亦多有具資料價值者如“《續經義考》”條録沈廷芳《續經義考》案語數條,沈書元本散佚,於此可略見其書之立意;“《補經義考》”條録錢東垣《補經義考》凡例十四則,其書未刊行,於此可見其書之大概。又有録鐘鼎碑刻文字跋語,如録《姜退斷碑》九百餘字,可補王昶《金石萃編》之不足。

李慈銘《越縵堂讀書記》稱此書雜舉秘籍佚文,載其序跋,間及古碑,略如盧文弨《群書拾補》、張金吾《愛日精廬藏書志》之例,而不分門類,多掇纖屑,更出吳騫諸君之下,蓋近於收藏骨董家,非真知學者。然俞樾《蔣生沐東湖叢記序》稱其書精審,與同時錢泰吉《曝書雜記》相伯仲。

此本據華東師範大學圖書館藏清光緒九年繆氏刻《雲自在龕叢書》本影印。(司馬朝軍 王獻松)

吹網録六卷　(清)葉廷琯撰 (第1163册)

葉廷琯(1792—1869),字紫陽,號調笙,又作調生或苕生,晚號十如居士、龍威遯隱,吳縣(今江蘇蘇州)人。廩貢生,候選訓導。更著有《鷗陂漁話》、《楙花盦詩》等。生平事迹見《(同治)蘇州府志》卷八四、《晚晴簃詩匯》卷一三三、《吳中葉氏族譜》。

書前有同治九年(1870)汪曰楨序,稱葉氏淡於榮進,潛浸樸學,一以考佐經史爲營,垂八十不衰,顧常欿然,無少滿假,每草一條,必反覆考權,事隱而得其證,思窮而通其恉,脱然披解。又有咸豐九年(1859)葉氏自序,稱是書所談雖皆儒家事理,其病根在愚狂,因取釋惠洪《林間録》卷上所記“後世學者漁獵文字語言中,正如吹網欲滿,非愚即狂”之意,名書爲《吹網録》。

全書六卷,爲葉氏考據筆記,卷一考證經史,卷二考證《通鑑》,卷三考證金石碑刻,卷四、卷五考證評議其他書籍,卷六考述葉夢得

著作事迹。其所用力者乃校訂史籍、考訂碑帖、考證前人筆記。汪曰楨稱是書考證精密，詞氣和平，不爲奇激之論。楊鍾羲《雪橋詩話餘集》卷七稱其書多識吳中掌故，徵文考獻，足備志乘之遺云。

此本據復旦大學圖書館藏清同治八年刻本影印。（司馬朝軍）

鷗陂漁話六卷　（清）葉廷琯撰（第1163册）

葉廷琯生平見前《吹網錄》提要。

全書六卷，卷一至卷三述宋、元、明、清人之遺事逸聞，卷四、卷五雜談明、清詩文，卷六談書畫，末附奇聞。此書側重於掌故雜説，雜述宋蘇軾、岳飛、李清照，明文徵明、董其昌、張居正，清傅山、沈德潛、陶澍、王昶等名流掌故遺聞、遺詩佚詞及經眼書畫，以晚明及清代史事居多。如"顧亭林勖甥語"條云："亭林先生嘗勖其甥徐立齋相國曰：'本體國經野之心，而後可以登山臨水；有濟世安民之略，而後可以考古論今。'此正先生自道其抱負，一部《郡國利病書》，胥在是矣。自漢以下，堪當此語者殆無幾人。"於此足以見亭林風骨。又"附記遍行堂記事"、"劫灰錄李定國事"條與金堡（澹歸）、李定國行事有關，"楊大瓢之父遣戍事"條記及清代文字獄事，"和珅詩"條記和珅之附庸風雅，"綠牡丹傳奇"條則考釋戲曲《綠牡丹》創作緣起、作者及明末黨社鬥爭情況。

書後有同治元年（1862）金玉曼跋、同治三年汪曰楨跋，又有徐庠、吳劍森、亢樹滋題詩，評及是書與《吹網錄》。

此本據上海辭書出版社圖書館藏清同治九年刻本影印。（司馬朝軍）

讀書雜識十二卷　（清）勞格撰（第1163册）

勞格（1820—1864），字保艾，一字季言，仁和（今屬浙江杭州）人。諸生。與次兄權俱以治經名，一時有"二勞"之目。更著有《唐郎官石柱題名考》、《唐御史臺精舍題名考》。生平事迹見勞檢《亡弟季言司訓事略》、《兩浙輶軒續錄》補遺卷五。

書前有光緒三年（1877）丁寶書序，稱勞氏以憂鬱致病，易簀時，以生前叢殘手稿十數册付寶書，囑其爲之排比成書，寶書撫編三復，窮數年之力，成《讀書雜識》十二卷。

是書卷一至卷六校勘群籍，卷七爲雜考，卷八爲《讀全唐文札記》，卷九、卷一〇爲《宋人世系考》，卷一一、卷一二亦爲雜考群書。"劉熽《雲莊集》"條稱："此書俱真西山文，係後人羼入。惟奏議從碑本傳鈔出，節錄不全，講議數首是雲莊文。""洪邁《野處類稿》"條稱："此即朱松《韋齋集》。案，《大典》本蘇過《斜川集》有誤入洪邁作者。"如此之類皆有可採。劉咸炘《内景樓檢書記》稱勞氏學術大抵沿錢大昕一派，未爲超卓，而勤密尚可。

李慈銘《越縵堂讀書記》稱是書頗乏倫次，蓋編纂之失。陸心源《書勞氏雜識後》稱勞氏熟於唐、宋典故，考訂詳細，可取者多，惟卷十一"孫奕"一條，頗爲全書之累。

此本據清光緒四年刻本影印。（司馬朝軍 王獻松）

霞外攟屑十卷　（清）平步青撰（第1163册）

平步青（1832—1895），字景蓀，别號常庸、棟山樵、霞偶，山陰（今浙江紹興）人。同治元年（1862）進士，任江西糧道，署按察使。後以疾归隱，校輯群書，從事著述。更著有《讀經拾瀋》、《讀史拾瀋》等，匯爲《香雪崦叢書》。生平事迹見《清秘述聞續》卷七、《晚晴簃詩匯》卷一六一。

全書十卷，分立名目，卷一記掌故，卷二記時事，卷三記格言，卷四記里事，卷五論文，卷六斠書，卷七論文，卷八詩話，卷九記小説，卷一〇記方言俗語。是書博採衆説，辨訛訂誤，如"《默記》之誤"、"《升庵外集》之誤"、"《妄妄錄》之妄"、"洪刻《名臣言行錄》序誤"、

"《淮海集》刊誤"、"《謝疊山行實》之誤"、"《玉磬山房文》誤"、"《如不及齋文鈔》校誤"等條皆是。書中頗有心得語,如"年譜"條謂年譜之作近代最爲蕪冗,善行嘉言,憑空虛構,讀者未終卷,而已知其言之非信史。平氏亦能講究讀書方法,如"群書編年格"條詳述南昌龔元玠年表製法,即製版四片,分佈甲子至癸亥六十年,每版十六行,用十五行列十五年,四版得六十年,餘一行各書一補字,以便補正行之錄事不盡者;八十葉爲一本,甲子得二十周,合一千二百年;印刷四本,得四千八百年,自唐堯甲辰至乾隆己丑四千一百二十六年,尚餘六百七十四年;此格經、史、子、集及名臣、名儒年譜有國號年月者俱可紀,故曰"群書編年";但須參考群書,不得妄記,年月既確,則事覈情真,無不可通。其法自今視之平淡無奇,然百餘年前則不失爲良法。

此本據上海圖書館藏民國六年(1917)刻《香雪崦叢書》本影印。(司馬朝軍)

札迻十二卷 （清）孫詒讓撰（第1164冊）

孫詒讓生平見前《墨子閒詁》提要。

是書乃孫氏三十餘年研讀、校勘古書心得之作,撰成於光緒十九年(1893)。書前有光緒二十一年俞樾序,稱孫氏"精劬訓詁,通達假借,援據古籍以補正訛奪,根柢經義以詮釋古言,每下一説,輒使前後文皆怡然理順"。目錄後又有光緒十九年孫氏自序,稱是書間依盧文弨《群書拾補》例,附識舊本異文,以備甄考。

全書所校典籍,自秦、漢至齊、梁,凡七十八種,訂正訛誤衍脱千餘條。所校典籍次第,略以四部之序列之,卷一、卷二爲經,卷三爲史,卷四至卷一一爲子,卷一二爲集。凡孫氏所校,皆於各書之下列底本及所參各家校本,如校《管子》尹知章注以影宋楊忱刊本爲底本,而參考日人安井衡《纂詁》、洪頤煊《義證》、戴望《校正》、王念孫《讀書雜志》、俞樾《諸子

平議》諸書之校語。正文中,各書有篇章者,先列篇章,次列原文,下著案語;無篇章者,徑錄原文。

詒讓校刊典籍,兼重形、音、義,自語氣、語意而至上下文義、名物制度,皆其校勘之所據,徵文考獻,語必有證。凡遇證據不足及尚存疑義者,或存而不論,或著一"疑"字,或徑書"未詳"、"未知孰是",以示闕疑。如校《春秋繁露》"法不刑有身重懷"稱"此前後文并複贅,未詳厥恉";校《吳越春秋》"薁"字曰"薁非穀名,疑當作粱,形近而誤";校《竹譜》"鐘龍"條,引《初學記》"鐘龍"、《文選》"鐘籠"、《太平御覽》"種龍"諸異文,而言"未知孰是",皆能存疑。

是書所校,多能解惑析疑,有撥雲霧而見青天之感,其言文字通假,常能文從字順。然是書亦有考之未審處,如校《老子》"兑"字讀爲"隧",不及俞樾讀爲"穴"之善,此由今楚簡、帛書本《老子》可證。百密一疏,不害全書之精核。章太炎《孫詒讓傳》稱:"《札迻》者,方物王念孫《讀書雜志》,每下一義,妥貼寧極,淖入湊理。書少於《諸子平議》,校讎之勤,倍《諸子平議》。詒讓學術,蓋籠有金榜、錢大昕、段玉裁、王念孫四家,其明大義,鈎深窮高過之。"

此本據華東師範大學圖書館藏清光緒二十年籀廎刻二十一年正修本影印。(王獻松)

籀廎述林十卷 （清）孫詒讓撰（第1164冊）

此書十卷,卷一至卷三考證經傳文字,卷四至卷六考論典籍,卷七至卷九考辨金石拓片,卷一〇爲論學書信。考證經傳文字者,如《禮記鄭注考上》歸納鄭注疏牾爲六條,曰有經本用正字,而鄭本從後出增修之字者;有經疑用正字,而鄭以借字釋之者;有經疑用借義,而注以正字釋之者;有經字誤而鄭校易未允者;有經字不誤,而鄭誤破之者;有經文謁互,而鄭注未及考正者。考論典籍者,如《牟

子理惑論書後》。考辨金石拓片者,如《毛公鼎釋文》録其所考周毛公鼎銘全文,并總述曰:"銘文前後當分四段讀之,前三段,皆述王錫毛伯之命;末一段,則紀所賜車馬及毛公作鼎以答王休之事也。其文奇詭詰屈似盤誥,所用通藉之字,多足與經傳相證。"

劉師培曾爲是書作序,稱其囊括古今,綜極術藝,閎劉、班之流略,補歐、趙之缺簡,意存該綜,無假摧陳。張舜徽稱是書幾乎篇篇可傳,其中陳義尤精者,若卷一《禮記鄭注考》上下篇,卷四《白虎通義考》上下篇,卷九《温州經籍志》諸篇,疏釋疑滯,暢通大例,爲用益宏。

此本據華東師範大學圖書館藏民國五年(1916)刊本影印。另有稿本,藏浙江大學。(王獻松)

舒藝室隨筆六卷　（清）張文虎撰（第1164冊）

張文虎(1808—1885),字孟彪,一字嘯山,號天目山樵、華谷里民,南匯(今屬上海)人。由諸生保舉訓導。嘗館金山錢家三十年,遍讀其藏書,又三次赴杭州文瀾閣,縱覽《四庫全書》。入金陵書局,校勘《史記》諸書。歸後又主講南菁書院。更著有《校刊史記集解索隱正義札記》、《舒藝室雜著》、《舒藝室詩存》等。生平事迹見《清史稿》。

是書乃張氏考證校勘經史群書之作。卷一考證群經;卷二、卷三考證《説文》,兼及《玉篇》;卷四校勘《史記》;卷五校正《漢書》;卷六所校書有《後漢書》、《三國志》、《晉書》、《宋書》、《逸周書》、《管子》、《韓非子》、《墨子》、《吕氏春秋》、《淮南子》、《莊子》、《文選》,而尤以《管子》用力最深。

是書於曆算樂律頗爲重視。校《史記》之《曆書》、《天官書》、《漢書》各《紀》、《表》、《志》日食、晦朔、月日及《後漢書》、《晉書》、《宋書》之《律曆志》,皆出入曆算,校勘精審。如《漢書‧文帝紀》"後四年四月丙寅晦,日

有蝕之"條,言《顓頊術》、《殷術》皆爲四月丁亥朔,無丙寅,而當依《五行志》作丙辰。書中又有總結古書義例者,如卷二"三部"條疑《説文》"凡三之屬皆从三"爲後人增,且言:"書中凡無部可歸,亦無从此字偏旁,而獨立一部者,疑皆不當有'凡某之屬皆从某'七字。"

李慈銘《越縵堂讀書記》稱是書實事求是,鉤貫邃密,而於《説文》爲尤精,於近儒段、桂、錢、嚴之説,多有補正,卓然不刊者也。

此本據復旦大學圖書館藏清同治十三年(1874)金陵冶城賓館刻本影印。(司馬朝軍　王獻松)

舒藝室續筆一卷　（清）張文虎撰（第1164冊）

張文虎生平見前《舒藝室隨筆》提要。

《續筆》所校之書,"五經"之外,兼及《論語》、《爾雅》、《説文》、《隸辨》、《史記》、《漢書》、《中論》、《素問》、《文選》等,皆文虎續有考校所得,編次而成,以補《隨筆》之未備。其中如考《文選》阮嗣宗《詠懷詩》"西遊咸陽中,趙李相經過",謂趙李即趙季、李款,并見《漢書》何并、谷永傳,何并爲穎川守,而谷永所言,是長安中事,於咸陽尤切;又考《史記‧萬石張叔列傳》"仁爲人陰重不泄,常衣敝(布)衣,溺袴期爲不絜清",謂"陰重"是一事,"常衣"二句是一事,以證張晏注之誤,皆考證精確。他若校《隸辨》、《中論》、《素問》諸條,頗多獨見。於江、戴、段、孔諸家之古韻分部,覈其異同,舉其原委,皆據以爲考訂之資。蓋文虎之治學,以小學貫串經史,而歸宿於校勘,故其所得,轉視盧文弨、顧千里諸人爲尤確。書中偶或闡釋詩文意義,如王肅以《邶風‧擊鼓》之三、四章爲從軍者與其家室訣別之詩,而張氏謂杜甫《新婚別》一篇深得其意,可謂以詩證經,經詩互闡。

是書實事求是,於錢大昕《十駕齋養新錄》、王念孫《讀書雜志》、段玉裁《説文解字

注》間有駁正。今按,張氏所校各書之引文,多有訛誤衍脫者。

此本據華東師範大學圖書館藏清光緒五年(1879)刻本影印。(司馬朝軍)

舒藝室餘筆三卷　(清)張文虎撰(第1164冊)

全書三卷,卷一考證《詩經》,卷二考證《三禮》、《左傳》、《論語》、《孟子》、《爾雅》、《説文》,卷三考證《漢書》、《管子》、《楚辭》、《杜詩》、《白石道人歌曲》,皆文虎以續考所得,編次而成,可補《隨筆》、《續筆》之未備。

其論古書曰:"古書可盡信乎?"於此可見張氏不輕信古,敢於懷疑之治學態度。其論《詩經》,不宗一家,大旨在闡明《詩》教。如《揚之水》:"終鮮兄弟,惟予與女。"又曰:"終鮮兄弟,惟予二人。"文虎疑詩人代爲忽、悔過之詞,故曰:"《詩》之教,溫柔敦厚。"其校杜詩,於錢謙益箋多所辯駁。評顧千里校勘之學曰:"校讎固昭其慎,而(顧千里)自謂袪數百年來承訛襲舛,以還唐、宋相傳之舊,則恐未也。"謂《管子》一書多襲道家言,史公以老、莊、申、韓同傳,良有以也。

此本據華東師範大學圖書館藏清光緒七年刻本影印。(司馬朝軍)

無邪堂答問五卷　(清)朱一新撰(第1164冊)

朱一新(1846—1894),字蓉生,號鼎甫,義烏(今屬浙江金華)人。同治八年(1869)就學於詁經精舍,光緒二年(1876)進士,改庶吉士,散館授編修。後官陝西道監察御史,以劾內侍李蓮英降御史候補主事,旋乞歸田。歷主肇慶端溪書院、廣州廣雅書院。更著有《漢書管見》、《佩弦齋文存》,匯刻爲《拙庵叢稿》。生平事迹見《清史稿》、金武祥《陝西道監察御史朱君傳》。

是書爲朱氏晚年主講廣雅書院時答學生疑問之筆記,自跋謂"辨章學術,以端諸生之趨向,則不佞與有責焉"。全書五卷,凡一百四十餘條,或答諸生之問,或評諸生課卷。是書所涉頗廣,古今中外、歷史地理、政教道德、科學文化、工程時論等,均有言及,頗多獨到之處。稱漢學、宋學皆求道之資,故主漢宋兼採,與乾嘉諸老專重漢學者異趣。但又持宋學立場,重經世致用,有輕漢重宋傾向。如評《明儒學案質疑》條稱:"宋學之有宗旨,猶漢學之有家法。拘於家法者非,然不知家法不可以治經;好立宗旨者非,然不知宗旨不可與言學術。"書中所評諸生《蕃鎮論》、《新疆形勢論》、《吉林黑龍江邊防考》、《周世宗宋太祖用兵次第論》、《西遼疆域考》,及答諸生所問吉林白稜河、治河方法、《紀效新書》、伊犁邊界、新疆造鐵路利病諸條,或喻今於古,或直陳利弊,多有通達之見。其涉及先秦諸子、宋明理學、明清學術、釋老學説、桐城古文、四六駢文者,皆能詳辨源流。

書中討論典籍真僞之處甚多,如曰:"姚氏《古今僞書考》多出臆斷。古來僞書,惟子部最多,經部作僞不易。漢魏六朝經師,一字之殊,斷斷考辨,若張霸、劉炫之僞造者,終不能售其奸。近人動輒疑經,唐以前無是也。《皇清經解》中頗有此弊。大率以己之意見治經,有不合者,則鍛鍊周内,以證古書之僞,而後可伸其私説。若推此不已,其禍殆烈於焚書。"然書中亦間有瑕疵,如評戴震曰:"戴氏之《孟子字義疏證》、《原善》、《緒言》三書則謬甚。東原誤以人欲爲天理,宗旨一差,全書皆謬。"王元化《九十年代日記》稱朱氏此評全是宋學立場。又如其論民主曰:"夫民主者,徒便於亂民之藉口,而非真能以安其國者也。"於此可見其荒謬。

孫寶瑄《忘山廬日記》稱朱氏"於漢宋兩學皆有心得,頗能窺見本原,惜其於西國事,隔閡而已"。王元化晚年細讀此書,撮其要旨,稱朱氏對乾嘉以後之學風嬗變影响甚鉅,又稱書中亦不乏衛道之言,可謂持平之論。

此本據湖北省圖書館藏清光緒二十一年廣

雅書局刊本影印。（司馬朝軍　王獻松）

濼源問答十二卷　（清）沈可培撰（第1164冊）

沈可培（1737—1799），字養原，號蒙泉，晚號向齋，嘉興（今浙江嘉興）人。乾隆三十七年（1772）進士，歷任江西上高、直隸安肅知縣，以事降調，遂不復出。歷主潞河、濼源、雲門諸書院。更著有《夏小正注》、《星度釋略》、《依竹山房詩集》等。生平事迹見《兩浙輶軒錄》卷三五、《歷代畫史匯傳》卷五〇。

是書前有嘉慶八年（1803）錢樾序，稱沈氏崇實學，講明經學，立說皆以漢儒爲宗。又有嘉慶十九年楊復吉序，稱是書擇焉精，語焉詳，不在王觀國《學林》、孫奕《示兒編》、顧炎武《日知錄》之下。又有嘉慶十三年朱邦經序、嘉慶十九年李廷芳序。書後有嘉慶二十四年杜塏跋，又附有沈清瑞《沈山長講學記》。

是書十二卷，爲問答體，卷一至卷七論群經，卷八至卷一〇論子史，卷一一論古詩，卷一二論碑銘。答“《古文尚書》爲僞果爲千古定論”曰：“未能定也。”對其真僞仍不作定論，并舉若干理由爲證。又論《金縢》篇曰：“今所傳《金縢》一篇，詞意淺率，誠有可疑，至其事則確鑿之至，何也？或原文爲秦火所滅，而今所傳者乃後人擬作與？”又論《論語》溫故知新章疏曰：“此章與《中庸》不同，《中庸》以溫故爲尊德性，知新爲道問學，乃兩事分講，此節新即從故中悟出，方能貫通萬變，可以爲師，疏義分出已學、未學、未善。”於此數條可見是書論辨之精審。

此本據華東師範大學圖書館藏清嘉慶二十年雪浪齋刻本影印。（司馬朝軍　王獻松）

純常子枝語四十卷　（清）文廷式撰（第1165冊）

文廷式（1856—1904），字道希，號雲閣、芸閣，晚號純常子，萍鄉（今江西萍鄉）人。光緒十六年（1890）進士。甲午、乙未之際，力主對日作戰，極言不可簽《馬關條約》。戊戌變法後革職。光緒二十六年，渡海東行，考察新政。因反對慈禧專權，幾遭密令緝拿。更著有《知過軒隨錄》、《補晉書藝文志》、《文道希先生遺詩》等。生平事迹見胡思敬《文廷式傳》、錢仲聯《文雲閣先生年譜》。

是書內容廣博，涉及政治、經濟、商業、歷史、地理、風俗、語言、文字、民族、宗教諸方面，多有妙論。如謂欲振中國之人才必自廢科舉始；謂荀子所言爲君主國之定法，墨子大旨近民主；謂公會而有公議，由公議而生律法，其初未嘗不與國君爭權，其後乃終能爲國家立政；謂議院之設，宋太學已開其先聲；謂王夫之《讀通鑑論》明本及末，知人論世，爲奇偉之書；謂文章家不可不通小學；謂元、明經學尤遜於宋，此亦得失之關鍵；謂愚民之術，後世以科目，乃民亦遂以自愚，非朝廷之獨智；謂論古者不宜以成敗觀人；謂仁非平等之學，義乃平等之學等。妙語如珠，層出不窮。

書用劄記體，有較高之學術價值。文氏早年師從陳澧，略窺經學門徑，書中多錄陳澧之言。書中論《四庫全書總目》者有十餘條，如謂劉劭《人物志》本道家之旨，《四庫全書總目》以爲其學雖近名家，其理弗乖於儒，猶未推其本；謂紀昀《總目》原稿有故事類，又錄其序；謂孫淵如《孫祠書目》略得阮孝緒“簿錄”之意，姚鼐《惜抱軒書錄》略得曾鞏序書之意，二書源出劉、班，作於《總目》之後，皆與紀昀顯示異同者。

是書稿本原存漢口藏書家徐行可處，汪精衛請張仁蠡與之協商，將稿本送至南京，由陳群刻板印行。此本據民國三十二年（1943）刻本影印。（司馬朝軍）

師伏堂筆記三卷　（清）皮錫瑞撰（第1165冊）

皮錫瑞（1850—1908），字麓雲，一字鹿門，室名師伏堂,善化(今屬湖南長沙)人。光緒八年(1882)舉人,數應禮部試不第,遂絕意仕進。光緒季年,陳寶箴撫湘時嘗贊助時務學堂,又任京師大學堂經學教習。更著有《今文尚書考證》、《經學通論》、《經學歷史》等。生平事迹見皮名振所撰《皮鹿門年譜》。

是書前有民國十九年(1930)楊樹達序,稱得皮氏書於其家,恐久而散佚,因節脩脯之所入,先取《筆記》付梓。是書雜論四部,而以考史爲主。如論《孔子家語》曰:“王肅僞撰《家語》,當時如馬昭已明言之,孫志祖作《疏證》以發其覆,陳鱣序以爲盜獲真臧,其説韙矣。錢馥乃疑諸子傳説,每多雷同,不知諸子雖多雷同,不過稍有出入,烏有如《家語》之竄易首尾,變亂語氣,割裂不通,如《疏證》所云者哉?”又論兄弟昭穆之制曰:“古禮兄弟實異昭穆,各爲一代,而太真此議,亦屬情理之至,但此事極古今之變,古所未有,制禮之聖人未必豫爲之防,逢此極變,固當因時變通,然不得據此以爲古禮兄弟當同室之證也。”皆具卓識。然是書失誤亦多,張舜徽《清人筆記條辨》卷一〇已有考辨。

此本據天津圖書館藏民國十九年楊氏積微居刻本影印。(司馬朝軍　王獻松)

午窗隨筆四卷　(清)郭夢星撰(第1165册)

郭夢星(1815—1884),字亦白,亦字西垣,號蓮農,室名寶樹堂,濰縣(今屬山東濰坊)人。道光二十六年(1846)舉人,歷任廣西候補知縣,候選内閣中書,内閣侍讀銜。更著有《尚書小札》、《漢書古字類》、《花雨軒詩稿》等。生平事迹見《濰縣鄉土志》、民國間續修《郭氏家譜》。

是書前有孫葆田序,稱郭氏每讀一書,必鉤玄提要;尤熟於歷代史事及本朝掌故;下至當時邸鈔,凡有事關因革黜陟者,輒鈔録成帙。書中所載,多關經史、制度、地理、人物、俗語。如“其恕乎”條曰:“知、仁、信、勇,皆美德也,然好仁不好學,其蔽也愚;好知不好學,其蔽也蕩;好信不好學,其蔽也賊;好勇不好學,其蔽也亂。是失於一偏,則各有所蔽。忠、孝、節、廉,皆懿行也,而行之過當,則有愚忠、愚孝、小節、矯廉之譏。惟恕違道不遠,求仁莫近,本推己及人之意,攸往咸宜,初無失偏過當之慮,故可以終身行之。”於此可窺其大旨。

孫葆田序謂是書仿王士禎《易居録》、《池北偶談》而作。是書説經之處,多採異説,又不措意於小學聲韻,殊非治經之正軌。書中成語及詩文典故,時有可取之處,惟其考論典章制度,最爲有用,洞悉源流,而措語明顯,使讀之者一目了然。卷四《濰縣志拾遺》,亦可補志書之不足。

此本據南京圖書館藏清光緒二十一年刻寶樹堂遺書本影印。(司馬朝軍　王獻松)

愚慮録五卷　(清)陳偉撰(第1165册)

陳偉(1839—1889),字耐安,號愚慮,諸暨(今屬浙江紹興)人。同治十二年(1873)拔貢,光緒元年(1875)恩科舉人,以教諭注銓,例授文林郎。早年肄業詁經精舍,俞樾深賞之,歎爲經明行修之士。平居好學不倦,手不停披,目不停覽。晚年四方從學者甚衆,如蔡元培輩皆出其門。更著有《食古録》、《居求録》、《待質録》等,光緒間,門人永康應德閎校刊遺著,統名《耐安類稿》。生平事迹見民國十三年《諸暨民報五周紀念册·諸暨六十年來人物小志》。

是書前有光緒二十一年俞樾序,稱其書皆研求經義,説經甚精,如辨三老五更之非三人、非五人,辨《論語》過位升堂非治朝之位、非燕朝之堂,又如説冕服十二章,辨鄭注周制九章之誤,説《吕刑》其罰倍差,辨《孔傳》五百鍰之非,皆詳明有據。又有光緒二十二年應德閎跋,稱其集中考異證同,闕疑徵信,大旨即平日自道“以漢學爲宋學”一語。又有光緒二十二年陳瀚跋。

是書用編年體,起光緒十年,迄光緒十五年,每文之下注年月。以前三年爲多,後二年較少,己丑僅一條。書中頗有心得語,"偉按"多達四百餘次,然好駁舊注,是其一短。

此本據華東師範大學圖書館藏清光緒二十二年刻《耐安類稿》本影印。(司馬朝軍)

丁晉公談錄一卷　舊題(宋)丁謂撰(第1166冊)

丁謂(966—1037),初字謂之,更字公言,長洲(今江蘇蘇州)人。淳化三年(992)進士。拜三司使,參知政事,復以吏部尚書參知政事,除樞密使,拜同中書門下平章事,封晉國公。仁宗即位,因其前後欺罔及與宦官雷允恭交通,累貶崖州司戶參軍,先徙雷州,又徙道州。明道中,授秘書監致仕。謂機敏有智謀,憸狡過人,善於揣摩人意。生平事迹見《宋史》。

是書作者,歷代著錄頗有疑義。書中每章之首皆稱"晉公言"、"晉公嘗云",故當非丁謂自撰。陳振孫《直齋書錄解題》謂不知何人所作。晁公武《郡齋讀書志》題丁謂撰,并云他人爲之潤益,又以其出洪州潘延之家,疑即延之所爲。潘延之,名興,號清逸居士。嗣家豫章東湖上。丁謂外甥。據此,是書或爲丁謂口述,潘延之撰錄。

是書皆丁謂口述當代故事。如記真宗秘聞,凡四則,稱"已上四件,皆是真宗親宣示於晉公,人皆不知也",其一云:"真宗在儲貳時,忽一日,因乘馬出,至朱雀門外,方辰時,有大星落於馬前,迸裂有聲。真宗回東宮,驚懼。時召司天監明天之文者詢之,云:'不干皇太子事,不煩憂慮。自是國家災,五年方應。'至第五年,果太宗晏駕。"書中又多記宮廷生活、朝廷典故。《四庫全書總目》卷一四二稱是書所記多顛倒是非,有乖公論,所記謂事皆溢美,因而云是書即未必延之所作,必出

於謂之餘黨無疑云云,未免判斷失誤。

此本據民國十六年(1927)陶氏影印宋咸淳刻《百川學海》本影印。(司馬朝軍)

續世説十二卷　(宋)孔平仲撰(第1166冊)

孔平仲,字義甫,一字毅甫,新喻(今江西新餘)人(一作新淦人)。治平二年(1065)舉進士,曾任秘書丞、集賢校理、提點江浙鑄錢、京西刑獄。更著有《珩璜新論》、《孔氏談苑》、《釋稗》、《良史事證》等。生平事迹見《宋史》附孔文仲傳、《東都事略》卷九四。

是書十二卷,卷一德行、言語,卷二政事、文學,卷三方正、雅量、箴規,卷四品藻、識鑒、夙慧、捷悟,卷五賞譽、寵禮、任誕、容止,卷六術解、巧藝、排調,卷七自新、企羨、簡傲、尤悔,卷八棲逸、輕詆、賢媛,卷九惑溺、黜免、傷逝、汰侈,卷一〇直諫,卷一一忿狷、仇隙、紕漏、儉嗇,卷一二假譎、邪諂、讒險、奸佞,共三十八類,較《世説新語》三十六類少"豪爽"一類,而增加"直諫"、"邪諂"、"奸佞"三類。

是書所記,皆宋、齊、梁、陳、隋、唐、五代事,多採自《南史》、《北史》、《舊唐書》、《舊五代史》及前人筆記小說。"德行"類稱梁顧協清介有志操,人憚其清嚴;太宗謂虞世南有五絕,一德行,二忠直,三博學,四文詞,五書翰。"言語"類記蕭何語:"天子以四海爲家,不壯不麗,無以重威。""文學"類記李揆門地、人物、文章皆當代所推,故時人稱爲"三絕"。"仇隙"類記牛李之黨挾邪傾軋事。與《世説新語》相比,誠如書前秦果序所云"可謂發史氏之英華",史料價值較高。

此本據清嘉慶間鈔《宛委別藏》本影印。另有明鈔本,藏上海圖書館。(王獻松)

續墨客揮犀十卷　(宋)彭乘撰(第1166冊)

彭乘(985—1049),字利建,益州華陽(今四川成都)人。大中祥符五年(1012)進士及第,累遷工部郎中。皇祐元年(1049)爲翰林

學士,領吏部流内銓、三班院,爲群牧使。更著有《墨客揮犀》。生平事迹見《宋史》本傳。

是書十卷,内容龐雜,爲《墨客揮犀》之續編。如"射之没鏃"條辨班固《漢書》記李廣射虎飲羽之説爲餙詞,"服金石藥者多被毒"條謂以韓愈之立言垂教則可,而韓愈非允蹈之人,"能官"條記毛亢判東李、西李二家争訟長溪之事。又有記花草者,如"胡蔓"條記二廣胡蔓草之毒性,"接百花"條記古代花木嫁接技術,"牡丹"條記牡丹初不見於詩文,花品不高。阮元《四庫未收書提要》卷五稱其所載佚事遺聞以及詩話、文評徵引頗爲詳洽,足補前編之所未備,其所議論多推重蘇、黄,亦與前集相同,合之以爲完書。

是書内容多採輯前人著述。張文虎《舒藝室雜著》甲編卷上《復朱述之大令書》稱,朱氏以《續墨客揮犀》多掇拾他書,疑非真本,檢其出《夢溪筆談》者二十八條,出《冷齋夜話》者二十條,出《遯齋閒覽》者十三條;又"李主簿"條見《閒窗括異志》,"王學士"條見《東軒筆録》而文小異;"唐龍圖"條已見前編,而此複出,"謝泌"條亦與前編"謝諫議"條略同。

此本據清嘉慶間鈔《宛委別藏》本影印。(司馬朝軍)

醉翁談録五卷 (宋)金盈之撰 (第1166册)

金盈之,家世汴京(今河南開封),後南渡。嘗官從政郎、衡州録事參軍,南宋寧宗嘉定年間(1208—1224)尚在世。簡略生平見是書相關條目。

是書五卷,各立條目。卷一名"名公佳製",載宋以降名卿大夫詩文。如"司馬温公聯句"條記司馬光《嶺頭詩》之本事。卷二名"榮貴要覽",述唐宋時恩榮遺制。如"曲江之晏"條記曲江池佳節盛况。卷三、卷四名"京城風俗記",記汴京風物繁華之盛。此二

卷所記風俗節日,皆按月日排列,於元旦、上元、社日、寒食、清明、七夕、中秋、重陽、冬至、除夜皆有所記。卷五名"瑣闥異聞",記奇聞怪事。如"雕木爲則劇術"條記倭人韓志和善雕木作鸞、鶴、鴉、鵲之狀,飲啄動静,與真無異,且可凌雲奮飛。

阮元《四庫未收書提要》卷一稱書中所載詩文雜事雖屬瑣碎,然博聞洽見,足資談助,可與《夢華録》、《夢梁録》并傳。

是書原爲八卷,《千頃堂書目》、《八千卷樓書目》、《百川書志》等均著録爲八卷。莫友芝《宋元舊本書經眼録》卷三記,相傳阮元裁去是書後三卷而成五卷本,蓋如《直齋書録解題》斥唐人《教坊記》猥褻之意。後三卷内容爲卷六"禪林叢録",卷七、卷八"平康巷陌記。"

此本據清嘉慶間鈔《宛委別藏》本影印。另有《碧琳琅叢書》本、《適園叢書》本、《芋園叢書》本等,均爲八卷本。(司馬朝軍 王獻松)

静齋至正直記四卷 (元)孔齊撰 (第1166册)

孔齊,生活於元至正年間(1341—1370),字行素,號静齋,別號闕里外史,曲阜(今屬山東濟寧)人。本洙泗苗裔,而流寓平陵。事迹史傳未載。其父退之曾任建康書吏,孔齊隨父遷居溧陽。元至正年間又避居四明(今浙江寧波),撰成是書。簡略生平見是書相關條目。

書前有嘉靖三十八年(1559)歸有光《静齋類稿引》,稱其書蓋至正間舊物;其時兵燹蝟興,人無寧宇,於崎嶇避地之際,備得人情物態之詳;雖其文未雅馴,而持己處家之方,貽謀燕翼之訓,亹亹乎有當乎道,誠舉而體諸身心,見諸行事,即進而亙於古人不難。卷一前有孔齊至正二十年《雜記直筆》,稱:"雜記者,記其事也。凡所見聞,可以感發人心者;或里巷方言,可爲後世之戒者;一事一物,可

爲傳聞多識之助者,隨所記而筆之,以備觀省,未暇定爲次第也。"

是書名曰"直記",義取直筆,又名《静齋類稿》,紀至正間雜事,所記多有可觀,如"畫蘭法"條記郎玄隱授畫蘭之法甚詳;"學書法"條謂凡學書字,必用好墨、好硯、好紙、好筆,皆於初學者有益。"鄉中風俗"、"浙西風俗"、"村館先生"、"鄞人虚詐"諸條亦可見當時士風民俗之大概。"學文讀孟"條謂:"學作文不必求奇,但熟讀《孟子》足矣。以韓、柳、歐、曾聞(間)架活套爲常式,以《孟子》之言辭句意行之於體式之中,無不妙也。蓋《孟子》之言有理有法,雖太史公亦不能及,徒誇豔於美觀耳,吾不取也。"此數語皆自家體貼得來,非深於《孟子》者不能道。

瞿鏞《鐵琴銅劍樓藏書目録》卷一七稱是書叙述瑣雜,略寓勸懲之旨,亦間及當時鉅公佚事。蕭穆《敬孚類稿》卷九《記舊鈔本〈至正直記〉》稱所記遺聞佚事,且多警世之言。

此本據國家圖書館藏清毛氏鈔本影印。此藏本有清董兆熊校語,書後有清季錫疇跋。(司馬朝軍　王獻松)

冀越集記二卷　(元)熊太古撰(第1166冊)

熊太古,字鄰初,號寒樓子,豐城(今江西豐城)人,熊朋來之子。至順三年(1332)中鄉試,又登進士,官至江西行省郎中。至正末,天下盜起,太古力陳守禦計,當事者不能從,遂棄官去,隱樗山,明初徵校雅樂,畢,告老歸。《元史·藝文志》卷四著録其《燹餘集》、《熙真集》,今已不傳。生平事迹見《(萬曆)新修南昌府志》卷一七、《江西詩徵》卷四一。

是書,分前後二集,記元代典章,并五行、四氣、花木、鳥獸及雜説,所記多爲其生平遊歷之見聞。"莊子佛經"條謂鯤鵬之語猶誑人以理之所有,而佛經所謂羅漢、阿修羅王化形

入海、而頭與須彌山等之事則真誑人以理之所無;又有記博物者,如記猪、羊、馬、牛、駝、象習性之異諸條;又有論"卜筮"古今之變易者。其"古文"條謂"今人作文以去助語、衍字爲古文"之不足法,亦有識之論。是書可資言談,亦可助博識。

書前有至正十四年(1354)太古自序,稱平生兩至京師,得親碩學名儒,廣見洽聞之士,多方明述之賢言,元初制作之盛,規模之宏,前代所未有,掌故所藏,悉得覽之;凡耳之所聞,目之所覩,録以備忘。《四庫全書總目》卷一四三入小説家類存目,稱雜記見聞,亦頗賅博,然有記載不甚確者。

此本據國家圖書館藏清乾隆四十七年(1782)吳翌鳳鈔本影印。(司馬朝軍　王獻松)

東園客談一卷　(明)孫道易輯(第1166冊)

孫道易(1394—1476後),字景周,自號映雪老人,華亭(今屬上海)人。簡略生平見是書後孫氏自識。

是書末有孫氏識語,又有景泰七年(1456)金霽跋語。金跋稱《客談》三十一條,雲間映雪孫先生所輯近代臣子之忠孝、師友之恩義、婦人女子之風節、名公碩彦之言行可法可徵者,舊凡五十帙,惜乎散逸不全,今幸存止此。

是書皆録名人嘉言懿行及近代聞見諸事,《四庫全書總目》卷一四三云因其據當時友朋所書輯之,故曰"客談"。孫氏識語及金氏跋語均稱是書原五十卷,然今僅存一卷,凡三十餘條。每條下各標人名,凡錢維善、全思誠、陶宗儀、趙宣晉、夏文彦、夏頤、朱武、郭亨、邵焕、孫中晉、孫元鑄、黄琦、費圖用、楊舜孫、李升、曾樸并道易,共十七人,多爲元之遺民。書中記陶宗儀述杜清碧編《華夏同音》所收及於外化番書及國朝蒙古新字,曾樸述其先師金蘭室先生與諸生論"學"字之義,皆有關學術。又記周公瑾語:"惟信義是服,不患不到聖賢地位也。"尤爲正大之論。是書

誠如金跋所云："士於學問之餘，取而覽焉，非惟可以資言論、廣見聞，誠足以起好善惡惡之心，而堅其操行，至或臨利害必有守，而弗苟爲也。觀映雪之心，豈直以備清談云。"

此本據中國科學院圖書館藏明鈔《說集》本影印。（司馬朝軍）

可齋雜記一卷　（明）彭時撰（第1166冊）

彭時（1416—1475），字純道，又字宏道，號可齋，安福（今屬江西吉安）人。正統十三年（1448）戊辰科狀元，累官至少保，謚文憲。更著有《彭文憲公文集》。生平事迹見《明史》。

是書又名《彭文憲公筆記》、《彭公筆記》，爲彭氏述其生平閱歷之作。書中所記多明正統、景泰、天順、成化間事。有記人物者，如記太學祭酒李時勉教導諸生事，并稱其"涉歷艱險，操存有素，禍亂不足以動心，如此真有古人氣象"；又有記典故事者，如記翰林故事，同寅皆尚齒，且分學士一類，侍讀、侍講一類，修撰、編修、檢討一類，等級截然不紊。又有記史事者，如記正統十四年土木之變後百官劾奸臣誤國者，致擊死錦衣衛指揮馬順及内臣二人。

是書《四庫全書總目》卷一四三列入小說家類存目，稱記張英、劉長子之冤，以時方省親，自家至京，不及申救爲解，然其後時在内閣，亦未聞申攘功之誅，正釱法之罪，僅以筆記存公論，殊爲無謂。但《翰林記》卷一一《紀時政》稱是書延續宋濂《洪武聖政記》以來紀時政之傳統，專紀在己見用之事，而本院故事多在焉。

此本據民國二十九年（1940）商務印書館景印《元明善本叢書十種·歷代小史》本影印。另有《顧氏四十家小說》二卷本等。（司馬朝軍）

雙槐歲抄十卷　（明）黃瑜撰（第1166冊）

黃瑜（1425—？），字廷美，號雙槐老人，香山（今廣東中山）人。景泰七年（1456）中鄉舉，入國子監，肄業，繼而任職戶部，後爲長樂知縣。更著有《雙槐集》、《書傳旁通》。生平事迹見《明史》。

書前有黃瑜弘治八年（1495）自序，稱其得諸朝野興論，必證以陳編確論，質以廣座端人，可疑者闕之，可厭者削之。又有劉節嘉靖二十八年（1549）序、黃衷序，劉序稱是書始抄於景泰七年（1456），成於弘治八年（1495）。書末有呂天恩嘉靖二十七年後序、彭年嘉靖三十八年重刻識語。

是書記明洪武迄成化中事，凡二百二十餘條。間亦有關學術者，如"尊孔衛孟"條記錢唐上疏諫言，使天下通祀孔子，而孟子得配饗不廢；"西域曆書"條記西域《回回曆》紀歲之法；"古注疏"條記周子、程子取孔安國、王弼古注皆於理甚當，自永樂中，纂修《大全》出，談名理者惟讀宋儒之書，古注疏自是而廢。

郎瑛《七修續稿》義理類"《雙槐歲鈔》"條稱是書於本朝之事最多且詳，修史者當取焉。但阮元《文選樓藏書記》卷六稱此書鈔撮史傳。

此本據國家圖書館藏明嘉靖三十八年陸延枝刻本影印。（司馬朝軍）

石田翁客座新聞十一卷　（明）沈周撰（第1167冊）

沈周（1427—1509），字啓南，號石田，長洲（今江蘇蘇州）人。務讀書，不應舉。善詩文、書畫，與文徵明、唐寅、仇英并稱"明四大家"。傳世畫作有《廬山高圖》、《秋林話舊圖》、《滄州趣圖》。更著有《石田集》。生平事迹見《明史》。

沈周晚年名望益盛，門客益衆，造"百客堂"，每近日暮，必張筵席，四方來客，令各述所聞見，記録成書。題曰《客座新聞》。凡官場逸聞、文人佚事，瑣言細語，有聞必録。書中頗多妖異鬼怪、因果報應之說。語多附會，不詳考證,陸采《冶城客論》譏本書偏信門客妄言。然其亦能間出精彩,如"史員外確論"條曰:"北京户部史員外常云:'今之仕宦者多是官做人,古之仕宦者人做官也。'其言有理。書云:'不惟其官,惟其人。'信夫!"又如"張布政一門死節"條記曜州張紘之子某一家殉建文帝事,可謂驚天地泣鬼神,然王世貞《史乘考誤》指爲虚假"新聞"。王世貞《弇州四部稿》卷七一《明野史彙小序》將是書列入"野史"。沈德符曰:"吾家石田,雖高逸出存中上,終以布衣老死吴下,故所著《客座新聞》,時有牴牾。"

此本據國家圖書館藏清鈔本影印。另有上海圖書館藏明鈔本,七卷。(司馬朝軍)

震澤紀聞二卷 (明)王鏊撰　續震澤紀聞一卷 (明)王禹聲撰 (第1167册)

王鏊(1450—1524),字濟之,號守溪,晚號拙叟,學者稱震澤先生,吴縣(今屬江蘇蘇州)人。成化十一年(1475)進士,累官至户部尚書、文淵閣大學士,卒贈太傅,謚文恪。鏊在位時,劉大夏、楊一清皆爲劉瑾所忌,鏊爲委曲諭解,人以此多之。更著有《姑蘇志》、《震澤集》、《震澤長語》等。生平事迹見《明史》。

王禹聲,字聞溪,一作文溪,又字遵考,吴縣(今屬江蘇蘇州)人,鏊曾孫。萬曆十七年(1589)進士,歷知承天府,因事削職爲民,卒後贈光禄寺卿。更著有《郢事紀略》。生平事迹見《(同治)蘇州府志》卷八〇。

《紀聞》所記,皆明代人事,分人條繫,體近列傳,間有二人合爲一條者,自宋濂至焦芳,凡四十六人。如"王行"條記王行家貧無書讀,傭於大姓之家而遍讀其書,後主藍玉家爲教授,終因藍玉謀反事坐死;"薛瑄"條記王振召瑄爲大理少卿,而瑄不謝王,又因都御史王文劾瑄受賄而下死獄,瑄臨刑而神色自若,後振意解,傳詔赦之,謫戍邊。

《紀聞》前有嘉靖三十年(1551)魏良貴序,稱王氏稽合異同,考正得失,以成一代之信史。李慈銘《越縵堂讀書記》稱《紀聞》皆紀明事,而於并時人爲詳,其中多直筆,如言萬安之穢鄙,焦芳之奸邪,皆狼籍滿紙,不少隱避。

《續震澤紀聞》與《紀聞》體例相同,記太湖名士吴寬、高啓、楊基、陳祚、陳鎰、徐禎卿、祝允明、盛應期、金問、陳繼、徐琈佚事,凡十一人。如"按察司僉事陳公"條記陳祚上疏言帝王之學,以真德秀《大學衍義》一書,聖賢格言,古今治亂,無所不載,益令儒臣講説,被上指語涉譏訕而下獄。"禮部右侍郎金公"條記金問與陳繼受《易》俞貞木而於學大進,永樂初侍東宫,後與黄淮、楊溥等皆下獄,而三人講論不輟,洪熙初授翰林修撰,卒於禮部右侍郎。

《續震澤紀聞》與《紀聞》皆爲地方名人樹碑立傳。然書中所取,多爲楊循吉《蘇談》、黄瑋《蓬軒類記》中事,雖有一定故事性,然頗嫌枯澀冗繁,難以卒讀,文筆亦遠不及王鏊自然得體,揮灑自如,故不可與《紀聞》同日而語。

此本據國家圖書館藏明末刻本影印。(司馬朝軍　王獻松)

立齋閑録四卷 (明)宋端儀撰 (第1167册)

宋端儀(1447—1501),字孔時,號立齋,莆田(今福建莆田)人。成化十七年(1481)進士。歷禮部主事、主客司員外郎,後以按察僉事督廣東學校,卒於任。更著有《考亭淵源録》等。生平事迹見《明史》、《本朝分省人物考》卷七四、明黄仲昭《奉政大夫廣東按察司提學僉事立齋宋君墓志銘》)。

是書四卷,爲資料匯編,但編排隨意,叢脞無倫。端儀自稱採明朝諸公遺文及《聖諭録》、《水東日記》、《天順日録》諸書所載事堪爲法戒者爲一書,多爲明初至成化年間典故、人物。如記開國之初朱元璋修禮樂典制事；又如記王偁帶鐐纂修《永樂大典》事；又記永樂二年饒州府士人朱季友獻所著書，專斥濂、洛、關、閩之說，肆其醜詆，楊士奇白上，命官押還本貫，搜檢其家所著書焚之。綜核其書，以建文革除間人事最富史料價值。

明魏校《莊渠遺書》卷一二《復喻吳江》評是書云："國朝少野史，此書儘有功。"《四庫全書總目》卷一四三列是書於小說家類存目，稱是編雜錄明代故事，皆採明人碑志說部爲之，與正史間有牴牾，體例亦冗雜無緒。

此本據遼寧省圖書館藏明鈔本影印。（司馬朝軍）

青溪暇筆二卷　（明）姚福撰（第1167冊）

姚福（1427—？），字世昌，號守素道人，江寧（今江蘇南京）人。明成化間人。南京羽林衛千戶。生平事迹見《千頃堂書目》卷一二。

是書前有成化九年（1473）姚氏自序，稱其聞於賓客之緒餘，省於經史之糟粕，或親觀諸物，或有感於心，多則百餘言，少者數十字，或書於版籍，紀於方冊，日漸以多，其中可驚、可喜、可怪、可笑、可考、可疑者有之，惟言人之不善者蔑焉，亦復不忍棄去。姚氏所居近青溪，故名其齋曰青溪精舍，因以名書曰《青溪暇筆》。

是書爲綜合性筆記，劄記讀書所得及耳目見聞。間有論學術者，如駁黃震疑邵雍《先天易》"先天"二字不見於經之非，并謂欲明理，不可以他人嘗用之言遂避而不用。又記其子侗論郭太爲人事，謂"太在漢末，有類康節之在宋"，"讀史之法，若遠代史可作一項看，近代史又作一項看。蓋近者詳，而遠者略也"。又評劉勰、陳騤、宋濂論"六經"之說。又論《康衢謠》、《夏人歌》、《採薇歌》諸歌謠之真偽。又考《孫子》"方馬"爲并縛其馬，使不得動之義，此類記述皆有可觀。

《池北偶談》卷一七稱是書記佚事頗亦可喜，而論詩膚陋。《四庫全書總目》卷一二八入雜家類存目，稱是書首卷所述明初佚事，多正史所不載。

此本據國家圖書館藏明邢氏來禽館鈔本影印。另有二十卷本，藏青島市博物館，係黃虞稷千頃堂舊物，爲海內孤本。（司馬朝軍　王獻松）

皇明紀略一卷　（明）皇甫錄撰（第1167冊）

皇甫錄（1470—1540），字世庸，號近峰，長洲（今屬江蘇蘇州）人。弘治九年（1496）進士，授都水主事，改禮部儀制郎中，出知順慶府知府。時藍鄢寇起，竟以被劾，歸居虎丘之旁，因號近峰，日以著述遊覽爲事。著有《近峰聞略》、《下陴紀談》。生平事迹見《（同治）蘇州府志》卷八六。

是書所記多正德以前朝野舊聞。如胡廣以館閣誤聞而中狀元事："庚辰會元缺，狀元胡靖，即胡廣。廣與楊溥同與廷試，初擬溥爲狀元，而廣次之。上偶問今年狀元何人，中官以湖廣人對，蓋謂溥也。館閣誤聞，遂以廣爲第一。"又如記景帝即位始求顏、孟、周、程、朱之子孫各一人爲翰林五經博士，世其官以奉祠。又記明官俸改制不足以養廉、宣宗好促織而使一家自經而死、明代謚號之不當、明分封宗藩之濫、朱元璋奪陳友諒妻闍氏而封其遺腹子爲潭王等事。《四庫全書總目》卷一四三列入小說家類存目，云書中有類委巷之傳聞者。

此本據民國二十九年（1940）商務印書館景印《元明善本叢書十種·歷代小史》本影印。（司馬朝軍　王獻松）

西園聞見錄一百七卷　（明）張萱撰（第1168—1170冊）

張萱（1558—1641），字孟奇，號九嶽，別號西園，博羅（今屬廣東惠州）人。萬曆十年

(1582)舉人，官户部郎中，擢爲貴州平越知府，未就任。萬曆三十九年以蜚語中考功法而罷歸。博洽多聞，著述甚富。更著有《西省識小録》、《西園匯史》。生平事迹見《(道光)廣東通志》卷二九一、《畫史會要》卷四。

張萱嘗於榕溪之西建一園，名曰“西園”，著述其間，故以此爲號，又以名書。是書輯録明朝史事，積二十餘年始成。上起洪武，下迄天啓。全書以事爲綱，以人爲緯。凡一百零七卷，分爲三編：卷一至卷二五爲内編，以表德行，專重行誼，分孝順、友愛、閨範、教訓等九十九目，著眼於“内聖”；卷二六至卷一〇二爲外編，記載政事，依官爲次，自内閣、宰相、六部、臺諫以至外官内臣，分衆事而歸隸之，分宰相、翰林、經筵日講等一百五十一目，著眼於“外王”；卷一〇三至卷一〇七爲雜編，分術數、醫藥、堪輿、二氏、佛、老、鬼神、燒煉、毀淫祠、災祥、報應、妖術十二目。每小目下又分前言、往行兩部分。前言摘自奏疏、著述，往行則記述掌故。其中兵事部分多達三十二卷，“女直”一目對建州女真記載亦較詳。

是書前有民國二十九年(1940)哈佛燕京學社《校印西園聞見録緣起》，稱民國二十五年得三山陳氏居敬堂藍格鈔本，不避清諱，當是明鈔，有開萬樓藏書印記，審爲汪啓淑舊藏，足與沈德符《萬曆野獲編》競爽，信爲考明事者所必參稽。鄧之誠跋稱：“凡所稱引，博覽之士或有不悉其所從出者，故書舊記散佚多矣，猶賴此書以傳，一也；所録奏疏，多出邸報，非今所恒見，二也；兵事逾三十卷，建州方盛，語焉特詳，觸忌新朝，所以終閟，三也；著一議論，主張歧出者，必備録之，以見持平，四也。尤足稱者，著書本旨在以事存人，以人存言，自修己條目，迄於齊家治平，言行一貫，合以求之，雖復旁及幽隱怪異，要以不倍聖人之教爲本。蓋世道衰微，慨然有作，非比空談拜獻也。”

是書《千頃堂書目》入史部别史類，《明

史·藝文志》、《傳是樓書目》均入史部雜史類，《八千卷樓書目》入子部雜家類雜纂之屬。

此本據上海圖書館藏民國二十九年哈佛燕京學社印本影印。（司馬朝軍）

濯纓亭筆記十卷附禮記集説辯疑一卷
（明）戴冠撰（第1170册）

戴冠(1442—1512)，字章甫，自號濯纓，長洲(今江蘇蘇州)人。弘治四年(1491)以年資貢禮部，授浙江紹興府儒學訓導，後罷歸。博通多識，刻意爲古文辭，負氣矜伉，寡所推與，其志悲憤，所著書多自攄其不平。更著有《讀史類聚》、《經學啓蒙》、《通鑑綱目集覽精約》等。生平事迹見《本朝分省人物考》卷二四、《國朝獻徵録》卷八五。

書前有嘉靖二十六年(1547)陸粲序，稱戴氏扶樹教道，繩枉黜邪之指，於是書略可睹。後有華察跋，稱是書所論述，大抵崇正闢邪。又稱是書原題《隨筆類記》，都穆改爲今名。全書雜記見聞，共十卷。書中所記有關史實者，如記忽必烈盜掘宋帝陵墓之罪。又有關論辨者，如辨洪邁論宋玉《高唐》、《神女》二賦之非；論《易》時有聲韻諧協者，非有心於排比，與《書》之賡歌，《詩》之協韻，實同一道。至於書中數論邵雍之學，稱邵子之學，終不離乎術數，雖不敢謂其不當學，然不學可也；又稱《漁樵問答》一書，尤淺近，無大議論；又稱邵子所論元會運世荒遠無稽，《皇極經世書》文法殊繆，而於理亦未安，未免過甚其詞。

是書既頌揚明太祖英明剛果之志、慈祥惻隱之心，又貶斥胡主滔天之罪，故《四庫全書總目》卷一二七入雜家類存目，稱其“皆鈔撮前人成説”，可謂瞞天過海，障眼有法。謝國楨《明清筆記談叢》稱是書記有明一代掌故制度，以蘇州、紹興兩地事迹尤爲詳盡。

書末附録《禮記集説辨疑》一卷，爲辨説陳

澔《禮記集説》之作。辨《禮記》之《曲禮》、《檀弓》、《王制》等十五篇，少則僅一則，多亦不過九則，爲未完之經解類作品，與前《筆記》殊爲不類，故《四庫全書總目》析出別入經部焉。

此本據復旦大學圖書館藏明嘉靖二十六年華察刻本影印。（司馬朝軍　王獻松）

寓圃雜記十卷　（明）王錡撰（第1170册）

王錡（1433—1499），字元禹，自號夢蘇道人、葦庵處士，長洲（今江蘇蘇州）人。終生不仕，以耕讀爲業。其家舊有萬卷堂，藏書甚多，皆宋元館閣校勘定本，諸名公手鈔題志者居半。生平事迹見《吳中文粹續集》卷四二吳寬《王葦庵處士墓表》、劉鳳《續吳先賢贊》卷一二《王錡傳》、《吳中人物志》卷九。

吳寬稱王氏性剛直，平生有所見聞，既筆之，不顧忌諱，號《寓圃雜記》，又好從長者遊，其婦翁爲一代詩人劉草窗，博學多識，故王氏得其議論尤多。

書前有弘治十三年（1500）祝允明序，稱王氏削蕪置疑，拔十得五，積爲是編。全書雜記見聞，載明洪武迄正統間朝野事迹，於吳中故實尤詳。其中如考封建之沿革、記官妓之革、記義官之濫，具有較高之史料價值。且間有考據，如辨《剪燈新話》之僞：“《剪燈新話》，固非可傳之書，亦非瞿宗吉所作。廉炎楊先生，阻雪於錢塘西湖之富氏，不兩宵而成。富乃文忠之後也。後宗吉偶得其稿，竄入三篇，遂終竊其名。此周伯器之言，得之審者。”今按，《剪燈新話》作者問題已成公案，此可備一説。

是書《千頃堂書目》、《明史·藝文志》著録於小説家類。《四庫全書總目》卷一四三入小説家類存目，稱多摭拾瑣屑，無關考據。

此本據南京圖書館藏明鈔本影印。（司馬朝軍）

復齋日記一卷　（明）許浩撰（第1170册）

許浩，字復齋，餘姚（今屬浙江寧波）人。弘治中以貢生官桐城縣教諭。更著有《宋史闡幽》、《元史闡幽》。生平事迹見《四庫全書總目》卷八九、《續文獻通考》卷一六七。

是書多記宋元至明初朝野事迹，於正統、景泰間攝政復辟事多有涉及。如記王冕畫梅：“會稽王冕元章有高才，其墨梅冠絶古今，斷縑殘楮，人爭寶之。其畫梅多自題，有云：‘我家洗硯池樹頭，箇箇花開淡墨痕。不用人誇好顏色，祇留清氣滿乾坤。’”又記楊榮之決斷：“正統中三楊繼没，繼之者頗攬威權焉。榮後謚文敏，三楊心迹，大抵相同，而文敏才實通敏，機務總至，斷決如流，而善承人主意。”“説者謂其相業，有姚崇之風。”又比較范仲淹、高季迪二人詠卓筆峯詩之氣象：“范詩曰：‘笠澤研池小，穹窿架石巖。仰憑天作紙，寫出太平歌。’高詩曰：‘雲來初潑墨，鴈過還成字。千載只書空，山靈恨何事。’二人之氣象，於此蓋可見矣。”

是書《千頃堂書目》卷一二、《四庫全書總目》卷一四三均著録二卷本。《涵芬樓祕笈》本即爲二卷本，卷首有弘治八年（1495）許浩自序，書末有清獻道人及孫毓修跋。孫跋云原書爲藍格鈔本，由其進行校正，刻梓成書，斷爛脱誤之處甚多，仍有部分内容缺佚。

此本據民國二十九年（1940）商務印書館景印《元明善本叢書十種·歷代小史》本影印。（司馬朝軍　王獻松）

磯園稗史三卷　（明）孫繼芳撰（第1170册）

孫繼芳，字世真，一作世其，號石磯，華容（今屬湖南嶽陽）人。正德六年（1511）進士，初爲刑部山西司主事，後改兵部員外郎，官至雲南提學副使。嘉靖五年（1526）黜歸。嘗著有《石磯集》等，今已軼。生平事迹見焦竑輯《國朝獻徵録》卷一〇二《雲南提學副使孫公繼芳傳》、《本朝分省人物考》卷八〇。

是書所記皆明代朝野史迹，尤以正德、嘉靖朝爲詳。孫氏爲内閣重臣，於朝野之事必多親見，書中頗有抨擊時政、揭露醜聞之語，記劉瑾暴虐之行尤爲詳細。又有記嘉靖初汪鋐仿鑄佛郎机國火銃事，孫氏白諸工部，略鑄二三，其後汪氏爲兵書，提督團營，火銃遂盛行於世。書中頗推崇王陽明學術，稱其論道學、訓解經傳，雖矛盾朱子，然時出己見，亦有新意，實振古之豪傑，特其徒陸澄輩，標榜太過，增兹多口。

書末有民國九年（1920）孫毓修跋，稱此書雜記正、嘉間朝章國故、人物臧否，兼及瑣事，蓋亦史部之支流餘裔。

此本據民國十五年（1926）商務印書館《涵芬樓秘笈》影印鈔本影印。另有清鈔本等，藏上海圖書館。（司馬朝軍　王獻松）

病逸漫記不分卷　（明）陸釴撰（第1170册）

陸釴（1439—1489），字鼎儀，號静逸，昆山（今屬江蘇蘇州）人。少工詩，與張泰、陸容齊名，稱“婁東三鳳”。天順八年（1464）進士，授編修，歷修撰、諭德，侍東宫。孝宗即位，進太常少卿兼侍讀。更著有《識賢録》等。生平事迹見《明史》。

是書名“病逸漫記”，蓋陸氏於弘治中引疾歸里而作，多雜記當時史事，凡二十八條。如記袁慶祥劾刑部尚書董芳及諫止學校貪污事而被杖；記正統十四年（1449）北虜犯河間；記東宫官典璽局郎覃吉輔導東宫之事。

是書《四庫全書總目》卷一四三列入小説家類存目，稱雜記當時事實，多冗瑣之談，不盡足資考證。周中孚《鄭堂讀書記》卷六五亦稱其書皆記當代雜事，雖傷於冗瑣，而可補《明史》志傳之闕者亦時有之，故在明人小説中尚爲翹楚。

此本據民國二十九年（1940）商務印書館景印《元明善本叢書十種·歷代小史》本影印。（司馬朝軍　王獻松）

孤樹裒談十卷　（明）李默撰（第1170册）

李默（1499—1558），字時言，甌寧（今福建南平）人。正德十六年（1521）進士，改庶吉士。歷官浙江左布政使、太常寺卿、吏部侍郎、吏部尚書。爲趙文華所構，下獄死。萬曆時追謚文潽。更著有《吏部職掌》、《群玉樓稿》、《朱子年譜》等。生平事迹見《明史》、楊肇《明故太子少保吏部尚書兼翰林院學士古冲李公墓志銘》。

是書録有明事迹，起自洪武，迄於正德，例則編年，體則小説。卷一、二記太祖朝，卷三記太宗朝，卷四記仁宗、宣宗朝，卷五記英宗朝，卷六記景宗朝，卷七記英宗朝，卷八記憲宗朝，卷九記孝宗朝，卷一〇記武宗朝。所記内容，上至朝廷政事、宫廷佚聞、外交軍事，下至百姓生活、奇聞趣談，皆有涉及。書中所記，皆採自他書，書前列“引用書目”，計《聖政記》、《野記》、《瑣綴録》、《水東日記》、《立齋録》、《革除遺事》、《北征録》、《餘冬稿》、《雙溪雜記》、《草木子餘録》、《海涵萬象録》、《寓圃雜記》、《傳信録》、《客座新聞》、《震澤長語》、《保齋録》、《天順日記》、《出使録》、《否泰録》、《三朝聖諭録》、《菽園雜記》、《郊外農談》、《懷麓堂稿》、《西湖塵談録》、《蓉塘詩話》、《篁墩文集》、《龍飛集》、《燕對録》、《近代名臣録》、《理學名臣録》三十種。

是書《千頃堂書目》卷五、《文選樓藏書記》卷五，分别著録，作者誤爲趙與可。《四庫全書總目》卷一四三入小説家類存目，稱大抵皆委巷之談。李慈銘《越縵堂讀書記》稱是書自洪武迄正德十朝之事，皆雜採諸家説部而成，多史傳所未見者；所引書共三十種，依時代先後録之，無所持擇。

此本據北京大學圖書館藏明刻本影印。另有上海圖書館藏明鈕氏世學樓鈔本、南開大學圖書館藏明萬曆二十年游樸刻本、國家圖書館藏清鈔本。（司馬朝軍　王獻松）

澹泉筆述十二卷 （明）鄭曉撰（第1171冊）

鄭曉生平見前《古言》提要。

書中多載明代典故,如記張三豐明初行迹、王陽明傳報明言江西寧王謀反、四夷館人數及大小通事之職掌、吐魯番風土人情等。間有議論,如論陽明學術曰:"今人專指斥陽明王文成學術。余不知學,但知《大學》恐不可直以宋儒改本爲是,而以漢儒舊本爲非,此須虛心靜思乃得之。"亦平心篤實之論。《嘉業堂藏書志》稱是書所述頗足徵信。

此本據國家圖書館藏清鈔本影印。

（王獻松）

張恭懿松窗夢語八卷 （明）張瀚撰（第1171冊）

張瀚(1511—1593),字子文,號元洲,又號虎林山人,仁和(今浙江杭州)人。嘉靖十四年(1535)進士,授南京工部主事,歷任廬州、大名知府,先後巡撫陝西、總督漕運、總督兩廣軍務,後又歷任工部尚書、禮部尚書,卒贈太子少保,謚恭懿。更著有《螢囊蠹餘》、《臺省疏稿》、《張瀚詩文集》,編有《明疏議輯略》、《吏部職掌》、《武林怡老會詩集》。生平事迹見《明史》、王錫爵《王文肅公文集》卷六《張恭懿公神道碑銘》。

書前有萬曆二十一年(1593)張瀚《松窗夢語引》,稱自罷歸,屏絕俗塵,獨處小樓,松窗長晝,隨筆述事,日對古松,回憶平生,如同夢幻,故取爲書名。

是書共八卷,卷一爲宦遊紀,卷二爲南遊、北遊、東遊、西遊四紀,卷三爲北虜、南夷、東倭、西番四紀,卷四爲士人、三農、百工、商賈四紀,卷五爲象緯、堪輿、祥瑞、災異、花木、鳥獸六紀,卷六爲方術、盛遇、異聞、先世、夢省五紀,卷七爲權勢、忠廉、時序、風俗、自省五紀,卷八爲銓部、宗藩、漕運、兩粵四紀,凡三十三紀。書中所載內容頗爲龐雜,有記社會狀況者,如"宦遊紀"記官員"殺人以沽名"。

又有論社會經濟者,如"三農紀"有興修西北水利之策,以爲水利一興,則旱潦有備,可轉荒蕪爲樂土,西北皆可耕之田矣,而東南輸輓之勞可漸息,可謂南北兩利之長策。有記世風民俗者,如"百工紀"謂"今之世風侈靡極矣","時序紀"記杭俗春秋展墓之情形,"風俗紀"記杭俗日益奢靡,而事佛尤甚。其書大抵留心經濟,關乎經世之學。至於"象緯紀"言天文,"堪輿紀"談風水,"祥瑞紀"言祥瑞,"災異紀"記災異,"方術紀"言方術,皆關乎文化之"小傳統"。謝國楨《明清筆記談叢》頗肯定其史料價值。

此本據中國科學院圖書館藏清鈔本影印。

（司馬朝軍　王獻松）

見聞雜紀十一卷 （明）李樂撰（第1171冊）

李樂(1532—1618),字彥和,號臨川,桐鄉(今屬浙江嘉興)人。隆慶二年(1568)進士,任江西新淦知縣,後擢禮科給事中,改吏科,又出爲福建僉事,歷江西、廣西參議。更著有《拳勺園小刻》、《烏青志》。生平事迹見《明史》。

是書前有萬曆二十六年(1598)須之彥序,稱李氏刪定《見聞雜紀》,非裨益身心及關係世教者不錄,善善惡惡,凜於斧衮,直令讀者有瞿然勃然之思;所筆於書者,皆其體備於躬,不惉於禮義者,乃其不詭於著述。又有夏爗《臨川李先生傳》。書前目錄卷一下注:"錄董漸川《古今粹言》,又鄭端簡《今言》。"《四庫全書總目》卷一四三著錄爲四卷,稱"前二卷全錄董氏《古今粹言》及鄭曉《今言》;後二卷乃自記所見聞,凡一百八十六條"。今檢是卷一錄《古今粹言》、《今言》,書卷二、卷三凡一百八十六條,可知四卷本即是書之前三卷。又是書卷一〇、卷一一題《續見聞雜紀》。

書中多斥責張居正,如記張居正排擠趙應元、王用汲;又記張居正傲慢,至謂我不是相,我是攝;又記張居正誅吳士期事,謂其恣行法外之誅戮,忍傷天地之元和,自古未有酷烈於此者。又有記王陽明者,如謂王陽明天資迥絕,學問又到,故説出話來徹頭徹尾,明白易曉。又記楊新都、董中峰於王陽明擒宸濠事極盡詆毁。書中間有精要之論,如謂《孟子》七篇其喫緊爲人,莫如"夜氣"二字,又謂天下最誤人者是"體面"兩字。

謝國楨《明清筆記談叢》稱李氏久歷官場,又享高年,接觸廣泛,所記有涉及洪、永而後及萬曆以前史事,可與《明史》諸書相比證。

此本據明萬曆刻清補修本影印。(司馬朝軍　王獻松)

西臺漫紀六卷　(明)蔣以化撰(第1172冊)

蔣以化,字仲學,號養庵,常熟(今屬江蘇蘇州)人。蔣以忠之弟。隆慶元年(1567)舉人,萬曆間知孝感縣,常巡行郭外,召父老問民疾苦。官至監察御史。更編者有《花編》、《使淮續採》。生平事迹見《(同治)蘇州府志》卷九九、《(嘉慶)大清一統志》卷三三九。

是書前有蔣氏《西臺漫紀引》,稱萬曆二十三年(1595)以臺臣請告南還,里居七載,暇輒取所藏諸卷,操管以紀其概,間有得於見聞,皆録而存之。又有顧雲鳳、張廷相序。張序稱其立説大都取今時之近事,冠以龍興,以勸忠貞;次以名宦諸賢,以表芳躅;次以善人文學、孝廉隱棲,以崇實踐;次以烈女賢母、孤雛義僕,以礪頑鈍;又次以先塋祠贈、夢想悲愉、山田園舍,所以敦人紀而導天和;終以木石犬卯之怪等,所以載有爲之相而鎮無名之樸。

是書多記明代人事。如"紀李卓吾"條記李贄事及其《藏書》猖狂之論;"紀錢封翁遺事"條記錢龍橋芳規懿行,可稱古人;"紀余心純"條記嘉善令余心純待人之薄。他者如"紀史籍"、"紀積書"二條論書籍之易敗而難積,"紀春雪"條記春雪之害人,可見其憂民之心。

是書《四庫全書總目》卷一四三入小説家類存目,稱其書雜記見聞,議論每過於叫囂求快,似乎多恩怨之詞,不盡實録。阮元《文選樓藏書記》卷二則稱是書足備史家採擇。

此本據明萬曆刻本影印。(司馬朝軍　王獻松)

林居漫録前集六卷別集九卷畸集五卷多集六卷　(明)伍袁萃撰(第1172冊)

伍袁萃(?—1622),字聖起,號寧方,吳縣(今屬江蘇蘇州)人。萬曆八年(1580)進士,授貴溪知縣,擢兵部主事,進員外郎,署職方事。後出爲浙江提學僉事、廣東海北道副使。更著有《彈園雜志》、《逸我軒集》、《貽安堂集》等。生平事迹附見《明史·徐貞明傳》、《本朝分省人物考》卷二四、《(同治)蘇州府志》卷八〇。

書前有萬曆三十五年(1607)自序,稱是書或有所追憶於昔,或有所感慨於今,志在維風義,存悼僞,故多矯枉過激之論。是書所載多朝野故實。伍氏力排良知之説,輕詆王陽明,而一力回護程朱。其試浙士時,凡用陽明新説者,悉黜之。書中多有闡發經義者,皆依據程朱。如解"回之爲人也,擇乎中庸"章,解孟子"赤子之心"説及心之體用等,皆以程朱理學爲準則。又論讀書曰:"讀書不可間,須早暮講習,斯義理浹洽;讀書不可速,須從容涵泳,斯趣味深長。"所言甚是。

是書《四庫全書總目》卷一四三著録前集六卷畸集五卷;列入小説家類存目,稱往往引明初之事以證明季弊政,而詞氣過激,嫌於過甚。

此本據南京圖書館藏明萬曆刻本影印。(司馬朝軍　王獻松)

西山日記二卷　(明)丁元薦撰(第1172冊)

丁元薦(1563—1628),字長孺,長興(今屬浙江湖州）人。萬曆十四年（1586）進士，家居八年，始謁選爲中書舍人。官至尚寶司少卿。事迹見《明史》、劉宗周《劉蕺山集》卷一四《丁長孺先生墓表》。

是書前有康熙二十八年（1689）丁澎序，稱元薦雜取當世人物，以存一代之是非。黃宗羲題辭稱所記皆嘉言善行，雖其人下中而一事合宜，亦必書之，然後知先生之恕。

西山爲丁氏隱居之處。書中所記皆明初至萬曆間朝野事迹，分上下兩卷，上卷有英斷、相業、延攬、才略、深心、名將、循良、法吏、節烈、忠義、清修、直節、德量、器識、神識、正學十六類，下卷有古道、友義、義俠、格言、正論、清議、文學、師模、庭訓、母範、孝友、篤行、方術、高隱、恬退、持正、賢媛、耆壽、家訓、日課二十類。如“名將類”記戚繼光抗擊興化倭寇事，“正學類”記羅念庵“周子所謂主靜者，乃無極以來真脉絡”之論及陳獻章静坐悟道事，“文學類”記歸有光令長興事。書末又附有《避亂五箴》，分廣慈、習勞、甘貧、抱損、密藏五則，如《密藏箴》曰：“藏舟於壑，藏溪於山，行無轍迹，遊戲人間。”《五箴》已刻於《拙存堂集》中者，以其切神身世，故復入於是編。

此本據南京圖書館藏清康熙二十八年先醒齋刻本影印。（司馬朝軍　王獻松）

玉堂叢語八卷 （明）焦竑撰（第1172册）

焦竑生平見前《養正圖解》提要。

是書前有萬曆四十六年（1618）顧起元序，稱其書義例精而權量審，聞見博而取捨嚴，可考一代詞林之得失。又有廬陵郭一鶚序，稱是書體裁仍之《世說》，區分準之《類林》，而中所取裁抽揚，宛然成館閣諸君子之小史。

是書分爲行誼、文學、言語、政事、銓選、籌策、召對、講讀、寵遇、禮樂、薦舉、獻替、侃直、纂修、調護、忠節、識鑒、方正、廉介、義概、器量、長厚、退讓、慎密、敏悟、出處、師友、品藻、事例、科試、科目、容止、賞譽、企羨、恬適、規諷、豪爽、任達、夙惠、遊覽、術解、藝術、傷逝、志異、簡傲、諧謔、儉嗇、侈汰、險譎、忿狷、刺毁、紕漏、惑溺、仇隙，共五十四門，爲明萬曆之前翰林人物言行録。如“行誼”類記羅倫修身持己之嚴，“所交盡一世豪傑之士，其語及先生之爲人也，必曰青天白日”。又如“師友”類記唐順之於文稱曾子固，詩稱《擊壤集》、黃山谷，學則篤信朱元晦，而一日忽悟，云：“吾覺朱子所解書，無一句是者。”書中所記多作者耳聞目見，或採自傳狀、碑銘、年譜，或出自文集、筆記、雜著，採自他書者皆一一注明出處。其所引各書，或已亡佚，相關史料賴是書以流傳，其所保存之大量真實史料，可爲明史研究之參考。

此本據山東省圖書館藏明萬曆四十六年徐象橒曼山館刻本影印。（司馬朝軍　王獻松）

涌幢小品三十二卷 （明）朱國禎撰（第1172—1173册）

朱國禎（1558—1632），字文寧，號平涵，自號虯庵居士，烏程（今屬浙江湖州）人。萬曆十七年（1589）進士，天啓三年（1623）拜禮部尚書兼東閣大學士，後改文淵閣大學士，累加少保兼太子太保。四年春晉户部尚書，武英殿大學士，總裁《國史實録》，不久加少傅兼太子太保，後任首輔。卒贈太傅，謚文肅。更著有《明史概》、《皇明紀傳》、《大政記》等。生平事迹見《明史》。

書前有朱氏自叙，稱仰視洪邁，欣然有竊附之意，題其所記曰《希洪》；會所創涌幢初成，讀書其中，遂以此名篇；其曰“小品”，猶“雜俎”遺意。然其書專取淺近之可弄可笑者，體制不類《容齋隨筆》，而與《酉陽雜俎》所記多荒怪不經者更爲不類。又有天啓二年朱氏自跋，稱其書上不用之道德，下不用之文章。

是書始撰於萬曆二十八年，藏事於天啓元年，凡三十二卷二千三百六十餘則，多記明朝掌故，大至朝章典制、政治經濟，小至社會風俗、鳥獸蟲魚，無不羅列。其叙述明代中葉人物，如王守仁、沈周、戴冠、吳昂等人趣聞逸事，尤爲生動傳神。又如“地震”條記嘉靖三十四年（1555）山西、河南、山陝地震事，“鄖陽兵變”條記農民起義事，“王、葛仗義”條記市民抗稅事，皆具史料價值。“《永樂大典》”、“《大明會典》”、“《典禮》”、“《承天大志》”、“秘書”等條皆記明代文獻。

《四庫全書總目》卷一二八稱此書是非不甚失真，在明季説部之中猶爲質實，而貪多務得，使蕪穢汨没其菁英，轉有沙中金屑之憾。周中孚《鄭堂讀書記》卷五七稱其書好談掌故，品題人物，不爲刻深之論；所記多質實可信，但傷於蕪雜，且援引古書多有訛誤。

此本據復旦大學圖書館藏明天啓二年刻本影印。（司馬朝軍　王獻松）

皇明世説新語八卷附釋名一卷　（明）李紹文撰（第 1173 册）

李紹文，字節之，華亭（今上海松江）人。終身未仕，耽於著述。更著有《雲間人物志》、《雲間雜識》、《藝林累百》。簡略生平見《雲間人物志》所附《家志》。

是書仿《世説新語》，門目亦一仍其舊。全書八卷，凡三十六類。所載皆有明一代佚事瑣語，迄於嘉、隆。前附《釋名》一卷，詳列書中諸人名字、謚號、爵里，而姓名於書中僅一見者不在《釋名》之列。書中所記，皆嘉言懿行。如“德行”記胡居仁之安貧樂道，“言語”記王陽明“中會試，同舍有以不第爲耻者，陽明慰之曰：‘世以不得第爲耻，吾以不得第動心爲耻。’”“文學”記歐陽玄評宋濂文章，又記曹端“日事著述，座下足著兩磚處皆穿”。“品藻”記彭澤語：“我朝一代，文明之盛、經濟之學，莫盛於劉誠意、宋潛溪，至道學之傳，斷自澠池曹月川始。”

此本據中國科學院圖書館藏明萬曆刻本影印。（司馬朝軍　王獻松）

戒庵老人漫筆八卷　（明）李詡撰（第 1173 册）

李詡（1505—1593），字厚德，號戒庵老人，江陰（今屬江蘇無錫）人。少爲諸生，坎坷不遇，久試不售。所作《世德堂吟稿》、《名山大川記》諸書，皆已亡佚。生平事迹見《（道光）江陰縣志》卷一七、明陸化淳《明故太學戒庵李公墓志銘》。

是書又名《戒庵漫筆》，爲其孫李鶚翀刊行。前有王穉登序及李鶚翀萬曆二十五年（1597）序，李序詳述其成書始末。是書多記典章制度，上搜國家之逸載，下收鄉邑之闕聞；參訂往籍，糾核時事；凡可裨於日用，兼有資於解頤者，多彙萃焉。戒庵自稱：“凡片紙隻字關典故者，斷不可輕棄。”如詳記明代户帖，今人與洪武户帖原件相校，絲毫不爽。又多記遺聞佚事，如卷二詳記嚴大理遺事，文近二千言，然《明史‧嚴本傳》不過寥寥數語。又多記前輩名言，如記崔公銑語、東坡語、魏校語、鄭淡泉訓子語、張文饒語，皆可觀。然書中間有考之未審處。

《四庫全書總目》卷一二八稱是書叙次煩猥，短於持擇。周中孚《鄭堂讀書記補逸》卷二六稱其精確者，正譌謬而資博識，故後來諸家頗見徵引。是書盛宣懷編入《常州先哲遺書》中，其光緒二十三年（1897）跋稱此書辨《天禄閣外史》之僞；辨《容齋隨筆》之誤；辨《元史》速不台、雪不台，完者都、完者拔都二傳爲一人；辨《唐詩鼓吹》誤收宋胡宿文恭詩，又倪雲林與張藻仲第二束《清閟閣集》未收；記茅山顏魯公四面碑、張從申三絶碑，可見明萬曆時尚完整；記嘉靖間江陰出唐大中、宋德祐兩墓志，皆足以資考證。

此本據上海辭書出版社圖書館藏明萬曆刻本影印。（司馬朝軍）

焦氏説楛七卷　（明）焦周撰（第 1174 册）

焦周（約 1564—1605），字茂孝，一作茂叔，上元（今江蘇南京）人。焦竑之次子。萬曆二十八年(1600)舉應天鄉試。生平事迹見《金陵通傳》卷一九。

是書前有萬曆四十一年(1613)其弟焦潤生序,稱焦周博涉典籍,每披覽有會,與夫聞見所經,輒以劄記,久之成帙,題曰《説楛》。卷端有焦周題辭,謂書名取《荀子·勸學篇》"問楛者勿告也,告楛者勿問也,説楛者勿聽也"之意。楛與苦同,本指器物粗劣不堅,引申爲惡劣、不正當。説楛,謂所説惡劣。書中所記,或參考他書,如《周禮》《漢書》《風俗通》《酉陽雜俎》;或記聞見故事,以天地之象、名物詮釋爲多,如記揚州二十四橋之名。其記娛樂團體之名謂:"雜劇曰緋綠社,蹴毱曰齊雲社,唱賺曰遏雲社,耍詞曰同文社,相撲曰角觝社,清樂曰清音社,射弩曰錦標社,花繡曰錦體社,使棒曰英略社,小説曰雄辯社,行院曰翠錦社,影戲曰繪革社,梳剃曰净髮社,吟叫曰律華社,撮弄曰雲機社。"

此書清康熙間印本有"懷德堂主人告白",稱:"澹園先生(指焦竑)雅贍淵源,著述宏富,爲前明一代巨儒,藏書甲於天下。嗣君茂孝先生,寢食載籍,科第流聲,纂輯《説楛》一書,紀事屬詞,搜遐探異,凡天地之廣漠,品物之繁多,仙釋之靈玄,靡不兼賅具備。"

此本據北京大學圖書館藏明萬曆刻本影印。(司馬朝軍　王獻松)

野獲編三十卷野獲編補遺四卷 　(明)沈德符撰(第1174册)

沈德符(1578—1642),字景倩,又字虎臣,嘉興(今浙江嘉興)人。萬曆四十六年(1618)舉人。更著有《清權堂集》等。生平見《列朝詩集小傳》丁集下。

是書前有萬曆三十四年沈氏自序,稱孩時即聞朝家事,聆父祖緒言,或與隴畝老農談説前輩瑣言剩語,仿歐陽修《歸田録》之例而成書。《補遺》前有萬曆四十七年"小引",稱自丙午、丁未間,有《萬曆野獲編》共卅卷,諸所

見聞又有出往事外者,輒隨意録寫,亦復成帙,名曰《續編》。

《野獲編》三十卷,原未分類,康熙間錢枋分類編排,分列朝、宮闈、宗藩、公主、勳戚、内監、内閣、詞林、吏部、户部、河漕、禮部、科場、兵部、刑部、工部、臺省、言事、京職、曆法、禁衛、佞倖、督撫、司道、府縣、士人、山人、婦女、妓女、畿輔、外郡、風俗、技藝、評論、著述、詞曲、玩具、諧謔、嗤鄙、釋道、神仙、果報、徵夢、鬼怪、機祥、叛賊、土司、外國,共計四十八類。《補遺》四卷,分列朝、宮闈、宗藩、公主、勳戚、内監、内閣、詞林、吏部、户部、禮部、科場、兵部、刑部、臺省、言事、京職、曆法、佞倖、督撫、司道、士人、婦女、畿輔、風俗、著述、玩具、諧謔、嗤鄙、釋道、神仙、機祥、鬼怪、土司、外國,共計三十五類。上記朝章掌故,下及風土人情、瑣事佚聞,舉凡内閣原委、詞林雅故,以及詞曲技藝、士女諧謔,無不畢陳。有明一代之掌故,以是書所記最爲詳贍。如"太祖即位"、"奉先殿"、"京師帝王廟"、"帝王配享"等條,確爲"聖朝佳話";"建文君出亡"條力辨其事之僞;"節假"條稱永樂間文皇帝賜燈節假十日,蓋以上元遊樂爲太平盛事;"進詩獻諛得罪"條記人主之喜怒無常;"觸忌"條記明神宗之多疑多忌;"實録難據"條稱本朝無國史,以列帝實録爲史,已屬紕漏,建文帝一朝四年,蕩滅無遺云云,尤具膽識。

此本據清道光七年姚氏刻同治八年補修本影印。(司馬朝軍)

花當閣叢談八卷 　(明)徐復祚撰(第1175册)

徐復祚(1560—約1630),字陽初,號暮竹,晚號三家村老,常熟(今浙江常熟)人。徐栻之孫。撰有《紅梨記》等傳奇多種及雜劇《一文錢》《梧桐雨》等。生平事迹見《(同治)蘇州府志》卷一三八、《劇説》卷四、《柳南隨筆》卷一。

是書所記皆嘉靖至萬曆年間朝廷政事、人

物掌故及鄉間俚俗。如"都察院"條記明代監察御史之職掌，"四夷館"條記所分八館之名及提督四夷館少卿之掌，"宮變"條記嘉靖二十一年楊金英等宮婢謀殺明世宗未遂事，"醋交"條記何文淵與虞原璩交往事，"歸先生"條記歸有光令長興事，"五方之音"記各地方言土音，"纏足"條記纏足陋習。

是書一名《邨老委談》，又名《三家邨老委談》，卷一下復祚自題稱是書稍及朝典，取諸家叢説，摘其有資於談議者，以備遺忘。書後有王東淑跋，稱徐氏倣《輟耕録》作《邨老委談》，原本三十六卷，其所見者僅六卷而已。又有康熙六十一年（1722）曾姪孫徐述曾識語，稱是書大抵記朝廷典故、忠貞邪佞、孝義節烈、高人逸士、仙佛奇蹤、豪猾盜賊、倡優乞丐、術數伎巧，與夫街談巷議、善惡果報，可興可觀，無不臚陳。又有嘉慶十三年（1808）黃廷鑑跋，其於坊中得殘本二冊，乃出所傳六卷之外者，會照曠閣主人刊刻是書，因將此二冊與六卷本合刻，以成今所見之八卷本。

此本據中國科學院圖書館藏清嘉慶刻《借月山房匯鈔》本影印。（司馬朝軍　王獻松）

玉堂薈記四卷　（清）楊士聰撰（第 1175 冊）

楊士聰（1597—1648），字朝徹，號鳬岫，濟寧（今山東濟寧）人。崇禎四年（1631）進士，授翰林院檢討，官至左諭德。明亡後，流轉於丹陽、常州一帶，鬱鬱以終。更著有《靜遠堂稿》、《甲申核真略》。生平事迹見《甲申傳信録》卷四。

是書前有自序，稱自叨史局，不廢記存，崇禎十五年再入春明，感興時事，取舊所編輯，更加撰次，凡十餘年來世局朝政、物態人情盡載於此，命曰《薈記》。書後有民國四年（1915）劉承幹跋，稱士聰在翰林十餘年，目擊朝政是非，臣僚清濁，一一筆之於書，持論尚少偏倚；又稱其據曹棟亭、顧湘舟所藏本刊刻，有語及穢褻者節去數則。

是書所記多明末史事，兼載議論，如稱周延儒論黃道周事爲進言有法，又謂楊嗣昌裁省驛遞之非，至有"流離不能復歸，乃有縊死在天壇者"。又有記朝政弊端者，如謂官由科道升者太速，又論濫加兵餉之弊。書中所載關於崇禎皇帝禁烟、解禁之歷史亦頗爲真實。

周中孚《鄭堂讀書記》卷六五稱其書不足以彰直筆，且多載戲笑經之事，以自穢其書。李慈銘《越縵堂讀書記》稱此書所記皆崇禎末年朝事，叙述國故多有可觀，其中議論頗平允。

此本據民國間吳興劉氏嘉業堂刻《嘉業堂叢書》本影印。（司馬朝軍　王獻松）

玉劍尊聞十卷　（清）梁維樞撰（第 1175 冊）

梁維樞（1587—1662），字慎可，直隸真定（今河北石家莊）人。明兵部尚書夢龍之孫。萬曆四十三年（1615）舉人，授中書舍人。入清朝爲工部郎，擢武德兵備，練營卒，飭法令，境內肅然；絶苞苴，恤徭役，惠政流聞。卒祀鄉賢。更著有《姓譜日牋》、《內閣小識》、《見君子日牋》等集數百卷行世，生平事迹見《（雍正）畿輔通志》卷七五。

書前依次有吳偉業順治十二年（1655）序、錢棻序、錢謙益順治十四年序，及梁氏順治十一年小引。

是書依《世說新語》體裁、門目，分爲三十四類，而自爲之作注。全書十卷，卷一德行，卷二言語，卷三文學，卷四方正，卷五雅量、識鑒，卷六賞譽、品藻，卷七規箴、夙惠、容止、企羨、傷逝，卷八棲逸、賢媛、術解、巧藝、寵禮、任誕，卷九簡傲、排調、輕詆、假譎，卷十黜免、儉嗇、汰侈、忿狷、讒險、尤悔、紕漏、惑溺、仇隟，凡三十二類，末又有捷悟、自新二類，有目無文。書中所記，多明代士大夫佚事舊聞，嘉言善行，文格亦全仿《世說新語》。如記伍袁萃與楊漣論做官，伍曰："做人須看得人重，做官須看得官輕。輕其可重，必決道義之坊，重其可輕，必蹈貪鄙之轍。"楊曰："爲一己輕富貴，當看得官輕，爲國家持紀法，當看得官重。"

明代何良俊著《何氏語林》，所記自漢迄於元朝，是書記有明一代軼聞瑣事，著於清修《明史》以前，雖是零簡短帙，小品文字，徵文考獻，功不可没。故吴梅村序稱其出入兩朝，百餘年來中外之軼事，皆耳聞目給，若坐其人而與之言，無不可以取信云。錢謙益序稱其變史家爲説家，其法奇；寓史家於説家，其法正。謝國楨《明清筆記談叢》稱書中多存文學藝術及社會風俗資料，烘雲托月，忠實反映明代各階層之風氣。而《四庫全書總目》卷一四三稱其書隨意鈔撮，頗乏持擇，其注尤多膚淺。《鄭堂讀書記》卷六五則稱是書不叙時代，頗少條理，不知簡擇，所注亦極膚淺。

此本據清順治梁清遠、梁清傳刻本影印。（司馬朝軍　王獻松）

客舍偶聞一卷　（清）彭孫貽撰（第 1175 册）

彭孫貽（1615—1673），字仲謀，號羿仁，自號管葛山人，海鹽（今屬浙江嘉興）人。明末以明經首拔於兩浙，入清後不仕，閉門著述。擅畫山水，工墨蘭，又善詩文，天性孝友，曾與吴蕃昌創"瞻社"，時稱"武原二仲"。鄉人私謚曰孝介先生。更著有《明朝紀事本末補編》、《平寇志》、《茗齋詩草》等。生平事迹見《兩浙輶軒録》卷一、《歷代畫史匯傳》卷三四。

書前有康熙七年（1668）彭氏自序，稱客居京師，時時遊於酒人豪士間，抵掌談世事，雖多耳食，徵其實，亦十得五六，更益以所見，隨筆記之，曰《客舍偶聞》。書後有李繩齋、董彬、彭晫跋。

是書名曰"客舍偶聞"，實與沈周之"客座新聞"相近。書中所記，多明清間史實。又多記異聞，足以新人耳目。又記清初科場腐敗事："江南辛卯主考左必著、趙晉，頭場《四書》題'能行五者於天下爲仁矣'，次題'博厚所以載物也'三句，三題'孔子登東山而小魯'一節。出榜後，於貢院前貼一對：'左丘明雙眼無珠，趙子龍渾身是膽。'又題目詩：'能行五者是門生，（注云："金子、銀子、珠子、古玩、紗緞。"）賄賂功名在此行。但願宦囊誇博厚，不須貢院誦高明。登山有竹書貪迹，觀海無波洗惡名。一榜難爲言皁白，聖門學者盡遭坑。'"彭氏工詩詞，擅評書畫，能寫小説，文才甚富，故其書頗能引人入勝。

此本據上海圖書館藏清柘柳草堂鈔本影印。（司馬朝軍）

天香閣隨筆二卷　（清）李介撰（第 1175 册）

李介（1620—1691），生於明天啓間，殁於康熙三十年（1691）前後。字介立，號因庵，又號崐崙山樵、三因居士、白眼狂生，江陰（今屬江蘇無錫）人。徐霞客之子，其母爲徐霞客之妾，方孕而嫡嫁之，以育於李氏，故又名李寄。奉母居定山，終身不娶。母卒，隱由里山，號由里山人。霞客《遊記》經兵燹失去，介立訪輯之。生平事迹見《（道光）江陰縣志》卷一八及自撰《崐崙山樵傳》。

是書二卷，爲李氏之見聞隨録，内容龐雜，凡歷史故事、邊疆山水、風土人情、詩詞書畫、名人佚事，無不涉及。所記尤多明清鼎革之際史事，如記江西金、王之變後，譚泰圍南昌，城中百萬之衆皆餓死。内如備載萬元吉《籌軍録序》全文暨《將赴滁陽上疏》、《疆事不堪再壞疏》等，均足補史乘之缺。又記吴三桂次妃陳元事，與鈕玉樵《觚賸》及各説部互異。又有辯誤者，如謂《宜興志》於蜀山下誤載徐賁隱於此，不知賁所隱居者湖州之蜀山：此皆循其名而不考其實之過。

書後有咸豐二年（1852）伍崇曜跋，稱《隨筆》原爲八卷，徐恪删其仙釋迂誕之説，録存若干頁，兹釐爲二卷，刊刻之。

此本據清南海伍氏刻《粤雅堂叢書》本影

印。（司馬朝軍　王獻松）

今世説八卷　（清）王晫撰（第 1175 冊）

王晫（1636—1705 後），初名斐，字丹麓，號木庵，自號松溪子，仁和（今屬浙江杭州）人。諸生。後棄舉業，杜門讀書。所居曰霞舉堂，或曰牆東草堂。更著有《霞舉堂集》、《南窗文略》、《牆東草堂詞》等，與張潮同編《檀几叢書》，甚得文名。生平事迹見《（民國）杭州府志》卷一四五、《兩浙輶軒録》卷八。

是書前有康熙二十二年（1683）自序，述其大旨云："今朝廷右文，名賢輩出，閥閱才華，遠勝江左。其嘉言懿行，史不勝載。"而其書"上自廊廟縉紳，下及山澤隱逸，凡一言一行有可採録，率獵收而類記之。"前又有自撰《例言》及毛際可、嚴允肇、馮景、徐喈鳳、丁澎五序，又附《今世説評林》於前。

是書全仿《世説新語》之體，以皆清初四十年近事，故以"今世説"爲名。全書八卷，分三十門，共計四百五十二條，以清初文人學士生平言行爲主，間及方外之士，由明入清者亦一并收入。其中著名者如孫奇逢、侯方域、吳偉業、毛奇齡、王士禎、施閏章、魏象樞、汪琬、陳洪綬、朱彝尊諸人；其他不甚知名之輩，其言行亦足以補史乘之闕，頗具史料價值。每條之末注明人物姓名、籍貫、職務。其書分類亦皆從《世説新語》之舊目，惟自新、黜免、儉嗇、讒險、紕漏、仇隙六門，不及備列。《例言》稱"引長蓋短，理所固然"，所略六門，實爲易開罪於人之篇，撰者有意回避，不願以文字賈禍。書中部分門類，條目過少，如汰侈、輕詆門僅一條，尤悔門僅二條，未免失之太簡。

《四庫全書總目》卷一四三列是書於小説家類存目，稱其中刻畫摹擬頗嫌太似，所稱許亦多溢量。王晫多載己事，與陸圻并列第一，且自譽極高，故《四庫全書總目》譏其尤乖體例。

此本據華東師範大學圖書館藏清康熙二十二年霞舉堂刻本影印。（司馬朝軍）

明語林十四卷補遺一卷　（清）吳肅公撰（第 1175 冊）

吳肅公生平見前《天官考異》提要。

是書前有康熙二十年（1681）吳氏自序，稱弱冠耽讀明書，思有所撰著，以備一代之遺，匯爲《語林》一書。又有康熙元年所撰《凡例》。

全書十四卷，仿《世説新語》而成，卷一德行上，卷二德行下、言語，卷三政事、文學，卷四言志、方正，卷五雅量、識鑒，卷六賞譽、品藻，卷七箴規、棲逸，卷八捷悟、博識、豪爽，卷九夙惠、賢媛、容止、自新，卷十術解、巧藝、企羨，卷十一寵禮、傷逝、任誕、簡傲、排調，卷十二輕詆、假譎、黜免、儉嗇、侈汰、忿狷，卷十三讒險、尤悔、紕陋、惑溺，卷十四仇隙，凡三十七類。書中多記明代士大夫佚聞舊事、嘉言懿行，如"德行"類記王陽明於韓邦問執禮甚恭，又記羅洪先於蕪湖救楊賈事；"文學"類記危素訪老兵而修《元史》；"方正"類記王鏊與壽寧爲姻親而絕不問遺。全書九百餘條，多載傑出人物，寓意深遠，可謂"世説體"上乘之作。然不少條目從《何氏語林》直接移録而來。

《補遺》一卷，乃補德行、言志、方正、雅量、識鑒、容止、排調七類，計十餘條，然分類多涉混淆。

此本據上海辭書出版社圖書館藏清光緒方氏刻宣統元年印《碧琳琅館叢書》本影印。（司馬朝軍　王獻松）

天史十二卷問天亭放言一卷　（清）丁耀亢撰（第 1176 冊）

丁耀亢（1599—1669），字西生，號野鶴，晚號木雞道人，諸城（今屬山東濰坊）人。明御史丁惟寧子。貢生。崇禎十五年（1642），助地方鎮壓起義飢民,解安丘圍。清軍南下,走東海,爲監軍。及敗,謁京師,充八旗教習,選容城教諭,改福建惠安知縣,以母老投劾歸。更著有《丁野鶴集》、《續金瓶梅》、《赤松遊》等。生平事迹見《國朝詩人徵略》卷一四。

書前有丁耀亢自序,稱此書集録有關感應者,匯爲十案,注以《管見》十二篇,名曰《天史》,紀罪而不紀功,言禍而不言福。又有鍾羽正序,稱丁氏獨書作惡之報,歸於天。

是書凡十二卷,另附《問天亭放言》一卷,總目録列爲卷十三。前十卷爲十類案,卷一一爲《管見》,卷一二爲《集古詩》。各案皆首列史事,後加按語。史事不以時代爲先後,而以罪之大小爲序。卷一"大逆二十九案",首列"隋煬帝大逆無道"案;卷二"淫十九案",首列"楚平王納婦鞭屍"案;卷三"殘三十六案",首列"蚩尤"案;卷四"陰謀二十五案",首列"趙孤兒報屠岸賈冤"案;卷五"負心十三案",首列"燭影搖紅"案;卷六"貪十三案",首列"崇貪劫奢亡"案;卷七"奢十四案",首列"徽宗花石綱"案;卷八"驕十六案",首列"武乙射天"案;卷九"朋黨六案",首列"漢儒盛名致禍"案;卷一〇"左道二十四案",首列"九黎亂德"案。《管見》前有自序,稱謬以俚言附之,收《天帝》、《天理》、《氣》、《數》、《天命》、《鬼神》、《天鐵》、《輪狂》、《因果》、《陰騭》、《儆戒》、《變化》,凡十二篇,皆論史之語。如《數》篇以數分歷史人物爲順數之君子、逆數之君子、順數之小人、逆數之小人四類。又謂同一君子,順其數而得福,逆其數則得禍;同一小人,逆其數則有報,順其數則無報。《集古詩》前亦有自序,所收皆先秦至唐朝間有關史實之銘謡、歌詩,分歌銘、感遇、惜時、悲往、幽憤、知命、樂天七類,除歌銘外,丁氏於各詩之後皆以賦、比、興之手法論之,且略述詩意,雖簡短扼要,而深得諷喻之道。

《問天亭放言》又名《問天亭詩》,爲丁氏詩集,前有丘石常序。

此本據北京大學圖書館藏明崇禎刻本影印。(王獻松)

卬竹杖七卷 (清)施男撰 (第1176冊)

施男(1610—1680?),字偉長,吉水(今屬江西吉安)人。順治初以軍功授廣西按察副使。生平事迹見《清文獻通考》卷二二八。

是書前有來集之序,稱其所論著及所哦咏,若滅若没,若斷若續,沈石之火,埋劍之光,兼有《國風》、《小雅》之長。又有錢氏、文德翼、李來泰、徐世溥諸序。每卷之前均有"自弁"一篇。

是書七卷,前三卷爲施氏官桂林時所作,多記峒黎風土,并録自作詩句;卷四、卷五則記其遊歷江、浙、吳、楚間所見,多記山川名勝;卷六爲自著詩集;卷七則録劉湘客、楊廷麟、劉大璞、劉日襄、倪元璐五家之作。書中多有論詩文著作者,如"譚友夏"條記譚元春晚年頗非其所選《詩歸》,存者僅十之四,謂"樂府屬筆精嚴,初盛半之,中晚退庵亦有倦心矣,瑯琊、歷下七才,不可多及,放言立論,實實我輩火候未到,非故作英雄欺人"。又記風俗人情,如"犵獞風俗"條記宿桂林龍塘村時所見女子嫁人習俗;又如"祀竈"條記徙南湖時鄉里祀竈之俗。施氏所著詩文,詞多險僻,沿明末公安、竟陵餘習。

此本據復旦大學圖書館藏清初留髡堂刻本影印。(司馬朝軍 王獻松)

二樓紀略四卷 (清)佟賦偉撰 (第1176冊)

佟賦偉,字德覽,號青士,自號二樓居士,奉天(今遼寧瀋陽)人。正藍旗監生。康熙二十四年(1685)任永寧知縣,康熙四十八年官寧國府(今安徽宣城)知府。嘗修《永寧縣志》。生平事迹見《(雍正)河南通志》卷三七、《(乾隆)江南通志》卷一〇九。

《四庫全書總目》卷一二九云:宣城舊有北

樓,即南齊謝朓之高齋。明嘉靖中知府朱大器又起文昌臺,設書院其下。康熙五十一年,賦偉更爲修治,又於鼇峰下新建南樓,與北樓遙相呼應,以羅汝芳志學書院爲宗,名正學書院。故賦偉自號二樓居士,亦以名此書。前有黃叔琪康熙五十九年(1720)序,又有佟氏自序。

是書四卷,記述宣城歷代歷史、人文、山川、風物。如表彰梅文鼎學問人品,考寧國書院廢興,記羅近溪守宛陵事迹,記施愚山學行,記宣城著述名家,論歷代宛人詩學優劣,不一而足,堪稱宣城之“百科全書”。

此本據國家圖書館藏清康熙刻本影印。

(司馬朝軍　王獻松)

劉繼莊先生廣陽雜記五卷　(清) 劉獻廷撰 (第 1176 冊)

劉獻廷(1648—1695),字君賢,一字繼莊,自號廣陽子,直隸大興(今屬北京)人。以布衣遊名公間,萬斯同尤心折之,引參《明史》館事。生平事迹見王源《劉處士獻廷墓表》、全祖望《劉繼莊傳》、王勤堉《劉繼莊先生年譜初稿》及《清史稿》。

是書所記,於明季稗乘,如李自成、張獻忠起義以及臺灣鄭氏等事,別具隻眼,有獨到之處。劉氏論學推崇《管子》之書,以爲與聖經相表裏。又稱《管子》雖不全出管仲之手,而其經世允爲一家之言,自是宇宙間不可少之大文章。又以唱歌、看戲、看小説、聽説書、信占卜、祀鬼神比爲“儒者六經”,亦爲獨見。卷五末有周季貺跋,稱此卷考證訛舛極多,可刪。今考是書掇拾《疑耀》者數十條,或注明,或不注明,頗起後人之疑竇。潘祖蔭以爲門人誤屬入,概予刪之。門人輯録先生遺著,似不敢如此作僞。潘氏未免過於武斷。況獻廷爲清初人,本不以考據名家,青睞張萱之書,晚年隨意漫録,亦未可知。

全祖望稱繼莊之學主於經世,自象緯、律曆

以及邊塞關要、財賦、軍器之屬,旁而岐黃者流,以及釋道之言,無不留心,深惡雕蟲之技。胡玉縉《許廎經籍題跋》稱:“獻廷之學主切用,不主考古,自是北方學派,所言多好大而誇,又異乎北方之淳樸。然其中論音韻、論輿地書、論水利,雖僅標大略,未及成編,而其意要自可取。惟太無征實之學,未能曲諱。”

是書有光緒間潘祖蔭刻《功順堂叢書》本,祖蔭跋稱此書“舊題門人黃曰瑚輯者,皆刪本。德清戴子高藏有足本。書仍五卷。視刪本多十之四,節次頗不盡同,書中亦間有曰瑚按語,然亦有刪本有之而足本轉不載者。又刪本録醫方極多,而足本僅寥寥數則,殊不可解”云云。

此本據南京圖書館藏清同治四年周星詒家鈔本影印。(司馬朝軍)

觚賸八卷觚賸續編四卷　(清) 鈕琇撰 (第 1177 冊)

鈕琇(約 1644—1704),字書城,號玉樵,吳江(今屬江蘇蘇州)人。康熙十一年(1672)拔貢生,歷任項城知縣、白水知縣兼攝沈邱蒲城事、高明縣令。更著有《臨野堂集》、《揖雲齋集》、《芥庵自怡編》等。生平事迹見《(乾隆)震澤縣志》卷一六、《(同治)蘇州府志》卷一〇六及《清史列傳》卷七〇。

正編前有康熙三十九年鈕氏自序,《續編》前有康熙四十一年自序,皆以駢文爲之。正編八卷,有《吳觚》三卷,《燕觚》、《豫觚》、《秦觚》各一卷,《粵觚》二卷。《續編》四卷,有《言觚》、《人觚》、《事觚》、《物觚》各一卷。是書又嘗以《説鈴》之名刊行。

書中所記,多明清間聞見雜事,凡社會狀況、民俗民情、詩詞著述、才子佳人、士人交往、神怪故事等,皆有涉及。如《吳觚》“秋燈”條記吳中燈市之盛況,“沉香街”條記項墨林之風流韻事,“河東君”條記柳如是與錢謙益事。《燕觚》“圓圓”條記陳圓圓與吳三桂事，"竹垞詞"條論朱彝尊詞。《言觚》"文章有本"條謂傳奇演義雖近遊戲，而皆有所本，如《水滸傳》本龔聖與《三十六贊》。"書名"條謂"著書必先命名，所命之名，與所著之書，明簡確切，然後可傳"。《人觚》"英雄舉動"條記熊廷弼與馮夢龍交往事。《事觚》"相墓四大惑"條論人相墓求富貴之四大迷惑。《物觚》"蘇州土産"條記汪琬謂蘇州有"梨園子弟"與"狀元"兩大土産。

《四庫全書總目》卷一四四稱此書幽豔悽動，有唐人小説之遺，然往往點綴敷衍，以成佳話，不能盡核其實。周中孚《鄭堂讀書記》卷六六亦稱其文詞皆哀豔奇恣，而記事多近遊戲，故不免喜談神怪，以徵其詭幻，間有裨於考據者，亦百中之一二。清廷嘗以其多採屈大均《廣東新語》諸書，"文多違悖"而查禁。

此本據天津圖書館藏清康熙臨野堂刻本影印。（司馬朝軍　王獻松）

拾籜餘閒一卷　（清）孔毓埏撰（第1177冊）

孔毓埏，字鍾興，號弘興，曲阜（今屬山東濟寧）人。第六十六代衍聖公興燮之次子。康熙十八年（1679）襲翰林院五經博士，主奉祀事。卒年五十八。更著有《蕉露詞》、《麗則集》等，後人彙刻爲《遠秀堂集》。生平事迹見《聖門十六子書》、《國朝詞綜續編》卷一、《闕里文獻考》卷七三。

書前有康熙五十九年葉賓序，稱其見解弗涉於偏，議論悉歸於正，或述舊聞而考其異同，或即方言而審其源流，或援典故而證其得失，崇正學而斥異端，敦忠孝而衛道德，其有裨於世道人心，良非淺鮮。

是書僅一卷，所載間有論學術者，如謂"焚書之禍，今古同憾，而典謨訓誥，六經之文，無一罹於虐焰者，則其所焚特讖緯不經之書耳，亦未爲不幸"。又謂金聖嘆評《水滸傳》一書，"盡得其開闔變化之妙，凡作文之法，悉

備靡遺"，"然必學力既堅，胸有成竹，方可寓目，不然與文章一道，無毫髮增益，徒資其驕騺之性，愈難馴耳"。

此本據國家圖書館藏清康熙刻本影印。（王獻松）

人海記二卷　（清）查慎行撰（第1177冊）

查慎行（1650—1727），初名嗣璉，字悔餘，號他山，晚號初白庵主人，海寧（今屬浙江嘉興）人。康熙四十二年（1703）賜進士出身，未散館，特授編修，任武英殿校勘官。其弟嗣庭罹文字獄，株連入獄，後特赦歸里。更著有《敬業堂詩集》、《補注東坡編年詩》、《周易玩辭集解》等。生平事迹見《清史列傳》卷七一、方苞《翰林院編修查君墓志銘》、全祖望《初白查先生墓表》、沈廷芳《查先生慎行行狀》。

書前有咸豐元年（1851）張士寬識語，略述其刊刻經過。卷端有慎行題記，稱客居京師三十年，其間耳目聞見，隨手綴録，不下數百條，雪窗檢點，裒集成卷，命曰《人海記》。其曰"人海"，代指京城，本蘇軾"惟有王城最堪隱，萬人如海一身藏"之意。是書所載，係查氏於康熙五十二年告歸後，集其客居京師時之聞見雜録。間亦有録自前人書者，則標明出處，如録《長安客話》、《玉堂薈記》、《快雪堂漫録》、《觚不觚録》、《棗林雜俎》、《宛署雜記》等書。全書二卷，凡三百九十七條。綜其所載，略有三端：一爲明清典制故事，如"漢官給俸"條、"八旗分駐"條、"滿漢兵餉"條、"殿試武舉"條、"滿洲考試"條、"元旦朝儀"條、"丙戌館選"條、"選庶吉士"條皆是；二爲明清人物事迹，如"長平公主"條、"鄭貴妃"條、"周后田妃"條、"中書自經"條、"劉念臺"條、"談孺木"條皆是；三爲北京風土物産，如"天壇榆錢"條曰、"開爐節"皆是。他如"僞書"條，不過人云亦云，於考辨并無真知灼見。

是書記明清事,屢入叢雜瑣語,不免爲小説家言。孫楷第《戲曲小説書録解題》稱慎行見聞頗廣,故所記雖雜,可取者亦多,如記塞外行程,記清初宮殿門名,則有裨考證;記宋獻策爲旗人參養至康熙初始死,記西洋順風耳之制,以及遺聞瑣事,皆可廣異聞。

此本據湖北省圖書館藏清咸豐元年小瑯嬛山館刻本影印。(司馬朝軍　王獻松)

讀書堂西征隨筆一卷　（清）汪景祺撰（第1177册）

汪景祺(1672—1726),原名日祺,字無已,號星堂,錢塘(今屬浙江杭州)人。禮部主事汪見祺之胞弟。康熙五十三年(1714)舉人,雍正二年(1724)遊陝西,以書干年羹堯。於年羹堯幕府中作《西征隨筆》,内有詩句"皇帝揮毫不值錢",又作《功臣不可爲論》,爲鄂彌達、福敏查出,入奏,雍正三年冬十二月以"悖謬狂亂"之罪名被殺。生平事迹見《雍正朝漢文硃批奏摺彙編》卷六、清蕭奭《永憲録》卷三。

書前有雍正二年汪氏自序,稱自邢州取道晉陽河東,入潼關,至雍州,凡路之所經,身之所遇,心之所記,口之所談,咸筆之於書,其有不可存者,悉毁棄之,名之曰《西征隨筆》。其中"上撫遠大將軍書"條乃汪氏專門頌揚年羹堯之文,稱之爲"宇宙之第一偉人"。清世宗硃批原本影印手書曰:"悖謬狂亂,至於此極!惜見此之晚,留以待他日,弗使此種得漏網也。"

是書一卷,凡三十五條,所記皆西征途中見聞,篇末綴以月日。綜其所記,略有三類:一記清初形勢及史事,如"榆林兵備"條録榆林參議道朱曙菼所言兵備事,又詳述兵備六患;二記清初官員事迹,如"聞李侍郎綏擢粤西巡撫"條記李綏事,"熊文端《明史》"條記熊賜履修訂《明史》情形;三記西北風土異聞,如"記蒲州常生語"條記常生所言

安邑胭脂賊,稱女子之寡廉鮮恥者,習歌舞,當壚獻笑,其有氣節者,自負武勇,皆爲男子裝出放馬劫掠土人,謂之胭脂賊。

此本據復旦大學圖書館藏民國鉛印本影印。(司馬朝軍　王獻松)

巢林筆談六卷　（清）龔煒撰（第1177册）

龔煒(1704—?),字仲輝,自號巢林散人,晚號際熙老民,崑山(今屬江蘇蘇州)人。喜經史,工詩文,善絲竹,兼習武藝。屢蹶科場,年過四十,仍未一第,深感懷才不遇,後絶意仕途,專心著述。嘗著有《屑金集》、《蟲災志》、《續蟲災志》等,多已散佚。龔煒之事迹,他書鮮載,惟是書中頗有自道之語。

是書乃龔氏筆記,起康熙末年,迄乾隆中葉,略以時間爲序,然未詳記年月。《筆談》凡四百八十餘條,内容所涉頗廣,重點有三:一爲考察吳中風俗,如記弔古會、報賽會,詳述奇觀,載其變化;二爲討論讀書作文,如"讀《儀禮》疑儀節太碎,讀《周禮》疑設官太冗";三爲臧否歷史人物,如謂漢高祖不可謂忠孝,又謂漢武帝非英主,漢武乃忍而至愚者。其論未必皆確,但膽氣甚豪。

書前有乾隆三十年(1765)龔氏自序,稱冗雜一編,典核不如《夢溪》,雋永不如《聞雁》;又稱其間頌聖稱先,道人善,書風俗,或蠡測經史,辯誣證誤,亦間有近道者。周中孚《鄭堂讀書記補逸》卷二六稱是編雜記其所見聞,時寓勸戒之意,間或推闡經史,辨證誤誣,悉歸平允,其言頗有藹然之致。

此本據湖北省圖書館藏清乾隆三十年夢懷閣刻本影印。(司馬朝軍　王獻松)

巢林筆談續編二卷　（清）龔煒撰（第1177册）

龔煒生平見前《巢林筆談》提要。

此書前有乾隆三十三年(1768)自序,稱乙酉春以《筆談》六卷付梓,四十餘年來視履所及,暨胸中所欲吐,稍稍見於此矣,而塵筥尚

遺剩紙，邇來間有記言，復揀若干條，續編二卷。

全書二百餘條，內容所涉頗廣，大略分爲三類：其一論詩文，如曰“詩到自然極難，自然到極處，反覺平易”；其二論人事，如曰“凡事可忍，而家國之仇不可忍”；其三論讀書，如曰“凡遇古書疑義，不可不深考”。龔氏人品甚高，文品亦如其人品。

此本據北京大學圖書館藏清乾隆三十四年刻本影印。（司馬朝軍）

藤陰雜記十二卷　　（清）戴璐撰（第 1177 册）

戴璐（1739—1806），字敏夫，號菔塘，別號吟梅居士，烏程（今屬浙江湖州）人。乾隆二十八年（1763）進士，歷任督察院給事中、工部郎中、太僕寺卿，考選湖廣道御史，轉禮科給事中吏科掌印，官至太僕寺卿。後爲揚州梅花書院山長。更著有《吳興詩話》、《吳興科第表》等。生平事迹見姚鼐《中議大夫太僕寺卿戴公墓志銘》、《清秘述聞》卷七、《國朝御史題名》。

是書乃戴氏居京期間所記見聞。書前有嘉慶元年（1796）自序，稱弱冠入都，留心掌故，目見耳聞，隨手漫筆，仿王漁洋《香祖筆記》之例，名之爲“藤陰雜記”。書凡十二卷，前四卷記清朝科舉甲第、衙署舊聞、各部官署典制及官吏銓課，每卷不標名目；後八卷記京師五城及郊坰之坊巷、寺觀、祠墓，各以“中城”、“東城”、“郊坰”等標目。書中叙及士人遊宴、前人府邸、道觀佛寺、古迹園林諸處，凡有題詠詩詞及書中所見，皆録之於書。於科舉史料多所記載，如“父子大拜”、“父子一品”、“父子兄弟九列”、“同胞三及第”、“翁婿狀元”、“國朝少年登第”、“一省三鼎甲”“名士晚達”諸條，皆記有清科舉士子之優異者。

胡玉縉《許廎經籍題跋》卷三稱小小掌故，藉是考見，體例明净，不及狐鬼，亦説部之可存者。然李慈銘《越縵堂讀書記》稱是書見聞殊隘，筆亦冗漫云云，未免過爲苛求。

此本據南京圖書館藏清嘉慶五年石鼓齋刻本影印。（司馬朝軍　王獻松）

伊江筆録二卷　　（清）吳熊光撰（第 1177 册）

吳熊光（1750—1833），字望昆，一字槐江，號伊江，室名蕺溪、藤花館，昭文（今江蘇常熟）人。乾隆三十七年（1772）進士，歷官湖廣總督、直隸總督、兩廣總督，後因故遭遣。更著有《春明雜録》、《蕺溪雜録》。生平事迹見《清史稿》、《清史列傳》卷三〇。

書前有吳氏自序，稱其居官得聞國家掌故，後謫戍伊江，就所記憶，逐條録出，事以本朝爲斷，取見聞、傳聞之義，又有其人雖獲戾，而其事尚可師，意存節取，彙成一册。又有同治十二年（1873）翁同龢序，稱其述乾嘉時故事，而諸老之訏謨碩畫，亦并著焉，其文雖未芟潤，其用意頗深遠。

是書多載清代朝野史實，記所聞名臣言行。如記劉統勳以進埽之法督辦楊橋漫口，僅數旬而蕆事；又如記潮州與閩省漳泉接壤，多因細故，而民起械鬥，而地方官置若罔聞，不肖者爲富户頂凶，從中漁利，遂積漸成風；又如記唉咕唎擅入嶼門，壟斷牟利，吳氏奏請暫停其貿易以制其死命。陳康祺《郎潛紀聞二筆》卷九稱其書有關於掌故甚多，又節録數條，採入書中。

此本據北京大學圖書館藏清廣雅書局刻本影印。另有稿本，藏南京圖書館。（司馬朝軍　王獻松）

春泉聞見録四卷　　（清）劉壽眉撰（第 1177 册）

劉壽眉，字春泉，順天寶坻（今屬天津）人。大約生活於乾隆、嘉慶間，其餘生平不詳。

書前有劉氏自序，稱偶憶生平聞見，隨筆録出，藉以消遣，事取真切，言戒妄誕，其文之疏漏，字之魚魯，皆不自知，積久成帙。又有李鼎元序及其姪劉耆德跋。

是書記所歷雜事,凡一百一十則,無標題,但記條數。書中喜言家世舊聞,或道怪力亂神之事。又有記浙省風俗土音者,如第五十一條記浙省鄉間婦女乞福之俗,第八十條記寧邑土音,呼不識之男婦爲“表兄嫂”,姑呼媳爲“老寔寧”,自稱其妻曰“内客”,稱舉人爲“鬼獰”,進士爲“憎四”;又有記史實者,如第八十二條記王倫起義事頗詳,與黄鈞宰《金壺七墨》所記互有詳略,可知當時事變始末。觀其書文意澀拙,劉氏自序稱經理家政,無暇息肩,素性魯鈍,且多疾苦,又不好學,以故更鮮知識云云,蓋自道其實,故文如其人。

此本據遼寧省圖書館藏清嘉慶刻本影印。（司馬朝軍　王獻松）

陶廬雜録六卷　（清）法式善撰（第1177冊）

法式善(1753—1813),烏爾濟氏,字開文,號時帆,學者稱梧門先生,察哈爾正黄旗人。原名運昌,乾隆帝賜改今名,取滿語“竭力有爲”之義。乾隆四十五年(1780)進士,兩爲侍講學士,一以大考改贊善,坐修書不謹,貶庶子,遂乞病歸。長於史學,尤諳掌故,參纂《全唐文》,更著有《清秘述聞》、《槐廳載筆》、《存素堂集》等。生平事迹見《清史稿》及阮元《梧門先生年譜》。

書前有陳預書嘉慶二十二年(1817)序,稱書中如歷代户口之盛衰、賦税之多寡、職官之沿襲、兵制之廢興,一切水利農桑、鹽茶鈔幣、治河開墾、弭盜救荒,與夫讜論名言、零縑佚事,參稽臚列,語焉能詳。又有翁方綱嘉慶二十二年序,稱其於典籍卷軸,每有見聞,必著於録,其中有係乎考證、有資於典故者。

是書爲史料筆記,内容廣博,涉及内府圖書、歷代户口賦税、職官沿襲、兵制廢興及水利農桑等。書中所記,頗存書林掌故。如記摛藻堂、味腴書屋各藏《四庫全書薈要》一份,四百七十三種,一千九百八十函,分二十四架;一在大内,一在圓明園。又詳列《文淵閣四庫全書》各部、各類、各屬卷數。其他諸官修之書如《古文淵鑑》、《賦匯》、《御選明臣奏議》、《佩文齋書畫譜》、《唐音統籤》等,皆載其編纂時間及各部分卷數等。又有評論典籍者,如曰:“余嘗病《元史》最爲譾陋,近日錢竹汀少詹《廿二史考異》中《元史》頗精詳。及觀仁和邵詹事遠平所輯《元史類編》,嘆其爲良史。而詹事叙録中以和禮霍孫、赤老温未立傳,后妃傳無徵致憾。”謝國楨《明清筆記談叢》稱是書特別注重各朝經濟狀況、交鈔貨幣源流,而對明代賦役之重輕、兵制之沿革、西北水利之興廢、屯田與營田之分別,尤爲詳核。

此本據國家圖書館藏清嘉慶二十二年陳預刊本影印。（王獻松）

清秘述聞十六卷　（清）法式善撰（第1178冊）

法式善生平見前《陶廬雜録》提要。

是書專記清代科舉考試,分鄉會考官、學政、同考官三類。分年編載,事以類從,釐爲十六卷。其中鄉會考官類八卷,記順治二年(1645)至嘉慶四年(1799)間歷次科舉考官、試題及解元、會元、狀元之姓氏、籍貫、出身。歷科考官分年隸省,仿史氏例。康熙初,因軍事停科,後或并試,或補試。并試書所試之省,補試年分歸入本科。題目規式,悉依舊本。學政類四卷,記順治初至嘉慶初各學政制度演變及歷任學政姓名、字號、籍貫、出身、任職時間等。學道學政分院并院,各省舊制不同,悉稱提督學政,從各省通志鈔撮,證以諸家題名記序。同考官類四卷,記順治二年至嘉慶四年間順天府鄉會試同考官姓名、官職、籍貫、出身。鄉試直省同考官人數繁多,難以悉載,惟順天鄉試及會試,同考官皆仰承簡命,允稱榮選,是用序年備録。

書前有嘉慶四年王蘇序,又有法式善自序,稱乾隆辛丑(1781),散館授職檢討,充四庫館提調官,後充日講起居注官,又充辦事翰林官,因職務之便,得以朝夕稽考翰林故事。

此本據湖北省圖書館藏清嘉慶四年刻本影印。(司馬朝軍　王獻松)

清秘述聞續十六卷 (清)王家相 (清)魏茂林等撰 清秘述聞補一卷 (清)錢維福撰 (第1178冊)

王家相(1762—1838),字宗旦,號藝齋,常熟(今屬江蘇蘇州)人,嘉慶四年(1799)進士,授編修,擢監察御史。更著有《茗香堂詩文集》。生平事迹見梅曾亮《王藝齋家傳》、《(同治)蘇州府志》卷一〇一。

魏茂林(1772—?),字笛生,又字賓門,晚號蘭懷老人,龍巖(今福建龍巖)人。嘉慶十四年進士,歷官内閣中書、宗人府主事、刑部郎中。更著有《駢雅訓纂》、《覃雅廣腋》、《天部類腋》等。生平事迹見《(光緒)廣州府志》卷四五。錢維福,字滌香,嘉善(今屬浙江嘉興)人。官至同知。事迹不詳。

《續》前有光緒十四年(1888)陸潤庠序,稱王家相取馮晉魚紀載本重爲詮次,有續編之刻,體例仍其舊,而增入宗室試題,至嘉慶庚辰(1820)止;魏茂林編道光辛巳(1821)至庚子(1840)十科,稿成藏於家;嘉善錢維福司馬官兩淮,取王、魏二本而續之者,分類悉仿法式善,亦都爲十六卷。又有道光元年(1821)王家相序,稱《清秘述聞》一書,惟學政一門尚未詳備,因復稽考史書,訂正訛舛,辛酉、壬戌以後,特舉宗室鄉會試,依類載入,疑者闕之,編次悉仿前例。又有道光十七年魏茂林識語。

《續》十六卷,卷一、卷二、卷九、卷一三王家相撰,卷三、卷四、卷一〇、卷一四魏茂林撰,餘卷皆錢維福撰,陸潤庠校訂。其中鄉會考官類八卷,記嘉慶五年至光緒十二年間歷次科舉考官、試題及解元、會元、狀元之姓氏、籍貫、出身等。學政類四卷,記嘉慶初至光緒

年間各省學政制度沿革及歷任學政姓名、字號、籍貫、出身、任期等。同考官類四卷,記嘉慶五年至光緒十二年間順天府鄉會試同考官姓名、官職、籍貫、出身。

《補》後有光緒十三年錢維福跋語,稱宗室鄉會試,法式善時尚未舉行,別爲一卷,附以奉天學政,名之爲《清秘述聞補》。分宗室鄉會試,奉天學政二類,宗室鄉會試類記嘉慶六年至光緒十二年間宗室鄉會試歷次科舉之試題及第一名姓名、字號、出身,奉天學政類記康熙三年(1664)至光緒十三年間奉天學政姓名、字號、籍貫、出生、任職時間,字號、籍貫多有闕如。

此本據湖北省圖書館藏清光緒十四年刻本影印。(司馬朝軍　王獻松)

槐廳載筆二十卷 (清)法式善撰 (第1178冊)

法式善生平見前《陶廬雜録》提要。

國子監廨舍祭酒所視事處,庭中有古槐植自元時,故名"槐廳"。書前有法氏自序,稱以其喜談科名故實,人多以舊聞軼事相質,凡有所稱説必叩其始末,溯其源流,筆諸簡牘,鈔撮漸多,因仿朱彝尊《日下舊聞》體,分十二門,釐爲二十卷,備掌記而已。今按,其十二門爲規制、恩榮、盛事、知遇、掌故、紀實、述異、炯戒、品藻、夢兆、因果、詠歌。又有嘉慶四年(1799)《例言》,稱博採科名掌故見於官書記、各家撰著足資考據者,凡所徵引,具有成編,都非撰造。

是書博採有關科舉考試資料,分類編纂,其所徵引,皆標明出處。周中孚《鄭堂讀書記》卷六五稱是書與《清秘述聞》相表裏,《述聞》爲經,而此編爲緯。自序稱言必求其有當,事必期於可徵云云,然所輯述異、夢兆、因果三門俱屬異聞,雖所徵引具有成編,究爲全書之累。

此本據上海辭書出版社圖書館藏清嘉慶刻本影印。(司馬朝軍　王獻松)

恩福堂筆記二卷　（清）英和撰（第1178冊）

英和生平見前《欽定祕殿珠林之編》提要。

書前有英和自撰《述事賦》，敘其家世。後有其弟子葉紹本、穆彰阿、姚元之、徐松、彭邦疇、許乃濟、祁寯藻等合撰之跋語，稱門弟子燕閒侍坐，英和多舉前言往行以爲談助，間及昭代掌故。退休之後，築觀頤別墅於西山深處，應門弟子之請，條舉類比，釐爲二卷。

首紀恩遇，次述先德，次誦師説。或臚列典章，或評騭詩文書畫，而不言神怪。書中或記名人佚事，如記劉墉喜讀坊間小本平話，每於俚語瑣事中悟出正道；又記紀昀凡自製聯語，皆求劉墉書之。或論書畫碑帖紙筆，如謂柳楷以《魏文貞家廟碑》爲易學、學歐書當以《化度寺邕師塔銘》爲法。或記典制故事，如記進士同年稱呼之變、業師弟子拜謁之事、科舉房額不能匀有無。

此本據清道光十七年刻本影印。（司馬朝軍　王獻松）

熙朝新語十六卷　（清）余金撰（第1178冊）

余金，字德水，歙縣人（今屬安徽黃山）。一云實爲徐錫齡、錢泳二人作。清陶煦《周莊鎮志》卷六稱："又有《熙朝新語》者，題曰'古歙余金德水輯'，而前輩傳聞謂鎮人徐錫齡所作，藏名爲余金。其書十六卷，嘉慶戊寅郡人翁子敬付諸梓而序之，以爲得之武昌市肆中。""當時文網綦嚴，往往有以著書獲戾者，故不敢自書其名。"清人李文田《元秋史注》、俞樾《春在堂隨筆》皆稱是書出徐錫齡之手。徐錫齡字厚卿，蘇州人。生平無可考。錢泳生平見前《履園叢話》提要。

書前有嘉慶二十三年（1818）翁子敬序，稱其書多採諸前人著述，中無一臆撰訛傳之語，且又旁搜軼事，發潛闡幽，有關於政事文章、人心風俗者靡不具載。是書採前人著述而未加注明，尤以引述李調元《淡墨録》、蔣良騏《東華録》，王士禎《居易録》、《池北偶談》、《分甘餘話》、《香祖筆記》，袁枚《隨園詩話》、《子不語》，李集《鶴徵録》諸書爲多。

書中多記學人軼聞，如謂惠周惕《送友出門詩》"饑寒逼腐儒，顛倒作奇想"二語不言出門，而神理已到，可謂體會入微；又謂惠士奇督學粵東時，每封門後，温理《史》、《漢》等書，背誦一字不遺，粵東人至今以爲師法。又有記納蘭容若擁書數萬卷，蕭然若寒素，彈琴歌曲，評書畫以自娱，人皆不以爲宰相之子。

此本據清嘉慶二十三年刻本影印。（司馬朝軍　王獻松）

歸田瑣記八卷　（清）梁章鉅撰（第1179冊）

梁章鉅生平見前《農候雜占》提要。

是書乃梁氏晚年之筆記。其中"歸田"條曰："歸田之名書，莫著於歐陽文忠公。昔歐公之《歸田録》作於致仕居穎之時，皆紀朝廷舊事及士大夫諧謔之言。""大抵古人著述，各有所本，雖小説家亦然。要足資考據，備勸懲，砭俗情，助談劇，故雖歷千百年而莫之或廢也。"其大旨亦可窺一斑。

書凡八卷，前七卷一百一十條，雜記朝野逸事、歷史人物、草木蟲魚、醫卜星相、讀書論學、詩歌楹聯、風俗地理之類。卷八載其《北東園日記詩》，乃梁氏歸田閑居北東園所作，皆有注語，間附友人和詩及書信，猶如"日記"。有資考據者，如卷七"《三國演義》"條，以小説與歷史互證。有備勸懲者，如"七十致仕"條曰："古人四十强仕，七十致仕，統計人生居官之日，前後不過三十年。蓋一人之聰明才力，用至三十年之久，已無不竭之勢。倘此三十年中，無所表見施爲，則此後更有何所望。若今人未及四十，早入仕途，則致仕之期即不必以七十爲限。"有砭俗情者，如"讀書"條砭學風之不古，"清客"條砭京師清客之濫。

道光二十五年（1845）許惇書序稱其書仿唐人之《閩書》，沿《宋稗》之舊例，穿穴百氏，闡揚忠貞。劉咸炘《内景樓檢書記》則稱梁氏本不甚知學,稍拾翁、阮唾餘,其《歸田瑣記》、《浪迹叢談》、《續談》等書亦罕談及書册,應酬氣重,無宗旨,無關係,適成爲一小品,且文筆俗劣似隨園。

此本據浙江省圖書館藏清道光二十五年刻本影印。(司馬朝軍　王獻松)

浪迹叢談十一卷　(清) 梁章鉅撰 (第 1179 册)

梁章鉅生平見前《農候雜占》提要。

是書乃梁氏道光丙午(1846)、丁未(1847)間所作見聞雜記。全書十一卷,各立條目,卷一一乃附其所作詩五十餘首。内容大致有四:一記時事,二述舊聞,三記人物,四記典章制度。記時事者,如"請鑄大錢"、"淮鹽情形"、"收銅器議"等條記行政,"冗員"條記道光間各省裁汰冗員,"均賦"條稱目擊田賦之重,曾有均田之議。梁氏嘗與陳化成共禦英夷,親歷鴉片戰争,書中"鴉片"、"英夷"、"顔柳橋"數條,尤具史料價值。述舊聞者,如"小玲瓏山館"、"二十四橋"、"建隆寺"、"桃花庵三賢祠"等條皆是。記人物者,如"三保太監"、"張居正"、"葉天士遺事"、"許周生駕部"、"吴槐江督部"、"李秬軒廉訪"、"許小琴分司"、"童石塘郡丞"、"陳頌南給諫"、"沈鼎甫侍郎"、"魏默深州牧"等條。記典章制度者,如"謚法"、"謚文"、"謚文正"等條。此外,旁及醫藥偏方、金石碑帖、書畫鑒賞、詩文典故。

此本據復旦大學圖書館藏清道光二十七年本影印。(司馬朝軍　王獻松)

浪迹續談八卷　(清) 梁章鉅撰 (第 1179 册)

梁章鉅生平見前《農候雜占》提要。

是書爲梁氏晚年之隨筆。書中多記風俗物産,如"温州舊俗"條記温州風俗樸淳,舊有小鄒魯之號,而以嫁女信占命、父母疫死者親屬悉避往他處之俗當革除。又重戲曲小説,

如"荆釵記"條稱世所演《荆釵記》傳奇,乃仇家故謬其詞,以誣衊王氏者;"長生殿"條述其本末甚詳。

王伯祥《庋榭偶識續編》卷一稱此書記其自蘇杭至温之瑣聞,而於永嘉故實言之疊疊,其中以《遊雁蕩日記》最爲勝迹,藉爲後人卧遊之資,良足稱快。

此本據復旦大學圖書館藏清道光二十八年刻本影印。(司馬朝軍　王獻松)

浪迹三談六卷　(清) 梁章鉅撰 (第 1179 册)

梁章鉅生平見前《農候雜占》提要。

是書爲梁氏晚年就養東甌郡齋時所撰雜記。究其大要,略有四端。一考典籍,此類甚少,僅見《明史紀事本末》、李瀚《蒙求》、《太上感應篇》三條;二談詩文,如"王荆公詩"、"梅花詩"、"豪歌協韻"、"讀《離騷》"等條,此類亦不多見,而書中多録己作及酬唱之作;三記飲食,此類甚富,如"酒品"條稱紹興酒如清官循吏,不參一毫造作,而其味方真,又如名士者英長留人間,閲盡世故而其質愈厚,故紹興酒不過五年者不可飲,攙水者亦不能過五年;四録弈事,卷一即爲《觀弈軒雜録》,所録皆有關圍棋之史料,取古今弈事雜録數十則,録自《博物志》、《抱朴子》、《新論》、《通玄集》、《世説》、《晉書》、《杜陽雜編》、《西溪叢語》等書。是書不少條目鈔自他書,如"元號相同"、"易世仍稱舊號"、"《通鑑》删紀元"等條録自《隨園隨筆》,"紀號之變"條録自梁曜北《瞥記》,"元鼎元封"條録自《七修類稿》。全書隨意摘鈔,其價值遠不及前二種。書前有咸豐七年(1857)羅以智序,竟以此書與洪邁《容齋隨筆》比較,以爲"文敏之不若公者"有三,可謂比擬不倫。

此本據中國科學院圖書館藏清咸豐七年刻本影印。(司馬朝軍　王獻松)

我暇編不分卷　（清）王宗敬撰（第1179册）

王宗敬，字禮思，別號未了山人，濟寧（今山東濟寧）人。嘉慶五年（1800）舉人，官晉州知州。工八分，專學桂馥，可與郭小華、翟云生鼎峙。生平事迹見《皇清書史》卷一六。

全書不分卷，皆記見聞之事。如“龔貴實”條記龔孫枝所謂八股秘訣，曰英、驚、悍、忙、醉、萃、摇、標。“曾七如”條記曾氏磊落不羈，工畫，其畫石用筆奇妙，直造仙境；因貧賣畫，畫署其名則莫售，售者悉摹名人章法，偽以款識，裝池精整，每出則争買；後仕宦入楚，因公事畢議而流温州，將遣之日，鬻其畫者盈門排闥，竟得萬金而去。“孟蓼齋”條記嘉慶癸酉孟屺瞻平滑縣白蓮教叛亂事甚詳。

此本據中國科學院圖書館藏稿本影印。

（司馬朝軍　王獻松）

嘯亭雜録十卷嘯亭續録三卷　（清）昭槤撰（第1179册）

昭槤（1776—1829），姓愛新覺羅氏，號汲修主人、檀樽主人，北京人。嘉慶七年（1802）授散秩大臣，十年襲禮親王爵，二十年削去王爵，圈禁三年，道光二年（1822）任宗人府候補主事。更著有《蕙蓀堂集》等。事迹附見《清史稿·代善傳》。

《雜録》十卷，《續録》三卷，皆記清朝掌故逸事，頗具史料價值。書中有“崇理學”、“重經學”二條，於此可窺其論學大旨。書中大要有二：一爲揭露社會黑暗，如“關税”條記關税之弊政，“權貴之淫虐”條詳記雍正間某皇室之暴虐。二爲記載名人佚事，如“王西莊之貪”條稱王鳴盛未及第時，嘗館富室家，每入宅時，必雙手作摟物狀，人問之，曰：“欲將其財旺氣摟入己懷也。”

李慈銘《越縵堂讀書記》稱所載國朝掌故極詳，間及名臣佚事，多譽少毀，不失忠厚之意。

此本據天津圖書館藏清鈔本影印。

（司馬朝軍　王獻松）

樗園銷夏録三卷　（清）郭麐撰（第1179册）

郭麐（1767—1831），字祥伯，號頻伽，吳江（今屬江蘇蘇州）人。乾隆四十七年（1782）補諸生，後絶意仕途。嘉慶九年（1804）講學蕺山書院。更著有《靈芬館詩集》、《唐文粹補遺》、《金石例補》等。生平事迹見《清史稿》、馮登府《頻伽郭君墓志銘》。

書中所記，評論詩文者最多，如論唐人《無題》詩、魏泰《東軒筆録》、東坡詩詞、馬永卿《嬾真子》、詠懷詩、墓志銘文及記徐濤、姚鼐論詩之語，皆平實切當，頗可取資。又有記社會風氣者，如論科舉皆“一時襲取之學”。又間有考證之語，如考指頭畫昉自司馬光，古人鍼砭用石不用鐵，亦可備一説。

此本據上海圖書館藏清嘉慶刻本影印。

（司馬朝軍　王獻松）

野語九卷　（清）程岱葊撰（第1180册）

程岱葊生平見前《西吳蠡略》提要。

全書九卷，分爲四類，前四卷爲語逸，卷五、卷六爲語幻，卷七、卷八爲語屑，卷九爲語餘。其中前兩類爲小説，後兩類爲考證和雜録。“語逸”記吳興等地風俗民情及名賢佚事。“語幻”爲神鬼怪異故事，多談因果報應，其中部分劍俠故事繪聲繪色。書中間有妙論，如謂醫俗之術，但須讀書，縱使通身無雅骨，如能發憤攻苦，沈酣卷軸，至於書味盎然，則俗狀自除，俗見自消，俗累自釋，俗念自去，而俗骨亦化。書中亦間存妙語，如：“甚矣貪之害生也！明知禍機所伏，徒爲腥羶所惑，輕蹈危機，遂致自縶其足，倒懸莫解，可嗤也，亦可哀也。自古英豪，威信名立，而能不貪其餌，全身遠害，如少伯子房者有幾人哉？彼暴而貪者何惜焉？”

書前有嘉慶十三年（1808）周之冕序，稱人各有消遣法,惟著書自娛,其法最優。

此本據天津圖書館藏清道光十二年刻二十五年塵隱廬增修本影印。（司馬朝軍）

聽雨樓隨筆八卷　（清）王培荀撰（第1180册）

王培荀生平見前《管見舉隅》提要。

書前道光二十五年(1845)王氏自序稱其宦蜀之時,每於市間得斷簡殘編,或燕會晤談偶聞佳章及軼事,録而藏之,道光二十四年整理成書,因録於聽雨樓中,故命之曰《聽雨樓隨筆》。又有道光二十六年蔡振武序,稱是書大率仿《錦里耆舊傳》,而以揚扢風雅爲主,凡蜀人之嘉言懿行,無不撦拾而存之。又有凡例六條,大略言李調元《雨村詩話》載近今蜀人詩爲多,然或因事及之,各有所取,非相襲也;是編非詩話之比,故直録其詩,不參末議;意在存風土,隨手作韻語以紀異物殊俗,非敢言詩也;新奇可喜之事亦録之,以資談助。

書中所記,多爲蜀人及宦蜀者事迹。如記李調元借周永年鈔本刻《函海》而屢索不還,後其萬卷樓遭族人焚毀,而藏書散落;記順治初年蜀地之衰敗;記威遠令李南暉抵抗叛逆戰死之事;記嘉慶元年重慶鎮總兵袁國璜剿匪事;詳記武侯祠銅鼓之來歷及擊鼓之法。

此本據中國科學院圖書館藏清道光二十五年刻本影印。（司馬朝軍　王獻松）

鄉園憶舊録六卷　（清）王培荀撰（第1180册）

王培荀生平見前《管見舉隅》提要。

書前有道光二十五年(1845)培荀自序稱記其鄉父老所傳述,以慰鄉土之思。又有《凡例》,大略云是書之編刻頗倉促,又爲憶舊之作,故瑕疵難免;又稱《聽雨樓隨筆》以詩爲主,附見人物佚事;此編不以詩爲主,人物山水事迹有得即書,詩特點染生色。

書中所記,皆山東籍及遊宦山東之文人學者。如記濟南李攀龍不薄鄉誼而獨絶交謝

榛;又記戚繼光懼内之隱情;又記蒲松齡工詩文傳奇,"纂輯古來言行有關修身、齊家、接物、處事之道者,成書五六十卷,粹然醇儒之學",且謂其"嬉笑怒駡,皆具救世婆心,非以口筆取快一時"。書中間有論詩之語,如謂:"詩以紀事,故稱詩史,然必其人足重,而後所言可憑。""詩忌書多,埋没性靈。若用典確切,而有風韻,則妙矣。"因是書編刊之時,王氏未能細加校勘,故時見疏漏之處。如謂"獨精三《禮》,卓然經師,吾不如張稷若"出汪琬《論師道書》,而實見顧炎武《廣師説》。

此本據上海圖書館藏清道光二十五年刻本影印。（司馬朝軍　王獻松）

無事爲福齋隨筆二卷　（清）韓泰華撰（第1181册）

韓泰華(1810—1878),字小亭,仁和(今屬浙江杭州)人。江西巡撫韓文綺之子,近代大儒沈曾植之舅。以貨郎兩至巡道,皆因事罷。家有玉雨堂,藏書甚富。罷居江寧時刻《玉雨堂叢書》未竟,遇太平天國之亂,板稿皆毀。生平事迹見文廷式《純常子枝語》卷一四、沈曾植《家傳稿》。

此書二卷,内容博雜,涉及詩文、金石、逸聞、風俗等。其關考證者,如謂乾清門侍衛差使謂之"挑蝦","蝦"是清語官名;又考摺扇之制,宋以前即有,以證陳霆《兩山墨談》"中國宋前惟用團扇"之誤。其關掌故者,如謂:"自明以來,縉紳齒録俱刻於京師西河沿洪家老鋪。余藏有嘉隆至康熙朝四十餘册會試齒録,猶是洪氏匯集所印。高祖純皇帝御極六十年,親以大寶授之仁宗,真千古稀有。"其論古今人著作者,如謂:"吳荷屋先生著《帖鏡》六卷,既列帖目次序,復詳著某刻何字殘泐、何處斷裂,一覽了然,帖賈無所容僞,故曰'鏡'。"又稱坊間所刻《二十四孝》不知所始,後讀《永樂大典》,乃是郭守敬之弟守正所集。

此本據清光緒潘氏刻《功順堂叢書》本影印。（司馬朝軍）

橋西雜記一卷　（清）葉名灃撰（第1181冊）

葉名灃（1811—1859），字潤臣，號翰源，漢陽（今屬湖北武漢）人。道光十七年（1837）舉人。官內閣侍讀，後改浙江候補道。更著有《讀易叢記》、《敦夙好齋詩集》等。生平事迹見《續碑傳集》卷七九張星鑒《懷舊記》、《碑傳集補》卷五〇朱琦《葉中憲君傳》、《晚晴簃詩匯》卷一三九。

書前有同治十年（1871）潘祖蔭序，稱《橋西雜記》爲隨筆撮録之書，中述掌故，志舊聞，有資考證，致功良勤。橋西者，名灃所居紀文達舊宅，位於北京虎坊橋之西。書末有趙之謙同治六年跋，云其於故紙籠中得葉氏書稿數種，是書稿本爲潘氏索去而刊刻之。

是書內容廣博，涉及學術源流、讀書方法、人物佚事、科考制度、詩文題跋等。所載多關乎學術，如“叢書”條述叢書之流變及各種叢書之優劣；“藏書求善本”條記其“嘗見邵蕙西案頭置《簡明目録》一部，所見宋元舊刻本、叢書本及單行刻本、鈔本，手記於各書之下，可以備他日校勘之資”。“《儒林外史》”、“《列朝詩傳》”、“《勸善書》”、“《元遺山詩注》”、“《陸放翁詩注》”、“《蘇東坡詩補注》”、“藏經音義”、“明初韻書”等條，皆論列文獻。“內閣掌故宜有專書”條提出研究課題，尤爲有識。

劉咸炘《內景樓檢書記》稱此乃雜記故實見聞，語語有益，多關掌故學術，記體甚高。

此本據清同治十年滂喜齋刻本影印。另有稿本，藏湖北省圖書館。（司馬朝軍　王獻松）

侍衛瑣言一卷補一卷　（清）奕賡撰（第1181冊）

奕賡，姓愛新覺羅氏，自號愛蓮居士、墨香書屋主人、鶴侶主人，北京人。和碩莊襄親王綿課之子。道光十一年（1831）至十六年充宮廷三等侍衛。著有《東華録綴言》、《清語人名譯漢》、《謚法續考》等，皆爲鈔本，民國二十一年（1932）燕京大學圖書館購得，二十四年合刊爲《佳夢軒叢著》。事迹附見《清史稿·允禄傳》。

書前有道光二十四年自序，稱其充侍衛六年，告休後追憶見聞數條，以備考察話靶，命曰《瑣言》。

是書於清廷侍衛制度叙述甚多，諸如侍衛種類、選拔、職責、待遇、值班之類，乃至檔案管理、武器樣式與佩戴、鑰匙保存與使用，皆有私記。與昭槤《嘯亭雜録》、福格《聽雨叢談》諸書所載侍衛之職可相印證，可補官書之未備。所載各類侍衛之關係、侍衛之文化程度、文場搜檢之差及站班衣著，皆畢見侍衛之醜態。

此本據上海辭書出版社圖書館藏民國二十四年燕京大學圖書館鉛印《佳夢軒叢著》本影印。（王獻松）

管見所及一卷補遺一卷　（清）奕賡撰（第1181冊）

奕賡生平見前《侍衛瑣言》提要。

是書卷末有道光二十五年（1845）自序，稱性疏懶而善忘，偶有所得，逾時便忘，故每事輒録之，以備翻閱。所記百餘條，皆奕賡耳目所得，雖事無頭緒，語無文章，不便查閱，然多真實可信之語，涉及宗室事務、大臣佚事、旗人習俗，如所載“宗室命名之例”、郎坤、松筠、錢名世諸大臣事迹，皆爲寶貴之史料。

《補遺》一卷，多爲奕賡所記宗室貴族、王公大臣之腐化墮落、荒淫無恥，如記“貝勒永珠之鄙吝”，“勳戚大臣飲酒挾妓”，奕山、奕經出征英夷而有“翡翠將軍”、“琵琶將軍”之稱等，皆他人所不敢言，而未見他書所載者。

清室稽古右文，興儒尊賢，而於當代史事、典制則較少注意，成書不多。奕賡通曉掌故，非一般宗室子弟可比,故其書中所記之事,於治掌故之學者多有助益。

此本據上海辭書出版社圖書館藏民國二十四年燕京大學圖書館鉛印《佳夢軒叢著》本影印。(王獻松)

寄楮備談一卷 清奕賡撰(第1181册)

書前有道光二十六年(1846)奕賡自序,稱每賓朋會談,及觀書所得有關典故者,退輒録之,久而成册,題曰《管見所及》;又輯録數條,寄之楮墨,以備談柄,即名曰《寄楮備談》,例仍前書,古事不談。

全書一卷,凡一百六十餘條,所載皆關乎典章故實、奇事佳話,或補官書之不足,或糾私記之謬誤。如所載彭元瑞與紀昀之對聯,孫在豐扈從聖祖仁皇等事,皆一時佳話;糾魏源《聖武記》所記姚啓聖當爲旗人,又指文人説部"以本朝無三元"之失,并舉清朝三元嘉慶庚辰狀元陳繼昌,皆真實不誣。又記"道光十五年考試滿蒙侍郎以下、五品京堂以上清文"事,可窺當時滿蒙人受漢文化之影響。

此本據上海辭書出版社圖書館藏民國二十四年燕京大學圖書館鉛印《佳夢軒叢著》本影印。(王獻松)

煨柮閒談一卷 (清)奕賡撰(第1181册)

書名"煨柮",取古嵩山題壁詩"茅火雖盛,可以炙空,爐煨榾柮,可以久暖"之意。書凡一卷,僅四十餘則。或記朝野佚事,如記高士奇遭際之奇,乾隆間臺灣官員改"天地會"爲"添弟會"奏報朝廷以免責難等事。或載各地出土之文物,如記萬承紀所得之"銅質五銖錢範",張廷濟所得漢、晉八磚等。又雜怪誕之事,如記蘇清阿夢爲伊犁城隍神、右旋聖螺等,皆迷信無根之談。又有疑他書記載者,如引王士禎《居易録》卷六所言皇帝"觀八旗走馬"事,而言"今未見此例"。亦有直接鈔録他書而爲表明者,如所記"陸隴其從祀文

廟"一事,鈔自梁章鉅《楹聯叢話》。

是書雖雜亂無條例,然亦小有可觀。如記粵西衛生口號:"粵西烟瘴之地,傳有衛生口號,曰:'莫起早,莫吃飽,莫摘帽,莫脱襖,莫洗澡,莫討小。'無論寒暑,反此者輒受其毒。"

此本據上海辭書出版社圖書館藏民國二十四年燕京大學圖書館鉛印《佳夢軒叢著》本影印。(王獻松)

括談二卷 (清)奕賡撰(第1181册)

是書分上下兩卷,凡一百三十餘條。卷上有證古書之誤者,如劉侗《帝京景物略》誤以"雲水洞"與"孔水洞"同一,而奕賡據親歷所見而辨其異,又録房山孔水洞中五篇碑刻碑文;有論及俗語者,如"闍頁"、"雨點釘子"、"鵝項"、"碼碌"、"屈戌"等條皆是;又有論古人錢幣、植物俗稱之語;且多載奇怪之事,如記"洪武私行"、"文天祥過吉州"、"邢氏自縊關廟"及人死亡干支等事,皆怪誕不足信。卷下多爲奕賡讀《清會典》、《八旗通志》等書時節録之語,僅有糾繆數條,如言《八旗通志初集》所載怡親王允祥爲聖祖仁皇帝第二十二子當爲"第十三房";又有錢幣辨僞一條。

此本據上海辭書出版社圖書館藏民國二十四年燕京大學圖書館鉛印《佳夢軒叢著》本影印。(王獻松)

見聞隨筆二十六卷 (清)齊學裘撰(第1181册)

齊學裘(1803—?),字子貞,號玉溪,婺源(今屬江西上饒)人。諸生。工書畫,以貴公子隱居綏定山中。更著有《蕉窗詩鈔》等。生平事迹見《晚晴簃詩匯》卷一四一、《國朝書人輯略》卷一〇。

此書前有同治五年(1866)學裘自序,稱偶聞友人暢談因果,可以感發人之善心,可以懲創人之逸志,事有關於名教,理無間乎陰

陽,事異而理常,言近而旨遠,是不可不紀者;遂舉有生以來聞見交遊、奇人怪事,隨筆直書,不假雕琢,兩月之中,著成十有餘卷,名之曰《見聞隨筆》。又有同治七年許國年序、同治十一年張德堅題跋及多人題辭,均附於書前。

是書大旨以因果報應之事而寓勸善懲惡之理。如"焚淫書得名禄"條記桐鄉人嚴鈖好看淫詞小説,夢入陰間,閻王讓其焚淫詞小説,而後得名禄;齊氏并論《紅樓夢》,以爲"曹雪芹有感而作,意在勸懲,而語涉妖艷淫迹,窮露淫心色藏,亦小説中一部情書,高明子弟見之,立使毒中膏肓,不可救藥",主張收盡淫詞小説,一火而焚之。書中又大談"報應",如"德報"、"善報"、"惡報"、"淫報"、"果報"、"孽報"、"顯報"等,不一而足。

此本據華東師範大學圖書館藏清同治十年天空海闊之居刻本影印。（司馬朝軍　王獻松）

見聞續筆二十四卷 （清）齊學裘撰（第1181冊）

齊學裘生平見前《見聞隨筆》提要。

此書前有同治十二年(1873)方濬頤序,稱齊氏《見聞隨筆》梓行後,中外士夫,幾於家置一編,近復成《續筆》若干卷,其講因果禍福,婆心苦口,足令頑石點頭,言近旨遠,儼若畫家之雙管齊下。又有孫簹勷題辭,劉熙載、潘曾瑩、王春寅三人題跋。

是書二十四卷,爲續《見聞隨筆》之作,其旨仍同《隨筆》,以因果報應之事而寓勸善懲惡之理。除記異聞怪事外,多雜記珍禽異獸、奇花怪石,并附以詩詞文鈔。如"盗女報讐"條記盗賊之女爲救船客而殺父兄,後反被船客害死水中,女子化爲鬼而復仇。

此本據華東師範大學圖書館藏清光緒二年天空海闊之居刻本影印。（司馬朝軍　王獻松）

静娛亭筆記十二卷 （清）張培仁撰（第1181—1182冊）

張培仁(1823—?),字少伯,號子蓮,賀縣(今廣西賀州)人。道光二十七年(1847)進士,曾任湖南善化知縣,加同知銜。更著有《金粟山房詩文集》、《妙香室叢話》等。生平事迹見《(光緒)賀縣志》卷六、《(光緒)湖南通志》卷一二三。

書前有曾紀鴻序,稱張氏網羅逸事,搜訪異聞,成《筆記》十二卷。是書所記多爲張氏所見所聞,或採自前人著作,或録自當時報刊,多涉及軍事、外交、經濟、異聞、詩詞、名人佚事。間亦有議論之語,要以期於有裨人心,有益世道,如曰:"天下有兩種人最難共事,曰多疑寡斷,曰固執不通。""近日説經者,不屑附會,好爲穿鑿;説史者,不欲騎牆,故作翻案;方謂新奇可喜,實則離經畔道,背理害義,謬種流傳,將來置之高閣,徒以飽蠹耳。"他如"汪容甫"條記洪亮吉述汪中佚事,"黃觀察論天主教"條記黃文琛論衡州焚燒天主堂一案,"劉繼莊通音韻之學"條記劉獻廷音韻之法。

此本據復旦大學圖書館藏清刻本影印。（司馬朝軍　王獻松）

郎潛紀聞十四卷郎潛二筆十六卷郎潛三筆十二卷 （清）陳康祺撰（第1182冊）

陳康祺(1840—1890),字鈞堂,鄞縣(今屬浙江寧波)人。同治十年(1871)進士,官刑部員外郎,後改官昭文縣知縣。生平事迹見董沛《正誼堂文集》卷四《陳鈞堂五十壽序》、《清續文獻通考》卷二六九。

《郎潛紀聞》爲康祺官西曹時紀述掌故之書。書前有光緒六年(1880)陳氏自序,稱多採陳編,非有援據,不敢率登。《二筆》前有光緒七年楊峴序。《三筆》前有光緒九年張文虎序,稱《初筆》、《二筆》擇焉必精,語焉必詳,《三筆》大抵仍前書體例,而更謹嚴,凡考名人言行,政治得失,世事變遷,胥於是乎有取。《二筆》又題《燕下鄉脞録》,《三筆》又題《壬癸藏劄記》。

是書爲史料筆記,内容廣博,涉及清代政治、經濟、文苑、典制、社會習俗諸方面。或記四庫館事,如記朱筠上書輯録《永樂大典》中逸書,而上命纂輯《四庫全書》,自《大典》中輯出者幾六百部;又記乾隆癸巳四庫館,分爲内府秘書、舊藏《永樂大典》輯佚書、採進民間藏書三處;又記四庫校勘諸館臣姓名,并爲館臣開乾隆以後諸儒以金石之學印證經史一派。或論清代學術,如"閻徵君《古文尚書疏證》"條記《疏證》一書之著述情況,"臧在東經學"條記臧鏞堂論戴震、惠棟經學之語,"北學南學關學"條分清初學術爲孫奇逢之北學、黄宗羲之南學、李二曲之關學三類。又有記社會狀況者,如"蘇州治平寺淫僧案"條記蘇州治平寺僧之恣意淫縱;"育嬰堂"條記清世祖嚴溺女之禁,海内始知育嬰爲善舉,孝莊皇后首頒禄米,其後育嬰之堂遂遍布天下。

劉承幹《明史例案》卷二稱清朝野史甚少,記載掌故者,以王氏之《康熙朝政紀》、吳氏之《養吉齋叢録》爲可信,《嘯亭雜録》亦間有錯誤,尚勝於魏氏之《聖武記》;若《郎潛紀聞》等類,浮言正不少。葉昌熾《緣督廬日記鈔》卷四亦稱是書中多怨誹之語,頗輕視其書。

此本據清光緒間刻本影印。(司馬朝軍王獻松)

庸盦筆記六卷　(清)薛福成撰(第1182册)

薛福成(1838—1894),字叔耘,號庸盦,無錫(今江蘇無錫)人。咸豐八年(1858)中秀才,同治四年(1865)投身洋務,先後入曾國藩、張樹聲、李鴻章幕府。光緒十年(1884)任浙江寧紹臺道,擢湖南按察使,出使英、法、意、比四國,又任光禄寺卿、太常寺卿、都察院左副都御史。更著有《庸盦文編》、《籌洋芻

議》、《出使英法義比四國日記》等。生平事迹見《清史稿》。

全書六卷,分史料、佚聞、述異、幽怪四類,大旨主於挽回世道人心。書前有《凡例》六條,稱此書於平生見聞隨筆記載,自乙丑至辛卯,先後閲二十七年,其有精藴及有關係者,復各以類相從,不能盡依先後爲次云云。此書據平日見聞,隨意抒寫,亦間有閲新聞報紙,取其新奇可喜,而又近情核實者録之,以資談助。前二卷爲史料類,如"蒲城王文恪公屍諫"條記王鼎臨與林則徐之相知,力薦林則徐之賢而上不聽,廷諍甚苦而終不獲伸其説,後自縊薨。卷三爲佚聞類,如"查鈔和珅住宅花園清單"條詳載和珅財産。卷四爲述異類,如"曾文正公始生"條稱曾國藩前身爲神虵。卷五、卷六爲幽怪類,如"魁星爲學徒换心"、"故相索命"、"狐仙談歷代麗人"等,皆不免小説家言。

末有光緒二十四年陳光淞跋,稱其大抵尊聞談故,間涉寓言,其論事平正通達,涉筆謹嚴,與薛氏所著《庸盦文編》相表裏。劉咸炘《内景樓檢書記》稱是書史料最善,見聞無妄,文筆翔雅,説部中傑作。

此本據天津圖書館藏清光緒二十三年遺經樓刻本影印。(司馬朝軍)

金壺七墨十八卷　(清)黄鈞宰撰(第1183册)

黄鈞宰(1826—1876?),原名振鈞,字宰平,改名鈞宰,字仲衡,號天河生,又署鉢池山農,山陽(今江蘇淮安)人。道光二十九年(1849)拔貢,官奉賢訓導。後屢試不第,以校官終。更著有戲曲《比玉樓傳奇》四種。生平事迹見《(民國)續纂山陽縣志》卷一〇、王錫祺《山陽詩徵續編》卷三一。

書前有同治十二年(1873)林端仁《比玉樓已刻書目》及《朱刻書目》。又有春明倦客序,稱此書爲黄氏客遊隨筆所記,庚申、辛酉

間，一毁於兵，丙寅高郵運河決，再損於水，蓋十去五六。又有楊文斌題詩三首，末有注稱黃氏愜意之作大半選入文稿，兹編乃其吐棄之糟粕。

是書爲筆記小說，名爲"七墨"，實爲"六墨"。大抵按年爲序，分爲《浪墨》八卷，約爲道光十四年至咸豐三年（1853）間見聞記事；《遯墨》四卷，記咸豐四年至同治二年間事；《逸墨》二卷，記同治三年至十二年間事；《戲墨》一卷，多爲遊戲諧趣文字；《醉墨》一卷，多爲勘破世情之憤激語；《淚墨》二卷，又題《心影》，記哀豔傳奇。

《七墨》記録鈞宰自道光甲午至同治癸酉四十年間"耳目聞見，可驚可愕之事"。如"吳淞戰役"爲鴉片戰爭中之重要事件，黃鈞宰時任奉賢教諭，爲此次戰役之目擊者，故書中記録陳化成抗擊英軍、血灑炮臺之事迹，揭露兩江總督、制軍牛鑒"聞勝趨出"，遭敵炮擊又倉皇逃跑之可恥嘴臉。"吳淞從殉"一節記普通士兵英勇殉義之壯舉，洵爲難得之史料。是書内容廣博，或述家世生平，或考地方掌故，或譴責社會黑暗。各卷中尚述及清代政治、經濟及社會風尚，如《浪墨》卷一之"熙朝財賦"、"南巡盛典"、"鹽商"、"漕弊"及"綱鹽改票"，卷四之"州縣積弊"；《遯墨》卷二之"銅廠"與"鐵礦"等條，其史料價值較勝。

此本據吉林大學圖書館藏清同治十二年刻本影印。（司馬朝軍）

粟香隨筆八卷粟香二筆八卷粟香三筆八卷粟香四筆八卷粟香五筆八卷　（清）金武祥撰（第1183—1184冊）

金武祥（1841—1924），字溎生，號粟香，江陰（今屬江蘇無錫）人。繆荃孫之表兄。早年遊幕，後以捐班指分廣東候補，署赤溪直隸廳同知。後因丁憂歸，不復出。著有《芙蓉江上草堂詩稿》、《粟香室文稿》等。生平事迹見其自編《粟香行年録》。

《隨筆》前有光緒七年（1881）武祥自序。又有光緒九年周星譽序，稱挈其要領，稽其制度，分雜志、雜傳、雜考、雜録，都爲一編。又有光緒十二年繆荃孫序，又有秦焕、劉彝、潘貞敏、凌兆熊、李乘時、胡鑒、繆祐孫題詞。《隨筆》後有光緒七年陳陔跋，稱《隨筆》論詩居多，間及考訂，大者關於掌故，小亦資夫劇談。《二筆》前有光緒十年袁寶璜序，稱其中述祖德，紀遊迹，臚風土，備政要，凡見聞之所逮，朋舊之所撰著而贈貽者，皆録焉。《二筆》後有汪璟跋。《三筆》前有光緒十年陳陔序。《四筆》前有光緒十六年屠寄序，稱其大旨有五，曰誦芬，曰懷舊，曰辨俗，曰考古，曰摧藝。又有光緒十五年徐紹楨序。《五筆》前有光緒二十年劉孚京序，稱其書多述近世之事，不越酬唱之間，亦耆舊之綜録，文章之淵林。又有光緒二十一年劉汝霖序，稱其書首述祖德，誦清芬，至於吉金樂石之文，訓詁考據之學，是其志趣之所近，雅人之深致。

《五筆》卷首有"《五筆》緣起"條，稱纂《粟香隨筆》八卷，續成《二筆》、《三筆》、《四筆》各八卷，始於光緒辛巳，迄於辛卯，凡十年，每得兩卷，即付剞劂；以本非著述，聊備遺忘，偶一覆視，疵累不可勝言；復艱於改補，嗣是銜恤里居，考獻徵文，積成卷，及遊蹤所至，凡載之日記者，亦摘録數條，以志鴻爪，各標題目，用便檢尋。胡玉縉《許廎經籍題跋》卷三稱是編蓋仿洪邁《容齋隨筆》而作，然武祥學不逮洪邁之什一，雖間及朝章國故、遺聞佚事，而所論以詩詞居多。

此本據上海辭書出版社圖書館藏清光緒刻本影印。（司馬朝軍）

居家必用事類全集十卷　（元）佚名撰（第1184冊）

原書不著撰人姓氏。黃虞稷《千頃堂書

目》卷一五載:"《居家必用事類全集》十卷,一云熊宗立編。"錢大昕《補元史藝文志》卷三稱:"或云熊宗立撰。"《四庫全書總目》稱:"辛集中有大德五年吳郡徐元瑞《史學指南序》,聖朝字俱跳行,又《永樂大典》屢引用之,其爲元人書無疑。"王重民《中國善本書提要》稱,熊宗立爲書坊中人,所設坊曰種德堂,在明正統、天順間,刻書頗多,乾、嘉諸大師誤以爲明初人;又疑宗立或曾刊此書,黃虞稷誤以刻書人爲撰人。

是書載歷代名賢格訓及居家日用事宜。以十干分集,甲爲學,乙家法,丙仕宦,丁宅舍,戊農桑,己食飲,庚飲食,辛吏學,壬衛生,癸謹身。每集又分子目,所錄子史雜説,簡而有要,皆有益於生人日用。如"爲學"首録《朱文公童蒙須知》五條,又録朱熹《訓子帖》、《顏氏家訓》、《西山真先生教子齋規》、《王虛中訓蒙法》、《文公白鹿洞書院教條》、《程董二先生學則》、《程端禮讀書分年日程法》,實爲資料匯編。是書將宋、元間家庭社會實用書大量採入,賴以保存者不少,如丙集載趙師俠《拜命曆》,戊集載王旻《山居録》,辛集載徐元瑞《習吏幼學指南》、趙素《爲政九要自箴》,皆有用之書,久無傳本。至於各類之中,間載外族物品,如金、元、回回之食品、化妝品等,蓋宋元之時各民族之間交流頻繁。則是書之有資於考據者,不僅在幾部佚書。

此本據南京圖書館藏明隆慶二年飛來山人刻本影印。(司馬朝軍)

多能鄙事十二卷　(明)劉基撰(第1185冊)

劉基生平見前《鐫地理參補評林圖訣全備平沙玉尺經》提要。

書前嘉靖四十二年(1563)范惟一序,稱此書蓋劉基微時手輯。書名"多能鄙事",當取自《論語·子罕》"吾少也賤,故多能鄙事"。

《續文獻通考》卷一七七:"《多能鄙事》十二卷,舊題劉基撰,今審爲僞托之書。"《四庫全書總目》卷一三〇稱是書凡飲食、器用、方藥、農圃、牧養、陰陽、占卜之法,無不備載,頗適於用,然體近瑣碎,殊失雅馴;立名取孔子之言,亦屬僭妄,殆托名於劉基。王重民稱是書乃抽取《居家必用事類全集》成書,而托名劉基者。今考是書前七卷共八百餘條,其中五百零二條鈔自《居家必用事類全集》,主要集中在《全集》之《丁集》、《戊集》、《己集》、《庚集》、《壬集》。

是書除卷一飲食類、卷七農圃類、牧養類屬農業外,其他各卷内容均略同於明鄺璠《便民圖纂》,方便參考應用。

此本據上海圖書館藏明嘉靖四十二年范惟一刻本影印。(司馬朝軍)

新增格古要論十三卷　(明)曹昭撰(明)舒敏(明)王佐增(第1185冊)

曹昭,字明仲,雲間(今屬上海)人。生活於元末明初。舒敏,字志學,雲間(今屬上海)人。王佐,字功載,吉水(今屬江西吉安)人,宣德二年(1427)進士,正統間宰連城。

書前有洪武二十一年(1388)曹昭自序,稱其家蓄古法帖名畫、古琴舊硯、彝鼎尊壺之屬,置之齋閣,以爲珍玩,自幼亦酷嗜之,凡見一物,必遍閲圖譜,究其來歷,格其優劣,取古銅器書法異物,分其高下,辨其真贋,正其要略,書而成編,析門分類,目之曰《格古要論》。又有舒敏序,稱其頗爲增校,訂其次第,叙其篇端,亦可謂格物致知之一助云云。又有《凡例》三條及王佐《新增格古要論凡例》九條。

曹昭原書成於洪武二十年,共三卷十三論,刻成後因多有損壞,舒敏爲之重新編校。後王佐得兩種五卷本,因考校增補之,書成於天順三年(1459),題爲《新增格古要論》。王氏所新增内容倍於原書,并重新釐定卷次,凡十五卷十五門,即古琴論、古墨迹論、古畫論、珍寶論、古銅論、古硯論、異石論、古窑器論、古漆器論、古錦論、異木論、竹論、文房論、古今誥敕題跋、雜考。續增者注曰"後增"，新增者注曰"新增"，或祇注"增"字。

《百川書志》卷九稱是書辨釋器物及玉石、金珠、琴書、圖畫、古器、異材，皆明其處，表其真僞。《七修類稿》卷二三"《格古要論》當再增考"條稱其書洪武間創於雲間曹明仲，天順間增於吉水王功載，不無滄海遺珠之歎，至於博古圖中之器，各省志內之刻又一考之，必尤有所增。《四庫全書總目》卷一二三著録曹氏原書三卷，稱書中所述，一切源流本末無不釐然，故頗爲鑒家所重。

此本據遼寧省圖書館藏明刻本影印。（司馬朝軍）

蕉窗九録九卷　（明）項元汴撰（第1185冊）

項元汴（1525—1590），字子京，號墨林山人，嘉興（今浙江嘉興）人。家藏書畫之富，甲於天下。博雅好古，善鑒別古人翰墨，不爽毫髮，所藏多圖書鼎彝，欣賞得意，輒臨摹題詠，尤精繪事，得摩詰三昧。生平事迹見董其昌《容臺文集》卷八《墨林項公墓志銘》、《歷代畫史彙傳》卷四一。

書名"九録"者，紙、墨、筆、硯、帖、書、畫、琴、香之謂。書前有彭壽承序，稱此書大半採自吳文定《鑑古彙編》，間有删潤，亦極精確。但《四庫全書總目》卷一三○稱其書陋略殊甚，彭序亦弇鄙不文，二人皆萬萬不至此，殆稍知字義之書賈，以二人有博雅名，依托之以炫俗。《續文獻通考》卷一七七亦稱此書殊陋略，當是僞托之作。

此本據中國科學院圖書館藏清道光十一年（1831）晁氏活字印《學海類編》本影印。（司馬朝軍）

陳眉公考槃餘事四卷　（明）屠隆撰（第1185冊）

屠隆（1541—1605），字長卿，號赤水，晚號鴻苞居士，鄞縣（今屬浙江寧波）人。萬曆五年（1577）進士，官至禮部儀制司主事。萬曆十二年蒙受誣陷，削籍罷官。更著有《棲真館集》、《鴻苞集》、《白榆集》等。生平事迹附見《明史·徐渭傳》。

是書雜論文房清玩之事，凡書籍、碑刻、書畫、琴劍、紙墨、筆硯以迄器用、服御，皆因類而記，而於碑刻獨詳。其論書畫，獨具隻眼。如論"似不似"曰："畫花趙昌意在似，徐熙意不在似，非高於畫者不能以似不似第其高遠，蓋意不在似者，太史公之於文，杜陵老之於詩也。"它如論古畫、論唐畫、論宋畫、論看畫、論品第、論墨迹等，皆有會心之語。

書中所論并非全出原創，如"觀書"條出趙子昂書跋，"王弇州評畫"條出《弇州四部稿》。《四庫全書總目》卷一三○譏其列目頗爲瑣碎，且不少條目失之過簡。周中孚《鄭堂讀書記》卷五八稱其書例不畫一，殊屬冗雜，且其品評當代人書法已屬不公，無怪其論古之渺茫。

此本據復旦大學圖書館藏明萬曆沈氏尚白齋刻《陳眉公訂正秘笈》本影印。（司馬朝軍）

華夷花木鳥獸珍玩考十二卷　（明）慎懋官撰（第1185冊）

慎懋官，字汝學，湖州（今浙江湖州）人。生卒年及事迹均不詳。

書中稱"萬曆十三年慎懋官書於玉京洞中"，今按玉京洞在天台赤城山。書前有萬曆九年（1581）懋官自序，稱述所見聞，復參書史，以免掛一漏萬之譏，其間異物雖涉不經而亦録之。又有萬曆九年李時英序、萬曆二十一年吳國倫序，并附有慎氏萬曆九年所作《成趣堂記》。

是書卷一至六記花木，凡七百零四條，卷七記鳥獸，凡三百一十條，卷八記珍玩，凡二百零九條。卷九至卷一一爲《續考》，其中卷九記花木，凡一百六十一條，卷一○記鳥獸，凡一百七十八條,卷一一記珍玩,凡九十二條。卷一二爲《雜考》,凡十七條。是書收錄大量中國固有及海外傳入之樹木、花卉、蔬菜、鳥獸、蟲魚等動植物資料,實爲一部博物學著作。

《四庫全書總目》卷一三〇稱是書或剟取舊説,或參以己語,或標出典,或不標出典,真偽雜糅,餖飣無緒;又稱卷首自序一篇,詞極誇大。

此本據中國科學院圖書館藏明萬曆九年刻本影印。(司馬朝軍)

群物奇制一卷 (明)周履靖撰(第1185冊)

周履靖生平見前《菊譜》提要。

是書爲實用生活應急手冊,分身體十一條、衣服三十條、飲食一百一十五條、器用四十一條、藥品十八條、疾病六條、文房三十條、果子三十五條、蔬菜十三條、花竹三十二條、禽魚四十四條、雜著七十二條,凡十二類四百四十七條。其中如身體條曰:"身上生肉刺,芝蔴花搽之;飛絲入人眼而腫者,頭上風屑少許揩之,一法珊瑚尤妙;人有見漆多爲漆氣上騰著人而生漆瘡,用川椒三四十粒,搗碎塗口鼻上,則不爲漆所害;指甲内有垢者,以白梅與肥皂一處洗之則自去。"

此本據明萬曆二十五年金陵荆山書林刻《夷門廣牘》本影印。(司馬朝軍)

博物要覽十六卷 (明)谷泰輯(第1186冊)

谷泰,字寧宇,官蜀王府長史。大約生活於明末,事迹不詳。

是書論列古器物、字畫、織繡、印寶等藝術品,大旨在於助四民治生之術。卷一紀古帖,卷二紀歷代畫家,卷三論畫,卷四紀歷代鼎彝,卷五紀窰器,卷六紀文具,卷七紀金,卷八紀銀,卷九紀真珠,卷一〇紀寶石,卷一一紀玉,卷一二紀瑪瑙、珊瑚,卷一三紀水晶、琥珀,卷一四紀玻璃、琉璃、雲母、鶴頂、犀角、象牙等物,卷一五紀名香異木,卷一六紀漆器奇石。書中所記多作者之所見聞,如"紀論偽造銅器顏色"、"紀論古銅真偽顏色"等條,所論雖未能詳備,然亦可供文物愛好者參考。

書前有天啓六年(1626)序,稱是書考核精嚴,考索書畫,辨別鼎彝,博識金玉珠寶,以及異木怪石、錦繡犀象,無不具載,核究詳明,搜羅淵博,真大有功於生民者不淺。但《四庫全書總目》卷一三〇稱此書皆隨所見聞,摭録成帙,未能該備,所論碑板書畫,尤爲簡陋。

此本據南京圖書館藏清鈔本影印。(司馬朝軍)

廣社不分卷 (明)張雲龍撰(第1186冊)

張雲龍,字爾陽,華亭(今屬上海)人。生活於明末。生卒年及事迹均不詳。

是書彙録燈謎,成於崇禎末年,前有自序及《凡例》七則,又有《目録》前後,前列平聲各韵,後列上聲、去聲、入聲各韵。又附《廣社各格》,曰無縫鎖、滑頭禪格、連理枝格、兩來船格、玄明傘格、玉連環格、夾山夾梅格、錦屏風格、轆轤格、詩格、詞格、包意格、曹娥格、拆字格、問答格、畫格。

雲龍自序甚爲自得,然《四庫全書總目》卷一三〇列入雜家類存目,稱其語多鈍置,頗乏巧思,又稱是書因陶邦彦所作《燈謎》而廣之。今考雲龍自序及《凡例》均未言《燈謎》事。卷首又列《社壇偉雋》諸人姓名籍貫,第一名即陶邦彦,同社之人不至醜詆若是。王重民稱此本廣社中人所合訂,特由雲龍記之耳。

此本據北京大學圖書館藏明崇禎刻本影印。(司馬朝軍)

燕閑四適二十卷 (明)孫丕顯輯(第1186冊)

孫丕顯,字啓周,自稱閩人,未詳其邑里。更著有《文苑匯雋》。

書前有萬曆三十九年(1611)劉朝箴序。

燕閑,即閑暇;四適,指書中《琴適》、《棋適》、《書適》、《畫適》。全書二十卷,卷一至卷四爲《琴適》,卷五至卷八爲《棋適》,卷九至卷一二爲《書適》,卷一三至卷二〇爲《畫適》。《琴適》卷一爲彈琴雜録,收録五十餘條與琴相關的知識,如"古琴樣"、"手勢圖"等,卷二至卷四則録十三種琴曲,如《思賢操》、《客窗夜話》等,此十三曲與明趙時琪《緑綺新聲》所録全同,今人論定,二者當是淵源相同,時代有異的兩種傳譜。《棋適》輯録棋論及棋譜,如皮日休《原弈》、王元美《弈品》、"棋局二十七勢"等。《書適》輯録《評書》、《奕世書名》等書論,多出自《四部稿》、《洞天清録》、《格古要論》、《藝苑卮言》等。《畫適》首述畫理,次述山水、人物、草木、花鳥畫法。

此本據上海圖書館藏明萬曆刻本影印。(司馬朝軍)

閑情偶寄十六卷　（清）李漁撰（第1186冊）

李漁(1610—1680),字謫凡,一字笠鴻,號笠翁,蘭谿(今屬浙江金華)人,生於雉皋(今江蘇如皋)。著有《一家言》、《十種曲》等。生平事迹見錢謙益《牧齋外集》卷二五《李笠翁傳奇序》、李桓《國朝耆獻類徵》卷四二六、王廷詔《李漁傳》、敦睦堂《龍門李氏宗譜·佳九公才子傳》。

是書爲李漁所著藝術筆記,分六部,卷一至卷三詞曲部,卷四、卷五演習部,卷六、卷七聲容部,卷八、卷九居室部,卷一〇、卷一一器玩部,卷一二飲饌部,卷一三、卷一四種植部,卷一五、卷一六頤養部。書前有凡例七則,言是書之四期三戒,四期爲:一期點綴太平,一期崇尚儉樸,一期規正風俗,一期警惕人心;三戒爲:一戒剿竊陳言,一戒網羅舊集,一戒支離補湊。書名"閑情",蓋自目書中之六部爲閒情逸致。其中詞曲部論戲曲創作,演習、聲容二部論舞臺藝術,綜而觀之,自成體系,備受後人推崇。諸篇所論,皆平生經歷所得,故

能自鑄新辭,不落窠臼。其述詞曲結構之法有七,曰戒諷刺、立主腦、脱窠臼、密針線、減頭緒、戒荒唐、審虚實,皆爲經驗之談。其居室、器玩二部論制度方式,文所不能詳者,又爲圖以明之,亦具深思,有裨於營造之學。至於治生調養之術,鑿然有當於事理。然聲容部選姿、修容諸條,刻畫之詞往往貽人口實。

明季以降,東南士人崇奢競麗,山人墨客翕然和之,動以幽賞相尚,然觀其品題,不過浮詞淺見,率鮮實學。獨李漁以靈巧之思,幽美之趣,從容撰寫,卓然爲一家之言,洵爲傑作。

此本據吉林大學圖書館藏清康熙刻本影印。(司馬朝軍)

前塵夢影録二卷　（清）徐康撰（第1186冊）

徐康(1814—1889),字子晉,號窳叟,室名心太平軒,長洲(今江蘇蘇州)人。諸生。曾游婁縣、新陽縣幕。生平事迹見《廣印人傳》及是書各序。

書前有光緒十四年(1888)楊峴序,稱此録於所見文房珍品一一論説,并著其究竟,誠考古家之指南,後來者之龜鑒。又有光緒十二年李芝綬序,稱其書仿《書影》之意,追憶劫前所見文房珍品,以類相從,著爲論説。又有光緒二十二年江標序。

是書多爲古董家言,娓娓道來,有如藝人説書,頗能引人入勝。如談毛氏刻書曰:"汲古閣,在虞山郭外十餘里,藏書刊書皆於是。""開工於萬曆中葉,至啓、禎時","毛氏廣招刻工,以《十三經》、《十七史》爲主。其時銀串每兩不及七百文,三分銀刻一百字,所刻經史子集、道經釋典,品類甚繁。當其時,盜賊蠭起,毛氏賴工多保家,至國朝初年,家亦因此中落。有子三,曰扆,曰褒,曰表。扆字斧季,最著名。即鈔本亦精校影寫,風流文采,照映一時。下至童奴青衣,亦能鈔録。所藏書多秘籍,後歸之季滄葦。三十年前在紫珊齋中見《汲古閣圖》山水挂屏,烟嵐幽秀,峰

斷雲連，頗有名人筆意，惜忘爲何人所繪矣。"如此前塵夢影，譬之過眼雲烟，或興滄桑之感，或起惆悵之思。

此本據南京圖書館藏清光緒二十三年江標刻本影印。（司馬朝軍）

群書治要五十卷　（唐）魏徵等撰（第1187冊）

魏徵（580—643），字元成，魏州曲城（今屬河北邯鄲）人。官諫議大夫、太子太師等，謚文貞。生平事迹見《舊唐書》、《新唐書》。

原書五十卷，成於貞觀五年（631）。南宋後中國久佚，傳於日本，清嘉慶初始傳回中國，亡佚卷四、卷一三、卷二○，今存四十七卷。書中輯錄經、史、諸子有關治國興衰政迹之文，始於上古，迄於晉代。宋王溥《唐會要》載此書事甚詳。其書前十卷録經，凡《周易》、《尚書》、《毛詩》、《春秋左氏傳》、《禮記》、《周禮》、《周書》、《國語》、《韓詩外傳》、《孝經》、《論語》、《孔子家語》十二種；次二十卷録史，凡《史記》、《吳越春秋》、《漢書》、《後漢書》、《魏志》、《蜀志》、《吳志》、《晉書》八種；末二十卷録子，含《六韜》、《陰謀》、《鬻子》、《管子》、《晏子》、《司馬法》、《孫子》、《老子》、《鶡冠子》、《列子》、《墨子》、《文子》、《曾子》、《吳子》、《商君子》、《尸子》、《申子》、《孟子》、《慎子》、《尹文子》、《莊子》、《尉繚子》、《孫卿子》、《吕氏春秋》、《韓子》、《三略》、《新語》、《賈子》、《淮南子》、《鹽鐵論》、《新序》、《說苑》、《桓子新論》、《潛夫論》、崔寔《政論》、《昌言》、《申鑒》、《中論》、《典論》、劉廙《政論》、蔣子、《政要論》、《體論》、《典語》、《傅子》、《袁子正書》、《抱朴子》，凡四十七種。

孫星衍《平津館鑒藏書籍記》卷三稱是書所引子書多近今闕佚之本。阮元《四庫未收書提要》卷二稱是書所採各書并屬初唐善策，與近刊多有不同，桓譚《新論》、崔寔《政[要]論》、仲長統《昌言》、袁準《正書》、蔣濟

《萬機論》、桓範《政要論》，近多不傳，亦藉此以存其梗概。

此本據清嘉慶間《宛委別藏》本影印。（司馬朝軍）

意林五卷　（唐）馬總輯　逸文一卷　（清）周廣業輯　闕目一卷　（清）嚴可均輯　補二卷　（清）李遇孫輯（第1188冊）

馬總（？—823），字會元，扶風（今陝西鳳翔）人。

周廣業生平見前《循陔纂聞》提要。

嚴可均（1762—1843），字景文，號鐵橋，烏程（今浙江湖州）人。嘉慶五年（1800）舉人。官建德縣教諭，引疾歸。更著有《説文聲類》、《説文校義》、《鐵橋漫稿》等，又輯《全上古三代秦漢三國六朝文》。生平事迹見《清史列傳》卷六九。

李遇孫，字慶伯，號金瀾，又號懶道人、上元甲子百歲翁，嘉興（今浙江嘉興）人，李富孫之弟，嘉慶六年優貢生，官處州府訓導。更著有《古文苑拾遺》、《日知録補正》、《尚書隸古定釋文》等。生平事迹見《清史稿》。

馬總《意林》，本於南朝梁庾仲容《子鈔》。庾氏取周秦以來諸家雜記，凡一百○七家，摘其要語爲三十卷，名曰《子鈔》。馬氏以其繁略失中，增損而成是書，涉及晉代之前諸子一百一十餘家，於《抱朴子》、《淮南子》、《道德經》、《莊子》所録尤多。其對於校勘、整理諸子之書，有重要價值。原書頗有散失，通行之本，存五卷，缺卷六，卷二亦有殘缺。

乾隆四十三年（1778）周廣業取"天一閣"范氏本《意林》反覆校寫。范氏該藏本備載四庫館校注字樣及參考《道藏》本逐條標列異同，周氏更參以別本，證以原書尚有訛異者數條，推衍擴充於篇段字句間，依文附綴；於書名下詳注撰人姓氏、爵里及著書大略，其書今存者，逐條備注篇名，以便覆檢；又輯録五條逸文，成《逸文》一卷附於卷五後。

周氏校本後爲李遇孫借鈔，李氏遂取"聚珍本"補周氏本原缺者。又據"宋刻本"成《意林補》二卷。一補卷二所缺之《鶡冠子》、《王孫子》，所補置於卷二後；一補原缺之卷六，計四十一家，內有目無文十三家，所補置於全書末。

《意林闕目》一卷，嚴可均輯。嘉慶二十年嚴可均序稱，今世流傳《意林》以《道藏》五卷本爲稍舊，以目録校之，卷二《莊子》後有《鶡冠子》、《王孫子》，而今本《鶡冠子》全闕，而所載《王孫子》皆《莊子》雜篇。卷三《說苑》後有《新序》，今本《新序》全闕。卷五次序與目録俱倒不符，又《中論》、《傅子》、《物理論》三家文界屢越，有數十條皆錯舛，有半句在此，半句在彼者；蓋由所據本破爛零落，隨手黏聯。并云今存者，僅原書十分之六耳。因據家本《莊子》、《中論》及各書所引《物理論》、《傅子》，移歸原所；并補目録之闕，成《闕目》一卷。

全書依次爲：《御製題武英殿聚珍版十韻》；《御題意林三絕句》；戴叔倫、柳伯存之《意林》原序；《四庫全書·意林提要》；周廣業乾隆四十四年序；《意林》卷一至卷二；李遇孫《意林補》一卷，據"宋刻本"補卷二所缺；《意林》卷三至卷五；道光八年（1828）汪遠孫跋；周廣業《意林逸文》一卷；嚴可均《意林闕目》一卷；李遇孫《意林補》一卷，據"宋刻本"補原缺之卷六；李遇孫跋。

此本據南京圖書館藏清鈔本影印。（司馬朝軍）

澄懷録二卷　（宋）周密輯（第1188冊）

周密（1232—1298），字公謹，號草窗、蘋洲、四水潛夫、弁陽老人，先世濟南（今山東濟南）人，其曾祖隨高宗南渡，因家湖州（今浙江湖州）。淳祐中嘗官義烏令，宋亡不仕，終於家。更著有《武林舊事》、《雲烟過眼録》、《癸辛雜識》等。生平事迹見《宋史翼》

卷三四。

是書二卷，多録唐宋人所紀登涉之勝與曠達之語，凡流連景光、棲遲山水，可以怡情適性者，咸萃於編。所採諸條後，多注明出處，或標書名，或標人名。周密自序稱，名之"澄懷"，亦高山景行之意。《四庫全書總目》卷一三一稱此書亦《世說新語》之流別而稍變其體例者；又稱明人喜摘録清談，目爲小品，此書實其濫觴。

此本據國家圖書館藏明鈔本影印。（司馬朝軍）

忍經一卷　（元）吳亮輯（第1188冊）

吳亮，字明卿，錢塘（今浙江杭州）人。精於經術史事，至元三十年（1293）解海運元幕之任，恬淡自居。生平事迹見魏源《元史新編》卷九三。

吳氏於纂述《歷代帝王世系》之暇，追思平生行己唯一"忍"字，故會集群書中格言古訓，凡有關"忍"之言論和歷史上隱忍謙讓、忠厚寬恕的人物、事例，匯爲一編，共計一百五十餘條，皆關乎修身養性。然所採多習見之書，如《易·損卦》云："君子以懲忿窒慾。"《書》周公戒成王曰："小人怨汝詈汝，則皇自敬德。"成王告君陳曰："必有忍，其乃有濟；有容，德乃大。"《左傳》昭公元年："魯以相忍爲國也。"《論語》孔子曰："小不忍則亂大謀。"荀子曰："傷人之言深於矛戟。"

此本據南京圖書館藏明刻本影印。（司馬朝軍）

續觀感録十二卷　（明）方鵬輯（第1188冊）

方鵬，字子鳳，亦字時舉，崑山（今屬江蘇蘇州）人。正德三年（1508）進士，歷任南京禮部主事、刑部員外郎、郎中，尋改南京職，官至南京太常寺卿，以右庶子致仕，卒年七十餘。生平好讀書，以著述自娛，爲文典雅老成，敦修行誼，大負時望。生平事迹見《本朝分省人物考》卷二二。

明初周是修撰《觀感録》,記古今孝義之事,其書不傳。是書自序稱此續周氏《觀感録》而作,凡三代以上及事迹顯著聞者不録,漢、唐以來人微而事隱,非世所常見者則録之,旨在考見人性之善,使愚夫愚婦皆知觀感而興起焉。

書中内容,以時代爲次,卷一兩漢、三國,卷二兩晉、南北朝,卷三隋、唐,卷四唐、五代,卷五、卷六北宋,卷七、卷八南宋,卷九金、元,卷一○元,卷一一、卷一二明。所採諸書,有正史,如《漢書》、《後漢書》、《三國志》、《晉書》、《南史》、《北史》、《周書》、《隋書》、《唐書》、《五代史》、《金史》、《元史》;又有雜史、筆記等,如《列女傳》、《顏氏家訓》、《自警編》、《仕學規範》、《夢溪筆談》、《輟耕録》諸書;又有文集,如《蔡邕文集》、《李翱文集》、《歐陽詹文集》等;又有方志,如《金陵志》、《會稽志》、《一統志》、《金華志》、《中都志》;又有文人所作碑傳、祠記、行狀等,範圍極廣。

此本據湖北省圖書館藏明刻本影印。(司馬朝軍　王獻松)

灼艾集二卷續集二卷别集二卷餘集二卷新集二卷　(明)萬表輯 (第1188冊)

萬表(1498—1556),字民望,一字鹿園,號九沙山人,鄞縣(今屬浙江寧波)人。正德十五年(1520)武進士,累官都督同知。更著有《海寇議》、《玩鹿亭稿》等,又編纂《經濟文録》、《濟世良方》、《玄門入道》諸書。生平事迹見《本朝分省人物考》卷四八、《獻徵録》卷一○七。

是書初集後有萬表識語,稱以灼艾休暇,日涉諸説,凡有會於心者輒手録之,日久成帙,遂名之曰《灼艾集》。書前有萬曆二十九年(1601)錢養廉序,稱是集用物雖弘,取材甚精。

此書乃雜取他書而成。正集卷一鈔自《唐語林》、《捫蝨新話》、《鶴林玉露》等,卷二鈔自《世説新語》、《霏雪録》、《南郭子》等。《續集》卷一鈔自《鷗峰雜著》、《青箱雜記》、《桯史》等,卷二鈔自《餘冬序録》、《近峰聞略》、《侯鯖録》等。《别集》卷一鈔自《緑雪亭雜言》、《兩湖塵談録》、《海涵萬象録》等,卷二鈔自《雙溪雜記》、《審齋瑣綴録》、《立齋閑録》。《餘集》卷一鈔自《杜陽編》、《蓄德録》、《鶴林玉露》等;卷二鈔自《自警編》、《震澤長語》、《郊外農談》。《新集》上卷鈔自《西征記》、《懸笥瑣探》、《清溪暇筆》等;下卷鈔自《冷齋夜話》、《碧里雜存》、《名臣經濟録》。

此書嘉靖間原刻本僅載《初》、《續》、《别》、《餘》四集,《初集》成於嘉靖十年,《别集》成於二十二年;萬表之孫邦孚於萬曆二十九年重梓,增《新集》二卷。《新集》所刻用宋體字,與前四集之寫刻不同。

此本據國家圖書館藏明萬曆二十九年萬邦孚刻本影印。(司馬朝軍)

困學纂言六卷　(明)李栻輯 (第1188冊)

李栻,字孟敬,豐城(今屬江西)人。嘉靖四十四年(1565)進士,官至浙江按察司副使。生平事迹見《江西詩徵》卷五八。

書前有隆慶四年(1570)李栻自序,稱凡一言有所警省,有所感觸,可資進修以爲身心之益者,必取而識之,近代理學精切之言亦以附焉。又有隆慶四年蔡國熙及張學顏序、萬曆二年(1574)劉伯生序。

全書六卷,分"學問"、"立志"、"存心"、"精思"、"實踐"、"謹言"、"敬事"、"求師"、"取友"、"讀書"、"作文"、"舉業"十二門,皆採摭古人議論近於講學者,分類編次。張學顏序稱是書:"首'學問'以啓其端;而次以'立志',謂學必原於志也;次以'存心',謂學當反諸心也;'精思',思所學也;'實踐',踐所學也;'謹言'以默識此學也;'敬事'以涵養此學也;'求師'以正此學也;'取友'以輔此學也;繼之以‘作文’、‘讀書’;附以‘舉業’,所以破俗學之弊,以約於正學也。”又稱是編撮衆論之精華,翼聖學之宗旨,約而不遺,核而不雜,質之河汾《讀書録》,當并傳無疑云。書後有萬曆二年馬文煒《刻困學纂言後序》,亦稱其明道之功。

此本據中國科學院圖書館藏明萬曆二年馬文煒刻本影印。（司馬朝軍）

初潭集三十卷　（明）李贄撰（第1188—1189册）

李贄生平見前《陽明先生道學鈔》提要。

書前有李氏自序兩篇,稱落髮龍潭（在湖北麻城）時即纂此書,故以“初潭”爲名。

全書凡五類,卷一至卷四曰夫婦,卷五至卷八曰父子,卷九、卷一〇曰兄弟,卷一一至卷二〇曰師友,卷二一至卷三〇曰君臣。以儒家五倫爲類,每類之下,又各有子目,凡九十七小類。其内容則採自《世説新語》、《焦氏類林》,而重加編排,加以評語,短則數字,長則百十言,簡短精煉,無長篇大論。《夫婦篇》前有《總論》一篇,倡夫婦爲五倫之始,萬物皆生於兩之説,反對程朱道學以“天理”爲根源之論。書中多詆道學,如卷一一“三釋教”條曰:“夫唯無才無學,若不以講聖人道學之名要之,則終身貧且賤焉,恥矣,此所以必講道學以爲取富貴之資也。然則今之無才無學、無爲無識,而欲致大富貴者,斷斷乎不可以不講道學矣。”卷一九“六篤義”條稱:“使明天子、賢宰相燭知其奸,欲杜此術,但不許囑托,不許遠嫌,又不許引稱古語,則道學之術窮矣。”李氏只知僞道學,不知真道學。

此本據北京大學圖書館藏明萬曆刻本影印。（司馬朝軍　王獻松）

宋賢事彙二卷　（明）李廷機輯（第1189册）

李廷機（1542—1616）,字爾張,號九我,晉江（今屬福建泉州）人。萬曆十一年（1583）進士,授翰林院編修,官至禮部尚書、東閣大學士,謚文清。更著有《通鑑節要》、《四書臆説》、《春秋講章》等。生平事迹見《明史》、《獻徵録》卷一七。

是書雜採史書、説部所載宋人行事,卷上分誠實、廉介、澹泊等十九類,卷下分政事、荒政、紀綱等二十四類,凡四十三類,以爲鑒觀。每類多則數十條,少則一二條。

書前有自序,稱佩“仕優則學”之訓,每以暇日觀史,因見宋世風人材頗類今日,其言論行事往往有可爲今日用者,因採而匯之。《四庫全書總目》卷一三二稱宋明之季,儒者如出一轍,此類亦可以觀。

此本據南京圖書館藏明刻本影印。（司馬朝軍）

焦氏類林八卷　（明）焦竑輯（第1189册）

焦竑生平見前《養正圖解》提要。

書前有萬曆十五年（1587）王元貞及姚汝紹序,又有萬曆十五年李登序。李序稱此書搜百代之菁華,掇群書之芳潤,詳於倫紀而略於玼璺,該及品彙,而結局於仙釋,其於名理心宗,往往而在,指示歷然,此其於《世説》,又不知爲孰多;又稱其書雖主採輯,非自發其所藴,而托契神遊,何人非我,一經編纂,便寄精光。目録後有萬曆十三年焦竑題記,稱庚辰讀書,有感葛稚川語,遇會心處,輒以片紙記之積兩年之力而成初稿,後李登爲之整理,取《世説》篇目括之,其不盡者括以他目。

全書八卷,凡分五十九類,可以資文字之引用,其内容間或有與《世説新語》重複者。《四庫全書總目》卷一三二稱其皆非奇秘之文。周中孚《鄭堂讀書記》卷五八稱此書約而該,無庸考索,而子、史、藝文可一披閲間得之,惜其皆習見之書。

此本據北京大學圖書館藏明萬曆十五年王元貞刻本影印。（司馬朝軍）

説郛續四十六卷　（明）陶珽編（第1189—1192冊）

陶珽，字紫闐，號不退，又號稚圭，自稱天臺居士，姚安（今屬雲南楚雄）人。萬曆三十八年（1610）進士。官武昌兵備道、大名知府、永平知府。少有志於問學，遊李卓吾之門，規言矩行，老而彌謹。著有《闐園集》。生平事迹見《（雍正）雲南通志》卷二一。

陶宗儀《説郛》迄於元代，此編雜鈔明人説部五百二十七種以續之，其删節一如宗儀之例。如卷三七鈔《水品》、《煮泉小品》、《茶譜》、《茶録》等書，卷四六鈔祝允明《猥談》及《語怪》、徐禎卿《異林》、田汝成《幽怪録》等書。

《四庫全書總目》卷一三二稱是書於晚明小品不加分別而漫收之，殊爲冗濫。《書隱叢説》卷一稱是書與《説郛》瑣記雜説無微弗録，唯卷帙浩繁節略爲多，然全本幸存者固無足慮，全本已失者正幸嘗其一臠，爲之擷芳而取菁云云，可謂公允之論。

此本據清順治三年宛委山堂刻本影印。
（司馬朝軍）

雲薖淡墨八卷　（明）木增輯（第1192冊）

木增（1587—1646），字長卿，一字生白，號華嶽，麗江（今雲南麗江）土司，世襲土知府，以助餉征蠻功，晉秩左布政使，年甫三十，即謝職。天啓五年（1625）特給誥命，以旌其忠。隱遁玉龍山南麓"解脱林"，埋頭讀書寫作。更著有《云薖集》、《山中逸集》、《芝山集》等。生平事迹見《明史》。

書前有木增自序，稱每於山居無事，觸景寫懷，偶成《雲薖集》、《翠居録》及《雲薖淡墨》諸集。又有木增小引，稱其篇中或有補於身心者，或有裨於事務者，抑或字有藉於考證者，悉擇而録之。又有楊汝成序、閃仲儼、楊方盛、傅宗龍序，書後有王御乾後跋。

書名"淡墨"，蓋取諺語"廣記之不如淡墨"之意。木增好讀書，多與文士往還。是書蓋其隨筆摘鈔之本，不足以言著述。《四庫全書總目》卷一三二稱是書大抵直録諸書原文，無所闡發，又多參以釋典、道藏之語，未免糅雜失倫，特以其出自蠻陬，故當時頗傳之。阮元《文選樓藏書記》卷五稱是書採摘群書故事，以資考證。

此本據明崇禎木懿喬等刻本影印。
（司馬朝軍）

昨非庵日纂二十卷二集二十卷三集二十卷　（明）鄭瑄輯（第1193冊）

鄭瑄，字漢奉，號昨非庵居士，閩縣（今屬福建福州）人。崇禎四年（1631）進士，知嘉興府，遷寧紹副使，累擢大理寺卿，官至應天巡撫。事迹見《明史》。

此書爲鄭氏讀書筆記，從歷代正史、詩文集、野史、雜記等書中分門別類採集而成，皆記古人格言懿行。初集二十卷，每卷爲一類，分宦澤、冰操、種德、敦本、詒謀、坦遊、頤真、靜觀、惜福、汪度、廣慈、口德、內省、守雌、解紛、悔過、方便、徑地、韜穎、冥果二十類。每類各爲小引。《二集》、《三集》分類同初集。其書或拾訓言，或標行事，或類名物，或舉經濟，或理情性，或吐胸臆，大旨主於型仁讓義、務本節用。

初集書前有鄭瑄自序，稱事不炫奇僻，語不求綺奧，取其有關世教、倫常、修德、釋回，足當迷津一筏者。又有顧錫疇序，稱鄭子之書可謂天下後世德行之門。又有明喻思恂、許豸、余煌、顧錫疇、陳繼儒等序。《二集》前有何如寵題詞，又有馬鳴起、顧錫疇、侯峒曾、徐石麒序。《三集》前有祁彪佳序。

明蕭士瑪《陶菴雜記》稱是書所集皆行己寶嗇、惜福却老之事，與《迪吉録》相爲表裏，讀之醒目。但《四庫全書總目》卷一三二稱其議論佻淺，徵引亦多雜糅，冥果一類，皆出小説家言，往往荒誕不足信，尤不可爲典要。

此書《千頃堂書目》卷一二小説類著録，《四庫全書總目》卷一三二入子部雜家類存目，僅著録初集二十卷。據顧錫疇第二序，知初集有前後兩刻，館臣所據或爲最初刻本，故無第二、三集。

此本據明崇禎刻本影印。（司馬朝軍）

堯山堂外紀一百卷　（明）蔣一葵撰（第1194—1195 册）

蔣一葵，字仲舒，號石原居士，常州（今江蘇常州）人。萬曆甲午（1594）舉於鄉，再上春官不第，除廣西靈川令，後遷任京師指揮使。更著有《堯山堂偶雋》、《長安客話》等。事迹見《粤西詩文載》文載卷六六。

是書取記傳所載佚聞瑣事，擇其稍僻者，輯爲一編。上起古初，下迄明代，每代俱以人名標目，間或加以評述，綴其本事；且附一小傳，或詳或略，一目了然。書前有萬曆二十六年（1598 年）一葵《堯山堂外紀顛末》，稱載有正集不録，録散見於稗官野史不經人見者，歲久成帙，家有堯山堂，故命曰《堯山堂外紀》。又有萬曆三十三年張大光序、萬曆三十四年吳奕序。

《四庫全書總目》卷一三二稱是書雅俗并陳，真偽并列，殊乏簡汰之功；至以明諸帝分編入各卷之中，尤非體例云云。雖中其失，然又過於拘守正統觀念。謝國楨甚重其書，《江浙訪書記》稱是書與田藝蘅《留青日札》齊名，唯作者之旨專在搜攬市井通俗文學，不採民歌民謡、勞人思婦之辭，則囿於縉紳士大夫之傳統思想，其識見尚在馮夢龍之下；又稱其書真偽雜陳，不加鑒别，如蘇東坡、解學士等人之遺聞風説，以訛傳訛之事所在皆是，其他各家傳説，亦難以縷舉。

此本據明萬曆刻本影印。（司馬朝軍）

古今譚概三十六卷　（明）馮夢龍輯（第1195 册）

馮夢龍（1574—1646），字猶龍，又字子猶，別號龍子猶、墨憨齋主人、顧曲散人、吳下詞奴等，長洲（今屬江蘇蘇州）人。與兄夢桂、弟夢熊并稱“吳下三馮”。崇禎三年（1630）以貢生任丹徒縣訓導，七年升福建壽寧縣知縣。順治三年（1646）春憂憤而死，或説爲清所殺。更編著有“三言”、《智囊》等。生平事迹見《（同治）蘇州府志》卷八一。

全書三十六卷，每卷一部，凡三十六部，曰迂腐部、怪誕部、癡絶部、專愚部、謬誤部、無術部、苦海部、不韻部、癖嗜部、越情部、佻達部、矜嫚部、貧儉部、汰侈部、貪穢部、鷙忍部、容悦部、顔甲部、閨誡部、委蜕部、譎知部、儇弄部、機警部、酬嘲部、塞語部、雅浪部、文戲部、巧言部、談資部、微詞部、口碑部、靈迹部、荒唐部、妖異部、非族部、雜志部。每卷之前，皆有識語，略述此部大旨。是書又名《古今笑史》、《古今笑》、《談概》，内容頗龐雜，乃馮氏從歷代正史及野史筆記中搜集笑林掌故、佚聞寓言整理而成，對社會醜惡現象多有揭露、諷刺，足以益智自警。

此本據明刻本影印。（司馬朝軍）

倘湖樵書十二卷　（清）來集之撰（第1195—1196 册）

來集之（1604—1682），原名鎔，字元成，號倘湖，自號椎道人，蕭山（今屬浙江杭州）人。崇禎十三年（1640）進士，官安慶府推官。清兵南下，與紹興府官于潁率師禦之。事敗，以高隱終。更著有《讀易隅通》、《卦義一得》、《易圖親見》等，又自作雜劇六種，僅《兩紗劇》、《挑燈劇》傳世。事迹見毛奇齡《故明中憲大夫太常寺少卿兵科給事中來君墓碑銘》、來鴻瑨《明太常寺少卿兵科給事中倘湖公傳》、《倘湖先生自志墓銘》及《蕭山來氏家譜》。

書前有康熙二十一年（1682）集之自序。又有康熙二十二年毛奇齡序，稱時傭書長河，間或造訪元成先生，聽先生談學論道，每舉一事,必批根導源,窮詰流末;又稱此書不分部類門目,而任取一類之中、一目之内,臚其事之可相發者,鱗次櫛比,集事以資用,考義以資辨,類事而無方,比義以廣異,此誠伐山之能事,折竹所未逮。

是書初編六卷,二編六卷,爲來氏專題讀書筆記,皆採摭唐、宋、元、明諸家之説,以類相從,排纂其文,而總括立一標目,或雜引古書而論之,或先立論而以古書證之,徵摭繁富,頗有考證之處。《四庫全書總目》卷一三二列入雜家類存目,稱其書細大不捐,蕪雜特甚,亦多有迂僻可笑者。

此本據上海圖書館藏清康熙倘湖小築刻本影印。另有稿本,藏浙江圖書館。(司馬朝軍)

寄園寄所寄十二卷 （清）趙吉士輯（第1196—1197 册）

趙吉士（1628—1706）,字天羽,號恒夫,室名寄園,原籍休寧（今屬安徽黄山）,寄籍錢塘（今浙江杭州）。順治八年（1651）中舉,官至户科給事中,又受命勘河,因不稱旨而罷官。更著有《續表忠記》《牧愛堂編》《萬青閣集》等。生平事迹見《清史稿》、朱彝尊《朝議大夫户科給事中降補園子監學正趙君吉士墓志銘》。

書前有趙士麟序,稱其書言必有據,事必有徵。又有汪灝《讀寄園寄所寄志略》,稱是編雖採摭類殊,然鉅細兼該,莊諧互見,讀之者或目爲經史羽翼。

此書採摭諸家説部,分十二門:曰囊底寄,皆智數事;曰鏡中寄,皆忠孝節義事;曰倚杖寄,述山川名勝;曰撚鬚寄,爲詩話;曰滅燭寄,談神鬼;曰焚麈寄,爲格言;曰獺祭寄,雜録故實;曰豕渡寄,考訂謬誤;曰裂眥寄,記明末寇亂及殉寇諸人;曰驅睡寄,可爲談助者;曰泛葉寄,皆徽州佚聞;曰插菊寄,皆諧謔事。所載古事占十之二三,明末事占十之七八。

《四庫全書總目》卷一三三云是書採掇頗富,而雅俗并陳,真僞互見。周中孚《鄭堂讀書記》卷五九稱是書雖採掇類殊,於人心世教必拳拳焉,故與凡爲小説者異焉。

此本據清康熙三十五年刻本影印。(司馬朝軍)

退庵隨筆二十二卷 （清）梁章鉅撰（第1197 册）

梁章鉅生平見前《農候雜占》提要。

書前有道光十七年（1837）章鉅自序,稱初無成書義例,後取而整理,類聚門分;道光十六年,爲友人付梓;其至桂林,於公餘之暇復有勘補,擴爲十五門,二十二卷。書後有曾釗跋,稱其議論平正通達,切實有用,學與時進,又能虛心從人。

全書二十二卷,分躬行、交際、勸學、官常、政事、家禮、家誡、攝生、知兵、讀經、讀史、讀子、學文、學詩、學字十五門。凡立身應物、經國持家、文事武備,皆衷之於經,證之於史,參以先哲格言、師友緒論,而斷以己意。全書大凡以仁恕爲心,以勸善黜邪、訂譌砭惑爲宗旨。若躬行、交際、政事、家禮、家誡諸端,則能抒一己之見。

賀長齡《耐庵詩文存》文存卷二有《梁茝鄰前輩退庵隨筆序》,稱此書積一生之精力以成之,義正事覈,一洗説部雜家之陋。今按,是書讀經、讀史、讀子、學文諸類所論,多採之《四庫全書總目》,然不明標出處,殊嫌掠美。

此本據山東省圖書館藏清道光刻本影印。另有稿本,藏中國科學院圖書館。(司馬朝軍)

蓬窗隨録十四卷附録二卷續録二卷 （清）沈兆澐輯（第1197—1198 册）

沈兆澐（1783—1886）,字雲巢,號拙庵,天津府（今天津）人。嘉慶二十二年（1817）進士,官至浙江布政使。卒謚文和。更著有《捕蝗備要》《易義輯聞》《義利法戒録》等。

生平事迹見《(光緒)重修天津府志》、鄒鍾《沈文和公傳》。

《隨録》前有咸豐二年(1852)兆澐自序,又有咸豐七年蔡懋鏞序、黃輔辰《書雲巢廉訪篷窗録後》、宗稷辰《奉題篷窗録》、兆澐《自題篷窗録》。《附録》前有咸豐二年兆澐自序。《續録》前有咸豐九年兆澐自序。《隨録》前有《凡例》八條,大略云,是書所録皆清代名人著作,唯現存者不載;頌、表諸作,美不勝收,未能悉載,餘皆有關學術、政治,兼及人物考徵,稍涉俳優者概不録。

《隨録》前有總目録,各卷之前有詳目,卷一爲頌,卷二爲表、歌、賦,卷三至六爲疏,卷七爲摺,卷八爲論,卷九爲議,卷一〇爲考、辨、説,卷一一爲序、説、書,卷一二爲傳,卷一三爲書事、書後,卷一四爲雜著。《附録》二卷,摘鈔子、集諸書而成,多爲雜論詞章、書、畫,兼載藥方、夢卜暨大人先生諸遺事。《續録》二卷,體例同《隨録》。

此本據清咸豐刻本影印。(司馬朝軍)

茶香室叢鈔二十三卷續鈔二十五卷三鈔二十九卷四鈔二十九卷 （清）俞樾撰（第1198—1199 册）

俞樾生平見前《春在堂隨筆》提要。

《叢鈔》前有光緒癸未(1883)俞樾自序,稱晚年精力益衰,不能復事著述,而塊然獨處,又不能不以書籍自娛,遇罕見罕聞之事,以小紙録出之,積得千餘事,遂編纂成書。茶香室者,其姚夫人所居室名,名其書曰《茶香室叢鈔》,寓悼亡之意。

是書四編,皆爲俞氏晚年雜纂之作。上至經史,下迄委瑣,無不賅備,且取材在宋、元、明、清四朝人劄記之中。雖少見奇書秘籍,但取菁拾華,不苟不濫。全書各立條目,大致按四部編排,各部之中復以類從,如《叢鈔》卷一之經,則始以《易》,繼之以《書》、《詩》、《春秋》、《禮》、《四子書》等。

李慈銘《越縵堂讀書記》稱此書多有心得,可資談助,多可資異聞。劉咸炘《內景樓檢書記》稱其書記異義、異事、瑣事、俗事、神事,亦間及古典,多引故書,少下論斷,而鈔撮參證之功要不可没,非可與他隨鈔陳言者同論。

此本據清光緒二十五年《春在堂全書》本影印。(司馬朝軍)

漢魏遺書鈔一百十四卷 （清）王謨輯（第1199—1200 册）

王謨(1731—1817),字仁圃,金溪(今屬江西撫州)人。乾隆四十三年(1778)進士,有志著述,請授學職,遂選授建昌府教授。以著述爲業,輯成《讀書引》、《江西考古録》、《豫章十代文獻略》,著有《夏小正傳箋》、《大戴禮公符篇考》、《增訂漢魏叢書》等。生平事迹見《清史列傳》卷六八。

書前有嘉慶三年王氏自序,稱:"《隋》、《唐》二志所載四部書目,有專本行世者不過數百種,其已消沉磨滅化爲烏有者不可勝數。""謨不揣愚陋,竊按《隋》、《唐》二志門類,分別搜討","日鈔月纂,銖累寸積,始得四五百種"。以何允中《漢魏叢書》體例爲之編次,每種首列序録,次列輯本。

王謨原擬將所輯佚書分"經翼"、"別史"、"子餘"、"載籍"四大類雕印,然"別史"、"子餘"、"載籍"三類輯稿未及刊行。今《漢魏遺書鈔》所收輯佚書僅一百餘種,全部爲經部文獻,即王氏原定之《經翼鈔》部分。書前又有王氏嘉慶三年《經翼鈔序》,云其鈔録漢魏以來説經諸書,以拾注疏之遺而補其闕;《易》主王弼,《書》主孔安國,《詩》主毛、鄭,其他各經亦各主一家。另外三類輯稿未能刊印,後遂亡佚。

是書取材於《太平御覽》、《藝文類聚》、《百川學海》等書,有所注出處不够詳明者,有校勘不甚精細者,然瑕不掩瑜,其終爲清代輯佚之碩果。

此本據復旦大學圖書館藏清嘉慶三年刻本影印。（司馬朝軍）

經典集林三十二卷　（清）洪頤煊輯（第1200冊）

洪頤煊生平見前《管子義證》提要。

頤煊平生所輯古佚書，總名曰《經典集林》，凡三十種三十二卷。卷首有《經典集林總目》一卷，一一爲之解題。嘉慶間，孫馮翼將其刊入《問經堂叢書》，承德孫彤校訂，傳本甚稀。其後陳乃乾據以影印，得以廣爲流布。其詳目爲：《歸藏》、《春秋決獄》、《石渠禮論》、《喪服變除》、《五經通義》、《五經要義》、《六藝論》、《春秋土地名》、《汲塚瑣語》、《楚漢春秋》、《茂陵書》、《別録》、《七略》、《蜀王本紀》、《漢武故事》、《鄭玄別傳》、《臨海記》、《子思子》、《公孫尼子》、《魯連子》、《太公金匱》、《氾勝之書》、《黃帝問玄女兵法》、《靈憲》、《渾天儀》、《師曠占》、《范子計然》、《夢書》、《白澤圖》、《地鏡圖》。內有多種古佚書，爲其首輯，如《楚漢春秋》、《蜀王本紀》、《別録》、《七略》等。所輯《范子計然》、《氾勝之書》、《靈憲》、《渾天儀》，皆爲重要之科技文獻。是書係綜合性輯佚叢書，所輯主要爲經、子兩部文獻，不愧清代輯佚之佳作。

此本據上海圖書館藏清嘉慶孫氏刻《問經堂叢書》本影印。（司馬朝軍）

玉函山房輯佚書七百三十九卷　（清）馬國翰輯（第1200—1205冊）

馬國翰（1794—1857），字詞溪，號竹吾，歷城（今屬山東濟南）人。道光十二年（1832）進士，歷任陝西洛川、右泉、雲陽等地知縣，授隴州知府，後引疾歸。著有《玉函山房全集》凡十二種四十卷。生平事迹見《（道光）濟南府志》卷四二。

舊傳此書爲章宗源所輯，馬氏購得其稿，易以己名。其説當始自清朱學勤《增訂彙刻書目》，然蔣式瑆《守拙齋初稿·書玉函山房輯佚書後》、楊守敬《增訂叢書舉要》卷五八、胡玉縉《許廎經籍題跋》皆證其説之不可信。

書前有同治十三年（1874）匡源序，稱馬氏遍校唐以前諸儒撰述，其姓名、篇第列於史志及他書可考者，廣引博徵，自群經注疏、音義，旁及史傳、類書，片辭隻字，罔弗搜輯。又稱六百卷內，惟經編爲稍全，史編則所得僅八卷，子編自儒家、農家外俱無目，顚例舛錯，漫無條理，蓋當時隨編隨刊，書未成而先生卒，故其體例未能劃一。

全書凡七百三十九卷，旁搜遠紹，引書不下四百種，而又各注出處，其序引元元本本，辨章學術，考鏡源流，足以津逮後學。然其中亦有未可據信及不宜收者，如《齊詩傳》、《論語周氏章句》皆不可信；《孔子三朝記》一卷全載《大戴禮》中；《長孫氏説》一卷取今所傳僞《古文孝經》單録其第二十二章"閨門之内具禮矣乎"二十三字，本不足信；《程曾章句》一卷，其書不見著録，皆不宜收。

李慈銘《越縵堂讀書記》稱是書尋拾奇零，綜理微密，雖多以《經義考》、《繹史》、《古經解鉤沈》及《二酉堂叢書》等爲藍本，而博稽廣搜，較之王謨《漢魏遺書鈔》，詳略遠判。但全書亦有可議之處，如因人成事，輯録不全，考訂不精，體例不純，貪多務博，重複支離等。

此本據清光緒九年嫏嬛館刻本影印。（司馬朝軍）

玉函山房輯佚書續編二百七十三卷　（清）王仁俊輯（第1206冊）

王仁俊生平見前《管子集注》提要。

書前有光緒二十年仁俊自序，稱馬國翰輯唐以前佚書凡五百八十餘種，有目無書者四十餘種。仁俊幼嗜搜輯，奇書碩記，露鈔雪纂，馬編之外，時有弋獲。自戊子之春，迄甲午之秋,多歷年所,獲睹異冊,旁引秘文,日事攟擷,遂成斯編。

是書編排分類仍依馬氏書原例,涉書二百七十七種,分經、史、子三編,經編一百五十三種,史經四十種,子編八十四種。每種題爲一卷,不過零言碎語,少則一條,多則不過十數條,貪多求全,亦在所難免。其例先輯録佚文,後加案語,間附録他人考證結論。

此本據上海圖書館藏稿本影印。(司馬朝軍)

玉函山房輯佚書補編一百三十九卷　(清)

王仁俊輯 (第1206冊)

王仁俊生平見前《管子集注》提要。

是書成於光緒二十年(1894)。每種爲一卷,所輯多爲片言碎語,所輯《晉鈔》文字較其他各種爲多。所收絶大部分爲史部佚書,如《漢武故事》、《魏文帝雜事》、《後漢鈔》、《晉陽鈔》、《魏略》、《康部鈔》、《吳書鈔》、華嶠《後漢書》、謝承《後漢書》、袁崧《後漢書》、王隱《晉書》、臧榮緒《晉書》、王智深《宋書》、《秦書》、《趙書》、《晉陽書》、《晉中興書》、《晉中興徵祥書》、《晉録》、《晉鈔》、劉謙之《晉紀》、《晉起居注》、《宋起居注》、《梁起居注》、《梁天監起居注》、《梁大同起居注》、《宋紀》、《蜀王本紀》、《前燕録》、《南燕録》、《北燕録》、《後燕録》、《蜀録》、《後蜀録》、《前趙録》、《後趙録》、《西秦録》、《前秦録》、《後秦録》、《前梁録》、《三十國春秋》、《括地志》、《地圖》、《輿地志》、《十三州志》、《吳録》、《太康地志》、《宋永初山川記》、《九州記》、《襄陽記》、《湘州記》、《湘中記》、《湘水記》、《荆州記》、《荆州圖經》、《興軍國圖經》、《朗州圖經》、《衡州圖經》、《漢陽郡圖經》、《江源記》、《湖南風土記》、《沅州記》、《十道記》、《郡國縣道記》、《武昌縣記》、《武陵源記》、《洞庭記》、《始興記》、《貴陽記》、《楚地記》、《麓山記》、《南嶽記》、《山川記》、《神境記》、《荆南記》等。此書於《玉函山房輯佚書》之

外輯補漏佚,體例亦一如《續編》。吉光片羽,或有可珍,不可以碎語輕忽之。

此本據上海圖書館藏稿本影印。(司馬朝軍)

黃氏逸書考二百九十一卷附十一卷　(清)

黃奭輯 (第1206—1211冊)

黃奭(1809—1853),字右原,甘泉(今屬江蘇揚州)人。出身於鹽商之家,家宅即今揚州著名私家園林个園。道光十二年(1832),經内兄順天府尹吳傑薦舉,得欽賜舉人。十五年,會試不第,以早年捐官而簽發刑部任職。十八年,丁父憂去職。此後捐棄仕途,專心問學,以輯刊古佚書爲業。生平事迹見《清史列傳》卷六九。

是書分四類,屬經學者,名《漢學堂經解》;屬緯書者,名《通緯》;屬子史者,名《子史鈎沈》;屬鄭氏學者,名《通德堂經解》,又名《高密遺書》。總其名曰《黃氏逸書考》。今傳本或題作"漢學堂叢書",蓋沿襲張之洞《書目答問》之誤。黃氏輯佚,多從漢、晉、唐義疏及子、史注中摘出,兼及類書,如《北堂書鈔》、《初學記》、《群書治要》、《太平御覽》等。歷年既久,遂成鉅帙,其畢生精力,盡萃於此,同鄉大儒陳逢衡襄助其事,詳爲讎校。每成一種,旋即付刊,只印樣書一部,以備校對之用,亦有刊畢未經印樣者十餘種。全部輯稿尚有部分未及刊畢,時逢太平軍攻占揚州,黃氏舉家避亂鄉居,黃奭旋捐館舍,其書版藏於樊漢僧舍,然寺僧不知護惜,復散失數十種。文獻厄於兵燹,此爲一例。

書前有王鑒、朱長圻、葉仲經序及《凡例》六則。長圻序稱黃奭出江藩門下,阮元尤稱之,故其著述博贍有根柢,此書網羅至數十百種,尤極翔洽云云。今核其輯本,大都比較規範,所輯佚文皆注明出處,間有考辨,但亦有照録照刻前人舊輯本且不署名者。

是書今傳印本有三種,題《漢學堂叢書逸書考》者二種,二者收書之數亦不同,以民國

二十三年至二十六年朱長圻刊本收書較多，共二百八十五種；題《漢學堂知足齋叢書》者一種，藏於國家圖書館，收書凡八十種，所收古佚書又有朱氏補刊本《黄氏逸書考》之外者。此本據清道光黄氏刻民國二十三年江都朱長圻補刻本影印。（司馬朝軍）

經籍佚文一百二十一卷　（清）王仁俊輯（第1211册）

王仁俊生平見前《管子集注》提要。

是書專門輯補現存古籍或佚書古輯本缺脱之文，雖以"經籍"名書，實則分爲經、史、子、集四編。經編有《尚書》、《公羊》、《禮記》、《爾雅》、《周書》、《書大傳》、《易乾鑿度》、《易通卦驗鄭注》、《韓詩外傳》、《春秋繁露》、《小爾雅》、《方言》、《廣雅》，史編分《史記》、《漢書》、《續漢書》、《三國志》、《晉書》、《南史》、《北史》、《北齊書》、《梁書》、《國語》、《國策》、《家語》、《山海經》、《竹書》、《晏子春秋》、《吳越春秋》、《十六國春秋》、《越絶書》、《漢官儀》、《華陽國志》、《御史臺記》，子編爲《風俗通》、《孫子》、《司馬法》、《六韜》、《慎子》、《商君書》、《韓非子》、《素問》、《尹文子》、《墨子》、《鬼谷子》、《鶡冠子》、《吕氏春秋》、《荀子》、《老子》、《莊子》、《淮南子》、《獨斷》、《説苑》、《新序》、《中論》、《列女傳》、《新論》、《論衡》、《元城語録》、《氾勝之書》、《潛夫論》、《田家五行志》、《太玄》、《琴操》、《要術》、《農桑衣食撮要》、《抱朴子》、《乾饌子》、《高士傳》、《文士傳》、《博物傳》、《襄陽耆舊記》、《三輔黄圖》、《陳留耆舊傳》、《九國志》、《水經注》、《寰宇記》、《三秦記》、《神異經》、《三齊記》、《南越志》、《會稽記》、《列仙傳》、《臨海異物志》、《嶺表録異記》、《十道志》、《白澤圖》、《宣室志》、《南方草木狀》、《北夢瑣言》、《西吳枝乘》、《南唐近事》、《異苑》、《吳地記》、《桂海虞衡志》、《玉堂嘉話》、《玉堂閒話》、《朝野僉載》、《豹隱紀談》、《後山叢談》、《三水小牘》、《志林》、《語林》、《小説》、《雜説》、《嘉話録》、《聞奇録》、《述異記》、《資暇録》、《啓顏録》、《河東記》，集編僅爲《嵇中散集》、《陸士衡集》。每種所得缺脱之文多寡不等，少者僅十數字，多者如《桂海虞衡志》，佚文多達七千餘字。每條後加按語，考其與今本文字之異。是書材料來源廣博，并一一注明出處。

此本據上海圖書館藏稿本影印。（司馬朝軍）

類 書 類

皇覽一卷　（清）孫馮翼輯（第1212册）

孫馮翼，字鳳卿，奉天承德人（今屬辽寧瀋陽）。生平不可考，僅知其篤嗜古書，嘉慶年間輯刊《問經堂叢書》二十六種，題署自稱承德孫氏。與孫星衍依《證類本草》同輯《神農本草經》三卷，《問經堂叢書》中《世本》等書有星衍序，稱馮翼爲"吾弟"、"從子"，雖非同族，視如子弟。據《問經堂叢書》各書之題署，馮翼另著有《禹貢地理古注考》、《江寧金石待訪録》、《關中水道記》等。

魏黄初元年（220），文帝曹丕詔命劉劭、王象諸儒撰集經傳，專輯故事，比事纂言，隨類相從，分四十餘部，每部數十篇，合八百餘萬字，以宜帝王省覽，名爲《皇覽》。其書爲類書編纂之濫觴，歷來論者均以其爲類書之始。其書卷帙浩繁，然歷六朝而遞減，《隋書·經籍志》云"梁六百八十卷"，至隋時只餘一百二十卷，唐以後漸佚。清代輯佚興盛，《皇覽》亦有輯本。如孫馮翼輯得一卷，刊入《逸子書》，又收入《問經堂叢書》；黄奭輯得一卷，刊入《漢學堂叢書》；王謨輯得《皇覽逸禮》一卷，刊入《漢魏遺書鈔》。前兩種内容大致相同，末一種僅爲其中部分。各家所輯，雖不及《皇覽》十一，然斷簡殘編，搜羅匪易，雖隻言片語，亦彌足珍貴。

此書孫馮翼序稱《皇覽》"實爲類書之權輿"。全書輯得《逸禮》、《冢墓記》二篇及其他片斷數事,計八十餘條,約四千餘字。每事下小字注其出處,多輯自《史記》三家注及《太平御覽》、《藝文類聚》、《北堂書鈔》等後世類書。雖是輯佚本,亦可窺見原書之豐富。如《冢墓記》徵比冢墓成言、故實六十六事,廣涉黄帝、顓頊、倉頡、皋陶、伊尹、秦始皇、孔子、子思、漢高祖等,内容賅博。

此本據清嘉慶十三年瀋陽孫氏刻《逸子書》本影印。(劉薔)

修文殿御覽一卷　(北齊)祖珽等輯(第1212冊)

祖珽,字孝徵,范陽(今河北容城)人。始爲秘書郎,後爲秘書丞。北齊後主高緯時爲尚書左僕射,監修國史,封燕郡公。党附陸令萱,官居領軍將軍,主管機要,執掌朝政。參與陷害大將斛律光,後獲罪,降爲北徐州刺史,卒於任。性疏率,豪縱淫逸,凡諸伎藝莫不措懷,文章之外又善音律,解四夷語及陰陽占候,醫藥之術尤是所長。《北齊書》有傳。

北齊帝高緯屬意文治,於武平三年(572)二月因左僕射祖珽建議,敕撰《玄洲苑御覽》,後更名《聖壽堂御覽》。八月書成,再更名《修文殿御覽》。其書倣《易經》天地之數、象乾坤之策,分爲五十部,計三百六十卷。祖珽奏立文林館,招引文學士,參與編書,分監撰、撰例、撰書各職。自下詔編修,不足七月而畢事,其纂修始末見《北齊書·後主本紀》及《太平御覽》卷六○一引《三國典略》。曹魏至南北朝所編大類書中,以《修文殿御覽》傳世最久,宋初編修《太平御覽》亦以其爲藍本,分部數目,一依其舊,可知此書之承先啓後地位。

其書《隋志》、《唐志》、《新唐志》、《崇文總目》、《遂初堂書目》皆有著録,都稱三百六十卷,至明初《文淵閣書目》著録爲"《修文御覽》一部,四十五冊,闕",則已不全。朱彝尊《曝書亭集》卷三五《杜氏編珠》中稱"《修文殿御覽》爲古今類書之首,今亦亡之"。未見明清學者引用此書,則明清以來,已不傳於世。

清光緒三十四年(1908)被法國人伯希和盜走之敦煌藏經文獻中,有唐人鈔本類書殘卷,伯氏編號 P.2526,首尾俱闕,殘存二百七十二行,無書題、卷第及撰人姓氏。所引之書,俱單行大字,每行十七字;注及附引之書,以小字夾行書寫。首末二行各漫其半。殘存鳥部鶴類四十七條,鴻類十九條,黄鵠類十五條,雉類八條,計八十九條。體例類同《太平御覽》,引書凡六十五種,迄劉宋時代著作而止。1911年羅振玉依影片鈔録,以石印發表於《國學叢刊》,訂名爲《修文殿御覽殘卷》。復於1913年以珂羅版影印真迹於《鳴沙石室佚書》中,亦題此名。其後劉師培《敦煌新出唐寫本提要》,王三慶《敦煌類書研究》,黄維忠、鄭炳林《敦煌本〈修文殿御覽殘卷〉考釋》等均認同此卷爲《修文殿御覽》殘本,於校勘、輯佚皆有價值。唯洪業認爲此卷殘本并非《修文殿御覽》,而可能是更早之《華林遍略》。

此本據法國國家圖書館藏敦煌唐寫本影印。(劉薔)

琱玉集十五卷(存卷十二、卷十四)　(唐)佚名輯(第1212冊)

此書不著撰人。中土久佚,日本名古屋真福寺寶生院藏有天平十九年(唐天寶六載,747)舊鈔卷子本,殘存十二、十四兩卷。其中卷十二存聰慧、壯力、鑒識、感應四篇,卷十四存美人、醜人、肥人、瘦人、嗜酒、別味、祥瑞、怪異八篇。每篇下各署子類標題若干,子類標題皆是四六句式。每條中皆以人名爲綱,按其人事迹,依類引用載籍一則,下注出處。内中多奇聞佚事、人物典故,如《感應篇》"杞良之妻泣而使城崩",是孟姜女哭長城故事之較早且完整記載。

《珆玉集》其名僅見於北宋《崇文總目》與南宋《通志·藝文略》,未署撰者姓名,應亡於宋元更替時代。日人澀江全善和森立之所著《經籍訪古志》著録此殘卷,稱其"文字遒勁,似唐初人筆迹,真罕覿之寶笈也",又云:"但此書未詳撰人名氏,其目僅《見在書目》及《通志·藝文略》,知其佚已久,所引各書,如《蔡琰別傳》、《語林》、《史記》、《晉鈔》、王智深《宋書》、《帝王世紀》,近多不傳,亦得藉此以存其梗概。"此卷被列爲日本國寶。

清光緒初年,公使黎庶昌及副官楊守敬出使日本,訪得此殘卷,摹寫影刻,收入《古逸叢書》。其摹雕精絶,字體流美,墨色濃郁。李慈銘《越縵堂日記》稱"究不定其爲誰作,其書掇拾奇零,絶無條理,重牲弛繆,不勝指摘",認爲《珆玉集》成書於六朝末年。民國《續修四庫全書總目提要》則言此書"成書不得後於天寶,集中引太宗《晉書》,又不得前於武德,殆高宗天后時人";王三慶認爲成書在唐高宗調露元年至唐玄宗天寶六年,爲于立政《類林》之改編本。

此本據清光緒十年黎庶昌日本東京使署《古逸叢書》影刻日本舊鈔卷子本影印。(劉薔)

北堂書鈔一百六十卷 （唐）虞世南輯（第1212—1213冊）

虞世南(558—638),字伯施,越州餘姚(今屬浙江)人。篤志勤學,少與兄世基受學於吳郡顧野王。仕陳。入隋,大業(605—618)中爲秘書郎。唐時歷任秘書監、弘文館學士。唐太宗稱其兼有博學、德行、書翰、詞藻、忠直五絶。書法遒逸,爲唐初四大家之一。卒謚文懿。著有《虞秘監集》。《舊唐書》、《新唐書》有傳。

北堂係秘書省之後堂。據唐劉禹錫《嘉言録》載,虞氏在隋任秘書郎時,於省後堂集群書中事可爲文用者,編爲此書。此書蓋鈔經史百家之事以備參考。全書體例爲先立類,類下摘引字句作標題,以大字排列;標題之下徵引群書,用雙行小字排列。

新、舊《唐志》,《崇文總目》,《郡齋讀書志》著録此書爲一百七十三卷,《中興館閣書目》與《宋史·藝文志》則皆作一百六十卷。兩相比較,似此書宋時已非全帙。今傳本爲一百六十卷,分帝王、后妃、政術、刑法、封爵、設官、禮儀、藝文、樂、武功、衣冠、儀飾、服飾、舟、車、酒食、天、歲時、地十九部,八百五十一類。立類略顯蕪雜,引文亦有斷章取義、首尾不連貫處,徵引材料或有不注明出處者。然此書在現存大型類書中成書最早,輯録資料皆採自隋前舊本,其書今多已不傳,故其文獻價值頗高。

明萬曆二十八年(1600)常熟陳禹謨校刊《北堂書鈔》,爲此書鋟版之權輿。然陳氏逞臆刪改增補,纂入唐貞觀之後及五代十國雜著,致其盡失原貌。清錢曾《讀書敏求記》言"世行《北堂書鈔》,擾亂增改,無從訂正",所指即陳本。乾隆修《四庫全書》,收入内府所藏明本,《四庫全書總目》稱此本"刊刻之功不贖其竄亂之過"。光緒七年(1881)南海孔廣陶自周星詒家借得孫星衍、王石華、嚴可均諸家手校陶九成傳寫宋本,分五色筆摹録一部,在孫、嚴諸家校勘基礎上與孔昭熙等三子并塾師林國賡、傅以禮等續校成書,於光緒十四年鋟版梓行。此本中陳禹謨妄改之處多被更正,并加校注,大體復其舊觀。民國《續修四庫全書總目提要》稱其"毅然釐定,厥功甚偉,然尚間有失校處"。

此本據清光緒十四年孔氏三十三萬卷堂刻本影印。(劉薔)

蒙求三卷 （唐）李翰撰（第1213冊）

李翰,一説爲趙州贊皇(今屬河北)人,李

華之子。擢進士第，天寶中，寓居陽翟，累遷翰林學士。爲文精密，用思苦澀。據《新唐書・藝文志》載，有文集三十卷傳於世。一說爲深州安平（今屬河北衡水）人，與李德林、李百藥父子同宗，名李瀚（或作翰），曾於唐廣德二年（764）前任信州司倉參軍。

此書纂集經傳中善惡故事，博採古人言行美惡，參之聲律，用四言韻文，對偶成文。計五百九十六句，二千四百八十四字。撰者自注出處，簡而不遺，頗便童蒙記誦。此書歷代注釋者衆，其後蒙書疊出，大多採用此書之編法與名稱，漸成“蒙求”體系。後人將李氏《蒙求》與《千字文》相提并論，可見其在蒙學中流行之廣、影響之鉅。

此書《崇文總目》、《通志》、《宋史・藝文志》、《郡齋讀書志》、《直齋書錄解題》等皆有著錄。清初收入《全唐詩》卷八八一。《四庫全書總目》著錄兩卷本《蒙求集注》，將宋人徐子光《標題補注蒙求》三卷入存目。

1974 年 7 月 28 日，山西應縣佛宮寺木塔四層主佛像腹內發現一批遼代珍貴文物。其中有雕版印刷品六十一件，即含《蒙求》殘卷一冊，爲目前僅存之遼代雕版書籍，亦是此書現存之最早刻本。此本蝴蝶裝，存七葉半。字體整齊而略顯呆板，“明”、“真”字避諱闕筆。此爲《蒙求》白文無注本，雖校刻不精，訛字較多，但可與現存各本比勘，對恢復李氏《蒙求》正文原貌有重要價值。

此本據山西應縣佛宮寺文物保管所藏遼刻本影印。（劉薔）

姓解三卷　（宋）邵思纂（第 1213 冊）

邵思，生平事迹無考。由此書每卷卷端下題“雁門邵思纂”，知其當爲今山西晉北人。篇首有序，署“大宋景祐二年上祀圓丘後五日自序”。按，景祐二年爲公元 1035 年，又“圓”係“圜”之誤。余嘉錫《讀已見書齋隨筆》據《説郛》卷四十所引《野説》六條，署姓名曰“宋邵思，雁門人”，且其中一條言“開寶八年（975）十一月二十七日夜半金陵城陷，大軍將入，予六歲矣”，考作《姓解》者必是此人，景祐二年書成之時，年已六十六歲。

此書乃節錄前人所纂譜牒而成，計一百七十門，錄二千五百六十八氏。每氏之下，小字夾行，注明受氏之源。以偏旁分部，首列“人部”，終爲“暢”部。據森立之《經籍訪古志》考證，其所引用各書，如《何氏姓苑》、《三輔決錄》、《山公集》、《姓書》、《陳留風俗傳》、穎川棗氏《文士傳》、《春秋公子譜》、《世本》、《郭泰別傳》、王僧孺《百家譜》、《祖氏家傳》、呂靜《韻譜》、《孝子傳》、賈執《英賢傳》等，皆久失傳，世人知之者甚少，賴此書存其梗概。

鄭樵《通志・氏族略》序稱邵思有《姓解》，《藝文略》“譜系類”復著錄“姓解三卷，邵思撰”；馬端臨《文獻通考》卷十八《經籍志》“譜牒類”亦著錄《姓解》三卷，并引陳振孫《直齋書錄解題》；《宋史・藝文志》“譜牒類”亦著錄《姓解》三卷。則此書亡佚當在元末明初。

清光緒間，楊守敬隨駐日公使黎庶昌在日本訪得此書之北宋槧本，據以刻入《古逸叢書》。其中“敬”、“殷”、“匡”、“胤”、“弘”、“恒”皆缺末筆，則此本之刻，當在仁宗一朝。《經籍訪古志》謂此本卷首鈐有“經筵”印及“高麗國十四葉”印，係高麗王府舊物，裝潢亦爲朝鮮舊制，則此本實爲明嘉靖間日本豐臣秀吉發動侵朝戰爭時，從朝鮮掠走之書。原件今藏日本國立國會圖書館。

此本據清光緒十年黎庶昌日本東京使署《古逸叢書》影刻北宋本影印。（劉薔）

聖宋名賢四六叢珠一百卷　（宋）葉蕡輯（第 1213—1214 冊）

葉蕡，字子實，南宋初年建安（今屬福建）人。或作葉菜，《（民國）福建通志》卷三四選舉之宋科目所載“建炎二年（1128）戊申李易榜”，“特奏名”之“建安縣葉菜”，或即此人。

曾與魏齊賢同編《聖宋名賢五百家播芳大全文粹》，又編有《聖宋名賢四六叢珠》。事見前書紹熙元年（1190）許開序、後書題名及慶元二年（1196）吴兊然序。

宋代四六文大家輩出，四六文數量超邁前代。此書專輯宋人四六文之對語偶句。書前列諸種目録，有《四六叢珠引用書籍之目》，計一百七十種；《引用文集之目》，計五十二種；《四六叢珠門類》，計表箋、啓、諸式、内簡、劄子、畫一稟目、長書、婚啓、青詞、釋疏、祝文、樂語、勸農文、上梁文、挽詩、祭文十六類。編纂體例，每類目下皆首“總説”、次“故事”、次“四六”。“總説”多爲官制源流、各類概説等，“故事”將相應材料歸列於下，“四六”中有摘句亦有全篇，所採宋人四六文偶句及全篇，皆未標出處，亦無撰者姓氏名號。門類標目及“總説”、“故事”、“四六”大字雙行，“四六”之摘句皆兩兩相對排列，對句字數二至二十四字不等。書首傅增湘評價此書云：“□採既博，取材亦精，叙列詳賅，裁對工麗，於臨文採用，裨助實多，洵詞林之淵海，文士之錦囊。惟所録文字不著姓名，使後來無從引據，良足惜耳。”

《皕宋樓藏書志》著録此書一百卷，舊鈔本。現存世皆明鈔本，據《中國古籍善本書目》，國内著録凡九部，上海圖書館、遼寧省圖書館、浙江圖書館所存爲全本，其餘皆殘本。上圖所藏爲明王寵家鈔本。據卷前嘉靖十一年（1532）王寵手跋，此本係其從吴從明宗丞家假得宋刊本，命兒女子輩分鈔，間亦自鈔。此本曾經傅增湘收藏，有傅增湘、王季烈題識。今原刻本亡佚，即鈔本亦難得。

此本據上海圖書館藏明嘉靖十一年王寵王陽鈔本影印。（劉薔）

新刻吕涇野先生校正中秘元本二十卷

（宋）任廣輯（第1214册）

任廣，字德儉，浚水（今屬河南開封）人。

見此書卷端所題，其餘生平無考。

吕涇野即明人吕柟（1479—1542），字仲木，號涇野，陝西高陵（今西安）人。正德三年（1508）進士第一，授翰林編修，累官南京禮部右侍郎。立朝敢言，學守朱、程，著有《五經説要》數種及《涇野詩文集》等行世。《明史》有傳。

此書卷首有朱之蕃、沈松二序，末附吕柟跋語。沈序謂此書得之於大司徒沁水李石樓，李氏則云不詳其所自，正德間始因人録自中秘，遂名之爲“中秘元本”。付梓時以校正之事屬於吕氏。吕跋云，此編爲浚水任德儉所輯。序跋皆極稱此書傳本難得，内容精審。

全書計二十卷，分爲天子、命令、典章、法制、官職、宗族、服飾、經史、倉庫、書簡、名物、禮樂、富貴、貧賤、釋道、星曆、州郡、山澤、宫寶、器用、市井、邊陲等目。每卷之下，約列十餘條，以各類名詞附之，凡天時人事，皆稽名撰物，列事陳詞，可廣學者涉覽。民國《續修四庫全書總目提要》略云：“是書所輯録，貴自王公，賤至奴僕，近自容貌語言，遠及宫室倉庫，大自天地日月，小至羽毛昆蟲，無往不具，且皆掇經籍之粹，而裒子史之英，使學者有疑可問，有議可索，用之不盡，取之有餘，不僅爲治文辭者之所本，亦考名物者所必資也。與明代類書，如類聚、考索、紀聞、紀事諸篇，均類家之善本，惟此書流傳未廣耳。”

曹寅《楝亭書目》著録《事類中秘元本》二十卷，明太史吕柟著，金陵朱之蕃序。此書版本，僅見明刻本一種，據《中國古籍善本書目》，僅國家圖書館、南京圖書館及中國科學院圖書館有藏，傳世稀少。此本前有扉頁，刊“事類中秘元本”，署“金陵車書樓王養恬謹識”。王養恬，即豫章王世茂，居金陵，以刻書爲業，其“車書樓”及“石渠閣”所刻書多在明萬曆、天啓間。

此本據中國科學院圖書館藏明王世茂車書樓刻本影印。（劉薔）

太學新增合璧聯珠聲律萬卷菁華前集六十卷

（宋）李昭玘輯　　後集八十卷（存五十七卷）

（宋）李似之輯　（第1214—1216册）

李昭玘（？—1126），字成季，濟南（今屬山東）人，一云鉅野（今屬山東）人。有文才，少與晁補之齊名，爲蘇軾所知。元豐二年（1079）進士，以李清臣薦爲校書郎，累官太常寺少卿，因入黨籍罷官。居閑十五年，自號樂静先生。有《樂静先生集》。《宋史》、《東都事略》卷一一六《文藝傳》九九等皆有傳。

李似之（1089—1153），名彌遜，字似之，號筠西翁、筠溪居士等，吳縣（今江蘇蘇州）人。大觀三年（1109）進士。高宗朝試中書舍人，再試户部侍郎，以反對議和忤秦檜，乞歸田。晚年隱連江西山。著有《筠溪集》、《甘露集》。《宋史》有傳。

此書前集爲李昭玘所輯，後集爲李似之所輯。卷前有建炎二年（1128）李似之序，稱前編六十卷爲鉅野李君樂静先生所著，僅成半璧，未剖全牛，故續以後編八十卷。是書以門按類相從，前集分一百二十門，爲天文、地理、君道、治道、人品之屬；後集分一百七十六門，爲經籍、職官、禮樂、兵戎、衣服、儀衛、器用、食貨、技藝、祥瑞、物類之屬。門下分目，每目列名君事鑑、名臣事鑑、聖賢事鑑、群書事鑑、諸史事鑑，取成句之可爲對偶者曰書林合璧，單用者曰書圃聯珠，事之相似者曰譬喻，相反者曰反説，撮取二字可爲題者曰體題，數字可隱括其事者曰體字，間有圖像。此書蓋專爲應試之用，故題曰"太學新增"。

《欽定天禄琳琅書目後編》卷七宋版集部著録此書，稱其爲"於兔園册中最爲條理博大而書肆盛行之籍"，又贊其"槧法極工細"。《四庫全書總目》入存目，言其"皆餖飣殘賸之學，殊無可取"。

此書有宋刻巾箱本，書中多别體字，或爲書坊所雕。其本曾經元人鮮于樞家藏，并曾入藏清代宫廷昭仁殿"天禄琳琅"善本特藏。

原書十函一百册，今散歸三家：前集六十卷及後集卷一至四十三、卷五十六至六十八，計八函八十册，現藏山東省圖書館；後集卷七十一、七十二，二册，現藏北京市文物局圖書資料中心；後集卷七十七，一册，現藏中國國家圖書館。

此本據山東省圖書館藏宋刻本影印，其中後集卷七十七據國家圖書館藏宋刻本配補。（劉薔）

東萊先生分門詩律武庫十五卷後集十五卷

題（宋）吕祖謙輯（第1216册）

吕祖謙（1137—1181），字伯恭。其先世居東萊（今山東萊州），人稱"東萊先生"，自其祖始居婺州（今浙江金華）。初以蔭補入官，隆興元年（1163）舉進士，復中博學宏詞科，詔爲博士兼國史院編修官、秘書郎。其學以關、洛爲宗，而旁稽載籍。與朱熹、張栻齊名，爲理學大儒。著述甚豐，有《吕氏家塾讀詩紀》、《宋文鑑》、《十七史詳節》等書。《宋史》有傳。

此書舊題吕祖謙所輯，《四庫全書總目》以吕氏年譜不載，且徵引故實大抵習見之事，在類書中最爲淺陋，而斷定非吕氏所作，殆係後人依托。胡玉縉《四庫提要補正》亦云不出於吕氏無疑。案《宋史藝文志補》注稱失名，而明清以來私家藏書目録如《也是園書目》、《季滄葦藏書目》等，多著録有宋刊本，題作吕氏所撰。

其書目録下題"東萊吕氏編於麗澤書院"。吕氏晚年主講金華麗澤書院，此書或爲家塾課徒之作。書分前集十五卷後集十五卷，其中前集分慶誕、幼敏、榮貴、慶壽、仙道、聲樂、釋學、文章、詩詠、遊賞、贈送十一門，後集分酒飲、儉約、名譽、才能、識鑒、恩德、書畫、技藝、寶器、珍産、靈異、雷雨、佳人、曠達、感慨、警懼、賢豪十七門，總計二十八門。每門下有標題，揀擇時文雜文之名作，以爲誦習之法，

同時注明出處及後人援用之例。全書搜羅廣
泛,遍獵天地人事,摘句精簡,信而有徵,於有
意詩文創作者既便檢索,又大有裨益。

此書有清影宋鈔本,現藏國家圖書館,爲楊
氏海源閣舊藏;又有清同治光緒間永康胡丹
鳳退補齋刊《金華叢書》本,《叢書集成初編》
據以排印。

此本據國家圖書館藏清影宋鈔本影印。
(劉薔)

回溪先生史韻四十九卷(存卷一至卷五、卷二十至二十七、卷三十四至三十九、卷四十六至四十九) (宋)錢諷輯 (第1216冊)

錢諷,字正初,世家錢塘(今屬浙江杭州),
吳越王後裔,卜築於嘉禾(今屬福建)回溪之
上,故鄉人以“回溪先生”稱之。事見此書南
宋慶元五年(1199)同郡鄭僑序。

此書又稱《史韻》、《回溪史韻》。其體例乃
將包含同一標目字之《十七史》文句集中排
列,再將標目字按《切韻》編排。與宋代其他
按類編排之類書相比,按韻目編排更強化類
書檢索功能,是類書發展一大進步。傳唐代
顏真卿編有《韻海鏡源》,然已亡佚,此書爲
現存較早之韻排類書。明《永樂大典》即承
繼其體例,依《洪武正韻》編排。

陳振孫《直齋書錄解題》著錄爲四十九卷,
并稱其附韻類事,頗便檢索。《宋史·藝文
志》著錄爲四十二卷,蓋已有闕。《文祿堂訪
書記》卷三著錄有宋江西刻本,爲四十二卷。
存世宋刻本皆爲殘帙,國家圖書館、北京大學
圖書館有藏。清嘉慶間阮元編選《宛委別
藏》錄此書,傳錄影鈔自宋本。《四庫未收書
目提要》亦著錄。二十世紀三十年代商務印
書館影印《選印宛委別藏》四十種,收入
此書。

《宛委別藏》本卷末有朱彝尊跋,稱曾見宋
刻本,僅存七冊,嫌其殘闕而未錄。後從琴川
毛氏、長洲何氏訪得所藏,合之計十七卷,鈔

寫存之。此本存卷一至卷五、卷二十至二十
七、卷三十四至三十九、卷四十六至四十
九,計二十三卷,蓋又合別本鈔之,故卷帙多
於朱彝尊跋語所云。

此本據清嘉慶間《宛委別藏》鈔本影印。
(劉薔)

錦繡萬花谷別集三十卷(存卷一至卷二十三、卷二十七至卷三十) (宋)佚名撰 (第1217冊)

此書不著撰者姓名。據別本卷前淳熙十五
年(1188)自序,知其爲宋孝宗時人。尤侗
《明藝文志注》云此書爲蕭恭父作,《天一閣
書目》亦云乃宋衢人蕭贊元撰,自序中有“先
是烏江蕭恭父、河南胡恪,聞其大樂,爲余命
名曰《錦繡萬花谷》,今從其名”一語,蓋因此
而誤植。

《錦繡萬花谷》一書,依《序》所言,可知最
初編成三集,即《前集》、《續集》及《後集》。
每集又分作四十卷,總計一百二十卷。宋陳
振孫《直齋書錄解題》著錄爲《錦繡萬花谷》
四十卷《續》四十卷。明黃虞稷《千頃堂書
目》所載,則《前集》、《後集》、《續集》外,又
有《別集》三十卷。《四庫全書總目》稱:“今
案序中明言自九華之歸,粗編成爲三集,每集
析爲四十卷。可知《後集》爲陳氏偶遺,《別
集》爲後人所續增,不在原編之數。故明人
刊本亦衹三集也。”

《錦繡萬花谷》全書分類隸事,前集分二百
四十二類,後集分三百二十六類,續集分四十
七類,別集分一百九十六類。每類下載錄古
書中所見資料,大多標明引書出處。所引四
部古書,文集、佛老異書較多,史書較少,經書
亦少。於宋代佚事逸詩搜輯尤富,特其中久
經散佚之書,如《職林》、《郡閣雅談》、《雅言
系述》、《雲林異景記》之類,頗賴此以存崖
略。倘略其煩蕪,擷其精粹,足可爲考證之
資。又每類後用《藝文類聚》例,附錄詩篇,
亦頗多逸章賸什,爲他本所不載。然此書類

目分立,毫無體系,故陳振孫稱其"門類無倫理,序文亦拙",《四庫全書總目》亦批評其"所錄大抵瑣屑叢碎,參錯失倫","不免榛楛雜陳,有乖體要"。

此書有宋刻本,中國國家圖書館、北京大學圖書館等所藏,均爲殘帙。上海圖書館藏元刻本,存《別集》一卷。明代有弘治五年華燧會通館銅活字印本、嘉靖十四年徽藩崇古書院刻本及嘉靖十五年秦汴繡石書堂刻本等。

此本據北京大學圖書館藏宋刻本影印。(劉薔)

璧水群英待問會元九十卷　(宋)劉達可輯
(第1217—1218册)

劉達可,生平無考。據卷前淳祐五年(1245)建安陳子和序,應是南宋理宗時期建安(今福建建陽)人。

此書搜羅策論文體,分門編排,分爲萃新、聖學、君道、治道、國事、臣道、官吏、選舉、儒事、道學、性理、民事、武事、財計、禮典、數學十六門。門下分類,類目不一,如萃新門下有時政急務、建立國本、進用大臣、申敕官刑、消弭災變五類,聖學門下有聖學、經筵、聖製、聖諭四類等,總計二百三十八類。每門之外分二例:一爲名流舉業,又分立意發端、稽古偉議、法祖嘉猷、時文警段、綺語駢珠、當今猷策、生意收結七子目;二爲故事源流,又分經傳格言、皇朝典章、歷代事實、先正建議、文集菁華五子目。此類書爲應試所編,供太學諸生答策之用,故引書豐富,搜檢方便。但所輯大抵當日時文活套,不足以資考證。

《千頃堂書目》著錄有《璧水群英集》。《四庫全書總目》入存目,評之爲"剿竊腐爛之書"。

此書有明正德四年慎獨齋刻本,元華亭沈子淮編選,寧州查仲孫、吳江徐珩批點,題爲《璧水群英待問會元選要》,八十二卷。明嘉靖十一年慎獨齋重刻此本,仍爲八十二卷。又有一明刻本,六十三卷。又有明麗澤堂活字印本,九十卷,爲蘇州一帶書坊所擺印,現藏南京圖書館,書前有清丁丙跋。

此本據南京圖書館藏明麗澤堂活字印本影印。(劉薔)

新編纂圖增類群書類要事林廣記四十二卷
(宋)陳元靚等編(第1218册)

陳元靚,約南宋理宗時人,生平無考。《四庫全書總目》於史部時令類《歲時廣記》條言其自署"廣寒仙裔",劉純後序中稱其爲隱君子。清人陸心源、今人胡道靜考其爲福建崇安人,亦有人考其爲建陽人。

此書爲取便流俗通用而編,以供給民間日用常識爲主。門類廣泛,涉及天文地理、朝綱制度、帝王將相、名將儒生、琴棋書畫、丹藥教派、文學遊藝、農桑竹木諸方面,包羅萬象,屬日用百科全書式民間類書。其書內容豐富龐雜,反映宋代市井生活情景、社會風俗、藝文活動,頗多當時城市社會流行用語及各種生活顧問材料。其行文條理清晰,淺顯易懂,并雜以圖表,首創類書附載插圖之體例,明代《三才圖會》、清代《古今圖書集成》皆受其影響。然因內容過廣,所記未盡詳贍。

此書成書後流播甚廣,自宋末至明清,坊間不斷翻刻,每次翻刻,皆有增廣與刪改,卷帙、內容有所不同。明《文淵閣書目》、《千頃堂書目》,清陸心源《皕宋樓藏書志》、楊守敬《日本訪書志》等著錄。存世版本最早者爲元至順間建安椿莊書院刊本,目錄後有牌記,略云是編增新補舊,視它本特詳。書分前集十三卷、後集十三卷、續集八卷、別集八卷,計四十二卷。現存臺北故宮博物院。元刊尚有至順間西園精舍刻本,存日本國立公文書館內閣文庫,分前集十三卷、後集十三卷、續集十三卷、別集十一卷,計五十卷,書有殘,闕續集卷五至九。又有元後至元六年建陽鄭氏積誠堂刻本,書分甲至癸十集,每集分上下二卷,計二十卷,存北京大學圖書館及日本宮内廳書陵部等處。明刊則有洪武二十五年梅溪書院刻本、永樂十六年建陽翠巖精舍刻本、明成化十四年建陽劉廷賓刻本等,現多存日本。另有和刻本多種,最早爲日本元禄十二年翻刻元泰定二年本。

此本據元至順建安椿莊書院刻本影印。
(劉薔)

自號録一卷 （宋）徐光溥撰（第 1218 册）

徐光溥,錢塘(今屬浙江杭州)人。生平無考。據此書宋人譚友聞序,知其成書於淳祐七年(1247)夏之前。

此書所輯録者,皆宋時名公鉅卿、騷人墨客之號。以號之末一二字分處士、居士、先生、道人、老人、翁、叟、子、齋、堂、庵、寮、軒、牕、洲、溪、澗、湖、浦、塘、山、谷、坡、峰、巖、川、林、圃、隱、屋、舟、巢、泉、亭、莊、村三十六類,末附雜類,總計七百餘條。書中并世名流,採摭富贍。雖有混入唐人別號之嫌,卷帙亦寡薄,却是宋代稱謂類書中編纂較早者,於查考宋人別號最有參考價值。

阮元《四庫未收書目提要》著録此書,稱其"事涉瑣屑,然亦有資考鏡"。此書有清嘉慶間《宛委別藏》鈔本,其底本爲元人孫道明鈔本。另有清光緒間歸安陸氏刻《十萬卷樓叢書》二編本。

此本據清嘉慶間《宛委別藏》鈔本影印。
(劉薔)

歷代蒙求一卷 （宋）王芮撰（元）鄭鎮孫注（第 1218 册）

王芮,據此書題署,爲汝南(今屬河南)人。按《金史·交聘表》、《宋史》、《靖康要録》、《三朝北盟會編》諸書,金太宗天會年間(1123—1137)對宋談判使者名王芮,南宋末年汝南爲金人所轄,故此書編者王芮或爲金人。

鄭鎮孫,字安國,括蒼(今屬浙江)人。

此書前有王萱、鄭鎮孫、馬遠、薛超吾諸序。其書將歷史故事或典故編綴成四字韻語,按年代排序,集合成篇。全書無類目,自伏羲、神農叙至宋、金。以四言爲句,授童蒙令熟記而知之,頗便誦讀。鄭鎮孫復採經史諸書,爲之纂注,以雙行小字繫於句下。

清阮元《四庫未收書目提要》著録此書,題"元王芮撰"。莫友芝《郘亭知見傳本書目》亦依阮元之舊,著録爲"元汝南王芮撰"。存世有清初毛氏汲古閣影元鈔本二部,分藏上海圖書館及國家圖書館,國圖本有清毛扆跋。另有清《宛委別藏》本。

此本據上海圖書館藏清初毛氏汲古閣影元鈔本影印。(劉薔)

敏求機要十六卷 （元）劉實撰（元）劉茂實注（第 1218 册）

劉實、劉茂實,生平皆無考。卷前自序不著時代,然書中卷三《歷代帝王》下,稱宋自庚申(960)至丙子(1276)三百一十七年止,不數趙㬎、趙昺二王,似爲元人所作。行文中往往仍稱"大宋",撰注者或爲宋遺民。

此書爲類事類書,以歷代故實編爲七言歌訣,以便記誦。分歷代帝王、歷代聖賢群輔、稱號相同、經書、諸子、史書、天文律吕節候、地理華夷山澤、官制沿革、文武制度法禁、綱常德行道藝、人品身體、物産服食器用諸門類,詩句行間輔以雙行小注。全書通俗易曉,韻律和諧,雖爲鄉塾課蒙之本,而其考證頗不苟。

此書《明書經籍志》著録,《千頃堂書目》卷十五著録有劉芳實、劉茂實《敏求記機要》十六卷,云"芳實字月梧,茂實字鳳梧,同編"。《四庫全書總目》入類書類存目。提要略言其撰者,稱舊本題月梧劉實撰,鳳梧劉茂實注。而撰人於"劉"字之下,"實"字之上空一字,疑二人兄弟本以"實"字連名,舊本模糊,傳寫本因於撰者之名空一字。胡玉縉稱,有傳世舊鈔本,作“劉芳實”撰,《四庫提要》所言空一字者乃“芳”字。

此書傳世有清乾隆四十二年鮑氏知不足齋鈔本,存上海圖書館;另清道光十六年瞿氏清吟閣鈔本,有清丁丙跋,存南京圖書館。

此本據上海圖書館藏清乾隆四十二年知不足齋鈔本影印。(劉薔)

重添校正蜀本書林事類韻會一百卷(存二十七卷) (宋)佚名撰 (第1218—1219冊)

此書不著撰人名氏。《直齋書録解題》稱此書爲蜀書坊所刻,係規模《韻類題選》而加詳之作。按,《韻類題選》爲宋人袁轂所作,以韻類事,纂集精要,今已不傳。此書亦按韻部類事,將典故、人名、事物名等末一字按所在韻部分繫,如“東”部下隸以“忠”、“不忠”、“昆蟲”、“雕蟲”、“祝融”、“揚雄”、“熊”、“弓”、“化民以躬”、“宮”、“東宮”等内容,大字書事,雙行小字爲之注釋。其書蓋成於南宋初年。

此書著録於《直齋書録解題》,又《皕宋樓藏書志》卷六十著録有明鈔本《眉山重校正浙本書林事類韻會》一百卷。

此書傳本甚稀,存世有宋刻本一部,原書一百卷,今存卷三、四、卷五十至五十一、五十三至五十四、五十九至六十一,卷八十下,卷八十一至九十四,卷九十八至一百,凡二十七卷,計八册。宋諱匡、殷、貞、徵、桓字皆闕末筆。字體端勁,版刻清朗,爲南宋初年刻本。舊爲烏程嚴可均所藏,卷前有鐵橋手跋,後歸常熟瞿氏鐵琴銅劍樓,現藏國家圖書館。

此本據國家圖書館藏宋刻本影印。(劉薔)

重刊增廣分門類林雜説十五卷 (金)王朋壽撰 (第1219冊)

王朋壽,據此書金大定二十九年(1189)自序署名。字魯老,平陽(今山西臨汾)人。

此書就唐人于立政之《類林》加以增訂而成。其自序稱,因見《類林》次第失序,門類不備,遂爲之增廣。將舊篇章中添入事實者加倍;又原書五十目,復增益至百門,較之舊書,篇幅多至三倍。其門類始於“孝行”,終於“禽獸蟲魚”。每門之後,逐篇繫以讚語。書中徵引史籍甚多,如《東觀漢記》、《續漢書》、《孝子傳》、《陳留風俗傳》、《會稽典録》、《洛陽宮殿簿》、《鄴中記》之類,多已亡佚。且其内容博洽精眩,所採事實頗有在他書中不經見者。然所録内容多不按時代次序排列,人名稱謂亦有不一,引文多與今本有異。

據書前自序,大定二十九年刊刻此書,然此本未見傳世。錢曾《讀書敏求記》著録有家藏元人鈔本一部。清嘉慶間,海虞張蓉鏡、張金吾各得一明鈔本,蓉鏡借金吾藏本校勘,知二本同出一源,俱從金大定刊本影寫。其後吳興劉承幹得張蓉鏡所藏,於民國九年(1920)冬刊版,收入《嘉業堂叢書》中。存世尚有多部明、清鈔本。

此本據民國九年吳興劉氏嘉業堂刻《嘉業堂叢書》本影印。(劉薔)

新編事文類聚翰墨全書一百三十四卷 (元)劉應李輯 (第1219—1221冊)

劉應李,初名榮,字希泌,號省軒,建陽(今屬福建)人。宋咸淳進士,授建陽縣簿。宋亡不仕,退與熊禾、胡廷芳講道於淇源山。建化龍書院於莒潭,聚徒講授。著有《易經精義》。《(嘉靖)建陽縣志》卷一二、《元詩選癸集》有傳。

此書分甲至癸集、後甲至後戊集,計十五集,總一百三十四卷。其體例仿祝穆之《事文類聚》,分爲諸式、活套、冠禮、慶誕、喪禮、祭禮、器物、衣服、飲食、花木、雜題等二十五門,依類編排,爲事文并舉類書。卷前有元大德十一年(1307)熊禾序。

此書雖爲時俗酬應之設,然其中款式稱謂禮制,頗見一時風尚,紀元一代官制、輿地、科舉條式尤詳。資料採摭廣博,而踳駁亦甚,對聯、套語紛紛闌入,尤爲穢瑣。書名多有歧異,有《事文類聚翰墨大全》、《啓札天章》等。

此書《明書經籍志》、《千頃堂書目》著録。《四庫全書總目》入類書類存目,作一百二十五卷,分二十五門。存世有多種元、明刊本,書題與卷帙分合不一,有一百一十、一百一十七、一百二十七、一百三十四、一百四十五卷不等,皆與《四庫全書總目》著録不同。

此本據國家圖書館藏明初刻本影印。(劉薔)

新編事文類要啓劄青錢前集十卷後集十卷續集十卷別集十卷外集十一卷　(元)佚名撰 (第1221册)

此書不著撰人姓名,成於元代。前四集分翰墨、活套、諸式、通叙、節令、慶賀、花卉、遊觀、假貸、榮達、釋教、藝術、冠禮、慶壽等二十九門,外集包括方輿勝紀、姓氏源流、翰苑新書、應用新書、公私備用五類。内容編排大致每卷先列事類,包括事要、事目、故事等,後列文類。其事類較爲簡單,文類中詩文亦少,但編排齊整,頗便於書寫交際應用文書時直接套用。書中不僅包括交際應酬之書信格式,還有各類鄉約、契約等與日常生活相關之應用文體,如"典買田地契式"、"典買房屋契式"、"雇小廝契式"、"買馬契式"等範本,因而此書亦包含豐富社會生活史料,常爲後世引用。

存世最早版本爲元泰定元年(1324)建安劉氏日新書堂刻本,現藏日本德山市毛利家族,爲宇内孤本。另有明景泰六年(1455)影元刻本。

明初修《永樂大典》時,曾收録《啓劄青錢》一書。《四庫全書總目》入類書類存目,言其"十八卷,不著撰人名氏。所載手書正式,一曰具禮,二曰稱呼,三曰叙別,四曰瞻仰,五曰即日,六曰時令,七曰伏惟,八曰燕居,九曰神相,十曰尊候,十一曰托庇,十二曰入事,十三曰未見,十四曰祝頌,十五曰不宣。亦近日書柬、活套之濫觴也",則此《永樂大典》輯本與此書不僅卷數相差甚多,分類亦不同,并非一書。

此本據日本德山毛利氏藏元泰定元年建安劉氏日新書堂刻本影印。(劉薔)

聯新事備詩學大成三十卷　(元)林楨輯 (第1221册)

林楨,據書前自署"後學三山林楨編集",應爲三山(今屬福建福州)人。

此書依類編排,分天文、地理、時令、節序、宮室、花木、百菓、草木、五穀、蔬菜、君道、臣道、親屬、百官、儒學、僧道、人品、仕進、人事、雜伎、慶賀、吊慰、飲食、衣服、器用、音樂、圖畫、寶貝、飛禽、走獸、鱗介、昆蟲,計三十二門。門類下設置事類、散對、起、聯、結等目,以此排比材料,既可爲初學押韻者提供參考,又能直接供文人作詩採摭之用。其書爲書坊所編刊,專供士子科考採掇和詩文獺祭之用,翻刻流傳甚廣。

明《文淵閣書目》、《晁氏寶文堂書目》、清丁丙《善本書室藏書記》等著録此書。丁丙舊藏元至正九年劉衡甫刻本,現藏南京圖書館。卷前有丁丙手跋,略云原書爲宋毛直方撰,林楨爲之增集。毛直方,字静可,建安人,宋咸淳九年(1273)領鄉薦,入元不仕,授徒講學,郡之以明經擢進士者多出其門。省府上其名,始被一命,得教授致仕,半俸終其身。有《治靈稿》四卷、《聊復軒稿》二十卷,另編有《詩宗群玉府》三十卷行世。

此書存世多爲坊刻本,有《詩學集成》、《增廣事聯詩學大成》、《新刊京本校正增廣聯新事備詩學大成》、《新編類增吟料詩學集成》等不同題名,皆三十卷。有元皇慶間雙桂堂

刻本、元至正二年日新書堂刻本、明永樂六年
博雅書堂刻本等版本傳世。

此本據南京圖書館藏元至正九年建寧路書
市劉衡甫刻本影印。（劉薔）

新編類意集解諸子瓊林前集二十四卷後集十六卷　（元）蘇應龍輯（第1221—1222冊）

蘇應龍，據此書卷端所署"古番貢士如軒
蘇應龍雨夫編類"，知其字雨夫，號如軒。

此書將諸子之語按不同門類編排，分人倫、
儒學、道德、内修、外修、交接、仕進、命分、選
用、謀爲十門。每門中又分若干類別，如人倫
門又分君臣父子、父兄、父子、忠孝、敬畏、婦
道等，凡一百零一類；儒學門又分聖學、心學、
日新、勸學、知行、學行等，凡五十五類；道德
門又分道、至道、中道、聖道、樂道等，凡五十
三類，等等。此書查檢極爲方便，爲類文類
書，又徵引豐富，多爲後世輯佚所用，如明修
《永樂大典》、清人輯《劉子》、《傅子》等。

此書流傳不廣，歷代書目未見著録，現有元
刻本存世。

此本據北京大學圖書館藏元刻本影印。
（劉薔）

詩學集成押韻淵海二十卷　（元）嚴毅輯

嚴毅，據此書卷端題署"建安後學嚴毅子
仁編輯"，知其字子仁，建安（今福建建甌）
人。其餘生平不詳。

此書爲事文并舉類書。前有元後至元六年
（1340）張復序。卷前有《凡例》四則，略云書
肆舊刊盧陵胡氏、建安丁氏所編《詩學活
套》、《押韻大成》，大抵以押韻詩句多者居
前，詩句少者居後，致使韻母混淆，訓詁闕略。
而是編韻銓禮部，句選名賢，每韻之下，事聯
偶對，詩料群分，既可資初學之用，於詩人騷
客亦不無小補。此書體例與《韻府群玉》相
近，而更爲簡略。每字之下，首列活套，次爲
體字。所謂體字，如東字下列"青位震方"四

字，童字列"兒曹"二字，即宋人所謂換字。
次爲事類，次爲詩料，多採五言七言詩句。

此書明《千頃堂書目》著録，題作《押韻淵
海》。《四庫全書總目》入類書類存目，題作
《增修詩學集成押韻淵海》，提要稱其"所載
惟有上下平聲，而無仄聲，蓋尚爲近體設。又
止二十九部，其三江一部因韻窄字少，删之不
載，其猥陋可想見也"。存世有元至元六年
蔡氏梅軒刻本、明初刻成化二十三年重修本、
明成化十年新安余氏刻本等。

此本據國家圖書館藏元至元六年蔡氏梅軒
刻本影印。（劉薔）

群書通要七十三卷　（元）佚名撰（第1224冊）

此書不著撰者姓名。前有元大德三年
（1299）王淵濟序，稱其忘年交蒙翁因嘿齋于
君所輯之本旁搜博採，增至數十卷，凡詩家之
一字一意可以入格者悉羅致之，視初本殆將
十倍，命其子彌高壽梓云云。有學者將此序
與《精選唐宋千家聯珠詩格》諸序比較，考證
此序實屬僞造，所謂"蒙翁"、"嘿齋"，即宋末
元初人蔡正孫、于濟，其人與《群書通要》并
無關聯。

此書七十卷，附録三卷。每十卷爲一集，由
甲集至庚集，釐爲天文、節序、地理、人倫、人
物、仙佛、人品、藝術、技巧、優賤、養生、喪事、
人事、文物、珍寶、樂器、器用、衣冠、枕席、香
火、食饌、歌唱、性行、孝義、帝系、朝制、官制、
儒業、榮達、仕進、百花、草木、菓實、飛禽、走
獸、鱗蟲、譬喻三十七門，門下又分細目，計四
百三十一類。書中擴摭經傳子史及前人詩文
中成語掌故，分類排纂，頗藉以爲考。標題皆
節取古書中文字，爲類文類書。附録辛、壬、
癸三集爲《大元混一方輿勝覽》，疑爲重刊時
所增，王淵濟序中未及其書。今有學者考證，
此三集内容乃元劉應李《新編事文類聚翰墨
全書》後甲、乙集"地理門"相關内容之删節，
或爲書坊射利所爲，由此亦可見元代類書編

纂之因襲輾轉。

阮元《四庫未收書目提要》著録此書,稱其"視明人類書餖飣稗販者大相徑庭"、"書成之後,別有竄易,皆書肆射利者爲之"。又民國《續修四庫全書總目提要》稱此書"性質與《佩文韻府》及今之《辭源》、《辭海》同一功用,其所異者,此以類分,彼以韻分字分耳"。

此書流傳稀罕,有元刻本傳世,題作《事文類聚群書通要》,殘存《己集》十卷,現藏美國國會圖書館。王重民《中國善本書提要》稱其與《宛委別藏》本文字行款全同,疑其爲大德間所刊原本。另有清嘉慶間阮元編《宛委別藏》本,乃以元至正間重刊本影寫而成。

此本據清嘉慶間《宛委別藏》鈔本影印。
(劉薔)

群書類編故事二十四卷 （明）王罃輯（第1224 册）

王罃,或作王瑩,字宗器,號樂澹,鄞(今浙江寧波)人。家貧,積學自立,明永樂六年(1408)舉人,累官給事中,宣德五年(1430)出知肇慶府,居九年,進秩二等。後徙知西安。傳見《明史》、《國榷》卷二一、《(乾隆)鄞縣志》卷一四。

此書採選古書中故事八百餘則,依其內容,分天文、時令、地理、人物、仕進、人倫、仙佛、民業、技藝、文學、性行、人事、宮室、器用、冠服、飲食、花木、鳥獸十八類,類下分目。每類下條列故事,每則故事字數不多,首尾完具,并擬有標題。所採材料,除史傳外,多取唐宋説部,內容豐富,引人入勝。

清陸心源《皕宋樓藏書志》卷六十一"類書類三"載此書佚名序一篇,略云肇慶太守四明王公博學好古,嘗採群書中古今事迹有關世教、切於日用,至醫藥卜筮、仙方道術、草木鳥獸之類無不搜集,總若干類,編爲此書。

阮元《四庫未收書目提要》著録爲元人著作,稱其"大旨仿朱勝非《五色線》之體,亦類書中之一格"。陸心源據《明史·循吏傳》對阮元之説提出異議,以爲此書非元人元刊,實乃明人明刊本。又民國《續修四庫全書總目提要》著録,稱此書多神話故事,"以怪誕爲旨","其內容實一趣談類編而已",并批評書中分類居多未當。

此書流傳稀罕,傳世有清鈔本二部,一藏國家圖書館,一藏故宮博物院圖書館。國圖本存十三卷,有清人馮登府跋。另有清嘉慶間阮元編《宛委別藏》本,乃以明莫雲卿家藏元刻本影寫而成。

此本據清嘉慶間《宛委別藏》鈔本影印。
(劉薔)

三才廣志 （明）吴琠輯（第 1225—1231 册）

吴琠(1449—1521),字汝秀,浙江長興人。善詩文,留心性理之學,筑室董塢山,曰太古居。自號甘泉子,幽棲屏迹,善邵子皇極數,名動公卿。與尚書劉麟等結社,號爲"苕溪五隱"。有環山樓藏書數屋。著有《三才廣志》、《史類》等。《名山藏》卷九六、《(同治)長興縣志》卷二三有傳。

此書又名《三才廣記》,成書於明弘治年間。所謂"三才"者,即以天道、地道、人道分類。書名出自《周易·説卦》:"立天之道,曰陰曰陽;立地之道,曰柔曰剛;立人之道,曰仁曰義,兼三才而廣之。"每類分"要語"、"事類"二門,鈔集經史百家之言,其下以小字注加以釋證。其書爲我國現存古代私纂類書中卷帙最爲浩繁者,採擷廣博,上通天文,下達地理,中有人類、禽獸、昆蟲乃至文學、樂律等,包羅萬象。舉凡歷代政治、經濟、户籍、地賦、科舉、考試、人事、兵役、律法、刑審等規章制度,以及經史百家、史籍方志、文學藝術、風俗人情、倫理道德、動植生物、農田水利、山海漁牧、工程技術、醫學藥材等,無所不包。且檢索方便,并附有部分輿圖及各式插圖。

《千頃堂書目》、《明史·藝文志》并載吴琠

《三才廣志》三百卷,王重民以爲蓋因全書未成,自未有定本,以故傳鈔多有不同(見《中國善本書提要》)。其書從未刊刻,僅存兩部明鈔殘本。其中寧波天一閣舊藏一部,爲范氏家鈔之本,繕録時未填卷次,不題卷名,後經散出,天一閣博物館現存二百八十四卷,上海圖書館存八卷,中國科學院圖書館存三卷。另一部原藏北平圖書館,抗戰期間輾轉南遷,現藏臺灣"國家圖書館"(原"中央圖書館"),存三百三十五卷。此本未標書名,卷次按"天"、"地"、"人"三類各自起訖,與前本頗不同。

此本據南京圖書館藏縮微膠卷影印,以寧波天一閣博物館與上海圖書館所藏明鈔本配補而成。(劉薔)

均藻四卷　(明)楊慎輯　(第1232冊)

楊慎生平見前《鄧子》提要。

此書乃類文類書,以韻隸事,不分門類,體例略同元陰時夫《韻府群玉》。引文以末尾字爲韻,韻中每字數條,每條標目,每目之下標明原文及出處,使操觚者易於檢尋。《四庫全書總目》類書類存目解其書名,言其書乃《韻府群玉》之流。許慎《説文》無"韻"字,小學家以"均"字代之,此書立名,蓋取於此。

此書明《千頃堂書目》著録。其不同版本卷數不同,有三卷、四卷、五卷之分。除明刻本以外,清乾隆間李調元輯刻《函海》叢書時收録此書,成爲此書通行之本。又有清鄭氏注韓居鈔本、清人福申校定之本兩鈔本。此外上海圖書館2000年購入翁氏藏書,其中亦有此書清初鈔本一部,文字多可校勘刻本之訛脱。

此本據北京大學圖書館藏明刻本影印。(劉薔)

事物考八卷　(明)王三聘輯　(第1232冊)

王三聘,字夢莘,別號兩曲,鼇峄(今陝西周至)人。明嘉靖十四年(1535)進士,初授大理評事,尋僉事河南,後改四川。爲學惟求大義,不事章句,文類韓、蘇大家。著有《五經集録》、《小學集注》等。《(民國)鼇峄縣志》卷六有傳。

此書卷前有嘉靖四十二年趙忻刻書序及王氏自序。自序略云,嘉靖間得《事物紀原》一編,多載宋制,喜其賅博,乃以明朝典章及日所聞見續録之,以備徵事。縣令何起鳴名之曰《事物考》,并取而梓行。

書凡八卷,其體例依高承《事物紀原》而稍爲附益,增入明代地名、官制、禮儀。每事每物,索其原始,則言明代典制。類下分子目,子目之下,撮録載籍,略斷原始,注明出典。書分天文、地理、時令、人事、婚禮、喪禮、公式、文事、藝術、國制、官典、國用、國瑞、珍寶、鑾駕、爵禄、官職、禮儀、樂器、學科、武備、冠服、宮室、器用、飲食、名義、法律、道釋二十八類。

《四庫全書總目》入類書類存目,提要謂其"鈔合成書,不免罣漏。如輿地言舜分十二州,不著其名;幽、并、營、商、周異制,亦無剖辨。……其舛略往往似此。唯所載明初文臣無謚及五軍營制諸條,頗足參證《明會典》諸書之互異耳"。然題作明傅巖撰,蓋因隆慶刻本後王嘉賓跋中有"頃得傅君名巖所遺是集"、"傅君名巖,自陝中來,攜是書見惠"諸語致誤。

此書之初刊本爲明嘉靖四十二年何起鳴官鼇峄知縣時所刻,其後有明隆慶三年王嘉賓刻本、明隆慶四年金陵三山書林周氏刻本、明萬曆間錢塘胡文焕刻《格致叢書》本(作《古今事物考》)等。

此本據清華大學圖書館藏明嘉靖四十二年何起鳴刻本影印。(劉薔)

彊識略四十卷　(明)吳楚材輯　(第1232冊)

吳楚材,據此書首卷卷端題署,指其字國

賢,崇陽(今屬湖北)人。其餘生平無考。

卷前有明萬曆十七年(1589)陳元勛《刻國賢吳先生彊識略序》、陽春園主人吳楚材自叙及《凡例》五則。其書體例仿《事物紀原》,分天文、歲序、地理、郡國、帝王、帝屬、職官、禮儀、音樂、刑政、制度、仕進、文事、武備、經史、子集、文章、訓詁、人倫、人事、人物、居處、飲食、服飾、寶珍、花木、鳥獸、鱗介、姓系、器用、邊夷、釋道、神仙、雜志三十四類,析爲四十卷。

此書《千頃堂書目》著録作《彊域略》,與《明史·藝文志》皆作二十四卷。《四庫全書總目》入類書類存目,著者誤作“吳夢材”,并謂其書“皆剿剟類書,略爲聯貫成文,弇陋殊甚”。

此書有明萬曆十七年自刻本,每葉書口下刊“陽春園”三字,正文前有王世貞、胡定、張汝麒、張問仁等《評閱》及《校訂姓氏》。

此本據浙江省圖書館藏明萬曆十七年陽春園刻本影印。(劉薔)

三才圖會一百六卷　(明) 王圻 (明) 王思義輯 (第 1232—1236 冊)

王圻(1530—1615),字元翰,號洪洲,雲間(今上海)人。明嘉靖四十四年(1565)進士,除清江知縣,調萬安。擢御史,忤時相,謫邛州判官。歷官陝西參議,乞養歸。築室淞江之濱,惟以著書爲事。有《續文獻通考》、《東吳水利考》、《稗史彙編》等書。《明史》有傳。

王思義,字允明。圻子。著有《宋史纂要》、《香雪林集》、《故事選要》等書。

此書卷前有萬曆三十七年(1609)周孔教、顧秉謙、陳繼儒序及王圻自序,并有凡例十則。全書分天文、地理、人物、時令、宮室、器用、身體、衣服、人事、儀制、珍寶、文史、鳥獸、草木十四門。據卷端下所題,其“天文”、“地理”、“人物”三門爲王圻纂集,王思義校正;自“時令”起十一門,則爲王思義續集。可見此書乃王圻、王思義父子共同纂輯而成。

古人稱“天、地、人”爲三才,此書彙輯衆書有關天、地、人之圖譜,故名《三才圖會》,爲類事類書。每門之下分卷,條記事物,寫其圖像,加以說明。圖文并茂,採摭浩博,然間有冗雜虛構之病。清代陳夢雷編纂《古今圖書集成》,頗採摭《三才圖會》之圖說。且因其搜羅廣泛,普及一般生活事物,如器用門,除器物本身外,尚包含多項操作圖;人事門也有全套拳法圖、鎗法圖等,提供許多明人生活、文化之寶貴資料。

此書《明史·藝文志》、《千頃堂書目》著録,又名《三才圖說》。《四庫全書總目》入類書類存目,謂其“有足資考核者,而務廣貪多,冗雜特甚”;另子部類書類章潢《圖書編》提要稱明人圖譜之學,惟《圖書編》與此書號爲鉅帙,然此書“門目瑣屑,排纂冗雜”,“其所繫諸說,亦皆攟摭殘剩,未晰源流”,不及章氏之書體要詳賅。

此書除明萬曆三十七年初刻本外,尚有明萬曆三十七年刻崇禎間王圻曾孫爾賓重修本、明萬曆間槐蔭草堂刊本。

此本據上海圖書館藏明萬曆三十七年刻本影印。(劉薔)

類雋三十卷　(明) 鄭若庸輯 (第 1236—1237 冊)

鄭若庸,字仲伯,號虛舟,崑山(今屬江蘇)人。年十六爲諸生,以任俠不羈見斥。尤工詩,趙康王朱厚煜聘入鄴,爲其著書。厚煜卒,去趙居清源,年八十卒。有《蚔蛻集》。事見鄭氏《北遊漫稿文》序跋及《明詩綜》卷五四。

此書爲集事文於一體之類書,乃鄭氏遵趙王令,仿徐堅《初學記》、歐陽詢《藝文類聚》,經二十年輯集而成。書分天文、時令、地理、天族、人倫、人品、宮室、藝術、身體、衣服、飲食、器用、布帛、珍寶、樂器、釋道、花木、菜食、羽族、毛族二十類。類下又細分若干小類,如《天文類》下分天、日、月、星、雲、風六類。每類下輯古書中相關語句,以反文刊出主題字詞。《江南通志·文苑傳》謂鄭氏爲趙王著書,採掇古文奇字累千卷,名曰《類雋》。蓋傳聞失實之詞,不足爲據。

卷前有萬曆二年(1574)王世貞序、萬曆四年張大器引。卷末有萬曆五年王用楨刻書跋。明萬曆六年太學生汪珙所刻爲其初刻之本。

《明史·藝文志》、《千頃堂書目》著録此書。《四庫全書總目》入子部類書類存目,言其雖有功藝苑,然徵引太簡,叙事多不得首尾,未足以爲善本。

此本據明萬曆六年汪珙刻本影印。(劉薔)

劉氏類山十卷　(明)劉胤昌撰 (第1237冊)

劉胤昌,字燕及,號淯水,桐城(今安徽安慶)人。萬曆三十二年(1604)進士。筮仕宜黃令,調繁臨川,又遷廣濟,治聲頗著。《千頃堂書目》卷二六著録其《遷草》,云其爲興化府知府。考《福建通志》卷二三《職官四·興化府》,明萬曆間興化府并無此人,疑所載有誤。另著有《澹然齋集》。事見馬其昶《桐城耆舊傳》卷五《劉評事傳》。

此書編撰歷經三月而成。全書爲目七十,所載之事至唐而止。自《象緯》、《方輿》,至《傷逝》、《刑赦》,分門別類編次。每門以大字提綱,下加注釋,尚屬簡明。但所引大都從類書轉相雜撮,取材未富,且不詳出處。此書雖較明代泛載近事之類書尚稱近古,却未見賅洽。

《明史·藝文志》、《千頃堂書目》著録,《四庫全書總目》入類書類存目,因避雍正帝諱,題爲"明劉嗣昌撰"。此書初刻於萬曆三十三年,時劉氏在宜川任上。卷前有湯顯祖序,謝廷讚序,萬曆三十二年戴耆顯序、三十三年李希哲序,萬曆二十六年劉氏自序及萬曆三十三年劉氏再序。

此本據復旦大學圖書館藏明萬曆三十三年刻本影印。(劉薔)

蟫史集十一卷　(明)穆希文撰 (第1237冊)

穆希文,字純文,據書前題署知爲嘉興(今屬浙江)人。生平行實無考。另著有《説原》十六卷,《四庫全書總目》入子部雜家類存目。

此書又名《蟫史》,專記鳥獸蟲魚之類事實,分爲羽蟲、毛蟲、鱗蟲、甲蟲、諸蟲五類。類下再細分目,徵引《爾雅》、《埤雅》、《山海經》、《本草圖經》、《説文解字》、《方言》、《韻會》等書,記其形狀。

卷前有國子監祭酒姚弘謨序,稱蟫即爲蠹,此書名爲《蟫史》,是因其記鳥獸魚蟲,故以蠹自喻。又有萬曆十四年(1586)穆氏自序,略云屏居五柳山莊十餘年,纂輯羽毛鱗甲諸蟲事實,而成此書。

《四庫全書總目》入類書類存目,提要云:"蟫乃蠹魚之別目,非蟲之總名。制名殊謬,徵引亦多未賅。又中間所稱'《蟫史》曰'者,即其本書,乃雜廁古書之間,反若引用者然,於體例亦乖也。"其書初刻於明萬曆十四年,存本無多,國家圖書館、北京大學圖書館、中國國家科學圖書館三家有藏。

此本據明萬曆十四年刻本影印。(劉薔)

新鐫古今事物原始全書三十卷　(明)徐炬輯 (第1237—1238冊)

徐炬,據此書卷端題署"明臨安徐炬明夫采輯",知其字明夫,臨安(今屬浙江)人。其餘生平無考。另著有《酒譜》一卷,見《四庫全書總目》子部譜録類存目。

此書卷前有萬曆二十一年(1593)張瀚序,稱其書歷幾十年始成。書中所記,皆考據事物起源,其體例倣宋代高承之《事物紀原》。全書分爲天文、時令、地理、君臣、禮制、氏族、貨幣、朝儀、車駕、學校、文史、宮室、音樂、衣服、釋道、技術、武備、飲食、器用、律令、閨飾、戲具、穀部、花部、草部、鳥部、獸部、魚部、蟲部、外夷，計三十類，類下再細分目。上採六藝，旁及百家，下迨稗官野史、方輿雜志，擴摭兼收，鉅細畢舉。

《四庫全書總目》入子部類書類存目，云："其倣《事物紀原》之體，稍附益之，而蕪雜太甚。制度器數，皆可考其淵源，至於日月星辰、山川草木、鳥獸魚蟲，與天地而俱生，豈能確究其始？輾轉援引，彌見糾紛。至於鳥獸、花草諸門，每類之首，或括以偶語一聯，或括以律詩二句，乃從而釋義，尤弇陋之甚。"有明萬曆二十一年自刻本。

此本據國家圖書館藏明萬曆刻本影印。（劉薔）

劉氏鴻書一百零八卷 （明）劉仲達輯（第1238—1239 冊）

劉仲達，字九達，宣城（今屬安徽）人。少爲諸生，以詞學著聲。生平略見此書卷端題署及李維楨序、焦竑序。

此書分天文、地理、歲時、世系、三教、五倫、人事、人品、官職、文史、身體、宮室、飲食、衣帛、珍寶、器用、音樂、方術、花木、鳥獸、鱗介、昆蟲、錄異、紀庬等二十四部，部下細分子目二百六十餘，爲事文并舉類書。其事實詞章，相雜而載。上自經史子集，下至明人著述，博採其名物詞章，典故經濟。每條皆注出處，較明人杜撰之書，稍有依據。然所引內容大抵轉引自其他類書，不盡出於原著本文。

此書《明史·藝文志》、《千頃堂書目》著錄，《四庫全書總目》入子部類書類存目，云其爲稗販之學，并稱此書卷端題湯賓尹刪定，"蓋坊賈刊是書時，以仲達諸生，恐不見重，借名於賓尹耳"。《禁書總目》、《違礙書目》、《禁書知見錄》中載有此書，均題作《鴻書》。《軍機處奏准抽毀書目》

云："查此書係明劉仲達所輯類書，自天文至紀庬，凡分十五種目，每類又各有子目，皆採掇諸書而成。其中《世系部》內叙述遼金二代，甚爲乖謬，其他亦間有援引偏駁之處，俱應抽毀外，至全書各類，尚無干礙，應請毋庸全燬。"實其書卷七、卷八中言及邊關之事較多，"胡"、"夷"、"虜"字句屢見。如卷七地理四第十二葉載"邊險稍失，城堡多湮，胡騎縱橫出沒，擾我禾稼，即欲力耕厚積，徒爲虜外府耳"；第十四葉記"隋末國馬皆爲盜賊及戎狄所掠"；又卷八地理五有論及明太祖驅虜至各代整治邊關，徙民耕守及虜夷如何乘虛而入，占居河套之史實，等等。故在清代被列入禁書。

此書有明萬曆刻本，卷前有明萬曆三十八年李維楨序，焦竑序，三十九年湯賓尹序，顧起元序及自序等。另有明刻清石渠閣補修本。

此本據上海師範大學圖書館藏明萬曆刻本影印。（劉薔）

八編類纂二百八十五卷圖二卷六經圖六卷 （明）陳仁錫輯（第 1240—1246 冊）

陳仁錫（1581—1636），字明卿，號芝臺，長洲（今江蘇蘇州）人。天啓二年（1622）進士，以殿試第三名授編修，累遷南京國子監祭酒。崇禎九年卒，謚文莊。著有《四書考》、《古文奇賞》等。《明史》有傳。

此書爲類文類書，又名《經世八編類纂》。所謂八編，即丘濬《大學衍義補》，唐順之《史纂左編》、《右編》、《稗編》，章潢《圖書編》，鄧元錫《函史編》，馮應京《實用編》及馮琦《經濟類編》。其書總八編所述，分爲"大易"、"尚書"、"春秋"、"禮記"、"吏曹"、"工曹"、"天"、"地"、"人"、"君"、"儲"、"列婦"、"幸"、"姦"、"諸家"、"治"等三十六類。每類之下，將八編資料類聚一處，仍就原編已有門類,依舊纂於其下,注明原編書名。全書不僅資料豐富,也保存了原書體例,查檢方便。諸類前有《六經圖》六卷,爲《大易圖》、《尚書圖》、《毛詩圖》、《春秋圖》、《周禮圖》、《禮記圖》各一卷。

此書《明史·藝文志》、《千頃堂書目》著録,在清代被列入禁書,《禁書總目》、《清代禁書知見録》著録。《清代禁燬書目》云:"查《八編類纂》,係明陳仁錫輯,取丘濬《大學衍義補》等八書,分類編次,大抵剿襲陳言,取盈卷帙,殊無可取。其'邊類'中,語有干礙,所載遼金二代體例,大爲狂謬,應請抽燬。"王重民《中國善本書提要》略云,此書流通本多有抽去"女真"兩卷者,北京大學藏本獨有此二卷,爲難得之全本。

此書初刻於明天啓六年,卷前有天啓六年自序、八編原書諸序等。

此本據北京大學圖書館藏明天啓刻本影印。(劉蕡)

博物典彙二十卷　(明) 黃道周輯 (第 1246 册)

黃道周(1585—1646),字幼玄,一字螭若,又字細遵,號石齋,漳浦(今屬福建)人。天啓二年(1622)進士,南明福王時官禮部尚書,唐王時爲武英殿大學士,率師至婺源,與清兵遇,兵敗不屈死。謚忠烈。工書善畫,以文章風節高天下。著有《易象正義》、《孝經集傳》、《石齋集》等。《明史》有傳。

此書作於明崇禎初年,道周病《通典》、《通考》諸書浩博,學者難得而少讀,於是删繁就簡,補元、明二代以成完書。全書分天文、曆象、禮制、物用等七十目,繫以子目,略如《文獻通考》之例,而詳於有明一朝。其"四夷"末附"奴酋",述清先世最詳,清太祖努爾哈赤起身微側,史官之辭多不誠,賴此書得以考見清開國史實,《皇清開國方略》徵引頗多,乾隆帝御製序云:"明臣紀本朝事迹如黃道周《博物典彙》之類不妨節取,以證信實。"

此書《清代禁燬書目》、《清代禁書知見録》著録,以其多悖謬字句,列爲全燬之書。入清刷印時,其中有涉清廷違礙之處,如卷十八"遏盜"以下"馭戎"一門、卷十九"九邊"、卷二十"四夷"末所附"奴酋"一節多被删除,原本之"本朝"、"國朝"皆改刻爲"明朝"。故存世之明刻清印本卷數較明刻本有所減損,如中國人民大學圖書館所藏明末清初大雅堂印本即爲十九卷。

此書明代諸刻内容完整,未經删改,有明崇禎刻本及明末刻本等。

此本據中國科學院圖書館藏明崇禎刻本影印。(劉蕡)

蘭雪堂古事苑定本十二卷　(清) 鄧志謨輯 (第 1247 册)

鄧志謨,字景南,別字明甫、鼎所,號百拙生、竹溪主人等,安仁(今江西鷹潭)人。好學沉思,不求聞達。明萬曆、天啓間入閩,爲建陽余氏書坊編撰、校注書籍,有戲曲、類書、自著詩文集及通俗小説等,總計三十餘種。編著有《百拙生傳奇五種》、《古事鏡》、《故事白眉》等。《(道光)安仁縣志》卷八有傳。

此書攟摭古事,裁爲儷偶,凡天文、地理、時令、君道、忠直、恬淡、力量、文具、武具、水族、昆蟲等六十篇,其注釋及出典則各附篇末。

此書《清史稿·藝文志》著録,《四庫全書總目》入類書類存目,稱其"大致欲仿吳淑《事類賦》而不能諧以聲韻,貫以脉絡,遂各爲無首無尾、不相聯貫之四六云"。

此書明刻本多題作《新刻四六旁訓古事苑》或《新刻旁訓四六古事苑》,二十三卷,有明萬曆四十五年四德堂鄭大經刻本等。清刻本作《蘭雪堂古事苑定本》,皆爲十二卷,有清康熙間蘭雪堂刻本、清乾隆十四年文翰樓重刻本等。

此本據中國科學院圖書館藏清康熙蘭雪堂刻本影印。(劉蕡)

三體摭韻不分卷 （清）朱昆田輯（第1247—1248冊）

朱昆田（1652—1699），字文盎，號西畯，浙江秀水人，朱彝尊子。喜讀書，勤著述。遊京師，有"小朱十"之稱，與同里范民章、朱求侯等人爲"省齋七子"。其《摭韻》五編，藝苑珍爲拱璧；詩集《笛漁小稿》得附《曝書亭集》以傳。《全浙詩話》卷四五、《兩浙輶軒録》卷一〇皆有傳。

此書仿《韻府群玉》體例，採摭前人騷、賦、詩三體之新艷字句按韻編排，排纂成編，所録至元代而止。因其惟取三體，故以爲名。

此書《清史稿·藝文志》著録，《八千卷樓書目》著録爲二十卷，《四庫全書總目》入類書類存目，言其"擷拾頗爲繁富，然詞人琢語，荂甲新意者十之一，鎔鑄舊文者十之九，未可一字一句據爲根柢"，并稱其校讎未精，"蓋草創未定之本，後人以其名父之子，遂録傳之，不知反爲昆田累也"。其書未見刻本，僅有多部清鈔本傳世。

此本據上海圖書館藏清鈔本影印。（劉薔）

廣事類賦四十卷 （清）華希閔輯（第1248冊）

華希閔（1672—1751），字豫原、芋園，號劍光，錫山（今江蘇無錫）人。康熙三十年（1691）副貢，任安徽涇縣訓導。五十九年舉人。雍正十三年（1735）以舉博學鴻詞薦，不赴。好讀書，工花卉，學治古文，勤於著述。著有《性理注釋》、《易書詩春秋集說》、《延綠閣集》等十六部。《清史列傳》卷六七、《國朝書畫家筆録》卷二及《國朝耆獻類徵》卷二五一有傳。

此書仿宋人吳淑《事類賦》體例，以事隸賦，便於記誦。卷前有康熙三十八年希閔自序及乾隆二十九年（1764）其胞弟希閎序，稱其父校閱家傳《事類賦》，惜其未備，乃命希閔廣爲此編，附於其後，合而刻之。書分天文、歲時、帝王、職官、仕進、禮樂等二十七部，

下分一百九十一子目。

此書《清史稿·藝文志》著録，《四庫全書總目》入類書類存目，稱其雖亦如吳淑之例自注，然終不及《事類賦》。其書初刻於康熙末年，乾隆二十九年華希閎重爲參訂，付梓刊行。

此本據天津圖書館藏清乾隆二十九年華希閎刻本影印。（劉薔）

類腋五十五卷補遺三卷 （清）姚培謙（清）張卿雲輯（清）張隆孫輯（第1248—1249冊）

姚培謙（1693—1766），字平山，號松桂，又號鱸香，松江府婁縣（今屬上海）人。諸生。世爲金山望族，性極友愛，好交遊，名滿江左。與張景星同編《宋詩別裁集》、《通鑑寧要》、《硯北偶鈔》等。黄達《一樓集》卷一七、《（嘉慶）松江府志》卷五九、《（光緒）華亭縣志》卷一六有傳。

張卿雲（1710—1760），字慶初，號棲静，松江府華亭縣（今屬上海）人。張棠子。以諸生貢成均，後積捐至連同，以母老不謁選。與弟景星友愛無間。沈大成《學福齋集》卷十五有其墓志《朝議大夫都轉鹽運使司運同栖静張君墓碑》，《（嘉慶）松江府志》卷五八有傳。

張隆孫，字翰莼，松江府華亭縣（今屬上海松江）人。卿雲子。

全書分天、地、人、物四部，每部前各有姚氏自序。天部八卷，計分六十九門，多言時節；地部十六卷，二十六門，按省排列；人部十五卷，六十四門，主言官制、選舉、篆刻、棋師、畫師、企慕等；物部十六卷，四百七十門，皆鳥獸蟲魚、植物礦物等。天、地二部爲姚氏所輯；人、物二部爲姚、張合撰。書中大都撮採類書，擇其可據者，依類分門，排比成編。每門之中，條數不等，以大字標題，小字注其原文及出處。後附張隆孫採輯之《類腋補遺》三

卷,專補地部。

此書見於《清史稿·藝文志》(作八卷)及《鄭堂讀書記》著錄。清嘉慶九年(1804)蘇州書坊合刻《類腋》五十五卷及《補遺》三卷,卷前有乾隆七年作者自序。書前署"姑蘇博古堂雕藏"。另有趙克宜就姚本增輯之《角山樓增補類腋》,計六十七卷,清咸豐間刊行。

此本據天津圖書館藏清嘉慶九年姑蘇博古堂刻本影印。(劉薔)

類書纂要三十三卷　(清)周魯輯(第1250—1251冊)

周魯,字南林,江蘇無錫人。見此書卷端題署。生平行實無考。

此書卷前有清康熙三年(1664)黃機序,稱周氏困於諸生幾二十年,鬱鬱不得志,浙之宣平宰侯杲公餘每日延請周魯一同闡微正謬,分門別類,輯成此書。其書卷端題"武林次辰黃太史鑒定,無錫周魯南林輯,同邑侯杲仙蓓參"。

全書分天文、地理、歲時、地輿、統系、三教、年齡、人倫、人道、雜藝、百工、姓譜、姓譜補遺、列女、人事、文史、珍寶、布帛、衣服、身體、飲食、花草、樹木、果蔬、器用、樂音、祭器、宮室、飛禽、走獸、鱗介、昆蟲三十二類,搜輯資料頗爲廣博。然《四庫全書總目》言:"是編於類書之內裨販而成,訛舛相仍,皆不注其出典,流俗沿用,頗誤後來。"對其評價甚低。

此書著錄於《清史稿·藝文志》。卷前有凡例九則,稱係侯杲捐俸刊刻。存世諸本多爲坊刻,或爲"姑蘇三槐堂藏板",或爲"無錫天和堂藏版",刊刻皆在清康熙年間。

此本據遼寧省圖書館藏清康熙侯杲刻本影印。(劉薔)

奩史一百卷拾遺一卷　(清)王初桐輯(第1251—1252冊)

王初桐生平見前《貓乘》提要。

伊江阿序又言"山人有內記室,博雅知書。是編鈔撮之功,半出其手",此"內記室",即王氏側室李湘芝。李湘芝,字秀貞,山東濟南人。工詩文,撰有《柳絮集》,收入《古香堂叢書》中。事見《清代閨閣詩人徵略》、《歷代婦女著作考》。《奩史》乃王氏夫婦合編之書。

此書分爲夫婦、婚姻、統系、眷屬、妾婢、娼妓、肢體、容貌、性情、蠶織、針線、井臼、文墨、幹略、技藝、音樂、姓名、衣裳等三十六門,一百四十四類,共一萬三千五百五十三條資料。大到典章制度,小到一名一物,微言懿行,上自遠古,下至清初,凡能反映古代婦女生活之資料悉加輯錄。書前有凡例十六條,説明其編纂做《太平御覽》、《玉海》二書而加以變通。全書引用書籍達三千九百餘種,并兼收四部,以子部、史部最多。援引群書,廣爲搜羅,偶遇牴牾,隨事考訂。書中內容以雅馴爲主,嚴於去取,然"僞書如《天祿閣外史》,俗書如《堅瓠集》之類,原不足錄,間有一典半實,從未見於他書者,亦摘取之"(見凡例)。在保留古代婦女資料上,此書可謂集大成者。

此書編成後,曾經時人校刊,計有阮元、孫星衍、王昶、陸錫熊、高雲、劉翰周、丁杰及其兄王元勳、其弟王之霖等五十一位,"一時同人咸以《奩史》爲風雅之宗"(見伊序)。《清史稿·藝文志》著錄。今所傳者,皆清嘉慶二年古香堂刻本,爲王氏自刻之本。

此本據清嘉慶二年古香堂刻本影印。按原誤著錄爲"伊江阿刻本",此書雖有伊江阿序,實非伊所刻。(劉薔)

事物異名錄四十卷　(清)厲荃輯(清)關槐增輯(第1252—1253冊)

厲荃,字明府,號静蕖先生,慈溪(今屬浙江寧波)人。據書前自序可知其乾隆三十八年(1773)官大雷縣令。

關槐(1749—1806),字柱生、曙笙、晉軒,號雲巖,仁和(今浙江杭州)人。乾隆四十五年(1780)傳臚,官禮部侍郎。詞章翰墨,脫穎不群。畫山水入宋、元之室,畫境蒼潤恬静。供奉内廷,寵眷特懋。《歷代畫史彙傳》卷一七、《(民國)杭州府志》卷一四六有傳。

此書卷前有乾隆四十一年厲氏自序,云見事物各有異名,欲類編成帙,以備省覽。後就館於杭城關氏,關子東皋性嗜書,所藏多善本,厲荃遂晨夕披覽,隨手摘録,積十餘年而資料漸豐。乾隆二十四年南歸,東皋命子關槐從遊,相與比勘搜輯,又爲增所未備,分類别部,三易其稿而成,前後達二十餘年。此書專收異名,以天、地、人、物爲次,分乾象、歲時、坤輿、郡邑、形貌、倫屬、爵位、品術、禮制、音樂、政治、人事、宫室、飲食、服飾、舟車、耕織、漁獵、器用、書籍、文具、武器等三十九部,部下再分類,如乾象部下又分天、日、月、星等類。每部先以正名爲目,次標異名,下引書以實之。有凡例廿二則詳叙其編例。全書採擇宏富,區别精審,隨事隨物,皆可沿流討源。

此書存世有乾隆四十一年四明古歡堂刻本及乾隆五十三年刻本。

此本據復旦大學圖書館藏清乾隆刻本影印。(劉薔)

稱謂録三十二卷　(清)梁章鉅輯(第 1253 册)

梁章鉅生平見前《農候雜占》提要。

此書道光二十八年(1848)自序述其編撰緣起,言梁氏受業阮元時,嘗論及古人稱謂無薈萃成編者,阮元勸其"試爲之"。梁氏乃於歸田餘暇,上溯經史,下逮百家,推證雅言,旁證俗語,條舉綱列,輯録成書,以輔《爾雅》、《戴記》、《小爾雅》、《方言》、《釋名》、《廣雅》之所未備。因後周盧辨曾撰《稱謂》五卷,載之《隋書·經籍志》,而其書不傳,梁氏因襲其名,名其書爲《稱謂録》。

此書分父、母、父黨、母黨、兄弟、子、女、宗室、百工、商賈、三姑六婆等七百三十八個類目,詞目五千四百餘條。凡稱謂立目,皆列舉

書證,輔以釋義。内容涉及親戚、師友、上下、同僚關係,各行各業、三教九流,可謂中國古代稱謂之集大成者。然梁氏編此書時客邸無書,故其中多有轉引自類書者,未及核對,多有舛誤。

全書定稿時梁氏已七十四歲,未及付梓,次年去世。其三子恭辰跋云於同治三年(1864)起校勘,光緒元年(1875)開雕,光緒十年竣工,距稿成已有三十六年。

此書《清史稿·藝文志》著録。民國《續修四庫全書總目提要》評謂:"其書善處,在於類别詳明,徵引縣博。然其弊也,亦正在是,既重詳明,則易流於巇縷;既重縣博,則難嚴於抉擇。要之稱謂之書,本屬鑿空而爲,後周盧辨曾《稱謂》之編,既不可見,得此一帙,亦足以備考矣。"

此本據清光緒十年梁恭辰刻本影印。(劉薔)

楹聯叢話十二卷　(清)梁章鉅撰(第 1254 册)

梁章鉅生平見前《農候雜占》提要。

梁氏有感於文話、詩話皆有專書,部列區分,無體不備,獨楹聯寂寥罔述,於是在廣西巡撫兼署學政任上編輯此書,以兩年公餘時間完成。卷前有道光二十年(1840)自序。書分故事、應制、廟祀、廨宇、勝迹、格言、佳話、挽詞、集句集字、雜綴諧語十門,凡古今佳聯雋句,網羅幾盡,共收聯話六百餘則,或叙述其緣起,或考訂其真僞,或品評其特色。其"故事"一門考輯自孟蜀"新年納餘慶,嘉節號長春"以來楹聯故事,如吳越王聯、真西山聯、朱子聯等,尤源源本本,如數家珍,真可以楹聯沿革視之。

梁氏於楹聯創作研究貢獻頗豐,不僅創立聯話這一文學評論形式,其楹聯著述如《楹聯叢話》、《楹聯續話》、《楹聯三話》、《楹聯剩話》、《巧對録》等,彙集五代至清同、光間楹聯近三千幅,集光緒以前楹聯之大成。許多名勝楹聯

及歷代流傳之巧聯妙對,賴其保存至今。

是書自道光間多次刊行,梁章鉅《歸田瑣記》云:"余撰《楹聯叢話》,初刻於桂林,一時頗爲紙貴。近聞粵西、湘南兩省皆有翻刻本,後至揚州,書坊亦欲謀翻刻,阮雲臺師爲慫恿余,允成之,於是又有揚州翻刻本。"存世通行本有道光二十年桂林署齋刻本、道光二十年環翠軒刻本、道光二十六年宜稼堂刻本、光緒十六年醉六堂刻本等。

此本據天津圖書館藏清道光二十年桂林署齋刻本影印。(劉薔)

楹聯續話四卷　(清)梁章鉅撰(第1254冊)

梁章鉅生平事迹見前《農候雜占》提要。

此書卷前有道光二十三年(1843)自序,略云《楹聯叢話》之輯,始於桂林節署,閱二年而稿成,首刊於桂林撫署。其間遠近同道寄示佳聯新作甚多,無法刻入前書;道光二十一年受命撫蘇,提兵海上,又多所見聞,於是仍依前編分門之例,着手編撰《楹聯續話》,於道光二十三年編成四卷。

此書沿《叢話》之體例,亦分故事、應制、廟祀等十門,收聯話三百三十則。每聯皆叙其緣起,附以品題,判若列眉,瞭如指掌。民國《續修四庫全書總目提要》亦贊此書堪與《叢話》比肩。

此書道光二十三年初刻於浦城。二十七年,梁氏又於溫州刊刻《楹聯三話》,收聯話一百三十多則,分上下兩卷,未標門類,僅繫以小標題,因仍前書之例,次序尚稱井然。此外梁氏《歸田瑣記》中有《楹聯剩話》數十則,其《浪迹叢談》、《浪迹續談》、《浪迹三談》中亦各有十餘則或數則聯話。

此本據天津圖書館藏清道光二十三年南浦寓齋刻本影印。(劉薔)

巧對錄八卷　(清)梁章鉅撰(第1254冊)

梁章鉅生平事迹見前《農候雜占》提要。

此書爲梁氏輯撰《楹聯續話》之時所輯,完稿於道光二十二年(1842),初刊於道光二十九年。卷前有梁氏自序,言其輯《楹聯叢話》,多爲朋好錄貽,其中巧儷駢詞,梁氏以爲是對而非聯,二者語雖通而體自判,於是別載而存之,復搜取説部諸書及前後所記憶,彙次成帙。此書未標門類,亦無標題,但每條皆從原書錄出,所採對語配隸悉能勻稱,斐然可觀。

民國《續修四庫全書總目提要》稱此書"集古今巧對之大成",并贊梁氏著書謹嚴淵雅。梁氏子恭辰隨父遊學二十年,官至溫州知府,後繼承父學,編撰有《楹聯四話》及《巧對續錄》。

此本據天津圖書館藏清道光二十九年甌城文華堂刻本影印。(劉薔)

時務通考三十一卷　(清)杞廬主人等撰(第1254—1259冊)

杞廬主人,姓氏生平無考。

此書卷前有自序,盛贊西方政治、學術,故時取其法而行,以輔政教之不逮。又因時務典籍缺乏統彙之書,於是糾集同志,貫串群言,合爲此書。全書共三十一科,每科爲一卷,計有天算、地輿、公法、約章、使臣、税則、錢幣、禮制、兵政、律例、工政、鐵路、礦務、電報、郵政、農桑、商務、教務、學校、官制、議院、史學、算學、化學、電學、重學、汽學、聲學、光學、測繪、醫學,都三百萬言。每卷體例不盡相同,或分原始、總論、正文三部分,或僅總論、正文,或僅正文。"原始"簡述學科歷史;"總論"概述學科特徵、分支、概念等;"正文"不分章節,以知識點爲標題,加以闡釋説明。此書秉承《文獻通考》之意圖,接續《皇朝通考》而來,故有"通考"之名,實爲晚清維新變法和新政時期以傳統類書形式出現之西學資料彙編。

吳大澂稱道此書"凡環球各國是非得失、

大小强弱之故,鱗集錦萃,一經披覽,靡不了然,談經濟者幾於家置一編,奉爲善本,備異日敷陳規劃之資"(《時務通考續編》序)。民國《續修四庫全書總目提要》稱其可謂薈萃纂輯列邦政治學術書之濫觴。

此書於清光緒二十三年四月由上海點石齋石印發行。此本據上海辭書出版社圖書館藏本影印。(劉薔)

小説家類

燕丹子三卷　　(清)孫星衍輯(第1260冊)

孫星衍生平見前《孔子集語》提要。

此書作者及成書時間說法不一。孫星衍《燕丹子叙》稱此書乃燕太子丹死後其賓客所撰。《文獻通考·經籍考》引《周氏涉筆》、宋濂《諸子辨》、魯迅《中國小説史略》等均視之爲秦漢之書;胡應麟《少室山房筆叢·四部正訛下》、《四庫全書總目》以爲成於東漢應劭、王充之後,唐以前;羅根澤《燕丹子真僞年代之舊說與新考》定在蕭齊時,又有人得今本《燕丹子》未載之燕太子丹佚事,認爲其事廣泛流傳於秦漢間,則此書應成書於漢代甚至更早。

全書不足四千字,叙燕太子丹自秦歸國,養荊軻報仇事。其事與《戰國策》、《史記》所記基本相同,但其中"烏白頭"、"馬生角"等情節,顯然來自民間傳說。此書文辭古雅,情節奇幻,胡應麟目爲"古今小説雜傳之祖"(《四部正訛下》)。

此書最早著録於《隋書·經籍志》小説家類,作三卷。《舊唐書·經籍志》作三卷,《新唐書·藝文志》作一卷,均題燕太子撰,當屬誤題。《永樂大典》卷四九〇八所載爲一卷。四庫館臣從《永樂大典》中輯出,列入小説家類存目。孫氏由紀昀處傳得鈔本,加以校勘,先後刻入《岱南閣叢書》、《問經堂叢書》、《平津館叢書》。

此本據復旦大學圖書館藏清乾隆刻孫氏《岱南閣叢書》本影印。(占驍勇)

譚賓録十卷　　(唐)胡璩撰

胡璩,字子溫,成都(今屬四川)人,故宅位於三學山廉院東北。會昌五年(845),武宗勒天下僧尼還俗,并省天下佛寺,"胡氏璩文而好古,惜少保(薛稷)之迹不存於鄉,迺操斤挾黨,力剗於頹垚之際,得人三十七,頭馬八足;又於福勝祠獲展氏子虔天樂二十五身,及鄉之名工李氏感天樂十二色,皆神傳異迹,嵌於茅亭之壁",保留了當時浮圖神品。事迹具《益州名畫録·胡氏亭畫記》等。

此書《新唐書·藝文志》小説家類、《文獻通考》均著録十卷,宋代如《太平廣記》、周守忠《歷代名醫蒙求》、宋敏中《類編長安志》等多有引用。《類編長安志》卷九《勝遊》"杏園賜宴"條引《譚賓録》云:"杏園,與慈恩寺南北直焉。唐新進士放榜,賜宴於此……大中元年正月,放進士榜,依舊宴杏園。"提及宣宗大中元年(847),因此,《新唐書·藝文志》所言胡璩"文、武時人"當有誤,且此書當成于大中元年後。

此書留心史實,專注於政治、軍事、文化等領域有重要影響的人物,帝王、王子、貴妃、文臣、武將、名醫、畫家、樂師等各類人物均有涉及。其中對大唐初興、遠征遼東、安史之亂、抗擊匈奴等事關唐朝重大事件的武將有突出描寫,尉遲敬德、李密、狄仁傑、郭子儀、封常清、哥舒翰等刻畫生動,一些内容與《新唐書》、《舊唐書》所寫相通互見,可以互參。

全書原爲十卷,似在元明之間散佚。《類書》、《紺珠集》、《説郛》諸書所引僅見數條。清人曾將《太平廣記》所引此書一百二十則輯鈔爲十卷。鈔本唐玄宗作"唐元宗"(卷七),可知當成於康熙之後。所知鈔本有兩種:丁丙《善本書室藏書志》所藏,後歸南京圖書館;陸心源《皕宋樓藏書志》所藏,今在日本静嘉堂文庫。

今據南京圖書館藏清鈔本影印。(陳國軍)

三水小牘二卷逸文一卷附錄一卷　(唐)皇甫枚撰　繆荃孫校補 (第1260册)

皇甫枚,字遵美,號三水人,郡望安定朝那(今甘肅靈臺)。唐撫州刺史皇甫煒子,約生於大中十年(856),咸通十四年(873)中第,出爲魯山主簿。後梁開平四年(910)"寓食汾晉",撰成《三水小牘》。生平事迹見宋晁載之《續談助》卷三《三水小牘》、《全唐文補遺》册四所收《唐故朝議郎使持節撫州諸軍事守撫州刺史柱國皇甫公墓志銘》等。

繆荃孫(1844—1919),字炎之,一字筱珊,晚年號藝風,江陰(今屬江蘇)人。光緒二年(1876)進士,爲翰林院庶吉士,後參修《順天府志》。八年,充國史館協修、纂修。後曾受聘江蘇南菁書院、西郊書院、山東濼源書院和湖北經心書院。二十一年,受張之洞聘請編纂《湖北通志》,後任教鍾山書院,爲江楚編譯書局總纂,籌辦兩江師範學堂,創建江南圖書館與京師圖書館。民國三年(1914)任清史館總纂。著有《藝風堂文集》、《藝風藏書記》等。生平事迹見《藝風老人年譜》等。

皇甫氏爲名門望族,世食唐禄,忠於唐室,唐亡後皇甫枚雖寓食汾晉,仍用唐代年號,示不忘舊,又且富"春秋學",因而每於篇末以"三水人"評論,發彰忠烈、斥暴逆之史贊。此書雖多有唐末仙靈鬼異之事,但大要歸於儒家,創作意旨在於"妖由人興,可爲戒懼"。此書文采富贍,《非烟傳》、《却要》、《魚玄機》、《王知古》等篇曲折有致、典雅委婉,在後世頗有影響,允爲佳作。清李慈銘《越縵堂讀書記》卷八評此書曰:"叙述濃至,傳義烈事亦簡勁有法。雖卷帙甚寡,自稱名作也。"

此書《崇文總目》傳記類著録爲二卷,《直齋書録解題》小説家類則作三卷。此書原有序,舊刻本已佚。宋《續談助》、《類説》、《太平廣記》、《紺珠集》等多有援引,元《説郛》及明《古今説海》亦見摘録。明嘉靖間姚咨鈔本、秦汴刻本、清盧文弨抱經堂刻本、阮元《宛委别藏》刻本、繆荃孫雲自在龕刻本均出自明楊儀藏本。

此書散逸,代有輯佚。除今所傳二卷殘本存三十五條外,繆荃孫輯得軼文十二條,復可從《類説》輯録佚文十四篇,李劍國從明鈔本《太平廣記》輯得佚文二則,是則《三水小牘》今可見者,凡六十三條。

今據華東師範大學圖書館藏清光緒十七年繆氏雲自在龕刻本影印。(陳國軍)

友會談叢三卷　(宋)上官融撰 (第1260册)

上官融(995—1043),字仲川,其先華陽(今屬四川成都)人,後家於濟陰縣沛郡鄉(今屬山東定陶)。融幼專詞學,隨侍其父佖,宦遊南北。舉進士不第。後賜同學究出身,授信州貴溪縣主簿,升蔡州平興縣令。吴安道移使淮南,奏掌真州鹽倉。段希逸與時賢七人復舉於朝,旋以疾病,除太子中舍致仕。慶曆三年(1043)卒。事迹見范仲淹《范文正公集》卷一三《太子中舍致仕上官君墓志銘》、《(嘉靖)廣信府志》卷八、明茅元儀《暇老堂雜記》卷三一等。

據自序,此書爲作者"隨侍南北"以及接談縉紳所得,故多所遊所居之地如晉州、亳州、開封、浦城、濟陰等有關名人逸事、市井風俗故事。書中雷神重罰吕焕、米信之子奢靡敗家、吕蒙中抛棄僕人而船没家亡、潘閬戲弄柳開、各地"凶宅"傳説等均摹寫生動,新巧别致。此書以袁郊《甘澤謡》、李玫《纂異記》爲模擬對象,因"讀古今小説泊志怪之書多矣"(自序),所記多涉神奇怪異,志怪趣味濃厚;文末所繫議論,雖可見勸懲之意,然"頗不軌於正"(陸心源《刊友會談叢叙》)。

《四庫闕書目》、《秘書省續編到四庫闕書目》、《通志》、《宋史》均著録上官融《友會談叢》三卷。《直齋書録解題》、《文獻通考》作一卷。現存於《廣四十家小説》、《稽古堂叢刻》、《宛委別藏》、《十萬卷樓叢書》等。此書上、中卷各九條，下卷十二條，凡三十條，不合自序所言"六十事"，清阮元《四庫未收書目提要》以爲"非有缺佚，或六爲三之誤字"。

今據復旦大學圖書館藏清光緒六年陸心源刻本影印。（陳國軍）

客座贅語十卷　（明）顧起元撰（第1260冊）

顧起元（1565—1628），原名張始，後復本姓，字鄰初，一作璘初，一字太初、啓元、貞復，號武陵仙史、遯園居士。本籍蘇州昆山，以應天金吾衛籍入仕。生而穎慧，萬曆戊戌（1598）會試第一，殿試第三，授翰林院修撰，直起居注；編纂六曹章奏，分考甲辰禮闈，未幾乞歸。起南京國子監司業，兼掌翰林院印，以母喪去位，再召不赴，升國子監祭酒，再遷南京吏部右侍郎。天啓元年，改吏部左侍郎，兼翰林院協理詹事府事、纂修兩朝實録副總裁。當朝欲引以大拜，起元避居遯園，七徵不起，友人題其小築曰"七召亭"。居家絶迹公府，惟涉地方利弊而力争之。崇禎元年（1628）卒，後謚文莊。起元學問賅博，凡古今成敗、人物賢否、諸曹掌故，無不通曉，所著有《嬾真草堂集》、《説略》、《顧太史編年集》等。事迹見《石匱書後集》卷五八、《江南通志》卷一六三等。

此書前有萬曆丁巳夏自序云："余頃年多愁多病，客之常在座者，熟余生平好訪求桑梓間故事，則争語往迹近聞以相娛，間出一二驚奇誕怪者以助驩笑，至可以裨益地方與夫考證載籍者，亦往往有之。"萬曆戊午孟秋"再識"云："此書乃數年來所札記者，因隨手所書，原無倫次。頃二年中以病兀坐，長日無聊，小爲編叙，以散懷送日。"知此書積累有

年，萬曆四十五年（1617）開始編撰，次年七月校定完畢。

此書爲作者隱居遯園之後所著，所記爲留都南京的"往迹近聞"，舉凡時序人紀、方言俗語、字學書畫、服飾居室、風景名勝、科舉學校、典章制度、街道坊巷、寺觀祠堂、釋道仙神等靡不載記。作者留心桑梓，長於考證，兼之嘗"編纂六曹奏章"，并在南京爲官，因此書中所記諸事，對研究明代南京社會風貌、人文氛圍、政經變化等頗有裨益，爲南京文獻之佼佼者。

此書《明史·藝文志》、《千頃堂書目》、《海源閣書目》、《嘉業堂藏書志》均曾著録，刻本今存萬曆四十六年戴惟孝刻十卷原刊本和光緒三十二年傅春官《金陵叢刻》本。原刊本有顧起元前序和卷末識，《金陵叢刻》本删去。鈔本、節本分別爲藏於臺北圖書館之清末手鈔《客座贅語摘鈔》及清周在都《賴古堂藏書》一卷本。

今據南京圖書館藏明萬曆四十六年刻本影印。（陳國軍）

剪桐載筆一卷　（明）王象晉撰（第1260冊）

王象晉（1561—1653），字子進、藎臣，號康侯，自號明農隱士、賜閑老人、好生居士、群芳主人等，新城（今山東桓臺）人。新城王氏爲明代望族，子姓科第最盛。象晉秉承家風，萬曆三十二年（1604）進士，授中書舍人，四十一年調禮部儀制司主事，以京察，調外補江西按察司，未赴，再遷禮部精饍司員外郎。繼母路太夫人亡，服闋補本部儀制司，陞按察使副使備兵淮揚。其間，平海濱巨盜王虎子、通州民變、漕卒之亂，以功升河南按察使司。宗室蘭陽王起大獄，晉力持之，所全活甚衆。爲按察使經年，遷浙江右布政使司。崇禎十一年（1638）致仕，優遊林下二十年，以著述課孫爲事，所著有《賜閑堂集》、《二如亭群芳譜》、《清寤齋欣賞編》等二十餘

種,年九十三卒於家。生平事迹見清姜宸英《湛園集》卷五《新城王方伯傳》、清《(康熙)新城縣志》卷七等。

此書取名"剪桐",典出《吕氏春秋》:"成王與唐叔虞燕居,援梧葉以爲圭,而授唐叔虞曰:'余以此封女。'"後世遂以"剪桐"爲分封典實。王士禎《古夫于亭雜録》卷三載:"先大父尚書府君,明天啓中,以儀制郎扈惠王之國,著《剪桐載筆》一卷。"惠王即朱常潤,據《熹宗實録》,惠王天啓元年(1621)三月仍封荆州,以湘王故城改建王宫(卷六),天啓七年二月以兵部侍郎吕純如、都指揮張無孫護送惠王,三月辭奉先殿之國,七月"將屆楚境"(卷八六)。《明史》卷一二〇惠王本傳亦云:"天啓七年之藩荆州。"又據王象晉《剪桐載筆叙》"荆州之役,自春迄秋,日月既賒,閉寂又甚,間操毛穎,用祛睡魔",知此書寫於天啓七年三月至七月間。

此書清《鳴野山房書目》卷五、《續文獻通考》卷一八一等著録,《四庫全書總目》子部小説家類存目。作品分賀、啓、傳、賦、解、説、記七類,其中賀、啓、賦各一篇,傳類八篇,解類兩篇,説類三篇,記類五篇,凡二十一篇。卷首《今上登基表》、《惠殿下升位啓》,四庫館臣譏爲"尤不倫",然實爲瞭解全書創作緣起的重要文獻。《蚊賦》遊戲爲文,《四君厚德解》、《四君孰優解》、《燕婦奇妒説》、《鬥鷄説》等借事立論。此書《四庫全書總目》著録於小説家類,主要是因爲書中八篇傳類小説和五篇記類作品。傳類作品以維護赤身避火少女清白、鬼使爲孝所感、聽獄平反冤案、小妾誓死事主、僕人冒死救主等,表達"褒善"之心。《異僧記》、《燕僧記》、《丹客記》等則以世人溺於因果、僧人奸淫不法諸事説明僧道并非"人人福田"。

書中多記奇聞異事,富於故事性。如《丹客記》一篇,與馮夢龍《古今談概》卷二一《丹客》(《智囊補》一篇同),均述丹客以騙術謀

人錢財事,爲凌濛初《拍案驚奇》卷一八《丹客半黍九還　富翁千金一笑》故事所本。《燕僧記》揭露佛門寺僧不守清規,奸騙婦女,好色縱淫。《燕婦奇妒説》一篇用誇張手法刻畫妒婦心理。

此書存毛晉刻本、《王漁洋遺書》本等。今據復旦大學藏毛晉汲古閣刻《王漁洋遺書》本影印。(陳國軍)

陶庵夢憶八卷　(清)張岱撰 (清)王文誥評 (第1960册)

張岱生平見前《夜航船》提要。王文誥(1764—?),字純生,號見大,仁和(今屬浙江杭州)人。工詩善畫,以撰《蘇文忠公詩編注集成》知名。

此書作於崇禎十七年(1644)後,乃張岱晚年之作。清末《八千卷樓書目》著録於小説家類,實應與《西湖夢尋》同著録於史部。屬之小説家,蓋由其描寫較多且含感情,不類史書,今人則多視之爲文學作品。然作者實無意於文辭,《琅嬛文集》卷一《夢憶序》云:"遙思往事,憶即書之……不次歲月,異年譜也;不分門類,别志林也。偶拈一則,如遊舊徑,如見故人,城郭人民,翻用自喜,真所謂癡人前不得説夢矣。"可知作者實意欲存史,寄托故國之思。伍崇曜跋將此書與《東京夢華録》、《夢粱録》相提并論,最爲恰當。此書採用筆記體,述遊歷,記民俗風情,可謂亦文亦史。

此書乾隆四十年金忠淳據鈔本刊入《硯雲甲編》,題《夢憶》,一卷四十三則,書前有序,不著撰人,或誤以爲金忠淳作。末有金氏跋。乾隆五十九年王氏得更全之鈔本,釐爲八卷刊行於世,共一百二十三則,遠多於金本,然無金本《魯王》、《蘇州白兔》、《草妖》、《祁世培》四則及《鍾山》末段。此本有金本原序、王氏自序,王氏評語冠以"純生氏曰"綴於各篇之末。後又有道光二年王文誥序巾箱本八

卷。《粵雅堂叢書》初編第二輯據王本收入此書,前有金本原序,末有伍崇曜跋,咸豐二年刊。以後諸本如同治十三年刻本、《説庫》本等均據此本。

今據國家圖書館藏清乾隆五十九年王文誥刻本影印。（占驍勇）

堅瓠集四十卷（甲集四卷乙集四卷丙集四卷丁集四卷戊集四卷己集四卷庚集四卷辛集四卷壬集四卷癸集四卷）續集四卷廣集六卷補集六卷秘集六卷餘集四卷（甲集卷一至丁集卷四）　（清）褚人穫撰（第1260—1262冊）

褚人穫（1635—？）,字稼軒,一字學稼,別署石農、長洲後進没世農夫,長洲（今江蘇蘇州）人。困於科場,設四雪草堂,以印書爲業,曾編刊《封神演義》、《隋唐演義》。康熙五十八年（1719）仍在世。撰有《堅瓠集》、《讀史隨筆》、《聖賢群輔録》等。事迹見此書諸序。

此書《八千卷樓書目》小説家類著録,實應屬子部雜家類。孫致彌總序稱其“搜録秦漢以迄故明歷代佚事,并訪諸故老之舊聞,摘其佳事佳話之尤者,次爲一編”,又徐琛《七集序》云:“凡事有不經見可資談笑者,往往筆之於書,時復自出己意以褒貶論定之。”褚氏纂輯之法由此可知。事不經見,因多引僻書;可資談笑,則爲娛讀者。作者論詩談藝,并無過人之論;考史鈎沉,精彩往往在於引文而非按語、論斷。博而不精,但採輯較廣,保存珍貴資料極多。

此書今存康熙間四雪草堂刊本,乃自刻本。前有康熙二十九年自撰《堅瓠集引》,可知初刊於此時。《引》云:“余將盡出所録以公同志,亦冀諸君子各出其所藏韻語佚事,郵寄寒門,用光拙刻,則又鄙人所深願也。”則刊書之時,已有續作之意。各集均有序,二集有康熙三十年彭榕序,三集有康熙三十一年褚篆序,可知康熙二十九年所刻僅首集四卷,之後

每年刻一集。全書卷首有孫致彌康熙三十四年總序,此當爲十集刻成之時間。刻成十集後改名《續集》,亦四卷,後名《廣集》、《補集》、《秘集》,均六卷,最末爲《餘集》,四卷,合計六十六卷。《秘集》有康熙三十九年尤侗序,《餘集》有康熙四十二年張潮序。全書刻成之後,又有增補,如《補集》卷六《後戲目詩》載康熙四十三年詩。

此書又有道光十二年尋春書屋刊本、《清代筆記叢刊》、《筆記小説大觀》、民國十五年柏香書屋校印本等。《筆記小説大觀》本曾多次影印,然與四雪草堂本頗有不同,如三集本之褚篆序换爲毛宗崗序,卷首《堅瓠集引》亦刊落等,并非善本。

今據上海圖書館藏清康熙刻本影印。（占驍勇）

不下帶編七卷　（清）金埴撰（第1262冊）

金埴（1663—1740）,字苑孫,一字小郊,號礨門、鰥鰥子、聾翁、淺人,晚號帶秋老人,紹興（今屬浙江）人。諸生,屢試不第,以教館遊幕爲生。與清初名流王士禛、毛奇齡、趙執信、仇兆鰲、洪昇、孔尚任等人均有交往。另著有《巾箱説》、《兗州縣志》等。事迹散見此書及《巾箱説》。

此書記載當時文人士大夫遺聞佚事,社會習俗,科場掌故。尤喜論詩談藝,每卷均下標“雜綴兼詩話”,解説本事,摘録雋句、妙聯,鈎稽詩人生平事迹,有助於知人論世。《孟子》有“不下帶而道存”之語,朱熹注云:“古人視不下於帶,則帶之上乃目前常見至近之處也。舉目前之近事,而至理存焉。”書名即取此義。

此書乃作者晚年所作,生前未見刊行,有稿本。1982年中華書局將其收入《清代史料筆記叢刊》,始爲世人所知。今據中國社會科學院歷史研究所藏稿本影印。（占驍勇）

重論文齋筆録十二卷　（清）王端履撰（第1262冊）

王端履，一名履端，字子臨，號小毅，蕭山（今屬浙江）人。少承其父宗炎及族父紹蘭之教，有志讀書。宗炎乾隆四十五年（1780）進士，藏書甚富，號十萬卷樓，校勘極精。端履嘉慶十九年（1814）進士，官翰林院庶吉士，早歲歸田，著書、教授以終其身。

此書隨手雜録，多載佚聞舊事，朋友過從，典章掌故，文壇佳話，民風民俗，讀書心得。記述之餘，間附考證。大抵記人記事者多，詁經證史者少，故昔人曾以筆記小説視之。李慈銘《越縵堂讀書記》頗採其詁經之文，然又云："惟多存其自作之詩，詩又不甚工，且至載其場屋試律及鄉曲酬應瑣事，至爲可厭耳。"

此書有道光二十六年受宜堂刊本、《紹興先正遺書》第三集本、《筆記小説大觀》本。今據華東師範大學圖書館藏清道光二十六年受宜堂刻本影印。（占驍勇）

清嘉録十二卷　（清）顧禄撰（第1262冊）

顧禄，字總之，一字鐵卿，自署茶磨山人，吳縣（今屬江蘇蘇州）人。清嘉慶道光間人。時人韋光黻《聞見闡幽録》載其爲附生，刻《清嘉録》、《桐橋倚棹録》，日本國重鋟其版，稱爲才子。後因事繫於官，旋以疾卒。所著尚有《頤素堂詩鈔》、《桐橋倚棹録》等。事迹散見此書諸序。

據此書例言，其書爲顧氏二十五歲丁母憂居家數年間積吳地風土見聞而成。書名係節取陸機《吳趨行》"山澤多藏育，土風清且嘉"之語。此書乃效張勃《吳録》、陸廣徵《吳地記》、范成大《吳郡志》、王鏊《姑蘇志》而作，均以吳人而記吳事，當入史部地理類，昔人以筆記小説視之，或因其間録雜事異聞。全書以十二月爲序，記述蘇州一帶節令習俗、民風謡諺，大量引證古今地志、詩文、經史，并逐條

考訂，文筆優美，叙事詳實。

此書初刻於道光十年，前有顧承序、顧日新序、作者例言及題詞若干首。後其書傳至日本，日人重之，翻刻本頗多，較早有天保八年（1837）刊本，增入日人朝川鼎序及題詞數篇。光緒四年葛元煦據日本刊本重刻，收入《嘯園叢書》，然删去日人序及題詞。光緒十七年上海樂善堂又據日本翻刻本重刊，收入朝川鼎序，一題《吳門風土記》。《小方壺齋輿地叢鈔》第六帙收入節本，改名《吳趨風土録》。後來之翻印本皆據日本刊本，如《筆記小説大觀》本即據《嘯園叢書》石印。然日本刊本錯誤頗多，如將《事物紀原》作者宋人高承誤作唐人，《野獲編》作者沈德符誤爲孫德符等，至於引文錯誤則更多。今據華東師範大學圖書館藏清道光刻本影印。（占驍勇）

兩般秋雨盦隨筆八卷　（清）梁紹壬撰（第1263冊）

梁紹壬（1792—?），字應來，號晉竹，錢塘（今浙江杭州）人。道光元年（1821）舉人，官至內閣中書。據此書道光十七年（1837）年其表弟汪適孫序"君之書成，而君之身杳矣"之語，可知其亡於此年之前。所著尚有《蘇小小考》、《韻蘭序》、《兩般秋雨盦詩選》等。

此書前有汪適孫序，稱全書宗旨約有四端：一曰稽古，則《經典釋文》之遺也；一曰述今，則《朝野僉載》之體也；一曰選勝，則模山範水卧遊之圖也；一曰微辭，則貶愚訂頑徇路之鐸也。汪序又稱其選義考辭，無愧雜家之作，則視之爲雜家之書可知。作者學識淵博，見聞又廣，故此書內容豐富。

此書《清朝續文獻通考·經籍考》著録於小説家類。道光十七年錢塘汪氏振綺堂刊巾箱本爲原刊本，八卷，前有汪適孫序。光緒十年錢塘許氏吉華堂重刊，末增王坤後序，許之璠跋。此本流通甚廣，《清代筆記叢刊》、《筆記小説大觀》均據之翻印。另有文德堂本、

光緒十八年蘭溪銅活字本、宣統元年上海掃葉山房石印本等。

今據清道光十七年汪氏振綺堂刻本影印。（占驍勇）

客窗閑話八卷　（清）吳熾昌撰（第1263冊）

吳熾昌，號薌厈，鹽官（今屬浙江海寧）人。嘉道間諸生，嘉慶七年（1802）秋應舉於杭州，十三年遊幕揚州，二十五年奔走於滄州、保陽之間，道光間遊幕於燕趙一帶。

此書道光十四年（1834）成於保定，另有《續集》道光三十年成於寶坻。《續集》有其弟吳靖符題詞"遂謝制舉專讀律"云云，可知吳氏遊幕時專攻刑名之術。此書所載訟師之多，他書少見，正由於此。

此書爲較純粹之志怪小說。宋明以來志怪多記新聞，如《夷堅志》，至乾嘉間此風不易。然此書開卷即《明武宗遺事》，故其趣味不在新聞，而在故事。作者喜將同類故事置於一處，如《鳶仙五則》、《騙子十二則》、《談鬼十二則》、《科場五則》等，關注情節之新異，而於故事發生時間地點不復措意，人物亦多以"某"代替，蓋無意於徵信。多取材於前代之書，而後來小說取材於此書者亦甚多。

此書八卷，初刊於道光十九年，前有道光四年長白山人序與道光十四年自序。後出之《續集》八卷初刊於道光三十年，前有同年中秋自序。兩集均爲"敬義堂藏板"。後光緒刻本收正續兩集，序言照錄道光刻本自序，僅將刻印時間改爲光緒元年。又有光緒元年滋蘭堂刻本，光緒二年排印《申報館叢書》本，均正集八卷續集八卷。《清代筆記叢刊》、《筆記小說大觀》本皆作初集四卷續集四卷，乃節選，非全帙。《筆記小說大觀》本僅存一序，序文同長白山人序，然署名則改爲"光緒戊申（三十四年，1908）孟夏古鹽補留生重志於逍閑軒"。吳氏弟靖符，著有《附客窗閑話》二卷，今存《海昌俞氏叢刻》本。今據遼

寧省圖書館藏清光緒元年味經堂刻本影印，無《續集》。（占驍勇）

甕牖餘談八卷　（清）王韜撰（第1263冊）

王韜生平見前《西學圖說》提要。

此書分門別類，載所見所聞。首爲忠黨殉節之事，次爲貞女死難之事。又載各國政教風俗，間附維新改良之論。末載太平天國事，雖語多污蔑，然亦可窺洪、楊敗死之故。最可觀者當爲對西學之介紹，如《英人倍根》首次介紹培根之《新工具》，譯爲《格致窮理新說》；又如《西儒實學》云："近日西儒入中國，通覽中國文字，著書立説者，紛然輩出，而皆具有精意，卓然可傳。"故介紹當時英美來華漢學家頗多。此書不主"以蹈虛勝"，而主"以徵實勝"。

此書最早刊本爲清光緒元年申報館鉛印本，收入《申報館叢書》正集近事雜志類，八卷，有同治十二年林昌彝序，光緒元年縷馨仙史（蔡爾康）序，錢徵跋。後《筆記小說大觀》、《清代筆記叢刊》據此收入。今據華東師範大學圖書館藏清光緒元年申報館鉛印本影印。（占驍勇）

珊瑚舌雕談初筆八卷　（清）許起撰（第1263冊）

許起，字壬匏，長洲（今屬江蘇蘇州）人。諸生，與王韜、蔣敦復等交遊。

書前王韜序稱此書得於"離亂之餘"，將其與黃叔琳《淞南閑録》、《硯北叢鈔》相比。許氏自序言其所記并非杜撰，蓋爲紀實。內容主要記平日之見聞，述邇年之閱歷，其中有關太平天國、上海局勢、中西關係諸事有助於考史。讀書劄記外，偶鈔撮逸書如《消夏閑記》、《紅蘭逸乘》。雖云初筆，但未見續作。

此書《八千卷樓書目》小說家類著録。最早刊本爲光緒十一年弢園刊木活字巾箱本，八卷，有光緒十一年王韜序，光緒九年自序。

民國十年上海廣益書局鉛印本據此,然合爲四卷一百二十四篇,改題秘本筆記《珊瑚舌雕談》。民國二十八年江蘇省立蘇州圖書館出版《珊瑚舌雕談摘鈔》,摘錄原著中有關當時藝苑及涉及吳中文獻者共五十三篇。今據復旦大學圖書館藏清光緒十一年木活字本影印。（占驍勇）

三借廬贅譚十二卷　（清）鄒弢撰（第1263冊）

鄒弢（1850—1931）,字翰飛,號瀟湘館侍者、司香舊尉、瘦鶴詞人、酒丐等,晚號守死樓主,無錫（今屬江蘇）人。諸生,旅居上海,光緒九年（1883）與黃式權同主益聞館筆政,此間與上海報界名流如王韜、杜求煜等交好。間亦遊幕,晚年教學於上海啓明女學。另著有《澆愁集》等。事迹見《説苑珍聞》及其所著書。

此書内容駁雜,葛其龍序稱"卷中所載,大抵表揚忠烈,闡發貞烈,以及搜羅山林之佚稿、閨閣之殘編,足備異日輶軒之採。至於傳奇述異,結撰維新,亦自別饒風趣"。卷四《小説之誤》記清乾隆時杭州賈人女酷嗜《紅樓夢》成疾,其父母恨而投是書於火,女在牀大哭,氣噎而死;蘇州金姓女亦因喜讀《紅樓夢》而得癲癇疾,動輒出走,稱往警幻天見瀟湘妃子。後世學者常以此爲《紅樓夢》影響之證明。

此書《中國叢書綜録》著録於小説類雜録之屬,十二卷。今見最早刊本爲光緒十一年《申報館叢書餘集》本,前有光緒七年潘鍾瑞序及光緒十一年葛其龍序。後《清代筆記叢刊》、《筆記小説大觀》第七輯據之石印,改題《三借廬筆譚》。今據南京圖書館藏清光緒鉛印《申報館叢書餘集》本影印。（占驍勇）

蕉廊脞録八卷　吳慶坻撰（第1264冊）

吳慶坻（1848—1924）,字子修,一字敬疆,號補松老人,錢塘（今浙江杭州）人。吳振棫孫。光緒十二年（1886）進士,改翰林院庶吉士,散館後授編修。歷任四川學政、湖南提學使、政務處總辦、資政院碩學通儒議員。辛亥革命後以遺老自居,曾輯《辛亥殉難記》八卷。著作甚豐,有《補松廬文録》、《詩録》等。辛亥後所作之詩另編爲《悔餘生詩》。事迹見姚詒慶《清故湖南提學使吳府君墓志銘》。

此書八卷,分爲國聞、里乘、忠義、經籍、金石、書畫、嘉言、雜記八類,其中國聞兩卷,嘉言、雜記合爲一卷。國聞多載朝章國故,搜録不少奏章、書牘等原始材料,如所録端肅遺事密劄,有助於考史;里乘專記浙江一省名人逸事、名勝古迹,此與作者曾修《杭州府志》、《浙江通志》有關;經濟、金石、書畫三卷資料多來自收藏或經眼;嘉言則撮録清人家誡、家訓;雜記則無所不有,間附異聞。

此書吳氏生前未定稿,歿後由長子士鑑整理分類,劉承幹作序校刊,刻印問世,即民國十七年南林劉氏求恕齋刻《求恕齋叢書》本。今據以影印。（占驍勇）

山海經箋疏十八卷圖贊一卷訂譌一卷叙録一卷　（清）郝懿行撰（第1264冊）

郝懿行生平見前《寶訓》提要。

《山海經》自晉郭璞作注後,明清兩代校箋迭出,尤以清吳任臣《山海經廣注》與畢沅《山海經新校正》爲傑出。郝氏自叙中稱,吳氏廣收博採,畢氏以今證古,各有千秋,然於辨析異同、刊正訛謬尚未詳備。郝氏并採二家所長,箋以補注,疏以證經,仍爲十八卷,篇末另附《訂譌》一卷。

此書不務虛誕,實事求是,阮元序稱其"精而不鑿,博而不爛",可謂集大成之作。今人袁珂《山海經校注》評價郝氏"通才卓識,多所發明,後來居上,冠於諸家",然其不足在於以人事現象釋神話,混神話於歷史。或以爲郝氏拘牽本字本義,不及王念孫"就古音以求古義,引申觸類,不限形體"之善。

此書最早爲嘉慶十四年阮氏琅環仙館刊

本,前有阮元序。湖北省圖書館藏本有楊守敬批并題識,價值頗高。後有同治四年東路廳署刊《郝氏遺書》本、光緒八年重刻《郝氏遺書》本。流傳較廣者則爲光緒十二年上海選讀樓校刊本,有江標重刻後序。又有光緒二十年上海書局石印本、民國六年《龍溪精舍叢書》本等。今據清嘉慶十四年阮氏琅環仙館刻本影印。(占驍勇)

玄中記一卷補遺一卷 (晉) 郭璞撰 (清) 茆泮林輯 (第 1264 冊)

郭璞(276—324),字景純,建平太守郭瑗之子,河東聞喜(今屬山西)人。惠帝末避亂之江南,爲宣城太守殷祐、王導參軍。晉元帝即位用爲佐著作郎,遷尚書郎。丁母憂未服闋,王敦強起爲記室參軍。敦二度起兵作難,璞爲之卜筮,太寧二年(324),璞筮王敦起兵爲"無成",敦怒斬之,年四十九,後追贈弘農太守。郭璞好經術,博學有高才而訥於言論,詞賦爲中興之冠,好古文奇字,妙於陰陽、算曆、五行、卜筮之術,所著有《晉弘農太守郭璞集》、《山海經圖贊》、《周易新林》等。生平事迹見《晉書》等。茆泮林(?—1845),字魯山,號雩水,高郵(今屬江蘇)人。道光間稟生。好藏書,室名梅瑞軒,力學好古,道光十四年(1834)至二十二年積數年之力成《十種古逸書》,著有《甓社餘聞》等。生平事迹見《清儒學案》卷一八〇等。

此書一題《郭氏玄中記》,未題作者姓名。宋劉敬叔《異苑》卷三,魏酈道元《水經注》原序、卷三五、三七,梁宗懍《荆楚歲時記》等均援引其文,知其爲南北朝前古書。梁釋僧祐《弘明集》卷一四録釋竺道爽《檄太山文》,稱:"故黄(古萊子之國)羅子經《玄中記》曰:'夫自稱山嶽神者,必是蟒蛇;自稱江海神者,必是黿鼉魚鱉。'"羅子經,未明何人,所引《玄中記》,也未見現存此書。將此書指實爲郭璞所作,始於南宋初人羅蘋《路史發揮》

卷二《論盤瓠之妄》:"《玄中》之書,《崇文總目》不知撰人名氏,然書傳所引皆云《郭氏玄中記》,而《山海經》注狗封氏事,與《記》所言一同,知爲景純。"此後學者,多認爲郭璞即是此書的作者。

此書內容多混方輿、動植物、術數、精怪爲一體,亦與史傳、傳說中郭璞經歷、學養相合。書中關於古代伏羲、女媧等的神話,狗封氏、君子國、伊俗等遠國異民傳說,桃都山、沃焦山等動植物故事,以及狐妖、姑獲鳥、蟾蜍精等精怪小說,與《山海經》、《搜神記》、《括地圖》等書同調,其書"恢奇瑰麗,仿佛《山海》、《十洲》諸書"(葉德輝《輯郭氏玄中記序》),是一部不可多得的地理博物體志怪小說集。

此書宋代《崇文總目》、《通志》始見著録,《太平御覽》、《太平廣記》等列爲引用書目,《吳郡志》、《事物紀原》、《海録碎事》等方志、類書等廣爲援引,知此書宋時尚存。宋後散佚,明清文人時有輯本。明《汲古閣珍藏秘本書目》著録精鈔一本,當是明代輯本。至清,有茆泮林《十種古逸書》本、黄奭《漢學堂叢書》本、馬國瀚《玉函山房輯佚書》本、葉德輝《觀古堂所著書》本四種。其中,茆泮林輯本原書七十條,補輯四條;葉本輯録六十八條;馬本輯録六十二條;魯本輯録七十一條。

今據清道光梅瑞軒刻《十種古逸書》本影印。(陳國軍)

新刻出像增補搜神記六卷 (第 1264 冊)

此書扉頁題"刻出像增補搜神記大全",有羅懋登《引搜神記首》,爲金陵富春堂刊本。羅懋登,字登之,號二南里人,著有《三寶太監西洋記通俗演義》、《香山記》傳奇,注釋《投筆記》、《西廂記》、《拜月亭》、《琵琶記》等。唐富春,字對溪,明代金陵書坊富春堂主,曾印行大量小說、戲曲作品。

據羅氏《引搜神記首》知,此書是在閩刊《搜神記》基礎上增補而成。所謂閩刊本《搜神記》，實則爲"淮海秦晉"所撰《新編連像搜神廣記》。書凡一百六十則，前圖後文，收錄各類神像一百五十九幅，神祇一百七十一位（卷三"宗三舍人"、"楊四將軍"有目無文），其中出諸《新編連像搜神廣記》者五十九則，新編、增補神祇故事八十三則。

此書廣泛記載儒、釋、道三教歷代成神者靈迹、姓氏、爵里及生辰，是明萬曆以前關於儒釋道三教、各地山川湖泊、物產精靈，以及福澤一方神靈與歷史人物之神譜，堪稱中國民間信仰薈萃及民間神祇大全。書中對自古以來百姓與官方所崇祀之傳統神祇均作勾勒，是明清以來儒釋道三教官方神譜。神祇故事粗成概略，爲明代神魔小說創作，尤其爲明代宗教神祇出身傳記小說，如《北遊記》、《天妃傳》、《東遊記》、《鍾馗斬妖傳》、《咒棗記》、《鐵樹記》、《西洋記》等提供基本創作素材，規劃創作基本格局，於明代萬曆時期神魔小說之鼎盛功不可没。

此書對萬曆二十五年汪云鵬刊《列仙全傳》影響甚巨。萬曆三十五年（1607），此書收入《續道藏》，成爲官方正統道教典籍。此本爲金陵富春堂萬曆二十一年《新刻出像增補搜神記》的翻刻本。書中卷二"負局先生"、卷四"宋刺史"、卷六"聖母"圖下有"萬曆庚子季秋吉旦周楚愚請"，卷三"楊四將軍"、卷五"靈義侯"文後有"萬曆庚子菊月吉旦周楚愚請"字樣，則其書當刊行於萬曆二十八年九月。今據國家圖書館藏明萬曆二十八年富春堂刻本影印。（陳國軍）

冥報記三卷　（唐）唐臨撰（第 1264 册）

唐臨（600—659），字本德，北周内史唐瑾孫，其先祖自北海（今山東濰坊）遷至京兆長安（今陝西西安）。武德初年，仕於世子李建成，由直典書坊授左衛率府鎧曹參軍。武德九年（626）六月玄武門之變，建成身死，出爲萬泉縣丞，後遷殿中侍御史。貞觀七年（633）奉使赴江東，十七年彈劾司空封倫，十九年隨太宗赴幽州，二十三年六月除黄門侍郎兼檢校吏部侍郎，加銀青光禄大夫，同年升任大理卿。永徽二年（651）任華州刺史，尋遷刑部尚書，加金紫光禄大夫，五年改任兵部尚書，七年春轉任度支尚書。顯慶二年（657）七月任吏部尚書，四年二月坐事貶潮州刺史，卒年六十。事迹見《舊唐書》、《新唐書》。

此書最早見於《法苑珠林》卷一一九《傳記篇·雜集》："《冥報記》二卷，右唐朝永徽年内吏部尚書唐臨撰。"《册府元龜》卷五五六云："唐臨爲禮部侍郎，貶潮州刺史，撰《冥報記》二卷。"二書所記述唐臨官職均有錯誤。此書卷上釋僧徹條云僧徹永徽二年正月終，"至今三載，獨坐如故"，則此書當創作於永徽間。此書專明報應，懲明善惡，勸誡未來，行文以"具陳所受及聞見緣由，言不飾文，事事揚確"爲務，故每於條文下明言事之所出。小說叙事者主要是唐臨親屬、同僚以及僧侣等。從中不難看出，此書是唐臨鼓吹佛法之舉，是當時三教論衡的產物，更是作者對釋氏輔書，如《觀世音應驗記》、《冥驗記》、《冥祥記》的仿效。此書叙事雖大多粗呈梗概，但叙睦氏之交鬼、兖州人友神、柳智感冥判、皇甫遷化豬，皆新穎別致，多描繪地獄諸象，也曲折細緻。

此書唐代屢見著錄，宋後罕見，本土久佚，日本却廣有傳本。日本所傳《冥報記》有高山寺藏奈良時代三卷舊鈔本、前田家尊經閣藏三卷本、知恩院藏本、三緣山某院藏本、《大日本續藏經》收錄本、《大正新修大藏經》收錄本等。今據民國十三年上海商務印書館鉛印《涵芬樓秘笈》本影印。該本據日本高山寺藏本影印，凡五十四條故事，一條重出。此本所收未全，尚可據他書輯佚文十九條。（陳國軍）

河東先生龍城録二卷　題（唐）柳宗元撰（第 1264 册）

柳宗元（773—819），字子厚，河東（今山西永濟）人。唐代文學名家。生平事迹見《舊唐書》、《新唐書》本傳、韓愈《柳子厚墓誌銘》等。

此書唐代及北宋書目均未著録，南宋尤袤《遂初堂書目》小説類始見其名。宋陳振孫《直齋書録解題》卷一一、何薳《春渚紀聞》卷五、張邦基《墨莊漫録》卷二、朱熹《朱子語類》卷一三八、洪邁《夷堅支志》卷五、《容齋隨筆》卷一〇等，均以爲此書不見載於《唐書》，内容虚誕，文筆衰弱，不類柳宗元所作，而屬之於王銍（1088—1146）或劉燾（約1107—約1131）。然三説均有不盡圓融之處。今考柳氏曾自言“吾自幼好佛，求其道積三十年”，而此書中涉及道教者凡十四條；其《答周君巢餌藥久壽書》亦言：“宗元以罪大擯廢，居小州……然猶未嘗肯道鬼神等事。”此書内容與之相悖。且考此書卷下“裴令公訓子”條，裴度大和九年（835）方册封爲中書令，爲柳氏卒後十五年事。又，《崇文總目》編成於慶曆元年（1041），所著録《續前定録》，已徵引此書五條故事，而此時王銍與劉燾尚未出生。宋人小説、詩歌多所援引此書，周紫芝於宣和五年（1123）所撰《次韻似表謝胡士曹分梅花》“參横想見緑衣舞，月中笑語花微矓”，已明確使用書中趙師雄事典，則此書當刊行於北宋宣和五年前。

此書凡四十三條，雖間有雜事，而以鬼神靈異之事居多。李白共仙人乘赤虬東去、景州一龍三頭、李淵得陰兵之助大破龍門城、明皇夢遊廣寒宫以及華陽洞小兒化龍、趙昱斬蛟等，均爲寄思杳渺、嗜奇志怪之作。小説雖總體呈平易淺俗之勢，然奇古清麗之語甚多，一些作品新奇可喜。趙師雄醉憩梅花下一篇，詩意濃郁，頗見迷離之思，遂爲重要詩歌事典，爲後代詩人反復援引。

此書版本可分兩類。一爲二卷本，附録於《柳先生文集》，如宋廖瑩中刊本、魏仲舉本等；二爲《百川學海》、《稗海》、《歷代小史》等小説彙編所録本。今據明萬曆商濬刻《稗海》本影印。（陳國軍）

獨異志三卷　（唐）李亢撰（第1264册）

此書作者，《新唐書》卷五九、《宋史》卷一〇六作“李亢”，《崇文總目》、《通志》卷六五、《名疑》卷四、《山堂肆考》、《本草綱目》等作“李元”，《紅雨樓書目》、《稗海》題“李冗”，《四庫全書總目》作“李尢”。《涵芬樓焚餘書録》子部著録明袁表天一閣舊藏明嘉靖二十七年（1548）鈔本題“前明州刺史賜紫金魚袋李冗纂”。查宋羅濬《寶慶四明志》卷一“郡守”云：“李伉，咸通六年刺史，建五龍堂。”冗、伉同音，由此可知，李伉就是李冗，又因形近而誤爲冗、元、尢。有唐一代，名李伉者多達八人，分別爲壽王李瑁子封薛國公、吏部郎中、户部郎中、詩人、《系蒙》作者、鄧州向城縣尉、瓷州别駕、《唐登科記》所記進士，文獻所限，此書作者生平有待進一步探索。

此書原爲十卷，所記以“獨異”爲務。小説多來源於唐前經籍，既有《史記》、《漢書》、《晉書》等史籍，《莊子》、《列子》、《墨子》等諸子，也不乏《搜神記》、《拾遺記》等小説。然唐前紀事多於唐代，史部摭録多於子部。採録諸事不遵原文，肆意割裂，故四庫館臣斥其舛誤頗多。所選也多常見故事，是唐代小説中質量較差者。

此書現存天一閣藏明嘉靖鈔本、萬曆商氏《稗海》本、《重編説郛》本、傅增湘以明朝本校《稗海》本、《叢書集成初編本》等五個版本。《稗海》本凡三百八十三條，明鈔本三百九十一條。今據明嘉靖三十七年鈔本影印。此本所收未全，尚可據他書輯佚文三十九條。（陳國軍）

録異記八卷　（五代）杜光庭撰（第1264册）

杜光庭（850—933），字賓聖，號東瀛子，京兆杜陵（今屬陜西西安）人。少習儒學，博學工文，唐懿宗咸通中應萬言科試，不中，遂隱天台山學道。僖宗臨朝,由鄭畋舉薦,居上都太清宮,賜號弘教大師,内供奉,賜紫服象簡,充麟德殿文章應制。廣明元年(880)十二月黄巢入華州,僖宗出奔興元;次年正月,杜光庭隨駕至成都。昭宗天復三年(903),王建爲蜀王,賜號光德先生,嘗九次召入仕而不從。永平三年(913),授金紫光禄大夫、左諫議大夫,封蔡國公,進號廣成先生。通正初,遷户部侍郎,加上柱國。乾德三年(921),後主王衍尊爲傳真天師,特進檢校太傅、太子賓客兼崇真觀大學士。未幾解官,歸隱青城山。長興四年(933)卒,年八十四。光庭學識淵博、治學有方,一生著述甚豐。所撰道教作品,收入《正統道藏》的凡二十七種,主要有《廣成集》、《仙傳拾遺》等。生平事迹具《五代史補》卷一、《嘉定赤城志》卷三五等。

此書《道藏》本題"光禄大夫尚書户部侍郎廣成先生上柱國蔡國公臣杜光庭纂",光庭任户部侍郎,加上柱國時在通正初(916),書中叙事時間最晚者爲卷六所載乾德三年正月神夢開發焰陽洞事。此年八月,杜光庭獲封道士的至高尊號"傳真天師"。由此可以推斷此書當完成於乾德三年八月前。

此書叙陰陽變化之事,呈吉凶兆朕之符,是杜光庭所撰諸多宣道之書之一種。書分八卷十七類,以"仙"居首,"異人"次之,乃其所撰《神仙感遇傳》、《仙傳拾遺》之餘緒;而又續之以"忠"、"孝",宣揚"欲求仙者,要當以忠孝和順仁信爲本"(《抱朴子内編·對俗》)和"至孝至忠之人,既終皆受書爲地下主者"(《真誥》卷一六)的道書本旨。"鬼神"等異常之物不過是作者"異類爲人,人爲異類"讖緯神變觀念的體現,亦是其對《述異志》、《博物志》、《異聞集》的模擬。整體叙事整飭,文筆流暢,但亦存在擬唐人傳奇而未化之弊。

此書《崇文總目》、《宋史藝文志》均著録爲十卷,明清書目如《百川書志》、《絳雲樓書目》等皆作八卷,已非足本。八卷本有《道藏》、《秘册匯函》、《津逮秘書》、《説庫》、《道藏舉要》五種。諸刻本收録小説凡一百三十七條。今據明崇禎毛氏津逮秘書本影印。此本所收未全,尚可據他書輯佚文二十八條。(陳國軍)

括異志十卷　(宋)張師正撰(第1264册)

張師正(1017—?),一作思政,字不疑,襄國(今河北邢臺)人。進士及第,爲太常博士。寶元中,榷酒甘泉雕陰。嘗任渭城推官、宜州知州,儀鸞使、英州刺史等文官,後任文武官過渡的西班諸司使、遥郡防禦使,嘉祐末爲荆州鈐轄,平治初(1064)爲大名府鈐轄,三年爲辰州帥,十年任鼎州帥,卒年不詳。其友文瑩曰:"不疑晚學益深,經史延革,將摩縱横,文章詩歌,舉筆則就。"所著另有《志怪集》、《倦遊雜録》。生平事迹見《玉壺清話》卷五等。

此書宋時即有人疑爲魏泰所著。邵博《邵氏聞見後録》卷一六曰:"王性之《跋范仲尹墓志》云:'近時襄陽魏泰者,場屋不得志,喜僞作他人著書,如《志怪集》、《括異志》、《倦遊録》,盡假名武人張師正。'"但文瑩爲師正好友,親見張所著諸書,所謂魏泰所撰乃後人臆測之詞。

此書《文獻通考》稱爲《括異記》,《郡齋讀書志》云:"(張師正)後宦遊四十年,不得志,於是推變怪之理,參見聞之事,得二百五十篇。魏泰爲之序。"則成書時間當爲張師正晚年。又洪邁《夷堅三志甲序》稱:"徐鼎臣《稽神録》、張文定公《洛陽舊聞録》……張師正《述異志》、畢仲荀《幕府燕閑録》七書,多歷年二十,而所就卷帙皆不能多。"張師正皇祐登第,四十年後爲元豐,而又二十年,則時在宋徽宗崇寧間。

此書所記多爲北宋期間君臣士民異常之事,常以神仙、鬼怪、證驗、報應等事醒世勸懲。書中體現出市民階層的壯大。叙事多注明出處，個別條目間有評語。書中"王廷評"、"芙蓉觀主"即王魁原型、芙蓉城主故事，與原作相較，叙述質樸，簡約無文。

此書現存一百三十三篇，與宋人著録二百五十篇相差甚多，後人疑其他作品即散佚已久的《後志》十卷。此書宋時有福建建寧麻沙虞叔異刊本及鈔本，正德十年（1515）長洲俞約齋、清顧湘舟鈔本等均據刊本傳録。另存臺灣圖書館藏一卷藍格鈔本、清順治四年李際期刊本等節本。今據民國二十三年上海商務印書館《四部叢刊續編》影印宋鈔本影印。（陳國軍）

雲齋廣録八卷後集一卷　（宋）李獻民撰（第1264册）

李獻民，字彦文，或作元文，開封府酸棗縣（今河南延津）人，據自序知其爲徽宗政和中人，餘不詳。

此書序刊於政和辛卯年（1111），兩宋時期的筆記、詩話、書目等多有載記。大約與作者同時的邵博《邵氏聞見後録》卷三〇援引此書，稱之爲"雲齋小書"，曾慥《類説》、阮閲《詩話總龜》、晁公武《郡齋讀書志》在著録、引用此書時均稱《雲齋廣録》；何汶《竹莊備全詩話》、劉子寬《翰苑新編前集》等均稱《雲齋録》；江少虞《宋朝事實類苑》則稱《雲齋新説》。元脱脱《宋史·藝文志》、明柯維騏《宋史新編》卷五一亦稱《雲齋新説》，且有現存本未載的《僧惠圓》、《風和尚》等篇。元初周密《志雅堂雜鈔》卷下載："《雲齋廣録》十卷，北本小記，靈怪内有《四和香》及《豪俠張義傳》、《洛陽古今記事》、王正倫《河南志》之類。"據此，宋金時期此書或存在多個版本或書名，且有宋刊與金刊之别。此書宋元時期均著録十卷，今傳者乃八卷，附後集一卷，凡九卷，知其爲殘本。

李獻民"嘗接士大夫緒餘之論，得清新奇異之事"，效顰《甘澤謡》、《雲溪友議》、《楊公談苑》諸書，"編而成集，用以廣其傳，以資談宴"。但就小説體例而言，卷一《士林清話》，卷二、卷三《詩話録》，卷四《靈怪新説》，卷五、卷六《麗情新説》，卷七《奇異新説》，卷八《神仙新説》，後集則《盈盈傳》及歌詩一首，傳奇小説與名公逸事、詩話掌故雜糅，與宋代説話家數大類，接近劉斧《青瑣高議》。

此書"靈怪"、"麗情"、"奇異"、"神仙"四卷，演繹人狐之戀，抒寫愛情佳話，雖有模仿之痕、雕琢之疵，但文采意象俱備，頗具傳奇小説家數爲文幻設之妙，藝術價值頗高。不少作品後世多有改編。如《無鬼論》，金院本及《醉翁談録》演爲話本；《錢塘異夢》爲話本小説《錢塘佳夢》、《錢塘夢》、白樸雜劇《蘇小小月夜錢塘夢》、清沈沐傳奇《芳情院》藍本。

此書早期有宋刊、金刊兩類。今傳版本主要有清末潘祖蔭滂喜齋藏八卷後集一卷本、民國二十五年上海中央書店排印九卷本。此書尚存《陵井鹽》（《錦繡萬花谷》前集卷六）、《僧惠圓》、《風和尚》（《宋朝事實類苑》卷四四）、《豪俠張義傳》（《志雅堂雜鈔》卷下）、《懷荆南舊遊》（《竹莊詩話》卷一七）五篇佚文。今據金刻本影印。（陳國軍）

搜神秘覽三卷　（宋）章炳文撰（第1264册）

章炳文，字叔虎，郡望京兆，建州浦城（今屬福建）人。衡四子。元祐七年（1092）爲虞城縣令，紹聖（1094—1098）中任芮城令，崇寧二年（1103）至三年初以宣德郎充興化軍通判，崇寧三年八月至崇寧五年任泉州市舶司提舉。著有《鼇源茶録》等。事迹見《富陽長春章氏宗譜》、《閩書》卷六一、《明一統志》卷二七等。

此書爲志怪集，凡七十六條，爲章氏據仕宦經歷所聞所見隨録而成。其小説來源大要可分爲四類。一是家族鄉梓之回憶，如"楊文公"、"預兆"、"月禪師"、"木怪"等。二是代州、興化軍、杭州、鎮江等地仕宦見聞,如"謠讖"之"莆田朱紫半"等。三是宋時歷史事件,如"回山人"榴皮題詩、"龍女廟"、"順濟侯"、"靈平埽"封謚等,可補正史之缺。四是過錄前人作品,如馮京"油筒子"、黃裳《燕華仙傳》等。此書道佛兼具,而尤重道教,所述人物如回山人、費孝先、徐神翁、麻衣道者、王抱一、紫姑神等均著名道教人物。書中雖自稱"不類不次,不文不飾,無誕無避",但《叙劍》、《畫錄》、《楊柔姬》等援詩入文,可見其追求文采新奇之意。

《直齋書錄解題》小説家類著錄三卷,《文獻通考》小説家類、《宋史·藝文志》小説家類等同。此書三卷本有《續古逸叢書》、日本福井氏崇蘭館藏本、京都東福寺藏本;《説郛》卷三三、《龍威秘書》、《叢書集成初編》有選本;臺北圖書館藏一卷藍格鈔本。三卷本有自序,署名上有"普門院"印,目錄後題有"臨安府太廟前尹家書籍鋪刊行",知此書當據日本京都東福寺藏南宋光宗刻本影印。今據民國二十四年涵芬樓續《古逸叢書》影印宋刻本影印。(陳國軍)

閑窗括異志一卷 (宋)魯應龍撰(第1264冊)

魯應龍,字子謙,嘉興府海鹽(今屬浙江)人。理宗淳祐四年(1244)尚館於家鄉沈氏書塾,六年赴試未舉,以布衣終老。事迹見《(天啓)海鹽縣圖經》卷一二、《(光緒)海鹽縣志》卷一七。

此書凡八十八條,記事最晚者爲"陳山龍王廟"、"魏十四道者"、"四聖廟"諸條,時在理宗寶祐末年。魯氏閑居海鹽,模仿北宋張師正《括異志》而成此書,"閑窗"或爲作者自號。

此書記載嘉興地區各類神怪之事,間及古事,舉凡湖山、橋井、寺廟、祠墓多所記述,尤喜陳神靈感應之事。故事頗剿取前人著述,如"嚴泰"、"西域胡僧"、"有人好道"、"陳宏泰"、"陳元植"、"李舟之弟"、"茅山村兒"、"惠州娼"、"稼金鼊"、"零陵太守女"等係刺取《獨異志》、《真誥》、《儆戒録》、《牧豎閑談》、《國史補》、《稽神録》、《龍城録》、《幕府燕閑録》、《搜神記》、《夷堅志》等書,可稱小説彙編,故清范邦甸《天一閣書目》卷三之二子部徑署"東湖魯應龍編"。

此書宋人書目未見記載,《紅雨樓書目》始見著録,後《千頃堂書目》、《宋史·藝文志補》、《八千卷樓書目》、《四庫全書總目》等均録此書,題"一卷,宋東湖魯應龍撰"。東湖即當湖,亦稱鴛鴦湖,爲嘉興勝景。

此書有明刊本、萬曆商氏半野堂《稗海》本、天啓三年《鹽邑志林》本、《敬業堂叢書》本等。今據明刻《鹽邑志林》本影印。(陳國軍)

夷堅志一百八十卷 (宋)洪邁撰(第1264—1266冊)

洪邁(1123—1202),字景盧,號容齋,晚稱野處老人,饒州鄱陽(今屬江西)人。生於父洪皓秀州司録事官舍,紹興十五年(1145)中博學宏詞科,賜同進士出身,曾任兩浙轉運司幹辦公事、左承務郎、秘書省校書郎、禮部員外郎、權中書舍人、權直學士院兼實録院修撰、焕章閣學士知紹興府,後罷爲提舉隆興府玉隆萬壽宮。歸鄱陽,以著述爲事。慶元四年(1198)上章告老,進龍圖閣學士。嘉泰二年(1202)以端明殿學士致仕,未幾卒,年八十,贈光禄大夫,謚文敏。洪邁博極載籍,勇於撰述,所著有《容齋隨筆》、《野處猥稿》以及多種歷史作品。生平事迹見《宋史》、《洪文敏公年譜》等。

《直齋書錄解題》著録:"《夷堅志》甲至癸二百卷,支甲至支癸一百卷,三甲至三癸一百卷,四甲四乙二十卷,大凡四百二十卷。"從殘存各卷自序,可知此書《甲志》始撰於紹興十三年,《四乙》約成書於嘉泰二年,全書創作歷時六十年。

此書初名《容齋諾皋》，“容齋”乃作者名號，“諾皋”是對唐段成式《諾皋記》的模仿，後來“惡其沿襲，且不堪讀者輒問，乃改今名”（《賓退錄》引《辛志序》）。書名“夷堅”，典出《列子》：“大禹行而見之，伯益知而名之，夷堅聞而志之。”

此書是古代個人編纂部頭最大的小説集，陸心源序稱之爲“小説之淵海”。少數爲作者親身見聞，多數是依據他人口述或寫示整理而成。全書四百二十卷，五六千條故事，大約出自四百八十餘人之手，採錄前人小説、筆記、傳記、文集等七十餘種。洪邁秉持“傳信”的史家觀念，多注材料來源，以示“耳目相接，皆表表有據依”（《乙志序》）。據事直錄，摒棄虛構，缺乏文采，但題材廣泛，世俗化傾向加強。

《甲志》問世後，“鏤版於閩、於蜀、於婺、於臨安，蓋家有其書”（《乙志序》），甚而上達朝廷，曾獲宋高宗寓目（《貴耳集》）。此書成爲後世話本、戲曲借鏡、取材的重要來源，滋養了通俗文學的生長。後有王質《夷堅別志》、元好問《續夷堅志》、無名氏《湖海新聞夷堅續志》、吳元復《夷堅續志》等“夷堅體”續作出現。

此書雖多有刊本，但因卷帙浩繁，宋元以來多有散佚。今存各本，或係原書的某個部分，或是後人重編。原書四編傳世凡一百八十卷，可以分爲正集甲至丁四志八十卷，支志甲至戊及庚、癸七志七十卷，三志己、辛、壬三志三十卷等三部分。八十卷原出建學所藏宋刻閩版，元人沈天佑據洪邁浙本補刻，是爲“宋本元印”或“宋刊元印本”。

此書有清乾隆五十七年（1792）嚴元照校本、阮元《宛委別藏》本、陸心源《十萬卷樓叢書》本等。支志三志一百卷，黃虞稷《千頃堂書目》著錄，嘉慶間黃丕烈藏有舊鈔本。國家圖書館藏有嘉靖二十五年清平山堂刊刻、

葉祖榮輯《新編分類夷堅志》甲至癸十集五十卷，明李玄暉、鄧嗣德刻《新訂增補夷堅志》五十卷，以及明書林唐晟《新刻夷堅志》十卷殘本等。此書佚文可輯佚一百二十餘條。民國間涵芬樓張元濟所刊《新校輯補夷堅志》，前四志據嚴元照影宋手寫本，支志三志據黃丕烈校定舊寫本，參用諸本校定。今據上海圖書館藏清影宋鈔本影印。（陳國軍）

湖海新聞夷堅續志前集十二卷後集六卷（第1266冊）

此書不題撰人名氏。各家著録，或稱《夷堅續志》，或稱《湖海新聞》，均爲此書簡稱，卷數頗有差異。《百川書志》卷八著録《夷堅續志》十七卷，《萬卷樓書目》作《湖海新聞》二卷。又《千頃堂書目》卷一二作《續夷堅志》二十卷，元吳元復撰，注稱：“字山謙，鄱陽人，宋德祐中進士，入元不仕。一作四卷。”卷一五著録《夷堅續志》，署名“薛汝昂”撰，“昂”當爲“節”之誤；錢大昕《元史·藝文志》、倪燦《補遼金元藝文志》均著録“吳元復《續夷堅志》二十卷”。

此書似爲吳元復所撰，薛汝節則爲刊刻者。吳元復，字山謙，號山漁，鄱陽人。德祐元年（1275）進士，著有《首陽遺書》、《雞肋五稿》等。事迹見《（同治）鄱陽縣志》卷八。又《（民國）江陰縣續志》卷一六載：“薛翊，字汝節，號思泉……性坦直，好蓄經史，嘗刻《江湖紀聞》、《夷堅續志》行世。”影印本所署“江陰薛翊汝節證刊”，或“澄江河東思善堂”，均可證薛翊爲此書刊刻者。

此書首條“太元昌運”，全文收入元閩宸峰沙門熙仲至元二年（1336）臘月編成之《歷朝釋氏資鑒》卷一二，文中述及元統二年（1334）；此書後集卷二靈異門“龍吐珠寶”、補遺“監庫爲雞”兩條，敘事均在至元二年，則此書當成於此年或之後不久。後集卷一神仙門“呂仙戲術”小字注“出《醴陵志》”，

《(同治)醴陵縣志》言"《醴陵志》創自前明景泰間",則此書後集可能經過薛詡增益,薛詡刻本當在景泰(1450—1457)年間或其後不久。

此書續洪邁《夷堅志》,但在體例上採用分門別類方式,大都四字標目,前集分六門四十三類,後集十門六十二類。内容多取材於《搜神記》、《甘澤謠》、《青瑣高議》、《夷堅志》等古今小説筆記,如前集卷二"馬頭娘子",出自《搜神記》卷一四"女化蠶";"斬人魂魄",出自《甘澤謠》"聶隱娘";"放龍獲報",出自《青瑣高議》後集卷九"朱蛇記";後集卷一"一夢黄梁",出自《枕中記》等。各條不僅隱没出處,而且删縮改易,久已流傳之經典故事或僅存梗概,頗見成功之細節描寫或喪失殆盡。

此書有清末楊守敬藏本,前集二卷後集二卷補遺一卷,國家圖書館藏;日本公文書館藏後集十二卷寫本;日本國會圖書館藏前集十卷明鈔本;丁丙精鈔本前集二卷後集二卷,南京圖書館藏;明烏絲欄鈔本前集十卷,臺灣圖書館藏;以及張均衡《適園叢書》刊本等。今據國家圖書館藏元碧山精舍刻本影印。(陳國軍)

厚德録四卷 （宋）李元綱撰 （第 1266 册）

李元綱,字國紀,號百煉真隱,錢塘(今浙江杭州)人。乾道(1165—1173)間,以上庠英士寄居吴興之新市。力學好古,著有《聖賢事業圖集説》、《三先生西銘解》、《言行編》等。事迹見《兩浙名賢録》卷一、《吴興備志》卷一三、《宋元學案補遺》等。

此書又名《近世厚德録》,在慶元二年(1196)黨爭中成爲理學禁書之一。全書分"治獄"、"救災"、"濟人"、"愛物"、"處己待人"五類,凡二百一十九條,内容多有自前人書籍中摘出者,如出自《兩朝諸臣傳》五十四條、《本朝蒙求》十六條、《仁宗君臣政要録》

七條等。

此書主要記載兩宋名公盛德忠厚之事,如錢若水、張詠、范仲淹、歐陽修、司馬光、蘇軾、劉彝等,集中展示其嘉言懿行,體現理學瀰漫環境下兩宋士人文化心態。此書在元代成爲各級學府所指定之必備書籍,在明代也不乏内閣、府學等刻本。卷一"許昌士人張孝基"成爲話本《張孝基陳留認舅》,戲曲《金不换》、《錦蒲團》之本事。

此書《直齋書録解題》卷七、《文獻通考》卷一九九均著録爲四卷本,《宋史・藝文志》著録爲"李鋼《近世厚德録》一卷",姓名、卷數俱誤。此書主要有酉宋樓藏宋刊本、《百川學海》本、萬曆十四年刊一卷本、萬曆二十四年西吴沈氏忠恕堂刊本、清康熙間振鷺堂重編補刊本等。今據明萬曆商氏半野堂刻《稗海》本影印,此本實本於成化十六年衢州知府何珣廷瑞刻本。(陳國軍)

樂善録十卷 （宋）李昌齡編 （第 1266 册）

李昌齡,生平事迹不詳,據此書所載諸序大略可知,其郡望隴西,爲迎曦先生曾孫,字伯崇,眉州眉山縣人(今屬四川),淳熙間(1174—1189)進士。乾道八年(1172),撰成《太上感應編注》三十卷,理宗皇帝親書"諸惡莫作,衆善奉行"八字,頒行天下;又撰地獄受苦故事成《七趨受生録》,已佚。生平事迹見《眉州縣志》卷七等。

此書凡二百零九條故事,以勸善戒惡爲宗旨,廣泛收羅群籍編纂而成。何榮孫《樂善録序》謂"得《南中勸戒録》,伏而讀之,深有契於其心,遂博覽載籍,旁搜異聞,凡有補於名教者,增而廣之,分爲十卷,名之曰《樂善録》。亟鏤板印行,使家家藏此書,以廣天下樂善之風,此伯崇胸懷本趣也"。全書涉及子史作品一百六十餘種,尤以宋人作品爲主。主要内容與《太上感應編注》相仿,大旨或言善行,或揭惡業,雖可以概見兩宋社會境况,但言而無文,文學性較差。

此書始著録於《直齋書録解題》小説家類,《文獻通考·經籍考》據而著録,《宋史·藝文志》、《(雍正)陝西通志》等著録李石《樂善録》十卷,蓋因紹定本前有李石題詩而誤題。此書最早成書於隆興二年(1164),何榮孫作序、胡晉臣作跋,當年刊刻於蜀中;此後李昌齡又增補了部分小説内容,將胡晉臣跋置於何榮孫序後,并增運使李石題詩,淳熙二年(1175)重刊於蜀;後知州汪統遊蜀得此書重刊本,於紹定二年(1229)在會稽(今浙江紹興)重刊。

此書元明以後罕見。《説郛》卷九八選録《樂善録》十條;《稗海》、《説海彙編》本收録二卷六十八條,議論文字多所删節。《續百川學海》、重編《説郛》卷七三、《水邊林下》所載李昌齡《樂善録》,實爲宋黄廣大《積善録》。民國八年(1919),張元濟編修《續古逸叢書》所收《宋紹定本樂善録》,爲上海涵芬樓影印中華學藝社借照日本東洋文庫藏宋刊本。今據民國二十四年涵芬樓《續古逸叢書》影印宋刊本影印。(陳國軍)

鬼董五卷　(宋)佚名撰(第1266册)

此書一名《鬼董狐》,無撰人姓名。元臨安錢孚泰定三年跋云:"《鬼董》五卷,得之毗陵楊道芳家。此只鈔本,後有小序,零落不能讀。其可考者,云太學生沈,又孝,光時人,而關解元之所傳也。"作者沈某爲南宋孝宗、光宗時期太學生。嘉定十一年(1218)在臨安,十六年客次湖州,宋理宗紹定元年(1228),在嘉興憑弔姻親提點刑獄公事魯文之,復於雲城辨千金里無爲寺并非晉王衍舍宅而建(卷三)。沈某"家藏道家法書甚多"(卷三"薦亡"),與禪僧行楷爲友(卷三"廬山歸宗寺"),對道教之"薦亡",佛家以及世俗之"琰魔羅王",也即"閻羅王"之由來考辨甚爲精當(卷四)。此書記事最晚爲紹定二年(卷二

"善應尼"、卷三"道士青陽"),則或當成書於紹定年間。

此書有故事五十條,可分兩類。一是出自前人著述,如"牟穎"、"章翰"、"張有"、"盧仲海"、"常夷"等十四條出自《太平廣記》,基本照録原文,但凡涉及時代年月之詞皆删去,又常改人名地名。"緋緑衣人"出自裴端夫所作傳奇小説,而删節太甚。至於"張師厚"、"富民妾"兩條,則爲模擬洪邁《夷堅志》而作。二是出自沈某自創,多以鬼怪、夜叉、精魅、報應、僧尼等爲主題,共有三十三篇志怪小説。

此書以語怪述異爲能事,主角多爲胥吏、木工、僧尼、屠夫、幕僚、倡優等市井細民,市井氣息濃郁。"周浩"、"陳嘉慶"等小説,類似説話中之烟粉靈怪,"金燭"、"周寶"等與公案、朴刀故事相似。"林千之"所記食人事件、"沖浦民"、"寶慶丁亥"大水之災,均可補宋代史志之缺。"樊生"故事,與宋代話本《西山一窟鬼》如出一轍;"張師厚"條,與《夷堅丁志》卷九《太原意娘》一事二傳,復爲話本《楊思温燕山逢故人》所本。此書"叙事飄忽不常,殊足發人意興"(清張宗泰《魯巖所學集》卷一一《鬼董跋》),可見南宋志怪小説發展實績,以及宋代話本與志怪創作之良性互動。

此書宋元書目未見著録。明《趙定宇書目》、清《絳雲樓書目》卷二作《鬼董狐》,不署撰者姓名;清錢大昕《元史·藝文志》卷五、魏源《元史新編》卷九三、曾廉《元書》卷二三、倪燦《補宋遼金元藝文志》均作"關漢卿《鬼董》五卷"。此書撰成於紹定年間,且宋代曾有刊本,明代李詡、焦竑曾得見此書宋刻本。則所謂"關漢卿"撰著之説,其誤甚明。

現存有國家圖書館藏明世德堂本、清乾隆五十一年鮑廷博《知不足齋叢書》本、臺灣圖書館藏清張蓉鏡鈔本以及光緒八年嶺南雲林仙館刊本等。今據國家圖書館藏清乾隆五十

一年鮑廷博《知不足齋叢書》本影印。
（陳國軍）

新編醉翁談録十集二十卷 （宋）羅燁撰
（第 1266 册）

羅燁，號醉翁，廬陵（今江西吉安）人，其餘生平不詳。

此書未見著録，宋史鑄《百菊集譜》卷六"黃白菊集句"下注曰"胡侍郎'二色蓮詩'，見《醉翁談録》"；《永樂大典》殘卷卷五八三，引《御載筆》，卷二四〇五，引"蘇小卿"；李栩《戒庵老人漫筆》卷六"子言小説名"，引此書數語。

此書乙集卷二收有"吳氏寄夫歌"，《情史》卷二四"吳伯固女"收録此文，改稱"元時邵武吳伯固女"，清顧嗣立《元詩選癸集》徑斷爲元人詩歌。乙集卷二"王氏詩回吳上舍"，明彭大翼《山堂肆考》卷九四"題詩返附"稱"元吳仁叔妻"，故明清時期多有據此斷定此書成書於元代者。今考此書當成於宋人。甲集"小説引子"所録歷代興廢歌，由開天闢地歌誦到宋代而止，顯然爲宋人口吻；"小説開闢"所云"分州軍縣城之程途"，亦爲宋代地方行政區劃；所舉稱《夷堅志》，最晚成書於嘉泰二年（1201）。宋史鑄《百菊集譜》卷六引用此書，《百菊集譜》在淳祐二年初成五卷，越四年得胡融菊譜，於是移五卷爲六卷，淳祐十年（1250）作補遺一卷而全書成。故此書成書最晚時間爲淳祐十年。

此書基本以四字命篇，如"私情公案"、"烟粉歡合"、"寶窗妙語"、"閨房賢淑"等，凡二十一類，收録作品一百〇九篇。當是仿效北宋李獻民《雲齋廣録》和金盈之《醉翁談録》，而又以模仿金書爲主。如丁集卷一"花衢記録"即係節取金本卷七、卷八"平康巷陌記"而成，書名亦直襲金本，只是冠上"新編"以示區別。

此書甲集卷一"小説引子"和"小説開闢"

記録南宋説話的内容、名目、分類、技巧和成就，是研究宋代市民文學珍貴資料。書中將宋人説話分成靈怪、烟粉、傳奇、公案、朴刀、捍棒、神仙妖術等八類，且書中即含烟粉（乙集卷一、己集卷一"烟粉歡合"）、公案（甲集卷二"私情公案"、庚集卷二的"花判公案"）、神仙（己集卷二"遇仙奇會"、辛集卷一"神仙嘉會類"）、傳奇（其他分類）四類。此書作品來源有北宋夏噩《王魁傳》、無名氏《鴛鴦燈傳》以及《綠窗新話》等。作者常對原文語言進行俚俗化處置，并採取"詞曰"、"詩曰"的話本式叙述方法，故此書可視爲宋代説話，特别是"風月"故事的小説選集。

此書所録作品，如"郭翰感織女爲妻"、"柳毅傳書遇洞庭水仙女"、"劉阮遇仙於天台山"、"裴航遇雲英於藍橋"、"王魁負心桂英死報"、"無雙王仙客終諧"、"李亞仙不負鄭元和"等，均是唐宋傳奇名篇。其他如"崔木因妓得家室"、"張氏夜奔吕星哥"，爲宋元戲文《吳舜英》、《吕星哥》的本事；"柳屯田耆卿"與話本《衆名姬春風吊柳七》有因襲關係；"因兄姊得成夫婦"，《喬太守亂點鴛鴦譜》脱化於此；"子瞻判和尚遊娼"，《歡喜冤家》卷一四《一宵緣約赴兩情人》敷演之。可見此書是研究宋人説話的資料寶庫。

此書僅有舊刻孤本存世，現存日本，1941年曾影印出版，題"觀瀾閣藏孤本宋槧"。今據之影印。（陳國軍）

續夷堅志四卷附遺山年譜略一卷 題（金）元好問撰（第 1266 册）

元好問（1190—1257），字裕之，號遺山，太原秀原（今山西忻州）人。金興定五年（1221）登進士第，因故不就選。正大元年（1224），試博學宏詞科，授儒才郎、充國史院編修，官至翰林學士、知制誥。金亡不仕，潛心著述，著有《元遺山先生集》、《遺山新樂府》、《中州集》等。事迹見郝經《遺山先生墓

《銘》、《金史》等。

《金史》及《遺山先生墓銘》列遺山著作，未及此書。今考《（嘉靖）磁州志》卷四所録周馳"祥蓮"詩，爲詠此書卷二"蓮十三花"事，云："奇迹遺山翁，夷堅謾爲志。"據《齊乘》卷六所載周馳"濟南破，不肯降，攜二孫赴井死"，知其死於貞祐二年（1214）。則此前此書已開始寫作。元氏《紫虚大師于公墓碑》載："予撰《續夷堅志》，有平居未嘗知點畫，一旦作偈頌，肆口成文、深入理窟者三數人。"此"三數人"，應指卷一"王全美母氏詩語"、卷二"馮婦詩"、卷三"張女夙慧"及卷四"張居士"條所述。《于公墓碑》作於元氏返回故鄉之前（1237年），則此書當時已大體完成。元氏六十一歲（1250年）時所作《天慶王尊師墓表》，與卷四"王尊師天壇之行"叙事相同，又書中叙事時間最晚者爲卷三"抱陽二龍"及卷四"臨晉異瓜"（1251年），可知元氏又補入回鄉後故事，其書此時當已徹底完成。

此書以妖異、災變、祥瑞、讖應、夢兆、報應、鬼神、精怪、物異等志怪内容爲主，兼及時人佚事。内容可分爲三類：一是河南、山東、山西等地風土人情、山川異物、名勝古迹；二是蒙元期間文人名流遺聞佚事，以及類似《元氏集驗方》之藥方；三是以志怪爲主體之小説。就小説言，内容雜碎，殊乏異彩。然由"包女得嫁"條可窺清官包拯逐步神話的過程，頗爲可貴；"京娘墓"條寫王元老與楊京娘幽冥婚事，頗饒情趣，元戲文《京娘怨燕子傳書》本此。"天賜夫人"條構思精巧，情節完備，《初刻拍案驚奇》卷九《宣徽院仕女鞦韆會》演爲入話。

此書南宋時北方已有刻本，元至順三年王東據以鈔爲四册，至正二十三年孫道明復借而録之。現存臺灣圖書館藏元鈔本、嘉慶十三年大梁書院本、道光長白榮氏本等。此書凡二百九條，四條有目無文，周密《癸辛雜識》所録故事有四條不見於本書，知其爲殘本。今據湖北省圖書館藏清刻本影印。（陳國軍）

效顰集三卷　（明）趙弼撰（第1266册）

趙弼（1364—?），字輔之，號雪航，四川南平（今屬重慶）人。永樂初年，以明經修行薦舉，歷任新繁、資縣、漢陽縣學教諭。晚年定居漢陽。著有《效顰集》、《雪航膚見》、《事物紀原》。事迹見明朱衣《漢陽府志》卷六《宦迹志》、明薛剛《湖廣圖經志書》卷二〇《文苑傳》、明徐學謨《湖廣總志》卷六八《宦績》、明趙子伯《效顰集後序》等。

此書語寓針砭，文風冷峻，在整體上呈現出依違名教、恣意勸懲之風格。此書之出現使明初傳奇小説發展實績得到鞏固，明初小説由重情向重理之轉型得以完成。書中《續宋丞相文文山傳》可爲文天祥傳記典範；《續東牕事犯傳》、《疥鬼對》等爲萬曆時期《國色天香》、《胡氏粹編》等通俗類書所選録。此外，《蓬萊先生傳》爲《金瓶梅詞話》中蔣竹山原型；《續東牕事犯傳》對《大宋中興通俗演義》、《説岳全傳》等小説情節具有一定規劃作用。此書亦爲明末話本小説提供叙事本源。《鍾離叟嫗傳》、《續東牕事犯傳》、《木綿庵記》等爲明代話本小説精品。

《百川書志》、《寶文堂書目》、《明史·藝文志》、《四庫全書總目》、《善本書室藏書志》等均著録此書。南京圖書館藏本爲丁丙舊藏，書前有丁丙《善本書室藏書志》手寫提要。書分三卷，凡二十五篇。每卷均署"漢陽府知府新安王静訂正繡梓漢陽縣儒學教諭南平趙弼撰述"。原書多處漫漶。據書前提要可知，書中《何忠節傳》何忠得謚"忠節"，事在正統八年六月；《張繡衣陰德傳》所述已及宣德九年；《愚莊先生傳》所述則已在宣德十年或正統元年。文本叙述時間，已在王静宣德

七年所作序之後。南京圖書館藏本恐非宣德原本。今據南京圖書館藏明宣德王静刻本影印。（陳國軍）

見聞紀訓二卷　（明）陳良謨撰（第1266冊）

陳良謨（1482—1572），字忠夫，一作中夫，號棟塘，安吉（今浙江湖州）風亭鄉人。正德十二年（1517）進士，嘉靖三年（1524），初授工部主事，輾轉工、刑、禮、兵四部郎署。十一年，任湖廣布政司右參議，十六年由福建按察副使轉任貴州布政司右參政，因病返鄉，鄉居三十餘年。著有《天目山房稿》、《山房摘稿》、《見聞紀訓》等數百卷。事迹見明焦紘《貴州布政司右參政陳公良謨墓表》、明王世貞《陳大參棟塘公表略》、《明故進階嘉議大夫資治尹前貴州布政司右參政棟塘陳公墓志銘》等。

此書是陳氏八十五時所撰志怪雜事小説集。陳氏宦遊東西，耳目睹聞甚多，老來整飭成文以訓誡子孫，故名《見聞紀訓》。陳氏并不輕視俚俗常談，且認爲小説近而有徵，可以警動人心，從而勸人爲善去惡，有補於道德修爲。全書凡五十四條，約可分爲兩類：一是述其遊宦時所聞見之士人。如丘某選官時奸巧經營，寧波庠生王貢鑽營出身、遍干權貴、親暱嚴嵩，歸安孫邦爲官算計，龐天瑞貪瀆不已等，真切有趣。二是述民間福禍報應。如鄒定四暴富又驟貧，徽商王某變禍爲福等，刻畫入神。此書以善惡勸誡爲根本要旨，以因果報應爲行文方法，以據實採録爲編纂原則，對正德至嘉靖時期社會風尚描繪深刻。

此書明祁承㸁《澹生堂藏書目》、明董斯張《吳興備志》均著録爲二卷，清黄虞稷《千頃堂書目》著録爲一卷。浙江圖書館所藏明萬曆七年徐琳刻二卷本，書前有陳良謨《見聞紀訓引》，後署“嘉靖丙寅季冬之朔日棟塘八十五歲翁陳良謨書於天目山房”，知此書撰

成於嘉靖四十五年十二月一日。今據浙江省圖書館藏明萬曆七年徐琳刻本影印。（陳國軍）

祝子志怪録五卷　（明）祝允明撰（第1266冊）

祝允明生平見前《祝子罪知録》提要。

祝氏生前并無此書。卷四《張千户家孽》、《酒泉》，卷五《井異》、《人産蟒》、《陸林》、《尤直筆》、《王三娘子》等篇叙事時間已至弘治三年、四年，與所謂祝氏自序署弘治二年抵牾。此書以《語怪》殘篇爲主，吸納侯甸《西樵野記》三十五篇，參以祝氏《前聞記》、《野記》等書雜糅成編，故高儒《百川書志》言其書爲經人删定而成。

此書描寫以明代前期蘇州鬼魅狐妖、禽獸靈怪、天變災異、名人佳話爲主，具有較强方域特徵，且將宗教生活化，怪異述奇真實化。其書雖以記録幽詭之事、恍語惚言爲能事，創作動機仍是陳禍福、申勸懲、明因果。所記如《柏妖》、《法僧遣祟》、《桃花仕女》、《狐丹》等屢爲《稗家粹編》、《百家公案》、《狐媚叢談》等後期小説徵引，爲明代志怪小説佳作。

明高儒《百川書志》卷五、清劉錦藻《續文獻通考》卷一八〇、清徐乾學《傳是樓書目》、《（同治）蘇州府志》卷一三七、清丁丙《八千卷樓書目》卷一四均著録祝允明《志怪録》五卷。遼寧省圖書館所藏明刻本前有弘治二年祝氏自序，書分五卷，凡二百零五事。此本無刊刻時間，今考書中署有“豫章祝耀祖述之校”、“楚陳以聞無異校”、“閩周爾發子祥閲”等校閲字樣，則當刊行於萬曆四十年後，爲錢允治序本之一種。較之國家圖書館藏明刊本，無明錢允治《枝山志怪序》，卷五無“狐丹”以下十條小説，卷二、三、五無“曾孫男世廉謹輯”尾款，其他均同。此書尚有與《祝子罪知録》合刊本，以及《紀録彙編》一卷本。今據遼寧省圖書館藏明刻本影印。（陳國軍）

都公譚纂二卷　（明）都穆撰　（明）陸采輯（第 1266 册）

都穆（1459—1525），字玄敬，亦作元敬，都氏之先爲丹陽（今屬江蘇）人，有遠祖稱丹陽先生者，仕宋，爲尚書吏部郎中，由丹陽徙蘇，居縣南濠里（今江蘇蘇州），遂號南濠先生、南濠居士等。穆早慧，七歲能詩，居家數十年，於授館之暇，杜門篤學，弘治乙未（1499）進士，歷任工部都水司主事、南京兵部武庫司、工部虞衡司員外郎、禮部主客司，正德癸酉（1513）以禮部郎中受命册封壽陽王妃，次年致仕，因楊一清之請，加太僕寺少卿。歸老之日，齋居蕭然，卒時家貧無以爲葬，賴胡纘宗襄助，得以葬身吳縣花園山。著有《金薤琳琅》、《奚囊續要》、《玉壺冰》等。生平見胡纘宗《太僕寺少卿都公穆墓志銘》、焦竑《國朝獻徵錄》卷七二、錢謙益《列朝詩集小傳》丙集、《江南通志》卷一六五等。

陸采（1497—1537），名灼，更名采，字子玄，亦作子遠，號天池山人，長洲人（今江蘇蘇州）。陸采踔厲英發，始爲校官子弟，不屑守章句。縱學，無所不觀，從其婦翁太僕寺少卿都公遊，銳意爲古文辭，凡七上公車不第。陸采勇於著述，所作有戲曲作品《明珠記》、《南西廂》等，詩集《天池山人小稿》、小説《覽勝紀談》、《天池聲雋》，選編《虞初志》等。事迹見陸粲《陸子餘集》卷三《天池山人陸子玄墓志銘》等。

此書又名《談纂》，據卷下“鬼仙降筆”條：“鬼仙降筆，時有之，近在鄒氏所見頗奇……月餘，在江陰某氏，忽降筆云：‘爲我謝都少卿，如何考吾罷軟無爲？’予爲拊掌，盡醉中一言，鬼亦聞之。”此稱“都少卿”，則此書當撰寫於正德九年都穆致仕歸休之後。又胡纘宗《太僕寺少卿都公穆墓志銘》所言行世與家藏的著述中并未有《都公譚纂》，可知此書當刊行於嘉靖五年（1525）後。又刊行於嘉靖十九年的陸深《玉堂漫筆》引有此書，則其最晚當刊行於是年。

此書爲都穆晚年作品，所記重點在於元末至正德時期江浙地區人文逸事，雖爲網羅舊聞，但大致體現出作者“事必稽核”的一貫風格。于謙的兩袖清風、王守仁的鐵面執法、況鐘的愛民親民等都叙述如畫，所記鐵冠道人、冷謙、金箔張、周顛仙、張皮雀諸仙道栩栩如生，陳君佐、真六等戲曲材料，以及孝子故事、虎故事等都是當時盛行的公共話題。

《寶文堂書目》卷中、《古今書刻》上編、《千頃堂書目》卷一五等均著録此書。此書有都穆門生、女婿陸采編輯刊行的嘉靖年間如隱堂本，爲嘉靖年間蘇州吳趨坊刻工“陸奎”所刻。另存多種鈔本。今據南京圖書館藏清鈔本影印。（陳國軍）

西樵野紀十卷　（明）侯甸撰（第 1266 册）

侯甸，號西樵山人，弘治至嘉靖間吳郡（今江蘇蘇州）人。作者生平史傳不載，據此書知，其外祖父陳李昭成化年間“以繪事名雄吳中”（《陳李昭繪五臺山》），其父與蘇州北寺了庵和尚交善（《北寺僧房貓》），少嘗從侍祝允明、都穆（侯甸《西樵野紀自序》），正德八年（1513）時，居專諸巷（《宋相公》），曾爲黃省曾姪道統業師（黃省曾《西樵野紀前序》）。

侯甸少時爲祝允明、都穆門下，因祝、都均好稗官家言，故於小説亦頗留心，録清談怪語以成此書。吳中“師友遊會之盛，往往父子兄弟，交承紹襲，引之不替”（祝允明《懷星堂集》卷二九《笠澤金氏重建素政堂記》），故此書雖爲侯甸創撰，亦未嘗不是當時吳中文人的共同創作。如卷一“盛景華瘞師”出《客座新聞》卷六。卷二“鬱林太守石”出《濯纓亭筆記》卷五、“丐兒事母”出《（正德）姑蘇志》卷五五，“陳僖敏公俞太保”出《（正德）姑蘇志》卷六〇、“天門開”出《都公談纂》下，“鬼詩”出《濯纓亭筆記》卷五。卷七“義馬唧冤”

出《野記》，"姚太守"出《閑中今古》卷上。卷八"鍋鳴"出《（嘉靖）遼東志》卷五，"芭蕉精"出《庚巳編》卷五，"麻姑茸祠"出《續夷堅志》卷三，"欽賜舉人"出《野記》，"士子宿兆"出《客座新聞》卷六，"閩語"出《餘冬錄》。卷一〇"華嚴寺僧"、"保保"出《（正德）姑蘇志》卷六〇、"韓貞女"出《野記》等。

此書敘事起自明初，止於嘉靖十九年（1540），體現出濃郁的地域和民間色彩。所敘多爲故鄉蘇州山川道里、鄰里名賢貧士以及江南地域內的變怪讖應、禎祥變異、神鬼仙怪。雖大部爲粗成概略、長短參差、長短不一的志怪小説，亦有部分作品如"法僧遣祟"、"太湖金鯉"、"雷府侍書"、"江濱三異"等取諸《湖海奇聞集》，不乏翻空造微的傳奇特質。

此書爲"山林之人"所作，"辭氣峻絕"，敘事婉轉明暢，對此後的筆記、小説影響較大。如《孤樹裒談》、《堯山堂外紀》、《寶子紀聞類紀》、《七修類稿》、《蓬窗日錄》、《道聽錄》、《西園見聞錄》、《華夷花木珍玩考》、《群談採餘》、《客座新聞》、《耳談》、《狐媚叢談》、《守官漫錄》、《榕陰新檢》、《元明事類鈔》、《堅瓠集》等均曾從中選錄故事。其中，署名祝允明的《志怪錄》從中取三十五條，楊穆取十四條，以成別種小説《西墅雜記》一卷。此書對明清通俗小説亦有不小影響，如卷一"戴文祥遇二仙"、卷二"劉伯温"、卷五"桂花著異"等，分別爲《三寶太監西洋記》及《大明英烈傳》、《百家公案》所採用。

此書《徐氏紅雨樓書目》卷三、《千頃堂書目》卷一二、《文選樓藏書記》卷四、《（同治）蘇州府志》卷一三六均著錄十卷。然未見十卷刊本傳世，僅見傅增湘《藏園群書經眼錄》著錄"卷六至十"的藍格寫本，以及國家圖書館、北京大學圖書館藏明鈔本。國家圖書館所存鈔本凡一百七十七條，與《四庫全書總目提要》所著錄四卷本條數吻合，四卷或十卷或分卷不同而已。此書又有《今獻彙言》本、《皇明小説百家》本、《續説郛》本，均爲節錄。今據國家圖書館北京大學圖書館藏明鈔本影印。（陳國軍）

玉茗堂摘評王弇州先生豔異編十二卷 題（明）王世貞撰（明）湯顯祖評（第1267册）

王世貞生平見前《新刊鳳洲先生簽題性理精纂約義》提要。湯顯祖（1550—1616），字義仍，號海若、清遠道人，臨川（今江西撫州）人。萬曆十一年（1591）進士，歷任太常博士、禮部主事，十九年因上疏彈劾申時行，謫徐聞典史，二十年調遂昌知縣，二十六年棄官歸里。著有《玉茗堂文集》、《臨川四夢》等。生平事迹見《明史》等。

此書十二卷，分星、神、水神、龍神等十七部，收小説八十八篇。所謂"摘"是指摘錄王世貞《豔異編》作品，"評"則指書眉湯顯祖朱色小字評語。此書爲《豔異編》精選本，保持原書部類設置，所摘錄小説亦大抵依據原書順序，僅歸類上與原書有所區別。書前湯顯祖評語以及仇英之"豔異十二圖"，都是偽托。

此書卷首有湯顯祖《豔異編叙》、息庵居士《小引》、無瑕道人《豔異十二圖説》，卷末有無瑕道人《豔異編跋》。《豔異編》可分爲王世貞輯本、息庵居士序本、玉茗堂評本以及精選本四類。此書出於玉茗堂評本系列，玉茗堂評本存四十卷、四十五卷、《豔異編》正集四十卷續集十九卷以及十二卷四種。此書爲無瑕道人選輯、刊印。今考《花間集跋》稱無瑕道人曾刊行《花間集》、《草堂詩餘》，而《草堂詩餘》題"吳興文仲閔暎璧校訂"，則無瑕道人即閔暎璧。閔暎璧（1596—?），字文仲，號作所、無瑕道人、吳興散人，爲湖州晟舍閔氏第十三世，所刻書籍尚有《杜詩選》六卷、《李詩選》五卷、《秦漢文鈔》六卷等。此書爲閔暎璧萬曆三十六年之後所刊小説集。今據

明刻本影印。(陳國軍)

廣豔異編三十五卷　(明) 吳大震輯 (第1267冊)

吳大震,字東宇,號長孺,又號市隱生、印月軒主人、延陵生,歙(今安徽歙縣)人。其子之俊萬曆四十一年(1613)進士,官至南京刑部主事,大震得以恩封知縣。著有傳奇《練囊記》《龍劍記》二種。事迹見《(道光)歙縣志》卷一一《選舉志下‧恩蔭》等。

此書分神、仙、鴻象等二十五部類,收録明前及明代志怪、傳奇小說六百零四篇。相對於《豔異編》,收録範圍大爲擴展,所收小說由重唐宋一變而爲唐宋元明并重。書中採録瞿佑《剪燈新話》、李昌祺《剪燈餘話》、周静軒《湖海奇聞集》、陸燦《庚巳編》、周紹濂《鴛渚志餘雪窗談異》、憑虚子《狐媚叢談》、陳鳴鶴《晉安逸志》、《琅嬛記》等明代志怪傳奇小說集中佳作百餘篇,爲明代小說珍貴資料。

此書於小說體例中部類設置較合理,所分二十五部類,以十七篇爲準,依據作品篇幅長短,適度增減篇數,故各部篇幅均勻。此書爲小說彙編,所收基本保存原貌。唯出《狐媚叢談》者因襲該書隨意改題、不注出處、删節内容等明人編書惡習。

此書頗受後人喜愛。《續豔異編》所收一百六十三篇,均出此書,是其精選修訂本;馮夢龍《情史類略》有一百零六篇與此書相同;凌濛初初刻、二刻《拍案驚奇》則取此書二十九篇演爲話本。

徐𤊹《榕陰新檢》成書於萬曆三十四年季秋望日,而有多篇作品收入此書;《徐氏家藏書目》編成於萬曆三十五年秋,而其卷三子類著録此書。則此書當刊行於萬曆三十四年九月至三十五年秋之間。此書存日本内閣文庫、公文書館藏明刊本,以及上海圖書館藏明刊本。三種明刻本中,此本與日本内閣文庫藏本前均有吳大震《廣豔異編序》、《凡例》,

卷一〇"情感部下"、卷二四"鱗介部"、卷三五"夜叉部"均有闕文。上海圖書館藏三十五卷本,殘存卷一至卷二二。今據明刻本影印。(陳國軍)

獪園十六卷　(明) 錢希言撰 (第1267冊)

錢希言生平見前《劍筴》提要。

此書分仙幻、釋異、奇鬼、妖孽等十六卷,凡六百九十八篇。因書前有錢希言"癸丑冬"《獪園自叙》,前人多認爲此書成於萬曆四十一年(1613)。但卷一二"五郎神十二"等十四篇作品叙事已及萬曆甲寅(1614),且成書於萬曆四十二年的《聽濫志》言"(《獪園》)而實未出也",則此書當刊行於萬曆四十三年或稍後。

此書可稱許之處有四。一爲逞强競巧的思維取向。二爲以愛奇之心爲狡獪之筆。《獪園》或誇飾,或搜奇,或戲擬,文筆整飭,而故事甚具反諷色彩。三爲仙佛之傳文采斐然,有慧皎、道宣僧傳之風。四爲以精心編織之狐鬼妖媚刻摹光怪陸離的人間萬象。其中"五郎"崇拜、"討替"傳説、冥界遊行、狐妖故事等,都具有深厚的歷史積澱和文化意蘊,成爲志怪小說叙事範式中值得深切關注的典型文本。明李維楨《錢簡樓先生松樞十九山總叙》稱:"此蓋神有所會,精有所和,莫可端倪。西方之幻,師徒稱窮乎! 其文雖獪,其事則核。"

此書最早刊本爲馬之駿於萬曆二十三年捐俸所刻海虞錢氏翠幄草堂刻本,此後有《松樞十九山》合刊本。清代有乾隆三十九年鮑氏知不足齋本,以及日本尊經閣藏《秘書三種》本、蓬左文庫藏《徵異四函》本、日本東北大學藏重刊帶書草堂本等,此外還有國家圖書館藏清鈔本等。此書刻本頗多,但除《徵異四函》本爲三卷選本外,其他各本均出自海虞錢氏翠幄草堂刻本。今據清鈔本影印。(陳國軍)

耳談類增五十四卷　（明）王同軌撰（第1268册）

王同軌,字行父(一作甫),祖籍南直隸徽州府祁門縣,元季流寓江西饒州府樂平縣,明洪武四年,一世祖王省三奉詔遷居湖廣黄州府黄岡縣,至六世王文學始釋褐爲宦。同軌父廷槐舉人,早卒;叔父廷陳、廷瞻俱進士。同軌雖幼學舉業,才氣逼人,但科舉乖舛,吝於一第,後以貢生"例選",任職上林苑蕃育府丞,萬曆二十八年(1600),爲南京太僕寺主簿,後任云南布政司經歷,攝江寧縣令。同軌高才博學,知天文地理,所著《蘭馨集》、《合江亭稿》、《蒼蒼閣》、《遊燕草》、《耳談》,所編《東坡寓黄集》、《(萬曆)黄岡縣志》等行於世。生平事迹見錢謙益《列朝詩集小傳》丁集、《清代朱卷集成(13)》王家璧卷等。

此書的創編和刊行經歷了五卷本、十五卷和五十四卷本三個階段。刊行於萬曆二十五年的五卷本原名《耳談》。據自序可知,作者時任北京上林苑蕃育府丞,"奉士大夫塵談,紛此種種,而京師翼翼,人物幅湊,闊事尤夥,因劄記之曰《耳談》",共收録小説一百九十三條。萬曆二十八年轉任南京太僕寺主簿,遊道日廣,耳聞日多,隨在五卷基礎上,復撰十卷,成收録小説五百八十四條的十五卷本。刊行於萬曆三十年的十五卷本,一名《賞心粹語》,後仍改爲《耳談》。萬曆三十一年,作者"不律屢禿,鵠正而矢攛,饒益三倍,遂以畛分,删複祛陳,訛誤皆滌,書成,名之曰《耳談類增》"(《自叙》)。此本收録小説一千三百三十一條,分爲叢德、腔志、外紀等二十二類。此三次嬗變,使得此書由單一、純粹的志怪小説而漸次取向志怪雜事小説。

此書主要採録賓朋間的筵談議論、四海鄉譚,又在鬼神遊魂、石言人毇、象罔窮奇、忠逆夷跖、佛道仙釋的題材中"間寄憤惋玩世之旨"(張汝霖《耳談引》)。故事叢雜,一些委巷之談質樸活脱,文人雅事清雋可人,幽冥鬼怪奇而不群,"事新而豔,詞爽而快。怒讀之則喜,愁讀之則豈。撮其大旨,往往使人警悟,安義命而絶邪萌,風世回俗,所補不小"(江盈科《耳談引》)。

此書萬曆二十五年五卷本在北京刻竣,隨後金陵、浙、陝亦陸續有刻,幾至家置一集,紙貴市中。張文光甚而稱"是編也,資宴客之談鋒,補正史之闕漏;《宣室》虛其前席,《齊諧》猶在下風"(《序》),語雖溢美,亦可見其頗負盛名。《耳談》對明清小説之影響甚大,形成《耳談》續書系列,如孫斯傳《紀往》、《恒談》、沈遴奇《續耳談》等。此後小説多有取材於此書者,如明李日華輯《雅笑編》取"莫廷韓諧語"等十則,舊題李贄編《山中一席話》卷九刺取十四則,楊茂謙編《笑林評》源自此書者二十六則等,"三言"、"二拍"中亦有二十一卷擬話本的入話、正話凡三十則源出此書。

趙用賢《趙定宇書目》、黄虞稷《千頃堂書目》卷一二均著録此書。此書五十四卷本僅存萬曆三十一年金陵書坊唐晟刊本,藏臺北故宮博物院、日本東洋文庫、中國科學院圖書館等。今據中國科學院圖書館藏本影印。(陳國軍)

玉塵新譚三十四卷　（明）鄭仲夔撰（第1268册）

鄭仲夔(1636—1710),字胄師,一字如龍,廣興府上饒縣(今屬江西)城隅人。幼年失怙,由兄孟儒撫育成人,師事王夢暘子遐仲,博學工詩,孝友天成。初與鉛山費云仍、云山董思王交,稱"南屏三子",後遊大江南北,入復社,與馬君當、歸子慕等往還。晚歲不售,崇禎間成貢生,以著述爲娱,有《經世捷録》、《質草》、《冷賞》等。生平事迹具《(同治)上饒縣志》卷二二等。

此書爲《清言》十卷、《偶記》八卷、《耳新》八卷,以及《雋區》八卷的合刊本。書前有蔡保禎《序》、鄭仲夔《徵奇事小引》、目録,以及五十二人的"較閲姓氏"等。此書各本前多有劉日杲、韓敬、朱謀瑋、文震孟等名人序言。《清言》十卷,成書於萬曆四十五年(1617),仿效劉義慶《世説新語》、何良俊《世説補》的"清談"形式而成,然重心在以人繫事,以事傳言,且多涉當代,"其用物弘,其取裁雋,其托意深"(明龔立本《序》),表現出憂世之心和窮愁著書之意。《偶記》八卷成於萬曆四十八年,《耳新》八卷成於崇禎七年(1634),《雋區》初版於崇禎三年鄭氏來爽居。從"較閲"避諱及諸書成書時間斷定,此書合刊當在崇禎晚期。其中關於魏忠賢弄權害政、東林黨諸人如黄尊素、高攀龍、楊漣、周順昌、魏大中等言行舉止、以及同時文人活動等有較詳細記載。作爲復社成員,此書難免具有一定的宗派色彩。

此書所收各書的單行本存世頗多,但合刊本罕見。因書中《偶記》、《雋區》等載有劉大刀、顏光衷等出征抵抗女真事迹,且書中多有"夷"、"虜"、"奴酋"等"違礙"字句,遂成清廷下詔全毁之書。今據上海圖書館藏明刻本影印。(陳國軍)

見聞録四卷　(清)徐岳撰(第1268册)

徐岳(1623—?),字季方,嘉善(今屬浙江)人。傅增湘曾於此書跋中考其生平,以爲大抵以諸生參幕職,與湖湘間閭鎮諸人往還。據此書卷三《武君仕》云武氏"癸亥生,與余同庚",癸亥當爲天啓三年(1623),由是可知其生年。書中記事最晚爲卷四《嚇詐》之康熙二十四年(1685),或此書當完成於此年或稍後不久。

《四庫全書總目》言此書皆記怪異之事,亦《夷堅》、《睽車》之流,傅增湘跋稱徐氏"於群書頗能博涉,文字雅潔,論事亦有斷制",此書"皆就生平耳目所及,而間引故書古記以參證之"。首篇《象鼠》,首叙所見所聞,再考以古書,所引書有《神異經》、《炎荒廣記》、《宣州志》、《述異記》等。此後諸篇皆類此,而引書更見廣泛,既有古代之小説雜書,亦有明代之通行小説、筆記如《輟耕録》等。另據此篇"余客荆州,見省下小報"云云,知當時有所謂"省下小報",此類小報與邸鈔、京報,均爲志怪小説者所取資。

此書今存最早刊本爲《説鈴後集》本,僅一卷,《四庫全書總目》即據此著録。又有乾隆十七年大德堂刊本,爲四卷,扉頁一題"説部精華廣見聞録"(此據傅增湘跋本,但明校并跋本無此扉頁),卷首有張希良序。傅增湘曾比較二本,言此本四卷,記事通一百二十三則,而《説鈴》本爲一卷,只一百零七則,認爲《説鈴》所收乃節本,而此本則原刻。《販書偶記續編》著録爲四卷,"無刻書年月,約康熙間刊"。《中國古籍善本目録》著録吳郡寶翰樓刻本四卷。今據國家圖書館藏清刻本影印。(占驍勇)

山齋客譚八卷　(清)景星杓撰(第1268册)

景星杓(1652—1720),字亭北,自號菊公,室名拗堂。仁和(今浙江杭州)人。隱居杭州城東,賣文爲生。康熙五十九年(1720)秋,以詩文稿付托於桑調元而卒。事迹見《國朝耆獻類徵》卷四三一。

此書爲較純粹之志怪,然各條下間有"菊老曰"、"菊公曰"、"菊叟曰"引起議論,則作者不僅滿足於記事可知。如卷五《蒙古斬淫婦》,叙康熙甲寅(1685)蒙古兵駐杭州,一兵據諸全一婦,甚悦之,因其夫乞贖,憐之。然婦不從其去,蒙古兵遣其夫而殺婦。篇末菊老曰:"余嘗閲《輟耕録》載河南婦被虜元兵,其夫與姑求得之,視若途人,亦號泣而去,須臾震死,事略同。"此類描寫丁耀亢《續金瓶梅》中亦有之,而皆不如此借異域之人行使天道之觸目驚心。盧文弨跋謂此書"多有可資警戒者,非但以志怪異雜嘲弄而已",洵非虚語。

此書據桑調元撰傳爲十卷,然未見傳本。今有乾隆四十二年盧文弨抱經堂鈔本,僅八卷。卷首有康熙五十五年王建章、吳畊二序及自序;末有盧文弨乾隆四十二年跋。又收入《昭代叢書·辛集別編補》(道光本),不分卷。此本無王、吳二序,原作者自序取其後半段作爲小引。沈懋德道光二十四年跋稱書原爲八卷,楊復吉跋其尾,謂諸全老婦數則已見前人說部,故全刪去。對照二本,鈔本共二百四十二則,《昭代叢書》本共一百六十二則,後者篇目悉見於前者,次序亦完全相同,則同出一源可知。而所謂諸全老婦數則,即鈔本卷五之《蒙古斬淫婦》,《昭代叢書》本實未刪除。《(光緒)杭州府志·藝文志》著錄此書作五卷,不知所據。今據南京圖書館藏清乾隆四十二年盧氏抱經堂鈔本影印。(占驍勇)

閱微草堂筆記二十四卷　(清) 紀昀撰(第 1269 册)

紀昀(1724—1805),字曉嵐,又字春帆,自號觀弈道人,晚號石雲,直隸獻縣(今屬河北)人。乾隆十九年甲戌(1754)進士,改庶吉士,授編修。三十三年坐盧見曾案戍烏魯木齊。兩年後釋還,復授編修。歷任左庶子、福建學政、侍讀學士、兵部侍郎、左都御史、禮部尚書、兵部尚書、協辦大學士。嘉慶十年(1805)卒,加太子少保,年八十二,諡文達。紀昀學識淵博,長於考證訓詁,曾任《四庫全書》總纂官達十餘年,一生學力,在於校理秘書,畢見於《四庫全書總目》。著有《紀文達公遺集》。生平事迹見朱珪《知足齋文集》卷五《墓志銘》、《清史列傳》卷二八等。

紀氏自謂一生精力盡注於《四庫全書總目》,與之相較,《閱微草堂筆記》只是暮年餘興之作。此書以志怪爲主,間雜考證、論說。志怪則點到爲止,絕不鋪叙,說教則不嫌重複,不避繁冗。若謂《聊齋志異》乃擬唐傳奇之作,此書則是擬晉志怪之書。後人常節選此書以爲因果報應之書,非無故也。蔡元培於《詳注閱微草堂筆記》序中謂此書與《石頭記》、《聊齋志異》并稱清代小說最流行者,魯迅《中國小說史略》亦稱其“叙述復雍容淡雅,天趣盎然”。此書篇幅既廣,不得不擩及他書,時及近著如《新齊諧》、《夜譚隨錄》等。作者曾批評《聊齋志異》一書而兼二體,自身亦難免,如《姑妄聽之》卷四“莫雪崖言鄉人入冥”條,徐時棟批云:“大類院本演義矣。雖寓言亦乖體例,不宜錄也。”

此書包括紀氏乾隆五十四年所撰《灤陽消夏錄》六卷二百九十七條、五十六年所撰《如是我聞》四卷二百五十六條、五十七年所撰《槐西雜志》四卷二百八十六條、五十八年所撰《姑妄聽之》四卷二百一十三條及嘉慶三年所撰《灤陽續錄》六卷一百四十三條。五種小說原分別刊行,嘉慶五年由其門人盛時彥合爲一書,校勘付梓,總名之曰《閱微草堂筆記》。此本乃盛氏手校,又經紀氏檢視,然後刊刻,堪稱定本。以後各種翻刻、選刻、評注本均從此出,其中嘉慶二十一年盛時彥重刻本校對精細,歷來被視爲善本,有盛氏前記說明重刊緣起,蓋因嘉慶五年刻板已燬於火。今據國家圖書館藏清嘉慶五年北平盛氏望益書屋刻本影印。(占驍勇)

秋燈叢話十八卷　(清) 王椷撰(第 1269 册)

王椷,原名柈,字有容,號凝齋、疑齋,福山(今屬山東烟臺)人。出生於官宦世家,以父蔭監生,乾隆元年(1736)順天鄉試舉人,此後屢試不第,歷官湖北當陽、天門知縣。其五兄王杲生於康熙五十一年,則椷出生當晚於此。事迹散見此書。

此書共六百四十五則,爲較純粹之志怪小說集,間亦有遊記、考證文字。素材除出於親聞親見,多得自民間傳說與親友講述,亦有摘自邸鈔或雷同白話小說者。如卷七《營卒婦薄夫被殺》情節同《歡喜冤家》第八回《鐵念三激怒誅淫婦》）。作者有聞則録，很少加工，文字質樸簡陋，亦可窺見民間故事之原貌，如《九曲望娘灣》等。蕭劼跋以爲是書可接韓柳家法，不墮唐人小説一派。然此書并非不追求文采，只因其"以名孝廉宰大邑，循聲著江漢間，非窮愁著書者比"（胡高望《序》），故不屑於争筆端技巧。

此書《八千卷樓書目》小説家類著録，十八卷。傳世多十八卷本，如乾隆四十三年刊本、乾隆四十五年積翠山房刊本、乾隆六十年刻本等。國家圖書館藏有《秋燈叢話》六卷本。乾隆四十三年刊本卷首有乾隆四十二年胡高望序、四十三年王嵩高序、二十三年董元度序、四十五年王真祺跋，卷末有乾隆二十五年蕭劼書後，王文炳題《滿江紅》一首。無總目標目，當即《販書偶記續編》所著録之積翠山房刊本。此本卷十一《魚籃大士》有乾隆四十四年事，卷十六《二童丐》、卷十七《嘉興木龍》有四十五年事，可見此書於乾隆四十三年初刻之後續有增補。然此書大體完成當在乾隆四十三年。至於書前乾隆二十三年董序與二十五年蕭跋，似當時已有成書，可知是書撰著時間之漫長。今即據中國科學院圖書館藏此本影印。（占驍勇）

夢厂雜著十卷　（清）俞蛟撰（第 1269 册）

俞蛟，字清源，一作青源、青門，號夢厂居士、六愛山人，山陰（今屬浙江）人。一生仕途坎坷，遊幕四方。乾隆五十八年（1793）以監生任廣東興寧縣典史，至嘉慶六年（1801）尚在興寧官舍。事迹散見此書。

此書共十卷，由七個部分組成。《春明叢説》兩卷三十三則、《鄉曲枝辭》兩卷三十六則、《齊東妄言》兩卷三十一則爲志怪雜事小説。《遊蹤選勝》爲遊記，《臨清寇略》爲雜史，《讀畫閑評》爲評畫專著，《潮嘉風月》爲瑣語，分爲麗景（九則）、麗品（二十則）、佚事

（八則）。此書乃《板橋雜記》之仿作，昔人皆以小説視之。清人文言筆記内容多駁雜，此書分類記事，眉目清楚，文筆又清麗可喜，實屬難得。

此書現存最早版本爲道光八年敬藝堂刻本，翻刻甚多。卷首有嘉慶五年姚興泉、十六年孫鑒序及嘉慶六年自序。因孫序在嘉慶十六年，目録書多定爲該年刊刻。實孫序落款曾被挖改，序文中時間與落款時間不符，不足徵信。又有同治九年刻本，自序有二篇，其一與敬藝堂刻本同，然其中一段文字有異，當別有所據。另有深柳讀書堂本，題《新增聊齋志異夢厂雜著》，俞氏曾言其家有"深柳讀書堂"，則此似爲家刻，然亦可能是僞托。此本卷首三序與敬藝堂本全同，孫鑒落款挖改痕迹亦顯然。今據上海圖書館藏清刻深柳讀書堂印本影印。（占驍勇）

妄妄録十二卷　（清）朱海撰（第 1270 册）

朱海（約 1757—?），字蕉圃，吳縣（今屬江蘇蘇州）人。著有《釵燕園傳奇》，《古典戲曲存目匯考》著録時誤作《燕園釵》。生平見此書自序。

據自序，此書作於乾隆五十九年（1794），道光十年（1830）付刊，時朱氏已年逾古稀。此書全記鬼事，屬志怪之純粹者。自序稱此書爲"效坡仙謫黄州時故事，日强人説鬼，絕不作治生記，半年來妄言妄聽，并追憶舊聞"而成。究其撰著之由，則亦如自序所言，"士不得志，筆下即有神亦當化爲鬼耳"。書中記録之事，或有見於他書所載者，其間大同小異，乃屬各據所聞而言之，如其卷三《鬼戀故妻》末云"《灤陽消夏録》亦載其事"，對照《灤陽消夏録》卷四，紀昀所載用限知視角叙述，此書則用全知視角叙述，頗無謂。平步青於《霞外攟屑》卷五曾專論此書之妄。

此書十二卷，《販書偶記續編》卷十二小説家異聞之屬著録有道光十年刊巾箱本，未見。

遼寧省圖書館藏道光十年刻本僅十卷,非全本,有彭希召題簽,卷首有乾隆五十九年秋自序及凡例二條。其自序中"十二卷"三字被挖去。據王季烈題記,此書原有道光二年葉世倬序,此本無之,當是據原刻本翻刻時遺漏。浙江圖書館藏十二卷全本,前有道光二年葉序,末有道光四年(1824)俞克承跋,或此年已有刊本。今據遼寧省圖書館藏清道光十年刻本影印。(占驍勇)

里乘十卷　(清)許奉恩撰(第1270冊)

許奉恩(1816—1878),字叔平,號蘭苕館主人,桐城(今屬安徽)人。屢試不第,遊幕四方。同治元年(1862)入蜀,於江良臣幕府辦理文案。同治八年至光緒二年(1876)在揚州鹽運使方濬頤幕中掌箋奏。光緒四年卒於武昌幕府中,享年六十三歲。著有《蘭苕館詩鈔》、《桐城許叔平文品論詩合鈔》、《轉徙餘生述》等。事迹見《(民國)安徽通志稿·藝文考》小說家類、《黃華許方氏宗譜》及此書序跋等。

此書流傳甚廣,是摹仿《聊齋志異》之佳者,然亦有說理論道如《閱微草堂筆記》者。由自序可知,作者欲與蒲松齡、紀昀鼎足而三,今日視之,只是合《聊齋志異》、《閱微草堂筆記》之長於一書而已,然亦可謂晚清小說之佼佼者。

此書十卷,《八千卷樓書目》小說家類、《清朝續文獻通考·經籍考》小說家類著錄。此書初刊於同治十三年,由同鄉方錫慶資助付梓(據方氏跋語),其時作者正在揚州方濬頤幕中掌箋奏,此本未見,《皖人書錄》所著錄同治刊本即此。今見有光緒五年常熟抱芳閣刊巾箱本,書名頁題《蘭苕館外史》,共十卷一百八十八篇。書前有方濬頤、劉毓楠、許星翼序及作者自序,說例,末有方錫慶、金安清跋,序跋除劉序、金跋未署時間外,餘均作於同治十三年,則書成於此年可知。此後當有

光緒末邱與久(鏡瀓)校勘石印本,未見,據《留仙外史》卷首邱與久序,此本亦爲十卷。至民國間十卷本少見,流行者爲八卷本。八卷本始作者不知爲誰,今見《筆記小說大觀》本爲八卷,共一百四十七篇,僅有自序及說例,其他序跋悉數刪去,其八卷係十卷本之前八卷。當然,刪去後二卷亦有其道理,因卷九實節錄他書,卷十則是作者所著雜史類作品殘本《風鶴途說》,與全八卷體例不合。今據復旦大學圖書館藏清光緒五年常熟抱芳閣刻《蘭苕館外史》本影印。(占驍勇)

右台仙館筆記十六卷　(清)俞樾撰(第1270冊)

俞樾生平見前《春在堂隨筆》提要。

俞氏曾撰《耳郵》四卷,此書乃其續作。先從《耳郵》中抽出若干條成《廣楊園近鑒》一書,後又補充若干,保存四卷規模,作爲此書前四卷;再續作十二卷而成全書。與《耳郵》相比,此書流傳不廣。純以志怪,間有傳奇之筆,并不雜出考證、佚事,此與《閱微草堂五種》、《寄龕四志》明顯不同,當是俞樾著述甚爲豐富,文體之間區分較嚴之故。書中亦雜有世俗人事,俞氏則稱人無人理,人即爲妖,是以記及此等事(卷一五"父詿子取資")。

此書《清史稿·藝文志》小說家類著錄,光緒二十五年刻《春在堂全書》本爲最早版本,十六卷共六百六十七則。後來翻刻有宣統二年上海朝記書莊石印本。前有光緒六年(1880)自序。鄭振鐸《俞曲園先生樾年譜》據《曲園自述詩》認定爲光緒六年盛夏著成此書,然其十三卷起即有光緒七年事,而全書無光緒七年四月以後事,推知此書大體完成於光緒六、七年間,刊行於光緒七年或稍後。今據清光緒二十五年刻《春在堂全書》本影印。(占驍勇)

咫聞録十二卷　（清）慵訥居士撰（第1270冊）

此書題慵訥居士撰,《販書偶記續編》卷一二云"爲順德溫汝適之別號"。《(嘉慶)廣東通志》著録有溫汝適《咫聞録》二卷。溫汝適,字步容,號篔坡,乾隆四十九年(1784)進士,官至兵部右侍郎,著述甚富,事迹見《國朝耆獻類徵初編》卷一〇五及《溫篔坡年譜》。然觀書中多記浙江尤其是寧波府各縣事,則作者當是浙人。又據卷一〇《北虎青衛》知其居雷州幕多年,據卷五《巨蠍》知其乾隆五十一年隨家大人至淮,據自序知其嘉慶二十二年(1817)夏賦閑羊城旅館,此類皆與溫汝適經歷不符。是則慵訥居士生平待考。

此書爲較純粹之志怪,所載故事多有與他書類似者。既無《聊齋志異》之美文,又無《閱微草堂筆記》之說教,近於勸懲之書,然所載較近民間故事原貌,可珍者正在於民譚之採録。平步青《霞外攟屑》卷六論其故事出處、影響甚詳,可參閱。

此書十二卷,《販書偶記續編》卷一二小說家類異聞之屬著録有嘉慶二十二年刊巾箱本,又有復旦大學圖書館藏道光八年尚古堂刊本,皆未見。今見天津師範大學圖書館藏知不足齋刊本,亦十二卷,封面題"道光壬辰冬鐫",壬辰爲道光十二年,而書前自序却撰於道光二十三年,卷首冶根山人序則在道光九年。案此書卷一一《天妃廟》有嘉慶二十五年七月事,則此本不可能與嘉慶二十二年刊本完全相同,或續有增補。此書未及道光間事,則書當最後完成於嘉慶末至道光初年,主體部分或完成於嘉慶二十二年前。若自序款不誤,知不足齋刊本當刊於道光二十三年,與華東師範大學圖書館藏道光二十三年刻本同。雷夢水《古書經眼録》云:"道光間重刊本乃將書首原有嘉慶歲次丁丑冶根山人序改爲道光歲次己丑,次嘉慶丁丑歲自序,改爲道光癸卯歲。"因嘉慶本未見,待考。今據華東師範大學圖書館藏清道光二十三年序刻本影印。（占驍勇）

埋憂集十卷續集二卷　（清）朱翊清撰（第1271冊）

朱翊清(1786—?),字載垣,號梅叔,一作枚叔,別號紅雪山莊外史,歸安(今浙江吴興)人。鄉試不中,以坐館爲生。無子,其女適張光錫。後依之以老。朱氏工詩古文,皆有稿,未刊,另著有《金石録》。事迹略見《(民國)烏青鎮志》卷二九、陸以湉《冷廬雜識》卷七《朱梅叔》。

此書卷首道光二十五(1845)年自序及弟子周士炳序,均稱當年即謀付梓,并行刊刻,可見此書有該年或稍後之刊本,惜流傳未廣,未見。據自序可知此書正集作於道光十三年至二十五年之間。正集一百六十篇,續集四十八篇。書中所引之書僅注明者即多達百餘種,但實際數量更多,如《龍眼》明顯出自《閩小記》却未注明。朱氏於其文筆頗自負,對引文常加删削,另喜收録文集中傳記似小說者,如《虞初新志》。亦喜一篇中牽連數事,不事連綴。如卷七《賈義士》末外史氏曰:"此事予得之《愈愚集》所書,略加删潤録之,其間自'及成婚'以下一段,余特爲之補書云。"卷九《草庵和尚》:"此傳余於己丑歲從《易安齋文鈔》中録出。原本筆意生動,而結構稍寬,叙次亦稍冗,因爲增删數句。"隨手删潤,亦其能事,傳記由是而成傳奇。

此書《八千卷樓書目》小說家類著録,《中國叢書綜録》小說類雜録之屬著録,署"朱翔清",乃沿《筆記小說大觀》、《清代筆記叢刊》本之誤。今見最早爲同治十三年杭州文元堂刊本。遼寧省圖書館藏同治十三年刻本無文元堂字樣,書名署三行,分別爲"新鐫"、"《談怪埋憂集》"、"續集附後"。卷首依次爲沈巖、周士炳二序及朱氏自序,周序及自序時間均署同治十三年,顯屬作僞。後《筆記小說

大觀》本、《清代筆記叢刊》本、民國三年上海
掃葉山房石印本，皆將作者誤題爲"朱翔
清"，自序時間亦爲同治十三年，唯去沈巖、
周士炳二序；篇數與同治十三年刻本亦全同。
民國十年廣益書局汪少雲重編本則將自序時
間改回，且增入周士炳、沈巖序二篇，在當時
可稱善本。今據遼寧省圖書館藏清同治十三
年刻本影印。（占驍勇）

壺天録三卷 （清）百一居士撰 （第1271冊）

百一居士，淮陰（今屬江蘇淮安）人，姓名
待考。據書前光緒十一年（1885）自序及白
田吏隱（或即寶應王懋竑）後序，可知其失意
於科場，光緒五年客遊杭州，光緒中旅居揚
州，很可能都是遊幕。自序云"將衰老"，則
生年大約在道光間。

此書分上、中、下三卷，無標目。所記事皆
簡短而缺乏文學趣味，往往於各條首冠以議
論，與普通志怪直接言事者不同。雖無類目，
所記内容却非隨筆漫書，而有明確分類，卷上
主要包括天地風雷之異、佚事、節烈、詩文聯
語四類，卷中包括世俗、男女兩類，卷下則爲
神鬼、物妖兩類。自序言其書所記皆實事，喜
將所聞數事，連類記之，内容多採友人或他人
記載，偶記域外之事。

此書今有《申報館叢書餘集》原刊本，三
卷，《清代筆記叢刊》、《筆記小説大觀》（第
一輯）皆據以翻印。《中國叢書綜録》著録
《申報館叢書》子目時云此書"光緒七年排
印"，應誤。今據華東師範大學圖書館藏清
光緒鉛印《申報館叢書》本影印。（占驍勇）

增修埤雅廣要四十二卷 （宋） 陸佃撰
（明） 牛衷增輯 （第1271冊）

陸佃（1042—1102），字農師，越州山陰（今
浙江紹興）人。受經於王安石，熙寧三年
（1070）擢甲科，授蔡州推官。後官至吏部尚
書，拜尚書右丞，轉左丞。因元祐餘黨事，罷

知亳州，數月卒，年六十一。佃著書二百餘
卷，著有《埤雅》、《春秋後傳》、《爾雅新義》諸
書。事迹見《宋史》本傳、《會稽傳》卷一五、
《名賢氏族言行類稿》卷四九等。

陸佃精於禮家名數之説。神宗時召對，言
及物性，因進《釋魚》、《釋木》二卷，名之《物
性門類》，後《爾雅新議》撰成，更修此書，易
名《埤雅》，以爲《爾雅》之輔。該書分爲《釋
魚》、《釋獸》、《釋鳥》、《釋蟲》、《釋馬》、《釋
木》、《釋草》、《釋天》，凡二百九十七條。《埤
雅》傳至明初，蜀王命牛衷、吳從政等"因佃
文之舊"，"增摭群書所載，復成二十卷，合而
名之曰《埤雅廣要》"（牛衷序）。牛衷，蜀府
護衛百户昭信校尉，餘不詳。吳從政，名善，
據《英宗實録》卷二三〇載，吳從政爲蜀府
"内使"，官承奉正嘉林。

此書行世後，嘉興孫璽讀而藏之，傳其子
植，植復傳子成名。成名與殷仲春"相與整
輯之，續之考誤，多所搜擴……奈何未及梓，
竟賫志殁矣"（孫弘範《埤雅廣要跋》）。孫成
名，字允仁，號儀扆，又號超然道人，嘉興人，
萬曆七年（1579）舉人，著有《薄遊漫草》、《兩
京浪遊集》、《保合編》等。事迹見《檇李詩
繫》卷一五等。殷仲春，字方叔，號東皋子，
秀水人，隱士，家貧至"葭墻茅屋，不蔽風
雨"，在村"躬耕永樂之南村"，在城"讀書買
藥居皋成門外"，著有《安老堂集》、《醫藏書
目》、《秘傳疹子心法》等。生平見《嘉興府
志》"隱逸門"、《見只編》卷中等。孫成名子
弘範繼承父志，於萬曆三十八年（1610）出資
請胡元貢鐫刻刊行，是爲《增修埤雅廣要》四
十二卷本。

從宣和七年（1125）序刊陸佃的《埤雅》二
十卷，經天順元年（1457）牛衷等《埤雅廣要》
四十卷，再到萬曆三十八年孫弘範的《增修
埤雅廣要》四十二卷，除卷帙增多外，此書内
容亦從小學之類轉化爲小説之類。《四庫全
書總目》稱："衷所補，龐雜餖飣，殆不成文，

甚至字謎、小説雜然并載,爲薦紳之所難言,乃輕詆佃書,殊不知量。今退而列於小説家,俾以類從。"四十二卷本確存在以小説解釋名物的纂述特點,採引小説有《搜神記》、《宣室志》、《拾遺記》、《博物志》、《續仙記》、《續幽怪錄》、《集異記》、《幽明錄》、《翰府名談》、《孫氏志怪》、《冥行錄》、《聞異錄》、《太真外傳》等,復刪去《廣要》中的"石榔"、"玉碁子"、"赤虹符"、"雉化人"諸條,此即所謂"分析門類,增益奇聞"(殷仲春序)。

此書《千頃堂書目》卷三、《海源閣書目補遺》、《鳴野山房書目》卷三、《續文獻通考》一八〇《經籍考》、朱彝尊《經義考》卷二八〇均著錄。國家圖書館、臺北圖書館、日本内閣文庫等地均藏萬曆三十八年鵝湖本。今據北京大學圖書館藏明萬曆三十八年孫弘範刻本影印。(陳國軍)

蓬窗類紀五卷　(明)　黄暐撰 (第1271册)

黄暐(1438—?),字東昇,號東樓,南直隸蘇州衛(今江蘇蘇州)人。弘治三年(1490)進士,授户部主事,遷刑部郎中。十八年,坐狎樂婦,黜爲民。著有《蓬窗類紀》、《使陝錄》等。事迹見《(同治)蘇州府志》卷八〇、《大明孝宗敬皇帝實錄》卷一六九、一七二、《大明武宗毅皇帝實錄》卷八等。

明王鏊《震澤集》卷三五《題蓬軒類紀》載,黄氏"及筮仕,乃始泛觀博取,雖稗官小説、街談巷議,經於耳而徹於心。每廣座中持論,梗梗若懸河霏屑,聽者皆竦,而莫測其端",可知此書爲黄氏入仕途後所撰,其成書時間當在弘治三年至十八年間。此書爲志怪雜事小説集,凡五卷二十八類一百二十三條故事,以記載吴中事物爲核心,由所記德政、異行、著述、技艺等類,可見明初至弘治時期吴中文人生活形態。果報、異人、怪異等小説,則是弘治時期吴中志怪佳作。

明晁瑮《寶文堂書目》著錄"《蓬軒類紀》",

明祁承㸁《澹生堂藏書目》著録"黄暐《蓬軒類紀》四卷",清《(同治)蘇州府志》卷一三六著録"黄暐《蓬窗類紀》四卷",有"蓬窗"與"蓬軒"之歧。據王鏊《題蓬軒類紀》,明代嘉靖前期書目以及黄省曾序所謂"蓬軒云者,志居也"之説,此書原名當爲《蓬軒類紀》。此書存國家圖書館藏明鈔本、《涵芬樓秘笈》本。《涵芬樓秘笈》二集爲覆明鈔本印。此書前有王鏊《題蓬窗類紀》,後有黄丕烈四則跋文及孫毓修《蓬窗類紀跋》。全書曾依作品内容,一分爲二,分别以《蓬軒吴紀》、《蓬軒别紀》爲名刊行於世。今據民國十三年上海商務印書館鉛印《涵芬樓秘笈》本影印。(陳國軍)

青泥蓮花記十三卷　(明)　梅鼎祚撰 (第1271册)

梅鼎祚(1549—1615),字禹金,一字彦和,號汝南、蟬隱、又號勝樂道人、千秋鄉人、無求居士,别署梅真子、太一生等,寧國宣城(今屬安徽)人。父梅守德,官至云南左參政。鼎祚年十六爲廩諸生,性不喜經生業,以古學自任,與王世貞、汪道昆巨公遊,時人無不知其名。自隆慶元年(1567)至萬曆十九年(1591),九次秋試均未獲第。從此以聚書、讀書、編書、寫書爲業。傳世有小説、戲曲、文集多種,另輯有《歷代文紀》、《古樂苑》、《唐樂苑》等。生平事迹見过庭训《本朝分省人物考》卷三八等。

此書十三卷,分内、外兩編。内編分記禪、記玄、記忠、記義、記孝、記節、記從七門,外編有記藻、記用、記豪、記遇、記戒五門,引用釋、道、史書、説部、類集詩詞作品二百零四部篇,編輯以歷代妓女爲主角的小説二百一十六篇。體例完善、精審,"凡例"以明選材標準,篇末必注出處或考論以示有徵,偶以"女史氏"評以佐其論,通過宣教、德行、文學、諷諭等刻畫漢魏以迄明代或温婉多情,或堅貞剛毅,或才華洋溢的群妓形象,體現出以儒家忠義經緯全書的編纂宗旨,及重情、尊生、反道學傾向。書中所選妓女故事雖注明出處,但與原文相較或時有改動。

此書大約創編於萬曆二十八年。《明語林》卷三曰:"梅禹金篤志纂輯。嘗納妾鄒氏,一月不出,人怪暱,問之,則已輯《青泥蓮花記》十三卷。"《紅雨樓書目》卷三、《千頃堂書目》卷一二均著録此書十三卷本,唯《江南通志》卷一九二著録八卷本,未見。此書存萬曆三十年鹿角山房原刻本,前有梅鼎祚萬曆二十八年序,每卷署名"江東梅禹金纂輯,從弟梅誕生校",梅誕生并作跋一篇。梅誕生,即梅膺祚,爲鼎祚五堂弟。此書存萬曆三十年鹿角山房原刊本、清丁氏嘉惠堂鈔本、《藝風藏書續談》著録傳鈔本。今據上海圖書館藏萬曆三十年鹿角山房刻本影印。(陳國軍)

板橋雜記三卷　(清)余懷撰(第1272冊)

余懷生平見前《茶史》提要。

《續修四庫全書》史部第733冊曾已收天津圖書館藏清瓣香閣鈔本《板橋雜記》三卷附録一卷。此書分雅遊、麗品、佚事三卷,上承唐人《北里志》之餘緒,叙明末秦淮風月狹邪之盛。因作者爲遺民,筆端融入興亡之感、時世之哀,如宋人《東京夢華録》等書,故迥出流俗。兼之詞采清麗,故可與張岱《陶庵夢憶》并傳。後來續作雖多,僅爲艷史,難與比數。

此書版本衆多,最早刊本當爲《昭代叢書》甲集第四帙本,僅一卷,刻於康熙三十六年至康熙四十二年間,有尤侗序,張潮小引及跋。《説鈴》本刊於康熙四十四年,析爲三卷,内容無甚差別,然僅尤侗一序。《虞初新志》乾隆二十五年張繹校訂本收入此書。乾隆五十九年刊《龍威秘書》本據《説鈴》本收入。嘉慶二十五年步雲軒刊《合訂板橋雜記》收入

此書與珠泉居士《續板橋雜記》。之後尚有《藝苑擷華》本(據《説鈴》,然合爲一卷)、《豔史叢鈔》本等。

今據上海辭書出版社圖書館藏清康熙刻《説鈴》本影印。(占驍勇)

吴下諺聯四卷　(清)王有光撰(第1272冊)

王有光,字觀國,號北莊,別號北莊素史,江蘇青浦(今屬上海)人。諸生,乾隆嘉慶間人。撰有《素史》、《萬物志》、《北莊清話》等。傳見《(光緒)青浦縣志》卷一九。

此書原題"北莊素史集",共四卷,分啓目、正目、續目、末目,啓目含六條諺語、説明,正目、續目、末目方爲正文。全書博採諺語三百餘條,詳加注釋,間附佚事,亦莊亦諧。談風論俗之時,不忘刺寓勸懲,發人深省,近於雜記小説之書。所收條目自二字起,至十二字,由少而多,自短而長,挨次録之。所録俗語"扒灰"、"爬灰",紅學家常引用。書中諷刺諺最多,達九十一條,是其精華,如"横飽六十日"、"紗帽底下無窮漢"、"帶累鄉鄰吃薄粥"等,令人過目不忘。

此書嘉慶二十五年老鐵山房原刊本今已不可見。後有同治十二年王氏後人補刊本。今據南京圖書館藏清嘉慶二十五年刻同治十二年、民國二十四年補修本影印。(占驍勇)

鄉言解頤五卷　(清)李光庭撰(第1272冊)

李光庭(1773—?),字太年,號樸園,晚號甕齋老人,順天寶坻(今屬天津)人,世居寶坻縣林亭口。光庭久居北京,以詩自娱,有《虛受齋詩鈔》十二卷附《樸園感舊詩》一卷。事迹見其所著書。

此書共五卷,天、地、人部各一卷,物部分上下卷。以鄉語農諺考證天文地理、人情物態等,於百工技藝、商賈市肆、民俗風物、逸聞瑣事等皆有記述。

此書今見最早者爲清道光三十年原刊本,

不著撰人姓名,卷首有道光二十九年自識,僅署"甕齋老人",下有印文"古泉州林亭李"。《販書偶記》卷一一子部類書類著録此書時誤作"古泉州林亭年撰",著録爲道光二十九年刊巾箱本,刊刻時間當爲據卷首自識所判定。今據上海圖書館藏清道光刻本影印。(占驍勇)

影梅庵憶語一卷　(清) 冒襄撰 (第1272冊)

冒襄(1611—1693),字辟疆,號巢民、樸巢,如皋(今屬江蘇南通)人。出生於文學世家,與陳貞慧、侯方域、方以智合稱明末復社四公子。從董其昌學書法,娶秦淮名妓董小宛爲妾。明崇禎十五年(1642)副貢,入清不仕,建水繪庵,讀書酬唱以終。擅詩文書法,著有《巢民詩集》、《文集》等。事迹見《清史列傳》卷七〇。

此書《清史稿·藝文志》、《八千卷樓書目》小説家類著録,一卷,共三十九條。成書於順治八年(1651),係冒氏悼念愛妾董小宛、追念其生平瑣事而作,影梅庵爲作者書齋名。全書分四部分,首叙二人相識、相愛至終成眷屬之過程;次叙夫妻生活中難忘片斷;又叙甲申之變後二人流離失所,經歷種種艱險困苦以及苦中作樂事;末寫讖言、預兆與夢幻,以宿命釋二人姻緣。此書所記又不止於個人情愛,亦記社會現實,如田弘遇強買陳圓圓、閹黨謀害其父冒起宗、清軍"留頭不留髮,留髮不留頭"罪行等。

此書開創自叙傳記寫作方式,坦露個人生活、抒發個人情感,真實而大膽,雖近於筆記,然主題明確,將叙事、抒情、描寫及意境創造融爲一體,寫法靈活,語言自然,不事雕琢,後人稱爲"憶語"體,仿效者甚多,如《浮生六記》、《香畹樓憶語》等。

此書未收入冒氏別集,今見最早傳本爲康熙三十九年刊《虞初新志》本,後有乾隆三十八年《昭代叢書》本(有楊復吉跋),道光十年

《賜硯堂叢書新編》本,道光二十九年《昭代叢書》(道光本)別集本等。今據清道光世楷堂刻《昭代叢書》本影印。(占驍勇)

續廣博物志十六卷　(清) 徐壽基輯 (第1272冊)

徐壽基(1836—1920),字桂珆,號觀化子,武進(今屬江蘇常州)人。光緒六年(1880)進士,歷官山東萊陽、新城知縣。徐氏博學工文,著述極富,并精賞鑒,著有《志學齋集》、《玩古》(見《嶺南玉社叢書第一集》)等。事迹見《清代毗陵名人小傳稿》卷九。

據自序,知此書爲徐氏年少喜涉獵時所哀録,原名《博物瑣志》(見《酌雅堂駢體文集》序二《〈博物瑣志〉後序》),後改此名,所續者爲明董斯張《廣博物志》。董書不採隋以後書,此書則採及當代著作如王士禛《香祖筆記》等。

此書分天地、五行、占驗、人事、修養、辟邪、迪吉、製造、禁忌、古方、靈術、鬼神、群動、蕃植、珍寶、怪異等十六門,門各一卷,卷首有序。門類較《廣博物志》少,選書則更廣,所徵引各書皆於條前注明出處,如晉唐小説《山海經》、《搜神記》、《酉陽雜俎》,道書《雲笈七籤》、《太公金匱》等,此外史書、諸子亦常及之。由於所引書大都常見,又重古忽今,所取多短篇殘簡,瑣碎無文,價值不大。《四庫全書》入《廣博物志》於子部類書類,此書亦當屬之類書。

此書《八千卷樓書目》小説家類著録。今僅見清光緒十二年武進徐氏《志學齋集》原刊本。今據上海圖書館所藏該本影印。(占驍勇)

文酒清話　(宋) 佚名撰 (第1272冊)

《新雕文酒清話》是宣統元年(1909)俄國柯兹洛夫在黑水城所發現文獻。此書殘存卷五至卷九第十九頁,共四十五條故事,書頁多

有破損，文字漫漶不清，無撰人姓名、總卷數，宋元公私書目也未見著録。

此書在宋元文人著述中屢見徵引，計有如曾慥《類説》、王灼《碧雞漫志》、蔡正孫《詩林廣記後集》、王十朋《東坡詩集注》、方回《瀛奎律髓》等十餘種，除見於此書殘本者外，尚可輯録"惠花酒詩"、"竊詩"、"陳亞及第"等佚文二十二則。

今考此書卷七"杜力文"條提及"揚州通判王郎中"，爲王鞏，元祐二年（1087）至六年間任揚州通判；又言"後竟客死於道途間"，則是書當成於元祐六年之後。又，趙夔《蘇詩集注》成書於紹興初，曾引此書；曾慥《類説》成書於紹興六年（1136），卷五五録有此書二十二則，均可證此書刊行時間應在紹興初或之前。

此書記録陳大卿、孫山、雙漸、安鴻漸等宋代著名文人諸詼諧言行，體現宋代文人之詩酒風流與幽默風趣，爲宋代小説通俗、市井化之標本。

今據俄羅斯聖彼得堡東方研究所分所藏金刻本影印。（陳國軍）

開顔集二卷 （宋）周文玘撰（第 1272 册）

周文玘，宋代文獻均作"周文規"。《崇文總目》卷三云："《開顔集》三卷，周文規撰。"宋陳振孫《直齋書録解題》亦謂："《開顔集》三卷，校書郎周文規撰，未知何時人也。"《宋史‧藝文志》始稱"周文玘"，至《清朝通志》卷一一二《校讎略八》曰："宋周文玘《開顔集》，《文獻通考》作周文規。今據本書標名校正。"遂爲定論。然陳振孫似曾見宋傳本，所云"以古《笑林》多猥瑣，乃於書史中鈔出可資談笑者爲此編"，與現存本作者自序吻合。另據《千頃堂書目》卷一五，作者還撰有類書《冀越集》二十卷。

現存此書分上下二卷，卷各三十五事。前署"試秘書省校書郎周文玘集"。序稱："《笑

林》所載皆事非稽古，語多猥褻，博覽之士鄙而不看，蓋無所取也。余於書史内鈔出資談笑事，合成兩卷，因名之曰《開顔集》。唯期自備披尋，非敢出諸篋笥云爾。"可知此書之編纂動機。全書從《史記》、《南史》、《列子》、《世説》等四十二部子史典籍中輯出故事七十條，注重文辭，以人名名題，所記皆古來詼諧可資談笑之事，各注出典，但有不乏誤注者，亦有如"劉道真"、"張裔"、"祖士言"、"華譚"等條，實出隋侯白《啓顔録》而未及注出。與原文相較，引此書文字多有不同，甚至有割裂成文者；又往往於文末增加言辭以使讀者"開顔"，如"蕭琛"條增"上大笑"，"王絢"條增"尚之笑而色赧"，"何著作"條增"諸郎聞而太哂"等，實爲蛇足。作品之間編排殊乏統籌，隨意性極大，亦是一弊。

此書以雅爲尚，明時頗爲士人所喜好。如馮夢龍的《古今譚概》引用此書"何著作"、"劉道真"、"京邑婦"、"蕭俛"、"袁隗"、"張裔"等條。李贄《初潭集》收録"濟尼"、"袁隗"、"張裔"、"伊籍"、"鄭玄家婢"等。其他如曹臣《舌華録》、蔣一葵《堯山堂外紀》等，也多有與此書相同的故事。

此書宋代以來代有著録。元陶宗儀《説郛》卷六五收録《開顔録》六則，今存明天一閣藏明刻本、題名顧元慶刻《廣四十家小説》本、清丁丙善本書室藏本、《重編説郛》本等。天一閣藏明刻本與清丁丙善本書室藏本相同，今據之影印。（陳國軍）

解慍編十四卷 題（明）樂天大笑生輯（第 1272 册）

此書《千頃堂書目》卷一五著録，題"樂天生"，上海圖書館藏本題署"樂天大笑生纂集，逍遙道人校刊"，二人真實姓名、事迹均不詳。

全書分儒箴、官箴、九流、方外、口腹、風懷、貪吝、尚氣、偏駁、嘲謔、諷諫、形體、雜記、隱語等十四卷，凡二百八十則。此書在卷一、

二、三、四、五、七、八、十、十一等卷末空白處，有用筆鈔補笑話五十餘則。

卷一前有粲然子評曰："古今漫録，雅俗兼收；義存箴警，一笑舒憂。"可見此書的編輯原則及旨歸。官場、儒林、九流人物及其貪鄙、尚氣之性格缺陷等，皆是其譏鋒所向。此書有從古人之書取材者，如卷二"新官賀詞"出《類説》卷四九，卷三"上字謎"出《五燈會元》，卷六"霧中花"出《笑林》，卷九"癖好水利"出《古今事文類聚別集》卷二〇，"好古自困"出《事林廣記》，卷一〇"弱臂强弓"出《啓顔録》，"石學士"出《撫掌録》，"相謔姓名"出《異聞録》，卷一一"永逸何人"、"愁理前愆"出《艾子雜説》，"年老少卿"出《魏書・孫紹》，卷一二"嘲面黑詩"出《文酒清話》等。出於明人著作者有《讕言長語》（卷一"作詩複語"）、《南園漫録》（卷二"言官選"）、《都公譚纂》（卷一一"優人諷諫"、"六千兵散"）等。其中卷一二"瘧疾"、卷一三"前粗後細詩"，僅見明蔣一葵《堯山堂外紀》卷九〇、卷八一。《堯山堂外紀》爲萬曆三十四年刊本，如《堯山堂外紀》鈔録此書，則此書最遲成書於萬曆三十四年（1606）；反之，此書則成書於本年之後。

此書所輯笑話古今兼蓄，俗雅并陳，雖經編者潤色，仍具本色。此書初流傳不廣，至二十世紀三十年代，上海中央書局將此書與馮夢龍《笑府》兩書拼裝成《廣笑府》一書，乃盛行於世。此書卷前有周越然藏書印，故知乃周氏舊藏。今據上海圖書館藏明逍遥道人刻本影印。（陳國軍）

雅笑三卷 （明）李贄輯 （明）姜肇昌校訂（第 1272 册）

李贄生平見前《陽明先生道學鈔》提要。

孫殿起《清代禁書知見録外編》及《販書偶記續編》卷一二《小説家類・雜事之屬》著録："《雅笑》三卷，明温陵李贄彙輯，無刻書歲月。約萬曆間刊。"國家圖書館藏明刻本，卷首有署"古臨天水楨熙姜肇昌題於自全齋"序文一篇，每卷下署"温陵李卓吾先生彙輯，古臨姜肇昌楨熙校訂"。

此書卷二"多憂"條，請巫治病云："若來世當輪回爲女人，所適夫麻哈，回夷族也，貌陋甚。"李贄家族數世與回族爲婚、通商，當不至以此説爲樂。卷三"院本"條，言雜劇規制，内容實出閔及倣《會真六幻・會真説》。《會真六幻》第十五幅插圖題曰"庚辰秋日"，知其爲崇禎十三年刊本。則此書當刊行於崇禎時期，所署"李贄"當爲僞托，其實際編者即爲姜肇昌。姜肇昌，字楨熙，號翀卿，萬曆四十三年撰《重刊歐陽文忠公集序》。

此書分"俠"、"諧"、"核"三卷，凡一百九十二條，雜取《艾子》、《歸田録》等六十餘部前代之書，成此一編。卷三所謂"或訂其所久訛，或覈其所自始"，與前二卷文風不協。書中對古人迂腐、貪婪、尚氣、形體、謬誤等事，多有譏諷。

今據國家圖書館藏明刻本影印。（陳國軍）

山中一夕話上集七卷下集七卷 題（明）李贄輯（第 1272 册）

此書又名《開卷一笑》、《一夕話》，卷首有序，題"三台山人題於欲静樓"，卷端署名多爲"卓吾先生編次，笑笑先生增訂，哈哈道士較閲"，惟前集卷三等署"卓吾先生編次，一衲道人屠隆參閲"。

據三台山人序言，可知此書原作者爲李贄，增訂者爲笑笑先生。清方浚師《蕉軒續録》卷一亦稱"贄編有《開卷一笑》前、續集，猥鄙淫褻，污穢滿紙，屠隆等人從而誇讚，閲之令人欲吐"。此書爲笑話輯本，所據除《開元天寶遺事》、《夷堅志補》、《雲仙雜録》、《清異録》、《醉翁談録》等明前作品外，主要爲明人作品，如卷四"傾國生傳"、"梅嘉慶傳"等十餘篇取材於萬曆十四年成書的《遊翰稗編》，卷九"巧妓齊雅秀"等十五篇來源於萬曆二十四年的《戒庵老人漫筆》,卷九"太倉庫偷兒"等十四篇輯錄自萬曆二十七年的《耳談》,卷十一"李文正公隱謔"來源於萬曆三十年的《雪濤諧史》,卷十一"陳令判老大成婚"出於萬曆四十四年的《五雜俎》等。然李贄、屠隆先後卒於萬曆三十年及三十四年,故《山中一夕話》絶無李贄編次、屠隆參閱的可能。清陶越《過廳記餘》卷下載:"趙中丞撫浙,以清操率屬,可方之楊伯起、吳隱之,而於風化所在尤加意焉……武林諸生某,舉爲贊禮已久,後知書肆中有名《一夕話》者是其所著也,以爲浮薄之徒,斥之,不許在擯相列,其端方類如此。"據清《趙裘萼公剩稿》卷二《先考户部尚書諡恭毅松伍府君暨先妣龔夫人行述》,趙申喬"壬午春,遷本省巡撫……十月,奉命會審湖南鎮筸紅苗一案,事竣,遂調撫偏沅。"則《山中一夕話》成書於康熙四十一年(1702)前,而編輯者爲武林(今浙江杭州)諸生某。

此書上集所輯多爲詞、賦、傳、歌等所謂"長篇琬琰",對人身缺陷、賭博、嗜酒、好色等多有譏刺,下集所錄多文人妙言趣談及貪鄙、奢靡諸事。書分上下集,十四卷,凡四百三十二條。條雖或有署名,但有不少亂題撰人者,如卷四"慕富聯姻詞"署名"悟兒生",實爲王廷陳《與殷子書》,卷五"募棉衣疏"署"武林生",乃是《七修類稿》所載之吳文祐等。

此書有日本東京大學、中山大學藏十四卷明萬曆梅墅石渠閣本、復旦大學藏上海申報館光緒四年十二卷鉛印本等。此書初版爲《開卷一笑》,日本内閣文庫等所藏本前有李贄"序",次爲一衲道人"一笑引"、海上髪僧慧癲"題詞"、一衲道人屠隆的"例",以及"幻生笑述"的"附錄"。《開卷一笑》每卷端題"卓吾居士李贄編輯,一衲道人屠隆參閱"。與原本《開卷一笑》相比,梅墅石渠閣本有兩點不同,一是删去了《開卷一笑》前所有序、引、題詞、例以及附錄,替之以"三台山人題於欲静樓"之序,卷端署名亦改爲"卓吾先生編次,笑笑先生增訂,哈哈道士較閱";二是此本前集卷一爲《開卷一笑》卷三,内容則無不同。今據明萬曆梅墅石渠閣本影印。(陳國軍)

捧腹編十卷　(明)　許自昌輯　(第1273册)

許自昌生平見前《樗齋漫録》提要。

此書以"解頤捧腹之事,恍惚詭異之語,可以滌塵襟、醒睡目"(《捧腹編序》)爲標準,徵引自先秦以迄元明的諸子、史傳、説部、詩話、笑書、方志等二百四十二種,凡一千一百八十二條。全書以書爲次,不暇倫次;所據諸書以"捧腹"爲準,採摘條目多寡不一,内容多有改删、割裂之迹,不以時代爲序,亦缺乏分類,有體例龐雜、時代失序、叙事割裂諸等明人著述通病,然如許自昌《樗齋漫録》卷六所言,"夫爲史者,網羅數千百載之事,以成一書,其間豈無小得失耶"。此書從諸子寓言、史傳、小説、笑書中選材,體現出編纂者不屑爲經生言的知識偏好,勾勒出中國詼諧文學的發展軌迹。又此書譏鋒所在爲"六經九家子史",與明末當時流行的諸笑書相較,確有高下、雅俗之别。

此書清黄虞稷《千頃堂書目》卷一二、沈復粲《鳴野山房書目》卷三均著録,當撰於萬曆四十七年(1619)夏至冬季,刊刻於梅花墅,爲家刻本,現存美國國會圖書館。另一明刻本與家刻本同,應是後印本。今據天津圖書館藏明刻本影印。(陳國軍)

詩笑二卷　題池上餐華生輯(第1273册)

池上餐華生,又稱池上生,真實姓名無考。據書前《詩笑題辭》,又名憨生,編輯有《笑史》、《諧文》、《書笑》及本書。《書笑》或爲《四書笑》。《四書笑》前有署名"胡廬生"的

《題四書笑》，言："聽然齋主人既屢遭擯落，不見償於《四書》，乃從《四書》中索味外之味，因彙集以《四書》語爲詼諧可以絶倒者成帙。"則《四書笑》作者爲聽然齋主人。此聽然齋主人，生平事迹亦不詳，據卷中評語"吾松"云云，當爲明末松江府人。

此書上下二卷，以三言、四言、五言絶、七言絶、五言律、七言律以及雜體詞賦爲序，收録可笑詩歌二百零八條，卷上附"可笑詩句"三十六條。此書於每條笑話後標注作者或作品，但多有舛誤者，如"石牛山"注出李西崖，實出高啓《大全集》卷一五；"村婦"注出《笑林集》，實出《客座新聞》；"插秧婦"注"醉眠子"，實爲戴良作；"繡鞋"作者注"紫姑"，實爲蘇平；"閩音詩"注出"陳啓東"，實出沈周《石田雜記》；"紅指甲"，注"徐存齋"，實爲瞿存齋（佑）等，可見作者編纂的隨意和疏漏。

此書所引書籍多有出自馮夢龍編纂者，如"劄付紗帽詞"出《雙雄記》，"嘲争貢相毆"出《古今譚概》，"近視"出《童癡集》、"題燈籠"出《智囊》等。因萬曆三十七年馮夢龍始出版《童癡一弄》，書中又有引出版於萬曆四十年的《雪濤集》，則此書當編於此後。又《詩笑題辭》署時"戊子巧月"，則此書當出版於清順治五年（1648）七月。

此書傳播不廣，但其中數首詩歌爲明清通俗小説採用。如"繡鞋"詩，《金瓶梅詞話》和《歡喜冤家》并有；"村婦"詩，《西湖二集》題爲"顧成章俚語"；"慰僧被偷"，亦見採於《醉菩提全傳》。今據國家圖書館藏明刻本影印。（陳國軍）

書笑不分卷　（宋）佚名撰（第1273册）

此書以《四書》之語爲談資、笑料，故名《書笑》，共收録笑話一百八十六條。因提及"真州王道新"、"桂枝兒"、"宜興時大彬"、"萬曆初莫延韓贋貢"等事，知成於萬曆時期。又卷中有"辛未春，禮闈較士，以'德行顔淵閔子騫'一節命題"，出諸萬曆四十六年之《萬曆野獲編補遺》卷二，此書當編刻於此後不久。

此書依朱熹《四書章句集注》，以《四書》中言語爲取笑對象，如德行是葷是素、良知爲黑爲白等。嘲諷士人荒唐舉止、科舉命卷陋習，以至"有教無類"、"其次致曲"等傳統觀念亦在調侃之列。天啓元年（1621）太常卿胡克儉上疏，請"禁治《四書》笑劇之非"（清莊廷鑨《明史鈔略·哲皇帝本紀上》），薛岡《天爵堂集》亦將此書與《金瓶梅》、《浪史》并求禁毁。此書與楊茂謙《笑林評》、《續笑林評》以及鄧志謨《灑灑篇》等部分故事相同，對馮夢龍《笑府》等也有影響。

此書或稱《四書笑》。日本藏《李卓吾先生批點四書笑》一卷，凡一百零一條，當爲節本。《四書笑》前有"胡廬生"所撰《題四書笑》，言其書作者爲聽然齋主人。聽然齋主人，生平事迹不詳，據卷中評語"吾松"云云，當爲松江府人。明祁承爜《澹生堂書目》著録"《四書笑》二卷，一册"，則其書當成書於萬曆四十八年前。

此書有明刻本，藏國家圖書館，無撰述者姓名與目録，正文前數頁缺。今據以影印。（陳國軍）

遣愁集十四卷　（清）張貴勝撰（第1273册）

張貴勝，字晉侯，江蘇蘇州人。其餘不詳。

孫楷第《戲曲小説書録解題》言是書集古今事，分五十四門，每門皆有小序。分類瑣屑，每條亦不注出處，標題如鬚眉婦、巾幗雄、莫須有、豈偶然等，近於纖佻。每條間附評語，浮誕無實。諸條雖採自古書，亦録近事，甚而往往附入己作。其書似仿馮夢龍《古今譚概》之體，然雜鈔成書，所採以笑話居多，實爲遊戲之作。

此書十四卷，今見最早爲康熙二十七年古吳張氏刊本。國家圖書館藏雍正九年刊本僅十二卷,書名頁題"增補遣愁集"。又有枕松堂刻本,有余梱、顧有孝鑒定,倪暹訂正,諸家著錄有八卷、十二卷之異。民國九年商務印書館鉛印本爲十四卷,多次重印。今據上海圖書館藏清康熙二十七年刻本影印。(占驍勇)

笑笑錄六卷　(清)獨逸窩退士撰(第1273冊)

獨逸窩退士,姓氏不詳。據此書光緒五年(1879)三月自序,可知其爲吳地人,少時多病。作序時已在暮年,此書乃退直之暇編於宣南寓齋,由是可推測作者當時在京城作一小吏。

此書約有千則,所輯多爲笑話,間雜寓言,上探諸古籍,多達一百六十餘種,下採及近聞,如《申報》。凡採錄古人之書皆注明出處,對於遊戲之作而言,實屬難得。其中《四喜四悲》、《素娥要鹽》、《雞卵》、《高帽子》等篇讓人開懷一笑,過目不忘。而《判獄》、《非錢不可》、《石赤心》等篇皆刺貪刺虐,入木三分,則其内容有不限於消閒遣悶者。

此書最早爲光緒五年《申報館叢書》餘集本,有同年自序。後有《筆記小說大觀》本。民國間有上海競智圖書館排印本等。今據復旦大學圖書館藏清光緒五年鉛印《申報館叢書》本影印。(占驍勇)

宗教類

筆論中吳集解三卷　(後秦)釋僧肇撰 (宋)釋净源集解(第1274冊)

釋净源(1011—1088),俗姓楊,北宋泉州晉水(今福建晉江)人,人稱"晉水法師"。出身縉紳世家,二十三歲剃度出家。先在山西五臺山真容院隨承遷法師學習《華嚴經》,後從河北橫海明覃法師受習《華嚴經合論》,再拜長水寺子璿法師座下,聽講《楞嚴經》、《圓

覺經》、《起信論》、"肇公四絕"等經論,對其一生弘揚華嚴宗(又稱賢首宗)影響深遠。之後,在福州、兩浙多地寺院任住持,傳講賢首學說。晚年住杭州惠因寺,與高麗王子義天多有來往,一批華土久佚的華嚴經典得以回流歸國,義天亦將中國典籍帶至高麗,華嚴宗因之大行海東。净源振興華嚴宗風,時有"中興教主"之譽。元祐三年(1088)十一月庚午示寂。生平事迹見《晉水法師碑》、《釋門正統》卷八、《佛祖歷代通載》卷一九、《補續高僧傳》卷二等。

净源一生著述與傳教講學活動,皆與中興華嚴宗學相關,此書即其中之一。《肇論》爲後秦僧肇所撰,闡釋大乘般若性空學說,南北朝以來,備受義學僧高度關注,歷代爲之注疏者甚衆。净源曾於中吳祕思法師坐下聽其疏講《肇論》,祕思圓寂後,净源"提疏鈔之繩墨,舉箋注之權衡",在祕思疏講基礎上,嘉祐三年(1058)一月十九日於蘇州萬壽寺撰成此書。

此書開篇"集解題辭"即闡明撰著宗旨:"夫總萬物之本,莫大乎一心,宗一心之源,莫深乎《四論》。"所謂"一心"者,是爲萬物之本。欲宗法賢首之"一真法界",必須研究《肇論》,此其撰著之本意。此書亦成爲宋代賢首學派研究《肇論》之代表著作。

此書歷代大藏未收,目前存世最早者有國家圖書館藏宋刻本,惜僅存卷中。今據遼寧省圖書館藏明刻本影印。(李際寧)

中觀論疏二十六卷附中論科判一卷　(隋)釋吉藏撰(第1274冊)

吉藏(549—623),俗姓安,西域安息國皇室後裔,祖上避仇移徙中國。出生於蕭梁都城金陵(今江蘇南京),幼年投攝山(又名栖霞山)法朗門下出家。法朗爲三論宗大師,吉藏即從其學習三論義理。陳、隋間,吉藏聲望日隆,因其曾住會稽嘉祥寺,學者稱之"嘉

祥大師"。隋開皇年間(589—600),延至長安講學著述。大業五年(609),在長安與六十餘人舉辦辯論會,被推爲論主。其著述大多於此時完成。唐武德三年(620),朝廷選高僧"綱維法務"(見唐道宣《續高僧傳》卷一一),被選爲十大德之一。一生講《三論》一百餘遍,《法華》三百餘遍,并著玄疏,盛流於世,爲三論宗集大成者。生平事迹見道宣《續高僧傳》卷一一。

吉藏著述四十餘種,現存二十六種,《中觀論疏》是其代表作之一,亦爲三論宗重要經典。所謂"三論",即《中論》、《百論》、《十二門論》,乃古印度龍樹、提婆等闡發大乘佛教中觀學説之經典,後秦鳩摩羅什譯成中文,鳩摩羅什亦因之被尊爲三論宗第一代祖師。《中論》全稱《中觀論》,爲三論宗根本經典。吉藏以繼承和發揚龍樹中觀學説者身份廣引諸師異説,博採古德佚注,對《中論》二十七品詳加詮釋,闡述"破邪顯正"、"中道觀行"之學説,成《中觀論疏》。隋唐以前,諸大德疏解《中論》撰著不少,惟吉藏此疏存世。

此書《三論宗章疏》、《東域傳燈目録》等著録爲十卷,《續藏經》釐爲二十卷,金陵刻經處本彙入《論》文,成二十六卷,并附科判一卷。本書卷端題"唐京師延興寺沙門吉藏疏",實爲吉藏隋大業中(605—616)住長安日嚴寺時期所撰。中國歷代大藏經未收録,今據天津圖書館藏民國四年金陵刻經處本影印。(李際寧)

三論玄義二卷 (隋)釋吉藏撰 (第1274册)

吉藏生平見前《中觀論疏》提要。

隋文帝開皇十九年(599),晉王楊廣在揚州建四道場,廣納江南佛教人材。吉藏受請居慧日寺,始撰《三論玄義》。次年,楊廣以皇太子身份延請吉藏移住長安日嚴寺。至仁壽二年(602)四月,全書撰成。此書卷端所題"隋慧日道場沙門吉藏奉命撰",蓋吉藏始撰之時間與地點。

此書總論《中論》、《百論》、《十二門論》三論之宗要,體現吉藏"新三論"之觀點。分通序大歸、別釋衆品兩部分。前者破邪顯正,吉藏此書自述云:"論雖有三,義唯二轍,一曰顯正,二曰破邪。破邪則下拯沈淪,顯正則上弘大法。故振領提綱,理唯斯二也。"以龍樹三論學説,建立三論宗之正法。後者以十三科分別解説三論各層次之義理。此書雖名"三論",實於論述中加入《大智度論》而爲四論。六朝以來,傳三論學説之攝山派只關注三論,以吉藏爲代表之江南學派又兼通《大智度論》,成爲吉藏三論學術特點。

此書中國歷代大藏經未收,歷代經録亦未著録。今據華東師範大學圖書館藏清光緒二十五年金陵刻經處本影印。卷首附《三論源流系譜》。(李際寧)

大乘百法明門論疏二卷 (唐)釋普光撰 (第1274册)

釋普光,生卒年及籍貫不詳。曾拜玄奘法師門下,參預譯場事務,時稱"大乘光"。玄奘自開譯《大般若經》至麟德元年(664)逝世,普光始終陪侍左右,凡二十載。玄奘譯場中所出大小乘經律論七十五部,一千三百三十五卷,十之七八由普光筆受。普光與玄奘門下神泰、慧立等,同被譽爲"法門之龍象"。生平事迹見《宋高僧傳》卷四。

此書是《大乘百法明門論》之疏釋。《大乘百法明門論》一卷,印度大乘佛教瑜伽系學者世親造,貞觀二十二年玄奘譯出,門下弟子製疏者甚衆。普光親臨玄奘譯場爲筆受,聆聽玄奘講經,隨聞隨記,纂成此《疏》,是《百法論》各家注疏中最接近玄奘源本之著作。《疏》中所引諸論,皆玄奘此前所譯,其後所出幾部重要經典,如《辯中邊論》、《唯識論》、《大乘成業論》等皆未涉及,知此疏當撰成於《百法論》譯出後不久。

此書略以三門分別,第一明造論意,第二釋題目,第三隨文解釋。"隨文解釋"中詳疏《百法論》五法,即心法、心所有法、心不相應行法、色法、無爲法。以下,首先以緣境分別、四緣分別、四界分別、重數分別、三性分別五門解釋心法,其次以諸論不同、假實分別、四界分別、三性分別、廢立六位五門解釋心所有法,又以諸論不同、釋妨難、辨其假相三門解釋心不相應行法。對色法、無爲法略有涉及,未有分門詳釋。

此書中國歷代經録未收,日本《法相宗章疏》著録有"百法論疏一卷,大乘光述"。其傳世本最早者爲8、9世紀間敦煌遺書寫本,皆殘卷。日本寬政五年(1793)刻本分爲二卷,日本《大正藏》據之收録,今亦據大谷大學藏此本影印。(李際寧)

成唯識論述記六十卷　(唐) 釋窺基撰 (第1274—1275 册)

釋窺基(632—682),字洪道,俗姓尉遲氏。京兆長安(今陝西西安)人。生於以武功受封之貴族家庭,貞觀二十二年(648)奉敕爲玄奘弟子,後隨玄奘授業并學五天竺語。二十五歲應詔譯經,先後於慈恩、西明、玉華等寺院預玄奘譯場事務。窺基從玄奘受瑜伽唯識學説,著論凡百部,號"百本疏主"。玄奘逝後,長住慈恩寺翻經院。玄奘爲法相唯識宗開創之祖,窺基祖張其學,被贊寧《宋高僧傳》譽爲"守文述作之宗",世稱"慈恩大師"。衆弟子視之如玄奘在焉,行事講經皆以其爲標準。生平事迹見《宋高僧傳》卷四、宗鑑《釋門正統》卷八等。

玄奘晚年翻譯并研究印度世親及十大論師瑜伽、唯識學説,纂成《成唯識論》十卷。窺基充任筆受,得以隨時聆聽玄奘譯講。玄奘譯本文簡義博,窺基深有領悟。故記録所聞,參糅各家學説,合爲一部,即此書十卷,又稱《成唯識論疏》、《唯識述記》。

此書分五門:第一辨教時機,解釋法相唯識宗三時教義及五種本性;第二明論宗體,闡述以"識有境無"爲宗,以"攝相歸性"、"攝境從心"、"攝假隨實"、"性用別論"四重爲體;第三藏乘所攝,確立《成唯識論》在菩薩藏、論藏(即阿毗達磨藏或對法藏)之地位,明確其在菩薩、獨覺、聲聞三乘中爲菩薩乘;第四説教年主,以記世親及十大論師簡歷,略述唯識宗源流;第五判釋本文,以宗前敬叙分、依教廣成分、釋結施願分三部科段,對《成唯識論》文意詳加解釋。

此書雖有傳本,然極罕見,且分卷不同。高麗義天《新編諸宗教藏總録》卷三著録"成唯識論述記二十卷,或十卷,窺基述"。傳世有《趙城金藏》本,總十卷,惜殘存六卷。金陵刻經處本,書首有楊文會光緒二十七年(1901)叙,稱其至元季而失傳,五百年來無人得見,"近年四海交通,得與日本博士南條上人遊,上人以此書贈予"。是時《趙城金藏》本尚未發現,楊文會得江南緇俗募緣施資,重新排版,補入《論》文,凡《論》文頂格,疏文另起一行,皆低一格,《論》、疏分明,總成六十卷。今據湖北省圖書館藏清光緒二十七年金陵刻經處刻本影印。(李際寧)

大方廣佛華嚴經探玄記十卷　(唐) 釋法藏撰 (第1276—1278 册)

釋法藏(643—712),康居國人,以康爲姓。祖父來華,僑居長安。其父獲贈左衛中郎將。法藏十七歲時投智儼門下聽法,列爲門徒。後奉詔在太原寺、雲華寺講《華嚴經》。武后旨京城十大德爲其授具足戒,并賜賢首之名,人稱"賢首國師"。證聖元年(695),于闐國三藏實叉難陀重譯《華嚴經》,法藏奉勅筆受,以晉、唐兩譯對勘,將實叉難陀譯本脱文補圓,得以文續義連。神龍二年(706),參預南印度沙門菩提流志譯《大寶積經》,奉詔爲證義。一生講《華嚴經》三十餘遍,後世稱爲

“華嚴宗三祖”，爲中國華嚴宗實際創立者。有著述百餘卷，其中《華嚴經》注疏保存至今者最多。生平事迹見唐閭朝隱撰《大唐大薦福寺故大德康藏法師之碑》、新羅崔致遠《唐大薦福寺故寺主翻經大德法藏和尚傳》、贊寧《宋高僧傳》卷五等。

此書又稱《華嚴探玄記》、《華嚴經疏》、《探玄記》等，爲法藏仿其師智儼《華嚴經搜玄記》所著，爲東晉佛陀跋陀羅譯《華嚴經》（又稱“舊譯華嚴”）之疏釋。分十門：一、教起所由；二、藏部明攝；三、立教差別；四、教所被機；五、能詮教體；六、所詮宗趣；七、釋經題目；八、部類傳譯；九、義理分齊；十、隨文解釋。卷第二至第十隨文解釋，依經品次，每品分爲四門，釋名、來意、宗趣、釋文，一一詳細疏解。全書旨在叙述舊譯六十卷《華嚴經》大要，闡述華嚴宗基本教義。

此書歷代藏經收錄，或作四十卷本。此爲《普慧藏》本，卷首有《重編華嚴經探玄記序》及《總目》，詳述編刻緣起、經過、底本、校勘等。書後附《大方廣佛華嚴經探玄記科略》、《探玄記勘誤》。今據民國三十四年（1945）鉛排《普慧藏》本影印。（李際寧）

大乘起信論義記七卷別記一卷　（唐）釋法藏撰（第1279冊）

法藏生平見前《大方廣佛華嚴探玄記》提要。

此書卷端題“唐京兆府魏國西寺沙門釋法藏撰”。此魏國西寺即西太原寺，乃武則天在其母去世後捐館舍，於咸亨元年（670）建成。垂拱三年（687）改稱“魏國西寺”，天授二年（691）再改“崇福寺西”。時法藏居於此，知此書之撰著當在垂拱、天授年間（685—691）。

《大乘起信論》相傳爲印度馬鳴撰，爲闡發大乘佛法概要之論著，對中國佛教影響巨大。此論中國歷史上有兩次重要翻譯，一爲梁真諦譯一卷本，一爲唐實叉難陀譯二卷本。法藏此書所釋爲梁真諦所譯者。全書分別十門：一、辨教起所因；二、諸藏所攝；三、顯教分齊；四、教所被機；五、能詮教體；六、所詮宗趣；七、釋論題目；八、造論時節；九、翻譯年代；十、隨文解釋。

《別記》一卷，別分三十五義，逐一釋義，以補《義記》未詳之處。楊文會認爲其“似作於《義記》之先，蓋《別記》所詳者，《義記》則略之”（《會刊古本起信論義記緣起》），故將此兩部合刊。周叔迦認爲卷端目録似爲後人所加，并謂：“日本古德對於此《記》頗有諍論，或以爲非賢首作者，未有確論也。”（《釋家藝文提要》卷五“大乘起信論別記”條）

《大乘起信論》注疏本較多，初皆以單疏流傳。至唐宗密所著《起信論注疏》廣泛流傳後，法藏《義記》單疏本漸至湮滅。其後日本僧人將《論》與《義記》彙合，成爲後代通行版本。此書國內佚失已久，清末楊文會通過日本學者南條文雄從日本回輸大批古逸佛典注疏，其中包括此書。光緒二十四年（1898），楊文會於金陵刻經處整理刻印，并於卷首撰《會刊古本起信論義記緣起》，述《義記》與《別記》整理經過。今據中山圖書館藏清光緒二十四年金陵刻經處刻本影印。（李際寧）

禪源諸詮集都序二卷　（唐）釋宗密撰（第1279冊）

宗密（780—841），俗姓何，名炯。果州西充（今屬四川）人。其家豪盛，少年時通習儒書。元和年間，從菏澤神會系下遂州道圓禪師出家，習《圓覺》感悟，得以傳授《華嚴法界觀門》，遇華嚴四祖澄觀弟子靈峰，得授澄觀著《華嚴經疏》及《隨疏演義鈔》。後住草堂寺南圭峰蘭若，講經修禪。大和九年（835），文宗召宗密問佛法大义，御賜紫衣，敕號大德，宰相裴休從學佛法。世稱“圭峰禪師”，被尊爲華嚴五祖。唐宣宗追諡"定慧禪師"。生平事迹見《宋高僧傳》卷六、《法界宗五祖略記》卷一、《五燈會元》卷二等。

此書簡稱《都序》,爲其所纂輯《禪源諸詮集》之總序,旨在闡述禪、教相通義理。唐宋以來對調和禪、教矛盾有重要作用,深受各宗學人重視。裴休《都序叙》贊其古來未曾有。書分上下兩卷,各卷又分二篇。卷上之一,首釋《禪源諸詮集》名義;次説三乘學人欲求佛道須修上乘禪法,即頓悟自心本來清净、具無漏智性,達到此心即佛境地,此爲達摩門下相傳禪法;次論佛説頓漸二教,禪開頓漸二門,二教二門各相符契,以教辨禪,以心解教。卷上之二,立三種教三宗禪,證教禪一致。卷下之一,破相與顯性相對,廣辨空宗性宗十異,分其漸頓。卷下之二,明迷悟十重之本末,以《大乘起信論》、《圓覺經》溝通禪教諸家學説,證"無別始覺之殊,本來平等同一覺心"。

此書另一重要意義在於保存《禪源諸詮集》體列。《禪源諸詮集》被稱爲"禪藏"(裴休《都序叙》),《新唐書·藝文志》著録爲一〇一卷,《景德傳燈録》卷一三:"(宗密)遂著《禪源諸詮》,寫録諸家所述,詮表禪門根源道理,文字句偈集爲一藏,或云一百卷,以貽後代。"《釋氏通鑒》卷一一:"師著《禪源諸詮集》一百卷,《都序》兩卷。"然宋真宗景德年間(1004—1007)即已亡佚,其結構、篇目如何已難知曉,惟賴《都序》保存部分信息,如自述稱:"《禪源諸詮集》者,寫録諸家所述,詮表禪門根源道理文字句偈,集爲一藏。"又謂:"集諸家之善記,其宗徒有不安者亦不改易,但遺闕意義者注而圓之,文字繁重者注而辨之,仍於每一家之首注評大意,提綱意在張網。"其編纂次序爲:"先録達摩一宗,次編諸家雜述,後寫印一宗聖教。"一宗之中,以尊卑昭穆展轉倫緒而爲次第。

此書宋元以來代有刊行,明代收入《北藏》,以後各藏皆收録。今據上海圖書館藏

明萬曆三十五年徑山寂照庵刻《徑山藏》(又稱《嘉興藏》)本影印。(李際寧)

圓覺經略疏之鈔二十五卷　(唐)釋宗密撰 (第1279册)

宗密生平見前《禪源諸詮集都序》前叙。

宗密初出家時得習《圓覺經》,對其一生影響巨大。元和、長慶年間,先後於南山住智炬寺、草堂寺、圭峰蘭若等處對《圓覺經》作系統研究,成爲他圓融禪教、漸頓相契學説的理論基礎。

此書是其《圓覺經略疏》二卷之注釋,約撰於寶曆年間(825—827)。全書以《略疏》結構爲框架,《略疏》宗旨爲"直叙本宗經意以消其文,各隨科注於本文之下,令覽者易見,免别看經本疏本,尋求科段矣。文前雖有略叙義門,比大疏十中删八,故云更搜精要",此書則對《略疏》不易理解者詳細解説,以便學者掌握圓通禪教方法,所謂"令學者每尋事義,一一見心"(均見《圓覺經略疏之鈔》卷二)。裴休《大方廣圓覺經疏序》云:"禪師既佩南宗密印,受《圓覺》懸記,於是閲大藏經律,通《唯識》、《起信》等論,然後頓轡於華嚴法界,宴坐於圓覺妙場,究一雨之所霑,窮五教之殊致,乃爲之疏解。"

此書唐宋間皆著録爲十二卷或六卷。《明北藏》釐爲二十五卷,《清龍藏》因之。今據中山圖書館藏清宣統三年揚州藏經院刻本爲底本影印。(李際寧)

摩訶止觀十卷　(隋)釋智顗撰 (第1279册)

智顗(538—597),俗姓陳,字德安。祖籍潁川(今河南許昌),梁末隨父遷荆州。十八歲在湘州果願寺出家,二十歲受具足戒。後往光州隨慧思學習佛法。又與法喜等三十餘人住金陵瓦官寺,弘宣禪法。入天台山,創立伽藍。隋開皇十一年(591),爲楊廣授菩薩戒,得"智者"稱號,時人稱其"國師"。次年

回荆州創玉泉寺，其後兩年在此講解《法華經玄義》及《摩訶止觀》。晚年回到天台山，度僧講學。一生弘法三十餘載，造寺三十六所，造大藏經十五藏，親手度僧一萬四千餘人，傳弟子三十二人。一生講疏經典多由弟子灌頂整理成書，被譽爲中國天台宗祖師。大業元年(605)，煬帝依其遺願，在天台山另建佛刹，取名國清寺。生平見其門人灌頂撰《隋天台智者大師別傳》、道宣《續高僧傳》卷三等。

此書爲開皇十四年四月智顗住荆州玉泉寺時講述，弟子章安灌頂記錄整理。書前灌頂"略説緣起"謂："此之止觀，天台智者説己心中所行法門。"智顗師從南嶽慧思，受一心三觀，即一漸次，二不定，三圓頓，據此撰成三部"止觀"著作。此書即其發揮觀行體系，專講圓頓之作。初名《圓頓止觀》，後改此名。"摩訶"一詞梵文有"大"意，可顯圓頓"大止觀"寓意。

此書分十章，一大意，二釋名，三體相，四攝法，五偏圓，六方便，七正觀，八果報，九起教，十旨歸。第一章釋全書大意。第二章至第五章述修習止觀基本知識。第六章説修習止觀二十五種方便。第七章説天台宗十種觀行方法。第八、九、十章，周叔迦《釋家藝文提要》卷二"摩訶止觀"條云"闕而未論"。該書與《法華經玄義》、《法華經文句》并爲智顗天台宗主要典籍，稱"天台三大部"。

此書歷代大藏收錄，宋元各藏皆標爲十卷。明《永樂南藏》、《永樂北藏》將每卷析爲上下兩卷，成二十卷本。此後明代各單刻本大多因循南、北兩藏本。此本據山東省圖書館藏明刻本影印。卷首有唐安定梁肅《天台摩訶止觀序》、《天台法門儀》。（李際寧）

四教義六卷　（隋）釋智顗撰（第 1279 册）

智顗生平見前《摩訶止觀》提要。

此書著者欄題"天台山修禪寺"，緣於太建

九年(577)智顗在天台山"宴坐名嶽"，建寺修禪，次年請陳宣帝爲寺賜名，敕號"修禪寺"。智顗弘法三十餘年，除"天台三大部"外，尚有章疏論集三十三部，一百四十九卷。其中有關維摩、净名注疏者，有《維摩經玄疏》、《維摩經疏》、《維摩經略疏》、《净名玄義》等。此《四教義》爲其《净名玄義》十卷前段。湛然《法華文句記》卷第一記載："《净名前玄》總有十卷，因爲晉王著《净名疏》，別製《略玄》，乃離《前玄》分爲三部，別立題目，謂《四教》六卷，《四悉》兩卷，《三觀》兩卷。"

此書撰著宗旨見緣起部分，謂："今所立義意異前規，故略撰四教門，用通大師漸、頓、不定、祕密之蹤。若能達斯旨者，則如來權實，信矣無方，至人本迹，淵哉難究，況復此漸、頓、不定、祕密之迹，皆無滯也。"智顗用化法四教即三藏教、通教、別教、圓教講述佛所説法基本內容。

全書六卷，分爲七部分：第一，釋四教名；第二，辨所詮；第三，明四門入理；第四，明判位不同；第五，明權實；第六，約觀心；第七，通諸經論。書中所釋者實亦僅此四部分，後三部分缺。周叔迦《釋家藝文提要》卷二"四教義"謂："宋元藏經皆缺，無後三重義，《麗藏》則具有之，分爲十二卷，其文與《維摩玄義》大致相同，無多增損。宋元明人遂略去之，誠爲大失。"

此本據中山圖書館藏清刻本影印，卷前有崇禎六年(1633)釋受汰撰《刻四教義緣起》。（李際寧）

大毗盧遮那成佛經疏二十卷　（唐）釋一行撰（第 1280 册）

釋一行(673 或 683—727)，俗姓張，本名遂，唐初功臣剡國公張公謹族孫。鉅鹿（今河北鉅鹿）人，或作魏州昌樂（今河南南樂）人。天資聰慧，二十四五歲時，於嵩山遇普寂禪師，剃髮出家，隸籍嵩山嵩陽寺。遠涉天台,學習算數,又往荆州當陽山,從慧悟律師習律宗典籍。開元年間,協助善無畏翻譯《大毗盧遮那成佛神變加持經》,受詔改編新曆書,編成《大衍曆》。近後,唐玄宗勅葬銅人原上,建塔立碑,親撰塔銘,加謐"大慧禪師"。後張説將其《古今曆書》、《天竺九執曆》等著作合輯爲《開元大衍曆》五十二卷。生平事迹見《宋高僧傳》卷五、《舊唐書》本傳等。

此書爲《大毗盧遮那成佛神變加持經》(又稱《大日經》)之疏釋。《大日經》七卷,前六卷爲經文,末一卷爲供養法。三藏法師善無畏於東都大福先寺住持翻譯,一行參預譯場事務,任筆受兼綴詞理。開元十三年《大日經》譯畢,一行再請三藏法師善無畏詳釋其義,隨而録之,合前六卷經文,"無言不窮,無法不盡,舉淺祕兩釋,會衆經微言"(見釋温古《毗盧遮那成佛神變加持經義釋序》),撰成《大毗盧遮那成佛經疏》二十卷流通。晚年尚慮持誦者守文失意,再條次文義,删繁補闕,并請同門智儼幫助修訂,勒成《大毗盧遮那成佛經義釋》十四卷。

《義釋》卷首有釋温古序,述一行兩本系統原委頗詳。今比較《疏》與《義釋》兩書内容,前兩品全同,第三《息障品》以下文字差異,《疏》之文意或有倒作。周叔迦謂:"(《疏》)全存譯場草創直譯之真。由此可知,《疏》是一行初稿,潤色未竣,而一行没化。《釋義》是其同學智儼受行付囑,諮詢三藏,繼爲治定,未畢而三藏棄世。"(《釋家藝文提要》卷六"毗盧遮那成佛神變加持經義釋"條)今兩書并行存世。

此書前二卷釋《入真言門住心品》,解釋全經大意,爲初學者説教相。第三卷《入漫荼羅具緣真言品》以下至書末《囑累品》,廣説事相,對密教儀軌中隱伏難解之處,彙《大智度論》、《中論》、《百論》及《十二門論》等"衆經微言"詳加解釋,前後相明,事理互陳。一

行著作於印度密教中國本土化作用巨大,此書亦爲後代學習《大日經》之重要經典,對中國、日本密教理論影響深遠。

此本據國家圖書館分館藏日本慶安二年(1649)刻本影印。(李際寧)

六祖壇經一卷　(唐)釋惠能撰(第1281册)

釋慧能(638—713),俗姓盧,祖籍范陽(今河北涿州),父遷流至嶺南新州(今廣東新興東)。幼年喪父,二十四歲"聞經有省"(法海等集《六祖大師緣記外記》),遂往韶州曹溪寶林寺(今廣東韶關曹溪畔南華寺)學禪。咸亨三年(672)後,至蘄州黄梅(今湖北黄梅縣)東禪寺參禮禪宗五祖弘忍禪師,以壁題"呈自本心偈"得弘忍"傳頓法及衣"(見敦煌遺書 S. 5475),受爲六代祖。前後傳法三十餘年,影響極爲廣大。先天二年(713),在新州國恩寺圓寂,唐憲宗贈謐"大鑒禪師",遺體迎歸寶林寺。近後,弟子將其在大梵寺説法主要内容彙編成《壇經》一卷,是中國人所撰唯一以"經"爲名的著作。生平事迹見王維《六祖能禪師碑銘》、柳宗元《賜謐大鑒禪師碑》、《曹溪大師別傳》等。

《壇經》由三部分組成。第一,慧能在大梵寺開示"摩訶般若波羅蜜法"時,自述生平和得法傳禪主要過程。第二,闡述慧能"明心見性"、"頓悟成佛"的禪法和思想,是《壇經》主體部分。第三,慧能與弟子之間的問答。

此書最早版本爲英國國家圖書館藏敦煌本《壇經》,1900年發現於敦煌莫高窟藏經洞。該本爲縫繢裝,首尾完整,首題經名"南宗頓教最上大乘摩訶般若波羅蜜經六祖惠能大師於韶州大梵寺施法壇經一卷,兼受無相戒弘法弟子法海集記",卷尾題"南宗頓教最上大乘壇經法一卷"。全本一萬二千餘字,字體古拙,篇中有脱落字句。該本寫成於780年前後,在敦煌各寫本中年代最早,語言質樸,行文較後世刊印本簡捷,反映出《壇經》早期

傳本的特點。

今據英國國家圖書館藏敦煌寫本 S. 5475 號影印。（李際寧）

楞伽師資記（殘）　（唐）釋净覺撰（第 1281 册）

釋净覺（約 683—？），俗姓韋，唐中宗韋后弟。大足元年（701）在東都遇北宗禪師神秀，蒙授禪法。神龍元年（705）至太行山靈泉谷修行。景龍二年（708），五祖弘忍弟子玄賾至東都廣開禪法，净覺當衆歸依，一心承事，兩京來往參觀，向經十有餘年。開元、天寶年間逝於長安。約開元四年（716）前後，在太行山靈泉谷著《楞伽師資記》一卷。開元天寶年間逝於長安。生平事迹見自著《楞伽師資記序》、王維《大唐大安國寺故大德净覺師塔銘》、敦煌遺書本李知非《注般若波羅蜜多心經略序》等。

此書又稱《楞伽師資血脈記》，爲早期禪宗史籍。南北朝以來，禪宗奉南朝劉宋《楞伽經》譯者求那跋陀羅爲東土初祖。至唐代，主漸悟之北宗系與主頓悟之南宗系爭奪禪宗法統地位。此書站在北宗立場，記述北宗傳承法統的八代十三人事迹及思想，即：第一，求那跋陀羅；第二，菩提達摩；第三，惠可；第四，粲禪師；第五，道信；第六，弘忍；第七，神秀、賾、安三禪師；第八，神秀門下普寂、敬賢、義福、惠福諸師。胡適撰《楞伽宗考》，認爲從達摩到神秀屬楞伽宗系統，慧能、神會一系則以《金剛經》取代《楞伽經》，可知此書在北宗傳承史上的重要作用。

此書早佚，歷代大藏未載。後於敦煌藏經洞發現多件，皆殘本。日本《大正藏》以英國國家圖書館收藏 S. 2054 號爲底本，以法國國家圖書館收藏本爲校本整理録文，但兩本卷首皆有殘闕。法國國家圖書館另藏 P. 3294 號一件，雖然較短，但可補《大正藏》本卷首殘闕部分。

本書以法國國家圖書館藏 P. 3294 號、P. 3436 號、英國國家圖書館藏 S. 2054 號爲底本影印。（李際寧）

禪林寶訓二卷　（宋）釋净善輯（第 1281 册）

釋净善，南宋淳祐（1174—1189）時人。生平事迹略見此書序。

此書又稱《禪門寶訓》、《禪門寶訓集》。書首有净善序，述此書來歷及重輯經過，知其初由妙喜宗杲大慧禪師、竹庵士珪二禪師在江西雲門寺共同編成，淳熙年間净善遊雲門山，在老僧祖安處得到此書，惜年月深久，書已蠹損，首尾殘缺。净善認爲此書可以"使學者銷勢利人我，趨道德仁義"，"可以助入道之遠猷"（見此書序），故重集宋代諸禪師語録和傳記，起南嶽懷讓系下十一世黄龍慧南，至十六世德光佛照拙庵，成《禪林寶訓》三百篇。

此書收入《明北藏》，其後《嘉興藏》、《清龍藏》亦收録，皆四卷。明正統八年重刊，合爲二卷，爲萬曆二十八年（1600）再刊之底本。本書據吉林大學圖書館藏明萬曆二十八年澄照寺刻本影印，惜本書卷首缺净善序。（李際寧）

敕修百丈清規二卷　（元）釋德煇撰（第 1281 册）

釋德煇，號東陽。東陽（今屬浙江）人。臨濟宗大慧宗杲下五代晦機元熙法嗣。元明宗天曆二年（1329）掌理百丈寺。順宗至元元年（1335）奉敕重輯懷海"百丈清規"，二年即頒佈于天下叢林，名《敕修百丈清規》。賜號"廣慧禪師"。生平事迹見此書自序、黄溍等《百丈山大智壽聖禪寺天下師表閣記》。

《百丈清規》爲唐代禪僧懷海創製，初名《禪門軌式》，又名《叢林清規》。懷海因居洪州百丈山（今江西奉新大雄山），又稱"百丈懷海"，後人遂將其所創禪林規範稱爲《百丈清規》。

《百丈清規》爲管理禪宗寺院的重要制度，對中國佛教寺院的組織管理影響深遠。北宋中期即已佚失,出現多種新修"清規"。元文宗天曆二年(1329),德輝以百丈"十八代孫"嗣住江西道龍興路百丈山大智壽聖禪寺,目睹《百丈清規》"行世已久,後人率以臆見互有損益,自爲矛盾,靡所折衷",(見《百丈山大智壽聖禪寺天下師表閣記》)。遂起重修《百丈清規》之願。元統三年(1335),德輝奉敕重修《百丈清規》,"繁者芟,訛者正,缺者補,互有得失者兩存之"(見此書自序)。書成,名《敕修百丈清規》。

此書二卷九章,每章前冠以小序,以明一章大意。九章編次爲:一、祝釐章;二、報恩章;三、報本章;四、尊祖章;五、住持章;六、兩序章;七、大衆章;八、節臘章;九、法器章。後附百丈懷海塔銘及宋元間重修清規序,末爲德輝自序。

此書爲《明北藏》、《清龍藏》收錄,元明間又有單刻本流傳。今據國家圖書館藏明刻本影印。(李際寧)

高僧傳十三卷序録一卷　(南朝梁)釋慧皎撰(第 1281 册)

釋慧皎(497—554),會稽上虞(今屬浙江)人。會稽嘉祥寺僧,學通内外,善講經律,春夏弘法,秋冬著述。曾撰《涅槃義疏》、《梵網經疏》,被譽爲"并爲世軌"。梁承聖二年(553),避侯景之亂到溢城(今江西瑞昌)。去世後葬廬山禪閣寺墓。生平事迹見此書附王曼穎與皎法師書、道宣《續高僧傳》卷六本傳。

佛教自兩漢之際傳入中國,至蕭梁一朝,世涉六代,年將五百,有關高僧大德的記録紛出,叙載各異,繁簡混濫,於是慧皎"以暇日遇覽群作,輒搜撿雜録數十餘家,及晉宋齊梁春秋書史,秦趙燕涼荒朝僞曆,地理雜篇,孤文片記,并博諮古老,廣訪先達,校其有無,取其同異"(見此書自序),於梁天監十八年(519)撰成此書,號曰《高僧傳》,總十三卷并附"序録"一卷。慧皎之後,僧傳以"高僧"爲

名者甚多,形成中國僧人傳記獨特體裁。

此書所記高僧事迹,始於漢明帝永平十年(67),終至梁天監十八年(519),凡四百五十三載,記録二百五十七人事迹,并附見者二百餘人。全書以高僧德業分爲十科:一、譯經;二、義解;三、神異;四、習禪;五、明律;六、遺身;七、誦經;八、興福;九、經師;十、唱導。書中大部分卷後有論讚,爲慧皎之評議。全書末卷爲序録,乃慧皎自序和全書分卷總目録。

此書歷代漢文大藏經多有收録。此本以1935年上海影印宋版藏經會編輯《影印宋版磧砂藏》本影印。(李際寧)

續高僧傳三十一卷　(唐)釋道宣撰(第 1281—1282 册)

釋道宣(596—667),俗姓錢,祖籍吳興(今浙江湖州),一説丹徒(今屬江蘇)人,生於長安。十歲捨家至長安日嚴寺受業。二十歲,至大禪定寺依律學大師智首受具足戒,從習律學。武德七年(624),居終南山修習定慧,整理律學心得。曾參與玄奘譯場譯事。貞觀十九年(645),撰成《續高僧傳》。乾封二年(667)在終南山麓清宮精舍創立戒壇,同年十月三日示寂,窆於壇谷石室。一生著述宏富,律學成就巨大,後人因其長居終南山,稱"南山律師",并尊其《四分律》學爲"南山宗",爲唐代佛教諸宗派中重要一支。除此書外,傳世著作有《大唐内典録》、《古今佛道論衡》、《釋迦氏譜》、《四分律删補隨機羯磨》、《廣弘明集》等八部。敦煌遺書中亦有其著作。生平事迹見《續高僧傳》序、宋志磐《佛祖統紀》卷四三等。

道宣因上距慧皎《高僧傳》等書時代已遠,冀以新傳"墜接前緒",因取書名曰《續高僧傳》。書中所録高僧事迹廣採史籍碑碣,"或博諮先達,或取訊行人,或即目舒之,或討讎集傳"(見此書自序)。始於蕭梁,終於唐貞

觀,前後總一百四十四年。正傳三百四十人,附見一百六十人,分十科:一曰譯經,二曰解義,三曰習禪,四曰明律,五曰護法,六曰感通,七曰遺身,八曰讀誦,九曰興福,十曰雜科。每科後仿慧皎《高僧傳》,附有論議。書成後續有修訂,故今所傳各本收錄人物數量有出入,卷數亦有三十一卷和三十卷本之異。

此書歷代大藏經多所收錄。此本據1935年上海《影印宋版磧砂藏》本影印。(李際寧)

景德傳燈錄三十卷西來年表一卷　(宋)釋道原撰(第1282冊)

釋道原,蘇州永安禪師,嗣天台韶國師,爲法眼宗下二世孫。生平事迹未詳。

此書是現存規模最完整的一部禪宗燈錄。中國禪宗師資相續,以法傳人,如燈火相傳,故名"傳燈"。此書撰成於宋真宗景德元年(1004),述過去七佛至咸平年間歷代禪宗諸祖世系源流,故名"景德傳燈錄"。《宗統編年》卷一九云:"道原因《寶林傳》、《聖胄集》,纂成《傳燈錄》。翰林楊億、員外李淮等共爲校定,真宗撰序,頒入大藏。"

全書共三十卷,卷首有楊億序。書中記五十二世,一千七百一十二人,其中九百五十四人有語見錄,另七百五十八人但存名字,未載事迹。又寶志、善慧、慧思、智顗、僧伽、法雲、豐干、寒山、拾得、布袋十人及《諸方雜舉徵拈代別語》一卷。又南陽大寂乃至法眼等十二人廣語一卷。又讚、頌、偈、詩一卷。又銘、記、箴、歌一卷。無總目,每卷前有目錄。

卷首又有《西來年表》,係該書成書後,依《傳法正宗記》編訂,表列達摩來華年代事迹。此表附刻於卷一之首,不分卷次。歷代書目相沿,著録爲一卷。明《徑山藏》本無此表。

此書歷代經錄著録,歷代大藏經收錄。今據民國二十四年上海商務印書館《四部叢刊三編》影宋刻本影印,卷尾有張元濟跋。(李際寧)

補續高僧傳二十六卷　(明)釋明河撰(第1283冊)

釋明河(1588—1640),號汰如,一雨通潤法師高足,崇禎十三年(1640)駐江寧(今江蘇南京)大報恩禪院,聽法者甚衆。未幾,歸吳郡(今江蘇蘇州)華山寺,數日後辭世。其生平事迹史籍缺載,惟《續補高僧傳》首尾序跋可資參考。

明河因感贊寧《宋高僧傳》以來僧史傳記闕如,故補前人之所未備,續前人之所未完,而成此書。凡歷三十年,遍訪名山古刹,搜剔碑版遺籍。收錄僧人,起自趙宋,止於明代萬曆年間,包括遼、金、元及外國來華僧人,前後四百餘年,凡正傳五百四十八人,附見七十二人,名曰《補續高僧傳》,總二十六卷。體列仿照《宋高僧傳》,按僧人行業分爲十篇:譯經篇第一,義解篇第二,習禪篇第三,明律篇第四,護法篇第五,感通篇第六,遺身篇第七,讚誦篇第八,興福篇第九,雜科篇第十,各篇後係論讚。卷首卷尾存范景文、黃端伯、中峰讀徹、周永年、毛晉、道開、馬弘道等序跋。

明河去世前,以未完之稿托付弟子道開。道開銜師命,綴補成編,順治四年(1647)書稿完成。時值明末清初,世道變亂,海宇更張,書稿不能殺青。無奈,道開與汲古閣主人毛晉商議,得其襄助,康熙二十年(1681)付梓流傳。

此書我國大藏經未收錄。今據《卍字續藏》本影印。(李際寧)

宗鏡錄一百卷　(宋)釋延壽撰(第1283—1285冊)

釋延壽(904—975),俗姓王,字冲玄,號抱一子。丹陽(今屬江蘇)人,後遷杭州。總角歸心佛乘,三十四歲皈依龍册寺翠岩永明大師,落髮受具。後周廣順二年(952)住持奉化雪竇寺。宋太祖建隆元年(960),忠懿王請住靈隱寺,靈隱中興。第二年(961)復請爲永明大道場(净慈寺)住持,賜智覺禪師號。居永明十五年,度弟子一千七百人。撰《宗鏡録》一百卷,吴越王親序,并賜頒入大藏流行。高麗國王遣使叙弟子禮,派僧三十六人,親承印記。太平興國二年(977),建塔于大慈山,宋太宗賜額"壽寧禪院"。後世稱"永明大師"。生平事迹見宋志磐《佛祖統紀》卷二六、釋延壽《宗鏡録序》、贊寧《宋高僧傳》卷二八。

此書卷首有楊傑、吴越國王錢俶二序及延壽自序。楊《序》稱:"一切惡類莫不畏憚,善惡雖異,其宗則同。返鑑其心,則知靈明湛寂,廣大融通,無爲無住,無修無證,無塵可染,無垢可磨,爲一切諸法之宗矣。"延壽認爲天台、慈恩、賢首各宗説教圓融無礙,與禪宗門下所謂"佛語心爲宗,無門爲法門"相契合,《序》中云:"須知體用相成,性相互顯。今則細明總别,廣辯異同,研一法之根元,搜諸緣之本末,則可稱宗鏡。"故"舉一心爲宗,照萬法如鏡。編聯古製之深義,撮略寶藏之圓詮,同此顯揚,稱之曰録。"而名此書爲《宗鏡録》。

全書一百卷,約分三部分:卷一前半,立正宗以爲歸趣,即舉一心爲宗,照萬法如鏡;卷一後半至九十三,申問答用去疑情,列舉天台、慈恩、賢首各宗教義,與禪宗"一念心行"思想及延壽"一心爲宗"思想呼應;卷九十四至一百,引真詮成其圓信,舉證大乘經典、諸祖語録、聖賢集等三百餘種著作,會通諸家學説。

此書爲後代經録著録,《磧砂藏》、《普寧藏》以下各藏收録。今據《再雕高麗藏》本影印。(李際寧)

神僧傳九卷　(明)朱棣撰(第1285冊)

朱棣生平見前《聖學心法》提要。

明如惺《大明高僧傳序》記載:"成祖文皇帝於萬機之暇,乃於僧史傳燈録間採諸靈異者,别曰《神僧傳》。"全書九卷,所述僧人多爲有神通行迹者,共二百零八人,起東漢明帝時攝摩騰、竺法蘭,終元代膽八國師。卷首有永樂十五年(1417)朱棣自序。

此書爲《明北藏》、《清龍藏》收録。今據中國科學院圖書館藏明永樂十五年内府刻本影印。(李際寧)

大明高僧傳八卷　(明)釋如惺撰(第1285冊)

釋如惺,生卒年不詳,號明慧,天台宗真清弟子,又從千松得禪師習禪。萬曆二十八年(1600),校刻前代《佛法金湯編》。三十四年在天台山慈雲寺爲懺主,集《龍華懺儀》四卷。四十五年,輯《國朝護法》。康熙二十一年(1682),捐資嘉興楞嚴寺般若堂刊雕《密印禪師語録》卷八,經板入《徑山藏》(見此卷牌記)。生平事迹史籍所載極簡,可參《大明高僧傳序》、《重刻佛法金湯編後序》等。

據如惺自叙,其感歎明代以來"國家之治超于三代,佛法之興盛于唐宋,獨僧史傳燈諸書尚寥寥無聞",遂於史志文集,凡有名僧記載者"隨喜録之",以備後代修史者參考。

此書又稱《明高僧傳》。書中所收,自南宋迄明萬曆間,正傳録一百十二人,附見七十人。全書分三科:譯經篇第一,解義篇第二,習禪篇第三。由於限於所掌握之資料,所録多爲南方地區僧人。

該書《徑山藏》收録。此本即據明萬曆刻《徑山藏》本影印。(李際寧)

祖堂集二十卷　(五代)釋静　釋筠輯(第1285冊)

釋静、釋筠爲禪宗雪峰義存系下三傳弟子,生平事迹不詳。

此書卷首有泉州招慶寺主静修禪師文僜短序,略叙撰著背景稱:"(諸聖)言教甚布於環海,條貫未位於師承。常慮水涸易生,烏馬難辯。"於此或可知静、筠二師撰著此書之動因。書成於南唐保大十年（952），初爲一卷，後增廣爲十卷，未及廣泛流傳即已亡佚。幸傳至高麗，彼土僧人於該書序後記："以上序文并《祖堂集》一卷，先行此土，爾後十卷齊到。謹依具本，爰欲新開印版，廣施流傳，分爲二十卷。"

此書是現存最早一部禪宗南宗的完整燈録，收録形成禪宗淵源的過去七佛、西土二十八祖，以及東土六祖至五代禪宗祖師之主要事迹、代表各脈家風之問答語録。卷一、卷二記載過去七佛、西土二十八祖、東土六祖；卷三記載四祖道信、五祖弘忍旁出法嗣，六祖惠能法嗣；卷四至卷十三記載青原下七代法嗣，始自石頭和尚，止于雪峰義存法系；卷十四至二十記載南嶽下六代法嗣，始自馬祖道一，止於臨濟義玄之法孫。高麗經板記書中收録人物數量："現其本迹者二百五十三員，并載於二十卷内，莫知迹者，不能具録矣。"實際記録二百五十六人。

此書約於宋代《景德傳燈録》等書入藏流傳後散佚。20世紀韓國慶尚南道伽耶山海印寺雜版庫中發現舊存高麗高宗三十二年（1245）刊板，後編入影印《高麗大藏經》補遺部分。

此本據《高麗大藏經》補遺部分影印。（李際寧）

比丘尼傳四卷　（南朝梁）釋寶唱撰（第1285冊）

釋寶唱（約465—?），俗姓岑。吳郡（今江蘇蘇州）人。十八歲出家，後住建業大莊嚴寺。齊梁間避亂閩越，梁天監四年（505）還都。梁武帝佞佛，多次賜予譯經事務和著述。天監十五年，重撰《華林佛殿衆經目録》，梁武帝更敕其掌管華林園寶雲經藏，搜求遺逸。智昇《開元釋教録》卷九評其"博識洽聞，罕有其匹"。一生著述宏富，除此書外，存世者有《經律異相》等。生平事迹見《續高僧傳》

卷一等。

此書是中國第一部漢地受具足戒女性出家者之傳記，撰著時代當在梁天監年間。收録人物時代自東晉咸和（《高麗藏》爲升平）至梁天監年間，總六十五人。卷一東晉十三人，卷二劉宋二十三人，卷三南齊十五人，卷四梁十四人，另附見五十一人。

此書初不見載於寶唱本傳及其他經録，自智昇《開元釋教録》始見著録，《新唐書·藝文志》、《宋史·藝文志》亦著録（標爲五卷）。歷代漢文大藏經收録。

此本據天津圖書館藏清光緒十一年金陵刻經處刻本影印。（李際寧）

隋天台智者大師別傳一卷　（隋）釋灌頂撰（第1285冊）

釋灌頂（561—632），字法云，俗姓吳。祖籍常州義興（今江蘇宜興），祖上遷居臨海章安（今屬浙江），故有"章安大師"、"章安尊者"之稱。七歲入攝静寺出家，年二十受具戒。南朝陳至德元年（583），至天台山師從智顗，長期跟隨左右。智顗逝後，繼承天台宗法系，接掌國清、玉泉兩大叢林。晚年於會稽稱心精舍講説《法華經》。唐貞觀六年（632）八月七日逝於天台山國清寺，後世尊爲天台宗第四祖。著述存世者較多，除此書外，有《八教大意》、《觀心論疏》、《國清百録》、《涅槃玄義》等。生平事迹見唐僧祥撰集《法華經傳記》、北宋僧曇照撰《智者大師別傳注》。

開皇二十一年（601），灌頂因隋祕書監直内史省開府儀同三司柳顧言之問，編集見聞，成此書一卷，萬餘字，詳記智顗始終化迹，卷末附瑞迹十條，及智者大師一生著述目録。後柳顧言奉敕撰《天台國清寺智者禪師碑文》、道宣撰《續高僧傳》之"隋國師智者天台山國清寺釋智顗傳"，皆受此書重要影響。

此書收入明《永樂南藏》、《永樂北藏》、《清龍藏》。今據浙江省圖書館藏明北藏本影

印。（李際寧）

大唐大慈恩寺三藏法師傳十卷　（唐）釋慧
立　釋彦悰撰（第 1286 冊）

釋慧立（615—?），俗姓趙，本名子立，高宗
敕名慧立，又作惠立，祖籍豳國公劉。貞觀三
年（629）於豳州昭仁寺出家，十九年應詔入
弘福寺，爲玄奘譯場綴文大德。永徽元年
（650），敕任大慈恩寺翻經大德，次補西明寺
都維那，後授太原寺主。寂年不詳。生平事
迹見贊寧《宋高僧傳》卷一七、彦悰《大唐大
慈恩寺三藏法師傳序》。釋彦悰，唐初僧人。
貞觀間師從玄奘，高宗時住長安弘福寺。曾
編《集沙門不拜俗議》，著《唐護法沙門法琳
別傳》。傳見《開元釋教録》卷八、《宋高僧
傳》卷四。

此書爲記載玄奘事迹中年代較早且記述最
詳者。玄奘爲法相宗（又稱唯識宗、慈恩宗）
大師，因住長安大慈恩寺，又稱慈恩三藏法
師。慧立長期跟隨玄奘，"覩三藏之學行，矚
三藏之形儀，鑽之仰之，彌堅彌遠"（彦悰《大
唐大慈恩寺三藏法師傳序》），遂修撰此書五
卷，未完而卒。臨終，付囑廣福寺沙門彦悰續
修。垂拱四年（688）三月十五日，彦悰續而
成之，箋爲十卷并作序。故後世傳本卷端皆
題沙門慧立本譯、釋彦悰箋。

此書卷一起載誕於緱氏，終西屆于高昌；卷
二起阿耆尼國，終羯若鞠闍國；卷三起阿踰陀
國，終伊爛拏國；卷四起瞻波國，終迦摩縷波
國王請；卷五起尼乾占歸國，終至帝城之西
漕；卷六起貞觀十九年（645）春正月入西京，
終二十二年夏六月謝御製經序并答；卷七起
二十二年六月天皇製《述聖記》，終永徽五年
（654）春二月法師答書；卷八起永徽六年夏
五月譯《理門論》，終顯慶元年（656）春三月
百官謝示御製寺碑文；卷九起顯慶元年
（656）三月謝慈恩寺碑成，終三年（658）正月
隨車駕還西京；卷十起顯慶三年（正月隨車

駕自洛還西京，至麟德元年（664）二月玉華
宮捨化。

智昇《開元釋教録》此書條下著録云"新編
入藏"，是開元年間此書被編入寫本大藏經。
宋代以下，歷代刻本大藏收録。此本據國家
圖書館藏《再雕高麗藏》本影印。（李際寧）

净土聖賢録九卷　（清）彭希涑撰　净土聖
賢録續編四卷種蓮集一卷　（清）蓮歸居士
撰（第 1286 冊）

彭希涑（1761—1793），字樂園，號蘭臺，元
和（今屬江蘇蘇州）人。彭際清侄。少年時
因病持齋向佛。

《净土聖賢録》署名彭希涑撰，而實際編撰
者爲彭際清。書首彭際清叙稱，《雲棲往生
集》等記事過簡，故有意薈萃舊聞，重加編
輯，"會兄子希涑初發信心，願成此録，以堅
向往"，遂爲確定編輯體例，并"標指體要"，
"草創之始，即口授希涑，每一篇成，輒爲隨
手勘定"。其書素材來源，首選載稽經論，次
支那著述，後續以耳目所及。

此書以輯集净土教人物往生事迹爲主，附
物類傳。凡五百餘篇，卷首有彭際清叙、體例
發凡及目次。正文分九卷十門：卷一，净土
教主第一、闡教聖衆第二；卷二至卷六，往生
比邱第三、往生比邱尼第四；卷七，往生人王
第五、往生王臣第六；卷八，往生居士第七；卷
九，往生雜流第八、往生女人第九、往生物類
第十。每篇傳後，皆注出典。

《净土聖賢録續編》四卷，署蓮歸居士撰。
蓮歸居士，胡珽（1822—1861）之號，字心耘。
籍貫休寧（今屬安徽），僑居仁和（今屬浙江
杭州）。官至太常博士。好收宋元舊本，手
自校勘。後避亂上海，歿後藏書散亡。

此書採訪往生事實，按清朝年代編次，體列
"悉準前録"（卷首《發凡》）。録乾隆後一百
餘人（附往生物類），編爲四卷：卷一，往生比
邱第一、往生比邱尼第二；卷二，往生王臣第

三、往生居士第四之一;卷三,往生居士第四之二、往生雜流第五;卷四,往生女人第六、往生物類第七。後附《種蓮集》,目録編爲第八。

《種蓮集》一卷,道光三十年九月陳本仁輯,附於《净土聖賢録續編》卷四後。此書不分門類,隨聞而記,輯二十七人事迹。書名取省庵思齊大師"與君同作種蓮人"之意。

此本據國家圖書館藏清刻本影印。(李際寧)

居士傳五十六卷 (清)彭紹升撰(第1286册)

彭紹升(1740—1796),字允初,長洲(今江蘇蘇州)人。乾隆三十四年(1769)舉進士,不仕。後讀佛教書,以爲道之所歸,號知歸子,題其住所爲"二林",故又號二林居士。三十八年至華藏庵從聞學實定禪師受菩萨优婆塞戒,得法名際清。五十年閉關蘇州文星閣僧舍,名住所爲"一行"。專心净業外,復善文學,《清朝續文獻通考》卷二七七評其"古文宗法震川,詩亦功力極深,論乾隆一朝文學者,要不能不數及之也"。除本書外,存世著作有《二林居集》、《觀河集》等。生平事迹見《清史稿》本傳、彭際清《居士傳發凡》、《净土聖賢録續編》卷二等。

此書卷前"發凡"自述撰著緣起,因感慨前人所撰傳記"互有詳略,或失之冗,或失之疏","自唐以前,簡册無多,披覽易遍。自宋以後,文字浩瀚,耳目聞見搜討難周",於是以一己之力輯撰此傳。此書始撰於乾隆三十五年,終稿於四十年秋,記載漢地佛教居士生平事迹,節取《弘明集》以下佛門典籍,别徵史傳、諸家文集、諸經序録、百家雜説等,裁别綴屬,成列傳五十餘篇,總五十六卷。收録居士上起漢代牟融、安玄、支謙,下至乾隆年間諸人,正傳收二百二十七人,附見七十七人。每條傳記後附注出典,每卷末有"知歸子曰"評語,部分卷末又有汪縉點評。

此本據清乾隆四十年長洲彭氏刻本影印。書首有汪縉序、彭紹升發凡,書末有王廷言跋。(李際寧)

南海寄歸内法傳四卷 (唐)釋義净撰(第1286册)

釋義净(635—713),俗姓張,唐齊州(今屬山東)人。七歲出家,貞觀十九年(645)玄奘求法回國,因此"志遊西域"。永徽六年(655)受具足戒。咸亨年間由海路西行,到達印度。在印度"所經三十餘國,凡歷二十餘年",其中十年在那爛陀寺學習并翻譯佛典。長壽二年(693)返廣州。證聖元年(695)至洛陽,女皇武則天"親迎於上東門外"。先天二年(713)逝於長安大薦福寺,葬於長安延興門東陳張村,起塔建寺,名"金光明寺"。一生譯經、著述一百零七部,四百二十八卷。生平事迹見此書卷一并序、智昇《續古今譯經圖紀》。

此書撰成於天授二年(691),時義净從印度東歸,住南海室利佛逝國(今印度尼西亞蘇門答臘)。是年五月,義净委托中國僧人大津將其攜歸,呈於朝廷,故書名《南海寄歸内法傳》。全書四卷,總四十章,詳細介紹了印度及所歷南亞諸國所行佛教儀規。書中記録印度佛教部派及寺院活動甚詳。書首附義净《傳序》。

此書首見《開元釋教録》著録,後歷代經録著録,歷代大藏經收録。此本據浙江省圖書館藏《明北藏》本影印。(李際寧)

大宋僧史略三卷 (宋)釋贊寧撰(第1286册)

釋贊寧(919—1001),俗姓高,吳興德清(今屬浙江)人。後唐在杭州祥符寺出家,天台山受具足戒,後住靈隱寺,習南山律宗,著述毗尼,時人謂之"律虎"。錢氏居吳越時,贊寧任監壇、補兩浙僧統。入宋,奉詔編修《大宋僧史略》,賜號通惠大師,詔充史館編修。賜謚圓明。生平事迹散見《佛祖統紀》卷四三至四五、五一至五三,《佛祖歷代通載》卷一八。

此書概述中國佛教典章制度起源及沿革。書前自序稱"太平興國初,疊奉詔旨,《高僧傳》外別修僧史","遂樹立門題,搜求事類,始乎佛生教法流衍,至於三寶住持諸務事始,一皆隱括,約成三卷,號《僧史略》,蓋取裴子野《宋略》爲目"。

此書卷首有紹興十四年(1144)法道序,次爲贊寧自序,書末有"紹興朝旨改正僧道班文字一集"。各卷目録題下有小字:"咸平二年重更修理。"卷上目録之後有附言:"所立僅六十門,止删取集傳,并録所聞,以明佛法東傳以來百事之始也。"是此書撰成後又有修訂。

全書三卷,卷上目録附言立六十門,實爲五十九門,第五十九爲總論。

此書後代經録未載,歷代大藏未收。此本據北京大學圖書館藏日本延寶八年刻本影印。(李際寧)

佛祖統記五十四卷 　(宋)釋志磐撰(第1287冊)

釋志磐,天台宗山外派傳人,嘗住四明(今浙江寧波)福泉寺及東湖月波山,其餘生平不詳。

志磐自寶祐六年(1258)始撰此書,歷經十年,五謄成稿,至咸淳五年(1269)成五十五卷。卷首自序稱,良渚宗鑑《釋門正統》粗立體法而義乖文荄,鏡庵景遷《宗源録》雖列文傳而辭陋事疏,故欲取二家之長,避其所失,且删且補,自成一家。此書仿歷代正史體例,立"本紀"、"世家"、"列傳"、"表"、"志"諸篇,故名《佛祖統紀》。其中本紀取自釋迦牟尼佛出生,至法智息化,正寶位,傳大業,以示正統。世家取自南嶽僧照旁出至寶雲旁出,傳教分燈,與正統諸祖相爲輝映。

列傳取各法師下子孫有繼者,凡守家法、禦外侮、能弘道者爲列傳;而背宗破祖、失其宗緒者,歸入雜傳;又,有功教門、事遠失記者,入未詳承嗣傳。表取有資考諸祖授受,叙弈世之稟承者,爲歷代傳教表;釋迦以下至各諸師傳燈者,爲佛祖世繫表。志取天台教典、各宗人物、佛教宇宙及世界、佛教典故及制度、中土佛教歷史、大儒高釋文章著述等,各歸其志。

此書目録作五十五卷,末卷却標爲卷五十四,或因部分卷次流傳過程中有散佚,後代以誤刻相沿襲。

此書收入《永樂南藏》、《嘉興藏》。今據北京大學圖書館藏明刻《永樂南藏》本影印。(李際寧)

釋鑑稽古略續集三卷 　(明)釋大聞輯(第1288冊)

釋大聞,號幻輪,崇禎十一年(1638)春曾住歸安(今屬浙江)杏溪篳庵。其餘生平事迹史籍乏載。

此書又稱《釋氏稽古略續集》、《稽古略續集》,崇禎十一年撰成。書首有杏溪篳庵居士嚴爾珪序及大聞自序。自序稱,因嚴爾珪欲抽資重刻《釋氏稽古略》、《佛祖歷代通載》等書,"因并緝輯元世熙朝兩代事迹,以纘承其後"。嚴爾珪序稱"初以傳述舊聞,已乃兼舉未備,附以勝國暨皇明法苑事迹,勒成一書"。

此書編叙體列,略仿元覺岸《釋氏稽古略》編年體方式,起元世祖至元元年(1264),止明熹宗天啓七年(1627),以帝王世系爲綱目,前後三百六十四年。各代先序佛教簡史,繼述人物事迹、佛祖源流、法門規範等。全書收録僧人四百三十餘人,凡三卷。

此書未入大藏經。今據山東省圖書館藏明崇禎十一年刻本影印。(李際寧)

出三藏記集十五卷　（梁）釋僧祐撰（第1288 冊）

釋僧祐（445—518），俗姓俞，原籍彭城下邳（今江蘇邳縣），生於建業（今江蘇南京）。十四歲投鍾山定林寺出家，二十歲受具足戒，依法穎律師學習戒律。齊永明年間（483—457）奉敕入吳，試簡五衆，并宣講十誦，更申受戒之法。又在建初寺建造經藏，在定林上寺建般若臺經藏。卒於建初寺，葬於定林寺。著述豐富，惜多亡佚。今傳世者除此書外，另有《釋迦譜》、《弘明集》等。生平事迹見慧皎《高僧傳》卷一一。

此書始撰於齊明帝建武年間（494—497），成於梁天監十四年（515）以前。原爲十卷，成書之後又有增補，擴爲十五卷。書前有僧祐自序，述撰著緣起。

全書分四部分：卷一撰緣記，“緣記撰則原始之本克昭”，導讀釋迦牟尼逝後，三藏來源、佛典分類、梵漢譯經背景等；卷二至五銓名録，爲各代、各類經典總目録。“名録銓則年代之目不墜”；卷六至卷一二總經序，爲歷代所譯各經序言。“經序總則勝集之時足徵”；卷一三至卷一五述列傳，爲歷代譯經人物傳記，“列傳述則伊人之風可見”（均見僧祐自序）。

此書在中國佛教文獻史上具有重要價值。書中引述多家經録及傳記，如道安《綜理衆經目録》、竺法護《衆經録》，以及“古録”、“舊録”等十餘種，後代多已亡佚，許多重要資料皆賴本書保存。

此書歷代經録著録，我國歷代大藏經收録。今據國家圖書館藏金刻趙城藏本影印。（李際寧）

歷代三寶紀十五卷　（隋）費長房撰（第1288 冊）

費長房，成都（今屬四川）人。初爲僧，北周武帝毀廢佛道，還俗。隋開皇年間任翻經學士，奉詔參與參譯經。撰成《歷代三寶紀》進呈，帝敕令頒行。生平事迹見此書自序等。

據自序，此書因舊著條目殘亡，靡所遵承而撰。又名《開皇三寶録》，簡稱《長房録》、《三寶記》。全書十五卷，分爲四部分：卷一至卷三爲帝年，張知佛在世之時代。卷四至卷一二爲譯經代録，依朝代記録譯經。卷一三至卷一四爲入藏録，別識大小乘入藏經典。另有總目及表、序。全書收録道俗一百九十七人，著録經律論傳二千一百四十六部，六千二百三十五卷。外題稱“開皇三寶録”，卷内題稱“歷代三寶紀”。此書在中國佛教目録學史上具有重要地位，所記内容，不少可補他録之闕，但也有部分記載荒誕不經，歷來爭論較多。

此書爲我國歷代經録著録，歷代大藏經收録。今據國家圖書館藏金刻《趙城藏》本影印。（李際寧）

大唐内典録十卷　（唐）釋道宣撰（第1289 冊）

釋道宣生平見前《續高僧傳》提要。

《大唐内典録》十卷，唐龍朔四年（664）春正月撰成於長安西明寺。時佛教傳入中國已六百餘年，佛教典籍數量極大增加。據其自序，道宣有感于佛典翻譯“遷貿更襲，澆薄互陳”，佛典目録“舉統各有憲章，徵覈不無繁雜”，於是集《法經録》、《歷代三寶紀》等衆家目録之優者，“總會群作，以類區分，合成一部，開爲十例”，以使其“依條顯列，無相奪倫；文雖重張，義絶煩亂”。

此書又稱《内典録》、《道宣録》，著録漢代以來歷代譯經和著述，“都合一十八代，所出衆經總有二千二百三十二部，七千二百卷。失譯經三百一十部，五百三十八卷”。總十録：卷一至五，歷代衆經傳譯所從録第一；卷六至七，歷代翻本單重人代存亡録第二；卷八，歷代衆經總撮入藏録第三；卷九，歷代衆經舉要轉讀録第四；卷一〇，歷代衆經有目闕本録第五,歷代道俗述作注解録第六,歷代諸經支流陳化録第七,歷代所出疑僞經論録第八,歷代衆經録目終始序第九,歷代衆經應感興敬録第十。各録之首有"序曰",爲道宣之議論。

此書我國歷代經録著録,歷代大藏經收録。今據華東師範大學圖書館藏清順治十八年嘉興楞嚴寺刻《徑山藏》本影印。《徑山藏》收録時析卷三、四、五、九、十爲上下卷,實成十五卷。(李際寧)

續大唐内典録一卷　(唐) 釋智昇撰 (第1289 册)

釋智昇,唐京兆西崇福寺僧,義理懸通,二乘俱學,而於毗尼,尤善其宗。此外文性甚高,博達古今。生平事迹略見贊寧《宋高僧傳》卷五。

開元十八年(730),智昇於長安西崇福寺撰《開元釋教録》二十卷,又撰《續大唐内典録》一卷并入藏。目録分列十部,正文首題"續大唐内典録續代衆經傳譯所從録第一之初",然書中内容實僅續修道宣《大唐内典録》"歷代衆經傳譯所從録第一",其餘九部未見續文。或以此書爲一部未定稿或殘稿,其作者則有智昇或道宣二説。

此書歷代經録著録,歷代大藏經收録。今據國家圖書館藏金刻《趙城藏》本影印。(李際寧)

武周刊定衆經目録十四卷　武周刊定僞經目録一卷　(武周)釋明佺等撰 (第1289 册)

釋明佺,出家及隸籍悉在東都洛陽佛授記寺(原名敬愛寺)。精通律學,兼嫻經論。生平事迹略見智昇《開元釋教録》卷九、贊寧《宋高僧傳》卷二"周洛京佛授記寺慧智傳"附傳。

此書又稱《大周刊定衆經目録》,簡稱《大周經録》、《武周録》。明佺自序稱,武則天謂"法是佛師,出苦海之津梁,導迷塗之眼目,務欲令疑僞不雜,住持可久。迺下明制,普令詳擇,存其正經,去其僞本",於天册萬歲元年(695),勅令勘定經目,明佺任"都檢校刊定目録及經真僞",主持編輯目録事,與翻經大德二十餘人,同共參正。書中正目著録大小乘經律論及賢聖集傳,總三千六百一十六部,八千六百四十一卷。其餘有名闕本、有本失譯、見行入藏及翻譯單重、三藏不同兩乘各異者,并編入目録,總爲十四卷。又因僞經既非正經,其地位不足與正經并列,故别爲一卷,名《僞經録》,以明示遠近。卷首有明佺自序及目録,末卷尾有參預其事各高僧大德功德銜名。

此書雖云共同勘定,并廣爲流行,然錯誤較多,實難憑準。智昇、贊寧對其評價皆不高。

此書我國歷代經録著録,歷代大藏收録。今據南京圖書館藏清康熙二年至三年刻《徑山藏》本影印。(李際寧)

大元至元辨僞録五卷　(元) 釋祥邁撰 (第1289 册)

釋祥邁,俗姓延,號如意、邁吉祥,太原(今屬山西)人。九歲落髮出家,隨師受業。曾爲灤州開覺寺住持,兩次參加上都和林佛道辯論,爲庭辯十七高僧之一。元至元間爲興平府道者山大雲峰禪寺住持,奉敕撰《至元辨僞録》五卷,并入藏流通。生平事迹見此書賁吉祥、張伯淳序。

此書又稱《至元辨僞録》、《辨僞録》,乃記録元代初年佛道爭訟、破道護法之歷史資料。卷首依次有元翰林直學士張伯淳序、大雲峰住持賁吉祥序。全書五卷,分三部分。卷一至卷二,以十四論題依次破斥道士妄説。卷三至卷四,詳記本朝佛道爭訟原委、經過及結局。卷五,輯録本朝有關佛道爭訟之碑文、詔令等。

此書元大德十年(1306)後收入《磧砂藏》、

《普寧藏》之二十八函“秘密經”,後又據藏本單行。今據國家圖書館藏元刻本影印。(李際寧)

至元法寶勘同總録十卷 (元) 釋慶吉祥等編 (第1289册)

釋慶吉祥,至元年間順德府(今屬河北)開元寺佛日光教大師講經律論沙門。其餘事迹不詳。

此書簡稱《至元録》,慶吉祥等元世祖至元間奉詔撰。以漢藏兩種文字大藏經目録互校有無,對勘異同,故稱“法寶勘同總録”。書前至元二十二年(1285)杭州靈隱寺住持净伏序稱:“(大元天子)討論教典,與帝師語,詔諸講主,以西蕃大教目録,對勘東土經藏部帙之有無,卷軸之多寡。”又大德十年(1306)克己序云:“(元世祖)命三藏義學沙門慶吉祥,以蕃漢本參對楷定大藏聖教,名之曰《至元法寶勘同總録》。華梵對辨,名題各標,陳諸代譯經之先後,分大小乘教之品目。”

全書十卷,收録經典一千四百四十部,五千五百八十六卷,分總録、別分兩類。總録即總綱目,略分四科:一、總標年代,括人法之弘綱,概説自東漢明帝永平十年(67)至元至元二十二年千餘年間譯出經典總數;二、別約歲時,分記録之殊異,列後漢至唐開元十八年(730)、開元十八年至貞元五年(789)、貞元五年至宋天平興國七年(982)、太平興國七年至大中祥符四年(1011)、大中祥符四年至景祐四年(1037)、景祐四年至元世祖至元二十二年各斷代所出經典數;三、略明乘藏,顯古録之梯航,列《開元録》、《貞元録》、《祥符録》、《景祐録》、《弘法録》各目所收大小乘經律論部帙和卷數;四、廣列名題,彰今目之倫序,標明本録編輯結構。別分爲本録正文,依大小乘經、大小乘律、大小乘論、聖賢集撰類目,依次總構全書框架。各類目下,按《開元録》、《貞元録》、《祥符録》、《景祐録》、《弘法

録》各代所收經目,依次對勘蕃本有無、梵文音譯各項。凡有歧異,略加注明。

此書由大德十年(1306)松江府僧録管主八於杭州刻板,續入《普寧藏》、《磧砂藏》。明清以下各藏收録。今據浙江省圖書館藏《明北藏》本影印。(李際寧)

閲藏知津四十四卷總目四卷 (明) 釋智旭撰 (第1290册)

釋智旭(1599—1655),俗姓鍾,名際明,字振之,又字蕅益,世稱蕅益大師,吴縣(今屬江蘇)木瀆人。二十三歲始信佛教,天啓二年(1622)剃髮出家,三年受具足戒,四年受菩薩戒。一生廣弘天台教,勤於著述,有著作四十二種。其思想合教、觀、律歸入净土,形成靈峰派,被後代尊奉爲净土宗第九祖。生平事迹見自著《八不道人傳》、彭際清《净土聖賢録》等。

此書撰於崇禎八年(1635)至永曆八年(1654),卷首有智旭《序》、夏之鼎刊雕《緣起》及《凡例》,書後有鳳鳴寺德成重刊《跋語》。智旭弟子成時《靈峰蕅益大師宗論》記智旭臨終之囑:“竊見南北兩藏并皆模糊失次,或半滿不辨,或經論互名,或真訛不分,或巧拙無别,雖有宋朝《法寶標目》,明朝《彙目義門》,并未盡美盡善。今輒不揣,謬述《閲藏知津》、《法海觀瀾》二書,儻不背佛旨,乞得成就流通。”由此可知此書撰著目的。觀《凡例》可知,此書依天台宗五時判教原則編輯,分經、律、論、雜四藏。此書非撰構一部大藏目録,而是智旭對大藏經義之導讀。

全書分總目録四卷,正文四十四卷。總目録第一爲經藏,分大乘經、小乘經;第二爲律藏,分大乘律、小乘律;第三爲論藏,分大乘論、小乘論;第四雜藏,分西土撰述、此方撰述。各經目下,標注所存卷數或紙數、明南北藏函袟。正文部分,依總目録,逐經提要解説。

此本據華東師範大學圖書館藏清康熙三年

夏之鼎刻四十八年朱岸登補修本影印。（李際寧）

黃帝陰符經注一卷　（唐）張果撰（第1290 册）

張果，別號張果老，唐代道士，隱于常州條山，往來汾晉間。善閉氣，有長年秘術，自言數百歲。唐玄宗開元二十一年（733）召至長安，賜號"通玄先生"，擢銀青光禄大夫。除此書外，著有《玄珠歌》一卷，《太上九要心印妙經》一卷等。事迹見唐劉肅《大唐新語》卷一〇、《舊唐書·方技傳》、《新唐書·方技傳》、《續仙傳》、《太平廣記》等。

《黃帝陰符經注》係《黃帝陰符經》注解本。《黃帝陰符經》簡稱《陰符經》，是唐以前道家古籍，其作者及成書年代衆說紛紜，或以爲戰國秦漢之書，或以爲北魏寇謙之所撰，或以爲出於唐代李筌之手。經文在唐代有兩種傳本，一本三百餘字，分作三章；一本四百餘字，不分篇章。此經注家甚多，《通志·藝文略》著録三十九家，此書即其中出現較早、影響較廣者。

此書卷首載作者自序云："偶於道經藏中得《陰符傳》，不知何代人製，詞理玄邈，如契自然，臣遂編之，附而入注。"蓋爲張果取無名氏《陰符傳》，復加編次，附以己注而成。經文取四百餘字本，不分篇章。注文稱《陰符經》乃"聖人體天用道之機"，又謂聖人用心深微則能照見自然之性，執機變通則能契合自然之理。照之以心，契之以機，則可盡陰符之義。其說頗能發明經旨，文字亦簡明流暢，唐宋以來廣爲流傳。

此書有《雲笈七籤》本、《道藏輯要》本、正統《道藏》本。今據民國涵芬樓影印明正統《道藏》本影印。（汪桂平）

黃帝陰符經集解三卷　（宋）袁淑真撰（第1290 册）

袁淑真，北宋人。此書題"朝散郎行潭州長沙縣主簿袁淑真集解"，知曾爲長沙縣主簿，其餘無考。《通志·藝文略》、《秘書省續編到四庫闕書目》、《宋史·藝文志》均著録袁淑真《陰符經疏》三卷，即此書。又《宋史·藝文志》另有袁淑真《陰符經集解》五卷，大約此書元時已有兩種版本。今本三卷，收入《道藏》洞真部玉訣類。

《黃帝陰符經》情況見前《黃帝陰符經注》提要。此書經文取三百餘字本，分作三章。卷首有作者自序，謂此書體例有注有疏，"先注略舉其綱宗，後疏冀陳其周細"。但《道藏》本合注疏爲一，冠以"淑真曰"三字，不復區別。注文中謂聖人須察天道運行、陰陽變化之機，使行爲與之符合，則有利於治國安民，固躬養生。引文多取太公、驪山老母之言及諸子之書。

此本據民國涵芬樓影印明正統《道藏》本影印。（汪桂平）

黃帝陰符經注一卷　（宋）俞琰撰（第1290 册）

俞琰（1258—1327），亦作俞琬，字玉吾，號全陽子，又號林屋山人、洞天紫庭真逸等，自稱古吳石澗道人。吳縣（今江蘇蘇州）人。宋亡入元，隱居不仕。以詞賦名世，尤精易學。儒道兼通，援引儒家之論以證道教丹道理論，提倡清静内煉丹法。著述甚多，除此書外，有《周易集説》、《林屋山人集》、《席上腐談》等。事迹見《席上腐談》卷下、《吳都文粹續集》卷四五小傳等。

此書經文取《黃帝陰符經》四百餘字本，凡一卷，不分篇章，收入《道藏》洞真部玉訣類。卷首有至正八年師餘敬序，曰："翁平生讀《易》有見有得，故能守恬淡，不炫燿，壽考以終。是經所解，發明朱夫子所未盡言者，使夫子復起，不易之矣。"可知此書鏤版已在俞琰去世之後。《四庫全書總目》道家類存目著録此書。其注頗採朱熹、邵雍之説，以儒家心性之學與道家養生之術補充發揮朱子《陰符經考異》所未盡言者。

此本據民國涵芬樓影印明正統《道藏》本影印。（汪桂平）

陰符經玄解正義一卷 （清）閔一得撰（第1290冊）

閔一得（1758—1836），原名苕旉，字補之，一字小艮，道號懶雲子，又號際蓮氏、定梵氏。歸安（今屬浙江）人。自幼體弱入道，皈依道教龍門派。後以父命入貲爲州司馬，任官滇南。未幾丁憂歸家，遂絶意仕進，雲游天下，參證道學。晚年住持金蓋山，大振玄風。除此書外，著有《金蓋心燈》、《古書隱樓藏書》、《還源篇闡微》等。事迹見《金蓋心燈》跋。

《陰符經玄解正義》一卷，分上中下三篇，篇首有閔氏自序，述説師承源流及此書之緣起。閔氏認爲范宜賓所撰之《陰符經玄解》“名曰玄解而義不軌於正，遺誤非細，故述本經之義以正之”，則此書是訂正范宜賓《陰符經玄解》之作，在范氏注文之後，附以己注而成。經文之下，注文以“范氏曰”、“一得曰”相區分。閔氏力闢范氏對《陰符經》的拆字玄解和語涉陰陽邪説，而主張昌明正道，其自序中認爲“是經玄旨在於觀天執天，相機取舍，作用合時”。

此書收入閔一得所輯《古書隱樓藏書》中，光緒三十年金蓋山重陽宮初刊。今據華東師範大學圖書館藏清光緒三十年刻《古書隱樓藏書》本影印。（汪桂平）

老子想爾注二卷（存卷上） （漢）張魯撰（第1290冊）

張魯，字公祺。東漢時沛國豐（今江蘇豐縣）人。天師道創始人張道陵之孫。東漢初平二年（191），張魯割據漢中、巴郡，奉五斗米道，建政教合一政權，統治漢中近三十年。後歸附曹操。事迹見《三國志·張魯傳》、《後漢書·劉焉傳》。

《老子想爾注》以早期五斗米道思想教義注解《老子》，認爲道是有意志的最高神靈，道即是一，一散形則爲氣，聚形則爲太上老君。神化老子之道，教導信徒奉道守誡，按道意行事，則可以致國太平，長生成仙。其思想内容與《太平經》、《老子河上公注》等早期道書相符。據《傳授經戒儀注訣》稱，張魯曾以此書教化蜀中民衆，南北朝天師道規定此書爲教徒必須傳授修習之太玄部經典。

原書二卷，正統《道藏》未收，著録於《道藏缺經目録》。現有敦煌發現的南北朝殘抄本一件（S.6025），存原書上卷，老子《道經》第三章至三十七章之注文。今人饒宗頤據敦煌抄本整理而成《老子想爾注校箋》一書。此書作者或認爲是祖天師張道陵。

此本據英國國家圖書館藏敦煌寫本影印。（汪桂平）

道德真經廣聖義五十卷 （前蜀）杜光庭撰（第1290—1291冊）

杜光庭（850—933），字賓聖，號東瀛子。處州縉雲（今屬浙江）人，一作長安人。少年習儒，應舉不第，入天台山修道。唐僖宗時屢召至京，封麟德殿文章應制。避亂入蜀，事前蜀王建父子，官諫議大夫，户部侍郎上柱國蔡國公，賜號“廣成先生”。後辭官不就，隱居青城山。唐末五代道教學術集大成者。除此書外，著述現存《廣成集》、《道門科範大全集》等二十餘種，散見於《道藏》。事迹見《舊五代史·僭僞列傳》、《新五代史·前蜀世家》、《歷世真仙體道通鑑》卷四〇等。

此書卷前有唐昭宗天復元年（901）杜氏自序，云：“纂成《廣聖義》三十卷。”由此可知成書時間，且知原爲三十卷。考《崇文總目》、《通志·藝文略》、《文獻通考·經籍考》、《宋史·藝文志》之著録，亦并爲三十卷。《道藏》本析爲五十卷，收於洞神部玉訣類。

此書所廣“聖義”，即唐玄宗《道德經注疏》。卷一至卷五爲序文，叙撰書緣由及老君事迹。卷六至五〇均疏釋經文,經分八十一章,皆首載經文,次列唐玄宗注,復次爲唐玄宗疏,最後爲杜氏疏義,以"經"、"注"、"疏"、"義"別之。此書采摭衆家之説,而以闡述唐玄宗御注爲主,故曰"廣聖義"。

此書爲五代之前注解《道德經》之集大成者。歷代《道德經》注本甚多,然多數佚失,此書序文著録六十餘家《道德經》之注,頗具資料價值。

此本據民國涵芬樓影印明正統《道藏》本影印。(汪桂平)

道德真經藏室纂微篇十卷　(宋) 陳景元撰
(第 1291 册)

陳景元,字太初,又字太虛,號碧虛子。南城(今屬江西)人。自幼入道,宋神宗時以道術聞名,賜號"真靖大師",累遷至左右街副道録。詩、書、畫皆聞名於世。除此書外,著有《南華真經章句音義》、《西升經集注》、《沖虛至德真經釋文》等。事迹見《歷世真仙體道通鑒》卷四九、《道德真經藏室纂微開題》。

《道德真經藏室纂微篇》於熙寧五年(1072)進呈御覽,御批爲"剖玄析微,貫穿百氏"。以性命爲宗,不分章句,采摭諸家注疏之精華,益以己見,然引文多不詳出處。民國所撰《續修四庫全書提要》謂其"大體以重玄爲宗,自然爲體,道德爲用,故取嚴君平、孫登之説爲多。引用經、子,校勘諸本,皆非虛妄者所可爲也。雖開題文内,不免附會之言,實無傷大雅。宋元道士之中,可謂出乎其類者已"。宋末道士薛致玄撰有《道德真經藏室纂微開題科文疏》五卷,爲此書之開題及疏解。又撰有《道德真經藏室纂微手鈔》二卷,標示此書篇名及引文出處,并略疏其義。薛氏二書可爲讀陳氏書之輔助。

此書凡十卷,收於《道藏》洞神部玉訣類。此本據民國涵芬樓影印明正統《道藏》本影印。(汪桂平)

南華真經副墨八卷讀南華經雜説一卷
(明) 陸西星撰 (第 1291 册)

陸西星(1520—1601,一説卒于 1606),字長庚,號潛虛。揚州興化(今屬江蘇)人。九試不第,遂棄儒爲道。自稱嘉靖二十六年(1547)呂洞賓降臨其所居之北海草堂,親授丹訣,遂得内丹真傳。後世道門尊爲内丹東派鼻祖。除此書外,著有《金丹就正篇》、《玄膚論》等丹書及道經注釋十五種,彙集爲《方壺外史》。晚年參禪,又作《楞嚴述旨》十卷等。事迹見《(康熙)興化縣志》卷十。

"副墨"語出《莊子・大宗師》,義即文字。陸氏定其詮釋《莊子》之作名《副墨》,意即希望世人藉由其注釋文字體會莊子真實思想。

《南華真經副墨》編次一準郭象本,定爲三十三篇,列爲八卷,以"虛静恬淡寂寞無爲"八字爲名。内篇七篇,分二卷;外篇十五篇,分三卷;雜篇十一篇,分三卷。書前有全書篇目,經文音義法、批點法,并有《讀經雜説》一篇。每篇逐節注疏,字解句釋,義理詳明。每篇後又有歌詩,概其大略。

陸氏認爲,《南華經》爲《道德經》之注疏,故每於解釋篇題及内容時,多指其源出《道德經》某句某義。注文常以《莊子》内容相印證,力求融會貫通。又融合佛理,甚至稱言《南華經》即中國之佛經。亦間引儒家議論釋其大義。此書融通儒釋道三家要旨,於《莊子》之義藴剖析詳明,多發前人所未發,爲明代中後期莊子學重要著作。

此書於萬曆六年(1578)刊成後頗受重視,明焦竑《莊子翼》引用甚多。但刊刻不多。

今據華東師範大學圖書館藏明萬曆六年李齊芳刻本影印。(汪桂平)

關尹子文始真經九卷　(宋) 陳顯微注 (第 1292 册)

陳顯微,字宗道,號抱一子。淮陽(今屬河南)人。宋嘉定、端平間道士。居臨安佑聖觀,好內丹之術。除此書外,著有《周易參同契解》、《抱一子書》等。事迹見《周易參同契解》前序。

《關尹子文始真經》又名《文始真經言外旨》,初刊於南宋理宗寶祐二年(1254)。自序中謂"將九篇分爲三卷,以見自一生三,自三成九之義",復有小注曰:"原上中下三卷,今離爲九卷。"知原書本三卷,後分作九卷。收入明正統《道藏》洞神部玉訣類。

卷首有陳氏弟子王夷序,稱此書"或因言而悉旨,或轉語以明經,或設喻以彰玄,或反辭而顯奧,或句下隱義,或言外漏機,或指意於言前,或顯微於意外,大率多《關尹子》言外之旨。故總其多者,目之曰《言外經旨》"。注中融攝三教思想,然以道家爲宗。多引《老子》、《陰符經》、《參同契》及張伯端語,偶引《楞嚴經》,大段轉述老子思想及內丹理論。

此本據國家圖書館藏明萬曆二十七年汪廷訥環翠堂刻本影印。(汪桂平)

周易參同契解箋三卷　(明)張文龍解
(明)朱長春箋(第1292冊)

張文龍,字小乾。華州(今陝西華縣)人,正德三年(1508)進士,官至侍御史,爲著名學者韓邦奇門生,曾爲其整理遺文《苑洛集》。事迹見《苑洛集》跋。

朱長春生平事迹見前《管子権》提要。

嘉靖四十五年(1566),張氏著成《周易參同契解》。萬曆年間,張氏子維樞守吳興,持之求證于朱氏。朱爲作序,并於文後附己箋。萬曆四十年(1612),解箋合璧付梓。

《周易參同契解箋》采用陳致虛之法,分《參同契》爲三十五章,先録契文,繼以張解、朱箋,并參之陳致虛等人注解,段前標注著者名號,條理分明。書前有張氏注解序、朱氏契解序、朱氏契箋自序、張維樞序及後跋,又録楊慎《古文參同契序》等。解、箋均主內丹清

靜無爲之說,力闢薛道光、陳致虛同修法之僞。認爲修習分爲靜有二功:首當凝神靜氣,調停三寶入中宮,由有入無,是爲靜功;待虛極靜篤、氣機發動之後,即當運行周天,至於似有似無之境,是爲有功。

此本據復旦大學圖書館藏明萬曆四十年刻本影印。(汪桂平)

古文周易參同契注八卷　(清)袁仁林撰
(第1292冊)

袁仁林,字振千。三原(今屬陝西)人。雍正年間貢生,好學善書,尤精《參同契》。年近九十卒。除此書外,著有《韓文箋注》、《虛字說》等。事迹見《(光緒)三原縣新志》卷六。

《古文周易參同契》是明正德年間《周易參同契》之改編本,改編者爲杜一誠。其將《參同契》視爲魏伯陽、徐景休、淳于叔通三人所著,傳世後稱石函古本,獲部分學者與煉功家肯定,蔣一彪、李光地、袁仁林、劉一明等相繼爲之作注或序。

此書成於清雍正十年(1732),其經文即採用杜一誠改編之石函古本。全書八卷,卷首有袁仁林自序,并録《朱子考異前序》、《考異後序》,又録有楊慎《古文參同契序》等,卷末有乾隆十一年(1746)弟子王德修作跋文一篇。

袁氏作注,隨文解義,凡書中借喻之語,悉以人體中各部位機能以指明之,其自序曰:"言乾坤,本之乾首坤腹之言,以明吾身之上下也。言坎離,本之懸象著明莫大乎日月之言,以明心腎互交、呼吸相通也。"故袁氏注疏能曲暢旁通,各極其趣,明白易讀。其主旨乃勸人斂外歸中,修身俟命,以使形神充沛,生道合一。

此書《四庫全書存目》著録有陝西巡撫采進本。今據清光緒二十二年長沙刻《惜陰軒叢書》本影印。(汪桂平)

養性延命録二卷　（梁）陶弘景撰（第1292冊）

陶弘景生平見前《鬼谷子》提要。

《養性延命録》凡上下二卷,每卷三篇。上卷爲《教誡》、《食誡》、《雜誡祈禳》,大致述養生禁戒。下卷爲《服氣療病》、《導引按摩》、《御女損益》,論述養生治病方術。全書採集古人修身養性、延年益壽之方,上自農黄以來,下及魏晉之際,徵引宏富而條理清晰,爲道家養生名著。

此書一作《養生延命録》,《宋史·藝文志》、《通志·藝文略》并著録。《雲笈七籤》卷三二亦予節録。後收入《道藏》洞神部方法類。此本據民國涵芬樓影印明正統《道藏》本影印。（汪桂平）

無上秘要一百卷（存六十八卷）　（北周）武帝宇文邕敕輯（第1292—1293冊）

北周武帝宇文邕(543—578),字禰羅突,宇文泰第四子。代郡武川(今屬内蒙古自治區)人。560—578年在位,謚號武帝,廟號高祖。建德二年(573),確立三教先後,以儒爲先,道教次之,佛教最後。次年禁佛、道二教,沙門、道士并還俗,爲歷史上三武滅佛之一。事迹見《北史·周本紀》。

《無上秘要》原不署撰人。《續高僧傳》卷二《釋彦琮傳》稱,北周武帝平定北齊之後,自纂道書,號曰《無上秘要》。《舊唐書·經籍志》、《新唐書·藝文志》、《宋史·藝文志》皆著録爲七十二卷,晁公武《郡齋讀書志》謂九十五卷。據敦煌遺書P.2861,唐開元六年(718)抄《無上秘要目録》,此書原本一百卷,二百八十八品。蓋開元以後漸次殘缺。今敦煌抄本殘存目録及正文八卷。另有《道藏》本,殘存六十八卷,收入太平部。兩本除重去複,實存約六十九卷。

此書是道教史上首部官方主持編修之大型道教類書,分類輯録約三百種道書要言,全面概述道教神學、教理、科儀、方術。全書大略以敷述天地萬物生成演化爲首,次述人倫治化、衆神仙官、道門經法緣起,再次爲齋戒威儀之法、服食煉養之術,而終歸於成仙證真,體無合道。其品目分類頗具内在聯繫,大無不包,細無不入,體現南北朝道教神學之世界觀。書中保存不少現已亡佚之早期道教經典,頗具史料價值。

此本據民國涵芬樓影印明正統《道藏》本影印。（汪桂平）

道教義樞十卷（存卷一至卷五、卷七至卷十）（唐）孟安排撰（第1293冊）

孟安排,號青溪道士,唐高宗、武后時人。

《道教義樞》約撰於唐高宗初年。原書十卷,收入《道藏》太平部。卷首有孟安排序,引《道德經》、《度人經》、《本際經》等,述元始天尊之由起。末謂"顯至道之教方,標《大義》之樞要",則爲依《玄門大義》及衆道經,勒成此書。

此書爲闡述道教義理之重要論著,舉道教義理名數之重要者三十七目,先以駢文提要鉤玄,名之曰"義",續廣引六朝道經及諸法師之説,詳加論析解釋。其所舉三十七目有道德、法身、三寶、位業、三洞、七部、十二部、兩半、道意、十善、因果等。其對各條義理之解釋多襲取佛教術語和哲理,且其條分縷析、盡遣四句、唯立中道之論析方法,亦模擬佛教三論宗,從中可見隋唐道教重玄派理論吸取佛教之説而演化之狀況。全書引述六朝隋唐道書及諸法師之説近一百六十種,頗具史料價值。

此本據民國涵芬樓影印明正統《道藏》本影印。（汪桂平）

道樞四十二卷　（宋）曾慥輯（第1293冊）

曾慥,字端伯,號至游子。晉江(今屬福建)人。北宋大臣曾公亮裔孫。官至户部員外郎、秘閣修撰等。晚年寓居銀峰,潛心修道。著述頗豐,除此書外,另有《集神仙傳》、《類説》等,又撰《高齋漫録》一卷。事迹見《(萬曆)泉州府志》卷一六、《(光緒)江西通志》卷一〇等。

《道樞》約成於南宋紹興年間。陳振孫《直齋書録解題》著録爲二十卷,一百二十二篇。今《道藏》本則爲四十二卷,一百零八篇,收入太玄部。

此書輯録歷代道教修煉方術著作,摘録其精要。所録道書上起漢魏,下迄北宋。所輯以唐宋内丹術爲主,兼及存想、坐忘、守一、導引、按摩、沐浴、咽液、朝真、拜祝、虛心、服氣、胎息、煉精、服食、外丹、去三尸、呼魂魄等。凡大道小術,莫不備載,各家各派,兼收并蓄。每篇題下有曾氏四言韻語題解,提綱挈領,點明要旨。正文中夾雜曾慥之注解或評議,廣徵博引,見地不凡。此書堪稱南宋以前道教修煉養生方術之百科全書。

此本據民國涵芬樓影印明正統《道藏》本影印。(汪桂平)

玉音法事三卷　(宋)佚名撰　(第1293冊)

《玉音法事》三卷,不著撰人,内載宋真宗、徽宗所製詞曲,知爲北宋或南宋人編集。收入《道藏》洞玄部讚頌類。

此書爲道士舉行齋醮法事時歌唱讚頌之詞曲範本。卷上、卷中載道詞及其曲譜,卷下載齋醮法事及道詞。全書共輯録有唐、宋道曲五十首,包括《步虛詞》、《奉戒頌》、《白鶴詞》、《散花詞》、《三清樂》、《華夏贊》等。其上、中二卷道詞皆標注曲譜,不用工尺譜,只在字旁標注四聲或和聲,并於字下畫屈曲蜿蜒符號,以示聲調之抑揚轉折,是研究古代道教音樂之寶貴典籍。

此本據民國涵芬樓影印明正統《道藏》本影印。(汪桂平)

三洞珠囊十卷　(唐)王懸河輯　(第1293冊)

王懸河,號陸海羽客,唐高宗、武后時人。永淳二年(683)於成都刻《御製道藏經序碑》。除此書外,編有《上清道類事相》等。

此書《秘書省續編到四庫闕書目》、《宋史·藝文志》、《通志·藝文略》均著録爲三十卷。今《道藏》本僅存十卷,收入太平部。

此書係唐代重要道教類書,摘録各種道書,分品編集。今本共分三十餘品,其中救導品、貧儉品、韜光品、救迫召道士品等,述古來神仙道士生平事迹。投山水龍簡品、服食品、絶粒品、神仙丹藥名品、丹灶香爐品、坐忘精思品、時節品、叩齒咽液品等,述道教煉丹服食及養生成仙方術。長齋品、齋會品、舍失戒品、清戒品、立功禁忌品、受持八戒齋品等,言齋戒禁忌之法。二十四治品、二十四氣品、二十四地獄品、二十四職品、二十四應品、二十四真圖品等,言天師道立治設職及所奉天地鬼神。法門名數品、相好品,言神仙真靈之位業品級及相貌。諸天年號日月品、分化國土品、劫數品等,言天地劫數輪轉。老子爲帝師品、老子化西胡品,言老子降世爲帝王之師及化胡成佛故事。全書引述道書多達二百餘種,其中有不少亡佚古籍,如《道學傳》、《老子化胡經》等,彌足珍貴。此書爲研究六朝隋唐道教之重要史料。

此本據民國涵芬樓影印明正統《道藏》本影印。(汪桂平)

仙苑編珠三卷　(唐)王松年撰　(第1293冊)

王松年,唐末五代人,天台山道士。

此書《通志·藝文略》、《秘書省續編到四庫闕書目》、《宋史·藝文志》均著録作一卷。今《道藏》本析爲三卷,收入洞玄部記傳類。

此書卷首有作者自序,謂所載神仙,乃據劉向《列仙傳》,葛洪《神仙傳》,陶弘景《登真隱訣》、《真誥》,以及《元始上真記》、《道學傳》、《樓觀傳》、《靈驗傳》、《八真傳》、《十二真君傳》等書,又取近代梁唐以降接於聞見者一百三十二人。其書仿效李翰《蒙求》體例,以四言韻語爲正文,每兩句爲一條,共計一百五十五條,每條後附注釋,引古書仙傳及作者所見所聞,略叙正文所列仙真事迹。所引古書除上述仙傳外,兼及老、莊、孔子、道經。全書所記神仙在三百人以上,有元始、天皇等道教尊神,伏羲、盤古等傳説人物,以及後世聖帝明王、修真好道之士。所引道書今或已失傳,或有殘缺,故此書對研究五代以前道教神系頗有參考價值,亦可補道書仙傳之缺。

此本據民國涵芬樓影印明正統《道藏》本影印。(汪桂平)

三洞群仙録二十卷　(宋) 陳葆光撰 (第1294 册)

陳葆光,南宋人。受業天慶觀,後爲江陰静應庵正一道士。晚年隱居茅山。編撰《三洞群仙録》二十卷行世。事迹見宋《(咸淳)重修毗陵志》卷二五。

《三洞群仙録》爲道教神仙人物傳記集,約刊刻於南宋紹興二十四年(1154),收入《道藏》正一部。書中輯録上古至北宋一千餘人得道成仙故事。每條以四字儷語爲題,後述所引書名及事迹,内容均頗簡略。如第一條題"盤古物祖,皇帝道宗",下引《述異記》、《三五曆記》、《真書》、《道學傳》等書,記述盤古開天闢地、皇帝修道成仙之故事。《四庫全書總目》言其書"蓋王松年《仙苑編珠》之續,然所載但取怪異,不盡仙人事也"。全書徵引古籍近二百種,皆標明出處。其所徵引於現存之書可資校勘,於亡佚故籍存其鱗爪,亦足珍惜。

此本據民國涵芬樓影印明正統《道藏》本影印。(汪桂平)

華陽陶隱居内傳三卷　(唐) 賈嵩撰 (第1294 册)

賈嵩,號薛蘿孺子,唐朝人。

陶隱居,即陶弘景,生平見前《養性延命録》提要。賈氏因感前人編撰弘景事迹失之簡略,且無條貫,遂考《登真隱訣》、《真誥》、《泰清經》及其文集等資料,揣摩事迹,撰成内傳。

《華陽陶隱居内傳》分上中下三卷。前二卷爲傳文,上卷述弘景家譜世系,及其早年生平及出仕事迹,止於齊永明十年(492)。中卷記述弘景辭官後隱居茅山、修道著書事迹,至梁大同二年(536)逝世爲止。卷末附録弘景所著書目及佚事。下卷收録文人名士所撰弘景碑文、墓志銘、像贊及其應酬詩文,均録全文。其中竄入北宋宣和年間加封弘景之詔書,當係後人所加。

此書乃採彙各書編輯而成,正文皆先叙事迹,其下注明根據。記載詳實,引證史料亦可補他書之不足。如據《本起録》謂陶弘景生於宋孝建三年(456),卒於梁大同二年(536),年八十一,可訂正《梁書》、《南史》中謂弘景卒年八十五之誤。

此本據民國涵芬樓影印明正統《道藏》本影印。(汪桂平)

歷世真仙體道通鑑五十三卷續五卷後集六卷　(元) 趙道一撰 (第1294—1295 册)

趙道一,號全陽子。元代浮雲山聖壽萬年宮道士。

《歷世真仙體道通鑑》含正編五十三卷,續篇五卷,後集六卷,總計六十四卷。收入《道藏》洞真部紀傳類。編首有作者自序,謂有感於儒家有《資治通鑒》,佛教有《釋氏通鑒》,爲補道家之缺,遂集録古今得道仙真事迹,編成此書。

此書正編收録飛昇、沖舉、尸解、隱化等仙真七百四十五人,上起軒轅皇帝、三清上帝,下至北宋末年林靈素、王文卿。凡史傳道書中有較多資料可據者，如黄帝、尹喜、張陵、葛玄、陶弘景、陳摶、林靈素等，皆有詳盡記述。續編五卷，收録南宋金元道教人物三十四人，其中又以王嘉、馬鈺、譚處端等全真道人物之傳記爲主。後集六卷，主要記述歷代得道女仙事迹，共收録女仙一百二十人，起自上古，迄於宋末。

此書所録之仙真事迹，據稱皆搜之群書，考之經史，訂之仙傳而成，雖不免傳聞附會之辭，大都言之有據，非出杜撰。劉師培《讀道藏記》稱其“所據之書匪一，然語均有本。如卷三多據《列仙傳》，卷五以下多據葛洪《神仙傳》，其足校二者訛脱者，不下數百十事，此均有裨於校勘者也”。唐宋以來，道教人物大都不見史傳，而道教傳記亦喪失甚多，不少道教史資料實賴此書保存。

此本據民國涵芬樓影印明正統《道藏》本影印。（汪桂平）

金丹正理大全諸真玄奥集成九卷　涵蟾子輯（第 1295 册）

涵蟾子，號紫霞山人，生平無考。

《金丹正理大全諸真玄奥集成》九卷，每卷一書，收録黄自如《金丹四百字解》、石泰《還源篇》、薛式《還丹復命篇》、陳楠《翠虚篇》、龍眉子《金液還丹印證圖》、白玉蟾《指玄篇》、蕭廷之《金丹大成集》、趙友欽《仙佛同源》、許遜《石函記》共九種，皆宋元間内丹名著。宋、元之間以仙佛著稱者，若石泰、薛式、陳楠、白玉蟾之流，其源皆出於張伯端、蕭廷之、趙友欽，所言亦皆《悟真篇》之旨。如其中《仙佛同源》一篇，繁稱博引，謂仙佛皆有入室求丹之事。

此書有《道書全集》本，明閻鶴洲輯，收録道家著作近五十種。今據南京圖書館藏明萬曆十九年金陵閻氏刻《道書全集》本影印。（汪桂平）

長春道教源流八卷　（清）陳銘珪撰（第 1295 册）

陳銘珪（1824—1881），字友珊，東莞（今屬廣東）人。咸豐二年（1852）副貢生。中年學道於羅浮山酥醪觀，改名教友，爲全真道龍門派第十七代弟子。修復酥醪觀，爲之住持，自稱酥醪洞主。除此書外，另有《浮山志》五卷。生平見此書卷首。

《長春道教源流》八卷，成於光緒五年（1879），卷首有作者自序，卷末有弟子張永閭跋。全書採史册文集及《道藏》諸書，詳考金元明清全真道教史實源流，旨在辨明全真教義有得於老莊之道，而無煉養服食、符籙禳禬末流之弊。内容包括：全真教總論，王重陽、丘長春事迹匯紀，馬丹陽、譚處端、劉處玄、王處一、郝大通、孫不二紀略，丘、馬、劉、王、郝弟子紀略，丘長春等再傳以下弟子紀略，丘長春後全真法嗣紀略。以上龍門法嗣紀略止於作者所處時代。又有辨證十二則，并附雜抄三種。此書採自各種史傳碑記，皆注其出處，并附作者之評注及考證，爲研究全真道淵源流播之重要著作。

此本據復旦大學圖書館藏民國東莞陳氏刻《聚德堂叢書》本影印。（汪桂平）

天方典禮擇要解二十卷後編一卷　（清）劉智撰（第 1295 册）

劉智，趨庭子。少承家學，專事研究天方之學（即伊斯蘭教經典），後遍覽群書，會通諸家，頓悟天方之經實與孔孟之旨多同。著書數百卷，傳世者僅《典禮》、《性理》及《至聖》數種。生平事迹略見其自著《天方至聖實録》卷首所附《著書述》。

劉氏承父志，先譯成《天方禮法》，因卷目浩繁，不便閱讀，又擇其最關民生日用部分，約占全書十分之一二者，彙爲《天方典禮擇要解》，覽者稱便。此書爲講解伊斯蘭教基本教理之作，書中凡言聖人，皆指穆罕默德。

凡二十卷,二十八篇,包括原教、真宰、認識、諦言、五功總綱、念真、禮真、齋戒、捐課、朝觀、禮祀、五典總綱、夫道婦道、父道子道、君道臣道、兄弟朋友之道、民常總綱、居處、財貨、冠服、飲食、聚禮、婚姻之禮及喪葬之禮等。全書除正文外,尚有解釋、大注、小注、實義、廣義、考證、集覽、問答、附論等内容。其中考證與集覽兩部分,多採中土儒家經典與伊斯蘭傳世經書。所採録伊斯蘭傳世經書多達三十五種,包括《禮法考源》、《禮法明燈》及《禮苑精華》等。

此本據山東省圖書館藏清乾隆五年京江童氏刻本影印。（李國慶）

天方性理五卷首一卷　（清）劉智撰　（第1296 册）

《天方性理》一名《纂譯天方性理》、《天方性理圖傳》,乃明道之書,係採集四十種伊斯蘭教傳世經書,擇其理同而意合者編纂而成。據卷首《例言》可知,是書有本經、圖、傳。本經五章列於卷首,單獨一卷。圖、傳六十篇分五卷次於後。蓋因經立圖,因圖立傳。全書首言大世界理象顯著之序,天地人物各具之功能,及其變化生生之故;次言小世界身性顯著之序,身心性命所藏之用,及其聖凡善惡之由;末言綜合大小世界分合之妙理,渾化之精義,而歸竟於一真。此書秉大公之教,不涉異端之流,是研習伊斯蘭教之重要經書。所録經文後皆注明出處,亦頗便查檢。清康熙時丁氏作序時稱此書"可謂前無古人後無來者",蓋非虚言。

此書初由西涼李封五、寧夏馬耀寰與臨清黑羽輝三家出資,在四明刻成,稱三成堂本。後由考城金氏安愚堂於乾隆二十四年（一七五九）重新刊行。此本即據北京大學圖書館藏安愚堂刻本影印。此本卷首載清乾隆朝禮部尚書王澤弘、禮部侍郎徐元正及東陽俞楷等人所撰序言,次載《採輯經書目》,羅列採

輯經書凡四十種,包括古爾阿尼《保命真經》、默瓦吉福《格致全經》及《教類源流》等。（李國慶）

天方至聖實録二十卷首一卷　（清）劉智撰（第 1296 册）

《天方至聖實録》所載爲伊斯蘭教至聖穆罕默德言行録。穆罕默德係阿丹五十世之孫,被奉爲天方聖帝、百代帥王。劉氏因其五十世之傳流名氏頗悉,而未詳其事迹,因著此書,以補不足。此書以《武而畢墨》一書,即《天方至聖録》爲依據,補以各家群説,内容均採自經傳正史,以彰實録之意。首列《穆罕默德年譜》,提其總綱,將某年作某事表注其下,頗便閲讀。正文編年,以天方年月大書於上,以各帝國年月分注於下,用以考證天下疆域。書中穆我民多簡稱爲穆民,穆士林簡稱爲穆士。又撰《讀聖人録法》冠於卷首,謂讀聖人録,須具信心、辯才、明智、高識四種力。此書之編著,乃以明教道淵源之自出,而示天下以證道之全體,旨在表彰先德,垂鑑後人,重直書,不避毁譽,以存傳古鑑今之意。

此書卷首載劉氏《著書述》,詳述其治學成長經歷。又刊載各家序跋,其中所刊清乾隆朝大臣所撰專門奏請查禁劉智各書之數篇奏摺,具有重要文獻價值。

此本據國家圖書館分館藏清乾隆四十三年金陵啓承堂刻五十年袁國祥印本影印。（李國慶）

天主實義二卷　（意）利瑪寶撰（第 1296 册）

利瑪寶（Matteo Ricci, 1552—1610）,字西泰,又號清泰、西江,意大利人。耶穌會神學院畢業。耶穌會傳教士。萬曆十年（1582）八月七日抵澳門,九月十日同羅明堅到肇慶,是爲教士入中國内地傳教之始。在肇慶編纂《萬國輿圖》。十七年入韶州傳教。二十四

年任耶穌會會長。二十九年抵北京，進呈《萬國圖志》，言天下有五大洲，當時頗奇其說。得萬曆皇帝贊賞，賜留居京邸，建天主教堂。其寓居中國近三十年，通華字華語。後卒於京。除此書外，著有《天學實義》、《經天該》、《乾坤體義》等著作十九種。曾與徐光啓同譯《幾何原本》，爲泰西科學輸入中國之始。生平事迹見《天主實義序》、《西學十誡初解序》及《利子碑記》。

《天主實義》爲利氏在中土傳教時撰成，卷首有馮應京序，稱此書爲利氏及其鄉會友與中國人問答之詞。"天主"是天地人物之上主，"實"即所言不空。全書上下二卷，凡八篇。各篇均以"中土曰"提問，其後由利氏及其耶穌會友作答，中心在討論天主即上帝問題。先論天主爲萬物主宰，斥佛老空無之説與宋儒太極之論；再論人魂不滅，辯釋鬼神及人魂相異之處，駁輪回六道戒殺之謬説，闡死後必有天堂地獄之賞罰以報世人所爲善惡并人性本善之説；末釋傳道之士不婚不娶原因。

此書用通俗語言作問答，旨在向中土人士宣揚上帝之存在，并訓善防惡，在早期中土傳教中產生積極作用。其觀念深得當時士大夫贊許，浸潤人心，影響極大，皈依天主教者日衆。

此書入《四庫全書》子部雜家類存目。首載萬曆三十五年李之藻重刻序，次載萬曆二十九年馮應京序，次載萬曆三十一年利瑪竇引。此書撰於南昌，并於萬曆二十三年在南昌刊行。其後，利氏到達北京，對其稍加潤色，於二十九年再版。書中稱天主爲天或上帝，實爲據我國經書中之稱謂而使用之專用術語。清康熙四十三年（1704），教皇格來孟十一世禁止如此稱呼。故此書後印者均不再用天及上帝之稱。凡明刻均爲未改本，清康熙四十三年以後印本均爲改正本。今據國家圖書館藏明萬曆三十五年燕貽堂刻本影印。（李國慶）

主制群徵二卷　（德）湯若望撰（第1296冊）

湯若望生平見前《火攻挈要》提要。

《主制群徵》上下二卷，包括《以物公向徵》、《以物私向徵》、《以天向徵》、《以天地之美徵》、《以人物外美徵》、《以聖迹徵》等二十七篇。此乃湯氏在華傳授西方天主教之書，以哲理證天主實有，其證據取自天象、地理、一切自然物、植物、動物及靈神等。書中闡述自然界之天地萬物，實由天主（上帝）主宰，并用例取證，講述上帝至大至公之理，稱天主實即萬有真原、萬民之父母。全書詞潔理順，闡發詳明。

此本據華東師範大學圖書館藏民國四年天津大公報館鉛印本影印。卷首有馬良及英國人華敘之《重刊主制群徵序》各一篇。（李國慶）

教要序論一卷　（比）南懷仁撰（第1296冊）

南懷仁生平見前《新製靈臺儀象志》。

《教要序論》講述西方基督教一般教理，或以問答形式行文，或以命題形式講解，包括《生人緣故》、《靈魂不滅》、《天堂之樂》、《地獄之苦》、《天主全能》、《耶穌聖迹》等，凡七十七篇。基督教之學注重先後之序，如依序而論，言者易發其要旨，聽著易存於心而明其理。故此書將基督教重要方面依序羅列，安排清楚，使人易得門徑。又全書語言通俗，以俾聽者理解。如書中第一條問"天主謂何"，答曰："天主是生天地、生神、生人、生萬物的一大主宰。未有天地、神人和萬物之先，只有一個天主。天主無始無終，其本性是自有，無所從生。"云云。此書在傳教中起到很好的普及推廣作用。

此書有清同治六年（1867）重刊慈母堂本。今據南京圖書館藏本影印。卷前有南氏自序。（李國慶）

摩尼光佛教法儀略一卷(殘)　(唐)拂多誕譯(第 1296 冊)

摩尼教是世界性宗教,三世紀時在巴比倫興起。創始人摩尼,生於巴比倫北部瑪第奴,精通天文,善繪畫且習幻術。此教主要吸收猶太教、基督教等教義,亦採納不少瑣羅亞斯德教成分,傳至東方後又染有佛教色彩。主要教義是二宗三際論,有戒律和寺院體制。摩尼在世時,其教一度在波斯自由傳播,後因波斯舊有宗教攻擊迫害,摩尼被處極刑。摩尼死後,從三世紀到十五世紀,該教在歐亞舊大陸得到廣泛傳播。其文獻有叙利亞文、中古波斯文、帕提亞文、粟特文、漢文、回鶻文、希臘文、拉丁文、科普特文等十餘種文字。

拂多誕,摩尼教駐京傳教士,生平事迹不詳。開元年間,唐玄宗扶持道教,壓抑佛教與摩尼教,下詔令拂多誕奏明情況,《摩尼光佛教法儀略》即其奏稿。摩尼教來華傳播時間不長,且無王權支援及受衆基礎,開元二十年(732)七月,唐玄宗詔稱摩尼法屬邪見,禁斷摩尼教。

此書爲摩尼教漢文文獻,出自敦煌,現存兩截殘卷。前半今藏英國國家圖書館(編號 S.3969),後半今藏法國國家圖書館(編號 P.3884)。經法國漢學家伯希和比對,二者可以綴合。此本據以影印者爲其後半。首題"摩尼光佛教法儀略一卷",其下題"開元十九年六月八日大德拂多誕奉詔集賢院譯",書中全面介紹摩尼教歷史、教主摩尼、典籍、教團組織、寺院制度及基本教義,爲有關摩尼教之解釋性文件,亦爲研究摩尼教之重要文獻。

此本據《敦煌遺書》本影印。(李國慶)

大秦景教三威蒙度讚一卷　(唐)釋景净譯(第 1296 冊)

釋景净,唐代大秦寺僧人,波斯傳教士。

《大秦景教三威蒙度讚》一名《景教三威蒙度讚》。經卷冠名"大秦",實即"大秦寺"之省稱。寺位於陝西省周至縣,内有景教塔一座,爲景教首次傳入中國之見證。景教即天主教。三威指聖父阿羅、聖子彌施阿和聖靈净風王。此經卷爲唐人寫本,出甘肅敦煌鳴沙山石室,爲敦煌藏經洞故物,今藏法國巴黎圖書館(編號爲 P.3847)。此書即景教徒所頌《榮福經》、《讚美經》,635 年阿羅本傳入中國,760 年由唐代僧人景净翻譯成漢文,亦有英譯本。此書是西方天主教傳入中土之重要證物,亦爲研究該教傳入中土之重要文獻。

此書有民國間上海存古學會珂羅版印《石室秘寶》乙集本。此本據法國國家圖書館藏《敦煌遺書》本影印。(李國慶)

景教流行中國碑頌　(唐)釋景净撰(第 1296 冊)

此碑修建并出土於周至縣大秦寺,現存西安碑林。景教碑由波斯傳教士伊斯立於唐建中二年(781)二月四日,碑文爲景净撰寫,朝議郎前行台州司參軍吕秀巖書并題額。碑高二點三六米,寬零點八六米,厚零點二五米。上端刻十字架,正面刻"大秦景教流行中國碑"頌并序,上有楷書三十二行,行書六十二字,共漢字一千七百八十個及叙利亞文數十個。碑文略述景教傳入、建大秦寺及立景教碑經過。景教蓋因大唐和西域等國商業來往而傳入,至唐武宗會昌五年(845)"武宗滅佛"時被一同消滅。

此碑號稱天下第一碑,與大秦寺景教塔均是西方景教傳入中國之重要證物,是研究景教傳入中國之重要文獻,亦具重要文物價值。

此本據陝西省博物館藏拓本影印。(李國慶)

西學譯著類

天演論二卷　(英)赫胥黎著　嚴復譯(第 1297 冊)

湯瑪斯·赫胥黎(Thomas Henry Huxley,

1825—1895），英國著名生物學家。博學多才，支持達爾文進化論，發表《人類在自然界的位置》、《動物分類學導論》及《進化論與倫理學》等科學論文一百五十餘篇，所論包括動物學、古生物學、地質學、人類學和植物學等。《天演論》是其代表作。

嚴復（1854—1921），初名傳初，曾改名宗光，後改名復，字又陵，一字幾道，侯官（今屬福建）人。賜進士出身。累遷船政學堂、北洋水師學堂、天津水師學堂總教習。民國後任京師大學堂譯局總辦及上海復旦公學校長等職。殫心著述，所譯西方經典除此書外，有《原富》、《群學肄言》等多部，風行海内。能詩文，主辦《國聞報》等。後人將其著譯編輯成《侯官嚴氏叢書》及《嚴譯名著叢刊》等傳世。事迹見閔爾昌編《碑傳集補》卷末"集外文"條及"侯官嚴先生行狀"。

《天演論》上下二卷，含導言十八篇及論十七篇，實係翻譯赫胥黎《進化論與倫理學》前兩章而成。每篇後有譯者按語闡述其旨趣，解釋正文名詞術語者以雙行小注形式列於原著正文單行大字之下，此亦爲嚴復翻譯西學著作之通例。此書爲中國近代較早直接介紹西方資産階級理論著作者，核心内容在闡述"物競天擇，適者生存"之理，對當時國内鼓吹變法圖强和提倡維新運動起過積極作用。嚴氏在卷首《譯例言》中首次提出信、達、雅之翻譯標準，此書譯文即甚簡練明達。

此書有清光緒二十四年沔陽盧氏刻《慎始基齋叢書》本，卷首載光緒二十四年吳汝綸序、嚴氏自序及《譯例言》。此本即據北京大學圖書館所藏此本影印。（李國慶）

名學 （英）穆勒撰 嚴復譯（第1297冊）

約翰·司徒亞特·穆勒（John Stuart Mill，1806—1873），英國倫敦人。英國古典自由主義代表人物之一，被稱爲"自由主義之聖"。三歲習希臘語，八歲習拉丁文，十二歲習邏輯學，十三歲學完政治經濟學，人稱神童。後習心理學和羅馬法，并鑽研功利主義學説。曾於東印度公司任職，退休後專心著述。卒於法國阿維尼翁。此書及《政治經濟學》是其代表作，又著有《群己權界論》、《代議政治論》及《功用主義》等。

《名學》原名《邏輯學體系》，包括《引論》及《論名學必以分析語言爲始事》、《論名》、《論可名之物》、《論詞》、《論詞之義藴》、《論申詞》、《論類別事物之理法兼釋五旌》、《論界説》八篇。中國古代稱邏輯學爲名學，嚴氏採用舊稱以名書。其《引論》稱："名學者，所以討論人類心知，以之求誠之學，將可以賅心德之用，而亦不悖于古，不戾於俗矣。"又稱其書旨在推知，即據已知以推未知。

今據清光緒三十一年金粟齋鉛印本影印。（李國慶）

泰西新史攬要二十四卷 （英）馬懇西撰（英）李提摩太譯（清）蔡爾康述（第1297冊）

馬懇西（Robert Mackenzie，今譯羅伯特·麥肯齊），英國人，歷史學家。曾任新聞記者，後一度經商，晚年對歷史研究産生興趣，著有《美利堅合衆國：一部歷史》等書。

李提摩太（Timothy Richard，1845—1919），英國傳教士。先後就學於斯旺西師範學校與哈佛福韋斯特學院。來華後至中國山東、山西傳教。後創辦山西大學。曾任天津《時報》主筆，鼓吹維新變法。後任上海同文書會總幹事、廣學會總幹事。與李鴻章、張之洞、康有爲、梁啓超等名流交往甚密。晚年回國，卒於倫敦。除此書外，著有《新政策》、《在華四十五年》及《七國新學備要》等二十餘種。

蔡爾康（1851—?），字芝紱，上海人。同治七年（1868）秀才。光緒初入《申報》館工作，主編《民報》，曾任《字林滬報》主筆。參與籌建《新聞報》，并任主編。後接替沈毓桂爲《萬國公報》華文主筆，與林樂知合作翻譯多部西學著作,被譽爲"幾合美華而爲一人"。

《泰西新史攬要》原名《第十九周大事記》,譯稿未定時曾名《泰西近百年來大事記》,定稿後改此名。凡二十四卷,卷下分節,以章節體敘述十九世紀以降西方資本主義發展史,以國爲經,以事爲緯,記載英、法、德、奧、意、俄、土、美諸國政治、軍事、外交、財政、工商、交通、教育、新聞、社會、救濟、民族問題、殖民地等歷史,末三卷分別爲《教皇》、《歐洲安民》及《附記》。

此書爲中國近代最早有關西方歷史之譯著。作者翻譯印行此書,旨在以西方歷史爲鑒,喚醒國人,變法自强。梁啓超將之作爲啓蒙讀物收入《西學書目表》中,稱其述百年以來歐美各國變法自强之迹,爲西史中最佳之書(見《讀西學書法》)。

此本據北京大學圖書館藏清光緒二十二年上海廣學會鉛印本影印。卷首有光緒二十一年李提摩太作於上海廣學會寓廬之《譯本序》、《凡例》及《人地諸名表》等。(李國慶)

列國變通興盛記四卷　（英）李提摩太撰（第 1297 册）

《列國變通興盛記》四卷,作者自序中稱,前在天津主筆《時報》,目睹中國衰弱,於是援取近鄰俄羅斯、印度、日本、安南等諸國雜史,撮其改弦更張之綱領,舉其民生休戚之端倪,排日紀撰,録諸報紙,撰成此書。書中述俄羅斯、日本、印度以及緬甸、安南各國變通興盛方法與不變凋零原因,稱俄羅斯之興在彼得之變軍事、變禮俗,日本之興在明治之變,收幕府之權爲己有,學習西方而變本國之軍事、宗教,印度之興在宗教之變,由佛教而婆羅門教,而回教、西教(基督教);作者爲英人,印度係英國殖民地,故書中又述緬甸之凋零緣於不變,而對印度之凋蔽較緬尤甚熟視無睹,此其不足之處。此書出版後,在中土流傳較廣,起到一定積極作用。

此本據復旦大學圖書館藏清光緒二十四年上海廣學會鉛印本影印。(李國慶)

佐治芻言一卷　（英）傅蘭雅譯（清）應祖錫述（第 1297 册）

傅蘭雅(John Fryer,1839—1928),英國人。由英國聖公會派遣,咸豐十一年(1861)入中國,歷任香港聖保羅書院院長、北京同文館教習及上海英華學塾校長等職。曾長期任江南製造局翻譯館譯員,翻譯數學、物理、化工、化學、礦業、機械工程、醫學、農學、地圖測量等西方典籍百餘種,創辦上海格致書院及上海格致書室。曾編印《格致彙編》,又編輯中文教科書數十種,堪稱西學傳播大師。後赴美,任加州大學伯克利分校首任東方語文教授。

應祖錫(1855—1927),字韓卿。光緒十四年(1888)舉人。隨清使任駐西班牙二等參贊,回國後任江蘇南通知州等。民國後改任句容縣知事,後於本宅創辦毓秀女校,以興女學。著有《增廣尚友録統編》、《洋務經濟通考》及《西班牙日記》等。

《佐治芻言》凡三十一章,四百十八節,詳述西方諸國治國理政之規章制度及施政方法。認爲世界各國之政體殆分君主國制、賢主禪讓制、民主國制三類,英國則爲"合三法而并用之"。書中於西方國家福利、文教、貿易、工業及保險等諸情況亦有介紹。

此書是吏治專著,與明清時期所編各類《經世文》相似,對中國維新人士變法思想影響較大。書中爲英國殖民擴張尋找藉口,進行辯解,如所謂"印度土人不欲自主,情願歸附于英"之類,是其不足。

此本據華東師範大學圖書館藏清末江南製造總局刻本影印。(李國慶)

原富五卷　（英）斯密亞丹撰　嚴復譯（第 1297 册）

斯密亞丹(Adam Smith,今譯亞當・斯密,

1723—1790），英國人。畢業於格拉斯哥大學，後任該校教授，蘇格蘭海關和監稅專員，因出版《國富論》，被譽爲“現代經濟學之父”、“自由企業守護神”。平生著作十餘種，《原富》最善，《德性論》次之。生平事迹見此書卷首所載嚴復《斯密亞丹傳》。嚴復生平見前《天演論》提要。

此書今通譯《國富論》，嚴譯名《原富》，其所據底本爲經濟學家羅哲斯校閱之新版本，較別本爲善。全書分甲、乙、丙、丁、戊五卷，部下分篇。其中甲、丁、戊三卷各分上下，乙、丙兩卷不分。五卷分別論述生財之道、積蓄之理、富國之效、諸家理財之異同、賦稅征斂之事。各篇末有嚴氏按語，爲研究嚴氏經濟思想之主要資料。

此本據華東師範大學圖書館藏清光緒二十八年南洋公學譯書院鉛印本影印。卷前有光緒二十七年（1901）吳汝綸序及嚴氏所作《斯密亞丹傳》、《譯事例言》和《中西年表》。（李國慶）

群學肄言二卷　（英）斯賓塞爾撰　嚴復譯（第 1298 冊）

斯賓塞爾（Herbert Spencer，今譯赫伯特·斯賓塞，1820—1903），英國人。生於教師家庭，於生物、化學尤感興趣。十七歲即在倫敦、伯明翰擔任工程師。又任倫敦《經濟學家》副總編，後辭職專事著述。除此書外，著有《綜合哲學》、《社會靜力學》、《進化的假說》等。

此書今通譯《社會學研究》，嚴譯名《群學肄言》。凡二卷，十六篇。其中“知難”一篇爲全書核心。該篇言斯學之難有三：一爲物之難，二爲心之難，三爲心物對待之難。此書乃社會學導入中國之標志。書中正文眉端有批語，疑出嚴氏之手。

嚴氏自英國留學歸國，於光緒六年（1880）入北洋水師學堂，即開始研讀此書。其謂此書“實兼《大學》、《中庸》精義，而出之以翔實，以格致誠正爲治平根本”（見《譯餘贅語》），可見其吸收西方科學思想，欲使中國文化現代化之努力。此書作爲科普性讀物，在宣傳、普及西方文化知識和理念方面有積極作用。

此本據清光緒二十九年石印《嚴侯官先生全集》本影印。卷首有嚴氏自序及《譯餘贅語》。（李國慶）

群己權界論二卷　（英）穆勒撰　嚴復譯（第 1298 冊）

穆勒生平見前《名學》提要。

此書今通譯《論自由》，嚴譯名《群己權界論》。凡二卷五篇，首篇爲“引論”，其次“釋思想言論自由”，其次“釋行己自由明特操爲民德之本”，其次“論國群小己權限之分界”，其次“論自由大義之施行”。穆勒此書專論自由，探討“何者必宜自由，何者不可自由”之道理（見《譯凡例》）。其書正文眉端有批語文字，疑出嚴氏之手。嚴氏是中國近代首位向國人系統介紹西方資產階級思想與文化之啓蒙思想家，自由主義思想即其介紹之重要啓蒙思想之一。此書在中國影響較大。

此本據清光緒三十九年石印《嚴侯官先生全集》本影印。卷首有光緒二十九年（1903）嚴氏《群己權界論序》，由嚴氏手書上版，又有嚴氏《譯凡例》及穆勒原書《自序》。（李國慶）

法意二十九卷　（法）孟德斯鳩著　嚴復譯（第 1298—1299 冊）

查理·路易·孟德斯鳩（Charles de Secondat，de Montesquieu，1689—1755），法國人。世爲貴族，家族封地之一爲孟德斯鳩，世人以此稱之。曾入波爾多大學法律系，專修法律。曾任波爾多高等法院律師、波爾多科學院院長之職。宣傳民主啓蒙思想，考察歐洲各國社

會政治制度,積二十七年之研究思考,寫成
《論法的精神》,被稱爲亞里士多德以後第一
本綜合性政治學著作,是最進步之政治理論
書籍。伏爾泰稱其爲"理性和自由的法典"。
所著尚有《神學論》及《波斯文録》等。生平
事迹見卷首嚴復《孟德斯鳩列傳》。

此書今通譯《論法的精神》,凡三十一卷,
嚴復譯名《法意》,改爲二十九卷。其書主要
論點有三:一曰政論,將政體分爲民主、君
主、專制三種,提倡三權分立與君主立憲;二
曰法理,反對酷刑,言量刑必合比例,刑罰須
具教育意義等;三曰經濟理論,稱私有財產是
人類自然權利,提倡振興工商業,稱勞動是財
富之源,反橫征暴斂等。

此書爲嚴譯八大世界名著之一,在中國影
響僅次於《天演論》。嚴譯忠於原著,篇中或
加按語,或在名詞術語後以雙行小字作注,論
説極富見解,對研究嚴氏思想頗具參考價值。
例如卷三第九章《專制君主之精神》,孟氏將
中國作爲專制政體樣板,嚴氏并不認同,認爲
其未從本質上把握傳統中國政體之癥結所
在。嚴氏指出,中國傳統"禮制"相當於孟氏
所謂"榮譽"原則,在中國始終是待君子以禮
而威小人以刑,故兩種原則并存於中國政治
之中。

此本據清宣統元年商務印書館鉛印本影
印。(李國慶)

萬國公法四卷　（美）惠頓撰　（美）丁韙良譯（第 1299 册）

亨利・惠頓（Henry Weaton,1785—1848）,
美國法學家,外交官。除此書外,另著有《歐
美國際法》、《進化史》等。

丁韙良（William A. P. Martin, 1827—
1916）,美國印第安那州人。道光三十年
（1850）至中國寧波傳教。後定居北京,任同
文館總教習,清政府國際法顧問。光緒中獲
三品、二品官銜。後任京師大學堂總教習。

仇視義和團運動,主張列强劃分勢力範圍,
"以華制華"及由美國割據海南島,參與《天
津條約》、《北京條約》簽訂。翻譯基督教、自
然科學、國際法相關著作,著有《天道溯源》、
《北京之圍》及《中國人之覺醒》等書。

《萬國公法》原名《國際法大綱》,又名《萬
國律例》,記述西方各國通行之律例。因各
國律例相似,故譯本改名《萬國公法》。全書
四卷十章,主要内容爲釋公法之義,論諸國自
然之權、平時往來之權及交戰條規。此書係
普及性法學著作,曾以論議持平聞名於世。
各國每有争論,多引此書以釋疑,外出使節亦
多攜此書以備參考。

此書爲惠頓代表作,曾譯爲中、日、法等多
國文字,亦爲傳入中國之首部國際法著作。
書前有清同治三年（1864）董恂序、四年張斯
桂序及譯者原序。據序言及卷端題名可知,
此書雖題爲丁韙良翻譯,然參與校改及刊刻
者尚有何師孟、李大文、張煒及曹景榮等數
人。其書譯成後,復經總理各國事務衙門審
定發佈。

此本據吉林大學圖書館藏清同治三年京都
崇實館刻本影印。(李國慶)

列國陸軍制不分卷　（美）歐潑登撰　（美）林樂知　（清）瞿昂來同譯（第 1299 册）

歐潑登（Emory Upton,或譯爲埃默里・厄
普頓,1839—1881）,19 世紀晚期美國著名軍
事戰術家及軍事史作家。出生於紐約,畢業
於美國陸軍軍官學校。内戰中參加多次戰
役,晉升爲少將。内戰結束後,歷任西點軍校
校長、維吉尼亞門羅堡炮兵學校教導主任、舊
金山營區指揮官等。1881 年 3 月 15 日因病
自殺。除此書外,主要代表作有《步兵戰術》
和《美國軍事政策》。

林樂知（Young John Allen,1836—1907）,
字榮章,美國新教監理會來華傳教士。生於
佐治亞州伯克縣,畢業於埃默里學院。咸豐

間至上海，曾從王韜治漢學。在清政府所辦上海廣方言館任教習。創辦并主編《教會新報》（後更名《萬國公報》）。主要著作有《中東戰紀本末》與《文學興國策》。瞿昂來，畢業於上海格致書院，主要著作有《續瀛環志略初編》、《格致小史》等。

《列國陸軍制》不分卷次章節，只以國別劃分，主要內容爲中國、印度、波斯、意大利、俄國、奧地利、德國、法國和英國等亞歐國家軍隊的官方報導，以及從日本到高加索的旅行信件。但中譯本未包括中國和旅行信件，依次述日本、印度、波斯、意大利、俄國、奧地利、德國、法國及英國凡九國兵制。多叙各國兵制改革原因及改革後之定制。每國均有附表，列出各國各軍種之名額及出戰人數，一目了然。全書體例簡明，條理清晰，內容豐富，叙述簡要，是當時軍界瞭解國外軍力情況的重要參考文獻。

此本據華東師範大學圖書館藏清末江南製造總局刻本影印。（李國慶）

西學考略二卷　（美）丁韙良撰（第 1299 冊）

丁韙良生平見前《萬國公法》提要。

《西學考略》凡二卷。卷上紀遊，隨路程略述各國見聞，涉及日本、美國、法國、德國、瑞士、英國及意大利七國，以採訪各國學術爲要旨，所述民俗風化亦與學術相涉。如遊日本，記西京僧學、東京太學；遊法國，記路斐爾宮珍奇三種、新像新畫、勸學精藝等。卷下綴論，概論各國學業、學校規制以及西學源流諸端。所及包括學校章程、道學院、法學院、醫學院、工藝院、營造院、治礦館、機器館、農政館、精藝館、船政館、師道館及文藝會等。全書論歐美及日本近代教育，包括武學、鄉學、女學、聾瞽學，尤重測算、格致諸學，建議仿效西學增格致書院，以增中國人知識，實具遠見。

此本據復旦大學圖書館藏清光緒九年同文館鉛印本影印。卷首有光緒九年周家楣序及光緒八年丁韙良自序。（李國慶）

社會通詮二卷　（英）甄克思撰　嚴復譯（第 1300 冊）

甄克思（Edward Jenks, 1861—1939），英國人。曾任倫敦大學倫敦經濟學院、法學院教授。除此書外，另著有《中世紀法律與政策》（嚴譯稱《中古政治法》）。嚴復生平見前《天演論》提要。

此書今通譯《政治史》，嚴譯成於光緒二十九年（1903），名《社會通詮》。書凡二卷，分開宗、蠻夷社會、宗法社會及國家社會四部分，主旨在論各社會產業、法權、議會、行政之形式，以明社會進化之理。開宗部分綜述社會形式，包括蠻夷社會、宗法社會及國家社會等三種形式。蠻夷社會即圖騰社會。宗法社會即家長制社會，又分種人宗法之時代、族人宗法之時代兩階段，畜牧業、農業乃其轉變之關鍵。國家社會即軍國社會。此書叙述簡明、易於理解，是當時學習西方社會學之重要典籍，對中國近代社會發展產生相當影響。譯本正文字詞下時有雙行小字注文，正文各段末尾有“嚴復曰”闡述譯者觀點。

此本據清光緒二十九年石印《嚴侯官先生全集》本影印。卷首載光緒二十九年夏曾佑《社會通詮序》、甄克思《社會通詮原序》及嚴氏《譯者序》。（李國慶）

格致總學啓蒙三卷　（英）赫胥黎撰（英）艾約瑟譯（第 1300 冊）

赫胥黎生平見前《天演論》提要。

艾約瑟（Joseph Edkins, 1823—1905），字迪瑾，英國傳教士。畢業於倫敦大學。道光年間在上海傳教，與麥都思、美魏茶、慕維廉等英國倫敦會傳教士創建墨海書館。曾與楊篤信等五名傳教士去蘇州見李秀成、洪仁玕，赴天京上書洪秀全被駁,移居天津、北京繼續傳教。在京與丁韙良創辦《中西聞見録》月刊。後獲英國愛丁堡大學神學博士,被中國總税務司赫德聘爲海關翻譯。除此書外,另著有《中國的宗教》、《訪問蘇州的太平軍》及《華語考原》等。曾與王韜、李善蘭、偉烈亞力、韋廉臣合譯《中西通書》等多部著作,編譯有《歐洲史略》、《羅馬志略》等書,在19世紀西學東漸中有重要貢獻。

《格致總學啓蒙》凡三卷。其時學科名稱未定,所謂格致,廣義指科學,狹義指物理學。卷上格致總論,由日常物理推及格致家之物理,比較二者之異同,認爲前者粗疏,後者精細。卷中論水、冰及泥石等物體,爲全書核心内容。此卷先論"有體質不屬飛潛動植物之諸物",以水爲例,論水之物理特質、密度、浮力等,既有驗試之法,又有詳明之分析;次論"有體質屬乎飛潛動植物之靈物",取麥與雞爲例,兼及化學、生物。卷下論無形象之物,即心理學内容,言人之喜怒哀樂,亦有物理,所述詳略不等。此書是近代中國向西方學習先進科學之重要典籍,對中國近代科學發展起到積極作用。

此本據北京大學圖書館藏清光緒二十二年上海著易堂鉛印本影印。(李國慶)

幾何原本十五卷 (古希臘)歐幾里得撰 (意)利瑪竇譯 (明)徐光啓筆受 (英)偉烈亞力續譯 (清)李善蘭筆受 (第1300冊)

歐幾里得(Euclid,約前330—前275),古希臘數學家,被稱爲"幾何之父"。除此書外,著有《已知數》及《光學》等。利瑪竇生平見前《天主實義》提要。

徐光啓(1562—1633),字子先,號玄扈,上海人。萬曆三十二年(1604)進士,崇禎初官至禮部尚書兼東閣大學士,入參機務。早年從意大利人利瑪竇學習研究西方近代科學,對治曆、農業、火器及漕河等皆有研究。翻譯

著作甚多,爲我國最早介紹西方近代科學知識者。篤信天主教旨,教名保禄。卒贈太保,謚文定。編著《農政全書》,主持編譯《崇禎曆書》等。傳見《明史》。

偉烈亞力(Alexander Wylie,1815—1887),英國漢學家,倫敦傳道會傳教士。在中國近三十年,致力於傳道、傳播西學,并向西方介紹中國文化。光緒三年(1877)返倫敦,歸國前將所藏中西文書籍七百一十八卷捐贈亞洲文會北中國支會圖書館。著有《滿蒙語文典》、《中國文獻紀略》及《匈奴中國交涉史》。

李善蘭生平見前《則古昔齋算學十五種》提要。

《幾何原本》原書十三卷,李善蘭補續二卷,合爲十五卷。前六卷爲萬曆三十五年(1607)利瑪竇譯,徐光啓筆受。乾隆時收入《四庫全書》中。咸豐時,英國人偉烈亞力續利、徐二人未完之業,口述後九卷,李善蘭筆受,歷四年而成,歐幾里得原書遂成足本。全書前四卷論線與面,包括論三角形、論線、論圓及論圓内外形。卷五至卷十論比例。卷十一至卷十五論證。各論列界説、公論、設題等若干則。書中界説釋所用之名目,公論舉不可疑之理,設題以之爲據。全書先易後難,由淺入深,由簡而繁,頗便學習。末二卷非歐幾里得所著,乃出李善蘭之手,爲其對數學之重要貢獻。

此本據復旦大學圖書館藏清同治四年金陵刻本影印。卷首有同治四年曾國藩序、萬曆三十五年利瑪竇《續譯原序》、咸豐偉烈亞力原序及徐光啓原跋、咸豐七年韓應陛《續譯原跋》、徐光啓《幾何原本雜識》。(李國慶)

談天十八卷首一卷附表一卷 (英)侯失勒撰 (英)偉烈亞力譯 (清)李善蘭删述 (清)徐建寅續述 (第1300冊)

侯失勒(John Frederick William Herschel,今譯赫歇爾,1792—1871),英國人。畢業於

劍橋大學。曾發表雙星總表,觀測星雲,任皇家天文學會主席。著有《談天》及《論光學》。生平見此書前《侯失勒約翰傳》。

偉烈亞力生平見前《幾何原本》提要。李善蘭生平見前《則古昔齋算學十三種》提要。徐建寅生平見前《兵學新書》提要。

《談天》十八卷,分論地、命名、測量之理、地學、天圖、日躔、月離、動理、諸行星、諸月、彗星、攝動、橢圓諸根之變、逐時經緯度之差、恒星、恒星新理、星林、曆法諸項,卷後爲"附表"。其書以哥白尼日心地動之説爲據,以橢圓立説,於算數、幾何、力學及光學皆有涉及。附表七篇,有《諸恒星常例等及光理等表》、《諸行星根數表》及《天文家常用之數》等。此書若以今之天文學成績核之固有缺陷,然較之明末清初耶穌會士之天文學可謂後來居上。此書原本於咸豐元年刊行,其後測天家屢有新得,重刊時均予附入,故書中新增譯文,率標以"續"字。

此本據華東師範大學圖書館藏清咸豐刻同治增修本影印。卷首載咸豐九年偉烈亞力序、李善蘭序、《凡例》及《侯失勒約翰傳》。(李國慶)

天文揭要二卷　(美)赫士編譯(清)周文源述(第1300册)

赫士(Watson Hayes,1857—1944),美國北長老會傳教士。來華後在山東傳教,曾協助創辦山東高等學堂,任總教習。後爲山東基督教共合大學(後稱齊魯大學)神學院教授。著作尚有《光學揭要》、《對數表》及《聲學揭要》等。周文源,山東蓬萊人。生平事迹不詳。

《天文揭要》係赫士爲山東蓬萊文會館學員所編寫之課本,分上下二卷,凡十八章,輯西方諸天文書之精粹成一編,按書目綱領旨趣歸爲三類:假諸器以步諸曜之經緯,爲天文用學,如《論地》、《論天文器》及《論各地之經緯》諸篇;證諸曜之吸力與行向,爲天文力學,如《論潮汐》及《論流星》諸篇;論諸曜之形勢體質,爲天文體學,如《月蝕》諸篇。書末列雜問及星圖與表。其中雜問三十五條,即今之習題。附表及表解有《太陽太陰及行星表解》、《諸行星之月表解》、《月地平視差表》及《蒙氣差表》等。此書結構設計與内容表述適合課堂教授,易爲學者接受。

此本據華東師範大學圖書館藏清光緒二十三年美華書館鉛印本影印。卷首有光緒十七年(1891)赫士《自序》。(李國慶)

冶金録三卷　(美)阿發滿撰(英)傅蘭雅譯(清)趙元益述(第1300册)

阿發滿(Frederick Overman,約1810—1852),德裔美國人。採礦工程師。生於德國科隆,卒於美國費城。在冶金學上著述頗豐。傅蘭雅生平見前《佐治芻言》提要。

趙元益(1840—1902),字静涵,號高齋,新陽(今屬江蘇)人。通曉中醫,兼習算學,又精於格致之學。曾應邀入江南製造局翻譯館任職,與董康等人創立上海"譯書公會",與吳仲韜創立"醫學善會"。王韜逝世後,主持上海格致書院,參與翻譯《行軍指要》、《測繪海圖》、《西藥大成》及《法律醫學》等。宣統年間,與其子詒琛建峭帆樓,刻《峭帆樓叢書》十八種,《又滿樓叢書》若干種。編有《峭帆樓善本書目》及《趙氏圖書館藏書目録》行世。著有《儒門醫學》、《西藥大成》及《法律醫學》等書。事見《碑傳集補》卷四一"表兄趙静涵小傳"條。

《冶金録》爲冶金學著作,凡三卷,卷上爲範模造法,包括範模材料、用諸物成模法、作細巧花紋之模及模具種類等。卷中爲熔鑄各事,包括鐵之質地、種類及冶煉方法等。卷下爲各類金屬雜質,包括鐵、銅及貴金屬雜質,以及合金之性能與用途,如鐵中含硫等。全書論説淺顯易懂,加之圖文并茂,易於日常生産施用。卷末附《生鐵管每長一尺重之磅數表》、《鑄生鐵柱能任重力之表》及《各金類與雜金與水較重以水爲一千之表》等,插圖數十幅,頗便檢查。此書在我國近代重工業發展方面起有積極作用。

此本據華東師範大學圖書館藏清末江南製造總局刻本影印。(李國慶)